GARZANTI

I PICCOLI DIZIONARI

ITALIANO

GARZANTI

I PICCOLI DIZIONARI

ITALIANO

GARZANTI
LINGUISTICA

Redazione: Teknoprogetti S.r.l., Milano

Garzanti Linguistica
www.garzantilinguistica.it

Stampa: G. Canale & C. S.p.A. - Borgaro Torinese (TO)

Ristampe: 2 3 2005 4 5 2006 6 7 2007 8 9 2008

struttura delle voci Lo schema che organizza e struttura le voci in tutta l'opera è articolato nei punti seguenti: lemma, categoria grammaticale, precisazioni morfologiche, indicatori d'uso, definizione, esempi, avverbi in *-mente* (per gli aggettivi).

lemmi Sono elencati in ordine alfabetico. Il lemma compare in carattere bastone nero e tutto in lettere minuscole (tranne nel caso in cui si tratti di nomi propri usati anche come nomi comuni (p.e. *Cristo*). Tutte le parole riportano l'accento tonico. I verbi sono dati all'infinito, i sostantivi e gli aggettivi al singolare e al maschile (nel caso in cui vi sia differenza tra la forma del maschile e quella del femminile). I nomi relativi alle classificazioni botaniche o zoologiche (dalla famiglia in su) sono invece dati nella forma plurale. I lemmi omografi sono distinti da un esponente numerico progressivo.

definizioni I significati delle voci sono dati in genere da una perifrasi, seguita talvolta da uno o più sinonimi. Se una parola ha più accezioni, queste sono ordinate da un numero progressivo in bastone nero; le sfumature diverse all'interno di una stessa accezione sono invece distinte da una barretta verticale.

categoria grammaticale Di ogni lemma viene indicata la categoria grammaticale e, per sostantivi, aggettivi, pronomi e articoli, anche il genere. Se non è data alcuna indicazione del numero, si sottintende il singolare. Dei verbi si indica la costruzione transitiva, intransitiva, intransitiva pronominale o riflessiva.

indicazioni fono-morfologiche Sono racchiuse in parentesi quadre subito dopo la categoria grammaticale; riguardano verbi, aggettivi e sostantivi.

Per i verbi, si indicano le forme irregolari della coniugazione. Nel caso di verbi dalla coniugazione regolare, si indicano altre forme solo per segnalare un'alternanza fonetica o grafica del tema della prima e seconda persona del presente indicativo (*io dico*, *tu dici*), o segnalare che la prima persona dell'indicativo presente è sdrucciola.

Per quanto riguarda gli aggettivi, le indicazioni segnalano: l'alternanza fonetica o grafica del tema nel passaggio dal singolare al plurale (p.e. *generico*, *-ci*); il passaggio dal maschile in *-tore* al femminile in *-trice*; il femminile plurale degli aggettivi che hanno il maschile singolare in *-cio*, *-gio*, *-scio* (p.e. *malvagio*, *-gie* o *-ge*); le forme irregolari dei comparativi e dei superlativi, accanto a quelle regolari (p.e. *buono*, *più buono* o *migliore*, *buonissimo* o *ottimo*).

Nel caso dei sostantivi, fra parentesi quadre sono riportati: i plurali irregolari (*dio*, *dei*); il plurale dei sostantivi maschili in -a (*asceta*, *-ti*); i plurali di genere diverso che si riferiscono alla stessa forma del singolare (*muro*, *mura*, *muri*); l'alternanza grafica o fonetica del tema nel passaggio dal singolare al plurale (*psicologo*, *-gi*); i plurali dei sostantivi femminili in -gia, -cia, -scia con i non accentata, e in -o e -ie (*pancia*, *-e*; *mano*, *mani*); i plurali dei nomi composti per cui potrebbe esservi qualche incertezza (*capostazione*, *capistazione*); i femminili dei nomi mobili (*dottore*, *-essa*).

indicatori Per indicatori si intendono quelle informazioni, racchiuse tra parentesi tonde e in carattere corsivo, relative a: registro espressivo del lemma (*fam.*, *com. ecc.*); settore di appartenenza (*zool.*, *fis. ecc.*); ambito geografico (*region.*, *tosc. ecc.*). Tra parentesi tonde sono anche segnalati i significati nati come estensione o come traslati del significato principale del lemma (*estens.*, *fig.*).

avverbi Gli avverbi in *-mente* sono dati come sottolemmi alla fine della trattazione dell'aggettivo a cui si riferiscono. Se il loro significato è immediatamente ricavabile da quello dell'aggettivo, non viene data alcuna definizione (*astuto* e *astutamente*). Gli avverbi autonomi o non immediatamente riconducibili a un aggettivo sono trattati come voci indipendenti.

prefissi Hanno un'entrata autonoma tutti quegli elementi che concorrono, come primo elemento alla formazione di parole composte (*mega-*, *zoo-*).

parole straniere Il dizionario registra le parole straniere affermatesi nella lingua italiana.

segni speciali

| introduce definizioni o locuzioni che si discostano dal significato di base per particolarità di contenuto o di tono.

♦ distingue le categorie grammaticali all'interno della stessa voce e l'uso transitivo del verbo da quello intransitivo o intransitivo pronominale ecc.

□ introduce l'avverbio in *-mente*.

® si appone ai nomi coperti da brevetto o marchio.

abbr.	abbreviato, abbreviazione
a.C.	avanti Cristo
accr.	accrescitivo
aer.	aeronautica
agg.	aggettivo, aggettivale
agr.	agricoltura
ammin.	amministrazione, amministrativo.
anat.	anatomia
ant.	antico, anticamente
antifr.	antifrasi, antifrastico
antiq.	antiquato
antrop.	antropologia
ar.	arabo
arald.	araldica
arch.	architettura
archeol.	archeologia
art.	articolo, articolato
assol.	assoluto, assolutamente
astr.	astronomia
aus.	ausiliare
aut.	automobile, automobilismo
avv.	avverbio, avverbiale, avverbialmente
banc.	banca, bancario
biol.	biologia, biologico
bot.	botanica
burocr.	burocratico
ca	circa
card.	cardinale
chim.	chimica
cin.	cinese
cine.	cinematografia
class.	classico
com.	comune, comunemente
comm.	commercio, commerciale
comp.	composto
compar.	comparativo
compl.	complemento
cond.	condizionale
cong.	congiunzione
congiunt.	congiuntivo
d.C.	dopo Cristo
deriv.	derivato
determ.	determinativo
dial.	dialettale
dif.	difettivo
dim.	diminutivo
dimostr.	dimostrativo
dir.	diritto
ebr.	ebraico
ecc.	eccetera
eccl.	ecclesiastico
ecol.	ecologia
econ.	economia, economico
edil.	edilizia
elettr.	elettrologia, elettrotecnica
elettron.	elettronica
escl.	esclamazione, esclamativo
estens.	estensione, estensivamente
etnol.	etnologia
eufem.	eufemismo, eufemistico
f.	femminile
fam.	familiare, familiarmente
farm.	farmacia, farmacologia
fig.	figurato, figuratamente
filol.	filologia
filos.	filosofia
fin.	finanza
fis.	fisica
fisiol.	fisiologia
foto.	fotografia
fr.	francese
fut.	futuro
gastr.	gastronomia
geog.	geografia
geol.	geologia
geom.	geometria
ger.	gerundio
gerg.	gergale, gergalmente
giapp.	giapponese
giorn.	giornalismo
gramm.	grammatica
imp.	imperativo
imperf.	imperfetto
impers.	impersonale, impersonalmente
ind.	industria, industriale
indef.	indefinito
indeterm.	indeterminativo
indic.	indicativo
inf.	infinito
inform.	informatica
ing.	ingegneria
ingl.	inglese
inter.	interiezione, interiettivo.
interr.	interrogativo
intr.	intransitivo
invar.	invariabile
iperb.	iperbolico, iperbolicamente
iron.	ironico, ironicamente
it.	italiano, italianizzato

lat.	latino
lett.	letterario
ling.	linguistica
lit.	liturgia
loc.	locuzione
lomb.	lombardo
m.	maschile
mar.	marina, marinaresco
mat.	matematica
mecc.	meccanica
med.	medicina
merid.	meridionale
metall.	metallurgia
meteor.	meteorologia
metr.	metrica
mil.	militare
min.	mineralogia
mit.	mitologia
mus.	musica, musicale
napol.	napoletano
nord.	nordico
num.	numerale
ogg.	oggetto
ol.	olandese
onom.	onomatopea, onomatopeico
ord.	ordinale
paleogr.	paleografia
part.	participio
partic.	particolare, particolarmente
pass.	passato
p.e.	per esempio
pedag.	pedagogia
pegg.	peggiorativo
pers.	persona, personale
pitt.	pittura
pl.	plurale
poet.	poetico
polit.	politica
pop.	popolare
port.	portoghese
poss.	possessivo
prep.	preposizione, prepositivo
pres.	presente
pron.	pronome, pronominale, pronominalmente
prop.	proposizione
prov.	proverbio
provenz.	provenzale
psich.	psichiatria
psicoan.	psicoanalisi
psicol.	psicologia
qlco.	qualcosa
qlcu.	qualcuno
rec.	reciproco
region.	regionale
rel.	relativo
relig.	religione
rem.	remoto
ret.	retorica
rifl.	riflessivo, riflessivamente
roman.	romanesco
s.	sostantivo
scherz.	scherzoso, scherzosamente
scient.	scientifico
scult.	scultura
sec., secc.	secolo, secoli
sett.	settentrionale
sign.	significato
sim.	simile, similmente
sing.	singolare
sociol.	sociologia
sogg.	soggetto
sost.	sostantivato, sostantivo
sp.	spagnolo
spec.	specialmente
spreg.	spregiativo
st.	storia, storico
stat.	statistica
superl.	superlativo
sved.	svedese
teat.	teatro, teatrale
tecn.	tecnica, tecnologia
ted.	tedesco
telecom.	telecomunicazioni
teol.	teologia
tess.	tessile
tip.	tipografia
tosc.	toscano
tr.	transitivo
tronc.	troncamento, troncato
tv	televisione
urban.	urbanistica, urbanistico
v.	verbo
vet.	veterinaria
vezz.	vezzeggiativo
volg.	volgare, volgarmente
zool.	zoologia
zootec.	zootecnia

Aa

a *s.f* o *m.* prima lettera dell'alfabeto, che rappresenta la vocale di massima apertura.
a *prep.* [davanti a parola che comincia con a- si ha nell'uso scritto normalmente **ad**] **1** esprime una relazione di termine o di destinazione, il punto di arrivo di un'azione **2** introduce una specificazione di luogo; moto a luogo.
a -1 davanti a vocale an-, prefisso che indica 'mancanza, privazione'.
a -2 davanti a vocale ad-, prefisso che esprime 'avvicinamento, direzione, addizione'.
àbaco *s.m.* [pl.m. *-chi*] libretto che tratta i primi elementi di aritmetica | strumento per calcoli elementari.
abàte *s.m.* il superiore di un'abbazia o di un monastero.
abàt-jour *s.m.invar.* (*fr.*) paralume.
abbacchiàto *agg.* (*fam.*) abbattuto, avvilito ♦ **-rsi** *v.rifl.*
abbàcchio *s.m.* (*region.*) agnello da latte macellato.
abbacinàre *v.tr.* [*io abbàcino ecc.*] offendere la vista con luce troppo viva.
abbagliànte *agg.* che abbaglia | *fari abbaglianti*, (*aut.*) quelli che illuminano la strada in profondità.
abbagliàre *v.tr.* [*io abbàglio ecc.*] offendere la vista con luce troppo viva | (*fig.*) ingannare, illudere.
abbàglio *s.m.* (*fig.*) errore, svista.
abbaiàre *v.intr.* [*io abbàio ecc.*; aus. *avere*] detto del cane, emettere il proprio verso | *prov.*: *can che abbaia non morde*, chi minaccia e strepita non fa danno.
abbaìno *s.m.* **1** piccola costruzione sopra il tetto dotata di finestra **2** soffitta abitabile.
abbandonàre *v.tr.* [*io abbandóno ecc.*] **1** lasciare definitivamente o per lungo tempo **2** lasciare senza aiuto **3** interrompere, ritirarsi ♦ **-rsi** *v.rifl.* **1** lasciarsi andare (anche *fig.*) **2** distendersi, rilassarsi.
abbandonàto *agg.* **1** lasciato definitivamente | privo di aiuto **2** non frequentato; incolto.
abbandóno *s.m.* **1** l'essere abbandonato **2** (*estens.*) incuria **3** rinuncia a portare a termine **4** (*sport*) il ritirarsi da una competizione.
abbarbicàre *v.intr.* [*io abbàrbico, tu abbàrbichi ecc.*; aus. *avere*] ♦ **-rsi** *v.intr. pron.* attaccarsi con radici al terreno | (*estens.*) fissarsi saldamente a qlco.
abbassalìngua *s.m.invar.* (*med.*) strumento per tenere abbassata la lingua.
abbassaménto *s.m.* l'abbassare; diminuzione.
abbassàre *v.tr.* **1** mettere qlco. più in basso **2** ridurre, diminuire: — *un muro, i prezzi* **3** chinare ♦ **-rsi** *v.rifl.* o *intr.pron.* **1** chinarsi **2** (*fig.*) umiliarsi.
abbàsso *inter.* espressione di avversione.
abbastànza *avv.* **1** a sufficienza **2** alquanto, piuttosto ♦ *agg. invar.*
abbàttere *v.tr.* **1** far cadere **2** demolire, distruggere (anche *fig.*) **3** (*fig.*) deprimere, avvilire ♦ **-rsi** *v.intr. pron.* **1** cadere **2** (*fig.*) scoraggiarsi.
abbattiménto *s.m.* **1** l'abbattere **2** (*fig.*) avvilimento.
abbazìa *s.f.* comunità monastica retta da un abate | il complesso degli edifici occupati da tale comunità.
abbecedàrio *s.m.* sillabario.
abbelliménto *s.m.* ornamento.
abbellìre *v.tr.* [*io abbellisco, tu abbellisci ecc.*] far bello; adornare.
abbeveràre *v.tr.* [*io abbévero ecc.*] far bere il bestiame ♦ **-rsi** *v.rifl.* (*lett.*) dissetarsi (anche *fig.*).
abbeveratóio *s.m.* vasca per abbeverare il bestiame.
abbiccì *s.m.* le prime nozioni di una disciplina.
abbiènte *agg.* e *s.m.* e *f.* che/chi possiede una certa ricchezza; benestante.
abbigliaménto *s.m.* l'abbigliare, l'abbigliarsi; le cose usate per abbigliarsi.
abbigliàre *v.tr.* [*io abbiglio ecc.*] vestire con

cura e raffinatezza ♦ **-rsi** *v.rifl.* vestirsi con cura.
abbinaménto *s.m.* l'abbinare.
abbinàre *v.tr.* unire, associare due a due.
abbindolaménto *s.m.* l'abbindolare, l'essere abbindolato; raggiro.
abbindolàre *v.tr.* [*io abbìndolo ecc.*] raggirare, imbrogliare.
abboccaménto *s.m.* colloquio importante o riservato.
abboccàre *v.intr.* [*io abbócco, tu abbócchi ecc.*; aus. *avere*] **1** afferrare l'esca con la bocca (detto di pesci) **2** (*fig.*) cadere in un inganno ♦ *v.tr.* far combaciare (tubi, condotti e sim.) ♦ **-rsi** *v.rifl.rec.* (*non com.*) incontrarsi per un colloquio.
abboccàto *agg.* si dice di vino che tende al dolce; amabile.
abbonaménto *s.m.* pagamento anticipato di un servizio o di una pubblicazione periodica | (*estens.*) l'importo dell'abbonamento.
abbonàre[1] *v.tr.* [*io abbuòno ecc., noi abboniamo ecc.*] condonare un debito.
abbonare[2] *v.tr.* [*io abbòno ecc.*] fare un abbonamento a favore di qlcu. ♦ **-rsi** *v.rifl.* contrarre un abbonamento.
abbondànte *agg.* **1** che è in grande quantità: *porzione —* **2** che ha gran quantità di qlco. □ **-mente** *avv.*
abbondànza *s.f.* grande quantità.
abbondàre *v.intr.* [*io abbóndo ecc.*; aus. *essere*; aus. *avere*] essere abbondante, in gran quantità.
abbordàbile *agg.* (*fig.*) avvicinabile, affrontabile.
abbordàre *v.tr.* [*io abbórdo ecc.*] **1** avvicinarsi con una nave al bordo di un'altra **2** (*fig. fam.*) avvicinare qlcu. per parlargli o proporgli qlco. **3** *— una curva*, imboccarla.
abbottonàre *v.tr.* [*io abbottóno ecc.*] infilare i bottoni nei corrispondenti occhielli ♦ **-rsi** *v.intr.pron.* chiudersi per mezzo di bottoni ♦ *v.rifl.* chiudere per mezzo di bottoni l'indumento indossato.
abbottonàto *agg.* (*fig.*, *fam.*) riservato.
abbottonatùra *s.f.* serie di bottoni e occhielli.
abbozzàre *v.tr.* [*io abbòzzo ecc.*] **1** dare una prima forma a un lavoro, un disegno, uno scritto **2** formulare a grandi linee.
abbòzzo *s.m.* **1** prima forma di un'opera **2** accenno.
abbracciàre *v.tr.* [*io abbràccio ecc.*] **1** cingere con le braccia **2** (*fig.*) comprendere, contenere **3** (*fig.*) dedicarsi a qlco. ♦ **-rsi** *v.intr.pron.* stringersi con le braccia ♦ *v.rifl.rec.* cingersi l'un l'altro con le braccia.
abbrancàre *v.tr.* [*io abbranco, tu abbranchi ecc.*] afferrare e tenere saldamente ♦ **-rsi** *v.rifl.* attaccarsi con forza.
abbreviàre *v.tr.* [*io abbrèvio ecc.*] rendere breve.
abbreviazióne *s.f.* l'abbreviare | forma accorciata di una parola.
abbrìvo o **abbrivio** *s.m.* **1** (*mar.*) la velocità che un natante acquista in fase iniziale **2** (*estens.*) impulso iniziale dato a un veicolo per metterlo in movimento **3** (*fig.*) inizio, avvio deciso.
abbronzànte *agg.* che abbronza ♦ *s.m.* prodotto che favorisce l'abbronzatura della pelle.
abbronzàre *v.tr.* [*io abbrónzo ecc.*] rendere bruna la pelle ♦ **-rsi** *v.rifl.* o *intr.pron.* esporsi al sole per rendere scura la pelle.
abbronzatùra *s.f.* l'aspetto di chi è abbronzato.
abbrustolìre *v.tr.* [*io abbrustolisco, tu abbrustolisci ecc.*]bruciare leggermente un alimento ♦ **-rsi** *v.rifl.* (*scherz.*) esporsi lungamente al sole.
abbrutìre *v.tr.* [*io abbrutisco, tu abbrutisci ecc.*] rendere simile a un bruto ♦ *v.intr.* [aus. *essere*] ♦ **-rsi** *v.intr.pron.* ridursi come un bruto: *lavora fino ad —*.
abbuffàrsi *v.rifl.* mangiare voracemente e in abbondanza.
abbuiàre *v.tr.* [*io abbùio ecc.*] oscurare ♦ *v.intr.impers.* [aus. *essere*] divenire buio ♦ **-rsi** *v.intr.pron.* divenire buio | (*fig.*) farsi scuro in volto, rattristarsi.
abbuòno *s.m.* **1** riduzione di un prezzo, un debito **2** (*sport*) riduzione di tempo concessa ai concorrenti più deboli.
abdicàre *v.intr.* [*io àbdico, tu àbdichi ecc.*; aus. *avere*] **1** rinunciare volontariamente al potere sovrano **2** (*estens.*) rinunciare a qlco.
aberrànte *agg.* anormale.
aberrazióne *s.f.* **1** deviazione dalla norma **2** (*med.*) anomalia, disfunzione **3** (*astr.*) spostamento apparente della posizione di un astro.
abetàia *s.f.* bosco d'abeti.
abéte *s.m.* albero di alto fusto resinoso, a chioma piramidale, con foglie aghiformi sempreverdi.
abiètto *agg.* spregevole, ignobile.
abiezióne *s.f.* condizione degradante.
abigeàto *s.m.* (*dir.*) furto di bestiame.
àbile *agg.* **1** idoneo: *— al servizio militare* **2** esperto, capace **3** scaltro | fatto con astuzia □ **-mente** *avv.*
abilità *s.f.* **1** l'essere abile; bravura **2** scaltrezza.
abilitàre *v.tr.* [*io abìlito ecc.*] **1** rendere abile **2** riconoscere legalmente idoneo a una

funzione ♦ **-rsi** *v.rifl.* conseguire un'abilitazione.
abilitazióne *s.f.* (*dir.*) riconoscimento legale a svolgere una data funzione o esercitare una professione.
abiòtico *agg.* [pl.m. *-ci*] (*biol.*) che non consente alcuna forma di vita.
abissàle *agg.* **1** degli abissi marini **2** (*fig.*) enorme, spropositato.
abìsso *s.m.* **1** profondità grandissima; baratro, voragine: *essere sull'orlo dell'—,* (*fig.*) vicino alla rovina **2** (*fig.*) enorme distanza o differenza **3** (*fig.*) quantità grandissima.
abitàbile *agg.* che si può abitare.
abitabilità *s.f.* l'insieme dei requisiti previsti dalla legge che rendono abitabile un edificio o una casa.
abitàcolo *s.m.* negli autoveicoli, lo spazio destinato alle persone.
abitànte *s.m.* e *f.* chi abita in un luogo.
abitàre *v.tr.* [*io àbito ecc.*] **1** avere come dimora **2** avere come ambiente naturale ♦ *v.intr.* [aus. *avere*] risiedere.
abitàto *agg.* popolato, frequentato ♦ *s.m.* l'area dove si addensano le abitazioni.
abitazióne *s.f.* edificio in cui si abita.
àbito *s.m.* **1** vestito, veste degli ecclesiastici **2** atteggiamento: *— mentale.*
abituàle *agg.* che si fa per abitudine □ **-mente** *avv.*
abituàre *v.tr.* [*io abituo ecc.*] far prendere un'abitudine ♦ **-rsi** *v.rifl.* prendere un'abitudine.
abitudinàrio *agg.* e *s.m.* [f. *-a*] che/chi è attaccato alle proprie abitudini.
abitùdine *s.f.* **1** tendenza acquisita; consuetudine: *fare qlco. per —* **2** modo costante di operare: *l'— del fumo.*
abiùra *s.f.* ripudio pubblico e ufficiale di una religione o di una dottrina.
abiuràre *v.tr.* fare abiura di qlco.
ablazióne *s.f.* **1** (*geol.*) asportazione di materiale dal suolo terrestre opera del vento o delle acque **2** (*med.*) asportazione chirurgica.
abluzióne *s.f.* **1** lavaggio del corpo o di una sua parte **2** (*lit.*) lavacro purificatorio.
abnegazióne *s.f.* rinuncia al piacere o all'utile per il bene altrui.
abnòrme *agg.* fuori della norma.
abolìre *v.tr.* [*io abolisco, tu abolisci ecc.*] sopprimere, abrogare (*estens.*) eliminare.
abolizióne *s.f.* l'abolire; soppressione.
abolizionìsmo *s.m.* movimento tendente ad abolire norme, leggi o consuetudini.
abominévole *agg.* che suscita forte riprovazione; detestabile.
abomìnio *s.m.* sentimento di grande avversione e disprezzo.
aborìgeno *agg.* e *s.m.* [f. *-a*] (spec. *pl.*) che/chi è originario del paese o del luogo in cui abita; indigeno.
aborrìre *v.tr.* [*io aborrisco* (o *abòrro*), *tu aborrisci* (o *abòrri*) *ecc.*] (*lett.*) detestare ♦ *v.intr.* rifuggire con orrore da qlco.
abortìre *v.intr.* [*io abortisco, tu abortisci ecc.*; aus. *avere* nel sign. proprio, *essere* in quello fig.] **1** avere un aborto **2** (*fig.*) fallire sul nascere.
abortìvo *agg.* che provoca l'aborto.
abòrto *s.m.* **1** interruzione della gravidanza **2** (*fig., spreg.*) persona o cosa fatta male, imperfetta.
abrasióne *s.f.* **1** raschiatura **2** (*geol.*) azione di erosione **3** (*tecn.*) asportazione di materiale mediante abrasivi **4** (*med.*) escoriazione superficiale della cute.
abrasìvo *s.m.* ogni materiale granuloso di elevata durezza usato per levigare ♦ *agg.*
abrogàre *v.tr.* [*io àbrogo, tu àbroghi ecc.*] (*dir.*) annullare, revocare una legge.
abrogatìvo *agg.* che ha il fine di abrogare.
abrogazióne *s.f.* (*dir.*) l'abrogare, l'essere abrogato.
àbside *s.f.* (*arch.*) struttura semicircolare o poligonale in fondo alla navata nelle chiese cristiane e nelle basiliche romane.
abstract *s.m.invar.* (*ingl.*) breve sunto.
abulìa *s.f.* mancanza di volontà.
abùlico *agg.* [pl.m. *-ci*] privo di volontà.
abusàre *v.intr.* [aus. *avere*] fare un uso cattivo, illecito o smodato.
abusivìsmo *s.m.* pratica sistematica dell'abuso | *— edilizio*, costruzione illegale di edifici.
abusìvo *agg.* **1** fatto con abuso, senza averne il diritto **2** che esercita un'attività senza esserne autorizzato □ **-mente** *avv.*
abùso *s.m.* **1** uso cattivo, smodato di qlco. **2** uso di un diritto o di un potere oltre i limiti stabiliti dalla legge.
acàcia *s.f.* [pl. *-cie*] pianta arborea spinosa con fiori bianchi.
acànto *s.m.* **1** pianta erbacea perenne **2** motivo ornamentale del capitello corinzio.
àcari *s.m.pl.* (*zool.*) parassiti di uomini, animali e piante.
acattòlico *agg.* e *s.m.* [f. *-a*; pl.m. *-ci*] non cattolico.
àcca *s.m.invar.* o *f.* [*pl.invar.* o *acche*] nome dell'ottava lettera dell'alfabeto | (*fig.*) nulla.
accadèmia *s.f.* **1** istituzione volta a incrementare lo studio delle lettere, delle arti o delle scienze **2** istituto d'insegnamento superiore **3** pura esibizione di stile.
accadèmico *agg.* [pl.m. *-ci*] **1** relativo a un'accademia **2** che si riferisce all'univer-

sità **3** astratto, ozioso: *discorso* — ♦ *s.m.* membro di un'accademia □ **-mente** *avv.*
accadére *v.intr.* [coniugato come *cadere*; aus. *essere*] capitare, succedere.
accadùto *s.m.* ciò che è avvenuto.
accalappiàcani *s.m.invar.* addetto alla cattura di cani randagi.
accalappiàre *v.tr.* [*io accalàppio ecc.*] **1** prendere con un laccio **2** (*fig.*) ingannare, circuire: *farsi* —.
accalcàrsi *v.intr.pron.* [*io mi accalco, tu ti accalchi ecc.*] affollarsi, far ressa.
accaldàto *agg.* che ha preso molto caldo.
accaloràrsi *v.rifl.* [*io mi accalóro ecc.*] infervorarsi.
accampaménto *s.m.* **1** alloggiamento di truppe al riparo di tende **2** alloggiamento all'aperto di persone.
accampàre *v.tr.* **1** far alloggiare persone sotto tende o all'aperto **2** (*fig.*) mettere innanzi ♦ **-rsi** *v.rifl.* disporsi in un accampamento.
accaniménto *s.m.* applicazione tenace | (*estens.*) ostinazione rabbiosa.
accanìrsi *v.intr.pron.* [*io mi accanisco, tu ti accanisci ecc.*] perseverare fermamente | (*estens.*) infierire con rabbia.
accanìto *agg.* | (*fig.*) ostinato, tenace.
accànto *avv.* vicino, di fianco ♦ *agg.invar.*
accantonaménto *s.m.* **1** somma accantonata **2** alloggiamento temporaneo.
accantonàre *v.tr.* [*io accantóno ecc.*] **1** lasciar da parte, rinviare **2** metter da parte.
accaparràre *v.tr.* **1** acquistare prodotti in gran quantità **2** (*estens.*) fare incetta.
accapigliàrsi *v.rifl.rec.* [*io mi accapiglio ecc.*] prendersi per i capelli | (*fig.*) litigare.
accappatóio *s.m.* indumento di spugna che si indossa dopo il bagno.
accapponàre *v.tr.* [io accappóno ecc.] castrare un galletto ♦ **-rsi** *v.intr.pron.* detto della pelle, incresparsi per freddo o per paura.
accarezzàre *v.tr.* [*io accarézzo ecc.*] **1** fare carezze **2** (*fig.*) vagheggiare:
accartocciàre *v.tr.* [*io accartòccio ecc.*] piegare a forma di cartoccio ♦ **-rsi** *v.intr.pron.* | spiegazzarsi.
accasàre *v.tr.* far sposare un figlio o una figlia ♦ **-rsi** *v.rifl.* sposarsi.
accasciàrsi *v.rifl.* lasciarsi cadere per mancanza di forze, per disperazione.
accasciàto *agg.* abbattuto, prostrato.
accatastàre[1] *v.tr.* ammucchiare | (*estens.*) disporre le cose una sull'altra: — *la legna.*
accatastare[2] *v.tr.* iscrivere nei registri catastali: — *un immobile.*
accattivànte *agg.* che mira a ottenere od ottiene benevolenza.
accattivàre *v.tr.* conquistare la stima altrui.
accattonàggio *s.m.* pratica di chi vive elemosinando.
accattóne *s.m.* [f. *-a*] chi vive di elemosine.
accavallàre *v.tr.* sovrapporre (anche *fig.*) ♦ **-rsi** *v.intr.pron.* accumularsi (anche *fig.*).
accecànte *agg.* abbagliante: *luce, riflesso* —.
accecàre *v.tr.* [*io accièco, tu accièchi ecc.*; in posizione tonica *-cie-*, in posizione atona *-ce-*] **1** rendere cieco **2** (*iperb.*) abbagliare **3** (*fig.*) offuscare ♦ **-rsi** *v.rifl.* o *intr.pron.* perdere la vista.
accèdere *v.intr.* [pres. *io accèdo ecc.*; pass.rem. *io accedètti*; aus. *essere*] entrare.
acceleraménto *s.m.* l'accelerare.
acceleràre *v.tr.* [*io accèlero ecc.*] rendere più veloce ♦ *v.intr.* [aus. *avere*] aumentare di velocità.
acceleràta *s.f.* accelerazione improvvisa.
acceleràto *agg.* più veloce del normale.
acceleratóre *s.m.* **1** dispositivo che determina un'accelerazione **2** (*mecc.*) pedale che regola il numero di giri del motore **3** (*fis.*) dispositivo che permette di aumentare la velocità di particelle atomiche o subatomiche ♦ *agg.* [f. *-trice*].
accelerazióne *s.f.* l'accelerare | (*fis.*) variazione di velocità nell'unità di tempo.
accèndere *v.tr.* [pres. *io accèndo ecc.*; pass.rem. *io accési, tu accendésti ecc.*; part.pass. *accéso*] **1** suscitare, applicare la fiamma **2** trasmettere energia elettrica a un apparecchio o un dispositivo per farlo funzionare **3** (*fig.*) suscitare **4** avviare un'operazione contabile o un atto giuridico ♦ **-rsi** *v.intr.pron.* **1** prendere fuoco **2** (*estens.*) diventare rosso **3** detto di un dispositivo elettrico, cominciare a funzionare **4** (*fig.*) infiammarsi.
accendìno *s.m.* (*fam.*) accendisigaro.
accendisìgaro o **accendisigari** *s.m.* [pl. *-ri* o *invar.*] apparecchio con fiamma a benzina o a gas per accendere sigari o sigarette.
accennàre *v.tr.* e *intr.* [*io accénno ecc.*; aus. dell'intr. *avere*] **1** esprimere con cenni **2** alludere **3** compiere l'atto di voler fare qlco.
accénno *s.m.* **1** cenno, allusione **2** indizio,
accentàre *v.tr.* [*io accènto ecc.*] segnare l'accento su una parola per indicare la sillaba tonica.
accentazióne *s.f.* il modo in cui si segnano o si fanno sentire gli accenti.
accènto *s.m.* **1** (*ling.*) rafforzamento della voce nella pronuncia di una sillaba | *por-*

re l'— su qlco., (*fig.*) metterla in evidenza **2** segno grafico usato per indicare l'accento **3** intonazione, cadenza nel modo di parlare.

accentraménto *s.m.* sistema amministrativo in cui le decisioni spettano agli organi centrali.

accentràre *v.tr.* [io accèntro ecc.] **1** radunare in un luogo **2** (*fig.*) riunire nelle proprie mani ♦ **-rsi** *v.intr.pron.* radunarsi, concentrarsi.

accentratóre *agg.* e *s.m.* [f. -trice] che/chi accentra.

accentuàre *v.tr.* [io accèntuo ecc.] **1** dare rilievo **2** (*fig.*) accrescere; aggravare ♦ **-rsi** *v.intr.pron.* accrescersi, aumentare.

accentuàto *agg.* evidente, marcato □ **-mente** *avv.*

accerchiaménto *s.m.* **1** l'accerchiare **2** (*mil.*) manovra di truppe tendente a circondare lo schieramento nemico.

accerchiàre *v.tr.* eseguire una manovra di accerchiamento.

accertàbile *agg.* che si può accertare.

accertaménto *s.m.* **1** controllo **2** determinazione da parte dell'autorità finanziaria dell'ammontare dell'imposta a carico del contribuente.

accertàre *v.tr.* [io accèrto ecc.] verificare, controllare ♦ **-rsi** *v.rifl.* assicurarsi.

accéso *agg.* **1** che brucia **2** (*fig.*) eccitato; appassionato **3** che è in funzione **4** di colore intenso, vivace.

accessìbile *agg.* **1** raggiungibile | *prezzo —,* (*fig.*) modico **2** (*fig.*) comprensibile.

accèsso *s.m.* **1** ingresso (anche *fig.*) **2** impulso violento **3** (*inform.*) insieme di operazioni necessarie per entrare in collegamento con una memoria, un archivio, un'unità periferica.

accessòrio *agg.* secondario, complementare ♦ *s.m.* ciò che serve a completare qlco. migliorandone la funzionalità o l'aspetto □ **-mente** *avv.*

accétta *s.f.* attrezzo costituito da un ferro trapezoidale con bordo tagliente e da un manico di legno.

accettàbile *agg.* discreto, passabile.

accettàre *v.tr.* [io accètto ecc.] **1** accogliere, ammettere **2** approvare | sopportare.

accettazióne *s.f.* locale in cui si accettano domande, si ricevono clienti, ammalati.

accètto *agg.* ricevuto volentieri; gradito.

accezióne *s.f.* (*ling.*) ciascuno dei diversi significati che può assumere un vocabolo.

acchiappafàrfalle *s.m. invar.* **1** retino per catturare le farfalle **2** persona inconcludente.

acchiappàre *v.tr.* **1** afferrare rapidamente **2** (*fam.*) sorprendere sul fatto ♦ **-rsi** *v.rifl.* afferrarsi ♦ *v.rifl.rec.* prendersi l'un l'altro.

acchitàre *v.tr.* nel gioco del biliardo, iniziare il gioco mandando la palla o il pallino in un punto svantaggioso per l'avversario.

acchìto *s.m.* nel gioco del biliardo, la mossa con cui un giocatore acchita la palla | *d'—, di primo —,* (*fig.*) al primo tentativo, subito.

acciaccàre *v.tr.* [io acciacco, tu acciacchi ecc.] (*fam.*) sformare una cosa comprimendola; schiacciare.

acciàcco *s.m.* [pl. -chi] disturbo fisico cronico.

acciaierìa *s.f.* impianto industriale per la produzione dell'acciaio.

acciàio *s.m.* **1** lega di ferro e carbonio ottenuta dalla ghisa allo stato fuso **2** come simbolo di resistenza: *volontà d'—.*

acciambellàrsi *v.rifl.* [io mi acciambèllo ecc.] disporsi a ciambella; raggomitolarsi.

acciarìno *s.m.* **1** piccolo strumento d'acciaio da battere sulla pietra focaia per accendere l'esca **2** nome generico di strumenti che servono a provocare un'accensione **3** pezzo di ferro infilato nel mozzo della ruota di un carro.

accidentàle *agg.* **1** dovuto al caso **2** (*filos.*) non essenziale **3** (*dir.*) si dice di elemento non essenziale al negozio giuridico.

accidentàto *agg.* irregolare, pieno di ostacoli, disuguale.

accidènte *s.m.* **1** avvenimento imprevisto e spiacevole **2** (*med.*) manifestazione morbosa improvvisa **3** (*filos.*) qualità accessoria di qlco. **4** (*estens.*) dettaglio insignificante.

accidènti *inter.* espressione di meraviglia, ira.

accìdia *s.f.* **1** pigrizia **2** (*teol.*) indolenza nell'operare il bene.

accigliàrsi *v.intr.pron.* aggrottare le sopracciglia per preoccupazione, tristezza ecc.; oscurarsi in volto.

accigliàto *agg.* scuro in volto.

accìngersi *v.rifl.* apprestarsi a fare qlco.

acciottolàto *s.m.* selciato di ciottoli.

acciottolìo *s.m.* rumore prodotto da stoviglie o altri oggetti che cozzano insieme.

acciuffàre *v.tr.* prendere chi cerca di fuggire.

acciùga *s.f.* **1** pesce di mare di piccole dimensioni, con dorso azzurro **2** (*fig.*) persona magra.

acclamàre *v.tr.* **1** approvare ad alta voce; applaudire **2** eleggere per acclamazione ♦ *v.intr.* [aus. avere] approvare ad alta voce.

acclamazióne *s.f.* **1** manifestazione col-

lettiva di consenso **2** consenso unanime espresso senza votazione.
acclimatàre *v.tr.* [*io acclìmato ecc.*] abituare a vivere in ambienti diversi da quelli di origine ♦ **-rsi** *v.rifl.* abituarsi ad ambienti diversi da quelli di origine | (*fig.*) assuefarsi.
acclimatazióne *s.f.* processo di adattamento a un ambiente geografico e climatico diverso da quello originario.
acclùdere *v.tr.* [pass.rem. *io acclusi, tu accludésti ecc.*; part.pass. *accluso*] includere, allegare.
acclùso *agg.* allegato.
accoccolàrsi *v.rifl.* [*io mi accòccolo ecc.*] piegarsi sulle ginocchia fin quasi a sedersi sui calcagni.
accodàrsi *v.rifl.* mettersi in fila dietro ad altri.
accogliènte *agg.* ospitale.
accoglièenza *s.f.* l'accogliere; il modo di accogliere.
accògliere *v.tr.* [coniugato come *cogliere*] **1** ricevere; ospitare **2** esaudire.
accogliménto *s.m.* accettazione.
accollàre *v.tr.* [*io accòllo ecc.*] addossare.
accollàto *agg.* si dice di abito chiuso fino al collo o di scarpa che copre il collo del piede.
accoltellàre *v.tr.* [*io accoltèllo ecc.*] ferire a colpi di coltello.
accomandànte *s.m.* e *f.* socio di società in accomandita, che è responsabile nei limiti del capitale versato.
accomandatàrio *s.m.* [f. *-a*] (*dir.*) socio di società in accomandita con responsabilità illimitata riguardo agli obblighi societari.
accomàndita *s.f.* tipo di società commerciale i cui soci si distinguono in due categorie (accomandatari e accomandanti).
accomiatàre *v.tr.* dare commiato, congedare ♦ **-rsi** *v.rifl.* congedarsi.
accomodaménto *s.m.* accordo a cui giungono due parti in contrasto.
accomodànte *agg.* conciliante.
accomodàre *v.tr.* [*io accòmodo ecc.*] **1** rimettere in buono stato; aggiustare **2** (*fig.*) appianare ♦ **-rsi** *v.rifl.* mettersi a proprio agio; mettersi a sedere.
accomodazióne *s.f.* (*fisiol.*) proprietà dell'occhio di mettere a fuoco oggetti a diverse distanze.
accompagnamènto *s.m.* **1** l'accompagnare **2** ciò che si allega a una cosa **3** (*mus.*) insieme degli elementi che danno ambientazione armonica alla parte principale.
accompagnàre *v.tr.* **1** seguire per amicizia, cortesia o protezione **2** (*fig.*) seguire: — *qlcu. con lo sguardo* **3** unire una cosa all'altra **4** (*mus.*) eseguire un accompagnamento ♦ **-rsi** *v.rifl.* o *intr.pron.* **1** unirsi come compagno **2** armonizzarsi.
accomunàre *v.tr.* **1** mettere in comune **2** rendere simile; unire spiritualmente.
acconciàre *v.tr.* accomodare con arte o eleganza; adornare ♦ **-rsi** *v.rifl.* accomodarsi i capelli; abbellirsi.
acconciatùra *s.f.* modo di acconciare o di ornare i capelli.
accondiscendènte *agg.* condiscendente.
accondiscéndere *v.intr.* [coniugato come *scendere*; aus. *avere*] acconsentire.
acconsentìre *v.intr.* [*io acconsènto ecc.*; aus. *avere*] dare il proprio consenso.
accontentàre *v.tr.* [*io accontènto ecc.*] rendere contento; soddisfare ♦ **-rsi** *v.intr. pron.* ritenersi soddisfatto.
accónto *s.m.* pagamento parziale anticipato di un dato prezzo.
accoppàre *v.tr.* [*io accòppo ecc.*] (*pop.*) uccidere.
accoppiaménto *s.m.* **1** l'accoppiare, l'accoppiarsi (anche *fig.*) **2** (*biol.*) unione di individui di sesso opposto.
accoppiàre *v.tr.* [*io accòppio ecc.*] **1** congiungere, unire in coppia (anche *fig.*) **2** far unire il maschio di un animale con la femmina ♦ **-rsi** *v.rifl.* unirsi in coppia ♦ *v.rifl. rec.* congiungersi sessualmente.
accoppiàta *s.f.* nell'ippica, scommessa che si effettua su due cavalli per la vittoria di uno e il secondo posto dell'altro.
accoraménto *s.m.* afflizione, tristezza.
accoràre *v.tr.* [*io accòro ecc.*] rattristare ♦ **-rsi** *v.rifl.* addolorarsi profondamente.
accoràto *agg.* addolorato, afflitto.
accorciàre *v.tr.* [*io accórcio ecc.*] rendere più corto; abbreviare ♦ **-rsi** *v.intr.pron.* diventare più corto.
accordàre *v.tr.* **1** mettere d'accordo **2** (*mus.*) portare uno strumento all'intonazione esatta **3** concedere ♦ **-rsi** *v. rifl.rec.* mettersi d'accordo ♦ *v. intr.pron.* essere conforme, armonizzarsi.
accordàto *agg.* (*mus.*) portato alla giusta intonazione.
accordatóre *s.m.* [f. *-trice*] chi accorda strumenti musicali.
accòrdo *s.m.* **1** concordia; armonia di volontà, di sentimenti **2** (*mus.*) combinazione armonica di più suoni **3** (*dir.*) incontro di due o più volontà per dar vita a un rapporto giuridico.
accòrgersi *v.intr.pron.* [pres. *io mi accòrgo, tu ti accòrgi ecc.*; pass.rem. *io mi accòrsi, tu ti accorgésti ecc.*; part.pass. *accòrto*] scorgere improvvisamente, avvedersi | (*fig.*) rendersi conto.

accorgiménto *s.m.* **1** prontezza nell'accorgersi **2** espediente ingegnoso.
accorpàre *v.tr.* [*io accòrpo ecc.*] riunire cose, strutture prima separate.
accórrere *v.intr.* [coniugato come *correre*; aus. *essere*] correre verso un luogo, specialmente per portare aiuto.
accortézza *s.f.* astuzia, cautela.
accòrto *agg.* prudente, avveduto.
accosciàrsi *v.rifl.* [*io mi accòscio ecc.*] abbassarsi piegandosi sulle gambe.
accostaménto *s.m.* l'accostare, l'accostarsi (anche *fig.*).
accostàre *v.tr.* [*io accòsto ecc.*] avvicinare | — *la porta*, socchiuderla ♦ *v.intr.* [aus. *avere*] avvicinare il fianco di un'imbarcazione a quello di un'altra o a una struttura fissa ♦ **-rsi** *v.rifl.* o *intr. pron.* avvicinarsi (anche *fig.*); — *ai sacramenti*, riceverli.
accòsto *avv.* vicino, da presso, a lato.
accovacciàrsi *v.rifl.* [*io mi accovàccio ecc.*] rannicchiarsi.
accozzàglia *s.f.* insieme disordinato di persone o cose.
accozzàre *v.tr.* [*io accòzzo ecc.*] mettere insieme senza ordine.
accreditaménto *s.m.* **1** l'accreditare **2** (*comm., banc.*) operazione contabile con cui una banca o un altro ente mette a disposizione di qlcu. una somma.
accreditàre *v.tr.* [*io accrédito ecc.*] **1** dare credito, avvalorare **2** provvedere un agente diplomatico di lettere credenziali **3** (*comm., banc.*) operare un accreditamento.
accreditàto *agg.* **1** che gode credito **2** munito di lettere credenziali ♦ *s.m.* [f. *-a*] (*banc.*) chi ha un credito bancario aperto.
accrédito *s.m.* (*comm., banc.*) accreditamento.
accréscere *v.tr.* [coniugato come *crescere*] rendere maggiore; aumentare ♦ **-rsi** *v.intr.pron.* aumentare.
accresciménto *s.m.* **1** l'accrescere, l'accrescersi; aumento **2** (*biol.*) aumento nel tempo delle dimensioni di un organismo.
accrescitìvo *agg.* che accresce, che ha capacità di accrescere ♦ *s.m.* (*gramm.*) forma alterata di un sostantivo o di un aggettivo, che si ottiene mediante aggiunta del suffisso *-one* per il m., *-ona* per il f.
accucciàrsi *v.rifl.* [*io mi accùccio ecc.*] detto di cani, mettersi nella cuccia | riferito a persona, rannicchiarsi.
accudìre *v.intr.* [*io accudisco, tu accudisci ecc.*; aus. *avere*] attendere con cura a un lavoro ♦ *v.tr.* assistere; aver cura di.
acculturàre *v.tr.* (*etnol., sociol.*) far compiere un processo di acculturazione ♦ **-rsi** *v.rifl.* compiere un processo di acculturazione.
acculturazióne *s.f.* (*sociol.*) processo d'integrazione a una cultura dominante.
accumulàbile *agg.* che si può accumulare.
accumulàre *v.tr.* raccogliere in quantità | (*assol.*) mettere da parte denaro ♦ **-rsi** *v.intr.pron.* ammassarsi (anche *fig.*).
accumulatóre *s.m.* (*tecn.*) apparecchio che accumula e conserva energia elettrica, meccanica o termica in modo che si possa poi utilizzare.
accuratézza *s.f.* attenzione scrupolosa nel fare qlco.
accuràto *agg.* **1** fatto con cura, con attenzione **2** che opera con diligenza e precisione □ **-mente** *avv.*
accùsa *s.f.* **1** attribuzione di una colpa: **2** (*dir.*) imputazione | *pubblica* —, il magistrato che sostiene il ruolo di pubblico ministero.
accusàre *v.tr.* **1** rivolgere un'accusa a qlcu. **2** denunciare all'autorità giudiziaria **3** rivelare, manifestare ♦ **-rsi** *v.rifl.* dichiararsi colpevole.
accusàto *s.m.* [f. *-a*] chi è in stato di accusa; imputato.
acèfalo *agg.* senza capo.
acèrbo *agg.* **1** non maturo (anche *fig.*) **2** acre, aspro (anche *fig.*) □ **-mente** *avv.* **1** con asprezza **2** dolorosamente.
acèrrimo *agg.* [superl. di *acre*] accanito, implacabile □ **-mente** *avv.*
acetàto *s.m.* (*chim.*) filato artificiale simile alla seta.
acetilène *s.m.* (*chim.*) idrocarburo gassoso incolore, usato come combustibile e per l'illuminazione.
acetilsalicìlico *agg.* [pl.m. *-ci*] (*chim.*) si dice di acido usato come anestetico, analgesigo, antinfiammatorio.
acéto *s.m.* prodotto della fermentazione del vino o di altri alcolici, usato come condimento.
acetóne *s.m.* **1** (*chim.*) liquido etereo, incolore, infiammabile, usato come solvente **2** (*med.*) prodotto del metabolismo dei grassi.
achèo *agg.* dell'Acaia, regione della Grecia antica e moderna.
acìclico *agg.* [pl.m. *-ci*] (*fis.*) si dice di fenomeno non periodico.
acidificàre *v.tr.* [*io acidìfico, tu acidìfichi ecc.*] rendere acido.
acidità *s.f.* **1** l'essere acido **2** (*fig.*) acredine, asprezza.
àcido *agg.* di sapore aspro, pungente | (*fig.*) astioso e malevolo ♦ *s.m.* **1** (*chim.*) sostanza solida, liquida o gassosa di sapo-

re pungente che, combinandosi con una base, dà un sale 2 sapore acre □ **-mente** *avv.* con astio e malevolmente.
acìdulo *agg.* 1 di sapore leggermente acido 2 (*fig.*) un poco pungente, aspro.
àcino *s.m.* chicco dell'uva.
àcme *s.f.* 1 punto culminante 2 (*med.*) lo stadio più acuto di una malattia.
àcne *s.f.* (*med.*) malattia della pelle caratterizzata dalla formazione di piccole pustole.
aconfessionàle *agg.* indipendente da ogni confessione religiosa.
acònito *s.m.* pianta erbacea medicinale.
àcqua *s.f.* 1 liquido trasparente inodore, insapore e incolore, composto di idrogeno e ossigeno | *fare* —, si dice di natante che imbarca acqua; (*fig.*) non funzionare, versare in cattive condizioni 2 (*estens.*) pioggia 3 in locuzioni fig.: *essere con l'— alla gola*, essere in difficoltà; operare invano, senza frutto | *— in bocca!*, non parlare, non rivelare nulla | *gettare — sul fuoco*, sdrammatizzare una situazione.
acquafòrte *s.f.* [pl. *acqueforti*] tecnica di incisione su lastre di rame o di zinco | la riproduzione a stampa così ottenuta.
acquamarìna *s.f.* [pl. *acquemarine*] pietra preziosa di colore verde-azzurrino.
acquaràgia *s.f.* liquido costituito da essenza di trementina greggia, usato come solvente.
acquàrio *s.m.* 1 vasca o sistema di vasche in cui si tengono in vita piante o animali acquatici 2 *Acquario*, costellazione e segno dello zodiaco.
acquasànta *s.f.* acqua benedetta.
acquasantièra *s.f.* recipiente di pietra o di marmo, grande e profondo, nel quale si conserva l'acqua santa per l'uso dei fedeli.
acquaticità *s.f.* (*sport*) attitudine, che varia da individuo a individuo, a muoversi nell'acqua.
acquàtico *agg.* [pl.m. *-ci*] che nasce o vive nell'acqua o in prossimità dell'acqua.
acquattàrsi *v.rifl.* rannicchiarsi, nascondersi.
acquavìte *s.f.* [pl. *acquaviti, acqueviti*] nome generico di bevande fortemente alcoliche.
acquazzóne *s.m.* pioggia improvvisa e impetuosa, ma di breve durata.
acquedótto *s.m.* l'insieme delle strutture necessarie per la raccolta, il trasporto e la distribuzione di acqua potabile.
àcqueo *agg.* della stessa natura dell'acqua.
acquerèllo *s.m.* tecnica pittorica che usa colori preparati con la gomma arabica e diluiti con acqua.
acquerùgiola *s.f.* pioggia minuta.
acquiescènte *agg.* remissivo.
acquietàre *v.tr.* [*io acquièto ecc.*] rendere quieto ♦ **-rsi** *v.rifl.* placarsi.
acquirènte *s.m.* e *f.* chi acquista.
acquisìre *v.tr.* [*io acquisisco, tu acquisisci ecc.*] venire in possesso di qlco.; acquistare (spec. *fig.*).
acquisìto *agg.* 1 acquistato, fatto proprio (anche *fig.*) 2 (*med.*) non congenito.
acquistàre *v.tr.* 1 venire in possesso di qlco. 2 (*fig.*) conseguire | affermarsi 3 (*sport*) ingaggiare ♦ *v.intr.* [aus. *avere*] migliorare.
acquìsto *s.m.* 1 l'acquistare, il fare proprio | fare compere 2 la cosa acquistata.
acquitrìno *s.m.* terreno con acqua stagnante.
acquolìna *s.f.* la salivazione provocata dalla vista di un cibo appetitoso.
àcre *agg.* [superl. *acerrimo*] agro, penetrante □ **-mente** *avv.*
acrèdine *s.f.* 1 l'essere acre 2 (*fig.*) astio.
acrìlico *agg.* [pl.m. *-ci*] (*chim.*) si dice di un acido organico insaturo liquido ottenuto da idrocarburi | *filato* —, ottenuto dalla polimerizzazione di tale acido | *colori acrilici*, fabbricati con resine acriliche.
acrìtico *agg.* [pl.m. *-ci*] privo di senso critico; dogmatico □ **-mente** *avv.*
acròbata *s.m.* e *f.* [pl.m. *-ti*] chi, nei circhi e nei varietà, si esibisce in esercizi di agilità ed equilibrio.
acrobàtico *agg.* [pl.m. *-ci*] di acrobata.
acrobazìa *s.f.* 1 esercizio di acrobata 2 movimento o manovra di eccezionale difficoltà.
acrocòro *s.m.* (*geog.*) altopiano circondato da catene montuose.
acrònimo *s.m.* parola formata da una o più lettere iniziali di altre parole; sigla.
acròpoli *s.f.* la parte più alta e fortificata delle antiche città greche.
acuìre *v.tr.* [*io acuisco, tu acuisci ecc.*] rendere acuto o più acuto (spec. *fig.*) ♦ **-rsi** *v.intr.pron.* farsi acuto o più acuto.
aculeàto *agg.* fornito di aculeo.
acùleo *s.m.* (*zool.*) organo difensivo e offensivo di alcuni animali; pungiglione.
acùme *s.m.* acutezza d'ingegno.
acuminàre *v.tr.* [*io acùmino ecc.*] rendere acuto, appuntito.
acuminàto *agg.* appuntito, acuto, aguzzo.
acùstica *s.f.* 1 parte della fisica che studia la generazione, la propagazione e la ricezione del suono 2 proprietà di un ambiente di propagare suoni senza alterarli.
acùstico *agg.* [pl.m. *-ci*] relativo all'acustica; che riguarda l'udito o il suono □ **-mente** *avv.*

acutézza *s.f.* **1** l'essere acuto **2** (*fig.*) prontezza d'intelligenza, perspicacia.
acutizzàre *v.tr.* rendere acuto ♦ **-rsi** *v.intr.pron.* passare allo stadio acuto, detto di malattia | (*fig.*) acuirsi.
acùto *agg.* **1** che ha la punta sottile; appuntito **2** (*fig.*) sottile, perspicace **3** (*fig.*) penetrante, intenso **4** (*med.*) si dice di malattia che insorge con violenza e ha decorso rapido ♦ *s.m.* (*mus.*) nota alta □ **-mente** *avv.* **1** intensamente **2** con acume.
adagiàre *v.tr.* [*io adàgio ecc.*] collocare, posare con riguardo ♦ **-rsi** *v.rifl.* **1** distendersi **2** (*fig.*) lasciarsi andare.
adàgio[1] *avv.* **1** senza fretta **2** con cautela ♦ *inter.* esortazione alla riflessione ♦ *s.m.invar.* (*mus.*) movimento di andamento intermedio tra il largo e l'andante.
adagio[2] *s.m.* proverbio.
adamantìno *agg.* (*lett.*) duro, inattaccabile, puro.
adamìtico *agg.* [pl.m. *-ci*] di Adamo | (*scherz.*) nudo.
adattàbile *agg.* che si può adattare.
adattaménto *s.m.* l'adattare o l'adattarsi a un ambiente | rielaborazione di un'opera per una rappresentazione scenica o un film.
adattàre *v.tr.* **1** rendere adatto a un uso **2** adeguare una cosa a un'altra ♦ **-rsi** *v.rifl.* conformarsi ♦ *v.intr.pron.* essere adatto.
adàtto *agg.* che ha i requisiti necessari per un determinato scopo.
addebitàre *v.tr.* [*io addébito ecc.*] ascrivere a debito (si contrappone ad *accreditare* | (*fig.*) attribuire, addossare.
addébito *s.m.* **1** attribuzione a debito **2** (*fig.*) attribuzione di responsabilità.
addèndo *s.m.* (*mat.*) ogni termine di una somma.
addensaménto *s.m.* l'addensare, l'addensarsi.
addensàre *v.tr.* [*io addènso ecc.*] (*non com.*) rendere denso ♦ **-rsi** *v.rifl.* o *intr.pron.* divenire denso; infittirsi.
addentàre *v.tr.* [*io addènto ecc.*] afferrare con i denti.
addentellàto *s.m.* **1** (*edil.*) insieme di risalti che si lasciano sul lato di un muro per collegarlo a un altro **2** (*fig.*) possibilità di connessione.
addentràrsi *v.rifl.* penetrare, inoltrarsi (anche *fig.*).
addéntro *avv.* nell'interno; in profondità.
addestraménto *s.m.* l'addestrare, l'addestrarsi, l'essere addestrato.
addéstrare *v.tr.* rendere abile; ammaestrare, esercitare ♦ **-rsi** *v.rifl.* esercitarsi in modo da diventare abile.
addétto *agg.* assegnato a un ufficio, incaricato di un lavoro ♦ *s.m.* [f. *-a*] chi esercita una particolare competenza presso una rappresentanza diplomatica.
addiàccio *s.m.* recinto all'aperto per il bestiame | all'adiaccio | per terra e all'aperto: *dormire all'—*.
addìo *inter.* espressione di saluto in un commiato definitivo ♦ *s.m.* (pl. *addìi*).
addirittùra *avv.* nientedimeno, persino.
addìrsi *v.intr.pron.* [coniugato come *dire*; si usa solo la terza persona sing. e pl. del pres. e imperf. indic. e congiunt.] confarsi.
additàre *v.tr.* indicare con il dito | (*fig.*) mostrare, esporre.
additìvo *s.m.* sostanza che si aggiunge a prodotti industriali per migliorarne certe caratteristiche.
addizionàle *agg.* aggiuntivo ♦ *s.f.* (*fin.*) imposta straordinaria.
addizionàre *v.tr.* [*io addizióno ecc.*] **1** (*mat.*) fare l'addizione **2** (*estens.*) aggiungere.
addizionatrìce *s.f.* macchina calcolatrice.
addizióne *s.f.* operazione aritmetica con cui si calcola la somma di due o più numeri.
addobbàre *v.tr.* [*io addòbbo ecc.*] adornare con paramenti; parare a festa.
addòbbo *s.m.* l'addobbare; paramento.
addolcìre *v.tr.* [*io addolcisco, tu addolcisci ecc.*] **1** rendere dolce **2** (*fig.*) attenuare ♦ **-rsi** *v.intr.pron.* diventare più dolce (spec. *fig.*).
addoloràre *v.tr.* [*io addolóro ecc.*] procurare dolore (in senso morale) ♦ **-rsi** *v.intr.pron.* provare dolore.
addòme *s.m.* nell'uomo, regione del corpo compresa fra il torace e il bacino.
addomesticàre *v.tr.* [*io addomèstico, tu addomèstichi ecc.*] **1** rendere domestico un animale selvatico **2** (*fig.*) manipolare con l'inganno.
addominàle *agg.* dell'addome.
addormentàre *v.tr.* [*io addorménto ecc.*] far dormire | (*estens.*) anestetizzare ♦ **-rsi** *v.intr.pron.* prendere sonno.
addormentàto *agg.* **1** che dorme (anche *fig.*) **2** (*fam.*) intorpidito **3** (*fig.*) fiacco.
addossàre *v.tr.* [*io addòsso ecc.*] **1** mettere addosso **2** (*fig.*) imputare, attribuire ♦ **-rsi** *v.rifl.* accostarsi, appoggiarsi.
addòsso *avv.* sulla persona, sulle spalle | *avere —*, indossare; (*fig.*) sentire | *farsela —*, fare i bisogni corporali nei vestiti; (*fig.*) farsi prendere dalla paura ♦ in unione con *a* forma la loc. prep. *— a* **1** assai vicino **2** su, sopra **3** contro ♦ *inter.* per incitare ad assalire qlcu.: *ecco il ladro, —!*
addùrre *v.tr.* [pres.indic. *io adduco, tu adduci ecc.*; fut. *io addurrò ecc.*; pass.rem. *io addussi, tu adducésti ecc.*; cond. *io addurrèi ecc.*; part.pass.

addótto] produrre, allegare; presentare a sostegno.
adeguaménto *s.m.* l'adeguare, l'adeguarsi.
adeguàre *v.tr.* [*io adéguo ecc.*] rendere congruo, adatto; conformare ♦ **-rsi** *v.rifl.* conformarsi, adattarsi (anche *assol.*).
adeguàto *agg.* proporzionato; idoneo, opportuno □ **-mente** *avv.*
adémpiere *v.tr.* [*io adémpio ecc.*] compiere, eseguire appieno | esaudire ♦ *v.intr.* [aus. *avere*] eseguire ♦ **-rsi** *v.intr.pron.* compiersi, avverarsi.
adempiménto *s.m.* **1** l'adempiere; compimento **2** (*dir.*) il compimento della prestazione a cui si è tenuti.
adeno- primo elemento di parole composte della terminologia medica, che significa 'ghiandola'.
adenòide *agg.* (*med.*) sviluppo ipertrofico del tessuto linfatico nelle cavità nasali o nella faringe ♦ *s.f.* (spec. *pl.*).
adenòma *s.m.* [pl. *-mi*] (*med.*) tumore epiteliale in genere benigno.
adèpto *s.m.* seguace di una dottrina, di un'ideologia, di una setta.
aderènte *agg.* che aderisce | (*fig.*) pertinente ♦ *s.m.* e *f.* chi partecipa a un'iniziativa, aderisce a un'associazione.
aderènza *s.f.* **1** l'essere aderente (anche *fig.*) **2** *pl.* (*fig.*) amicizie altolocate **3** (*med.*) formazione fibrosa che collega organi e tessuti normalmente disgiunti.
aderìre *v.intr.* [*io aderisco, tu aderisci ecc.*; aus. *avere*] **1** essere strettamente unito **2** (*fig.*) farsi seguace o sostenitore; accettare.
adescaménto *s.m.* **1** l'adescare **2** (*dir.*) reato commesso da chi si offre esplicitamente per atti sessuali mercenari.
adescàre *v.tr.* [*io adésco, tu adéschi ecc.*] (*fig.*) attirare qlcu. con lusinghe | commettere il reato di adescamento.
adesióne *s.f.* **1** l'aderire **2** (*fig.*) consenso, partecipazione.
adesìvo *agg.* che aderisce; che serve a far aderire ♦ *s.m.* sostanza che ha la proprietà di tenere unite due superfici in contatto.
adèsso *avv.* **1** in questo momento, ora | *per —*, per il momento | *da — in poi*, d'ora in poi, per il futuro | *fino —*, finora | *— —*, proprio in questo momento **2** poco fa, or ora **3** fra poco.
ad hoc *loc.avv.* (*lat.*) opportunamente, appositamente ♦ *loc.agg.invar.*
ad honorem *loc.agg.invar.* (*lat.*) si dice di cariche o titoli conferiti a titolo onorario.
adiacènte *agg.* che sta vicino, in prossimità; limitrofo, contiguo.
adiacènza *s.f.* (spec. *pl.*) l'essere adiacente; luogo adiacente.
adibìre *v.tr.* [*io adibisco, tu adibisci ecc.*] riservare a un determinato uso.
àdipe *s.m.* grasso accumulato nel corpo.
adiposità *s.f.* abnorme accumulo di grasso.
adipóso *agg.* grasso.
adiràrsi *v.intr.pron.* lasciarsi prendere dall'ira.
adìre *v.tr.* [*io adisco, tu adisci ecc.*; part.pass. *adìto*] (*dir.*) intraprendere (un'azione giudiziaria).
àdito *s.m.* (*lett.*) passaggio, accesso | provocare.
ad libitum *loc.avv.* (*lat.*) a volontà.
adocchiàre *v.tr.* [*io adòcchio ecc.*] guardare con interesse o desiderio.
adolescènte *agg.* proprio dell'adolescenza ♦ *s.m.* e *f.*
adolescènza *s.f.* **1** periodo della vita umana, compreso tra i dodici e i diciotto anni circa **2** l'insieme dei giovani che si trovano in tale età.
adolescenziàle *agg.* relativo all'adolescenza o agli adolescenti.
adombràrsi *v.intr.pron.* detto di cavallo, spaventarsi davanti a un'ombra | (*fig.*) di persona, offendersi.
adóne *s.m.* giovane bellissimo e fatuo.
adoperàre *v.tr.* [*io adòpero ecc.*] fare uso, impiegare, utilizzare: *— un coltello, le forbici*; *— le mani, il bastone,* picchiare, bastonare; *— il cervello,* ragionare, riflettere ♦ **-rsi** *v.rifl.* darsi da fare per riuscire in un intento.
adoràbile *agg.* degno di essere adorato | (*estens.*) si dice di persona o cosa molto amabile □ **-mente** *avv.*
adoràre *v.tr.* [*io adóro ecc.*] **1** tributare adorazione; riconoscere come divinità **2** (*estens.*) fare oggetto di grandissimo amore | (*fig.*) avere passione per qlcu. o qlco.
adoratóre *s.m.* [f. *-trice*] **1** chi adora **2** (*scherz.*) ammiratore, corteggiatore.
adorazióne *s.f.* **1** atto del venerare la divinità prostrandosi o inginocchiandosi davanti a essa o a ciò che la rappresenta **2** (*estens.*) amore grandissimo.
adornàre *v.tr.* [*io adórno ecc.*] rendere più bello con ornamenti; ornare.
adórno *agg.* abbellito con ornamenti.
adottàbile *agg.* che si può adottare.
adottàre *v.tr.* [*io adòtto ecc.*] **1** (*dir.*) assumere un figlio altrui in qualità di figlio legittimo **2** (*fig.*) far proprio; seguire **3** (*fig.*) prendere, attuare.
adottàto *agg.* e *s.m.* [f. *-a*] che/chi è assunto come figlio adottivo.
adottìvo *agg.* si dice di chi è stato adottato.
adozióne *s.f.* **1** (*dir.*) istituto giuridico con

cui si riconosce come figlio legittimo un figlio altrui **2** (*fig.*) scelta.
adrenalìna *s.f.* (*med.*) ormone secreto dalla sostanza midollare delle ghiandole surrenali.
ADSL *s.m. invar.* (*telecom.*) tecnologia impiegata per ottenere connessioni veloci a Internet | sigla di *Asymmetric Digital Subscriber Line* (Linea Utente Digitale Asimmetrica).
adulàre *v.tr.* [*io adùlo ecc.*] lodare in modo esagerato e insincero
adulatóre *agg.* e *s.m.* [f. *-trice*] che/chi adula.
adulazióne *s.f.* l'adulare; le parole con cui si adula.
adulteràre *v.tr.* [*io adùltero ecc.*] **1** mutare a fini di lucro la qualità di un prodotto; sofisticare **2** (*fig.*) falsare, corrompere.
adulteràto *agg.* alterato, guastato; contraffatto.
adulterìno *agg.* di adulterio, conseguente ad adulterio.
adultèrio *s.m.* infedeltà sessuale del coniuge.
adùltero *agg.* e *s.m.* [f. *-a*] che/chi commette adulterio.
adùlto *agg.* **1** detto di persona, che ha raggiunto la piena maturità fisica e psichica **2** (*fig.*) maturo, sviluppato ♦ *s.m.* [f. *-a*].
adunànza *s.f.* riunione di persone per discutere e deliberare su argomenti di interesse comune.
adunàre *v.tr.* raccogliere in adunata, riunire ♦ **-rsi** *v. intr.pron.* riunirsi.
adunàta *s.f.* raduno di massa.
adùnco *agg.* [pl.m. *-chi*] ricurvo come un uncino.
advertisement *s.m.invar.* (*ingl.*) annuncio pubblicitario.
aèdo *s.m.* nella Grecia antica, poeta che cantava le gesta degli dei e degli eroi.
aeràre *v.tr.* [*io àero ecc.*] dare aria, arieggiare, ventilare.
aeratóre *s.m.* apparecchio che favorisce la circolazione dell'aria in ambienti chiusi.
àere *s.m.* (*poet.*) aria.
aèreo[1] *agg.* **1** che vive nell'aria o sta in aria **2** che è costituito di aria **3** che avviene nell'aria **4** relativo all'aereonautica.
aèreo[2] *s.m.* aeroplano.
aerifórme *agg.* che ha caratteristiche fisiche analoghe a quelle dell'aria ♦ *s.m.* (*fis.*).
aero -[1] primo elemento di parole composte, che significa 'aria'.
aero -[2] primo elemento che in alcuni termini rappresenta una forma accorciata di *aeroplano, aeronautica.*
aeròbica *s.f.* tipo di danza-ginnastica i cui movimenti sono strettamente connessi con la respirazione.
aeròbio *agg.* e *s.m.* (*biol.*) organismo che può svolgere le funzioni vitali solo utilizzando l'ossigeno dell'aria o dell'acqua.
aerodinàmico *agg.* [pl.m. *-ci*] costruito in modo da offrire la minima resistenza all'aria □ **-mente** *avv.*
aerofagìa *s.f.* (*med.*) eccessiva deglutizione di aria.
aerofàro *s.m.* luce aeronautica di superficie che consente di individuare un particolare punto di riferimento durante il volo notturno.
aeròfono *s.m.* (*mus.*) ogni strumento che produca il suono con la vibrazione di una colonna d'aria.
aeromodèllo *s.m.* riproduzione in scala ridotta di aeroplani in progetto.
aeronàutica *s.f.* **1** la scienza e la tecnica della progettazione, costruzione e impiego degli aeromobili **2** corpo civile o militare addetto alla navigazione aerea.
aeronàve *s.f.* **1** dirigibile **2** astronave.
aeroplàno *s.m.* velivolo a motore, atto a sostenersi e a muoversi nell'aria.
aeropòrto *s.m.* l'insieme delle superfici e degli impianti predisposti per il decollo, l'atterraggio, il rifornimento degli aerei, e per il movimento di passeggeri e merci.
aerosól *s.m.invar.* (*med.*) sospensione colloidale di sostanze medicamentose nell'aria.
aerosolterapìa *s.f.* (*med.*) terapia per la quale il medicamento viene somministrato allo stato di aerosol.
aerospaziàle *agg.* relativo alla navigazione nello spazio.
aerostàtica *s.f.* lo studio dell'equilibrio dei corpi immersi nell'aria.
aeròstato *s.m.* aeromobile a sostentazione statica, cioè più leggero dell'aria.
aerostazióne *s.f.* negli aeroporti civili, complesso di edifici in cui hanno sede i servizi.
aeroterapìa *s.f.* (*med.*) cura degli organi della respirazione mediante apparecchi ad aria compressa o rarefatta.
aerotraspòrto *s.m.* trasporto per via aerea.
àfa *s.f.* caldo umido e opprimente; aria soffocante.
afasìa *s.f.* (*med., psicol.*) perdita della capacità di parlare.
afèlio *s.m.* (*astr.*) il punto di massima distanza dal Sole nell'orbita di un pianeta.
afèresi *s.f.* **1** (*ling.*) caduta di un suono all'inizio di una parola **2** (*med.*) asportazione chirurgica di un organo.

affàbile *agg.* che tratta con familiarità e cortesia; gentile □ **-mente** *avv.*
affabilità *s.f.* l'essere affabile; cortesia.
affaccendàrsi *v.rifl.* darsi molto da fare, occuparsi attivamente.
affacciàre *v.tr.* [io affàccio ecc.] (*fig.*) avanzare ♦ *v.intr.* [non usato nei tempi composti] essere esposto, essere rivolto verso ♦ **-rsi** *v.rifl.* **1** accostarsi a una finestra, a una porta per farsi vedere **2** (*fig.*) presentarsi alla mente.
affamàre *v.tr.* ridurre alla fame.
affamàto *agg.* **1** che ha fame, che soffre la fame **2** (*fig.*) avido ♦ *s.m.* [f. -a].
affamatóre *s.m.* [f. -trice] chi affama, chi sfrutta impoverendo.
affannàre *v.tr.* dare, procurare affanno ♦ **-rsi** *v.intr.pron.* **1** provare affanno **2** (*fig.*) darsi molto da fare.
affannàto *agg.* ansante, affannoso.
affànno *s.m.* **1** respirazione difficoltosa **2** (*fig.*) inquietudine; pena.
affannòso *agg.* **1** che rivela affanno **2** (*fig.*) penoso □ **-mente** *avv.*
affàre *s.m.* **1** faccenda, impegno; — *di stato*, (*fig.*) cosa a cui si dà eccessiva importanza **2** operazione economica, di solito proficua **3** caso politico o giudiziario di grande rilievo **4** (*fam.*) faccenda che non si vuole specificare **5** (*fam.*) arnese, oggetto.
affarìsmo *s.m.* la mentalità, l'attività di chi è affarista.
affarìsta *s.m.* e *f.* [pl.m. -sti] chi pensa soltanto a guadagnare.
affascinànte *agg.* attraente.
affascinàre *v.tr.* [io affàscino ecc.] **1** avvincere col fascino **2** (*fig.*) attrarre, sedurre.
affastellàre *v.tr.* [io affastèllo ecc.] ammassare, mettere insieme confusamente (anche *fig.*).
affaticàre *v.tr.* [io affatico, tu affatichi ecc.] sottoporre a sforzo o a fatica; stancare ♦ **-rsi** *v.rifl.* **1** stancarsi **2** darsi da fare.
affàtto *avv.* **1** del tutto, interamente **2** come rafforzativo in una negazione significa *per nulla* | (*assol.*) no, per nulla.
afferènte *agg.* (*anat.*) si dice di qualsiasi organo con funzione conduttiva.
affermàre *v.tr.* [io afférmo ecc.] **1** asserire, dichiarare apertamente | (*assol.*) dire, rispondere di sì **2** sostenere con decisione ♦ **-rsi** *v.rifl.* imporsi, avere successo..
affermatìvo *agg.* che afferma, che esprime un'approvazione □ **-mente** *avv.*
affermàto *agg.* che ha raggiunto la notorietà.
affermazióne *s.f.* **1** l'affermare; parola o frase affermativa **2** successo.
afferràre *v.tr.* [io affèrro ecc.] **1** prendere e tenere con forza **2** (*fig.*) capire ♦ **-rsi** *v.rifl.* appigliarsi (anche *fig.*).
affettàre[1] *v.tr.* [io affétto ecc.] tagliare a fette.
affettàre[2] *v.tr.* [io affètto ecc.] ostentare sentimenti che non si provano.
affettàto[1] *s.m.* salume tagliato a fette.
affettàto[2] *agg.* artefatto, ostentato
affettazióne *s.f.* ostentazione artificiosa.
affettività *s.f.* **1** capacità affettiva **2** l'insieme dei sentimenti, delle emozioni.
affettìvo *agg.* che riguarda gli affetti □ **-mente** *avv.*
affètto[1] *s.m.* sentimento di vivo attaccamento a una persona o a una cosa | (*estens.*) l'oggetto di tale sentimento.
affetto[2] *agg.* preso (da un sentimento) | colpito (da una malattia).
affettuosità *s.f.* **1** l'essere affettuoso **2** atto, parola affettuosa.
affettuóso *agg.* che sente o esprime affetto □ **-mente** *avv.*
affezionàre *v.tr.* [io affezióno ecc.] destare affetto ♦ **-rsi** *v.rifl.* legarsi affettivamente.
affezióne *s.f.* **1** disposizione d'animo affettuosa **2** (*med.*) malattia.
affiancàre *v.tr.* [io affianco, tu affianchi ecc.] **1** disporre fianco a fianco **2** (*fig.*) aiutare ♦ **-rsi** *v.rifl.* mettersi a fianco ♦ *v.rifl.rec.* porsi a fianco l'uno dell'altro.
affiataménto *s.m.* accordo, armonia fra persone impegnate nella stessa attività.
affiatàre *v.tr.* creare intesa, affiatamento ♦ **-rsi** *v.rifl.* e *rifl.rec.* trovare l'intesa.
affibbiàre *v.tr.* [io affibbio ecc.] (*fig. fam.*) appioppare, assestare.
affiche *s.f.invar.* (*fr.*) manifesto, locandina.
affidàbile *agg.* su cui si può fare affidamento.
affidabilità *s.f.* grado di fiducia che si può riporre in qlcu. o in qlco. | (*tecn.*) sicurezza di funzionamento.
affidaménto *s.m.* **1** il dare in custodia | (*dir.*) istituto giuridico con cui si assicura il mantenimento e l'educazione dei minori privi di assistenza familiare **2** fiducia.
affidàre *v.tr.* dare, consegnare qlco. alla custodia di qlcu. ♦ **-rsi** *v.rifl.* abbandonarsi alla protezione; confidare.
affido *s.m.* (*dir.*) affidamento di un minore.
affievolìre *v.tr.* [io affievolisco, tu affievolisci ecc.] rendere fievole, indebolire ♦ **-rsi** *v.intr.pron.* diventare fievole o debole | (*fig.*) diminuire, venire meno.
affiggere *v.tr.* [pres. io affiggo, tu affiggi ecc.; pass.rem. io affissi, tu affiggésti ecc.; part.pass. affisso] attaccare, apporre in luogo pubblico.

affilàre *v.tr.* aguzzare, appuntire (anche *fig.*) ♦ **-rsi** *v.intr.pron.* assottigliarsi.
affilàto *agg.* **1** molto tagliente **2** (*estens.*) magro.
affiliàre *v.tr.* [*io affilio ecc.*] iscrivere qlcu. a un'organizzazione ♦ **-rsi** *v.rifl.* iscriversi, associarsi a un'organizzazione.
affinàre *v.tr.* rendere fino, aguzzo ♦ **-rsi** *v.rifl.* perfezionarsi, migliorare.
affinché *cong.* al fine di (introduce una prop. finale, con verbo al congiunt.).
affine *agg.* che ha affinità; simile ♦ *s.m.* e *f.* ciascuno dei parenti di uno dei coniugi nei confronti dell'altro.
affinità *s.f.* **1** attinenza **2** simpatia, attrazione **3** (*dir.*) vincolo giuridico tra una persona e i parenti del coniuge.
affioràre *v.intr.* [*io affióro ecc.*; aus. *essere*] **1** apparire alla superficie, emergere **2** (*fig.*) mostrarsi.
affissióne *s.f.* l'affiggere un manifesto, un avviso.
affittacàmere *s.m.* e *f.invar.* chi dà in affitto camere ammobiliate.
affittàre *v.tr.* **1** dare in affitto **2** prendere in affitto, prendere a nolo.
affitto *s.m.* **1** cessione temporanea del godimento di un bene in cambio del pagamento di un canone **2** il canone convenuto per tale cessione.
affittuàrio *s.m.* [f. *-a*] chi ha in affitto un bene immobile.
affìggere *v.tr.* [pres. *io affiggo, tu affiggi ecc.*; pass.rem. *io affissi, tu affiggésti ecc.*; part.pass. *affitto*] **1** procurare dolore **2** tormentare ♦ **-rsi** *v.rifl.* rattristarsi.
afflìtto *agg.* che soffre; triste, addolorato ♦ *s.m.* [f. *-a*].
afflizióne *s.f.* tristezza, abbattimento, angoscia.
afflosciàre *v.tr.* [*io afflòscio ecc.*] (*fig.*) accasciare ♦ **-rsi** *v.rifl.* o *intr.pron.* svenire.
affluènte *s.m.* torrente o fiume che si immette in un fiume maggiore.
affluènza *s.f.* (*fig.*) grande concorso di persone.
affluìre *v.intr.* [*io affluisco, tu affluisci ecc.*] scorrere verso un luogo, riversarsi (detto di liquidi).
afflùsso *s.m.* l'affluire verso un dato luogo.
affogaménto *s.m.* l'affogare, l'affogarsi, l'essere affogato.
affogàre *v.tr.* [*io affógo, tu affóghi ecc.*] **1** uccidere qlcu. immergendolo in acqua o altro liquido; annegare **2** (*fig.*) soffocare, spegnere ♦ *v.intr.* [aus. *essere*] morire per soffocamento in acqua ♦ **-rsi** *v.rifl.* togliersi la vita per annegamento.
affollaménto *s.m.* ressa, folla.
affollàre *v.tr.* [*io affóllo o affòllo ecc.*] riempire di folla un luogo; gremire ♦ **-rsi** *v.intr.pron.* radunarsi in folla; ammassarsi (anche *fig.*).
affollàto *agg.* fitto di folla, gremito.
affondàre *v.tr.* [*io affóndo ecc.*] **1** mandare a fondo **2** far penetrare profondamente ♦ *v.intr.* [aus. *essere*] andare a fondo; sprofondare (anche *fig.*).
affossàre *v.tr.* [*io affòsso ecc.*] (*fig.*) non lasciar procedere; insabbiare ♦ **-rsi** *v.intr. pron.* divenire incavato.
affrancàre *v.tr.* [*io affranco, tu affranchi ecc.*] **1** rendere libero (anche *fig.*) **2** (*dir.*) rendere libero un bene da pesi od oneri **3** apporre l'affrancatura ♦ **-rsi** *v.rifl.* liberarsi (anche *fig.*).
affrancatùra *s.f.* apposizione di un francobollo sulla corrispondenza | francobollo.
affrànto *agg.* sfinito dalla fatica o prostrato dal dolore.
affratellàre *v.tr.* [*io affratèllo ecc.*] far sentire come fratelli ♦ **-rsi** *v.rifl.rec.* unirsi in fraterna amicizia.
affrescàre *v.tr.* [*io affrésco, tu affréschi ecc.*] dipingere con affreschi.
affrésco *s.m.* [pl. *-schi*] pittura murale che si esegue su intonaco ancora fresco.
affrettàre *v.tr.* [*io affrétto ecc.*] compiere o far compiere qlco. con maggiore sollecitudine ♦ **-rsi** *v.rifl.* **1** far presto **2** farsi premura.
affrettàto *agg.* eseguito in fretta | (*estens.*) fatto con poca cura □ **-mente** *avv.*
affrontàre *v.tr.* [*io affrónto ecc.*] **1** andare incontro a qlcu. per misurarsi con lui **2** andare incontro a qlco. che comporta difficoltà ♦ **-rsi** *v.rifl.rec.* scontrarsi in combattimento.
affrónto *s.m.* ingiuria.
affumicàre *v.tr.* [*io affùmico, tu affùmichi ecc.*] esporre al fumo alimenti per conservarli o dar loro un sapore particolare.
affusolàre *v.tr.* [*io affùsolo o affùsolo ecc.*] assottigliare.
affusolàto *agg.* **1** sottile; snello **2** in sartoria, si dice di abito diritto e aderente.
afonìa *s.f.* perdita della voce.
àfono *agg.* colpito da afonia.
aforìsma *s.m.* [pl. *-smi*] breve massima.
afóso *agg.* soffocante, opprimente.
afro- primo elemento di parole composte che significa 'africano'.
afrodisìaco *agg.* e *s.m.* [pl.m. *-ci*] si dice di sostanza che stimola il desiderio sessuale.
àfta *s.f.* (*med.*) ulcerazione biancastra delle mucose degli occhi, della bocca o dei genitali, dovuta a malattia virale.
after-shave *agg.* e *s.m.invar.* (*ingl.*) dopobarba.

àgape *s.f.* (*relig.*) il banchetto comune che, nel ricordo dell'ultima cena, univa insieme i componenti delle prime comunità cristiane.

àgata *s.f.* (*min.*) pietra dura traslucida e a strati concentrici, costituita da calcedonio.

àgave *s.f.* (*bot.*) genere di piante erbacee perenni con foglie carnose e aculeate e fiori raccolti in pannocchie o a grappoli.

agènda *s.f.* **1** libro o taccuino d'appunti con calendario **2** (*fig.*) l'insieme delle cose da fare o delle questioni da discutere.

agènte *s.m.* e *f.* **1** chi compie una data azione **2** chi compie determinati servizi per conto di altri | — *di polizia*, poliziotto | — *segreto*, chi appartiene a un'organizzazione di spionaggio.

agenzìa *s.f.* **1** impresa che tratta affari come intermediaria: — *immobiliare* **2** ufficio staccato di un ente **3** organizzazione che fornisce determinati servizi: — *di viaggi*; — *giornalistica*.

agevolàre *v.tr.* [io agévolo ecc.] rendere agevole; facilitare.

agévole *agg.* che non presenta difficoltà; facile □ **-mente** *avv.*

agganciàre *v.tr.* [io aggàncio ecc.] **1** unire tramite **2** (*fig., fam.*) fermare o contattare qlcu. **3** nel gioco del calcio: — *la palla*, bloccarla a mezz'aria col piede ♦ **-rsi** *v.rifl.* collegarsi tramite un gancio.

aggàncio *s.m.* **1** agganciamento **2** dispositivo meccanico che consente di collegare due veicoli o due loro parti **3** (*fig.*) contatti, rapporti, aderenze.

aggéggio *s.m.* oggetto di poco valore | oggetto o arnese che non si sa ben definire.

aggettìvo *s.m.* (*gramm.*) parte variabile del discorso che, unita a un sostantivo col quale si accorda in genere e numero, lo qualifica o lo determina.

aggètto *s.m.* (*arch.*) sporgenza di un elemento rispetto al profilo della costruzione.

agghiacciànte *agg.* **1** che fa agghiacciare **2** (*fig.*) spaventoso, terribile.

agghiacciàre *v.tr.* [io agghiàccio ecc.] **1** rendere di ghiaccio, gelare **2** (*fig.*) raggelare, paralizzare per lo spavento ♦ *v.intr.* [aus. essere] ♦ **-rsi** *v.intr.pron.* diventare di ghiaccio.

agghindàre *v.tr.* vestire, adornare con eleganza ricercata | (*fig.*) abbellire ♦ **-rsi** *v.rifl.* ornarsi, farsi bello.

aggiogàre *v.tr.* [io aggiógo, tu aggióghi ecc.] **1** sottomettere al giogo **2** (*fig.*) soggiogare.

aggiornaménto *s.m.* l'aggiornare, l'aggiornarsi; l'essere aggiornato | serie di aggiunte o modifiche con cui si aggiorna un'opera.

aggiornàre *v.tr.* [io aggiórno ecc.] **1** adeguare alle conoscenze o notizie più recenti **2** rimandare ad altra data la prosecuzione di una riunione ♦ **-rsi** *v.rifl.* **1** tenersi al corrente, rinnovare la propria preparazione **2** sospendere una riunione per continuarla in altra data.

aggiotàggio *s.m.* (*dir.*) far variare i prezzi delle merci al fine di trarre profitti illeciti.

aggiràre *v.tr.* circondare, accerchiare | (*fig.*) cercare di superare qlco. che non si può o non si vuole affrontare direttamente ♦ **-rsi** *v.intr.pron.* vagare, andare attorno.

aggiudicàre *v.tr.* [io aggiùdico, tu aggiùdichi ecc.] **1** assegnare una cosa a qlcu. (per sentenza, concorso, asta pubblica **2** conseguire.

aggiùngere *v.tr.* [io aggiungo, tu aggiungi ecc.] mettere, dare, dire in più ♦ **-rsi** *v.rifl.* o *intr.pron.* congiungersi, unirsi.

aggiustaménto *s.m.* accordo, accomodamento.

aggiustàre *v.tr.* rimettere qlco. in grado di funzionare ♦ **-rsi** *v.rifl.* (*fam.*) adattarsi ♦ *v.rifl.rec.* (*fam.*) venire a un accordo.

agglomeràre *v.tr.* [io agglòmero ecc.] ammassare.

agglomeràto *s.m.* **1** insieme di edifici e di strutture che formano un centro abitato **2** (*geol.*) blocco di frammenti rocciosi.

aggomitolàre *v.tr.* [io aggomìtolo ecc.] avvolgere in forma di gomitolo ♦ **-rsi** *v.rifl.* rannicchiarsi.

aggrappàrsi *v.rifl.* appigliarsi, afferrarsi fortemente (anche *fig.*).

aggravaménto *s.m.* l'aggravare; peggioramento.

aggravànte *agg.* che aggrava | (*dir.*) elemento che rende più grave un reato.

aggravàre *v.tr.* rendere più grave; peggiorare ♦ **-rsi** *v. intr.pron.* divenire più grave; peggiorare.

aggràvio *s.m.* peso che aggrava | (*estens.*) aumento di oneri, tributi.

aggraziàto *agg.* **1** pieno di grazia e d'armonia **2** di belle maniere; garbato.

aggredìre *v.tr.* [io aggredisco, tu aggredisci ecc.] assalire con violenza e improvvisamente.

aggregàre *v.tr.* [io aggrègo, tu aggrèghi ecc.] unire a un gruppo ♦ **-rsi** *v.rifl.* o *intr.pron.* **1** associarsi **2** ammassarsi.

aggregàto *agg.* unito a un gruppo; associato ♦ *s.m.* complesso, insieme: — *urbano*.

aggressività *s.f.* l'essere aggressivo; violenza, irruenza.

aggressóre *agg.* e *s.m.* [f. non com. *aggredi-*

trice] che/chi aggredisce o ha aggredito; assalitore.
aggrottàre *v.tr.* [*io aggròtto ecc.*] corrugare le sopracciglia.
aggrottàto *agg.* corrugato; accigliato.
aggrovigliàre *v.tr.* [*io aggrovìglio ecc.*] fare un groviglio, intrecciare ♦ **-rsi** *v.rifl.* o *intr.pron.* ingarbugliarsi (anche *fig.*).
aggrovigliàto *agg.* **1** intrecciato; ingarbugliato **2** (*fig.*) complicato, confuso.
agguantàre *v.tr.* **1** afferrare **2** (*estens.*) colpire.
agguàto *s.m.* **1** attacco improvviso **2** il luogo, l'appostamento da cui si tende l'agguato.
agguerrìre *v.tr.* [*io agguerrisco, tu agguerrisci ecc.*] temprare alla lotta; fortificare ♦ **-rsi** *v.rifl.* prepararsi alla guerra.
agguerrìto *agg.* forte, resistente | preparato, ferrato.
agiatézza *s.f.* condizione di benessere; comodità di vita.
agiàto *agg.* che vive nell'agiatezza, nel benessere economico □ **-mente** *avv.*
agìbile *agg.* si dice di costruzione o impianto che possieda i requisiti di sicurezza previsti dalla legge.
agibilità *s.f.* l'insieme dei requisiti che rendono agibile un edificio.
agile *agg.* **1** che si muove con scioltezza; svelto **2** snello **3** (*fig.*) vivace, pronto; disinvolto □ **-mente** *avv.*
agilità *s.f.* **1** scioltezza e facilità nei movimenti **2** (*fig.*) prontezza, vivacità.
àgio *s.m.* **1** comodità **2** il tempo necessario per fare qlco.
agiografìa *s.f.* **1** biografia di un santo **2** (*spreg.*) biografia celebrativa.
agìre *v.intr.* [*io agisco, tu agisci ecc.*; aus. *avere*] **1** fare, operare **2** esercitare un'azione **3** (*dir.*) intraprendere un'azione legale contro qlcu.
agitàre *v.tr.* [*io àgito ecc.*] **1** muovere rapidamente **2** (*fig.*) turbare, eccitare **3** (*fig., lett.*) prospettare, promuovere o propagandare ♦ **-rsi** *v.rifl.* o *intr.pron.* **1** muoversi con vivacità, con violenza **2** unirsi in un'agitazione politica o sociale.
agitàto *agg.* mosso | (*fig.*) inquieto, turbato ♦ *s.m.* [f. *-a*] (*psich.*) malato di mente in preda a forte eccitazione.
agitatóre *s.m.* **1** [f. *-trice*] chi incita ad azioni politiche di protesta **2** strumento usato per agitare e mescolare.
agitazióne *s.f.* **1** stato di eccitazione, turbamento **2** azione sindacale o politica di protesta o rivendicazione.
àgli *prop.art.m.pl.* composta da *a* e *gli*.
àglio *s.m.* pianta erbacea il cui bulbo diviso in spicchi si usa come condimento.
agnèllo *s.m.* [f. *-a*] **1** il nato della pecora fino all'età di un anno **2** (*fig.*) persona mite, inoffensiva.
agnosticìsmo *s.m.* l'astenersi dal prendere posizione di fronte a un problema.
àgo *s.m.* [pl. *aghi*] **1** asticciola d'acciaio appuntita a un'estremità e fornita all'altra di un foro (cruna) attraverso il quale si fa passare il filo per cucire o per ricamare **2** (*estens.*) utensile di forma allungata e appuntito da un lato.
à gogo *loc.avv.* e *agg.invar.* (*fr.*) in abbondanza, a volontà.
agonìa *s.f.* **1** la fase che precede immediatamente la morte, caratterizzata dalla progressiva perdita delle funzioni vitali **2** (*fig.*) attesa angosciosa.
agonìsmo *s.m.* grande impegno e spirito combattivo di cui danno prova atleti e squadre nello svolgimento di una gara.
agonizzàre *v.intr.* [aus. *avere*] **1** essere in agonia **2** (*fig.*) sopravvivere a stento.
agopuntùra *s.f.* (*med.*) pratica terapeutica di antica origine cinese, consistente nell'infissione di sottili aghi in determinati punti del corpo.
agorafobìa *s.f.* (*psicol.*) cura patologica degli spazi aperti.
agósto *s.m.* ottavo mese dell'anno
agrària *s.f.* la scienza e la pratica dell'agricoltura.
agràrio *agg.* che riguarda l'agricoltura ♦ *s.m.* [f. *-a*] proprietario terriero.
agrèste *agg.* di campagna; rustico, campestre.
agri- primo elemento di parole composte, che si riferisce all'agricoltura o ai prodotti agricoli.
agrìcolo *agg.* che concerne l'agricoltura; agrario.
agricoltóre *s.m.* **1** chi coltiva la terra **2** chi possiede o dirige un'azienda agricola.
agricoltùra *s.f.* l'arte e la pratica di coltivare la terra.
agrifòglio *s.m.* piccolo albero sempreverde con foglie coriacee spinose e bacche rosse.
agrimensóre *s.m.* chi esercita l'agrimensura.
agrimensùra *s.f.* parte della topografia che si occupa della misurazione e della rappresentazione cartografica di campi.
agriturìsmo *s.m.* forma di turismo che consiste nel soggiornare presso un'azienda agricola.
àgro [1] *agg.* che ha il sapore acido caratteristico del limone o della frutta acerba ♦ *s.m.* sapore agro.
agro [2] *s.m.* campagna intorno a una città.
agrodólce *agg.* di sapore fra l'agro e il

dolce ♦ *s.m.* modo di cucinare che fonde l'agro col dolce.
agronomìa *s.f.* scienza che studia la coltivazione razionale del terreno.
agrònomo *s.m.* [f. *-a*] esperto di agronomia.
agrùme *s.m.* nome comune di un genere di piante sempreverdi con fiori bianchi e frutti ricchi di vitamine e oli essenziali, dal caratteristico sapore acre | il frutto di tali piante (l'arancia, il limone, il pompelmo, il bergamotto ecc.).
agruméto *s.m.* terreno coltivato ad agrumi.
aguzzàre *v.tr.* **1** rendere aguzzo **2** (*fig.*) stimolare ♦ **-rsi** *v.intr.pron.* diventare aguzzo.
aguzzìno *s.m.* **1** sorvegliante severo **2** (*fig.*) persecutore.
agùzzo *agg.* **1** acuminato, appuntito **2** (*fig.*) intenso, penetrante.
ahi *inter.* esprime dolore fisico o morale.
ahimè *inter.* esprime dolore, rimpianto, pentimento.
àia *s.f.* spazio piano situato davanti alla casa colonica.
AIDS *s.f.* e *m.* grave affezione virale che lede il sistema immunitario.
ài *prop.art.m.pl.* composta da *a* e *i*.
aikido *s.m.invar.* (*giapp.*) tecnica di difesa personale.
air bag *s.m.invar.* (*ingl.*) sulle automobili, sistema di sicurezza costituito da un palloncino che si gonfia istantaneamente in caso d'urto, in modo da impedire lo schiacciamento del guidatore contro il volante.
air mail *loc.sost.f.invar.* (*ingl.*) posta aerea.
airóne *s.m.* grosso uccello acquatico con lungo becco e collo incurvato.
air terminal *loc.sost.m.invar.* (*ingl.*) aerostazione urbana collegata all'aeroporto da un servizio di trasporto terrestre.
aitànte *agg.* robusto, prestante.
aiuòla *s.f.* striscia di terreno coltivata a scopo ornamentale.
aiutànte *s.m.* e *f.* chi aiuta o assiste qlcu.
aiutàre *v.tr.* **1** prestare aiuto, soccorso **2** rendere agevole, favorire ♦ **-rsi** *v.rifl.* ingegnarsi ♦ *v.rifl.rec.* soccorrersi a vicenda.
aiùto *s.m.* **1** opera o servigio che si presta a chi è in difficoltà | invocazione di soccorso **2** negli ospedali, il medico di più alto grado dopo il primario.
aizzàre *v.tr.* incitare all'offesa; istigare.
al *prop.art.m.sing.* composta da *a* e *il*.
àla *s.f.* [pl. *ali*] **1** organo del volo di animali **2** (*estens.*) qualunque cosa che ricordi la forma o la funzione di tale organo **3** (*aer.*) superficie di sostentamento laterale alla fusoliera **4** parte laterale **5** ciascuno dei lati di uno schieramento **6** nel calcio, l'attaccante che opera all'estremità destra o sinistra.
alabàrda *s.f.* arma bianca costituita da un'asta di legno terminante con una scure sormontata da una lama appuntita.
alabàstro *s.m.* (*min.*) varietà traslucida di calcare o di gesso, a zone di color bianco o giallognolo.
àlacre *agg.* (*lett.*) pronto, svelto; volenteroso, solerte □ **-mente** *avv.*
alacrità *s.f.* prontezza e rapidità nell'operare; solerzia.
alamàro *s.m.* (spec. *pl.*) **1** allacciatura formata da due cordoncini **2** mostrina di carabinieri e granatieri.
alambìcco *s.m.* [pl. *-chi*] apparecchio per la distillazione dei liquidi.
alano *s.m.* grosso cane da guardia e da caccia con pelo rasato.
à la page *loc.avv.* e *agg.invar.* (*fr.*) alla moda.
alàre *s.m.* ciascuno dei due arnesi di ferro che sostengono la legna sul focolare.
alàto *agg.* **1** provvisto di ali **2** (*fig.*, *lett.*) sublime, ispirato.
àlba *s.f.* la prima luce tra la fine della notte e l'aurora.
albàna *s.f.* varietà di uva bianca coltivata in Emilia e in Romagna.
albeggiàre *v.intr.impers.* [*albéggia*; aus. *essere*] spuntare l'alba, farsi giorno.
alberàre *v.tr.* [*io àlbero ecc.*] piantare ad alberi un terreno.
albergàre *v.tr.* [*io albèrgo, tu albèrghi ecc.*] ospitare ♦ *v.intr.* [aus. *avere*] alloggiare, aver dimora.
albergatóre *s.m.* [f. *-trice*] proprietario o gestore di un albergo.
alberghièro *agg.* relativo agli alberghi.
albèrgo *s.m.* [pl. *-ghi*] edificio attrezzato per dare alloggio, ed eventualmente vitto, a pagamento.
àlbero *s.m.* **1** (*bot.*) pianta perenne con fusto eretto, legnoso, che a una certa distanza dal suolo si diparte in rami provvisti di foglie **2** (*estens.*) qualsiasi struttura costituita da un asse principale con diramazioni **3** (*fig.*) rappresentazione grafica a forma di albero stilizzato che illustra rapporti di derivazione o discendenza: — *genealogico* **4** (*mar.*) antenna verticale fissa, di legno o d'acciaio, che regge i pennoni con le vele **5** (*mecc.*) organo rotante, che trasmette moto e potenza.
albicòcca *s.f.* [pl. *-che*] frutto dell'albicocco.

albicòcco *s.m.* [pl. *-chi*] albero con frutti dolci di color giallo aranciato.
albinìsmo *s.m.* (*biol.*) mancanza congenita della pigmentazione di pelle, peli, iridi.
albìno *agg.* e *s.m.* [f. *-a*] che/chi è affetto da albinismo.
àlbo *s.m.* **1** quadro per l'affissione di atti o avvisi **2** (*dir.*) elenco ufficiale di coloro che sono abilitati all'esercizio di una professione **3** fascicolo contenente storie illustrate a fumetti.
albóre *s.m.* **1** (*lett.*) il primo biancheggiare della luce dell'alba **2** *pl.* (*fig.*) fase iniziale di un periodo o di una vicenda storica.
àlbum *s.m.invar.* quaderno o volume rilegato in cui si raccolgono fotografie, francobolli ecc.
albùme *s.m.* (*biol.*) sostanza gelatinosa che riveste la cellula uovo matura, alimentando l'embrione | (*estens.*) il bianco dell'uovo.
albumìna *s.f.* (*biol.*) sostanza organica proteica componente dei tessuti animali e vegetali.
àlcali *s.m.* (*chim.*) idrossido metallico con azione caustica.
alcalìno *agg.* (*chim.*) che ha qualità di alcali; basico.
alcalòide *s.m.* (*chim.*) sostanza organica azotata di origine vegetale e carattere basico.
àlce *s.m.* grosso ruminante, con muso allungato e corna palmate, che vive in branchi nelle regioni nordiche.
alchèrmes *s.m.invar.* liquore dolce di colore rosso a base di erbe aromatiche.
alchimìa *s.f.* **1** dalla tarda antichità e fino ai primi secoli dell'età moderna, complesso di dottrine e pratiche magiche volte alla ricerca della pietra filosofale, ossia del principio in grado di spiegare i segreti della natura e di trasformare in oro gli altri metalli **2** (*fig.*) manovra sottile, capziosa.
alchimìsta *s.m.* e *f.* [pl.m. *-sti*] chi esercitava l'alchimia.
alcióne *s.m.* (*lett.*) uccello marino che si suole identificare o col martin pescatore o col gabbiano.
àlcol o **alcool** *s.m.* [pl. *-li*] **1** (*chim.*) composto organico caratterizzato dalla presenza nella molecola di uno o più ossidrili **2** (*fam.*) alcol denaturato, rettificato mediante l'aggiunta di sostanze sgradevoli **3** (*estens.*) bevande alcoliche.
alcólico *agg.* [pl.m. *-ci*] **1** di alcol **2** che contiene alcol ♦ *s.m.* bevanda contenente alcol.
alcolìsmo *s.m.* intossicazione da abuso continuato di bevande alcoliche; etilismo.
alcolizzàto *agg.* e *s.m.* [f. *-a*] che/chi è affetto da alcolismo.
alcòva *s.f.* **1** parte di una stanza chiusa da tendaggi, ove si collocava il letto **2** (*fig.*, *lett.*) luogo d'intimità amorosa.
alcunché *pron.indef.* (*lett.*) qualche cosa | (*in frasi negative*) nulla.
alcùno *agg.* e *pron.indef.* [al sing. si usa solo in frasi negative] indica una quantità indeterminata ma limitata | (*in frasi negative*) nessuno.
aldilà *s.m.* vita ultraterrena.
àlea *s.f.* **1** (*lett.*) sorte incerta **2** (*dir.*) margine di rischio insito in ogni contratto.
aleàtico *s.m.* [pl. *-ci*] varietà di uva nera a grossi acini | il vino rosso, dolce e liquoroso che se ne ricava.
aleatòrio *agg.* che è soggetto alla sorte; incerto | *contratto —*, (*dir.*) quello le cui parti, nell'atto di stipularlo, sanno che comporta un margine di rischio non prevedibile.
aleggiàre *v.intr.* [*io aléggio ecc.*; aus. *avere*] (*lett.*) essere diffuso.
alemànno *agg.* e *s.m.* [f. *-a*] appartenente a un'antica popolazione germanica.
alesatóre *s.m.* [f. *-trice*] (*mecc.*) utensile a taglienti multipli usato per la finitura superficiale di fori.
alessandrìno *agg.* di Alessandria d'Egitto; in particolare, della civiltà ellenistica che ebbe come centro Alessandria (secc. IV-I a.C.).
alétta *s.f.* elemento a forma di ala che sporge dalla superficie di una macchina o di un altro oggetto.
àlfa *s.m.invar.* nome della prima lettera dell'alfabeto greco: *l'— e l'omega*, (*fig.*) il principio e la fine | *— privativo*, (*gramm.*) prefisso che dà senso negativo alla parola cui si unisce.
alfabètico *agg.* [pl.m. *-ci*] dell'alfabeto.
alfabèto *s.m.* serie di segni grafici (lettere), elencati in un ordine preciso, che rappresentano ognuno un suono di una determinata lingua | *— Morse*, alfabeto costituito da punti e linee, usato per trasmissioni radiotelegrafiche.
alfière[1] *s.m.* **1** portabandiera **2** (*fig.*) chi sostiene una dottrina.
alfière[2] *s.m.* uno dei pezzi del gioco degli scacchi.
alfine *avv.* (*lett.*) alla fine, finalmente.
àlga *s.f.* forma vegetale di struttura cellulare molto semplice, che vive nell'acqua.
àlgebra *s.f.* **1** branca della matematica nella quale le operazioni e le relazioni aritmetiche sono generalizzate mediante simboli che rappresentano numeri **2** (*fig. fam.*) cosa complicata, astrusa.

algèbrico *agg.* [pl.m. *-ci*] proprio dell'algebra: *equazione algebrica*, quella riducibile a un polinomio eguagliato a zero □ **-mente** *avv.*
algìa *s.f.* (*med.*) dolore circoscritto.
àlgido *agg.* (*lett.*) gelato.
algorìtmo *s.m.* (*mat.*) procedimento sistematico di calcolo.
aliànte *s.m.* velivolo senza motore, che sale in quota sfruttando correnti d'aria ascendenti.
alias *avv.* (*lat.*) altrimenti detto.
àlibi *s.m.* **1** (*dir.*) argomento di difesa con cui un accusato cerca di provare di essersi trovato, al momento del reato, in un luogo diverso da quello in cui il reato stesso veniva compiuto **2** (*fig.*) scusa, pretesto.
alìce *s.f.* acciuga.
alienàbile *agg.* (*dir.*) che si può alienare.
alienànte *s.m.* e *f.* (*dir.*) chi aliena.
alienàre *v.tr.* [*io alièno ecc.*] (*fig.*) allontanare da sé, perdere ♦ **-rsi** *v.rifl.* estraniarsi | (*sociol.*) vivere in una condizione di alienazione.
alienàto *s.m.* [f. *-a*] (*psich.*) persona affetta da alienazione mentale.
alienazióne *s.f.* **1** (*dir.*) trasferimento ad altri della titolarità di un bene **2** (*psich.*) infermità mentale **3** (*sociol.*) lo stato di disagio di cui soffrirebbe l'uomo nelle moderne società industriali.
alièno *agg.* contrario, avverso ♦ *s.m.* [f. *-a*] nel linguaggio della fantascienza, extraterrestre.
alimentàre[1] *v.tr.* [*io alimènto ecc.*] **1** nutrire | (*fig.*) tener vivo **2** fornire a un congegno l'energia o il combustibile necessari per il funzionamento ♦ **-rsi** *v.rifl.* nutrirsi (anche *fig.*).
alimentàre[2] *agg.* che serve al nutrimento ♦ *s.m.pl.* generi di alimentazione (cibi e bevande).
alimentarìsta *s.m.* e *f.* studioso dell'alimentazione.
alimentatóre *agg.* [f. *-trice*] che alimenta ♦ *s.m.* dispositivo che regola l'afflusso di combustibile, energia o di altro materiale a caldaie, motori, macchine operatrici.
alimentazióne *s.f.* [*io alimènto ecc.*] **1** l'alimentare, l'alimentarsi; il modo di alimentarsi **2** erogazione di energia, carburante o altro materiale per il funzionamento di macchine.
aliménto *s.m.* (*fig.*) **1** cibo **2** ciò che vivifica, dà forza **3** *pl.* (*dir.*) mezzi di sussistenza dovuti per legge.
alìquota *s.f.* **1** una delle porzioni in cui è stata divisa una quantità **2** nel linguaggio fiscale, misura dell'imposta espressa in percentuale dell'imponibile.
aliscàfo *s.m.* imbarcazione a motore provvista di ali portanti immerse che consentono allo scafo di sollevarsi sul pelo dell'acqua.
alisèo *agg.* e *s.m.* (spec. *pl.*) vento costante che spira dai tropici verso l'equatore.
àlito *s.m.* fiato emesso in modo leggero; respiro.
alitòsi *s.f.* (*med.*) cattivo odore dell'alito.
àlla *prop.art.f.sing.* composta da *a* e *la*.
allacciaménto *s.m.* **1** l'allacciare (anche *fig.*) **2** collegamento alla rete di un servizio pubblico.
allacciàre *v.tr.* [*io allàccio ecc.*] **1** stringere con lacci **2** (*tecn.*) effettuare un allacciamento **3** (*fig.*) stringere relazioni umane.
allagaménto *s.m.* l'allagare, l'essere allagato; inondazione.
allagàre *v.tr.* [*io allago, tu allaghi ecc.*] invadere d'acqua una superficie; inondare ♦ **-rsi** *v.intr.pron.* riempirsi d'acqua.
allampanàto *agg.* si dice di persona alta e magrissima.
allargàre *v.tr.* [*io allargo, tu allarghi ecc.*] **1** rendere più largo **2** (*fig.*) estendere, ampliare ♦ *v.intr.* [aus. *avere*] tenersi largo, scostarsi da qlco. ♦ **-rsi** *v.rifl.* o *intr.pron.* **1** diventare più largo (anche *fig.*) **2** estendere gli spazi a propria disposizione.
allarmànte *agg.* che suscita apprensione.
allarmàre *v.tr.* mettere in allarme, in apprensione ♦ **-rsi** *v.rifl.* mettersi in ansia, spaventarsi.
allàrme *s.m.* **1** (*mil.*) ordine di prendere le armi; segnale con cui si dà quest'ordine: *dare, suonare l'*— **2** (*fig.*) timore, ansia.
allarmìsmo *s.m.* tendenza ad allarmarsi, anche senza fondamento.
allattaménto *s.m.* l'allattare; l'essere allattato: — *materno*.
allattàre *v.tr.* nutrire col proprio latte.
àlle *prop.art.f.pl.* composta da *a* e *le*.
alleànza *s.f.* **1** patto di aiuto reciproco tra due o più stati in caso di guerra **2** (*estens.*) accordo, coalizione.
alleàrsi *v.tr.* [*io mi allèo ecc.*] *v.rifl.* o *rifl.rec.* unirsi in alleanza: — *con (o a) qlcu*
alleàto *agg.* che ha stretto un patto di alleanza ♦ *s.m.* [f. *-a*].
allegàre *v.tr.* [*io allégo, tu alléghi ecc.*] **1** unire, accludere **2** produrre una sensazione spiacevole per cui sembra di avere i denti legati.
allegàto *agg.* accluso ♦ *s.m.* documento unito a una pratica, o a una lettera.
alleggeriménto *s.m.* l'alleggerire, l'essere alleggerito.
alleggerìre *v.tr.* [*io alleggerisco, tu alleggerisci ecc.*] **1** rendere più leggero | (*fig.*) rendere più sopportabile **2** sgravare in parte di un

carico ♦ **-rsi** *v.rifl.* **1** svestirsi degli indumenti più pesanti **2** sgravarsi (spec. *fig.*).
allegorìa *s.f.* **1** procedimento retorico consistente nell'esprimere un concetto mediante un'immagine simbolica **2** (*estens.*) quadro o statua che raffigura un'idea astratta.
allegòrico *agg.* [pl.m. *-ci*] espresso per allegoria □ **-mente** *avv.*
allegrétto *s.m.* (*mus.*) movimento un po' più lento dell'allegro, ma più rapido dell'andante.
allegrézza *s.f.* sentimento di letizia che traspare negli atti e nelle parole.
allegrìa *s.f.* gioia, gaiezza; manifestazione di uno stato d'animo felice.
allégro *agg.* **1** che ha, che dimostra allegria; lieto **2** leggero, irresponsabile ♦ *s.m.* (*mus.*) movimento piuttosto veloce, ma non rapido □ **-mente** *avv.*
allegróne *s.m.* [f. *-a*] (*fam.*) persona solitamente allegra; buontempone.
allelùia *inter.* esclamazione di giubilo ♦ *s.m.invar.* (*lit.*) canto di gioia, di lode a Dio.
allenaménto *s.m.* l'allenare, l'allenarsi, specialmente in uno sport.
allenàre *v.tr.* [*io alléno ecc.*] **1** rendere adatto, con l'esercizio, a determinate prove; addestrare **2** (*sport*) preparare a una competizione con esercizi sistematici ♦ **-rsi** *v.rifl.* **1** tenersi in esercizio **2** (*sport*) prepararsi fisicamente e tecnicamente a una competizione.
allenatóre *s.m.* (*sport*) [f. *-trice*] chi per professione allena una squadra o un atleta.
allentàre *v.tr.* [*io allènto ecc.*] **1** rendere più lento, meno teso **2** attenuare, mitigare ♦ **-rsi** *v.intr.pron.* divenire meno stretto (anche *fig.*).
allergìa *s.f.* **1** (*med.*) ipersensibilità di un organismo a determinate sostanze, che si manifesta con reazioni **2** (*fig. scherz.*) insofferenza, avversione.
allèrgico *agg.* [pl.m. *-ci*] **1** (*med.*) che ha attinenza con l'allergia **2** (*fig. scherz.*) insofferente ♦ *agg.* e *s.m.* [f. *-a*] che/chi soffre d'allergia □ **-mente** *avv.*
allergologìa *s.f.* (*med.*) disciplina che studia i fenomeni allergici.
allérta *inter.* (*mil.*) grido con cui le sentinelle si esortavano a stare in guardia ♦ *avv.* in condizioni di vigilanza.
allertàre *v.tr.* [*io allérto o allèrto ecc.*] mettere in stato di allerta.
allestiménto *s.m.* l'operazione di allestire e il suo risultato | — *scenico,* l'insieme delle scene di una rappresentazione teatrale.
allestìre *v.tr.* [*io allestisco, tu allestisci ecc.*] preparare, approntare.
allettaménto *s.m.* l'allettare, ciò che alletta; richiamo, lusinga.
allettànte *agg.* che alletta, che attira.
allettàre *v.tr.* [*io allètto ecc.*] attrarre, sedurre; invogliare.
allevaménto *s.m.* **1** il complesso delle cure per far crescere un bambino **2** (*zootec.*) l'insieme delle pratiche con cui si allevano animali | (*estens.*) luogo destinato ad un allevamento; l'insieme degli animali allevati.
allevàre *v.tr.* [*io allèvo ecc.*] **1** prestare a un bambino le cure necessarie al nutrimento e alla crescita | (*fig.*) educare **2** curare la crescita e la riproduzione di specie animali.
alleviàre *v.tr.* [*io allèvio ecc.*] rendere più lieve; attenuare.
allibìre *v.intr.* [*io allibisco, tu allibisci ecc.*; aus. *essere*] impallidire per paura, stupore.
allibìto *agg.* sbalordito, sconcertato.
allibraménto *s.m.* (*fin.*) registrazione su un libro di un'operazione finanziaria.
allibratóre *s.m.* [f. *-trice*] chi, negli ippodromi e nei cinodromi, accetta scommesse sul risultato delle corse; bookmaker.
allietàre *v.tr.* [*io allièto ecc.*] rendere lieto ♦ **-rsi** *v.rifl.* o *intr. pron.* rallegrarsi.
allièvo *s.m.* chi viene educato, ammaestrato in un'arte o in una disciplina.
alligatóre *s.m.* rettile anfibio simile al coccodrillo.
allignàre *v.intr.* [aus. *avere*] mettere radici, attecchire (anche *fig.*).
allineaménto *s.m.* l'allineare, l'allinearsi, l'essere allineato; l'insieme degli elementi allineati.
allineàre *v.tr.* [*io allìneo ecc.*] **1** disporre in fila sulla stessa linea **2** pareggiare ♦ **-rsi** *v.rifl.* **1** schierarsi **2** (*fig.*) adeguarsi, conformarsi.
allineàto *agg.* che è in fila, in linea □ **-mente** *avv.*
allitterazióne *s.f.* (*ling.*) ripetizione di suoni o sillabe uguali o simili all'inizio di più parole successive.
allo *prep.art.m.sing.* composta da *a* e *lo*.
allòcco *s.m.* [pl. *-chi*] **1** uccello rapace notturno **2** [f. *-a*] (*fig.*) persona stupida.
allocuzióne *s.f.* (*lett.*) discorso solenne.
allòdola *s.f.* piccolo uccello canoro con piumaggio color terra.
alloggiaménto *s.m.* (*mil.*) alloggio | accampamento.
alloggiàre *v.tr.* [*io allòggio ecc.*] dare alloggio a qlcu.; ospitare.
allòggio *s.m.* abitazione, casa.
allontanàre *v.tr.* mandare via, portare

lontano ♦ **-rsi** *v.intr.pron.* andare lontano; distaccarsi.

allopatìa *s.f.* (*med.*) terapia basata su rimedi che provocano effetti contrari a quelli causati dalla malattia.

allóra *avv.* in quel momento (riferito al passato o al futuro) ♦ come *agg.invar.* di quel tempo, di quell'epoca (si premette al nome) ♦ *cong.* in tal caso.

allorché *cong.* (*lett.*) quando, nel momento in cui.

allòro *s.m.* albero alto fino a dieci metri con foglie aromatiche sempreverdi.

allotrapiànto *s.m.* (*med.*) trapianto di tessuti appartenenti ad altra specie animale.

allòtropo *s.m.* (*chim.*) elemento o composto che può assumere forme diverse e manifestare differenti proprietà fisiche e chimiche.

àlluce *s.m.* il primo e più grosso dito del piede.

allucinànte *agg.* **1** che abbaglia **2** (*fig.*) che provoca una violenta impressione.

allucinàto *agg.* e *s.m.* [f. *-a*] che/chi soffre di allucinazioni.

allucinazióne *s.f.* (*psich.*) percezione di oggetti o segnali che non esistono.

allucinògeno *s.m.* sostanza che agisce sul sistema nervoso centrale, provocando allucinazioni.

allùdere *v.intr.* [pass.rem. *io allusi, tu alludésti* ecc.; part.pass. *alluso*; aus. *avere*] riferirsi a qlco. o a qlcu. in modo coperto o indiretto.

allumìnio *s.m.* elemento chimico di simbolo *Al*; è un metallo grigio argenteo, leggerissimo, duttile e malleabile, ottimo conduttore termico ed elettrico.

allunàggio *s.m.* atterraggio sul suolo lunare.

allungàre *v.tr.* [*io allungo, tu allunghi* ecc.] **1** rendere più lungo | — *la mano,* (*fig.*) chiedere l'elemosina | — *gli orecchi,* (*fig.*) origliare **2** (*fam.*) dare, passare **3** prolungare la durata di qlco. **4** diluire, annacquare.

allùngo *s.m.* [pl. *-ghi*] (*sport*) nelle gare di corsa, aumento di velocità effettuato dal corridore | nel calcio, il passaggio della palla in avanti | nel pugilato, colpo vibrato distendendo al massimo il braccio.

allusióne *s.f.* l'alludere | le parole con cui si allude.

allusìvo *agg.* che allude, che contiene allusione □ **-mente** *avv.*

alluvionàle *agg.* (*geol.*) si dice di terreno formato dai depositi lasciati dai fiumi.

alluvionàto *agg.* danneggiato da alluvione ♦ *s.m.* [f. *-a*].

alluvióne *s.f.* **1** vasto allagamento causato dallo straripamento di acque **2** (*geol.*) deposito di detriti trasportati da una corrente fluviale.

almanaccàre *v.intr.* [*io almanàcco, tu almanàcchi* ecc.; aus. *avere*] lambiccarsi il cervello | fantasticare.

almanàcco *s.m.* [pl. *-chi*] **1** sorta di calendario con informazioni sui principali fenomeni astronomici, notizie e consigli vari **2** (*estens.*) pubblicazione annuale contenente notizie statistiche e di cronaca su una data materia; annuario.

alméno *avv.* se non altro, per lo meno.

àloe *s.m.invar.* **1** (*bot.*) genere di piante esotiche perenni con foglie carnose, fiori gialli o scarlatti a pannocchia **2** il succo amaro ricavato dalle foglie di alcune di queste piante, usato come medicinale.

alògena *s.m.* lampada a vapori di iodio ad altissimo potere illuminante.

alóne *s.m.* **1** cerchio luminoso che appare talvolta intorno al Sole o alla Luna **2** sfumatura che rende meno nitida un'immagine fotografica **3** zona sbiadita su un tessuto in seguito a una smacchiatura.

alopecìa *s.f.* (*med.*) perdita totale o parziale dei capelli o dei peli.

àlpaca *s.m.invar.* ruminante domestico andino delle dimensioni di una pecora | la lana che se ne ricava.

alpàcca *s.f.* lega di rame, zinco e nichel, di aspetto simile all'argento.

àlpe *s.f.* **1** (*lett.*) montagna **2** alpeggio.

alpéggio *s.m.* pascolo estivo in alta montagna.

alpèstre *agg.* proprio dell'alpe.

alpigiàno *agg.* proprio di chi abita le regioni alpine ♦ *s.m.* [f. *-a*].

alpinìsmo *s.m.* lo sport e la tecnica dell'ascensione in montagna.

alpinìsta *s.m.* e *f.* [pl.m. *-sti*]chi pratica l'alpinismo.

alpìno *agg.* **1** delle Alpi **2** (*estens.*) d'alta montagna ♦ *s.m.* militare appartenente al corpo dell'esercito italiano addestrato per operazioni in alta montagna.

alquànto *agg.indef.* che è più di poco e meno di parecchio ♦ *pron.indef.pl.* un certo numero, diversi ♦ *avv.* piuttosto, molto.

alt *inter.* espressione usata per ordinare l'interruzione di un'azione ♦ *s.m.*

àlta fedeltà *loc.sost.f.* l'insieme delle apparecchiature che consentono la registrazione e la riproduzione del suono riducendo al minimo le distorsioni.

altaléna *s.f.* **1** gioco che si fa stando seduti su un'asse che oscilla attaccato a due funi sospese in alto **2** l'attrezzo usato per fare l'altalena **3** (*fig.*) l'alternarsi di stati, di condizioni contrastanti.

altàre *s.m.* **1** nel mondo pagano, ara sulla

quale si offrivano sacrifici alla divinità **2** nelle chiese cattoliche, la mensa su cui si celebra la messa.
alteràbile *agg.* **1** soggetto ad alterazione **2** (*fig.*) irritabile, irascibile.
alteràre *v.tr.* [*io àltero ecc.*] **1** rendere diversa una cosa peggiorandola; rovinare **2** contraffare, **3** (*fig.*) turbare, sconvolgere ♦ **-rsi** *v.rifl.* o *intr.pron.* **1** cambiare aspetto peggiorando **2** (*fig.*) irritarsi.
alterazióne *s.f.* **1** l'alterare **2** (*med.*) stato fisico o psichico anormale **3** (*chim.*) mutamento delle caratteristiche di una sostanza provocato da agenti esterni.
altèrco *s.m.* [pl. *-chi*] litigio.
alter ego *loc.sost.m.invar.* (*lat.*) persona che fa le veci di un'altra.
alterìgia *s.f.* sprezzante ostentazione di superiorità.
alternànza *s.f.* **1** l'alternare, l'alternarsi **2** (*agr.*) la rotazione delle colture.
alternàre *v.tr.* [*io altèrno ecc.*] disporre due o più cose in modo che l'una succeda all'altra ♦ **-rsi** *v.rifl.rec.* avvicendarsi.
alternatìva *s.f.* scelta possibile tra due diverse soluzioni.
alternatìvo *agg.* **1** che si alterna **2** che pone una scelta **3** si dice di espressione o manifestazione culturale, politica, sociale che si contrappone a quelle correnti o dominanti □ **-mente** *avv.*
alternàto *agg.* che si alterna, che si avvicenda □ **-mente** *avv.*
altèrno *agg.* **1** che si alterna a intervalli regolari **2** (*estens.*) variabile.
altèro *agg.* superbo, altezzoso.
altézza *s.f.* **1** dimensione di un corpo dalla base o dal punto d'appoggio alla cima **2** posizione elevata **3** (*fig.*) nobiltà, eccellenza **4** in prossimità **5** (*geom.*) distanza di un punto da una retta o da un piano **6** titolo di principi o illustri personaggi di casa reale.
altezzóso *agg.* superbo, borioso □ **-mente** *avv.*
altìccio *agg.* [pl.f. *-ce*] si dice di persona che ha bevuto un po' troppo; brillo.
altimetrìa *s.f.* parte della topografia che studia la conformazione del suolo e i metodi per determinare la quota di un punto del terreno rispetto a un livello stabilito.
altìmetro *s.m.* strumento per determinare l'altezza di un luogo rispetto al livello del mare o al terreno sottostante.
altisonànte *agg.* che ha suono forte e solenne.
altìssimo *agg.* attributo cristiano di Dio | anche come *s.m.*: *l'Altissimo.*
altitùdine *s.f.* altezza di un luogo rispetto al livello del mare; quota.
àlto *agg.* [*compar. più alto* o *superiore*; *superl. altissimo* o *supremo* o *sommo*] **1** che si eleva verticalmente in misura più o meno grande **2** profondo, detto di massa liquida **3** acuto, detto di nota o suono **4** grande, elevato, detto di numero o grandezza **5** avanzato nel tempo **6** (*fig.*) nobile, sublime **7** (*fig.*) importante, di classe ♦ *s.m.* la parte più alta di qlco. | (*assol.*) il cielo (*fig.*) | *guardare dall' — in basso*, (*fig.*) con disprezzo | nella loc.avv. *in* —, verso l'alto (anche *fig.*) ♦ *avv.* **1** in su, in luogo elevato **2** con voce forte □ **-mente** *avv.* notevolmente.
altofórno *s.m.* forno per la produzione della ghisa.
altolocàto *agg.* [pl. *altolocati*] che occupa un'alta posizione sociale.
altoparlànte *s.m.* [pl. *altoparlanti*] apparecchio elettromagnetico che converte segnali elettrici in segnali acustici | (*estens.*) apparecchio che amplifica voci e suoni.
altopiàno *s.m.* [pl. *altipiani*, anche *altopiani*] (*geog.*) regione estesa e pianeggiante situata a un'altitudine superiore ai 300 metri sul livello del mare.
altorilièvo *s.m.* [pl. *altorilievi*] tecnica e opera scultorea nella quale le figure si distaccano dal fondo, con cui però fanno blocco unico.
altrettànto *agg.indef.* nella stessa misura ♦ *pron.indef.* **1** la stessa quantità **2** la stessa cosa ♦ *avv.* nella stessa misura; nello stesso modo.
àltri *pron.indef.sing.invar.* (*lett.*) **1** un'altra persona **2** qualcuno.
altriménti *avv.* **1** in altro modo, diversamente **2** in caso contrario, se no.
àltro *agg.indef.* **1** diverso, differente **2** restante **3** nuovo **4** con riferimento a tempo scorso, precedente **5** in correlazione con *uno* indica cosa o persona diversa ♦ *pron.indef.* un'altra persona o cosa ♦ *s.m.* **1** altra cosa **2** *pl.* l'altra gente, il prossimo.
altrónde nella loc.avv. *d'*—, del resto, d'altra parte.
altróve *avv.* in altro luogo; *aver la testa* —, (*fig.*) essere distratto.
altrùi *agg.poss.invar.* di altri, degli altri.
altruìsmo *s.m.* amore per il prossimo, dedizione per gli altri.
altùra *s.f.* luogo più elevato rispetto al terreno circostante; colle, monte.
alùnno *s.m.* [f. *-a*] scolaro.
alveàre *s.m.* **1** nido naturale delle api, cassetta per il loro allevamento; arnia **2** (*fig.*) grande caseggiato popolare molto affollato.
àlveo *s.m.* solco naturale o artificiale entro cui scorre un corso d'acqua; letto.

alvèolo *s.m.* **1** piccola cavità **2** ciascuna delle cellette in cui le api depongono il miele.
alzabandièra *s.m.invar.* la cerimonia dell'alzare la bandiera.
alzàre *v.tr.* **1** portare, levare in alto o più in alto | — *i tacchi,* (*fig.*) fuggire, andarsene via **2** rendere più alto, aumentare ♦ **-rsi** *v.intr.pron.* **1** diventare più alto, crescere **2** levarsi ♦ *v.rifl.* **1** mettersi in piedi **2** levarsi in volo.
alzàta *s.f.* **1** l'alzare **2** parte rialzata di un mobile.
alzatàccia *s.f.* (*fam.*) faticosa levata di buon'ora dal letto.
AM *s.f. invar.* tecnica di trasmissioni radio in cui l'ampiezza delle onde portanti viene variata in funzione del segnale da trasmettere.
amàbile *agg.* **1** degno di essere amato **2** si dice di vino dal gusto leggermente dolce □ **-mente** *avv.* piacevolmente.
amabilità *s.f.* affabilità.
amàca *s.f.* giaciglio pensile costituito da una rete o da un telo che viene sospeso tra due sostegni.
amàlgama *s.m.* [pl. *-mi*] **1** (*chim.*) lega a freddo di uno o più metalli con mercurio **2** (*estens.*) miscuglio, impasto (anche *fig.*).
amalgamàre *v.tr.* [*io amàlgamo ecc.*] **1** (*chim.*) fare un amalgama **2** (*estens.*) impastare, legare insieme **3** (*fig.*) mettere insieme, fondere ♦ **-rsi** *v.rifl.* o *intr.pron.* **1** impastarsi **2** fondersi (anche *fig.*).
amanìta *s.f.* (*bot.*) genere di funghi comprendente specie commestibili e velenose.
amànte *agg.* amatore, appassionato ♦ *s.m.* e *f.* chi ha una relazione amorosa extraconiugale o ritenuta illecita.
amanuènse *s.m.* **1** chi copiava libri manoscritti **2** scrivano.
amarànto *s.m.* **1** pianta erbacea con infiorescenze a spiga color rosso porpora **2** colore rosso scuro.
amàre *v.tr.* **1** nutrire profondo affetto, voler bene **2** provare inclinazione affettiva e attrazione fisica per qlcu. **3** nutrire un sentimento religioso di amore, di carità **4** mostrare inclinazione istintiva ♦ **-rsi** *v.rifl.rec.* **1** volersi bene **2** avere una relazione amorosa o rapporti sessuali ♦ *v.rifl.* voler bene a sé stesso.
amareggiàre *v.tr.* [*io amaréggio ecc.*] rattristare, affliggere ♦ **-rsi** *v.rifl.* provare amarezza, rattristarsi.
amaréna *s.f.* **1** frutto dell'amareno **2** sciroppo, bevanda o confettura ricavati dai frutti dell'amareno.
amaréno *s.f.* varietà di ciliegio dai frutti aciduli.
amarétto *s.m.* **1** pasticcino di forma tonda e schiacciata, a base di mandorle **2** liquore di sapore simile a quello del pasticcino.
amarézza *s.f.* tristezza profonda | contrarietà, dispiacere.
amarìlli o **amarìllide** *s.f.* pianta erbacea ornamentale con grandi fiori a imbuto dai colori vivaci.
amàro *agg.* **1** di sapore contrario al dolce **2** (*fig.*) che dà dolore o pena ♦ *s.m.* **1** sapore amaro **2** liquore aromatico a base di estratti vegetali, bevuto come digestivo □ **-mente** *avv.* con amarezza; con dispiacere, rimpianto.
amarógnolo *agg.* si dice di sapore tendente all'amaro, ma non spiacevole.
amatóre *s.m.* [f. *-trice*] appassionato, intenditore | (*estens.*) collezionista.
amàzzone *s.f.* **1** (*mit.*) nome di mitiche donne guerriere dell'Asia Minore **2** (*estens.*) donna che pratica l'equitazione.
ambasciàta *s.f.* **1** rappresentanza diplomatica di uno stato presso un altro stato | la residenza della medesima **2** l'incarico di portare un messaggio.
ambasciatóre *s.m.* [f. *-trice*] **1** rappresentante diplomatico di uno stato presso un altro **2** chi porta un'ambasciata.
ambedùe *agg.num.invar.* (*lett.*) entrambi.
ambidèstro *agg.* che si serve di entrambe le mani con uguale abilità.
ambientalìsmo *s.m.* ecologismo.
ambientalìsta *agg.* e *s.m.* e *f.* [pl.m. *-sti*] che/chi opera per la difesa dell'ambiente; ecologista.
ambientàmento *s.m.* l'ambientare, l'ambientarsi.
ambientàre *v.tr.* [*io ambiènto ecc.*] collocare in un ambiente ♦ **-rsi** *v.rifl.* adattarsi a un ambiente (anche *assol.*).
ambientazióne *s.f.* ambientamento | nel teatro e nel cinema, l'allestimento scenico.
ambiènte *s.m.* **1** il luogo, le condizioni biologiche in cui vive un organismo (uomo, animale, pianta) **2** (*estens.*) insieme di persone accomunate da una stessa condizione sociale, culturale, professionale **3** stanza, locale.
ambiguità *s.f.* l'essere ambiguo, doppio.
ambìguo *agg.* **1** privo di significato univoco **2** che dà luogo a dubbi e sospetti □ **-mente** *avv.*
ambìre *v.tr.* [*io ambisco, tu ambisci ecc.*], *v.intr.* [aus. *avere*] desiderare ardentemente.
àmbito *s.m.* ambiente circoscritto; spazio in cui si verifica qlco. (spec. *fig.*).
ambivalénte *agg.* che presenta una duplicità di aspetti.
ambizióne *s.f.* **1** volontà di ottenere qlco.

che si desidera ardentemente **2** (*assol.*) viva aspirazione ad affermarsi.
ambizióso *agg.* che rivela ambizione ♦ *agg.* e *s.m.* [f. -a] □ **-mente** *avv.*
àmbo *agg.num.* (*lett.*) [pl. *invar.*; ma anche m. *ambi*, f. *ambe*] tutti e due ♦ *s.m.* nel gioco del lotto, due numeri estratti sulla stessa ruota.
ambosèssi o **ambosesso** *agg.invar.* sia maschio sia femmina.
àmbra *s.f.* resina fossile di conifere, di aspetto vetroso e colore giallo.
ambròsia *s.f.* (*mit.*) il cibo degli dei, che rendeva immortale.
ambrosiàno *agg.* di sant'Ambrogio, vescovo di Milano.
ambulàcro *s.m.* (*arch.*) corridoio coperto a portico.
ambulànte *agg.* che si sposta di continuo ♦ *s.m.* [anche *f.*] venditore ambulante.
ambulànza *s.f.* **1** veicolo per il trasporto di malati e feriti **2** (*mil.*) infermeria da campo.
ambulatòrio *s.m.* sala dove si effettuano visite o altre prestazioni mediche.
amèba *s.f.* (*zool.*) protozoo unicellulare parassita intestinale dell'uomo.
àmen *inter.* espressione liturgica che conclude una preghiera; equivale a 'così sia'.
amenità *s.f.* **1** l'essere ameno **2** facezia.
amèno *agg.* piacevole alla vista.
amenorrèa *s.f.* (*med.*) mancanza del flusso mestruale nella donna in età feconda.
ametìsta *s.f.* pietra preziosa di colore violetto; varietà del quarzo.
amfetamìna *s.f.* farmaco sintetico stimolante del sistema nervoso centrale.
amiànto *s.m.* silicato impiegato per tessuti e rivestimenti antincendio.
amichévole *agg.* da amico, confidenziale | (*sport*) competizione non ufficiale □ **-mente** *avv.*
amicìzia *s.f.* **1** legame tra persone basato su affinità di sentimenti **2** (spec. *pl.*) persona con cui si ha un legame di amicizia.
amìco *agg.* [pl.m. -*ci*] animato da amicizia ♦ *s.m.* [f. -*a*].
àmido *s.m.* sostanza analoga agli zuccheri; è usata nell'industria come collante.
amlètico *agg.* [pl.m. -*ci*] di Amleto, protagonista dell'omonima tragedia di Shakespeare | (*estens.*) irresoluto □ **-mente** *avv.*
ammaccàre *v.tr.* [*io ammacco, tu ammacchi ecc.*] produrre una deformazione sulla superficie di un corpo, colpendolo o premendolo ♦ **-rsi** *v.intr.pron.* prendere una botta.
ammaccàto *agg.* che ha subito un'ammaccatura.
ammaccatùra *s.f.* deformazione prodotta su una superficie da un colpo.
ammaestraménto *s.m.* l'ammaestrare, l'essere ammaestrato.
ammaestràre *v.tr.* [*io ammaèstro* o *ammaéstro ecc.*] **1** istruire **2** addestrare un animale a compiere certi atti o esercizi.
ammaestratóre *s.m.* [f. -*trice*] chi addestra animali.
ammainàre *v.tr.* [*io ammàino ecc.*] far scendere una vela, una bandiera.
ammàlarsi *v. intr.pron.* contrarre una malattia.
ammalàto *agg.* malato ♦ *s.m.* [f. -*a*].
ammaliàre *v.tr.* [*io ammàlio ecc.*] sedurre, affascinare.
ammànco *s.m.* [pl. -*chi*] somma di denaro mancante a causa di un errore contabile o appropriazione indebita.
ammanettàre *v.tr.* [*io ammanétto ecc.*] bloccare con le manette | (*estens.*) arrestare.
ammansìre *v.tr.* [*io ammansisco, tu ammansisci ecc.*] calmare, rabbonire (una persona) ♦ **-rsi** *v.intr.pron.* divenire mansueto.
ammantàre *v.tr.* avvolgere con un manto ♦ **-rsi** *v.rifl.* avvolgersi in un manto.
ammaràggio *s.m.* (*aer.*) discesa di un aeromobile su uno specchio d'acqua.
ammaràre *v.intr.* [aus. *avere*] posarsi sul mare, detto di velivoli.
ammassàre *v.tr.* radunare in massa; accumulare ♦ **-rsi** *v.rifl.* o *intr.pron* affollarsi in gran numero, stiparsi.
ammàsso *s.m.* **1** mucchio, cumulo **2** raccolta di prodotti agricoli in appositi magazzini.
ammattìre *v.intr.* [*io ammattisco, tu ammattisci ecc.*; aus. *essere*], **-rsi** *v.intr.pron.* **1** diventare matto **2** (*fig.*) spazientirsi | scervellarsi.
ammazzàre *v.tr.* **1** uccidere in modo violento | far morire **2** (*fig.*) logorare ♦ **-rsi** *v.rifl.* o *intr.pron.* suicidarsi.
ammazzàta *s.f.* (*fam.*) sfacchinata, faticata.
ammènda *s.f.* **1** (*dir.*) pena pecuniaria fissata per le contravvenzioni **2** (*fig.*) riparazione di un male commesso.
amméssо *agg.* e *s.m.* [f. -*a*] chi può accedere | chi è stato riconosciuto idoneo.
amméttere *v.tr.* [coniugato come *mettere*] **1** lasciar entrare; accogliere, ricevere **2** riconoscere idoneo.
ammezzàto *agg.* e *s.m.* si dice del piano di un edificio posto tra il piano terreno e il primo piano; mezzanino.
ammiccàre *v.intr.* [*io ammicco, tu ammicchi ecc.*; aus. *avere*] fare cenni, per lo più di soppiatto | (*fig.*) dar segni di intesa a qlcu.

amministràre *v.tr.* avere cura della gestione di un ente, di un bene, di un'attività | — *i sacramenti*, (*lit.*) impartirli.
amministratìvo *agg.* che riguarda l'amministrazione □ **-mente** *avv.* dal punto di vista amministrativo.
amministratóre *s.m.* [f. *-trice*] chi amministra | — *delegato* (*dir.*) in una società per azioni, colui al quale il consiglio di amministrazione delega le proprie funzioni.
amministrazióne *s.f.* **1** attività di chi amministra **2** attività di organizzazione e controllo di un'azienda, un ente o un organo pubblico o privato **3** ente o ufficio amministrativo **4** la sede in cui si svolge l'attività di chi amministra.
amminoàcido *s.m.* (*chim.*) composto organico azotato costituente delle proteine.
ammiràglia *s.f.* nave su cui si trova imbarcato un ammiraglio | (*estens.*) la nave di maggior prestigio di una compagnia di navigazione.
ammiràglio *s.m.* (*mil.*) alto ufficiale | capo di stato maggiore della marina.
ammiràre *v.tr.* **1** guardare con compiacimento, contemplare **2** stimare, apprezzare.
ammiratóre *s.m.* [f. *-trice*] chi ammira | (*estens.*) corteggiatore.
ammirazióne *s.f.* **1** l'ammirare **2** grande stima per una persona o una cosa.
ammirévole *agg.* degno di ammirazione □ **-mente** *avv.*
ammissìbile *agg.* che si può ammettere; accettabile.
ammissióne *s.f.* **1** l'ammettere; l'essere ammesso **2** riconoscimento.
ammobiliàre *v.tr.* [*io ammobilio ecc.*] fornire di mobili.
ammodernàre *v.tr.* [*io ammodèrno ecc.*] rimodernare.
ammòdo *avv.* per bene, come si deve ♦ *agg.invar.* corretto, educato.
ammogliàre *v.tr.* [*io ammóglio ecc.*] far sposare ♦ **-rsi** *v.rifl.* prendere moglie.
ammòllo *s.m.* prolungata immersione della biancheria in acqua saponata: *mettere i panni in* (o *all'*) —.
ammonìaca *s.f.* (*chim.*) gas incolore, tossico, composto di azoto e idrogeno, usato in soluzione come detergente domestico.
ammoniménto *s.m.* **1** l'ammonire; avvertimento, consiglio **2** rimprovero.
ammonìre *v.tr.* [*io ammonisco, tu ammonisci ecc.*] **1** consigliare con autorità; esortare **2** richiamare, riprendere **3** infliggere una sanzione disciplinare.
ammonizióne *s.f.* **1** richiamo, rimprovero, riprensione **2** nel pubblico impiego, sanzione disciplinare non grave inflitta al dipendente che abbia trascurato l'osservanza di un dovere | analogo provvedimento preso dalle autorità sportive verso atleti che abbiano commesso infrazioni.
ammontàre[1] *v.intr.* [*io ammónto ecc.; aus. essere*] raggiungere una certa cifra complessiva.
ammontare[2] *s.m.* totale.
ammonticchiàre *v.tr.* [*io ammonticchio ecc.*] ammucchiare ♦ **-rsi** *v.rifl.* o *intr.pron.* ammassarsi.
ammorbàre *v.tr.* [*io ammòrbo ecc.*] **1** rendere infetto, contaminare | inquinare **2** (*fig. fam.*) annoiare, infastidire.
ammorbidènte *s.m.* **1** (*ind. tessile*) additivo dell'appretto che ammorbidisce il tessuto **2** additivo per il bucato che evita l'indurirsi dei capi lavati ♦ *agg.*
ammorbidìre *v.tr.* [*io ammorbidisco, tu ammorbidisci ecc.*] **1** rendere morbido **2** (*fig.*) mitigare, addolcire ♦ **-rsi** *v.intr.pron.* **1** diventare morbido **2** (*fig.*) addolcirsi, mitigarsi
ammortaménto *s.m.* estinzione rateale di un debito.
ammortizzatóre *s.m.* (*mecc.*) dispositivo che attutisce urti e vibrazioni.
ammucchiàre *v.tr.* [*io ammùcchio ecc.*] mettere, riunire in mucchio ♦ **-rsi** *v.rifl.* o *intr.pron.* affollarsi, ammassarsi.
ammuffìre *v.intr.* [*io ammuffisco, tu ammuffisci ecc.; aus. essere*] **1** fare la muffa **2** (*fig.*) vivere isolato.
ammuffìto *agg.* **1** muffo **2** (*fig.*) invecchiato, sorpassato.
ammutinaménto *s.m.* (*dir.*) reato di insubordinazione di marinai o soldati | (*estens.*) rifiuto collettivo di obbedire a un ordine.
ammutinàrsi *v.intr.pron.* [*io mi ammùtino o ammutìno ecc.*] fare un ammutinamento.
ammutolìre *v.intr.* [*io ammutolisco, tu ammutolisci ecc.; aus. essere*] ♦ **-rsi** *v.intr.pron.* diventare muto | (*estens.*) tacere d'improvviso.
amnesìa *s.f.* **1** (*med.*) perdita parziale o totale della memoria **2** dimenticanza momentanea.
àmnio *s.m.* (*biol.*) membrana a forma di sacco contenente un liquido che protegge l'embrione di mammiferi, rettili e uccelli.
amniocèntesi *s.f.* (*med.*) prelievo di liquido amniotico dall'addome, per la diagnosi precoce di malformazioni fetali e la determinazione del sesso del nascituro.
amniòtico *agg.* [pl.m. *-ci*] (*biol.*) dell'amnio.
amnistìa *s.f.* (*dir.*) provvedimento legislativo con cui lo stato rinuncia ad applicare la pena.

amnistiàre *v.tr.* [io amnìstio o amnistìo ecc.] (*dir.*) applicare un'amnistia.
àmo *s.m.* strumento per pescare a forma di piccolo uncino.
amoràle *agg.* che è estraneo alla legge morale □ **-mente** *avv.*
amoralità *s.f.* l'essere amorale.
amóre *s.m.* **1** affetto intenso **2** attrazione fisica tra due persone di sesso diverso **3** (*estens.*) la persona amata **4** *pl.* vicende amorose **5** negli animali, istinto che li porta all'accoppiamento **6** (*teol.*) affezione infinita di Dio per le sue creature | il senso di carità dell'uomo verso gli altri uomini **7** passione per qlco. **8** ciò che è oggetto di passione.
amoreggiàre *v.intr.* [io amoréggio ecc.; aus. avere] avere rapporti amorosi superficiali.
amorévole *agg.* che dimostra amore, affetto □ **-mente** *avv.*
amòrfo *agg.* **1** privo di forma **2** (*fig. spreg.*) privo di personalità **3** (*fis., chim.*) si dice di sostanza priva di struttura cristallina.
amorìno *s.m.* bambino nudo alato raffigurante il dio dell'amore.
amoróso *agg.* **1** che prova amore; affettuoso **2** ispirato da amore; premuroso **3** che riguarda l'amore ♦ *s.m.* [f. -a] (*fam.*) fidanzato □ **-mente** *avv.*
ampere *s.m.invar.* (*fr.*) (*fis.*) unità di misura dell'intensità di una corrente elettrica.
amperòmetro *s.m.* (*fis.*) strumento che misura l'intensità di una corrente elettrica.
ampiézza *s.f.* **1** l'essere ampio **2** (*geom.*) misura di un angolo o di un arco.
àmpio *agg.* [superl. amplissimo] **1** largo e lungo, vasto **2** (*fig.*) abbondante □ **-mente** *avv.* abbondantemente.
amplèsso *s.m.* **1** (*lett.*) abbraccio **2** rapporto sessuale.
ampliàre *v.tr.* [io àmplio ecc.] rendere più ampio ♦ **-rsi** *v.intr.pron.* ingrandirsi.
amplificàre *v.tr.* [io amplìfico, tu amplìfichi ecc.] **1** rendere più ampio | (*fig.*) esagerare **2** (*tecn.*) accrescere il valore di una grandezza fisica.
amplificatóre *s.m.* (*tecn.*) dispositivo che accresce il valore di una grandezza fisica; in particolare, quello che amplifica il segnale acustico di apparecchi per la riproduzione del suono (registratori, giradischi ecc.).
ampólla *s.f.* **1** boccetta a collo stretto e ventre largo, con piccolo manico **2** (*lit.*) piccolo vaso in cui viene tenuto l'olio santo.
ampollóso *agg.* magniloquente, retorico.
amputàre *v.tr.* [io àmputo ecc.] **1** (*med.*) asportare chirurgicamente un arto o sua parte **2** (*fig.*) tagliare, ridurre.
amulèto *s.m.* oggetto a cui si attribuisce per superstizione il potere di tener lontani mali o pericoli.
ana- prefisso di parole composte, che significa 'sopra, in alto', 'contro', 'di nuovo' o 'inversamente'.
anabbagliànte *s.m.* (*aut.*) proiettore che illumina la strada in modo da non abbagliare chi proviene dal senso opposto.
anabolìsmo *s.m.* (*biol.*) fase del metabolismo consistente nella trasformazione e utilizzazione delle sostanze nutritive nell'organismo.
anabolizzànte *agg.* e *s.m.* (*med.*) sostanza che favorisce l'anabolismo.
anacolùto *s.m.* (*ret.*) il susseguirsi nello stesso periodo di due diversi costrutti, dei quali il primo rimane incompiuto.
anacònda *s.m.invar.* grosso serpente non velenoso dell'America meridionale.
anacorèta *s.m.* [pl. -ti] chi si ritirava nel deserto per dedicarsi alla preghiera.
anacronìsmo *s.m.* l'attribuzione a un'epoca di usi, costumi e fatti propri di un'altra.
anaerobiòsi *s.f.* (*biol.*) vita inassenza di ossigeno.
anafilàssi *s.f.* (*med.*) esagerata reattività immunitaria, da parte di un organismo sensibilizzato a una sostanza proteica, a una successiva introduzione della stessa sostanza.
anàfora *s.f.* (*ret.*) ripetizione della stessa parola o espressione all'inizio di frasi o versi consecutivi.
anàgrafe *s.f.* registro che documenta il numero e lo stato civile della popolazione di un comune | ufficio comunale in cui si tiene tale registro.
anagràmma *s.m.* [pl. -mi] procedimento consistente nell'ottenere, con le lettere di una parola o di una frase, parole o frasi di senso diverso.
analcòlico *agg.* [pl.m. -ci] che non contiene alcol ♦ *s.m.* bevanda priva di alcol.
anàle *agg.* (*med.*) dell'ano, localizzato all'ano.
analfabèta *agg.* e *s.m.* e *f.* [pl.m. -ti] **1** che/chi non sa leggere e scrivere **2** (*estens.*) persona ignorante.
analfabetìsmo *s.m.* la condizione di chi è analfabeta.
analgèsico *agg.* e *s.m.* [pl. -ci] si dice di farmaco che attenua o elimina il dolore.
anàlisi *s.f.* **1** metodo di indagine in cui l'oggetto di studio viene scomposto ed esaminato negli elementi costitutivi | —

clinica, (*med.*) effettuata a scopo diagnostico **2** (*estens.*) esame accurato **3** trattamento psicoanalitico.
analìsta *s.m.* e *f.* [pl.m. *-sti*] **1** chi effettua analisi cliniche **2** psicoanalista.
analìtico *agg.* [pl.m. *-ci*] **1** di analisi, fondato sull'analisi **2** (*mat.*) fondato sul calcolo ☐ **-mente** *avv.*
analizzàre *v.tr.* **1** sottoporre ad analisi **2** (*estens.*) esaminare accuratamente.
analogìa *s.f.* **1** rapporto di somiglianza fra due o più cose **2** (*ling.*) influenza che una forma esercita su un'altra, per cui questa tende ad assimilarsi a quella.
analògico *agg.* [pl.m. *-ci*] che procede per analogia, che si fonda sull'analogia ☐ **-mente** *avv.*
anàlogo *agg.* [pl.m. *-ghi*] che presenta analogia con un'altra cosa ☐ **-mente** *avv.*
anamnèsi *s.f.* (*med.*) raccolta a fini diagnostici delle notizie riguardanti i precedenti fisiologici e patologici, personali ed ereditari, di un paziente.
ànanas *s.m.invar.* **1** pianta arbustacea tropicale con foglie aculeate e frutti commestibili **2** il frutto di tale pianta.
anarchìa *s.f.* **1** mancanza di governo **2** (*estens.*) situazione di caos politico | disordine, confusione **3** dottrina anarchica.
anàrchico *agg.* [pl.m. *-ci*] relativo all'anarchia ♦ *s.m.* [f. *-a*] ☐ **-mente** *avv.*
anastàtico *agg.* [pl.m. *-ci*] (*tip.*) si dice del procedimento fotografico con cui da un testo stampato si ottiene una matrice litografica che consente una nuova stampa ☐ **-mente** *avv.*
anatèma *s.m.* [pl. *-mi*] **1** scomunica solenne **2** (*fig.*) maledizione.
anatomìa *s.f.* **1** scienza che studia gli organismi viventi nella loro struttura **2** dissezione di un organismo nelle parti che lo compongono.
anatòmico *agg.* [pl.m. *-ci*] **1** che riguarda l'anatomia **2** modellato in modo da conformarsi alle forme umane ☐ **-mente** *avv.*
anatomizzàre *v.tr.* studiare la struttura di organismi animali tramite dissezione.
ànatra *s.f.* (*zool.*) nome comune di diversi uccelli acquatici con corpo largo, zampe corte, piedi palmati, becco appiattito.
anatròccolo *s.m.* il pulcino dell'anatra.
ànca *s.f.* (*anat.*) articolazione che unisce il femore al bacino | (*fam.*) fianco.
ancèlla *s.f.* (*lett.*) donna al servizio di qlcu.
ancestràle *agg.* atavico.
ànche *cong.* **1** pure | persino **2** sebbene, seppure | ammesso pure che, pure se.
ancheggiàre *v.intr.* [*io anchéggio ecc.*; aus. *avere*] dimenare le anche camminando o danzando.
anchilosàrsi *v.intr.pron.* paralizzarsi per anchilosi.
anchilòsi o **anchilosi** *s.f.* (*med.*) perdita totale o parziale dei movimenti di un'articolazione.
anchorman *s.m.invar.* (*ingl.*) chi conduce programmi radiofonici o televisivi.
àncora[1] *s.f.* (*mar.*) pesante arnese di ferro che, facendo presa sul fondo marino, consente di trattenere il natante a cui è collegato.
ancóra[2] *avv.* **1** anche ora **2** finora **3** un'altra volta ♦ *cong.* persino.
ancoràggio *s.m.* **1** l'ancorare, l'ancorarsi **2** specchio d'acqua in cui le navi possono ormeggiare.
ancoràre *v.tr.* [*io àncoro ecc.*] **1** (*mar.*) ormeggiare un natante gettando l'ancora **2** (*estens.*) assicurare, fissare ♦ **-rsi** *v. rifl.* gettare l'ancora, ormeggiarsi.
andaménto *s.m.* **1** l'atto e il modo di andare **2** modo di succedersi delle fasi di un fenomeno.
andànte *agg.* ordinario, mediocre ♦ *s.m.* (*mus.*) movimento di media velocità.
andàre *v.intr.* [pres. *io vado, tu vai, egli va, noi andiamo, voi andate, essi vanno*; imperf. *io andavo ecc.*; fut. *io andrò ecc.*; congiunt.pres. *io, tu, egli vada, noi andiamo, voi andiate, essi vàdano*; cond. *io andrèi ecc.*; imp. *va* o *va'* o *vai, andate*; le altre forme, dal tema *and-*, sono regolari; aus. *essere*] **1** spostarsi verso un luogo, o anche senza una meta **2** trasformarsi, ridursi **3** essere, sentirsi **4** essere adeguato, necessario **5** procedere, svolgersi **6** funzionare **7** essere gradito, soddisfare.
andàta *s.f.* **1** l'andare, il recarsi in un luogo **2** (*sport*) nei tornei in cui le squadre concorrenti gareggiano tra loro due volte, il primo dei due gruppi di partite.
andatùra *s.f.* modo di camminare | (*sport*) ritmo, velocità di corsa di un atleta.
andàzzo *s.m.* abitudine, moda deteriore.
andirivièni *s.m.invar.* viavai.
àndito *s.m.* ambiente di passaggio o disimpegno.
andrògino *agg.* e *s.m.* che presenta insieme caratteristiche del sesso maschile e di quello femminile.
andròide *s.m.* e *f.* sorta di robot dalle sembianze umane.
andróne *s.m.* ambiente di passaggio che dal portone esterno di un edificio immette nella scala o nel cortile interno.
andropàusa *s.f.* nell'uomo, progressiva riduzione e cessazione delle facoltà generatrici.

aneddòtica *s.f.* insieme di aneddoti relativi a un personaggio o a un'epoca.
anèddoto *s.m.* episodio curioso della storia o della vita di un personaggio importante.
anelàre *v.intr.* [*io anèlo ecc.*; aus. *avere*] (*lett.*) **1** ansimare **2** (*fig.*) aspirare ardentemente a qlco.
anèlito *s.m.* (*lett.*) **1** respiro affannoso **2** (*fig.*) desiderio ardente.
anèllo *s.m.* **1** cerchietto di metallo che si porta al dito per ornamento o come simbolo di una condizione **2** ciascuno degli elementi di una catena **3** costruzione a forma di cerchio.
anemìa *s.f.* (*med.*) diminuzione dell'emoglobina nel sangue.
anemofilìa *s.f.* (*bot.*) impollinazione operata dal vento.
anemòmetro *s.m.* (*meteor.*) mulinello con cui si misura la velocità del vento.
anémone *s.m.* pianta erbacea ornamentale perenne con fiori rossi, violacei o bianchi.
anestesìa *s.f.* (*med.*) eliminazione artificiale della sensibilità al dolore.
anestesìsta *s.m.* e *f.* [pl.m. *-sti*] medico specializzato in anestesia.
anestètico *s.m.* (*farm.*) sostanza atta a diminuire o a eliminare la sensibilità.
anestetizzàre *v.tr.* sottoporre ad anestesia.
aneurìsma *s.m.* [pl. *-smi*] (*med.*) dilatazione anomala di un'arteria.
anfibio *agg.* che può vivere od operare sia sulla terra sia nell'acqua ♦ *s.m.* veicolo in grado di muoversi sia su acqua sia su terra.
anfiteàtro *s.m.* **1** (*archeol.*) teatro romano all'aperto di forma ovale o circolare **2** (*estens.*) qualsiasi edificio o costruzione simile agli anfiteatri romani.
anfitrióne *s.m.* padrone di casa e ospite generoso.
ànfora *s.f.* vaso a due anse, più stretto all'imboccatura e al piede.
anfràtto *s.m.* luogo stretto, scosceso e tortuoso.
angariàre *v.tr.* [*io angàrio ecc.*] fare angherie.
angelicàto *agg.* (*lett.*) considerato simile ad angelo.
angèlico *agg.* [pl.m. *-ci*] **1** di angelo **2** (*fig.*) che ha l'aspetto di un angelo □ **-mente** *avv.*
àngelo *s.m.* **1** nella religione ebraica e cristiana, puro spirito creato da Dio **2** (*fig.*) persona di grande bellezza o bontà.
angherìa *s.f.* prepotenza, sopruso.
angìna *s.f.* (*med.*) affezione infiammatoria della gola e delle tonsille.
angiologìa *s.f.* (*med.*) disciplina che studia gli organi preposti alla circolazione del sangue e della linfa.
angiòma *s.m.* [pl. *-mi*] (*med.*) tumore benigno costituito da neoformazioni di vasi sanguigni.
angiospèrme *s.f.pl.* (*bot.*) piante con ovulo racchiuso nell'ovario.
anglicanèsimo *agg.* si dice della chiesa nazionale d'Inghilterra.
anglìsta *s.m.* e *f.* [pl.m. *-sti*] studioso di lingua e letteratura inglese.
anglo- primo elemento di parole composte usate con riferimento all'Inghilterra e più in generale alla Gran Bretagna.
angolàre[1] *agg.* relativo a un angolo | *pietra* — quella da cui si originano e su cui gravano due muri; (*fig.*) il fondamento di qlco.
angolàre[2] *v.tr.* [*io àngolo ecc.*] **1** disporre ad angolo **2** (*sport*) indirizzare la palla verso un angolo della porta o del campo.
angolazióne *s.f.* **1** (*cine., foto.*) ripresa di una scena da un determinato angolo visuale **2** (*fig.*) punto di vista da cui si considera un argomento, un problema.
angolièra *s.f.* mobile a ripiani destinato a occupare un angolo.
àngolo *s.m.* **1** (*geom.*) parte di piano compresa tra due semirette uscenti da uno stesso punto **2** (*estens.*) spigolo.
angolóso *agg.* **1** che ha molti angoli **2** (*fig.*) poco condiscendente.
àngora *s.f.* filato ricavato dal pelo delle capre e dei conigli d'angora.
angòscia *s.f.* [pl. *-sce*] stato d'ansia, di inquietudine accentuate.
angosciàre *v.tr.* [*io angòscio ecc.*] dare angoscia ♦ **-rsi** *v.rifl.* provare angoscia.
angoscióso *agg.* **1** che dà angoscia **2** pieno d'angoscia □ **-mente** *avv.*
anguìlla *s.f.* **1** pesce teleosteo commestibile, serpentiforme; vive in acqua dolce e salata **2** (*fig.*) persona che sfugge di fronte alle responsabilità.
angùria *s.f.* (*region.*) cocomero.
angùstia *s.f.* **1** strettezza, scarsità (anche *fig.*) **2** ansia, pena.
angustiàre *v.tr.* [*io angùstio ecc.*] causare sofferenza ♦ **-rsi** *v.rifl.* preoccuparsi, tormentarsi.
angùsto *agg.* stretto, limitato (anche *fig.*) □ **-mente** *avv.*
ànice *s.m.* pianta erbacea originaria dell'oriente, con frutti aromatici usati in farmacia, pasticceria e liquoreria.
anidrìde *s.f.* (*chim.*) composto formato da un non metallo e da ossigeno.

anidròsi *s.f.* (*med.*) diminuzione o assenza della sudorazione.
anilìna *s.f.* (*chim.*) composto organico azotato, liquido e incolore.
ànima *s.f.* **1** principio vitale proprio dell'uomo che, in opposizione al corpo, viene identificato con le facoltà spirituali | nella concezione cristiana, entità immateriale e immortale infusa da Dio nell'uomo **2** persona, individuo **3** parte interna di un oggetto.
animàle[1] *s.m.* **1** ogni organismo vivente dotato di sensi e di movimento autonomo **2** (*fig.*) persona grossolana e volgare.
animale[2] *agg.* proprio degli animali | che si ricava da animali.
animalésco *agg.* [pl.m. *-schi*] proprio di un animale □ **-mente** *avv.*
animalità *s.f.* l'insieme delle qualità proprie degli animali.
animàre *v.tr.* [*io ànimo ecc.*] **1** infondere l'anima, la vita **2** dare vivacità, brio **3** stimolare ♦ **-rsi** *v.intr.pron.* **1** acquistare vivacità **2** infervorarsi □ **-mente** *avv.*
animatóre *s.m.* [f. *-trice*] chi dà vivacità a un'attività, uno spettacolo ♦ *agg.* [f. *-trice*].
animazióne *s.f.* **1** vivacità, calore **2** affollamento, movimento **3** *cinema* —, quello che utilizza cartoni animati.
animìsmo *s.m.* credenza primitiva che tutte le cose siano animate da principi vitali (anime, spiriti).
ànimo *s.m.* **1** l'anima dell'uomo in quanto sede dei sentimenti, dell'intelletto e della volontà **2** (*estens.*) intenzione, proposito **3** coraggio.
animosità *s.f.* malanimo, rancore.
animóso *agg.* **1** (*lett.*) coraggioso **2** focoso **3** ostile □ **-mente** *avv.*
anióne *s.m.* (*fis.*) ione dotato di carica negativa.
annacquàre *v.tr.* [*io annàcquo ecc.*] **1** aggiungere acqua a un liquido **2** (*fig.*) temperare, mitigare.
annaffiàre o **innaffiàre** *v.tr.* [*io annàffio ecc.*] bagnare con l'acqua allargandone il getto in una specie di pioggia leggera.
annaffiatóio o **innaffiatòio** *s.m.* recipiente per annaffiare provvisto di un manico e un lungo beccuccio terminante in una bocchetta traforata.
annàli *s.m.pl.* **1** elenchi di fatti disposti anno per anno **2** (*fig.*) memoria, ricordo.
annalìsta *s.m.* [pl. *-sti*] scrittore di annali.
annalìstica *s.f.* il genere storiografico degli annali.
annaspàre *v.intr.* [aus. *avere*] **1** agitare le braccia come per afferrare qlco. **2** (*fig.*) affaticarsi inutilmente.
annàta *s.f.* **1** lo spazio di un anno **2** insieme di manifestazioni, attività avvenuti nel corso di un anno **3** l'insieme dei numeri di un periodico usciti in un anno.
annebbiaménto *s.m.* l'essere annebbiato.
annebbiàre *v.tr.* [*io annébbio ecc.*] offuscare con nebbia, oscurare (anche *fig.*) ♦ **-rsi** *v.intr.pron.* offuscarsi.
annegaménto *s.m.* l'annegare.
annegàre *v.tr.* [*io annégo, tu annéghi ecc.*] far morire per affogamento ♦ **-rsi** *v.rifl.* uccidersi per affogamento.
annerìre *v.tr.* [*io annerisco, tu annerisci ecc.*] far diventare ♦ *v.intr.* [aus. *essere*] ♦ **-rsi** *v.intr.pron.* divenire nero.
annessióne *s.f.* atto con cui uno stato estende la propria sovranità su un altro.
annessionìsmo *s.m.* la politica di uno stato che tende a compiere annessioni.
annèsso unito ♦ *s.m.pl.* parti accessorie di una costruzione | *annessi e connessi*, (*fig.*) insieme di fatti attinenti a qlco.
annettère *v.tr.* [pres. *io annètto* o *annétto ecc.*; pass.rem. *io annettéi, tu annettésti ecc.*; part.pass. *annèsso* o *annésso*] **1** unire, collegare; allegare **2** detto di uno stato, compiere un'annessione.
annichilìre *v.tr.* [*io annìchilo* o *annichilisco, tu annìchili* o *annichilisci ecc.*] ridurre al nulla, | (*fig.*) umiliare, togliere ogni volontà di reazione ♦ **-rsi** *v.rifl.* (*fig.*) umiliarsi.
annidàre *v.tr.* accogliere, dare asilo ♦ **-rsi** *v.rifl.* o *intr.pron.* **1** fare il nido **2** (*estens.*) nascondersi in un luogo.
annientàre *v.tr.* [*io anniènto ecc.*] **1** ridurre a niente **2** (*fig.*) prostrare ♦ **-rsi** *v.rifl.* ridursi a niente.
anniversàrio *agg.* (*non com.*) *s.m.* ricorrenza annuale di un giorno degno di essere ricordato.
ànno *s.m.* **1** (*astr.*) tempo impiegato dal Sole per il suo ritorno apparente all'equinozio di primavera, uguale a 365 giorni, 5 ore, 48 minuti, 46 secondi **2** periodo di dodici mesi, compreso tra un primo gennaio e il successivo.
annodàre *v.tr.* [*io annòdo ecc.*] **1** legare con nodi **2** (*fig.*) stringere con un vincolo ♦ **-rsi** *v.intr.pron.* formare dei nodi.
annoiàre *v.tr.* [*io annòio ecc.*] recar noia ♦ **-rsi** *v.intr.pron.* provare noia.
annóso *agg.* che esiste da anni.
annotàre *v.tr.* [*io annòto ecc.*] **1** prendere nota **2** corredare un testo di note.
annotazióne *s.f.* **1** appunto **2** commento.
annoveràre *v.tr.* [*io annòvero ecc.*] considerare nel numero di, contare tra.
annuàle *agg.* **1** che ricorre ogni anno **2** annuo □ **-mente** *avv.*
annualità *s.f.* rata annuale di una rendita o di un prestito.

annuàrio *s.m.* pubblicazione annuale in cui sono registrate notizie su determinati settori o attività relativamente all'anno indicato.
annuìre *v.intr.* [*io annuisco, tu annuisci ecc.*; aus. *avere*] (*lett.*) fare cenno di assenso.
annullaménto *s.m.* **1** il dichiarare non valido **2** annullo postale.
annullàre *v.tr.* **1** dichiarare nullo | (*dir.*) togliere valore a un atto dichiarandone giudizialmente la nullità **2** vanificare ♦ **-rsi** *v.rifl.rec.* escludersi a vicenda.
annunciàre *v.tr.* [*io annùncio ecc.*] **1** dare notizia **2** (*fig.*) lasciar prevedere **3** riferire a un personaggio autorevole il nome di chi desidera essere da lui ricevuto.
annunciatóre *s.m.* [f. *-trice*] chi per professione legge annunci alla radio o alla televisione.
annunciazióne *s.f.* (*relig.*) l'annuncio dell'incarnazione del Verbo portato a Maria Vergine dall'arcangelo Gabriele.
annùncio *s.m.* **1** l'annunciare **2** breve scritto con cui si comunica una notizia.
ànnuo *agg.* della durata di un anno.
annusàre *v.tr.* **1** aspirare con forza dal naso **2** (*fig.*) intuire.
annuvolàrsi *v.intr.pron.* **1** coprirsi di nuvole **2** (*fig.*) rabbuiarsi.
àno *s.m.* (*anat.*) orifizio terminale esterno dell'intestino retto.
anòdino *agg.* (*med.*) che toglie il dolore.
ànodo *s.m.* (*fis.*) polo positivo che raccoglie cariche elettriche negative.
anomalìa *s.f.* deviazione dalla norma; irregolarità | (*med.*, *biol.*) irregolarità morfologica o funzionale.
anòmalo *agg.* irregolare.
anonimàto *s.m.* l'essere anonimo.
anònimo *agg.* **1** senza nome d'autore; non identificabile **2** (*fig.*) impersonale ♦ *s.m.* autore il cui nome è ignoto □ **-mente** *avv.*
anoressìa *s.f.* (*med.*) mancanza patologica di appetito.
anormàle *agg.* **1** al di fuori della norma **2** (*psich.*) che non è psichicamente normale.
anormalità *s.f.* anomalia.
ànsa *s.f.* **1** manico di vaso **2** (*anat.*) struttura anatomica a forma di U.
ansànte *agg.* affannato.
ansàre *v.intr.* [aus. *avere*] ansimare.
ànsia *s.f.* stato di agitazione | (*psicol.*) stato nevrotico analogo all'angoscia.
ansietà *s.f.* stato di chi è ansioso.
ansimàre *v.intr.* [*io ànsimo ecc.*; aus. *avere*] respirare affannosamente.
ansiògeno *agg.* che è causa di ansia.
ansiolìtico *agg.* e *s.m.* [pl.m. *-ci*] si dice di farmaco che attenua gli stati di ansia e la tensione nervosa.
ansióso *agg.* che esprime o sente ansia ♦ *s.m.* [f. *-a*] □ **-mente** *avv.*
ànta *s.f.* battente di finestra; sportello di mobile.
antagonìsmo *s.m.* contrasto; rivalità.
antagonìsta *agg.* e *s.m.* e *f.* [pl.m. *-sti*] che/chi è in antagonismo con altri; rivale.
antàlgico *agg.* e *s.m.* [pl. *-ci*] (*med.*) si dice di farmaco che allevia il dolore.
antàrtico *agg.* [pl.m. *-ci*] concernente l'Antartide e, più in generale, tutta la regione intorno al polo Sud della Terra.
antecèdente *agg.* che viene prima ♦ *s.m.* evento che ne precede un altro con cui ha un qualche rapporto □ **-mente** *avv.*
antefàtto *s.m.* ciò che è avvenuto prima.
antenàto *s.m.* [f. *-a*] progenitore.
antènna *s.f.* **1** (*mar.*) lunga asta di legno, trasversale all'albero della nave **2** (*telecom.*) dispositivo emettitore o ricevitore di onde elettromagnetiche **3** (*zool.*) appendici articolate sul capo di crostacei e insetti, con funzione di organi di senso.
antepórre *v.tr.* [coniugato come *porre*] porre avanti; preferire.
antepr̀ima *s.f.* presentazione di uno spettacolo prima della rappresentazione pubblica.
anterióre *agg.* **1** posto davanti **2** che precede nel tempo □ **-mente** *avv.*
antesignàno *s.m.* [f. *-a*] chi per primo abbraccia idee nuove o è precursore.
anti- prefisso che in parole composte esprime opposizione, avversione, inversione.
antiabortìsta *agg.* e *s.m.* e *f.* [pl.m. *-sti*] che/chi è contrario alla legalizzazione dell'aborto.
antiaèreo *agg.* (*mil.*) atto a contrastare le incursioni aeree.
antiallèrgico *agg.* e *s.m.* [pl.m. *-ci*] si dice di trattamento o medicamento che combatte le manifestazioni allergiche.
antiatòmico *agg.* [pl.m. *-ci*] **1** destinato a difendere dalle armi atomiche **2** che si oppone all'uso delle armi atomiche.
antibàgno *s.m.* ambiente che separa il bagno dal resto della casa.
antibattèrico *agg.* e *s.m.* [pl.m. *-ci*] (*med.*) si dice di farmaco che combatte o previene le affezioni batteriche.
antibiòtico *agg.* e *s.m.* (*med.*) si dice di sostanza capace di impedire lo sviluppo di microrganismi patogeni.
anticàglia *s.f.* oggetto vecchio o passato di moda.
anticàmera *s.f.* vano d'ingresso di un ap-

partamento o di un ufficio | *fare* —, attendere di essere ricevuti.

antichità *s.f.* **1** l'essere antico **2** l'età antica **3** (spec. *pl.*) cose, oggetti antichi.

anticiclóne *s.m.* (*meteor.*) area di alta pressione che determina condizioni di tempo generalmente buone.

anticipàre *v.tr.* [*io anticipo ecc.*] **1** fare qlco. prima del tempo stabilito **2** (*assol.*) essere avanti rispetto al tempo dovuto **3** pagare una somma prima di quando si dovrebbe **4** dare informazioni su cose non ancora divulgate.

anticipazióne *s.f.* **1** l'anticipare **2** somma di denaro anticipata **3** previsione.

antìcipo *s.m.* **1** anticipazione **2** versamento di denaro anticipato.

anticlericàle *agg.* e *s.m.* che/chi si oppone a ogni influenza del clero nella vita politica, sociale e culturale.

antìco *agg.* [pl.m. *-chi*] **1** risalente a tempi remoti **2** di vecchia data □ **-mente** *avv.* nei tempi antichi.

anticoagulànte *agg.* e *s.m.* (*med.*) si dice di sostanza che ritarda o impedisce la coagulazione del sangue.

anticoncezionàle *agg.* e *s.m.* si dice di farmaco o sostanza che previene la fecondazione.

anticonformìsmo *s.m.* atteggiamento di rifiuto delle idee correnti.

anticongelànte *agg.* e *s.m.* (*chim.*) si dice di sostanza che, aggiunta ad un liquido, ne abbassa il punto di congelamento; antigelo.

anticòrpo *s.m.* (*med.*) sostanza prodotta dall'organismo come reazione difensiva all'introduzione di antigeni.

anticostituzionàle *agg.* che è in contrasto con la costituzione dello stato.

anticrìsto *s.m.* nell'Apocalisse, l'essere diabolico che alla fine dei secoli combatterà contro Cristo e perseguiterà i credenti, ma sarà definitivamente sconfitto.

anticrittogàmico *agg.* e *s.m.* [pl.m. *-ci*] si dice di composto chimico usato per combattere le crittogame parassite delle piante.

antidiluviàno *agg.* che esisteva prima del diluvio universale.

antidòping *agg.* e *s.m.invar.* (*sport*) si dice di controllo con cui, mediante analisi chimiche dei liquidi organici, si accerta se un atleta ha assunto stimolanti vietati.

antìdoto *s.m.* sostanza che neutralizza l'azione di un veleno.

antìfona *s.f.* **1** (*mus.*) canto a cori alternati di un salmo **2** (*estens.*) discorso noioso.

antìgene *s.m.* (*biol.*) sostanza che, immessa nell'organismo, provoca la formazione di anticorpi.

antigèlo *agg.* e *s.m.invar.* anticongelante.

antigiènico *agg.* [pl.m. *-ci*] contrario alle norme igieniche.

antiglobalizzazióne *agg. invar.* si dice di movimento di protesta politica contrario alla globalizzazione delle economie e dei mercati nazionali.

antìlope *s.f.* [pl. *-pi*] (*zool.*) genere di mammiferi ruminanti, snelli e agili.

antimàfia *agg.invar.* finalizzato a combattere la mafia: *legge* —.

antimeridiàno *agg.* che precede il mezzogiorno.

antimilitarìsmo *s.m.* movimento che avversa le istituzioni militari come strumento di guerra.

antimònio *s.m.* semimetallo di colore argenteo di simbolo *Sb*.

antinomìa *s.f.* contraddizione evidente.

antinucleàre *agg.* contrario all'uso dell'energia nucleare.

antioràrio *agg.* di senso contrario a quello delle lancette dell'orologio.

antipàsto *s.m.* portata che si serve all'inizio di un pasto per stuzzicare l'appetito.

antipatìa *s.f.* moto istintivo di avversione nei confronti di persone o cose.

antipàtico *agg.* [pl.m. *-ci*] che suscita antipatia □ **-mente** *avv.*

antipirètico *agg.* e *s.m.* [pl.m. *-ci*] (*med.*) si dice di farmaco che combatte la febbre.

antìpode *s.m.* (*geog.*) si dice di luogo della superficie terrestre diametralmente opposto a un altro.

antipòlio *agg.invar.* e *s.f.* (*med.*) si dice di vaccino che immunizza contro la poliomielite.

antiquàrio *agg.* relativo all'antichità ♦ *s.m.* [f. *-a*] chi commercia in oggetti antichi.

antiquàto *agg.* caduto in disuso.

antisemitìsmo *s.m.* ostilità per gli ebrei.

antispàstico *agg.* e *s.m.* [pl.m. *-ci*] si dice di sostanza che inibisce gli spasmi muscolari.

antistamìnico *agg.* e *s.m.* (*med.*) si dice di farmaco che cura le sindromi allergiche.

antistànte *agg.* situato di fronte.

antìtesi *s.f.* (*ret.*) accostamento di due parole o frasi di significato contrario.

antitètico *agg.* [pl.m. *-ci*] che è in antitesi □ **-mente** *avv.*

antivigìlia *s.f.* giorno che precede la vigilia.

antologìa *s.f.* raccolta di scritti scelti di uno o più autori.

antonomàsia *s.f.* (*ret.*) designazione di una persona o una cosa particolare con il nome comune invece che con quello proprio.

antracìte *s.f.* varietà di carbon fossile nero e lucente ad alto potere calorifico.
àntro *s.m.* 1 (*lett.*) caverna 2 (*fig.*) ambiente buio e squallido.
antropo- primo elemento di parole composte, che significa 'uomo, essere umano'.
antropocentrìsmo *s.m.* concezione filosofica che considera l'uomo come centro e fine ultimo dell'universo.
antropòfago *agg.* e *s.m.* [f. *-a*; pl.m. *-gi*] cannibale.
antropologìa *s.f.* [pl. *-gie*] disciplina che studia l'uomo nei suoi aspetti fisici e organici.
antropòlogo *s.m.* [f. *-a*; pl.m. *-gi*] studioso di antropologia.
antropometrìa *s.f.* parte dell'antropologia fisica che si occupa della misurazione del corpo umano e delle sue parti.
antropomorfismo *s.m.* l'attribuire a una divinità aspetto e sentimenti umani.
anulàre *agg.* che ha forma di anello ♦ *s.m.* quarto dito della mano, al quale si porta l'anello.
ànzi *cong.* 1 invece, al contrario 2 con valore rafforzativo, di più ♦ *prep.* (*ant.*) prima di ♦ *avv.* (*lett.*) prima.
anzianità *s.f.* 1 l'essere anziano 2 periodo di tempo trascorso in un'attività.
anziàno *agg.* che è in età avanzata ♦ *s.m.* [f. *-a*].
anziché *cong.* piuttosto che.
anzidétto *agg.* (*burocr.*) menzionato prima.
aòrta *s.f.* (*anat.*) la più grande arteria del corpo umano, che parte dal ventricolo sinistro del cuore.
apartheid *s.f.invar.* (*ol.*) segregazione razziale.
apatìa *s.f.* stato di indifferenza verso il mondo circostante.
apàtico *agg.* [pl.m. *-ci*] soggetto ad apatia □ **-mente** *avv.*
àpe *s.f.* insetto imenottero; si alleva per il miele e la cera che produce.
aperitivo *s.m.* bevanda alcolica o analcolica che si beve prima dei pasti per stimolare l'appetito.
apèrto *agg.* 1 non chiuso 2 (*fig.*) manifesto, dichiarato 3 sincero 4 passibile di ulteriori sviluppi ♦ *s.m.* nella loc. avv. *all'—*, in luogo non chiuso □ **-mente** *avv.*
apertùra *s.f.* 1 l'aprire o l'aprirsi (anche *fig.*) 2 fenditura che consente il passaggio 3 ampiezza fra due estremità | *— mentale*, (*fig.*) ampiezza di vedute.
apicàle *agg.* (*scient.*) relativo all'apice di un organo.
àpice *s.m.* cima | (*fig.*) punto culminante.
aplasìa *s.f.* (*biol.*) mancato sviluppo di un organo o di un tessuto.
apnèa *s.f.* (*scient.*) cessazione o sospensione dell'attività respiratoria.
apocalìsse *s.f.* sconvolgimento immane.
apocalìttico *agg.* [pl.m. *-ci*] catastrofico.
apòcope *s.f.* (*ling.*) caduta di uno o più suoni in fine di parola.
apòcrifo *agg.* e *s.m.* di scritto che non è dell'epoca o dell'autore a cui è attribuito.
apodìttico *agg.* [pl.m. *-ci*] evidente.
àpodo *agg.* privo di piedi, di zampe.
apòdosi *s.f.* (*gramm.*) nel periodo ipotetico, la proposizione principale, che esprime la conseguenza della condizione posta nella protasi.
apòfisi *s.f.* (*anat.*) parte sporgente di un osso.
apogèo *s.m.* 1 (*astr.*) posizione di un corpo celeste quando si trova alla massima distanza dalla Terra 2 (*fig.*) punto culminante.
apòlide *agg.* e *s.m.* e *f.* si dice di chi non ha cittadinanza in nessuno stato.
apolìtico *agg.* [pl.m. *-ci*] estraneo alla politica.
apologètica *s.f.* (*teol.*) nel cristianesimo, disciplina che mira a difendere le verità di fede.
apologìa *s.f.* [pl. *-gie*] 1 discorso o scritto in difesa di qlcu. o qlco. 2 (*estens.*) elogio.
apòlogo *s.m.* [pl. *-ghi*] narrazione con intenti morali.
apotèma *s.m.* [pl. *-mi*] (*geom.*) nei poligoni circoscrivibili a un cerchio, il raggio del cerchio stesso; nella piramide retta, l'altezza delle facce laterali.
apoplessìa *s.f.* (*med.*) istantaneo arresto delle funzioni cerebrali causato da emorragia.
apostasìa *s.f.* ripudio pubblico della propria religione.
apòstata *s.m.* e *f.* [pl.m. *-ti*] chi compie apostasia.
a posteriori *loc.agg.invar.* e *avv.* (*lat.*) a fatti già avvenuti.
apostolàto *s.m.* la missione degli apostoli di Gesù e dei loro successori.
apostòlico *agg.* [pl.m. *-ci*] che deriva la sua autorità direttamente dagli apostoli □ **-mente** *avv.*
apòstolo *s.m.* ciascuno dei dodici discepoli scelti da Cristo.
apostrofàre¹ *v.tr.* [*io apòstrofo ecc.*] segnare con l'apostrofo.
apostrofàre² *v.tr.* [*io apòstrofo ecc.*] rivolgersi a qlcu. con durezza di tono.
apòstrofe *s.f.* (*ret.*) il rivolgersi improvvisamente e concitatamente a persona o a cosa personificata.

apòstrofo *s.m.* (*gramm.*) segno ['] che indica l'elisione e, in certi casi, il troncamento.

apoteòsi *s.f.* **1** solenne cerimonia con cui gli antichi elevavano agli onori divini l'eroe morto o l'imperatore **2** (*fig.*) esaltazione, glorificazione.

appagaménto *s.m.* l'appagare, l'essere appagato; soddisfazione.

appagàre *v.tr.* [*io appago, tu appaghi ecc.*] soddisfare ♦ **-rsi** *v.intr.pron.* essere soddisfatto.

appaiàre *v.tr.* [*io appàio ecc.*] unire insieme due cose o persone ♦ **-rsi** *v.rifl.* unirsi in coppia.

appaltàre *v.tr.* prendere o dare in appalto.

appàlto *s.m.* contratto con cui un'impresa assume l'esercizio di un'attività o l'esecuzione di un lavoro, in cambio di un corrispettivo in denaro.

appannàggio *s.m.* assegno annuo spettante a capi di stato, membri di famiglie regnanti.

appannàre *v.tr.* rendere opaca una cosa lucida; offuscare (anche *fig.*) ♦ **-rsi** *v.intr. pron.* **1** velarsi, soprattutto per il vapore **2** (*fig.*) offuscarsi.

apparàto *s.m.* **1** ornamento solenne **2** insieme di congegni o di organi che svolgono una funzione.

apparecchiàre *v.tr.* [*io apparécchio ecc.*] mettere in ordine; preparare.

apparécchio *s.m.* **1** dispositivo destinato a una certa funzione **2** (*pop.*) aeroplano.

apparènte *agg.* **1** manifesto **2** che mostra certi caratteri senza possederli □ **-mente** *avv.*

apparènza *s.f.* manifestazione esteriore non corrispondente alla realtà.

apparìre *v.intr.* [pres. *io appàio, tu appari, egli appare, noi appariamo, voi apparite, essi appàiono*; fut. *io apparirò ecc.*; pass.rem. *io apparvi, tu apparisti ecc.*; congiunt. pres. *io appàia ecc., noi appariamo, voi appariate, essi appàiano*; part.pres. *apparènte*; part.pass. *apparso*; aus. *essere*] **1** comparire all'improvviso **2** sembrare.

appariscènte *agg.* vistoso.

apparizióne *s.f.* l'apparire di cose soprannaturali o fantastiche.

appartaménto *s.m.* abitazione indipendente all'interno di un edificio.

appartàrsi *v.rifl.* separarsi dagli altri.

appartàto *agg.* fuori mano.

appartenére *v.intr.* [coniugato come *tenere*; aus. *essere o avere*] **1** essere di proprietà di qlcu. **2** spettare, competere **3** far parte.

appassionànte *agg.* avvincente.

appassionàre *v.tr.* [*io appassióno ecc.*] destare passione ♦ **-rsi** *v.intr.pron.* essere preso da passione.

appassìre *v.intr.* [*io appassisco, tu appassisci ecc.*; aus. *essere*] ♦ **-rsi** *v.intr.pron.* **1** detto di piante, avvizzire **2** (*fig.*) sfiorire.

appeal *s.m.invar.* (*ingl.*) attrazione, fascino.

appellàbile *agg.* (*dir.*) che può essere impugnato mediante appello.

appellàrsi *v. intr.pron.* **1** fare appello **2** (*dir.*) impugnare una sentenza.

appellatìvo *s.m.* soprannome.

appèllo *s.m.* **1** il chiamare uno per volta, generalmente in ordine alfabetico, i componenti di un gruppo **2** (*dir.*) mezzo d'impugnazione per ottenere che la sentenza di primo grado sia riesaminata.

appéna *avv.* **1** a stento **2** soltanto, solo un poco **3** da pochissimo tempo.

appèndere *v.tr.* [pres. *io appèndo ecc.*; pass.rem. *io appési, tu appendésti ecc.*; part.pass. *appéso*] fissare in alto qlco. in modo che resti sospesa ♦ **-rsi** *v.rifl.* attaccarsi.

appendìce *s.f.* **1** parte a sé stante aggiunta a qlco. **2** (*anat.*) prolungamento vermiforme dell'intestino cieco.

appendicìte *s.f.* (*med.*) infiammazione acuta o cronica dell'appendice.

appennìnico *agg.* [pl.m. *- ci*] dell'appennino.

appesantìre *v.tr.* [*io appesantisco, tu appesantisci ecc.*] rendere pesante ♦ **-rsi** *v.intr. pron.* diventare pesante.

appetìbile *agg.* desiderabile.

appetìto *s.m.* **1** desiderio naturale di cibo **2** forte desiderio di soddisfare un bisogno dei sensi.

appetitóso *agg.* che stimola l'appetito.

appezzaménto *s.m.* porzione di terreno agricolo o edificabile.

appianaménto *s.m.* l'appianare; l'appianarsi; l'essere appianato.

appianàre *v.tr.* (*fig.*) risolvere ♦ **-rsi** *v.intr.pron.* risolversi.

appiattìre *v.tr.* [*io appiattisco, tu appiattisci ecc.*] **1** rendere piatto **2** (*fig.*) livellare ♦ **-rsi** *v.rifl.* o *intr.pron.* **1** schiacciarsi **2** (*fig.*) uniformarsi.

appiccicàre *v.tr.* [*io appìccico, tu appìccichi ecc.*] (*fam.*) **1** incollare **2** (*fig.*) appioppare ♦ *v.intr.* [aus. *avere*] essere attaccaticcio ♦ **-rsi** *v. rifl.* o *intr.pron.* attaccarsi (anche *fig.*).

appiccicóso *agg.* (*fam.*) **1** che appiccica o si appiccica **2** (*fig.*) di persona molestamente importuna.

appièno *avv.* completamente.

appigliàrsi *v.rifl.* [*io mi appiglio ecc.*] aggrapparsi ♦ *v.intr. pron.* appiccarsi, abbarbicarsi, attecchire.

appìglio *s.m.* **1** punto di sostegno **2** (*fig.*) pretesto.
appioppàre *v.tr.* [*io appiòppo ecc.*] (*fig. fam.*) attribuire | affibbiare.
appisolàrsi *v.intr.pron.* [*io mi appìsolo ecc.*] (*fam.*) assopirsi.
applaudìre *v.tr.* e *intr.* [*io applàudo, tu applàudi ecc.*; aus. dell'intr. *avere*] esprimere consenso e ammirazione con battimani.
applàuso *s.m.* battimani, lode.
applicàre *v.tr.* [*io àpplico, tu àpplichi ecc.*] fare aderire una cosa a un'altra ♦ **-rsi** *v.rifl.* dedicarsi intensamente a qlco.
applicàto *agg.* si dice di scienza utilizzata per la soluzione di problemi pratici.
applicazióne *s.f.* **1** l'essere applicato **2** (*fig.*) concentrazione.
appoggiàre *v.tr.* [*io appòggio ecc.*] **1** avvicinare una cosa a un'altra che la sorregga **2** posare qlco. delicatamente o temporaneamente ♦ **-rsi** *v.rifl.* (*fig.*) basarsi sull'aiuto di qlcu.
appòggio *s.m.* **1** cosa che serve come sostegno **2** (*fig.*) aiuto, protezione.
appollaiàrsi *v.rifl.* [*io mi appollàio ecc.*] **1** detto di polli o uccelli, posarsi su un ramo **2** (*fig.*) accovacciarsi.
appórre *v.tr.* [coniugato come *porre*] porre accanto.
apportàre *v.tr.* [*io appòrto ecc.*] causare, provocare.
appòrto *s.m.* l'apportare, la cosa apportata; contributo.
appòsito *agg.* fatto espressamente per uno scopo □ **-mente** *avv.*
apposizióne *s.f.* **1** l'apporre **2** (*gramm.*) sostantivo o sintagma nominale che si unisce a un nome per determinarlo.
appòsta *avv.* **1** di proposito **2** proprio.
appostaménto *s.m.* il luogo dove ci si apposta.
appostàre *v.tr.* [*io appòsto ecc.*] spiare per tendere un agguato ♦ **-rsi** *v.rifl.* nascondersi per tendere un agguato.
apprèndere *v.tr.* **1** imparare **2** venire a sapere.
apprendiménto *s.m.* l'apprendere.
apprendìsta *s.m.* e *f.* [pl.m. *-sti*] chi svolge l'apprendistato.
apprendistàto *s.m.* addestramento necessario a compiere un dato lavoro.
apprensióne *s.f.* aspettativa ansiosa.
apprensìvo *agg.* che si impressiona facilmente.
apprèsso *avv.* **1** vicino **2** dietro **3** in seguito, dopo ♦ *prep.* vicino, accanto.
apprestàre *v.tr.* [*io apprèsto ecc.*] (*lett.*) preparare ♦ **-rsi** *v.rifl.* accingersi.
apprètto *s.m.* miscela di varie sostanze stesa in forma di pasta fluida sui tessuti perché acquisiscano particolari proprietà
apprezzaménto *s.m.* **1** valutazione **2** stima.
apprezzàre *v.tr.* [*io apprèzzo ecc.*] riconoscere il pregio di qlcu. o di qlco.; stimare.
appròccio *s.m.* **1** primo contatto con una persona per stabilire con essa un rapporto **2** (*estens.*) punto di vista da cui si affronta o si studia qlco.
approdàre *v.intr.* [*io appròdo ecc.*; aus. *essere* o *avere*] giungere a riva | (*fig.*) riuscire.
appròdo *s.m.* **1** l'approdare **2** (*fig.*) conclusione di una ricerca, di un'attività ecc.
approfittàre *v.intr.* [aus. *avere*], **-rsi** *v. intr.pron.* trarre vantaggio, profitto.
approfondiménto *s.m.* l'approfondire.
approfondìre *v.tr.* [*io approfondisco, tu approfondisci ecc.*] **1** rendere profondo **2** (*fig.*) esaminare a fondo □ **-mente** *avv.*
approntàre *v.tr.* [*io appróntо ecc.*] allestire, preparare.
appropriàrsi *v.intr.pron.* impadronirsi.
appropriàto *agg.* adatto □ **-mente** *avv.*
appropriazióne *s.f.* (*dir.*) reato commesso da chi si appropria di un bene altrui di cui abbia disponibilità.
approssimàrsi *v.rifl.* o *intr.pron.* avvicinarsi, accostarsi.
approssimatìvo *agg.* **1** che si avvicina all'esatto **2** (*estens.*) superficiale □ **-mente** *avv.*
approssimazióne *s.f.* **1** l'approssimare o l'approssimarsi **2** (*mat.*, *fis.*) avvicinamento al valore reale di una grandezza.
approvàre *v.tr.* [*io appròvo ecc.*] valutare in modo positivo.
approvazióne *s.f.* l'approvare, l'essere approvato; consenso.
approvvigionàre *v.tr.* [*io approvvigióno ecc.*] **1** fornire dei viveri di prima necessità **2** (*mil.*) rifornire un esercito di viveri e munizioni ♦ **-rsi** *v.rifl.* rifornirsi di viveri.
appuntaménto *s.m.* accordo di incontrarsi in un dato luogo e in un dato tempo.
appuntàto *s.m.* grado dell'arma dei carabinieri e della guardia di finanza corrispondente a quello di caporal maggiore nell'esercito.
appuntìre *v.tr.* [*io appuntisco, tu appuntisci ecc.*] fare a punta.
appùnto[1] *s.m.* **1** annotazione rapida e concisa **2** (*fig.*) obiezione.
appunto[2] *avv.* proprio, precisamente.
appuràre *v.tr.* ricercare la verità di qlco.
aquagym *s.f.invar.* ginnastica eseguita in acqua.
aprìle *s.m.* quarto mese dell'anno.
a priori *loc.agg.invar.* e *avv.* (*lat.*) senza conoscere o verificare i fatti.

aprìre *v.tr.* [pass.rem. *io aprìi, tu apristi ecc.*; part.pass. *apèrto*] **1** dischiudere **2** praticare **3** fondare, indire **4** cominciare ♦ *v.intr.* [aus. *avere*] iniziare ♦ **-rsi** *v.rifl.* o *intr.pron.* **1** spaccarsi **2** schiudersi **3** rasserenarsi **4** (*fig.*) confidarsi.
aquaplaning *s.m.invar.* (*ingl.*) slittamento dei pneumatici sul velo d'acqua del fondo stradale bagnato.
àquila *s.f.* **1** grosso uccello rapace diurno, con piumaggio scuro, vista acutissima **2** (*fig.*) persona di eccezionale intelligenza.
aquilìno *agg.* da aquila | adunco.
aquilóne[1] *s.m.* (*lett.*) vento di tramontana.
aquilóne[2] *s.m.* giocattolo costituito da una leggera intelaiatura ricoperta di carta che, legato a un filo, si solleva nell'aria.
àra[1] *s.f.* presso gli antichi romani, altare.
àra[2] *s.f.* unità di misura di superficie, corrispondente a 100 m^2; ha come simbolo *a*.
arabésco *s.m.* [pl.m. *-schi*] decorazione a motivi geometrici o vegetali.
àrabo *agg.* dell'Arabia e delle popolazioni arabizzate.
aràchide *s.f.* **1** pianta erbacea annuale con frutti oblunghi che contengono semi commestibili **2** il seme tostato della pianta.
aràcnidi *s.m.pl.* (*zool.*) classe di artropodi con otto zampe.
aragósta *s.f.* grosso crostaceo marino commestibile.
aràldica *s.f.* disciplina che studia gli stemmi e gli emblemi nobiliari.
aramàico *agg.* [pl.m. *-ci*] che appartiene agli Aramei.
arancéto *s.m.* terreno piantato ad aranci.
arància *s.f.* [pl. *-ce*] il frutto dell'arancio.
aràncio *s.m.* albero sempreverde con frutti di color giallo oro, dalla polpa dolce e succosa e fiori bianchi profumati | il frutto di tale albero.
arancióne *agg.invar.* di colore simile a quello dell'arancia matura ♦ *s.m.* il colore arancione.
aràre *v.tr.* dissodare la terra con l'aratro.
aràtro *s.m.* macchina agricola per arare il terreno.
aràzzo *s.m.* tessuto ornamentale con figure, appeso con funzione decorativa alla parete.
arbòrea *agg.* di albero, che ha la forma o natura di albero: vegetazione —.
arbitràre *v.intr.* [*io àrbitro ecc.*; aus. *avere*] risolvere una vertenza in qualità di arbitro ♦ *v.tr.* (*sport*) dirigere un incontro come arbitro.
arbitràrio *agg.* fatto ad arbitrio; illegittimo □ **-mente** *avv.*
arbitràto *s.m.* decisione arbitrale | (*dir.*) risoluzione di una controversia mediante il ricorso a arbitri nominati dalle parti.
arbìtrio *s.m.* **1** facoltà di valutare e operare secondo la propria volontà **2** abuso.
àrbitro *s.m.* [f. *-a*] **1** chi è libero di scegliere e agire secondo il proprio giudizio **2** chi domina o detta legge in un dato campo **3** (*sport*) chi è ufficialmente designato a dirigere una competizione.
arboricoltùra *s.f.* scienza e tecnica della coltivazione degli alberi.
arboscèllo *s.m.* albero piccolo o giovane.
arbùsto *s.m.* pianta legnosa, di breve fusto, ramificata fin dalla base.
àrca *s.f.* **1** sarcofago monumentale **2** secondo la Bibbia, l'imbarcazione costruita dal patriarca Noè per salvare la propria famiglia e una coppia di ciascuna specie animale dal diluvio universale.
arcàdico *agg.* [pl.m. *-ci*] dell'Arcadia | (*fig.*) idillico, agreste.
arcàico *agg.* [pl.m. *-ci*] di remota antichità □ **-mente** *avv.*
arcàngelo *s.m.* (*teol.*) spirito celeste di grado più elevato dell'angelo.
arcàno *agg.* misterioso, occulto.
arcàta *s.f.* **1** (*arch.*) apertura ad arco **2** (*anat.*) formazione a forma di arco: — *orbitale*.
archéggio *s.m.* (*mus.*) la tecnica, lo stile con cui si eseguono i movimenti dell'arco su uno strumento.
archeologìa *s.f.* scienza che studia le civiltà antiche.
archeòlogo *s.m.* [f. *-a*; pl.m. *-gi*] studioso di archeologia.
archetìpico *agg.* [pl.m. *-ci*] che costituisce un archetipo.
archètipo *s.m.* modello originario che ha valore esemplare.
archétto *s.m.* (*mus.*) arco per suonare strumenti a corda.
archibùgio *s.m.* antica arma da fuoco.
archidiòcesi *s.f.* diocesi retta da un arcivescovo.
architettàre *v.tr.* [*io architétto ecc.*] concepire, ordire, macchinare.
architétto *s.m.* **1** chi progetta, realizza costruzioni **2** (*fig.*) ideatore, creatore.
architettùra *s.f.* **1** arte e tecnica del progettare, realizzare edifici o altre grandi opere **2** singola opera architettonica.
architràve *s.m.* (*edil.*) trave orizzontale sostenuta da colonne, pilastri o stipiti.
archiviàre *v.tr.* [*io archìvio ecc.*] **1** mettere in archivio **2** (*dir.*) non dar luogo ad azione penale per l'infondatezza del reato.
archìvio *s.m.* **1** raccolta di documenti pubblici o privati **2** (*inform.*) file.
arcière *s.m.* tiratore d'arco.

arcìgno *agg.* severo, duro.
arcióne *s.m.* parte alta di certi tipi di sella.
arcipèlago *s.m.* [pl. *-ghi*] (*geog.*) gruppo di isole vicine tra loro.
arcivescovàdo *s.m.* palazzo in cui risiede l'arcivescovo.
arcivéscovo *s.m.* vescovo titolare di archidiocesi.
àrco *s.m.* [pl. *-chi*] **1** arma da lancio consistente in una bacchetta flessibile che, curvata da una corda legata alle due estremità, permette di scagliare una freccia **2** (*mus.*) bacchetta di legno lungo la quale è tesa una fascia di crini di cavallo, usata per mettere in vibrazione le corde degli strumenti ad arco **3** (*arch.*) struttura curva, con funzione portante e decorativa **4** (*fig.*) periodo di tempo.
arcobaléno *s.m.* grande arco con i colori dello spettro solare, visibile in cielo dopo la pioggia e dovuto alla rifrazione dei raggi del sole nelle gocce d'acqua sospese nell'atmosfera.
arcolàio *s.m.* strumento per dipanare matasse.
arcónte *s.m.* nella Grecia arcaica, il più alto magistrato.
arcuàre *v.tr.* [*io àrcuo ecc.*] curvare ad arco ♦ **-rsi** *v.rifl.* piegarsi ad arco.
arcuàto ricurvo.
ardènte *agg.* **1** infocato **2** (*fig.*) vivace, impetuoso □ **-mente** *avv.*
àrdere *v.tr.* [pass.rem. *io arsi, tu ardésti ecc.*; part.pass. *arso*] bruciare ♦ *v.intr.* [aus. *essere*] **1** bruciare **2** (*estens.*) essere molto caldo **3** (*fig.*) provare un forte sentimento.
ardèsia *s.f.* roccia argillosa grigio-nerastra usata per tegole, lavagne ecc.
ardiménto *s.m.* **1** coraggio **2** atto ardito.
ardimentóso *agg.* che ha ardimento □ **-mente** *avv.*
ardìre[1] *v.intr.* [*io ardisco, tu ardisci ecc.*] aver coraggio, osare.
ardìre[2] *s.m.* coraggio, sfrontatezza.
ardìto *s.m.* soldato dei reparti d'assalto italiani istituiti durante la prima guerra mondiale □ **-mente** *avv.*
ardóre *s.m.* **1** calore intenso **2** (*fig.*) viva passione.
àrduo *agg.* che esige sforzo e fatica.
àrea *s.f.* **1** superficie circoscritta di terreno **2** (*geom.*) misura dell'estensione di una superficie **3** regione in cui si verifica un dato fenomeno **4** (*sport*) settore di un campo di gioco.
aréna[1] *s.f.* (*lett.*) sabbia.
arèna[2] *s.f.* **1** nell'antichità, spazio libero e coperto di sabbia situato al centro di anfiteatri **2** luogo di spettacolo all'aperto.
arenària *s.f.* roccia sedimentaria costituita da sabbia cementata.
arenàrsi *v.intr.pron.* **1** detto di imbarcazioni, incagliarsi su un fondo sabbioso **2** (*fig.*) fermarsi, bloccarsi.
aréngo *s.m.* nel comune medievale, l'assemblea della popolazione cittadina | luogo in cui essa si teneva.
arenìle *s.f.* distesa di sabbia sulla riva del mare.
àrgano *s.m.* macchina sollevatrice.
argentàre *v.tr.* [*io argènto ecc.*] rivestire d'argento.
argènteo *agg.* che ha colore e brillantezza d'argento.
argenterìa *s.f.* insieme di oggetti d'argento.
argentìno *agg.* che ha il timbro limpido e squillante.
argènto *s.m.* **1** elemento chimico di simbolo *Ag* **2** oggetto d'argento **3** (*fig.*) essere molto vivace.
argìlla *s.f.* roccia sedimentaria formata dal consolidamento di fanghiglie marine o lacustri.
argillóso *agg.* che contiene argilla.
arginàre *v.tr.* [*io àrgino ecc.*] munire, difendere con argini | (*fig.*) contenere.
àrgine *s.m.* **1** rialzo naturale o artificiale che delimita le rive di un corso d'acqua **2** (*fig.*) riparo, difesa.
argìvo *agg.* dell'antica città greca di Argo.
argomentàre *v.intr.* [*io argoménto ecc.*; aus. *avere*] ragionare.
argomentazióne *s.f.* l'argomentare | insieme di argomenti.
argoménto *s.m.* **1** prova o ragionamento a sostegno di una tesi **2** materia, tema.
arguìre *v.tr.* [*io arguisco, tu arguisci ecc.*] dedurre, desumere da indizi.
argùto *agg.* che ha ingegno vivace, acuto, spirito penetrante □ **-mente** *avv.*
argùzia *s.f.* **1** acutezza e vivacità di ingegno **2** parola, espressione spiritosa.
ària *s.f.* **1** miscuglio di più gas che costituisce l'atmosfera della Terra **2** clima: *cambiare* —, (*fig.*) cambiare ambiente **3** (*fig.*) aspetto; espressione **4** brano musicale melodico, di solito vocale.
ariàno[1] *agg.* che si riferisce all'arianesimo.
ariano[2] *agg.* e *s.m.* [f. *-a*] appartenente alla supposta razza portatrice delle lingue indoeuropee, intesa dai nazisti come razza eletta rispetto alle altre.
aridità *s.f.* **1** l'essere arido **2** (*fig.*) povertà di sentimenti.
àrido *agg.* **1** povero di acqua **2** (*fig.*) privo di sensibilità □ **-mente** *avv.*

arieggiàre *v.tr.* [*io ariéggio ecc.*] dare aria a qlco.

arieggiàto *agg.* ventilato.

ariète *s.m.* **1** maschio della pecora **2** *Ariete*, costellazione e segno dello zodiaco **3** antica macchina da assedio per sfondare mura o porte.

arìnga *s.f.* pesce marino commestibile.

arióso *agg.* **1** pieno di aria; spazioso **2** (*fig.*) di ampio respiro.

aristocràtico *agg.* [pl.m. *-ci*] **1** che appartiene all'aristocrazia **2** (*estens.*) signorile □ **-mente** *avv.*

aristocrazìa *s.f.* **1** la classe che predomina o esercita il potere per privilegio ereditario **2** forma di governo in cui il potere è esercitato dalla nobiltà.

aristotèlico *agg.* [pl.m. *-ci*] del filosofo greco Aristotele (384-322 a.C.), conforme al suo pensiero.

aritmètica *s.f.* ramo della matematica che studia le proprietà dei numeri.

aritmìa *s.f.* (*med.*) irregolarità del ritmo cardiaco.

arlecchìno *s.m.* persona poco seria [nome di una maschera della commedia dell'arte, con vestito di svariati colori ♦ *agg.* di svariati colori.

àrma *s.f.* [pl. *armi*] **1** oggetto usato dall'uomo per offesa o difesa **2** (*fig.*) qualsiasi mezzo di offesa o di difesa **3** corpo dell'esercito.

armadìllo *s.m.* mammifero americano di medie dimensioni, ricoperto da una corazza di grosse squame cornee.

armàdio *s.m.* mobile chiuso da uno o più sportelli, con ripiani o cassetti interni.

armamentàrio *s.m.* l'insieme degli oggetti necessari per compiere un lavoro.

armaménto *s.m.* **1** l'armare, l'armarsi **2** il complesso dei materiali e dei marinai necessari a mettere una nave in condizioni di navigare.

armàre *v.tr.* **1** dotare di armi **2** provvedere una nave dell'occorrente per navigare ♦ **-rsi** *v.rifl.* **1** prendere le armi **2** (*fig.*) provvedersi di qlco.

armàta *s.f.* **1** insieme di più unità militari alle dipendenze di un solo comandante **2** il complesso delle navi da guerra di una nazione.

armatóre *s.m.* la persona o la compagnia che arma una nave.

armatùra *s.f.* **1** complesso di armi difensive indossate dai guerrieri antichi **2** (*edil.*) struttura di legno o di ferro per sostenere una qualsiasi struttura.

armeggiàre *v.intr.* [*io arméggio ecc.*; aus. *avere*] darsi da fare, affaccendarsi.

arménto *s.m.* branco di grossi quadrupedi domestici da pascolo (buoi, cavalli ecc.).

armistìzio *s.m.* accordo per la sospensione delle ostilità tra belligeranti.

armonìa *s.f.* **1** consonanza di suoni vocali o strumentali che producono un effetto gradevole **2** (*mus.*) arte della combinazione simultanea di più suoni **3** (*fig.*) accordo di più elementi.

armònica *s.f.* strumento musicale a fiato.

armònico *agg.* [pl.m. *-ci*] **1** relativo all'armonia **2** (*fig.*) armonioso, ben proporzionato □ **-mente** *avv.*

armonióso *agg.* che produce una piacevole armonia □ **-mente** *avv.*

armònium *s.m.invar.* (*mus.*) strumento aerofono a tastiera.

armonizzàre *v.tr.* (*mus.*) corredare di accordi una melodia ♦ **-rsi** *v.intr.pron.* essere in armonia, accordarsi.

arnése *s.m.* **1** attrezzo, strumento di lavoro **2** (*fam.*) ogni oggetto non specificato.

àrnia *s.f.* cassetta destinata all'allevamento delle api.

aròma *s.m.* [pl. *-mi*] **1** sostanza odorosa d'origine vegetale **2** il profumo emanato da tali sostanze.

aromatizzàre *v.tr.* profumare con aromi.

àrpa *s.f.* strumento musicale costituito da un grande telaio triangolare su cui sono tese verticalmente corde di diversa lunghezza.

arpéggio *s.m.* esecuzione successiva delle singole note di un accordo musicale.

arpìa *s.f.* **1** mostro favoloso con corpo di uccello e volto di donna **2** (*fig.*) persona avara, malevola.

arpióne *s.m.* arma usata nella caccia ai grossi pesci, costituita da un'asta terminante in un uncino.

arrabattàrsi *v.intr.pron.* darsi da fare per riuscire in qlco., con scarsi risultati.

arrabbiàre *v.intr.* [*io arràbbio ecc.*; aus. *essere*] ammalarsi di rabbia ♦ **-rsi** *v.intr.pron.* irritarsi violentemente.

arrabbiatùra *s.f.* l'arrabbiarsi; rabbia.

arraffàre *v.tr.* afferrare con violenza o in fretta.

arrampicàrsi *v.intr.pron.* [*io mi arràmpico, tu ti arràmpichi ecc.*] **1** salire aggrappandosi **2** procedere in salita con fatica.

arrampicàta *s.f.* (*sport*) in alpinismo, salita su roccia o su ghiaccio.

arrancàre *v.intr.* [*io arranco, tu arranchi ecc.*; aus. *avere*] procedere con fatica.

arrangiaménto *s.m.* **1** accordo **2** adattamento per un brano musicale.

arrangiàre *v.tr.* [*io arràngio ecc.*] **1** accomodare alla meglio **2** adattare liberamente un pezzo musicale ♦ **-rsi** *v.intr.pron.* **1** rag-

giungere un accordo **2** darsi da fare come si può.
arrecàre *v.tr.* [io arrèco, tu arrèchi ecc.] **1** (*lett.*) recare **2** (*fig.*) causare.
arredaménto *s.m.* **1** l'arredare **2** l'insieme dei mobili e degli altri oggetti con cui è arredato un locale.
arredàre *v.tr.* [io arrèdo ecc.] fornire un ambiente di mobili, suppellettili.
arrembàggio *s.m.* assalto a una nave.
arrèndersi *v.rifl.* [coniugato come rendere] **1** darsi vinto **2** (*fig.*) cedere.
arrendévole *agg.* che cede facilmente □ **-mente** *avv.*
arrestàre *v.tr.* [io arrèsto ecc.] **1** fermare, far cessare **2** fermare e trattenere su mandato dell'autorità giudiziaria ♦ **-rsi** *v. rifl.* fermarsi, bloccarsi.
arrèsto *s.m.* **1** l'arrestare | — *cardiaco*, (*med.*) cessazione improvvisa dei battiti del cuore **2** (*dir.*) provvedimento limitativo della libertà personale.
arretràre *v.tr.* [io arrètro ecc.] collocare più indietro ♦ *v.intr.* [aus. essere] tirarsi indietro.
arretràto *agg.* **1** che si trova più indietro **2** sottosviluppato ♦ *s.m.* pagamento non saldato alla scadenza dovuta.
arricchiménto *s.m.* l'arricchire, l'arricchirsi.
arricchìre *v.tr.* [io arricchisco, tu arricchisci ecc.] far diventare ricco ♦ *v.intr.* [aus. essere] ♦ **-rsi** *v.rifl.* o *intr.pron.* diventare ricco.
arricciàre *v.tr.* [io arriccio ecc.] piegare in forma di riccio ♦ **-rsi** *v.intr.pron.* farsi riccio.
arrìdere *v.intr.* [coniugato come ridere; aus. avere] essere favorevole, propizio.
arrìnga *s.f.* (*dir.*) il discorso finale pronunciato dalla difesa in un processo penale.
arrischiàre *v.tr.* [io arrischio ecc.] mettere in pericolo, rischiare ♦ **-rsi** *v.rifl.* esporsi a un rischio, osare.
arrivàre *v.intr.* [aus. essere] **1** giungere in un luogo stabilito **2** giungere a un determinato punto o livello **3** (*assol.*) conquistare il successo.
arrivàto *agg.* e *s.m.* [f. -a] **1** che/chi è giunto, pervenuto **2** che/chi si è affermato.
arrivedérci *inter.* (*fam.*) formula di saluto usata nell'accomiatarsi da qlcu.
arrivìsmo *s.m.* arrivismo di chi vuol raggiungere il successo o il potere a tutti i costi.
arrivìsta *s.m.* e *f.* [pl.m. -sti] chi dimostra arrivismo.
arrìvo *s.m.* **1** l'arrivare; il luogo in cui si arriva **2** (*sport*) traguardo.
arrochìto *agg.* roco, rauco.
arrogànte *agg.* e *s.m.* e *f.* che/chi dimostra arroganza □ **-mente** *avv.*
arrogànza *s.f.* atteggiamento insolente e presuntuoso.
arrogàre *v.tr.* [io arrògo, tu arròghi ecc.] rivendicare qlco. che non spetta.
arrossaménto *s.m.* l'arrossare, l'arrossarsi.
arrossàre *v.tr.* [io arrósso ecc.] far diventare rosso ♦ **-rsi** *v.intr.pron.* diventare rosso.
arrossìre *v.intr.* [io arrossisco, tu arrossisci ecc.; aus. essere] divenire rosso in volto.
arrostìre *v.tr.* [io arrostisco, tu arrostisci ecc.] cuocere cibi a fuoco vivo ♦ **-rsi** *v. intr.pron.* esporsi al sole cocente per lungo tempo.
arròsto *s.m.* carne cotta direttamente sulla fiamma o sulle braci o in forno.
arrotàre *v.tr.* [io arròto ecc.] affilare mediante una mola.
arrotìno *s.m.* chi arrota lame.
arrotolàre *v.tr.* [io arròtolo ecc.] avvolgere formando un rotolo ♦ **-rsi** *v.rifl.* o *intr.pron.* avvolgersi a forma di rotolo.
arrotondaménto *s.m.* l'arrotondare, l'arrotondarsi, l'essere arrotondato (anche *fig.*).
arrotondàre *v.tr.* [io arrotóndo ecc.] **1** dare forma più rotonda a qlco. **2** (*fig.*) sostituire un numero dato con un altro più semplice, approssimato per eccesso o per difetto ♦ **-rsi** *v. intr.pron.* diventare rotondo.
arrovellàrsi *v.rifl.* **1** tormentarsi **2** accanirsi con puntiglio.
arroventàre *v.tr.* [io arrovènto ecc.] rendere rovente (anche *fig.*) ♦ **-rsi** *v.intr.pron.* diventare rovente (anche *fig.*).
arruffàre *v.tr.* mettere in disordine ♦ **-rsi** *v.intr. pron.* divenire scompigliato.
arruffàto *agg.* **1** scompigliato **2** (*fig.*) confuso.
arruffóne *s.m.* [f. -a] persona confusionaria.
arrugginìre *v.intr.* [io arrugginisco, tu arrugginisci ecc.; aus. essere] ♦ **-rsi** *v.intr.pron.* **1** prendere la ruggine **2** (*fig.*) perdere l'agilità fisica o mentale ♦ *v.tr.* **1** far prendere la ruggine a qlco. **2** (*fig.*) intorpidire.
arruolàre *v.tr.* [io arruòlo ecc.] chiamare alle armi ♦ **-rsi** *v.rifl.* entrare a far parte delle forze armate.
arsenàle *s.m.* **1** il complesso dei cantieri e delle officine in cui si costruiscono e riparano le navi da guerra **2** fabbrica, deposito di armi ed esplosivi.
arsènico *s.m.* elemento chimico di simbolo *As*.
arsùra *s.f.* **1** calore insopportabile **2** sensazione di aridità e di bruciore nella gola.
art director *loc.sost.m.invar.* (*ingl.*) il re-

sponsabile della parte tecnico-grafica di un'agenzia di pubblicità.

àrte *s.f.* **1** attività umana che si compie con l'ingegno e secondo regole dettate dall'esperienza e dallo studio **2** mestiere, professione **3** attività volta alla creazione di opere di valore estetico **4** l'insieme delle tecniche e l'attività di chi lavora nello spettacolo **5** nel Medioevo, corporazione professionale.

artefàtto *agg.* fatto con artificio.

artéfice *s.m.* e *f.* **1** chi svolge un lavoro che esige ingegno e abilità **2** creatore.

artèria *s.f.* **1** (*anat.*) vaso membranoso elastico lungo il quale il sangue fluisce dal cuore ai tessuti **2** (*fig.*) importante via di comunicazione.

arterioscleròsi *s.f.* (*med.*) ispessimento delle pareti delle arterie.

àrtico *agg.* [pl.m. *-ci*] del Nord, che concerne la regione intorno al polo Nord.

articolàre[1] *v.tr.* [*io articolo ecc.*] **1** muovere gli arti attorno alle articolazioni **2** pronunciare in modo chiaro e distinto ♦ **-rsi** *v.rifl.* o *intr.pron.* **1** di parti del corpo, congiungersi in una articolazione **2** (*fig.*) suddividersi in parti.

articolare[2] *agg.* delle articolazioni del corpo.

articolàto[1] *agg.* **1** dotato di articolazioni; riferito a un organo meccanico snodato **2** (*fig.*) collegato e sviluppato nelle sue parti **3** pronunciato distintamente.

articolàto[2] *agg.* (*gramm.*) si dice di preposizione unita con un articolo.

articolazióne *s.f.* l'articolare, l'articolarsi, l'essere articolato.

artìcolo *s.m.* **1** (*gramm.*) parte variabile del discorso che distingue il nome a cui è unito e ne determina il genere e il numero **2** suddivisione di un testo normativo **3** parte di una religione **4** scritto di vario argomento per un giornale o una rivista **5** tipo di merce in vendita.

artificiàle *agg.* che è prodotto dall'opera umana e non dalla natura □ **-mente** *avv.*

artificio *s.m.* **1** abilità nell'operare | (*estens.*) espediente **2** (*fig.*) ricercatezza.

artificióso *agg.* privo di naturalezza e spontaneità □ **-mente** *avv.*

artigianàle *agg.* di artigiano | (*estens.*) fatto senza grandi mezzi □ **-mente** *avv.*

artigianàto *s.m.* l'attività degli artigiani.

artigiàno *s.m.* [f. *-a*] chi produce oggetti d'uso o di ornamento la cui realizzazione richiede capacità tecniche o gusto artistico ♦ *agg.* artigianale.

artiglierìa *s.f.* ripartizione dell'esercito specializzata nell'uso di tali armi.

artìglio *s.m.* unghia adunca di animali predatori, quali gli uccelli rapaci e i felini.

artìsta *s.m.* e *f.* [pl.m. *-sti*] **1** chi si dedica abitualmente a un'arte **2** chi si esibisce in spettacoli teatrali, musicali o televisivi.

artìstico *agg.* [pl.m. *-ci*] che riguarda l'arte o gli artisti □ **-mente** *avv.*

àrto *s.m.* (*anat.*) membro articolato del corpo: *arti superiori*, le braccia; *arti inferiori*, le gambe.

artrìte *s.f.* (*med.*) infiammazione delle articolazioni.

artròsi *s.f.* (*med.*) affezione cronica degenerativa di una cartilagine articolare.

arùspice *s.m.* presso gli etruschi e i romani, sacerdote che prediceva il futuro esaminando le viscere degli animali sacrificati.

arzigogolàto *agg.* astruso, artificioso.

arzìllo *agg.* vivace, vispo.

ascèlla *s.f.* (*anat.*) cavità sotto il braccio nel punto in cui questo si articola con la spalla.

ascendènte *agg.* che sale ♦ *s.m.* **1** autorità morale **2** segno zodiacale presente all'orizzonte orientale al momento della nascita di una persona **3** (spec. *pl.*) antenato.

ascéndere *v.intr.* [coniugato come *scendere*; aus. *essere*] (*lett.*) salire (anche *fig.*).

ascensióne *s.f.* **1** l'ascendere **2** (*relig.*) l'ascesa di Cristo al cielo.

ascensóre *s.m.* cabina per il sollevamento di persone.

ascèsso *s.m.* (*med.*) raccolta di pus che si forma in una qualunque parte del corpo.

ascèta *s.m.* e *f.* [pl.m. *-ti*] chi pratica l'ascesi | (*estens.*) chi vive con austerità.

àscia *s.f.* [pl. *asce*] utensile costituito da una lama ricurva inserita su un manico di legno.

ascìssa *s.f.* (*mat.*) nel piano cartesiano, il numero che indica la distanza di un punto dell'asse delle ordinate.

asciugàre *v.tr.* [*io asciugo, tu asciughi ecc.*] togliere umidità alle cose bagnate ♦ *v.intr.* [aus. *essere*], ♦ **-rsi** *v.intr.pron.* diventare asciutto ♦ *v.rifl.* togliersi il bagnato.

asciugatùra *s.f.* l'asciugare, l'asciugarsi, l'essere asciugato.

asciùtto *agg.* **1** privo di umidità **2** (*fig.*) magro **3** (*fig.*) brusco, secco ♦ *s.m.* terreno non bagnato □ **-mente** *avv.*

ascoltàre *v.tr.* [*io ascólto ecc.*] **1** stare a sentire **2** dar retta **3** (*med.*) auscultare.

ascólto *s.m.* l'atto, il fatto di ascoltare; percentuale di utenti sintonizzati su una frequenza.

ascòrbico *agg.* [pl.m. *-ci*] (*chim.*) si dice dell'acido organico più noto come vitamina C.

asèpsi *s.f.* (*med.*) condizione di non contaminazione da germi.

asessuàle *agg.* (*biol.*) si dice di riproduzione che avviene senza il concorso degli organi sessuali.
asèttico *agg.* [pl.m. *-ci*] (*med.*) sterilizzato □ **-mente** *avv.*
asfaltàre *v.tr.* pavimentare con asfalto.
asfalto *s.m.* pietrisco impastato con bitume o catrame, usato per impermeabilizzare e pavimentare strade, tetti, terrazze.
asfissìa *s.f.* (*med.*) impedimento dell'attività respiratoria.
asfissiàre *v.tr.* [*io asfissio ecc.*] **1** provocare asfissia **2** (*fig.*) infastidire ♦ *v.intr.* [aus. *essere*] essere colto da asfissia.
asìlo *s.m.* **1** rifugio, protezione **2** dormitorio pubblico **3** istituto in cui si mandano i bambini in età prescolare.
asimmetrìa *s.f.* mancanza di simmetria.
asìndeto *s.m.* (*ling.*) giustapposizione di parole o proposizioni senza congiunzioni.
àsino *s.m.* [f. *-a*] quadrupede domestico con testa grande, orecchie lunghe e diritte, mantello grigio.
Asl *s.f. invar.* ente pubblico che eroga l'assistenza sanitaria di base nell'ambito dei distretti di sua competenza | sigla di *Azienda Sanitaria Locale*.
àsma *s.f.* (*med.*) forma patologica caratterizzata da spasmi bronchiali che causano difficoltà intensa del respiro.
asociàle *agg.* che rifiuta di conformarsi alle regole della società organizzata ♦ *s.m.* e *f.*
àsola *s.f.* occhiello.
aspàrago *s.m.* [pl. *-gi*] pianta erbacea dal cui rizoma spuntano germogli commestibili.
aspèrgere *v.tr.* [*io aspèrgo, tu aspèrgi ecc.*; pass.rem. *io aspèrsi, tu aspergésti ecc.*; part.pass. *aspèrso*] spruzzare.
aspersiòne *s.m.* l'aspergere; l'essere asperso.
aspersòrio *s.m.* strumento per aspergere con acqua benedetta.
aspettàre *v.tr.* [*io aspètto ecc.*] **1** attendere **2** prevedere qlco. **3** (*estens.*) indugiare.
aspettatìva *s.f.* **1** attesa **2** (*estens.*) speranza.
aspètto[1] *s.m.* (*non com.*) attesa | *sala d'—*, quella in cui si resta in attesa.
aspetto[2] *s.m.* **1** apparenza esteriore **2** punto di vista.
àspide *s.m.* varietà di cobra con dorso bruno, ventre bianco e macchie scure.
aspirànte *agg.* che aspira un fluido ♦ *s.m.* e *f.* chi aspira al conseguimento di qlco.
aspiràre *v.tr.* **1** inspirare immettendo nei polmoni attraverso la bocca o il naso **2** (*estens.*) trarre a sé, detto di apparecchi che risucchiano **3** (*ling.*) pronunciare un suono con aspirazione ♦ *v.intr.* [aus. *avere*] desiderare vivamente qlco.
aspirazióne *s.f.* **1** l'aspirare **2** (*fig.*) desiderio vivo.
aspirìna® *s.f.* acido acetilsalicilico, farmaco ad azione antipiretica, analgesica e antireumatica.
asportàre *v.tr.* [*io aspòrto ecc.*] **1** portare via da un luogo **2** (*med.*) rimuovere chirurgicamente.
asportazióne *s.f.* l'asportare.
asprézza *s.f.* **1** l'essere aspro; caratteristica di ciò che è aspro (anche *fig.*) **2** ruvidezza.
àspro *agg.* [superl. *asperrimo o asprissimo*] **1** di sapore agro, acidulo **2** di odore pungente **3** ruvido al tatto **4** (*fig.*) rigido **5** (*fig.*) difficile □ **-mente** *avv.*
assaggiàre *v.tr.* [*io assàggio ecc.*] gustare un cibo o una bevanda in quantità molto piccola; mangiare o bere poco.
assàggio *s.m.* l'assaggiare.
assài *avv.* [superl. *assaissimo*] **1** a sufficienza **2** molto.
assalìre *v.tr.* [*io assalgo, tu assali ecc.*; pass.rem. *io assalii, tu assalisti ecc.*] **1** assaltare, investire con impeto **2** (*fig.*) cogliere, invadere con forza.
assaltàre *v.tr.* assalire.
assàlto *s.m.* **1** l'azione di chi o di ciò che assalta **2** (*mil.*) attacco decisivo delle posizioni nemiche.
assaporàre *v.tr.* [*io assapóro ecc.*] (*fig.*) gustare il piacere di qlco.
assassinàre *v.tr.* uccidere.
assassìnio *s.m.* l'assassinare, l'essere assassinato.
assassìno *s.m.* [f. *-a*] **1** chi commette un assassinio **2** (*estens.*) persona malvagia ♦ *agg.* **1** che assassina **2** (*fig.*) seducente.
àsse[1] *s.f.* [pl. *assi*] tavola di legno.
àsse[2] *s.m.* [pl. *assi*] **1** (*geom.*) retta perpendicolare a un segmento nel suo punto medio | *— terrestre*, (*geog.*) linea immaginaria attorno a cui la Terra ruota **2** (*mecc.*) organo di una macchina che sostiene elementi rotanti (ruote, eliche ecc.).
assecondàre *v.tr.* [*io assecóndo ecc.*] aiutare, favorire.
assediàre *v.tr.* [*io assèdio ecc.*] **1** circondare con truppe una località fortificata **2** (*fig.*) attorniare facendo ressa.
assèdio *s.m.* l'assediare.
assegnaménto *s.m.* fiducia, affidamento.
assegnàre *v.tr.* [*io asségno ecc.*] **1** attribuire qlco. a qlcu. **2** affidare **3** destinare.
assegnazióne *s.f.* l'essere assegnato.
asségno *s.m.* **1** somma assegnata a qlcu. a titolo retributivo o previdenziale **2** titolo di credito emesso dall'intestatario di un

conto corrente presso una banca, contenente l'ordine di pagare una somma.

assemblàggio *s.m.* montaggio delle parti costituenti un prodotto industriale.

assemblèa *s.f.* riunione organizzata di più persone per discutere e prendere decisioni su problemi di interesse comune.

assembraménto *s.m.* affollamento disordinato di persone in luogo aperto.

assennatézza *s.f.* senno.

assènso *s.m.* l'assentire; approvazione.

assentàrsi *v.intr.pron.* [*io mi assènto ecc.*] allontanarsi per un breve periodo di tempo.

assènte *agg.* che non si trova dove dovrebbe essere ♦ *s.m.* e *f.*

assenteìsmo *s.m.* l'assentarsi dal lavoro, soprattutto per leggerezza e disonestà.

assènza *s.f.* l'essere assente.

asserìre *v.tr.* [*io asserisco, tu asserisci ecc.*] sostenere come vero.

asserragliàrsi *v.rifl.* barricarsi in un luogo chiuso.

assertóre *s.m.* [f. *-trice*] chi sostiene con vigore qlco.

asserviménto *s.m.* l'asservire, l'asservirsi, l'essere asservito (anche *fig.*).

asservìre *v.tr.* [*io asservisco, tu asservisci ecc.*] sottomettere (anche *fig.*).

asserzióne *s.m.* l'asserire; la cosa asserita.

assessoràto *s.m.* **1** la carica di assessore **2** gli uffici e il personale dipendenti da un assessore.

assessóre *s.m.* chi fa parte di una giunta comunale, provinciale o regionale.

assestaménto *s.m.* l'assestare, l'assestarsi.

assestàre *v.tr.* [*io assèsto ecc.*] **1** mettere in sesto, in ordine **2** regolare con cura ♦ **-rsi** *v.rifl.* o *intr.pron.* **1** sistemarsi **2** detto di terreno o costruzione, raggiungere un assetto stabile.

assetàto *agg.* **1** che ha sete **2** (*fig.*) avido.

assètto *s.m.* **1** sistemazione **2** equipaggiamento.

assicuràre *v.tr.* **1** rendere sicuro **2** fissare saldamente **3** affermare con sicurezza **4** proteggere un bene da determinati rischi stipulando un contratto di assicurazione ♦ **-rsi** *v.rifl.* **1** accertarsi di qlco. **2** stipulare un contratto di assicurazione.

assicuratóre *agg.* e *s.m.* [f. *-trice*] che/chi esercita attività assicurativa.

assicurazióne *s.f.* **1** l'assicurarsi **2** (*dir.*) contratto in base al quale un assicuratore, dopo aver percepito anticipatamente un premio, garantisce all'assicurato il risarcimento di un danno, nel caso esso si verifichi **3** società che esercita attività assicurativa.

assideraménto *s.m.* (*med.*) sindrome da eccessiva esposizione a freddo.

assideràrsi *v.intr. pron.* (*med.*) essere colpito da assideramento.

assìdersi *v.intr.pron.* [pass.rem. *io mi assisi, tu ti assidésti ecc.*; part.pass. *assiso*] (*lett.*) porsi a sedere.

assìduo *agg.* fatto in modo continuo e costante □ **-mente** *avv.*

assiéme *avv.* insieme ♦ *s.m.* gruppo.

assiepàrsi *v.rifl.* affollarsi.

assillànte *agg.* insistente, fastidioso.

assillàre *v.tr.* molestare con insistenza ♦ **-rsi** *v.rifl.* tormentarsi.

assìllo *s.m.* pensiero continuo, preoccupazione.

assimilàre *v.tr.* [*io assìmilo ecc.*] **1** (*fisiol.*) trasformare le sostanze nutritive in parti integranti di un organismo vivente **2** (*fig.*) far propri concetti, idee, valori.

assimilazióne *s.f.* l'assimilare, l'assimilarsi, l'essere assimilato.

assiòma *s.m.* [pl. *-mi*] (*filos.*, *mat.*) verità evidente e indiscutibile.

assiomàtico *agg.* [pl.m. *-ci*] indiscutibile.

assìse *s.f.pl.* **1** nel Medioevo, grande assemblea giudiziale **2** nell'attuale ordinamento giudiziario, organo competente a giudicare dei reati più gravi.

assistènza *s.f.* **1** l'assistere **2** soccorso **3** attività svolta da organi o enti a favore di determinate categorie sociali.

assistenzialìsmo *s.m.* degenerazione in forme clientelari dell'assistenza pubblica.

assìstere *v.intr.* [pass.rem. *io assistéi, tu assistésti ecc.*; part.pass. *assistito*; aus. *avere*] essere presente ♦ *v.tr.* stare vicino a qlcu. per soccorrerlo.

assistìto *s.m.* [f. *-a*] chi gode dell'assistenza di un ente pubblico.

àsso *s.m.* **1** nelle carte da gioco, la prima carta di ogni seme **2** (*fig.*) chi eccelle in qualche attività.

associàre *v.tr.* [*io assòcio ecc.*] **1** ammettere qlcu. come socio **2** riunire ♦ **-rsi** *v.rifl.* iscriversi come socio a un'associazione.

associazióne *s.f.* **1** l'atto di associare **2** unione organizzata di più persone che operano per un fine non di lucro **3** nesso fra immagini o pensieri.

associazionìsmo *s.m.* la tendenza a riunirsi in associazioni.

assodàre *v.tr.* [*io assòdo ecc.*] **1** (*non com.*) rendere sodo **2** (*fig.*) accertare.

assoggettàre *v.tr.* [*io assoggètto ecc.*] sottomettere ♦ **-rsi** *v.rifl.* sottomettersi.

assolàto *agg.* esposto al sole.

assoldàre *v.tr.* [*io assòldo ecc.*] pagare una persona perché compia un'azione illecita.

assólo *s.m.invar.* (*mus.*) brano eseguito da un solo strumento o da una sola voce.
assolutìsmo *s.m.* sistema politico in cui il sovrano è libero da vincoli giuridici e controlli parlamentari.
assolùto *agg.* **1** che è libero da ogni condizione **2** (*fig.*) autoritario **3** completo, totale □ **-mente** *avv.* a ogni costo.
assoluzióne *s.f.* **1** (*dir.*) sentenza con cui si esclude la responsabilità dell'accusato nelle imputazioni mossegli **2** remissione dei peccati.
assòlvere *v.tr.* [*io assòlvo* ecc.; pass.rem. *io assolvéi* o *assolvètti* o *assòlsi*, *tu assolvésti* ecc.; part.pass. *assòlto*] **1** (*dir.*) prosciogliere da un'imputazione di reato **2** (*relig.*) concedere al penitente l'assoluzione dei peccati.
assomigliàre *v.intr.* [*io assomiglio* ecc.; aus. *avere*] essere simile ♦ **-rsi** *v.rifl.rec.* presentare caratteri simili.
assommàre *v.intr.* [*io assómmo* ecc.; aus. *essere*] ammontare.
assonànza *s.f.* (*metr.*) sorta di rima in cui si ripetono le vocali finali mentre differiscono le consonanti.
assonnàto *agg.* che ha, dimostra sonno.
assopiménto *s.m.* sonnolenza.
assopìrsi *v.intr.pron.* **1** esser preso da sopore **2** calmarsi, acquietarsi.
assorbènte *agg.* che assorbe ♦ *s.m.* tampone assorbente per l'igiene intima femminile.
assorbiménto *s.m.* **1** l'assorbire **2** (*chim.*) fenomeno per cui alcune sostanze solide o liquide penetrano in altre sostanze liquide o gassose **3** (*biol.*) assimilazione da parte delle cellule dei prodotti della digestione.
assorbìre *v.tr.* [*io assòrbo* ecc.; part.pass. *assorbito*] **1** impregnarsi **2** (*fig.*) assimilare.
assordàre *v.tr.* [*io assórdo* ecc.] **1** far diventare sordo **2** (*fig.*) frastornare.
assortiménto *s.m.* gamma di oggetti o merci dello stesso genere.
assortìre *v.tr.* [*io assortisco*, *tu assortisci* ecc.] disporre insieme più cose di uno stesso genere ma diverse per forma, colore o qualità.
assòrto *agg.* intento.
assottigliàre *v.tr.* [*io assottiglio* ecc.] **1** rendere più sottile **2** ridurre ♦ **-rsi** *v.intr.pron.* diventare sottile; dimagrire.
assuefàre *v.tr.* [coniugato come *fare*] abituare ♦ **-rsi** *v.rifl.* o *intr.pron.* abituarsi.
assuefazióne *s.f.* **1** l'essere assuefatto **2** (*med.*) abitudine dell'organismo a un farmaco, tale da ridurne l'efficacia.
assùmere *v.tr.* [pass.rem. *io assunsi*, *tu assumésti* ecc.; part.pass. *assunto*] **1** addossare a sé **2** prendere alle proprie dipendenze.
assùnto[1] *s.m.* [f. *-a*] chi è stato immesso in un rapporto di lavoro dipendente.
assùnto[2] *s.m.* ciò che ci si propone di fare o dimostrare.
assunziòne *s.f.* **1** l'assumere, l'assumersi, l'essere assunto **2** elevazione di Maria, madre di Gesù, dalla terra al cielo.
assurdità *s.f.* fatto, giudizio assurdo.
assùrdo *agg.* contrario alla ragione, alla logica ♦ *s.m.* affermazione illogica □ **-mente** *avv.*
assùrgere *v.intr.* [pres. *io assurgo*, *tu assurgi* ecc.; pass.rem. *io assursi*, *tu assurgésti* ecc.; part.pass. *assurto*; aus. *essere*] elevarsi.
àsta *s.f.* **1** barra lunga, diritta e sottile **2** (*sport*) attrezzo tubolare di materiale elastico per effettuare il salto con l'asta **3** antica arma **4** (*dir.*) vendita pubblica di beni al migliore offerente: *mettere all'—.*
astèmio *agg.* e *s.m.* [f. *-a*] che/chi non beve bevande alcoliche.
astenérsi *v.rifl.* evitare di fare o dire qlco.
astenìa *s.f.* (*med.*) debolezza generale dell'organismo.
astensióne *s.f.* l'astenersi.
astenùto *s.m.* [f. *-a*] chi non ha votato.
asterìsco *s.m.* [pl. *-schi*] segno tipografico a forma di stella [*].
asteròide *s.m.* (*astr.*) ciascuno dei piccoli pianeti che ruotano intorno al Sole.
àstice *s.m.* grosso crostaceo marino con carni prelibate.
astigmatìsmo *s.m.* (*fis.*) aberrazione di un sistema ottico per la quale un'immagine puntiforme appare a forma di macchia | (*med.*) difetto della vista dalle medesime caratteristiche.
astinènza *s.f.* l'astenersi dall'assumere determinati cibi o bevande o dal compiere atti sessuali | *crisi di —,* (*med.*) complesso dei sintomi che compaiono nelle tossicodipendenze quando è interrotta la somministrazione della droga.
àstio *s.m.* rancore, malanimo.
astióso *agg.* che ha o dimostra astio.
astràgalo *s.m.* **1** (*anat.*) l'osso più elevato del tarso **2** dado da gioco usato nell'antichità.
àstrakan *s.m.* pelliccia nera e ricciuta fornita da agnelli di una varietà originaria della Persia.
astràrre *v.tr.* [coniugato come *trarre*] compiere l'operazione mentale dell'astrazione ♦ *v.intr.* [aus. *avere*] non considerare ♦ **-rsi** *v.rifl.* distogliersi mentalmente dalla realtà circostante.
astrattézza *s.f.* l'essere astratto.
astrattìsmo *s.m.* tendenza artistica del '900 che privilegia la pittura e la scultura non figurative.

astràtto *agg.* **1** che non ha contatto diretto con la realtà **2** (*gramm.*) si dice di un sostantivo che indica un concetto, una qualità ♦ *s.m.*

astraziόne *s.f.* **1** il prescindere dalle particolarità degli oggetti per ricavarne le caratteristiche universali **2** separazione, isolamento di un concetto da altri.

astringènte *agg.* e *s.m.* (*med.*) sostanza che riduce l'evacuazione intestinale.

àstro *s.m.* **1** corpo celeste **2** (*fig.*) chi eccelle in un campo.

astro- primo elemento di parole composte in cui indica relazione con gli astri o con la navigazione spaziale.

astrofìsica *s.f.* scienza che studia i fenomeni fisici che si verificano sugli astri e negli spazi interstellari.

astrolàbio *s.m.* antico strumento per misurare l'altezza apparente degli astri sull'orizzonte.

astrologìa *s.f.* [pl. *-gie*] arte divinatoria che mira a predire gli eventi futuri in base al presunto influsso degli astri sulle vicende umane.

astròlogo *s.m.* [f. *-a*; pl.m. *-gi*] chi studia e pratica l'astrologia | (*estens.*) indovino.

astronàuta *s.m.* e *f.* [pl.m. *-ti*] pilota spaziale.

astronàve *s.f.* veicolo per la navigazione nello spazio.

astronomìa *s.f.* scienza che studia i moti dei corpi celesti e la natura chimico-fisica degli astri e dello spazio interstellare.

astronòmico *agg.* [pl.m. *-ci*] **1** che concerne l'astronomia **2** (*fig.*) esagerato □ **-mente** *avv.*

astrònomo *s.m.* [f. *-a*] studioso d'astronomia.

astrùso *agg.* che è difficile a capirsi □ **-mente** *avv.*

astùccio *s.m.* custodia di un oggetto.

astùto *agg.* furbo, scaltro □ **-mente** *avv.*

astùzia *s.f.* **1** abilità nel raggiungere uno scopo **2** idea, azione astuta.

atabàgico *s.m.* [pl. *-ci*] (*med.*) preparato che si somministra ai fumatori per disabituarli a fumare.

atarassìa *s.f.* imperturbabilità dell'animo.

atàvico *agg.* [pl.m. *-ci*] ereditato dagli antenati □ **-mente** *avv.*

atavìsmo *s.m.* (*biol.*) presenza in un individuo di caratteri ritenuti esistenti in antenati remoti.

ateìsmo *s.m.* negazione dell'esistenza di Dio.

atelier *s.m.invar.* (*fr.*) studio d'artista o per attività di tipo artistico.

atemporàle *agg.* che è o è pensato fuori del tempo.

atenèo *s.m.* (*lett.*) università.

àteo *agg.* e *s.m.* [f. *-a*] che/chi professa l'ateismo.

atèrmico *agg.* [pl.m. *-ci*] (*fis.*) che non trasmette calore.

atlànte *s.m.* **1** volume che raccoglie carte geografiche **2** raccolta di tavole illustrate relative a una determinata disciplina.

atlèta *s.m.* e *f.* [pl.m. *-ti*] chi pratica regolarmente uno sport.

atlètica *s.f.* l'insieme delle discipline sportive che impegnano gli atleti in gare individuali o a squadre.

atmosfèra *s.f.* **1** involucro gassoso che circonda la Terra **2** (*fig.*) condizione psicologica presente in un ambiente **3** (*fis.*) unità di misura della pressione.

atòllo *s.m.* (*geog.*) isolotto corallino o madreporico a forma di anello.

atòmica *s.f.* bomba atomica.

atòmico *agg.* [pl.m. *-ci*] **1** (*fis.*, *chim.*) dell'atomo **2** (*estens.*) connesso con l'energia liberata dai nuclei atomici.

atomìsmo *s.m.* antica dottrina filosofica greca secondo cui ogni realtà è costituita da un aggregato di atomi.

atomizzàre *v.tr.* ridurre un liquido in piccolissime goccioline; nebulizzare.

àtomo *s.m.* **1** (*chim.*, *fis.*) la particella più piccola della materia **2** quantità piccolissima, non divisibile.

atonalità *s.f.* (*mus.*) caratteristica di ogni musica che non segua i princìpi della tonalità.

atonìa *s.f.* **1** (*med.*) indebolimento del tono muscolare **2** (*ling.*) mancanza di accento tonico.

àtrio *s.m.* **1** l'ambiente a cui si accede direttamente dall'esterno **2** (*anat.*) ognuna delle due cavità superiori del cuore.

atróce *agg.* orrendo, efferato □ **-mente** *avv.*

atrocità *s.f.* l'essere atroce; ferocia.

atrofìa *s.f.* (*med.*) ridotto sviluppo o diminuzione di volume di un organo o di un tessuto.

atròfico *agg.* [pl.m. *-ci*] (*med.*) affetto da atrofia.

atrofizzàre *v.tr.* **1** rendere atrofico **2** (*fig.*) privare di capacità, di energie ♦ **-rsi** *v.intr.pron.* divenire atrofico.

atropìna *s.f.* (*chim.*) alcaloide velenoso estratto dalla belladonna; dilatatore della pupilla.

attaccabottóni *s.m.* e *f.invar.* (*fam.*) chi attacca facilmente discorso.

attaccabrìghe *s.m.* e *f.invar.* (*fam.*) persona litigiosa.

attaccaménto *s.m.* (*fig.*) vincolo affettivo.

attaccànte *agg.* che attacca ♦ *s.m.* [anche f.] **1** chi attacca **2** nel calcio e in altri giochi di squadra, chi è schierato in posizione avanzata, col compito di segnare una rete o far punto.
attaccàre *v.tr.* [*io attacco, tu attacchi ecc.*] **1** unire due o più cose **2** appendere **3** assalire **4** dare inizio **5** collegare un apparecchio elettrico alla rete di distribuzione ♦ *v.intr.* [aus. *avere*] **1** aderire **2** attecchire **3** iniziare a lavorare **4** (*mil.*, *sport*) andare all'attacco ♦ **-rsi** *v.rifl.* o *intr.pron.* **1** appiccicarsi **2** appigliarsi **3** comunicarsi per contagio **4** affezionarsi a una persona ♦ *v.rifl.rec.* muovere all'attacco l'uno contro l'altro.
attaccatìccio *agg.* [pl.f. *-ce*] **1** appiccicoso **2** (*fig.*) persona invadente.
attaccàto *agg.* **1** unito da affetto o interesse **2** ligio.
attacchìno *s.m.* [f. *-a*] chi attacca manifesti per mestiere.
attàcco *s.m.* [pl. *-chi*] **1** il punto in cui due cose si congiungono **2** dispositivo che serve a congiungere due cose **3** (*mil.*, *sport*) assalto **4** (*fig.*) critica aspra **5** (*med.*) improvvisa manifestazione di una malattia **6** avvio, inizio.
attachment *s.m. invar.* (*ingl.*) (*inform.*) file allegato a un messaggio di posta elettronica.
attanagliàre *v.tr.* [*io attanàglio ecc.*] **1** stringere con tenaglie **2** serrare **3** (*fig.*) tormentare.
attardàrsi *v.intr.pron.* indugiare.
attecchiménto *s.m.* l'attecchire.
attecchìre *v.intr.* [*io attecchisco, tu attecchisci ecc.*; aus. *avere*] **1** di piante, mettere radici **2** (*fig.*) prender piede; diffondersi.
atteggiaménto *s.m.* **1** modo di disporsi **2** (*estens.*) modo di comportarsi.
atteggiàre *v.tr.* [*io attéggio ecc.*] disporre la persona, o parte di essa, in un determinato modo ♦ **-rsi** *v.rifl.* ostentare un atteggiamento.
attempàto *agg.* che è avanti negli anni.
attendaménto *s.m.* l'attendarsi; accampamento in tende.
attendàrsi *v.intr.pron.* [*io mi attèndo ecc.*] accamparsi in tende.
attèndere *v.tr.* [coniugato come *tendere*] aspettare ♦ *v.intr.* [aus. *avere*] dedicarsi.
attendibìle *agg.* credibile, degno di fede.
attenérsi *v.rifl.* seguire con piena conformità.
attentàre *v.intr.* [*io attènto ecc.*; aus. *avere*] compiere un attentato.
attentàto *s.m.* **1** tentativo criminoso di recare offesa alla vita o all'incolumità altrui **2** (*fig.*) offesa grave.
attènti *inter.* comando rivolto a soldati, alunni o ginnasti perché assumano posizione eretta, braccia tese e appoggiate lungo i fianchi.
attènto *agg.* **1** che è concentrato su qlco. **2** fatto con attenzione □ **-mente** *avv.*
attenuànte *agg.* (*dir.*) quella che rende meno grave il reato ♦ *s.f.* (*dir.*) circostanza attenuante.
attenuàre *v.tr.* [*io attènuo ecc.*] **1** rendere più tenue **2** (*fig.*) diminuire di gravità.
attenuazióne *s.f.* l'attenuarsi; riduzione.
attenzióne *s.f.* **1** intensa applicazione su un dato oggetto **2** *pl.* premure, riguardi.
atterràggio *s.m.* manovra con cui un aeromobile prende contatto con il suolo.
atterraménto *s.m.* (*sport*) l'atterrare, l'essere atterrato in seguito ad azione fallosa.
atterràre *v.tr.* [*io attèrro ecc.*] gettare, far cadere a terra ♦ *v.intr.* [aus. *avere*; meno com. *essere*] (*aer.*) compiere un atterraggio.
atterriménto *s.m.* l'essere atterrito.
atterrìre *v.tr.* [*io atterrisco, tu atterrisci ecc.*] terrorizzare.
attésa *s.f.* **1** il tempo che trascorre nell'attendere **2** (spec. *pl.*) aspettativa.
attestàre[1] *v.tr.* [*io attèsto ecc.*] **1** asserire per conoscenza diretta **2** (*fig.*) provare, dimostrare.
attestàre[2] *v.tr.* [*io attèsto ecc.*] **1** mettere due cose testa a testa **2** (*mil.*) schierare le truppe su posizioni idonee all'attacco o alla difesa ♦ **-rsi** *v.rifl.* (*mil.*) schierarsi su una data linea per far fronte al nemico.
attestàto *s.m.* **1** certificato, dichiarazione scritta **2** (*fig.*) dimostrazione.
attestazióne *s.f.* **1** testimonianza **2** attestato **3** (*fig.*) dimostrazione.
àttico[1] *agg.* [pl.m. *-ci*] dell'Attica ♦ *s.m.* [f. *-a*] abitante, nativo dell'Attica.
àttico[2] *s.m.* [pl. *-ci*] (*edil.*) piano abitabile di un edificio, costruito al di sopra della cornice di coronamento.
attìguo *agg.* vicino, contiguo.
attillàto *agg.* aderente.
àttimo *s.m.* brevissimo spazio di tempo.
attinènte *agg.* pertinente.
attinènza *s.f.* relazione, connessione.
attìngere *v.tr.* [coniugato come *tingere*] **1** prendere con un recipiente **2** (*fig.*) trarre.
attìnio *s.m.* elemento chimico di simbolo *Ac*.
attiràre *v.tr.* **1** tirare qlco. verso di sé **2** (*fig.*) richiamare, attrarre.
attitudinàle *agg.* che si riferisce all'attitudine.
attitùdine *s.f.* inclinazione naturale per un'attività.
attivàre *v.tr.* mettere in azione, far funzionare.

attivazióne *s.f.* l'attivare, l'essere attivato.
attivìsmo *s.m.* l'essere in continua attività.
attivìsta *s.m.* e *f.* [pl.m. *-sti*] chi svolge una sistematica attività politica o sindacale.
attività *s.f.* **1** l'essere attivo **2** lavoro **3** (*geol.*) fase di eruzione di un vulcano.
attìvo *agg.* **1** operoso **2** che ha una funzione specifica e determinante **3** in funzione **4** (*gramm.*) si dice di verbo transitivo quando l'azione è compiuta dal soggetto **5** (*econ.*) che registra un utile ♦ *s.m.* **1** (*gramm.*) il complesso delle forme attive di un verbo transitivo **2** (*econ.*) parte del bilancio di un'azienda in cui si registrano i beni e i crediti □ **-mente** *avv.*
attizzàre *v.tr.* **1** ravvivare il fuoco **2** (*fig.*) eccitare, aizzare.
àtto[1] *s.m.* **1** azione **2** gesto **3** (*lit.*) dichiarazione orale in forma di preghiera **4** (*dir.*) documento con valore legale **5** ciascuna delle suddivisioni principali di un'opera teatrale **6** *pl.* pubblicazione contenente il resoconto di assemblee, convegni.
àtto[2] *agg.* adatto, appropriato.
attònito *agg.* sbalordito.
attorcigliaménto *s.m.* avvolgimento.
attorcigliàre *v.tr.* [*io attorciglio ecc.*] attorcere più volte una cosa su sé stessa ♦ **-rsi** *v.rifl.* o *intr.pron.* avvolgersi su sé stesso o attorno a un oggetto.
attóre *s.m.* [f. *-trice*] **1** chi recita in uno spettacolo **2** (*fig.*) chi prende parte attiva a un evento **3** (*dir.*) chi intraprende un processo civile.
attorniàre *v.tr.* [*io attórnio ecc.*] circondare ♦ **-rsi** *v.rifl.* circondarsi.
attórno *avv.* intorno; in giro.
attraccàre *v.tr.* [*io attracco, tu attracchi ecc.*] accostare il fianco di un natante alla banchina o a un altro natante.
attràcco *s.m.* [pl. *-chi*] **1** manovra per attraccare **2** luogo in cui si attracca.
attraènte *agg.* che attrae; affascinante.
attràrre *v.tr.* [*coniugato come trarre*] **1** tirare a sé **2** (*fig.*) attirare, allettare ♦ **-rsi** *v.rifl.rec.* **1** attrarsi reciprocamente **2** (*fig.*) piacersi l'un l'altro.
attrattìva *s.f.* **1** capacità di attrarre su di sé l'interesse **2** *pl.* insieme di qualità o cose.
attraversaménto *s.m.* **1** l'attraversare **2** il luogo dove si può attraversare.
attraversàre *v.tr.* [*io attravèrso ecc.*] **1** passare da una parte all'altra, varcare (anche *fig.*) **2** (*fig.*) passare, vivere.
attravèrso *avv.* **1** (*lett.*) trasversalmente **2** da parte a parte ♦ *prep.* in mezzo a; di traverso; mediante.
attrazióne *s.f.* **1** l'attrarre, l'attrarsi, l'essere attratto **2** (*fig.*) attrattiva, fascino **3** numero sensazionale di uno spettacolo.
attrezzàre *v.tr.* [*io attrézzo ecc.*] **1** fornire di attrezzatura **2** (*estens.*) fornire del necessario ♦ **-rsi** *v.rifl.* equipaggiarsi.
attrezzatùra *s.f.* **1** operazione dell'attrezzare, dell'attrezzarsi **2** insieme di attrezzi e indispensabili per una attività.
attrezzìsta *s.m.* e *f.* [pl.m. *-sti*] (*sport*) ginnasta che esegue esercizi agli attrezzi.
attrézzo *s.m.* **1** oggetto adatto a un determinato uso **2** (*sport*) ogni strumento utilizzato per esercizi atletici e ginnici.
attribuìre *v.tr.* [*io attribuisco, tu attribuisci ecc.*] **1** riconoscere come proprio di qlcu. o di qlco. **2** far dipendere; imputare.
attribùto *s.m.* **1** qualità propria di qlcu. o di qlco. **2** (spec. *pl.*) carattere sessuale **3** (*gramm.*) aggettivo che esprime una qualità del sostantivo a cui si riferisce.
attribuzióne *s.f.* **1** l'attribuire **2** (spec. *pl.*) le funzioni e i doveri propri di chi svolge un determinato compito.
attrìto *s.m.* **1** (*fis.*) resistenza che ostacola il movimento di un corpo su di un altro e provoca una dissipazione di energia **2** (*fig.*) contrasto.
attuàle *agg.* del tempo presente | che ha valore ancora oggi □ **-mente** *avv.*
attualità *s.f.* **1** qualità di ciò che è attuale **2** (spec. *pl.*) fatto recente.
attualizzàre *v.tr.* rendere attuale.
attuare *v.tr.* [*io àttuo ecc.*] mettere in atto, realizzare ♦ **-rsi** *v.intr.pron.* realizzarsi.
attuazióne *s.f.* realizzazione, esecuzione.
attutìre *v.tr.* [*io attutisco, tu attutisci ecc.*] rendere meno intenso; attenuare ♦ **-rsi** *v.intr.pron.* attenuarsi.
audàce *agg.* **1** che non esita ad affrontare il pericolo **2** temerario **3** provocante ♦ *s.m.* e *f.* □ **-mente** *avv.*
audàcia *s.f.* [pl. *-cie*] **1** ardimento; temerarietà **2** sfrontatezza.
audience *s.f.invar.* (*ingl.*) insieme di persone che seguono un programma televisivo o radiofonico in un dato momento.
àudio *s.m.invar.* apparato di riproduzione sonora.
audio- primo elemento di parole composte che significa 'percezione acustica'.
audioléso *agg.* e *s.m.* [f. *-a*] (*med.*) che/chi ha difetti di udito.
audiovisìvo *agg.* che riproduce suoni e immagini ♦ *s.m.* (spec. *pl.*) qualsiasi mezzo che riproduce suoni e immagini.
auditing *s.m.invar.* (*ingl.*) (*fin.*) revisione ufficiale dei conti di società quotate in borsa.

audizióne *s.f.* **1** ascolto a fini di prova **2** (*dir.*) ascolto della deposizione.
àuge *s.f.invar.* solo nella loc. *in* —, al culmine del successo.
auguràle *agg.* che esprime augurio.
auguràre *v.tr.* [*io àuguro ecc.*] esprimere un augurio.
àugure *s.m.* presso i romani, sacerdote che prediceva il futuro osservando il volo degli uccelli o altri fenomeni.
augùrio *s.m.* **1** desiderio manifestato a qlcu. che si realizzi un evento positivo **2** (*estens.*) auspicio.
augùsto *agg.* venerabile, maestoso.
àula *s.f.* **1** locale in cui si tengono lezioni scolastiche **2** sala adibita a manifestazioni solenni.
àulico *agg.* [pl.m. *-ci*] (*lett.*) **1** di corte **2** (*fig.*) illustre, nobile □ **-mente** *avv.*
aumentàre *v.tr.* [*io auménto ecc.*] **1** rendere più grande, più intenso, più numeroso **2** (*fam.*) aumentare il prezzo di qlco. ♦ *v.intr.* [aus. *essere*] accrescersi.
auménto *s.m.* l'aumentare, l'essere aumentato; crescita.
àura *s.f.* (*poet.*) aria in lieve movimento.
àureo *agg.* **1** d'oro **2** (*fig.*) eccellente.
aurèola *s.f.* **1** cerchio splendente raffigurato attorno al capo dei santi **2** (*estens.*) contorno di luce intorno a un corpo.
auricolàre *agg.* (*anat.*) dell'orecchio ♦ *s.m.* dispositivo per l'ascolto individuale di un segnale acustico.
aurìfero *agg.* che contiene oro.
aurìga *s.m.* [pl. *-ghi*] presso gli antichi, chi guidava il carro da guerra o il cocchio.
auròra *s.f.* il chiarore che precede il sorgere del sole.
auscultàre *v.tr.* (*med.*) ascoltare direttamente con l'orecchio, o con appositi apparecchi, i rumori provenienti dagli organi interni del corpo.
auscultazióne *s.f.* (*med.*) l'auscultare.
ausiliàre *agg.* che dà aiuto | *verbo* —, (*gramm.*) verbo che serve a formare i tempi composti e il passivo degli altri verbi ♦ *s.m.* [anche *f.*] collaboratore.
ausiliàrio *agg.* ausiliare ♦ *s.m.* (*mil.*) ufficiale non più in servizio che può venir richiamato in caso di bisogno.
auspicàre *v.tr.* [*io àuspico, tu àuspichi ecc.*] augurare.
àuspice *s.m.* **1** presso i romani, sacerdote che traeva gli auspìci **2** chi promuove qualche iniziativa.
auspìcio *s.m.* **1** presagio **2** (*lett.*) augurio **3** (*fig.*) patrocinio.
austerità *s.f.* **1** l'essere austero **2** politica economica di restrizione dei consumi.
austèro *agg.* rigoroso; severo, rigido.
austràle *agg.* dell'emisfero meridionale della Terra.
autarchìa *s.f.* (*econ.*) indipendenza del mercato nazionale dai mercati esteri.
aut aut *loc.sost.m.invar.* (*lat.*) si usa per indicare una scelta alternativa obbligatoria.
autenticàre *v.tr.* [*io autèntico, tu autèntichi ecc.*] dichiarare o dimostrare autentico.
autenticazióne *s.f.* (*burocr.*) dichiarazione di autenticità di un documento o di una firma.
autenticità *s.f.* l'essere autentico.
autèntico *agg.* [pl.m. *-ci*] **1** che è vero e dimostrato come tale **2** (*fig.*) originale □ **-mente** *avv.*
autìsmo *s.m.* (*psich.*) ripiegamento dell'individuo su sé stesso, per cui risulta ridotto il rapporto psichico con gli altri e con la realtà esterna.
autìsta[1] *s.m.* e *f.* [pl.m. *-sti*] chi conduce autoveicoli per mestiere.
autìsta[2] *s.m.* e *f.* [pl.m. *-sti*] (*psich.*) chi è affetto da autismo.
auto-[1] primo elemento di parole composte che può valere 'di sé stesso' oppure 'spontaneamente, da sé'.
auto-[2] forma abbreviata di *automobile*, usata come primo elemento di parole composte che designano veicoli a motore o che si riferiscono alla motorizzazione.
autoambulànza *s.f.* autoveicolo attrezzato per il trasporto di feriti o ammalati.
autobiografìa *s.f.* opera in cui l'autore narra la propria vita.
autoblìndo *s.m.invar.* autoveicolo corazzato e armato di mitragliatrici o cannoni.
autobótte *s.f.* autocisterna.
àutobus *s.m.invar.* autoveicolo adibito al trasporto collettivo di persone.
autocàravan *s.f.invar.* camper.
autocàrro *s.m.* autoveicolo per il trasporto di merci.
autocistèrna *s.f.* autoveicolo che porta un serbatoio per il trasporto di liquidi.
autoclàve *s.f.* recipiente cilindrico a chiusura ermetica capace di resistere a pressioni superiori a quella atmosferica; è usato come sterilizzatore.
autocontròllo *s.m.* controllo di sé stesso.
autocrìtica *s.f.* critica di sé stesso.
autòctono *agg.* nativo del luogo stesso in cui vive ♦ *s.m.* [f. *-a*] indigeno.
autodeterminazióne *s.f.* autodecisione | — *dei popoli*, il diritto di ciascun popolo di scegliere la propria condizione politica.
autodidàtta *s.m.* e *f.* [pl.m. *-ti*] chi si è istruito da sé, senza studi regolari.
autodifésa *s.f.* (*dir.*) difesa da parte di un imputato senza l'assistenza di un legale.

autodisciplìna *s.f.* controllo di sé.
autòdromo *s.m.* pista attrezzata per competizioni automobilistiche.
autofinanziàrsi *v.rifl.* [io mi autofinànzio ecc.] provvedere al finanziamento di un'azienda mediante i suoi stessi utili.
autògeno *agg.* che si produce da sé | *training —*, (*psicol.*) tecnica di rilassamento con effetti psicoterapeutici, praticabile dal paziente stesso.
autogestióne *s.f.* conduzione di un'impresa da parte dei suoi stessi dipendenti.
autògrafo *agg.* scritto di propria mano dall'autore ♦ *s.m.* **1** qualsiasi documento scritto da una persona di propria mano **2** (*filol.*) manoscritto di un'opera.
autogrill® *s.m.invar.* posto di ristoro situato sulle autostrade.
autoinstallànte *agg.* (*inform.*) si dice di programma o applicazione che si installa automaticamente sul disco rigido del computer.
autolesionìsmo *s.m.* comportamento di chi danneggia sé stesso materialmente e moralmente.
autòma *s.m.* [pl. -mi] **1** macchina in grado di imitare i movimenti dell'uomo o degli animali; robot **2** (*fig.*) chi agisce senza rendersi conto di ciò che fa.
automàtico *agg.* [pl.m. -ci] **1** che funziona senza l'intervento diretto dell'uomo **2** (*estens.*) che si compie senza l'intervento della volontà ♦ *s.m.* bottone automatico □ **-mente** *avv.*
automatìsmo *s.m.* **1** l'essere automatico **2** insieme di dispositivi che danno luogo a funzionamento automatico.
automazióne *s.f.* introduzione di processi produttivi automatici.
automèzzo *s.m.* autoveicolo.
automòbile *s.f.* veicolo a motore a quattro ruote, adibito al trasporto su strada di un numero limitato di persone.
automobilìsta *s.m.* e *f.* [pl.m. -sti] chi guida un'automobile.
automotrìce *s.f.* vettura ferroviaria o tranviaria provvista di motore.
autonoléggio *s.m.* noleggio di automobili; azienda che gestisce tale noleggio.
autonomìa *s.f.* **1** il governarsi da sé, sulla base di leggi proprie **2** libertà di pensiero e d'azione **3** durata di funzionamento o distanza percorribile da un mezzo di trasporto con il serbatoio pieno.
autonomìsmo *s.m.* movimento tendente all'autonomia politica o amministrativa.
autònomo *agg.* che gode di autonomia ♦ *s.m.* [f. -a] lavoratore iscritto a un sindacato autonomo □ **-mente** *avv.*
autopàrco *s.m.* [pl. -chi] insieme di autoveicoli adibiti a un servizio.
autopómpa *s.f.* autocarro munito di una pompa per spegnere gli incendi.
autopòrto *s.m.* grande parcheggio destinato alla sosta dei veicoli in attesa del controllo doganale.
autopsìa *s.f.* (*med.*) esame di un cadavere a scopo di studio o di indagini giudiziarie.
autoràdio *s.f.invar.* apparecchio radiofonico che si installa a bordo di autoveicoli.
autóre *s.m.* [f. -trice] **1** chi è origine, causa di qlco.; creatore **2** chi crea un'opera letteraria, artistica, scientifica
autoregolamentazióne *s.f.* disciplina che un'organizzazione sindacale dà alle proprie forme di lotta.
autorespiratóre *s.m.* apparecchio che consente la respirazione subacquea.
autoréte *s.f.* nel calcio, la rete segnata nella propria porta; autogol.
autorévole *agg.* si dice di persona che possiede un'autorità, un prestigio che gli deriva da meriti effettivi | che proviene da persona a cui si riconosce autorità □ **-mente** *avv.*
autoricaricàbile *agg.* nella telefonia cellulare, si dice di scheda prepagata che si ricarica nel corso della conversazione.
autoriméssa *s.f.* edificio per ricovero e manutenzione degli autoveicoli.
autorità *s.f.* **1** facoltà di esercitare un pubblico potere; il potere stesso e l'ente che ha la facoltà di esercitarlo **2** prestigio, stima di cui gode una persona per meriti.
autoritàrio *agg.* **1** che esercita con fermezza e intransigenza la propria autorità **2** (*estens.*) dispotico □ **-mente** *avv.*
autoritràtto *s.m.* ritratto di sé stesso.
autorizzàre *v.tr.* consentire, permettere.
autorizzazióne *s.f.* l'autorizzare.
autorun *s.m.invar.* (*ingl.*) (*inform.*) funzione che esegue automaticamente il programma di avvio di un cd-rom.
autoscuòla *s.f.* scuola in cui si insegna a guidare autoveicoli.
autosilo *s.m.* edificio a più piani per il parcheggio urbano degli autoveicoli.
autostòp *s.m.invar.* (*ingl.*) il fermare autoveicoli per farsi trasportare gratuitamente.
autóstazione *s.f.* stazione per gli autobus di linea | stazione per il rifornimento e manutenzione degli autoveicoli.
autostràda *s.f.* strada priva di attraversamenti e riservata alla circolazione veloce di autoveicoli.
autosufficiènte *agg.* che basta a sé stesso.
autotassazióne *s.f.* versamento da parte

del contribuente dell'imposta dovuta in base alla dichiarazione dei redditi.
autotraspòrto *s.m.* trasporto di cose o persone mediante autoveicoli.
autotrèno *s.m.* autoveicolo per il trasporto di merci costituito da una motrice e un rimorchio.
autoveìcolo *s.m.* mezzo di trasporto su strada azionato da motore proprio.
autovettùra *s.f.* automobile.
autùnno *s.m.* stagione fra l'estate e l'inverno.
auxologìa *s.f.* (*biol.*) scienza che studia l'accrescimento e lo sviluppo degli organismi.
avallàre *v.tr.* **1** garantire con un avallo **2** (*fig.*) confermare, accreditare.
avàllo *s.m.* **1** impegno di chi garantisce in proprio il pagamento di una cambiale altrui **2** (*fig.*) approvazione.
avambràccio *s.m.* la parte dell'arto superiore che va dal gomito al polso.
avampósto *s.m.* posto avanzato di uno schieramento militare.
avan- forma abbreviata di *avanti*, usata come primo elemento di composti in cui indica precedenza nel tempo e nello spazio.
avàna *s.m.invar.* **1** tipo pregiato di tabacco **2** color nocciola scuro.
avance *s.f.invar.* (*fr.*) proposta, soprattutto in campo amoroso.
avanguàrdia *s.f.* **1** (*mil.*) reparto che precede il grosso delle truppe **2** movimento artistico che mira alla ricerca e alla sperimentazione di nuove forme espressive.
avanscopèrta *s.f.* (*mil.*) ricognizione a largo raggio volta a scoprire le posizioni e i movimenti del nemico.
avanspettàcolo *s.m.* spettacolo di rivista o varietà prima di una proiezione cinematografica.
avànti *avv.* innanzi | *farsi* —, (*fig.*) farsi valere ♦ *prep.* davanti ♦ *inter.* ordine di avanzare o invito a entrare.
avanzaménto *s.m.* **1** l'avanzare | (*fig.*) progresso **2** promozione.
avanzàre[1] *v.intr.* [aus. *essere*] procedere; progredire ♦ *v.tr.* **1** portare in avanti **2** presentare ♦ **-rsi** *v.intr.pron.* farsi vicino.
avanzàre[2] *v.intr.* [aus. *essere*] essere in più; rimanere.
avanzàta *s.f.* l'avanzare | (*fig.*) il progredire.
avanzàto *agg.* **1** che si trova avanti **2** inoltrato.
avànzo *s.m.* **1** ciò che rimane di qlco.; resto **2** nelle operazioni aritmetiche, il resto.
avarìa *s.f.* **1** danno subito da una nave durante la navigazione **2** guasto meccanico.
avariarsi *v.intr.pron.* guastarsi, andare a male.
avarìzia *s.f.* **1** esagerato attaccamento al denaro **2** (*estens.*) avidità.
avàro *agg.* che dimostra avarizia; gretto, tirchio ♦ *s.m.* [f. *-a*] □ **-mente** *avv.*
avèllo *s.m.* (*lett.*) sepolcro, tomba.
avemarìa *s.f.* preghiera alla Madonna.
avéna *s.f.* pianta erbacea con fiori in pannocchia.
avére[1] *v.tr.* [pres. *io ho, tu hai, egli ha, noi abbiamo, voi avéte, essi hanno*; pass.rem. *io èbbi, tu avésti, egli èbbe, noi avémmo, voi avéste, essi èbbero*; fut. *io avrò ecc.*; condiz. *io avrèi ecc.*; congiunt.pres. *io àbbia..., noi abbiamo, voi abbiate, essi abbiano*; imp. *abbi, abbiate*; part.pass. *avuto*; le altre forme sono regolari; come verbo ausiliare forma i tempi composti dei verbi transitivi attivi (*io ho amato*) e di gran parte di quelli intransitivi (*io ho camminato*)] **1** possedere **2** tenere **3** contenere **4** indossare **5** conseguire, ottenere **6** acquistare; riscuotere **7** sentire, provare **8** in talune loc. il significato del verbo è precisato dal sostantivo che lo segue: — *in animo* **9** seguito da *da* e un infinito, vale *dovere* **10** costruito con *da* e il verbo all'infinito, può anche esprimere la possibilità di compiere un'azione **11** seguito dall'infinito introdotto da *a*, ha valore fraseologico.
avére[2] *s.m.* **1** (spec. *pl.*) ricchezza **2** ciò che si deve avere.
aviatòre *s.m.* [f. *-trice*] chi pilota un aeroplano.
aviazióne *s.f.* aeronautica
avìcolo *agg.* che riguarda l'avicoltura.
avicoltùra *s.f.* allevamento di uccelli, in particolare di pollame.
avidità *s.f.* desiderio ardente e smodato.
àvido *agg.* che desidera qlco. con eccessiva intensità □ **-mente** *avv.*
avière *s.m.* militare appartenente all'aviazione.
avio- primo elemento di parole composte che indica attinenza con gli aerei o con la navigazione aerea.
aviogètto *s.m.* aeroplano con motore a getto.
aviolìnea *s.f.* linea percorsa da aerei che effettuano servizio di trasporto civile.
aviorimèssa *s.f.* hangar.
aviotraspòrto *s.m.* aerotrasporto.
avitaminòsi *s.f.* (*med.*) stato morboso determinato da carenza di vitamine.
avìto *agg.* ereditato dagli avi.
àvo *s.m.* [f. *-a*] antenato.
avocàdo *s.m.invar.* albero tropicale che produce frutti commestibili | il frutto stesso.

avocàre *v.tr.* [*io àvoco, tu àvochi ecc.*] chiamare a sé, assumersi.
avòrio *s.m.* **1** sostanza ossea che costituisce le zanne di elefanti **2** *pl.* oggetti artistici d'avorio.
avulsióne *s.f.* (*med.*) estirpazione.
avùlso *agg.* **1** (*lett.*) strappato **2** (*fig.*) isolato.
avvalérsi *v.intr.pron.* [coniugato come *valére*] valersi, servirsi, giovarsi.
avvallaménto *s.m.* abbassamento, depressione del terreno.
avvaloràre *v.tr.* [*io avvalóro ecc.*] dare, accrescere valore o forza; comprovare.
avvampàre *v.intr.* [aus. *essere*] **1** bruciare divampando **2** (*estens.*) risplendere come fiamma.
avvantaggiàre *v.tr.* [*io avvantàggio ecc.*] arrecare vantaggio ♦ **-rsi** *v.rifl.* **1** trarre vantaggio **2** guadagnare tempo o spazio.
avvedérsi *v.intr.pron.* [coniugato come *vedere*] accorgersi.
avvedùto *agg.* assennato □ **-mente** *avv.*
avvelenaménto *s.m.* l'avvelenare, l'avvelenarsi, l'essere avvelenato.
avvelenàre *v.tr.* [*io avveléno ecc.*] uccidere col veleno | rendere velenoso ♦ **-rsi** *v.rifl.* ingerire sostanze velenose.
avvenènte *agg.* bello, attraente.
avveniménto *s.m.* **1** fatto **2** evento di grande rilievo.
avvenìre[1] *v.intr.* [coniugato come *venire*; aus. *essere*] accadere, succedere.
avvenìre[2] *agg.* futuro.
avventàto *agg.* **1** che agisce o parla senza riflettere **2** che è fatto o detto senza riflettere □ **-mente** *avv.*
avventìzio *agg.* chi è assunto in via temporanea; precario.
avvènto *s.m.* **1** venuta, arrivo **2** (*relig.*) periodo iniziale dell'anno liturgico, prima del Natale.
avventóre *s.m.* [f. *-trice*] cliente.
avventùra *s.f.* **1** avvenimento singolare o straordinario **2** breve relazione amorosa.
avventuràrsi *v.rifl.* arrischiarsi (anche *fig.*).
avventurièro *s.m.* si dice di chi è privo di scrupoli.
avventuróso *agg.* pieno di avventure □ **-mente** *avv.*
avveràrsi *v.intr.pron.* diventare vero; realizzarsi.
avvèrbio *s.m.* (*gramm.*) parte invariabile del discorso che serve a determinare un verbo, un aggettivo o un altro avverbio.
avversàre *v.tr.* [*io avvèrso ecc.*] essere contrario; ostacolare.
avversàrio *agg.* che si oppone ♦ *s.m.* [f. *-a*] la persona o la parte avversa in una contesa.
avversatìvo *agg.* che serve ad avversare | *congiunzione avversativa*, (*gramm.*) quella che introduce una proposizione che si oppone a un'altra.
avversióne *s.f.* disposizione d'animo ostile.
avversità *s.f.* l'essere avverso | (spec. *pl.*) disgrazia.
avvèrso *agg.* contrario, sfavorevole, ostile ♦ *prep.* contro.
avvertènza *s.f.* **1** prudenza **2** avviso **3** *pl.* istruzioni per l'uso.
avvertìre *v.tr.* [*io avvèrto ecc.*] **1** richiamare l'attenzione di qlcu. su qlco. **2** consigliare **3** percepire.
avvézzo *agg.* abituato.
avviaménto *s.m.* l'avviare | l'indirizzare verso uno studio, un'attività, un lavoro.
avviàre *v.tr.* [*io avvìo ecc.*] **1** mettere su una via, indirizzare verso un luogo | (*fig.*) indirizzare verso un'attività **2** mettere in moto ♦ **-rsi** *v.intr.pron.* incamminarsi | (*fig.*) stare per.
avvicendàre *v.tr.* [*io avvicèndo ecc.*] alternare periodicamente ♦ **-rsi** *v.rifl.rec.* darsi il cambio.
avvicinaménto *s.m.* l'avvicinare.
avvicinàre *v.tr.* **1** mettere vicino **2** farsi vicino a qlcu. | (*estens.*) entrare in rapporto con qlcu. ♦ **-rsi** *v.rifl.* o *intr.pron.* farsi vicino, approssimarsi.
avvilènte *agg.* che umilia o rattrista.
avviliménto *s.m.* l'avvilire; la situazione di chi è avvilito.
avvilìre *v.tr.* [*io avvilisco, tu avvilisci ecc.*] **1** rendere vile; degradare **2** mortificare; scoraggiare ♦ **-rsi** *v. intr.pron.* abbattersi.
avvinazzàto *agg.* che ha bevuto troppo vino ♦ *s.m.* [f. *-a*] ubriaco.
avvincènte *agg.* che affascina.
avvìncere *v.tr.* [coniugato come *vincere*] (*fig.*) affascinare, attrarre.
avvinghiàre *v.tr.* [*io avvìnghio ecc.*] afferrare con forza ♦ **-rsi** *v.rifl.* e *rifl.rec.* stringersi con forza.
avvìo *s.m.* avviamento, inizio.
avvisàglia *s.f.* scontro tra pochi armati, scaramuccia | (*estens.*) primi segni, sintomi.
avvisàre *v.tr.* **1** avvertire, informare **2** consigliare.
avvìso *s.m.* **1** avvertimento, notizia **2** foglio che contiene notizie di carattere ufficiale **3** opinione: *a mio* —.
avvistaménto *s.m.* l'avvistare, l'essere avvistato.
avvistàre *v.tr.* vedere da lontano.
avvitàre *v.tr.* girare nel senso del serraggio

una vite; anche, fissare mediante un collegamento a vite.
avvizzìre *v.intr.* [*io avvizzisco, tu avvizzisci* ecc.; aus. *essere*] appassire ♦ *v.tr.* far appassire (anche *fig.*).
avvocàto *s.m.* [f. *-a* e *-essa*] **1** laureato in giurisprudenza abilitato ad assistere una parte nei giudizi civili e penali **2** (*estens.*) difensore.
avvocatùra *s.f.* **1** la professione dell'avvocato **2** l'insieme degli avvocati che esercitano in un determinato circondario.
avvòlgere *v.tr.* [coniugato come *volgere*] **1** volgere intorno, arrotolare **2** ricoprire (anche *fig.*) ♦ **-rsi** *v.rifl.* coprirsi tutto intorno.
avvolgìbile *agg.* che si può avvolgere ♦ *s.m.* tipo di serranda o persiana a stecche parallele articolate, che si alza avvolgendosi intorno a un rullo.
avvoltóio *s.m.* **1** nome di vari uccelli rapaci diurni, grandi e voraci **2** (*fig.*) persona avida e rapace.
ayatollah *s.m.invar.* (*persiano*) capo religioso dei musulmani sciiti.
azalèa *s.f.* pianta ornamentale sempreverde dai fiori bianchi, rossi o rosa.
azièndа *s.f.* complesso di beni, capitali e forza lavoro organizzati da un imprenditore per svolgere una determinata attività con fini economici.
aziendàle *agg.* che riguarda un'azienda e i suoi dipendenti.
àzimut *s.m.invar.* (*astr.*) angolo fra il piano verticale passante per un astro e il piano meridiano del luogo d'osservazione.
azionàre *v.tr.* [*io azióno ecc.*] far funzionare.
azionariàto *s.m.* (*fin.*) **1** partecipazione nel possesso di azioni industriali **2** l'insieme degli azionisti di una società.
azióne *s.f.* **1** l'agire, l'operare **2** atto **3** movimento **4** attitudine a produrre un effetto **5** (*teatr.*) l'insieme delle vicende di un'opera **6** (*mil.*) manovra tattica **7** (*sport*) manovra di gioco **8** (*dir.*) causa, processo **9** (*fin.*) titolo di credito che rappresenta una quota del capitale nominale di una società.
azionìsta *s.m.* e *f.* [pl.m. *-sti*] chi possiede azioni di una società commerciale.
azotàto *agg.* contenente azoto.
azotemìa *s.f.* (*med.*) tasso dell'azoto ureico nel sangue.
azòto *s.m.* elemento chimico di simbolo *N*; gas incolore, inodore, è il costituente principale dell'atmosfera ed entra nella composizione dei tessuti animali e vegetali.
azzannàre *v.tr.* afferrare con le zanne (*anche fig.*).
azzardàre *v.tr.* **1** mettere a rischio **2** (*estens.*) trovare il coraggio di fare o dire qlco. ♦ **-rsi** *v.intr.pron.* osare.
azzardàto *agg.* avventato; temerario □ **-mente** *avv.*
azzàrdo *s.m.* avventura pericolosa; rischio | *giochi d'—*, quelli a fine di lucro in cui il risultato dipende dal caso.
azzeccagarbùgli *s.m.* avvocato da strapazzo e disonesto.
azzeccàre *v.tr.* [*io azzècco, tu azzècchi* ecc.] colpire nel segno | (*fig.*) indovinare: *una risposta azzeccata.*
azzeràre *v.tr.* [*io azzèro* ecc.] **1** ridurre a zero una grandezza variabile **2** (*estens.*) annullare.
azzimàto *agg.* vestito con grande ricercatezza.
àzzimo *agg.* si dice del pane non lievitato, usato dagli ebrei durante la Pasqua e dai cristiani di rito latino nella celebrazione della messa.
azzittìre *v.tr.* [*io azzittisco, tu azzittisci ecc.*] far tacere ♦ *v.intr.* [aus. *essere*] ♦ **-rsi** *v. intr.pron.* smettere di parlare.
azzoppàre *v.tr.* [*io azzòppo ecc.*] rendere zoppo ♦ **-rsi** *v. intr.pron.* divenire zoppo.
azzuffàrsi *v.rifl.* e *rifl.rec.* venire alle mani, accapigliarsi.
azzùrro *agg.* **1** del colore del cielo sereno **2** (*sport*) si dice di atleta che rappresenta l'Italia ♦ *s.m.* **1** colore azzurro **2** [f. *-a*] (*sport*) atleta della squadra nazionale.

Bb

b *s.f.* o *m.* seconda lettera dell'alfabeto, il cui nome è *bi.*
bàbbo *s.m.* padre.
babbuìno *s.m.* **1** scimmia africana con muso canino e coda lunga **2** (*fig.*) persona sciocca.
babèle *s.f.* luogo di grande confusione.
babilònia *s.f.* lo stesso che *babele.*
babórdo *s.m.* fianco sinistro della nave, guardando verso prua.
baby-sitter *loc.sost.f.* e *m.invar.* (*ingl.*) persona che si prende cura dei bambini.
bacàre *v.tr.* [io baco, tu bachi ecc.] (*non com.*) guastare fisicamente o moralmente ♦ **-rsi** *v.intr.pron.* guastarsi per opera di bachi.
bacàto *agg.* **1** guastato dai bachi **2** (*fig.*) guasto, corrotto.
bàcca *s.f.* [pl. -che] (*bot.*) frutto tondeggiante e polposo contenente numerosi semi.
baccalà *s.m.* **1** merluzzo essiccato e conservato sotto sale **2** (*fig.*) persona molto magra | persona stupida.
baccàno *s.m.* strepito assordante.
baccèllo *s.m.* frutto oblungo delle leguminose, contenente più semi.
bacchétta *s.f.* bastoncino diritto di legno o altro materiale.
bachèca *s.f.* contenitore con anta di vetro in cui sono esposti oggetti preziosi, comunicati o giornali.
bachelìte *s.f.* nome commerciale di un gruppo di resine sintetiche, usate per la fabbricazione di interruttori, spine, isolatori.
baciamàno *s.m.* [pl. -ni] atto del baciare la mano in segno di rispetto.
baciapìle *s.m.* e *f.invar.* persona bigotta e ipocrita.
baciàre *v.tr.* [io bàcio ecc.] dare baci ♦ **-rsi** *v.rifl.rec.* darsi dei baci.
bacìle *s.m.* catino.
bacìllo *s.m.* (*biol.*) batterio a forma di bastoncino.
bacinèlla *s.f.* recipiente di piccole dimensioni, per uso domestico o di laboratorio.
bacìno *s.m.* **1** recipiente di forma rotonda **2** depressione naturale o artificiale del terreno con funzioni di raccolta | grande avvallamento della crosta terrestre invaso da acque marine **3** (*geog.*) zona della superficie terrestre dalle caratteristiche uniformi: — *idrografico*, *carbonifero*, *petrolifero* **4** (*mar.*) specchio d'acqua di mare ristretto e riparato con moli **5** (*anat.*) la parte inferiore del tronco umano.
bàcio *s.m.* atto di amore, di affetto, di devozione o deferenza che si compie accostando le labbra a qlcu.
background *s.m.invar.* (*ingl.*) il retroterra culturale di un individuo o di un fenomeno.
back office *loc.sost.m.invar.* tutte le attività che concorrono all'erogazione di un servizio ma non richiedono un contatto diretto con la clientela.
bàco *s.m.* [pl. -chi] **1** stadio larvale degli insetti lepidotteri caratterizzati da metamorfosi **2** (*fig.*) rodimento interiore.
badàre *v.intr.* [aus. avere] **1** aver cura **2** fare attenzione **3** dar peso.
badéssa *s.f.* superiora di un monastero femminile.
badìa *s.f.* abbazia.
badìle *s.m.* pala da sterratore.
bàffo *s.m.* **1** (spec. *pl.*) l'insieme dei peli che crescono sopra il labbro superiore dell'uomo e di taluni animali **2** (*fig.*) macchia.
baffùto *agg.* provvisto di baffi.
bagagliàio *s.m.* vagone per i bagagli | nelle automobili, il vano per il bagaglio.
bagàglio *s.m.* l'insieme degli oggetti che un viaggiatore reca con sé | (*fig.*) complesso di conoscenze.
bagarinàggio *s.m.* incetta di biglietti d'ingresso a pubblici spettacoli e manifestazioni sportive per rivenderli a prezzo maggiorato.
bagarìno *s.m.* chi esercita il bagarinaggio.
bagarre *s.f.invar.* (*fr.*) disputa.
bagattèlla *s.f.* **1** bazzecola **2** (*mus.*) componimento musicale da camera.

baggianàta *s.f.* sciocchezza.
baglióre *s.m.* luce improvvisa che abbaglia; splendore (anche *fig.*).
bagnànte *s.m.* e *f.* chi fa il bagno nel mare, in un lago o in un fiume | chi è in vacanza al mare.
bagnàre *v.tr.* **1** cospargere qlco. o qlcu. con un liquido **2** detto di mare o fiume, toccare una costa, una città **3** (*scherz.*) festeggiare bevendo ♦ **-rsi** *v.rifl.* fare il bagno ♦ *v.intr.pron.* inzupparsi di un liquido.
bagnasciùga *s.m.invar.* **1** parte dello scafo di un natante compresa tra le linee di minima e di massima immersione **2** battigia.
bagnìno *s.m.* [f. *-a*] chi assiste i bagnanti negli stabilimenti balneari e termali.
bàgno *s.m.* **1** il bagnare o il bagnarsi | immersione del corpo a scopo igienico, curativo o ricreativo **2** (*estens.*) esposizione prolungata del corpo al sole, alla luce, all'aria **3** stanza con vasca da bagno e servizi igienici.
bagnomarìa *s.m.invar.* immersione in acqua calda del recipiente che contiene ciò che deve essere riscaldato.
bagnoschiùma *s.m.invar.* schiuma da bagno.
bagórdo *s.m.* (spec. *pl.*) gozzoviglia.
baguette *s.f.invar.* (*fr.*) **1** taglio di una pietra preziosa a forma di rettangolo allungato **2** pane francese a forma di bastone.
bàia *s.f.* (*geog.*) insenatura marina o lacustre.
bailàmme *s.m.* grande confusione.
bàio *agg.* e *s.m.* si dice di cavallo dal mantello rosso-bruno, con criniera e coda nere.
baionétta *s.f.* arma bianca da punta che si innesta sul fucile.
bàita *s.f.* piccola costruzione di sassi o di legno, usata come rifugio in alta montagna.
balalàica *s.f.* (*mus.*) strumento russo simile alla chitarra.
balaùstra *s.f.* parapetto costituito da balaustri collegati da una base.
balaùstro *s.m.* (*arch.*) colonnina di forma varia impiegata a scopo ornamentale.
balbettaménto *s.m.* il balbettare.
balbettàre *v.intr.* [*io balbétto ecc.*; aus. *avere*] parlare articolando stentatamente le sillabe ♦ *v.tr.* pronunciare in modo stentato e faticoso.
balbettìo *s.m.* un balbettare ripetuto.
balbùzie *s.f.* il difetto di balbettare, determinato da spasmo dell'apparato vocale.
balbuziènte *agg.* e *s.m.* e *f.* chi ha il difetto di balbettare.
balconàta *s.f.* **1** balcone allungato **2** nei teatri, ordine di posti sovrastante la platea.
balcóne *s.m.* ripiano chiuso da un parapetto, sporgente dal muro esterno di un edificio in corrispondenza di una porta-finestra.
baldacchìno *s.m.* **1** drappo quadrangolare sostenuto da quattro o più aste **2** (*arch.*) sovrastruttura in marmo o pietra di edicole o tombe.
baldànza *s.f.* ferma fiducia in sé stessi.
baldanzóso *agg.* spavaldo □ **-mente** *avv.*
baldòria *s.f.* festa chiassosa.
baléna *s.f.* **1** enorme mammifero cetaceo **2** (*fig.*) donna molto grassa.
balenàre *v.intr.* [*io baléno ecc.*; aus. *avere* nel sign. 1, *essere* nel sign. 2] **1** (usato *impers.*) lampeggiare **2** (*fig.*) passare improvvisamente per la mente.
balenièra *s.f.* nave attrezzata per la caccia alle balene.
baléno *s.m.* lampo.
balèra *s.f.* (*sett.*) locale popolare da ballo.
balèstra *s.f.* **1** antica arma per scagliare dardi **2** (spec. *pl.*) sospensione elastica tipica di veicoli stradali e ferroviari.
bàlia[1] *s.f.* donna che allatta bambini altrui (anche *fig.*).
balìa[2] *s.f.* solo nella loc. *in — di*, in potere di.
balìstica *s.f.* scienza che studia il moto dei proiettili.
bàlla[1] *s.f.* involto di merci apprestato per il trasporto.
bàlla[2] *s.f.* (*fam.*) grossa bugia.
ballàbile *agg.* adatto alla danza ♦ *s.m.* canzone da ballo.
ballàre *v.intr.* [aus. *avere*] **1** muoversi a ritmo di musica **2** (*estens.*) agitarsi, saltellare **3** oscillare ♦ *v.tr.* eseguire ballando.
ballàta *s.f.* **1** nell'antica poesia italiana, componimento di carattere popolare destinato al canto e alla danza | nella poesia romantica, componimento di contenuto epico-leggendario **2** (*mus.*) composizione da camera per pianoforte o per voce e pianoforte.
ballatóio *s.m.* terrazzino con ringhiera.
ballerìna *s.f.* **1** donna che esercita la professione della danza **2** (spec. *pl.*) scarpa bassa con suola molto flessibile.
ballerìno *s.m.* uomo che esercita la professione della danza ♦ *agg.* che balla.
ballétto *s.m.* **1** spettacolo di danza che segue uno schema prestabilito di figurazioni, gesti e movimenti **2** il corpo di ballo.
bàllo *s.m.* **1** movimento del corpo che asseconda il ritmo di una musica **2** musica ballabile **3** festa in cui si balla.

ballonzolàre *v.intr.* [io ballónzolo ecc.; aus. avere] camminare saltellando.
ballottàggio *s.m.* **1** scrutinio supplementare e decisivo fra i due candidati che hanno ottenuto più voti **2** (*sport*) spareggio finale.
balneàre *agg.* dei bagni di mare.
balneazióne *s.f.* (*burocr.*) il fare il bagno in acque aperte.
baloccàrsi *v.rifl.* **1** divertirsi **2** (*estens.*) perdere tempo.
balòcco *s.m.* [pl. -chi] giocattolo.
balordàggine *s.f.* sciocchezza.
balórdo *agg.* sciocco ♦ *s.m.* [f. -a] **1** persona sciocca **2** malvivente.
balsàmico *agg.* [pl.m. -ci] **1** che ha le proprietà di un balsamo **2** (*fig.*) profumato.
bàlsamo *s.m.* **1** sostanza oleosa profumata che si ricava dalle resine di alcune piante; ha proprietà medicinali **2** (*estens.*) rimedio che lenisce un dolore.
bàltico *agg.* [pl.m. -ci] relativo ai paesi e ai popoli che si affacciano sul mar Baltico.
baluàrdo *s.m.* **1** terrapieno fortificato **2** (*fig.*) difesa.
baluginàre *v.intr.* [io balùgino ecc.; aus. essere] apparire e sparire d'un tratto.
bàlza *s.f.* **1** luogo scosceso **2** striscia di stoffa posta in fondo ad abiti, tende ecc.
balzàno *agg.* (*fig.*) stravagante, bizzarro.
balzàre *v.intr.* [aus. essere] **1** saltar su | sussultare **2** (*fig.*) apparire d'un tratto con evidenza.
bàlzo *s.m.* salto di un corpo elastico dopo aver battuto in terra | scatto (anche *fig.*).
bambàgia *s.f.* [pl. -gie] cascame della filatura del cotone | cotone a fiocchi.
bambinàia *s.f.* donna che per professione si prende cura di bambini.
bambinésco *agg.* [pl.m. -schi] che è proprio di un bambino; puerile.
bambìno *s.m.* [f. -a] **1** l'essere umano dalla nascita all'inizio della fanciullezza **2** (*estens.*) figlio **3** (*fig.*) persona adulta che si comporta puerilmente.
bambòccio *s.m.* **1** [f. -a] bambino grassoccio **2** (*fig.*) uomo sciocco, immaturo.
bàmbola *s.f.* **1** pupazzo in forma di bambina o di donna **2** (*fig.*) ragazza dal viso bello ma inespressivo.
bamboleggiàre *v.intr.* [io bamboléggio ecc.; aus. avere] **1** comportarsi da bambini **2** prendere atteggiamenti sdolcinati.
bambù *s.m.* pianta sempreverde dei paesi caldi, simile alla canna.
banàle *agg.* privo di originalità; scontato □ **-mente** *avv.*
banalità *s.f.* atto o detto banale.
banalizzàre *v.tr.* rendere banale ♦ **-rsi** *v.intr.pron.* diventare banale.
banàna *s.f.* frutto del banano.
banàno *s.m.* pianta tropicale con foglie larghe e frutti gialli.
bànca *s.f.* [pl. -che] **1** azienda che riceve in deposito e presta denaro, e compie varie altre operazioni finanziarie **2** l'edificio dove ha sede una banca **3** (*estens.*) istituzione che cura la raccolta di organi e materiale biologico per interventi vari **4** — *dati*, (*inform.*) insieme di dati raccolti e organizzati da un elaboratore elettronico.
bancarèlla *s.f.* banco dei venditori ambulanti di merci varie.
bancàrio *agg.* di banca ♦ *s.m.* impiegato di banca.
bancarótta *s.f.* (*dir.*) condizione di insolvibilità di un imprenditore dichiarato fallito.
banchettàre *v.intr.* [io banchétto ecc.] partecipare a un banchetto.
banchétto *s.m.* lauto pranzo con molti convitati.
banchière *s.m.* proprietario, grande azionista o responsabile della gestione di una banca.
banchìna *s.f.* lungo i porti e i binari delle stazioni ferroviarie, pavimento rialzato adibito al movimento di passeggeri e merci.
banchìsa *s.f.* massa galleggiante di ghiaccio che ricopre i mari polari.
bànco [1] *s.m.* [pl. -chi] **1** mobile a forma di sedile di varia foggia a seconda degli usi **2** mobile a forma di tavolo che separa i venditori dai compratori **3** tavolo di lavoro in alcune attività artigianali **4** ammasso di elementi naturali (nebbia, nuvole).
bànco [2] *s.m.* [pl. -chi] **1** (*ant.*) azienda di credito **2** nei giochi d'azzardo, il giocatore che conduce il gioco.
bàncomat® *s.m.invar.* (*banc.*) sistema di distribuzione di denaro, da uno sportello automatico della rete, ai clienti di una banca muniti di apposita tessera magnetica personalizzata.
bancóne *s.m.* banco che separa il pubblico dagli impiegati o dai venditori.
banconòta *s.f.* [pl. -te] biglietto di banca con valore legale emesso dalla banca centrale.
bànda [1] *s.f.* **1** compagnia di armati che esercita la guerriglia **2** gruppo organizzato di malviventi **3** complesso di sonatori.
bànda [2] *s.f.* **1** striscia di stoffa di colore contrastante, applicata a un abito **2** in usi tecnici: — *magnetica*, ciascuno dei due lati di un nastro magnetico; — *di frequenza*, (*telecom.*) intervallo di frequenze occupato da un segnale.
banderuòla *s.f.* **1** bandierina metallica gi-

revole intorno a un perno verticale, che serve a indicare la direzione del vento **2** (*fig.*) persona volubile.

bandièra *s.f.* drappo di uno o più colori, attaccato a un'asta, simbolo di uno stato, un corpo militare, un partito ecc.

bandìre *v.tr.* [*io bandisco, tu bandisci ecc.*] **1** annunciare con un pubblico bando **2** esiliare | (*fig.*) scacciare.

banditìsmo *s.m.* fenomeno sociale costituito dalle attività dei banditi.

bandìto *s.m.* chi commette atti criminali (anche *fig.*).

bàndo *s.m.* ordine o comunicazione di un'autorità: — *di concorso.*

bandolièra *s.f.* striscia di cuoio portata a tracolla da militari e cacciatori per sostenere armi e munizioni.

bàndolo *s.m.* il capo della matassa.

banjo *s.m.invar.* (*ingl.*) strumento musicale a corde con cassa armonica simile a un tamburo.

baobàb *s.m.invar.* albero tropicale con fusto di grande diametro, che produce un frutto commestibile detto *pane delle scimmie.*

bar[1] *s.m.invar.* locale pubblico in cui si consumano caffè, bibite, liquori ecc.

bar[2] *s.m.invar.* (*fis.*) unità di misura della pressione, pari a 0,986 atmosfere.

bàra *s.f.* cassa da morto, feretro.

baràcca *s.f.* [pl. *-che*] **1** costruzione di materiale leggero per il ricovero provvisorio di uomini, animali, merci **2** (*fig. fam.*) attività dall'andamento difficoltoso, precario.

baraccòne *s.m.* grossa costruzione smontabile che ospita attrazioni nei lunapark e nei circhi | *fenomeno da* — (*spreg.*), persona di fattezze o capacità fuori del comune.

baraccòpoli *s.f.* agglomerato di baracche alla periferia di una grande città.

baraónda *s.f.* **1** confuso e rumoroso movimento di gente **2** grande confusione.

baràre *v.intr.* [aus. *avere*] **1** truffare al gioco **2** (*estens.*) essere sleali.

bàratro *s.m.* voragine | (*fig.*) rovina irreparabile.

barattàre *v.tr.* scambiare una cosa con un'altra senza far uso di moneta.

baràtto *s.m.* il barattare.

baràttolo *s.m.* piccolo contenitore di forma cilindrica, munito di tappo o di coperchio.

bàrba *s.f.* **1** l'insieme dei peli che crescono sulle guance e sul mento dell'uomo | in loc. fig.: *farla in — a uno*, ingannarlo; *che —!*, che noia **2** filamento delle radici delle piante.

barbabiètola *s.f.* pianta erbacea a radice carnosa, commestibile, color rosso sangue.

barbagiànni *s.m.* **1** uccello rapace notturno **2** (*fig.*) persona sciocca e pedante.

barbàrie *s.f.invar.* **1** condizione sociale e culturale non progredita **2** atto crudele.

bàrbaro *agg.* **1** nell'antichità greco-romana, straniero | incivile, sevaggio **2** (*fig.*) feroce ♦ *s.m.* [f. *-a*] □ **-mente** *avv.*

barbecue *s.m.invar.* (*ingl.*) fornello per la cottura di cibi sulla brace.

barbèra *s.m.* e *f.invar.* vitigno del Piemonte e dell'Oltrepò pavese | il vino che da esso si produce.

barbière *s.m.* chi per mestiere rade la barba e taglia i capelli.

barbitùrico *agg.* [pl.m. *-ci*] (*chim.*) composto organico azotato dotato di azione ipnotica e sedativa.

barbóne *s.m.* **1** barba lunga e folta **2** vagabondo che vive di espedienti **3** razza di cane.

barbóso *agg.* noioso □ **-mente** *avv.*

barbùto *agg.* provvisto di barba.

bàrca *s.f.* [pl. *-che*] **1** imbarcazione di piccole dimensioni **2** qualsiasi natante da diporto.

barcaiòlo *s.m.* [f. *-a*] chi conduce barche o le noleggia.

barcamenàrsi *v.intr.pron.* [*io mi barcaméno ecc.*] destreggiarsi tra varie difficoltà, senza assumere una posizione decisa.

barcaròla *s.f.* (*mus.*) composizione vocale o strumentale ispirata ad antiche canzoni di gondolieri.

barcollàre *v.intr.* [*io barcòllo ecc.*; aus. *avere*] non riuscire a reggersi bene in piedi; vacillare.

barcòne *s.m.* **1** grossa imbarcazione per il trasporto di merci **2** barca piatta impiegata nella costruzione di ponti provvisori.

bardàre *v.tr.* **1** mettere i finimenti a un cavallo **2** (*estens.*) adornare in modo vistoso ♦ **-rsi** *v.rifl.* vestirsi con pretenziosità.

bardatùra *s.f.* il bardare; l'insieme dei finimenti di un cavallo.

bàrdo *s.m.* presso gli antichi celti, cantore di imprese eroiche.

bardòtto *s.m.* animale ibrido risultante dall'incrocio di un cavallo con un'asina.

barèlla *s.f.* lettuccio leggero impiegato per il trasporto di malati o di feriti.

barellière *s.m.* [f. *-a*] chi effettua il trasporto di feriti o ammalati con una barella.

bargìglio *s.m.* escrescenza carnosa che pende sotto il becco di galli, tacchini e altri uccelli.

baricèntro *s.m.* (*fis.*) centro di gravità | — *di un triangolo* (*geom.*), il punto d'intersezione delle mediane.

barìle *s.m.* **1** recipiente simile a una piccola botte **2** ciò che è contenuto in un barile **3** unità di misura del petrolio greggio pari a circa 159 litri.

bàrio *s.m.* elemento chimico di simbolo *Ba*; è un metallo alcalino-terroso di colore bianco argenteo.

barisfèra *s.f.* il nucleo della Terra, formato da materiale a densità e temperatura elevate.

barìsta *s.m.* e *f.* [pl.m. *-sti*] chi serve in un bar.

barìtono *s.m.* nel canto, voce intermedia tra il tenore e il basso; il cantante che la possiede.

barlùme *s.m.* **1** luce debole **2** (*fig.*) parvenza, segno evanescente.

barman *s.m.invar.* (*ingl.*) barista.

bàro *s.m.* **1** chi bara al gioco **2** (*estens.*) truffatore, imbroglione.

baròcco *s.m.* gusto affermatosi nel Seicento, caratterizzato in letteratura dall'uso di metafore inusitate, in architettura e nelle arti figurative nella ricerca dello scenografico e del monumentale ♦ *agg.* [pl.m. *-chi*] **1** del barocco **2** (*fig.*) bizzarro; di cattivo gusto □ **-mente** *avv.*

baròlo *s.m.* vino rosso che si produce nella zona di Barolo (Cuneo).

baròmetro *s.m.* strumento per misurare la pressione atmosferica.

baróne *s.m.* [f. *-essa*] **1** titolo nobiliare che nella gerarchia araldica segue quello di visconte **2** chi detiene un grande potere.

baronìa *s.f.* **1** titolo e giurisdizione di un barone **2** (*estens.*) potere economico o politico incontrollato.

bàrra *s.f.* **1** asta di legno, di metallo o altro materiale **2** segno grafico che indica separazione; in matematica vale come segno di frazione.

barràre *v.tr.* contassegnare con barre.

barricàre *v.tr.* [*io bàrrico, tu bàrrichi ecc.*] ostruire con una barricata ♦ **-rsi** *v.rifl.* **1** asserragliarsi **2** (*fig.*) assumere un atteggiamento di chiusura.

barricàta *s.f.* sbarramento di strade o altri passaggi approntato con materiali occasionali, durante rivolte o moti popolari.

barrièra *s.f.* **1** sbarramento, steccato che limita o chiude un passaggio o segna un confine **2** (*fig.*) elemento di divisione ideologica o sociale **3** (*sport*) tipo di schieramento difensivo dei calciatori.

barrìre *v.intr.* [*io barrisco, tu barrisci ecc.*; aus. *avere*] emettere barriti.

barrìto *s.m.* il verso dell'elefante.

barùffa *s.f.* zuffa con grida.

barzellétta *s.f.* storiella con finale umoristico.

basàlto *s.m.* (*min.*) roccia scura formata dalla solidificazione di lava.

basaménto *s.m.* la parte inferiore di un edificio, di un monumento ecc.

basàre *v.tr.* mettere su una base; fondare (anche *fig.*) ♦ **-rsi** *v.rifl.* fondarsi.

bàsco *s.m.* [pl.m. *-schi*] copricapo di panno, tondo e floscio, senza falde.

bàse *s.f.* **1** la parte inferiore di qualsiasi oggetto con funzione di sostegno **2** (*fig.*) fondamento **3** (*estens.*) elemento fondamentale **4** area per lo stanziamento di truppe e mezzi militari **5** la massa degli iscritti a un partito politico, a un sindacato **6** in cosmesi, crema che si applica prima del trucco **7** (*geom.*) il lato su cui poggia una figura piana o un solido **8** (*chim.*) composto che reagendo con un acido dà un sale

baseball *s.m.invar.* (*ingl.*) gioco che si svolge tra due squadre di nove giocatori; consiste nel lanciare con una mano una palla che l'avversario ribatte con una mazza.

basétta *s.f.* striscia di barba che si fa crescere sulla guancia in continuazione dei capelli.

bàsico *agg.* [pl.m. *-ci*] (*chim.*) che ha le proprietà di una base.

basilàre *agg.* **1** che funge da base **2** (*fig.*) fondamentale.

basìlica *s.f.* **1** nell'antichità romana, edificio dove si amministrava la giustizia **2** tempio cristiano con struttura architettonica derivante da quella dell'antica basilica romana.

basìlico *s.m.* pianta erbacea con foglie aromatiche.

basilìsco *s.m.* [pl. *-schi*] **1** grosso rettile innocuo dell'America centro-meridionale **2** animale leggendario che dava la morte con lo sguardo.

basìsta *s.m.* e *f.* [pl.m. *-sti*] chi fornisce le basi logistiche per un furto o una rapina.

basket *s.m.invar.* (*sport*) pallacanestro.

bassézza *s.f.* **1** l'essere basso **2** meschinità, viltà | azione abietta.

bàsso *agg.* [compar. *più basso* o *inferiore*; superl. *bassissimo* o *infimo*] **1** poco elevato; in posizione poco elevata **2** detto di regione, che è situata a meridione; di zona, priva di rilievi montuosi; di fiume, vicino alla foce **3** sommesso | grave **4** esiguo **5** (*fig.*) abietto **6** (*fig.*) umile **7** tardo (di periodo storico ♦ *avv.* in giù, verso terra ♦ *s.m.* **1** la parte più bassa di qlco. | *cadere in —*, (*fig.*) perdere ricchezze, reputazione | *guardare qlcu. dall'alto in —*, con superiorità **2** (*mus.*) il cantante che ha la voce più grave **3** (*napol.*) abitazione molto misera, al livello della strada □ **-mente** *avv.* in modo spregevole.

bassofóndo *s.m.* [pl. *bassifondi*] **1** zona poco profonda di mare **2** *pl.* (*fig.*) gli strati più poveri e miseri della società.
bassopiàno *s.m.* [pl. *bassopiani* o *bassipiani*] pianura poco elevata sul livello del mare.
bassorilièvo *s.m.* [pl. *bassorilievi*] scultura nella quale le figure emergono dal fondo con poco stacco.
bassòtto *s.m.* cane dal corpo lungo e basso, con zampe cortissime.
bàsta *inter.* si usa per imporre silenzio, per porre fine a qlco.
bastardàta *s.f.* mascalzonata.
bastàrdo *agg.* **1** (*spreg.*) si dice di persona di nascita illegittima | come ingiuria **2** detto di animali o piante, ibrido: *cane —* ♦ *s.m.* [f. *-a*].
bastàre *v.intr.* [aus. *essere*] **1** essere sufficiente | *basta che*, purché **2** (*estens.*) durare.
bastiménto *s.m.* **1** nave da trasporto **2** quantità di merce trasportata da un bastimento.
bastióne *s.m.* terrapieno sostenuto da grosse mura, usato per difesa.
bàsto *s.m.* rozza sella di legno, usata per cavalcare asini e muli o per assicurarvi i carichi.
bastonàre *v.tr.* [*io bastóno ecc.*] **1** percuotere con un bastone **2** (*fig.*) maltrattare.
bastonàta *s.f.* **1** colpo di bastone **2** (*fig.*) batosta.
bastóne *s.m.* **1** ramo d'albero lavorato, usato come appoggio o arma | *mettere il tra le ruote*, (*fig.*) frapporre ostacoli **2** simbolo di autorità **3** attrezzo usato in vari sport **4** carattere tipografico ad asta.
batàcchio *s.m.* battaglio di campana.
batimetrìa *s.f.* parte dell'oceanografia che si occupa della misurazione delle profondità marine o lacustri.
batìmetro *s.m.* apparecchio per la misurazione delle profondità marine o lacustri.
batiscàfo *s.m.* scafo sommergibile per l'esplorazione sottomarina.
batisfèra *s.f.* apparecchio sommergibile a forma di sfera, appeso per un cavo a un battello.
batìsta *s.f.* tela di lino finissima e trasparente.
batòsta *s.f.* **1** legnata **2** (*fig.*) grave danno fisico, morale o economico.
battage *s.m.* (*fr.*) campagna pubblicitaria o propagandistica.
battàglia *s.f.* **1** scontro armato fra eserciti **2** (*fig.*) contrasto di idee, di interessi **3** insieme di attività volte a raggiungere un obiettivo.
battaglièro *agg.* combattivo.
battàglio *s.m.* grosso ferro pendente al centro della campana, che serve a farla risonare.
battaglióne *s.m.* (*mil.*) unità tattica della fanteria, costituita da diverse compagnie.
battèllo *s.m.* **1** imbarcazione a remi o dotata di un piccolo motore **2** grossa motobarca per la navigazione fluviale, lacustre o costiera.
battènte *s.m.* ciascuna delle due metà di una finestra o di una porta.
bàttere *v.tr.* [pass.rem. *io battéi ecc.*; part.pass. *battuto*] **1** picchiare, colpire | *— i denti*, per un tremito delle mascelle, dovuto a freddo o paura | *— a macchina*, dattilografare | *— le mani*, applaudire | *— sempre sullo stesso tasto*, (*fig.*) ripetere con insistenza qlco. | *non — ciglio*, (*fig.*) rimanere impassibile | *— moneta*, coniarla | *battersela*, (*fam.*) svignarsela, andarsene | *in un batter d'occhio*, in un attimo **2** percorrere in lungo e in largo **3** (*sport*) effettuare una battuta o tirare di piede: *— un calcio di rigore* **4** vincere ♦ *v.intr.* [aus. *avere*] **1** cadere, picchiare su qlco. **2** (*fig.*) insistere | pulsare ♦ **-rsi** *v.intr.pron.* lottare.
batterìa *s.f.* **1** unità fondamentale dell'artiglieria **2** (*elettr.*) insieme di più pile o accumulatori o condensatori collegati tra loro **3** (*mus.*) complesso di strumenti a percussione suonati da un unico esecutore **4** (*sport*) gara eliminatoria per la qualificazione alle fasi successive.
battèrio *s.m.* (*biol.*) microrganismo unicellulare.
batteriologìa *s.f.* parte della microbiologia che studia i batteri.
batteriològico *agg.* [pl.m. *-ci*] riferito alla batteriologia | *guerra batteriologica*, in cui vengono usati microrganismi patogeni per l'uomo □ **-mente** *avv.*
batterìsta *s.m.* e *f.* [pl.m. *-sti*] chi suona la batteria.
battésimo *s.m.* **1** nel cristianesimo, il primo dei sacramenti, con cui si entra a far parte della chiesa **2** (*estens.*) cerimonia con cui si inaugura o consacra qlco.
battezzàre *v.tr.* [*io battézzo ecc.*] **1** amministrare il battesimo a una persona **2** dare il nome; chiamare, soprannominare ♦ **-rsi** *v. intr.pron.* ricevere il battesimo.
battibécco *s.m.* [pl. *-chi*] breve diverbio per motivi futili.
batticuòre *s.m.* [pl. *-ri*] **1** battito frequente del cuore; palpitazione **2** (*fig.*) ansia.
battìgia *s.f.* [pl. *-gie*] striscia di spiaggia lungo la quale si smorzano le onde.
battimàno *s.m.* [pl. *-ni*] (spec. *pl.*) applauso.
battipànni *s.m.invar.* attrezzo di vimini o

altro materiale usato per battere panni, tappeti ecc. e farne uscire la polvere.
battipìsta *s.m.invar.* **1** chi gode della visione di Dio in cielo **2** mezzo cingolato che prepara una pista battendola.
battistèro *s.m.* **1** edificio minore costruito presso una chiesa per amministrarvi il battesimo **2** il fonte battesimale.
battistràda *s.m.invar.* **1** staffetta che precede un corteo, una sfilata **2** (*aut.*) parte del pneumatico che viene a contatto con la strada.
bàttito *s.m.* il battere; palpitazione: — *del cuore*.
battitóre *s.m.* [f. *-trice*] **1** chi, nella caccia, batte i cespugli per stanare la selvaggina **2** chi, nelle aste, aggiudica gli oggetti **3** (*sport*) chi batte la palla per primo.
battùta *s.f.* **1** percossa **2** ciascun colpo che si dà sui tasti della macchina per scrivere **3** (*mus.*) porzione del rigo musicale **4** in un dialogo teatrale, le frasi pronunciate da ciascun attore **5** risposta spiritosa **6** caccia a cui partecipano numerosi cacciatori | (*estens.*) vasta azione delle forze di polizia per rintracciare malviventi **7** (*sport*) il colpo di chi mette in gioco la palla.
batùffolo *s.m.* piccolo ammasso di un materiale soffice.
baùle *s.m.* cassa che serve per contenere o trasportare abiti, biancheria ecc.
bauxìte *s.f.* (*min.*) minerale di alluminio.
bàva *s.f.* **1** liquido viscoso che cola dalla bocca di animali o di vecchi e bambini **2** filo di sostanza serica che forma il bozzolo del baco da seta.
bavaglìno *s.m.* piccolo tovagliolo che si allaccia al collo dei bambini.
bavàglio *s.m.* fazzoletto o striscia di stoffa che si applica alla bocca di persone a cui si vuole impedire di gridare.
bàvero *s.m.* colletto del mantello o del vestito.
bazàr *s.m.invar.* **1** mercato caratteristico dei paesi orientali **2** negozio in cui si vendono le merci più svariate.
bazooka *s.m.invar.* (*ingl.*) arma leggera e maneggevole che lancia proiettili a razzo.
bazzècola *s.f.* cosa da nulla.
bazzicàre *v.intr.* [aus. *avere*] recarsi frequentemente in un luogo.
beàrsi *v.intr.pron.* godere, compiacersi.
beatificàre *v.tr.* [*io beatìfico, tu beatìfichi ecc.*] (*eccl.*) proclamare beato.
beatificazióne *s.f.* il beatificare.
beatitùdine *s.f.* **1** felicità perfetta **2** (*relig.*) felicità soprannaturale derivante dalla visione di Dio.
beàto *agg.* che gode perfetta felicità ♦ *s.m.* [f. *-a*] **1** chi gode della visione di Dio in cielo **2** chi è venerato dalla chiesa con culto pubblico □ **-mente** *avv.* tranquillamente.
beauty-case *s.m.invar.* (*ingl.*) borsetta che contiene il necessario per il trucco femminile.
beauty-center *loc.s.m.invar.* (*ingl.*) istituto di bellezza.
bebè *s.m.* bambino molto piccolo.
beccàccia *s.f.* [pl. *-ce*] uccello di color bruno rossiccio, con becco lungo.
beccàre *v.tr.* [*io bécco, tu bécchi ecc.*] **1** afferrare il cibo col becco **2** colpire col becco **3** (*fig. fam.*) ottenere ♦ **-rsi** *v.rifl.rec.* (*fig.*) polemizzare.
beccheggiàre *v.intr.* [*io becchéggio ecc.*; aus. *avere*] detto di natanti o di aeromobili, oscillare in senso longitudinale.
beccchéggio *s.m.* il beccheggiare.
becchìme *s.m.* mangime per uccelli.
becchìno *s.m.* chi per mestiere seppellisce i morti.
bécco *s.m.* [pl. *-chi*] **1** (*zool.*) guaina cornea prominente che costituisce l'estremità della bocca degli uccelli, di qualche rettile e dei mammiferi monotremi **2** (*fam.*) bocca dell'uomo **3** terminazione appuntita simile a un becco **4** (*tecn.*) bruciatore per gas.
befàna *s.f.* **1** (*pop.*) Epifania **2** personaggio fantastico raffigurato come una vecchia brutta ma benefica che porta doni ai bambini **3** (*estens.*) donna brutta.
bèffa *s.f.* **1** burla **2** parola di scherno.
beffàrdo *agg.* **1** che si compiace di beffare **2** che dimostra scherno □ **-mente** *avv.*
beffàre *v.tr.* [*io bèffo ecc.*] canzonare, deridere ♦ **-rsi** *v.intr.pron.* farsi beffe di qlcu. o qlco.
beffeggiàre *v.tr.* [*io befféggio ecc.*] beffare.
bèga *s.f.* [pl. *-ghe*] **1** bisticcio futile **2** grattacapo.
beghìna *s.f.* donna bigotta.
begònia *s.f.* pianta erbacea ornamentale con fiori colorati.
bèl *s.m.invar.* (*fis.*) unità di misura della sensazione uditiva, della quale è sottomultiplo il *decibel*.
belàre *v.intr.* [*io bèlo ecc.*; aus. *avere*] **1** emettere belati **2** (*estens.*) lamentarsi.
belàto *s.m.* verso di pecore e capre.
bèlla *s.f.* **1** donna bella | (*fam.*) la fidanzata **2** bella copia **3** partita di spareggio.
belladònna *s.f.* [pl. *belledonne*] pianta erbacea medicinale.
bellétto *s.m.* cosmetico usato per il trucco.
bellézza *s.f.* **1** qualità di ciò che è bello **2** persona o cosa bella.
bèllico *agg.* [pl.m. *-ci*] che riguarda la guerra.

bellicóso *agg.* **1** che ama la guerra **2** (*estens.*) combattivo, battagliero □ **-mente** *avv.*
belligerànte *agg.* e *s.m.* e *f.* che/chi è in stato di belligeranza.
belligerànza *s.f.* condizione giuridica di uno stato che si trova in guerra.
bellimbùsto *s.m.* [pl. *-sti*] uomo galante, elegante, ma fatuo.
bèllo *agg.* [davanti a *s* impura, *gn*, *ps*, *x*, *z*, sing. *bello*, pl. *begli*; davanti ad altre consonanti sing. *bel*, pl. *bei*; davanti a vocale sing. *bell'*, pl. *begli*] **1** che suscita ammirazione per la perfezione, l'eleganza del suo aspetto; *farsi — di qlco.*, (*fig.*) vantarsene | ben fatto **2** moralmente buono ♦ *s.m.* **1** ciò che è bello **2** tempo buono □ **-mente** *avv.* **1** con garbo **2** tranquillamente.
bélva *s.f.* **1** animale feroce **2** (*fig.*) persona che agisce con ferocia disumana.
belvedére *s.m.* [pl. *-ri* o *invar.*] luogo elevato da cui si scorge un ampio panorama.
bemòlle *s.m.* (*mus.*) segno di alterazione che, posto davanti a una nota, la abbassa di un semitono.
benché *cong.* sebbene (con il verbo al congiuntivo).
bènda *s.f.* striscia di garza, tela che si usa nelle medicazioni di ferite o fratture.
bendàre *v.tr.* [*io bèndo ecc.*] fasciare con bende.
bendatùra *s.f.* fasciatura.
bène *avv.* [compar. *meglio*; superl. *benissimo* od *ottimamente*] **1** in modo buono, giusto; in modo corretto **2** in modo soddisfacente **3** con valore rafforzativo: *vorrei ben vedere!* **4** in espressioni esclamative, esprime consenso ♦ *agg.invar.* di alta levatura sociale ♦ *s.m.* **1** tutto ciò che è buono, giusto, onesto **2** nella visione cristiana, Dio **3** opera buona **4** amore | la persona amata **5** vantaggio: *lo faccio per il tuo —* **6** (*econ.*) ciò che è atto a soddisfare un bisogno **7** (spec. *pl.*) proprietà.
benedétto *agg.* **1** (*teol.*) che ha ricevuto la benedizione ecclesiastica **2** venerato **3** in espressioni di ringraziamento | in espressioni di rimprovero benevolo.
benedìre *v.tr.* [imperf. *io benedicévo*, pop. *benedivo ecc.*; pass.rem. *io benedissi*, pop. *benedii ecc.*; imp. *benedici*; nelle altre forme è coniugato come *dire*] **1** (*teol.*) invocare la protezione di Dio **2** lodare, esaltare.
benedizióne *s.f.* (*relig.*) rito con cui si invoca la protezione di Dio su qlcu. o qlco. | *— eucaristica*, rito con cui i fedeli sono benedetti con il SS. Sacramento.
benefattóre *s.m.* [f. *-trice*] chi fa del bene al prossimo.
beneficàre *v.tr.* [*io benèfico, tu benèfichi ecc.*] fare del bene a qlcu.
beneficènza *s.f.* l'atto del beneficare; carità.
beneficiàre *v.intr.* [*io beneficio ecc.*; aus. *avere*] ricevere un beneficio.
beneficiàrio *agg.* che fruisce di benefici.
beneficio *s.m.* l'atto del beneficiare | vantaggio | *— ecclesiastico*, (*dir.*) fondo patrimoniale il cui reddito serviva al mantenimento del titolare di un ufficio ecclesiastico.
benèfico *agg.* [pl.m. *-ci*; dif. del superl. per cui si usa *molto benefico* o *beneficentissimo*] **1** che fa bene **2** dedito a opere di bene □ **-mente** *avv.*
benemerènza *s.f.* atto che rende benemerito; merito acquisito.
benemèrito *agg.* e *s.m.* [f. *-a*] che/chi si è acquistato meriti.
beneplàcito *s.m.* **1** consenso **2** arbitrio.
benèssere *s.m.* **1** stato prospero di salute, vigore fisico **2** agiatezza.
benestànte *agg.* e *s.m.* e *f.* che/chi vive agiatamente; abbiente.
benestàre *s.m.invar.* autorizzazione.
benevolènza *s.f.* buona disposizione d'animo verso altri.
benèvolo *agg.* [dif. del superl., per cui si usa *molto benevolo* o *benevolentissimo*] **1** ben disposto verso qlcu. **2** favorevole, indulgente □ **-mente** *avv.*
bengàla *s.m.invar.* **1** fuoco d'artificio **2** razzo luminoso per segnalazioni.
beniamìno *s.m.* [f. *-a*] **1** figlio prediletto **2** (*estens.*) persona preferita tra altre.
benignità *s.f.* indulgenza, cortesia.
benìgno *agg.* **1** benevolo **2** (*med.*) di malattia non letale: *tumore —* □ **-mente** *avv.*
benintéso *avv.* ovviamente.
bènna *s.f.* dispositivo che serve per lo scavo e il sollevamento di materiale incoerente.
benpensànte *agg.* e *s.m.* e *f.* che/chi pensa come la maggioranza delle persone | (*spreg.*) conformista.
benservìto *s.m.* attestato rilasciato a chi cessa un'attività lavorativa, per comprovare che ha servito bene.
bensì *cong.* ma piuttosto, ma anzi.
benvenùto *s.m.* il saluto di buona accoglienza.
benvìsto *agg.* visto di buon occhio.
benzìna *s.f.* liquido costituito da una miscela di idrocarburi ottenuta dal petrolio greggio e usata come carburante e come solvente.
bèola *s.f.* (*min.*) varietà di gneiss usata per rivestimenti e pavimentazioni.
beóne *s.m.* [f. *-a*] chi ha il vizio di bere.

bequàdro *s.m.* (*mus.*) segno che, posto davanti a una nota, annulla le alterazioni precedenti.
bére *v.tr.* [pres. *io bévo ecc.*; pass.rem. *io bévvi* o *bevétti, tu bevésti ecc.*; fut. *io berrò* o *beverò ecc.*; cond. *io berrèi* o *beverèi ecc.*; le altre forme derivano regolarmente dal tema *bev-*] **1** mandar giù un liquido per la bocca **2** (*assol.*) bere vino o alcolici **3** (*estens.*) assorbire **4** (*fig.*) credere ingenuamente.
bergamòtto *s.m.* **1** albero simile all'arancio **2** frutto del bergamotto, dalla cui buccia si estrae un'essenza usata in profumeria.
bèri bèri *s.m.* malattia da carenza di vitamina B_1.
berìllio *s.m.* elemento chimico di simbolo *Be*; è un metallo usato nell'industria del nucleare.
berìllo *s.m.* (*min.*) silicato di alluminio e berillio di cui sono varietà preziose lo smeraldo e l'acquamarina.
berlìna[1] *s.f.* **1** antica pena consistente nell'esporre a pubblico ludibrio il condannato **2** (*fig.*) scherno.
berlìna[2] *s.f.* (*aut.*) automobile dotata di carrozzeria chiusa.
bermùda *s.m.pl.* calzoni che arrivano al ginocchio.
bernòccolo *s.m.* **1** protuberanza della testa, in genere causata da un colpo **2** (*fig.*) disposizione naturale.
berrétto *s.m.* copricapo di varie forme.
bersagliàre *v.tr.* [*io bersàglio ecc.*] **1** tirare a un bersaglio ripetutamente **2** (*fig.*) perseguitare.
bersaglière *s.m.* (*mil.*) militare appartenente a una specialità della fanteria italiana.
bersàglio *s.m.* **1** l'obiettivo da colpire con un'arma **2** (*estens.*) oggetto o persona che si vuole colpire.
bertùccia *s.f.* [pl. *-ce*] **1** piccola scimmia grigio-giallognola priva di coda **2** (*fig.*) persona brutta, sgraziata; anche, persona dispettosa o curiosa.
besciamèlla *s.f.* salsa francese.
bestémmia *s.f.* **1** espressione ingiuriosa contro le divinità o ciò che è sacro **2** (*fig.*) grosso sproposito.
bestemmiàre *v.tr.* [*io bestémmio ecc.*] **1** offendere con una bestemmia **2** (*estens.*) maledire.
béstia *s.f.* **1** ogni animale, in quanto privo di coscienza e ragione **2** (*fig.*) persona ignorante.
bestiàle *agg.* **1** proprio di bestia **2** (*estens.*) disumano **3** (*gerg.*) eccezionale □ **-mente** *avv.*
bestialità *s.f.* atto, parola di persona ignorante.
bestiàme *s.m.* l'insieme degli animali d'allevamento.
best seller *loc.sost.m.invar.* (*ingl.*) libro, disco o altro prodotto tra i più venduti.
betatróne *s.m.* (*fis.*) acceleratore elettromagnetico di elettroni.
betonièra *s.f.* (*edil.*) macchina rotante per l'impasto di calcestruzzo.
béttola *s.f.* osteria di infimo ordine.
betùlla *s.f.* albero con foglie a rombo, legno flessibile e corteccia biancastra.
bevànda *s.f.* ogni liquido che si beve.
bevitóre *s.m.* [f. *-trice*] chi beve abbondantemente alcolici.
biàcca *s.f.* carbonato basico di piombo; usato per vernici.
biàda *s.f.* termine che indica genericamente i cereali per l'alimentazione del bestiame.
biancheggiàre *v.tr.* imbiancare.
biancherìa *s.f.* il complesso dei panni per uso domestico o personale.
bianchétto *s.m.* sostanza imbiancante usata per cancellare testi scritti.
biànco *agg.* [pl.m. *-chi*] **1** del colore del latte, della neve fresca **2** che ha colore chiaro, in contrapposizione a un colore scuro **3** pulito, senza macchie **4** pallido ♦ *s.m.* **1** il colore bianco **2** la parte bianca di qlco. **3** foglio o parte di esso su cui non è scritto o segnato nulla: *mettere nero su —*, scrivere | *firmare in —*, (*fig.*) assumere un impegno senza conoscerne le condizioni | *in —*, si dice di cibi cucinati con poco o senza condimento: *mangiare in —* | *in —*, (*fig.*) si dice di situazione in cui non si realizza ciò che è usuale o che si vorrebbe; *matrimonio in —*, non consumato **4** vino bianco **5** [f. *-a*] uomo di pelle bianca.
biancospìno *s.m.* arbusto a rami spinosi e fiori bianchi.
biascicàre *v.tr.* [*io biàscico, tu biàscichi ecc.*] **1** tenere a lungo il cibo in bocca, senza masticarlo **2** (*fig.*) pronunciare male e a stento.
biasimàre *v.tr.* [*io biàsimo ecc.*] criticare aspramente; disapprovare.
biàsimo *s.m.* critica aspra.
biberon *s.m.invar.* (*fr.*) poppatoio.
bìbita *s.f.* bevanda dissetante.
biblìco *agg.* [pl.m. *-ci*] **1** della Bibbia **2** (*fig.*) grandioso, tragico □ **-mente** *avv.*
biblio- primo elemento di parole composte, che significa 'libro'.
bibliòfilo *s.m.* [f. *-a*] amatore, collezionista di libri.
bibliografìa *s.f.* **1** elenco degli scritti su un

argomento o su un autore **2** scienza della descrizione e della catalogazione dei libri.
bibliotèca *s.f.* edificio o sala in cui sono raccolti dei libri a disposizione del pubblico; l'insieme dei libri raccolti.
biblioteconomìa *s.f.* scienza che stabilisce metodi e criteri per l'organizzazione e il funzionamento delle biblioteche.
biblìsta *s.m.* e *f.* [pl.m. *-sti*] studioso di problemi biblici.
bicameràle *agg.* di sistema parlamentare in cui esistono due camere di rappresentanza.
bicarbonàto *s.m.* (*chim.*) sale dell'acido carbonico.
bicchieràta *s.f.* bevuta fatta in compagnia.
bicchière *s.m.* **1** piccolo recipiente usato per bere **2** (*estens.*) la quantità di liquido contenuta in un bicchiere.
bicèfalo *agg.* che ha due teste.
biciclétta *s.f.* veicolo a due ruote di uguale diametro azionato a pedali.
bicìpite *agg.* **1** che ha due teste **2** (*anat.*) si dice di muscolo che ha due capi confluenti in un'unica massa.
bicòcca *s.f.* catapecchia.
bidè *s.m.* apparecchio igienico per lavare le parti intime del corpo.
bidèllo *s.m.* [f. *-a*] addetto alla custodia e alla pulizia di una scuola.
bidonàre *v.tr.* [*io bidóno ecc.*] (*fam.*) ingannare.
bidóne *s.m.* **1** grosso recipiente di lamiera o plastica **2** (*fig.*, *fam.*) imbroglio.
bidonville *s.f.invar.* (*fr.*) agglomerato di abitazioni costruite con mezzi di fortuna, alla periferia di una grande città.
bièlla *s.f.* (*mecc.*) asta di collegamento tra due parti di una macchina, che trasforma il moto rotatorio continuo in rettilineo alternativo, o viceversa.
biennàle *agg.* **1** che dura due anni **2** che avviene ogni due anni ♦ *s.f.* manifestazione che si organizza ogni due anni.
biènnio *s.m.* periodo di due anni | corso di studi di due anni.
biètola *s.f.* varietà di barbabietola.
bifàse *agg.invar.* (*fis.*) che ha due fasi: *sistema —*.
bìfido *agg.* diviso in due, biforcuto.
bifocàle *agg.* (*fis.*) si dice di lente divisa in due sezioni per mettere a fuoco alternativamente gli oggetti vicini e lontani.
bifólco *s.m.* [f. *-a*; pl.m. *-chi*] **1** contadino **2** (*fig.*) uomo rozzo.
bìfora *agg.* e *s.f.* (*arch.*) si dice di finestra a due aperture divise da una colonnina.
biforcàrsi *v.intr.pron.* dividersi in due.
biforcazióne *s.f.* il biforcarsi.
biforcùto *agg.* che ha due punte; (*fig.*) persona incline a dire malignità.
bifrónte *agg.* che ha due facce.
big *s.m.* e *f.invar.* (*ingl.*) personaggio importante.
bìga *s.f.* cocchio a due ruote.
bigamìa *s.f.* la condizione di chi ha due mogli o due mariti contemporaneamente.
big bang *loc.sost.m.invar.* (*ingl.*) l'esplosione primordiale che avrebbe dato origine all'universo.
bighellonàre *v.intr.* [*io bighellóno ecc.*; aus. *avere*] andare in giro oziando.
bigìno *s.m.* (*fam.*) libretto con la traduzione letterale degli autori greci e latini | (*estens.*) manualetto riassuntivo.
bigiotterìa *s.f.* insieme di oggetti ornamentali realizzati con materiali non preziosi.
biglietterìa *s.f.* luogo dove si vendono i biglietti.
bigliétto *s.m.* **1** cartoncino per brevi comunicazioni **2** foglietto che dà diritto a usufruire di un servizio **3** — *di banca*, cartamoneta.
bigodìno *s.m.* piccolo cilindro su cui si avvolgono i capelli per metterli in piega.
bigòtto *agg.* e *s.m.* [f. *-a*] persona che bada alle pratiche esterne della religione più che allo spirito □ **-mente** *avv.*
bijou *s.m.invar.* (*fr.*) **1** gioiello; oggetto prezioso **2** (*estens.*) persona o cosa molto graziosa.
bikìni *s.m.invar.* costume da bagno in due pezzi succinti.
bilància *s.f.* [pl. *-ce*] **1** strumento per misurare il peso di un corpo **2** *Bilancia*, (*astr.*) costellazione e segno dello zodiaco **3** (*econ.*) — *commerciale*, registra le importazioni e le esportazioni di merci; — *dei pagamenti*, registra tutte le transazioni internazionali effettuate.
bilanciàre *v.tr.* [*io bilàncio ecc.*] **1** mettere, tenere in equilibrio **2** (*estens.*) essere di pari valore; pareggiare ♦ **-rsi** *v.rifl.* mettersi, tenersi in equilibrio.
bilàncio *s.m.* **1** conteggio relativo alle entrate e alle uscite di una gestione **2** (*fig.*) valutazione comparata degli aspetti di una situazione.
bilateràle *agg.* che riguarda due lati o due parti □ **-mente** *avv.*
bìle *s.f.* **1** (*biol.*) liquido giallo-verdastro secreto dal fegato **2** (*fig.*) rabbia.
bìlia *s.f.* **1** palla d'avorio per giocare al biliardo **2** pallina di vetro con cui giocano i bambini.
biliàrdo *s.m.* gioco che consiste nel colpire, con apposite stecche, delle bilie d'avo-

rio che si fanno correre e scontrare su un tavolo rettangolare.
biliàre *agg.* (*anat.*, *med.*) della bile.
bìlico *s.m.* [pl. *-chi*] nella loc. *in* —, per indicare la posizione di un corpo in equilibrio instabile (anche *fig.*).
bilìngue *agg.* **1** scritto in due lingue **2** che parla o usa correntemente due lingue.
bilinguìsmo *s.m.* **1** l'essere bilingue **2** compresenza in una regione di due distinti gruppi linguistici.
bilirubìna *s.f.* (*biol.*) pigmento organico che si trova nella bile e nel siero del sangue.
bilocàle *s.m.* unità immobiliare costituita da due locali e servizi.
bìmbo *s.m.* [f. *-a*] bambino.
bimensìle *agg.* che avviene, si pubblica, si paga due volte al mese.
bimestràle *agg.* **1** che dura un bimestre **2** che ricorre, che scade ogni bimestre □ **-mente** *avv.*
bimèstre *s.m.* periodo di due mesi.
bimotóre *s.m.* aeroplano fornito di due motori.
binàrio[1] *agg.* di due elementi.
binàrio[2] *s.m.* coppia di rotaie o guide parallele su cui scorrono le ruote di treni, tram, funicolari ecc.
bìngo *s.m.invar.* gioco simile alla tombola.
binòcolo *s.m.* strumento ottico costituito da due cannocchiali gemelli.
binòmio *s.m.* **1** (*mat.*) espressione algebrica costituita dalla somma di due monomi **2** (*estens.*) accostamento di due concetti o due persone.
bio- primo elemento di parole composte, che significa 'vita', oppure 'vivente'.
biòccolo *s.m.* fiocco, batuffolo.
biochìmica *s.f.* scienza che studia la composizione chimica degli organismi viventi.
biodegradàbile *agg.* (*biol.*, *chim.*) che va soggetto a biodegradazione.
biodegradazióne *s.f.* la scomposizione di un materiale in composti chimici semplici per azione di agenti naturali (batteri, luce solare, umidità).
bioètica *s.f.* lo studio dei problemi etici connessi all'applicazione delle più recenti scoperte biologiche e mediche.
biofìsica *s.f.* scienza che studia l'influsso degli agenti fisici sui fenomeni biologici.
biogenètica *s.f.* teoria sull'origine della vita e sull'evoluzione degli esseri viventi.
biografìa *s.f.* narrazione della vita di una persona illustre.
biògrafo *s.m.* [f. *-a*] autore di biografie.
bioingegnerìa *s.f.* disciplina che applica nozioni di ingegneria nella realizzazione di strumenti usati in medicina e biologia.
biologìa *s.f.* [pl. *-gie*] scienza che studia gli organismi viventi e i processi che in essi avvengono.
biomàssa *s.f.* (*scient.*) la massa totale di tutti gli organismi viventi presenti in un determinato volume d'acqua o di terreno in un periodo definito.
bióndo *agg.* di colore tra il giallo oro e il castano chiaro.
biònica *s.f.* scienza che studia sistemi elettronici capaci di simulare il comportamento di organismi viventi.
biopsìa *s.f.* (*med.*) prelievo a scopo diagnostico di tessuti da un organismo vivente.
biorìtmo *s.m.* (*biol.*) ciclo di un fenomeno vitale.
biosfèra *s.f.* l'insieme delle zone della Terra in cui esistono le condizioni essenziali per lo sviluppo della vita animale e vegetale.
biosistèma *s.m.* [pl. *-mi*] (*biol.*) ecosistema.
biòssido *s.m.* (*chim.*) composto formato da un atomo di un metallo o di un non metallo e da due atomi di ossigeno.
bipartitìsmo *s.m.* sistema politico in cui due soli partiti si alternano al governo e all'opposizione.
bìpede *agg.* fornito di due piedi.
biplàno *s.m.* velivolo con due piani alari sovrapposti.
bipolàre *agg.* (*elettr.*) che ha due poli.
bipolarìsmo *s.m.* sistema politico fondato su due blocchi contrapposti.
bipósto *agg.invar.* si dice di mezzo di locomozione a due posti.
bìrba *s.f.* monello.
birbànte *s.m.* **1** furfante **2** (*scherz.*) ragazzo vivace e un po' scapestrato.
birbóne *s.m.* [f. *-a*] (*scherz.*) monello.
bireattóre *s.m.* aeroplano azionato da due motori a getto.
birichìno *agg.* vivace e impertinente ♦ *s.m.* [f. *-a*] monello.
birìllo *s.m.* ognuno dei pezzi, che in vari giochi (biliardo, bowling ecc.) devono essere abbattuti con palle.
biro® *s.f.invar.* penna a sfera.
bìrra *s.f.* bevanda alcolica ottenuta dalla fermentazione del malto di orzo e altri cereali.
bis *inter.* esclamazione con cui, dopo un'esecuzione, se ne chiede la ripetizione *s.m.invar.* replica ♦ *agg.invar.* supplementare.
bis- primo elemento di parole composte, che significa 'due volte, doppio'; nei nomi

di parentela indica grado più remoto; in altri casi ha valore genericamente negativo.
bisbètico *agg.* [pl.m. *-ci*] lunatico; litigioso ☐ **-mente** *avv.*
bisbigliàre *v.intr.* [*io bisbìglio ecc.*; aus. *avere*] **1** sussurrare **2** (*estens.*) fare pettegolezzi ♦ *v.tr.* dire sottovoce.
bisbìglio *s.m.* **1** il bisbigliare **2** (*estens.*) pettegolezzo.
bisbòccia *s.f.* [pl. *-ce*] baldoria.
bìsca *s.f.* locale in cui si gioca d'azzardo.
bìscia *s.f.* [pl. *-sce*] serpente piccolo e non velenoso.
biscottàre *v.tr.* [*io biscòtto ecc.*] cuocere qlco. come un biscotto.
biscòtto *s.m.* tipo di pasta dolce, asciutta e croccante.
bisecànte *agg.* e *s.f.* (*geom.*) si dice di retta passante per due punti distinti qualsiasi di una curva sghemba.
bisessuàle *agg.* che ha i caratteri di ambo i sessi.
bisestìle *agg.* si dice dell'anno di 366 giorni.
bisèsto *s.m.* il giorno che si aggiunge al mese di febbraio ogni quattro anni.
bisìllabo *agg.* di due sillabe.
bislàcco *agg.* [pl.m. *-chi*] stravagante.
bislùngo *agg.* [pl.m. *-ghi*] di forma allungata.
bismùto *s.m.* elemento chimico di simbolo *Bi*; usato per la preparazione di leghe.
bisnònno *s.m.* [f. *-a*] padre del nonno o della nonna.
bisognàre *v.intr.impers.* essere necessario.
bisógno *s.m.* **1** il non disporre di una cosa necessaria; necessità **2** ciò che occorre.
bisognóso *agg.* e *s.m.* [f. *-a*] si dice di chi ha bisogno di qlco. o vive nel bisogno.
bisónte *s.m.* grosso ruminate selvatico armato di piccole corna arcuate, mento barbuto, pelame bruno.
bìsso *s.m.* tela finissima di lino.
bistécca *s.f.* fetta di carne di manzo o di vitello tagliata dalla costa o dal lombo.
bisticciàre *v.intr.* [*io bistìccio ecc.*; aus. *avere*] litigare ♦ **-rsi** *v.rifl.* e *rifl.rec.* litigarsi.
bistìccio *s.m.* **1** il bisticciare **2** accostamento di due o più parole di suono simile, fatto per gioco.
bistrattàre *v.tr.* rovinare (riferito a cosa) | maltrattare (riferito a persona).
bìstro *s.m.* polvere nera usata in pittura e come cosmetico.
bistrot *s.m.invar.* (*fr.*) caffè parigino.
bìsturi *s.m.* strumento chirurgico usato per incidere i tessuti molli.
bit *s.m.invar.* (*ingl.*) (*inform.*) unità elementare d'informazione.
bitonàle *agg.* **1** (*mus.*) che ha due toni **2** si dice di clacson a due note.
bitórzolo *s.m.* piccolo rigonfiamento sulla pelle o su un'altra superficie.
bìtta *s.f.* (*mar.*) colonnetta bassa e robusta per avvolgervi cavi o catene di ormeggio.
bìtter *s.m.invar.* aperitivo amaro, alcolico o analcolico.
bitùme *s.m.* miscela di idrocarburi usata per pavimentare le strade.
biunivocità *s.f.* (*mat.*) corrispondenza secondo cui a ogni elemento di un insieme corrisponde uno e un solo elemento di un altro insieme e viceversa.
bivaccàre *v.intr.* [*io bivacco, tu bivacchi ecc.*; aus. *avere*] accamparsi all'aperto per passare la notte.
bivàcco *s.m.* [pl. *-chi*] stazionamento notturno all'aperto | (*estens.*) sistemazione provvisoria e alla meglio in un luogo.
bivalènte *agg.* **1** (*chim.*) si dice di atomo o radicale che abbia due valenze libere **2** (*fig.*) che presenta duplice valore o due possibilità di applicazione.
bivàlve *agg.* (*zool.*) si dice di conchiglia di mollusco formata da due valve.
bìvio *s.m.* punto in cui una strada si biforca | (*fig.*) scelta decisiva.
bizantìno *agg.* **1** di Bisanzio **2** (*estens.*) in arte e in letteratura, estremamente raffinato **3** (*fig.*) cavilloso.
bìzza *s.f.* breve stizza.
bizzàrro *agg.* singolare, stravagante ☐ **-mente** *avv.*
bizzèffe solo nella loc. avv. *a* —, in grande quantità.
bizzóso *agg.* capriccioso ☐ **-mente** *avv.*
black bloc *loc.sost.m.invar.* movimento presente in alcuni paesi occidentali, i cui esponenti dànno luogo ad atti di guerriglia urbana.
blackout *s.m.invar.* (*ingl.*) **1** interruzione dell'erogazione dell'energia elettrica **2** (*fig.*) silenzio stampa.
blandìre *v.tr.* [*io blandisco, tu blandisci ecc.*] (*fig.*) lusingare.
blàndo *agg.* che non è energico | (*estens.*) tenue ☐ **-mente** *avv.*
blasfèmo *agg.* che costituisce bestemmia.
blasonàto *agg.* nobile.
blasóne *s.m.* stemma gentilizio.
blàstula *s.f.* (*biol.*) primo stadio di sviluppo dell'embrione.
blateràre *v.tr.* e *intr.* [*io blàtero ecc.*; aus. dell'intr. *avere*] parlare a sproposito.
blazer *s.m.invar.* (*ingl.*) giacca sportiva con tasche a toppa e taschino.

blefarìte *s.f.* (*med.*) infiammazione delle palpebre.
blenorragìa *s.f.* (*med.*) malattia venerea contagiosa.
blesità *s.f.* pronuncia imperfetta di alcune consonanti.
blindàre *v.tr.* rivestire con strutture in muratura o in acciaio a scopo protettivo.
blitz *s.m.invar.* (*ingl.*) azione militare o di polizia improvvisa.
bloccàre *v.tr.* [*io blòcco, tu blòcchi ecc.*] **1** arrestare un meccanismo in movimento | (*estens.*) interrompere lo svolgimento di qlco. **2** immobilizzare **3** (*fig.*) vincolare **4** ostruire ♦ **-rsi** *v.rifl.* o *intr.pron.* **1** arrestarsi improvvisamente **2** (*estens.*) smettere improvvisamente di parlare | (*psicol.*) avere un blocco emotivo.
bloccastèrzo *s.m.* [pl. *invar.* o *-zi*] dispositivo antifurto che agisce bloccando lo sterzo.
blòcco[1] *s.m.* [pl. *-chi*] **1** massa compatta **2** bloc-notes **3** *blocchi di partenza*, (*sport*) attrezzi da cui l'atleta prende lo slancio alla partenza.
blòcco[2] *s.m.* [pl. *-chi*] **1** interruzione di una via di comunicazione o di accesso con la forza **2** dispositivo per arrestare una macchina o un meccanismo **3** limite imposto per legge **4** (*med.*) arresto di una funzione fisiologica.
blu *agg.invar.* di colore azzurro scuro | *avere sangue —*, (*fig.*) appartenere a famiglia nobile ♦ *s.m.invar.* colore blu.
bluffare *v.intr.* [aus. *avere*] (*ingl.*) **1** nel poker e in altri giochi di carte, fingere di avere buone carte **2** (*fig.*) fingere di avere possibilità, qualità che non si posseggono.
blùsa *s.f.* sorta di camicia corta e non aderente.
bòa[1] *s.m.invar.* genere di grossi serpenti non velenosi dell'America tropicale.
bòa[2] *s.f.* galleggiante usato per segnalazione o per ormeggio.
boàto *s.m.* rumore forte; rimbombo.
bòb *s.m.invar.* slitta montata su due treni di pattini.
bobìna *s.f.* avvolgimento di un materiale, in forma di filo o nastro, su un supporto.
bócca *s.f.* **1** (*anat.*) cavità nel viso dell'uomo, che è organo della respirazione, della nutrizione e della fonazione | *restare a — asciutta*, senza mangiare; (*fig.*) non ottenere nulla | *essere di — buona*, mangiare di tutto; (*fig.*) accontentarsi facilmente | *restare a — aperta*, per meraviglia, stupore | *essere sulla — di tutti*, di cosa o persona che costituisce argomento di conversazione | *acqua in —!*, invito a mantenere un segreto **2** (*estens.*) apertura di un contenitore **3** (*geog.*) stretto di mare.
boccàccia *s.f.* [pl. *-ce*] smorfia.
boccàle *s.m.* recipiente simile a un grande bicchiere, con manico.
boccapòrto *s.m.* [pl. *boccaporti*] (*mar.*) apertura sul ponte delle navi per accedere ai locali interni.
boccascèna *s.m.invar.* la parte di palcoscenico visibile dagli spettatori.
boccàta *s.f.* quantità che può essere contenuta nella bocca.
boccétta *s.f.* **1** bottiglietta **2** piccola palla da biliardo.
boccheggiànte *agg.* che boccheggia | (*estens.*) agonizzante | (*fig.*) che è in gravi difficoltà.
bocchétta *s.f.* imboccatura di un recipiente, di un condotto, di uno strumento a fiato ecc.
bocchìno *s.m.* piccolo cannello nel quale s'infila la sigaretta o il sigaro.
bòccia *s.f.* [pl. *-ce*] **1** vaso panciuto di vetro o cristallo con collo lungo **2** palla di legno, di metallo o altro materiale rigido usata in vari giochi.
bocciàre *v.tr.* [*io bòccio ecc.*] **1** nel gioco delle bocce, colpire con la propria un'altra boccia **2** respingere.
bocciatùra *s.f.* il bocciare, l'essere bocciato.
boccìno *s.m.* nel gioco delle bocce, il pallino al quale si devono accostare le bocce.
bòccio *s.m.* calice di fiore non ancora sbocciato.
bocciòfilo *s.m.* [f. *-a*] chi pratica il gioco delle bocce.
bocciòlo *s.m.* fiore non ancora sbocciato.
bocconcìno *s.m.* piccola quantità di cibo appetitoso.
boccóne *s.m.* **1** la quantità di cibo che si può mettere in bocca in una sola volta | *— amaro*, (*fig.*) cosa che dispiace, delude o umilia **2** cibo prelibato, cosa appetitosa (anche *fig.*).
boccóni *avv.* in posizione distesa con la faccia in giù.
body *s.m.invar.* (*ingl.*) indumento intimo femminile costituito da corpino e mutandine in un unico pezzo.
body building *loc.sost.m.invar.* (*ingl.*) ginnastica che stimola l'accrescimento delle masse muscolari; culturismo.
bofonchiàre *v.tr.* e *intr.* [*io bofónchio ecc.*; aus. dell'intr. *avere*] brontolare sbuffando.
bòga *s.f.* piccolo pesce costiero, di colore argenteo, comunissino nei mari italiani.
bóh *inter.* (*fam.*) esprime indecisione o incertezza.

bòia *s.m.invar.* **1** carnefice **2** (*estens.*) mascalzone.
boiàta *s.f.* (*pop.*) cosa fatta male.
boicottàggio *s.m.* l'atto del boicottare.
boicottàre *v.tr.* [io boicòtto ecc.] **1** impedire, facendo ostruzionismo, una normale attività economica **2** (*estens.*) ostacolare la riuscita di qlco.
boiler *s.m.invar.* (*ingl.*) scaldabagno.
bolèro *s.m.* **1** antica danza spagnola **2** giacca corta caratteristica del costume popolare spagnolo.
bòlgia *s.f.* [pl. -ge] (*fig.*) pieno di rumore e confusione.
bòlide *s.m.* **1** (*astr.*) corpo solido incandescente proveniente dallo spazio interplanetario **2** (*estens.*) oggetto che si muove a grande velocità.
bòlla [1] *s.f.* **1** cavità sferoidale che si forma nei liquidi per ebollizione o quando vi si soffia dentro un gas **2** (med.) rigonfiamento della pelle in forma di grossa vescicola, per lo più ripieno di siero.
bòlla [2] *s.f.* **1** sigillo con cui veniva autenticato un documento ufficiale del papa o di un sovrano; il documento stesso autenticato **2** documento che accompagna una merce
bollàre *v.tr.* [io bóllo ecc.] **1** contrassegnare con un bollo **2** (*fig.*) infamare.
bollènte *agg.* caldissimo, rovente.
bollétta *s.f.* documento che si dà come ricevuta di un pagamento o come contrassegno della consegna o della spedizione di una merce; (*fam.*) non avere denaro.
bollettàrio *s.m.* registro con le pagine a madre e figlia, da cui vengono staccate le bollette.
bollettìno *s.m.* **1** comunicazione ufficiale di notizie di pubblico interesse **2** titolo di periodici pubblicati da enti, istituti culturali.
bollìno *s.m.* tagliandino da applicarsi su tessere o documenti.
bollìre *v.intr.* [io bóllo ecc.; aus. avere] **1** detto di liquidi, passare dallo stato liquido a quello di vapore, formando delle bolle **2** detto di cibi, cuocere nell'acqua in ebollizione **3** (*fig.*) fremere **4** (*fig. fam.*) sentire molto caldo
bollìto *s.m.* carne bollita; lesso.
bóllo *s.m.* impronta prodotta da un marchio inciso o da un timbro cosparso di inchiostro: — *a secco*; — *postale*, che annulla i francobolli sulla corrispondenza; *carta da* —, contrassegnata dal bollo dello stato e prescritta per determinati atti pubblici; *marca da* —, sorta di francobollo che si applica su documenti, ricevute ecc. | (*estens.*) tagliando che attesta l'avvenuto pagamento di una tassa.
bollóre *s.m.* il bollire.
bòlo *s.m.* cibo masticato e insalivato.
bolscevìco *agg.* [pl.m. -chi] (*st.*) del bolscevismo ♦ *s.m.* [f. -a].
bolscevìsmo *s.m.* (*st.*) il movimento che guidò la rivoluzione socialista sovietica del 1917.
bòmba *s.f.* **1** ordigno metallico cavo contenente esplosivo, dotato di un dispositivo che ne provoca lo scoppio **2** (*geol.*) massa di lava proiettata da un vulcano in eruzione **3** (*sport*) sostanza eccitante per migliorare l'efficienza fisica **4** (*fig.*) notizia clamorosa.
bombardaménto *s.m.* il bombardare, l'essere bombardato.
bombardàre *v.tr.* **1** colpire con lancio di bombe **2** (*fig.*) investire qlcu. con una serie intensa di atti o parole.
bombardière *s.m.* aeroplano militare per il lancio di bombe.
bombaròlo *s.m.* [f. -a] (*roman.*) chi compie attentati con esplosivi.
bombàto *agg.* sporgente, ricurvo: *fronte bombata.*
bombatùra *s.f.* l'essere bombato; convessità, rigonfiamento.
bombétta *s.f.* cappello maschile a cupola tondeggiante, rigido e con piccola tesa.
bómbola *s.f.* robusto recipiente metallico di forma cilindrica atto a contenere gas compressi.
bombonièra *s.f.* contenitore entro cui si offrono i confetti in occasione di nozze, battesimi ecc.
bomprèsso *s.m.* (*mar.*) albero che sporge quasi orizzontalmente dalla prua dei velieri.
bonàccia *s.f.* [pl. -ce] **1** calma di mare con assoluta mancanza di vento **2** (*fig.*) tranquillità.
bonacciόne *agg.* si dice di persona che denota semplicità d'animo e buon cuore.
bonàrio *agg.* che è ben disposto verso gli altri □ **-mente** *avv.*
bonìfica *s.f.* il bonificare, l'essere bonificato.
bonificàre *v.tr.* [io bonìfico, tu bonìfichi ecc.] **1** prosciugare artificialmente terreni paludosi **2** liberare da mine o proiettili inesplosi **3** (*fig.*) risanare moralmente **4** operare una riduzione di prezzo.
bonìfico *s.m.* [pl. -ci] **1** sconto **2** operazione con cui una banca, su richiesta di un cliente, mette una data somma a disposizione di un terzo.
bontà *s.f.* **1** buona disposizione d'animo

verso gli altri **2** qualità di ciò che è buono: *la — di un prodotto* **3** buon sapore.
bonus-malus *loc.sost.m.invar.* nell'assicurazione automobilistica, clausola in base alla quale il premio annuale a carico dell'assicurato varia secondo che egli non abbia o abbia provocato incidenti.
bónzo *s.m.* sacerdote buddista.
booking *s.m.invar.* (*ingl.*) servizio di prenotazione fornito da alberghi e operatori turistici | l'ufficio che espleta questo servizio.
booklet *s.m.invar.* (*ingl.*) libretto di poche pagine inserito nella custodia del compact disc.
bookmaker *s.m.invar.* (*ingl.*) allibratore.
bookmark *s.m.invar.* (*ingl.*) (*inform.*) indirizzo semplificato di un sito web che viene registrato in una rubrica del browser.
boom *s.m.invar.* (*ingl.*) **1** fase di rapida espansione nel ciclo economico **2** affermazione e diffusione di una moda, di un prodotto ecc.
boomerang *s.m.invar.* (*ingl.*) arma da getto, che ritorna verso il lanciatore se non incontra ostacoli | (*fig.*) azione che si ritorce contro chi l'ha promossa.
bòra *s.f.* vento di nord-est, freddo e impetuoso, che spira d'inverno sul mare Adriatico settentrionale.
boràce *s.m.* (*chim.*) sale sodico del boro.
boracìfero *agg.* che contiene o produce borace.
boràto *s.m.* (*chim.*) sale dell'acido borico.
borbottàre *v.intr.* [*io borbòtto ecc.*; aus. *avere*] brontolare tra sé e sé ♦ *v.tr.* dire confusamente.
borbottìo *s.m.* un borbottare prolungato.
bòrchia *s.f.* chiodo ornamentale da tappezziere, a testa molto larga.
bordàre *v.tr.* [*io bórdo ecc.*] **1** orlare **2** (*mar.*) distendere una vela per farle prendere bene il vento.
bordàta *s.f.* **1** (*mar.*) tratto compiuto da un natante a vela che rimonta il vento **2** (*fig.*) serie continuata (di colpi, offese ecc.).
bordèllo *s.m.* **1** casa di malaffare **2** (*fig.*) luogo corrotto **3** (*pop.*) fracasso.
bórdo *s.m.* **1** fianco di una imbarcazione; la parte del fianco emergente dall'acqua | *d'alto —*, (*fig.*) di condizione sociale elevata **2** (*estens.*) l'interno di una nave o di altro mezzo di trasporto **3** orlo.
bordone *s.m.* (*mus.*) registro d'organo con suono cupo e grave | *tener — a qlcu.*, (*fig.*) assecondarlo.
bòrea *s.m.* tramontana.
boreàle *agg.* relativo all'emisfero terrestre settentrionale.
borgàta *s.f.* **1** piccolo raggruppamento di case **2** a Roma, quartiere popolare periferico.
borghése *agg.* e *s.m.* e *f.* **1** chi, che appartiene alla borghesia **2** (*estens.*) si dice di persona o cosa che denota mentalità angusta o rispetto formale di convenzioni **3** civile (contrapposto a *militare* o *ecclesiastico*).
borghesìa *s.f.* classe sociale ed economica che comprende industriali, dirigenti, professionisti, impiegati, commercianti, artigiani ecc.
bórgo *s.m.* [pl. *-ghi*] piccolo centro abitato.
borgógna *s.m.inv.* denominazione generica dei vini prodotti nell'omonima regione francese.
borgomàstro *s.m.* nei paesi tedeschi, il primo magistrato di una città, sindaco.
bòria *s.f.* atteggiamento di superiorità, altezzosità
bòrico *agg.* [pl.m. *-ci*] (*chim.*) si dice di composto che contiene boro.
borióso *agg.* pieno di boria □ **-mente** *avv.*
bòro *s.m.* elemento chimico di simbolo *B*; è un non metallo solido, usato nell'industria metallurgica come disossidante.
borotalco® *s.m.* polvere bianca finissima composta di talco e acido borico, usata per l'igiene della pelle.
borràccia *s.f.* [pl. *-ce*] fiaschetta di alluminio o d'altro materiale per portare con sé acqua o altre bevande.
bòrsa[1] *s.f.* **1** sacchetto di pelle, stoffa o altro materiale, di varia forma e grandezza, per tenervi denaro, documenti, oggetti personali **2** con riferimento al denaro in essa contenuto | *— di studio*, somma assegnata a studenti o a studiosi meritevoli **3** (*anat.*) cavità a forma di sacco.
bòrsa[2] *s.f.* mercato pubblico organizzato di valori mobiliari o di merci; l'edificio in cui si svolgono le contrattazioni.
borsaiòlo *s.m.* [f. *-a*] furto di denaro o altri oggetti sottratti dalle tasche di qlcu.
borsanéra *s.f.* compravendita clandestina, a prezzi maggiorati, di generi di monopolio o difficilmente reperibili.
borséggio *s.m.* furto di denaro o di altri oggetti di valore sottratti dalle tasche o dalla borsa di qlcu.
borsellìno *s.m.* portamonete.
borsèllo *s.m.* borsa da uomo.
borsétta *s.f.* borsa a mano o a tracolla per signora per contenere denaro e oggetti personali.
borsìsta *s.m.* e *f.* [pl.m. *-sti*] chi usufruisce di una borsa di studio.
boscàglia *s.f.* macchia di arbusti.

boscaiòlo *s.m.* [f. *-a*] chi taglia legna nei boschi.
boschìvo *agg.* piantato a bosco.
bòsco *s.m.* [pl. *-schi*] estensione di terreno coperto di alberi d'alto fusto, arbusti e piante selvatiche.
boss *s.m.invar.* (*ingl.*) capo di un'organizzazione (per lo più *spreg.*).
bòsso *s.m.* arbusto sempreverde con piccole foglie ovali, lucide e profumate.
bòssolo *s.m.* (*mil.*) cilindro metallico che contiene la carica di lancio di un'arma da fuoco.
botànica *s.f.* scienza che studia e classifica i vegetali.
botànico *s.m.* [f. *-a*] studioso di botanica ♦ *agg.* che riguarda la botanica.
bòtola *s.f.* apertura in un pavimento o in un soffitto, che mette in comunicazione con un vano sottostante o sovrastante.
bòtolo *s.m.* piccolo cane di forma tozza che abbaia e ringhia facilmente.
bòtta *s.f.* **1** colpo violento dato a qlcu. o qco. **2** colpo che si riceve | (*estens.*) il segno che resta dopo una caduta o un urto **3** (*fig. fam.*) danno.
bótte *s.f.* **1** recipiente di legno fatto di doghe arcuate unite da cerchi di ferro per la conservazione di liquidi (specialmente vino) o altro **2** la quantità di liquido o altra sostanza contenuta in una botte.
bottéga *s.f.* **1** locale che dà su una strada, dove si espongono e si vendono merci **2** laboratorio di un artigiano **3** nel Medioevo e nel Rinascimento, il laboratorio di un artista; anche, la sua scuola artistica.
botteghìno *s.m.* **1** biglietteria di teatri, cinema, stadi ecc. **2** ricevitoria del lotto.
bottìglia *s.f.* **1** recipiente di vetro o plastica, con corpo cilindrico e collo stretto per contenere liquidi **2** (*estens.*) quantità di liquido contenuto in essa.
bottìno *s.m.* **1** preda di guerra **2** (*estens.*) il ricavato di una rapina.
bòtto *s.m.* **1** (*non com.*) colpo **2** rumore secco e forte **3** (*region.*) fuoco d'artificio
bottóne *s.m.* **1** piccolo disco di varia forma e materiale che, inserito nell'occhiello, tiene chiusi i due lembi di un indumento **2** (*estens.*) pulsante.
botulìno *s.m.* (*med.*) bacillo che si sviluppa nelle carni insaccate o in scatola avariate.
botulìsmo *s.m.* (*med.*) intossicazione dovuta all'ingestione di alimenti contenenti il bacillo botulino.
bouquet *s.m.invar.* (*fr.*) **1** mazzolino di fiori **2** aroma del vino invecchiato.
bòvidi *s.m.pl.* (*zool.*) famiglia di ruminanti con due corna a cui appartengono bovini, caprini, ovini e antilopi.
bovìni *s.m.pl.* (*zool.*) sottofamiglia dei bovidi, comprendente buoi, bufali, bisonti.
bovìno *agg.* **1** di bue **2** (*fig.*) ottuso.
box *s.m.invar.* (*ingl.*) **1** suddivisione di un ambiente mediante tramezzature **2** nelle stalle e nelle scuderie, recinto per animali **3** autorimessa per una sola autovettura **4** piccolo recinto in cui si tengono i bambini che non sanno ancora camminare.
boxe *s.f.invar.* (*fr.*) pugilato.
boxer[1] *s.m.invar.* (*ingl.*) cane da guardia dal mantello fulvo.
boxer[2] *s.m.pl.* (*ingl.*) tipo di mutande maschili a forma di calzoncini.
bòzza *s.f.* **1** abbozzo **2** prova del risultato di una composizione tipografica.
bozzétto *s.m.* **1** abbozzo, schizzo **2** quadretto di maniera | breve racconto che descrive scene di vita quotidiana.
bòzzolo *s.m.* involucro di seta, costruito dalle larve di varie farfalle, in particolare dal baco da seta, come ricovero protettivo durante la metamorfosi.
braccàre *v.tr.* [*io bracco, tu bracchi ecc.*] **1** inseguire la selvaggina **2** (*fig.*) inseguire qlcu. senza dargli tregua.
bracciàle *s.m.* **1** gioiello che si porta intorno al polso **2** striscia di stoffa che si porta al braccio come distintivo.
braccialétto *s.m.* piccolo bracciale che cinge il polso per ornamento.
bracciànte *s.m.* e *f.* salariato agricolo non specializzato.
bracciàta *s.f.* **1** quantità di materiale che può essere racchiusa tra le braccia **2** ognuno dei movimenti regolari eseguiti dal nuotatore con le braccia.
bràccio *s.m.* [pl. *le braccia*, nei sign. 1, 2 e 5; *i bracci*, negli altri sign.] **1** (*anat.*) la parte del l'arto superiore compresa tra la spalla e il gomito; anche, l'insieme di braccio e avambraccio | (*fig.*) *a —*, in modo improvvisato: *parlare a —* **2** *pl.f.* (*fig.*) manodopera **3** (*estens.*) parte lunga, stretta e sporgente di qlco.: *il — della gru* **4** in geografia: *— di terra*, istmo; *— di mare*, stretto o canale marino **5** unità di misura delle profondità marine, equivalente a 1,80 m.
bracciòlo *s.m.* appoggio per le braccia di poltrone e divani.
bràcco *s.m.* [pl. *-chi*] cane da caccia e da tartufi dall'odorato finissimo (anche *fig.*).
bracconière *s.m.* cacciatore di frodo.
bràce *s.f.* fuoco senza fiamma, che è il residuo della legna o del carbone bruciati.
brachi- primo elemento di parole composte, che significa 'breve, corto'.
brachicefalìa *s.f.* (*antrop.*) conformazio-

ne del cranio in cui il diametro longitudinale è assai corto.
bracière *s.m.* recipiente di metallo in cui si tiene la brace accesa.
braciòla *s.f.* fetta di carne bovina o suina che si cuoce in genere sulla brace.
bradi- primo elemento di parole composte, che significa 'lento, ritardato'.
bradicardìa *s.f.* (*med.*) bassa frequenza del battito cardiaco.
bradisìsmo *s.m.* (*geol.*) lento spostamento verticale della crosta terrestre che determina modifiche della linea del litorale.
bràdo *agg.* si dice di bovini ed equini che vivono liberi | (*fig.*) assolutamente libero.
brahmanésimo *s.m.* sistema sociale e religioso dell'antica India (sec. VI), caratterizzato dalla supremazia della casta dei brahmani.
brahmàno *s.m.* nell'epoca del brahmanesimo, esponente della più elevata casta indiana, con funzioni sacerdotali.
braille® *agg.* e *s.f.* (*fr.*) si dice di scrittura per non vedenti, formata da punti in rilievo.
brain-trust *loc.sost.m.invar.* (*ingl.*) gruppo di esperti che concorrono a risolvere problemi di particolare complessità.
bràma *s.f.* voglia smodata; avidità | desiderio intenso.
bramìto *s.m.* urlo di grossi animali selvatici (cervi, orsi ecc.).
brànca *s.f.* **1** (*lett.*) zampa munita di artigli **2** (*fig.*) potere, dominio **3** ramo principale di un albero | (*fig.*) ramo, settore.
brànchia *s.f.* (*zool.*) organo di respirazione di animali acquatici (pesci, anfibi, molluschi).
brànco *s.m.* [pl. *-chi*] **1** gruppo di animali della stessa specie che vivono insieme **2** (*spreg.*) gruppo di persone.
brancolàre *v.intr.* [*io bràncolo ecc.*; aus. *avere*] **1** procedere a tastoni **2** (*fig.*) operare con incertezza.
brand *s.m.invar.* (*ingl.*) marchio di un prodotto o di una linea di prodotti.
brànda *s.f.* letto pieghevole e trasportabile.
brandèllo *s.m.* piccolo pezzo lacerato di qlco.
brandìre *v.tr.* [*io brandisco, tu brandisci ecc.*] afferrare e agitare un'arma.
branzìno *s.m.* pesce di mare dalle carni pregiate; spigola.
bràno *s.m.* **1** porzione strappata di qlco. **2** parte di un'opera musicale o letteraria.
brasàre *v.tr.* far cuocere a lungo in una casseruola coperta, a fuoco lento, un pezzo di carne.
brasàto *s.m.* carne brasata.
bràttea *s.f.* (*bot.*) piccola foglia che ricopre il fiore prima che sbocci.
bravàta *s.f.* atto spavaldo | azione inutilmente rischiosa.
bràvo *agg.* **1** che è abile ed esperto in ciò che fa **2** onesto, generoso ♦ *s.m.* (*st.*) sgherro al servizio di un signore □ **-mente** *avv.*
bravùra *s.f.* abilità.
break *s.m.invar.* (*ingl.*) pausa.
bréccia *s.f.* [pl. *-ce*] varco aperto con mezzi offensivi in un muro o in un'altra opera di difesa per penetrarvi.
brefotròfio *s.m.* istituto in cui si raccolgono e si allevano bambini abbandonati.
bresàola *s.f.* (*lomb.*) carne di manzo salata ed essiccata.
bretèlla *s.f.* **1** (spec. *pl.*) ognuna delle strisce elastiche che, passando sopra le spalle, s'allacciano ai calzoni per sorreggerli **2** raccordo stradale o ferroviario.
brève[1] *agg.* **1** di poca durata **2** corto **3** conciso ♦ *s.f.* **1** (*metr.*) vocale breve **2** (*mus.*) valore di nota e di pausa di durata doppia della semibreve □ **-mente** *avv.*
brève[2] *s.m.* (*eccl.*) lettera pontificia, meno solenne della bolla.
brevettàre *v.tr.* [*io brevétto ecc.*] far riconoscere ufficialmente un'invenzione mediante brevetto.
brevétto *s.m.* **1** attestazione ufficiale della paternità di un'invenzione, che ne determina l'esclusività di sfruttamento economico **2** patente di abilitazione all'esercizio di determinate funzioni.
breviàrio *s.m.* **1** libro liturgico contenente l'ufficio divino che i sacerdoti e i religiosi devono recitare ogni giorno **2** (*fig.*) testo che si ha sempre tra le mani.
brevi manu *loc.avv.* (*lat.*) personalmente, a mano.
brézza *s.f.* vento periodico, di forza debole o moderata.
brìcco *s.m.* [pl. *-chi*] piccolo recipiente con beccuccio e manico.
bricconàta *s.f.* azione da briccone (spec. *scherz.*).
briccóne *s.m.* [f. *-a*] **1** persona scaltra **2** (*scherz.*) persona simpaticamente astuta.
brìciola *s.f.* **1** piccolissimo frammento di pane **2** (*fig.*) quantità minima di qlco.
brìciolo *s.m.* pezzo minutissimo di qlco. (anche *fig.*).
bricolage *s.m.invar.* (*fr.*) attività manuale di riparazione o costruzione svolta per passatempo.
brief *s.m.invar.* nel marketing, documento che riassume gli obbiettivi di una campagna pubblicitaria o le strategie operative per la vendita di un prodotto.

brìga *s.f.* [pl. *-ghe*] **1** faccenda complicata che dà preoccupazione **2** lite.
brigadière *s.m.* sottufficiale dell'arma dei carabinieri o della guardia di finanza.
brigantàggio *s.m.* vita, attività da brigante | il fenomeno costituito dalle bande organizzate di briganti.
brigànte *s.m.* **1** bandito **2** (*scherz.*) briccone.
brigantìno *s.m.* (*mar.*) veliero con due alberi a vele quadre.
brigàre *v.intr.* [*io brigo, tu brighi ecc.*; aus. *avere*] tentare con tutti i mezzi di raggiungere uno scopo.
brigàta *s.f.* **1** gruppo di persone che si riuniscono per lo più a scopo di divertimento **2** (*mil.*) unità tattica dell'esercito costituita da più battaglioni **3** gruppo di combattenti irregolari organizzati in formazioni armate | *Brigate rosse*, organizzazione terroristica di estrema sinistra operante in Italia negli anni '70 e '80.
brigatìsta *s.m.* e *f.* [pl.m. *-sti*] appartenente a una brigata armata; in particolare, appartenente alle Brigate rosse.
brìglia *s.f.* (spec. *pl.*) ciascuna delle due strisce di cuoio che vengono attaccate al morso del cavallo per guidarlo; (*fig.*) freno.
brillànte[1] *agg.* **1** che brilla, risplende **2** (*fig.*) che colpisce suscitando ammirazione **3** (*fig.*) spiritoso, vivace □ **-mente** *avv.* con risultato molto positivo.
brillànte[2] *s.m.* diamante tagliato a faccette.
brillantìna *s.f.* cosmetico per dare lucentezza ai capelli.
brillàre[1] *v.intr.* [aus. *avere*] **1** splendere di luce viva e tremula (anche *fig.*) **2** (*fig.*) farsi notare **3** esplodere ♦ *v.tr.* far esplodere.
brillàre[2] *v.tr.* liberare il chicco del riso o di altri cereali dal loro involucro.
brìllo *agg.* (*fam.*) leggermente ubriaco; alticcio.
brìna *s.f.* rugiada che si congela e cristallizza per il gelo.
brinàta *s.f.* il formarsi della brina.
brindàre *v.intr.* [aus. *avere*] fare un brindisi.
brìndisi *s.m.* saluto che si fa in onore di qlcu. o come buon auspicio di qlco., alzando e toccando i bicchieri prima di bere.
brio *s.m.* vivacità d'animo.
brioche *s.f.invar.* (*fr.*) dolce di pasta lievitata cotta al forno.
brióso *agg.* vivace □ **-mente** *avv.*
brìscola *s.f.* gioco che si fa con le carte in cui una carta scoperta sul tavolo indica il seme predominante nella partita | la carta scoperta e ogni altra del suo stesso seme.
brìvido *s.m.* **1** tremito dato da febbre, da freddo o da spavento **2** (*fig.*) intensa emozione.
brizzolàto *agg.* che incomincia a incanutire.
bròcca *s.f.* recipiente di terracotta, vetro o metallo con manico e beccuccio.
broccàto *s.m.* stoffa di seta pesante usata per l'abbigliamento e l'arredamento.
bròcco *s.m.* [pl. *-chi*] cavallo di poco pregio | (*fig.*) persona incapace; atleta scadente.
bròccolo *s.m.* varietà di cavolo.
brodàglia *s.f.* brodo lungo e senza sapore.
bròdo *s.m.* cibo liquido che si ottiene dalla cottura in acqua di carni o vegetali.
brogliàccio *s.m.* quaderno di appunti, scartafaccio.
bròglio *s.m.* imbroglio, soprattutto per alterare il risultato di una votazione.
broker *s.m.invar.* (*ingl.*) intermediario d'affari che compra o vende titoli, merci e servizi su commissione.
bròmo *s.m.* elemento chimico di simbolo *Br*; è un non metallo liquido, tossico, usato in medicina e nell'industria chimica.
bromùro *s.m.* (*chim.*) sale del bromo, usato in medicina e in fotografia.
bronchìte *s.f.* (*med.*) infiammazione della mucosa dei bronchi.
bróncio *s.m.* atteggiamento del volto che manifesta malumore.
brònco *s.m.* [pl. *-chi*] (*anat.*) ciascuno dei due tratti dell'apparato respiratorio che hanno origine dalla biforcazione della trachea e penetrano nei polmoni.
broncopolmonìte *s.f.* (*med.*) infiammazione dei bronchi e dei polmoni.
brontolàre *v.intr.* [*io bróntolo ecc.*; aus. *avere*] **1** esprimere malcontento a voce bassa **2** fare un rumore sordo e prolungato ♦ *v.tr.* dire qlco. tra i denti.
brontolìo *s.m.* un brontolare continuato | rumore sordo e prolungato.
brontosàuro *s.m.* gigantesco rettile preistorico dell'ordine dei dinosauri.
brónzeo *agg.* di bronzo.
bronzìna *s.f.* (*mecc.*) cuscinetto di strisciamento in lega metallica facilmente fusibile, per supporti di perni.
brónzo *s.m.* **1** lega di rame e stagno, usata per fabbricare statue, campane ecc. | *faccia di* —, (*fig.*) si dice di chi non si vergogna di nulla **2** oggetto in bronzo.
brossùra *s.f.* legatura di un libro ottenuta cucendo insieme le segnature e ricoprendole con un semplice cartoncino incollato sul dorso.
brucàre *v.tr.* [*io bruco, tu bruchi ecc.*] detto

di animale erbivoro, strappare l'erba a piccoli morsi per mangiarla.

bruciapélo solo nella loc. avv. *a* —, da brevissima distanza: *sparare a* — | (*fig.*) all'improvviso: *fare una domanda a* —.

bruciàre *v.tr.* [*io brùcio ecc.*] **1** ardere, consumare **2** (*estens.*) danneggiare; sprecare (anche *fig.*) **3** (*fig.*) inaridire ♦ *v.intr.* [aus. *essere*] **1** ardere (anche *fig.*) **2** (*estens.*) essere molto caldo **3** (*fig.*) essere infiammato ♦ **-rsi** *v.rifl.* o *intr.pron.* **1** scottarsi **2** rovinarsi per l'azione del fuoco **3** (*fig.*) fallire in un'attività.

bruciàto *agg.* **1** arso dal fuoco **2** (*fig.*) riarso **3** (*fig.*) fallito per aver affrontato prematuramente situazioni troppo rischiose | *gioventù bruciata*, priva di valori ♦ *s.m.* odore, sapore di cosa bruciata.

bruciatóre *s.m.* dispositivo per miscelare un combustibile e favorire la combustione.

bruciatùra *s.f.* il bruciare; scottatura.

brucióre *s.m.* sensazione dolorosa causata da una scottatura | (*estens.*) sensazione analoga provocata da ferita, infiammazione, irritazione ecc.

brùco *s.m.* [pl. *-chi*] larva di insetto; in particolare, la larva della farfalla.

brùfolo *s.m.* (*fam.*) piccolo foruncolo.

brughièra *s.f.* tratto esteso di terreno incolto.

brulicàre *v.intr.* [*io brùlico, tu brùlichi ecc.*; aus. *avere*] **1** muoversi confusamente, detto di una moltitudine di insetti o di altri animali **2** (*fig.*) pullulare.

brulichìo *s.m.* movimento incessante e disordinato di cose, di persone | (*fig.*) turbinio (di idee, di pensieri).

brùllo *agg.* spoglio di vegetazione.

brùma *s.f.* nebbia, foschia.

brunìre *v.tr.* [*io brunisco, tu brunisci ecc.*] sottoporre a un trattamento antiossidante un oggetto metallico.

brùno *agg.* **1** di colore scuro **2** riferito a persona, che ha carnagione o capelli scuri ♦ *s.m.* **1** il colore bruno **2** [f. *-a*] persona di colorito o capelli bruni.

bruschétta *s.f.* fetta di pane abbrustolita, strofinata con aglio e condita con olio e sale.

bruschìno *s.m.* spazzola molto dura per pulire pavimenti.

brùsco *agg.* [pl.m. *-schi*] **1** che ha sapore asprigno **2** (*fig.*) burbero **3** (*fig.*) improvviso ♦ *s.m.* sapore brusco □ **-mente** *avv.* in modo burbero | improvvisamente.

brùscolo *s.m.* **1** pagliuzza **2** granello di polvere.

brusìo *s.m.* rumore indistinto e sommesso.

brut *agg.invar.* (*fr.*) si dice di champagne o di spumante molto secco.

brutàle *agg.* da bruto; selvaggio | (*estens.*) spietato □ **-mente** *avv.*

brutalità *s.f.* **1** l'essere brutale **2** fatto brutale.

brùto *agg.* privo di ragione; violento ♦ *s.m.* **1** bestia **2** (*estens.*) uomo violento, che compie azioni indegne della natura umana.

brùtta *s.f.* brutta copia, minuta.

bruttézza *s.f.* l'essere brutto.

brùtto *agg.* **1** di aspetto sgradevole **2** cattivo **3** sfavorevole, negativo | grave **4** che reca danno o molestia ♦ *s.m.* **1** [f. *-a*] persona brutta **2** [solo *sing.*] ciò che suscita un'impressione sgradevole **3** [solo *sing.*] cattive condizioni atmosferiche.

bruttùra *s.f.* cosa brutta | (*fig.*) sconcezza.

bubbóne *s.m.* **1** (*med.*) tumefazione dei gangli linfatici **2** (*fig.*) grave piaga sociale.

bùca *s.f.* **1** cavità del terreno **2** vano, contenitore a cui dà accesso un'apertura: *la — delle lettere*, cassetta postale.

bucanéve *s.m.invar.* pianta erbacea con fiore bianco, che fiorisce nei boschi e nei prati alla fine dell'inverno, quando c'è ancora la neve.

bucàre *v.tr.* [*io buco, tu buchi ecc.*] **1** fare uno o più buchi in qlco. **2** pungere ♦ **-rsi** *v.rifl.* o *intr.pron.* **1** forarsi **2** (*gerg.*) drogarsi iniettandosi eroina.

bucàto[1] *agg.* che presenta uno o più fori | *avere le mani bucate*, (*fig.*) scialacquare.

bucàto[2] *s.m.* **1** lavatura della biancheria fatta con acqua e detersivo **2** la biancheria da lavare o già lavata.

bucatùra *s.f.* il bucare, il bucarsi; foratura.

bucherellàre *v.tr.* [*io bucherèllo ecc.*] fare molti piccoli buchi.

bùco *s.m.* [pl. *-chi*] **1** apertura stretta; foro tondeggiante che penetra in qlco. o l'attraversa da parte a parte | *non cavare un ragno da un* —, (*fig.*) non riuscire a concludere nulla | *fare un — nell'acqua*, (*fig.*) fare un lavoro inutile **2** (*fig.*) luogo, angusto **3** (*fig.*) ammanco **4** (*gerg.*) iniezione di eroina.

bucòlica *s.f.* componimento poetico di argomento pastorale.

bucòlico *agg.* [pl.m. *-ci*] (*fig.*) pastorale, idillico □ **-mente** *avv.*

buddìsmo *s.m.* il complesso delle dottrine dall'insegnamento del Budda (secc. VI-V a.C.) incentrate sui temi della salvezza individuale e dell'ascesi.

buddìsta *s.m.* e *f.* [pl.m. *-sti*] seguace del buddismo.

budèllo *s.m.* [pl. *le budella* nel sign. 1; *i budelli* nel sign. 2] **1** *pl.* (*pop.*) l'intestino dell'uomo e degli animali 2 (*fig.*) tubo lungo e stretto | vicolo stretto.

budget *s.m.invar.* (*ingl.*) (*fin.*) bilancio di previsione di un'azienda | somma stanziata per un determinato fine.

budìno *s.m.* dolce di consistenza molle, cotto in apposito stampo.

bùe *s.m.* [pl. *buòi*] **1** il maschio adulto castrato dei bovini domestici **2** (*fig.*) uomo ottuso e grossolano.

bùfalo *s.m.* [f. *-a*] grosso mammifero ruminante; vive per lo più allo stato selvatico.

bùfala *s.f.* (*fig. scherz.*) errore madornale | notizia giornalistica totalmente infondata.

bufèra *s.f.* **1** turbine di vento con pioggia, neve o grandine **2** (*fig.*) grave sconvolgimento.

buffer *s.m.invar.* (*ingl.*) (*inform.*) in un elaboratore elettronico, area di memoria in cui vengono collocati temporaneamente dei dati da trasferire poi su un'altra memoria.

buffet *s.m.invar.* (*fr.*) **1** credenza **2** banco, tavolo su cui si dispongono cibi freddi, pasticcini e bevande per un rinfresco.

bùffo[1] *agg.* **1** che suscita il riso **2** (*teat.*) comico. □ **-mente** *avv.*

bùffo[2] *s.m.* soffio, folata di vento, di fumo.

buffonàta *s.f.* pagliacciata.

buffóne *s.m.* **1** nelle corti medievali e rinascimentali, persona che aveva il compito di rallegrare il signore e gli altri cortigiani **2** [f. *-a*] (*fig.*) chi si comporta senza serietà e dignità.

buganvìllea *s.f.* arbusto rampicante ornamentale, con numerose brattee di colore lilla, arancio o bianco.

buggeràre *v.tr.* [*io bùggero ecc.*] (*pop.*) imbrogliare.

buggeratùra *s.f.* (*pop.*) imbroglio.

bùgia[1] *s.f.* affermazione intenzionalmente contraria alla verità; menzogna.

bùgia[2] *s.f.* candeliere piccolo e basso.

bugiàrdo *agg.* che ha il vizio di dire bugie □ **-mente** *avv.*

bugigàttolo *s.m.* stanzino buio e scomodo.

bùgna *s.f.* (*arch.*) ciascuna delle pietre sporgenti sulla facciata di certi edifici.

bugnàto *s.m.* paramento architettonico esterno costituito da bugne.

bùio *agg.* **1** scuro, senza luce (anche *fig.*) **2** (*fig.*) accigliato ♦ *s.m.* oscurità.

bùlbo *s.m.* **1** (*bot.*) germoglio sotterraneo rigonfio del fusto di alcune piante **2** (*anat.*) struttura anatomica a forma di bulbo **3** (*estens.*) ogni oggetto tondeggiante.

bulimìa *s.f.* (*med.*) aumento morboso della fame.

bulìno *s.m.* sottile scalpello d'acciaio per incidere metalli, cuoio o pelli.

bulldog *s.m.invar.* (*ingl.*) cane da guardia, tozzo e robusto, con muso schiacciato.

bulldozer *s.m.invar.* (*ingl.*) macchina cingolata usata per livellare terreni, effettuare scavi o sgomberare macerie.

bùllo *s.m.* (*region.*) **1** giovane spavaldo; teppista **2** (*estens.*) chi veste in modo vistoso.

bullóne *s.m.* organo metallico di collegamento, costituito da una vite e da un dado.

bungalow *s.m.invar.* (*ingl.*) piccola abitazione per le vacanze diffusa in campeggi e villaggi turistici.

bunker *s.m.invar.* (*ted.*) **1** (*mil.*) fortino di cemento armato **2** (*estens.*) ambiente difeso e reso inaccessibile.

buonaféde *s.f.* il convincimento di agire onestamente, senza ledere diritti altrui | fiducia.

buoncostùme *s.m.* modo di comportarsi conforme alla morale comune.

buongràdo solo nella loc. avv. *di* —, volentieri.

buongustàio *s.m.* [f. *-a*] chi ama la buona tavola.

buongùsto *s.m.* **1** facoltà di distinguere e apprezzare le cose belle **2** (*estens.*) senso di opportunità.

buòno[1] *agg.* [si tronca davanti a sost. sing. m. cominciante per vocale, semiconsonante, consonante semplice, muta+liquida; compar. *più buono* o *migliore*; superl. *buonissimo* o *ottimo*] **1** conforme al bene; moralmente positivo **2** che ha mitezza di cuore | *buona donna*, (*pop.*) prostituta | *alla buona*, semplice **3** tranquillo **4** affettuoso | *far buon viso a cattivo gioco*, adattarsi con apparente facilità a una situazione sgradevole | *vedere di buon occhio*, essere favorevole a qlcu. o qlco. **5** di qualità, di valore **6** ragguardevole **7** abile **8** utile, efficace | *essere in buone mani*, (*fig.*) essere affidato a persone capaci | — *a nulla*, incapace **9** valido, autentico **10** che procura sensazioni gradevoli **11** salutare **12** vantaggioso: *buona stella*, (*fig.*) sorte propizia | *a buon mercato*, a prezzo basso **13** sereno: *disporsi di buon animo*, favorevolmente **14** abbondante ♦ *s.m.* **1** [f. *-a*] persona buona **2** [solo *sing.*] cosa buona.

buòno[2] *s.m.* documento la cui presentazione dà diritto alla riscossione di una somma, al ritiro di una merce, alla prestazione di un servizio | titolo di credito rilasciato da una banca.

buonsènso *s.m.* equilibrio istintivo di giudizio e di comportamento.

buontempóne *s.m.* [f. *-a*] chi ama divertirsi, stare in buona compagnia.
buonumóre *s.m.* stato d'animo sereno, allegro.
buonuscìta *s.f.* **1** compenso che si dà a chi lascia prima della scadenza del contratto un immobile preso in locazione **2** gratifica concessa a un dipendente che cessa l'attività lavorativa.
burattinàio *s.m.* [f. *-a*] **1** chi manovra i burattini **2** (*fig.*) chi, occultamente, ordisce una trama.
burattìno *s.m.* **1** fantoccio per rappresentazioni farsesche, costituito da una testa montata su un'ampia veste in cui il burattinaio infila la mano per muoverlo **2** (*fig.*) persona volubile o facilmente influenzabile.
bùrbero *agg.* che ha modi scontrosi e bruschi □ **-mente** *avv.*
buriàna *s.f.* (*region.*) **1** breve temporale **2** (*fig.*) chiasso; baldoria.
burìno *agg.* e *s.m.* (*roman.*) rozzo, villano.
bùrla *s.f.* **1** scherzo fatto senza malanimo **2** inezia.
burlàre *v.tr.* beffare, canzonare ♦ **-rsi** *v. intr.pron.* farsi beffa.
burlésco *agg.* [pl.m. *-schi*] scherzoso □ **-mente** *avv.*
buròcrate *s.m.* funzionario della pubblica amministrazione.
burocrazìa *s.f.* **1** il complesso degli uffici che svolgono i compiti della pubblica amministrazione **2** (*spreg.*) osservanza pedante e formalistica dei regolamenti.
burqa *s.m.invar.* abito femminile della tradizione musulmana che copre interamente la persona lasciando soltanto una mascherina di ricamo traforato davanti agli occhi.
burràsca *s.f.* **1** violenta tempesta di mare o di vento **2** (*fig.*) sconvolgimento violento.
burrascóso *agg.* **1** che è in burrasca **2** (*fig.*) molto agitato □ **-mente** *avv.*
bùrro *s.m.* sostanza grassa alimentare di colore bianco-giallognolo e consistenza tenera, ottenuta dalla crema del latte.
burróne *s.m.* precipizio.
bus *s.m.invar.* autobus.
buscàre *v.tr.* [*io busco, tu buschi ecc.*] trovare, ottenere | *buscarle*, (*fam.*) prendere delle botte.
business *s.m.invar.* (*ingl.*) affare, attività economica.
business plan *loc.sost.m.invar.* documento che analizza tutti gli aspetti di un'attività economica da intraprendere (finalità, investimenti necessari, area di mercato ecc.) in modo da fornire previsioni attendibili sulla sua riuscita.
bussàre *v.intr.* [aus. *avere*] battere alla porta.
bùssola[1] *s.f.* **1** strumento per la determinazione dei punti cardinali **2** (*fig.*) orientamento.
bùssola[2] *s.f.* **1** portantina chiusa **2** paravento fisso che crea uno spazio intermedio oltre la normale porta d'ingresso, per riparare dalle correnti d'aria.
bussolòtto *s.m.* recipiente a forma di bicchiere usato per gettare i dadi o in altri giochi d'azzardo e di prestigio.
bùsta *s.f.* involucro di carta rettangolare in cui si chiudono lettere o altri fogli da spedire | — *paga*, busta che contiene la retribuzione mensile del lavoratore dipendente.
bustarèlla *s.f.* compenso illecito dato per ottenerne favori.
bùsto *s.m.* **1** la parte del corpo umano compresa tra il collo e i fianchi **2** scultura che rappresenta una figura umana dalla testa al petto **3** fascia di tessuto fornita di stecche e allacciata con ganci o stringhe, usata in passato dalle donne per assottigliare e sostenere la persona | (*med.*) apparecchio ortopedico per correggere o prevenire malformazioni del tronco.
butàno *s.m.* (*chim.*) idrocarburo gassoso che, liquefatto, viene venduto in bombole e usato come combustibile domestico.
buttàre *v.tr.* **1** gettare | — *il danaro*, (*fig.*) sprecarlo | — *all'aria*, (*fig.*) mettere a soqquadro **2** emettere | (*assol.*) germogliare ♦ **-rsi** *v.rifl.* **1** gettarsi | — *nello studio*, *nella politica ecc.*, (*fig.*) dedicarvisi intensamente **2** (*assol.*) osare.
bùttero *s.m.* mandriano a cavallo della Maremma.
buvette *s.f.* (*fr.*) bar all'interno di ambienti pubblici.
buyer *s.m. invar.* (*ingl.*) funzionario di un'azienda responsabile dell'ufficio acquisti.
buzzùrro *s.m.* [f. *-a*] persona rozza.
by-pass *loc.sost.m.invar.* (*ingl.*) (*med.*) in chirurgia vascolare, innesto di un tratto di vaso in un'arteria occlusa, così da consentire il passaggio del sangue.
bypassare *loc.sost.m.invar.* **1** derivare mediante by-pass **2** (*fig.*) aggirare, scavalcare.
byte *v.tr.* (*ingl.*) (*inform.*) carattere definito dalla sequenza di 8 bit.

Cc

c *s.f.* o *m.* terza lettera dell'alfabeto, il cui nome è *ci*.
càbala *s.f.* **1** (*relig.*) l'insieme delle dottrine ebraiche medievali su Dio e l'universo **2** sistema con cui si presume di svelare il futuro | (*estens.*) cosa misteriosa.
cabìna *s.f.* **1** piccola stanza a bordo delle navi **2** spazio chiuso e ristretto destinato al trasporto, a operazioni di guida o di manovra, o ad altre funzioni: — *della funivia* | — *telefonica*, nella quale è installato un apparecchio telefonico pubblico | — *elettorale*, in cui si esprime il voto **3** piccola costruzione che serve da spogliatoio sulle spiagge o nelle piscine.
cabinàto *agg.* dotato di una o più cabine ♦ *s.m.* imbarcazione fornita di cabine.
cabinovìa *s.f.* funivia composta da piccole cabine.
cablogràmma *s.m.* [pl. *-mi*] telegramma trasmesso attraverso cavi sottomarini.
cabotàggio *s.m.* (*mar.*) navigazione che si svolge da un porto all'altro dello stesso stato.
cabràre *v.intr.* [aus. *avere*] (*aer.*) compiere la manovra della cabrata.
cabràta *s.f.* manovra che un aereo compie impennandosi verso l'alto.
cacào *s.m.invar.* **1** pianta tropicale **2** polvere di colore bruno-rossiccio, aromatica, amara, che si ottiene dai semi abbrustoliti del cacao.
cacatùa *s.m.invar.* (*zool.*) nome di diverse specie di grossi pappagalli australiani, con un ciuffo di penne sul capo.
càccia[1] *s.f.* [pl. *-ce*] **1** ricerca, uccisione o cattura di animali selvatici **2** ricerca ostinata per rintracciare qlcu. **3** (*fig.*) ricerca assidua e affannosa di qlco. **4** gioco in cui si deve cercare qlco.: — *al tesoro*.
càccia[2] *s.m.invar.* **1** aereo da caccia **2** cacciatorpediniere.
cacciabombardière *s.m.* [pl. *-ri*] aeroplano da caccia e da bombardamento.
cacciagióne *s.f.* selvaggina uccisa.
cacciàre *v.tr.* [*io càccio ecc.*] **1** cercare o inseguire un animale selvatico per ucciderlo o catturarlo **2** inseguire una persona per catturarla **3** mandare via con la forza o sgarbatamente (anche *fig.*) **4** (*fam.*) ficcare ♦ **-rsi** *v.rifl.* entrare dentro (anche *fig.*) | (*fam.*) andare a finire.
cacciasommergìbili *s.m.invar.* nave da guerra per la ricerca e l'attacco dei sommergibili.
cacciatóra *s.f.* solo nella loc. *alla* —, secondo l'uso dei cacciatori.
cacciatóre *s.m.* [f. *-trice*] **1** chi va a caccia di selvaggina **2** (*fig.*) chi va alla ricerca ostinata di qlco.
cacciatorpedinière *s.m.invar.* nave da guerra molto veloce, armata di missili, cannoni e siluri.
cacciavìte *s.m.invar.* attrezzo per stringere o allentare le viti.
cachemire *s.m.invar.* (*fr.*) lana a pelo molto lungo ricavata da una razza di capre del Kashmir | il tessuto, molto pregiato, che si ricava da questa lana.
cache-pot *s.m.invar.* (*fr.*) portavasi.
cachet *s.m.invar.* (*fr.*) **1** involucro di sostanza amidacea contenente polvere medicinale **2** involucro contenente una dose di colorante per capelli **3** compenso per una singola prestazione professionale.
càchi[1] *s.m.invar.* **1** albero originario del Giappone e della Cina **2** il frutto di tale albero.
càchi[2] *agg.* e *s.m.* si dice di un colore giallo sabbia tipico delle divise coloniali.
càcio *s.m.* formaggio.
caciocavàllo *s.m.* [pl. *caciocavalli* o *cacicavalli*] formaggio duro di forma simile a una grossa pera allungata.
caciòtta *s.f.* formaggio tenero di forma
caco- primo elemento di parole composte, che significa 'cattivo, sgradevole, difettoso'.
cacofonìa *s.f.* impressione sgradevole prodotta dall'incontro di certi suoni.
càctus *s.m.invar.* pianta tropicale spinosa con fusto corto e tondeggiante.
cadaùno *agg.* e *pron.indef.* ciascuno (usato nel linguaggio commerciale).

cadàvere *s.m.* il corpo umano dopo la morte.
cadavèrico *agg.* [pl.m. *-ci*] **1** proprio di un cadavere **2** (*fig.*) pallido, smunto □ **-mente** *avv.*
cadènte *agg.* che cade | *un vecchio* —, una persona decrepita.
cadènza *s.f.* **1** modulazione della voce o di un suono; inflessione caratteristica di una lingua o di un dialetto **2** andamento ritmico di una marcia, di un ballo.
cadenzàto *agg.* che ha un particolare andamento ritmico.
cadére *v.intr.* [pass.rem. *io caddi, tu cadésti ecc.*; fut. *io cadrò ecc.*; cond.pres. *io cadrèi ecc.*; aus. *essere*] **1** andare giù per effetto del proprio peso | — *in piedi*, (*fig.*) cavarsela senza troppo danno in una situazione difficile | *il governo è caduto*, (*fig.*) si è dimesso **2** (*fig.*) venire meno | (*lett.*) morire **3** (*fig.*) incappare in una situazione negativa: — *in rovina* **4** (*fig.*) posarsi | capitare.
cadétto *agg.* si dice del figlio non primogenito appartenente a una famiglia nobile ♦ *s.m.* **1** figlio maschio non primogenito **2** allievo di un'accademia militare.
càdmio *s.m.* elemento chimico di simbolo *Cd*; è un metallo grigio argenteo, tenero.
cadùco *agg.* [pl.m. *-chi*] **1** destinato a cadere presto | *foglie caduche*, non perenni **2** (*fig. lett.*) effimero.
cadùta *s.f.* **1** il cadere **2** (*fig.*) il venir meno, il mancare **3** (*fig.*) sconfitta, resa.
cadùto *s.m.* chi è morto in guerra.
caffè *s.m.* **1** pianta tropicale dai cui chicchi si ricava una bevanda aromatica | la bevanda stessa **2** locale pubblico nel quale si consumano caffè e altri prodotti.
caffeìna *s.f.* (*chim.*) sostanza eccitante contenuta nei semi del caffè e nelle foglie del tè e della cola.
caffellàtte *s.m.invar.* bevanda composta di caffè e latte.
caffettàno *s.m.* abito maschile tipico dei paesi musulmani.
caffettièra *s.f.* bricco in cui si prepara o si serve il caffè.
cafonàta *s.f.* azione da cafone.
cafóne *s.m.* [f. *-a*] **1** (*merid.*) contadino **2** (*estens.*) persona villana ♦ *agg.*
cagionàre *v.tr.* [*io cagióno ecc.*] (*lett.*) causare.
cagionévole *agg.* che è di costituzione debole, facilmente soggetta a malattie.
cagliàre *v.intr.* [*io càglio ecc.*; aus. *essere*] coagularsi, rapprendersi per effetto del caglio.
càglio *s.m.* sostanza acida di origine animale usata come coagulante del latte per fare il formaggio.
càgna *s.f.* **1** la femmina del cane **2** (*fig.*) donna sguaiata, di facili costumi **3** attrice o cantante di nessun valore.
cagnàra *s.f.* **1** (*non com.*) l'abbaiare confuso di molti cani **2** (*fig. fam.*) chiasso.
cagnésco *agg.* [pl.m. *-schi*] di cane | *guardare in* —, guardare minacciosamente □ **-mente** *avv.*
caimàno *s.m.* grosso rettile che vive nei fiumi dell'America centrale e meridionale, simile al coccodrillo.
càla *s.f.* insenatura poco profonda, adatta per l'approdo di piccole imbarcazioni.
calabróne *s.m.* grosso insetto simile alla vespa; la femmina è fornita di pungiglione.
calafatàre *v.tr.* (*mar.*) rendere impermeabile lo scafo di una nave.
calamàio *s.m.* piccolo recipiente in cui si teneva l'inchiostro.
calamìta *s.f.* **1** corpo che ha proprietà magnetiche **2** (*fig.*) persona o cosa che attrae irresistibilmente.
calamità *s.f.* **1** disgrazia **2** (*fig.*) persona che provoca spesso danni.
càlamo *s.m.* **1** (*bot.*) fusto sottile di alcune piante **2** (*zool.*) parte delle penne degli uccelli, a forma di cannuccia.
calànco *s.m.* [pl. *-chi*] avvallamento dovuto all'erosione delle acque sui pendii argillosi.
calàndra *s.f.* (*tecn.*) macchina costituita da uno o più cilindri rotanti, usata per comprimere o levigare materiali.
calàre *v.tr.* **1** far scendere lentamente | abbassare **2** nei lavori a maglia, diminuire il numero delle maglie ♦ *v.intr.* [aus. *essere*] **1** scendere **2** diminuire ♦ **-rsi** *v.rifl.* scendere procedendo con lentezza.
calàta *s.f.* il calare o il calarsi; discesa | invasione.
càlca *s.f.* folla, ressa.
calcàgno *s.m.* [pl. *i calcagni*, nel sign. proprio; *le calcagna*, in alcune loc. fig.] la parte posteriore del piede | *stare alle calcagna di qlcu.*, (*fig.*) seguirlo da vicino, controllarlo.
calcàre[1] *v.tr.* [*io calco, tu calchi ecc.*] **1** premere con i piedi con forza | — *le scene*, (*fig.*) fare l'attore **2** spingere | — *la mano*, (*fig.*) esagerare **3** sottolineare con la voce.
calcàre[2] *s.m.* (*geol.*) roccia sedimentaria usata come pietra da costruzione.
calcàreo *agg.* che contiene calcare.
càlce[1] *s.f.* (*chim.*) **1** ossido di calcio, detto comunemente *calce viva*, che è una sostanza ottenuta dal calcare **2** idrossido di calcio, detto comunemente *calce spenta*, usato nella malta da costruzione.
càlce[2] *s.m.* solo nella loc. *in* —, (*burocr.*) in fondo alla pagina.

calcedònio *s.m.* (*min.*) minerale di vario colore usato come pietra ornamentale.
calcestrùzzo *s.m.* materiale da costruzione durissimo e tenace, ottenuto mescolando sabbia, ghiaia e cemento con acqua.
calcétto *s.m.* (*sport*) gioco simile al calcio, con squadre di cinque giocatori che si affrontano su un campo di misure ridotte.
calciàre *v.intr.* [*io càlcio ecc.*; aus. *avere*] tirar calci ♦ *v.tr.* **1** spingere qlco. col piede **2** (*sport*) colpire il pallone col piede per eseguire un tiro (anche *assol.*).
calciatóre *s.m.* [f. *-trice*] giocatore di calcio.
calcificàre *v.tr.* [*io calcìfico, tu calcìfichi ecc.*] incrostare di sali di calcio ♦ **-rsi** *v.intr.pron.* (*med.*) nei tessuti organici, indurirsi per deposito di sali di calcio.
calcificazióne *s.f.* (*med.*) il depositarsi di sali di calcio nei tessuti organici.
calcìna *s.f.* sostanza bianca impiegata nella malta da costruzione, che si ottiene mescolando con acqua la calce, la sabbia e il pietrisco.
calcinàccio *s.m.* pezzo di intonaco che si stacca da un muro.
calcinàre *v.tr.* (*chim.*) ridurre un calcare a calce viva mediante cottura.
calcinazióne *s.f.* (*chim.*) riscaldamento a temperatura elevata di sostanze solide per eliminare l'acqua di combinazione e le parti volatili.
càlcio[1] *s.m.* **1** colpo dato con il piede o con la zampa **2** (*sport*) gioco che si svolge tra due squadre di undici giocatori ciascuna, i quali si contendono un pallone senza mai toccarlo con le mani.
càlcio[2] *s.m.* parte inferiore della cassa del fucile | impugnatura della pistola.
càlcio[3] *s.m.* elemento chimico di simbolo *Ca*; è un metallo bianco argenteo, presente in moltissime rocce e nello scheletro dell'uomo e degli animali.
calcìte *s.f.* minerale costituito da carbonato di calcio.
càlco *s.m.* [pl. *-chi*] **1** impronta di un oggetto ricavata in cera, argilla o gesso, in modo da conservare la forma dell'originale **2** copia di un disegno ottenuta ripassandone i contorni.
calcolàre *v.tr.* [*io càlcolo ecc.*] **1** determinare per mezzo di calcolo **2** tenere in conto **3** prevedere razionalmente.
calcolatóre *agg.* e *s.m.* [f. *-trice*] **1** che/chi calcola **2** (*fig.*) che/chi riflette molto prima di agire; che/chi agisce per interesse ♦ *s.m.* macchina con cui si eseguono calcoli.
calcolatrìce *s.f.* apparecchio in grado di compiere operazioni aritmetiche e altre funzioni elementari.
càlcolo[1] *s.m.* **1** esecuzione di operazioni matematiche **2** (*fig.*) previsione.
càlcolo[2] *s.m.* (*med.*) sedimentazione di sostanze organiche o di sali minerali all'interno dell'organismo.
calcolòsi *s.f.* (*med.*) malattia provocata dalla formazione di calcoli.
caldàia *s.f.* **1** grande recipiente metallico in cui si fa bollire o cuocere qlco. **2** apparecchio in cui si riscalda l'acqua per produrre vapore sotto pressione.
caldarròsta *s.f.* [pl. *caldarroste*] castagna arrostita.
caldeggiàre *v.tr.* [*io caldéggio ecc.*] sostenere con calore.
càldo *agg.* **1** che produce una sensazione di calore **2** riferito a cibi appena cucinati e levati dal fuoco | (*fig.*) molto recente **3** (*fig.*) pieno d'ardore **4** (*fig.*) cordiale **5** (*fig.*) difficile ♦ *s.m.* temperatura elevata □ **-mente** *avv.* calorosamente.
caleidoscòpio *s.m.* apparecchio costituito da un tubo cilindrico e da frammenti di vetro colorato, che, grazie a un gioco di specchi, producono infinite combinazioni di immagini e di colori.
calendàrio *s.m.* **1** sistema di suddivisione del tempo in periodi costanti **2** tabella o fascicolo in cui sono segnati in ordine progressivo i giorni dell'anno **3** programma di attività lavorative o ricreative.
calènde *s.f.pl.* il primo giorno di ogni mese, secondo il calendario romano antico | *le — greche*, (*scherz.*) un tempo che non verrà mai.
calèndola *s.f.* (*bot.*) pianta erbacea con fiori di colore giallo o arancione.
calèsse *s.m.* carrozza leggera a due ruote, di solito trainata da un solo cavallo.
calibràre *v.tr.* [*io càlibro ecc.*] **1** ridurre alla misura esatta una bocca d'arma da fuoco **2** misurare col calibro un pezzo meccanico **3** (*fig.*) studiare con attenzione.
càlibro *s.m.* **1** strumento di precisione che si usa per misurare le dimensioni di pezzi meccanici **2** diametro interno della canna di un'arma da fuoco **3** (*fig.*) livello.
calicànto *s.m.* arbusto ornamentale con fiori profumati.
càlice[1] *s.m.* **1** bicchiere munito di uno stelo lungo e sottile che poggia su una base circolare **2** (*lit.*) vaso sacro in cui viene consacrato il vino durante la messa.
càlice[2] *s.m.* (*bot.*) la parte più esterna del fiore.
califfo *s.m.* nel Medioevo, la suprema autorità religiosa e politica presso i musulmani.
calìgine *s.f.* sospensione nell'aria di parti-

celle di polvere o di cenere che la rendono opaca | (*estens.*) nebbia o fumo denso.
càlle *s.f.* nome delle caratteristiche viuzze di Venezia.
callìfugo *s.m.* [pl. *-ghi*] medicamento usato per eliminare i calli dei piedi.
calligrafìa *s.f.* **1** arte di scrivere in caratteri chiari, ordinati ed eleganti **2** (*estens.*) modo di scrivere.
callìsta *s.m.* e *f.* [pl.m. *-sti*] chi cura i calli dei piedi.
càllo *s.m.* **1** ispessimento della pelle nelle mani e nei piedi | *fare il — a qlco.*, (*fig.*) abituarsi **2** (*bot.*) tessuto che si forma in corrispondenza delle ferite di una pianta.
callóso *agg.* **1** pieno di calli, indurito **2** *corpo —*, (*anat.*) lamina di sostanza bianca che unisce i due emisferi del cervello.
càlma *s.f.* **1** assenza di vento **2** (*estens.*) atmosfera di silenzio e di pace **3** (*fig.*) serenità, distensione.
calmànte *agg.* e *s.m.* (*farm.*) si dice di sostanza usata per calmare il dolore o la tensione nervosa; sedativo.
calmàre *v.tr.* rendere calmo, placare ♦ **-rsi** *v.intr.pron.* **1** tornare calmo **2** attenuarsi.
calmière *s.m.* prezzo massimo di vendita per merci di prima necessità, fissato dalla legge.
càlmo *agg.* **1** non agitato dal vento **2** (*fig.*) tranquillo.
càlo *s.m.* diminuzione.
calóre *s.m.* **1** (*fis.*) forma di energia che produce sensazioni di caldo o di freddo **2** sensazione di caldo **3** (*fig.*) ardore, entusiasmo **4** (*zool.*) periodo di maggiore desiderio sessuale nelle femmine di varie specie animali.
calorìa *s.f.* **1** (*fis.*) unità di misura della quantità di calore **2** (*med.*) unità di misura del contenuto energetico degli alimenti.
calòrico *agg.* [pl.m. *-ci*] (*med.*) relativo alle calorie.
calorìfero *s.m.* impianto o apparecchio usato per riscaldare gli ambienti.
caloróso *agg.* **1** che non soffre il freddo **2** (*fig.*) cordiale | animato □ **-mente** *avv.*
calòscia *s.f.* [pl. *-sce*] soprascarpa di materiale impermeabile.
calòtta *s.f.* **1** (*mat.*) ciascuna delle due parti di una superficie sferica **2** struttura, oggetto di forma semisferica o convessa.
calpestàre *v.tr.* [*io calpésto ecc.*] **1** premere con i piedi, camminare sopra qlco. **2** (*fig.*) offendere.
calpestìo *s.m.* un calpestare prolungato; il rumore così prodotto.
calumet *s.m.invar.* (*fr.*) pipa dal lungo cannello che i pellirosse fumavano in occasioni solenni.
calùnnia *s.f.* **1** (*dir.*) delitto commesso da chi incolpa di un reato una persona, pur sapendola innocente **2** (*estens.*) falsa accusa, diffamazione.
calunniàre *v.tr.* [*io calùnnio ecc.*] diffamare.
calvàrio *s.m.* (*fig.*) sofferenza, dolore prolungato.
calvinìsmo *s.m.* la dottrina religiosa del riformatore francese Giovanni Calvino (1509-1564).
calvìzie *s.f.invar.* l'essere calvo; scarsità o mancanza totale di capelli.
càlvo *agg.* privo di capelli ♦ *s.m.* [f. *-a*].
càlza *s.f.* indumento a maglia che riveste il piede e parte della gamba.
calzamàglia *s.f.* [pl. *calzemaglie* o *calzamaglie*] indumento in un solo pezzo che riveste il piede e la gamba fino alla vita.
calzànte *agg.* **1** che aderisce perfettamente **2** (*fig.*) appropriato ♦ *s.m.* arnese che serve per calzare le scarpe.
calzàre *v.tr.* infilare scarpe, calze, guanti o altri indumenti aderenti ♦ *v.intr.* **1** [aus. *avere*] essere ben aderente **2** [aus. *essere*] (*fig.*) essere appropriato.
calzascàrpe *s.m.invar.* calzante.
calzatóio *s.m.* calzante.
calzatùra *s.f.* ogni tipo di scarpa.
calzaturifìcio *s.m.* fabbrica di calzature.
calzettóne *s.m.* calza pesante che arriva fino al ginocchio.
calzifìcio *s.m.* stabilimento in cui si fabbricano calze.
calzìno *s.m.* calza corta.
calzolàio *s.m.* artigiano che fabbrica o ripara calzature.
calzolerìa *s.f.* negozio di scarpe.
calzóne *s.m.* **1** (spec. *pl.*) indumento che copre il tronco dalla vita in giù e le gambe separatamente **2** (*gastr.*) involucro di pasta di pane ripieno.
camaleónte *s.m.* **1** rettile che può modificare il colore della propria pelle per mimetizzarsi **2** (*fig.*) chi, per opportunismo, cambia opinione o partito.
camàllo *s.m.* in Liguria, scaricatore di porto.
cambiàle *s.f.* titolo di credito che contiene la promessa di pagare una certa somma alla scadenza fissata.
cambiàre *v.tr.* [*io càmbio ecc.*] **1** mettere una persona o una cosa al posto di un'altra; sostituire **2** trasformare, modificare **3** barattare | sostituire il denaro con spiccioli o con valuta di altro paese **4** azionare il cambio di velocità di un veicolo ♦ *v.intr.* [aus. *essere*] trasformarsi ♦ **-rsi** *v.rifl.* to-

gliersi un indumento e indossarne un altro ♦ *v.intr.pron.* mutare nell'aspetto.
cambiavalùte *s.m.invar.* chi si occupa per professione della compravendita di monete o titoli di stato e di banca.
càmbio *s.m.* **1** il cambiare; scambio, permuta **2** (*comm.*) prezzo di una moneta espresso in un'altra moneta **3** (*mecc.*) dispositivo che consente di variare la velocità di un veicolo.
cambùsa *s.f.* (*mar.*) deposito di viveri sulle navi.
camèlia *s.f.* arbusto ornamentale con fiori bianchi o rossi.
càmera *s.f.* **1** ambiente di una casa in cui si può abitare o dormire **2** locale destinato a un particolare uso: — *a gas*, ambiente chiuso per lo sterminio dei prigionieri | — *oscura*, dove si sviluppano le negative fotografiche **3** l'insieme dei mobili di una stanza da letto **4** assemblea che detiene il potere legislativo: *la — dei deputati* **5** istituzione che tutela determinate attività economiche e produttive: — *di commercio* **6** apparecchio cavo, cavità: — *di scoppio* (o *di combustione*), nel motore a scoppio, spazio in cui avviene la combustione del carburante | — *d'aria*, tubo di gomma all'interno di uno pneumatico che si riempie d'aria compressa.
cameraman *s.m.invar.* (*ingl.*) operatore di una telecamera o di una cinepresa.
cameràta¹ *s.f.* grande stanza usata come dormitorio in caserme, collegi, ospedali.
cameràta² *s.m.* [pl. *-ti*] compagno d'armi o di studi.
cameratésco *agg.* [pl.m. *-schi*] da camerata, improntato a solidarietà.
cameratìsmo *s.m.* amicizia e solidarietà tra compagni d'armi, di studi, di fede politica.
camerière *s.m.* [f. *-a*] chi è addetto alla pulizia delle camere o serve a tavola nelle case private, in alberghi o ristoranti.
camerìno *s.m.* nei teatri, stanza in cui gli attori si truccano e si cambiano d'abito.
càmice *s.m.* **1** tunica di tela indossata da medici, farmacisti, pittori ecc., per proteggere l'abito o per motivi igienici **2** (*lit.*) veste bianca che il sacerdote indossa sotto i paramenti.
camicétta *s.f.* indumento femminile, di vario tessuto, che arriva fino alla cintura.
camìcia *s.f.* [pl. *-cie*] **1** indumento di tessuto leggero, abbottonato sul davanti, con colletto, che ricopre la parte superiore del corpo | — *da notte*, tunica femminile che si indossa a letto | *essere nato con la* —, (*fig.*) essere molto fortunato **2** rivestimento protettivo di apparecchi meccanici **3** (*edil.*) rivestimento fatto ai muri per combattere l'umidità.
camiciàio *s.m.* [f. *-a*] chi fa o vende camicie.
caminétto *s.m.* piccolo camino posto nell'interno di una stanza per riscaldarla.
camìno *s.m.* **1** impianto domestico, addossato a una parete o ricavato al suo interno, su cui si accende il fuoco **2** canna fumaria **3** (*geol.*) condotto naturale di un vulcano **4** nell'alpinismo, spaccatura verticale che incide una parete rocciosa.
càmion *s.m.invar.* autocarro.
camionàle *agg.* e *s.f.* si dice di strada destinata al transito di autocarri e autotreni.
camionétta *s.f.* piccolo autocarro veloce dell'esercito o della polizia.
camionìsta *s.m.* e *f.* [pl.m. *-sti*] conducente di camion.
cammellière *s.m.* conducente di cammelli.
cammèllo *s.m.* **1** grosso mammifero ruminante con due gobbe sul dorso; caratteristico delle zone desertiche **2** tessuto di lana ottenuta originariamente dal pelo del cammello o del dromedario.
cammèo *s.m.* pietra dura intagliata in modo da ricavarne una figura in rilievo.
camminaménto *s.m.* (*mil.*) passaggio fra una trincea e l'altra.
camminàre *v.intr.* [aus. *avere*] **1** spostarsi da un punto a un altro a piedi **2** (*estens.*) funzionare: *la pendola non cammina più.*
camminàta *s.f.* **1** il percorrere camminando un tratto di strada **2** andatura.
cammìno *s.m.* **1** il camminare **2** la strada che si percorre **3** (*estens.*) moto degli astri | corso di un fiume **4** (*fig.*) progresso.
camomìlla *s.f.* **1** pianta erbacea medicinale **2** l'infuso dei fiori di tale pianta.
camòrra *s.f.* associazione criminale napoletana.
camorrìsta *s.m.* e *f.* [pl.m. *-sti*] chi appartiene alla camorra.
camoscio *s.m.* **1** mammifero ruminante simile alla capra **2** pelle del camoscio.
campàgna *s.f.* **1** distesa di terreno coltivata o coltivabile **2** zona rurale, lontana dalla città **3** l'insieme delle operazioni strategiche condotte durante una guerra **4** (*fig.*) insieme di azioni e di iniziative volte a raggiungere uno scopo particolare.
campagnòla® *s.f.* tipo di autovettura fuoristrada.
campàle *agg.* (*mil.*) di campo; che si svolge in campo aperto | *giornata* —, (*fig.*) densa di impegni.
campàna *s.f.* **1** strumento a forma di vaso rovesciato, solitamente di bronzo, che viene percosso da un battaglio appeso

nell'interno o da un martello esterno **2** cupola sotto la quale si proteggono cose alterabili o delicate | *vivere sotto una — di vetro*, (*fig.*) usare eccessive precauzioni per la propria salute.

campanàccio *s.m.* grosso campanello legato al collo degli animali al pascolo.

campanàro *s.m.* [f. -a] chi è addetto a suonare le campane.

campanèllo *s.m.* **1** piccola campana **2** — *elettrico*, apparecchio di segnalazione acustica.

campanile *s.m.* **1** edificio a forma di torre, posto accanto alla chiesa o sopra di essa, destinato a sostenere le campane **2** vetta isolata tipica delle Dolomiti.

campanilismo *s.m.* amore eccessivo (e spesso fazioso) per gli usi e le tradizioni del proprio paese o della propria città.

campàre *v.intr.* [aus. *essere*] vivere, procurarsi i mezzi di sostentamento.

campàta *s.f.* (*edil.*) spazio compreso tra i due sostegni di una trave o di un arco.

campeggiàre *v.intr.* [*io campéggio ecc.*; aus. *avere*] **1** fare un campeggio **2** risaltare, fare spicco (anche *fig.*).

campéggio *s.m.* **1** sosta di turisti all'aperto, sotto tende o altri alloggi mobili **2** il luogo dove si campeggia.

camper *s.m.invar.* (*ingl.*) furgone abitabile, usato soprattutto per viaggi turistici.

campèstre *agg.* dei campi, della campagna.

campièllo *s.m.* a Venezia, piazzetta nella quale sboccano le calli.

camping *s.m.invar.* (*ingl.*) campeggio.

campionàrio *s.m.* raccolta ordinata di campioni di merci ♦ *agg.*

campionàto *s.m.* insieme di gare sportive per l'assegnazione del titolo di campione.

campióne *s.m.* [f. -essa, nel sign. 1] **1** (*sport*) l'atleta che eccelle in un'attività sportiva o che vince un torneo, un campionato | (*fig.*) chi supera gli altri in qlco. **2** piccola quantità di un prodotto, prelevata per accertarne le qualità ♦ *agg.*

càmpo *s.m.* **1** spazio di terreno destinato alla coltivazione | (spec. *pl.*) campagna **2** luogo di combattimento o di esercitazioni militari | *scendere in* —, venire a battaglia; (*fig.*) entrare in una discussione **3** (*mil.*) accampamento di soldati **4** area adibita a particolari attività **5** sfondo di una pittura, di una scultura, di uno stemma **6** (*fig.*) ambito; settore **7** (*fis.*) porzione di spazio in cui è definita una certa grandezza fisica: — *magnetico* **8** (*cine.*) la parte della scena ripresa dall'obiettivo.

campus *s.m.invar.* (*ingl.*) negli Stati Uniti, il complesso degli edifici e delle aree che costituiscono un'università.

camuffàre *v.tr.* travestire (anche *fig.*) ♦ **-rsi** *v.rifl.* travestirsi (anche *fig.*).

camùso *agg.* si dice di naso schiacciato.

canàglia *s.f.* individuo malvagio | (*scherz.*) persona astuta, birbante.

canàle *s.m.* **1** corso d'acqua artificiale **2** braccio di mare compreso fra due terre emerse **3** solco profondo scavato per erosione in pendii rocciosi **4** (*elettron.*) ogni mezzo in grado di trasportare un'informazione **5** (*telecom.*) gamma di frequenze su cui avviene una comunicazione | banda di frequenze riservata a ciascuna emittente televisiva o radiofonica; l'emittente stessa.

canalizzàre *v.tr.* **1** scavare canali **2** incanalare | (*fig.*) convogliare.

canalizzazióne *s.f.* il canalizzare, l'essere canalizzato.

canalóne *s.m.* ampio solco scavato tra due pareti rocciose.

cànapa *s.f.* **1** pianta erbacea dal cui fusto si trae una fibra tessile **2** la fibra ricavata dalla pianta e il tessuto che se ne ottiene.

canapificio *s.m.* stabilimento in cui si lavora la canapa.

canarino *s.m.* uccellino canoro con piumaggio verde variegato di grigio e giallo ♦ *agg.invar.* di colore giallo chiaro.

canàsta *s.f.* gioco di carte affine al ramino.

cancan *s.m.invar.* (*fr.*) danza vivace in voga nei varietà francesi nella seconda metà dell'Ottocento e ai primi del Novecento.

cancellàre *v.tr.* [*io cancèllo ecc.*] **1** eliminare le parole di uno scritto con un tratto di penna o per mezzo di una gomma, di un cancellino **2** (*estens.*) annullare | (*fig.*) estinguere: — *un debito* **3** eliminare dati registrati su un supporto magnetico ♦ **-rsi** *v.intr.pron.* scomparire, scolorire.

cancellàta *s.f.* struttura di recinzione formata da una serie di elementi verticali collegati fra loro in modo da costituire una chiusura continua.

cancellatùra *s.f.* segno fatto per cancellare o lasciato cancellando.

cancelleria *s.f.* **1** la carica e l'ufficio di cancelliere; l'edificio in cui tale ufficio ha sede **2** quanto serve per scrivere.

cancellière *s.m.* **1** funzionario addetto alla redazione e alla registrazione delle scritture pubbliche **2** in Germania e in Austria, primo ministro | — *dello scacchiere*, nel Regno Unito, il ministro delle finanze.

cancèllo *s.m.* chiusura a uno o due battenti costituita generalmente da barre verticali unite tra loro da traverse.

cancerògeno *agg.* (*med.*) che provoca o favorisce l'insorgere di un cancro.

cancrèna *s.f.* **1** (*med.*) disfacimento dei tessuti dell'organismo per disseccamento o putrefazione **2** (*fig.*) vizio.

càncro[1] *s.m.* **1** (*ant.*) granchio **2** *Cancro*, costellazione e segno dello zodiaco | *tropico del* —, (*geog.*) quello dell'emisfero boreale.

càncro[2] *s.m.* **1** tumore maligno **2** (*fig.*) male, vizio insanabile.

candeggiàre *v.tr.* [io candéggio ecc.] rendere bianco un tessuto con il candeggio.

candeggìna *s.f.* prodotto per bucato simile alla varechina.

candéggio *s.m.* operazione domestica che consiste nel detergere la biancheria con sostanze candeggianti o con l'esposizione al sole.

candéla *s.f.* **1** cilindro di stearina, cera o paraffina, contenente un cordoncino di cotone che si accende per fare luce **2** (*fis.*) unità di misura dell'intensità luminosa **3** nei motori a scoppio, dispositivo che produce la scintilla per innescare la combustione del carburante.

candelàbro *s.m.* candeliere grande, a due o più bracci.

candelière *s.m.* oggetto che serve a sostenere una o più candele.

candelòtto *s.m.* oggetto cilindrico, contenente sostanze fumogene, lacrimogene o esplosive.

candidàre *v.tr.* [io càndido ecc.] proporre come candidato a una carica ♦ **-rsi** *v.rifl.* presentarsi come candidato.

candidàto *s.m.* [f. -a] **1** chi aspira a una carica politica o amministrativa **2** chi si presenta a sostenere una prova d'esame, un concorso.

candidatùra *s.f.* la dichiarazione di aspirare a una carica pubblica o privata.

càndido *agg.* **1** di un bianco immacolato **2** (*fig.*) innocente; ingenuo, semplice □ **-mente** *avv.*

candìre *v.tr.* [io candisco, tu candisci ecc.] far bollire lentamente la frutta in uno sciroppo per impregnarla di zucchero.

candìto *agg.* e *s.m.* si dice di frutta o altro prodotto bollito nello sciroppo e impregnato di zucchero.

candóre *s.m.* **1** bianchezza lucente **2** (*fig.*) innocenza; ingenuità.

càne *s.m.* [f. cagna] **1** mammifero domestico intelligente e fedele, con corpo di varia grandezza secondo la razza | *vita da cani*, dura, disagiata | *solo come un* —, abbandonato da tutti **2** (*fig.*) persona crudele oppure incapace nel proprio lavoro **3** nelle armi da fuoco portatili, martelletto d'acciaio che, spinto da una molla quando si preme il grilletto, determina lo sparo.

canèstro *s.m.* **1** recipiente di vimini con un solo manico **2** nella pallacanestro, reticella a forma di cesto senza fondo.

cànfora *s.f.* (*chim.*) sostanza solida bianca, dall'odore pungente; è usata tra l'altro come antitarmico.

cangiànte *agg.* che cambia colore a seconda della direzione dei raggi luminosi.

cangùro *s.m.* mammifero marsupiale australiano; la femmina ha sul ventre un'ampia borsa (marsupio) in cui porta i piccoli.

canìcola *s.f.* il periodo più caldo dell'anno; calore intenso e soffocante.

canicolàre *agg.* soffocante, torrido.

canìle *s.m.* **1** casotto di legno con il giaciglio del cane **2** luogo in cui si allevano o si custodiscono cani.

canìno *agg.* di cane, di cani | *dente* —, dente aguzzo che si trova tra gli incisivi e i molari ♦ *s.m.* dente canino.

canìzie *s.f.invar.* **1** (*fisiol.*) fenomeno, in genere legato all'età, per cui capelli e peli diventano bianchi **2** (*lett.*) capigliatura bianca **3** (*fig. lett.*) vecchiaia.

cànna *s.f.* **1** nome comune di varie specie di piante con fusto lungo e sottile, con nodi **2** (*estens.*) pertica, bastone | *povero in* —, (*fig.*) poverissimo **3** nome di vari oggetti di forma tubolare **4** (*gerg.*) sigaretta confezionata con droga leggera.

cannèlla[1] *s.f.* piccolo tubo al termine di una conduttura, dal quale sgorga l'acqua | tubo di legno che si introduce nella parte bassa della botte per estrarne il vino.

cannèlla[2] *s.f.* droga aromatica costituita dalla corteccia interna di una pianta tropicale.

cannèllo *s.m.* **1** pezzo di canna tagliato tra un nodo e l'altro **2** (*estens.*) piccolo cilindro forato.

cannellóne *s.m.* (spec. *pl.*) grosso cannello di pasta ripieno.

cannéto *s.m.* tratto di terreno coperto da una vegetazione di canne.

cannìbale *s.m.* **1** chi si ciba di carne umana **2** (*fig.*) persona spietata.

cannibalismo *s.m.* **1** il cibarsi di carne umana **2** (*fig.*) lotta spietata contro i propri simili.

cannocchiàle *s.m.* strumento ottico per l'osservazione di oggetti a grande distanza.

cannòlo *s.m.* (*gastr.*) dolce tipico siciliano di pasta arrotolata.

cannonàta *s.f.* **1** colpo di cannone; il rimbombo da esso provocato **2** (*fig. fam.*) cosa eccezionale **3** nel gioco del calcio, tiro in porta molto violento.

cannóne *s.m.* pezzo di artiglieria di grosso calibro e a canna lunga.
cannoneggiàre *v.tr.* [*io cannonéggio ecc.*] colpire con cannonate ripetute ♦ *v.intr.* [aus. *avere*] sparare cannonate.
cannonièra *s.f.* piccola nave guardacoste armata con cannoni.
cannonière *s.m.* **1** soldato d'artiglieria o di marina addetto ai cannoni **2** (*sport*) calciatore che realizza molte reti.
cannùccia *s.f.* [pl. *-ce*] tubicino di paglia, di vetro o di plastica per sorbire bibite.
canòa *s.f.* **1** barca ricavata da un tronco d'albero scavato, tipica degli indigeni dell'America centrale **2** imbarcazione lunga e stretta a pagaia, per uso sportivo.
cànone *s.m.* **1** regola, principio fondamentale **2** (*dir.*) pagamento corrisposto periodicamente per l'utilizzazione di un bene **3** norma emanata dalla chiesa **4** (*eccl.*) la parte centrale della messa.
canònica *s.f.* abitazione del parroco.
canònico[1] *agg.* [pl.m. *-ci*] **1** conforme a un canone | (*estens.*) regolare **2** conforme ai canoni e alle disposizioni della chiesa cattolica | *diritto* —, l'insieme delle norme che disciplinano la vita della chiesa cattolica □ **-mente** *avv.*
canònico[2] *s.m.* [pl. *-ci*] sacerdote che appartiene al capitolo di una chiesa.
canonizzàre *v.tr.* procedere alla canonizzazione di un beato.
canonizzazióne *s.f.* l'atto con cui il papa dichiara santo un beato.
canòpo *s.m.* (*archeol.*) vaso funerario.
canòro *agg.* che canta dolcemente.
canottàggio *s.m.* lo sport del remo che si pratica su imbarcazioni leggere.
canottièra *s.f.* maglietta scollata e senza maniche simile a quella dei canottieri.
canòtto *s.m.* piccola imbarcazione usata per sport, svago o salvataggio.
canovàccio *s.m.* **1** tela tessuta con filato grossolano, usata per fare strofinacci **2** (*teat.*) trama scritta di un'azione drammatica | (*estens.*) schema di un'opera letteraria.
cantànte *s.m.* e *f.* chi esercita l'arte del canto.
cantàre *v.intr.* [aus. *avere*] **1** modulare con la voce una sequenza di suoni musicali **2** esercitare la professione di cantante **3** (*estens.*) emettere suoni armoniosi **4** (*gerg.*) fare la spia ♦ *v.tr.* **1** eseguire col canto **2** (*lett.*) celebrare in versi.
cantàta *s.f.* **1** canto prolungato a scopo di svago **2** (*mus.*) forma vocale e strumentale di carattere sacro o profano.
cantautóre *s.m.* [f. *-trice*] chi canta canzoni da lui stesso composte.
canteràno *s.m.* mobile con più cassetti.
canterellàre *v.tr.* e *intr.* [*io canterèllo ecc.*; aus. dell'intr. *avere*] canticchiare.
càntica *s.f.* componimento in uno o più canti, di tono solenne.
canticchiàre *v.tr.* e *intr.* [*io canticchio ecc.*; aus. dell'intr. *avere*] cantare con voce sommessa, tra sé e sé.
càntico *s.m.* [pl. *-ci*] componimento in versi di tono solenne, per lo più di contenuto religioso.
cantière *s.m.* area attrezzata per l'esecuzione di lavori: — *navale*, dove si costruiscono e si riparano le imbarcazioni; — *edile*, per la realizzazione di opere edilizie, idrauliche, stradali.
cantilèna *s.f.* **1** canto prolungato, semplice e monotono **2** (*estens.*) intonazione monotona di chi parla o legge **3** (*fig.*) discorso noioso e ripetitivo.
cantìna *s.f.* locale interrato o seminterrato dove si produce o si conserva il vino | (*estens.*) vano posto nello scantinato di un edificio.
cantinière *s.m.* [f. *-a*] **1** nelle case signorili e negli alberghi di lusso, chi ha in custodia la cantina e i vini **2** nelle aziende vinicole, chi è addetto alla produzione del vino.
cànto[1] *s.m.* **1** emissione di suoni musicali modulati dalla voce umana | (*estens.*) l'arte, la tecnica del cantare **2** (*estens.*) verso musicalmente modulato emesso dagli uccelli e da taluni animali **3** componimento poetico destinato a essere cantato | poesia lirica | ciascuna delle parti che compongono un poema o una cantica.
cànto[2] *s.m.* **1** angolo tra due muri **2** parte, lato | *d'altro* —, d'altra parte.
cantonàta *s.f.* angolo formato dai muri esterni di una casa fra una strada e un'altra | *prendere una* —, (*fig.*) fare un grosso errore.
cantòne[1] *s.m.* angolo esterno di un edificio o angolo interno di una stanza.
cantòne[2] *s.m.* suddivisione politico-amministrativa della Svizzera.
cantonièra *s.f.* angoliera.
cantonière *s.m.* [f. *-a*] chi è addetto alla manutenzione e alla sorveglianza di un tratto di strada o di ferrovia.
cantóre *s.m.* [f. *-a*] **1** chi canta nei cori di chiesa **2** (*fig.*) poeta.
cantorìa *s.f.* **1** nelle chiese, palco riservato ai cantori **2** l'insieme dei cantori.
canùto *agg.* (*lett.*) **1** bianco (*detto di capelli*) **2** che ha i capelli o la barba bianchi | (*estens.*) anziano.
canyon *s.m.invar.* (*ingl.*) valle fluviale stretta e scoscesa, tipica degli Stati Uniti.

canzonàre *v.tr.* [*io canzóno ecc.*] prendere in giro.
canzonatùra *s.f.* il canzonare; presa in giro.
canzóne *s.f.* **1** in letteratura, componimento lirico formato da un certo numero di stanze **2** breve componimento in versi, musicato con una melodia orecchiabile.
canzonettìsta *s.m.* e *f.* [pl.m. *-sti*] cantante di musica leggera.
canzonière *s.m.* **1** raccolta di poesie liriche di un solo autore **2** raccolta di testi di canzoni.
caolìno *s.m.* argilla bianca pregiata, usata per la fabbricazione della porcellana.
càos *s.m.* **1** stato di disordine della materia prima della creazione del mondo **2** (*fig.*) grande confusione.
caòtico *agg.* [pl.m. *-ci*] confuso, disordinato □ **-mente** *avv.*
capàce *agg.* **1** idoneo a contenere una certa quantità di persone o cose **2** che è in grado di fare qlco. | (*assol.*) abile, intelligente **3** (*fam.*) *essere — di tutto*, non avere scrupoli.
capacità *s.f.* **1** attitudine a contenere **2** abilità **3** (*dir.*) — *giuridica*, idoneità a essere titolare di diritti e di doveri **4** (*fis.*) volume interno di un corpo cavo.
capacitàre *v.tr.* [*io capàcito ecc.*] convincere ♦ **-rsi** *v.rifl.* rendersi conto.
capànna *s.f.* **1** piccola costruzione leggera, con pareti e tetto di frasche o di paglia **2** (*estens.*) casa molto povera.
capannèllo *s.m.* gruppo di persone riunite in una strada o in una piazza.
capànno *s.m.* piccola capanna adibita a usi specifici: *il — degli attrezzi*.
capannóne *s.m.* ampia costruzione per il deposito di merci, per il ricovero di automezzi o per lavorazioni che richiedono larghi spazi.
capàrbio *agg.* testardo □ **-mente** *avv.*
capàrra *s.f.* somma di denaro versata a titolo di garanzia da una delle due parti quando si stipula un contratto.
capeggiàre *v.tr.* [*io capéggio ecc.*] stare a capo di qlco.
capéllo *s.m.* ciascuno dei peli che crescono sul cuoio capelluto | *mettersi le mani nei capelli* (*fig.*) essere disperato | *spaccare un — in quattro*, (*fig.*) fare un'analisi eccessivamente pignola | *averne fin sopra i capelli*, (*fig.*) non poterne più.
capellùto *agg.* che ha molti capelli | *cuoio* —, la pelle che riveste la volta cranica.
capèstro *s.m.* **1** corda per impiccare | (*estens.*) forca **2** cavezza.
capezzàle *s.m.* **1** cuscino che si poneva tra il materasso e il lenzuolo per tenere sollevati i guanciali del letto **2** (*estens.*) il letto di un malato.
capézzolo *s.m.* (*anat.*) piccola protuberanza al centro della mammella.
capiènza *s.f.* capacità di contenere.
capigliatùra *s.f.* l'insieme dei capelli.
capillàre *agg.* **1** sottile come un capello | *vaso* —, (*anat.*) ciascuno dei canali molto sottili interposti fra le ultime diramazioni delle arterie e le radici delle vene **2** (*fig.*) analitico **3** (*fig.*) che si estende dovunque ♦ *s.m.* (*anat.*) vaso capillare □ **-mente** *avv.* minuziosamente, in modo ramificato.
capinéra *s.f.* uccellino dal canto melodioso.
capìre *v.tr.* [*io capisco, tu capisci ecc.*] **1** afferrare con la mente | (*assol.*) avere intelligenza | — *una persona*, conoscerne i sentimenti e le intenzioni **2** giustificare o perdonare ♦ **-rsi** *v.rifl.rec.* andare d'accordo, intendersi.
capitàle[1] *agg.* **1** che comporta la morte **2** (*fig.*) decisivo.
capitàle[2] *s.m.* (*econ.*) somma di denaro che frutta interesse | dotazione di mezzi di produzione.
capitàle[3] *s.f.* la città di uno stato in cui ha sede il governo; la città più importante da un particolare punto di vista.
capitalìsmo *s.m.* sistema economico e sociale nel quale i mezzi di produzione appartengono a chi possiede grandi capitali.
capitalìsta *s.m.* e *f.* [pl.m. *-sti*] chi dispone di capitali | (*scherz.*) persona ricca.
capitalizzàre *v.tr.* (*econ.*) mettere a frutto ricchezze, interessi o redditi trasformandoli in capitale per produrre nuovi guadagni.
capitalizzazióne *s.f.* (*econ.*) il capitalizzare, l'essere capitalizzato.
capitanerìa *s.f.* solo nella loc. — *di porto*, organo amministrativo dello stato che controlla i porti e il litorale marittimo.
capitàno *s.m.* **1** (*mil.*) ufficiale a capo di una compagnia di soldati **2** nella marina mercantile, comandante di una nave | nella marina militare, grado di vari ufficiali **3** (*aer.*) comandante di una squadriglia di aerei **4** (*st.*) titolo di vari magistrati o di comandanti militari **5** — *d'industria*, grande industriale **6** (*sport*) atleta responsabile del comportamento in campo dei compagni.
capitàre *v.intr.* [*io càpito ecc.*; aus. *essere*] **1** giungere in un luogo per caso o di passaggio **2** presentarsi per combinazione o per caso (detto di cose) **3** accadere ♦ *v.intr.impers.* [aus. *essere*] avvenire.
capitèllo *s.m.* (*arch.*) l'estremità superio-

re della colonna sulla quale poggia l'arco o l'architrave.
capitolàre *v.intr.* [*io capìtolo ecc.*; aus. *avere*] **1** arrendersi al nemico **2** (*fig.*) cedere alle insistenze altrui.
capitolazióne *s.f.* il capitolare | (*estens.*) i patti della resa.
capìtolo *s.m.* **1** ciascuna delle parti nelle quali è suddiviso un testo **2** (*eccl.*) l'insieme dei canonici addetti a una chiesa **3** adunanza dei membri di una congregazione religiosa o cavalleresca.
capitómbolo *s.m.* il cadere a testa all'ingiù.
capitóne *s.m.* anguilla femmina di grosse dimensioni.
càpo *s.m.* **1** la parte superiore del corpo umano, unita al torace dal collo | *chinare il —*, (*fig.*) sottomettersi | *non avere né — né coda*, (*fig.*) si dice di ragionamento privo di fondamento **2** chi esercita un comando **3** (*estens.*) chi ha un ruolo preminente **4** parte superiore, estremità | *da —*, da principio **5** l'estremità più grossa e tondeggiante di un oggetto **6** ciascuna unità di una serie | *— d'accusa*, (*dir.*) imputazione **7** (*geog.*) promontorio.
capo- primo elemento di parole composte, che può indicare chi è a capo o dirige, la preminenza di una cosa o l'inizio.
capobànda *s.m.* e *f.* [pl.m. *capibanda*; f.invar.] **1** capo di una banda di malfattori **2** chi dirige una banda musicale.
capòcchia *s.f.* estremità ingrossata e tondeggiante di spilli, fiammiferi ecc.
capocordàta *s.m.* e *f.* [pl.m. *capicordata*; f.invar.] alpinista che guida una cordata.
capodànno *s.m.* [pl. *capodanni* o *capi d'anno*] il primo giorno dell'anno.
capodòglio *s.m.* grosso mammifero marino simile alla balena.
capofamìglia *s.m.* e *f.* [pl.m. *capifamiglia*; f.invar.] il capo della famiglia.
capofila *s.m.* e *f.* [pl.m. *capifila*; f.invar.] **1** chi è il primo di una fila **2** l'esponente principale di un movimento letterario, artistico o politico.
capofitto usato solo nella loc. avv. *a —*, col capo all'ingiù | *buttarsi a — in qlco.*, (*fig.*) dedicarvisi col massimo impegno.
capogìro *s.m.* [pl. *capogiri*] leggera vertigine, giramento di testa.
capolavòro *s.m.* [pl. *capolavori*] **1** l'opera migliore di un autore o di un'epoca **2** (*estens.*) opera che esprime al massimo grado una qualità.
capolìnea *s.m.* [pl. *capilinea*] fermata terminale di un servizio di trasporto.
capolìno *s.m.* nella loc. *far —*, sporgere il capo; (*estens.*) farsi vedere appena.
capolìsta *s.m.* e *f.* [pl.m. *capilista*; f.invar.] chi è scritto per primo in una lista | (*estens.*) chi ha raccolto il maggior numero dei voti in un'elezione.
capoluògo *s.m.* [pl. *capoluoghi*] la città più importante di una regione o di una provincia.
capomàfia *s.m.* [pl. *capimafia*] il capo di uno o più gruppi di mafiosi.
capomàstro *s.m.* [pl. *capomastri* e *capimastri*] chi dirige un gruppo di muratori.
caporàle *s.m.* graduato di truppa che riveste il primo dei gradi militari e comanda una squadra.
caporedattóre *s.m.* [f. *caporedattrice*; pl.m. *capiredattori*] chi dirige una redazione.
caporepàrto *s.m.* e *f.* [pl.m. *capireparto*; f.invar.] chi dirige un reparto di un'azienda o di una fabbrica.
caposàldo *s.m.* [pl. *capisaldi*] **1** punto del terreno di cui è nota l'altitudine e la posizione topografica **2** (*mil.*) ciascuna delle posizioni fortificate di uno schieramento difensivo **3** (*fig.*) fondamento; punto basilare.
caposcuòla *s.m.* e *f.* [pl.m. *capiscuola*; f.invar.] chi è a capo d'una scuola o corrente letteraria, artistica, scientifica.
caposervìzio *s.m.* e *f.* [pl.m. *capiservizio*; f.invar.] **1** in un'azienda o nella pubblica amministrazione, capo di un settore organizzativo **2** il redattore responsabilite di una particolare sezione di un giornale.
capostazióne *s.m.* e *f.* [pl.m. *capistazione*; f.invar.] dirigente di una stazione ferroviaria.
capotàvola *s.m.* e *f.* [pl.m. *capitavola*; f.invar.] chi siede a capo di una tavola, occupando il posto d'onore | (*estens.*) il posto stesso.
capotrèno *s.m.* e *f.* [pl.m. *capitreno* e *capotreni*; f.invar.] capo del personale di servizio di un treno.
capottàre *v.intr.* [*io capòtto ecc.*; aus. *avere*] capovolgersi in avanti, detto di aeroplani e di automobili.
capovèrso *s.m.* [pl. *capoversi*] **1** in uno scritto, l'inizio del periodo con cui si va a capo **2** (*dir.*) ogni parte in cui è diviso il testo di un articolo di legge.
capovòlgere *v.tr.* [coniugato come *volgere*] **1** rovesciare **2** (*fig.*) cambiare radicalmente ♦ **-rsi** *v.intr.pron.* **1** voltarsi sottosopra **2** (*fig.*) cambiarsi radicalmente
capovolgiménto *s.m.* il capovolgere, il capovolgersi, l'essere capovolto (anche *fig.*).
càppa *s.f.* **1** ampio mantello, in genere fornito di cappuccio **2** parte del camino con la funzione di raccogliere il fumo e di convogliarlo verso la canna fumaria.

cappèlla[1] *s.f.* **1** piccola costruzione a una sola navata destinata al culto **2** tabernacolo con immagine sacra **3** complesso di musicisti e cantori di una chiesa.
cappèlla[2] *s.f.* la parte superiore, espansa e tondeggiante, dei funghi.
cappellàio *s.m.* [f. *-a*] chi fabbrica o vende cappelli.
cappellàno *s.m.* **1** sacerdote che aiuta il parroco **2** sacerdote addetto all'assistenza spirituale presso determinati enti.
cappèllo *s.m.* **1** copricapo **2** (*estens.*) qualsiasi oggetto che ricordi un cappello **3** (*fig.*) breve introduzione a uno scritto, a un discorso.
càppero *s.m.* pianta sempreverde con foglie tonde e carnose, i cui fiori si conservano in salamoia per condimento.
càppio *s.m.* **1** nodo che si può sciogliere tirando uno dei due capi della corda **2** capestro.
cappóne *s.m.* pollo maschio castrato.
cappòtto[1] *s.m.* pesante soprabito invernale.
cappòtto[2] *s.m.* in alcuni sport, risultato di una partita in cui lo sconfitto non ha segnato neanche un punto: *dare —*.
cappuccìno[1] *s.m.* religioso di un ordine mendicante francescano.
cappuccìno[2] *s.m.* caffè con aggiunta di poco latte.
cappùccio *s.m.* **1** copricapo di forma conica, attaccato all'abito o al mantello **2** (*estens.*) nome generico di vari oggetti conici che costituiscono una copertura.
càpra *s.f.* mammifero ruminante domestico con corna ricurve all'indietro.
capriàta *s.f.* (*edil.*) struttura triangolare che regge il tetto di un edificio.
caprìccio *s.m.* **1** desiderio bizzarro | bizza improvvisa **2** amore leggero e incostante **3** (*mus.*) brano musicale di forma libera e di carattere fantasioso.
capricciόso *agg.* **1** che fa capricci **2** instabile, mutevole **3** ricco di originalità; bizzarro □ **-mente** *avv.*
capricòrno *s.m.* **1** mammifero ruminante asiatico simile alla capra **2** *Capricorno*, costellazione e segno dello zodiaco.
capriòla *s.f.* evoluzione del corpo fatta raggomitolandosi su sé stessi e ruotando.
capriòlo *s.m.* mammifero ruminante di medie dimensioni, agile ed elegante, con corna caduche nel maschio.
càpro *s.m.* il maschio della capra | — *espiatorio*, (*fig.*) chi sconta colpe altrui.
càpsula *s.f.* **1** qualsiasi involucro di forma tondeggiante o cilindrica che ha funzione protettiva **2** — *spaziale*, veicolo spaziale attrezzato ad abitacolo per l'equipaggio e le apparecchiature **3** (*anat.*) membrana più o meno spessa che avvolge un organo.
captàre *v.tr.* **1** procurarsi **2** (*telecom.*) intercettare le onde elettromagnetiche emesse da una trasmittente radiofonica, televisiva o telegrafica **3** (*fig.*) intuire.
capziόso *agg.* ingannevole, cavilloso □ **-mente** *avv.*
carabàttola *s.f.* (*fam.*) oggetto di poco pregio.
carabìna *s.f.* fucile di precisione con canna rigata.
carabinière *s.m.* militare di un corpo speciale dell'esercito italiano.
caracollàre *v.intr.* [*io caracòllo ecc.*; aus. *avere*] volteggiare saltellando a destra e a sinistra (detto del cavallo o del cavaliere).
caràffa *s.f.* recipiente di vetro, provvisto di manico, usato per bevande | il liquido contenuto in questo recipiente.
caramèlla *s.f.* pastiglia di zucchero cotto, colorato e aromatizzato.
caramèllo *s.m.* zucchero liquefatto e brunito mediante cottura.
caràto *s.m.* **1** unità di misura usata per esprimere il numero di parti di oro fino contenute in 24 parti di lega **2** unità di misura delle pietre preziose.
caràttere *s.m.* **1** ognuna delle lettere di un alfabeto **2** (*tip.*) piccolo parallelepipedo che porta in rilievo una lettera, una cifra o un altro segno | nell'elaborazione elettronica dei dati, simbolo alfabetico, numerico o speciale **3** qualità particolare **4** complesso di qualità e attitudini psicologiche di un individuo; indole.
caratteriàle *agg.* (*psicol.*) **1** relativo al carattere **2** si dice di bambino o preadolescente che presenta anomalie nel comportamento.
caratterìsta *s.m.* e *f.* [pl.m. *-sti*] attore non protagonista, che interpreta personaggi singolari, caratteristici.
caratterìstica *s.f.* qualità tipica.
caratterìstico *agg.* [pl.m. *-ci*] che è tipico □ **-mente** *avv.*
caratterizzàre *v.tr.* **1** descrivere qlcu. o qlco. mettendone in luce le caratteristiche **2** contraddistinguere.
caratterizzazióne *s.f.* il caratterizzare, l'essere caratterizzato.
caravan *s.m.invar.* (*ingl.*) roulotte attrezzata per soste prolungate.
caravèlla *s.f.* agile veliero a tre alberi.
carbo- primo elemento di nomi composti, che indica presenza di carbonio o relzione con il carbone.
carboidràto *s.m.* (*chim.*) idrato di carbonio.

carbonàro *agg.* (*st.*) che riguarda la carboneria o i suoi affiliati ♦ *s.m.*
carbonàto *s.m.* (*chim.*) sale dell'acido carbonico.
carbónchio *s.m.* **1** (*vet.*) gravissima malattia infettiva degli erbivori **2** (*agr.*) malattia del grano dovuta a un fungo.
carboncìno *s.m.* bastoncino di carbone vegetale per disegnare | (*estens.*) il disegno così eseguito.
carbóne *s.m.* sostanza solida di colore nero, ricca di carbonio, derivata dalla decomposizione di sostanze organiche ♦ *agg.invar.* di colore nero intenso.
carbonerìa *s.f.* (*st.*) nome di una società segreta operante nei primi decenni del sec. XIX per promuovere un programma politico di tipo liberale.
carbònico *agg.* [pl.m. *-ci*] (*chim.*) composto che contiene carbonio: *anidride* —.
carbonìfero *agg.* che contiene carbone (detto di terreni e minerali): *bacino* — ♦ *agg.* e *s.m.* (*geol.*) si dice del quinto periodo dell'era paleozoica.
carbònio *s.m.* elemento chimico di simbolo *C*; è il costituente principale del carbone e parte essenziale di tutti i composti organici e degli organismi viventi.
carbonizzàre *v.tr.* **1** trasformare in carbone **2** ardere in modo da ridurre simile al carbone.
carburànte *s.m.* sostanza liquida o gassosa che bruciando in presenza di aria fornisce l'energia.
carburatóre *s.m.* apparecchio in cui si forma la miscela di aria e carburante.
carburazióne *s.f.* preparazione e dosatura della miscela di aria e carburante.
carcàssa *s.f.* **1** scheletro di un animale morto **2** (*fig.*) persona malridotta dalla malattia o dagli stenti **3** struttura resistente di sostegno in macchine o apparecchi.
carceràto *agg.* e *s.m.* [f. *-a*] si dice di persona rinchiusa in carcere; detenuto.
carcerazióne *s.f.* **1** il carcerare **2** l'essere in carcere; detenzione | — *preventiva*, (*dir.*) privazione della libertà dell'imputato prima del processo; dal 1984 è sostituita da *custodia cautelare*.
càrcere *s.m.* [pl.f. *le carceri*] **1** stabilimento in cui è rinchiuso chi è condannato alla privazione della libertà personale o è in attesa del giudizio **2** (*estens.*) luogo opprimente.
carcerière *s.m.* [f. *-a*] guardiano di un carcere | (*estens.*) chi sorveglia con eccessiva severità.
carcinòma *s.m.* [pl. *-mi*] (*med.*) tumore maligno originato da tessuti dell'epitelio.
carciòfo *s.m.* **1** pianta erbacea di cui si mangiano i capolini e le grandi foglie carnose **2** (*fig.*) persona sciocca.
cardàre *v.tr.* districare, pettinare e pulire le fibre tessili.
cardatùra *s.f.* operazione del cardare.
cardellìno *s.m.* uccellino canoro, con fronte e gola rosse e fascia gialla sulle ali.
cardìaco *agg.* [pl.m. *-ci*] (*med.*) che riguarda il cuore.
càrdigan *s.m.invar.* giacca di maglia, senza colletto e abbottonata sul davanti.
cardinàle[1] *agg.* che fa da cardine, da sostegno; principale | *punti cardinali*, (*geog.*) i quattro punti fondamentali dell'orizzonte (nord, sud, est, ovest) | *virtù cardinali*, nella dottrina cattolica, prudenza, giustizia, fortezza, temperanza.
cardinàle[2] *s.m.* ciascuno degli alti prelati della chiesa cattolica che sono nominati dal papa e collaborano con lui.
cardinalìzio *agg.* di, da cardinale.
càrdine *s.m.* **1** ferro cilindrico verticale sul quale si impernia e gira il battente **2** (*fig.*) punto fondamentale su cui poggia una tesi.
cardio- primo elemento di parole composte della terminologia scientifica, che significa 'cuore'.
cardiochirurgìa *s.f.* (*med.*) settore della chirurgia che ha come campo di attività gli interventi sul cuore.
cardiocircolatòrio *agg.* (*med.*) che si riferisce al cuore e alla circolazione del sangue.
cardiologìa *s.f.* ramo della medicina che si occupa delle funzioni e delle malattie del cuore.
cardiopàlmo [pl. *-mi*], *s.m.* (*med.*) sensazione cosciente del battito cardiaco.
cardiopàtico *agg.* e *s.m.* [f. *-a*; pl.m. *-ci*] (*med.*) si dice di chi è affetto da una malattia di cuore.
cardiotònico *agg.* e *s.m.* [pl.m. *-ci*] si dice di farmaco che aumenta la forza delle contrazioni cardiache.
cardiovascolàre *agg.* (*med.*) che riguarda il cuore e il sistema dei vasi sanguigni.
càrdo *s.m.* pianta erbacea con foglie lunghe, carnose, commestibili.
carèna *s.f.* (*mar.*) la parte inferiore di una nave, che normalmente rimane immersa nell'acqua.
carenàggio *s.m.* (*mar.*) l'operazione del carenare.
carenàre *v.tr.* [*io carèno ecc.*] (*mar.*) mettere in secco la carena di una nave per manutenzione e riparazione.
carènza *s.f.* mancanza.
care of abbr. in **c/o** loc. prep. (*ingl.*) formula usata sulla corrispondenza per indi-

care una destinazione presso terzi: *Mario Rossi c/o Giovanni Bianchi.*
carestìa *s.f.* mancanza o grande scarsezza di viveri.
carézza *s.f.* **1** dimostrazione di affetto o di benevolenza fatta sfiorando con la mano **2** (*estens.*) tocco leggero.
cariàre *v.tr.* [io càrio ecc.] favorire la carie ♦ **-rsi** *v.intr.pron.* essere colpito dalla carie.
cariàtide *s.f.* **1** nell'architettura classica, statua di donna usata come colonna o pilastro **2** (*fig.*) persona che sta abitualmente ferma e in silenzio.
cariàto *agg.* che è colpito dalla carie.
càrica *s.f.* **1** ufficio; impiego onorifico **2** l'atto di fornire a un congegno l'energia per il suo funzionamento | (*estens.*) il congegno, il meccanismo, l'energia che permettono tale funzionamento **3** l'esplosivo che fa partire il proiettile da un'arma **4** — *elettrica*, (*fis.*) quantità di elettricità contenuta in un corpo **5** (*fig.*) l'energia psichica o emotiva | la tensione ideale o emotiva che emana da un'opera, da un'idea **6** (*mil.*) avanzata impetuosa di truppe per concludere un'azione e sopraffare l'avversario **7** (*sport*) azione per ostacolare un avversario.
caricàre *v.tr.* [io càrico, tu càrichi ecc.] **1** mettere un peso da trasportare addosso a una persona o sopra un animale o un veicolo **2** gravare di un carico **3** (*fig.*) opprimere con una gran quantità **4** (*mil.*) attaccare con impeto **5** esagerare **6** fornire di carica **7** (*inform.*) eseguire il caricamento di dati o di programmi ♦ **-rsi** *v.rifl.* imporsi un carico.
caricatóre *s.m.* **1** involucro metallico contenente cartucce **2** involucro contenente la pellicola fotografica **3** attrezzatura per effettuare il carico di materiali vari ♦ *agg.* [f. -trice] che serve per caricare.
caricatùra *s.f.* rappresentazione in cui i tratti caratteristici del soggetto sono distorti per produrre un effetto comico.
càrico[1] *agg.* [pl.m. -chi] **1** che regge un peso **2** (*estens.*) sovraccarico | intenso (detto di colore) **3** (*fig.*) oppresso **4** caricato, pronto per funzionare.
càrico[2] *s.m.* [pl. -chi] **1** l'operazione del caricare **2** quanto si carica **3** (*fig.*) onere, responsabilità.
càrie *s.f.* (*med.*) processo infiammatorio di origine batterica che distrugge i tessuti delle ossa e dei denti.
carillon *s.m.* (*fr.*) **1** sistema di campane che producono un semplice motivo musicale **2** cilindro rotante munito di punte che fanno vibrare delle lamelle metalliche, producendo così una melodia.
carìsma *s.m.* [pl. -smi] **1** (*teol.*) dono soprannaturale **2** (*fig.*) prestigio, forza di persuasione che si fondano su straordinarie qualità personali.
carità *s.f.* **1** (*teol.*) virtù teologale per la quale si ama Dio e il prossimo **2** disposizione naturale ad aiutare chi ha bisogno **3** elemosina **4** (*estens.*) favore, cortesia.
carlìnga *s.f.* (*aer.*) parte del velivolo dove è alloggiato il motore.
carmìnio *s.m.* colorante rosso vivo.
carnagióne *s.f.* il colorito, aspetto della pelle umana.
carnàio *s.m.* **1** ammasso di cadaveri; luogo pieno di cadaveri **2** (*spreg.*) luogo sovraffollato.
carnàle *agg.* della carne, dei sensi □ **-mente** *avv.*
càrne *s.f.* **1** nel corpo dell'uomo e degli animali vertebrati, la parte costituita dai muscoli | *in — e ossa*, in persona **2** (*estens.*) corpo umano **3** (*fig.*) l'essere umano considerato nella sua corporalità (contrapposto a *spirito*) **4** parte degli animali che viene usata come alimento dell'uomo.
carnéfice *s.m.* **1** esecutore di condanne a morte **2** (*fig.*) persecutore.
carneficìna *s.f.* strage, massacro.
carnevàle *s.m.* **1** periodo dell'anno che va dall'epifania all'inizio della quaresima; dedicato tradizionalmente ai divertimenti e alle feste mascherate **2** (*estens.*) l'insieme delle manifestazioni organizzate durante il carnevale.
carnière *s.m.* **1** borsa per la selvaggina **2** (*estens.*) la selvaggina uccisa.
carnìvori *s.m.pl.* (*zool.*) ordine di mammiferi che si cibano prevalentemente della carne delle prede.
carnìvoro *agg.* che si ciba in prevalenza o esclusivamente di carne.
càro *agg.* **1** che è oggetto di affetto **2** (*estens.*) gradito **3** che si considera prezioso **4** premuroso, gentile **5** che nasce dall'affetto **6** che ha un prezzo alto ♦ *avv.* a prezzo elevato | *pagare* —, (*fig.*) scontare duramente ♦ *s.m.* **1** [f. -a] la persona amata **2** *pl.* i parenti □ **-mente** *avv.* con amore
carógna *s.f.* **1** corpo di animale morto **2** (*fig. spreg.*) persona vile, perfida.
carognàta *s.f.* (*fam.*) azione dettata da viltà.
carosèllo *s.m.* **1** in età rinascimentale, torneo di cavalieri | (*estens.*) parata che si svolge in occasione di ricorrenze o festività **2** giostra **3** movimento circolare vorticoso.
caròta *s.f.* **1** pianta erbacea con grossa radice carnosa **2** la radice commestibile di

tale pianta **3** (*min.*) campione di roccia che si estrae dal sottosuolo con sonde.

caròtide *s.f.* (*anat.*) arteria del collo che dall'aorta porta il sangue alla testa.

carovàna *s.f.* **1** gruppo di viaggiatori che attraversano, con carri e merci, luoghi deserti o malsicuri **2** (*estens.*) gruppo di veicoli che si spostano insieme.

carovìta *s.m.* [solo *sing.*] l'alto costo dei beni di consumo per effetto dell'inflazione.

càrpa *s.f.* pesce commestibile d'acqua dolce.

carpàccio *s.m.* (*gastr.*) pietanza di carne cruda affettata molto sottile, condita con olio e scaglie di formaggio grana.

carpenterìa *s.f.* **1** complesso di attività consistenti nella preparazione e nel montaggio degli elementi di una costruzione **2** la costruzione stessa **3** lo stabilimento dove si realizzano tali strutture.

carpentière *s.m.* operaio che esegue lavori di carpenteria.

carpóni *avv.* con le mani e le ginocchia appoggiate a terra: *avanzare* —.

carràio *agg.* che permette il passaggio di carri o di autoveicoli.

carreggiàta *s.f.* **1** parte della strada riservata alla marcia dei veicoli **2** (*fig.*) retta via **3** solco impresso sul terreno dalle ruote di un veicolo **4** distanza fra le due ruote dello stesso assale di un veicolo.

carrellàta *s.f.* **1** ripresa di una scena cinematografica o televisiva con la macchina da presa montata su un carrello in movimento **2** (*fig.*) sguardo d'insieme.

carrèllo *s.m.* **1** telaio montato su ruote per trasporto o di sostegno **2** parte scorrevole di una macchina o di un impianto.

carrettière *s.m.* [f. *-a*] **1** conducente di carri **2** (*fig.*) persona di modi sguaiati.

carrièra *s.f.* professione, corso di studi che prevede una serie progressiva di avanzamenti di grado.

carrierìsta *s.m.* e *f.* [pl.m. *-sti*] chi vuol far carriera a tutti i costi.

carriòla *s.f.* piccolo carretto con una ruota e due stanghe, che si spinge a mano.

carrìsta *s.m.* [pl. *-sti*] (*mil.*) soldato che presta servizio in un reparto di carri armati.

càrro *s.m.* **1** veicolo da trasporto a due o quattro ruote, trainato da animali **2** quantità di materiale trasportato da un carro **3** veicolo a trazione meccanica, destinato a usi particolari: — *ferroviari* | — *armato*, autoveicolo cingolato e corazzato, armato di un cannone e di mitragliatrici **4** (*astr.*) costellazioni dell'Orsa Maggiore e dell'Orsa Minore: *Gran Carro*, *Piccolo Carro*.

carròzza *s.f.* **1** vettura a quattro ruote, trainata da cavalli, per il trasporto di persone **2** vagone ferroviario per persone.

carrozzàbile *agg.* che può essere percorso da carrozze o autoveicoli.

carrozzèlla *s.f.* **1** veicolo, a motore o spinto a mano, per il trasporto di persone invalide **2** carrozza di piazza per turisti.

carrozzerìa *s.f.* **1** la parte dell'autoveicolo che serve a ricoprire le parti meccaniche e ad accogliere il carico e le persone **2** officina in cui si riparano le carrozzerie.

carrozzière *s.m.* chi progetta, costruisce o ripara le carrozzerie.

carrùcola *s.f.* macchina per sollevare pesi.

càrta *s.f.* **1** materiale ottenuto dalla lavorazione di fibre di cellulosa, che si presenta in forma di fogli sottili e pieghevoli **2** foglio usato per scrivere | — *bollata* **3** documento: — *d'identità* | — *di credito*, documento rilasciato da una banca che consente di acquistare beni e servizi rinviandone il pagamento **4** dichiarazione solenne dei principi fondamentali di uno stato o di un organismo internazionale: *la — delle Nazioni Unite* **5** nei ristoranti, lista delle vivande e dei vini **6** (*geog.*) rappresentazione grafica della superficie terrestre **8** — *da gioco*, cartoncino rettangolare per giochi da tavolo, su cui sono impressi semi o figure diverse.

cartacarbóne *s.f.* [pl. *cartecarbone*] carta con una faccia nera o di altro colore scuro che si mette tra i fogli di carta bianca per ottenere più copie di uno scritto.

cartapésta *s.f.* [pl. *càrtapeste* o *cartepeste*] impasto di carta con acqua, collanti e gesso.

cartastràccia *s.f.* [pl. *cartestracce*] **1** carta di cattiva qualità **2** carta già usata, da gettare via **3** documento senza alcun valore.

cartéggio *s.m.* corrispondenza epistolare | la raccolta delle lettere scambiate.

cartèlla *s.f.* **1** foglio stampato o scritto a mano con indicazioni di varia natura: *la — della tombola* | — *clinica* **2** pagina dattiloscritta destinata alla composizione tipografica **3** (*fin.*) titolo a reddito fisso **4** custodia per fogli **5** borsa per documenti | borsa in cui gli studenti ripongono libri e quaderni.

cartellìno *s.m.* **1** etichetta | targhetta **2** modulo | scheda di presenza che i lavoratori dipendenti timbrano all'entrata e all'uscita del lavoro.

cartèllo[1] *s.m.* **1** avviso per comunicazioni al pubblico **2** insegna sopra un negozio.

cartèllo[2] *s.m.* (*econ.*) accordo con cui due

o più imprese dello stesso ramo produttivo si impegnano a limitare la concorrenza.
cartellóne *s.m.* **1** grande manifesto contenente il programma di manifestazioni teatrali, cinematografiche, musicali, sportive **2** grande manifesto per la pubblicità.
cartellonìsta *s.m.* e *f.* [pl.m. *-sti*] chi disegna cartelloni pubblicitari.
cartièra *s.f.* stabilimento per la fabbricazione della carta.
cartilàgine *s.f.* (*anat.*) tessuto connettivo elastico, duro.
cartìna *s.f.* **1** involucro di carta per sostanze medicinali o piccoli oggetti **2** foglietto di carta per fare sigarette **3** piccola carta geografica.
cartòccio *s.m.* foglio di carta ravvolto a cono per incartare merce; il contenuto di un cartoccio | *al* —, (*gastr.*) cotto nel forno in un involucro di carta oleata o di alluminio.
cartografìa *s.f.* insieme delle tecniche necessarie alla realizzazione di carte geografiche, topografiche e geologiche.
cartògrafo *s.m.* [f. *-a*] esperto di cartografia.
cartolàio *s.m.* [f. *-a*] venditore di oggetti di cancelleria.
cartolerìa *s.f.* negozio del cartolaio.
cartolìna *s.f.* cartoncino rettangolare per brevi comunicazioni epistolari.
cartomànte *s.m.* e *f.* chi predice il futuro con le carte.
cartoncìno *s.m.* **1** cartone leggero e sottile **2** biglietto di cartone leggero, elegante.
cartóne *s.m.* **1** carta di notevole spessore e resistenza usato per confezionare scatole, ricoprire libri ecc. **2** imballaggio di cartone **3** nella tecnica pittorica, disegno preparatorio su carta pesante che verrà poi eseguito su muro o su tela | — *animato*, (*cine.*) film formato da fotogrammi che riproducono una serie di disegni, i quali, proiettati in rapida successione, danno l'impressione del movimento.
cartùccia *s.f.* [pl. *-ce*] **1** cilindro che contiene la carica e il proiettile delle armi da fuoco portatili | *mezza* —, (*fig.*) uomo da poco **2** oggetto cilindrico, fatto in modo da poter essere facilmente sostituito: *la — dell'olio* | contenitore di inchiostro con cui si alimentano le penne stilografiche **3** (*inform.*) nastro magnetico usato come memoria aggiuntiva.
cartuccièra *s.f.* tracolla, cintura o tasca di cuoio per le cartucce da caccia.
càsa *s.f.* **1** edificio suddiviso in vani e adibito ad abitazione | *giocare in* —, riferito a una squadra sportiva, giocare nella propria città; (*fig.*) trovarsi a operare in una situazione favorevole **2** edificio in cui sono ospitate delle persone per un fine determinato; l'istituzione che l'amministra: — *dello studente*, collegio universitario; — *di cura*, clinica privata | edificio in cui ha sede un'associazione | convento, istituto religioso **3** famiglia **4** stirpe, casato **5** (*comm.*) ditta, società.
casàcca *s.f.* **1** la giubba o la maglia di fantini e atleti **2** giacca di taglio diritto.
casalìnga *s.f.* donna che si dedica esclusivamente alla casa.
casalìngo *agg.* [pl.m. *-ghi*] **1** che riguarda la casa | *cucina casalinga* semplice e genuina **2** che ama stare in casa: *uomo* — ♦ *s.m.* (*pl.*) oggetti per la casa.
casaménto *s.m.* grande edificio d'abitazione di tipo popolare.
casàta *s.f.* stirpe.
casàto *s.m.* famiglia, lignaggio.
càsba *s.f.* quartiere arabo delle città dell'Africa settentrionale | (*fig.*) quartiere malfamato di una città.
cascàme *s.m.* residuo della lavorazione industriale di alcuni materiali.
cascàre *v.intr.* [*io casco, tu caschi ecc.*; aus. *essere*] cadere | *far — le braccia*, (*fig.*) provocare delusione o sconforto | *cascarci*, (*fig.*) cadere in un tranello.
cascàta *s.f.* (*geog.*) brusca caduta d'acqua corrente causata da un dislivello del suolo.
cascìna *s.f.* il fabbricato in cui si trova la stalla delle vacche da latte.
càsco *s.m.* [pl. *-schi*] **1** sorta di elmo in materiale rigido e resistente, usato da militari, sportivi ecc. per proteggere la testa **2** copricapo in tela e sughero usato nei paesi tropicali per proteggersi dal sole **3** apparecchio elettrico per asciugare i capelli.
caseàrio *agg.* che riguarda la produzione dei formaggi e dei latticini.
caseggiàto *s.m.* **1** insieme di case vicine **2** casamento.
caseifìcio *s.m.* stabilimento per la produzione del burro e del formaggio.
caseìna *s.f.* (*chim.*) sostanza proteica contenuta nel latte.
casèlla *s.f.* **1** scompartimento di un mobile, uno scaffale, un cassetto | — *postale*, scompartimento numerato che le poste affittano a privati e in cui si tiene in custodia la corrispondenza **2** (*estens.*) riquadro.
casellànte *s.m.* e *f.* **1** custode di un tratto di linea ferroviaria che ha la propria abitazione in un casello **2** addetto a un casello autostradale.
casellàrio *s.m.* **1** mobile a caselle per documenti **2** raccolta ordinata di schede o documenti.

casèllo *s.m.* casa cantoniera | — *dell'autostrada*, impianto situato all'ingresso e all'uscita di un'autostrada.
caseréccio *agg.* [pl.f. -ce] fatto in casa.
casèrma *s.f.* edificio in cui alloggiano reparti militari o gli appartenenti a taluni corpi civili, come vigili del fuoco e polizia.
casinìsta *s.m.* e *f.* [pl.m. -*sti*] (*pop.*) persona confusionaria, chiassosa.
casìno *s.m.* **1** casa signorile di campagna **2** (*pop.*) casa di prostituzione **3** (*fig.*, *pop.*) confusione, chiasso.
casinò *s.m.* casa da gioco.
casìstica *s.f.* elenco di casi che possono verificarsi in determinate situazioni.
càso *s.m.* **1**, circostanza imprevedibile | *guarda* —, per combinazione | *far — a qlco.*, prestarvi attenzione **2** sorte, fatalità **3** situazione particolare **4** vicenda che fa scalpore **5** (*med.*) soggetto in cui si riscontra una malattia **6** eventualità.
casolàre *s.m.* casa rustica isolata.
càssa *s.f.* **1** contenitore in materiale rigido, a forma di parallelepipedo, per tenere o trasportare oggetti; il contenuto di tale recipiente **2** (*estens.*) oggetto cavo | — *armonica* (o *di risonanza*), corpo cavo di uno strumento a corda o a percussione, che aumenta l'intensità dei suoni **3** scomparto, mobile in cui si conserva denaro | in negozi, uffici, banche, il posto del cassiere **4** (*dir.*) ente che raccoglie denaro a fini di utilità collettiva: *Cassa di risparmio* | — *integrazione*, istituto che assicura un reddito a lavoratori sospesi temporaneamente dall'attività **5** — *acustica*, struttura che contiene uno o più altoparlanti **6** (*anat.*) cavità delimitata da pareti ossee, cartilaginee o muscolari: — *toracica*.
cassafòrte *s.f.* [pl. *casseforti*] armadio o cassetta di acciaio con speciali serrature e dispositivi di sicurezza per custodire denaro e preziosi.
cassaintegràto *s.m.* [f. -*a*] lavoratore dipendente posto in cassa integrazione.
cassapànca *s.f.* [pl. *cassapanche* o *cassepanche*] mobile a cassa di forma allungata, dotato di coperchio utilizzabile come sedile.
cassàre *v.tr.* **1** annullare uno scritto passandoci sopra un tratto di penna o raschiandolo **2** (*estens.*) abrogare; abolire: — *una sentenza*.
cassàta *s.f.* **1** dolce siciliano di pan di Spagna, ripieno di ricotta, canditi, cioccolato e liquore **2** gelato di crema o cioccolato e frutta candita.
cassazióne *s.f.* (*dir.*) annullamento | *Corte di Cassazione*, supremo organo di giustizia che controlla l'esatta applicazione della legge da parte dei tribunali inferiori.
càssero *s.m.* (*mar.*) ponte scoperto sopraelevato della nave.
casseruòla *s.f.* tegame fondo, di solito con manico lungo.
cassétta *s.f.* **1** cassa piccola **2** (*tecn.*) involucro di protezione di varia forma | contenitore di un nastro magnetico; il nastro stesso.
cassétto *s.m.* cassetta munita di maniglia, che scorre su due guide entro un mobile | *avere un sogno nel* —, (*fig.*) avere un sogno segreto.
cassettóne *s.m.* **1** mobile con cassetti **2** (*arch.*) ciascuno degli scomparti quadrati o poligonali che formano un tipo di soffitto, detto appunto *a cassettoni*.
cassière *s.m.* [f. -*a*] chi è addetto alla cassa di un negozio, di un ufficio, di un locale pubblico.
cast *s.m.invar.* (*ingl.*) l'insieme degli attori di un film o di un'opera teatrale.
càsta *s.f.* gruppo sociale chiuso, in cui norme giuridiche e religiose vietano contatti con altri gruppi.
castàgna *s.f.* frutto del castagno | *prendere in* —, (*fig.*) cogliere in fallo.
castagnàccio *s.m.* torta di farina di castagne.
castagnéto *s.m.* bosco di castagni.
castàgno *s.m.* albero con foglie dentate, coltivato per i frutti e per il legname.
castagnòla *s.f.* petardo costituito da un involucro di carta.
castàno *agg.* del colore bruno scuro della buccia della castagna.
castellétto *s.m.* costruzione, struttura a castello.
castèllo *s.m.* **1** grande edificio munito di mura e di torri, dimora fortificata di un signore feudale | — *di carte*, (*fig.*) struttura fragile **2** (*tecn.*) denominazione di vari tipi di impalcature o di strutture portanti | *letto a* —, costituito da due letti uno sovrapposto all'altro **3** (*mar.*) ponte sopraelevato nella prua della nave.
castigàre *v.tr.* [*io castigo, tu castighi ecc.*] infliggere un castigo per educare.
castìgo *s.m.* [pl -*ghi*] punizione data allo scopo di ammonire e correggere.
castità *s.f.* **1** l'essere casto **2** (*fig.*) purezza.
càsto *agg.* **1** che si astiene dai rapporti sessuali **2** (*estens.*) puro, innocente □ **-mente** *avv.*
castòro *s.m.* **1** (*zool.*) roditore dell'America e dell'Europa del nord, dalla pelliccia marrone folta e pregiata **2** la pelliccia di tale animale **3** tessuto pesante di lana.

castràre *v.tr.* rendere incapace alla riproduzione asportando gli organi genitali o rendendoli inefficienti.
castrazióne *s.f.* il castrare, l'essere castrato.
castronerìa *s.f.* (*pop.*) sciocchezza, errore grossolano.
casual *agg.* e *s.m.invar.* (*ingl.*) si dice di abbigliamento semplice e sportivo.
casuàle *agg.* che avviene per caso □ **-mente** *avv.*
casùpola *s.f.* casa piccola, modesta.
cataclìsma *s.m.* [pl. *-smi*] **1** inondazione disastrosa **2** (*fig.*) grave sconvolgimento.
catacómba *s.f.* (*archeol.*) galleria o serie di gallerie sotterranee dove i primi cristiani seppellivano i loro morti e celebravano il culto.
catafàlco *s.m.* [pl. *-chi*] palco coperto di drappi neri su cui si pone la bara durante le cerimonie funebri.
catafàscio solo nella loc. avv. *a —*, alla rinfusa | *andare a —*, in rovina.
catalèssi *s.f.* (*med.*) stato di immobilità e di rigidità caratteristico di alcune malattie nervose e mentali.
catàlisi *s.f.* (*chim.*, *fis.*) fenomeno per cui una sostanza modifica con la sua presenza la velocità di una reazione.
catalizzatóre *agg.* e *s.m.* [f. *-trice*] **1** (*chim.*, *fis.*) si dice di sostanza che dà luogo a una catalisi **2** (*fig.*) si dice di tutto ciò che favorisce un processo o ne è centro.
catalogàre *v.tr.* [*io catàlogo, tu catàloghi ecc.*] **1** disporre in un catalogo **2** (*estens.*) enumerare, elencare.
catàlogo *s.m.* [pl. *-ghi*] elenco di oggetti dello stesso genere; il volume contenente l'elenco stesso.
catapécchia *s.f.* casupola cadente.
cataplàsma *s.m.* [pl. *-smi*] **1** impiastro medicamentoso di sostanze emollienti **2** (*scherz.*) persona noiosa.
catapùlta *s.f.* antica macchina da guerra che lanciava pietre e frecce.
catapultàre *v.tr.* **1** lanciare con la catapulta **2** (*estens.*) scaraventare ♦ **-rsi** *v.rifl.* lanciarsi con violenza.
catarifrangènte *agg.* che rimanda nella stessa direzione la luce da cui è colpito ♦ *s.m.* dispositivo catarifrangente applicato a veicoli o a ostacoli fissi per renderli visibili di notte.
catàrro *s.m.* (*med.*) sostanza prodotta dalle mucose infiammate.
catàrsi *s.f.* **1** purificazione **2** l'azione purificatrice e rasserenante dell'arte **3** (*psicoan.*) superamento di un conflitto interiore attraverso la rievocazione dei traumi che l'hanno causato.
catàrtico *agg.* [pl.m. *-ci*] proprio della catarsi; purificatorio.
catàsta *s.f.* mucchio di oggetti sovrapposti.
catastàle *agg.* del catasto.
catàsto *s.m.* inventario generale, a fini fiscali, delle proprietà immobiliari | l'ufficio che registra, aggiorna e conserva tale inventario.
catàstrofe *s.f.* evento disastroso; sciagura grave.
catastròfico *agg.* [pl.m. *-ci*] **1** che provoca una catastrofe **2** (*estens.*) eccessivamente pessimista □ **-mente** *avv.*
catechèsi *s.f.* l'insegnamento della dottrina cristiana.
catechìsmo *s.m.* l'insieme dei principi fondamentali della dottrina cristiana; l'insegnamento di tali principi.
catechizzàre *v.tr.* **1** istruire nel catechismo **2** (*estens.*) cercare di convincere.
categorìa *s.f.* **1** classe che raggruppa cose della medesima specie o persone con la stessa attività **2** (*sport*) raggruppamento di atleti secondo le prestazioni, l'età ecc.
categòrico *agg.* [pl.m. *-ci*] che non dipende da altro né ammette alternative | (*estens.*) netto □ **-mente** *avv.*
catena *s.f.* **1** serie di anelli metallici infilati l'uno nell'altro, che si usa per legare, come strumento di trazione o trasmissione o come oggetto ornamentale **2** (*fig.*) vincolo, legame **3** serie continua di cose o avvenimenti | *— di montaggio*, (*tecn.*) metodo di produzione industriale **4** (*inform.*) serie continua di dati legati tra loro.
catenàccio *s.m.* **1** chiavistello **2** (*sport*) nel calcio, tattica di gioco difensiva.
cateràtta *s.f.* **1** chiusura a saracinesca per regolare il passaggio dell'acqua di un canale **2** nel letto di un fiume, serie di gradini che provocano piccole cascate **3** (*med.*) malattia dell'occhio caratterizzata dall'opacizzazione del cristallino.
catèrva *s.f.* moltitudine, grande quantità.
catinèlla *s.f.* recipiente rotondo, largo e basso, usato per lavarsi mani e viso o per lavare piccoli indumenti | *acqua a catinelle*, a dirotto.
catìno *s.m.* recipiente rotondo e piuttosto largo, usato per lavarsi o per lavare.
catòrcio (*fig. fam.*) oggetto vecchio e malridotto.
catramàre *v.tr.* impermeabilizzare con catrame.
catràme *s.m.* liquido nero, viscoso, prodotto nella distillazione a secco di legna o di combustibili fossili.
càttedra *s.f.* **1** nelle scuole e nelle univer-

sità, il tavolo o la scrivania dell'insegnante **2** (*fig.*) insegnamento di una disciplina; l'ufficio del professore di ruolo **3** seggio con baldacchino del pontefice o dei vescovi durante le funzioni religiose.
cattedràle *s.f.* la chiesa principale della diocesi.
cattedràtico *agg.* [pl.m. *-ci*] **1** proprio di chi occupa una cattedra **2** (*spreg.*) saccente ♦ *s.m.* [f. *-a*] titolare di una cattedra universitaria □ **-mente** *avv.*
cattivèria *s.f.* **1** disposizione al male **2** azione cattiva.
cattività *s.f.* **1** (*lett.*) prigionia **2** la condizione dell'animale che vive in gabbia.
cattìvo *agg.* [compar. *più cattivo* o *peggiore*; superl. *cattivissimo* o *pessimo*] **1** contrario alla legge morale **2** scortese | *cattive maniere*, modi scortesi **3** indisciplinato **4** di qualità scadente **5** inefficiente, incapace (detto di persona) **6** brutto, spiacevole | doloroso; *trovarsi in cattive acque*, (*fig.*) in una situazione difficile **7** dannoso, inopportuno ♦ *s.m.* [f. *-a*].
cattolicèsimo s.m. dottrina e confessione cristiana che considera il vescovo di Roma capo della chiesa universale | l'insieme di coloro che professano tale confessione.
cattòlico *agg.* [pl.m. *-ci*] della chiesa cristiana di Roma ♦ *agg.* e *s.m.* [f. *-a*] □ **-mente** *avv.*
cattùra *s.f.* il catturare, l'essere catturato | *mandato di* —, provvedimento di carcerazione dell'imputato.
catturàre *v.tr.* imprigionare, arrestare | prendere vivo un animale con reti, lacci o altro | — *l'attenzione di qlcu.*, (*fig.*) conquistarla.
caucciù *s.m.* gomma elastica naturale.
caudàto *agg.* provvisto di coda.
càule *s.m.* (*bot.*) il fusto delle piante erbacee.
càusa *s.f.* **1** ciò che produce un effetto **2** (*dir.*) controversia giudiziaria, processo | *essere parte in* —, (*fig.*) direttamente interessato **3** (*fig.*) obiettivo **4** (*gramm.*) *complemento di* —, quello che specifica la ragione per cui qlco. avviene.
causàle *agg.* che riguarda la causa di qlco. | (*gramm.*) *proposizioni causali*, subordinate che indicano la causa di ciò che è espresso dalla proposizione reggente ♦ *s.f.* (*burocr.*) causa □ **-mente** *avv.*
causàre *v.tr.* [*io càuso* ecc.] essere la causa di qlco.
càustico *agg.* [pl.m. *-ci*] **1** si dice di sostanza che corrode i tessuti organici **2** (*fig.*) mordace □ **-mente** *avv.*
cautèla *s.f.* **1** prudenza **2** precauzione.
cautelàre[1] *agg.* che tende a proteggere, a garantire | (*dir.*) *custodia* —, attuale denominazione della carcerazione preventiva □ **-mente** *avv.*
cautelàre[2] *v.tr.* [*io cautèlo ecc.*] difendere usando cautela ♦ **-rsi** *v.rifl.* difendersi da un pericolo; premunirsi.
cauterizzàre *v.tr.* (*med.*) fare una cauterizzazione.
cauterizzazióne *s.f.* (*med.*) operazione chirurgica che consiste nel bruciare tessuti malati.
càuto *agg.* **1** che procede con prudenza **2** che rivela prudenza □ **-mente** *avv.*
cauzióne *s.f.* deposito di denaro a garanzia dell'adempimento di un obbligo.
càva *s.f.* scavo a cielo aperto per l'estrazione di materiali rocciosi.
cavalcàre *v.tr.* [*io cavalco, tu cavalchi ecc.*] **1** montare un cavallo o un altro animale; stare a cavalcioni sopra qlco. **2** (*estens.*) valicare ♦ *v.intr.* [aus. *avere*] andare a cavallo.
cavalcàta *s.f.* il cavalcare; passeggiata a cavallo.
cavalcavìa *s.m.invar.* ponte che passa sopra una strada o una linea ferroviaria.
cavalcióni nella loc. avv. *a* —, nella posizione di chi va a cavallo.
cavalière *s.m.* **1** chi va a cavallo; soldato a cavallo | nel Medioevo, membro dell'istituzione della *cavalleria* **2** (*fig.*) chi agisce con cortesia | chi accompagna una donna a balli o feste **3** (*estens.*) chi ha ricevuto una onorificenza cavalleresca o appartiene a un ordine cavalleresco.
cavallerésco *agg.* [pl.m. *-schi*] **1** relativo alla cavalleria **2** di cavaliere **3** (*fig.*) leale, generoso □ **-mente** *avv.*
cavallerìa *s.f.* **1** un tempo, milizia a cavallo; oggi, arma dell'esercito costituita di unità motocorazzate **2** istituzione medievale sorta per la difesa della chiesa cristiana, delle donne e dei deboli **3** (*fig.*) cortesia e gentilezza verso le donne.
cavallerìzzo *s.m.* **1** [f. *-a*] chi mostra particolare abilità nel cavalcare **2** maestro di equitazione.
cavallétta *s.f.* insetto saltatore che, a sciami, può costituire un flagello per le coltivazioni.
cavallétto *s.m.* sostegno, generalmente a tre o quattro piedi, di legno o di metallo.
cavàllo *s.m.* **1** grosso mammifero erbivoro; è usato come animale da cavalcatura, da tiro e da macello | *a — di due secoli*, (*fig.*) negli anni finali di un secolo e iniziali del successivo | *essere a* —, (*fig.*) essere vicini allo scopo **2** — *vapore*, (*fis.*) unità di misura pratica della potenza di un motore, corrispondente a 735,5 watt **3** attrezzo

ginnico per volteggi **4** nel gioco degli scacchi, pezzo a forma di testa di cavallo **5** parte dei pantaloni o delle mutande che corrisponde all'inforcatura delle gambe.
cavallóne *s.m.* (spec. *pl.*) grossa onda marina.
cavàre *v.tr.* **1** estrarre, estirpare **2** levare **3** ottenere.
cavatàppi *s.m.* utensile con punta a spirale, con cui si estraggono i tappi di sughero da bottiglie o fiaschi.
càvea *s.f.* nel teatro classico, l'area per il pubblico, costituita da gradinate.
caveau *s.m.* (*fr.*) stanza sotterranea blindata di una banca per il deposito di valori.
cavèrna *s.f.* **1** spaziosa cavità sotterranea **2** (*estens.*) grosso buco **3** (*med.*) cavità in un organo determinata da una malattia.
cavernìcolo *agg.* e *s.m.* [f. *-a*] che/chi abita nelle caverne | (*scherz.*) persona rozza.
cavétto *s.m.* (*elettr.*) piccolo cavo usato per collegamenti telefonici o negli impianti elettrici.
cavézza *s.f.* fune con cui si tiene legato per la testa il cavallo o un altro animale.
càvia *s.f.* **1** piccolo mammifero roditore, usato per esperimenti di laboratorio **2** (*estens.*) animale o persona sottoposta a esperimenti scientifici.
caviàle *s.m.* alimento pregiato costituito da uova di storione salate.
cavìglia *s.f.* parte della gamba immediatamente al di sopra del piede.
caviglièra *s.f.* fascia elastica protettiva che si mette attorno alle caviglie.
cavillàre *v.intr.* [aus. *avere*] sottilizzare.
cavìllo *s.m.* ragionamento sottile e capzioso.
cavità *s.f.* parte cava.
càvo[1] *agg.* incavato; vuoto | *vene cave*, (*anat.*) le due vene principali che portano al cuore il sangue ♦ *s.m.* cavità.
càvo[2] *s.m.* **1** grossa fune **2** (*elettr.*) conduttore rivestito di materiale isolante.
cavolfióre *s.m.* varietà di cavolo con infiorescenza carnosa, commestibile.
càvolo *s.m.* **1** pianta con fiori gialli e foglie piane e larghe **2** (*fig. pop.*) nulla ♦ *inter.* esprime ammirazione, stupore o ira.
cazzòtto *s.m.* (*fam.*) colpo violento dato col pugno chiuso.
cazzuòla *s.f.* attrezzo del muratore a forma di grossa spatola per prendere la malta e stenderla su una superficie.
ce *pron.pers. di prima persona pl.* [atono; usato come compl. di termine in luogo del pron. pers. *ci* in presenza delle forme pronominali atone *lo, la, li, le* e della particella *ne*, in posizione sia proclitica sia enclitica] a noi ♦ *avv.* [usato in luogo dell'avv. *ci* in presenza delle forme pronominali atone *lo, la, li, le* e della particella *ne*, in posizione sia proclitica sia enclitica] qui, lì.
cecchìno *s.m.* tiratore scelto che spara di sorpresa stando appostato.
céce *s.m.* pianta erbacea con semi usati per minestre o come surrogato del caffè.
cecità *s.f.* **1** (*med.*) mancanza della vista **2** (*fig.*) incapacità di giudizio.
cèdere *v.intr.* [pres. *io cèdo ecc.*; pass.rem. *io cedéi* o *cedètti, tu cedésti ecc.*; part.pass. *ceduto*; aus. *avere*] **1** non opporre più resistenza; arrendersi **2** rassegnarsi **3** rompersi (per lo sforzo o il peso eccessivo) ♦ *v.tr.* rinunciare a qlco. per darla ad altri.
cedìglia *s.f.* segno ortografico che, nella lingua francese e in altre, si pone sotto la lettera *c* quando tale consonante deve essere pronunciata come *s* sorda.
cediménto *s.m.* il cedere (anche *fig.*).
cèdola *s.f.* tagliando rettangolare unito a titoli pubblici o privati, che dà diritto a riscuotere interessi.
cedràta *s.f.* bibita di sciroppo di cedro.
cédro[1] *s.m.* alberello sempreverde con grossi frutti simili ai limoni | il frutto di tale pianta.
cédro[2] *s.m.* (*bot.*) conifera d'alto fusto, con foglie aghiformi sempreverdi.
cèduo *agg.* di bosco o di pianta soggetti a taglio periodico.
cefalèa *s.f.* (*med.*) mal di capo.
cèfalo *s.m.* pesce di mare commestibile dal corpo quasi cilindrico.
cefalo- primo elemento di parole composte della terminologia scientifica, che significa 'capo, testa'.
cèffo *s.m.* **1** muso d'animale **2** (*spreg.*) volto umano deforme | (*estens.*) uomo d'aspetto poco rassicurante.
ceffóne *s.m.* schiaffo dato con forza sul viso.
celàre *v.tr.* [*io cèlo ecc.*] tenere nascosto ♦ **-rsi** *v.rifl.* nascondersi.
celebràre *v.tr.* [*io cèlebro ecc.*] **1** festeggiare solennemente **2** (*estens.*) compiere un rito **3** (*fig.*) glorificare.
celebrazióne *s.f.* il celebrare, l'essere celebrato.
cèlebre *agg.* [superl. *celeberrimo*] molto noto.
celebrità *s.f.* **1** fama **2** persona celebre.
cèlere *agg.* [superl. *celerissimo* o *celerrimo*] **1** veloce **2** immediato ♦ *s.f.* reparto di polizia autotrasportato in grado di intervenire rapidamente □ **-mente** *avv.*
celèste *agg.* **1** proprio del cielo **2** divino ♦ *s.m.* il colore del cielo sereno.
celibàto *s.m.* condizione di chi è celibe.
cèlibe *agg.* e *s.m.* che/chi non ha preso moglie.

cèlla *s.f.* **1** ambiente ristretto destinato a un uso particolare **2** ciascun ambiente in cui, nelle prigioni, vengono rinchiusi i carcerati **3** nei conventi, stanza di ciascun monaco **4** compartimento di un alveare.
cèllofan *s.m.invar.* pellicola trasparente ottenuta da una soluzione di cellulosa.
cèllula *s.f.* **1** (*biol.*) la più piccola unità di sostanza vivente **2** — *fotoelettrica*, (*fis.*) dispositivo che permette di trasformare energia luminosa in energia elettrica.
cellulàre *agg.* **1** (*biol.*) delle cellule; costituito da cellule **2** *furgone* —, autoveicolo per il trasporto dei carcerati **3** *telefono* —, radiotelefono portatile ♦ *s.m.* furgone cellulare, telefono cellulare.
cellulòide *s.f.* sostanza plastica, trasparente, infiammabile, usata come materiale fotografico.
cellulósa *s.f.* sostanza organica bianca, solida, fibrosa, contenuta nelle cellule dei vegetali.
cementàre *v.tr.* [*io ceménto ecc.*] **1** (*edil.*) unire con cemento; rivestire di cemento **2** (*fig.*) consolidare ♦ **-rsi** *v.intr. pron.* **1** legarsi per mezzo del cemento **2** (*fig.*) consolidarsi.
cementificio *s.m.* fabbrica di cemento.
ceménto *s.m.* (*edil.*) materiale da costruzione costituito da polvere grigia o giallastra, che, mescolata con acqua, sabbia e ghiaia, si rapprende e serve a tenere saldamente uniti elementi costruttivi.
céna *s.f.* pasto della sera.
cenàcolo *s.m.* **1** nel mondo antico, la sala in cui si cenava | la stanza in cui Gesù consumò l'ultima cena prima di essere crocifisso **2** (*fig. lett.*) luogo in cui si riuniscono artisti, letterati, pensatori | circolo.
cenàre *v.intr.* [*io céno ecc.*; aus. *avere*] consumare la cena.
céncio *s.m.* **1** pezzo di stoffa vecchio e logoro **2** (*fig.*) cosa di scarso valore **3** (*fig.*) persona malridotta o sofferente.
cénere *s.f.* **1** polvere grigiastra residuo della combustione o della calcinazione di sostanze organiche **2** ciò che resta del corpo umano dopo la morte.
cénno *s.m.* **1** segno fatto con un gesto della mano, col capo o con gli occhi per indicare qlco. a qlcu. **2** breve spiegazione **3** indizio.
cenóne *s.m.* cena sontuosa | cena tradizionale che si fa la vigilia di Natale o la sera dell'ultimo dell'anno.
cenotàfio *s.m.* monumento sepolcrale che non contiene la spoglia del defunto.
cenozòico *s.m.* (*geol.*) quarta delle cinque ere geologiche ♦ *agg.* [pl.m. *-ci*].
censiménto *s.m.* indagine statistica sugli elementi di un insieme; rilevamento della popolazione di uno stato o di una regione.
censìre *v.tr.* [*io censisco, tu censisci ecc.*] **1** sottoporre a censimento **2** iscrivere nei registri catastali.
cènso *s.m.* ricchezza, patrimonio.
censùra *s.f.* **1** controllo esercitato dall'autorità pubblica su mezzi d'informazione, testi scritti, spettacoli, per accertare che non offendano la religione o la morale | ufficio addetto a tale controllo **2** (*fig.*) critica rigorosa **3** (*dir.*) sanzione disciplinare inflitta a un dipendente pubblico.
censuràre *v.tr.* **1** sottoporre a censura **2** (*fig.*) criticare.
centàuro *s.m.* **1** essere mitologico con zampe e groppa di cavallo e busto, capo e braccia umani **2** (*fig.*) corridore motociclista.
centellinàre *v.tr.* **1** bere a piccoli sorsi **2** (*fig.*) dosare.
centenàrio *agg.* **1** che ha cento anni **2** che ricorre ogni cento anni ♦ *s.m.* **1** [f. *-a*] persona che ha raggiunto i cento anni **2** centesimo anniversario di un avvenimento.
centèsimo *agg.num.ord.* che in una serie occupa il posto numero cento ♦ *s.m.* **1** la centesima parte dell'unità **2** moneta divisionale equivalente alla centesima parte dell'unità **3** (*fig.*) denaro in quantità minima.
centi- primo elemento di parole composte, che significa 'cento'; anteposto a una unità di misura ne indica la centesima parte.
centìgrado *agg.* che è diviso in cento gradi: grado —, unità di misura della temperatura.
centìmetro *s.m.* **1** la centesima parte del metro; ha come simbolo *cm* **2** nastro suddiviso in centimetri, usato dai sarti.
cèntina *s.f.* (*edil.*) armatura provvisoria per sostenere le volte durante la loro costruzione o riparazione | armatura metallica permanente per sostenere tettoie.
centinàio *s.m.* [pl.f. *centinaia*] insieme di cento o circa cento unità.
cènto *agg.num.card.invar.* numero che corrisponde a dieci diecine.
centometrìsta *s.m.* e *f.* [pl.m. *-sti*] (*sport*) atleta specializzato nella corsa dei cento metri piani.
centràle *agg.* **1** situato nel centro; centralizzato **2** (*geog.*) si dice della parte mediana di un territorio **3** (*fig.*) principale, fondamentale ♦ *s.f.* **1** sede di organi direttivi **2** complesso di impianti per la produzione di merci o servizi □ **-mente** *avv.*

centralìna *s.f.* piccola centrale periferica (elettrica, telefonica o telegrafica).
centralinìsta *s.m.* e *f.* [pl.m. *-sti*] persona addetta a un centralino telefonico.
centralìno *s.m.* piccola centrale telefonica per smistare le chiamate tra linee interne ed esterne.
centralizzàre *v.tr.* **1** accentrare **2** riunire.
centràre *v.tr.* [*io cèntro o céntro ecc.*] **1** colpire nel centro **2** fissare nel centro **3** (*fig.*) cogliere con precisione.
centrattàcco *s.m.* [pl. *-chi*] (*sport*) centravanti.
centravànti *s.m.* nel calcio e in altri sport di squadra, il giocatore che occupa il centro del settore d'attacco.
centrìfuga *s.f.* macchina che sfrutta l'effetto della forza centrifuga per separare sostanze di diversa densità.
centrifugàre *v.tr.* [*io centrìfugo, tu centrìfughi ecc.*] sottoporre all'azione di una centrifuga.
centrìfugo *agg.* [pl.m. *-ghi*] che tende ad allontanarsi dal centro | *forza centrifuga*, (*fis.*) quella che tende a spostare verso l'esterno un corpo in moto curvilineo.
centrìpeto *agg.* che tende verso il centro | *forza centripeta*, (*fis.*) quella che costringe un corpo a percorrere una traiettoria curva intorno a un punto.
centrìsmo *s.m.* indirizzo di chi occupa una posizione politica di centro.
cèntro *s.m.* **1** (punto, area, parte che è nel mezzo | *fare —*, colpire in pieno un bersaglio; (*fig.*) riuscire al meglio in qlco. **2** quartiere di una città in cui si trovano gli edifici di maggior interesse | complesso urbanistico adibito a particolari funzioni **3** in politica, la parte dello schieramento che rappresenta la componente moderata **4** (*fig.*) parte principale **5** aggregato urbano autonomo **6** complesso di attrezzature e di personale per lo svolgimento di una particolare attività.
céppo *s.m.* **1** parte inferiore del tronco di un albero, da cui si diramano le radici | pezzo di tronco da ardere **2** (*fig.*) capostipite; discendenza **3** *pl.* arnesi di legno tra i quali si serravano i piedi dei prigionieri.
céra[1] *s.f.* **1** nome generico di varie sostanze di origine animale o vegetale usate per fabbricare candele, come impermeabilizzante, in farmacia e in cosmetica **2** sostanza di origine minerale o sintetica simile alle cere animali e vegetali.
céra[2] *s.f.* aspetto, espressione del viso.
ceralàcca *s.f.* [pl. *ceralacche*] miscuglio a base di resine naturali usato per sigillare.
ceràmica *s.f.* **1** impasto di materiale plastico argilloso e acqua, modellato e cotto; si usa per la fabbricazione di porcellane, terrecotte, maioliche **2** arte e tecnica che concerne la fabbricazione e la decorazione di tali oggetti.
ceramìsta *s.m.* e *f.* [pl.m. *-sti*] chi esegue lavori in ceramica.
cèrbero *s.m.* sorvegliante severo e intransigente | persona arcigna.
cerbiàtto *s.m.* [f. *-a*] giovane cervo.
cerbottàna *s.f.* arma primitiva costituita da una canna di legno, con cui si lanciano, soffiando, piccole frecce | arnese analogo usato come giocattolo.
cercàre *v.tr.* [*io cérco, tu cérchi ecc.*] **1** adoperarsi per trovare **2** adoperarsi per conseguire ♦ *v.intr.* [aus. *avere*] tentare.
cérchia *s.f.* **1** struttura naturale o artificiale che cinge qlco. **2** (*fig.*) insieme di persone con le quali si hanno rapporti **3** (*fig.*) ambito, campo.
cérchio *s.m.* **1** (*geom.*) porzione di piano racchiusa da una circonferenza **2** tutto ciò che abbia forma circolare o cinga qlco.; insieme di cose o persone disposte in circolo.
cerchióne *s.m.* cerchio metallico su cui si adatta il pneumatico di un veicolo.
cereàle *s.m.* (spec. *pl.*) denominazione generica di varie piante graminacee come l'orzo, il frumento e il riso, i cui frutti forniscono farine di valore nutritivo.
cerebràle *agg.* **1** (*anat.*) del cervello **2** (*fig.*) che pecca di cerebralismo.
cerebralìsmo *s.m.* prevalenza eccessiva degli aspetti intellettuali su quelli sentimentali e fantastici.
cerebroléso *agg.* e *s.m.* [f. *-a*] (*med.*) che/chi ha subito una lesione cerebrale.
cèreo *agg.* **1** fatto di cera **2** del colore della cera: *viso —*, pallidissimo.
cerimònia *s.f.* **1** celebrazione di un avvenimento civile o religioso **2** (spec. *pl.*) manifestazione eccessiva di cortesia.
cerimoniàle *s.m.* **1** complesso delle regole che si devono seguire compiendo una cerimonia **2** libro che illustra le regole da seguire per una cerimonia.
cerimonière *s.m.* chi ha il compito di curare il cerimoniale.
cerimonióso *agg.* si dice di persona che ama far cerimonie | di cosa, affettato □ **-mente** *avv.*
cerìno *s.m.* **1** fiammifero di cera **2** candela o stoppino incerato.
cernièra *s.f.* **1** organo meccanico che tiene uniti due elementi consentendo la loro rotazione intorno a un asse **2** chiusura a incastro **3** (*fig.*) punto di giunzione.
cèrnita *s.f.* scelta, selezione.
céro *s.m.* grossa candela di cera.

ceróne *s.m.* cosmetico colorato usato per il trucco degli attori.
ceròtto *s.m.* striscia di tela con un lato adesivo che serve a fissare bende o garze di medicazione | garzetta fissata a un adesivo, da applicare su piccole ferite.
cèrro *s.m.* **1** albero affine alla quercia **2** il legno di tale albero.
certézza *s.f.* **1** condizione di ciò che è certo **2** (*estens.*) ciò che si tiene per vero **3** sicurezza.
certificàre *v.tr.* [*io certifico, tu certifichi ecc.*] attestare con un certificato.
certificàto *s.m.* dichiarazione scritta in cui si attesta un fatto o un diritto.
cèrto[1] *agg.* [sempre posposto al sostantivo] **1** evidente, indiscutibile **2** convinto, persuaso ♦ *avv.* sicuramente ♦ *s.m.* □ **-mente** *avv.*
cèrto[2] *agg.indef.* [sempre preposto al sostantivo] **1** qualche, alcuno, alquanto | (*fam.*) tale **2** specifico, determinato **3** si dice di cosa o persona non meglio precisata | si dice di persona poco o per nulla conosciuta **4** indefinito ♦ *pron.indef.pl.* alcuni, taluni.
certósa *s.f.* monastero certosino.
certosìno *s.m.* **1** monaco che appartiene all'ordine fondato da san Brunone di Colonia nel 1084 **2** (*estens.*) chi conduce una vita di solitudine e di sacrificio | *lavoro da* —, minuzioso ♦ *agg.*
cerùme *s.m.* sostanza secreta dalle ghiandole sebacee dell'orecchio.
cervellétto *s.m.* (*anat.*) porzione dell'encefalo che occupa la parte posteriore della scatola cranica.
cervèllo *s.m.* [pl. *-li*; nel sign. 1 anche *le cervella* f.] **1** (*anat., zool.*) la massa più voluminosa dell'encefalo contenuta nella scatola cranica | (*estens.*) l'encefalo di bestie macellate **2** (*estens.*) testa, in quanto sede del pensiero, dell'attenzione **3** (*fig.*) senno, intelletto **4** persona eccezionalmente dotata dal punto di vista intellettuale | mente direttiva di un'organizzazione **5** — *elettronico*, (*fam.*) elaboratore elettronico.
cervellóne *s.m.* **1** [f. *-a*] (*scherz.*) persona con grandi doti intellettuali **2** (*fam.*) elaboratore elettronico.
cervellòtico *agg.* [pl.m. *-ci*] stravagante, bislacco □ **-mente** *avv.*
cervicàle *agg.* (*anat., med.*) **1** del collo **2** relativo alla cervice uterina ♦ *s.f.* (*fam.*) artrosi cervicale.
cervìce *s.f.* **1** (*lett.*) parte posteriore del collo; nuca **2** (*anat.*) collo dell'utero.
cèrvo *s.m.* **1** [f. *-a*] mammifero ruminante selvatico rossiccio, con corpo agile e corna caduche e ramificate **2** — *volante*, grosso insetto coleotteroil cui maschio ha grandi mandibole ramificate | (*fig.*) aquilone.
cesàreo *agg.* (*med.*) si dice dell'incisione chirurgica dell'addome e dell'utero per l'estrazione del feto: *taglio, parto* —.
cesellàre *v.tr.* [*io cesèllo* ecc.] **1** incidere metalli col cesello **2** (*fig.*) scolpire, dipingere, scrivere con estrema accuratezza.
cesellatóre *s.m.* [f. *-trice*] **1** chi lavora di cesello **2** (*fig.*) chi esegue le proprie opere con estrema cura dei particolari.
cesèllo *s.m.* **1** scalpello di acciaio duro per incidere i metalli; (*fig.*) lavorare con grande cura e perfezione **2** l'arte del cesellare | l'opera che ne deriva.
cesóia *s.f.* spec. *pl.* grosse forbici per tagliare a mano lamiere sottili | le forbici usate nel giardinaggio o in sartoria.
cèspite *s.m.* fonte di reddito.
céspo *s.m.* insieme di rami, steli o foglie nati dalla stessa radice.
cespùglio *s.m.* insieme di rami, foglie o piccole piante nate dalla stessa radice.
cessàre *v.intr.* [*io cèsso ecc.*; aus. *essere* nel sign. 1, *avere* nel sign. 2] **1** aver fine, terminare **2** smettere di fare qlco. ♦ *v.tr.* interrompere, sospendere.
cessazióne *s.f.* termine, interruzione.
cessionàrio *s.m.* [f. *-a*] (*dir.*) il destinatario di una cessione.
cessióne *s.f.* **1** il cedere, l'esser ceduto **2** (*dir.*) trasferimento ad altri di beni, diritti.
césta *s.f.* grosso canestro a sponde alte per trasportare o contenere oggetti non molto pesanti | il contenuto di tale recipiente.
cestinàre *v.tr.* **1** gettare nel cestino carte, che non interessano **2** (*fig.*) non prendere in considerazione o rifiutare uno scritto.
cestìno *s.m.* piccolo cesto di vimini o d'altro materiale.
cestìsta *s.m.* e *f.* [pl.m. *-sti*] chi pratica lo sport della pallacanestro.
césto[1] *s.m.* **1** cesta **2** (*sport*) nella pallacanestro, canestro.
césto[2] *s.m.* ciuffo di gambi e foglie di una pianta erbacea; cespo.
cetàcei *s.m.pl.* (*zool.*) ordine di grossi mammiferi acquatici carnivori con arti anteriori a forma di pinne, arti posteriori mancanti, coda trasformata in una pinna.
cèto *s.m.* l'insieme dei cittadini accomunati dalla medesima condizione sociale ed economica.
cétra *s.f.* (*mus.*) strumento a corda, privo di manico o di traversa, costituito da una cassa lungo la quale sono tese le corde.
cetriòlo *s.m.* pianta erbacea rampicante coltivata per i frutti commestibili.
chador *s.m.invar.* (*persiano*) velo che copre il volto fino agli occhi, portato dalle donne di religione islamica.

chalet *s.m.invar.* (*fr.*) villetta di montagna, per lo più di legno e pietre, con tetto spiovente.
champagne *s.m.invar.* (*fr.*) vino bianco o rosé spumante ♦ *agg.invar.* di colore biondo spento.
chance *s.f.invar.* (*fr.*) occasione favorevole; possibilità di riuscita.
charter *s.m.invar.* (*ingl.*) sistema di volo economico con aerei noleggiati da compagnie di viaggio | (*estens.*) l'aereo che svolge questo servizio.
chat line *loc.sost.f.invar.* (*ingl.*) collegamento attraverso computer che consente di inviare e ricevere messaggi in tempo reale, attivando una conversazione telematica.
chattàre *v.intr.* [aus. *avere*] (*fam.*) scambiarsi messaggi attraverso una chat line.
che[1] *pron.rel.invar.* **1** il quale, la quale, i quali, le quali **2** la quale cosa (preceduto dall'art. o da una prep.) ♦ *pron.interr.invar.* [solo *sing.*] quale cosa ♦ *pron.escl.invar.* [solo *sing.*] quale cosa ♦ *pron.indef.invar.* indica qlco. di indeterminato (solo in partic. loc.): *un certo che*, qualche cosa ♦ *agg.interr.invar.* quale, quali ♦ *agg.escl.invar.* quale, quali | (*fam.*) molto diffuso l'uso dell'agg. escl. in unione a un semplice agg., senza altra specificazione: *che bello!*
che[2] *cong.* **1** introduce prop. dichiarative (soggettive e oggettive) **2** introduce prop. consecutive (spesso in correlazione con *così*, *tanto*, *in modo ecc.*) **3** introduce prop. causali **4** introduce prop. finali **5** introduce prop. temporali, nelle quali ha valore di *quando*, *da quando* **6** introduce prop. comparative **7** introduce prop. condizionali, in locuzioni come *posto che*, *nel caso che*, *ecc.* **8** introduce prop. eccettuative (in espressioni negative, correlata con *altro*, *altri*, ecc.) **9** introduce prop. imperative e ottative **10** introduce prop. limitative, con il valore di 'per quanto' **11** introduce il secondo termine di paragone nei comparativi di maggioranza e di minoranza.
check-in *s.m.invar.* (*ingl.*) negli aeroporti, registrazione dei passeggeri in partenza.
check-point *s.m.invar.* (*ingl.*) **1** posto di blocco militare, spec. in prossimità di una frontiera **2** (*inform.*) durante lo sviluppo del software, comando che consente di arrestarne l'esecuzione nel punto desiderato.
check-up *s.m.invar.* (*ingl.*) (*med.*) controllo medico, con analisi ed esami clinici.
chèla *s.f.* (*zool.*) organo a forma di pinza o di forbici di granchi, gamberi, scorpioni e altri animali.
chemioterapìa *s.f.* (*med.*) terapia effettuata con farmaci prodotti per sintesi chimica | la terapia chimica dei tumori.
cheque *s.m.invar.* (*fr.*) assegno bancario.
cheratìna *s.f.* (*biol.*) sostanza elaborata dalle cellule epidermiche della cute, componente fondamentale di peli, unghie ecc.
cheratinizzazióne *s.f.* **1** (*biol.*) trasformazione in cheratina delle cellule cornee dell'epidermide **2** (*farm.*) il rivestire con un composto a base di cheratina le pillole medicinali.
cherosène *s.m.* (*chim.*) miscela di idrocarburi ottenuta dal petrolio, usata come carburante di motori a reazione e come combustibile.
cherubìno *s.m.* **1** (*teol.*) angelo della prima gerarchia angelica **2** (*fig.*) persona bellissima o buonissima.
chetichèlla solo nella loc. avv. *alla* —, di nascosto, senza farsi accorgere.
chewing-gum *s.m.invar.* (*ingl.*) gomma da masticare.
chi *pron.rel.invar.* [solo *sing.*] **1** colui il quale, colei la quale **2** uno il quale, una la quale; qualcuno che, qualcuna che, chiunque ♦ *pron.interr.invar.* quale persona, quali persone.
chiàcchiera *s.f.* **1** (spec. *pl.*) conversazione su argomenti di poca importanza **2** notizia infondata.
chiacchieràre *v.intr.* [*io chiàcchiero ecc.*; aus. *avere*] **1** parlare; conversare su argomenti futili **2** fare della maldicenza.
chiacchieràta *s.f.* **1** conversazione amichevole **2** discorso lungo, inutile.
chiacchieróne *agg.* e *s.m.* [f. *-a*] **1** (*scherz.*) che/chi chiacchiera molto **2** (*spreg.*) che/chi non sa tenere un segreto.
chiamàre *v.tr.* **1** rivolgersi a una persona o a un animale perché risponda, si avvicini (anche *fig.*) | — *in giudizio* (*dir.*) citare davanti a un organo giudiziario **2** gridare: — *aiuto* **3** dare un nome; soprannominare **4** designare ♦ **-rsi** *v.intr.pron.* aver nome ♦ *v.rifl.* dichiararsi: — *vinto.*
chiamàta *s.f.* il chiamare, l'esser chiamato: — *alle armi*, convocazione o richiamo a prestare il servizio militare.
chiarézza *s.f.* **1** l'essere chiaro; limpidezza **2** (*fig.*) comprensibilità | franchezza.
chiarificàre *v.tr.* [*io chiarìfico, tu chiarìfichi ecc.*] rendere chiaro | (*fig.*) spiegare.
chiarificazióne *s.f.* il chiarificare, l'essere chiarificato | (*fig.*) chiarimento.
chiariménto *s.m.* il chiarire; spiegazione, precisazione.
chiarìre *v.tr.* [*io chiarisco, tu chiarisci ecc.*] rendere comprensibile o più comprensibile ♦ **-rsi** *v.rifl.* accertarsi di qlco. ♦ *v.intr. pron.* divenire più chiaro (spec. *fig.*).

chiàro *agg.* **1** luminoso **2** di colore non intenso, non scuro **3** limpido, trasparente **4** (*fig.*) schietto, onesto **5** che si sente o si vede distintamente **6** che si comprende facilmente **7** netto, deciso ♦ *avv.* **1** nitidamente (anche *fig.*) **2** in modo comprensibile **3** francamente ♦ *s.m* □ **-mente** *avv.*

chiarόre *s.m.* luminosità tenue e diffusa.

chiaroscùro *s.m.* **1** tecnica della pittura e del disegno con la quale si dà rilievo a un'immagine col gioco di luce e ombra **2** l'alternarsi di luci e di ombre.

chiaroveggènza *s.f.* **1** facoltà paranormale di vedere cose ignote agli altri o di prevedere il futuro **2** (*fig.*) perspicacia.

chiassàta *s.f.* **1** schiamazzo **2** lite.

chiàsso *s.m.* rumore forte e prolungato | *far —*, (*fig.*) suscitare clamore, scalpore.

chiassόso *agg.* **1** che ama il chiasso (detto di persona) | rumoroso (detto di cosa) **2** (*fig.*) sgargiante □ **-mente** *avv.*

chiàtta *s.f.* grossa barca a fondo piatto usata per trasportare merci o persone.

chiàve *s.f.* **1** dispositivo metallico che aziona una serratura | *chiavi in mano*, (*fig.*) si dice di un oggetto utilizzabile immediatamente all'atto della vendita **2** (*fig.*) ciò che permette di raggiungere un determinato fine; quanto serve a capire **3** dispositivo manuale per caricare meccanismi a molla, stabilire contatti elettrici ecc. **4** *— di volta*, (*arch.*) pietra a forma di cuneo che, posta alla sommità di un arco o di una volta, ne assicura la stabilità **5** (*mus.*) segno convenzionale che, posto all'inizio o all'interno del pentagramma, consente l'identificazione delle note.

chiàvica *s.f.* (*region.*) fogna, cloaca.

chiavistèllo *s.m.* barra di ferro delle imposte di porte o finestre, in modo da chiuderle.

chiàzza *s.f.* grossa macchia tondeggiante.

chìcco *s.m.* [pl. *-chi*] **1** seme di cereale o di altra pianta **2** piccolo oggetto di forma tondeggiante.

chièdere *v.tr.* [pres. *io chièdo ecc.*; pass.rem. *io chièsi, tu chiedésti ecc.*; congiunt.pres. *io chièda ecc.*; part.pass. *chièsto*] **1** domandare per ottenere **2** domandare per sapere **3** richiedere **4** pretendere ♦ *v.intr.* [aus. *avere*] domandare notizie.

chierichétto *s.m.* ragazzo che serve la messa.

chiérico *s.m.* [pl. *-ci*] ecclesiastico | (*estens.*) seminarista | (*estens.*) chi assiste il celebrante nella messa o in altre funzioni.

chièsa *s.f.* **1** comunità di fedeli che professano una delle confessioni cristiane | (*estens.*) comunità di persone unite da credenze dogmatiche **2** edificio sacro in cui si svolgono gli atti di culto delle comunità cristiani.

chìglia *s.f.* (*mar.*) asse che corre da prora a poppa di un'imbarcazione, con la funzione di collegare le ossature trasversali.

chignon *s.m.invar.* (*fr.*) crocchia di capelli raccolti sulla nuca.

chìlo *s.m.* (*biol.*) liquido lattiginoso formato dalle materie presenti nell'intestino tenue nel corso della digestione.

chilo- primo elemento di parole composte indicanti unità di misura, che moltiplica per mille il valore indicato dal secondo elemento.

chilogràmmo *s.m.* unità di misura di peso corrispondente a 1000 grammi; ha come simbolo *kg*.

chilometràggio *s.m.* distanza misurata in chilometri.

chilomètrico *agg.* [pl.m. *-ci*] **1** misurato in chilometri **2** (*fig.*) interminabile.

chilòmetro *s.m.* unità di misura di lunghezza equivalente a 1000 metri; ha come simbolo *km*.

chìlowatt *s.m.invar.* unità di misura di potenza elettrica equivalente a 1000 watt; ha come simbolo *kW*.

chilowattòra *s.m.invar.* (*fis.*) unità di misura dell'energia elettrica, corrispondente a quella sviluppata da un chilowatt in un'ora; ha come simbolo *kWh*.

chimèra *s.f.* **1** (*mit.*) mostro con testa e corpo di leone, una testa di capra sul dorso e coda di serpente **2** (*fig.*) sogno irrealizzabile.

chìmica *s.f.* scienza che studia la composizione, la struttura, le proprietà e le trasformazioni delle varie sostanze che costituiscono la materia.

chìmico *agg.* [pl.m. *-ci*] **1** di chimica **2** che è ottenuto con procedimenti chimici ♦ *s.m.* [f. *-a*] professionista, laureato o tecnico, che applica le scienze chimiche □ **-mente** *avv.*

chìmo *s.m.* (*biol.*) complesso delle materie presenti nello stomaco in seguito alla digestione del cibo.

chimòno *s.m.invar.* abito tradizionale giapponese, lungo e a larghe maniche, con fascia alla vita.

chìna[1] *s.f.* terreno in pendio | *essere, mettersi su una brutta —*, (*fig.*) su una cattiva strada.

chìna[2] *s.f.* **1** (*bot.*) pianta arborea originaria del Sudamerica, dalla cui corteccia si estraggono sostanze medicamentose **2** liquore preparato con la corteccia di china.

chinàre *v.tr.* volgere verso il basso; piegare ♦ **-rsi** *v.rifl.* piegarsi con tutta la persona; inchinarsi.

chincaglierìa *s.f.* (spec. *pl.*) cianfrusaglia.

chinesiterapìa *s.f.* terapia medica basata su massaggi e su esercizi di ginnastica rieducativa.

chinìna *s.f.* (*chim.*) alcaloide estratto dalla corteccia di china.

chinìno *s.m.* preparato a base di sali di chinina, usato contro la malaria.

chìno *agg.* chinato, rivolto verso il basso.

chinòtto *s.m.* **1** alberello dai frutti simili a piccoli mandarini, di sapore amarognolo,| il frutto stesso **2** bevanda analcolica gassata a base di estratto di chinotto.

chiòccia *s.f.* [pl. *-ce*] gallina che cova le uova o alleva i pulcini.

chiòcciola *s.f.* (*zool.*) nome comune di molluschi con conchiglia avvolta a spira | *scala a —*, scala che si sviluppa a elica.

chiòdo *s.m.* **1** barretta metallica appuntita a un'estremità e con una testa più o meno larga all'altra, che serve a unire fra loro parti di legno o ad appendere oggetti | *attaccare qlco. al —*, (*fig.*) cessare di usarla | *avere un — fisso*, (*fig.*) un'idea fissa **2** (*med.*) protesi metallica usata per saldare ossa fratturate.

chiòma *s.f.* capigliatura.

chiòsa *s.f.* breve spiegazione di una parola o di un passo difficile.

chiòsco *s.m.* [pl. *-schi*] piccola costruzione per la vendita di giornali, bibite o altro.

chiòstro *s.m.* (*arch.*) cortile chiuso delimitato da portici all'interno di conventi | (*estens.*) monastero | (*fig.*) vita monastica.

chip *s.m.invar.* (*ingl.*) (*elettron.*) piastrina di silicio sulla quale vengono creati microcircuiti elettronici integrati.

chiromànte *s.m.* e *f.* chi esercita la chiromanzia.

chiromanzìa *s.f.* arte divinatoria che mira a leggere il carattere e il destino di una persona nelle linee della sua mano.

chirurgìa *s.f.* [pl. *-gie*] branca della medicina che elimina le cause di malattie o lesioni mediante interventi operatori.

chirùrgo *s.m.* [pl. *-ghi* o *-gi*] medico che esercita la chirurgia.

chitàrra *s.f.* (*mus.*) strumento a sei corde con manico lungo, cassa armonica a forma di otto, foro di risonanza circolare.

chitarrìsta *s.m.* e *f.* [pl.m. *-sti*] musicista che suona la chitarra.

chiùdere *v.tr.* [pass.rem. *io chiusi, tu chiudésti* ecc.; part.pass. *chiuso*] **1** far combaciare due o più parti disgiunte **2** coprire con un coperchio, con un tappo **3** ostruire (anche *fig.*) **4** stringere, serrare **5** mettere dentro **6** terminare, concludere **7** (*comm.*) porre termine a un esercizio, a un contratto: — *un conto* ♦ *v.intr.* [aus. *avere*] **1** essere chiuso **2** interrompere, cessare un'attività ♦ **-rsi** *v.rifl.* o *intr.pron.* **1** serrarsi **2** ritirarsi | (*fig.*) raccogliersi **3** (*estens.*) rimarginarsi.

chiùnque *pron.indef.* [solo *sing.*] qualsiasi persona ♦ *pron.rel.indef.* [solo *sing.*] qualunque persona che.

chiùsa *s.f.* **1** sbarramento artificiale che chiude un corso d'acqua **2** parte finale di uno scritto o di un discorso.

chiùso *agg.* **1** non aperto | *mare —*, non in comunicazione con un oceano | *casa chiusa*, postribolo **2** riservato; introverso ♦ *s.m.* luogo chiuso.

chiusùra *s.f.* **1** il chiudere, il chiudersi **2** ciò che serve a chiudere **3** (*fig.*) incapacità o non volontà di comunicare, di discutere.

ci *pron.pers. di prima pers.pl.* [atono; in presenza delle particelle pron. atone *lo, la, li, le* e della particella *ne*, viene sostituito da *ce*; in gruppo con altri pron. personali, si prepone a *si* e *se*: *ci si ragiona bene*; *non ci se ne accorge*; si pospone a *mi, ti, gli, le, vi*: *ti ci affidiamo*] **1** noi **2** a noi ♦ *pron.dimostr.* riferito a cosa, equivale a *ciò* o *questo* ♦ *avv.* **1** qui, lì **2** per questo, per quel luogo **3** con valore indeterminato: *ci vuole*, occorre.

ciabàtta *s.f.* **1** pantofola aperta | (*estens.*) scarpa vecchia e scalcagnata **2** (*spreg.*) cosa o persona vecchia o mal ridotta.

ciabattìno *s.m.* [f. *-a*] chi ripara le scarpe.

ciàlda *s.f.* **1** pasta sottile di farina poco dolce, che si cuoce schiacciata entro uno stampo arroventato **2** ostia di farina non lievitata che racchiude polveri medicinali.

cialtróne *s.m.* [f. *-a*] **1** persona volgare **2** persona che non ha voglia di lavorare.

ciambèlla *s.f.* **1** dolce di forma circolare con un buco nel mezzo **2** oggetto a forma di ciambella.

cianfrusàglia *s.f.* (spec. *pl.*) oggetto o insieme di oggetti di poco valore.

cianòsi *s.f.* (*med.*) colorazione bluastra della pelle e delle mucose, sintomo di disturbi circolatori o respiratori.

cianòtico *agg.* [pl.m. *-ci*] che è proprio della cianosi; che presenta cianosi.

cianùro *s.m.* (*chim.*) qualsiasi sale dell'acido cianidrico, velenoso.

ciarlàre *v.intr.* [aus. *avere*] parlare a lungo e senza alcun costrutto.

ciarlatàno *s.m.* chi smercia oggetti scadenti | truffatore.

ciarlièro *agg.* che ama chiacchierare.

ciarpàme *s.m.* roba inservibile o di poco valore.

ciascùno *agg.indef.* [solo *sing.*; davanti ai nomi si comporta come *uno*] ogni singolo indi-

viduo o elemento ♦ *pron.indef.* [solo *sing.*] ogni persona, ognuno.
cibernètica *s.f.* scienza che studia la realizzazione di macchine automatiche in grado di simulare le funzioni del cervello umano.
cìbo *s.m.* tutto ciò che si mangia; alimento (anche *fig.*).
cibòrio *s.m.* **1** edicola sostenuta da quattro colonne che sovrasta un altare; tabernacolo **2** pisside.
cicàla *s.f.* **1** grosso insetto con corpo tozzo; il maschio emette un caratteristico stridio **2** (*elettr.*) cicalino.
cicalìno *s.m.* dispositivo elettromeccanico di segnalazione acustica.
cicatrìce *s.f.* **1** il segno esterno visibile della cicatrizzazione **2** (*fig.*) segno lasciato nell'animo da un'esperienza dolorosa.
cicatrizzàre *v.tr.* far rimarginare una ferita ♦ *v.intr.* [aus. *avere* e *essere*] ♦ **-rsi** *v.intr.pron.* rimarginarsi.
cicatrizzazióne *s.f.* processo biologico di riparazione dei tessuti molli di organismi animali o vegetali.
cìcca *s.f.* mozzicone della sigaretta o del sigaro | *non valere una* —, (*fam.*) non valere niente.
cicchétto *s.m.* **1** (*fam.*) bicchierino di liquore **2** (*fam.*) rimprovero da parte di un superiore.
ciceróne *s.m.* chi fa da guida ai visitatori di una città.
ciclamìno *s.m.* pianta erbacea con fiori di color rosa violaceo; il fiore stesso ♦ *agg.invar.* di colore tra il rosa e il lilla.
cìclico *agg.* [pl.m. *-ci*] che si ripete a cicli □ **-mente** *avv.*
ciclìsmo *s.m.* lo sport della bicicletta.
ciclìsta *s.m.* e *f.* [pl.m. *-sti*] **1** chi va in bicicletta **2** atleta che pratica lo sport della bicicletta **3** (*region.*) chi vende e ripara biciclette.
cìclo *s.m.* **1** successione di movimenti o di fenomeni che si ripetono periodicamente | — *mestruale*, l'insieme dei processi fisiologici che hanno luogo nell'apparato genitale femminile fra due mestruazioni **2** complesso di leggende o di opere di argomento unitario **3** serie di attività.
ciclo- primo elemento di parole composte della terminologia scientifica, che significa 'cerchio, giro, ruota, forma circolare o cilindrica', oppure 'ciclico'; in parole composte della terminologia sportiva, significa 'ciclismo'.
ciclocròss *s.m.invar.* corsa ciclistica su strade di campagna.
ciclomotóre *s.m.* veicolo a due o a tre ruote, dotato di un motore fino a 50 cm^3 di cilindrata; motorino.
ciclóne *s.m.* **1** (*meteor.*) sistema di venti che convergono verso un punto di minima pressione atmosferica | *essere nell'occhio del* —, (*fig.*) nel mezzo di una situazione difficile **2** (*fig.*) persona esuberante, che provoca disordine e scompiglio.
ciclòpe *s.m.* nella mitologia greca, gigante con un occhio solo in mezzo alla fronte.
ciclòpico *agg.* [pl.m. *-ci*] **1** che è proprio dei ciclopi **2** (*estens.*) gigantesco.
ciclostìle *s.m.* macchina da stampa che riproduce in varie copie scritti o disegni preparati su un'apposita matrice.
ciclotróne *s.m.* (*fis.*) macchina acceleratrice che imprime altissime velocità a particelle subatomiche.
cicógna *s.f.* grosso uccello migratore di palude.
cicòria *s.f.* pianta erbacea coltivata per le foglie commestibili e per le radici, usate come surrogato del caffè.
cicùta *s.f.* **1** pianta erbacea velenosa **2** l'infuso velenoso di tale pianta.
cièco *agg.* [pl.m. *-chi*] **1** che è privo del senso della vista; (*fig.*) a caso: *agire alla cieca* **2** (*fig.*) privo del lume della ragione **3** (*estens.*) buio; senza sbocco: *vicolo* — ♦ *s.m.* [f. *-a*] □ **-mente** *avv.*
cièlo *s.m.* **1** lo spazio in cui si muovono gli astri e la Terra; l'atmosfera che circonda la Terra | *toccare il — con un dito*, (*fig.*) essere molto felice | *piovere dal* —, (*fig.*) si dice di cosa che giunge inattesa **2** il paradiso come sede di Dio e dei beati (anche *pl.*).
cìfra *s.f.* **1** ciascuno dei segni con cui si rappresentano i numeri dallo zero al nove | (*estens.*) numero **2** somma di denaro **3** monogramma **4** scrittura segreta; codice.
cifràre *v.tr.* **1** ricamare con un monogramma **2** tradurre un messaggio in cifra.
cìglio *s.m.* [pl.f. *ciglia*, nel sign. 1; pl.m. *cigli* nel sign. 2] **1** (*anat.*) l'orlo delle palpebre fornito di sottili peli che difendono l'occhio **2** (*estens.*) (*fig.*) orlo, margine esterno.
cìgno *s.m.* uccello acquatico dal piumaggio bianchissimo, con collo molto lungo, piedi neri palmati.
cigolàre *v.intr.* [*io cìgolo* ecc.; aus. *avere*] mandare un suono stridente.
cigolìo *s.m.* un cigolare prolungato.
cilécca *s.f.* *far* —, detto di arma da fuoco, scattare a vuoto | (*fig.*) fallire.
cilìcio *s.m.* stoffa ruvida | cintura con nodi portata sulla pelle per penitenza.
ciliègia *s.f.* [pl. *-gie* o *-ge*] il frutto rosso e tondeggiante del ciliegio.
ciliègio *s.m.* **1** albero con fiori bianchi,

frutti di colore rosso **2** il legno di tale albero, usato in falegnameria.
cilindràta *s.f.* (*mecc.*) nei motori a scoppio, il volume descritto dai pistoni a ogni corsa.
cilìndro *s.m.* **1** solido generato da un rettangolo che ruota intorno a uno dei suoi lati **2** cappello rigido da cerimonia a forma di cilindro **3** (*mecc.*) organo delle macchine alternative, entro cui scorre il pistone o stantuffo.
cìma *s.f.* **1** la parte più alta **2** (*fig.*) l'apice **3** (*fam.*) persona che è dotata di grande intelligenza **4** (*mar.*) cavo di fibra vegetale.
cimàre *v.tr.* **1** spuntare, tagliare la cima di qlco. **2** (*ind. tessile*) portare il pelo di un tessuto a un'altezza uniforme **3** (*agr.*) potare.
cimèlio *s.m.* oggetto appartenuto a un personaggio illustre o che risale a un'epoca, a un avvenimento storico.
cimentàre *v.tr.* [*io ciménto ecc.*] (*lett.*) mettere alla prova ♦ **-rsi** *v.rifl.* mettersi alla prova; avventurarsi.
cìmice *s.f.* insetto parassita dell'uomo | — *delle piante*, insetto parassita dei vegetali.
ciminièra *s.f.* fumaiolo molto alto.
cimitèro *s.m.* luogo in cui si seppelliscono i morti; camposanto.
cimósa *s.f.* ciascuno dei due margini laterali di un tessuto.
cimùrro *s.m.* (*vet.*) malattia virale contagiosa dei cani giovani e dei cavalli.
cinàbro *s.m.* **1** solfuro di mercurio di color rosso **2** colore rosso analogo al carminio.
cinciallégra *s.f.* uccello cantatore con becco corto e piumaggio di vari colori.
cincillà *s.m.* **1** piccolo mammifero roditore simile al coniglio con pelliccia di colore argenteo **2** la pelliccia di tale animale.
cincischiàre *v.tr.* [*io cincischio ecc.*] tagliuzzare; sgualcire ♦ *v.intr.* [aus. *avere*] sprecare il tempo senza concludere nulla.
cineamatóre *s.m.* [f. *-trice*] chi gira film o documentari come dilettante.
cineàsta *s.m.* e *f.* [pl.m. *-sti*] professionista del cinema.
cìnema *s.m.invar.* forma abbreviata di *cinematografo* e di *cinematografia*.
cinemascope® *s.m.invar.* sistema di ripresa e di proiezione cinematografica su uno schermo panoramico.
cinemàtica *s.f.* (*fis.*) parte della meccanica che studia le proprietà del moto.
cinematografìa *s.f.* **1** sistema di rappresentazione del movimento mediante la proiezione di fotogrammi in rapida successione **2** l'arte e l'industria della realizzazione dei film.
cinematògrafo *s.m.* locale adibito a proiezioni cinematografiche.
cineprésa *s.f.* apparecchio portatile per riprese cinematografiche.
cineràrio *agg.* che serve a contenere cenere | *urna cineraria*, che contiene le ceneri di un defunto.
cinetèca *s.f.* raccolta di pellicole cinematografiche | il locale che ospita tale raccolta.
cinètica *s.f.* (*chim.*, *fis.*) studio della velocità delle reazioni chimiche.
cinètico *agg.* [pl.m. *-ci*] (*fis.*) che si riferisce al movimento: *energia cinetica*, l'energia di un corpo in movimento.
cìngere *v.tr.* [pres. *io cingo, tu cingi ecc.*; pass.rem. *io cinsi, tu cingésti ecc.*; part.pass. *cinto*] **1** avvolgere intorno al corpo **2** circondare.
cìnghia *s.f.* **1** striscia che serve per stringere, legare e sostenere | *tirare la* —, (*fig.*) soffrire la fame **2** — *di trasmissione*, (*mecc.*) nastro flessibile, ad anello, per trasmettere il moto tra due pulegge.
cinghiàle *s.m.* **1** mammifero selvatico simile al maiale **2** la pelle conciata dell'animale.
cingolàto *agg.* e *s.m.* veicolo fornito di cingoli.
cìngolo *s.m.* (*mecc.*) catena articolata formata da piastre metalliche, collegata alle ruote motrici di automezzi per aumentarne l'aderenza sul terreno
cinguettàre *v.intr.* [*io cinguétto ecc.*; aus. *avere*] cantare sommessamente, con piccoli trilli (detto di uccelli).
cìnico *agg.* e *s.m.* [f. *-a*; pl.m. *-ci*] **1** che/chi mostra disprezzo o insensibilità per ogni valore e sentimento umano **2** (*filos.*) seguace di una scuola filosofica greca che predicava l'indifferenza verso i beni materiali e ogni convenzione sociale □ **-mente** *avv.*
cinìglia *s.f.* **1** filato che ha l'aspetto di un cordoncino peloso **2** tessuto fabbricato con tale filato.
cinìsmo *s.m.* **1** l'atteggiamento proprio di chi è cinico **2** (*filos.*) la dottrina e la pratica di vita dei filosofi cinici.
cinnamòmo *s.m.* (*bot.*) genere di alberi sempreverdi, da cui si ricavano la cannella e la canfora.
cinofilìa *s.f.* amore per i cani; interesse per l'allevamento dei cani.
cinòfilo *s.m.* [f. *-a*] chi ama i cani | allevatore e conoscitore di razze canine ♦ *agg.*
cinquànta *agg.num.card.invar.* numero corrispondente a cinque decine.
cinquantenàrio *s.m.* cinquantesimo anniversario.

cinquantìna *s.f.* insieme di cinquanta o circa cinquanta unità.
cinquecènto *agg.num.card.invar.* numero corrispondente a cinque volte cento ♦ *s.m.invar. il Cinquecento*, il sec. XVI.
cinque *agg.num.card.invar.* numero naturale corrispondente a quattro unità più una.
cìnta *s.f.* **1** insieme di mura o di fortificazioni | *muro di* —, muro perimetrale che protegge ville, parchi, ecc. **2** cintura.
cìntola *s.f.* **1** cintura **2** parte del corpo, sopra i fianchi, dove si porta la cintura.
cintùra *s.f.* **1** striscia che cinge gli abiti alla vita | — *di sicurezza*, su aeroplani o automobili, cinghia o insieme di cinghie usate per assicurare le persone ai sedili **2** il punto della vita dove generalmente si porta la cintura.
ciò *pron.dimostr.* questa, codesta o quella cosa.
ciòcca *s.f.* ciuffo di capelli.
ciòcco *s.m.* [pl. *-chi*] grosso pezzo di legno da ardere.
cioccolàta *s.f.* **1** cioccolato **2** bevanda ottenuta sciogliendo cacao in acqua o latte.
cioccolatìno *s.m.* dolcetto di cioccolato, spesso ripieno.
cioccolàto *s.m.* sostanza alimentare preparata con cacao, zucchero e altri ingredienti ♦ *agg.invar.* di colore simile a quello del cioccolato.
cioè *avv.* **1** ossia **2** anzi.
ciondolàre *v.intr.* [*io cióndolo ecc.*; aus. *avere*] **1** pendere oscillando **2** (*estens.*) reggersi a mala pena sulle gambe **3** (*fig.*) trascinarsi oziosamente ♦ *v.tr.* fare oscillare stancamente.
cióndolo *s.m.* gingillo che si appende a una catenina o a un braccialetto.
ciòtola *s.f.* tazza bassa e senza manico; il contenuto stesso.
ciòttolo *s.m.* frammento di roccia arrotondato e levigato dall'acqua.
cipólla *s.f.* **1** pianta erbacea coltivata per il bulbo commestibile **2** (*scherz.*) orologio da tasca di foggia antiquata.
cìppo *s.m.* **1** tronco di colonna o di pilastro, che reca per lo più un'iscrizione commemorativa **2** pietra che delimita un'area.
ciprèsso *s.m.* albero delle conifere con foglie sempreverdi.
cìpria *s.f.* polvere finissima usata dalle donne per il trucco.
cìrca *prep.* a proposito di, intorno a ♦ *avv.* quasi, approssimativamente.
cìrco *s.m.* [pl. *-chi*] **1** (*archeol.*) nell'antica Roma, edificio in cui si svolgevano corse, lotte di gladiatori e altri spettacoli **2** — *equestre*, costruzione mobile in cui si svolgono spettacoli equestri, esibizioni di acrobati, pagliacci, animali ammaestrati.
circolàre[1] *agg.* **1** che ha forma di circolo **2** (*geom.*) del cerchio ♦ *s.f.* comunicazione scritta a più persone o a uffici □ **-mente** *avv.*
circolàre[2] *v.intr.* [*io cìrcolo ecc.*; aus. *avere* o *essere*] **1** muoversi circolarmente **2** (*estens.*) andare in giro **3** (*fig.*) diffondersi.
circolatòrio *agg.* che riguarda la circolazione del sangue.
circolazióne *s.f.* **1** il circolare | *libretto di* —, documento che autorizza la circolazione di mezzi a motore **2** — *monetaria*, (*fin.*) l'insieme delle banconote e delle monete circolanti in uno stato **3** (*fisiol.*, *bot.*) il fluire del sangue o della linfa.
cìrcolo *s.m.* **1** (*geom.*) circonferenza **2** (*geog.*, *astr.*) — *polare artico*, *antartico*, paralleli che limitano le calotte polari **3** gruppo o società di persone che si riuniscono a scopo ricreativo o di istruzione; il luogo delle riunioni **4** circoscrizione.
circoncìdere *v.tr.* [pass.rem. *io circoncisi*, *tu circoncidésti ecc.*; part.pass. *circonciso*] sottoporre a circoncisione.
circoncisióne *s.f.* operazione della recisione del prepuzio.
circondàre *v.tr.* [*io circóndo ecc.*] chiudere tutt'intorno; accerchiare ♦ **-rsi** *v.rifl.* attorniarsi.
circondàrio *s.m.* **1** suddivisione amministrativa | circoscrizione territoriale del tribunale **2** (*estens.*) zona circostante un centro abitato.
circonferènza *s.f.* **1** (*mat.*) luogo dei punti di un piano equidistanti da un punto, detto *centro* **2** (*estens.*) linea che misura la grandezza di un corpo cilindrico o tondeggiante | linea che delimita una superficie piana.
circonflèsso *agg.* **1** arcuato **2** *accento* —, segno costituito dall'unione dell'accento acuto e del grave.
circonlocuzióne *s.f.* giro di parole.
circonvallazióne *s.f.* strada che corre lungo il perimetro esterno di una città.
circonvenzióne *s.f.* — *d'incapace*, (*dir.*) reato commesso da chi trae in inganno qlcu. profittando della sua incapacità.
circoscrìvere coniugato come *scrivere*] **1** (*geom.*) tracciare una circonferenza che passi per tutti i vertici di un dato poligono; tracciare un poligono con tutti i lati tangenti a una data circonferenza **2** (*estens.*) racchiudere entro un limite (anche *fig.*).
circoscrizióne *s.f.* suddivisione di un territorio a fini amministrativi o giudiziari.

circospètto *agg.* che agisce con cautela o che denota cautela.
circospezióne *s.f.* l'essere circospetto.
circostànza *s.f.* **1** condizione che determina un fatto **2** situazione particolare; occasione.
circostanziàto *agg.* specificato nei minimi particolari.
circuìre *v.tr.* [*io circuisco, tu circuisci ecc.*; part.pass. *circuìto*] raggirare.
circùito *s.m.* **1** percorso chiuso di una gara automobilistica, motociclistica o ciclistica **2** (*elettr.*) insieme di conduttori variamente collegati, attraversati da un flusso di corrente **3** sistema di condotti attraversato da fluidi.
circumnavigàre *v.tr.* [*io circumnàvigo, tu circumnàvighi ecc.*] compiere una circumnavigazione.
circumnavigazióne *s.f.* navigazione intorno a un'isola o a un continente.
cirìllico *agg.* [pl.m. *-ci*] si dice dei caratteri di scrittura di alcune lingue slave.
cìrro *s.m.* **1** (*meteor.*) piccola nube bianca e filamentosa **2** (*bot.*) organo di sostegno di certe piante rampicanti.
cirròsi *s.f.* (*med.*) malattia caratterizzata dall'aumento del tessuto connettivo di un organo.
cisalpìno *agg.* che si trova al di qua delle Alpi (rispetto a Roma).
cìspa *s.f.* umore viscoso prodotto dalla congiuntiva degli occhi.
cispadàno *agg.* che è al di qua del Po (rispetto a Roma).
cispóso *agg.* pieno di cispa.
cistèrna *s.f.* **1** serbatoio sotterraneo in muratura per la raccolta delle acque piovane **2** (*estens.*) qualsiasi grande serbatoio per liquidi.
cìsti *s.f.* (*med.*) cavità abnorme, in cui si raccolgono sostanze liquide, semisolide o solide.
cistifèllea *s.f.* (*anat.*) vescichetta a forma di pera, situata sulla faccia inferiore del fegato, in cui si raccoglie la bile.
cistìte *s.f.* (*med.*) infiammazione della vescica urinaria.
citàre *v.tr.* **1** (*dir.*) convocare qlcu. dinanzi al magistrato **2** riportare parole altrui **3** (*estens.*) menzionare.
citòfono *s.m.* apparecchio telefonico che collega gli appartamenti di uno stabile con la portineria e la porta d'ingresso sulla via.
citologìa *s.f.* [pl. *-gie*] branca della biologia che studia la struttura e le funzioni delle cellule.
citoplàsma *s.m.* [pl. *-smi*] (*biol.*) parte della cellula che avvolge il nucleo.
citràto *s.m.* (*chim.*) sale dell'acido citrico.
cìtrico *agg.* [pl.m. *-ci*] (*chim.*) si dice di un acido organico diffuso in natura nel succo degli agrumi, impiegato in medicina e nella preparazione di bevande dissetanti.
citronèlla *s.f.* pianta da cui si estrae un'essenza che ha odore di limone.
città *s.f.* **1** centro abitato esteso, che rappresenta il punto di riferimento del territorio circostante | — *stato*, quella che costituiva uno stato indipendente **2** parte, quartiere di una città **3** cittadinanza.
cittadinànza *s.f.* **1** il complesso dei cittadini **2** (*dir.*) la condizione di chi appartiene a uno stato.
cittadìno *s.m.* [f. *-a*] **1** abitante di una città **2** chi ha la cittadinanza di uno stato.
ciùffo *s.m.* **1** grossa ciocca di capelli **2** (*estens.*) cespuglio.
ciùrma *s.f.* **1** equipaggio di una nave **2** (*fig.*) moltitudine di gente spregevole.
civétta *s.f.* **1** uccello rapace notturno **2** (*fig.*) leggera e vanitosa.
civetterìa *s.f.* atto o contegno artefatto e lezioso per attrarre l'ammirazione altrui.
civettuòlo *agg.* che rivela civetteria.
cìvico *agg.* [pl.m. *-ci*] **1** proprio del cittadino | *educazione civica*, materia scolastica che insegna le norme che regolano i rapporti dei cittadini fra loro e con lo stato **2** della città □ **-mente** *avv.*
civìle *agg.* **1** del cittadino | *diritto* —, branca del diritto che disciplina i rapporti giuridici tra privati **2** che riguarda il privato cittadino (contrapposto a *militare* o a *religioso, ecclesiastico*) **3** educato, cortese **4** che ha raggiunto un notevole grado di civiltà ♦ *s.m.* □ **-mente** *avv.*
civilìsta *s.m.* e *f.* [pl.m. *-sti*] studioso di diritto civile.
civilizzàre *v.tr.* rendere civile ♦ **-rsi** *v.rifl.* assumere aspetto e maniere civili.
civilizzazióne *s.f.* il civilizzare, l'essere civilizzato.
civiltà *s.f.* **1** il complesso degli aspetti materiali, sociali e spirituali che identificano un popolo **2** il livello di progresso **3** (*estens.*) cortesia, buona educazione.
civìsmo *s.m.* la coscienza che il buon cittadino ha dei suoi doveri civili.
clamóre *s.m.* **1** gran vocio, schiamazzo **2** (*fig.*) scalpore.
clamoróso *agg.* **1** chiassoso **2** (*fig.*) che desta scalpore □ **-mente** *avv.*
clan *s.m.invar.* **1** (*etnol.*) raggruppamento sociale i cui membri si considerano discendenti da un antenato comune **2** (*estens.*) comunità chiusa di persone | (*spreg.*) cricca.
clandestìno *agg.* fatto di nascosto, contro il divieto di qualche autorità ♦ *s.m.* [f. *-a*] **1**

passeggero clandestino **2** chi risiede in un paese straniero senza regolare permesso □ **-mente** *avv.*

claque *s.f.invar.* (*fr.*) gruppo di persone ingaggiate per applaudire a uno spettacolo o un attore.

clarinétto *s.m.* (*mus.*) strumento a fiato di legno, costituito da una canna cilindrica munita di fori e terminante a campana.

claríno *s.m.* (*mus.*) tromba naturale dal suono acuto, in uso nei secc. XVII e XVIII.

clàsse *s.f.* **1** l'insieme delle persone della stessa condizione sociale, culturale ed economica **2** (*biol.*) raggruppamento di più ordini (animali o vegetali) **3** l'insieme dei soldati della stessa leva **4** corso annuale di insegnamento; l'insieme degli alunni che frequentano lo stesso corso; aula **5** in treni, navi e aerei, distinzione di posti, carrozze o cabine secondo la qualità delle attrezzature **6** (*fig.*) distinzione, signorilità.

classicísmo *s.m.* atteggiamento culturale che riconosce valore esemplare ai modelli della civiltà classica.

clàssico *agg.* [pl.m. *-ci*] **1** che è proprio dell'antichità greca e romana **2** (*fig.*) tipico | tradizionale ♦ *s.m.* opera o artista che costituisce un modello esemplare □ **-mente** *avv.*

classìfica *s.f.* graduatoria in ordine di merito delle squadre o degli atleti partecipanti a una competizione sportiva.

classificàre *v.tr.* [*io classìfico, tu classìfichi ecc.*] **1** ordinare per classi **2** valutare il merito di un alunno, di un candidato, di un compito ♦ **-rsi** *v.rifl.* ottenere un determinato posto in classifica.

classificazióne *s.f.* il classificare, l'essere classificato.

claudicànte *agg.* zoppo.

claunésco *agg.* [pl.m. *-schi*] da clown.

clàusola *s.f.* **1** (*dir.*) parte di un testo giuridico con la quale si regola un caso particolare all'interno di disposizioni più ampie **2** (*estens.*) riserva, condizione.

claustrofobìa *s.f.* (*psicol.*) paura patologica degli spazi chiusi.

clausùra *s.f.* regola della vita monastica che limita i contatti tra monaci e mondo esterno | (*estens.*) la parte del convento dove gli estranei non possono entrare.

clàva *s.f.* **1** bastone robusto con un'estremità più grossa usato come arma dai popoli primitivi **2** attrezzo da ginnastica di forma simile a una clava.

clavicémbalo *s.m.* (*mus.*) strumento a tastiera in uso nei secc. XVI-XVIII.

clavìcola *s.f.* (*anat.*) ciascuna delle due ossa della spalla che collegano le scapole allo sterno.

clemènte *agg.* **1** che è incline al perdono; indulgente **2** (*fig.*) mite (detto di clima).

cleptòmane *agg.* e *s.m.* e *f.* si dice di persona affetta da cleptomania.

cleptomanìa *s.f.* (*psicol.*) impulso morboso e irresistibile a rubare.

clericàle *agg.* che sostiene il clero.

clèro *s.m.* l'insieme delle persone che appartengono all'ordine sacerdotale e si dedicano al culto divino.

clessìdra *s.f.* orologio ad acqua o a sabbia.

cliché *s.m.invar.* (*fr.*) **1** lastra incisa con procedimenti fotochimici per la riproduzione tipografica di disegni e fotografie **2** (*fig.*) modello convenzionale.

cliènte *s.m.* e *f.* **1** chi frequenta abitualmente un locale pubblico | chi si avvale dell'opera di un professionista **2** (*estens.*) chi per tornaconto personale asseconda la volontà di un personaggio potente.

clientèla *s.f.* l'insieme dei clienti.

clientelìsmo *s.m.* la pratica di distribuire benefici in relazione al proprio interesse.

clìma *s.m.* [pl. *-mi*] **1** l'insieme delle condizioni atmosferiche **2** (*fig.*) il complesso delle condizioni spirituali, culturali, politiche di un periodo storico, un ambiente.

climatèrio *s.m.* periodo della vita femminile caratterizzato dall'esaurimento dell'attività delle ghiandole sessuali | — *maschile*, fase dell'invecchiamento maschile che si manifesta con un progressivo ridursi delle funzioni sessuali.

climatizzàre *v.tr.* attrezzare con impianti di aria condizionata.

clìnica *s.f.* **1** branca della medicina che diagnostica, studia e cura le malattie attraverso l'osservazione diretta degli ammalati **2** reparto ospedaliero di una facoltà di medicina **3** casa di cura privata.

clìnico *agg.* [pl.m. *-ci*] che riguarda la clinica come scienza e pratica medica ♦ *s.m.* medico specialista in clinica □ **-mente** *avv.*

clistère *s.m.* il liquido medicamentoso che s'introduce nell'intestino per via rettale e lo strumento che serve a tale scopo.

cloàca *s.f.* canale sotterraneo che raccoglie le acque di rifiuto di un centro abitato.

cloche *s.f.invar.* (*fr.*) **1** (*aer.*) barra di comando **2** *cambio a* —, (*aut.*) quello la cui leva di comando è posta sul pavimento dell'autovettura.

clonazióne *s.f.* (*biol.*) moltiplicazione biologica realizzata artificialmente per produrre individui geneticamente omogenei.

clóne *s.m.* **1** (*biol.*) gruppo di cellule ge-

neticamente omogenee **2** (*inform.*) prodotto hardware o software che è copia identica di un altro.
cloridrico *agg.* [pl.m. -ci] (*chim.*) si dice dell'acido costituito da idrogeno e cloro.
clòro *s.m.* elemento chimico di simbolo *Cl*; è un metalloide gassoso, si usa come disinfettante, decolorante e nell'industria chimica.
clorofilla *s.f.* (*bot.*) pigmento verde delle piante che, utilizzando i raggi luminosi, innesca il processo di fotosintesi.
clorofòrmio *s.m.* (*chim.*) sostanza organica liquida volatile, usata come solvente e un tempo anche come anestetico.
cloruro *s.m.* (*chim.*) sale dell'acido cloridrico | — *di sodio*, il sale da cucina.
clown *s.m.invar.* (*ingl.*) pagliaccio di circo equestre.
club *s.m.invar.* (*ingl.*) associazione di carattere politico, sportivo o culturale.
coabitàre *v.intr.* [*io coàbito ecc.*; aus. *avere*] abitare insieme.
coadiutóre *s.m.* [f. *-trice*] chi aiuta o sostituisce qlcu. in un'attività o un ufficio.
coadiuvàre *v.tr.* [*io coàdiuvo ecc.*] cooperare, collaborare.
coagulàre *v.tr.* [*io coàgulo ecc.*] raggrumare, rapprendere ♦ *v.intr.* [aus. *essere*] ♦ **-rsi** *v.intr.pron.* rapprendersi.
coagulazióne *s.f.* parziale solidificazione di liquidi organici.
coalizióne *s.f.* alleanza per uno scopo comune.
coalizzàre *v.tr.* unire in una coalizione (anche *fig.*) ♦ **-rsi** *v.rifl.rec.* formare una coalizione.
coartàre *v.tr.* costringere.
coassiàle *agg.* (*tecn.*) si dice di organi o elementi che hanno lo stesso asse di rotazione.
coàtto *agg.* imposto con la forza o per legge | *domicilio* —, obbligo di risiedere in un determinato luogo per ragioni di sicurezza ♦ *s.m.* [f. *-a*].
coazióne *s.f.* **1** costrizione morale o fisica **2** (*psicoan.*) meccanismo nevrotico che costringe il soggetto ad azioni o a comportamenti ossessivi.
cobàlto *s.m.* **1** elemento chimico di simbolo *Co*; è un metallo grigio-argènteo, usato nella formazione di numerose leghe **2** colore azzurro carico.
còbra *s.m.invar.* serpente velenoso che vive in Asia e in Africa.
còca *s.f.* **1** arbusto dalle cui foglie si estrae la cocaina **2** forma abbreviata di *coca-cola* o di *cocaina*.
coca-cola® *s.f.invar.* nome commerciale di una bevanda gasata in cui sono presenti minime quantità di estratti di foglie di coca e di noce di cola.
cocaìna *s.f.* alcaloide estratto dalle foglie di coca, stupefacente.
cocainòmane *s.m.* e *f.* chi usa abitualmente la cocaina.
còcca *s.f.* intaccatura all'estremità della freccia in cui si adatta la corda dell'arco.
coccàrda *s.f.* nastro pieghettato disposto a cerchio, con i colori di una nazione, un partito, una squadra sportiva.
cocchière *s.m.* [f. *-a*] conduttore di carrozze a cavalli.
còcchio *s.m.* **1** carrozza signorile tirata da due o più cavalli **2** antico carro a due ruote.
còccige *s.m.* (*anat.*) l'ultimo tratto della colonna vertebrale.
coccinèlla *s.f.* piccolo insetto coleottero ali esterne dure e rigide, rosse con punti neri.
coccinìglia *s.f.* piccolo insetto parassita.
còccio *s.m.* **1** terracotta di poco pregio **2** ciascuno dei pezzi in cui si rompe un oggetto fragile.
cocciùto *agg.* e *s.m.* [f. *-a*] testardo, caparbio □ **-mente** *avv.*
còcco[1] *s.m.* [pl. *-chi*] **1** palma tropicale che produce grossi frutti commestibili, dai quali si ricavano un succo dissetante (*latte di* —) **2** noce di cocco.
còcco[2] *s.m.* [pl. *-chi*] (*biol.*) batterio di forma tondeggiante.
coccodrìllo *s.m.* **1** grosso rettile anfibio africano | *lacrime di* —, (*fig.*) pentimento tardivo **2** pelle conciata del coccodrillo.
coccolàre *v.tr.* [*io còccolo ecc.*] (*fam.*) vezzeggiare.
cocènte *agg.* **1** che scotta **2** (*fig.*) acuto; pungente.
cocktail *s.m.invar.* (*ingl.*) **1** miscela di liquori diversi, spesso uniti ad altri ingredienti **2** (*fig.*) mescolanza, miscuglio.
còclea *s.f.* (*anat.*) parte dell'orecchio interno che contiene l'organo dell'udito.
cocómero *s.m.* **1** pianta erbacea che produce un grosso frutto dalla polpa dolce, rossa e acquosa **2** il frutto del cocomero.
cocorìta *s.f.* piccolo pappagallo domestico dal piumaggio verde.
cocùzzolo *s.m.* **1** la parte più alta della testa o del cappello **2** (*estens.*) sommità di un monte.
códa *s.f.* **1** estremità posteriore del corpo degli animali vertebrati, formata da un prolungamento della colonna vertebrale | *avere la — di paglia*, (*fig.*) interpretare male, non avendo la coscienza tranquilla **2** (*estens.*) prolungamento, appendice di qlco. **3** (*estens.*) parte estrema di qlco. |

guardare con la — dell'occhio, (*fig.*) di traverso **4** fila ordinata di persone.
codàrdo *agg.* che fugge i pericoli e viene meno ai suoi doveri ♦ *s.m.* [f. *-a*] □ **-mente** *avv.*
codàzzo *s.m.* (*spreg.*) gruppo di persone che accompagnano qlcu.; seguito.
codésto *agg.pron.dimostr.* (*tosc.*, *lett.*) indica persona o cosa vicina a chi ascolta.
còdice *s.m.* **1** (*paleogr.*, *filol.*) libro manoscritto **2** (*dir.*) raccolta organica delle norme giuridiche che disciplinano una determinata materia **3** (*estens.*) insieme di norme di comportamento **4** sistema di segni convenzionali usato per trasmettere informazioni tra un emittente e un ricevente **5** (*inform.*) rappresentazione di dati o istruzioni in forma simbolica **6** — *fiscale*, serie di cifre e lettere che identifica ciascun cittadino soggetto al fisco.
codicìllo *s.m.* **1** clausola aggiunta a una scrittura legale **2** poscritto | postilla.
codificàre *v.tr.* [*io codìfico, tu codìfichi ecc.*] **1** riunire in un codice **2** tradurre in un codice convenzionale.
coefficiènte *s.m.* **1** (*mat.*) numero che moltiplica grandezze incognite o indeterminate **2** (*scient.*) quantità numerica che definisce le proprietà o le relazioni tra le grandezze di un sistema.
coercìbile *agg.* **1** che può essere frenato, contenuto **2** (*fis.*) si dice di gas che può essere ridotto allo stato liquido.
coercitìvo *agg.* che costringe, obbliga.
coercizióne *s.f.* l'obbligare, l'essere obbligato con la forza o con minacce.
coerènte *agg.* **1** composto di parti ben unite tra loro **2** che non presenta contraddizioni □ **-mente** *avv.*
coerènza *s.f.* **1** stretta connessione di parti **2** l'essere coerente.
coesióne *s.f.* **1** (*fis.*) forza che tiene insieme le molecole di un corpo **2** (*fig.*) unità fra le parti di un tutto.
coesìstere *v.intr.* [aus. *essere*] esistere insieme con altri, con altre cose.
coèvo *agg.* contemporaneo, della stessa epoca.
còfano *s.m.* **1** cassa munita di coperchio **2** parte della carrozzeria di un veicolo che racchiude il motore.
còffa *s.f.* piattaforma sopraelevata che s'innesta negli alberi delle navi per accogliere uomini di vedetta.
cògliere *v.tr.* [pres. *io còlgo, tu cògli ecc.*; fut. *io coglierò ecc.*; pass.rem. *io còlsi, tu cogliésti ecc.*; congiunt.pres. *io còlga ecc.*; part.pass. *còlto*] **1** staccare da una pianta o dal terreno **2** (*estens.*) afferrare (anche *fig.*) **3** colpire **4** (*estens.*) sorprendere **5** (*fig.*) capire.
cognac *s.m.invar.* (*fr.*) acquavite da vino prodotta in Francia nella zona di Cognac.
cognàta *s.f.* moglie del fratello; sorella del marito o della moglie.
cognàto *s.m.* marito della sorella; fratello del marito o della moglie.
cognizióne *s.f.* **1** (spec. *pl.*) ciò che si conosce **2** (*dir.*) accertamento dei fatti relativi a un processo | *con — di causa*, (*fig.*) con approfondita conoscenza dei fatti.
cognóme *s.m.* nome di famiglia.
coibènte *agg.* e *s.m.* si dice di materiale che presenta forte resistenza al passaggio dell'elettricità, del calore, del suono ecc.
coincidènza *s.f.* **1** il coincidere **2** (*fig.*) identità, consonanza **3** corrispondenza d'orario tra l'arrivo e la partenza di due mezzi di trasporto pubblico.
coincìdere *v.intr.* [coniug. come *incidere*; aus. *avere*] **1** accadere contemporaneamente **2** corrispondere (anche *fig.*) **3** (*geom.*) combaciare perfettamente.
cointeressàre *v.tr.* [*io cointerèsso ecc.*] far partecipare qlcu. agli utili di un'azienda o di un'impresa.
coinvòlgere *v.tr.* [coniugato come *volgere*] trascinare in una situazione che comporta delle responsabilità o dei rischi.
coke *s.m.invar.* (*ingl.*) carbone ottenuto dalla distillazione del carbon fossile.
colabròdo *s.m.invar.* arnese di cucina con il fondo bucherellato per filtrare il brodo.
colàre *v.tr.* [*io cólo ecc.*] **1** far passare un liquido attraverso un filtro; separare un liquido da un solido **2** fondere un metallo ♦ *v.intr.* [aus. *essere*] **1** gocciolare **2** sciogliersi **3** — *a picco*, affondare.
colàta *s.f.* **1** versamento di materiale fluido | (*estens.*) la massa fluida di lava eruttata **2** (*estens.*) massa di ghiaccio, fango o ghiaia che scivola **3** in fonderia, versamento del metallo fuso nelle forme.
colazióne *s.f.* **1** il pasto del mattino **2** il pasto di mezzogiorno, il pranzo.
colbàcco *s.m.* [pl. *-chi*] cappello di pelliccia.
colecìsti *s.f.* (*anat.*) cistifellea.
colèi *pron.dimostr.f.sing.* forma femminile di *colui*.
coleòtteri *s.m.pl.* (*zool.*) ordine di insetti con il corpo rivestito da un tegumento molto duro e con due ali atte al volo.
colèra *s.m.invar.* (*med.*) malattia infettiva intestinale causata da un bacillo.
colesteròlo *s.m.* (*chim.*, *biol.*) sostanza grassa presente in tutti i tessuti animali; può avere effetti dannosi sul sistema circolatorio.
colibrì *s.m.* piccolissimo uccello tropicale, con piumaggio dai colori vivaci.

còlica *s.f.* (*med.*) dolore acuto determinato dalla contrazione di un organo cavo.
colino *s.m.* arnese di cucina per colare.
colite *s.f.* (*med.*) infiammazione del colon.
còlla *s.f.* sostanza adesiva usata per tenere uniti oggetti e materiali vari.
collaboràre *v.intr.* [*io collàboro ecc.*; aus. *avere*] partecipare a un'attività comune | (*estens.*) dare il proprio contributo.
collaboratóre *s.m.* [f. *-trice*] chi collabora.
collaborazióne *s.f.* il collaborare.
collaborazionismo *s.m.* attività di collaborazionista.
collaborazionista *s.m.* e *f.* [pl.m. *-sti*] chi collabora con il nemico.
collage *s.m.invar.* (*fr.*) tecnica pittorica o grafica che consiste nell'incollare su un piano frammenti o ritagli di materiali diversi; la composizione così ottenuta.
collàgeno o **collagene** *s.m.* (*biol.*) sostanza proteica presente nei tessuti connettivi.
collàna *s.f.* **1** monile che si porta intorno al collo **2** (*fig.*) serie di volumi analoghi per contenuto e veste editoriale.
collànte *agg.* e *s.m.* sostanza adesiva.
collàre *s.m.* **1** striscia che si lega attorno al collo dei cani e di altri animali **2** insegna di un ordine cavalleresco **3** (*zool.*) cerchietto di pelo o di penne intorno al collo di alcuni animali.
collàsso *s.m.* (*med.*) improvviso malore con forte caduta della pressione arteriosa.
collateràle *agg.* che sta a lato | secondario: *effetto* —, (*med.*) quello non voluto, provocato da un farmaco ♦ *s.m.* chi è parente in linea collaterale □ **-mente** *avv.*
collaudàre *v.tr.* [*io collàudo ecc.*] **1** fare il collaudo **2** (*fig.*) verificare.
collaudatóre *s.m.* [f. *-trice*] chi è addetto a operazioni di collaudo.
collàudo *s.m.* verifica sperimentale di materiali, macchine, costruzioni, per accertarne l'idoneità all'uso.
collazióne *s.f.* confronto della copia o delle copie di un testo con l'originale o fra di loro.
còlle[1] *s.m.* rilievo d'altezza intermedia tra l'altura e la collina.
còlle[2] *s.m.* passo o valico montano.
collèga *s.m.* e *f.* [pl.m. *-ghi*] compagno di lavoro o di studi.
collegaménto *s.m.* il collegare; il mezzo stesso con cui si collega o ci si collega.
collegàre *v.tr.* [*io collégo, tu colléghi ecc.*] *v.tr.* **1** unire **2** (*fig.*) connettere ♦ **-rsi** *v.rifl.rec.* mettersi in contatto telefonico o radiotelevisivo.
collegiàle *agg.* **1** relativo a un collegio di persone **2** da convitto ♦ *s.m.* e *f.* □ **-mente** *avv.*
collègio *s.m.* **1** insieme di persone che svolgono la stessa attività o sono unite da un comune interesse | — *elettorale*, circoscrizione territoriale a fini elettorali **2** istituto di educazione in cui gli allievi convivono stabilmente.
còllera *s.f.* sentimento di sdegno; furore.
collétta *s.f.* raccolta di denaro a scopo di beneficenza.
collettivismo *s.m.* sistema economico-sociale fondato sull'abolizione della proprietà privata e sulla gestione collettiva dei mezzi di produzione.
collettività *s.f.* gruppo di persone considerate nel loro insieme.
collettivo *agg.* che è comune a più persone o cose | che riguarda la comunità ♦ *s.m.* gruppo di persone che svolgono un'attività politica o sindacale □ **-mente** *avv.*
collétto *s.m.* **1** la parte del vestito che sta attorno al collo **2** (*bot.*) parte della pianta tra il fusto e la radice **3** (*anat.*) porzione del dente tra la corona e la radice.
collettóre *s.m.* **1** chi raccoglie denaro, firme o altro **2** (*tecn.*) qualsiasi impianto o dispositivo che serve a raccogliere o a incanalare **3** (*elettr.*) organo che consente il passaggio della corrente nelle macchine elettriche rotanti ♦ *agg.* [f. *-trice*].
collezióne *s.f.* **1** raccolta sistematica di oggetti della stessa specie **2** collana editoriale **3** l'insieme dei modelli che una grande sartoria presenta per una stagione.
collimàre *v.intr.* [aus. *avere*] coincidere in modo perfetto (anche *fig.*).
collina *s.f.* **1** rilievo del terreno che in genere non supera i 600 m. **2** (*estens.*) la regione che presenta tali rilievi.
collirio *s.m.* medicamento liquido per gli occhi.
collisióne *s.f.* scontro fra due corpi che si muovono.
còllo[1] *s.m.* **1** nell'uomo e in altri vertebrati, parte del corpo che unisce la testa al torace | *a rotta di* —, (*fig.*) a precipizio | *tra capo e* —, (*fig.*) all'improvviso **2** parte di un indumento che cinge il collo **3** parte allungata e ristretta di un recipiente **4** (*anat.*) parte ristretta e cilindrica di un organo o di un arto.
còllo[2] *s.m.* pacco, valigia.
collocaménto *s.m.* **1** il collocare **2** occupazione | *ufficio di* —, ufficio pubblico che ha la funzione di avviare al lavoro i disoccupati in base a una graduatoria.
collocàre *v.tr.* [*io còlloco, tu còllochi ecc.*] **1** porre in un determinato luogo (anche *fig.*) **2** trovare una sistemazione, un lavoro **3**

vendere ♦ **-rsi** *v.rifl.* o *intr.pron.* mettersi in un dato luogo.
collocazióne *s.f.* il collocare, il collocarsi, l'essere collocato.
collòide *s.m.* (*chim.*) sostanza che, dispersa in un liquido, dà luogo a piccolissimi aggregati di particelle.
collòquio *s.m.* **1** conversazione su fatti di una certa importanza **2** esame orale.
collóso *agg.* attaccaticcio come colla.
collusióne *s.f.* **1** (*dir.*) accordo fraudolento di due parti a danno di una terza **2** accordo tra gruppi o partiti di tendenza opposta.
collutòrio *s.m.* liquido medicamentoso usato per sciacquare la bocca.
colluttazióne *s.f.* lotta corpo a corpo.
colmàre *v.tr.* [io cólmo ecc.] **1** riempire fino all'orlo | — *una lacuna*, (*fig.*) supplire a una mancanza **2** (*fig.*) coprire qlcu. di qlco.
cólmo[1] *s.m.* **1** il punto più alto; cima **2** (*fig.*) il massimo grado.
cólmo[2] *agg.* pieno (anche *fig.*).
colómba *s.f.* **1** la femmina del colombo, simbolo d'innocenza e di pace **2** (*gastr.*) dolce pasquale a forma di colomba.
colombàrio *s.m.* nei cimiteri, costruzione muraria divisa in loculi.
colómbo *s.m.* piccione.
còlon *s.m.invar.* (*anat.*) porzione mediana dell'intestino crasso, compresa fra l'intestino cieco e il retto.
colònia[1] *s.f.* **1** paese su cui uno stato stabilisce il suo dominio **2** (*estens.*) le persone di una stessa nazione o città che risiedono lontano dalla madrepatria **3** istituzione che provvede al soggiorno estivo di ragazzi in luoghi di villeggiatura **4** (*biol.*) aggregato di individui animali o vegetali della stessa specie.
colònia[2] *s.f.* profumo preparato con alcol ed essenze varie.
coloniàle *agg.* di colonia ♦ *s.m.pl.* generi alimentari che provengono da paesi extraeuropei (caffè, cacao, spezie ecc.).
colonialìsmo *s.m.* politica tendente a conquista e sfruttamento delle colonie.
colonizzàre *v.tr.* ridurre un paese a colonia | (*fig.*) sottomettere, sfruttare.
colonizzazióne *s.f.* il colonizzare, l'essere colonizzato.
colónna *s.f.* **1** elemento architettonico verticale a sezione circolare, con funzione di sostegno o di ornamento **2** (*fig.*) sostegno, aiuto **3** (*estens.*) serie di elementi disposti verticalmente | — *vertebrale*, (*anat.*) spina dorsale | — *sonora*, parte della pellicola cinematografica su cui sono registrati i suoni **4** fila di persone o di veicoli **5** (*tip.*) ciascuna delle divisioni verticali di una pagina stampata o scritta.
colonnàto *s.m.* (*arch.*) serie di colonne.
colonnèllo *s.m.* (*mil.*) ufficiale superiore a cui spetta il comando di un reggimento.
colòno *s.m.* [f. -*a*] chi coltiva la terra altrui.
coloránte *agg.* e *s.m.* (*chim.*) si dice di sostanza che dà colore.
coloràre *v.tr.* [io colóro ecc.] dare colore, tingere ♦ **-rsi** *v.intr. pron.* prendere colore, tingersi.
colorazióne *s.f.* il colorare, l'essere colorato; il colore assunto da un oggetto.
colóre *s.m.* **1** qualità dei corpi per cui essi riflettono in vario modo la luce **2** sostanza con cui si dipinge **3** colorito **4** (*fig.*) tono, carattere | — *locale*, aspetto pittoresco che distingue un luogo o un ambiente.
colorificio *s.m.* fabbrica di colori o di coloranti; il negozio in cui si vendono.
colorìre *v.tr.* [io colorisco, tu colorisci ecc.] **1** dare il colore **2** (*fig.*) arricchire con vivacità e fantasia ♦ **-rsi** *v.intr.pron.* acquistare colore o colorito.
colorìto *agg.* **1** che ha un bel colore **2** (*fig.*) vivace, espressivo ♦ *s.m.* colore della carnagione
colóro *pron.dimostr.pl.m.* e *f.* forma plurale di *colui* e *colei*.
colossàle *agg.* che riguarda un colosso; enorme (anche *fig.*).
colòsso *s.m.* **1** statua di grande mole **2** uomo di corporatura eccezionale **3** (*fig.*) persona di capacità straordinari.
cólpa *s.f.* **1** atto, comportamento che infrange una norma giuridica o morale | *senso di* —, (*psicol.*) sensazione di rimorso o di colpevolezza **2** (*dir.*) azione od omissione da cui deriva un danno ad altri.
colpévole *agg.* **1** che ha una colpa | (*dir.*) che ha commesso un reato **2** che costituisce colpa ♦ *s.m.* e *f.* □ **-mente** *avv.*
colpevolizzàre *v.tr.* far sentire colpevole ♦ **-rsi** *v.rifl.* sentirsi colpevole.
colpìre *v.tr.* [io colpisco, tu colpisci ecc.] **1** percuotere **2** (*fig.*) danneggiare **3** (*fig.*) impressionare.
cólpo *s.m.* **1** percossa, urto | *far* —, (*fig.*) impressionare positivamente **2** (*fig.*) evento spiacevole o doloroso che accade all'improvviso **3** rumore secco e istantaneo; sparo **4** manifestazione improvvisa di un fenomeno | azione rapida e violenta; rapina: *fare un — in banca* | — *di scena*, effetto drammatico che coglie di sorpresa | — *di stato*, rovesciamento violento del governo di uno stato **5** malore improvviso.
colpóso *agg.* (*dir.*) si dice di reato commesso per imprudenza o negligenza, ma senza dolo.

coltellàta *s.f.* **1** colpo di coltello; ferita di coltello **2** (*fig.*) sofferenza acuta.

coltellerìa *s.f.* negozio, fabbrica di coltelli.

coltèllo *s.m.* arnese costituito da una lama d'acciaio affilata da un lato, e fissata in un manico.

coltivàre *v.tr.* **1** lavorare la terra perché diventi produttiva **2** (*fig.*) dedicarsi con impegno a un'attività intellettuale | nutrire un sentimento ♦ **-rsi** *v.rifl.* (*fam.*) curare la propria educazione culturale.

coltivatóre *s.m.* [f. *-trice*] chi coltiva.

coltivazióne *s.f.* il coltivare; il luogo e le piante coltivati.

cólto *agg.* che ha cultura.

cóltre *s.f.* **1** coperta da letto **2** (*estens.*) strato di materiale che forma una copertura **3** drappo funebre sopra la bara.

coltùra *s.f.* **1** il coltivare un terreno; il terreno coltivato e le piante prodotte **2** allevamento | (*biol.*) tecnica di moltiplicazione di microrganismi a scopo diagnostico o sperimentale.

colùi *pron.dimostr.m.sing.* [f. *colèi*; pl.m. e f. *colóro*] quello.

cólza *s.f.* pianta erbacea dai cui semi si ricava un olio commestibile.

còma *s.m.* [pl. *-mi* o invar.] (*med.*) stato patologico di sonno profondo con perdita di coscienza e sensibilità.

comandaménto *s.m.* (*teol.*) precetto divino che costituisce norma di comportamento morale e religioso.

comandànte *s.m.* [anche *f.*] **1** chi comanda **2** (*mil.*) titolo dato a chi ha compiti e responsabilità di comando

comandàre *v.tr.* **1** dare ordini, esercitare un potere su qlcu. o qlco. **2** richiedere **3** (*mecc.*) azionare.

comàndo *s.m.* **1** atto del comandare; ciò che si comanda **2** autorità di chi comanda **3** (*mil.*) il gruppo costituito dal comandante e dai suoi collaboratori; il luogo dove risiedono **4** (*sport*) primo posto.

comatóso *agg.* (*med.*) proprio del coma.

combaciàre *v.intr.* [*io combàcio ecc.*; aus. *avere*] corrispondere, aderire esattamente | (*fig.*) coincidere.

combattènte *agg.* e *s.m.* [anche *f.*] che/chi combatte | *ex* —, chi ha partecipato a una guerra.

combàttere *v.intr.* [coniugato come *battere*; aus. *avere*] **1** partecipare a uno scontro, a una guerra **2** (*fig.*) opporsi a qlco.; impegnarsi per ottenere qlco. ♦ *v.tr.* (*fig.*) contrastare ♦ **-rsi** *v.rifl.rec.* scontrarsi; farsi guerra.

combattiménto *s.m.* **1** scontro | (*mil.*) azione offensiva o difensiva nell'ambito di una più ampia battaglia **2** (*sport*) incontro di pugilato o di lotta.

combattìvo *agg.* battagliero.

combinàre *v.tr.* **1** mettere insieme, armonizzare **2** (*estens.*) far coincidere **3** organizzare | concordare ♦ **-rsi** *v.rifl.* e *intr.pron.* **1** (*chim.*) reagire insieme **2** (*fam.*) conciarsi.

combinàta *s.f.* (*sport*) gara di sci che comprende più prove diverse.

combinazióne *s.f.* **1** il combinare; modo in cui si raggruppa un insieme di elementi diversi **2** imprevisto, caso **3** (*chim.*) unione di sostanze diverse per formare un nuovo composto.

combrìccola *s.f.* **1** (*spreg.*) unione di più persone per scopi illeciti **2** (*fam.*) gruppo di persone.

comburènte *agg.* e *s.m.* (*chim.*) di sostanza che favorisce o mantiene la combustione.

combustìbile *agg.* e *s.m.* di sostanza che può bruciare sviluppando luce e calore.

combustióne *s.f.* fenomeno chimico per cui un combustibile brucia in presenza di un comburente.

combùtta *s.f.* unione di più persone per finalità disoneste o poco chiare.

cóme *avv.* **1** in quale modo: — *stai?* **2** quanto: — *piove!* **3** in quale modo: *gli raccontò — l'amico sarebbe partito* **4** quanto: *è bello — credevo* | in espressioni rafforzative o enfatiche: *ora — ora*, al momento attuale **5** nel modo in cui: *ho fatto — tu hai voluto* ♦ *cong.* appena (introduce una prop. temporale) ♦ *s.m.invar.* il modo; la causa.

cométa *s.f.* (*astr.*) corpo celeste formato da un nucleo luminoso, un alone e uno strascico.

còmica *s.f.* (*cine.*) cortometraggio di carattere comico, tipico del cinema muto.

comicità *s.f.* l'essere comico.

còmico *agg.* [pl.m. *-ci*] **1** proprio della commedia **2** che fa ridere ♦ *s.m.* attore di parti comiche □ **-mente** *avv.*

comìgnolo *s.m.* **1** la parte della canna del camino che sporge sopra il tetto **2** la linea più alta del tetto, dove si congiungono gli spioventi.

cominciàre *v.tr.* [*io comìncio ecc.*] iniziare (anche *assol.*) ♦ *v.intr.* [aus. *essere*] avere inizio.

comitàto *s.m.* gruppo di persone costituito per realizzare finalità comuni.

comitìva *s.f.* gruppo di persone che si frequentano abitualmente o fanno insieme una gita, un viaggio.

comìzio *s.m.* adunanza pubblica di natura politica o sindacale.

còmma *s.m.* [pl. *-mi*] (*dir.*) ogni paragrafo di una legge, di un regolamento, di un contratto.

commando *s.m.invar.* (*ingl.*) (*mil.*) pattuglia d'assalto usata per azioni di sorpresa.

commèdia *s.f.* **1** componimento teatrale a lieto fine **2** (*estens.*) film di contenuto leggero, brillante **3** (*fig.*) finzione.

commediànte *s.m.* e *f.* **1** (*spreg.*) attore di commedie **2** (*fig.*) simulatore; ipocrita.

commediògrafo *s.m.* [f. *-a*] autore di commedie.

commemoràre *v.tr.* [*io commèmoro ecc.*] celebrare solennemente.

commemorazióne *s.f.* il commemorare, l'essere commemorato; cerimonia celebrativa.

commènda *s.f.* onorificenza civile attribuita a cittadini che si distinguono in particolari attività.

commendatóre *s.m.* titolare dell'onorificenza della commenda.

commensàle *s.m.* e *f.* chi partecipa a un banchetto, a un pranzo insieme con altri.

commensuràbile *agg.* (*mat.*) si dice di due grandezze omogenee che hanno un sottomultiplo comune.

commentàre *v.tr.* [*io comménto ecc.*] **1** esprimere un giudizio **2** spiegare, illustrare.

commentàrio *s.m.* trattazione ampia che spiega e illustra un testo.

commentatóre *s.m.* [f. *-trice*] chi commenta.

comménto *s.m.* **1** giudizio | osservazione critica **2** interpretazione di un testo; insieme di note che lo illustrano.

commerciàle *agg.* di commercio | *diritto* —, branca del diritto che regola i rapporti tra le imprese commerciali e con i consumatori □ **-mente** *avv.*

commercialista *s.m.* e *f.* [pl.m. *-sti*] **1** libero professionista laureato in scienze economiche e commerciali o diplomato in ragioneria **2** avvocato specialista di diritto commerciale ♦ Usato anche come *agg.*

commercializzàre *v.tr.* mettere in commercio; rendere commerciabile.

commerciànte *s.m.* e *f.* chi per professione esercita un commercio.

commerciàre *v.intr.* [*io commèrcio ecc.*; aus. *avere*] esercitare il commercio ♦ *v.tr.* mettere in commercio.

commèrcio *s.m.* attività economica che consiste nello scambiare dei prodotti con denaro.

comméssa *s.f.* ordinazione di merce o di beni.

commésso *s.m.* [f. *-a*] **1** addetto alla vendita in un negozio | — *viaggiatore*, piazzista **2** impiegato con mansioni generiche.

commestìbile *agg.* che si può mangiare.

comméttere *v.tr.* [coniugato come *méttere*] compiere (azioni illecite o riprovevoli).

commiàto *s.m.* **1** permesso di partire **2** il saluto prima di una partenza.

commilitóne *s.m.* compagno d'armi.

comminàre *v.tr.* [*io commìno ecc.*] (*dir.*) prevedere una pena o una sanzione per la trasgressione di una legge.

commiseràre *v.tr.* [*io commìsero ecc.*] provare compassione per qlcu. o qlco.

commiserazióne *s.f.* il commiserare.

commissariàto *s.m.* ufficio, sede di commissario.

commissàrio *s.m.* [f. *-a*] **1** funzionario addetto all'amministrazione straordinaria di un ente, di un organismo, di un'impresa **2** chi è incaricato di una determinata funzione | — *tecnico*, chi seleziona e allena gli atleti delle squadre sportive nazionali **3** membro di una commissione **4** funzionario della polizia di stato.

commissionàre *v.tr.* [*io commissióno ecc.*] ordinare.

commissióne *s.f.* **1** incarico da svolgere per conto di altri **2** (spec. *pl.*) incombenze, piccoli acquisti **3** (*comm.*) ordinazione di una merce **4** gruppo di persone a cui è affidato un incarico.

commisuràre *v.tr.* misurare qlco. rispetto a un'altra.

committènte *agg.* e *s.m.* e *f.* che/chi commissiona.

commodòro *s.m.* nella marina militare britannica e americana, capitano di vascello al comando di una divisione navale.

commòsso *agg.* preso da commozione; che rivela commozione.

commovènte *agg.* che suscita commozione.

commozióne *s.f.* **1** il commuovere, il commuoversi **2** (*med.*) alterazione di un organo in conseguenza di un trauma.

commuòvere *v.tr.* [coniugato come *muovere*] produrre in qlcu. un forte sentimento di pietà, ammirazione o tenerezza ♦ **-rsi** *v.intr.pron.* turbarsi.

commutàre *v.tr.* **1** scambiare una cosa con un'altra **2** (*elettr.*) invertire il senso della corrente in un circuito ♦ **-rsi** *v.rifl.rec.* invertirsi, scambiarsi.

commutatóre *s.m.* (*elettr.*) dispositivo che serve a commutare.

commutazióne *s.f.* il commutare.

comodìno *s.m.* piccolo mobile che si tiene accanto al letto.

comodità *s.f.* **1** l'essere comodo **2** ciò che procura benessere.

còmodo *agg.* **1** confortevole, piacevole **2** che si trova a proprio agio ♦ *s.m.* ciò che è gradito, opportuno o vantaggioso | *con —*, senza fretta □ **-mente** *avv.*
compact disc *loc.sost.m.invar.* (*ingl.*) disco a lettura ottica mediante raggio laser.
compaesàno *s.m.* [f. *-a*] chi è dello stesso paese.
compàgine *s.f.* unione stretta di più parti o di più persone.
compagnìa *s.f.* **1** l'intrattenersi insieme con altri | *complemento di —*, (*gramm.*) quello che esprime relazione di compagnia con un essere animato **2** insieme di compagni, di amici **3** gruppo di artisti e tecnici scritturato per eseguire spettacoli **4** società commerciale **5** confraternita **6** (*mil.*) reparto comandato da un capitano.
compàgno *s.m.* **1** [f. *-a*] chi condivide con altri una condizione, un'attività (anche *fig.*) **2** termine usato come appellativo fra i seguaci dei partiti di sinistra **3** (*comm.*) socio in un'azienda.
companàtico *s.m.* [pl. *-ci*] ciò che si mangia col pane.
comparàre *v.tr.* [*io compàro ecc.*] confrontare.
comparatìvo *agg.* che è basato su un confronto ♦ *s.m.* (*gramm.*) grado dell'aggettivo e dell'avverbio che esprime il suo valore in rapporto a un termine di paragone; può essere di uguaglianza, di maggioranza o di minoranza □ **-mente** *avv.*
comparàto *agg.* si dice di disciplina che si basa sul confronto di dati e fenomeni.
comparazióne *s.f.* confronto.
comparìre *v.intr.* [pres. *io comparisco* o *compàio, tu comparisci* o *compari ecc.*; pass.rem. *io comparvi* o *comparìi* o *comparsi, tu comparisti ecc.*; part.pass. *comparso*; aus. *essere*] **1** presentarsi **2** figurare **3** *— in giudizio*, (*dir.*) presentarsi come parte a un processo.
comparizióne *s.f.* (*dir.*) presentazione davanti al giudice per un processo.
compàrsa *s.f.* **1** il comparire **2** chi compare sulla scena senza parlare **3** (*dir.*) nel processo civile, atto scritto con le richieste di una delle parti.
compartecipàre *v.intr.* [*io compartécipo ecc.*; aus. *avere*] partecipare con altri.
compartiménto *s.m.* **1** ciascuna parte in cui è suddiviso uno spazio **2** circoscrizione amministrativa.
compàrto *s.m.* ripartizione, compartimento.
compassàto *agg.* che mostra capacità di autocontrollo.
compassionàre *v.tr.* e *intr.* [*io compassióno ecc.*; aus. dell'intr. *avere*] (*lett.*) compatire, commiserare.
compassióne *s.f.* **1** sentimento di sofferta partecipazione al male altrui **2** senso di disprezzo nei confronti di una persona o una cosa meschina.
compàsso *s.m.* strumento usato per disegnare circonferenze o misurare distanze.
compatìbile *agg.* **1** (*non com.*) che si può compatire **2** che si può conciliare □ **-mente** *avv.*
compatiménto *s.m.* l'atto del compatire; compassione.
compatìre *v.tr.* [*io compatisco, tu compatisci ecc.*] **1** provare compassione **2** trattare con indulgenza.
compatriòta *s.m.* e *f.* [pl.m. *-ti*] chi è della stessa patria.
compattézza *s.f.* l'essere compatto.
compàtto *agg.* **1** unito nelle sue parti **2** (*fig.*) concorde, unanime □ **-mente** *avv.*
compendiàre *v.tr.* [*io compèndio ecc.*] riassumere ♦ **-rsi** *v.intr.pron.* riassumersi.
compèndio *s.m.* riduzione in forma breve di uno scritto o di un discorso; riassunto | *in —*, in breve, in sintesi.
compenetràre *v.tr.* [*io compènetro ecc.*] **1** penetrare intimamente in qlco. (detto di sostanza) **2** (*fig.*) pervadere ♦ **-rsi** *v.intr.pron.* immedesimarsi.
compensàre *v.tr.* [*io compènso ecc.*] **1** stabilire una condizione di equilibrio **2** retribuire **3** risarcire ♦ **-rsi** *v.rifl.rec.* bilanciarsi a vicenda (anche *fig.*).
compensazióne *s.f.* **1** il compensare **2** (*dir.*) annullamento di crediti e debiti reciproci.
compènso *s.m.* retribuzione, risarcimento.
competènte *agg.* **1** che ha la capacità, l'esperienza necessarie a fare bene qlco. **2** (*dir.*) che è investito di una funzione.
competènza *s.f.* **1** l'essere competente **2** (*dir.*) idoneità a emanare atti giuridici; ambito entro il quale può agire un'autorità | (*estens.*) pertinenza.
compètere *v.intr.* [*io compèto ecc.*; dif. del part.pass. e dei tempi composti] **1** gareggiare **2** spettare | riguardare per competenza.
competitìvo *agg.* **1** che riguarda una competizione **2** che permette di competere con la concorrenza □ **-mente** *avv.*
competizióne *s.f.* il competere; gara, confronto.
compiacènte *agg.* **1** disposto a compiacere; **2** (*spreg.*) che accorda facilmente i suoi favori.
compiacènza *s.f.* il compiacere, l'essere compiacente.
compiacére *v.intr.* [coniugato come *piacere*;

aus. *avere*] far piacere ♦ *v.tr.* appagare, accontentare ♦ **-rsi** *v.intr.pron.* **1** provare piacere o soddisfazione per qlco. **2** congratularsi, felicitarsi.

compiaciménto *s.m.* **1** soddisfazione **2** congratulazione.

compiàngere *v.tr.* [coniugato come *piangere*] provare compassione; compatire ♦ **-rsi** *v.rifl.* compiangere sé stesso ♦ *v.intr.pron.* (*lett.*) rammaricarsi.

compiànto *agg.* rimpianto (detto di un defunto) ♦ *s.m.* (*lett.*) lutto, cordoglio.

cómpiere *v.tr.* [pres. *io cómpio ecc.*; pass.rem. *io compiéi*, più com. *compìi* (da *compire*) ecc.; ger. *compièndo*; part.pass. *compiuto*; le altre forme sono da *compire*] **1** portare a termine **2** eseguire ♦ **-rsi** *v.intr.pron.* concludersi | avverarsi.

compilàre *v.tr.* [*io compilo ecc.*] raccogliere e disporre ordinatamente una serie di dati | (*estens.*) redigere uno scritto utilizzando materiali di diversa provenienza.

compilazióne *s.f.* il compilare; lo scritto compilato.

compìre *v.tr.* [*io compisco, tu compisci ecc.*] compiere ♦ **-rsi** *v.intr.pron.* compiersi.

compitàre *v.tr.* [*io cómpito ecc.*] pronunciare sillaba per sillaba | (*estens.*) leggere male e con difficoltà.

compitézza *s.f.* cortesia.

compìto[1] *agg.* cortese, di buone maniere □ **-mente** *avv.*

còmpito[2] *s.m.* **1** incarico, mansione | dovere **2** esercizio che l'insegnante prescrive agli alunni.

compleànno *s.m.* giorno anniversario della nascita.

complementàre *agg.* che serve a completare □ **-mente** *avv.*

compleménto *s.m.* **1** ciò che si aggiunge a una cosa per completarla **2** (*gramm.*) elemento di una proposizione che serve a completare il nucleo soggetto-predicato.

complessàto *agg.* e *s.m.* [f. *-a*] (*fam.*) afflitto da complessi, da ansie eccessive.

complessità *s.f.* l'essere complesso.

complessìvo *agg.* globale, generale □ **-mente** *avv.*

complèsso *agg.* **1** che è composto di più parti **2** (*estens.*) complicato, difficile ♦ *s.m.* **1** l'insieme di più elementi considerati insieme **2** insieme di edifici destinati a un'unica funzione **3** (*estens.*) organismo economico **4** (*mus.*) gruppo di cantanti o di suonatori **5** (*psicol.*) idea fissa.

completaménto *s.m.* il completare, l'essere completato; ciò che completa.

completàre *v.tr.* [*io complèto ecc.*] aggiungere ciò che manca a qlco.; portare a termine.

complèto *agg.* **1** che non manca di nessuna delle sue parti **2** che non ha altri posti liberi, pieno **3** totale, assoluto ♦ *s.m.* insieme di capi di vestiario della stessa stoffa o dello stesso colore | insieme di capi d'abbigliamento per una certa attività □ **-mente** *avv.*

complicàre *v.tr.* [*io còmplico, tu còmplichi ecc.*] rendere complesso, difficile ♦ **-rsi** *v.intr.pron.* diventare più difficile.

complicàto *agg.* **1** intricato, difficile **2** che pensa e agisce tortuosamente.

complicazióne *s.f.* **1** il complicare, il complicarsi **2** aggravamento di una malattia.

còmplice *s.m.* e *f.* chi partecipa con altri a un reato o a un'azione riprovevole, o ne favorisce l'attuazione ♦ *agg.*

complicità *s.f.* **1** l'essere complice in un'azione illecita **2** (*estens.*) intesa nascosta.

complimentàre *v.tr.* [*io compliménto ecc.*] rivolgere a qlcu. complimenti ♦ **-rsi** *v.intr.pron.* congratularsi.

compliménto *s.m.* **1** atto o parola che esprime ammirazione, congratulazione **2** *pl.* gesti o espressioni di cortesia eccessivamente formali.

complottàre *v.intr.* [*io complòtto ecc.*; aus. *avere*] **1** fare un complotto **2** (*scherz.*) confabulare ♦ *v.tr.* ordire: — *una burla.*

complòtto *s.m.* congiura, cospirazione.

componènte *agg.* che è parte di un composto, di un insieme ♦ *s.m.* **1** chi fa parte di un gruppo organizzato **2** sostanza che fa parte di un miscuglio ♦ *s.f.* elemento di un insieme non materiale.

componiménto *s.m.* **1** (*non com.*) composizione letteraria o musicale **2** tema scolastico.

compórre *v.tr.* [coniugato come *porre*] **1** mettere insieme varie cose per formare un tutto organico **2** produrre un'opera letteraria o musicale (anche *assol.*) **3** mettere in ordine **4** mettere d'accordo **5** combinare ♦ **-rsi** *v.rifl.* assumere compostezza ♦ *v.intr.pron.* essere formato.

comportaménto *s.m.* contegno, condotta.

comportàre *v.tr.* [*io compòrto ecc.*] implicare ♦ **-rsi** *v.intr.pron.* agire in un determinato modo.

compòsito *agg.* composto di elementi eterogenei.

compositóre *s.m.* [f. *-trice*] chi compone; autore di un'opera musicale.

composizióne *s.f.* **1** il comporre, il mettere insieme **2** la cosa composta **3** (*dir.*) appianamento, conciliazione.

compost *s.m.invar.* (*ingl.*) prodotto otte-

nuto dai rifiuti solidi urbani e utilizzato come fertilizzante.
compòsta *s.f.* frutta mista cotta in sciroppo di zucchero.
compostézza *s.f.* l'essere o lo stare composto.
compòsto *agg.* **1** formato di più elementi **2** disposto con ordine | che è atteggiato secondo la buona educazione ♦ *s.m.* ciò che risulta dall'unione di più cose | (*chim.*) sostanza omogenea che risulta dalla combinazione di due o più elementi o molecole □ **-mente** *avv.* con compostezza.
compràre *v.tr.* [io cómpro ecc.] **1** ottenere dietro pagamento **2** (*estens.*) corrompere.
compratóre *s.m.* [f. *-trice*] chi compra, acquirente.
compravéndita *s.f.* il comprare un bene per rivenderlo.
comprèndere *v.tr.* [coniugato come *prendere*] **1** contenere, includere **2** (*fig.*) capire | avere comprensione verso qlcu.
comprensìbile *agg.* **1** che può essere facilmente compreso **2** tollerabile, giustificabile □ **-mente** *avv.*
comprensióne *s.f.* **1** atto e facoltà di capire **2** indulgenza, tolleranza.
comprensòrio *s.m.* territorio delimitato e distinto per fini particolari.
comprèssa *s.f.* **1** pezzuola di garza che si applica su una ferita **2** (*farm.*) pastiglia medicinale.
compressióne *s.f.* **1** il comprimere **2** (*fis.*) azione che tende a ridurre il volume occupato da una sostanza **3** (*mecc.*) nel motore a scoppio, la fase in cui il pistone comprime la miscela nel cilindro.
compressóre *agg.* che comprime ♦ *s.m.* macchina, dispositivo che comprime un fluido.
comprìmere *v.tr.* [pass.rem. *io comprèssi, tu comprimésti* ecc.; part.pass. *comprèsso*] **1** esercitare una forte pressione su qlco. **2** (*fis.*) sottoporre a compressione **3** (*fig.*) reprimere, frenare.
compromésso *s.m.* **1** accordo raggiunto con reciproche concessioni | rinuncia ai propri principi in vista di un vantaggio pratico **2** (*dir.*) contratto preliminare di compravendita immobiliare.
compromettènte *agg.* che compromette; pericoloso, rischioso.
comprométtere *v.tr.* [coniugato come *mettere*] mettere in pericolo | — *qlcu.*, trascinarlo in situazioni poco onorevoli ♦ **-rsi** *v.rifl.* mettersi in situazioni rischiose.
comproprietà *s.f.* (*dir.*) diritto di proprietà che si condivide con più persone.
comprovàre *v.tr.* [io compròvo ecc.] provare con nuovi argomenti; confermare.
compùnto *agg.* **1** addolorato, turbato **2** che ostenta umiltà, dolore □ **-mente** *avv.*
compunzióne *s.f.* **1** atteggiamento di dolore e di pentimento **2** atteggiamento di falsa umiltà e modestia.
computàre *v.tr.* [io cómputo ecc.] **1** includere; calcolare **2** addebitare.
computer *s.m.invar.* (*ingl.*) elaboratore elettronico; calcolatore.
computisterìa *s.f.* applicazione del calcolo aritmetico alla contabilità aziendale e alle attività finanziarie.
comunàle *agg.* del comune.
comunànza *s.f.* l'essere in comune.
comùne[1] *agg.* **1** che è di tutti **2** proprio della maggioranza **3** usuale ♦ *s.m.* normalità | *in* —, insieme □ **-mente** *avv.*
comùne[2] *s.m.* **1** suddivisione amministrativa comprendente un centro abitato e il territorio immediatamente circostante | sede e insieme degli uffici, diretti dal sindaco, che amministrano un comune **2** nel tardo Medioevo, forma di autogoverno cittadino; ogni città così governata ♦ *s.f.* convivenza su basi collettivistiche.
comunicàre *v.tr.* [io comùnico, tu comùnichi ecc.] trasmettere, diffondere ♦ *v.intr.* [aus. *avere*] **1** essere in rapporto di comunicazione | (*estens.*) condividere idee, sentimenti profondi **2** essere in collegamento ♦ **-rsi** *v.intr.pron.* **1** diffondersi **2** (*relig.*) ricevere la comunione.
comunicatìva *s.f.* naturale facilità a comunicare con gli altri.
comunicazióne *s.f.* **1** il comunicare; relazione, messaggio **2** (spec. *pl.*) *vie di* —, strade, ferrovie **3** — *giudiziaria*, (*dir.*) atto con cui una persona apprende l'inizio di un procedimento penale a suo carico.
comunióne *s.f.* **1** l'avere in comune **2** (*teol.*) il sacramento dell'eucaristia | (*estens.*) l'ostia consacrata.
comunìsmo *s.m.* dottrina politica e sistema sociale che si incentrano sulla eliminazione della proprietà privata.
comunità *s.f.* **1** l'insieme delle persone che vivono sullo stesso territorio o che hanno origini, tradizioni, idee, interessi comuni **2** organizzazione fra stati appartenenti alla stessa area geografica.
comùnque *cong.* **1** in qualunque modo (introduce una prop. con il verbo al congiunt.) **2** tuttavia ♦ *avv.* in ogni modo.
cón *prep.* [può unirsi agli articoli determinativi *il, lo, la, i, gli, le* formando le prep. art. *col, collo, colla, coi, cogli, colle*, di cui però oggi si usano solo *col* e *coi*] **1** esprime relazione di compagnia | esprime relazione di unione **2** introduce il termine a cui si riferisce una qualsiasi relazione | in frasi in cui si stabilisce un'ana-

logia, un raffronto **3** con valore modale: *restare — gli occhi chiusi* | forma espressioni avverbiali di tipo modale: *— facilità*, facilmente **4** introduce una determinazione di mezzo o di strumento **5** indica una circostanza, stabilendo un rapporto di concomitanza: *non uscire — la pioggia* **6** con valore concessivo o avversativo **7** seguita da un verbo all'infinito sostituisce il gerundio.

conàto *s.m.* tentativo, sforzo.

cónca *s.f.* **1** recipiente molto capace e a larga imboccatura **2** (*estens.*) bacino naturale o artificiale **3** (*geog.*) depressione della superficie terrestre.

concatenàre *v.tr.* [*io concaténo ecc.*] (*fig.*) disporre in stretta connessione logica **concatenarsi** *v.rifl.rec.* collegarsi strettamente.

concatenazióne *s.f.* il concatenare, il concatenarsi; collegamento (spec. *fig.*).

concàusa *s.f.* causa che concorre con altre a determinare un evento.

còncavo *agg.* si dice di linea o superficie curva verso l'interno.

concèdere *v.tr.* [*io concèdo ecc.*; pass.rem. *io concèssi* (o *concedéi* o *concedètti*), *tu concedésti* ecc.; part.pass. *concèsso*] **1** dare per generosità o condiscendenza | accordare **2** riconoscere a qlcu. di avere ragione ♦ **-rsi** *v.rifl.* darsi.

concentraménto *s.m.* ammassamento | *campo di —*, luogo in cui vengono concentrati prigionieri di guerra o politici.

concentràre *v.tr.* [*io concèntro ecc.*] **1** ammassare in un luogo **2** (*fig.*) far convergere **3** (*chim.*, *fis.*) ridurre di volume, condensare ♦ **-rsi** *v.rifl.* **1** raccogliersi in un luogo **2** (*fig.*) raccogliere tutta la propria attenzione.

concentràto *agg.* (*fig.*) assorto ♦ *s.m.* sostanza condensata | prodotto alimentare a cui è stata sottratta acqua □ **-mente** *avv.*

concentrazióne *s.f.* **1** il concentrare, il concentrarsi, l'essere concentrato | (*fig.*) attenzione mentale **2** (*chim.*, *fis.*) la quantità di sostanza disciolta nel solvente rispetto al volume della soluzione.

concèntrico *agg.* [pl.m. *-ci*] (*geom.*) che ha lo stesso centro.

concepìbile *agg.* che si può concepire.

concepiménto *s.m.* il concepire, l'essere concepito (anche *fig.*).

concepìre *v.tr.* [*io concepisco, tu concepisci* ecc.; part.pass. *concepito*] **1** originare dentro di sé un nuovo essere in seguito a fecondazione **2** (*fig.*) sentir nascere in sé | comprendere | ideare.

concerìa *s.f.* **1** stabilimento in cui si conciano le pelli **2** arte della concia.

concèrnere *v.tr.* [raro il pass. rem.; mancano il part.pass. e i tempi composti] avere attinenza; riguardare.

concertàre *v.tr.* [*io concèrto ecc.*] **1** (*mus.*) accordare tra loro vari strumenti musicali **2** (*fig.*) stabilire qlco. d'accordo con altri.

concertìsta *s.m.* e *f.* [pl.m. *-sti*] artista che si esibisce in concerti come solista.

concèrto *s.m.* **1** (*mus.*) composizione in più tempi per un complesso di strumentisti **2** l'esecuzione per un uditorio di una o più composizioni musicali.

concessionàrio *agg.* e *s.m.* [f. *-a*] che/chi ha ricevuto un'esclusiva di vendita.

concessióne *s.f.* **1** il concedere **2** (*dir.*) atto con cui la pubblica amministrazione concede a un privato la facoltà di svolgere un'attività di interesse pubblico.

concessìvo *agg.* che esprime concessione | *proposizione concessiva*, che indica la circostanza nonostante la quale avviene il fatto espresso nella reggente.

concètto *s.m.* **1** ciò che la mente concepisce **2** opinione, giudizio.

concettuàle *agg.* relativo ai concetti □ **-mente** *avv.*

concezióne *s.f.* **1** il creare con la mente **2** insieme di idee riguardanti un determinato argomento **3** *Immacolata Concezione*, (*relig.*) il concepimento di Maria Vergine.

conchìglia *s.f.* **1** involucro calcareo che ricopre il corpo di molti molluschi **2** (*tecn.*) forma metallica usata in fonderia.

cóncia *s.f.* [pl. *-ce*] **1** l'insieme delle operazioni con cui le pelli animali sono trasformate in cuoio **2** trattamento di alcuni prodotti vegetali per garantirne la qualità e la conservazione **3** (*estens.*) la sostanza che si usa per conciare.

conciàre *v.tr.* [*io cóncio ecc.*] **1** sottoporre alla concia **2** (*estens.*) ridurre in cattivo stato; sciupare ♦ **-rsi** *v.rifl.* ridursi in cattivo stato | vestirsi con cattivo gusto.

conciliàbolo *s.m.* adunanza segreta o appartata per fini poco chiari.

conciliànte *agg.* arrendevole.

conciliàre[1] *v.tr.* [*io concilio ecc.*] **1** mettere d'accordo | *— una contravvenzione*, pagarla **2** (*fig.*) favorire ♦ **-rsi** *v.rifl.* [anche *rec.*] mettersi d'accordo.

conciliàre[2] *agg.* di un concilio della chiesa.

conciliazióne *s.f.* il conciliare, il conciliarsi; accordo.

concìlio *s.m.* (*eccl.*) assemblea solenne dei vescovi della chiesa cattolica.

concimàre *v.tr.* fertilizzare con concime.

concìme *s.m.* sostanza fertilizzante, usata in agricoltura.

concisióne *s.f.* qualità di ciò che è conciso.
concìso *agg.* si dice di discorso espresso con poche parole o di chi si esprime con stringatezza □ **-mente** *avv.*
concistòro *s.m.* (*eccl.*) adunanza solenne dei cardinali, presieduta dal papa, per deliberare intorno a questioni riguardanti il governo della chiesa.
concitàto *agg.* agitato; che denota forte emozione.
concittadìno *s.m.* [f. *-a*] chi è nato o abita nella stessa città.
conclàve *s.m.* (*eccl.*) luogo dove i cardinali si riuniscono per eleggere il papa.
conclùdere *v.tr.* [pass.rem. *io conclusi, tu concludésti ecc.*; part.pass. *concluso*] **1** portare a termine **2** compiere qlco. di utile (anche *assol.*) **3** stabilire come conclusione ♦ **-rsi** *v.intr.pron.* avere fine.
conclusióne *s.f.* **1** il concludere o il concludersi; fine **2** deduzione **3** *pl.* (*dir.*) le richieste definitive avanzate, alla fine del dibattito processuale, dalle parti in causa o dal pubblico ministero.
conclusìvo *agg.* che conclude | *congiunzione conclusiva*, (*gramm.*) che introduce una proposizione in cui sono espresse le conseguenze di quanto è stato detto.
concomitànte *agg.* che accompagna altri aspetti di un fenomeno.
concordànza *s.f.* **1** accordo, conformità **2** (*gramm.*) accordo di parole che nella proposizione sono in rapporto tra loro.
concordàre *v.tr.* [*io concòrdo ecc.*] stabilire di comune accordo ♦ *v.intr.* [aus. *avere*] essere d'accordo | (*gramm.*) presentare concordanza.
concordàto *s.m.* **1** accordo **2** convenzione solenne tra la Santa Sede e uno stato per regolare le materie di comune interesse.
concòrde *agg.* che è in accordo; unanime □ **-mente** *avv.*
concòrdia *s.f.* conformità di sentimenti, di idee, di propositi.
concorrènte *s.m.* e *f.* **1** chi prende parte a una gara, a un concorso **2** chi opera in concorrenza commerciale.
concorrènza *s.f.* **1** competizione tra due o più persone che aspirano allo stesso scopo **2** (*econ.*) situazione di piena libertà di mercato.
concórrere *v.intr.* [coniugato come *correre*; aus. *avere*] **1** collaborare al raggiungimento di uno scopo; partecipare **2** prendere parte a un concorso, a una competizione.
concórso *s.m.* **1** l'affluire di più persone in un luogo **2** (*fig.*) intervento contemporaneo di più elementi **3** selezione per l'assegnazione di impieghi, appalti, premi | (*sport*) gara, competizione.
concretàre *v.tr.* [*io concrèto ecc.*] attuare ♦ **-rsi** *v.intr.pron.* realizzarsi.
concretézza *s.f.* l'essere concreto.
concretizzàre *v.tr.* concretare ♦ **-rsi** *v.intr.pron.* concretarsi.
concrèto *agg.* **1** che si riferisce all'esperienza comune, a un oggetto reale | *nomi concreti*, (*gramm.*) quelli che indicano oggetti reali **2** che si basa su dati di fatto ♦ *s.m.* □ **-mente** *avv.*
concrezióne *s.f.* (*geol.*) deposito minerale che dà luogo a incrostazioni.
concubinàggio *s.m.* condizione di chi convive con una persona dell'altro sesso senza il vincolo del matrimonio.
concubìno *s.m.* [f. *-a*] chi vive in concubinaggio.
concupiscènza *s.f.* (*lett.*) desiderio di piaceri sensuali.
concussióne *s.f.* (*dir.*) il reato del pubblico ufficiale che, abusando della sua funzione, si fa dare o promettere denaro.
condànna *s.f.* **1** (*dir.*) la sentenza con cui si condanna; la pena alla quale si è condannati **2** (*fig.*) disapprovazione.
condannàre *v.tr.* **1** (*dir.*) imporre una pena o una sanzione **2** (*estens.*) biasimare | dichiarare falsa una teoria **3** (*estens.*) costringere **4** dichiarare inguaribile.
condannàto *agg.* e *s.m.* [f. *-a*] che/chi è stato colpito da una condanna.
condènsa *s.f.* acqua di condensazione.
condensàre *v.tr.* [*io condènso ecc.*] **1** rendere una sostanza più densa **2** (*fig.*) sintetizzare ♦ **-rsi** *v.intr.pron.* diventare denso.
condensatóre *s.m.* (*tecn.*) apparecchio per condensare sostanze o energia.
condensazióne *s.f.* **1** (*fis.*) passaggio di una sostanza dallo stato gassoso a quello liquido per mezzo di compressione o raffreddamento **2** (*chim.*) reazione per cui due o più molecole si uniscono eliminando acqua.
còndilo *s.m.* (*anat.*) prominenza tondeggiante di un osso che si inserisce nella cavità di un altro osso.
condiménto *s.m.* **1** il condire, l'essere condito; la sostanza usata per condire **2** (*fig.*) ciò che accompagna qlco. rendendola più piacevole.
condìre *v.tr.* [*io condisco, tu condisci ecc.*] **1** rendere un cibo più gustoso con l'aggiunta di qualche sostanza **2** (*fig.*) rendere più gradevole.
condiscendènte *agg.* indulgente, arrendevole.
condiscépolo *s.m.* [f. *-a*] chi è discepolo con altri dello stesso maestro.

condivìdere *v.tr.* [coniugato come *dividere*] dividere, avere in comune con altri.
condizionàle *agg.* **1** che esprime una condizione **2** che è sottoposto a una condizione **3** *sospensione — della pena*, (*dir.*) sospensione dell'esecuzione di una pena, concessa a condizione che ci si astenga dal commettere reati ♦ *s.m.* (*gramm.*) modo condizionale del verbo che esprime uno stato o un'azione condizionati ♦ *s.f.* (*dir.*) sospensione condizionale della pena.
condizionaménto *s.m.* **1** il condizionare **2** (*tecn.*) procedimento che conferisce all'aria di un ambiente chiuso le caratteristiche desiderate di purezza, umidità e temperatura.
condizionàre *v.tr.* [*io condizióno ecc.*] **1** subordinare a determinate condizioni **2** influire sul comportamento di una persona **3** (*tecn.*) sottoporre a condizionamento.
condizionatóre *s.m.* apparecchio o sistema per condizionare l'aria in un locale.
condizióne *s.f.* **1** circostanza che si deve verificare perché un fatto avvenga **2** (*dir.*) clausola in un accordo **3** stato in cui si trova una persona o una cosa **4** posizione sociale.
condogliànza *s.f.* (spec. *pl.*) le parole con cui si esprime la propria partecipazione al dolore altrui.
condomìnio *s.m.* (*dir.*) proprietà in comune di beni immobili | l'edificio di proprietà comune.
condonàre *v.tr.* [*io condóno ecc.*] (*dir.*) liberare da un obbligo concedendo un condono.
condóno *s.m.* (*dir.*) annullamento parziale o totale di una pena, di una sanzione.
còndor *s.m.invar.* grosso avvoltoio delle Ande.
condótta *s.f.* **1** il modo di condurre un lavoro **2** il modo di comportarsi **3** incarico di un operatore sanitario che riceve lo stipendio dal comune | (*estens.*) zona interessata da tale incarico **4** (*tecn.*) canale o tubazione per convogliare liquidi o fluidi.
condottièro *s.m.* comandante supremo di un esercito.
condòtto[1] *agg.* che è titolare di una condotta sanitaria.
condòtto[2] *s.m.* tubo entro il quale scorre un liquido.
conducènte *s.m.* e *f.* chi guida un veicolo.
condùrre *v.tr.* [pres. *io conduco, tu conduci* ecc.; pass.rem. *io condussi, tu conducésti* ecc.; part.pass. *condótto*] **1** portare, accompagnare (anche *fig.*) **2** guidare un veicolo | (*fig.*) dirigere, amministrare **3** (*sport*) essere in testa **4** (*fis.*) trasmettere l'elettricità o il calore ♦ **-rsi** *v.rifl.* (*lett.*) **1** andare **2** (*fig.*) comportarsi.
conduttività *s.f.* (*fis.*) attitudine di un corpo a condurre calore, elettricità, ecc.
conduttóre *agg.* [f. *-trice*] che conduce | *filo —*, (*fig.*) elemento che stabilisce una continuità tra le parti di un insieme ♦ *s.m.* **1** [f. *-trice*] conducente **2** (*fis.*) corpo che permette la propagazione di calore, elettricità, suono o luce.
conduttùra *s.f.* condotto o complesso di condotti per il trasporto di acqua, gas o energia elettrica.
conduzióne *s.f.* **1** (*dir.*) il prendere in affitto **2** (*fis.*) il passaggio di elettricità, calore ecc. attraverso una sostanza.
confabulàre *v.intr.* [*io confàbulo ecc.*; aus. *avere*] parlare con qlcu. sottovoce o con segretezza.
confabulazióne *s.f.* il confabulare.
confacènte *agg.* conveniente, adatto.
confàrsi *v.intr.pron.* [*io mi confàccio, tu ti confài, egli si confà ecc.*; coniugato come *fare*, ma usato quasi soltanto nelle terze pers. sing. e pl.] (*lett.*) essere conveniente; giovare.
confederàto *agg.* unito in confederazione ♦ *s.m.* [f. *-a*] membro di confederazione.
confederazióne *s.f.* unione su base associativa di più stati o più organizzazioni | (*estens.*) stato federale.
conferènza *s.f.* **1** discorso che si tiene in pubblico su un argomento scientifico, politico, culturale | *— stampa*, intervista concessa a più giornalisti riuniti **2** riunione di persone qualificate.
conferenzière *s.m.* [f. *-a*] chi tiene una conferenza.
conferiménto *s.m.* il conferire.
conferìre *v.tr.* [*io conferisco, tu conferisci ecc.*] **1** assegnare **2** portare dei beni in un luogo di raccolta ♦ *v.intr.* [aus. *avere*] avere un colloquio con qlcu.
confèrma *s.f.* il confermare; attestazione definitiva.
confermàre *v.tr.* [*io conférmo ecc.*] **1** rafforzare (*fig.*) **2** provare la verità di qlco. **3** ripetere cose già dette, attestandone la validità **4** approvare **5** mantenere qlcu. in una carica ♦ **-rsi** *v.intr.pron.* **1** acquistare certezza **2** dare conferma di qualità già dimostrate in precedenza.
confermazióne *s.f.* (*lit.*) il sacramento della cresima.
confessàre *v.tr.* [*io confèsso ecc.*] **1** ammettere una colpa o un difetto | (*assol.*) dichiararsi colpevole **2** (*relig.*) rivelare in confessione | da parte del sacerdote, ascoltare la confessione **3** riferire cose personali o riservate ♦ **-rsi** *v.rifl.* dire i propri peccati al confessore | (*estens.*) confidarsi.

confessióne *s.f.* **1** riconoscimento, ammissione **2** nel cattolicesimo, il riconoscere i propri peccati di fronte al sacerdote per riceverne l'assoluzione.
confèsso *agg.* che ha confessato: *reo* —.
confessóre *s.m.* sacerdote autorizzato dal vescovo ad amministrare il sacramento della penitenza.
confètto *s.m.* **1** dolcetto rivestito di zucchero cotto **2** preparato medicinale da ingoiare intero.
confettùra *s.f.* conserva di frutta.
confezionàre *v.tr.* [*io confezióno ecc.*] **1** eseguire un lavoro di sartoria **2** sistemare una merce in un involucro.
confezióne *s.f.* **1** il confezionare; lavorazione **2** modo in cui una merce viene sistemata; l'involucro che la contiene.
conficcàre *v.tr.* [*io conficco, tu conficchi ecc.*] far penetrare con forza un oggetto dentro un altro ♦ **-rsi** *v.rifl.* penetrare in profondità.
confidàre *v.intr.* [aus. *avere*] aver fiducia ♦ *v.tr.* rivelare qlco. in confidenza ♦ **-rsi** *v.rifl.* aprire il proprio animo a qlcu.
confidènte *s.m.* e *f.* **1** persona cui si fanno confidenze **2** informatore della polizia.
confidènza *s.f.* **1** familiarità, dimestichezza **2** (*estens.*) cosa riservata che si confida.
confidenziàle *agg.* **1** riservato **2** che rivela familiarità □ **-mente** *avv.*
configurazióne *s.f.* **1** forma **2** — *planetaria*, (*astr.*) posizione di un pianeta rispetto alla Terra e al Sole **3** (*inform.*) insieme delle componenti hardware strutturate in modo da funzionare come un unico sistema di elaborazione.
confinàre *v.intr.* [aus. *avere*] essere confinante ♦ *v.tr.* mandare al confino ♦ **-rsi** *v.rifl.* isolarsi.
confine *s.m.* termine, limite estremo | zona terminale del territorio di uno stato.
confino *s.m.* provvedimento di polizia; corrispondente al soggiorno obbligato.
confisca *s.f.* (*dir.*) il confiscare.
confiscàre *v.tr.* [*io confisco, tu confischi ecc.*] (*dir.*) da parte dello stato, requisire dei beni.
conflagrazióne *s.f.* (*lett.*) **1** esplosione **2** (*fig.*) fatto violento e disastroso.
conflìtto *s.m.* **1** combattimento **2** (*fig.*) contrasto, lotta | — *interiore*, contrasto tra due istinti o desideri incompatibili **3** (*dir.*) contrasto tra autorità.
conflittualità *s.f.* situazione di conflitto.
confluènza *s.f.* il confluire; il punto in cui si uniscono più corsi d'acqua, strade, ecc.
confluìre *v.intr.* [*io confluìsco, tu confluìsci ecc.*; aus. *essere* e *avere*] **1** unirsi, detto di fiumi, valli, strade ecc. **2** (*fig.*) incontrarsi, fondersi insieme.
confóndere *v.tr.* [coniugato come *fondere*] **1** mescolare senza alcun ordine **2** scambiare una cosa o una persona per un'altra **3** rendere meno chiaro ♦ **-rsi** *v.rifl.* o *intr.pron.* **1** mescolarsi **2** sbagliarsi **3** turbarsi.
conformàre *v.tr.* [*io confórmo ecc.*] **1** dare una forma **2** (*estens.*) rendere adatto ♦ **-rsi** *v.rifl.* adattarsi.
conformazióne *s.f.* il conformare, il conformarsi; modo in cui qlco. è conformata.
confórme *agg.* **1** che presenta forma o aspetto uguale **2** che si accorda □ **-mente** *avv.*
conformìsmo *s.m.* l'essere conformista.
conformìsta *agg.* e *s.m.* e *f.* [pl.m. *-sti*] che/chi si adegua passivamente alle opinioni, ai modi di vita prevalenti.
confortànte *agg.* che dà conforto.
confortàre *v.tr.* [*io confòrto ecc.*] **1** consolare **2** avvalorare, convalidare ♦ **-rsi** *v.rifl.* e *rifl.rec.* mettersi al confronto con altri.
confòrto *s.m.* **1** consolazione, incoraggiamento **2** (*estens.*) aiuto, appoggio.
confratèllo *s.m.* chi appartiene a una confraternita o a un ordine religioso.
confratèrnita *s.f.* associazione religiosa di fedeli laici con fini di carità e di culto.
confrontàre *v.tr.* [*io confrónto ecc.*] **1** paragonare, comparare **2** (*estens.*) esaminare, consultare ♦ **-rsi** *v.rifl.* e *rifl.rec.* mettersi al confronto con altri.
confrónto *s.m.* **1** paragone, comparazione **2** (*dir.*) interrogatorio contemporaneo di due o più testimoni o imputati.
confucianésimo *s.m.* l'insieme delle dottrine etico-religiose tramandate dal filosofo cinese Confucio (551-479 a.C.).
confusionàle *agg.* (*med.*) che denota confusione mentale: *stato* —.
confusionàrio *agg.* e *s.m.* [f. *-a*] che/chi agisce facendo o provocando confusione.
confusióne *s.f.* **1** caos, scompiglio | — *mentale*, (*med.*) stato di smarrimento e di annebbiamento del pensiero **2** (*estens.*) chiasso **3** vergogna; turbamento.
confùso *agg.* **1** disordinato **2** vago, indistinto **3** turbato, imbarazzato □ **-mente** *avv.*
confutàre *v.tr.* [*io cònfuto ecc.*] dimostrare la falsità di qlco. | — *una persona*, smentirla.
confutazióne *s.f.* il confutare, l'essere confutato; discorso, scritto con cui si confuta qlco.
congedàre *v.tr.* [*io congèdo ecc.*] **1** saluta-

re **2** (*mil.*) inviare in congedo ♦ **-rsi** *v.rifl.* andar via | (*mil.*) cessare dal servizio.
congèdo *s.m.* **1** commiato **2** (*mil.*) termine o interruzione del servizio militare | documento che attesta il congedo.
congegnàre *v.tr.* [*io congégno ecc.*] mettere insieme le parti di una struttura | (*fig.*) ideare.
congégno *s.m.* dispositivo, meccanismo.
congelaménto *s.m.* **1** il congelare, l'essere congelato **2** (*med.*) lesione dei tessuti provocata dall'esposizione a bassissime temperature.
congelàre *v.tr.* [*io congèlo ecc.*] **1** rendere solido per raffreddamento | portare un alimento a basse temperature per conservarlo **2** (*fig.*) bloccare ♦ **-rsi** *v.intr.pron.* **1** di un liquido, diventare solido per raffreddamento **2** di persona, subire un congelamento | (*estens.*) soffrire il freddo.
congeniàle *agg.* conforme all'indole, alle attitudini di qlcu.
congènito *agg.* che si ha dalla nascita.
congèrie *s.f.* ammasso disordinato di cose eterogenee.
congestióne *s.f.* **1** (*med.*) eccesso di sangue in un tessuto o in un organo **2** ingombro causato da un eccessivo affollamento.
congettùra *s.f.* supposizione.
congiùngere *v.tr.* [coniugato come *giungere*] unire insieme (anche *fig.*) ♦ **-rsi** *v.rifl.* e *rifl.rec.* unirsi.
congiuntìva *s.f.* (*anat.*) mucosa che ricopre la parte anteriore del globo oculare e la parete interna delle palpebre.
congiuntivìte *s.f.* (*med.*) infiammazione della congiuntiva.
congiuntìvo *s.m.* (*gramm.*) modo del verbo che in proposizioni dipendenti indica possibilità, timore o desiderio; in prop. indipendenti esprime comando, esortazione, augurio, oppure dubbio o desiderio.
congiùnto *s.m.* [f. *-a*] parente □ **-mente** *avv.* insieme.
congiuntùra *s.f.* **1** (*fig.*) circostanza **2** (*econ.*) situazione economica in un dato settore o in un dato momento.
congiunzióne *s.f.* **1** (*astr.*) posizione di due astri che hanno la stessa longitudine celeste **2** (*gramm.*) parte invariabile del discorso che serve a unire due proposizioni o due elementi di una proposizione.
congiùra *s.f.* accordo segreto di più persone contro lo stato o contro chi governa; complotto.
congiuràre *v.intr.* [aus. *avere*] tramare.
congiuràto *agg.* e *s.m.* [f. *-a*] che/chi partecipa a una congiura.
conglobàre *v.tr.* [*io conglòbo ecc.*] riunire più cose insieme.
conglomeràto *s.m.* **1** ammasso, riunione di cose eterogenee **2** (*geol.*) roccia sedimentaria costituita da ciottoli cementati.
congratulàrsi *v.intr.pron.* rallegrarsi con qlcu. per un evento lieto, un successo.
congratulazióne *s.f.* (spec. *pl.*) il congratularsi; felicitazione.
congregazióne *s.f.* società di religiosi, approvata dall'autorità ecclesiastica.
congressìsta *s.m.* e *f.* [pl.m. *-sti*] chi prende parte a un congresso.
congrèsso *s.m.* **1** riunione dei rappresentanti di più stati **2** riunione dei membri di un'associazione, di una categoria.
còngruo *agg.* adeguato, proporzionato □ **-mente** *avv.*
conguagliàre *v.tr.* [*io conguàglio ecc.*] calcolare la parte mancante o eccedente rispetto al dovuto; versare tale parte.
conguàglio *s.m.* la somma di denaro con cui si conguaglia.
coniàre *v.tr.* [*io cònio ecc.*] **1** fabbricare una moneta, una medaglia **2** (*fig.*) creare: — *una parola nuova.*
conìfere *s.f.pl.* (*bot.*) classe di piante sempreverdi, con frutti a cono.
conìglio *s.m.* [f. *-a*] **1** mammifero roditore con orecchie lunghe, zampe atte al salto **2** (*fig.*) persona timida o molto paurosa.
cònio *s.m.* stampo a forma di punzone per la coniazione di monete o medaglie; l'impronta che ne risulta.
coniugàle *agg.* dei coniugi.
coniugàre *v.tr.* [*io còniugo, tu còniughi ecc.*] **1** elencare ordinatamente le varie forme di un verbo **2** (*fig.*) armonizzare ♦ **-rsi** *v.rifl.* o *intr.pron.* **1** avere una determinata flessione **2** unirsi.
coniugazióne *s.f.* (*gramm.*) flessione del verbo.
còniuge *s.m.* e *f.* ognuna delle due persone unite tra loro in matrimonio.
connaturàle *agg.* conforme alla propria natura.
connazionàle *agg.* e *s.m.* e *f.* che/chi è della stessa nazione.
connessióne *s.f.* il connettere, l'essere connesso; legame.
connèttere *v.tr.* [coniugato come *annettere*] unire insieme, collegare | (*assol.*) ragionare.
connettìvo *agg. tessuto* —, (*biol.*) che ha la funzione di collegare, nutrire e proteggere i vari organi.
connivènte *agg.* che tacitamente consente a un'azione disonesta.
connotàto *s.m.* ciascuno dei tratti somatici e dei segni caratteristici di una persona.
còno *s.m.* **1** figura geometrica data dalla

rotazione di un triangolo rettangolo intorno a un cateto **2** oggetto a forma di cono.
conoscènte *s.m.* e *f.* persona che si conosce e con cui si ha familiarità.
conoscènza *s.f.* **1** il conoscere, il conoscersi **2** nozione | persona conosciuta.
conóscere *v.tr.* [pres. *io conósco, tu conósci* ecc.; pass.rem. *io conóbbi, tu conoscésti* ecc.; part.pass. *conosciuto*] **1** sapere **2** avere notizia di qlco. **3** fare o aver fatto la conoscenza di qlcu. ♦ **-rsi** *v.rifl.rec.* fare la reciproca conoscenza.
conquìsta *s.f.* il conquistare, l'essere conquistato | la cosa conquistata.
conquistàre *v.tr.* **1** impadronirsi di qlco. con le armi **2** ottenere con fatica | (*estens.*) guadagnarsi **3** far innamorare di sé.
consacràre *v.tr.* **1** rendere sacro **2** (*fig.*) dedicare **3** (*fig.*) riconoscere solennemente ♦ **-rsi** *v.rifl.* dedicarsi completamente.
consacrazióne *s.f.* **1** il consacrare **2** (*lit.*) atto con cui, nella messa, il sacerdote trasforma il pane e il vino nel corpo e nel sangue di Cristo.
consanguìneo *agg.* e *s.m.* [f. *-a*] che/chi è dello stesso sangue.
consapévole *agg.* **1** cosciente **2** informato □ **-mente** *avv.*
cònscio *agg.* [pl.f. *-sce*] (*lett.*) consapevole, cosciente ♦ *s.m.* (*psicoan.*) la sfera dell'attività psichica di cui l'individuo ha consapevolezza □ **-mente** *avv.*
consecutìvo *agg.* che viene subito dopo | *proposizione consecutiva*, (*gramm.*) proposizione subordinata che indica la conseguenza di ciò che è espresso dalla reggente □ **-mente** *avv.*
conségna *s.f.* **1** il consegnare, l'essere consegnato **2** (*mil.*) insieme di ordini e prescrizioni | punizione che consiste nella sospensione del permesso di libera uscita.
consegnàre *v.tr.* [*io conségno* ecc.] **1** dare, affidare **2** (*mil.*) punire mediante consegna ♦ **-rsi** *v.rifl.* costituirsi.
conseguènza *s.f.* seguito, risultato.
conseguìre *v.tr.* [*io conséguo* ecc.] ottenere, raggiungere ♦ *v.intr.* [aus. *essere*] derivare.
consènso *s.m.* **1** approvazione **2** conformità di voleri, di opinioni.
consensuàle *agg.* (*dir.*) fatto con reciproco consenso: *separazione* — □ **-mente** *avv.*
consentìre *v.tr.* [*io consènto* ecc.] concedere, permettere ♦ *v.intr.* [aus. *avere*] **1** essere d'accordo con qlcu. **2** acconsentire.
consenziènte *agg.* che consente.
consèrva *s.f.* cibo preparato e confezionato per essere conservato a lungo.
conservànte *agg.* e *s.m.* si dice di sostanza aggiunta ad alcuni prodotti per impedirne o ritardarne l'alterazione.
conservàre *v.tr.* [*io consèrvo* ecc.] mantenere qlco. in modo che non si alteri; custodire ♦ **-rsi** *v.rifl.* e *intr.pron.* mantenersi in buono stato.
conservatóre *agg.* [f. *-trice*] **1** che conserva **2** (*fig.*) che tende a non cambiare ♦ *s.m.*
conservatòrio *s.m.* istituto in cui si insegnano le discipline musicali.
conservazióne *s.f.* il conservare; stato in cui una cosa è o si è conservata.
consideràre *v.tr.* [*io consìdero* ecc.] **1** esaminare con attenzione; tenere presente **2** ritenere **3** apprezzare, avere stima di qlcu. **4** (*dir.*) prevedere, contemplare ♦ **-rsi** *v.rifl.* ritenersi, giudicarsi.
considerazióne *s.f.* **1** il considerare **2** reputazione, stima **3** prudenza **4** osservazione a proposito di un fatto.
considerévole *agg.* notevole, importante □ **-mente** *avv.*
consigliàre *v.tr.* [*io consìglio* ecc.] dare un consiglio ♦ **-rsi** *v.intr.pron.* consultarsi.
consiglière *s.m.* [f. *-a*] **1** chi consiglia (anche *fig.*) **2** membro di un consiglio **3** (*dir.*) membro di un collegio giudicante.
consìglio *s.m.* **1** suggerimento, parere **2** organo composto da più persone, con funzioni deliberative o consultive.
consistènte *agg.* che presenta solidità | (*fig.*) considerevole.
consistènza *s.f.* **1** l'essere consistente **2** (*fig.*) fondatezza.
consociàre *v.tr.* [*io consòcio* ecc.] unire in società; associare.
consociàto *agg.* **1** associato **2** appartenente al medesimo gruppo aziendale.
consociazióne *s.f.* **1** il consociare, l'essere consociato **2** associazione di più società.
consolàre[1] *v.tr.* [*io consólo* ecc.] **1** confortare | mitigare **2** allietare ♦ **-rsi** *v.rifl.* **1** trovar sollievo **2** allietarsi.
consolàre[2] *agg.* relativo al console.
consolàto *s.m.* **1** in Roma antica, ufficio e dignità di console **2** oggi, l'ufficio che cura la rappresentanza di uno stato all'estero in città non capitali.
cònsole *s.m.* **1** nell'antica Roma, ciascuno dei due supremi magistrati eletti ogni anno **2** oggi, diplomatico che rappresenta uno stato all'estero in città non capitali, con compiti di carattere amministrativo.
consolidàre *v.tr.* [*io consòlido* ecc.] rendere solido (anche *fig.*) ♦ **-rsi** *v.rifl.* o *intr.pron.* diventare solido.
consommé *s.m.invar.* (*fr.*) brodo ristretto.
consonànte *s.f.* (*ling.*) suono di una lin-

gua che viene pronunciato con una chiusura o un forte restringimento dell'apparato di fonazione | la lettera dell'alfabeto che rappresenta questo suono.
consonànza *s.f.* (*fig.*) corrispondenza, accordo: — *di idee, di sentimenti*.
cònsono *agg.* conforme, adeguato.
consorèlla *s.f.* donna che fa parte dello stesso ordine religioso o della stessa confraternita rispetto ad altre donne.
consòrte *s.m.* e *f.* (*lett.*) ognuno dei due coniugi rispetto all'altro.
consòrzio *s.m.* associazione di persone o enti per il coordinamento di attività economiche simili.
constàre *v.intr.* [*io cònsto ecc.*; aus. *essere*] essere composto ♦ *v.intr.impers.* [aus. *essere*] essere noto, risultare.
constatàre *v.tr.* [*io constàto o cònstato ecc.*] prendere atto di qlco.
constatazióne *s.f.* il constatare, l'essere constatato.
consuèto *agg.* solito, abituale □ **-mente** *avv.*
consuetùdine *s.f.* **1** abitudine; tradizione, usanza **2** (*dir.*) regola sociale non scritta.
consulènte *s.m.* e *f.* professionista che dà consigli sulla materia di cui è esperto.
consulènza *s.f.* parere tecnico dato da un esperto.
consùlta *s.f.* nome di organi o di collegi che hanno funzione di consulenza.
consultàre *v.tr.* **1** richiedere un consiglio **2** (*estens.*) leggere per cercare un'informazione ♦ **-rsi** *v.intr.pron.* consigliarsi ♦ *v.rifl.rec.* scambiarsi pareri.
consultazióne *s.f.* il consultare, il consultarsi, l'essere consultato; il parere di chi viene consultato.
consultìvo *agg.* che esprime pareri ma non ha potere decisionale.
consultòrio *s.m.* centro pubblico di consulenza su problemi sociosanitari.
consumàre *v.tr.* **1** logorare con l'uso; esaurire (anche *fig.*) | (*estens.*) spendere **2** impiegare, utilizzare energia o carburante ♦ **-rsi** *v.rifl.* logorarsi ♦ *v.intr.pron.* esaurirsi.
consumatóre *s.m.* [f. *-trice*] **1** chi consuma un bene, un prodotto **2** chi consuma in un locale pubblico.
consumazióne *s.f.* ciò che si mangia o si beve in un locale pubblico.
consumer *s.m.invar.* nel marketing, consumatore | Usato come *agg.invar.*: prodotti consumer, destinati a un mercato di massa.
consumìsmo *s.m.* tendenza a sviluppare sempre nuovi consumi privati.
consùmo *s.m.* **1** il consumare, il consumarsi; ciò che si consuma **2** (*econ.*) utilizzazione di un bene al fine di soddisfare un bisogno.
consuntìvo *agg.* (*econ.*) che costituisce il rendiconto finale di un periodo di attività.
consunzióne *s.f.* deperimento fisico dovuto a grave malattia.
consuòcero *s.m.* [f. *-a*] ciascuno dei genitori di un coniuge rispetto ai genitori dell'altro coniuge.
consustanziàle *agg.* (*teol.*) si dice di ognuna delle tre persone della Trinità per indicarne l'identità di natura o di sostanza con le altre due.
contàbile *agg.* che si riferisce alla contabilità ♦ *s.m.* [anche *f.*] chi tiene la contabilità.
contabilità *s.f.* **1** parte della ragioneria che studia il modo di tenere i conti di un'amministrazione; l'insieme delle operazioni contabili **2** l'ufficio che cura la tenuta dei conti.
contachilòmetri *s.m.invar.* strumento che registra i chilometri percorsi da un veicolo.
contadìno *s.m.* [f. *-a*] chi lavora la terra ♦ *agg.*
contagiàre *v.tr.* [*io contàgio ecc.*] **1** trasmettere una malattia **2** (*fig.*) influenzare.
contàgio *s.m.* **1** trasmissione di una malattia infettiva **2** (*fig.*) diffusione.
contagióso *agg.* che ha la proprietà di contagiare (anche *fig.*) □ **-mente** *avv.*
contagìri *s.m.invar.* apparecchio per contare i giri che un corpo rotante compie in un certo tempo.
contagócce *s.m.invar.* pompetta di vetro e gomma usata per versare un medicinale liquido contandone le gocce.
container *s.m.invar.* (*ingl.*) grande contenitore per il trasporto di merci.
contaminàre *v.tr.* [*io contàmino ecc.*] **1** inquinare, infettare **2** (*fig.*) corrompere spiritualmente.
contaminazióne *s.f.* il contaminare, l'essere contaminato.
contàre *v.tr.* [*io cónto ecc.*] **1** numerare progressivamente **2** considerare **3** ripromettersi ♦ *v.intr.* [aus. *avere*] **1** valere **2** fare assegnamento.
contascàtti *s.m.invar.* apparecchio che conteggia gli scatti di un telefono.
contatóre *s.m.* (*tecn.*) apparecchio che misura l'attività e i consumi di macchina o impianto: — *della luce, del gas, dell'acqua*.
contattàre *v.tr.* mettersi in contatto.
contàtto *s.m.* **1** il toccare o il toccarsi materialmente **2** (*fig.*) rapporto, relazione **3** (*tecn.*) collegamento: — *telefonico*.

cónte *s.m.* titolo nobiliare tra quello di barone e quello di marchese.
conteggiàre *v.tr.* [*io contéggio ecc.*] calcolare.
contéggio *s.m.* calcolo, computo.
contégno *s.m.* **1** modo di comportarsi **2** atteggiamento dignitoso e riservato.
contegnóso *agg.* sostenuto, riservato □ **-mente** *avv.*
contemplàre *v.tr.* [*io contèmplo ecc.*] **1** guardare a lungo; osservare con ammirazione **2** meditare **3** prevedere.
contemplativo *agg.* di chi si dedica alla contemplazione religiosa o alla meditazione filosofica.
contemplazióne *s.f.* **1** il contemplare, l'essere contemplato **2** meditazione.
contemporaneità *s.f.* qualità di ciò che è contemporaneo.
contemporàneo *agg.* che vive o avviene nello stesso tempo ♦ *s.m.* [f. *-a*] □ **-mente** *avv.*
contendènte *agg.* e *s.m.* e *f.* avversario.
contèndere *v.tr.* [coniugato come *tendere*] cercare di togliere ♦ *v.intr.* [aus. *avere*] litigare | gareggiare.
contenére *v.tr.* [coniugato come *tenere*] **1** racchiudere **2** (*estens.*) frenare, trattenere | limitare ♦ **-rsi** *v.rifl.* dominarsi.
contenitóre *s.m.* **1** recipiente **2** involucro che serve da imballaggio per il trasporto di materiali.
contentàre *v.tr.* [*io contènto ecc.*] soddisfare ♦ **-rsi** *v.intr.pron.* essere soddisfatto.
contentézza *s.f.* l'essere contento.
contènto *agg.* **1** soddisfatto, appagato **2** allegro, lieto.
contenùto[1] *s.m.* **1** ciò che è dentro qlco. **2** argomento.
contenùto[2] *agg.* misurato, sobrio.
contenzióso *s.m.* (*dir.*) insieme delle controversie in un determinato ambito ♦ *agg.* (*dir.*).
conterràneo *agg.* e *s.m.* [f. *-a*] che/chi è della stessa terra o paese.
contésa *s.f.* **1** controversia, lite **2** gara.
contéssa *s.f.* moglie o figlia del conte.
contestàre *v.tr.* [*io contèsto ecc.*] **1** (*dir.*) notificare formalmente **2** negare la validità di qlco. **3** criticare radicalmente.
contestatóre *s.m.* [f. *-trice*] chi contesta la società, le istituzioni.
contestazióne *s.f.* **1** (*dir.*) notifica formale **2** confutazione di un fatto **3** protesta radicale.
contèsto *s.m.* **1** l'insieme delle parti di uno scritto o di un discorso **2** (*estens.*) complesso di circostanze in cui si verifica un fatto, un fenomeno.
contìguo *agg.* confinante.
continentàle *agg.* del continente, che si trova nel continente.
continènte *s.m.* **1** ognuna delle grandi superfici emerse della crosta terrestre **2** la terraferma, rispetto alle isole vicine.
continènza *s.f.* temperanza, moderazione.
contingentaménto *s.m.* (*econ.*) limitazione delle importazioni o delle esportazioni.
contingènte[1] *agg.* **1** (*filos.*) accidentale, casuale **2** (*estens.*) si dice di ciò che è legato a un particolare momento.
contingènte[2] *s.m.* **1** (*econ.*) quantità massima di una merce sottoposta a contingentamento **2** (*mil.*) complesso di uomini e mezzi.
contingènza *s.f.* **1** (*filos.*) l'essere contingente **2** (*estens.*) circostanza fortuita **3** *indennità di* —, (*econ.*) somma variabile aggiunta alla paga in considerazione dell'aumento del costo della vita.
continuàre *v.tr.* [*io contìnuo ecc.*] proseguire; riprendere dopo un'interruzione ♦ *v.intr.* [aus. *avere* riferito a persona, *essere* o *avere* riferito a cosa] andare avanti.
continuazióne *s.f.* il continuare; ciò che segue a qlco. | *in* —, continuamente.
contìnuo *agg.* **1** incessante, ininterrotto **2** che si ripete spesso □ **-mente** *avv.*
cónto *s.m.* **1** operazione aritmetica; calcolo **2** somma dovuta; il foglio su cui è scritta una nota di spesa **3** registrazione di operazioni economiche | — *corrente*, contratto che regola i rapporti di dare e avere tra una banca e un cliente **4** stima, considerazione **5** assegnamento: *far — su qlcu.*
contòrcere *v.tr.* [coniugato come *torcere*] torcere più volte o con energia ♦ **-rsi** *v.rifl.* dimenarsi torcendo le membra.
contorciménto *s.m.* contorsione.
contornàre *v.tr.* [*io contórno ecc.*] **1** cingere **2** (*fig.*) circondare ♦ **-rsi** *v.rifl.* circondarsi.
contórno *s.m.* **1** linea che circonda una figura o una cosa **2** piatto che si serve come accompagnamento a una pietanza.
contorsióne *s.f.* **1** il contorcere o il contorcersi **2** (*fig.*) forzatura, tortuosità.
contorsionìsmo *s.m.* insieme degli esercizi che comportano torsioni e flessioni innaturali degli arti e della colonna vertebrale.
contòrto *agg.* **1** attorcigliato **2** (*fig.*) complicato.
contrabbandàre *v.tr.* importare o esportare merci di contrabbando.
contrabbandière *s.m.* [f. *-a*] chi pratica il contrabbando.
contrabbàndo *s.m.* importazione, esportazione o spaccio clandestino di merce.

contrabbàsso *s.m.* (*mus.*) strumento ad arco; produce suoni gravi.
contraccambiàre *v.tr.* [*io contraccàmbio* ecc.] **1** offrire o fare qlco. in cambio di quanto si è ricevuto **2** manifestare concretamente la propria riconoscenza a qlcu.
contraccàmbio *s.m.* il contraccambiare, l'essere contraccambiato; la cosa con la quale si contraccambia.
contraccettivo *agg.*e *s.m.* si dice di qualsiasi mezzo utile ad evitare gravidanze.
contraccólpo *s.m.* **1** colpo di rimbalzo **2** (*fig.*) conseguenza, effetto.
contraddìre *v.tr.* [coniugato come *dire*; imp. *contraddici*] **1** smentire **2** essere in contrasto ♦ *v.intr.* [aus. *avere*] essere in contrasto ♦ **-rsi** *v.rifl.* dire o fare il contrario di quanto si è detto o fatto prima ♦ *v.rifl.rec.* essere in reciproco contrasto.
contraddistìnguere *v.tr.* [coniugato come *distinguere*] distinguere con un segno particolare (anche *fig.*) ♦ **-rsi** *v.intr.pron.* distinguersi.
contraddittòrio *agg.* **1** che si contraddice **2** (*fig.*) che manca di coerenza ♦ *s.m.* disputa pubblica tra persone che sostengono tesi contrastanti □ **-mente** *avv.*
contraddizióne *s.f.* il contraddire o il contraddirsi; cosa che ne contraddice un'altra.
contraènte *agg.* e *s.m.* (*dir.*) ciascuna delle parti che stipulano un contratto.
contraèreo *agg.* che si impiega nella difesa dagli attacchi aerei.
contraffàre *v.tr.* [*io contraffò* o *contraffàccio* ecc.; coniugato come *fare*] falsificare.
contraffazióne *s.f.* il contraffare, l'essere contraffatto; falsificazione.
contraffòrte *s.m.* **1** (*arch.*) sperone in muratura applicato all'esterno di un muro per rinforzarlo **2** propaggine laterale di un massiccio montuoso.
contràlto *s.m.* (*mus.*) voce femminile o infantile del registro più grave; la cantante o il cantore che ne sono dotati.
contrappéso *s.m.* peso che ne bilancia un altro | (*fig.*) cosa o persona che si contrappone a un'altra.
contrappórre *v.tr.* [coniugato come *porre*] opporre (anche *fig.*) ♦ **-rsi** *v.rifl.* e *rifl.rec.* opporsi.
contrapposizióne *s.f.* il contrapporre, il contrapporsi, l'essere contrapposto.
contrappùnto *s.m.* (*mus.*) l'arte di sovrapporre più linee melodiche.
contrariàre *v.tr.* [*io contràrio* ecc.] **1** ostacolare **2** infastidire, irritare.
contrariàto *agg.* irritato.
contrarietà *s.f.* **1** avversione **2** (spec. *pl.*) avversità.
contràrio *agg.* **1** opposto, contrastante **2** sfavorevole **3** che si muove in direzione opposta ♦ *s.m.* □ **-mente** *avv.*
contràrre *v.tr.* [coniugato come *trarre*] **1** concludere mediante un accordo **2** prendere: — *una malattia* **3** restringere ♦ **-rsi** *v.rifl.* restringersi.
contrassegnàre *v.tr.* [*io contrasségno* ecc.] distinguere mediante un contrassegno (anche *fig.*).
contrasségno *s.m.* segno particolare che permette di riconoscere una cosa o una persona.
contrastàre *v.intr.* [aus. *avere*] essere contrario ♦ *v.tr.* avversare, ostacolare.
contràsto *s.m.* **1** contrapposizione **2** scontro, conflitto.
contrattaccàre *v.tr.* [*io contrattacco, tu contrattacchi* ecc.] rispondere a un attacco con un altro attacco.
contrattàcco *s.m.* [pl. *-chi*] **1** (*mil.*) azione offensiva in risposta a un attacco nemico **2** (*fig.*) replica vivace.
contrattàre *v.tr.* discutere le condizioni di una compravendita.
contrattazióne *s.f.* il contrattare, l'essere contrattato.
contrattèmpo *s.m.* avvenimento imprevisto che interrompe o ritarda un'azione.
contràtto *s.m.* (*dir.*) accordo fra due o più parti che regola un rapporto giuridico o economico; il documento sul quale è scritto tale accordo.
contrattuàle *agg.* di contratto □ **-mente** *avv.*
contravvenìre *v.intr.* [coniugato come *venire*; aus. *avere*] violare, trasgredire.
contravvenzióne *s.f.* (*dir.*) reato punito con la pena dell'arresto o dell'ammenda | la notifica di tale reato e la multa prevista.
contrazióne *s.f.* **1** il contrarre, il contrarsi; il restringersi in sé | (*fig.*) diminuzione **2** (*ling.*) fusione di due o più vocali in una vocale o in un dittongo.
contribuènte *s.m.* e *f.* il cittadino tenuto a pagare imposte e tasse.
contribuìre *v.intr.* [*io contribuisco, tu contribuisci* ecc.; aus. *avere*] concorrere, cooperare.
contribùto *s.m.* **1** ciò che ciascuno apporta per il raggiungimento di uno scopo comune **2** somma dovuta a un ente pubblico o privato in cambio dei servizi offerti.
contrìto *agg.* pentito, mortificato.
contrizióne *s.f.* pentimento.
cóntro *prep.* **1** esprime avversione, ostilità **2** indica direzione o movimento verso qlcu. o qlco. **3** di fronte **4** (*comm.*) in cambio di ♦ *avv.* **1** (*non com.*) in modo con-

trario **2** in loc. avv.: *per —*, al contrario ♦ *s.m.invar.* ciò che è contrario.
controbàttere *v.tr.* ribattere.
controbilanciàre *v.tr.* [*io controbilàncio ecc.*] **1** equilibrare un peso ponendone un altro dalla parte opposta **2** (*fig.*) compensare.
controcàmpo *s.m.* (*cine.*) inquadratura ripresa dal punto di vista opposto a quello dell'inquadratura precedente.
controcorrènte *s.f.* corrente diretta in senso inverso a quella principale ♦ *avv.* contro corrente: *remare —* | (*fig.*) in direzione contraria alla mentalità dei più.
controffensìva *s.f.* contrattacco.
controfigùra *s.f.* (*cine.*) attore secondario che sostituisce l'attore principale nelle scene pericolose.
controfirma *s.f.* seconda firma apposta su un documento, a titolo di convalida.
controindicazióne *s.f.* circostanza che sconsiglia l'impiego di un farmaco.
controllàre *v.tr.* [*io contròllo ecc.*] **1** verificare **2** sorvegliare **3** dominare ♦ **-rsi** *v.rifl.* dominarsi.
contròllo *s.m.* **1** ispezione, verifica **2** ufficio addetto a controllare un'attività **3** vigilanza, sorveglianza | dominio **4** (*elettron.*) dispositivo che permette di segnalare errori o disfunzioni di una macchina.
controllóre *s.m.* chi ha l'incarico di effettuare dei controlli; chi verifica i biglietti dei viaggiatori sui mezzi pubblici.
contromàno *avv.* in direzione opposta a quella stabilita dai regolamenti stradali.
contromàrcia *s.f.* inversione della direzione di marcia.
contromisùra *s.f.* provvedimento che mira a contrastare o a prevenire un fatto negativo.
contropàrte *s.f.* la parte avversaria in un processo civile.
contropartìta *s.f.* **1** operazione finanziaria con cui se ne pareggia un'altra **2** (*fig.*) compenso.
contropiède *s.m.* (*sport*) rapida azione controffensiva di una squadra mentre quella avversaria si trova in attacco | *prendere in —*, (*fig.*) alla sprovvista.
controproducènte *agg.* che produce un effetto contrario a quello desiderato.
contropropósta *s.f.* proposta che si fa in opposizione a un'altra.
contropròva *s.f.* prova con cui si verifica l'esattezza di una prova precedente.
contrórdine *s.m.* ordine che ne modifica o revoca uno precedente.
controrifórma *s.f.* movimento di riforma della chiesa cattolica, avviato dal concilio di Trento (1545-1563) per contrastare la riforma protestante.
controsènso *s.m.* idea, affermazione o atto che contiene contraddizione in sé o che contrasta col senso comune.
controsoffitto *s.m.* intelaiatura leggera posta sotto un soffitto per motivi ornamentali o pratici.
controspionàggio *s.m.* organizzazione segreta di uno stato che ha lo scopo di smascherare l'attività spionistica di altri stati.
controvènto *avv.* in direzione contraria a quella del vento.
controvèrsia *s.f.* **1** disputa **2** (*dir.*) causa, lite.
controvèrso *agg.* che è oggetto di controversia.
controvòglia *avv.* malvolentieri.
contumàcia *s.f.* **1** (*dir.*) la condizione di un imputato che non si presenti al processo **2** (*med.*) quarantena.
contumèlia *s.f.* (*lett.*) insulto.
contundènte *agg.* che produce contusioni | *corpo —*, oggetto usato per colpire o ferire.
conturbànte *agg.* che turba profondamente; che suscita passione,.
contusióne *s.f.* (*med.*) lesione, ammaccatura delle parti molli dell'organismo.
contùso *agg.* e *s.m.* [f. *-a*] che/chi ha subìto una o più contusioni.
conurbazióne *s.f.* fenomeno per cui una città ingloba i centri urbani vicini.
convalescènte *agg.* e *s.m.* e *f.* che/chi, dopo una malattia, non è ancora completamento guarito.
convalescènza *s.f.* stato di chi è convalescente.
convalidàre *v.tr.* [*io convàlido ecc.*] **1** (*burocr.*) rendere valido | *— un biglietto*, timbrarlo **2** (*estens.*) confermare.
convégno *s.m.* congresso.
convenévole *s.m.* (spec. *pl.*) atti, manifestazioni usuali di cortesia.
conveniènte *agg.* **1** adatto, opportuno **2** vantaggioso □ **-mente** *avv.*
conveniènza *s.f.* **1** tornaconto, utilità, vantaggio **2** cortesia.
convenìre *v.intr.* [coniugato come *venire*; aus. *essere* nel sign. 2, *avere* nel sign. 1] **1** concordare **2** essere utile, vantaggioso ♦ *v.intr.impers.* [aus. *essere*] essere opportuno, necessario ♦ *v.tr.* **1** stabilire, concordare **2** (*dir.*) citare in giudizio ♦ **-rsi** *v.intr.pron.* essere appropriato.
convènto *s.m.* edificio in cui vive una comunità di religiosi o religiose.
convenzionàle *agg.* **1** che è così per convenzione **2** non originale **3** tradizionale □ **-mente** *avv.*
convenzionàre *v.tr.* [*io convenzióno ecc.*]

(*burocr.*) stabilire mediante una convenzione ♦ **-rsi** *v.rifl.* accordarsi.
convenzióne *s.f.* **1** patto, accordo **2** ciò che risulta da una regola o da una consuetudine.
convèrgere *v.intr.* [pres. *io convèrgo, tu convèrgi* ecc.; pass.rem. *io convèrsi, tu convergésti* ecc.; raro il part.pass. *convèrso* e i tempi composti; aus. *essere*] dirigersi verso un unico punto.
conversazióne *s.f.* il conversare; colloquio, dialogo.
conversióne *s.f.* **1** mutamento radicale di vita, di abitudini, di opinioni | il passare da una religione a un'altra **2** trasformazione di una cosa in un'altra **3** (*inform.*) procedura per trasferire i dati da un sistema a un altro, da un programma a un altro.
convertìre *v.tr.* [pres. *io convèrto* ecc.; pass.rem. *io convertii* ecc.; part.pass. *convertito*] **1** convincere qlcu. a cambiare opinioni, abitudini o a mutare fede religiosa **2** cambiare ♦ **-rsi** *v.rifl.* cambiare vita, fede religiosa ♦ *v.intr.pron.* trasformarsi.
convertitóre *s.m.* (*fis.*) dispositivo che trasforma un segnale o una forza.
convèsso *agg.* si dice di linea o superficie curva verso l'esterno.
convettóre *s.m.* apparecchio di riscaldamento ad aria calda.
convezióne *s.f.* (*fis.*) propagazione di calore nei fluidi mediante spostamento di materia.
convìncere *v.tr.* [coniugato come *vincere*] indurre qlcu. ad ammettere, ad accettare qlco. (anche *assol.*) | persuadere qlcu. a fare qlco. ♦ **-rsi** *v.rifl.* acquisire certezza, liberandosi da ogni dubbio.
convinzióne *s.f.* **1** il convincere **2** (spec. *pl.*) opinione ben radicata.
convitàto *agg.* e *s.m.* [f. *-a*] invitato a un pranzo.
convìtto *s.m.* collegio.
convivènte *agg.* e *s.m.* e *f.* si dice di chi convive.
convìvere *v.intr.* [coniugato come *vivere*; aus. *avere*] abitare insieme | vivere insieme in coppia senza essere sposati.
convocàre *v.tr.* [*io cònvoco, tu cònvochi* ecc.] **1** chiamare a consiglio i membri di un organo collegiale **2** (*estens.*) chiamare a un raduno o a un colloquio.
convocazióne *s.f.* il convocare, l'essere convocato; invito a un'adunanza, a un colloquio.
convogliàre *v.tr.* [*io convòglio* ecc.] **1** indirizzare verso un luogo (anche *fig.*) | incanalare **2** trasportare, trascinare.
convòglio *s.m.* gruppo di navi che viaggiano insieme | gruppo di veicoli che viaggiano in colonna: — *ferroviario*.
convòlvolo *s.m.* (*bot.*) pianta erbacea rampicante con fiori a forma di imbuto.
convulsióne *s.f.* (*med.*) violenta e improvvisa contrazione dei muscoli.
convùlso *agg.* **1** violento, irrefrenabile **2** (*fig.*) frenetico □ **-mente** *avv.*
cooperàre *v.intr.* [*io coòpero* ecc.; aus. *avere*] operare insieme; collaborare.
cooperatìva *s.f.* (*dir.*) associazione di più individui che svolgono attività economiche dividendo in parti uguali spese e guadagni.
cooperatóre *agg.* e *s.m.* [f. *-trice*] che/chi coopera.
coordinaménto *s.m.* il coordinare, l'essere coordinato; organizzazione che coordina.
coordinàre *v.tr.* [*io coórdino* ecc.] **1** organizzare insieme a un fine determinato **2** (*gramm.*) collegare due proposizioni o due elementi della stessa proposizione secondo un rapporto di coordinazione.
coordinàta *s.f.* **1** (*geog.*) *coordinate geografiche*, latitudine, longitudine; altitudine **2** (*gramm.*) proposizione coordinata.
coordinàto *s.m.* (spec. *pl.*) capo di vestiario abbinato ad altri capi o accessori.
coordinatóre *agg.* e *s.m.* [f. *-trice*] che/chi coordina un'attività comune.
coòrte *s.f.* (*st.*) decima parte della legione romana.
copèco *s.m.* [pl. *-chi*] moneta russa, equivalente alla centesima parte del rublo.
copèrchio *s.m.* arnese che serve per coprire recipienti e contenitori.
copernicàno *agg.* che riguarda l'astronomo polacco Niccolò Copernico (1473-1543) | *sistema* —, quello che pone il Sole al centro del sistema planetario.
copèrta *s.f.* **1** drappo che si stende sul letto **2** (*mar.*) ponte scoperto della nave.
copertìna *s.f.* involucro esterno di carta o cartoncino che ricopre un libro, un quaderno, una rivista.
copèrto[1] *agg.* rivestito, riparato; chiuso | (*fig.*) garantito ♦ *s.m.* luogo riparato □ **-mente** *avv.*
copèrto[2] *s.m.* ciò che occorre per preparare la tavola per ciascun commensale.
copertóne *s.m.* **1** telone impermeabile **2** involucro di gomma che racchiude la camera d'aria nei pneumatici dei veicoli.
copertùra *s.f.* **1** il coprire **2** ciò che serve a coprire, a nascondere (anche *fig.*) **3** (*econ.*) garanzia che tende a ridurre i rischi di un'operazione finanziaria.
còpia *s.f.* **1** riproduzione di uno scritto, di un documento | *brutta, bella* —, la prima,

la definitiva stesura di uno scritto **2** riproduzione di un'opera presa a modello **3** ogni esemplare di un libro o giornale.
copiàre *v.tr.* [io còpio ecc.] **1** riprodurre esattamente qlco. **2** (*estens.*) imitare quanto è fatto da altri.
copióne *s.m.* testo di un lavoro teatrale; sceneggiatura di un film o testo di trasmissioni radiofoniche o televisive.
copisterìa *s.f.* ufficio o negozio in cui si eseguono copie di testi vari.
còppa *s.f.* **1** bicchiere a forma di calotta sferica, che si regge su un gambo a stelo | (*estens.*) ciò che vi è contenuto **2** trofeo che si dà come premio ai vincitori di gare sportive; la gara stessa.
còppia *s.f.* due persone, due animali o due cose uniti e considerati insieme.
còpra *s.f.* polpa essiccata di noci di cocco.
copricàpo *s.m.* cappello o berretto.
coprifuòco *s.m.invar.* obbligo di ritirarsi in casa a un'ora stabilita, imposto ai cittadini per motivi d'ordine pubblico.
coprìre *v.tr.* [pres. *io còpro ecc.*; pass.rem. *io coprìi o copèrsi, tu copristi ecc.*; part.pass. *copèrto*] **1** mettere qlco. sopra per proteggerla, nasconderla **2** (*estens.*) avvolgere **3** (*fig.*) nascondere **4** proteggere **5** (*fig.*) superare in intensità un suono **6** (*fig.*) riempire **7** (*fig.*) occupare, esercitare **8** (*fig.*) percorrere in un certo tempo ♦ **-rsi** *v.rifl.* **1** riparare con indumenti **2** (*fig.*) riempirsi **3** garantirsi contro un rischio ♦ *v.intr.pron.* rivestirsi.
coproduzióne *s.f.* produzione di un'opera in collaborazione fra più produttori.
còpula (*gramm.*) congiunzione o verbo copulativo.
copyright *s.m.invar.* (*ingl.*) diritto d'autore | il marchio che viene apposto sull'opera con l'indicazione del titolare del diritto.
coràggio *s.m.* **1** forza d'animo **2** sfacciataggine, impudenza.
coràle *agg.* **1** di, da coro **2** (*fig.*) concorde ♦ *s.m.* (*mus.*) canto liturgico per coro ♦ *s.f.* coro □ **-mente** *avv.*
corallìfero *agg.* che è formato da coralli.
coràllo *s.m.* **1** animaletto dei celenterati che vive in colonie **2** la sostanza cornea che é costituita dagli scheletri di tali animali e viene usata per la fabbricazione di oggetti ornamentali.
coramìna® *s.f.* farmaco stimolante del cuore e dei centri respiratori.
coràzza *s.f.* **1** copertura del busto portata anticamente dai soldati per difesa **2** struttura resistente applicata a fortificazioni e a mezzi da combattimento **3** rivestimento protettivo del corpo di alcuni animali **4** (*fig.*) difesa.
corazzàre *v.tr.* **1** provvedere di corazza protettiva **2** (*fig.*) difendere, premunire ♦ **-rsi** *v.rifl.* difendersi, premunirsi.
corazzàta *s.f.* grande nave da guerra protetta da spesse corazze d'acciaio.
corazzière *s.m.* carabiniere della guardia d'onore del capo dello stato italiano.
corbellerìa *s.f.* stupidaggine.
corbézzolo *s.m.* arbusto sempreverde con bacche rosse commestibili.
còrda *s.f.* **1** fascio di fibre o di fili attorcigliati, che si usa per legare, sostenere o tirare qlco. | *tagliare la —*, (*fig.*) fuggire di nascosto **2** (*mus.*) filamento di metallo o di nylon che, messo in vibrazione, produce un suono **3** (*geom.*) segmento di retta che unisce due punti di una circonferenza.
cordàta *s.f.* **1** gruppo di alpinisti legati alla stessa corda in un'ascensione **2** (*estens.*) gruppo di imprenditori che si uniscono per acquistare o gestire un'impresa.
cordiàle *agg.* **1** che viene dal cuore; affettuoso **2** che è radicato nel cuore; profondo □ **-mente** *avv.*
cordiglièra *s.f.* catena montuosa dell'America centrale e meridionale.
cordòglio *s.m.* dolore profondo per un grave lutto.
cordóne *s.m.* **1** corda di media grossezza usata per lavori di tappezzeria **2** parte anatomica simile a una corda **3** (*fig.*) barriera formata da più persone che sbarrano un passaggio.
coreografìa *s.f.* arte di comporre balletti.
coreògrafo *s.m.* [f. *-a*] chi compone o dirige coreografie.
coriàceo *agg.* di cuoio | (*estens.*) duro e resistente.
coriàndolo *s.m.* **1** pianta erbacea i cui semi aromatici sono usati in pasticceria e liquoreria **2** ciascuno dei dischetti di carta colorata che si lanciano a carnevale.
coricàre *v.tr.* [io còrico, tu còrichi ecc.] **1** adagiare **2** (*estens.*) mettere in orizzontale ♦ **-rsi** *v.rifl.* andare a dormire.
corindóne *s.m.* minerale di alluminio in cristalli, molto duro, lucente.
corìnzio *agg.* **1** di Corinto **2** (*archeol.*) si dice di un ordine architettonico classico.
corìsta *s.m.* [pl.m. *-sti*] [anche *f.*] (*mus.*) chi canta in un coro.
còrmo *s.m.* (*bot.*) corpo vegetativo delle piante superiori, distinto in fusto, radice e foglie.
cormoràno *s.m.* grosso uccello acquatico con collo lungo, becco uncinato.
cornàcchia *s.f.* **1** grosso uccello simile al corvo **2** (*fig.*) persona noiosa, importuna.
cornamùsa *s.f.* strumento a fiato, forma-

to da uno o più tubi sonori innestati in un sacco di pelle pieno d'aria.
còrnea *s.f.* (*anat.*) parte anteriore, trasparente dell'occhio.
còrneo *agg.* di corno, simile a corno | *strato* —, (*anat.*) lo strato più superficiale dell'epidermide.
corn-flakes *loc.sost.m.pl.* (*ingl.*) fiocchi di granturco soffiato.
cornìce *s.f.* **1** intelaiatura di legno o altro materiale posta intorno a dipinti, specchi ecc. **2** (*estens.*) tutto ciò che circonda.
cornicióne *s.m.* (*arch.*) fascia orizzontale sporgente che corona la facciata di un edificio.
corniòla *s.f.* (*min.*) varietà di calcedonio di colore rossastro, pietra semipreziosa.
corniòlo *s.m.* (*bot.*) piccolo albero con legno durissimo e frutti commestibili rossi.
còrno *s.m.* [pl.f. *còrna*, nei sign. 1, 2; pl.m. *còrni*, nei sign. 3, 4] **1** (*zool.*) prominenza cornea o ossea, presente sul capo di molti mammiferi **2** *pl.* in locuzioni fig. di uso popolare, attributo anche della testa dell'uomo | come simbolo dell'infedeltà coniugale: *fare le corna*, tradire fabbricazione di oggetti **3** oggetto a forma di corno; amuleto **4** (*mus.*) strumento a fiato in ottone.
còro *s.m.* **1** canto eseguito da più persone; l'insieme delle persone che lo eseguono **2** schiera di spiriti celesti **3** (*arch.*) la parte della chiesa che è dietro l'altare, provvista di sedili per i religiosi che cantano gli uffici sacri; l'insieme dei sedili.
corografìa *s.f.* descrizione geografica di una regione della Terra.
coròide *s.f.* (*anat.*) membrana dell'occhio che sta fra la sclerotica e la retina.
coròlla *s.f.* complesso dei petali di un fiore.
corollàrio *s.m.* **1** (*filos.*) conseguenza logica di una verità dimostrata in precedenza | (*mat.*) teorema che si deduce da un teorema precedente **2** (*estens.*) aggiunta.
coróna *s.f.* **1** ornamento del capo di forma circolare, di metallo prezioso; è simbolo di sovranità **2** (*anat.*) parte esterna del dente **3** unità monetaria di vari stati europei (fino al gennaio 2002): — *svedese*, *norvegese*, *danese* **4** — *dentata*, (*mecc.*) ruota costituita da una corona circolare con la dentatura all'interno.
coronaménto *s.m.* **1** felice conclusione **2** (*arch.*) motivo con cui termina superiormente una costruzione.
coronàre *v.tr.* [*io coróno ecc.*] **1** cingere, circondare **2** (*fig.*) realizzare, compiere degnamente | compensare, premiare.
coronària *s.f.* (*anat.*) arteria o vena che provvede all'irrorazione del cuore
coronàrico *agg.* [pl.m. *-ci*] (*med.*) relativo alle arterie e vene coronarie.
còrpo *s.m.* **1** qualsiasi oggetto o cosa che occupi uno spazio **2** l'organismo che costituisce la struttura fisica dell'uomo e degli animali | *a — morto*, pesantemente; (*fig.*) con accanimento **3** (*fig.*) l'elemento principale **4** gruppo di persone che costituisce un insieme organico **5** unità militare **6** raccolta completa e organica di più opere **7** (*tip.*) grandezza di un carattere.
corporativìsmo *s.m.* (*estens.*) tendenza di gruppi sociali o categorie professionali a difendere i propri interessi.
corporatùra *s.f.* struttura del corpo umano.
corporazióne *s.f.* associazione che raggruppa tutti gli individui che esercitano lo stesso mestiere o professione.
corpóso *agg.* che ha consistenza, denso | che dà la sensazione del volume □ **-mente** *avv.*
corpulènto *agg.* grosso di corpo.
corpùscolo *s.m.* (*fis.*) ente di dimensioni microscopiche, costituito dall'insieme di particelle.
corredàre *v.tr.* [*io corrèdo ecc.*] rifornire di quanto è utile ♦ **-rsi** *v.rifl.* rifornirsi.
corrèdo *s.m.* **1** l'insieme degli abiti, della biancheria e degli altri effetti **2** l'insieme degli oggetti necessari a uno scopo.
corrèggere *v.tr.* [coniugato come *reggere*] **1** liberare da errori, da imperfezioni **2** aggiungere a cibi o bevande sostanze che ne modifichino il sapore ♦ **-rsi** *v.rifl.* **1** liberarsi da un difetto **2** sostituire un'espressione errata con un'altra.
corrèggia *s.f.* [pl. *-ge*] cinghia di cuoio.
correità *s.f.* (*dir.*) condizione di correo.
correlazióne *s.f.* relazione reciproca tra due termini o fenomeni.
corrènte[1] *agg.* **1** che fluisce **2** (*fig.*) che ha corso, validità **3** (*fig.*) diffuso, comune ♦ *s.m.* solo nella locuzioni *al* —, informato □ **-mente** *avv.* **1** speditamente **2** usualmente.
corrènte[2] *s.f.* **1** massa d'acqua o d'aria che si muove | *correnti marine*, (*geog.*) movimenti regolari costanti delle masse d'acqua marina **2** (*estens.*) massa di materia fluente **3** (*fig.*) movimento di opinione; tendenza politica, artistica ecc. **4** (*elettr.*) flusso di cariche elettriche in un conduttore.
correntìsta *s.m.* e *f.* [pl.m. *-sti*] titolare di un conto corrente.
corrèo *s.m.* [f. *-a*] (*dir.*) chi è responsabile di un reato insieme con altri.
córrere *v.intr.* [pres. *io córro ecc.*; pass.rem. *io córsi*, *tu corrésti ecc.*; part.pass. *córso*; aus. *es-*

sere quando è indicata una meta, *avere* quando l'azione è considerata in sé, e nel significato di 'partecipare a una corsa'] **1** procedere velocemente **2** affrettarsi **3** partecipare a una gara di corsa **4** (*fig.*) diffondersi ♦ *v.tr.* (*fig.*) affrontare.

corresponsàbile *agg.* responsabile insieme con altri.

corresponsióne *s.f.* denaro che si dà in cambio di un servizio.

correttìvo *agg.* che serve a correggere.

corrètto *agg.* **1** privo di errori **2** onesto, leale □ **-mente** *avv.*

correttóre *s.m.* [f. *-trice*] chi corregge | chi si occupa della correzione di materiale da stampare.

correzióne *s.f.* il correggere, l'essere corretto | modificazione apportata a un testo.

corrìda *s.f.* combattimento di uomini contro tori nell'arena.

corridóio *s.m.* **1** passaggio lungo e stretto che mette in comunicazione locali diversi | *voci di* —, (*fig.*) notizie ufficiose **2** striscia di territorio incuneata in un altro stato.

corridóre *s.m.* [f. *-trice*] (*sport*) chi partecipa a una gara di corsa.

corrièra *s.f.* autobus che trasporta posta e passeggeri lungo un percorso di linea.

corrière *s.m.* persona o impresa privata che esegue trasporto di corrispondenza e merci | — *diplomatico*, chi porta i documenti e la corrispondenza ufficiale da un governo a una sede diplomatica.

corrimàno *s.m.* [pl. *-ni*] appoggio per le mani lungo una scala.

corrispettìvo *s.m.* ciò che si dà come compenso o risarcimento.

corrispondènte *s.m.* e *f.* **1** chi è in relazione epistolare con qlcu. **2** giornalista incaricato di mandare articoli o servizi che riferiscono di fatti accaduti nel luogo in cui risiede.

corrispondènza *s.f.* **1** scambio di lettere **2** relazione inviata da un corrispondente al suo giornale o a testata radiotelevisiva.

corrispóndere *v.intr.* [coniugato come *rispondere*] **1** accordarsi **2** equivalere **3** essere adeguato **4** ricambiare un sentimento ♦ *v.tr.* **1** contraccambiare **2** versare una somma.

corroborànte *agg.* che rinforza ♦ *s.m.* sostanza, farmaco che rinvigorisce.

corródere *v.tr.* [coniugato come *rodere*] intaccare consumando o deteriorando lentamente; rodere ♦ **-rsi** *v.intr.pron.* sgretolarsi.

corrómpere *v.tr.* [coniugato come *rompere*] **1** guastare **2** (*fig.*) indurre con mezzi illeciti a fare ciò che non si dovrebbe ♦ **-rsi** *v.rifl.* o *intr.pron.* **1** andare in putrefazione **2** (*fig.*) guastarsi.

corrosióne *s.f.* il corrodere.

corrosìvo *agg.* **1** che ha la proprietà di corrodere **2** (*fig.*) caustico, mordace ♦ *s.m.* □ **-mente** *avv.*

corrótto *agg.* viziato moralmente; disonesto.

corrucciàrsi *v.intr.pron.* addolorarsi.

corrugaménto *s.m.* (*geol.*) complesso di fenomeni di modifica della crosta terrestre che porta alla formazione di pieghe.

corrugàre *v.tr.* [*io corrugo, tu corrughi ecc.*] aggrottare ♦ **-rsi** *v.intr.pron.* incresparsi.

corruttóre *agg.* e *s.m.* [f. *-trice*] che/chi corrompe.

corruzióne *s.f.* **1** il corrompere; alterazione **2** (*dir.*) reato commesso dal pubblico ufficiale che riceve denaro o altri beni per compiere atti contrari ai suoi doveri.

córsa *s.f.* **1** il correre | *di* —, (*fig.*) in fretta **2** viaggio di un mezzo di trasporto pubblico **3** (*sport*) gara di velocità **4** (*mecc.*) movimento limitato compiuto da un elemento scorrevole.

corsàro *s.m.* [f. *-a*] pirata.

corsétto *s.m.* bustino femminile | apparecchio ortopedico per la cura delle malattie della colonna vertebrale.

corsìa *s.f.* **1** passaggio tra due file di letti o di posti **2** negli ospedali, camerata **3** suddivisione longitudinale della carreggiata stradale, di una pista, una piscina.

corsìvo *agg.* si dice della scrittura comunemente usata nello scrivere a mano | (*tip.*) carattere leggermente inclinato.

còrso *s.m.* **1** lo scorrere delle acque **2** l'andamento di un'attività, di un fenomeno **3** serie di lezioni **4** grande strada cittadina **5** circolazione della moneta **6** quotazione dei cambi e dei titoli.

córte *s.f.* **1** la residenza, il seguito di un sovrano **2** (*fig.*) *fare la — a qlcu.*, corteggiarlo **3** (*dir.*) organo collegiale con funzioni giurisdizionali **4** (*antiq.*) cortile.

cortéccia *s.f.* [pl. *-ce*] **1** involucro che ricopre il tronco e i rami degli alberi **2** (*fig.*) apparenza, aspetto esterno **3** (*anat.*) parte periferica di certi organi.

corteggiàre *v.tr.* [*io cortéggio ecc.*] adulare qlcu. per ottenerne favori | rivolgere attenzioni, complimenti a una persona per cercare di conquistarne l'affetto.

cortèo *s.m.* **1** insieme di persone che accompagnano qlcu. durante una cerimonia **2** insieme di persone che sfilano in una pubblica manifestazione.

cortése *agg.* gentile, affabile □ **-mente** *avv.*

cortesìa *s.f.* **1** l'essere cortese **2** atto cortese.
cortigiàno *agg.* **1** della corte **2** (*fig.*) che dimostra ipocrisia; adulatore ♦ *s.m.*
cortìle *s.m.* **1** area scoperta sulla quale si affacciano gli ambienti interni di un edificio **2** spazio libero attiguo alla casa di campagna.
cortìna *s.f.* **1** tenda che separa ambienti o ne nasconde una parte **2** (*estens.*) qualsiasi cosa che si interponga tra due elementi.
cortisóne *s.m.* (*chim.*, *biol.*) ormone prodotto dalla corteccia surrenale.
córto *agg.* **1** di poca lunghezza o di lunghezza inferiore al normale **2** che non dura a lungo **3** (*estens.*) insufficiente, scarso ♦ *avv.* nella loc. *tagliar* —, (*fig.*) troncare una discussione, gli indugi.
cortocircùito *s.m.* [pl. *cortocircuiti*] (*elettr.*) guasto di un circuito elettrico dovuto a improvvisa riduzione della resistenza.
cortometràggio *s.m.* [pl. *cortometraggi*] film di breve durata.
corvé *s.f.* **1** (*mil.*) servizio di fatica **2** (*estens.*) lavoro pesante e ingrato.
corvétta *s.f.* (*mar.*) nave da guerra per la scorta dei convogli e alla caccia dei sommergibili.
còrvo *s.m.* grosso uccello dotato di piumaggio nero lucente, becco grosso e forte.
còsa *s.f.* **1** qualsiasi entità, concreta o astratta, che è oggetto dell'attenzione e che non si indica con precisione | nelle frasi interrogative o esclamative, sostituisce o rafforza l'agg. *che* **2** oggetto materiale **3** fatto, avvenimento | (spec. *pl.*) affare, problema.
cosàcco *s.m.* [f. *-a*; pl.m. *-chi*] **1** membro di una popolazione di origine tartara della Russia meridionale **2** soldato di cavalleria russo ♦ *agg.*
còscia *s.f.* [pl. *-sce*] (*anat.*) parte della gamba compresa tra l'anca e il ginocchio.
cosciènte *agg.* **1** conscio **2** responsabile □ **-mente** *avv.*
cosciènza *s.f.* **1** (*psicol.*) consapevolezza di sé e del mondo esterno **2** consapevolezza del bene e del male | *agire secondo* —, seguire le proprie convinzioni morali **3** senso di responsabilità, serietà.
coscienzióso *agg.* **1** che ha coscienza, senso di responsabilità **2** fatto con serietà, accuratezza □ **-mente** *avv.*
coscrìtto *s.m.* (*mil.*) soldato di leva ♦ *agg.*
coscrizióne *s.f.* (*mil.*) iscrizione dei soldati nelle liste di leva.
così *avv.* **1** in questo modo **2** tanto, talmente ♦ *cong.* **1** in correlazione con *come*, introduce prop. comparative e modali **2** in correlazione con *che*, *da*, introduce prop. consecutive.
cosicché *cong.* e perciò, dimodoché (introduce una prop. consecutiva o conclusiva).
cosmètico *agg.* [pl.m. *-ci*] che è atto a conservare e ravvivare la bellezza ♦ *s.m.*
còsmico *agg.* [pl.m. *-ci*] **1** relativo al cosmo **2** (*estens.*) universale □ **-mente** *avv.*
còsmo *s.m.* **1** l'universo fisico **2** (*geog.*) lo spazio che racchiude le galassie.
cosmogonìa *s.f.* l'origine, la genesi dell'universo.
cosmologìa *s.f.* [pl. *-gie*] studio dell'universo e delle leggi che lo regolano.
cosmonàuta *s.m.* e *f.* [pl.m. *-ti*] astronauta.
cosmonàutica *s.f.* la scienza, la tecnica della navigazione spaziale.
cosmopolìta *agg.* [pl.m. *-ti*] **1** che ha una mentalità aperta **2** internazionale ♦ *s.m.* e *f.* chi riconosce come sua patria il mondo.
cosmopolitìsmo *s.m.* **1** tendenza a considerare il mondo come un'unica grande patria **2** carattere cosmopolita.
cospàrgere *v.tr.* [coniugato come *spargere*] spargere, disseminare.
cospìcuo *agg.* ragguardevole, considerevole.
cospiràre *v.intr.* [aus. *avere*] **1** congiurare, complottare **2** (*fig.*) contribuire a far fallire qlco., a danneggiare qlcu.
cospiratóre *s.m.* [f. *-trice*] congiurato.
cospirazióne *s.f.* atto e modo del cospirare; congiura.
còsta *s.f.* **1** (*anat.*) costola **2** dorso di un libro **3** fianco montuoso piuttosto ripido **4** la zona della terraferma nelle immediate prossimità del mare.
costànte *agg.* **1** durevole, continuo **2** fermo, perseverante ♦ *s.f.* **1** (*mat.*, *fis.*) grandezza che conserva sempre lo stesso valore **2** (*estens.*) caratteristica di una persona, di un'istituzione, di un gruppo che rimane inalterata □ **-mente** *avv.*
costànza *s.f.* perseveranza, fermezza.
costàre *v.intr.* [*io còsto* ecc.; aus. *essere*] **1** avere un determinato costo | (*assol.*) avere un costo elevato | (*fig.*) comportare pesanti conseguenze **2** (*fig.*) richiedere sforzo, sacrificio.
costeggiàre *v.tr.* [*io costéggio* ecc.] **1** navigare lungo una costa **2** fiancheggiare.
costèi *pron.dimostr.f.sing.* forma femminile di *costui*.
costellàre *v.tr.* [*io costèllo* o *costéllo* ecc.] cospargere, punteggiare.
costellazióne *s.f.* (*astr.*) raggruppamento di stelle che appaiono vicine.
costernàre *v.tr.* [*io costèrno* ecc.] affliggere gravemente, abbattere.

costernazióne *s.f.* grave afflizione.
costièra *s.f.* tratto di costa.
costipàre *v.tr.* **1** (*agr., edil.*) comprimere un terreno per renderlo compatto **2** (*med.*) provocare costipazione ♦ **-rsi** *v.intr.pron.* (*med.*) divenire costipato.
costipazióne *s.f.* **1** (*agr.*) restringimento naturale dello spessore di un terreno **2** (*med.*) raffreddore | stitichezza.
costituènte *agg.* *assemblea* —, assemblea eletta dal popolo con il compito di formulare o riformare una costituzione.
costituìre *v.tr.* [*io costituisco, tu costituisci* ecc.] **1** creare, ordinare **2** formare **3** rappresentare **4** nominare, eleggere ♦ **-rsi** *v.rifl.* **1** consegnarsi spontaneamente alla giustizia **2** (*dir.*) nominarsi.
costituzionàle *agg.* **1** (*dir.*) della costituzione: *carta* —; *diritto* —, ramo del diritto pubblico che studia la costituzione | *monarchia* —, regolati da una costituzione **2** (*med.*) che si riferisce alla costituzione fisica □ **-mente** *avv.*
costituzionalità *s.f.* (*dir.*) conformità alla costituzione.
costituzióne *s.f.* **1** il costituire, il costituirsi; modo in cui qlco. è costituita **2** l'insieme degli elementi o delle qualità di una sostanza, un oggetto; composizione | il complesso dei caratteri fisici e psichici di un individuo **3** (*dir.*) legge fondamentale che definisce l'ordinamento dello stato.
còsto *s.m.* **1** spesa per acquistare un bene o usufruire di un servizio **2** (*fig.*) sacrificio.
còstola *s.f.* **1** (*anat.*) ognuna delle ossa piatte che sono attaccate alla colonna vertebrale **2** dorso di un oggetto | parte del coltello opposta al taglio **3** nervatura principale di una foglia **4** (*mar.*) ciascuno degli elementi trasversali che costituiscono l'ossatura dello scafo.
costóro *pron.dimostr.m.* e *f.* forma plurale di *costui* e *costei*.
costóso *agg.* **1** che costa molto **2** (*fig.*) che richiede fatica, sacrificio □ **-mente** *avv.*
costrìngere *v.tr.* [coniugato come *stringere*] obbligare qlcu. a fare qlco.
costrizióne *s.f.* il costringere, l'essere costretto.
costruìre *v.tr.* [pres. *io costruisco, tu costruisci* ecc.; pass.rem. *io costruii, tu costruisti* ecc.; part.pass. *costruito*] **1** edificare, fabbricare **2** mettere insieme vari elementi | (*fig.*) creare, inventare **3** (*ling.*) ordinare, organizzare un enunciato secondo le leggi grammaticali e sintattiche.
costruttìvo *agg.* **1** che serve a costruire **2** (*fig.*) che tende a tradurre in atto idee positive.
costruzióne *s.f.* **1** l'operazione del costruire; edificazione **2** la cosa costruita.
costùi *pron.dimostr.m.sing.* [f. *costei*; pl.m. e f. *costoro*] (*lett.*) questi, questo.
costùme *s.m.* **1** modo in cui abitualmente un individuo si comporta **2** condotta morale **3** (spec. *pl.*) usanze, abitudini, modi di vivere **4** abbigliamento caratteristico di una comunità, di un gruppo etnico, di un'epoca | abito, indumento che si indossa in particolari occasioni.
costumìsta *s.m.* e *f.* [pl.m. *-sti*] chi disegna e prepara i costumi di scena teatrali, cinematografici o televisivi.
cotechìno *s.m.* salume da cuocere.
coténna *s.f.* pelle dura, spessa e setolosa del maiale e del cinghiale.
cotilèdone *s.m.* (*bot.*) foglia carnosa che protegge l'embrione di alcune piante.
cotillon *s.m.invar.* (*fr.*) regalo distribuito nel corso di una festa da ballo.
cotógna *s.f.* frutto del cotogno | Anche come *agg.*: *mela* —.
cotógno *s.m.* albero che produce una qualità di mele molto profumate, usate per fare marmellata | anche come *agg.*
cotonàto *s.m.* tessuto di puro cotone o di cotone misto ad altre fibre ♦ *agg.*
cotóne *s.m.* **1** pianta arbustiva con frutti a forma di capsule ovali al cui interno si trova una peluria bianca, usata come fibra tessile **2** la fibra tessile e il tessuto ricavati da tale pianta | lanugine dei semi di cotone, trattata per imbottiture, fasciature.
cotonière *s.m.* [f. *-a*] **1** industriale del cotone **2** operaio di un cotonificio.
cotonifìcio *s.m.* fabbrica dove si producono filati e tessuti di cotone.
cotonìna *s.f.* tessuto leggero di cotone.
còtta *s.f.* veste di lino bianco lunga fino al ginocchio, indossata dal sacerdote in alcune funzioni.
cottage *s.m.* (*ingl.*) elegante casetta di campagna in stile rustico.
cottimìsta *s.m.* e *f.* [pl.m. *-sti*] chi lavora a cottimo.
còttimo *s.m.* forma di retribuzione basata sulla quantità di lavoro prodotta.
còtto *agg.* **1** sottoposto a cottura **2** (*estens.*) riarso, bruciato **3** (*fam.*) si dice di persona molto innamorata ♦ *s.m.* mattone di terracotta.
cottùra *s.f.* il cuocere; il cuocersi.
coturnìce *s.f.* uccello simile alla pernice.
coulisse *s.f.invar.* (*fr.*) scanalatura | *porta a* —, porta scorrevole.
coupé *s.m.* (*fr.*) carrozzeria dalla linea

slanciata ed elegante per automobili sportive.
coupon *s.m.invar.* (*fr.*) tagliando, cedola.
cóva *s.f.* l'azione, il tempo del covare degli uccelli.
covàre *v.tr.* [*io cóvo ecc.*] **1** detto degli uccelli e di altri animali, stare accovacciati sulle uova per mantenere in esse la temperatura necessaria allo sviluppo dell'embrione **2** (*fig.*) custodire gelosamente **3** (*fig.*) alimentare nascostamente dentro di sé ♦ *v.intr.* [aus. *avere*] stare nascosto.
covàta *s.f.* insieme delle uova covate in una volta; i piccoli che ne nascono.
cóvo *s.m.* **1** cavità naturale dove riparano animali selvatici **2** (*fig.*) rifugio segreto.
covóne *s.m.* fascio di spighe tagliate e legate insieme.
coyote *s.m.invar.* (*sp.*) mammifero carnivoro americano simile al lupo.
còzza *s.f.* (*merid.*) mitilo.
cozzàre *v.intr.* [*io còzzo ecc.*; aus. *avere*] **1** colpire con le corna **2** (*estens.*) urtare violentemente **3** (*fig.*) contrastare ♦ *v.tr.* battere ♦ **-rsi** *v.rifl.rec.* (*fig.*) litigare.
còzzo *s.m.* **1** colpo dato con le corna **2** (*estens.*) urto violento; scontro.
crac *s.m.invar.* **1** rumore **2** (*fig.*) rovina; crollo.
craccàre o **crackare** *v.tr.* [*io cracco, tu cracchi ecc.*] (*ingl.*) violare la protezione di un software.
cràmpo *s.m.* (*med.*) contrazione involontaria dei muscoli.
crànio *s.m.* (*anat.*) apparato scheletrico della testa dei vertebrati.
cràsso *agg.* **1** (*fig.*) grossolano **2** *intestino* —, (*anat.*) l'ultimo tratto dell'intestino.
cratère *s.m.* **1** (*geol.*) cavità di un vulcano, a forma di imbuto **2** scavo a forma di imbuto causato nel suolo dallo scoppio di una carica esplosiva.
cràuti *s.m.pl.* foglie di cavolo tagliate finemente, salate e fatte fermentare.
cravàtta *s.f.* striscia di stoffa colorata che viene fatta passare sotto il colletto della camicia e annodata sul davanti.
crawl *s.m.invar.* (*ingl.*) lo stile di nuoto più veloce.
creànza *s.f.* compitezza, gentilezza.
creàre *v.tr.* [*io crèo ecc.*] **1** fare, produrre dal nulla | (*estens.*) dare forma; ideare **2** causare ♦ **-rsi** *v.intr.pron.* nascere, formarsi, prendere consistenza.
creatìna *s.f.* (*chim. biol.*) amminoacido presente nei tessuti; è importante nei processi della contrazione muscolare.
creatività *s.f.* capacità di creare, di inventare con libera fantasia.
creatìvo *agg.* **1** della creazione **2** che ha creatività ♦ *s.m.* chi elabora progetti per una campagna pubblicitaria □ **-mente** *avv.*
creàto *s.m.* l'universo, creazione di Dio.
creatóre *agg.* e *s.m.* [f. *-trice*] **1** si dice di Dio **2** (*estens.*) detto di chi inventa, produce qlco. di nuovo.
creatùra *s.f.* ogni essere vivente in quanto creato da Dio.
creazióne *s.f.* **1** il creare, l'essere creato (con riferimento all'opera divina) **2** invenzione **3** la cosa creata.
credènte *agg.* e *s.m.* e *f.* che/chi professa una fede religiosa.
credènza[1] *s.f.* **1** fede **2** opinione, convinzione.
credènza[2] *s.f.* armadio in cui si ripongono le stoviglie e gli utensili per la tavola.
credenziàle *agg.* si dice di documento che accredita | *lettere credenziali*, documento con il quale si accredita un ambasciatore presso un capo di stato straniero ♦ *s.f.* (*banc.*) lettera di credito.
crédere *v.tr.* [pres. *io crédo ecc.*; pass.rem. *io credéi* o *credètti, tu credésti ecc.*] **1** ritenere vero **2** considerare, reputare **3** immaginare ♦ *v.intr.* [aus. *avere*] **1** essere certo dell'esistenza di qlco. **2** prestar fede | *non — ai propri occhi*, (*fig.*) restare sbalorditi **3** avere fiducia ♦ **-rsi** *v.rifl.* considerarsi.
credìbile *agg.* attendibile, plausibile.
crédito *s.m.* **1** buon nome; considerazione **2** (*dir.*) condizione di chi ha diritto alla restituzione di una somma di denaro | (*estens.*) la somma stessa **3** (*econ.*) trasferimento da un soggetto a un altro di somme di denaro in cambio di un interesse | *carta di* —, tessera nominale che permette di usufruire di beni con la possibilità di pagare mediante prelevamento diretto dal conto bancario **4** l'attività bancaria connessa con le operazioni di credito **5** *credito scolastico*, punteggio attribuito a uno studente negli ultimi tre anni della scuola secondaria superiore, che concorrerà insieme alle prove finali a determinare il voto di diploma | *credito formativo*, negli studi universitari, riconoscimento del superamento di un corso, che varrà un certo numero di punti nel curriculum dello studente
creditóre *s.m.* [f. *-trice*] (*dir.*) chi vanta un diritto di credito | usato anche come *agg.*
crèdo *s.m.invar.* **1** (*lit.*) formula che comprende l'insieme delle verità rivelate che un cristiano è tenuto a credere per fede **2** (*fig.*) il complesso delle idee e dei principi che una persona professa.
credulóne *agg.* e *s.m.* [f. *-a*] ingenuo.
crèma *s.f.* **1** panna **2** (*fig.*) la parte mi-

gliore di un gruppo, di un ambiente **3** vivanda dolce a base di zucchero, tuorli d'uovo, farina e latte **4** cibo o altro prodotto che abbia consistenza cremosa.
cremaglièra *s.f.* asta dentata che, accoppiata con una ruota dentata, trasforma un moto rotatorio in traslatorio; viene usata in macchine utensili, in ferrovie di montagna a forte pendenza.
cremàre *v.tr.* [*io crèmo ecc.*] bruciare un cadavere.
crematòrio *agg.* che serve a cremare: *forno* — ♦ *s.m.* edificio in cui è il forno crematorio.
cremazióne *s.f.* il cremare, l'essere cremato.
cremóso *agg.* che contiene molta crema; che ha l'aspetto di crema.
crèpa *s.f.* apertura lunga e stretta prodottasi in un terreno o in un muro.
crepàccio *s.m.* grossa e profonda fenditura nel terreno, nelle rocce o in un ghiacciaio.
crepacuòre *s.m.* dolore morale, angoscia insopportabili.
crepàre *v.intr.* [*io crèpo ecc.*; aus. *essere*] **1** spaccarsi, fendersi **2** (*fam.*) scoppiare **3** (*pop.*) morire ♦ **-rsi** *v.intr.pron.* spaccarsi, screpolarsi.
crepatùra *s.f.* screpolatura, fessura.
crepitàre *v.intr.* [*io crèpito ecc.*; aus. *avere*] **1** scoppiettare, propriamente riferito al fuoco e alla legna che brucia **2** (*estens.*) scricchiolare.
crepitìo *s.m.* un crepitare lungo e continuo.
crepuscolàre *agg.* **1** del crepuscolo **2** (*fig.*) *stato* —, (*psicol.*) stato di coscienza appannata ♦ *s.m.* poeta crepuscolare.
crepuscolarìsmo *s.m.* termine con cui si è soliti designare un gruppo di poeti italiani del primo Novecento (Gozzano, Moretti, Corazzini ecc.) che svolsero con malinconica ironia temi della vita quotidiana.
crepùscolo *s.m.* **1** la luce tenue e diffusa che precede l'alba o segue il tramonto; l'ora in cui si ha questa luce **2** (*fig. lett.*) declino.
crescèndo *s.m.invar.* **1** (*mus.*) graduale aumento dell'intensità sonora **2** (*fig.*) progressivo aumento di intensità.
crescènza *s.f.* sorta di formaggio grasso e molle, prodotto in Lombardia.
créscere *v.intr.* [pres. *io crésco, tu crésci ecc.*; pass.rem. *io crébbi, tu crescésti ecc.*; part.pass. *cresciuto*; aus. *essere*] **1** raggiungere lo stato adulto **2** (*estens.*) essere allevato **3** aumentare **4** (*fig.*) progredire ♦ *v.tr.* allevare, educare.
crescióne *s.m.* pianta erbacea con foglie di sapore piccante.
créscita *s.f.* il crescere, l'essere cresciuto.
crèsima *s.f.* (*relig.*) il sacramento con cui un battezzato riceve lo Spirito Santo.
cresimàre *v.tr.* [*io crèsimo ecc.*] amministrare il sacramento della cresima ♦ **-rsi** *v.intr.pron.*
créspo *agg.* che presenta delle fitte ondulazioni ♦ *s.m.* tessuto increspato.
crésta *s.f.* **1** escrescenza carnosa rossa, dentellata, sul capo dei polli e di altri uccelli | *alzare la* —, (*fig.*) montare in superbia **2** (*geog.*) linea di congiungimento di due versanti montuosi **3** (*estens.*) cima, sommità | *essere sulla — dell'onda*, (*fig.*) essere in un periodo fortunato.
créta *s.f.* terra argilloso-calcarea utilizzata per fare terrecotte, ceramiche, stucchi ecc.
cretàceo *agg.* e *s.m.* (*geol.*) del più recente periodo dell'era mesozoica, caratterizzato dalla presenza di calcari e argille.
cretinìsmo *s.m.* (*med.*) arresto di sviluppo somatico e psichico.
cretìno *agg.* e *s.m.* [f. *-a*] **1** stupido, imbecille **2** (*med.*) affetto da cretinismo □ **-mente** *avv.*
cretonne *s.f.invar.* (*fr.*) stoffa di cotone stampata a colori e disegni vivaci.
crìcca *s.f.* gruppo di persone che tendono a favorirsi reciprocamente a danno di altri.
crìcco, o **cric**, *s.m.* [pl. *-chi*] martinetto; in particolare, quello con cui si solleva un autoveicolo.
cricéto *s.m.* roditore simile al topo.
cricket *s.m.invar.* (*ingl.*) sport di origine inglese che si gioca con una palla lanciata e ribattuta mediante una mazza.
criminàle *agg.* **1** che concerne il crimine **2** criminoso ♦ *agg.* e *s.m.* e *f.* colpevole di gravi delitti | (*estens.*) delinquente.
criminalità *s.f.* **1** l'essere criminale **2** l'attività criminale come fenomeno sociale.
criminalizzàre *v.tr.* [*io criminalizzo ecc.*] considerare criminale ciò che giuridicamente non lo è.
crìmine *s.m.* azione delittuosa grave.
criminologìa *s.f.* scienza che studia il fenomeno della criminalità.
crinàle *s.m.* (*geog.*) profilo delle vette di una catena di monti.
crìne *s.m.* pelo della criniera o della coda del cavallo o di altri animali; massa di questi peli usata per imbottiture.
crinièra *s.f.* l'insieme dei crini del collo del cavallo o del leone.
crinolìna *s.f.* sottana irrigidita da cerchi, che le donne portavano nell'Ottocento.
criochirurgìa *s.f.* (*med.*) tecnica chirurgi-

ca che sfrutta l'azione del freddo per demolire formazioni patologiche.

criologìa *s.f.* parte della fisica che studia il comportamento della materia alle bassissime temperature.

crioterapìa *s.f.* (*med.*) cura eseguita mediante raffreddamento.

crìpta *s.f.* sotterraneo di una chiesa che accoglie tombe e che talvolta ha anche funzione di cappella.

crisàlide *s.f.* (*zool.*) stadio di sviluppo delle farfalle intermedio fra il bruco e la forma adulta.

crisantèmo *s.m.* pianta erbacea ornamentale con infiorescenze colorate.

crìsi *s.f.* **1** stato transitorio di particolare turbamento nella vita individuale o sociale **2** (*med.*) cambiamento improvviso nel decorso di una malattia | (*estens.*) fase acuta di una condizione patologica.

crìsma *s.m.* [pl. *-smi*] **1** (*lit.*) unguento aromatico per il conferimento del battesimo, della cresima, dell'ordine e dell'estrema unzione **2** (*fig.*) approvazione (data da chi ne ha l'autorità).

cristallerìa *s.f.* **1** insieme di oggetti di cristallo **2** fabbrica o negozio di oggetti di cristallo.

cristallièra *s.f.* mobile a vetri usato per riporvi la cristalleria e altro vasellame.

cristallìno *agg.* **1** (*min.*) strutturato a cristalli **2** simile al cristallo | (*fig.*) sonoro, squillante | (*fig.*) puro, incontaminato ♦ *s.m.* (*anat.*) corpo trasparente dell'occhio, a lente biconvessa, dietro la pupilla.

cristallizzàre *v.tr.* **1** (*chim.*) ridurre allo stato cristallino **2** (*fig.*) fissare in una forma definitiva ♦ *v.intr.* [aus. *essere*] ♦ **-rsi** *v.intr.pron.*

cristallizzazióne *s.f.* il cristallizzare, il cristallizzarsi, l'essere cristallizzato.

cristàllo *s.m.* **1** (*chim.*, *min.*) aggregazione di molecole secondo una determinata struttura interna, che assume all'esterno una forma poliedrica **2** vetro trasparentissimo e rifrangente usato per oggetti pregiati, apparecchi ottici ecc.

cristallografìa *s.f.* branca della mineralogia che studia la forma e la struttura dei minerali cristallini.

cristallòide *agg.* e *s.m.* (*chim.*) di sostanza che ha struttura simile al cristallo ♦ *s.m.* (*anat.*) membrana che avvolge il cristallino dell'occhio.

cristianésimo *s.m.* **1** la religione rivelata e predicata da Gesù Cristo **2** (*estens.*) l'insieme di tutte le forme di cultura e di civiltà riconducibili a una matrice cristiana.

cristianità *s.f.* **1** la condizione di cristiano **2** l'insieme di tutti i popoli cristiani.

cristianizzàre *v.tr.* convertire al cristianesimo.

cristianizzazióne *s.f.* conversione al cristianesimo.

cristiàno *agg.* **1** di Gesù Cristo **2** che si ispira al cristianesimo ♦ *s.m.* [f. *-a*] (*pop.*) essere umano □ **-mente** *avv.*

Crìsto *s.m.* appellativo di Gesù di Nazareth.

cristologìa *s.f.* (*teol.*) studio della figura di Cristo.

critèrio *s.m.* **1** norma di giudizio o dell'agire **2** (*estens.*) senno, avvedutezza.

crìtica *s.f.* **1** esame di un principio, di un fatto **2** disciplina che analizza e giudica le opere d'arte o altre realizzazioni dell'ingegno | il giudizio stesso formulato **3** giudizio malevolo, sfavorevole.

criticàre *v.tr.* [*io crìtico, tu crìtichi ecc.*] **1** fare oggetto di critica **2** biasimare.

criticìsmo *s.m.* atteggiamento sistematico di critica e di polemica.

crìtico *agg.* [pl.m. *-ci*] **1** di critica **2** di crisi ♦ *s.m.* chi per professione esercita la critica.

crittògame *s.f.pl.* (*bot.*) piante che hanno organi riproduttori non visibili.

crittografìa *s.f.* **1** scrittura cifrata **2** gioco enigmistico.

crittogràmma *s.m.* [pl. *-mi*] **1** testo scritto in una scrittura cifrata **2** in enigmistica, crittografia.

crivellàre *v.tr.* [*io crivèllo ecc.*] bucherellare.

crivèllo *s.m.* grosso setaccio per vagliare sabbia o altri materiali incoerenti.

croccànte *agg.* che scricchiola sotto i denti ♦ *s.m.* dolce durissimo, a base di mandorle e zucchero caramellato.

cròcchia *s.f.* treccia di capelli avvolti sopra la nuca.

cròcchio *s.m.* gruppo di persone.

cróce *s.f.* **1** antico strumento di supplizio costituito da due pali di legno incrociati **2** riproduzione della croce | — *di sant'Andrea*, quella a forma di una X schiacciata, che nella segnaletica stradale avverte di un passaggio a livello **3** segno a forma di croce **4** emblema distintivo di organizzazioni ed enti assistenziali e di assistenza sanitaria: — *rossa* **5** (*fig.*) tormento.

crocerossìna *s.f.* infermiera della Croce rossa.

crocevìa *s.m.invar.* luogo in cui si intersecano due o più strade.

crociàta *s.f.* **1** nel Medioevo, ciascuna delle spedizioni militari compiute dai cristiani per conquistare la Terra Santa **2** (*fig.*) azione collettiva fatta in nome di ideali religiosi, sociali, politici o morali.

crociàto *s.m.* guerriero di una crociata.

crocìcchio *s.m.* crocevia, incrocio.
crocièra[1] *s.f.* (*arch.*) nelle basiliche, punto di incrocio tra la navata principale e il transetto.
crocièra[2] *s.f.* (*mar.*) navigazione in un tratto di mare | viaggio di piacere su una nave.
crocìfere *s.f.pl.* (*bot.*) famiglia di piante erbacee con la corolla formata da quattro petali disposti a croce.
crocifìggere *v.tr.* [coniugato come *affiggere*] **1** sottoporre al supplizio della croce **2** (*fig.*) tormentare.
crocifissióne *s.f.* il crocifiggere, l'esser crocifisso.
crocifisso *agg.* messo in croce ♦ *s.m.* immagine, scolpita o dipinta, di Cristo in croce.
cròco *s.m.* [pl. *-chi*] (*bot.*) genere di piante erbacee a forma di imbuto, al quale appartiene lo zafferano.
crogiolàre *v.tr.* [*io crògiolo ecc.*] cuocere a fuoco lento ♦ **-rsi** *v.intr.pron.* scaldarsi | (*fig.*) deliziarsi.
crogiòlo *s.m.* **1** recipiente di materiale refrattario in cui si compiono reazioni chimiche o si fondono metalli | **2** (*fig.*) fusione di elementi diversi.
croissant *s.m.invar.* (*fr.*) panino dolce a mezzaluna.
crollàre *v.intr.* [*io cròllo ecc.*; aus. *essere*] **1** cadere rovinosamente (anche *fig.*) **2** (*estens.*) lasciarsi cadere di schianto (*fig.*) cedere improvvisamente.
cròllo *s.m.* caduta rovinosa (anche *fig.*).
cròma *s.f.* (mus.) valore di una nota e di una pausa corrispondente a 1/8 della semibreve.
cromàre *v.tr.* [*io cròmo ecc.*] detto di un oggetto metallico, rivestire mediante con uno strato di cromo.
cromàtico *agg.* [pl.m. *-ci*] **1** di colore **2** (*mus.*) *scala cromatica*, quella che è definita dalla successione di dodici semitoni contigui □ **-mente** *avv.*
cromatìna *s.f.* (*biol.*) sostanza presente nei cromosomi del nucleo cellulare.
cromatìsmo *s.m.* **1** colorazione accesa **2** (*mus.*) procedimento consistente nell'alterare una o più note di una scala **3** (*fis.*) aberrazione cromatica.
cromàto *agg.* si dice di metallo sottoposto a cromatura.
cromatùra *s.f.* l'operazione del cromare.
cròmo *s.m.* elemento chimico di simbolo *Cr*; è un metallo grigio lucente, duro e resistente, usato per produrre l'acciaio.
cromosòma *s.m.* [pl. *-mi*] (*biol.*) ciascuno degli elementi contenuti nel nucleo delle cellule; vi hanno sede i geni portatori dei caratteri ereditari.
cronaca *s.f.* **1** narrazione storica di fatti che rispetta l'ordine della loro successione **2** resoconto di avvenimenti **3** la sezione di un giornale in cui vengono riferiti i fatti del giorno di maggior interesse.
cronicàrio *s.m.* casa di cura per malati cronici.
crònico *agg.* [pl.m. *-ci*] si dice di malattia persistente | (*fig.*) permanente ♦ *agg.* e *s.m.* [f. *-a*] □ **-mente** *avv.*
cronìsta *s.m.* e *f.* [pl.m. *-sti*] nel giornalismo, redattore addetto ai servizi di cronaca.
cronistòria *s.f.* esposizione di fatti storici secondo la loro successione nel tempo.
cronologìa *s.f.* studio della successione degli eventi storici nel tempo; l'ordine stesso in cui questi si sono verificati.
cronològico *agg.* [pl.m. *-ci*] della cronologia □ **-mente** *avv.*
cronometràggio *s.m.* il cronometrare, l'essere cronometrato.
cronometràre *v.tr.* [*io cronòmetro ecc.*] misurare il tempo con il cronometro.
cronometrìsta *s.m.* e *f.* [pl.m. *-sti*] chi misura tempi con un cronometro.
cronòmetro *s.m.* strumento misuratore del tempo; orologio di precisione.
cronòtopo *s.m.* (*fis.*) nella teoria della relatività, lo spazio a quattro dimensioni.
cross *s.m.invar.* (*ingl.*) (*sport*) nel calcio, traversone | nel pugilato, colpo vibrato dall'esterno | nel tennis, tiro in diagonale.
crossàre *v.intr.* [*io cròsso ecc.*; aus. *avere*] (*sport*) nel gioco del calcio, fare un cross.
cròsta *s.f.* **1** superficie secca e dura; — *terrestre*, l'involucro esterno della Terra **2** strato indurito che si forma sulle ferite **3** (*spreg.*) dipinto di nessun valore artistico.
crostàcei *s.m.pl.* (*zool.*) artropodi, per lo più acquatici, con corpo ricoperto da un involucro calcareo.
crostàta *s.f.* dolce di pasta frolla ricoperto di frutta o di marmellata e cotto al forno.
cròtalo *s.m.* (*zool.*) genere di grossi serpenti velenosi, detti *serpenti a sonagli.*
croupier *s.m.* e *f.invar.* (*fr.*) chi, nelle case da gioco, conduce il gioco e paga le vincite.
crucciàrsi *v.tr.* [*io mi crùccio ecc.*] *v.intr.pron.* preoccuparsi, adirarsi.
crùccio *s.m.* afflizione, preoccupazione.
cruciàle *agg.* decisivo, critico.
crucivèrba *s.m.invar.* gioco enigmistico per il quale si devono indovinare delle parole che si incrociano orizzontalmente e verticalmente in uno schema.
crudèle *agg.* **1** che non ha compassione;

disumano **2** che dà dolore, sofferenza □ **-mente** *avv.*
crudeltà *s.f.* **1** ferocia **2** atto crudele.
crùdo *agg.* **1** non cotto o poco cotto **2** (*fig.*) rude □ **-mente** *avv.*
cruènto *agg.* (*lett.*) che provoca spargimento di sangue.
crumìro *s.m.* [f. *-a*] (*spreg.*) chi rifiuta di partecipare a uno sciopero continuando il lavoro.
crùna *s.f.* piccolo occhiello all'estremità dell'ago.
crùsca *s.f.* residuo della macinazione dei cereali costituito dagli involucri dei semi.
cruscòtto *s.m.* pannello con gli strumenti di guida e di controllo di un veicolo.
cubatùra *s.f.* misura e calcolo di un volume.
cùbico *agg.* [pl.m. *-ci*] che ha forma di cubo | (*mat.*) di terzo grado o potenza.
cubìsmo *s.m.* movimento pittorico caratterizzato dalla scomposizione delle figure in forme geometriche.
cubìsta *s.m.* e *f.* [pl.m. *-sti*] artista seguace del cubismo ♦ *agg.*
cùbo *s.m.* **1** figura geometrica solida con sei facce quadrate uguali **2** (*mat.*) il prodotto di un numero moltiplicato due volte per sé stesso.
cuccàgna *s.f.* **1** luogo favoloso in cui si mangia, si beve e ci si diverte a volontà **2** (*estens.*) vita piacevole e allegra.
cuccétta *s.f.* ciascuno dei lettini che si trovano sui treni e nelle cabine delle navi.
cucchiaiàta *s.f.* quantità di cibo o di liquido che può stare in un cucchiaio.
cucchiàio *s.m.* posata da tavola costituita da una paletta concava ovale; anche, la quantità di cibo che può contenere.
cùccia *s.f.* [pl. *-ce*] giaciglio del cane.
cucciolàta *s.f.* l'insieme dei cuccioli nati nello stesso parto.
cùcciolo *s.m.* [f. *-a*] cane nato da poco | (*estens.*) piccolo di quadrupede.
cucìna *s.f.* **1** stanza in cui si preparano e si cuociono i cibi **2** i cibi stessi e il modo di cucinarli **3** apparecchio a fornelli per la cottura dei cibi.
cucinàre *v.tr.* preparare e cuocere le vivande.
cucìre *v.tr.* [*io cùcio ecc.*] unire fra loro servendosi dell'ago e del filo.
cucìto *s.m.* **1** l'arte del cucire **2** ciò che si deve cucire o che si è già cucito.
cucitrìce *s.f.* attrezzo di cancelleria per legare fogli con punti metallici.
cucitùra *s.f.* l'insieme dei punti che tengono unite le parti cucite; il luogo stesso dove passa la cucitura.
cucùlo *s.m.* uccello grigio-azzurro che emette un caratteristico verso in due toni.
cucurbitàcee *s.f.pl.* (*bot.*) famiglia di piante erbacee o arbustive, con frutti in forma di grossa bacca.
cùffia *s.f.* **1** copricapo per neonati, chiuso da due nastri; copricapo analogo indossato per tenere a posto i capelli **2** (*tecn.*) coppia di ricevitori acustici uniti da un semianello metallico elastico.
cugìno *s.m.* [f. *-a*] figlio dello zio o della zia.
cùi *pron.rel.invar.* sostituisce *il quale*, *la quale*, *i quali*, *le quali* nei complementi indiretti, ed è normalmente introdotto da prep. | posto fra l'articolo e il sostantivo, ha valore di compl. di specificazione (*del quale*, *della quale*, *dei quali*, *delle quali*).
culàtta *s.f.* parte posteriore di una bocca da fuoco.
culinària *s.f.* arte della buona cucina.
culinàrio *agg.* attinente alla culinaria.
cùlla *s.f.* **1** letto a dondolo per neonati **2** (*fig. lett.*) luogo d'origine e di sviluppo.
cullàre *v.tr.* **1** dondolare un bambino tra le braccia o nella culla **2** (*estens.*) far oscillare dolcemente **3** (*fig.*) custodire un sentimento, un'idea ♦ **-rsi** *v.rifl.* (*fig.*) illudersi vanamente.
culminànte *agg.* (*fig.*) cruciale.
culminàre *v.intr.* [*io cùlmino ecc.*; aus. *essere*] **1** detto di un astro, trovarsi nel punto più alto della sua traiettoria **2** (*fig.*) concludersi.
cùlmine *s.m.* **1** punto più alto **2** (*fig.*) grado massimo.
cùlto *s.m.* **1** insieme dei riti di una religione; pratica religiosa **2** (*fig.*) venerazione.
cultóre *s.m.* [f. *-trice*] chi si dedica a una scienza, a un'arte, a una tecnica.
cultùra *s.f.* **1** patrimonio di conoscenze che un individuo possiede **2** il complesso del sapere letterario, artistico e scientifico proprio di un popolo o di un'epoca **3** (*antrop.*) l'insieme dei valori, delle tradizioni e dei costumi di un popolo.
culturàle *agg.* **1** di cultura **2** che favorisce lo sviluppo della cultura □ **-mente** *avv.*
culturìsmo *s.m.* pratica ginnica che stimola lo sviluppo muscolare.
culturìsta *s.m.* e *f.* [pl.m. *-sti*] chi pratica il culturismo.
cumulatìvo *agg.* complessivo □ **-mente** *avv.*
cùmulo *s.m.* **1** mucchio (anche *fig.*) **2** (*meteor.*) nube bassa a grandi volute.
cumulonémbo *s.m.* (*meteor.*) nube densa e oscura, gravida di pioggia.
cuneifórme *agg.* che ha forma di cuneo |

scrittura —, quella usata da Assiri, Medi e Persi.
cùneo *s.m.* oggetto a forma di prisma triangolare che serve per spaccare pietre o legname.
cunétta *s.f.* **1** canaletto ai bordi delle strade **2** avvallamento del fondo stradale.
cunìcolo *s.m.* piccola galleria sotterranea.
cuòcere *v.tr.* [pres. *io cuòcio, tu cuòci ecc.*; pass.rem. *io còssi, tu cuocésti* o *cocésti ecc.*; part.pass. *còtto* o *cociuto*, ma solo nel sign. 2 dell'*intr.*] **1** sottoporre al calore **2** bruciare, ustionare ♦ *v.intr.* [aus. *essere*] essere sottoposto a cottura ♦ **-rsi** *v.intr.pron.* **1** pervenire a cottura **2** bruciarsi, scottarsi.
cuòco *s.m.* [f. *-a*; pl.m. *-chi*] chi per mestiere cucina cibi.
cuòio *s.m.* [pl. *cuòi*; ant. *le cuòia*, ancora vivo in talune loc. del sign. 2] **1** pelle di animale conciata **2** (*estens.*) pelle dell'uomo: — *capelluto*.
cuòre *s.m.* **1** (*anat.*) organo motore dell'apparato circolatorio **2** (*estens.*) petto **3** (*fig.*) la sede degli affetti | *col — in mano*, sinceramente | *spezzare il — a qlcu.*, addolorarlo profondamente | *mettersi il — in pace*, rassegnarsi | *col — in gola*, con l'affanno **4** la parte centrale di qlco.
cupidìgia *s.f.* (*lett.*) desiderio sfrenato, avidità.
cùpo *agg.* **1** oscuro, tenebroso | detto di colore, di tonalità scura | detto di suono, basso, sordo **2** (*fig.*) tetro, malinconico □ **-mente** *avv.*
cùpola *s.f.* **1** (*arch.*) volta emisferica che sormonta edifici monumentali **2** tetto apribile e girevole di forma emisferica **3** (*gerg.*) struttura di vertice della mafia.
cupressàcee *s.f.pl.* (*bot.*) famiglia di piante conifere a cui appartengono il cipresso e il ginepro.
cùra *s.f.* **1** sollecitudine | diligenza, accuratezza **2** l'insieme dei rimedi usati per guarire da una malattia **3** l'opera prestata dal medico per guarire un ammalato.
curàbile *agg.* che si può curare.
curàre *v.tr.* **1** fare oggetto della propria cura **2** avere in cura un malato ♦ **-rsi** *v.rifl.* avere cura della propria salute ♦ *v.intr.pron.* interessarsi di qlcu. o di qlco.
curàro *s.m.* miscuglio di sostanze resinose estratto da alcune piante; contiene alcaloidi tossici.
curatèla *s.f.* (*dir.*) assistenza a individui che non abbiano piena capacità giuridica.
curàto *s.m.* sacerdote che esercita la cura delle anime in una parrocchia.
curatóre *s.m.* [f. *-trice*] **1** (*dir.*) chi esercita una curatela **2** chi cura, chi assiste.
cùria *s.f.* (*eccl.*) l'insieme degli organi amministrativi, delle persone e degli uffici che esercitano il governo della chiesa.
curie *s.m.invar.* (*fr.*) (*fis.*) unità di misura della radioattività.
curiosàre *v.intr.* [*io curióso ecc.*; aus. *avere*] fare il curioso, osservare con curiosità.
curiosità *s.f.* **1** desiderio di conoscere, di sapere | (*spreg.*) atteggiamento di chi si interessa di cose che non lo riguardano **2** cosa strana; fatto insolito.
curióso *agg.* **1** desideroso di sapere | (*spreg.*) indiscreto, ficcanaso **2** strano, bizzarro □ **-mente** *avv.*
curriculum *s.m.invar.* (*lat.*) la carriera degli studi, dell'attività professionale o scientifica di una persona; il resoconto scritto delle tappe principali di questa attività.
cursóre *s.m.* **1** (*tecn.*) parte scorrevole di un congegno meccanico **2** (*inform.*) segnale luminoso che indica, sul video di un elaboratore, il punto in cui verrà inserito il carattere successivo.
cùrva *s.f.* **1** (*geom.*) linea non retta **2** diagramma dell'andamento di un fenomeno o di una qualsiasi funzione **3** curvatura | parte di strada che gira ad arco | settore delle gradinate di uno stadio.
curvàre *v.tr.* piegare in forma di arco ♦ *v.intr.* [aus. *avere*] girare, svoltare ♦ **-rsi** *v.rifl.* **1** chinarsi **2** (*fig.*) sottomettersi ♦ *v.intr.pron.* diventare curvo.
curvatùra *s.f.* **1** il curvare, l'essere curvato **2** punto nel quale una cosa è curva o è curvata.
curvilìneo *agg.* che ha l'andamento di una linea curva.
cùrvo *agg.* chino, incurvato.
cuscinétto *s.m.* **1** (*mecc.*) elemento che ha la funzione di ridurre l'attrito fra due corpi di cui l'uno ruota facendo perno sull'altro **2** (*estens.*) strato interposto fra due altri | anche come *agg.invar.*
cuscìno *s.m.* sacchetto imbottito su cui si appoggia la testa o su cui ci si siede.
cùspide *s.f.* **1** punta **2** (*arch.*) elemento triangolare a coronamento di un edificio.
custòde *s.m.* e *f.* chi è addetto alla custodia di qlco. ♦ *agg.* nella loc. *angelo* —, secondo la dottrina cristiana, l'angelo che assiste e protegge ogni uomo | (*fig.*) chi aiuta e protegge qlcu. costantemente.
custòdia *s.f.* **1** sorveglianza **2** astuccio in cui si custodisce un oggetto.
custodìre *v.tr.* [*io custodisco, tu custodisci ecc.*] **1** conservare con cura **2** avere in custodia; sorvegliare.
cutàneo *agg.* della cute.
cùte *s.f.* (*anat.*) la pelle dell'uomo.
cutìcola *s.f.* (*scient.*) pellicola, epidermide.

Dd

d *s.f* o *m.* quarta lettera dell'alfabeto, il cui nome è *di*.
da *prep.* [si elide solo nelle loc. *d'altro lato, d'altronde, d'ora in poi* e sim.] **1** introduce un moto da luogo (anche *fig.*) **2** esprime allontanamento **3** con il verbo al passivo introduce l'agente o la causa efficiente **4** con significato temporale, indica il momento in cui ha avuto inizio un'azione **5** unita a nomi o a pronomi che si riferiscono a persona, introduce uno stato in luogo **6** seguita da nomi o pronomi che si riferiscono a persona, e in dipendenza da verbi di movimento, esprime moto a luogo **7** in dipendenza da verbi che esprimono transito, passaggio, stabilisce un moto per luogo **8** con valore variamente modale: *comportarsi da amico*; *vita da cani* **9** esprime una qualità, una caratteristica **10** introduce la destinazione, il fine, lo scopo a cui qlco. è adibito **11** seguita da un verbo all'infinito ha valore consecutivo o finale: *un libro da leggere* | seguita da infinito presente, esprime 'necessità': *una cosa da fare* **12** concorre alla formazione di loc. avv.: *da lontano, da vicino, ecc.*
dabbenàggine *s.f.* l'essere ingenuo.
daccàpo *avv.* di nuovo, dal principio.
dacché *cong.* da quando.
dadaìsmo *s.m.* movimento artistico e letterario sorto nel primo Novecento, favorevole all'assoluta libertà d'espressione.
dàdo *s.m.* **1** cubetto recante su ciascuna delle facce un numero dall'uno al sei, segnato per mezzo di punti; si usa in giochi d'azzardo **2** (*gastr.*) tavoletta di estratto di carne.
daffàre *s.m.invar.* insieme di cose da fare.
dagherrotipìa *s.f.* antica tecnica fotografica basata sull'impiego di lastre sensibili alla luce.
dàgli *prep.art.m.pl.* composta di *da* e *gli*.
dài *prep.art.m.pl.* composta di *da* e *i*.
dàino *s.m.* [f. *-a*] mammifero ruminante più piccolo del cervo, con pelame fulvo.
dal *prep.art.m.sing.* composta di *da* e *il*.
dàlia *s.f.* pianta ornamentale con fiori grandi di vari colori.
dàlla *prep.art.f.sing.* composta di *da* e *la*.
dàlle *prep.art.f.pl.* composta di *da* e *le*.
dàllo *prep.art.m.sing.* composta di *da* e *lo*.
daltonìsmo *s.m.* (*med.*) difetto della vista per cui non si distinguono rosso e verde.
dàma *s.f.* **1** donna di famiglia nobile | — *di compagnia*, donna che, dietro compenso, tiene compagnia a persone anziane **2** gioco che si fa muovendo delle pedine su una scacchiera.
damàsco *s.m.* [pl. *-schi*] tessuto di seta in cui il disegno risalta per contrasto di lucentezza.
damigiàna *s.f.* recipiente di vetro a forma di grosso fiasco.
danaróso *agg.* ricco.
dànda *s.f.* ciascuna delle due strisce con cui si sorreggono i bambini quando cominciano a camminare.
dandy *s.m.invar.* (*ingl.*) chi segue i dettami della moda più raffinata.
dannazióne *s.f.* tormento, disgrazia.
danneggiàre *v.tr.* [*io dannéggio ecc.*] recare danno materiale o morale; rovinare.
dànno *s.m.* **1** tutto ciò che rappresenta una perdita, una lesione **2** somma destinata al risarcimento di un danno.
dànza *s.f.* **1** successione di movimenti del corpo eseguiti al ritmo di una musica **2** musica scritta per essere danzata.
danzàre *v.intr.* [aus. *avere*] eseguire una danza ♦ *v.tr.* ballare.
dappertùtto *avv.* in ogni luogo.
dappòco *agg.invar.* che vale poco; inetto.
dapprìma *avv.* in un primo momento.
dàrdo *s.m.* (*lett.*) freccia.
dàre[1] *v.tr.* [pres. *io do, tu dai, egli dà, noi diamo, voi date, essi danno* (anche *dànno*); imperf. *io davo, tu davi ecc.*; pass.rem. *io dièdi* o *dètti, tu désti, egli diède* o *dètte, noi démmo, voi déste, essi dièdero* o *dèttero*; fut. *io darò, tu darai ecc.*; cong.pres. *io dia,... noi diamo, voi diate, essi diano*; cong.imperf. *io déssi, tu déssi, egli désse, noi déssimo, voi déste, essi déssero*; imp. *dai* o *dà* o *da'*; ger. *dando*; part.pass. *dato*] **1** trasferire

da sé ad altri qlco. che si possiede, si ha, si conosce | il sign. del verbo è precisato dal compl. oggetto **2** porgere **3** somministrare | infliggere: — *una bastonata* | arrecare: — *gioia, fastidio* **4** affidare | conferire **5** (*fam.*) pagare **6** rendere, fruttare **7** considerare, definire (solo al part. pass.) ♦ *v.intr.* [aus. *avere*] **1** di case, finestre ecc., essere rivolto **2** in molte locuzioni assume significati particolari: — *alla testa*, stordire; — *ai* (o *sui*) *nervi*, irritare ♦ **-rsi** *v.rifl.* applicarsi | abbandonarsi ♦ *v.rifl.rec.* scambiarsi: — *un bacio* ♦ *v.intr.pron.* **1** accadere **2** *darsela a gambe* (*fam.*) svignarsela.

dàre[2] *s.m.* ciò che si deve, il dovuto.

dàrsena *s.f.* parte più riparata di un porto, per il ricovero delle navi in avaria.

dàta *s.f.* **1** indicazione temporale precisa **2** tempo, epoca.

data base *loc.sost.m.invar.* (*ingl.*) (*inform.*) archivio elettronico di dati registrati secondo una determinata struttura.

datàre *v.tr.* **1** apporre la data **2** attribuire una data.

datàto *agg.* (*fig.*) tipico del tempo a cui appartenne | superato.

dato *agg.* certo, determinato ♦ *s.m.* ciò che è conosciuto o accertato.

datóre *s.m.* [f. *-trice*] chi dà | — *di lavoro*, chi ha alle proprie dipendenze lavoratori retribuiti.

dàttero *s.m.* (*bot.*) bacca commestibile di una varietà di palma.

dàttilo *s.m.* (*metr.*) piede della poesia greca e latina, costituito da una sillaba lunga e due brevi.

dattilografàre *v.tr.* [*io dattilògrafo ecc.*] scrivere a macchina.

dattilografìa *s.f.* la tecnica dello scrivere a macchina.

dattilògrafo *s.m.* [f. *-a*] impiegato addetto a scrivere a macchina.

davànti *avv.* di fronte, nella parte anteriore| nella loc. prep. — *a*, innanzi a; di fronte ♦ *agg.* anteriore ♦ *s.m.* la parte anteriore.

davanzàle *s.m.* nella finestra, la cornice inferiore.

davvéro *avv.* effettivamente.

day hospital *loc.sost.m.invar.* (*ingl.*) ospedale attrezzato per praticare terapie ed esami a pazienti il cui ricovero dura dalla mattina alla sera.

dàzio *s.m.* imposta che si applica alle merci che passano per la dogana.

dèa *s.f.* divinità femminile | (*estens.*) personificazione allegorica di una virtù.

deambulazióne *s.f.* (*fisiol.*) facoltà dell'uomo e degli animali superiori di spostarsi camminando sugli arti.

debellàre *v.tr.* [*io debèllo ecc.*] (*lett.*) sconfiggere definitivamente (anche *fig.*): *il vaiolo è stato debellato.*

debilitàre *v.tr.* [*io debilito ecc.*] indebolire, far diminuire le energie fisiche, spirituali ♦ **-rsi** *v.intr.pron.* indebolirsi.

debilitazióne *s.f.* il debilitare, l'essere debilitato.

debito[1] *agg.* dovuto, doveroso □ **-mente** *avv.*

debito[2] *s.m.* obbligo di restituire qlco. a qlcu.; — *pubblico*, (*econ.*) l'ammontare dei prestiti che lo stato e gli altri enti pubblici contraggono | (*fig.*) obbligo morale.

debitóre *agg.* e *s.m.* [f. *-trice*] **1** che/chi ha un debito **2** (*fig.*) che/chi ha un obbligo morale.

dèbole *agg.* **1** che ha poca forza (anche *fig.*) **2** inconsistente **3** fievole ♦ *s.m.* **1** [anche f.] persona priva di forza, di autorità **2** preferenza: *avere il — del gioco.*

debolézza *s.f.* **1** l'essere debole **2** difetto, punto debole.

debordàre *v.intr.* [*io debórdo ecc.*; aus. *avere*] uscire dai bordi; traboccare.

deboscìàto *agg.* e *s.m.* [f. *-a*] dissoluto, depravato.

debuttànte *agg.* e *s.m.* e *f.* che/chi debutta.

debuttàre *v.intr.* [aus. *avere*] esordire | (*estens.*) iniziare una carriera, un'attività.

debùtto *s.m.* il debuttare; esordio.

dècade *s.f.* periodo di dieci giorni.

decadènte *agg.* **1** che è in decadenza, in declino **2** del decadentismo ♦ *s.m.* e *f.* esponente del decadentismo.

decadentìsmo *s.m.* corrente artistico-letteraria affermatasi in Europa tra la fine del sec. XIX e l'inizio del XX, caratterizzata dal rifiuto della cultura positivista.

decadènza *s.f.* il decadere; declino.

decadére *v.intr.* [coniugato come *cadere*; aus. *essere*] scendere gradatamente da una condizione di forza, di prosperità a uno stato di debolezza o di miseria.

decaffeinàre *v.tr.* privare della caffeina i semi del caffè, le foglie di tè ecc.

decagràmmo *s.m.* misura di peso equivalente a dieci grammi.

decalcificàre *v.tr.* [*io decalcìfico, tu decalcìfichi ecc.*] privare del calcio ♦ **-rsi** *v. intr.pron.* perdere calcio.

decalcificazióne *s.f.* il decalcificarsi.

decalcomanìa *s.f.* trasferimento su superficie liscia, di figure o scritte, da un foglio di plastica trasparente.

decàlitro *s.m.* misura di capacità equivalente a dieci litri.

decàlogo *s.m.* [pl. *-ghi*] **1** (*teol.*) l'insieme dei dieci comandamenti dati da Dio a Mosè **2** (*estens.*) serie di precetti basilari.

decàmetro *s.m.* misura di lunghezza equivalente a dieci metri.
decàno *s.m.* [f. *-a*] il più vecchio, per età o per nomina, tra quanti ricoprono uno stesso ufficio.
decantàre[1] *v.tr.* celebrare con molte lodi.
decantàre[2] *v.tr.* (*chim.*) sottoporre al processo di decantazione.
decantazióne *s.f.* (*chim.*) separazione di due liquidi non miscibili o di un liquido da un solido mediante sedimentazione.
decapitàre *v.tr.* [*io decàpito ecc.*] **1** uccidere tagliando la testa **2** (*estens.*) privare della parte iniziale, della cima.
decapitazióne *s.f.* il decapitare, l'essere decapitato.
decàpodi *s.m.pl.* (*zool.*) **1** ordine di crostacei con cinque paia di zampe; vi appartengono aragoste e gamberi **2** ordine di molluschi cefalopodi con dieci tentacoli; ne fanno parte seppie e calamari.
decappottàbile *agg.* e *s.f.* si dice di automobile a cui si può abbassare o togliere il tettuccio.
decasìllabo *agg.* e *s.m.* (*metr.*) si dice di verso formato da dieci sillabe.
dècathlon *s.m.invar.* (*sport*) specialità dell'atletica leggera articolata in dieci prove comprendenti corse, salti e lanci.
decedùto *agg.* e *s.m.* [f. *-a*] (*burocr.*) morto.
deceleràre *v.tr.* e *intr.* [*io decèlero ecc.*; aus. dell'intr. *avere*] ridurre la velocità.
decelerazióne *s.f.* il decelerare.
decèmviro *s.m.* nell'antica Roma, componente di un collegio di dieci magistrati.
decennàle *agg.* **1** che dura dieci anni **2** che ricorre ogni dieci anni ♦ *s.m.* il decimo anniversario di un avvenimento.
decènte *agg.* **1** conforme alle leggi del decoro **2** accettabile □ **-mente** *avv.*
decentraménto *s.m.* il decentrare, l'essere decentrato: — *dei servizi.*
decentràre *v.tr.* [coniugato come *centrare*] **1** allontanare dal centro **2** affidare a organi periferici competenze già attribuite a organi centrali.
decènza *s.f.* conformità alle regole del decoro, della convenienza, del pudore.
decèsso *s.m.* (*burocr.*) morte.
decibel *s.m.invar.* (*fis.*) misura della potenza dei suoni pari a un decimo di bel.
decìdere *v.tr.* [pass.rem. *io decisi, tu decidésti ecc.*; part.pass. *deciso*] **1** risolvere **2** stabilire ♦ *v.intr.* [aus. *avere*] **1** essere determinante **2** prendere una decisione ♦ **-rsi** *v.intr.pron.* arrivare alla determinazione di fare qlco.
decifràre *v.tr.* interpretare una scrittura in cifra | (*estens.*) chiarire, intendere qlco. che è espresso in maniera difficile o oscura.
decigràmmo *s.m.* misura di peso equivalente a un decimo di grammo.
decìlitro *s.m.* misura di capacità equivalente a un decimo di litro.
decimàle *agg.* che è espresso in decimi di un'unità | *sistema metrico* —, sistema di misurazione che utilizza unità di misura decimali ♦ *s.m.* in un numero decimale, la cifra posta a destra della virgola.
decimàre *v.tr.* [*io dècimo ecc.*] falcidiare, ridurre numericamente.
decimazióne *s.f.* il decimare, l'essere decimato.
decìna *s.f.* quantità di dieci unità | insieme di circa dieci persone o cose simili.
decisióne *s.f.* **1** risoluzione, scelta, deliberazione **2** risolutezza **3** (*dir.*) sentenza che risolve una controversia.
decisionìsmo *s.m.* in politica, pratica di governo in cui prevale la tendenza a prendere decisioni senza consultare preventivamente gli organi collegiali.
decisìvo *agg.* risolutivo, cruciale.
decìso *agg.* **1** che agisce con decisione **2** certamente □ **-mente** *avv.*
declamàre *v.tr.* recitare con tono solenne.
declamazióne *s.f.* il declamare; il modo di declamare.
declassaménto *s.m.* il declassare, l'essere declassato.
declassàre *v.tr.* far passare da una classe superiore a una inferiore.
declinàre *v.intr.* [aus. *avere*] (*lett.*) **1** tramontare **2** (*fig.*) volgere verso la fine ♦ *v.tr.* **1** rifiutare **2** (*burocr.*) dichiarare **3** (*gramm.*) elencare ordinatamente (per genere, numero e caso) le varie forme assunte da un sostantivo, da un aggettivo, da un pronome o dall'articolo nella sua flessione.
declinazióne *s.f.* il declinare, l'essere declinato.
declìno *s.m.* decadenza.
decoder *s.m.invar.* (*ingl.*) nelle pay-tv, apparecchio che permette all'utente di decodificare il segnale trasmesso dall'emittente e di ricevere il programma.
decodificàre *v.tr.* [*io decodìfico ecc.*] **1** tradurre in un linguaggio chiaro un testo scritto in codice **2** (*estens.*) comprendere.
decollàre *v.intr.* [*io decòllo ecc.*; aus. *avere*, non com. *essere*] **1** (*aer.*) prendere il volo **2** (*fig.*) avviarsi a pieno ritmo.
décolleté *s.m.invar.* (*fr.*) scollatura di abito femminile; abito scollato ♦ *agg.invar.*
decòllo *s.m.* **1** (*aer.*) manovra del decollare **2** (*fig.*) inizio di un funzionamento pieno.

decolorazióne *s.f.* (*chim.*) trattamento che serve a rimuovere o ad attenuare il colore in un materiale: — *dei capelli*.
decompórre *v.tr.* [coniugato come *porre*] dividere qlco. nei suoi elementi costitutivi | (*chim.*) scindere un composto in sostanze più semplici ♦ **-rsi** *v.intr.pron.* putrefarsi.
decomposizióne *s.f.* il decomporre, il decomporsi, l'essere decomposto.
decompressióne *s.f.* **1** (*fis.*) passaggio da una pressione più alta a una più bassa **2** nel ritorno da un'immersione subacquea, graduale riadeguamento alla pressione normale.
deconcentràto *agg.* privo della necessaria concentrazione psicologica.
decongestionaménto *s.m.* il decongestionare, il decongestionarsi, l'essere decongestionato.
decongestionàre *v.tr.* [*io decongestióno ecc.*] **1** (*med.*) eliminare uno stato di congestione **2** (*fig.*) rendere agevole, scorrevole (eliminando ciò che intralciava) ♦ **-rsi** *v.intr.pron.* cessare d'essere congestionato.
decontaminàre *v.tr.* [*io decontàmino ecc.*] (*tecn.*) sottoporre a decontaminazione.
decontaminazióne *s. f.* (*tecn.*) riduzione o eliminazione, da una miscela di sostanze radioattive, dei componenti che maggiormente contribuiscono alla sua radioattività.
decoràre *v.tr.* [*io decòro ecc.*] **1** abbellire con ornamenti **2** insignire qlcu. di una decorazione.
decoratìvo *agg.* **1** che serve ad abbellire **2** (*scherz.*) si dice di persona che per la sua importanza serve a dar lustro a un ambiente □ **-mente** *avv.*
decoratóre *s.m.* [f. *-trice*] artigiano che fa lavori di decorazione ♦ *agg.*
decorazióne *s.f.* **1** il decorare | ciò che decora **2** onorificenza conferita come riconoscimento di meriti militari o civili.
decòro *s.m.* **1** dignità nell'aspetto, nel comportamento **2** il sentimento della propria dignità.
decorrènza *s.f.* il termine da cui qlco. incomincia ad avere effetto.
decórrere *v.intr.* [coniugato come *correre*; aus. *essere*] avere effetto, cominciare a essere computato | *a — da*, a partire da.
decórso *s.m.* il trascorrere | evoluzione: *il — di una malattia*.
decòtto *s.m.* bevanda medicamentosa ottenuta facendo bollire a lungo in acqua una sostanza vegetale.
decreménto *s.m.* diminuzione.
decrèpito *agg.* **1** che è nella estrema vecchiezza **2** (*fig.*) antiquato.
decrescèndo *s.m.* (*mus.*) diminuendo.
decréscere *v.intr.* [coniugato come *crescere*; aus. *essere*] diminuire.
decretàre *v.tr.* [*io decréto ecc.*] ordinare per mezzo di un decreto.
decretazióne *s.f.* il decretare | (*estens.*) il ricorrere frequentemente a decreti-legge.
decréto *s.m.* (*dir.*) provvedimento emesso dal giudice | atto normativo del governo: *decreto-legge*, atto avente forza di legge emanato dal governo in casi di urgenza; — *legislativo*, *delegato*, atto emanato dal governo su delega del parlamento.
decretóne *s.m.* nell'uso giornalistico, decreto-legge che regola sotto un unico titolo numerose materie, anche eterogenee.
decùbito *s.m.* (*med.*) posizione del malato che giace nel letto | *piaghe da —*, quelle che si formano sul corpo di un malato che giaccia lungamente a letto.
decumàno *s.m.* (*archeol.*) strada che attraversava da est a ovest l'accampamento o la città romana.
decuplicàre *v.tr.* [*io decùplico, tu decùplichi ecc.*] moltiplicare per dieci.
dècuplo *agg.* dieci volte più grande ♦ *s.m.*
decùria *s.f.* nell'antica Roma, ognuna delle dieci divisioni della curia o del senato | nell'esercito romano, squadra di dieci cavalieri.
decurióne *s.m.* capo di una decuria.
decurtàre *v.tr.* diminuire, ridurre (riferito a somme).
dèdalo *s.m.* labirinto, intrico.
dèdica *s.f.* le parole con cui si offre qlco. a qlcu.
dedicàre *v.tr.* [*io dèdico, tu dèdichi ecc.*] **1** consacrare a | intitolare alla memoria di **2** offrire un'opera letteraria o artistica a qlcu. in atto di omaggio **3** (*estens.*) rivolgere le proprie cure verso un determinato fine ♦ **-rsi** *v.rifl.* darsi con passione a un'attività; occuparsi con amore di qlcu.
dèdito *agg.* che si dedica con assiduità e impegno | che ha un'abitudine viziosa.
dedizióne *s.f.* il dedicarsi totalmente a una persona, a un'attività, a un ideale.
deducìbile *agg.* che si può dedurre | *oneri deducibili*, spese che si possono dedurre dal reddito agli effetti della tassazione.
dedùrre *v.tr.* [coniugato come *condurre*] **1** desumere **2** detrarre.
deduttìvo *agg.* che si basa su una deduzione □ **-mente** *avv.*
deduzióne *s.f.* **1** ragionamento per il quale da determinate premesse si ricavano conclusioni logicamente necessarie | (*estens.*) ciò che si desume **2** detrazione.
dee-jay *s.m.invar.* (*ingl.*) disc-jockey.
défaillance *s.f.invar.* (*fr.*) improvvisa debolezza, cedimento.

defalcàre *v.tr.* [*io defalco, tu defalchi ecc.*] togliere una quantità da un'altra più grande; detrarre.
default *s.m.invar.* (*ingl.*) (*inform.*) modalità in cui opera automaticamente una macchina o un programma, in mancanza di una scelta specifica dell'operatore.
defecàre *v.intr.* [*io defèco, tu defèchi ecc.*; aus. *avere*] espellere le feci.
defenestràre *v.tr.* [*io defenèstro ecc.*] **1** (*non com.*) buttare dalla finestra **2** (*fig.*) estromettere qlcu. da una carica o da un impiego.
defenestrazióne *s.f.* il defenestrare, l'essere defenestrato.
deferènte *agg.* **1** pieno di rispetto **2** che porta giù, che trasporta fuori.
deferènza *s.f.* atteggiamento rispettoso.
deferìre *v.tr.* [*io deferisco, tu deferisci ecc.*] (*dir.*) sottoporre a un esame, un giudizio | — *qlcu. all'autorità giudiziaria*, denunciarlo.
defezióne *s.f.* abbandono, rinuncia.
deficiènte *agg.* scarso, carente ♦ *agg.* e *s.m.* e *f.* di persona intellettualmente e psichicamente inferiore alla media.
deficiènza *s.f.* **1** scarsezza | (*fig.*) mancanza, lacuna **2** (*med.*) insufficienza mentale.
deficit *s.m.invar.* (*lat.*) **1** (*fin.*) disavanzo **2** (*fig.*) insufficienza.
deficitàrio *agg.* **1** (*fin.*) che è in deficit **2** (*fig.*) insufficiente.
defilàrsi *v.rifl.* scomparire, rendersi irreperibile | sottrarsi a qlco.: — *dal lavoro*.
defilé *s.m.invar.* (*fr.*) sfilata di moda.
definìre *v.tr.* [*io definisco, tu definisci ecc.*] **1** determinare con parole le caratteristiche essenziali di qlco. o di qlcu. **2** determinare segnando dei limiti (anche *fig.*).
definitìvo *agg.* che decide in modo conclusivo | *in definitiva*, in conclusione □ **-mente** *avv.*
definizióne *s.f.* **1** il definire; l'insieme delle parole usate per definire **2** (*foto.*, *cine.*, *tv*) precisione dei particolari di un'immagine; nitidezza.
defiscalizzazióne *s.f.* abolizione della fiscalizzazione.
deflagràre *v.intr.* [aus. *avere*] **1** esplodere, detto di esplosivi da lancio **2** (*geol.*) subire deflagrazioni.
deflagrazióne *s.f.* esplosione, scoppio.
deflazióne *s.f.* (*econ.*) contrazione o rallentamento temporanei della crescita della produzione e del reddito.
deflazionìstico *agg.* [pl.m. *-ci*] (*econ.*) proprio della deflazione; che tende a promuovere una deflazione.
deflèttere *v.intr.* [coniugato come *flettere*; aus. *avere*] cambiare strada (anche *fig.*).
defloràre *v.tr.* [*io deflòro ecc.*] (*lett.*) privare della verginità.
deflorazióne *s.f.* (*lett.*) il deflorare, l'essere deflorata.
defluìre *v.intr.* [*io defluisco, tu defluisci ecc.*; aus. *essere*] **1** scorrere verso il basso (detto di fluidi) **2** (*estens.*) uscire come una corrente.
deflùsso *s.m.* **1** il defluire **2** (*estens.*) l'uscire come una corrente.
defogliànte *agg.* e *s.m.* si dice di prodotto chimico per uso bellico che priva di foglie le piante.
deforestazióne *s.f.* diboscamento.
deformàre *v.tr.* [*io defórmo ecc.*] **1** alterare la forma di qlco. **2** rendere deforme | (*fig.*) distorcere ♦ **-rsi** *v.intr.pron.* perdere forma.
deformazióne *s.f.* il deformare, il deformarsi, l'essere deformato; la parte deformata | — *professionale*, distorsione della mentalità o del comportamento indotta dall'abitudine a un determinato lavoro.
defórme *agg.* brutto, repellente.
deformità *s.f.* **1** stato di chi o di ciò che è deforme **2** (*med.*) deformazione permanente, congenita o acquisita.
defraudàre *v.tr.* [*io defràudo ecc.*] privare qlcu. con la frode di ciò che gli spetta.
defùnto *agg.* e *s.m.* (*lett.*) [f. *-a*] si dice di persona morta.
degeneràre *v.intr.* [*io degènero ecc.*; aus. *avere o essere*] **1** cambiare in qlco. di peggiore **2** comportarsi in modo da tradire i valori positivi della famiglia, del proprio ambiente.
degeneràto *agg.* e *s.m.* [f. *-a*] vizioso, depravato.
degenerazióne *s.f.* **1** il degenerare, l'essere degenerato **2** (*biol.*) alterazione della normale composizione delle cellule, dei tessuti o degli organi.
degènere *agg.* che non ha le buone qualità di coloro che lo hanno preceduto.
degènte *agg.* e *s.m.* e *f.* che/chi è a letto per malattia.
degènza *s.f.* il periodo trascorso a letto per malattia o in un luogo di cura.
dégli *prep.art.m.pl.* composta da *di* e *gli*.
deglutìre *v.tr.* [*io deglutisco, tu deglutisci ecc.*] far passare gli alimenti dalla bocca nell'esofago; inghiottire.
deglutizióne *s.f.* il deglutire.
degnàre *v.tr.* [*io dégno ecc.*] reputare degno ♦ *v.intr.* [aus. *essere*] ♦ **-rsi** *v.intr.pron.* accondiscendere a fare qlco.
degnazióne *s.f.* atteggiamento di ostentata benevolenza e compiacenza verso gli altri da parte di chi si reputa superiore.
dégno *agg.* **1** che merita qlco. **2** che si ad-

dice; adeguato **3** onesto | pregevole □ **-mente** *avv.*
degradàbile *agg.* (*chim.*) che può subire una degradazione.
degradàre *v.tr.* **1** (*mil.*) infliggere la pena della degradazione **2** (*fig.*) rendere abietto **3** (*scient.*) provocare una degradazione ♦ *v.intr.* [aus. *avere*] digradare ♦ **-rsi** *v.rifl.* abbrutirsi, svilirsi ♦ *v.intr.pron.* **1** (*scient.*) subire una degradazione **2** subire un degrado.
degradazióne *s.f.* **1** (*mil.*) pena consistente nella privazione del grado **2** (*fig.*) abbrutimento morale **3** (*geol.*) demolizione delle rocce a opera degli agenti atmosferici **4** (*chim.*) decomposizione.
degràdo *s.m.* deterioramento.
degustàre *v.tr.* assaggiare.
degustazióne *s.f.* **1** il degustare **2** mescita per l'assaggio di bevande alcoliche.
déi *prep.art.m.pl.* composta da *di* e *i*.
deidratazióne *s.f.* disidratazione.
deiezióne *s.f.* **1** (*geol.*) deposito dei materiali trasportati dalle acque o dal vento nei punti in cui la forza di trascinamento diminuisce **2** (*fisiol.*) *pl.* feci.
deindustrializzazióne *s.f.* tendenza di un sistema economico a ridurre le attività industriali a vantaggio dello sviluppo del terziario.
deiscènza *s.f.* (*bot.*) proprietà di alcuni frutti di aprirsi spontaneamente per lasciare uscire il seme.
del *prep.art.m.sing.* composta di *da* e *il*.
delatóre *s.m.* [f. *-trice*] chi, per un suo interesse, denunzia all'autorità un reato o l'autore di esso; spia.
delazióne *s.f.* spiata, soffiata.
dèlega *s.f.* il delegare | (*dir.*) procura, mandato ♦ in funzione di *agg.invar.* solo nella loc. *legge* —, legge emanata dal governo quando il parlamento gliene attribuisce la facoltà.
delegàre *v.tr.* [*io dèlego, tu dèleghi ecc.*] autorizzare qlcu. a compiere un atto in propria vece.
delegàto *agg.* e *s.m.* [f. *-a*] che/chi rappresenta qlcu. o esercita funzioni proprie di altri.
delegazióne *s.f.* commissione di più delegati a cui è stato dato un incarico di rappresentanza.
delegittimàre *v.tr.* [*io delegittimo ecc.*] privare di legittimità determinati organi o poteri.
deletèrio *agg.* che porta grave danno, rovina fisica o morale.
delfino[1] *s.m.* **1** cetaceo lungo circa due metri, con corpo affusolato **2** (*sport*) stile di nuoto.
delfino[2] *s.m.* **1** (*st.*) titolo onorifico che si dava al primogenito del re di Francia **2** (*estens.*) il più probabile successore di un personaggio in una carica importante.
delìbera *s.f.* (*burocr.*) deliberazione.
deliberàre *v.tr.* [*io delìbero ecc.*] (*burocr.*) detto di un organo collegiale, approvare con una decisione che ha valore esecutivo ♦ *v.intr.* [aus. *avere*] (*burocr.*) prendere una decisione che ha valore esecutivo.
deliberàto *agg.* volontario, intenzionale ♦ *s.m.* (*burocr.*) deliberazione □ **-mente** *avv.*
deliberazióne *s.f.* il deliberare, l'essere deliberato; la cosa deliberata.
delicatézza *s.f.* **1** qualità di ciò che è delicato **2** fragilità, deteriorabilità | gracilità **3** discrezione, tatto **4** squisitezza | *pl.* cibi prelibati.
delicàto *agg.* **1** che è costituito di materia fine, morbida, leggera **2** facile a guastarsi | gracile **3** che richiede tatto **4** piacevole, raffinato □ **-mente** *avv.*
delikatessen *s.f.pl.* (*ted.*) specialità gastronomiche.
delimitàre *v.tr.* [*io delìmito ecc.*] chiudere entro limiti precisi; circoscrivere (anche *fig.*).
delimitazióne *s.f.* il delimitare, l'essere delimitato; cosa che delimita.
delineàre *v.tr.* [*io delìneo ecc.*] **1** tracciare le linee essenziali **2** (*fig.*) descrivere nei tratti essenziali ♦ **-rsi** *v.intr.pron.* apparire (anche *fig.*).
delinquènte *s.m.* e *f.* (*dir.*) autore di delitti | (*estens.*) mascalzone, farabutto.
delinquènza *s.f.* l'insieme dei delinquenti e delle azioni delittuose da essi compiute.
delìnquere *v.intr.* [usato solo nell'inf.] (*dir.*) commettere delitti; *associazione per* (o *a*) —, reato consistente nell'associazione di persone allo scopo di commettere delitti.
delìquio *s.m.* perdita dei sensi.
delirànte *agg.* **1** (*med.*, *psich.*) che presenta i tratti del delirio **2** (*estens.*) privo di misura, sfrenato | assurdo.
deliràre *v.intr.* [aus. *avere*] **1** (*med.*, *psich.*) essere in stato di delirio **2** (*estens.*) dire o fare cose insensate | entusiasmarsi eccessivamente, in modo fanatico.
delìrio *s.m.* **1** (*med.*) alterazione dello stato di coscienza, con allucinazioni e agitazione motoria | (*psich.*) stato di coscienza caratterizzato da convinzioni erronee e illogiche **2** (*estens.*) entusiasmo fanatico.
delìtto *s.m.* **1** (*dir.*) violazione di una norma penale per la quale siano previste le pene della reclusione o della multa **2** (*estens.*) omicidio **3** grave mancanza (anche *scherz.*).

delittuóso *agg.* che costituisce delitto.
delìzia *s.f.* **1** piacere raffinato, materiale o spirituale **2** (*estens.*) cosa prelibata | persona graziosa.
deliziàre *v.tr.* [*io delìzio ecc.*] dar piacere, procurare delizia (anche *iron.*) ♦ **-rsi** *v.intr.pron.* trarre delizia da qlco.
delizióso *agg.* che dà delizia | squisito | grazioso e gentile □ **-mente** *avv.*
délla *prep.art.f.sing.* composta da *di* e *la.*
délle *prep.art.f.pl.* composta da *di* e *le.*
déllo *prep.art.m.sing.* composta da *di* e *lo.*
dèlta *s.m.invar.* **1** nome della quarta lettera dell'alfabeto greco, che corrisponde a *d* nei caratteri latini | *a* —, che ha la forma di un delta maiuscolo, ossia di un triangolo **2** (*geog.*) pianura alluvionale di forma triangolare in prossimità della foce di un fiume
deltaplàno *s.m.* velivolo per voli planati a forma di grande aquilone triangolare, dotato di un'imbracatura semirigida capace di sostenere un uomo.
delucidazióne *s.f.* spiegazione.
delùdere *v.tr.* [pass.rem. *io delusi, tu deludésti ecc.*; part.pass. *deluso*] non essere all'altezza delle attese altrui.
delusióne *s.f.* il deludere, l'essere deluso | cosa, persona che delude.
delùso *agg.* **1** che non ha visto realizzare le proprie aspettative **2** che non si è realizzato.
demagogìa *s.f.* l'arte di accattivarsi il favore delle masse con promesse che non si possono mantenere.
demagògico *agg.* [pl.m. *-ci*] di demagogia; da demagogo □ **-mente** *avv.*
demagògo *s.m.* e *agg.* [f. *-a*; pl.m. *-ghi*] chi/che agisce con demagogia.
demandàre *v.tr.* affidare, rimettere.
demaniàle *agg.* del demanio.
demànio *s.m.* il complesso dei beni inalienabili dello stato e degli enti pubblici territoriali.
demarcàre *v.tr.* [*io demarco, tu demarchi ecc.*] segnare, delimitare.
demarcazióne *s.f.* il demarcare; confine.
demènte *agg.* e *s.m.* e *f.* **1** (*med.*) che/chi è affetto da demenza **2** (*estens.*) scemo.
demènza *s.f.* (*med.*) infermità mentale caratterizzata da deterioramento delle facoltà intellettuali e affettive.
demenziàle *agg.* **1** (*med.*) che riguarda la demenza **2** (*estens.*) assurdo.
demèrito *s.m.* azione manchevole.
demineralizzàre *v.tr.* ridurre o eliminare i minerali contenuti in un liquido.
demistificàre *v.tr.* [*io demistìfico, tu demistìfichi ecc.*] criticare radicalmente un'idea, un fenomeno, un personaggio in cui altri credono in modo irrazionale.
demistificazióne *s.f.* il demistificare, l'essere demistificato.
demiùrgo *s.m.* [pl. *-ghi*] (*lett.*) chi, con le sue capacità creative, riesce a dar luogo a una nuova realtà.
demo- primo elemento di parole composte, che significa 'popolo'.
democràtico *agg.* [pl.m. *-ci*] **1** della democrazia; che si ispira ai principi della democrazia **2** (*estens.*) che si comporta con rispetto verso persone di condizione inferiore ♦ *s.m.* [f. *-a*] □ **-mente** *avv.*
democratizzàre *v.tr.* adeguare ai principi della democrazia ♦ **-rsi** *v.rifl.* e *intr.pron.* diventare democratico.
democrazìa *s.f.* **1** forma di governo in cui la sovranità appartiene al popolo, che la esercita direttamente o mediante rappresentanti **2** governo, paese democratico.
democristiàno *agg.* del partito della Democrazia cristiana, trasformatosi nel 1994 in Partito popolare italiano ♦ *s.m.* [f. *-a*].
demografìa *s.f.* studio dei fenomeni quantitativi riguardanti la popolazione.
demogràfico *agg.* [pl.m. *-ci*] relativo alla demografia | della popolazione: *incremento* — □ **-mente** *avv.*
demolìre *v.tr.* [*io demolisco, tu demolisci ecc.*] **1** abbattere **2** (*fig.*) annientare.
demolizióne *s.f.* il demolire, l'essere demolito (anche *fig.*).
dèmone *s.m.* **1** nelle religioni politeistiche, essere intermedio tra l'uomo e la divinità, di natura benigna o maligna **2** (*lett.*) potenza soprannaturale ispiratrice dell'uomo | (*fig.*) passione travolgente.
demonìaco *agg.* [pl.m. *-ci*] del demonio; diabolico.
demònio *s.m.* **1** nell'ebraismo e nel cristianesimo, diavolo **2** (*fig.*) persona malvagia | (*fam.*) persona vivace.
demonìsmo *s.m.* forma primitiva di religione che spiega i fenomeni naturali come opera di dèmoni.
demonizzàre *v.tr.* far apparire come demoniaco, malvagio.
demoralizzàre *v.tr.* deprimere il morale di qlcu.; avvilire ♦ **-rsi** *v.intr.pron.* avvilirsi, abbattersi.
demoralizzazióne *s.f.* il demoralizzare, il demoralizzarsi; lo stato d'animo di chi è demoralizzato.
demòrdere *v.intr.* [coniugato come *mordere*; aus. *avere*; rar. nei tempi comp.] desistere, rinunciare.
demoscopìa *s.f.* sondaggio dell'opinione pubblica effettuato con metodi statistici.
demotivàre *v.tr.* privare di motivazione

psicologica ♦ **-rsi** *v.intr.pron.* perdere la motivazione psicologica.
denàro *s.m.* **1** nell'antichità romana e poi nel Medioevo, moneta d'argento **2** (*estens.*) ogni sorta di moneta; ricchezze (con valore collettivo); — *sporco*, (*fig.*) che è frutto di attività illecite **3** *pl.* uno dei quattro semi delle carte da gioco italiane.
denatalità *s.f.* diminuzione delle nascite in una popolazione.
denaturàre *v.tr.* alterare una sostanza con additivi che ne impediscano usi diversi da quelli previsti dalla legge.
denaturàto *agg.* alterato con additivi che ne impediscano usi diversi da quelli previsti dalla legge: *alcol* —.
denigràre *v.tr.* dir male di una persona o di una cosa svilendone la reputazione, l'onore.
denigratòrio *agg.* che mira a denigrare.
denigrazióne *s.f.* il denigrare, l'essere denigrato.
denominàre *v.tr.* [*io denòmino ecc.*] dare un nome; chiamare ♦ **-rsi** *v.intr.pron.* chiamarsi, avere per nome.
denominatóre *s.m.* (*mat.*) in una frazione, il numero che figura sotto il segno di frazione e che indica in quante parti è divisa l'unità | — *comune*, (*fig.*) caratteristica comune a più cose fra loro differenti.
denominazióne *s.f.* il denominare, l'essere denominato; il nome dato | — *d'origine*, marchio garantito dalla legge di cui possono fregiarsi prodotti alimentari provenienti da precise aree geografiche.
denotàre *v.tr.* [*io denòto ecc.*] rivelare.
denotazióne *s.f.* **1** il denotare, l'essere denotato **2** (*ling.*) il significato di base di un vocabolo.
densìmetro *s.m.* (*fis.*) strumento per misurare la densità dei fluidi.
densità *s.f.* **1** l'essere denso (anche *fig.*) | — *di popolazione*, rapporto tra il numero degli abitanti e la superficie del territorio **2** (*fis.*) rapporto tra la massa e il volume di un corpo **3** (*inform.*) capacità di registrazione di un dischetto.
dènso *agg.* **1** fitto, spesso **2** (*estens.*) che ha, che contiene qlco. in gran quantità □ **-mente** *avv.*
dentàrio *agg.* che riguarda i denti.
dentàto *agg.* **1** provvisto di denti **2** che ha punte a forma di denti.
dentatùra *s.f.* **1** l'insieme dei denti di una persona o di un animale **2** serie di denti di un utensile.
dènte *s.m.* **1** ciascuno degli organi ossei infissi nelle mascelle dell'uomo e di altri animali che servono ad afferrare gli alimenti, a masticare, a mordere | *al* —, si dice del riso e della pasta cotti al punto di rimanere ancora consistenti | *stringere i denti*, (*fig.*) mettercela tutta per riuscire in qlco. | *mostrare, digrignare i denti*, (*fig.*) essere aggressivo, minaccioso **2** elemento sporgente di un meccanismo **3** cima aguzza di un monte.
dentellàto *agg.* fatto a dentelli.
dentèllo *s.m.* sporgenza o intaccatura a forma di piccolo dente | in filatelia, ciascuna delle piccole sporgenze del bordo del francobollo.
dèntice *s.m.* pesce marino con bocca dai denti sporgenti.
dentièra *s.f.* dentatura artificiale; protesi dentaria.
dentifrìcio *s.m.* preparato che si impiega per la pulizia dei denti ♦ *agg.*
dentìna *s.f.* (*anat.*) tessuto del dente a base di calcio, situato sotto lo smalto e il cemento e sopra la polpa.
dentìsta *s.m.* [pl. *-sti*] medico specializzato nella cura dei denti.
dentìstico *agg.* [pl.m. *-ci*] di dentista; odontoiatrico.
dentizióne *s.f.* processo di comparsa e crescita dei denti.
déntro *avv.* **1** all'interno **2** (*fig.*) nell'animo ♦ *prep.* **1** nella parte interna; *darci* —, (*fig. fam.*) impegnarsi a fondo **2** entro (con valore temporale) ♦ *s.m.* la parte interna.
denuclearizzàre *v.tr.* liberare una zona dalla presenza di armi nucleari.
denudàre *v.tr.* spogliare; scoprire ♦ **-rsi** *v.rifl.* spogliarsi.
denùncia *s.f.* [pl. *-ce*] l'atto con cui si denuncia.
denunciàre *v.tr.* [*io denùncio ecc.*] **1** dichiarare, notificare alla competente autorità | — *una persona*, accusarla di un reato presso un organo di polizia o della magistratura **2** portare a conoscenza dell'opinione pubblica con un atto di accusa **3** disdire.
denutrìto *agg.* nutrito in modo insufficiente.
denutrizióne *s.f.* nutrizione insufficiente, il conseguente deperimento.
deodorànte *agg.* e *s.m.* si dice di sostanza capace di deodorare.
deodoràre *v.tr.* [*io deodóro ecc.*] liberare dagli odori cattivi.
deontologìa *s.f.* complesso di norme etico-sociali che disciplinano l'esercizio di una data professione.
depauperàre *v.tr.* [*io depàupero ecc.*] impoverire.
depenalizzàre *v.tr.* (*dir.*) togliere a un atto il carattere di reato che aveva.
dépendance *s.f.invar.* (*fr.*) edificio mino-

re separato dal principale, di cui è il complemento.
depennàre *v.tr.* [*io depénno ecc.*] cancellare con un tratto di penna | (*fig.*) escludere, togliere.
deperìbile *agg.* soggetto a deterioramento.
deperiménto *s.m.* **1** indebolimento di un individuo **2** deterioramento di cose.
deperìre *v.intr.* [*io deperisco, tu deperisci ecc.*; aus. *essere*] **1** perdere forza, salute **2** deteriorarsi.
depilàre *v.tr.* privare dei peli ♦ **-rsi** *v.rifl.* togliere i peli superflui dal proprio corpo.
depilazióne *s.f.* il depilare, il depilarsi, l'essere depilato.
depistàggio *s.m.* il depistare, l'essere depistato.
depistàre *v.tr.* far uscire dalla giusta pista fornendo deliberatamente indicazioni fuorvianti.
dépliant *s.m.invar.* (*fr.*) foglietto pubblicitario a più facce; pieghevole.
deploràre *v.tr.* [*io deplòro ecc.*] biasimare, riprovare.
deplorazióne *s.f.* biasimo, disapprovazione.
deplorévole *agg.* degno di biasimo, riprovevole.
deponènte *agg.* e *s.m.* nella grammatica latina, si dice di verbo con forma passiva e significato attivo.
depórre *v.tr.* [coniugato come *porre*] **1** posare; abbandonare | — *le armi*, (*fig.*) cessare di combattere | — *la corona*, (*fig.*) abdicare **2** (*fig.*) spodestare **3** (*dir.*) testimoniare in giudizio ♦ *v.intr.* [aus. *avere*] (*dir.*) testimoniare.
deportàre *v.tr.* [*io depòrto ecc.*] assoggettare alla pena della deportazione.
deportàto *agg.* e *s.m.* [f. *-a*] che/chi ha subìto la deportazione.
deportazióne *s.f.* (*dir.*) pena consistente nel trasferimento forzato di un condannato lontano dal suo territorio d'origine.
depositàre *v.tr.* [*io depòsito ecc.*] **1** mettere giù **2** (*dir.*) consegnare una cosa ad altri affinché la custodisca, obbligandosi a restituirla a richiesta o a un dato termine | consegnare qlco. a un ufficio, a un'autorità per farne constatare l'esistenza; — *un marchio*, brevettarlo ♦ **-rsi** *v.intr.pron.* posarsi sul fondo (anche *fig.*).
depositàrio *agg.* e *s.m.* [f. *-a*] **1** che/chi ha ricevuto qlco. in deposito **2** (*fig.*) che/chi custodisce.
depòsito *s.m.* **1** il depositare, il depositarsi, l'essere depositato | ciò che si deposita; in particolare, sedimento di un liquido **2** (*dir.*) l'atto con cui si deposita | l'oggetto o i valori depositati **3** luogo in cui si deposita qlco. perché venga conservata e custodita | rimessa per mezzi di trasporto pubblico **4** (*geol.*) accumulo di materiale dovuto all'azione di agenti naturali (vento, pioggia ecc.).
deposizióne *s.f.* il deporre, l'essere deposto.
depravàto *agg.* e *s.m.* [f. *-a*] vizioso, pervertito.
depravazióne *s.f.* l'essere depravato; pervertimento.
deprecàbile *agg.* che sarebbe da deprecare.
deprecàre *v.tr.* [*io deprèco, tu deprèchi ecc.*] biasimare energicamente.
deprecazióne *s.f.* **1** (*lett.*) il deprecare, l'essere deprecato; la formula usata per deprecare **2** biasimo.
depredàre *v.tr.* [*io deprèdo ecc.*] **1** rapinare **2** saccheggiare.
depressióne *s.f.* **1** (*geog.*) area che si trova a un livello inferiore a quello delle regioni circostanti o al di sotto del livello del mare **2** (*meteor.*) bassa pressione atmosferica | zona interessata da bassa pressione **3** (*econ.*) fase discendente del ciclo economico caratterizzata da riduzione della produzione e da aumento della disoccupazione **4** (*psicol.*) alterazione dell'umore caratterizzata da malinconia | (*estens.*) avvilimento.
depressìvo *agg.* **1** atto a deprimere **2** caratterizzato da depressione.
deprèsso *agg.* che si trova in depressione | *area depressa*, regione economicamente e socialmente arretrata ♦ *s.m.* [f. *-a*] (*med.*) chi è in stato di depressione.
deprezzaménto *s.m.* il deprezzare, il deprezzarsi, l'essere deprezzato.
deprezzàre *v.tr.* [*io deprèzzo ecc.*] **1** far calare di prezzo **2** (*fig.*) stimare meno del giusto ♦ **-rsi** *v.intr.pron.* svalutarsi.
deprìmere *v.tr.* [pass.rem. *io deprèssi, tu deprimésti ecc.*; part.pass. *deprèsso*] abbattere fisicamente o moralmente (anche *assol.*) ♦ *v.intr.pron.* avvilirsi, abbattersi.
depuràre *v.tr.* liberare da impurità | (*fig.*) raffinare ♦ **-rsi** *v.intr.pron.* diventare puro | (*fig.*) purificarsi.
depuratóre *s.m.* impianto per depurare scarichi fognari e industriali ♦ *agg.* [f. *-trice*].
depurazióne *s.f.* il depurare, il depurarsi, l'essere depurato.
deputàto *agg.* designato, destinato ♦ *s.m.* rappresentante eletto dai cittadini al ramo del parlamento detto *camera dei deputati*.
deragliàre *v.intr.* [*io deràglio ecc.*; aus. *avere*] uscire dalle rotaie.

derapàre *v.intr.* [aus. *avere*] deviare verso l'esterno di una traiettoria curva.
derattizzàre *v.tr.* liberare dai ratti.
derattizzazióne *s.f.* il derattizzare, l'essere derattizzato.
derby *s.m.invar.* (*ingl.*) **1** nell'ippica, corsa al galoppo per puledri di tre anni **2** negli sport di squadra, incontro tra due formazioni della stessa città o di città vicine.
deregolamentàre *v.tr.* [*io deregolaménto* ecc.] liberare da norme e regolamenti ciò che vi era sottoposto.
deregulation *s.f.invar.* (*ingl.*) abolizione di norme o regolamenti; liberalizzazione.
derelitto *agg.* e *s.m.* [f. *-a*] che/chi è stato abbandonato in condizioni di miseria materiale o morale.
derìdere *v.tr.* [coniugato come *ridere*] schernire, prendere in giro.
derisióne *s.f.* il deridere.
derìva *s.f.* **1** corrente marina superficiale prodotta da venti di direzione costante: *andare alla* —, (*fig.*) subire passivamente gli eventi | spostamento laterale della rotta di un natante o di un aeromobile per effetto di una corrente **2** (*mar.*) tavola o lama metallica applicata verticalmente alla chiglia di una barca a vela, per aumentarne la stabilità trasversale.
derivàre *v.intr.* [aus. *essere*] trarre origine; provenire (anche *fig.*) ♦ *v.tr.* far discendere, far provenire; trarre (anche *fig.*).
derivàto *s.m.* **1** (*ling.*) vocabolo che deriva da un altro **2** (*chim.*) sostanza ricavata da un'altra ♦ *agg.*
derivazióne *s.f.* **1** il derivare, l'essere derivato **2** (*ling.*) processo di formazione di una parola nuova da un'altra **3** (*elettr.*) elemento di circuito elettrico disposto in parallelo con un altro
dèrma *s.m.* [pl. *-mi*] (*anat.*) strato profondo della pelle, posto sotto l'epidermide.
derma- primo elemento di parole composte, che significa 'pelle'.
dermatìte *s.f.* (*med.*) denominazione comune delle malattie della pelle a carattere infiammatorio.
dermatologìa *s.f.* branca della medicina che studia le malattie della pelle.
dermatòlogo *s.m.* [f. *-a*; pl.m. *-gi*] medico specialista in dermatologia.
dèroga *s.f.* il derogare; eccezione | *in — a*, facendo eccezione rispetto a.
derogàre *v.intr.* [*io dèrogo, tu dèroghi* ecc.; aus. *avere*] **1** non osservare quanto stabilito **2** (*dir.*) disporre su un singolo punto diversamente da una norma esistente, senza violarne i principi generali.
derràta *s.f.* (spec. *pl.*) prodotto agricolo di uso alimentare messo in vendita.
derubàre *v.tr.* appropriarsi di qlco. che appartiene ad altri con un furto.
desaparecido *agg.* e *s.m.* [pl.m. *-dos*] (*sp.*) si dice di persona scomparsa, in realtà rapita o uccisa per motivi politici.
descrittìvo *agg.* che descrive con precisione di particolari.
descrìvere *v.tr.* [coniugato come *scrivere*] **1** rappresentare con parole, a voce o per iscritto, un oggetto, una persona, un evento, indicandone le caratteristiche **2** tracciare compiendo un movimento.
descrizióne *s.f.* il descrivere; le parole con cui si descrive.
desèrto *s.m.* **1** (*geog.*) vasta regione, generalmente pianeggiante e sabbiosa, con scarsissime precipitazioni, vegetazione effimera e vita animale ridotta **2** (*fig.*) luogo poco o per nulla abitato ♦ *agg.* disabitato. vuoto.
desideràre *v.tr.* [*io desìdero* ecc.] **1** aspirare alla soddisfazione di un bisogno, di un piacere **2** volere.
desideràta *s.m.pl.* le cose desiderate.
desidèrio *s.m.* **1** il desiderare | voglia sessuale **2** ciò che si desidera.
design *s.m.invar.* (*ingl.*) progettazione di manufatti che contempera le esigenze funzionali con quelle estetiche | la linea di un oggetto prodotto industrialmente.
designàre *v.tr.* **1** destinare a un incarico, a un ufficio **2** significare, indicare.
designazióne *s.f.* il designare, l'essere designato.
designer *s.m.* e *f.invar.* (*ingl.*) chi per professione si occupa di disegno industriale.
desinènza *s.f.* (*gramm.*) terminazione variabile di parola che si aggiunge a un tema per ottenere le varie forme della flessione.
desìstere *v.intr.* [pass.rem. *io desistéi* o *desistètti, tu desistésti* ecc.; part.pass. *desistito*; aus. *avere*] non continuare, smettere.
desktop computer *loc.sost.m.invar.* (*ingl.*) elaboratore da tavolo, costituito da un'unità centrale di dimensioni ridotte, video e tastiera.
desolàto *agg.* **1** sconfortato **2** (*estens.*) dispiaciuto **3** di luogo, che è in stato di desolazione.
desolazióne *s.f.* **1** sconforto, costernazione **2** stato di abbandono di un luogo.
desossiribonuclèico *agg.* (*biol.*) si dice dell'acido più noto come DNA.
dèspota *s.m.* [pl. *-ti*] **1** sovrano assoluto, tiranno **2** (*fig.*) chi esercita la propria autorità in modo prepotente e arbitrario.
desquamazióne *s.f.* (*med.*) perdita dell'epidermide sotto forma di squame.
dessert *s.m.invar.* (*fr.*) l'ultima portata del pranzo (in genere frutta o dolce).

destabilizzàre *v.tr.* rendere instabile, specialmente un sistema politico, turbandone l'equilibrio.
destabilizzazióne *s.f.* il destabilizzare, l'essere destabilizzato.
destàre *v.tr.* [*io désto ecc.*] **1** svegliare **2** (*fig.*) suscitare ♦ **-rsi** *v.intr.pron.* **1** svegliarsi **2** (*fig.*) manifestarsi.
destinàre *v.tr.* **1** decidere (anche *assol.*) | fissare **2** riservare per un compito, uno scopo **3** rivolgere.
destinatàrio *s.m.* [f. *-a*] la persona cui è destinato qlco.
destinazióne *s.f.* **1** il destinare, l'essere destinato | l'uso a cui una cosa è destinata **2** meta **3** residenza e ufficio assegnati a un funzionario.
destìno *s.m.* il susseguirsi degli eventi considerato come predeterminato da una forza superiore | sorte.
destituìre *v.tr.* [*io destituisco, tu destituisci ecc.*] rimuovere d'autorità da un ufficio, da una carica.
destituzióne *s.f.* il destituire, l'essere destituito.
désto *agg.* sveglio.
dèstra *s.f.* **1** la mano destra **2** la parte che è dal lato della mano destra **3** l'insieme dei partiti conservatori, i cui deputati tradizionalmente siedono in parlamento alla destra del presidente | (*estens.*) la parte conservatrice di un partito, di un movimento.
destreggiàrsi *v.intr.pron.* [*io mi destréggio ecc.*] procedere con destrezza.
destrézza *s.f.* **1** agilità **2** (*fig.*) prontezza nel pensare e nel decidere.
dèstro *agg.* **1** che è, rispetto alla persona, dal lato opposto a quello del cuore; che si trova nel lato o nella direzione corrispondente **2** abile ♦ *s.m.* opportunità □ **-mente** *avv.*
destròrso *agg.* che va da sinistra a destra.
destròsio *s.m.* (*chim.*) glucosio.
desuèto *agg.* (*lett.*) disusato.
desùmere *v.tr.* [coniugato come *assumere*] **1** ricavare, trarre **2** dedurre, arguire.
detective *s.m.* e *f.invar.* (*ingl.*) agente investigativo, investigatore privato.
deteinàto *agg.* privato della teina.
detenére *v.tr.* [coniugato come *tenere*] **1** possedere, avere acquisito **2** (*dir.*) tenere qlco. abusivamente presso di sé **3** trattenere in prigione.
detentìvo *agg.* (*dir.*) che comporta la detenzione.
detenùto *agg.* e *s.m.* [f. *-a*] si dice di chi è trattenuto in prigione; carcerato.
detenzióne *s.f.* **1** (*dir.*) il detenere qlco. **2** la pena della carcerazione.
detergènte *agg.* e *s.m.* si dice di prodotto che serve a detergere.
detèrgere *v.tr.* [coniugato come *tergere*] pulire | toglier via.
deterioraménto *s.m.* il deteriorare, il deteriorarsi, l'essere deteriorato.
deterioràre *v.tr.* [*io deterióro ecc.*] danneggiare (anche *fig.*) ♦ **-rsi** *v.intr.pron.* guastarsi.
deterióre *agg.* meno buono, peggiore.
determinànte *agg.* risolutivo, decisivo.
determinàre *v.tr.* [*io detèrmino ecc.*] **1** stabilire, precisare **2** causare.
determinatìvo *agg.* che determina | *articolo* —, (*gramm.*) quello che si premette a un nome per indicarlo in modo determinato.
determinàto *agg.* **1** preciso | particolare **2** risoluto.
determinazióne *s.f.* **1** il determinare, l'essere determinato **2** decisione, volontà ferma.
determinìsmo *s.m.* concezione secondo la quale ogni avvenimento dell'universo è necessariamente determinato da un altro che lo precede.
deterrènte *agg.* e *s.m.* si dice di ciò che ha la capacità di distogliere dal compiere una determinata azione: — *nucleare*, armamenti atomici così temibili da scoraggiare eventuali aggressioni.
detersìvo *agg.* e *s.m.* si dice di prodotto contenente una sostanza detergente.
detestàre *v.tr.* [*io detèsto ecc.*] avere in odio ♦ **-rsi** *v.rifl.rec.* odiarsi a vicenda.
detonazióne *s.f.* esplosione istantanea | (*estens.*) scoppio.
detràrre *v.tr.* [coniugato come *trarre*] sottrarre, defalcare.
detrazióne *s.f.* il detrarre, l'essere detratto | ciò che viene detratto.
detriménto *s.m.* danno morale o materiale.
detrìto *s.m.* **1** (*geol.*) frammento proveniente dalla disgregazione delle rocce **2** (*estens.*) scoria | (*fig.*) rifiuto.
detronizzàre *v.tr.* **1** deporre dal trono **2** (*estens.*) rimuovere da un posto di potere.
dettagliànte *s.m.* e *f.* chi vende al dettaglio; negoziante.
dettagliàre *v.tr.* [*io dettàglio ecc.*] esporre con tutti i particolari.
dettagliàto *agg.* particolareggiato □ **-mente** *avv.*
dettàglio *s.m.* **1** elemento particolare | *in* —, minutamente **2** piccola quantità: *vendere al* —, al minuto.
dettàme *s.m.* norma.
dettàre *v.tr.* [*io détto ecc.*] **1** pronunciare ciò che altri deve scrivere **2** stabilire, im-

porre | *dettar legge*, imporre il proprio volere **3** suggerire.
dettàto *s.m.* **1** esercizio scolastico di scrittura sotto dettatura | il testo così scritto **2** il contenuto di un testo; ciò che prescrive.
dettatùra *s.f.* il dettare.
détto *agg.* soprannominato ♦ *s.m.* motto, proverbio.
deturpàre *v.tr.* **1** rendere brutto **2** (*fig.*) corrompere, guastare.
deturpazióne *s.f.* il deturpare, l'essere deturpato.
devastàre *v.tr.* **1** distruggere, rovinare completamente **2** (*fig.*) sconvolgere.
devastazióne *s.f.* il devastare, l'essere devastato; distruzione.
deviànza *s.f.* (*sociol.*) caratteristica dei comportamenti che si allontanano dalle norme o dalle aspettative sociali.
deviàre *v.intr.* [*io devìo ecc.*; aus. *avere*] **1** uscire dalla direzione normale **2** (*fig.*) scostarsi dalla posizione naturale ♦ *v.tr.* far cambiare direzione
deviazióne *s.f.* **1** il deviare, l'essere deviato | — *psichica*, *sessuale*, comportamento psichico, sessuale patologicamente anomalo **2** (*fis.*) modificazione nella traiettoria di un corpo per effetto di una forza.
devitalizzàre *v.tr.* (*med.*) eliminare la vitalità di un organo o di un nervo a scopo terapeutico: — *un dente*.
devolution *s.f. invar.* (*polit.*) trasferimento di poteri dall'autorità centrale dello stato ai governi regionali.
devòlvere *v.tr.* [pres. *io devòlvo ecc.*; pass.rem. *io devolvéi* (o *devolvètti*), *tu devolvésti ecc.*; part.pass. *devoluto*] destinare ad altri o ad altro uso.
devòto *agg.* **1** che si dedica interamente a un ideale | religioso **2** affezionato ♦ *s.m.* [f. *-a*] chi partecipa con assiduità alle funzioni religiose □ **-mente** *avv.*
devozióne *s.f.* **1** vivo sentimento religioso **2** *pl.* preghiere **3** dedizione a una persona o a un ideale.
di *prep.* [si può elidere davanti a vocale] **1** stabilisce una relazione di specificazione | di possesso o appartenenza | di parentela **2** in funzione partitiva, indica un insieme di cui si considera solo una parte **3** in dipendenza da nomi, aggettivi, pronomi che indicano quantità, insieme, introduce ciò a cui quella quantità o quell'insieme si riferisce **4** ha funzione denominativa **5** limita l'ambito, l'aspetto per cui è valida una condizione | può implicare un concetto d'abbondanza o di privazione: *ricco d'ingegno* | di colpa o di pena: *reo d'omicidio* **6** introduce l'argomento di un discorso, di uno scritto, di un'opera **7** nelle comparazioni può introdurre il secondo termine di paragone **8** esprime una modalità: *essere di buon umore* | una qualità, una condizione permanente | la materia di cui qlco. è fatta | una quantità o un'indicazione d'età, una stima **9** introduce una causa **10** definisce un mezzo o strumento **11** stabilisce il fine, lo scopo **12** introduce una relazione di moto da luogo **13** esprime origine, provenienza **14** introduce una specificazione di tempo determinato o continuato **15** ha funzione rafforzativa in talune espressioni enfatiche: *ne ha combinati di guai!* **16** introduce prop. infinitive con funzione di oggetto o di soggetto: *crede di aver sempre ragione* **17** concorre alla formazione di loc. prep.: *prima di*, *dopo di ecc.* | loc. avv.: *di nuovo*, *di gran lunga ecc.* | loc. cong.: *di modo che*, *dopo di che ecc.*
di- prefisso che indica per lo più contrasto, negazione, opposizione, dispersione, separazione, ma può anche avere valore intensivo o indicare processo inverso.
dia- primo elemento di parole composte che significa 'attraverso, mediante', oppure 'differenza, separazione'.
dì *s.m.* giorno.
diabète *s.m.* (*med.*) malattia, dovuta a insufficiente secrezione di insulina, che determina l'aumento di zucchero nel sangue e nelle urine.
diabòlico *agg.* [pl.m. *-ci*] **1** del diavolo **2** (*estens.*) malvagio, maligno □ **-mente** *avv.*
diaconàto *s.m.* (*eccl.*) il primo dei tre gradi del sacramento dell'ordine (precede il presbiterato e l'episcopato).
diacronìa *s.f.* (*ling.*) considerazione di fenomeni in ordine alla loro evoluzione nel tempo.
diadèma *s.m.* [pl. *-mi*] gioiello portato sul capo come insegna di dignità.
diàfano *agg.* (*lett.*) **1** che lascia passare la luce; trasparente **2** (*fig.*) pallido; delicato.
diaframma *s.m.* [pl. *-mi*] **1** qualsiasi dispositivo o elemento che separi due cavità | (*fig.*) ciò che divide spiritualmente **2** (*anat.*) muscolo che divide la cavità toracica da quella addominale **3** (*foto.*) disco provvisto di un foro ad apertura regolabile, usato per limitare la luce trasmessa dall'obiettivo alla pellicola **4** (*med.*) anticoncezionale femminile consistente in una membrana che, applicata al collo dell'utero impedisce la risalita degli spermatozoi.
diàgnosi *s.f.* (*med.*) identificazione di una malattia in base ai sintomi, ai precedenti del paziente e agli esami strumentali e di laboratorio.
diagnòstica *s.f.* (*med.*) il complesso delle

tecniche e dei metodi per formulare diagnosi.
diagnosticàre *v.tr.* [io diagnòstico, tu diagnòstichi ecc.] fare una diagnosi.
diagonàle *s.f.* linea trasversale, obliqua ♦ *s.m.* nel calcio e nel tennis, tiro obliquo rispetto ai lati del campo ♦ *agg.* □ **-mente** *avv.* trasversalmente.
diagràmma *s.m.* [pl. *-mi*] rappresentazione grafica di una funzione matematica o dei valori che caratterizzano l'andamento di un fenomeno.
dialettàle *agg.* che è proprio di un dialetto | che è detto, scritto in dialetto | che fa uso del dialetto □ **-mente** *avv.*
dialèttica *s.f.* arte della discussione, del dialogo | (*estens.*) capacità di sostenere un discorso logico e convincente.
dialèttico *agg.* [pl.m. *-ci*] tipico di chi sa discutere con logica stringente □ **-mente** *avv.*
dialètto *s.m.* parlata propria di una determinata area geografica, a cui si contrappone la lingua ufficiale o nazionale.
diàlisi *s.f.* (*med.*) emodialisi.
dializzàto *agg.* e *s.m.* [f. *-a*] (*med.*) si dice di paziente che viene sottoposto periodicamente a emodialisi.
dialogàre *v.intr.* [io diàlogo, tu diàloghi ecc.; aus. *avere*] conversare | (*estens.*) comunicarsi sentimenti o pensieri ♦ *v.tr.* scrivere in forma di dialogo.
diàlogo *s.m.* [pl. *-ghi*] **1** discorso che si svolge tra due o più persone **2** (*estens.*) comunicazione costante tra persone che favorisce la comprensione reciproca **3** componimento letterario che adotta la forma dialogica.
diamànte *s.m.* **1** (*min.*) il più duro dei minerali; carbonio puro cristallizzato, trasparente, incolore; è usato come pietra preziosa e per scopi industriali | *nozze di* —, (*fig.*) il sessantesimo anniversario di matrimonio **2** strumento con punta di diamante usato per tagliare il vetro.
diàmetro *s.m.* (*geom.*) segmento che unisce due punti di una circonferenza o di una superficie sferica passando per il centro.
diapositìva *s.f.* fotografia positiva su pellicola, da proiettare su uno schermo.
diària *s.f.* indennità giornaliera di trasferta di un lavoratore dipendente.
diàrio *s.m.* **1** quaderno in cui si annotano giorno per giorno osservazioni e avvenimenti **2** registro giornaliero: — *scolastico*; — *di bordo* **3** elenco dei giorni in cui si svolgeranno le prove di un esame, un concorso.
diarrèa *s.f.* (*med.*) emissione frequente di feci liquide o semiliquide.
diàspora *s.f.* dispersione di un popolo nel mondo, dopo l'abbandono dei luoghi d'origine; in particolare, la dispersione degli ebrei nel mondo antico.
diàspro *s.m.* (*min.*) varietà di silice di vario colore, usata come pietra ornamentale.
diàstole *s.f.* (*fisiol.*) movimento di dilatazione del cuore per cui le sue cavità si riempiono di sangue.
diàtesi *s.f.* **1** (*med.*) predisposizione costituzionale, per lo più ereditaria, dell'organismo a una malattia **2** (*gramm.*) funzione del verbo riguardante il rapporto tra l'azione che esso esprime e il soggetto: — *attiva*, *passiva*.
diàtriba *s.f.* disputa verbale o scritta dai toni fortemente critici.
diavolerìa *s.f.* **1** espediente, trovata astuta **2** (*scherz.*) cosa singolare, strana.
diàvolo *s.m.* **1** nell'ebraismo e nel cristianesimo, essere che guida le forze del male, identificato con Satana, con Lucifero o con uno degli altri angeli che si ribellarono a Dio | in loc. fig.: *fa un caldo del* —, insopportabile; *fare il — a quattro*, agitarsi, protestare, fare gran confusione ecc.; *mandare qlcu. al* —, insultarlo | come rafforzativo in frasi interrogative: *che — fai?* | in esclamazioni di stizza o di meraviglia: *al —!* **2** (*fig.*) persona malvagia | (*fig.*) persona vivace | *essere un povero* —, (*fig.*) una persona sfortunata.
dibàttere *v.tr.* esaminare, discutere ♦ **-rsi** *v.rifl.* agitarsi, divincolarsi | (*fig.*) essere combattuto da opposte tendenze.
dibattiménto *s.m.* **1** il dibattere **2** (*dir.*) la fase del processo penale nella quale si discutono i fatti e si formulano le richieste di assoluzione o di condanna.
dibàttito *s.m.* discussione su un determinato argomento, politico o culturale.
diboscaménto *s.m.* il diboscare, l'essere diboscato.
diboscàre *v.tr.* [io dibòsco, tu dibòschi ecc.] spogliare una zona del bosco che la ricopre.
dicastèro *s.m.* ministero.
dicèmbre *s.m.* dodicesimo e ultimo mese dell'anno.
dicerìa *s.f.* chiacchiera malevola e senza fondamento.
dichiaràre *v.tr.* **1** rendere manifesto; rivelare **2** affermare in modo ufficiale, impegnando la propria responsabilità; denunciare **3** proclamare ♦ **-rsi** *v.rifl.* **1** affermare di essere; manifestare il proprio sentimento, la propria opinione **2** manifestare il proprio amore alla persona amata.

dichiarazióne *s.f.* il dichiarare o il dichiararsi; discorso o documento con cui si dichiara qlco.
diciannòve *agg.num.card.invar.* numero naturale corrispondente a una decina più nove unità.
diciassètte *agg.num.card.invar.* numero naturale corrispondente a una decina più sette unità.
diciòtto *agg.num.card.invar.* numero naturale corrispondente a una decina più otto unità.
dicitùra *s.f.* breve scritta di avviso; indicazione.
dicotilèdoni *s.f.pl.* (*bot.*) classe di piante angiosperme che hanno due cotiledoni.
dicotomìa *s.f.* divisione in due; separazione netta tra due elementi.
didascalìa *s.f.* **1** scritta esplicativa posta sotto un'illustrazione **2** scritta che compare in sovrimpressione su riprese cinematografiche o televisive.
didascàlico *agg.* [pl.m. *-ci*] che si propone di insegnare □ **-mente** *avv.*
didàttica *s.f.* **1** parte della pedagogia che studia i metodi dell'insegnamento **2** (*estens.*) il modo di insegnare.
didàttico *agg.* [pl.m. *-ci*] che concerne l'insegnamento □ **-mente** *avv.*
dièci *agg.num.card.invar.* numero naturale corrispondente a nove unità più una.
diencèfalo *s.m.* (*anat.*) la parte del cervello che comprende il talamo e l'ipotalamo.
dièresi *s.f.* **1** divisione di un gruppo vocalico all'interno di una parola, tale che le due vocali non formino dittongo | il segno diacritico con cui si indica, in certi casi, questa divisione (due puntini sulla semivocale) **2** (*med.*) divisione di tessuti normalmente uniti.
diesel *agg.* e *s.m.invar.* (*ted.*) si dice di motore che usa come carburante il gasolio.
dièta[1] *s.f.* regime alimentare che prevede l'assunzione di determinate qualità e quantità di cibi, adottato per fini igienici o terapeutici; — *dimagrante*; — *mediterranea*, a base dei prodotti tipici dell'area mediterranea.
dièta[2] *s.f.* assemblea parlamentare di alcuni stati | (*st.*) l'assemblea del Sacro Romano Impero.
dietètica *s.f.* studio della composizione degli alimenti.
dietòlogo *s.m.* [f. *-a*; pl.m. *-gi*] medico specialista in dietologia.
dietro *avv.* dalla parte posteriore ♦ *prep.* **1** nella parte posteriore (anche *dietro a*, *dietro di*) | *correre — a qlcu.*, (*fig.*) corteggiarlo con insistenza | *correre — a qlco.*, (*fig.*) desiderarla, fare di tutto per ottenerla **2** dopo, di seguito a | (*burocr.*) in seguito a, in subordine a ♦ *s.m.* la parte posteriore.
dietrologìa *s.f.* la ricerca esasperata di fatti, personaggi o motivi occulti che sarebbero dietro un evento.
difèndere *v.tr.* [pres. *io difèndo ecc.*; pass.rem. *io difési, tu difendésti ecc.*; part.pass. *diféso*] **1** riparare da pericoli, danni; salvaguardare **2** sostenere una causa, una ragione ♦ **-rsi** *v.rifl.* **1** proteggersi | opporre resistenza | sostenere le proprie ragioni **2** (*fam.*) cavarsela.
difensìva *s.f.* tattica di combattimento che mira a difendere le posizioni occupate | (*estens.*) atteggiamento di difesa: *mettersi sulla —*.
difensìvo *agg.* di difesa; atto a difendere o a difendersi.
difensóre *s.m.* [f. *difenditrice*] **1** chi difende **2** (*dir.*) legale che assiste e difende una parte in un processo **3** (*sport*) giocatore delle linee arretrate di una squadra con compiti difensivi.
diféesa *s.f.* **1** il difendere, il difendersi **2** parole o scritto con cui si difende **3** avvocato difensore **4** fortificazione | *ministero della —*, che sovrintende alle forze armate dello stato **5** (*sport*) nei giochi di squadra, l'insieme degli atleti che hanno il compito di contrastare gli attacchi della squadra opposta.
difettàre *v.intr.* [*io difètto ecc.*; aus. *avere*] **1** mancare di qlco. **2** (*non com.*) essere difettoso.
difettìvo *agg.* (*gramm.*) si dice di nome che manca del singolare o del plurale | si dice di verbo che non dispone di una completa coniugazione.
difètto *s.m.* **1** mancanza **2** imperfezione fisica o morale | elemento negativo di un materiale, di un lavoro, di un'opera **3** fallo, colpa.
diffamàre *v.tr.* offendere la reputazione di qlcu.; calunniare.
diffamazióne *s.f.* il diffamare | (*dir.*) reato consistente nel recare offesa all'altrui reputazione.
differènte *agg.* che differisce nella natura o nelle qualità da un'altra persona o cosa con cui è posto a confronto □ **-mente** *avv.*
differènza *s.f.* **1** la qualità o quantità per cui si differisce | *a — di*, diversamente da **2** (*mat.*) risultato di un'operazione di sottrazione.
differenziàle *agg.* che si basa su una differenza ♦ *s.m.* (*aut.*) sistema di ingranaggi che permette alle ruote motrici di un autoveicolo di girare, in curva, a velocità differenti.
differenziàre *v.tr.* [*io differènzio ecc.*] rende-

re differente, distinguere ♦ **-rsi** *v.rifl.* o *intr.pron.* essere, rendersi differente; distinguersi.
differenziazióne *s.f.* il differenziare, il differenziarsi; la differenza che ne risulta.
differìre *v.tr.* [io differisco, tu differisci ecc.] rimandare ad altro tempo, rinviare ♦ *v.intr.* [aus. avere] essere differente.
differìta *s.f.* programma radiotelevisivo che viene registrato e trasmesso successivamente: *trasmissione in* —.
difficile *agg.* **1** che richiede abilità, fatica **2** arduo da intendere **3** critico, pieno di disagi **4** scontroso **5** improbabile ♦ *s.m.* **1** [anche f.] persona difficile **2** difficoltà □ **-mente** *avv.*
difficoltà *s.f.* **1** l'essere difficile **2** ciò che è difficile; ostacolo, complicazione **3** fatica **4** opposizione **5** (spec. *pl.*) ristrettezze economiche.
difficoltóso *agg.* che presenta difficoltà o che avviene con difficoltà.
diffida *s.f.* (*dir.*) avviso col quale si ingiunge a qlcu. di astenersi da un dato comportamento o di compiere una data attività.
diffidàre *v.intr.* [aus. avere] non fidarsi ♦ *v.tr.* (*dir.*) fare una diffida.
diffidènte *agg.* che non si fida degli altri; sospettoso.
diffidènza *s.f.* disposizione d'animo di chi è diffidente.
diffóndere *v.tr.* [coniugato come fondere] spargere intorno | divulgare | trasmettere ♦ **-rsi** *v.intr.pron.* **1** spargersi | propagarsi **2** dilungarsi.
diffórme *agg.* differente, non conforme.
difformità *s.f.* diversità: — *di opinioni.*
diffrazióne *s.f.* (*fis.*) cambiamento di direzione di un raggio di luce o di un'onda acustica che incontra un ostacolo o attraversa una fessura.
diffusióne *s.f.* **1** il diffondere, il diffondersi, l'essere diffuso | distribuzione **2** (*fis.*) propagazione in molte direzioni.
diffusóre *s.m.* qualunque dispositivo che serva a diffondere, a spargere in modo ampio e uniforme un flusso (luminoso, sonoro ecc.).
difterìte *s.f.* (*med.*) malattia infettiva che si manifesta con l'infiammazione delle mucose della gola e delle vie respiratorie.
dìga *s.f.* **1** sbarramento artificiale, atto a regolare il deflusso di un corso d'acqua, a creare un invaso, oppure a proteggere un tratto di costa **2** (*fig.*) freno, difesa, argine.
digerènte *agg.* che serve alla digestione.
digerìre *v.tr.* [io digerisco, tu digerisci ecc.] **1** trasformare gli alimenti in sostanze capaci di essere assimilate dall'organismo **2** (*fig. fam.*) sopportare | smaltire **3** (*chim.*) sottoporre una sostanza a digestione.
digestióne *s.f.* (*chim.*) decomposizione di sostanze organiche o inorganiche mediante lungo contatto con reattivi chimici o con microrganismi.
digestìvo *agg.* che riguarda la digestione | che aiuta a digerire ♦ *s.m.* bevanda, preparato che aiuta a digerire.
digitàle[1] *agg.* del dito: *impronte digitali.*
digitàle[2] *agg.* numerico | rappresentato per mezzo di numeri: *orologio* —, quello in cui l'ora si legge in numeri.
digitàle[3] *s.f.* (*bot.*) genere di piante erbacee con foglie lanceolate e fiori rossi.
digitàre *v.tr.* [io digito ecc.] comporre su una tastiera.
digiunàre *v.intr.* [aus. avere] astenersi dal cibo.
digiùno[1] *agg.* **1** che non ha mangiato da un certo tempo **2** (*fig.*) privo, sprovvisto: *essere — di cognizioni*, non sapere.
digiùno[2] *s.m.* **1** il digiunare **2** (*fig.*) lunga privazione di una cosa desiderata.
digiùno[3] *s.m.* (*anat.*) il tratto di intestino tenue che va dal duodeno all'ileo.
dignità *s.f.* **1** nobiltà morale che deriva all'uomo dalla sua natura, dalle sue qualità | decoro **2** ufficio elevato.
dignitàrio *s.m.* chi è investito di una dignità: — *di un ordine cavalleresco.*
dignitóso *agg.* **1** che si comporta con dignità **2** decoroso □ **-mente** *avv.*
digradàre *v.intr.* [aus. avere] abbassarsi a poco a poco | (*fig.*) scemare d'intensità.
digressióne *s.f.* il deviare dall'argomento del discorso; divagazione.
digrignàre *v.tr.* far rumore con i denti muovendo le mascelle.
diktat *s.m.invar.* (*ted.*) ordine, imposizione a cui si deve ubbidire senza discutere.
dilagàre *v.intr.* [io dilago, tu dilaghi ecc.; aus. avere] **1** detto di acque, espandersi sul terreno formando come un lago **2** (*fig.*) diffondersi con rapidità.
dilaniàre *v.tr.* [io dilànio ecc.] fare a brandelli | (*fig.*) tormentare: *dilaniato dalla gelosia.*
dilapidàre *v.tr.* [io dilàpido ecc.] sperperare, dissipare.
dilatàre *v.tr.* far aumentare di dimensioni; allargare (anche *fig.*) ♦ **-rsi** *v.intr.pron.* crescere di dimensioni; allargarsi, estendersi.
dilatazióne *s.f.* il dilatare, il dilatarsi, l'essere dilatato.
dilatòrio *agg.* che tende a dilazionare, a prolungare nel tempo.
dilavàto *agg.* **1** eroso dalle acque **2** (*fig.*) sbiadito, smorto.

dilazionàre *v.tr.* [io dilazióno ecc.] rimandare ad altro tempo; differire.
dilazióne *s.f.* rinvio, proroga.
diléggio *s.m.* derisione, scherno.
dileguàrsi *v.intr.pron.* sparire (anche *fig.*).
dilèmma *s.m.* [pl. *-mi*] problema di difficile soluzione; situazione in cui si è costretti a scegliere tra due alternative.
dilettànte *agg.* e *s.m.* e *f.* **1** che/chi svolge un'attività, spec. sportiva o artistica, per diletto e non per professione **2** (*spreg.*) che/chi ha insufficiente preparazione.
dilettantìsmo *s.m.* atteggiamento da dilettante.
dilettàre *v.tr.* [io dilètto ecc.] procurare diletto ♦ **-rsi** *v.intr.pron.* provare diletto | dedicarsi a un'attività per diletto.
dilettévole *agg.* piacevole ♦ *s.m.* ciò che dà diletto: *unire l'utile al* — □ **-mente** *avv.*
dilètto[1] *agg.* molto caro.
dilètto[2] *s.m.* sentimento d'intima gioia | svago.
diligènte *agg.* **1** che opera con diligenza **2** fatto con diligenza □ **-mente** *avv.*
diligénza[1] *s.f.* cura scrupolosa.
diligénza[2] *s.f.* grande carrozza pubblica a cavalli, un tempo adibita al trasporto di viaggiatori, bagagli e posta.
diluìre *v.tr.* [io diluisco, tu diluisci ecc.] rendere meno densa una sostanza liquida.
dilungàrsi *v.intr.pron.* [io mi dilungo, tu ti dilunghi ecc.] trattare troppo diffusamente una questione.
diluviàre *v.intr.* [dilùvia; aus. essere o avere] (usato *impers.*) piovere a lungo e abbondantemente.
dilùvio *s.m.* **1** pioggia che cade per lungo tempo e a dirotto **2** (*fig.*) grande quantità.
dimagrànte *agg.* che fa dimagrire.
dimagrìre *v.tr.* [io dimagrisco, tu dimagrisci ecc.] *v.tr.* rendere o far sembrare magro ♦ *v.intr.* [aus. essere] diventare magro.
dimenàre *v.tr.* [io diméno ecc.] muovere in qua e in là parti del corpo ♦ **-rsi** *v.rifl.* muoversi in modo agitato.
dimensióne *s.f.* **1** ciascuna delle misure che nello spazio determinano l'estensione di un corpo (lunghezza, larghezza, altezza) **2** (*estens.*) proporzione | *a — d'uomo*, (*fig.*) si dice di un ambiente strutturato in funzione delle esigenze degli uomini che vi devono vivere.
dimenticànza *s.f.* **1** il dimenticare, il dimenticarsi **2** difetto di memoria | mancanza conseguente al fatto di essersi dimenticato di qlco.
dimenticàre *v.tr.* [io diméntico, tu diméntichi ecc.] **1** non ricordare più **2** lasciare qlco. in un luogo per distrazione **3** perdonare **4** trascurare ♦ **-rsi** *v. intr.pron.* non ricordarsi.
dimenticatóio *s.m.* (*scherz.*) luogo immaginario dove andrebbe a finire tutto ciò che si dimentica: *cadere nel* —.
dimésso *agg.* umile; modesto; povero e trasandato □ **-mente** *avv.*
dimestichézza *s.f.* familiarità | pratica.
diméttere *v.tr.* [coniugato come *mettere*] far uscire (da ospedali o carceri) ♦ **-rsi** *v.rifl.* abbandonare volontariamente un ufficio, una carica.
dimezzàre *v.tr.* [io dimèzzo ecc.] **1** dividere una cosa in due metà **2** ridurre della metà.
diminuìre *v.tr.* [io diminuisco, tu diminuisci ecc.] rendere minore di quantità, di numero; ridurre ♦ *v.intr.* [aus. essere] decrescere, diventare minore.
diminutìvo *agg.* atto a diminuire ♦ *s.m.* (*ling.*) forma alterata di un sostantivo o di un aggettivo, che esprime un'idea di piccolo, ridotto, limitato; si ottiene mediante l'aggiunta di un suffisso diminutivo.
diminuzióne *s.f.* il diminuire, l'essere diminuito; riduzione.
dimissionàrio *agg.* che ha dato le dimissioni.
dimissióne *s.f.* (spec. *pl.*) rinuncia formale a una carica, a un ufficio.
dimòra *s.f.* luogo in cui una persona abita; *non avere fissa* —, essere nomade | abitazione.
dimoràre *v.intr.* [io dimòro ecc.; aus. avere] abitare.
dimostrànte *agg.* e *s.m.* e *f.* che/chi prende parte a una dimostrazione pubblica.
dimostràre *v.tr.* [io dimóstro ecc.] **1** rendere palese | essere prova di qlco. **2** provare con ragionamenti, dati di fatto o esperimenti l'esattezza di qlco. **3** spiegare **4** (*assol.*) fare una dimostrazione pubblica ♦ **-rsi** *v.rifl.* rivelarsi.
dimostratìvo *agg.* **1** atto a dimostrare **2** (*gramm.*) si dice di aggettivo o pronome col quale si indica la vicinanza o la lontananza di un oggetto o di una persona rispetto a chi parla o a chi ascolta.
dimostrazióne *s.f.* **1** manifestazione di un sentimento, una qualità **2** il provare mediante un ragionamento la verità di una tesi **3** manifestazione pubblica con assemblee, comizi, cortei.
dinàmica *s.f.* **1** (*fis.*) parte della meccanica che studia il moto dei corpi **2** (*fig.*) successione, sviluppo.
dinamicità *s.f.* dinamismo.
dinàmico *agg.* [pl.m. *-ci*] **1** (*fis.*) relativo alla dinamica **2** (*fig.*) dotato di vitalità, energia □ **-mente** *avv.*

dinamìsmo *s.m.* qualità di chi o di ciò che è dinamico.
dinamitàrdo *agg.* compiuto con la dinamite o con altro esplosivo ♦ *s.m.* [f. *-a*].
dinamìte *s.f.* sostanza esplosiva di grande potenza, a base di nitroglicerina.
dìnamo *s.f.invar.* macchina elettrica rotante che trasforma energia meccanica in energia elettrica.
dinamòmetro *s.m.* (*fis.*) strumento che misura l'intensità di una forza.
dinastìa *s.f.* **1** l'insieme dei sovrani, appartenenti a una stessa famiglia, che si succedono tra loro in una monarchia **2** (*estens.*) l'insieme dei componenti di una famiglia che si sono succeduti nel tempo svolgendo la medesima attività.
diniègo *s.m.* [pl. *-ghi*] rifiuto.
dinosàuro *s.m.* rettile terrestre preistorico di enormi dimensioni.
dintórno *avv.* intorno ♦ *s.m.pl.* [solo in grafia unita] i luoghi circostanti.
dìo *s.m.* [pl. *dèi*; al sing. l'art. è *il*, al pl. *gli*] **1** Dio, nelle religioni monoteiste, l'essere supremo e assoluto, creatore, governatore e giudice del mondo | nella religione cristiana, l'essere supremo, inteso come persona una e trina (Padre, Figlio, Spirito Santo) | *castigo di* —, grande calamità | *grazia di* —, *ben di* —, abbondanza | *cosa fatta come — comanda*, bene, a regola d'arte | in espressioni escl., per indicare stupore, impazienza, collera: *buon —! santo !—* **2** nelle religioni politeistiche, ciascuno degli esseri immortali dotati di attributi che eccedono le facoltà umane **3** (*fig.*) cosa o persona che sia quasi oggetto di culto.
diocesàno *agg.* (*eccl.*) della diocesi.
diòcesi *s.f.* (*eccl.*) circoscrizione sottoposta alla giurisdizione di un vescovo.
dìodo *s.m.* dispositivo elettronico a due elettrodi.
dionisìaco *agg.* [pl.m. *-ci*] **1** di Dioniso, dio greco del vino **2** (*estens.*) che è caratterizzato da uno stato di ebbrezza, di esaltazione entusiastica.
diossìna *s.f.* (*chim.*) nome generico di composti del cloro molto tossici, impiegati nella produzione di coloranti, erbicidi.
diottrìa *s.f.* **1** (*fis.*) grandezza definita come il reciproco della distanza focale di un sistema ottico **2** in oculistica, unità di misura della capacità visiva.
diòttrica *s.f.* (*fis.*) parte dell'ottica che studia i fenomeni di rifrazione della luce.
dipanàre *v.tr.* **1** svolgere il filo di una matassa **2** (*fig.*) risolvere, sbrogliare: — *una questione* ♦ **-rsi** *v.intr. pron.* **1** svolgersi, detto di un filo **2** (*fig.*) distendersi.
dipartimentàle *agg.* di un dipartimento.
dipartiménto *s.m.* **1** in Francia, circoscrizione territoriale-amministrativa **2** negli Stati Uniti d'America, ciascuna delle dieci divisioni del potere esecutivo **3** ripartizione universitaria che comprende discipline della stessa area di ricerca.
dipartìta *s.f.* (*lett.*) distacco | (*eufem.*) morte.
dipendènte *agg.* che dipende, che è soggetto ad altri | *proposizione* —, (*gramm.*) subordinata | *lavoro* —, quello di chi presta attività in modo subordinato ed è retribuito con uno stipendio o salario ♦ *s.m.* e *f.* chi svolge un lavoro dipendente ♦ *s.f.* (*gramm.*) proposizione dipendente.
dipendènza *s.f.* **1** il dipendere, l'essere dipendente **2** (*gramm.*) relazione di subordinazione tra due proposizioni **3** (*psicol.*) atteggiamento di sottomissione di un individuo a un altro | bisogno irresistibile di stupefacenti **4** (*comm.*) filiale.
dipèndere *v.intr.* [pres. *io dipèndo ecc.*; pass.rem. *io dipési, tu dipendésti ecc.*; part.pass. *dipéso*; aus. *essere*] **1** derivare; esser causato **2** essere in un rapporto di subordinazione (psicologica, economica o di lavoro) **3** (*gramm.*) essere retto.
dipìngere *v.tr.* [pres. *io dipìngo, tu dipìngi ecc.*; pass.rem. *io dipinsi, tu dipingesti ecc.*; part.pass. *dipinto*] **1** rappresentare delle immagini attraverso il disegno e i colori **2** decorare con pitture **3** verniciare **4** (*fig.*) rappresentare vivacemente parlando, scrivendo ♦ **-rsi** *v.intr.pron.* apparire esteriormente.
dipìnto *agg.* **1** pitturato **2** (*fig.*) rappresentato ♦ *s.m.* opera di pittura.
diplòma *s.m.* [pl. *-mi*] **1** titolo che attesta il compimento di un corso di studi **2** attestato con cui un'autorità accorda un privilegio o un titolo **3** antico documento rilasciato da un'autorità pubblica.
diplomàre *v.tr.* [*io diplòmo ecc.*] conferire un diploma scolastico ♦ **-rsi** *v.intr.pron.* conseguire un diploma scolastico.
diplomàtica *s.f.* scienza che studia gli antichi documenti.
diplomàtico *agg.* [pl.m. *-ci*] **1** che concerne la diplomazia | *rapporti diplomatici*, i rapporti di uno stato con un altro regolati dal diritto internazionale **2** (*fig.*) pieno di tatto; accorto ♦ *s.m.* [f. *-a*] **1** chi è nella carriera diplomatica **2** (*fig.*) persona attenta e discreta nel trattare questioni delicate **3** (*gastr.*) dolce di sfoglia, crema e di liquore □ **-mente** *avv.*
diplomazìa *s.f.* **1** la scienza e la pratica dei rapporti internazionali fra gli stati **2** il complesso delle persone e degli organi per mezzo dei quali uno stato mantiene i

rapporti con gli altri stati **3** (*fig.*) abilità e tatto nel trattare questioni delicate.

dipòrto *s.m.* svago, divertimento | *imbarcazione da* —, che serve per svago.

diradàre *v.tr.* **1** rendere meno fitto **2** rendere meno frequente ♦ **-rsi** *v.intr.pron.* farsi rado.

diramàre *v.tr.* comunicare a più destinatari una notizia, un ordine ♦ **-rsi** *v.intr.pron.* **1** dividersi in più rami **2** (*fig.*) diffondersi.

diramazióne *s.f.* **1** il diramarsi | ogni ramo che si diparte dal tronco principale di una strada, un fiume, una ferrovia **2** (*fig.*) comunicazione a più destinatari.

dìre[1] *v.tr.* [pres. *io dico, tu dici, egli dice, noi diciamo, voi dite, essi dìcono*; imperf. *io dicévo* ecc.; fut. *io dirò, tu dirai* ecc.; pass.rem. *io dissi, tu dicésti* ecc.; congiunt.pres. *io dica..., noi diciamo, voi diciate, essi dìcano*; congiunt.imperf. *io dicéssi* ecc.; imp. *dì* o *di', dite*; part.pres. *dicènte*; ger. *dicèndo*; part.pass. *détto*] **1** esprimere, comunicare con la voce | *si dice che...*, si vocifera | *per così* —, espressione usata per attenuare un'affermazione **2** recitare **3** manifestare, esporre con scritti **4** significare | *non — nulla*, essere privo di interesse, di espressività **5** ordinare **6** dimostrare | suggerire; far presagire ♦ *v.intr.* parlare | *non c'è che* —, non c'è nulla da obiettare | *si fa per* —, si parla solo per parlare.

dìre[2] *s.m.* il parlare; discorso.

directory *s.f.invar.* (*ingl.*) (*inform.*) porzione di memoria, contrassegnata da un nome, che contiene file.

dirètta *s.f.* programma radiotelevisivo trasmesso nel momento in cui si realizza.

direttìssima *s.f.* linea ferroviaria che mette in comunicazione attraverso la via più breve centri importanti.

direttìssimo *agg.* (*dir.*) si dice di procedimento speciale, nei casi di arresto in flagranza di reato o di confessione del reo, con il quale il pubblico ministero presenta direttamente l'imputato davanti al giudice: *giudizio* — (o *per direttissima*).

direttìva *s.f.* (spec. *pl.*) **1** disposizione generale sul modo di agire **2** (*dir.*) atto giuridico emanato dal consiglio della Comunità europea che fissa in maniera obbligatoria, per ogni stato membro, il raggiungimento di un determinato risultato.

direttìvo *agg.* **1** che dirige **2** proprio di un dirigente ♦ *s.m.* comitato direttivo.

dirètto *agg.* **1** che tende a una meta; volto **2** che procede diritto, senza deviazioni (anche *fig.*) | *treno* —, treno passeggeri a media percorrenza che effettua più fermate del treno espresso **3** (*gramm.*) *complemento* —, complemento oggetto; *discorso* —, quello che riporta direttamente le parole dette da qlcu. ♦ *s.m.* (*sport*) nel pugilato, pugno sferrato a braccio teso ♦ *avv.* diritto □ **-mente** *avv.*

direttóre *s.m.* [f. *-trice*] chi dirige un'attività o un gruppo di persone; — *di gara*, arbitro.

direttòrio *s.m.* organismo che ha funzioni direttive.

direttrìce *agg.f.* che dà la direzione ♦ *s.f.* linea lungo la quale si ha un moto o uno sviluppo: — *di marcia*.

direzionàle *agg.* che dirige | *centro* —, il quartiere della città dove sono riuniti gli uffici direttivi dei servizi pubblici e privati più importanti.

direzióne *s.f.* **1** linea sulla quale si muove una persona o una cosa **2** il dirigere **3** organo direttivo di un ente, di un'azienda.

dirigènte *agg.* che dirige | *classe* —, l'insieme delle persone che dirigono la vita politica ed economica di un paese ♦ *s.m.* e *f.* chi ha funzioni direttive.

dirigènza *s.f.* **1** la funzione di dirigere **2** il complesso dei dirigenti.

dirìgere *v.tr.* [pres. *io dirigo, tu dirigi* ecc.; pass.rem. *io dirèssi, tu dirigésti* ecc.; part.pass. *dirètto*] **1** volgere in una direzione, verso un fine **2** essere a capo di una attività o di un gruppo di persone; guidare ♦ **-rsi** *v.rifl.* volgersi in una data direzione (anche *fig.*).

dirigìbile *s.m.* aerostato di forma allungata munito di un sistema di propulsione.

dirigìsmo *s.m.* indirizzo politico che prevede l'intervento diretto dello stato nella vita economica.

dirimpètto *avv.* davanti, di fronte ♦ *agg.invar.*

dirìtto *s.m.* **1** il complesso delle leggi che regolano i rapporti sociali: — *pubblico*, *privato*, *penale*, *civile*, *processuale*, *del lavoro*, a seconda della sfera a cui le leggi si riferiscono **2** la scienza che studia le leggi **3** facoltà legittima di fare o non fare qlco., di avere o non avere; *diritti civili*, quelli propri del cittadino **4** (*estens.*) facoltà fondata su norme morali o consuetudinarie **5** compenso dovuto come corrispettivo di un servizio offerto.

dirittùra *s.f.* **1** (*sport*) tratto rettilineo di una pista **2** senso dell'onesto.

diroccàto *agg.* cadente, in rovina.

dirottaménto *s.m.* azione delittuosa con cui si costringe un aereo o una nave a deviare dalla rotta stabilita.

dirottàre *v.tr.* [*io dirótto* ecc.] far deviare dalla rotta | compiere un dirottamento ♦ *v.intr.* [aus. *avere*] cambiare rotta.

dirótto *agg.* impetuoso e abbondante | *a* —, abbondantemente: *piove a* —.

dirozzàre *v.tr.* [*io dirózzo* ecc.] **1** sbozzare **2**

(*fig.*) ingentilire ♦ **-rsi** *v.intr.pron.* raffinarsi.
dirupàto *agg.* scosceso.
dirùpo *s.m.* scarpata.
disàbile *agg.* e *s.m.* e *f.* di persona che manca di alcune capacità fisiche o mentali; handicappato.
disabitàto *agg.* privo di abitanti.
disabituàre *v.tr.* [*io disabìtuo* ecc.] far perdere un'abitudine ♦ **-rsi** *v. rifl.* o *intr.pron.* perdere un'abitudine.
disaccòrdo *s.m.* mancanza di accordo; dissenso.
disadattaménto *s.m.* (*psicol.*) incapacità di adattarsi a ambienti o situazioni.
disadattàto *agg.* e *s.m.* [f. *-a*] (*psicol.*) che/chi soffre di disadattamento.
disadàtto *agg.* (*non com.*) non adatto.
disadórno *agg.* privo di ornamenti; spoglio.
disaffezióne *s.f.* perdita di affetto, di attaccamento per qlcu. o qlco.
disagévole *agg.* scomodo.
disaggregàre *v.tr.* [*io disaggrègo, tu disaggrèghi* ecc.] separare ciò che era aggregato ♦ **-rsi** *v.intr.pron.* dividersi.
disagiàto *agg.* privo di agi; scomodo.
disàgio *s.m.* **1** mancanza di agi, di comodità **2** imbarazzo.
disambientàto *agg.* che si trova a disagio in un ambiente nuovo.
disàmina *s.f.* esame accurato di qlco.
disamoràre *v.tr.* [*io disamóro* ecc.] far perdere l'amore, l'interesse ♦ **-rsi** *v.intr.pron.* perdere l'amore, l'interesse per una persona o una cosa.
disancoràre *v.tr.* [*io disàncoro* ecc.] **1** liberare dall'ancora **2** (*fig.*) liberare da un vincolo ♦ **-rsi** *v.rifl.* **1** liberarsi dall'ancora **2** (*fig.*) staccarsi.
disappetènza *s.f.* mancanza di appetito, inappetenza.
disapprovàre *v.tr.* [*io disappròvo* ecc.] non approvare, riprovare (anche *assol.*).
disapprovazióne *s.f.* il disapprovare; riprovazione.
disappùnto *s.m.* senso di delusione o di stizza dovuto a un contrattempo.
disarcionàre *v.tr.* [*io disarcióno* ecc.] gettare giù dall'arcione.
disarmàre *v.tr.* **1** privare delle armi **2** (*fig.*) togliere l'aggressività **3** (*mar.*) togliere una nave dal servizio attivo ♦ *v. intr.* [aus. *avere*] arrendersi.
disarmàto *agg.* **1** sprovvisto di armi **2** (*fig.*) indifeso, inerme.
disàrmo *s.m.* riduzione o abolizione degli armamenti, in vista di una politica di pace.
disarmonìa *s.f.* disaccordo.
disarmònico *agg.* [pl.m. *-ci*] non armonico, privo di armonia.
disarticolàre *v.tr.* [*io disartìcolo* ecc.] scomporre, disgregare ♦ **-rsi** *v.intr.pron.* disgregarsi.
disarticolàto privo di unità e di coerenza.
disarticolazióne *s.f.* il disarticolare, il disarticolarsi, l'essere disarticolato.
disastràto *agg.* e *s.m.* [f. *-a*] che/chi ha subito un disastro.
disàstro *s.m.* **1** calamità, catastrofe **2** (*estens.*) grave danno | (*fig.*) fallimento completo.
disastróso *agg.* **1** che produce disastri **2** assolutamente negativo □ **-mente** *avv.*
disattèndere *v.tr.* [coniugato come *tendere*] **1** (*burocr.*) non applicare, non osservare: — *una norma* **2** (*estens.*) non ascoltare.
disattènto *agg.* sbadato, distratto.
disattenzióne *s.f.* l'essere disattento; mancanza di attenzione.
disattivàre *v.tr.* rendere inattivo.
disavànzo *s.m.* (*fin.*) eccedenza delle uscite rispetto alle entrate; deficit.
disavventùra *s.f.* evento sfortunato.
disavvertènza *s.f.* sbadataggine.
disbrìgo *s.m.* [pl. *-ghi*] (*burocr.*) il disbrigare, lo sbrigare.
discàpito *s.m.* scapito, danno.
discàrica *s.f.* scarico di rifiuti | luogo in cui vengono abbandonati materiali di rifiuto.
discàrico *s.m.* [pl. *-chi*] discolpa, giustificazione.
discendènte *agg.* che procede dall'alto al basso, dal grande al piccolo ♦ *s.m.* e *f.* chi discende da qlcu. per vincolo di sangue.
discendènza *s.f.* **1** relazione tra un individuo e i suoi antenati **2** l'insieme dei discendenti.
discéndere *v.intr.* [coniugato come *scendere*; aus. *essere*] **1** scendere **2** smontare da un mezzo di locomozione **3** avere origine **4** (*fig.*) venire come conseguenza ♦ *v.tr.* scendere.
discépolo *s.m.* [f. *-a*] **1** (*lett.*) allievo, alunno **2** (*estens.*) chi segue l'insegnamento di qlcu. riconosciuto come maestro.
discèrnere *v.tr.* [*io discèrno* ecc.; mancano il part.pass. e i tempi composti] (*lett.*) **1** vedere chiaramente | (*estens.*) distinguere **2** (*fig.*) capire.
discerniménto *s.m.* capacità di giudicare; buon senso.
discésa *s.f.* **1** il discendere | calata, invasione dal nord **2** percorso in pendenza **3** (*sport*) gara di sci con percorso in forte pendenza.
discesìsta *s.m.* e *f.* [pl.m. *-sti*] (*sport*) sciatore specializzato nelle gare di discesa libera.

dischétto *s.m.* (*inform.*) floppy disk, disco flessibile per computer.
dischiùdere *v.tr.* [coniugato come *chiudere*] (*lett.*) aprire, schiudere ♦ **-rsi** *v.intr.pron.* (*lett.*) aprirsi, schiudersi.
discìnto *agg.* con le vesti scomposte e aperte.
disciògliere *v.tr.* [coniugato come *sciogliere*] **1** (*lett.*) sciogliere **2** liquefare; ridurre in soluzione ♦ **-rsi** *v.intr.pron.* sciogliersi, liquefarsi.
disciplìna *s.f.* **1** materia di studio e di insegnamento **2** il complesso delle norme che regolano una convivenza comunitaria; l'obbedienza a tali norme **3** (*estens.*) il controllo dei propri impulsi.
disciplinàre[1] *v.tr.* **1** (*non com.*) assoggettare, abituare a una disciplina **2** ordinare con norme **3** (*estens.*) frenare ♦ **-rsi** *v.rifl.* imporsi una disciplina.
disciplinàre[2] *agg.* che concerne la disciplina: *norme disciplinari* □ **-mente** *avv.*
disciplinàto *agg.* **1** rispettoso della disciplina **2** regolato, ordinato □ **-mente** *avv.*
disc-jockey *loc.sost.m.* e *f.invar.* (*ingl.*) nelle discoteche e nelle trasmissioni radiotelevisive, chi seleziona e presenta dischi di musica leggera.
dìsco *s.m.* [pl.m. *-schi*] **1** oggetto piatto e di forma circolare **2** (*sport*) attrezzo piatto circolare che si lancia **3** sottile piastra circolare di materiale plastico sulla quale si registrano suoni riproducibili da apparecchi fonografici **4** (*inform.*) supporto di memoria sul quale vengono memorizzati dati mediante un procedimento magnetico: — *rigido*, *fisso*, hard disk; — *flessibile*, floppy disk, minidisco **5** strumento di segnalazione ferroviaria **6** (*anat.*) anello fibroso interposto fra due capi articolari.
discòbolo *s.m.* [f. *-a*] atleta lanciatore di disco.
dìscolo *agg.* e *s.m.* [f. *-a*] detto di persona vivace, dispettosa e indisciplinata.
discólpa *s.f.* il discolpare, il discolparsi; ciò che discolpa.
discolpàre *v.tr.* [*io discólpo* ecc.] difendere dall'accusa di una colpa ♦ **-rsi** *v.rifl.* difendersi da un'accusa.
disconóscere *v.tr.* [coniugato come *conoscere*] non riconoscere.
disconosciménto *s.m.* il disconoscere, l'essere disconosciuto | — *di paternità*, (*dir.*) atto con cui si disconosce una presunta paternità.
discontìnuo *agg.* **1** privo di continuità **2** (*fig.*) incostante; disuguale □ **-mente** *avv.*
discopatìa *s.f.* (*med.*) malattia a carico di uno o più dischi posti tra le vertebre.
discordànte *agg.* **1** discorde **2** che stona.
discordànza *s.f.* il discordare, l'essere discordante.
discòrde *agg.* che discorda, contrastante.
discòrdia *s.f.* **1** divergenza di opinioni **2** mancanza di concordia.
discórrere *v.intr.* [coniugato come *correre*; aus. *avere*] parlare; conversare.
discorsìvo *agg.* di discorso | *stile*, *tono* —, (*estens.*) scorrevole □ **-mente** *avv.*
discórso *s.m.* **1** il parlare di un argomento rivolgendosi ad altri senza che questi intervengano; l'argomento di cui si discorre **2** (*estens.*) dialogo, conversazione **3** (*ling.*) enunciato che si articola in frasi concatenate | *parti del* —, le categorie nelle quali si dividono, in grammatica, le parole di una lingua (*nome*, *verbo*, *avverbio ecc.*).
discotèca *s.f.* **1** collezione di dischi musicali **2** locale pubblico in cui si balla al suono di dischi.
discount *s.m.invar.* (*ingl.*) (*comm.*) negozio o supermercato che vende la merce a prezzi inferiori a quelli di mercato.
discrédito *s.m.* perdita della stima, della reputazione.
discrepànza *s.f.* diversità, divergenza.
discréto *agg.* **1** misurato | non importuno **2** abbastanza buono □ **-mente** *avv.*
discrezionàle *agg.* affidato al giudizio personale.
discrezionalità *s.f.* (*dir.*) facoltà di decidere e giudicare discrezionalmente.
discrezióne *s.f.* **1** capacità di valutare e di scegliere **2** (*estens.*) piena libertà.
discriminàre *v.tr.* [*io discrìmino* ecc.] **1** distinguere **2** fare discriminazioni.
discriminazióne *s.f.* **1** il discriminare, l'essere discriminato; distinzione **2** — *razziale*, applicazione di provvedimenti restrittivi nei confronti di gruppi etnici diversi dal gruppo dominante.
discussióne *s.f.* **1** esame approfondito di una questione **2** (*estens.*) obiezione **3** (*estens.*) litigio **4** (*dir.*) nel processo civile, fase in cui possono intervenire oralmente i legali delle parti | nel processo penale, la parte riservata alle arringhe dei difensori e della parte civile e alla requisitoria del pubblico ministero.
discùtere *v.tr.* e *intr.* [pass.rem. *io discussi*, *tu discutésti* ecc.; part.pass. *discusso*; aus. dell'intr. *avere*] **1** esaminare qlco. mettendo a confronto differenti opinioni **2** contestare **3** (*assol.*) litigare.
discutìbile *agg.* che si può discutere; opinabile, dubbio.
disdegnàre *v.tr.* [*io disdégno* ecc.] disprezzare.
disdétta *s.f.* **1** (*dir.*) atto col quale si ma-

nifesta la volontà di recedere da un contratto **2** sfortuna.

disdire *v.tr.* [coniugato come *dire*] annullare un impegno | (*dir.*) dare la disdetta di un contratto.

diseducàre *v.tr.* [*io disèduco, tu disèduchi* ecc.] annullare i risultati di un'educazione.

diseducativo *agg.* che ha un effetto negativo per l'educazione.

diseducazióne *s.f.* il diseducare, l'essere diseducato.

disegnàre *v.tr.* [*io diségno ecc.*] **1** rappresentare qlco. per mezzo di linee (anche *assol.*) **2** (*fig.*) abbozzare nella mente **3** (*fig.*) descrivere.

disegnatóre *s.m.* [f. *-trice*] chi disegna per professione.

diségno *s.m.* **1** rappresentazione di qlco. per mezzo di linee e segni | — *animato*, (*cine.*) cartone animato **2** motivo ornamentale **3** arte di disegnare **4** (*fig.*) piano | — *di legge*, progetto di legge sottoposto all'esame del parlamento per l'approvazione.

diserbànte *agg.* e *s.m.* (*agr.*) prodotto chimico che elimina l'erba da un terreno.

diseredàre *v.tr.* [*io diserèdo ecc.*] privare dell'eredità.

diseredàto *agg.* e *s.m.* [f. *-a*] **1** che/chi è stato privato di un'eredità **2** (*estens.*) che/chi vive in estrema miseria.

disertàre *v.tr.* [pres. *io disèrto ecc.*; part.pass. *disertato*] lasciare volontariamente un luogo ♦ *v.intr.* [aus. *avere*] **1** (*mil.*) abbandonare senza autorizzazione il reparto di appartenenza | (*estens.*) passare al nemico **2** (*fig.*) abbandonare un partito, un'associazione.

disertóre *s.m.* [f. *-trice*] chi diserta.

diserzióne *s.f.* il disertare.

disfaciménto *s.m.* **1** il disfare, il disfarsi **2** (*fig.*) sfacelo.

disfàre *v.tr.* [pres. *io disfàccio o disfò o disfo, tu disfai, egli disfà o disfa, noi disfacciamo, voi disfate, essi disfanno* o *disfano*; nelle altre forme coniugato come *fare*] **1** distruggere, smontare **2** liquefare ♦ **-rsi** *v.rifl.* sbarazzarsi ♦ *v.intr.pron.* **1** guastarsi **2** sciogliersi **3** (*fig.*) andare in rovina.

disfàtta *s.f.* grave sconfitta.

disfattìsmo *s.m.* l'opera di chi ostacola la riuscita di un'impresa diffondendo sfiducia.

disfattìsta *agg.* e *s.m.* e *f.* [pl.m. *-sti*] che/chi compie opera di disfattismo.

disfàtto *agg.* distrutto | (*fig.*) gravemente prostrato.

disfunzióne *s.f.* **1** (*med.*) funzionamento irregolare di un organo **2** cattivo funzionamento; mancanza di efficienza.

disgèlo *s.m.* **1** scioglimento del ghiaccio **2** (*fig.*) miglioramento dei rapporti tra persone o gruppi prima ostili; distensione.

disgiùngere *v.tr.* [coniugato come *giungere*] separare, staccare ♦ **-rsi** *v.rifl.* e *v.rifl.rec.* separarsi, staccarsi.

disgiuntìvo *agg.* che disgiunge | *congiunzione disgiuntiva*, (*gramm.*) quella che disgiunge sintatticamente e logicamente due elementi di una proposizione o di un periodo; *proposizioni disgiuntive*, quelle coordinate da congiunzioni disgiuntive.

disgiùnto *agg.* separato □ **-mente** *avv.*

disgràzia *s.f.* **1** perdita del favore altrui **2** cattiva sorte | evento doloroso.

disgraziàto *agg.* **1** che ha sorte avversa | sciagurato **2** che ha avuto un esito negativo ♦ *s.m.* [f. *-a*] **1** persona colpita da una disgrazia **2** persona malvagia, disonesta □ **-mente** *avv.*

disgregaménto *s.m.* disgregazione (spec. *fig.*).

disgregàre *v.tr.* [*io disgrègo, tu disgrèghi* ecc.] dividere qlco. nelle parti che la compongono | (*fig.*) privare di coesionea ♦ **-rsi** *v.intr.pron.* frantumarsi | (*fig.*) perdere la coesione.

disgregazióne *s.f.* il disgregare, il disgregarsi, l'essere disgregato (anche *fig.*).

disguìdo *s.m.* errore involontario; equivoco.

disgustàre *v.tr.* provocare disgusto (anche *fig.*).

disgùsto *s.m.* **1** sensazione sgradevole **2** (*fig.*) sentimento di avversione, di repulsione.

disgustóso *agg.* che provoca disgusto (anche *fig.*).

disidratàre *v.tr.* eliminare la parte acquea di una sostanza, di un corpo ♦ **-rsi** *v. intr.pron.* subire una disidratazione.

disidratazióne *s.f.* **1** (*scient.*) eliminazione di acqua da una sostanza o da un corpo **2** (*med.*) perdita di liquidi organici che altera le normali funzioni fisiologiche.

disillùso *agg.* e *s.m.* [f. *-a*] che/chi non ha più illusioni.

disimparàre *v.tr.* dimenticare ciò che si è imparato.

disimpegnàre *v.tr.* [*io disimpégno ecc.*] **1** liberare da un impegno **2** rendere indipendente un ambiente **3** riscattare una cosa data in pegno ♦ **-rsi** *v. intr.pron.* **1** liberarsi da un impegno **2** cavarsela bene.

disimpégno *s.m.* **1** il disimpegnare, il disimpegnarsi **2** locale che serve da ripostiglio o da accesso ad altri locali **3** mancanza di un impegno politico e sociale.

disincagliàre *v.tr.* [*io disincàglio ecc.*] **1** (*mar.*) liberare da un incaglio **2** (*fig.*)

sbloccare, riavviare ♦ **-rsi** *v.rifl.* o *intr.pron.* (*mar.*) uscire da un incaglio.
disincentivàre *v.tr.* sfavorire togliendo gli incentivi o mettendo ostacoli.
disinfestàre *v.tr.* [*io disinfèsto ecc.*] **1** liberare da animali nocivi **2** (*fig.*) liberare da qlco. di invadente e dannoso.
disinfestazióne *s.f.* il disinfestare, l'essere disinfestato; il trattare con un disinfestante.
disinfettànte *agg.* e *s.m.* si dice di sostanza atta a disinfettare.
disinfettàre *v.tr.* [*io disinfètto ecc.*] liberare dai germi patogeni.
disinfezióne *s.f.* il disinfettare, l'essere disinfettato.
disinformàto *agg.* poco o male informato.
disingannàre *v.tr.* far perdere le speranze, le illusioni; disilludere ♦ **-rsi** *v.intr.pron.* disilludersi.
disingànno *s.m.* il disingannare, il disingannarsi; disillusione, delusione.
disinibìto *agg.* privo di inibizioni; spregiudicato.
disinnescàre *v.tr.* [*io disinnésco, tu disinnéschi ecc.*] **1** privare dell'innesco: — *una mina* **2** (*fig.*) togliere a un fenomeno nocivo la sua potenzialità di pericolo.
disinnésco *s.m.* [pl. *-schi*] il disinnescare, l'essere disinnescato.
disinnestàre *v.tr.* [*io disinnèsto ecc.*] (*mecc.*) svincolare da un innesto ♦ **-rsi** *v.intr.pron.* (*mecc.*) svincolarsi da un innesto.
disinquinàre *v.tr.* liberare dall'inquinamento.
disintegràre *v.tr.* [*io disìntegro ecc.*] distruggere in frammenti minuti | — *l'atomo*, (*fis.*) provocarne la divisione in particelle subatomiche ♦ **-rsi** *v. intr.pron.* ridursi in frammenti.
disintegrazióne *s.f.* il disintegrare, il disintegrarsi, l'essere disintegrato.
disinteressàrsi *v.intr.pron.* non occuparsi di qlcu. o qlco.
disinteressato *agg.* detto di persona, che non agisce per interesse; di azione, che non è fatta per ricavarne un vantaggio □ **-mente** *avv*.
disinterèsse *s.m.* **1** indifferenza **2** noncuranza del proprio interesse materiale o morale.
disintossicàre *v.tr.* [*io disintòssico, tu disintòssichi ecc.*] liberare da ciò che intossica ♦ **-rsi** *v.rifl.* eliminare dal proprio organismo le sostanze tossiche.
disintossicazióne *s.f.* il disintossicare, il disintossicarsi.
disinvòlto *agg.* **1** che non è impacciato; spigliato **2** (*estens.*) spregiudicato, sfacciato □ **-mente** *avv*.
disinvoltùra *s.f.* **1** l'essere disinvolto **2** (*estens.*) sfrontatezza | leggerezza.
dislalìa *s.f.* (*med.*) disturbo nell'articolazione delle parole.
dislessìa *s.f.* (*med.*, *psicol.*) incapacità di riconoscere o ricordare le parole scritte che si manifesta, nella lettura, con trasposizioni e inversioni di parole o di sillabe.
dislivèllo *s.m.* differenza di livello (anche *fig.*).
dislocaménto *s.m.* il dislocare, l'essere dislocato.
dislocàre *v.tr.* [*io dislòco, tu dislòchi ecc.*] collocare, trasferire in un luogo.
dislocazióne *s.f.* il dislocare, l'essere dislocato.
dismenorrèa *s.f.* (*med.*) mestruazione dolorosa.
dismésso *agg.* smesso, disusato.
disobbligàrsi *v.rifl.* [*io mi disòbbligo, tu ti disòbblighi ecc.*] contraccambiare una cortesia ricevuta; sdebitarsi.
disoccupàto *agg.* e *s.m.* [f. *-a*] si dice di persona che non ha un lavoro.
disoccupazióne *s.f.* la condizione di chi non ha lavoro | il fenomeno sociale della scarsità dei posti di lavoro.
disonestà *s.f.* **1** l'essere disonesto **2** azione disonesta.
disonèsto *agg.* **1** che manca di onestà **2** immorale ♦ *s.m.* [f. *-a*] persona disonesta □ **-mente** *avv.*
disonoràre *v.tr.* [*io disonóro ecc.*] privare dell'onore; infamare ♦ **-rsi** *v.rifl.* perdere l'onore.
disonóre *s.m.* **1** perdita dell'onore **2** azione, persona che disonora.
disordinàto *agg.* **1** che non è in ordine **2** che non tiene in ordine le sue cose **3** sregolato □ **-mente** *avv*.
disórdine *s.m.* **1** mancanza di ordine; confusione (anche *fig.*) **2** (*estens.*) cattivo funzionamento; cattiva organizzazione **3** sregolatezza **4** *pl.* insieme di fatti che turbano l'ordine pubblico.
disorgànico *agg.* [pl.m. *-ci*] privo di organicità □ **-mente** *avv*.
disorganizzàto *agg.* privo di organizzazione: *un servizio* —.
disorganizzazióne *s.f.* mancanza di organizzazione.
disorientaménto *s.m.* l'essere disorientato; confusione, smarrimento.
disorientàre *v.tr.* [*io disoriènto ecc.*] far perdere l'orientamento | (*fig.*) confondere ♦ **-rsi** *v.intr.pron.* perdere l'orientamento | (*fig.*) confondersi.
disorientàto *agg.* smarrito.

dispàccio *s.m.* **1** comunicazione scritta di un'autorità riguardante affari di stato | — *diplomatico*, lettera diplomatica **2** (*estens.*) informazione scritta.
disparàto *agg.* molto diverso.
dìspari *agg.* **1** si dice di numero non divisibile per due **2** che è inferiore, inadeguato; impari.
disparità *s.f.* disuguaglianza.
dispèndio *s.m.* spesa notevole | (*fig.*) consumo eccessivo.
dispendióso *agg.* costoso □ **-mente** *avv.*
dispènsa *s.f.* **1** locale o mobile in cui si conservano i cibi **2** ciascun fascicolo di un'opera pubblicata con cadenza periodica **3** esonero.
dispensàre *v.tr.* [*io dispènso ecc.*] **1** esonerare da un obbligo **2** distribuire.
dispensàrio *s.m.* ambulatorio dove è possibile ricevere assistenza medica e medicine per determinate malattie.
dispepsìa *s.f.* (*med.*) alterazione della funzione digestiva.
disperàre *v.tr.* [*io dispèro ecc.*] perdere la speranza: — *di salvare qlcu.* ♦ *v.intr.* [aus. *avere*] perdere la speranza riguardo a qlco.: — *della guarigione* ♦ **-rsi** *v.intr.pron.* lasciarsi prendere dalla disperazione.
disperàto *agg.* **1** che è in preda alla disperazione **2** che è provocato dalla disperazione: *gesto* — **3** che non lascia speranze ♦ *s.m.* [f. *-a*] chi è in preda alla disperazione □ **-mente** *avv.*
disperazióne *s.f.* **1** stato d'animo di chi vive nello sconforto **2** cosa o persona che fa disperare.
dispèrdere *v.tr.* [coniugato come *perdere*] **1** sparpagliare **2** (*fig.*) dissipare **3** (*fis.*) produrre una dispersione ♦ **-rsi** *v.rifl.* o *intr.pron.* **1** sparpagliarsi | (*estens.*) diradarsi **2** (*fig.*) sciupare le proprie forze intellettuali.
dispersióne *s.f.* **1** il disperdere, il disperdersi, l'essere disperso **2** (*fis.*) separazione di un'onda elettromagnetica o sonora complessa nelle sue componenti elementari.
dispersività *s.f.* l'essere dispersivo.
dispersìvo *agg.* che tende a disperdersi (spec. *fig.*); *un lavoro* —, poco concreto □ **-mente** *avv.*
dispèrso *agg.* **1** (*non com.*) disseminato **2** smarrito | (*fig.*) dell'aspetto di una persona, sperduto ♦ *agg.* e *s.m.* [f. *-a*] si dice di soldato del quale, al termine di una guerra, non si abbia notizia | si dice di persona scomparsa in un disastro, ma la cui morte non è accertata.
dispètto *s.m.* atto compiuto per dare dispiacere o noia | *a — di*, contro la volontà.
dispettóso *agg.* **1** che si compiace di fare dispetti | (*estens.*) fastidioso **2** che è fatto per dispetto □ **-mente** *avv.*
dispiacére[1] *v.intr.* [coniugato come *piacere*; aus. *essere*] **1** non piacere, essere sgradito **2** essere causa di rammarico ♦ **-rsi** *v.intr.pron.* provare rincrescimento; aversela a male.
dispiacére[2] *s.m.* **1** sentimento di pena, di amarezza **2** cosa, fatto che arreca dolore.
display *s.m.invar.* (*ingl.*) (*elettron.*) schermo o quadrante che mostra i dati forniti da un'apparecchiatura elettronica.
dispnèa *s.f.* (*med.*) difficoltà di respirazione.
disponìbile *agg.* di cui si può disporre | libero da impegni | ben disposto ad andare incontro alle esigenze degli altri.
disponibilità *s.f.* **1** l'essere disponibile **2** (spec. *pl.*) il denaro di cui si può disporre.
dispórre *v.tr.* [coniugato come *porre*] **1** collocare in un certo ordine **2** preparare **3** mettere in una determinata condizione di spirito **4** stabilire ♦ *v.intr.* [aus. *avere*] possedere ♦ **-rsi** *v.rifl.* **1** collocarsi in un certo ordine **2** prepararsi.
dispositìvo *s.m.* congegno o elemento che serve per compiere una determinata funzione.
disposizióne *s.f.* **1** l'essere disposto, il disporsi; modo in cui qlco. o qlcu. è disposto **2** stato d'animo | predisposizione **3** norma **4** possibilità di disporre.
dispósto *agg.* **1** collocato in un certo modo **2** pronto **3** deliberato.
dispòtico *agg.* [pl.m. *-ci*] tirannico □ **-mente** *avv.*
dispotìsmo *s.m.* **1** governo assoluto | — *illuminato*, nel sec. XVIII, il governo di sovrani assoluti che miravano a promuovere il progresso sociale e civile dei sudditi **2** (*fig.*) estremo autoritarismo.
dispregiatìvo *agg.* **1** che esprime disprezzo **2** (*gramm.*) peggiorativo.
disprezzàre *v.tr.* [*io disprèzzo ecc.*] **1** considerare con disprezzo **2** non tenere in alcun conto.
disprèzzo *s.m.* **1** assoluta mancanza di stima o di interesse **2** noncuranza.
dìsputa *s.f.* discussione, dibattito | contesa.
disputàre *v.intr.* [*io disputo ecc.*; aus. *avere*] discutere | litigare ♦ *v.tr.* prendere parte a una competizione sportiva.
dissacrànte *agg.* che critica senza ritegno.
dissalàre *v.tr.* [*io dissànguo ecc.*] **1** (*tecn.*) eliminare o ridurre la quantità di sali presenti in un liquido **2** liberare dall'eccesso di sale.

dissalatóre *s.m.* (*tecn.*) apparecchio o impianto per dissalare.
dissanguàre *v.tr.* [*io dissànguo ecc.*] **1** privare del sangue un corpo vivente **2** (*fig.*) sfruttare avidamente dal punto di vista economico ♦ **-rsi** *v.rifl.* o *intr.pron.* **1** perdere tutto il sangue **2** (*fig.*) rovinarsi economicamente.
dissapóre *s.m.* disaccordo non grave.
disseminàre *v.tr.* [*io dissémino ecc.*] **1** spargere qua e là **2** (*fig.*) diffondere.
dissennàto *agg.* e *s.m.* [f. *-a*] privo di senno; stolto □ **-mente** *avv.*
dissènso *s.m.* **1** divergenza d'opinioni **2** divergenza ideologica di un gruppo minoritario **3** disapprovazione.
dissenterìa *s.f.* (*med.*) malattia intestinale che provoca diarrea.
dissentìre *v.intr.* [*io dissènto ecc.*; aus. *avere*] essere di parere diverso.
dissenziènte *agg.* e *s.m.* e *f.* che/chi dissente.
disseppellìre *v.tr.* [coniugato come *seppellire*] levare dalla sepoltura, esumare | (*estens.*) riportare alla luce.
dissertazióne *s.f.* discorso o scritto critico su un argomento specifico.
disservìzio *s.m.* cattivo funzionamento di un servizio.
dissestàto *agg.* che si trova in dissesto.
dissèsto *s.m.* **1** stato di grave decadimento **2** grave passività patrimoniale.
dissetàre *v.tr.* [*io disséto ecc.*] togliere la sete ♦ **-rsi** *v.rifl.* togliersi la sete.
dissezióne *s.f.* sezionamento di un cadavere a scopo di studio.
dissidènte *agg.* e *s.m.* e *f.* che/chi fa parte di un gruppo di dissenso ideologico.
dissìdio *s.m.* contrasto fra persone suscitato da diversità di idee o di voleri | contrasto fra idee, sentimenti, valori.
dissìmile *agg.* differente, diverso.
dissimulàre *v.tr.* [*io dissìmulo ecc.*] nascondere, non lasciar trasparire.
dissimulazióne *s.f.* il dissimulare; capacità di dissimulare.
dissipàre *v.tr.* [*io dissipo ecc.*] **1** disperdere (anche *fig.*) **2** sperperare ♦ **-rsi** *v.intr.pron.* disperdersi, svanire (anche *fig.*).
dissipàto *agg.* ozioso, scioperato.
dissipazióne *s.f.* il dissipare, l'essere dissipato.
dissociàre *v.tr.* [*io dissòcio ecc.*] separare idee o cose di solito unite ♦ **-rsi** *v.rifl.* non aderire a qlco.
dissociàto *agg.* separato ♦ *agg.* e *s.m.* [f. -*a*] **1** (*psich.*) che/chi soffre di dissociazione **2** che/chi si dissocia.
dissociazióne *s.f.* **1** il dissociare, il dissociarsi, l'essere dissociato **2** (*psich.*) alterazione delle normali capacità di associazione logica **3** (*chim.*) scissione di una molecola.
dissodàre *v.tr.* [*io dissòdo ecc.*] rompere e lavorare un terreno incolto.
dissoluto *agg.* [*io dissòdo ecc.*] privo di ogni freno morale: vizioso ♦ *s.m.* [f. *-a*] □ **-mente** *avv.*
dissolvènza *s.f.* (*cine.*) effetto per cui un'immagine scompare gradualmente.
dissòlvere *v.tr.* [coniugato come *risolvere*] far sparire (anche *fig.*) ♦ **-rsi** *v.intr.pron.* svanire, disciogliersi (anche *fig.*)
dissuadére *v.tr.* [pass.rem. *io dissuasi, tu dissuadésti ecc.*; part.pass. *dissuaso*] indurre qlcu. a desistere da un proposito.
dissuasióne *s.f.* il dissuadere, l'essere dissuaso.
distaccaménto *s.m.* (*mil.*) gruppo di soldati distaccato dal reparto a cui appartiene.
distaccàre *v.tr.* [*io distacco, tu distacchi ecc.*] **1** staccare, allontanare (anche *fig.*) | (*sport*) infliggere un distacco agli avversari **2** (*mil.*) inviare un gruppo di militari in una località diversa da quella in cui è dislocato il reparto al quale appartengono ♦ **-rsi** *v.intr.pron.* staccarsi.
distaccàto *agg.* indifferente, freddo.
distàcco *s.m.* [pl. *-chi*] **1** il distaccare, il distaccarsi, l'essere distaccato (anche *fig.*) **2** (*sport*) distanza di spazio, di tempo o di punti fra i partecipanti a una competizione sportiva **3** (*fig.*) indifferenza.
distànte *agg.* **1** lontano nello spazio o nel tempo **2** (*fig.*) diverso ♦ *avv.* lontano.
distànza *s.f.* **1** spazio che intercorre tra due luoghi; intervallo di tempo fra due eventi **2** (*sport*) nelle gare di corsa, la lunghezza del percorso.
distanziàre *v.tr.* [*io distànzio ecc.*] **1** porre a una determinata distanza **2** lasciare dietro di sé a una certa distanza.
distèndere *v.tr.* [coniugato come *tendere*] **1** tendere, allungare | svolgere **2** mettere a giacere **3** (*fig.*) rendere meno teso ♦ **-rsi** *v.rifl.* o *intr.pron.* **1** mettersi a giacere **2** estendersi **3** (*fig.*) rilassarsi.
distensióne *s.f.* **1** il distendere, il distendersi **2** (*fig.*) calma | miglioramento di una situazione politica tesa.
distensìvo *agg.* atto a produrre una distensione (spec. *fig.*).
distésa *s.f.* **1** grande estensione **2** insieme di oggetti disposti l'uno accanto all'altro.
disteso *agg.* **1** steso, spiegato **2** che giace **3** (*fig.*) rilassato.
dìstico *s.m.* [pl. *-ci*] (*metr.*) strofa di due versi.

distillàre *v.tr.* (*chim.*) sottoporre a distillazione | ottenere per distillazione.
distillazióne *s.f.* (*chim.*) operazione per separare un liquido volatile dalle sostanze non volatili in esso disciolte; si effettua portando il liquido all'ebollizione e condensando per raffreddamento i vapori.
distillerìa *s.f.* industria che effettua distillazioni.
distìnguere *v.tr.* [pres. *io distinguo ecc.*; pass.rem. *io distinsi, tu distinguésti ecc.*; part.pass. *distinto*] **1** separare con la mente una cosa da un'altra rilevandone la differenza **2** rendere riconoscibile ♦ **-rsi** *v.intr.pron.* essere riconoscibile.
distìnta *s.f.* elenco; lista | — *di versamento*.
distintivo *agg.* atto a distinguere ♦ *s.m.* contrassegno che si porta sul vestito per indicare l'appartenenza a un gruppo.
distìnto *agg.* **1** separato, differente **2** facilmente percepibile **3** signorile □ **-mente** *avv.*
distinzióne *s.f.* **1** il distinguere **2** differenza **3** signorilità.
distògliere *v.tr.* [coniugato come *togliere*] allontanare, distrarre | dissuadere ♦ **-rsi** *v.rifl.* distrarsi | desistere.
distòrcere *v.tr.* [coniugato come *torcere*] produrre una distorsione ♦ **-rsi** *v.rifl.* o *intr.pron.* subire una distorsione.
distorsióne *s.f.* **1** alterazione, deformazione | (*fig.*) stravolgimento **2** (*med.*) lesione di un'articolazione **3** (*fis.*) trasmissione deformata di un segnale acustico o elettrico.
distràrre *v.tr.* [coniugato come *trarre*] **1** far volgere altrove **2** sviare qlcu. da un'attività **3** divertire ♦ **-rsi** *v.rifl.* **1** sviare la propria attenzione da un'attività **2** svagarsi.
distràtto *agg.* e *s.m.* [f. *-a*] che/chi è disattento □ **-mente** *avv.*
distrazióne *s.f.* **1** condizione in cui il pensiero, l'attenzione sono lontani dalla realtà circostante | errore compiuto mentre si è distratti **2** svago **3** (*dir.*) impiego di denaro per uno scopo diverso da quello a cui era destinato.
distrétto *s.m.* suddivisione del territorio a fini amministrativi.
distribuìre *v.tr.* [*io distribuisco, tu distribuisci ecc.*] **1** ripartire | dispensare **2** disporre **3** effettuare una distribuzione.
distributivo *agg.* che serve a distribuire □ **-mente** *avv.*
distributóre *s.m.* [f. *-trice*] **1** addetto a una distribuzione **2** apparecchio che distribuisce un prodotto.
distribuzióne *s.f.* **1** il distribuire, l'essere distribuito; il modo in cui le cose sono distribuite **2** (*econ.*) l'insieme delle attività commerciali che portano beni e servizi dalla produzione al consumo.
districàre *v.tr.* [*io districo, tu districhi ecc.*] sbrogliare qlco. che si presenta intricato ♦ **-rsi** *v.rifl.* liberarsi | (*fig.*) trarsi d'impaccio.
distrofìa *s.f.* (*med.*) stato di cattiva nutrizione dell'organismo o dei tessuti.
distrùggere *v.tr.* [pres. *io distruggo, tu distruggi ecc.*; pass.rem. *io distrussi, tu distruggésti ecc.*; part.pass. *distrutto*] rovinare in modo irreparabile e totale (anche *fig.*) ♦ **-rsi** *v.rifl.* rovinarsi.
distruzióne *s.f.* il distruggere, l'essere distrutto; rovina.
disturbàre *v.tr.* **1** molestare **2** provocare malessere fisico **3** ostacolare il normale svolgimento di qlco. ♦ **-rsi** *v.rifl.* prendersi il fastidio (in frasi di cortesia).
distùrbo *s.m.* **1** il disturbare, il disturbarsi; fastidio, incomodo **2** malessere **3** (*telecom.*) rumore o altro che impedisce una buona ricezione.
disubbidiènza *s.f.* **1** abitudine a disubbidire **2** atto con cui si disubbidisce.
disubbidìre *v.intr.* [*io disubbidisco, tu disubbidisci ecc.*; aus. *avere*] non ubbidire.
disuguagliànza *s.f.* l'essere disuguale; disparità.
disuguàle *agg.* **1** diverso **2** discontinuo.
disumàno *agg.* **1** che manca di umanità; crudele **2** che non si addice alle capacità, alle qualità, alla dignità dell'uomo.
disunióne *s.f.* cessazione o mancanza di unione.
disunìre *v.tr.* [*io disunisco, tu disunisci ecc.*] **1** separare **2** (*fig.*) dividere ♦ **-rsi** *v.rifl.* e *rifl.rec.* dividersi.
disùso *s.m.* solo nella loc. avv. *in* —, non più in uso.
ditàle *s.m.* piccolo cappuccio di materiale rigido, usato per proteggere il dito col quale si spinge l'ago quando si cuce.
ditàta *s.f.* **1** colpo dato con un dito **2** impronta lasciata con un dito.
dìto *s.m.* [pl.f. *le dita*; pop. *i diti*, obbligatorio quando è seguito dal nome delle dita: *i diti mignoli*] **1** ciascuna delle parti mobili con cui terminano le mani e i piedi | *non alzare un* —, (*fig.*) non fare nulla | *mordersi le dita*, (*fig.*) provare | *mettere il — sulla piaga*, (*fig.*) toccare il punto dolente di una questione **2** parte del guanto che ricopre il dito **3** misura corrispondente pressappoco alla larghezza di un dito.
dìtta *s.f.* impresa che svolge un'attività economica; la sede in cui opera.
dittatóre *s.m.* [f. *-trice*] **1** capo di una dittatura **2** (*estens.*) persona autoritaria.
dittatùra *s.f.* regime politico in cui tutti i poteri sono concentrati in un solo organo,

individuale o collegiale, che li esercita al di fuori d'ogni controllo.
dìtteri *s.m.pl.* (*zool.*) ordine di insetti con un solo paio di ali.
dìttico *s.m.* [pl. *-ci*] immagine sacra dipinta su due tavolette collegate insieme.
dittòngo *s.m.* [pl. *-ghi*] (*ling.*) gruppo fonetico formato da una semiconsonante combinata con una vocale nella medesima sillaba.
diurèsi *s.f.* (*med.*) secrezione di urina.
diurètico *agg.* [pl.m. *-ci*] che favorisce la diuresi.
diùrno *agg.* del giorno; che avviene di giorno | *albergo —*.
dìva *s.f.* attrice o cantante molto famosa.
divagàre *v.intr.* [*io divago, tu divaghi ecc.*; aus. *avere*] allontanarsi dall'argomento ♦ **-rsi** *v.rifl.* prendersi un po' di divertimento.
divagazióne *s.f.* il divagare; digressione.
divampàre *v.intr.* [aus. *essere*] **1** ardere con fiamma grande e improvvisa: *un incendio divampò* **2** (*fig.*) manifestarsi con impeto.
divàno *s.m.* lungo sedile imbottito, a più posti; sofà.
divaricàre *v.tr.* [*io divàrico, tu divàrichi ecc.*] far divergere, allargare ♦ **-rsi** *v.intr.pron.* allargarsi, divergere.
divàrio *s.m.* diversità, differenza.
divenìre *v.intr.* [coniugato come *venire*; aus. *essere*] (*lett.*) diventare ♦ *s.m.* il trasformarsi.
diventàre *v.intr.* [*io divènto ecc.*; aus. *essere*] trasformarsi in qlco. | *— matto*, (*fig.*) perdere la testa.
divèrbio *s.m.* discussione animata.
divergènza *s.f.* il divergere, l'essere divergente.
divèrgere *v.intr.* [*io divèrgo, tu divèrgi ecc.*; non usati il pass.rem. e il part.pass.] **1** muovere in direzioni diverse **2** (*fig.*) essere nettamente diverso.
diversificàre *v.tr.* [*io diversìfico, tu diversìfichi ecc.*] rendere diverso ♦ *v.intr.* [aus. *essere*], **diversificarsi** *v.intr.pron.* essere diverso.
diversità *s.f.* l'essere diverso | ciò per cui una cosa è diversa da un'altra.
diversìvo *s.m.* quanto serve a distrarre.
divèrso *agg.* [posposto al nome] che differisce ♦ *agg.indef.* [premesso a un nome collettivo o a un sost. plurale] molto, molti ♦ *s.m.* [f. *-a*] persona la cui condizione differisce da quella che costituisce la normalità □ **-mente** *avv.*
divertènte *agg.* piacevole.
divertìcolo *s.m.* (*anat., med.*) estroflessione, normale o patologica, dell'intestino.
divertiménto *s.m.* ciò che serve a divertire; svago.
divertìre *v.tr.* [*io divèrto ecc.*] ricreare lo spirito ♦ **-rsi** *v.rifl.* ricrearsi distraendosi e prendendo gusto nel fare qlco.
dividèndo *s.m.* **1** (*mat.*) quantità da dividere **2** (*fin.*) utile da distribuirsi tra i soci di una società per azioni.
divìdere *v.tr.* [pass.rem. *io divisi, tu dividésti ecc.*; part.pass. *diviso*] **1** scomporre **2** separare (anche *fig.*) **3** suddividere **4** distribuire **5** condividere **6** (*mat.*) eseguire una divisione ♦ **-rsi** *v.rifl.* **1** separarsi **2** suddividersi ♦ *v.rifl.rec.* detto di coniugi, separarsi ♦ *v.intr. pron.* **1** fendersi **2** esser suddiviso.
divièto *s.m.* proibizione.
divinazióne *s.f.* arte di prevedere il futuro.
divincolàrsi *v.rifl.* [*io mi divìncolo ecc.*] contorcersi, dimenarsi per liberarsi da una stretta.
divinità *s.f.* **1** essere divino; dio **2** natura divina.
divìno *agg.* **1** di Dio **2** (*fig.*) perfetto | (*iperb.*) bellissimo ♦ *s.m.* l'essenza divina □ **-mente** *avv.*
divìsa[1] *s.f.* uniforme.
divìsa[2] *s.f.* (*fin.*) valuta estera.
divisióne *s.f.* **1** il dividere, il dividersi, l'essere diviso **2** (*mat.*) operazione aritmetica con la quale si calcola quante volte un numero contiene un altro numero **3** settore di un'amministrazione, di un'azienda | (*mil.*) unità dell'esercito o dell'aviazione composta di più brigate.
divìsmo *s.m.* fenomeno di infatuazione collettiva per i divi dello spettacolo | il comportamento esibizionistico con cui tali personaggi alimentano il fenomeno.
divisòrio *agg.* e *s.m.* che serve a dividere.
dìvo *s.m.* personaggio di grande popolarità.
divoràre *v.tr.* [*io divóro ecc.*] **1** mangiare con voracità **2** (*estens.*) distruggere | (*fig.*) consumare in profondità.
divorziàre *v.intr.* [*io divòrzio ecc.*; aus. *avere*] sciogliere mediante divorzio il proprio matrimonio.
divòrzio *s.m.* (*dir.*) scioglimento legale del matrimonio.
divulgàre *v.tr.* [*io divulgo, tu divulghi ecc.*] **1** rendere noto a molti **2** esporre a un vasto pubblico cognizioni di ambito specialistico ♦ **-rsi** *v.intr. pron.* diffondersi, divenire largamente noto.
divulgazióne *s.f.* il divulgare, il divulgarsi, l'essere divulgato.
dizionàrio *s.m.* volume che raccoglie le parole di una lingua definendone i vari significati; vocabolario; *— bilingue*, in cui le

parole di una lingua sono messe in corrispondenza con le equivalenti di un'altra.
dizióne *s.f.* tecnica propria di attori, oratori, annunciatori nel pronunciare le parole in modo chiaro e intelligibile.
DNA *s.m.invar.* (*biol.*) acido a cui è affidata la sintesi delle proteine e che costituisce la sostanza fondamentale dei geni.
do *s.m.* (*mus.*) nota musicale, la prima della scala di do.
dobermann *s.m.invar.* (*ted.*) cane da guardia di media taglia.
DOC *agg.invar.* si dice di vino le cui caratteristiche e la cui provenienza territoriale sono garantite.
dóccia *s.f.* [pl. *-ce*] impianto idraulico terminante in una bocchetta traforata da cui fuoriesce acqua a pioggia; il bagno d'acqua effettuato utilizzando tale impianto.
docènte *s.m.* e *f.* insegnante ♦ *agg.*
dòcile *agg.* che si sottomette facilmente; mansueto.
documentàre *v.tr.* [*io documénto ecc.*] corredare di documenti; provare con documenti ♦ **-rsi** *v.rifl.* provvedersi di documentazioni.
documentàrio *agg.* che si fonda su documenti ♦ *s.m.* (*cine.*, *tv*) cortometraggio che illustra aspetti della realtà.
documentazióne *s.f.* **1** il documentare, il documentarsi, l'essere documentato **2** l'insieme dei documenti.
documénto *s.m.* **1** scritto che attesta o certifica la realtà | (spec. *pl.*) mezzo di identificazione personale **2** qualunque oggetto materiale che possa essere utilizzato a scopo di studio, di ricerca | testimonianza storica.
dodeca- primo elemento di parole composte, che significa 'dodici'.
dodecafonìa *s.f.* (*mus.*) metodo di composizione che organizza in serie tutti i dodici suoni della scala cromatica, svincolandoli dalle strutture tonali tradizionali.
dodecasìllabo *agg.* e *s.m.* verso formato da dodici sillabe.
dódici *agg.num.card.invar.* numero naturale corrispondente a una decina più due unità.
dóga *s.f.* assicella di legno; in particolare, ognuna di quelle che formano il corpo di botti e barili.
dogàna *s.f.* ufficio che controlla il passaggio di beni alla frontiera di uno stato e riscuote gli eventuali dazi.
doganière *s.m.* guardia di finanza che presta servizio in dogana.
dòge *s.m.* [pl. *-gi*] (*st.*) la più alta autorità delle repubbliche di Venezia e di Genova.
dòglia *s.f. pl.* i dolori causati dalle contrazioni dell'utero durante il parto.
dògma *s.m.* [pl. *-mi*] **1** (*teol.*) verità rivelata da Dio e come tale accettata indiscutibilmente dai credenti **2** (*estens.*) principio assoluto, indiscutibilmente vero.
dogmatìsmo *s.m.* la tendenza a ritenere indiscutibili le proprie opinioni.
dogsitter *s.m.* e *f. invar.* persona che dietro compenso si prende cura di un cane.
dolby *s.m.invar.* (*ingl.*) nell'alta fedeltà, sistema di attenuazione del rumore di fondo ottenuta filtrando differentemente il segnale e il rumore.
dólce *agg.* **1** che ha il sapore gradevole dello zucchero | *formaggio* —, poco salato, non piccante **2** (*fig.*) mite **3** (*fig.*) gentile, affettuoso | caro, amato | che dà piacere all'animo ♦ *s.m.* **1** vivanda dolce | *pl.* dolciumi **2** gusto dolce □ **-mente** *avv.* con dolcezza (spec. *fig.*).
dolcézza *s.f.* **1** qualità di ciò che è dolce (anche *fig.*) **2** (*fig.*) sentimento di felicità mista a tenerezza.
dolciàstro *agg.* **1** di un dolce sgradevole **2** (*fig.*) sdolcinato.
dolcificànte *agg.* e *s.m.* sostanza usata per dare un sapore dolce ad alimenti e bevande.
dolcificàre *v.tr.* [*io dolcìfico, tu dolcìfichi ecc.*] rendere dolce.
dolciùme *s.m.* (spec. *pl.*) i prodotti di pasticceria.
dolènte *agg.* **1** che duole **2** afflitto, dispiaciuto.
dolére *v.intr.* [pres. *io dòlgo, tu duòli, egli duòle, noi doliamo, voi doléte, essi dòlgono*; fut. *io dorrò ecc.*; pass.rem. *io dòlsi, tu doléstì ecc.*; congiunt.pres. *io dòlga..., noi doliamo, voi doliate, essi dòlgano*; cond.pres. *io dorrèi, tu dorrésti ecc.*; ger. *dolèndo*; part.pres. *dolènte*; part.pass. *doluto*; aus. *essere*] dar dolore, far male ♦ **-rsi** *v.intr.pron.* **1** provare rincrescimento, pentirsi **2** lamentarsi.
dolicocefalìa *s.f.* (*antrop.*) conformazione molto allungata del cranio.
dolicocèfalo *agg.* e *s.m.* [f. *-a*] di persona che presenta dolicocefalia.
dolìna *s.f.* (*geol.*) depressione a forma d'imbuto delle regioni carsiche.
dòllaro *s.m.* unità monetaria degli Stati Uniti d'America e di altri paesi.
dòlmen *s.m.invar.* monumento sepolcrale preistorico costituito da pietre infisse nel suolo e sormontate da una lastra orizzontale.
dòlo *s.m.* (*dir.*) intenzione di ledere un diritto altrui o di commettere un reato.
dolòmia *s.f.* (*geol.*) roccia sedimentaria costituente delle Dolomiti.

dolomìte *s.f.* minerale costituito di carbonato di calcio e magnesio in cristalli biancastri | *le Dolomiti*, montagne delle Alpi Orientali formate di dolomia.

dolóre *s.m.* **1** sofferenza fisica **2** sofferenza morale, spirituale.

dolóso *agg.* (*dir.*) fatto con dolo □ **-mente** *avv.*

domànda *s.f.* **1** il domandare; l'insieme delle parole con cui si domanda **2** richiesta scritta; istanza **3** (*econ.*) la quantità di una merce richiesta dal mercato.

domandàre *v.tr.* **1** rivolgersi a qlcu. per sapere qlco. **2** chiedere per ottenere ♦ *v.intr.* [aus. *avere*] chiedere notizie.

domàni *s.m.* **1** il giorno seguente; l'indomani **2** (*estens.*) il futuro ♦ *avv.* nel giorno immediatamente seguente all'oggi.

domàre *v.tr.* [*io dómo ecc.*] **1** rendere docile **2** (*fig.*) soggiogare | sedare, estinguere **3** (*fig.*) frenare.

domatóre *s.m.* [f. *-trice*] chi doma animali selvatici.

doménica *s.f.* settimo giorno della settimana.

domèstico *agg.* [pl.m. *-ci*] **1** della casa, della famiglia **2** si dice di animale che è allevato dall'uomo ♦ *s.m.* [f. *-a*] chi attende alle faccende domestiche presso una famiglia dalla quale è retribuito.

domiciliàre *agg.* (*dir.*) del domicilio | *arresti domiciliari*, misura penale consistente nell'obbligo di non abbandonare il proprio domicilio.

domicìlio *s.m.* **1** luogo dove una persona ha la sede principale dei propri affari e interessi **2** abitazione.

dominànte *agg.* che domina, predomina.

dominàre *v.tr.* [*io dòmino ecc.*] **1** tenere soggetto alla propria autorità, volontà **2** (*fig.*) tenere a freno **3** detto di un luogo, essere in posizione soprelevata; sovrastare ♦ *v. intr.* [aus. *avere*] (*fig.*) essere superiore; prevalere ♦ **-rsi** *v.rifl.* esercitare il controllo su di sé.

dominazióne *s.f.* il dominare; potere, dominio.

domìnio *s.m.* **1** il potere **2** (*dir.*) proprietà | *essere di — pubblico*, (*fig.*) essere noto a tutti **3** territorio su cui si domina.

donàre *v.tr.* [*io dóno ecc.*] dare senza ricompensa; regalare ♦ *v.intr.* [aus. *avere*] conferire pregio, bellezza ♦ **-rsi** *v.rifl.* dedicarsi completamente.

donatàrio *s.m.* [f. *-a*] (*dir.*) chi riceve una donazione.

donazióne *s.f.* **1** il donare **2** (*dir.*) contratto col quale una persona dispone a favore di un'altra, a titolo gratuito, il trasferimento di un proprio diritto o bene patrimoniale.

donchisciòtte *s.m.* persona generosa che difende cause assurde.

dondolàre *v.tr.* [*io dóndolo ecc.*] muovere in qua e in là qlco. che si sostiene su un punto ♦ *v.intr.* [aus. *avere*] oscillare ♦ **-rsi** *v.rifl.* muoversi in qua e in là oscillando.

dondolìo *s.m.* un dondolare continuato.

dóndolo *s.m.* **1** movimento di cosa che dondola **2** divano sospeso che si può dondolare.

dongiovànni *s.m.* grande corteggiatore e seduttore di donne.

dònna *s.f.* **1** essere umano adulto di sesso femminile | *diventare —*, di una ragazza, raggiungere la pubertà | *— di strada*, *di marciapiede*, (*eufem.*) prostituta **2** moglie, compagna, donna amata **3** collaboratrice familiare.

donnaiòlo *s.m.* uomo sempre in cerca di avventure amorose.

dóno *s.m.* **1** la cosa donata; regalo **2** (*fig.*) qualità, dote.

doping *s.m.invar.* (*ingl.*) somministrazione di farmaci eccitanti o droghe ad atleti.

dópo *avv.* **1** poi **2** oltre, più avanti (nello spazio) ♦ *prep.* successivamente ♦ *agg.invar.* seguente ♦ *s.m.invar.* il futuro.

dopobàrba *agg.* e *s.m.invar.* preparato che si applica sul viso dopo la rasatura.

doposcuòla *s.m.invar.* attività didattiche integrative dell'insegnamento regolare per gli alunni della scuola dell'obbligo.

doppiàggio *s.m.* (*cine.*) registrazione del parlato nella colonna sonora di un film, che viene effettuata in un tempo successivo alle riprese, allo scopo di riprodurre il parlato in un'altra lingua o di migliorarlo nella lingua originale.

doppiàre[1] *v.tr.* [*io dóppio ecc.*] **1** (*mar.*) oltrepassare un determinato punto **2** (*sport*) superare di un giro di pista un avversario.

doppiàre[2] *v.tr.* [*io dóppio ecc.*] (*cine.*) effettuare un doppiaggio.

doppiatóre *s.m.* [f. *-trice*] attore che presta la propria voce nel doppiaggio di un film.

doppiétta *s.f.* tipo di fucile da caccia a due canne.

doppiézza *s.f.* falsità, ipocrisia.

dóppio *agg.* **1** che è due volte la quantità o la grandezza ritenute normali **2** che è formato di due elementi uguali **3** che si fa o avviene due volte **4** (*fig.*) falso ♦ *s.m.* **1** quantità o grandezza due volte maggiore **2** (*sport*) nel tennis e nel ping pong, incontro disputato fra giocatori divisi in due coppie □ **-mente** *avv.*

doppióne *s.m.* cosa uguale a un'altra.

doràre *v.tr.* [*io dòro ecc.*] **1** (*tecn.*) ricoprire con un sottile strato d'oro **2** (*gastr.*) cuocere cibi a fuoco moderato fino a che prendono il colore biondo oro.
doratùra *s.f.* (*tecn.*) l'operazione del dorare | lo strato d'oro di cui è rivestito un oggetto.
dòrico *agg.* [pl.m. *-ci*] dei Dori, popolazione dell'antica Grecia | *ordine* —, il più semplice ordine architettonico greco.
dormiglióne *s.m.* [f. *-a*] (*fam.*) chi ama dormire molto.
dormìre *v.intr.* [*io dòrmo ecc.*; aus. *avere*] **1** riposare in stato di sonno | — *in piedi*, (*fig.*) essere molto assonnato | *dormirci sopra*, (*fig.*) rinviare una decisione per potervi riflettere **2** (*fig.*) essere inattivo ♦ *v.tr.* passare in stato di sonno (con compl. oggetto interno): — *sonni tranquilli*.
dormìta *s.f.* sonno lungo e riposante.
dormitòrio *s.m.* stanzone con molti letti, in collegi, ospizi ecc.
dormivéglia *s.m.invar.* condizione intermedia tra il sonno e la veglia.
dorsàle *agg.* del dorso | *spina* —, (*anat.*) la colonna vertebrale ♦ *s.f.* (*geog.*) catena montuosa: — *appenninica*.
dòrso *s.m.* **1** la parte posteriore del corpo dell'uomo e la superiore di quello degli animali **2** (*estens.*) parte posteriore o superiore di qlco. **3** (*sport*) stile di nuoto praticato sulla schiena.
dosàre *v.tr.* [*io dòso ecc.*] **1** determinare la dose necessaria **2** (*fig.*) distribuire con parsimonia; misurare.
dosatóre *agg.* e *s.m.* recipiente che consente il giusto dosaggio di una sostanza.
dòse *s.f.* **1** la quantità di una sostanza che occorre per un determinato uso **2** (*fig.*) razione.
dossier *s.m.invar.* (*fr.*) raccolta di documenti riguardanti un medesimo argomento.
dòsso *s.m.* piccola altura | gobba della strada.
dotàre *v.tr.* [*io dòto ecc.*] fornire di dote (anche *fig.*).
dotàto *agg.* ricco di doti, di qualità.
dotazióne *s.f.* complesso dei beni e dei mezzi finanziari assegnati per l'espletamento di attività o funzioni.
dòte *s.f.* **1** il complesso di beni apportato dalla sposa all'atto del matrimonio **2** (*fig.*) qualità fisica o morale.
dòtto *agg.* colto, erudito ♦ *s.m.* [f. *-a*] □ **-mente** *avv.*
dottoràto *s.m.* grado, titolo di dottore | — *di ricerca*, titolo accademico che si consegue dopo la laurea.
dottóre *s.m.* [f. *-essa*] titolo di chi ha conseguito una laurea | nel linguaggio corrente, il medico.
dottrìna *s.f.* **1** cultura **2** l'insieme dei precetti o delle teorie di un movimento scientifico, filosofico, politico o religioso **3** il complesso dei principi della fede cristiana.
dóve *avv.* **1** in quale luogo **2** nel luogo in cui **3** il luogo in cui **4** nel quale, nella quale, nei quali, nelle quali ♦ *s.m.* luogo.
dovére[1] *v.tr.* [pres. *io dèvo* o *dèbbo*, *tu dèvi*, *egli dève*, *noi dobbiamo*, *voi dovéte*, *essi dèvono* o *dèbbono*; fut. *io dovrò ecc.*; pass.rem. *io dovéi* o *dovètti*, *tu dovésti ecc.*; congiunt.pres. *io dèbba* o *dèva*, *noi dobbiamo*, *voi dobbiate*, *essi dèbbano* o *dèvano*; cond.pres. *io dovrèi ecc.*; manca l'imperativo; le altre forme sono costituite regolarmente dal tema *dov-*. Come verbo indipendente, si coniuga con l'ausiliare *avere*; come verbo servile, con l'ausiliare richiesto dal verbo a cui si accompagna (p.e. *ho dovuto studiare*, *sono dovuto andare*)] **1** avere l'obbligo | avere la necessità: *dovetti partire* | avere il bisogno | avere deciso di fare qlco. **2** essere necessario | essere inevitabile | essere probabile **3** essere debitore: *ti devo mille lire*.
dovére[2] *s.m.* obbligo a cui si è tenuti per soddisfare a una norma morale o giuridica.
doveróso *agg.* che è di dovere; dovuto □ **-mente** *avv.*
dovùnque *avv.* dappertutto ♦ *cong.* in qualunque luogo in cui.
dovùto *s.m.* ciò che si deve ♦ *agg.*
download *s.m. invar.* (*inform.*) trasferimento di dati attraverso un collegamento di rete.
dozzìna *s.f.* insieme di dodici elementi dello stesso tipo.
dozzinàle *agg.* che ha poco pregio; grossolano.
draconiàno *agg.* (*lett.*) molto severo.
dràga *s.f.* macchina scavatrice per asportare sabbia, ghiaia o altro da un fondo subacqueo.
dragamìne *s.m.invar.* piccola nave da guerra attrezzata per disattivare o far brillare le mine subacquee.
dragàre *v.tr.* [*io drago*, *tu draghi ecc.*] scavare il fondo del mare, di un fiume ecc. per mezzo di una draga.
dràgo *s.m.* [pl. *-ghi*] **1** mostro favoloso vomitante fuoco dalle fauci **2** (*fam.*) persona che possiede qualità eccezionali in qlco.
dragoncèllo *s.m.* (*bot.*) pianta erbacea aromatica, usata in cucina.
dràmma[1] *s.m.* [pl. *-mi*] **1** qualsiasi componimento in prosa o in versi destinato alla rappresentazione scenica **2** componimen-

to teatrale moderno di tono serio **3** (*estens.*) vicenda triste e dolorosa.
dràmma[2] o **dràcma** *s.f.* moneta d'argento della Grecia antica | unità monetaria della Grecia moderna (fino al gennaio 2002).
drammaticità *s.f.* l'essere drammatico.
drammàtico *agg.* [pl.m. *-ci*] **1** proprio del dramma | che scrive, rappresenta drammi **2** (*estens.*) che ha l'intensità emotiva di un dramma □ **-mente** *avv.*
drammatizzàre *v.tr.* **1** ridurre in forma di dramma **2** (*estens.*) esagerare gli aspetti negativi di qlco. (anche *assol.*).
drammatizzazióne *s.f.* il drammatizzare, l'essere drammatizzato.
drammatùrgo *s.m.* [f. *-a*; pl.m. *-ghi*] scrittore di drammi.
drappeggiàre *v.tr.* [*io drappéggio ecc.*] disporre un tessuto, una veste in modo che cada con pieghe armoniose ed eleganti.
drappèllo *s.m.* gruppetto di soldati incaricato di un compito specifico.
dràppo *s.m.* tessuto di notevole pregio e finezza usato per abiti di lusso, paramenti, tendaggi.
dràstico *agg.* [pl.m. *-ci*] che agisce energicamente, con rapidità □ **-mente** *avv.*
drenàggio *s.m.* **1** (*ing.*) metodo di prosciugamento dei terreni **2** (*med.*) eliminazione di secrezioni da una cavità naturale o di origine patologica **3** — *fiscale*, (*fin.*) aumento del prelievo tributario su un reddito, dovuto ai meccanismi dell'inflazione.
dribblàre *v.tr.* [*io dribblo ecc.*] nel gioco del calcio, scartare: — *un avversario.*
drink *s.m.invar.* (*ingl.*) bevanda alcolica.
drìtto *agg.* **1** che procede secondo una linea retta: *strada dritta* | verticale | in posizione eretta **2** (*fam.*) furbo ♦ *avv.* in modo dritto | *rigare, filare* —, (*fig.*) comportarsi bene ♦ *s.m.* [f. *-a*] (*fam.*) persona furba.
drìzza *s.f.* (*mar.*) cavo che serve ad alzare pennoni, antenne e vele.
dròga *s.f.* **1** sostanza vegetale usata per aromatizzare **2** (*farm.*) sostanza di origine naturale con azione terapeutica | sostanza naturale o sintetica con proprietà stupefacenti, allucinogene **3** (*fig.*) cosa a cui non si riesce a rinunciare.
drogàre *v.tr.* [*io drògo, tu dròghi ecc.*] somministrare droghe ♦ **-rsi** *v.rifl.* fare uso di droga.
drogàto *agg.* e *s.m.* [f. *-a*] che/chi fa uso di droga; tossicodipendente.
drogherìa *s.f.* negozio in cui si vendono al minuto spezie, generi alimentari e altri prodotti di uso domestico.
droghière *s.m.* [f. *-a*] esercente di una drogheria.
dromedàrio *s.m.* animale simile al cammello, ma con una sola gobba.
drùida o **drùido** *s.m.* [pl. *-di*] sacerdote delle antiche popolazioni celtiche.
drùpa *s.f.* (*bot.*) varietà di frutto con la parte esterna sottile, la media carnosa e l'interna legnosa.
dual band *loc.agg. invar.* (*ingl.*) nella telefonia cellulare, si dice di apparecchio in grado di comunicare su due bande di frequenza.
dualìsmo *s.m.* **1** il coesistere, in un sistema filosofico o religioso, di due elementi o di due principi fondamentali, anche contrastanti **2** (*fig.*) antagonismo.
dùbbio *agg.* **1** incerto **2** che dà adito a sospetti ♦ *s.m.*
dubitàre *v.intr.* [*io dùbito ecc.*; aus. *avere*] **1** essere in dubbio | mettere in dubbio **2** diffidare.
dùca *s.m.* [pl. *-chi*] titolo che nella gerarchia nobiliare precede quello di marchese e segue quello di principe.
ducàle *agg.* **1** del duca **2** del doge.
ducàto[1] *s.m.* territorio soggetto al dominio di un duca.
ducato[2] *s.m.* moneta d'oro o d'argento di vario valore a seconda delle epoche e degli stati che la coniarono.
dùce *s.m.* **1** (*lett.*) capo, condottiero **2** titolo dato a B. Mussolini (1883-1945) come capo del fascismo.
duchéssa *s.f.* moglie, figlia di un duca.
dùe *agg.num.card.* numero cardinale che corrisponde a una unità più uno.
duecènto *agg.num.card.invar.* numero naturale che corrisponde a due volte cento unità ♦ *s.m. il Duecento*, il sec. XIII.
duellàre *v.intr.* [*io duèllo ecc.*; aus. *avere*] fare un duello.
duèllo *s.m.* **1** combattimento tra due contendenti, ad armi pari | **2** (*fig.*) contesa accanita.
duétto *s.m.* (*mus.*) composizione vocale o strumentale a due parti.
dùna *s.f.* rilievo sabbioso formatosi a opera del vento su spiagge o deserti.
dùnque *cong.* quindi, perciò ♦ *s.m.invar.* la conclusione, il momento decisivo di una questione.
dùo *s.m.invar.* (*mus.*) coppia di artisti che si esibiscono insieme | (*estens.*) coppia di persone che stanno sempre insieme.
duodèno *s.m.* (*anat.*) il primo tratto dell'intestino tenue.
duòmo *s.m.* la chiesa più importante di una città.
duplicàto *s.m.* copia di un documento che sostituisce l'originale.

dùplice *agg.* che si compone di due parti; doppio.
duránte *prep.* mentre dura o durava; nel corso di.
duràre *v.intr.* [aus. *essere* o *avere*] **1** continuare per un certo tempo **2** mantenersi, resistere.
duràta *s.f.* il durare; il tempo che dura o è durato.
duratùro *agg.* che dura; destinato a durare.
durévole *agg.* duraturo.
durézza *s.f.* **1** qualità di ciò che è duro | (*tecn.*) resistenza **2** (*chim.*) la quantità di sali di calcio e magnesio presenti nell'acqua **3** (*fig.*) asprezza, rigidezza.
dùro *agg.* **1** solido, compatto e resistente | (*tecn.*) che ha la qualità della durezza **2** (*fig.*) resistente | *avere la pelle dura*, (*fig.*) essere molto resistente fisicamente o moralmente | — *d'orecchi*, un po' sordo | — *di testa*, tardo a capire **3** (*fig.*) spiacevole, difficile | severo **4** (*fig.*) privo di delicatezza **5** (*chim.*) si dice di acqua ricca di sali di calcio e di magnesio ♦ *s.m.* [f. *-a*] persona insensibile e spietata □ **-mente** *avv.*
duróne *s.m.* callosità ai piedi o alle mani.
dùttile *agg.* **1** si dice di un materiale che si possa ridurre in fili sottili **2** (*fig.*) che si adatta | versatile.
duttilità *s.f.* l'essere duttile (anche *fig.*).
DVD *s.m. invar.* (*ingl.*) (*inform.*) tecnologia che consente di registrare su un disco di dimensioni e aspetto identici a quelli del disco audio e del cd-rom fino a 8,5 Gygabyte di dati (p.e. un intero film o 12 ore di musica) | Sigla di *D(igital) V(ersatile) D(isc)* 'disco multiuso digitale', anche interpretato come *D(igital) V(ideo) D(isc)* 'video-disco digitale'.

Ee

e ¹ *s.f.* o *m.* quinta lettera dell'alfabeto, rappresenta una vocale di pronuncia semiaperta o semichiusa.
e ² *cong.* [davanti a parola che incomincia con *e-*, nell'uso scritto **ed**] coordina elementi della stessa natura grammaticale | preceduto da *tutti*, *tutte* e seguito da un numerale ha valore pleonastico | con valore rafforzativo: *bell'e fatto* | con valore enfatico o esortativo: *e vieni!*
e -² primo elemento di parole composte inglesi che sta per *electronic* 'elettronico': *e-book*, *e-commerce*.
ebanìsta *s.m.* e *f.* [pl.m. *-sti*] artigiano che fa lavori in legni pregiati.
ebanisterìa *s.f.* **1** tecnica di lavorazione di legni pregiati **2** laboratorio di ebanista.
èbano *s.m.* albero tropicale che dà un legno di color nero, molto pregiato.
ebbrézza *s.f.* stato euforico o confusionale prodotto da abuso di alcolici o di sostanze eccitanti | (*fig.*) esaltazione.
èbete *agg.* e *s.m.* e *f.* idiota.
ebollizióne *s.f.* passaggio di un liquido allo stato aeriforme per effetto del calore.
ebràico *agg.* [pl.m. *-ci*] degli ebrei ♦ *s.m.* la lingua degli ebrei.
ebraìsmo *s.m.* la religione, le tradizioni ebraiche.
ebrèo *agg.* e *s.m.* [f. *-a*] appartenente al popolo ebraico.
ebùrneo *agg.* (*lett.*) di avorio.
e-business *s.m.invar.* (*ingl.*) (*econ.*) il settore delle attività economiche e commerciali svolte attraverso Internet.
ecatómbe *s.f.* **1** nell'antica Grecia, il sacrificio di cento buoi **2** (*fig.*) strage.
eccedènza *s.f.* **1** l'eccedere **2** avanzo.
eccèdere *v.tr.* [pres. *io eccèdo ecc.*; pass.rem. *io eccedéi* o *eccedètti*, *tu eccedésti ecc.*; part.pass. *ecceduto*] **1** andare oltre **2** (*assol.*) esagerare.
eccellènte *agg.* ottimo □ **-mente** *avv.*
eccellènza *s.f.* **1** altissimo grado di perfezione **2** titolo che si dava a uomini politici e ad altissimi funzionari; nella chiesa cattolica, titolo dei vescovi.
eccèllere *v.intr.* [pres. *io eccèllo ecc.*; pass.rem. *io eccèlsi*, *tu eccellésti ecc.*; non sono usate le forme composte] primeggiare.
eccèntrico *agg.* [pl.m. *-ci*] **1** che è lontano dal centro **2** (*fig.*) originale, stravagante ♦ *s.m.* [f. *-a*] persona stravagante □ **-mente** *avv.*
eccepìre *v.tr.* [*io eccepisco*, *tu eccepisci ecc.*] obiettare, opporre.
eccessìvo *agg.* che va oltre la giusta misura □ **-mente** *avv.*
eccèsso *s.m.* esagerazione | la parte eccedente.
eccètera *avv.* espressione che sostituisce ciò che si ritiene superfluo dire (si abbrevia *ecc.*).
eccètto *prep.* salvo, fuorché.
eccezionàle *agg.* **1** fuori dal comune **2** (*estens.*) straordinario, grandissimo □ **-mente** *avv.*
eccezióne *s.f.* **1** cosa, fatto che non rientra nella norma | *a — di*, tranne, fuorché **2** (*gramm.*) fatto fonetico, morfologico o sintattico che non corrisponde alla norma **3** obiezione.
ecchìmosi *s.f.* (*med.*) piccola emorragia dovuta a rottura dei capillari.
eccìdio *s.m.* (*lett.*) strage, sterminio.
eccipiènte *agg.* e *s.m.* (*farm.*) sostanza inerte, presente in ogni prodotto farmaceutico.
eccitànte *agg.* che eccita ♦ *s.m.* sostanza che stimola il sistema nervoso provocando eccitamento.
eccitaménto *s.m.* l'eccitare | stato di eccitazione.
eccitàre *v.tr.* [*io èccito ecc.*] **1** suscitare, stimolare (qlco.) **2** porre in uno stato di agitazione | provocare stimoli sessuali ♦ **-rsi** *v.intr.pron.* agitarsi, accalorarsi | sentirsi stimolato sessualmente.
eccitazióne *s.f.* lo stato di chi o di ciò che è eccitato.
ecclesiàstico *agg.* [pl.m. *-ci*] che riguarda la chiesa o il clero ♦ *s.m.* sacerdote.
echeggiàre *v.intr.* [*io echéggio ecc.*; aus.

avere e essere] risuonare facendo eco ♦ *v.tr.* ripetere un suono.

echìno *s.m.* **1** (*zool.*) riccio di mare **2** (*arch.*) nei capitelli dorico e ionico, elemento posto sotto l'abaco.

echinodèrmi *s.m.pl.* (*zool.*) tipo di animali invertebrati marini.

eclatànte *agg.* evidente | clamoroso, sbalorditivo.

eclèttico *agg.* e *s.m.* [pl.m. *-ci*] che/chi spazia in vari campi □ **-mente** *avv.*

eclissàre *v.tr.* **1** oscurare un corpo celeste mediante eclissi **2** (*fig.*) superare, vincere ♦ **-rsi** *v. intr.pron.* **1** oscurarsi per eclissi **2** (*estens.*) andarsene all'improvviso e di nascosto.

eclìssi *s.f.* oscuramento di un corpo celeste per interposizione di un altro.

eclìttica *s.f.* (*astr.*) l'orbita descritta dalla Terra intorno al Sole | l'orbita apparente descritta dal Sole intorno alla Terra.

èco *s.f.* o *m.* [pl. *gli echi*] **1** ripetizione di un suono dovuta al riflettersi delle onde sonore contro un ostacolo | *fare — a qlcu.*, (*fig.*) ripetere ciò che egli dice **2** (*fig.*) commenti suscitati da un fatto; risonanza.

eco- primo elemento di parole composte, che significa 'casa, ambiente in cui si vive'.

ecocatàstrofe *s.f.* disastro ecologico di enormi proporzioni.

ecografìa *s.f.* esame medico basato sulla rilevazione degli echi prodotti da onde ultrasonore nell'attraversare i tessuti.

ecologìa *s.f.* scienza che studia le relazioni tra gli esseri viventi e l'ambiente.

economàto *s.m.* ufficio di un ente che si occupa dell'approvvigionamento dei materiali.

economìa *s.f.* **1** insieme delle attività umane che riguardano la produzione e il consumo dei beni **2** la disciplina che studia l'attività e i sistemi economici **3** uso parsimonioso dei beni di cui si dispone.

econòmico *agg.* [pl.m. *-ci*] **1** che si riferisce all'economia **2** che è fatto contenendo le spese □ **-mente** *avv.*

economìsta *s.m.* e *f.* [pl.m. *-sti*] studioso di economia.

economizzàre *v.tr.* risparmiare ♦ *v.intr.* [aus. *avere*] fare economia.

ecònomo *s.m.* [f. *-a*] amministratore di un ente ♦ *agg.* che sa risparmiare.

ecosistèma *s.m.* [pl. *-mi*] unità ecologica costituita da un determinato ambiente e dagli organismi che in esso vivono.

ecstasy *s.m. invar.* (*ingl.*) droga sintetica con effetto allucinogeno e stimolante.

ectoplàsma *s.m.* [pl. *-smi*] sostanza che fuoriesce dalla bocca di alcuni medium, nella quale i cultori di spiritismo ravvisano la materializzazione degli spiriti.

ecumènico *agg.* [pl.m. *-ci*] (*relig.*) universale.

ecumenìsmo *s.m.* (*relig.*) movimento che tende a riavvicinare e a riunire i fedeli delle diverse confessioni cristiane.

eczèma *s.m.* [pl. *-mi*] (*med.*) malattia della pelle che si manifesta con arrossamento, vesciche e desquamazione.

edèma *s.m.* [pl. *-mi*] (*med.*) infiltrazione di liquido organico nei tessuti.

èden *s.m.* (*lett.*) paradiso terrestre.

édera *s.f.* pianta sempreverde che si attacca ai muri o ai tronchi degli alberi.

edìcola *s.f.* **1** tempietto **2** chiosco per la vendita di giornali.

edificànte *agg.* che dà buon esempio.

edificàre *v.tr.* [*io edìfico, tu edìfichi ecc.*] **1** costruire **2** (*fig.*) stimolare al bene col buon esempio.

edifìcio *s.m.* costruzione architettonica di una certa grandezza.

edìle *agg.* che concerne l'edilizia ♦ *s.m.* (spec. *pl.*) chi lavora nell'edilizia.

edilìzia *s.f.* la tecnica e l'industria della costruzione di edifici.

edìpico *agg.* [pl.m. *-ci*] nella loc. *complesso —*, (*psicoan.*) attaccamento erotico del bambino al genitore del sesso opposto.

èdito *agg.* pubblicato.

editóre *s.m.* [f. *-trice*] imprenditore che pubblica libri, periodici, quotidiani, testi musicali, o anche dischi, cassette, videocassette registrate.

editorìa *s.f.* l'industria che ha per oggetto la pubblicazione e distribuzione di libri e periodici | *— elettronica*, insieme di attività editoriali che realizzano, mediante elaborazione elettronica, prodotti su supporti diversi dalla carta.

editoriàle *agg.* di editore ♦ *s.m.* (*giorn.*) articolo di fondo.

edìtto *s.m.* (*st.*) ordinanza emanata da una pubblica autorità.

edizióne *s.f.* **1** riproduzione di un'opera a stampa **2** l'insieme degli esemplari stampati da una stessa composizione tipografica **3** ciascuna tiratura di un quotidiano o ogni trasmissione di un notiziario radiofonico e televisivo nel corso della giornata **4** (*estens.*) ripetizione di uno spettacolo.

edonìsmo *s.m.* atteggiamento che considera il conseguimento del piacere come fine principale dell'uomo.

edonìsta *s.m.* e *f.* [pl.m. *-sti*] chi fa della ricerca del piacere lo scopo principale della vita.

educàre *v.tr.* [*io èduco, tu èduchi ecc.*] **1** formare con l'insegnamento e con l'esempio

il carattere e la personalità di qlcu. **2** (*estens.*) sviluppare, affinare.
educatìvo *agg.* **1** che concerne l'educazione **2** che mira a educare.
educàto *agg.* cortese, garbato □ **-mente** *avv.*
educatóre *s.m.* [f. *-trice*] chi educa, per dovere morale o per professione.
educazióne *s.f.* **1** l'insieme degli interventi che hanno come fine la formazione della personalità intellettuale e morale di un individuo | il complesso delle norme, delle attività tendenti a sviluppare determinate facoltà: — *civica, artistica* **2** comportamento corretto e garbato.
efèbo *s.m.* **1** nell'antica Grecia, giovane uscito dalla fanciullezza **2** (*estens. lett.*) giovane di aspetto e modi effeminati.
efèlide *s.f.* (spec. *pl.*) macchiolina della pelle; *lentiggine*.
effeminàto *agg.* poco virile.
efferatézza *s.f.* l'essere efferato.
efferàto *agg.* feroce, disumano □ **-mente** *avv.*
effervescènte *agg.* **1** che è in effervescenza o produce effervescenza: *una bevanda* — **2** (*fig.*) molto vivace.
effervescènza *s.f.* **1** in un liquido, rapido sviluppo di gas in bollicine **2** (*fig.*) eccitazione, agitazione.
effettìvo *agg.* **1** reale, vero, concreto **2** che ricopre stabilmente un ufficio o un incarico ♦ *s.m.* numero di componenti di un'unità militare, di un'organizzazione, di un ufficio □ **-mente** *avv.*
effètto *s.m.* **1** ogni fatto o fenomeno in quanto è prodotto da una causa; risultato | *in effetti*, realmente **2** validità, efficacia **3** impressione, emozione | *effetti speciali*, tecniche di natura scenografica e ottica che, soprattutto nei film, introducono immagini illusionistiche della realtà **4** cambiale, titolo di credito **5** *pl.* (*burocr.*) oggetti di vestiario o d'uso: *effetti personali*.
effettuàre *v.tr.* [*io effèttuo ecc.*] mandare a effetto; attuare ♦ **-rsi** *v.intr.pron.* aver luogo.
efficàce *agg.* che produce l'effetto voluto | persuasivo □ **-mente** *avv.*
efficàcia *s.f.* **1** capacità di ottenere l'effetto desiderato **2** (*dir.*) validità di una legge.
efficiènte *agg.* **1** che è in condizione di produrre un effetto **2** che svolge bene la propria funzione.
efficientìsmo *s.m.* ostentazione di un alto grado di efficienza.
efficiènza *s.f.* l'essere efficiente.
effìmero *agg.* che ha breve durata ♦ *s.m.*
efflorescènza *s.f.* (*geol.*) formazione di materie saline su un terreno.
efflùsso *s.m.* flusso verso l'esterno.
effrazióne *s.f.* forzatura di sistema di chiusura o di sicurezza; scasso.
effusióne *s.f.* **1** versamento, spargimento **2** (*fig.*) calorosa manifestazione d'affetto.
effusìvo *agg.* di effusione | *roccia effusiva*, (*geol.*) formata da lava vulcanica solidificata.
èforo *s.m.* nell'antica Sparta, ciascuno dei cinque magistrati che sorvegliavano l'operato dei re.
egemonìa *s.f.* supremazia, predominio.
ègida *s.f.* **1** lo scudo di Giove e di Minerva **2** (*fig. lett.*) protezione.
egittologìa *s.f.* scienza che studia la civiltà dell'antico Egitto.
egìzio *agg.* dell'antico Egitto.
égli *pron.pers.m. di terza pers. sing.* [f. *ella*; pl. *essi*] si riferisce solo a persona e si può impiegare solo in funzione di soggetto.
ègloga *s.f.* componimento poetico di tema pastorale.
ego- primo elemento di parole composte, che significa 'sé stesso, di sé'.
egocèntrico *agg.* e *s.m.* [f. *-a*; pl.m. *-ci*] si dice di chi pone la propria persona al centro di ogni relazione | (*estens.*) egoista □ **-mente** *avv.*
egocentrìsmo *s.m.* l'essere egocentrico.
egoìsmo *s.m.* attenzione esagerata al proprio interesse, anche a danno altrui.
egoìsta *s.m.* e *f.* e *agg.* [pl.m. *-sti*] chi/che pecca di egoismo.
egrègio *agg.* [pl.f. *-gie*] eccellente □ **-mente** *avv.*
egualitàrio *agg.* ispirato all'egualitarismo.
egualitarìsmo *s.m.* aspirazione politica a realizzare l'uguaglianza economica e sociale fra tutti gli individui.
eiaculàre *v.intr.* [*io eiàculo ecc.*; aus. *avere*] emettere il liquido seminale.
eiaculazióne *s.f.* l'eiaculare.
eiezióne *s.f.* (*scient.*) espulsione rapida e violenta.
einsteinio *s.m.* elemento chimico artificiale radioattivo di simbolo *Es*.
elaboràre *v.tr.* [*io elàboro ecc.*] fare qlco. con grande cura | raccogliere e ordinare dati in modo da ricavarne informazioni.
elaboràto *agg.* fatto con grande cura ♦ *s.m.* **1** compito scritto **2** (*inform.*) tabulato □ **-mente** *avv.*
elaboratóre *agg.* [f. *-trice*] che elabora ♦ *s.m.* **1** chi elabora **2** strumento che elabora | — *elettronico*, computer.
elaborazióne *s.f.* l'elaborare | — *elettronica dei dati*, sistema di analisi e trattamento di dati che si effettua con macchine elettroniche.

elargìre *v.tr.* [*io elargisco, tu elargisci ecc.*] donare con abbondanza e generosità.
elargizióne *s.f.* l'elargire, l'essere elargito.
elasticità *s.f.* **1** proprietà dei corpi di deformarsi per azione di una forza esterna e di riprendere la forma originaria quando questa cessa **2** (*estens.*) agilità fisica **3** (*fig.*) capacità di adattarsi a diverse situazioni.
elàstico *agg.* [pl.m. *-ci*] dotato di elasticità ♦ *s.m.* **1** sottile anello di gomma elastica **2** nastro o cordone intessuto con fili di gomma elastica □ **-mente** *avv.*
eldoràdo *s.m.* luogo di abbondanza e di ricchezza.
elefànte *s.m.* [f. *-essa*] mammifero di grosse dimensioni con lunga proboscide, zanne d'avorio | *memoria da* —, molto buona.
elefantìasi *s.f.* **1** (*med.*) aumento patologico del volume di una parte del corpo **2** (*fig.*) esagerato sviluppo.
elegànte *agg.* che denota grazia, finezza, buon gusto □ **-mente** *avv.*
elegànza *s.f.* l'essere elegante.
elèggere *v.tr.* [coniugato come *leggere*] **1** scegliere attraverso votazione la persona destinata a una carica **2** (*lett.*) scegliere, preferire.
elegìa *s.f.* componimento poetico o musicale di tono malinconico.
elementàre *agg.* **1** (*fis., chim.*) che ha natura di elemento **2** che si riferisce alle parti più semplici di una scienza, di uno studio | *le scuole elementari*, quelle per i bambini dai sei ai dieci anni **3** (*estens.*) facile **4** fondamentale.
eleménto *s.m.* **1** ciascuna delle parti che entrano nella composizione di un corpo, di un insieme | — *chimico*, sostanza semplice costituita da atomi con uguale numero di elettroni **2** ciascuno dei componenti fondamentali del mondo fisico, che nella concezione antica erano l'aria, l'acqua, la terra e il fuoco **3** ambiente in cui vive una specie animale **4** persona, individuo in quanto parte di una comunità **5** *pl.* i principi fondamentali di una disciplina.
elemòsina *s.f.* **1** dono fatto per carità **2** (*fig., spreg.*) compenso irrisorio.
elemosinàre *v.intr.* [*io elemòsino ecc.*; aus. *avere*] chiedere l'elemosina ♦ *v.tr.* (*fig.*) chiedere con insistenza e in modo poco dignitoso.
elencàre *v.tr.* [*io elènco, tu elènchi ecc.*] disporre in un elenco | (*estens.*) enumerare.
elencazióne *s.f.* l'elencare; elenco.
elènco *s.m.* [pl. *-chi*] insieme di dati registrati secondo un certo criterio | la pubblicazione su cui sono scritti tali dati.
elettìvo *agg.* a cui si accede mediante elezione □ **-mente** *avv.*
elettoràle *agg.* che concerne le elezioni.
elettoràto *s.m.* l'insieme degli elettori (— *attivo*) o di coloro che sono eleggibili (— *passivo*).
elettóre *s.m.* [f. *-trice*] chi elegge, chi ha diritto a partecipare a un'elezione.
elettràuto *s.m.invar.* **1** officina per la riparazione degli impianti elettrici degli autoveicoli **2** tecnico addetto a tali lavori.
elettricìsta *s.m.* [pl. *-sti*] tecnico che installa o ripara impianti elettrici.
elettricità *s.f.* **1** forma di energia generata dal movimento di elettroni o altre particelle, utilizzata per illuminazione, riscaldamento, trasporti, attività industriali | corrente elettrica **2** (*fig.*) nervosismo.
elèttrico *agg.* [pl.m. *-ci*] **1** relativo all'elettricità **2** che funziona a elettricità **3** (*fig.*) nervoso: *atmosfera elettrica* □ **-mente** *avv.*
elettrificàre *v.tr.* [*io elettrìfico, tu elettrìfichi ecc.*] attrezzare un impianto perché possa funzionare con energia elettrica.
elettrizzàre *v.tr.* **1** produrre l'elettrizzazione di un corpo **2** (*fig.*) eccitare ♦ **-rsi** *v.intr.pron.* **1** caricarsi di elettricità **2** (*fig.*) eccitarsi, entusiasmarsi.
elettro- primo elemento di parole composte, che significa 'elettricità, elettrico, mosso da energia elettrica'.
elettrocalamìta *s.f.* dispositivo per produrre un campo magnetico mediante passaggio di corrente continua.
elettrocardiografìa *s.f.* (*med.*) registrazione dei fenomeni elettrici che accompagnano l'attività cardiaca.
elettrocardiogràmma *s.m.* [pl. *-mi*] (*med.*) grafico ottenuto mediante elettrocardiografia.
elèttrodo *s.m.* (*elettr.*) ciascuno dei due terminali metallici che favoriscono l'acquisizione o la perdita di elettroni da parte di un conduttore.
elettrodomèstico *s.m.* [pl.m. *-ci*] apparecchio di uso domestico che utilizza l'energia elettrica (*p.e.* frigorifero, lavatrice).
elettrodótto *s.m.* sistema di conduttori per il trasporto a distanza dell'energia elettrica.
elettroencefalografìa *s.f.* (*med.*) tecnica di registrazione dei fenomeni elettrici che accompagnano l'attività cerebrale.
elettroencefalogràmma *s.m.* [pl. *-mi*] (*med.*) grafico ottenuto mediante elettroencefalografia.
elettroforèsi *s.f.* (*chim. fis.*) metodo di separazione di particelle ionizzate in sospensione sotto l'azione di un campo elettrico.

elettròlisi *s.f.* (*chim.*) trasformazione chimica prodotta dal passaggio di corrente elettrica in un elettrolita.
elettròlita *s.m.* [pl. *-ti*] (*chim.*) ogni sostanza che, in soluzione o allo stato fuso, ha la proprietà di condurre la corrente elettrica.
elettromagnetìsmo *s.m.* ramo dell'elettrologia che studia le relazioni tra fenomeni elettrici e magnetici.
elettromeccànica *s.f.* scienza che si occupa delle trasformazioni dell'energia meccanica in energia elettrica e viceversa.
elettromeccànico *s.m.* tecnico specializzato nella costruzione o nella manutenzione di macchine elettriche.
elettrometrìa *s.f.* (*fis.*) la misurazione delle grandezze elettriche e delle differenze di potenziale fra diversi corpi elettricamente carichi.
elettròmetro *s.m.* (*fis.*) strumento utilizzato per l'elettrometria.
elettromotrìce *s.f.* automotrice ferroviaria azionata da motori elettrici.
elettróne *s.m.* (*fis.*) particella carica di elettricità negativa che costituisce una delle componenti dell'atomo.
elettrònica *s.f.* scienza che si occupa dello studio e delle applicazioni della conduzione di elettroni nel vuoto e nei semiconduttori.
elettrònico *agg.* [pl.m. *-ci*] relativo all'elettronica o che ne utilizza i principi: *calcolatore* — ☐ **-mente** *avv.*
elettronvòlt *s.m.* (*fis.*) unità di misura dell'energia, usata in fisica atomica e nucleare.
elettroscòpio *s.m.* (*fis.*) strumento che permette di riconoscere se un corpo è o non è elettrizzato.
elettroshock *s.m.* (*med.*) terapia medica basata sulla trasmissione di scariche elettriche al cervello al fine di provocare reazioni convulsive.
elettrostàtica *s.f.* ramo dell'elettrologia che studia i fenomeni dovuti a cariche elettriche in quiete.
elettrotècnica *s.f.* tecnica che concerne le applicazioni pratiche e industriali dell'elettricità.
elettrotècnico *agg.* [pl.m. *-ci*] che si riferisce all'elettrotecnica ♦ *s.m.* [f. *-a*] tecnico specializzato in elettrotecnica.
elettroterapìa *s.f.* (*med.*) cura di alcune malattie mediante applicazioni di corrente elettrica.
elettrotrèno *s.m.* treno costituito da due o più elettromotrici collegate tra loro.
elevàre *v.tr.* [*io elèvo ecc.*] **1** rendere più alto; volgere verso l'alto (anche *fig.*) **2** (*fig.*) migliorare **3** promuovere a grado maggiore **4** — *un numero al quadrato*, *al cubo*, (*mat.*) moltiplicarlo per sé stesso una, due volte ♦ **-rsi** *v.intr.pron.* ergersi ♦ *v. rifl.* migliorare la propria posizione sociale.
elevàto *agg.* **1** alto (anche *fig.*) **2** (*fig.*) nobile | solenne.
elevatóre *agg.* [f. *-trice*] che eleva ♦ *s.m.* apparecchio usato per il sollevamento e il trasporto di materiali.
elevazióne *s.f.* **1** l'elevare, l'elevarsi, l'essere elevato | — *a potenza*, (*mat.*) moltiplicazione di un numero per sé stesso, una o più volte **2** luogo, punto elevato.
elezióne *s.f.* **1** l'eleggere, l'essere eletto **2** *pl.* l'insieme delle operazioni mediante le quali si eleggono le persone destinate a rappresentare una collettività o a ricoprire determinati uffici **3** (*lett.*) scelta.
èlfo *s.m.* spiritello dell'aria.
èlica *s.f.* **1** organo meccanico per la propulsione di natanti e aeromobili **2** (*mat.*) curva tracciata sulla superficie di un cono o di un cilindro che taglia ogni generatrice della figura secondo lo stesso angolo.
elicoidàle *agg.* a forma di elica.
elicòttero *s.m.* aeromobile sollevato e spostato nell'aria dalla rotazione di grandi pale montate orizzontalmente.
elìdere *v.tr.* [pass.rem. *io elisi, tu elidésti ecc.*; part.pass. *eliso*] **1** togliere via, annullare **2** (*ling.*) sopprimere mediante elisione ♦ **-rsi** *v.rifl.rec.* annullarsi vicendevolmente.
eliminàre *v.tr.* [*io elìmino ecc.*] **1** rimuovere, abolire | — *un avversario*, (*sport*) sconfiggerlo escludendolo dalla competizione **2** uccidere.
eliminatòria *s.f.* (*sport*) gara che serve a eliminare parte dei concorrenti.
eliminazióne *s.f.* **1** l'eliminare, l'essere eliminato **2** (*sport*) esclusione di un concorrente dal proseguimento di una competizione.
èlio *s.m.* elemento chimico di simbolo *He*; gas leggerissimo e non infiammabile largamente presente nell'atmosfera solare.
elio- primo elemento di parole composte, che significa 'sole, solare'.
eliocèntrico *agg.* [pl.m. *-ci*] (*astr.*) che ha come centro il Sole.
eliocentrìsmo *s.m.* teoria astronomica dovuta a Copernico (1473-1543), secondo la quale la Terra e gli altri pianeti descrivono delle orbite intorno al Sole.
eliografìa *s.f.* tecnica con cui si ottengono riproduzioni grafiche mediante l'azione della luce solare o artificiale su una superficie trattata chimicamente.
eliògrafo *s.m.* apparecchio per l'eliografia.

elioscòpio *s.m.* (*astr.*) strumento che permette l'osservazione diretta del Sole mediante un dispositivo che ne attenua la luce.
elioterapìa *s.f.* (*med.*) terapia che si basa sull'esposizione del corpo ai raggi solari.
elipòrto *s.m.* campo di decollo e di atterraggio per elicotteri.
elisióne *s.f.* **1** l'elidere; eliminazione **2** (*ling.*) soppressione della vocale finale atona di una parola dinanzi alla vocale iniziale della parola seguente; nella grafia è segnata dall'apostrofo.
elisìr *s.m.invar.* liquore, specialmente medicinale, a base di sostanze aromatiche.
elìso *s.m.* (*mit.*) il luogo di felicità concesso dagli dei alle anime dei buoni.
elitàrio *agg.* destinato a un'élite.
élite *s.f.* [pl. *élites*] (*fr.*) gruppo ristretto di persone che si distinguono per posizione sociale, ricchezza, cultura.
élla *pron.pers.f. di terza pers.sing.* [pl. *elle*] forma antiquata di pronome soggetto, oggi sostituita da *lei*.
ellenìsmo *s.m.* il periodo di diffusione della civiltà greca nel mondo mediterraneo e asiatico, collocato convenzionalmente tra la morte di Alessandro Magno (323 a.C.) e la battaglia di Azio (31 a.C.).
ellìsse *s.f.* **1** (*geom.*) curva piana chiusa che ha forma di un ovale simmetrico **2** (*astr.*) orbita descritta da un corpo celeste intorno a un altro.
ellìssi *s.f.* (*gramm.*) in una espressione o in una frase, omissione di una o più parole che si possono intuire dal contesto.
ellissòide *s.m.* (*geom.*) superficie che si ottiene facendo rotare un'ellisse intorno a uno dei suoi assi.
ellìttico[1] *agg.* [pl.m. *-ci*] (*geom.*) relativo a un'ellisse.
ellìttico[2] *agg.* [pl.m. *-ci*] (*gramm.*) che presenta, che contiene ellissi.
elmétto *s.m.* copricapo protettivo usato da soldati, minatori, operai.
élmo *s.m.* casco, generalmente metallico, che nelle antiche armature proteggeva il capo del guerriero.
elogiàre *v.tr.* [*io elògio ecc.*] lodare.
elògio *s.m.* **1** discorso di lode, pronunciato o scritto **2** parole di lode.
eloquènte *agg.* **1** dotato di eloquenza **2** (*estens.*) che esprime chiaramente qlco. □ **-mente** *avv.*
eloquènza *s.f.* **1** l'arte di esprimersi con efficacia, persuadendo o commuovendo **2** (*estens.*) forza espressiva.
élsa *s.f.* impugnatura della spada.
elucubrazióne *s.f.* il prodotto di un lavoro intellettuale lungo e minuzioso.
elùdere *v.tr.* [pass.rem. *io elusi, tu eludésti ecc.*; part.pass. *eluso*] schivare; sottrarsi con destrezza.
elusìvo *agg.* evasivo, sfuggente.
elvètico *agg.* [pl.m. *-ci*] svizzero ♦ *s.m.* [f. *-a*] abitante della Svizzera.
elzevìro *s.m.* articolo di argomento letterario o artistico che occupa tradizionalmente la parte sinistra della terza pagina dei quotidiani.
emaciàto *agg.* magro, patito.
emanàre *v.tr.* **1** mandare fuori, diffondere **2** (*fig.*) nel linguaggio giuridico e burocratico, promulgare: — *una legge*.
emanazióne *s.f.* **1** l'emanare; la cosa stessa emanata | promulgazione **2** (*fig.*) espressione; derivazione.
emancipàre *v.tr.* [*io emàncipo ecc.*] liberare da una soggezione materiale o morale, rendere capace di scelte autonome ♦ **-rsi** *v.rifl.* liberarsi da un vincolo di soggezione materiale o morale.
emancipàto *agg.* libero da vincoli di soggezione | svincolato da modi di pensare tradizionali.
emancipazióne *s.f.* l'emancipare, l'emanciparsi, l'essere emancipato: — *femminile*.
emarginàre *v.tr.* [*io emàrgino ecc.*] escludere dalla vita della collettività; isolare.
emarginazióne *s.f.* l'emarginare, l'essere emarginato (spec. *fig.*).
emàtico *agg.* [pl.m. *-ci*] del sangue.
ematìte *s.f.* minerale di ferro in masse terrose rossastre o in cristalli.
ematologìa *s.f.* (*med.*) scienza che studia il sangue umano.
ematòma *s.m.* [pl. *-mi*] (*med.*) raccolta di sangue nello spessore dei tessuti provocata da emorragia interna.
ematùria *s.f.* (*med.*) presenza di sangue nell'urina.
emàzia *s.f.* (*biol.*) globulo rosso del sangue.
embàrgo *s.m.* [pl. *-ghi*] **1** sequestro delle navi mercantili nei porti **2** sanzione economica con cui vengono sospesi i rapporti commerciali con determinati paesi.
emblèma *s.m.* [pl. *-mi*] **1** figura simbolica, spesso accompagnata da un motto, usata come insegna **2** (*fig.*) simbolo.
embolìa *s.f.* (*med.*) occlusione di un vaso sanguigno da parte di un embolo.
èmbolo *s.m.* (*med.*) corpo estraneo (*p.e.* un coagulo di sangue, una bolla gassosa) presente nella corrente sanguigna e in grado di provocare embolia.
émbrice *s.m.* lastra di terracotta usata per la copertura dei tetti; tegola.
embriologìa *s.f.* parte della biologia che studia la formazione dell'embrione.

embrionàle *agg.* **1** (*biol.*) dell'embrione **2** (*fig.*) che è allo stato di abbozzo.
embrióne *s.m.* **1** (*biol.*) l'organismo vivente nelle primissime fasi del suo sviluppo **2** (*fig.*) abbozzo.
emendaménto *s.m.* nella terminologia parlamentare, modifica parziale apportata a un progetto di legge durante la sua discussione.
emendàre *v.tr.* [*io emèndo ecc.*] correggere ♦ **-rsi** *v.rifl.* correggersi.
emergènte *agg.* che comincia a imporsi.
emergènza *s.f.* situazione critica, difficile.
emèrgere *v.intr.* [pres. *io emèrgo, tu emèrgi ecc.*; pass.rem. *io emèrsi, tu emergésti ecc.*; part.pass. *emèrso*; aus. *essere*] **1** venire in superficie **2** (*estens.*) venir fuori **3** (*fig.*) risultare con evidenza | segnalarsi, distinguersi.
emèrito *agg.* **1** che non esercita più un ufficio, ma ne conserva il grado **2** (*estens.*) insigne (spec. *iron.*).
emeroteca *s.f.* raccolta di giornali e periodici | edificio, sala dove vengono custodite tali raccolte.
emersióne *s.f.* il venire a galla: *l'— di un sommergibile.*
eméttere *v.tr.* [coniugato come *mettere*] **1** mandar fuori **2** (*fig.*) mettere in circolazione: *— francobolli* **3** (*fig.*) emanare **4** (*fig.*) pronunciare.
emi- primo elemento di parole composte, che significa 'mezzo, metà'.
emiciclo *s.m.* luogo, edificio a forma di semicerchio: *l'— della camera dei deputati.*
emicrània *s.f.* (*med.*) cefalea che colpisce una zona della testa | (*estens.*) mal di testa.
emigràre *v.intr.* [aus. *essere*; anche *avere* se il verbo è usato assol.] lasciare il proprio paese o regione d'origine per trasferirsi altrove.
emigrazióne *s.f.* l'emigrare.
eminènte *agg.* che emerge, che eccelle □ **-mente** *avv.* prevalentemente.
eminènza *s.f.* **1** eccellenza **2** titolo che spetta ai cardinali **3** *— grigia*, chi gode di potenza pur restando nell'ombra.
emiparèsi *s.f.* (*med.*) paresi che investe una metà del corpo.
emìro *s.m.* presso gli arabi, governatore di una tribù o di una provincia; capo di uno stato monarchico.
emisfèro *s.m.* **1** metà di una sfera **2** ciascuna delle due parti in cui il globo terrestre è diviso dall'equatore **3** *— cerebrale*, (*anat.*) ognuna delle due masse che costituiscono il cervello.
emissàrio[1] *s.m.* fiume o canale che raccoglie e scarica le acque di un lago.
emissàrio[2] *s.m.* [f. *-a*] persona inviata (specialmente da un governo) per assumere informazioni su qlco.; agente segreto.
emissióne *s.f.* **1** l'emettere, l'essere emesso | (*fin.*) operazione con la quale si pongono in circolazione banconote, titoli, assegni **2** (*telecom.*) diffusione nello spazio di onde elettromagnetiche.
emittènte *s.f.* (*telecom.*) stazione radio o video trasmittente ♦ *s.m.* nella teoria della comunicazione, chi emette un messaggio.
emo- primo elemento di parole composte, che significa 'sangue, sanguigno, del sangue'.
emocromocitomètrico *agg.* [pl.m. *-ci*] (*med.*) si dice dell'esame di laboratorio che determina il contenuto in emoglobina del sangue, il numero dei globuli rossi e bianchi e la formula leucocitaria.
emodiàlisi *s.f.* (*med.*) filtrazione del sangue eseguita mediante il rene artificiale.
emofilìa *s.f.* (*med.*) malattia congenita ereditaria caratterizzata da una coagulazione troppo lenta del sangue, che provoca prolungate emorragie.
emoglobina *s.f.* (*chim.*, *biol.*) sostanza proteica presente nei globuli rossi del sangue; trasporta l'ossigeno ai tessuti.
emolliènte *agg.* e *s.m.* **1** (*farm.*) si dice di preparato in grado di decongestionare i tessuti infiammati **2** (*ind. tessile*) si dice di sostanza usata per ammorbidire i tessuti.
emoluménto *s.m.* (spec. *pl.*) somma corrisposta per compensare una prestazione professionale.
emorragìa *s.f.* **1** (*med.*) fuoruscita di sangue dai vasi sanguigni **2** (*fig.*) perdita grave e prolungata.
emorròidi *s.f.pl.* (*med.*) dilatazioni varicose delle vene del retto e dell'ano.
emostàtico *agg.* e *s.m.* [pl.m. *-ci*] si dice di farmaco o mezzo capace di arrestare le emorragie.
emotèca *s.f.* luogo dove si preparano e si conservano il sangue e il plasma sanguigno per trasfusioni.
emotività *s.f.* **1** (*psicol.*) capacità di provare emozioni **2** facilità a emozionarsi.
emotìvo *agg.* dovuto a emozione ♦ *agg.* e *s.m.* [f. *-a*] che/chi ha tendenza a emozionarsi in modo eccessivo □ **-mente** *avv.*
emotoràce *s.m.* (*med.*) presenza di sangue nella cavità toracica.
emottìsi *s.f.* (*med.*) uscita di sangue dalla bocca.
emozionàre *v.tr.* [*io emozióno ecc.*] mettere in uno stato di emozione; turbare (anche *assol.*) ♦ **-rsi** *v.intr.pron.* provare emozione; turbarsi.

emozióne *s.f.* impressione viva, turbamento.
empietà *s.f.* azione empia; parole empie.
émpio *agg.* **1** profanatore, sacrilego **2** spietato.
empìreo *s.m.* il più alto dei cieli, sede di Dio e dei beati ♦ *agg.*
empìrico *agg.* [pl.m. -*ci*] **1** che si fonda sull'esperienza **2** (*estens.*) non scientifico ☐ **-mente** *avv.*
empirìsmo *s.m.* **1** l'essere empirico **2** (*filos.*) ogni dottrina che considera l'esperienza come fonte unica di conoscenza.
empòrio *s.m.* **1** grande centro di commercio **2** grande magazzino dove si vendono merci di ogni genere.
emulàre *v.tr.* [*io èmulo ecc.*] cercare di uguagliare o di superare.
emulazióne *s.f.* l'emulare; l'atteggiamento di chi cerca di raggiungere o superare gli altri.
èmulo *s.m.* [f. -*a*] chi emula.
emulsióne *s.f.* **1** (*chim.*) mescolanza di due liquidi non solubili tra loro, uno dei quali sotto forma di minutissime gocce **2** (*foto.*) preparato chimico sensibile alla luce.
encàusto *s.m.* antica tecnica pittorica consistente nell'uso di colori diluiti con cera fusa e applicata a caldo.
encefalìte *s.f.* (*med.*) termine generico per indicare processi infiammatori dell'encefalo.
encèfalo *s.m.* (*anat.*) la parte del sistema nervoso centrale racchiusa nel cranio.
encefalopatìa *s.f.* (*med.*) qualsiasi malattia dell'encefalo di natura non infiammatoria | — *spongiforme*, il morbo detto della mucca pazza.
encìclica *s.f.* lettera di carattere dottrinale o pastorale che il papa indirizza ai fedeli di tutto il mondo.
enciclopedìa *s.f.* opera che raccoglie sistematicamente nozioni relative a tutte le discipline o a una disciplina particolare.
enciclopèdico *agg.* [pl.m. -*ci*] **1** che ha carattere di enciclopedia **2** (*fig.*) che ha o denota conoscenze molto vaste in diversi campi del sapere.
enclìtico *agg.* [pl.m. -*ci*] (*ling.*) si dice di parola atona che si appoggia alla parola precedente.
encomiàre *v.tr.* [*io encòmio ecc.*] lodare pubblicamente e solennemente.
encòmio *s.m.* lode pubblica e solenne | riconoscimento al valor militare.
endecasìllabo *agg.* e *s.m.* si dice di verso il cui ultimo accento ritmico cade sulla decima sillaba; di solito ha undici sillabe.
endèmico *agg.* [pl.m. -*ci*] **1** (*med.*) si dice di malattia infettiva costantemente presente in un territorio **2** (*fig.*) diffuso, radicato in un certo ambiente.
endìadi *s.f.* figura retorica che esprime con due termini coordinati un unico concetto.
endo- primo elemento di termini scientifici composti che significa 'dentro, interno, posto nell'interno'.
endocàrdio *s.m.* (*anat.*) membrana che riveste le cavità del cuore.
endocrinologìa *s.f.* branca della medicina che studia le ghiandole endocrine.
endògeno *agg.* (*scient.*) che ha origine nell'interno.
endoscòpio *s.m.* (*med.*) strumento capace di illuminare e ispezionare cavità interne dell'organismo.
endovéna *s.f.* iniezione endovenosa.
endovenóso *agg.* (*med.*) che entra direttamente in una vena.
eneolìtico *agg.* [pl.m. -*ci*] si dice dell'età preistorica del rame.
energètico *agg.* [pl.m. -*ci*] che riguarda l'energia ♦ *agg.* e *s.m.* si dice di sostanza capace di fornire energia all'organismo.
energìa *s.f.* **1** vigore fisico, forza (si usa spesso al *pl.*) **2** vigore spirituale **3** (*fis.*) la capacità di un corpo di compiere lavoro **4** *energie alternative*, fonti energetiche primarie diverse dal petrolio, dal carbone e dall'energia nucleare.
enèrgico *agg.* [pl.m. -*ci*] che ha energia; risoluto, deciso ☐ **-mente** *avv.*
energùmeno *s.m.* chi si comporta con violenza e brutalità.
ènfasi *s.f.* **1** solennità, calore eccessivi nel parlare, nello scrivere o nel gestire **2** figura retorica consistente nel dare particolare rilievo ai passi salienti di un discorso.
enfàtico *agg.* [pl.m. -*ci*] pieno di enfasi ☐ **-mente** *avv.*
enfisèma *s.m.* [pl. -*mi*] (*med.*) infiltrazione di aria, in un organo o tessuto.
enfitèusi *s.f.* (*dir.*) concessione ad altri di un fondo agricolo in contropartita di migliorie e di un canone annuo.
engagé *agg.* [f. -*ée*; pl.m. -*és*, f. -*ées*] (*fr.*) si dice di artista o intellettuale impegnato socialmente e politicamente.
enìgma *s.m.* [pl. -*mi*] **1** indovinello **2** (*estens.*) frase oscura **3** (*fig.*) mistero.
enigmàtico *agg.* [pl.m. -*ci*] misterioso, oscuro ☐ **-mente** *avv.*
enigmìstica *s.f.* l'arte di comporre e risolvere enigmi, sciarade, rebus.
enigmìstico *agg.* [pl.m. -*ci*] che riguarda gli enigmi.
ennèsimo *agg.* **1** (*mat.*) che si riferisce alla lettera *n*, simbolo matematico di un nu-

mero intero positivo indeterminato **2** nel linguaggio comune, che corrisponde a un numero altissimo ma indeterminato.

enologìa *s.f.* tecnica della produzione e della conservazione dei vini.

enòlogo *s.m.* [f. *-a*; pl.m. *-gi*] esperto di enologia.

enórme *agg.* che esce dai limiti normali | molto grande; smisurato □ **-mente** *avv.*

enormità *s.f.* **1** l'essere enorme (spec. *fig.*) **2** cosa eccessiva.

enotèca *s.f.* luogo per l'esposizione, l'assaggio e la vendita di vini.

ènte *s.m.* **1** (*filos.*) ciò che esiste o può esistere **2** (*dir.*) istituzione dotata di personalità giuridica; *enti locali*, le amministrazioni comunali, provinciali e regionali.

entèrico *agg.* [pl.m. *-ci*] (*med.*) intestinale.

enterìte *s.f.* (*med.*) infiammazione dell'intestino tenue.

entero- primo elemento di termini scientifici composti che significa 'intestino'.

enteroclìsi *s.f.* (*med.*) lavaggio dell'intestino praticato per via rettale.

enterocolìte *s.f.* (*med.*) infiammazione dell'intestino tenue e del colon.

enterologìa *s.f.* settore della medicina che studia l'intestino.

entità *s.f.* **1** (*filos.*) l'essenza dell'ente **2** importanza, valore.

entomo- primo elemento di parole composte della terminologia scientifica che significa 'insetto'.

entomofilìa *s.f.* (*bot.*) impollinazione a opera degli insetti.

entomologìa *s.f.* ramo della zoologia che studia gli insetti.

entomòlogo *s.m.* [f. *-a*; pl.m. *-gi*] studioso di entomologia.

entourage *s.m.invar.* (*fr.*) il seguito, la cerchia di un personaggio.

entràmbi *pron.m.pl.* e *agg.* [f. *entrambe*; usato come *agg.* è seguito dall'art. determ.] tutti e due, ambedue.

entrànte *agg.* **1** che sta per cominciare **2** che ha appena assunto una carica.

entràre *v.intr.* [*io éntro ecc.*; aus. *essere*] **1** andar dentro, introdursi (anche *fig.*) **2** essere contenuto **3** (*fig.*) essere ammesso; essere assunto **4** (*fig.*) cominciare un'attività | — *in vigore*, detto di leggi e norme, diventare esecutivo **5** (*fig.*) interferire | *c'entra*, ha attinenza.

entràta *s.f.* **1** l'entrare (anche *fig.*) **2** ingresso **3** (*sport*) intervento deciso per contrastare l'azione dell'avversario **4** *spec.pl.* guadagno.

entratùra *s.f.* il poter frequentare una persona o un ambiente importanti.

éntro *prep.* (*con valore temporale*) prima della fine di.

entrotèrra *s.m.invar.* territorio che si stende dietro la costa.

entusiasmàre *v.tr.* riempire di entusiasmo ♦ **-rsi** *v.intr.pron.* farsi prendere da entusiasmo.

entusiàsmo *s.m.* commozione intensa dell'animo; spinta emotiva che porta ad impegnarsi in una causa.

entusiàsta *agg.* [pl.m. *-sti*] che prova o rivela entusiasmo | molto lieto ♦ *s.m.* e *f.* chi è pieno di entusiasmo.

entusiàstico *agg.* [pl.m. *-ci*] caloroso, fervido □ **-mente** *avv.*

enucleàre *v.tr.* [*io enùcleo ecc.*] individuare il nucleo di qlco.

enumeràre *v.tr.* [*io enùmero ecc.*] esporre con ordine; elencare.

enumerazióne *s.f.* l'enumerare.

enunciàre *v.tr.* [*io enùncio ecc.*] esporre con proprietà di termini un concetto.

enunciàto *s.m.* **1** insieme di parole con cui si afferma o si nega qlco. **2** (*ling.*) sequenza sintatticamente definita di parole.

enunciazióne *s.f.* l'enunciare; ciò che si enuncia.

enurèsi *s.f.* (*med.*) perdita involontaria di urine.

enzìma *s.m.* [pl. *-mi*] (*chim.*, *biol.*) sostanza di natura proteica capace di favorire determinate reazioni chimiche nell'organismo.

eòlico *agg.* [pl.m. *-ci*] del vento; operato o prodotto dal vento.

epàtico *agg.* [pl.m. *-ci*] di fegato.

epatìte *s.f.* (*med.*) processo infiammatorio acuto o cronico del fegato.

epato- primo elemento di parole composte della terminologia medica che significa 'fegato'.

epi- primo elemento di parole composte che significa 'sopra, su, in' o anche 'dopo, di nuovo'.

èpica *s.f.* genere di poesia che narra imprese eroiche; epopea.

epicàrpo *s.m.* (*bot.*) lo strato più esterno del frutto; buccia.

epicèntro *s.m.* **1** (*geol.*) punto della superficie terrestre che si trova direttamente sopra il luogo di origine di un terremoto **2** (*fig.*) centro di diffusione.

èpico *agg.* [pl.m. *-ci*] **1** che narra e celebra imprese eroiche | proprio della poesia epica **2** (*fig.*) grandioso, memorabile.

epicureìsmo *s.m.* la dottrina del filosofo greco Epicuro (341-270 a.C.), fondata su una concezione materialistica del mondo.

epicurèo *s.m.* [f. *-a*] **1** seguace di Epicuro **2** (*estens.*) chi fa vita da gaudente, ricer-

cando solo i piaceri materiali *agg.* di Epicuro, dell'epicureismo ♦ *agg.*
epidemìa *s.f.* **1** (*med.*) diffusione di una malattia infettiva con un grande numero di individui colpiti **2** (*fig.*) qualsiasi fenomeno che si propaghi rapidamente.
epidèrmico *agg.* [pl.m. *-ci*] **1** (*anat.*) dell'epidermide **2** (*fig.*) superficiale □ **-mente** *avv.*
epidèrmide *s.f.* (*anat.*) lo strato più superficiale della pelle.
epifanìa *s.f.* (*lit.*) festività cristiana a ricordo della visita dei magi a Gesù | (*relig.*) manifestazione della divinità.
epìfisi *s.f.* (*anat.*) **1** ghiandola endocrina situata nella parte dorsale dell'encefalo **2** estremità delle ossa lunghe.
epiglòttide *s.f.* (*anat.*) lamina cartilaginea posta a chiudere l'apertura della laringe.
epìgrafe *s.f.* **1** breve iscrizione incisa su una tomba o altri monumenti per commemorazione | (*archeol.*) iscrizione antica su pietra, terracotta o metallo **2** scritto posto in fronte a un libro come dedica.
epigrafìa *s.f.* scienza che si occupa dello studio delle antiche epigrafi.
epigràfico *agg.* [pl.m. *-ci*] breve, stringato.
epigràmma *s.m.* [pl. *-mi*] breve componimento in versi di carattere arguto.
epilessìa *s.f.* (*med.*) malattia del sistema nervoso caratterizzata da crisi convulsive, con perdita della coscienza.
epilèttico *agg.* [pl.m. *-ci*] (*med.*) di epilessia ♦ *s.m.* [f. *-a*] affetto da epilessia.
epìlogo *s.m.* [pl. *-ghi*] **1** conclusione di un'opera letteraria **2** (*estens.*) fine.
episcopàle *agg.* vescovile.
episcopàto *s.m.* **1** funzione, ufficio di vescovo **2** l'insieme dei vescovi.
episòdico *agg.* [pl.m. *-ci*] che ha carattere di episodio; che avviene di tanto in tanto □ **-mente** *avv.*
episòdio *s.m.* **1** vicenda che presenta un suo svolgimento autonomo all'interno dell'azione principale di un'opera letteraria o drammatica **2** vicenda, caso.
epistàssi *s.f.* (*med.*) emorragia nasale.
epistemologìa *s.f.* (*filos.*) studio critico dei fondamenti, della natura e delle condizioni di validità del sapere scientifico; filosofia della scienza.
epìstola *s.f.* (*lett.*) lettera scritta con cura stilistica e per lo più destinata alla pubblicazione.
epistolàre *agg.* **1** di lettera, tipico delle lettere **2** che avviene per mezzo di lettere.
epistolàrio *s.m.* raccolta di lettere scritte da un personaggio famoso.
epitàffio *s.m.* iscrizione tombale.
epitalàmio *s.m.* carme nuziale.
epitèlio *s.m.* (*anat.*) tessuto che riveste tutte le superfici del corpo.
epitelióma *s.m.* [pl. *-mi*] (*med.*) tumore maligno che si sviluppa nei tessuti epiteliali.
epìteto *s.m.* **1** sostantivo, aggettivo o locuzione che s'aggiunge a un nome per qualificarlo **2** (*estens.*) insulto.
epìtome *s.f.* riassunto.
època *s.f.* **1** momento storico caratterizzato da grandi avvenimenti | *fare —*, (*fig.*) avere vasta risonanza **2** tempo, momento, periodo **3** (*geol.*) ciascuna delle parti in cui si suddivide un periodo geologico.
epocàle *agg.* relativo a una determinata epoca: *evento —*.
epòdo *s.m.* componimento di argomento morale-satirico.
epònimo *agg.* e *s.m.* che dà il proprio nome a una città, una famiglia, un periodo.
epopèa *s.f.* **1** narrazione poetica di gesta eroiche **2** il genere letterario che comprende le narrazioni epiche **3** (*estens.*) insieme di imprese eroiche.
epta- primo elemento di parole composte, che significa 'sette'.
eppùre *cong.* tuttavia.
epuràre *v.tr.* [*io epùro ecc.*] liberare una collettività, un organismo dalle persone ritenute indegne o incapaci.
epurazióne *s.f.* l'epurare, l'essere epurato.
equànime *agg.* giusto; imparziale.
equanimità *s.f.* imparzialità.
equatóre *s.m.* (*geog.*) il circolo massimo della sfera terrestre, equidistante dai poli, che divide la Terra in due emisferi | *— celeste*, circonferenza massima della sfera celeste.
equatoriàle *agg.* **1** dell'equatore **2** che è situato vicino all'equatore ♦ *s.m.* cannocchiale astronomico.
equazióne *s.f.* **1** (*mat.*) uguaglianza tra due espressioni verificata solo per particolari valori attribuiti alle variabili che in essa compaiono **2** (*fig.*) rapporto di uguaglianza.
equèstre *agg.* che è proprio di cavalli o dei cavalieri.
equi- primo elemento di parole composte, che significa 'uguale'.
equiàngolo *agg.* (*geom.*) si dice di poligono avente tutti gli angoli uguali.
equidistànte *agg.* situato a uguale distanza.
equilàtero *agg.* (*geom.*) si dice di poligono avente tutti i lati uguali.
equilibràre *v.tr.* porre o mantenere in equilibrio (anche *fig.*) ♦ **-rsi** *v.rifl.rec.* te-

nersi reciprocamente in equilibrio; avere lo stesso peso (anche *fig.*).
equilibràto *agg.* **1** che è in equilibrio **2** (*fig.*) che rivela equilibrio □ **-mente** *avv.*
equilìbrio *s.m.* **1** (*fis.*) condizione dei corpi che rimangono immobili perché sollecitati da forze uguali e contrarie **2** (*fig.*) situazione nella quale forze diverse si compensano tra loro **3** (*fig.*) senso della misura.
equilibrìsmo *s.m.* **1** l'arte dell'equilibrista **2** (*fig.*) capacità di destreggiarsi.
equilibrìsta *s.m.* e *f.* [pl.m. *-sti*] **1** acrobata **2** (*fig.*) chi sa destreggiarsi abilmente in situazioni difficili.
equìno *agg.* di cavallo.
equinòzio *s.m.* (*astr.*) ciascuno dei due punti in cui l'eclittica interseca l'equatore celeste | ciascuna delle due date dell'anno in cui il Sole passa per tali punti e la durata del giorno è uguale a quella della notte: — *di primavera*, il 21 marzo; — *d'autunno*, il 23 settembre.
equipaggiaménto *s.m.* l'insieme degli oggetti che servono a equipaggiare o a equipaggiarsi.
equipaggiàre *v.tr.* [*io equipàggio ecc.*] fornire di ciò che è necessario per un'impresa ♦ **-rsi** *v.rifl.* dotarsi del necessario per un determinato scopo.
equipàggio *s.m.* il personale che presta servizio su una nave, su un aeromobile o su un veicolo spaziale.
equiparàre *v.tr.* [*io equipàro ecc.*] rendere pari, mettere sullo stesso piano; sottoporre allo stesso trattamento.
equiparazióne *s.f.* l'equiparare, l'essere equiparato; pareggiamento.
équipe *s.f.* [pl. *équipes*] (*fr.*) gruppo di persone organizzate per un'attività in comune.
equipollènte *agg.* (*burocr.*) di ugual valore; equivalente.
equità *s.f.* imparzialità.
equitazióne *s.f.* arte e pratica del cavalcare.
equivalènte *agg.* di uguale valore ♦ *s.m.*
equivalènza *s.f.* l'essere equivalente, l'avere lo stesso valore o significato.
equivalére *v.intr.* [coniugato come *valere*; aus. *essere* e *avere*] avere lo stesso valore, la stessa efficacia ♦ **-rsi** *v.rifl.rec.* avere lo stesso valore o significato.
equivocàre *v.intr.* [*io equìvoco, tu equìvochi ecc.*] capire una cosa per un'altra.
equìvoco *agg.* [pl.m. *-ci*] **1** ambiguo **2** (*fig.*) di dubbia moralità ♦ *s.m.* malinteso.
èquo *agg.* giusto □ **-mente** *avv.*
èra *s.f.* **1** divisione del tempo che ha inizio da un avvenimento di grande importanza: — *cristiana* **2** (*geol.*) la più grande suddivisione dell'età della Terra: — *paleozoica*, *mesozoica*.
eràrio *s.m.* amministrazione finanziaria dello stato, fisco.
èrba *s.f.* **1** ogni pianta bassa il cui fusto rimane verde e tenero, senza diventare legnoso; (*fig.*) ai primi passi di un'attività: *un pittore in* — | *far d'ogni — un fascio*, (*fig.*) accomunare senza criterio cose diverse **2** l'insieme delle piante erbacee che ricoprono un terreno **3** *pl.* verdure **4** *pl.* erbe medicinali **5** (*gerg.*) marijuana.
erbàceo *agg.* che ha natura di erba.
erbàrio *s.m.* raccolta di piante, seccate e classificate per uso scientifico o didattico.
erbìvoro *agg.* e *s.m.* si dice di animale che si nutre di erbe.
erborìsta *s.m.* e *f.* [pl.m. *-sti*] chi raccoglie o vende erbe medicinali e aromatiche.
erboristerìa *s.f.* **1** la raccolta, preparazione e conservazione di piante aromatiche e medicinali **2** negozio di erborista.
erbóso *agg.* ricoperto d'erba.
ercùleo *agg.* di Ercole, degno di Ercole: *forza erculea.*
erède *s.m.* e *f.* **1** (*dir.*) chi succede a un defunto in tutti suoi beni, diritti e obblighi **2** (*fig.*) chi continua un'attività, una tradizione.
eredità *s.f.* **1** trasmissione del patrimonio di un defunto; il patrimonio trasmesso **2** (*fig.*) retaggio di beni spirituali, tradizioni **3** — *genetica*, (*biol.*) trasmissione dai genitori ai figli di caratteri che fanno parte del patrimonio cromosomico.
ereditàre *v.tr.* [*io erèdito ecc.*] ricevere in eredità.
ereditarietà *s.f.* possibilità di essere trasmesso in eredità.
ereditàrio *agg.* **1** relativo all'eredità; che si trasmette in eredità (anche *fig.*) **2** (*biol.*) che si trasmette da una generazione all'altra □ **-mente** *avv.*
eremìta *s.m.* e *f.* [pl.m. *-ti*] persona che si ritira in solitudine dedicandosi alla preghiera e alla penitenza | (*estens.*) chi conduce una vita isolata.
èremo *s.m.* **1** luogo isolato dove uno o più eremiti si ritirano **2** (*estens.*) dimora tranquilla, isolata.
eresìa *s.f.* **1** dottrina contraria a una verità di fede proposta dalla chiesa cattolica come rivelata da Dio **2** (*estens.*) idea contrastante con l'opinione comune **3** (*fig.*) sproposito.
erètico *s.m.* [f. *-a*] **1** seguace di un'eresia **2** (*fam.*) miscredente ♦ *agg.* [pl.m. *-ci*].
eretìsmo *s.m.* (*med.*) eccessiva eccitabilità nervosa.

erèttile *agg.* (*scient.*) si dice di organo o tessuto che ha la capacità di erigersi per effetto di particolari stimoli.
erètto *agg.* diritto.
erezióne *s.f.* **1** l'erigere **2** (*fisiol.*) inturgidimento di un organo erettile, in particolare del pene.
èrg *s.m.invar.* (*fis.*) unità di misura del lavoro.
ergastolàno *s.m.* [f. *-a*] chi è stato condannato all'ergastolo e sta scontando tale pena.
ergàstolo *s.m.* pena detentiva a vita.
ergo- primo elemento di parole composte, che significa 'lavoro'.
ergonomìa *s.f.* scienza che studia il rapporto uomo-macchina-ambiente per ottenere il migliore mutuo adattamento.
ergonòmico *agg.* [pl.m. *-ci*] di ergonomia; secondo i principi dell'ergonomia.
ergoterapìa *s.f.* terapia psichiatrica che consiste nel rieducare i pazienti alla vita sociale attraverso il lavoro.
èrica *s.f.* (*bot.*) genere di piante sempreverdi con fiori rosei.
erìgere *v.tr.* [pres. *io erigo, tu erigi ecc.*; pass.rem. *io erèssi, tu erigésti ecc.*; part.pass. *erètto*] **1** innalzare, costruire **2** (*fig.*) fondare ♦ **-rsi** *v.rifl.* **1** drizzarsi **2** (*fig.*) attribuirsi un'autorità.
erìnni *s.f.* divinità infernali della vendetta | (*fig.*) donna terribile.
eritèma *s.m.* [pl. *-mi*] (*med.*) arrossamento della cute: — *solare*.
eritrocìta o **eritrocìto** *s.m.* [pl. *-ti*] (*anat.*) globulo rosso.
ermafroditìsmo *s.m.* (*biol.*) presenza in un unico individuo degli organi riproduttori di entrambi i sessi.
ermellìno *s.m.* piccolo mammifero carnivoro con corpo allungato, zampe corte.
ermenèutica *s.f.* teoria e tecnica dell'interpretazione dei testi e dei documenti.
ermètico *agg.* [pl.m. *-ci*] **1** che impedisce totalmente il passaggio di fluidi **2** (*fig.*) oscuro, incomprensibile **3** che appartiene alla corrente poetica dell'ermetismo □ **-mente** *avv.*
ermetìsmo *s.m.* corrente poetica del Novecento italiano che usa un linguaggio oscuro.
èrnia *s.f.* (*med.*) fuoruscita di un organo o di parte di esso dalla cavità in cui è contenuto: — *addominale, del disco*.
eródere *v.tr.* [coniugato come *rodere*] corrodere, intaccare lentamente.
eròe *s.m.* **1** chi dà prova di straordinario coraggio e abnegazione **2** figura di spicco di un'opera letteraria, musicale, teatrale, cinematografica.
erogàre *v.tr.* [*io èrogo, tu èroghi ecc.*] **1** elargire una somma di denaro **2** fornire, distribuire gas, acqua, corrente elettrica.
erogazióne *s.f.* l'erogare, l'essere erogato | la cosa erogata.
eròico *agg.* [pl.m. *-ci*] **1** che è degno di un eroe; eccezionale **2** che dà prova di eccezionale forza d'animo □ **-mente** *avv.*
eroìna[1] *s.f.* **1** donna di qualità eroiche **2** figura femminile di spicco in un'opera letteraria, musicale, teatrale ecc.
eroìna[2] *s.f.* (*chim.*) sostanza derivata dalla morfina, dotata di potere stupefacente.
eroinòmane *s.m.* e *f.* e *agg.* tossicodipendente da eroina.
eroìsmo *s.m.* valore, coraggio straordinario | azione eroica.
erómpere *v.intr.* [coniugato come *rompere*; mancano il part. pass. e i tempi composti] venir fuori con impeto (anche *fig.*).
èros *s.m.* l'impulso d'amore; l'istinto sessuale.
erosióne *s.f.* **1** asportazione delle parti superficiali del terreno dovuta all'azione di agenti atmosferici, di acque o di ghiacciai **2** (*fig.*) diminuzione progressiva.
erosìvo *agg.* che provoca erosione.
eròtico *agg.* [pl.m. *-ci*] **1** che si ispira all'amore sensuale **2** che suscita desideri sessuali □ **-mente** *avv.*
erotìsmo *s.m.* **1** inclinazione verso ciò che è erotico **2** in arte e in letteratura, prevalenza di temi erotici.
erràre *v.intr.* [*io èrro ecc.*; aus. *avere*] **1** andare di qua e di là senza meta (anche *fig.*) **2** cadere in errore.
erràtico *agg.* [pl.m. *-ci*] che muta posto | *massi erratici*, (*geol.*) blocchi rocciosi trasportati lontano dai luoghi d'origine.
erràto *agg.* contrario alla verità □ **-mente** *avv.*
erróre *s.m.* **1** ciò che si allontana dalla verità, dal giusto o dalla norma convenuta; sbaglio **2** peccato.
érta *s.f.* salita ripida e malagevole | *stare all'*—, vigilare attentamente.
érto *agg.* ripido, scosceso.
erudìto *agg.* **1** che possiede erudizione **2** che denota erudizione ♦ *s.m.* [f. *-a*].
erudizióne *s.f.* ampio corredo di cognizioni intorno a una o più discipline.
eruttàre *v.tr.* **1** detto di un vulcano, emettere con violenza dal cratere lava e altri materiali **2** (*estens.*) mandar fuori.
eruzióne *s.f.* **1** (*geol.*) emissione di lava e di altri materiali da un vulcano **2** (*med.*) comparsa sulla pelle di macchie o pustole.
Es *s.m.invar.* (*ted.*; *psicoan.*) la parte dell'apparato psichico in cui nascono le pulsioni; inconscio.

es- prefisso di parole derivate dal latino o di formazione moderna; può avere valore privativo, intensivo, oppure di allontanamento.
esa- primo elemento di parole composte, che significa 'sei, composto di sei'.
esacerbàto *agg.* inasprito; esasperato.
esageràre *v.tr.* [io esàgero ecc.] rappresentare, far apparire qlco. maggiore di quanto sia in realtà | (*estens.*) accentuare, caricare ♦ *v.intr.* [aus. avere] oltrepassare i limiti della convenienza, del giusto.
esagerazióne *s.f.* **1** l'esagerare **2** azione, affermazione esagerata.
esagitàto *agg.* e *s.m.* [f. -a] che/chi è in preda a grande agitazione.
esagonàle *agg.* a forma di esagono.
esàgono *s.m.* (*geom.*) poligono avente sei lati e sei angoli.
esalàre *v.tr.* emettere vapori; emanare ♦ *v.intr.* [aus. essere] uscir fuori.
esalazióne *s.f.* l'esalare; i vapori, gli odori esalati.
esaltàre *v.tr.* **1** magnificare con lodi; celebrare **2** eccitare **3** porre in evidenza ♦ **-rsi** *v.rifl.* o *intr.pron.* **1** vantarsi **2** entusiasmarsi.
esaltàto *agg.* eccitato, infervorato ♦ *s.m.* [f. -a].
esaltazióne *s.f.* **1** lode incondizionata **2** eccitazione, infervoramento.
esàme *s.m.* **1** attenta analisi delle qualità o delle condizioni di una persona, di una cosa **2** prova a cui viene sottoposto un candidato per accertarne il grado di preparazione o l'idoneità a una professione.
esàmetro *s.m.* nella metrica greca e latina, verso di sei piedi.
esaminàre *v.tr.* [io esàmino ecc.] **1** considerare attentamente **2** sottoporre a una prova d'esame.
esaminatóre *agg.* e *s.m.* [f. -trice] che/chi esamina.
esàngue *agg.* **1** che è senza sangue o ha perso molto sangue **2** (*fig.*) pallido.
esànime *agg.* che è o sembra senza vita.
esantèma *s.m.* [pl. -mi] (*med.*) eruzione cutanea che si manifesta in alcune malattie infettive.
esàrca *s.m.* [pl. -chi] nell'alto Medioevo, governatore dei territori italiani sottoposti all'impero bizantino.
esarcàto *s.m.* territorio sottoposto alla giurisdizione di un esarca.
esasperàre *v.tr.* [io esàspero ecc.] **1** rendere più aspro e gravoso; inasprire **2** irritare, innervosire ♦ **-rsi** *v.rifl.* o *intr.pron.* **1** inasprirsi **2** irritarsi.
esasperàto *agg.* **1** spinto all'eccesso **2** oltremodo irritato.
esasperazióne *s.f.* **1** aggravamento, inasprimento **2** profondo risentimento.
esattézza *s.f.* **1** l'essere esatto **2** accuratezza **3** puntualità.
esàtto *agg.* **1** eseguito in modo da evitare errori; conforme al vero **2** conforme a regole e principi certi **3** preciso **4** detto di persona, che agisce con diligenza ♦ *avv.* **1** con precisione **2** sì, certamente □ **-mente** *avv.*
esattóre *s.m.* [f. -trice] chi è incaricato di riscuotere somme per conto di privati o enti pubblici.
esattorìa *s.f.* ufficio dell'esattore; edificio in cui tale ufficio ha sede.
esaudìre *v.tr.* [io esàudisco, tu esàudisci ecc.] accogliere, soddisfare.
esauriènte *agg.* che tratta in modo compiuto un argomento □ **-mente** *avv.*
esauriménto *s.m.* **1** l'esaurire, l'esaurirsi, l'essere esaurito **2** indebolimento delle risorse fisiche o nervose: — *nervoso*.
esaurìre *v.tr.* [io esaurisco, tu esaurisci ecc.] **1** vuotare completamente | finire (anche *fig.*) **2** debilitare **3** svolgere interamente ♦ **-rsi** *v.rifl.* o *intr.pron.* **1** consumarsi del tutto (anche *fig.*) **2** detto di persona, consumare le proprie energie fisiche e mentali.
esaustìvo *agg.* (*lett.*) esauriente □ **-mente** *avv.*
esàusto *agg.* stremato.
esautoràre *v.tr.* [io esàutoro ecc.] privare dell'autorità o del prestigio.
esautorazióne *s.f.* l'esautorare, l'essere esautorato.
esazióne *s.f.* il riscuotere denaro, spec. come tributo.
esbórso *s.m.* (*burocr.*) spesa.
ésca *s.f.* **1** qualsiasi cibo con cui si attirano pesci o altri animali per catturarli | (*fig.*) cosa che alletta **2** sostanza vegetale che serviva per accendere il fuoco con l'acciarino.
escalation *s.f.invar.* (*ingl.*) andamento in crescendo di un fenomeno politico, sociale o economico.
escamotage *s.m.invar.* (*fr.*) espediente, ripiego abile per aggirare una difficoltà.
escandescènza *s.f.* (spec. *pl.*) scatto d'ira subitaneo e violento.
escatologìa *s.f.* l'insieme delle dottrine che riguardano il destino dell'uomo dopo la morte.
escavatóre *s.m.* macchina usata per lavori di scavo.
esclamàre *v.intr.* [aus. avere] dire ad alta voce e con forza.
esclamatìvo *agg.* che esprime esclamazione.
esclamazióne *s.f.* l'esclamare; la parola o

la frase che esprime un sentimento, una forte impressione.
esclùdere *v.tr.* [pass.rem. *io esclusi, tu escludésti* ecc.; part.pass. *escluso*] **1** chiudere fuori **2** non accogliere **3** ritenere impossibile; scartare **4** rendere impossibile ♦ **-rsi** *v.rifl.* isolarsi ♦ *v.rifl.rec.* eliminarsi reciprocamente.
esclusióne *s.f.* l'escludere, l'essere escluso.
esclusìva *s.f.* godimento di un bene o di un diritto da cui è escluso ogni altro.
esclusivìsta *s.m.* e *f.* [pl.m. *-sti*] chi detiene l'esclusiva di vendita di un prodotto.
esclusìvo *agg.* **1** che mira a escludere **2** riservato a un singolo o a un gruppo ristretto **3** incompatibile con altri **4** unico □ **-mente** *avv.*
escogitàre *v.tr.* [*io escògito* ecc.] trovare con la propria inventiva.
escoriazióne *s.f.* (*med.*) lesione superficiale della pelle.
escreménto *s.m.* (spec. *pl.*) sterco, feci.
escrescènza *s.f.* protuberanza, a volte di natura morbosa, sulla superficie della pelle o delle mucose.
escrezióne *s.f.* (*biol.*) funzione fisiologica attraverso la quale gli organismi animali e vegetali eliminano i prodotti di rifiuto | la sostanza eliminata.
escursióne *s.f.* **1** gita, viaggio breve **2** (*scient.*) intervallo tra il valore massimo e quello minimo di una grandezza: — *termica*, (*meteor.*) differenza fra la temperatura massima e la minima osservata in ventiquattr'ore.
escussióne *s.f.* (*dir.*) interrogatorio dei testimoni in giudizio.
esecràbile *agg.* indegno □ **-mente** *avv.*
esecràre *v.tr.* [*io esècro* ecc.] detestare.
esecrazióne *s.f.* l'esecrare, l'essere esecrato; sentimento di riprovazione.
esecutìvo *agg.* **1** che può ricevere esecuzione **2** (*dir.*) che può ottenere immediata esecuzione **3** che provvede a dare attuazione concreta a direttive o programmi | *potere* —, quello spettante al governo ♦ *s.m.* **1** il governo **2** il comitato esecutivo di un partito o di un'organizzazione.
esecutóre *s.m.* [f. *-trice*] **1** chi attua decisioni altrui **2** chi esegue una composizione musicale.
esecuzióne *s.f.* **1** l'eseguire; attuazione **2** l'eseguire un brano musicale **3** (*dir.*) procedura con cui si attua una decisione di un'autorità amministrativa o giurisdizionale | *plotone di* —, il plotone che fucila un condannato a morte.
esèdra *s.f.* (*arch.*) **1** negli antichi edifici greci e romani, ambiente aperto a forma di emiciclo **2** oggi, qualunque disposizione planimetrica a semicerchio.
esegèsi *s.f.* interpretazione critica di un testo.
eseguìre *v.tr.* [*io eséguo, tu eségui* ecc.] **1** compiere, fare | mettere in pratica **2** suonare.
esèmpio *s.m.* **1** qualunque cosa o persona che possa essere presa come modello positivo o negativo **2** fatto o frase che si cita per confermare un'affermazione o una regola, per attestare usi grammaticali o lessicali.
esemplàre[1] *agg.* che serve d'esempio.
esemplàre[2] *s.m.* **1** ciascuna copia di una serie **2** animale, vegetale o minerale tipico nella propria specie.
esemplificàre *v.tr.* [*io esemplìfico, tu esemplìfichi* ecc.] spiegare, dimostrare con uno o più esempi.
esemplificazióne *s.f.* l'esemplificare; l'insieme degli esempi addotti.
esentàre *v.tr.* [*io esènto* ecc.] rendere esente da un obbligo; esonerare.
esentàsse *agg.invar.* esente da tasse.
esènte *agg.* non soggetto a un obbligo.
esenzióne *s.f.* esonero.
esèquie *s.f.pl.* l'insieme dei riti funebri; funerale.
esercènte *s.m.* e *f.* gestore o proprietario di un negozio o altro pubblico esercizio.
esercitàre *v.tr.* [*io esèrcito* ecc.] **1** mantenere in attività **2** dedicarsi a un'attività per professione o per mestiere (anche *assol.*) **3** far valere ♦ **-rsi** *v.rifl.* tenersi in esercizio.
esercitazióne *s.f.* l'esercitare, l'esercitarsi; attività di addestramento.
esèrcito *s.m.* **1** il complesso delle forze militari di uno stato **2** (*fig. iperb.*) gran numero di persone, animali o cose.
esercìzio *s.m.* **1** l'esercitare, l'esercitarsi **2** prova o insieme di prove che servono ad acquistare pratica in una materia o in un'attività **3** conduzione di un'azienda, di un negozio; l'azienda, il negozio stesso **4** periodo di gestione.
esibìre *v.tr.* [*io esibisco, tu esibisci* ecc.] **1** presentare, mostrare **2** ostentare ♦ **-rsi** *v.rifl.* **1** presentarsi al pubblico in uno spettacolo **2** farsi notare.
esibizióne *s.f.* **1** presentazione **2** sfoggio **3** numero di uno spettacolo.
esibizionìsmo *s.m.* tendenza a mettersi in mostra.
esigènte *agg.* che esige molto; severo.
esigènza *s.f.* **1** l'essere esigente | (spec. *pl.*) pretesa **2** (spec. *pl.*) bisogno.
esìgere *v.tr.* [pres. *io esigo, tu esigi* ecc.; pass.rem. *io esigéi* o *esigètti, tu esigésti* ecc.;

part.pass. *esatto*] **1** richiedere con autorità; pretendere **2** comportare di necessità **3** riscuotere in base a una legge.
esigìbile *agg.* che si può riscuotere.
esìguo *agg.* piccolo, scarso □ **-mente** *avv.*
esilarànte *agg.* che provoca ilarità.
èsile *agg.* **1** sottile **2** (*fig.*) debole.
esiliàre *v.tr.* [*io esilio* ecc.] **1** mandare in esilio **2** (*estens.*) allontanare da qlcu. o da qlco. ♦ **-rsi** *v.rifl.* **1** andare spontaneamente in esilio **2** (*estens.*) allontanarsi da qlcu. o da qlco.
esìlio *s.m.* **1** allontanamento dalla patria **2** la condizione di esule.
esìmere *v.tr.* [rar. il pass.rem. *io esiméi* o *esimètti, tu esiméstì* ecc.; manca il part. pass.] liberare da un obbligo ♦ **-rsi** *v.rifl.* sottrarsi a un obbligo.
esistènza *s.f.* **1** l'esistere; modo d'essere di ciò che è reale **2** vita.
esistenziàle *agg.* che si riferisce all'esistenza, alla vita.
esistenzialìsmo *s.m.* corrente filosofica novecentesca incentrata sulla nozione di esistenza come modo di essere peculiare dell'uomo.
esistenzialìsta *s.m.* e *f.* [pl.m. *-sti*] seguace dell'esistenzialismo.
esìstere *v.intr.* [pass.rem. *io esistéi* o *esistètti, tu esistésti* ecc.; part.pass. *esistito*; aus. *essere*] **1** avere realtà effettiva **2** esserci **3** (*lett.*) vivere.
esitàre *v.intr.* [*io èsito ecc.;* aus. *avere*] essere incerto, indeciso.
èsito *s.m.* **1** risultato, riuscita, conclusione **2** (*burocr.*) risposta.
èskimo *s.m.* giaccone impermeabile con cappuccio e fodera di pelo.
èsodo *s.m.* **1** emigrazione di un popolo **2** (*estens.*) partenza di un gran numero di persone | trasferimento di somme di denaro o altri beni mobili.
esòfago *s.m.* [pl. *-gi*] (*anat.*) tratto del tubo digerente che va dalla faringe allo stomaco.
esògeno *agg.* (*scient.*) che ha origine all'esterno | (*geol.*) si dice degli agenti che operano dall'esterno sulla superficie terrestre provocando trasformazioni.
esoneràre *v.tr.* [*io esònero* ecc.] dispensare da un obbligo, sollevare da un incarico ♦ **-rsi** *v.rifl.* liberarsi di propria iniziativa da un compito, da un dovere.
esònero *s.m.* l'esonerare, l'essere esonerato; esenzione.
esorbitànte *agg.* esagerato.
esorbitàre *v.intr.* [*io esòrbito ecc.*; aus. *avere*] uscire dai limiti.
esorcìsmo *s.m.* **1** rito religioso diretto a cacciare demoni **2** (*estens.*) formula di scongiuro.
esorcìsta *s.m.* e *f.* [pl.m. *-sti*] chi pratica l'esorcismo.
esordiènte *agg.* e *s.m.* e *f.* si dice di chi esordisce in un'attività.
esòrdio *s.m.* **1** preambolo, introduzione **2** inizio di una qualsiasi attività.
esordìre *v.intr.* [*io esordisco, tu esordisci* ecc.; aus. *avere*] **1** incominciare un discorso **2** (*estens.*) debuttare.
esortàre *v.tr.* [*io esòrto* ecc.] cercare di indurre, di convincere qlcu. a fare qlco.
esortazióne *s.f.* l'esortare; le parole con cui si esorta.
esoschèletro *s.m.* (*zool.*) rivestimento duro del corpo di alcuni vertebrati e di molti invertebrati.
esosfèra *s.f.* (*geog.*) la regione più esterna dell'atmosfera terrestre.
esosità *s.f.* l'essere esoso.
esòso *agg.* **1** avido **2** che denota avidità.
esotèrico *agg.* [pl.m. *-ci*] si dice di dottrina destinata a una ristretta cerchia di iniziati | (*estens.*) proprio di piccolo gruppo di persone e comprensibile soltanto a loro.
esòtico *agg.* [pl.m. *-ci*] che proviene da paesi lontani ♦ *s.m.* ciò che è straniero.
esotìsmo *s.m.* **1** elemento esotico **2** tendenza a seguire usanze esotiche.
espàndere *v.tr.* [pass.rem. *io espansi, tu espandésti ecc.*; part.pass. *espanso*] **1** allargare, ampliare, estendere **2** emanare, spandere **3** (*inform.*) aggiungere un dispositivo che migliori le prestazioni di un elaboratore ♦ **-rsi** *v.rifl.* o *intr.pron.* **1** allargarsi, dilatarsi, estendersi **2** diffondersi.
espansióne *s.f.* **1** l'espandere; ingrandimento **2** (*fis.*) trasformazione fisica accompagnata da un aumento di volume **3** (*fig.*) manifestazione d'affetto **4** (*inform.*) dispositivo che aggiunto a un elaboratore ne migliora le prestazioni.
espansionìsmo *s.m.* tendenza di uno stato a espandere il proprio territorio o la propria sfera d'influenza.
espansìvo *agg.* aperto, affettuoso.
espànso *agg.* (*chim.*) si dice di materiale plastico trattato in modo da acquisire una struttura porosa con elevate proprietà di isolamento termico e acustico.
espatriàre *v.intr.* [*io espàtrio ecc.*; aus. *essere*] lasciare la patria, per sempre o per lungo tempo.
espàtrio *s.m.* l'espatriare.
espediènte *s.m.* accorgimento per superare una difficoltà.
espèllere *v.tr.* [pres. *io espèllo ecc.*; pass.rem. *io espulsi, tu espelléstì ecc.*; part.pass. *espulso*]

1 cacciare 2 mandar fuori, emettere | eliminare dall'organismo.
esperànto *s.m.* lingua artificiale internazionale.
esperiènza *s.f.* 1 conoscenza pratica della vita o delle cose proprie di un determinato campo 2 vicenda che provoca determinate sensazioni interiori 3 (*scient.*) esperimento.
esperiménto *s.m.* 1 ciò che si fa per accertarsi delle qualità di una persona o di una cosa; prova 2 (*scient.*) osservazione di un fenomeno per verificare un'ipotesi.
espèrto *agg.* 1 che ha esperienza della vita: *un uomo* — 2 che ha esperienza in un determinato campo; abile ♦ *s.m.* [f. *-a*] persona che ha competenza in un campo.
espettoràre *v.tr.* [*io espèttoro ecc.*] (*med.*) espellere dalla bocca le secrezioni tracheali e bronchiali.
espiànto *s.m.* (*biol.*) frammento di organo coltivato con le tecniche di coltura in vitro.
espiàre *v.tr.* [*io espìo ecc.*] emendare una colpa subendone la punizione.
espiazióne *s.f.* 1 l'espiare 2 (*teol.*) riparazione dei peccati con penitenze.
espiràre *v.tr.* mandar fuori l'aria dai polmoni.
espirazióne *s.f.* espulsione dell'aria introdotta con l'inspirazione.
espletaménto *s.m.* (*burocr.*) l'espletare, l'essere espletato: — *di un incarico*.
espletàre *v.tr.* [*io esplèto ecc.*] (*burocr.*) portare a termine, compiere: — *una pratica*.
esplicatìvo *agg.* che serve a spiegare.
esplìcito *agg.* 1 espresso in termini precisi, che non lascia dubbio | *proposizione esplicita*, (*gramm.*) quella che ha il verbo di modo finito 2 detto di persona, che si esprime in modo chiaro e inequivocabile □ **-mente** *avv.*
esplòdere *v.intr.* [pres. *io esplòdo ecc.*; pass.rem. *io esplòsi, tu esplodésti ecc.*; part.pass. *esplòso* aus. *essere*] 1 scoppiare con grande rumore 2 (*fig.*) manifestarsi improvvisamente e con grande intensità ♦ *v.tr.* sparare.
esploràre *v.tr.* [*io esplòro ecc.*] 1 esaminare con attenzione un luogo 2 (*med.*) effettuare un'esplorazione diagnostica 3 (*fig.*) cercare di conoscere.
esploratóre *agg.* [f. *-trice*] che esplora ♦ *s.m.* chi compie esplorazioni geografiche.
esplorazióne *s.f.* l'esplorare; viaggio.
esplosióne *s.f.* 1 sviluppo di una grande quantità di energia provocato da una reazione fisica o chimica, che determina violenti effetti acustici, termici e meccanici 2 (*fig.*) manifestazione improvvisa di un sentimento.
esplosìvo *agg.* 1 che può produrre un'esplosione 2 (*fig.*) che provoca una reazione molto intensa ♦ *s.m.* sostanza o miscuglio che si decompone per combustione con sviluppo di energia e forte rumore.
esponènte *s.m.* e *f.* 1 chi rappresenta in modo autorevole una corrente di pensiero 2 (*mat.*) il numero scritto in alto a destra del numero base, che indica la potenza alla quale è elevata una grandezza.
esponenziàle *agg.* (*mat.*) si dice di funzione o equazione in cui la variabile o l'incognita compare a esponente.
espórre *v.tr.* [coniugato come *porre*] 1 mettere in vista 2 presentare al pubblico | (*assol.*) fare un'esposizione 3 (*fig.*) mettere a repentaglio 4 riferire con ordine ♦ **-rsi** *v.rifl.* 1 offrirsi a un'azione esterna (anche *fig.*) 2 compromettersi.
esportàre *v.tr.* [*io espòrto ecc.*] 1 portare merci di produzione nazionale fuori del territorio dello stato 2 (*fig.*) diffondere.
esportazióne *s.f.* l'esportare, l'essere esportato; le merci vendute all'estero.
esposìmetro *s.m.* (*foto.*) apparecchio che misura l'intensità luminosa e indica la corretta esposizione per fotografare.
espositóre *s.m.* 1 [f. *-trice*] chi presenta al pubblico opere d'arte o prodotti commerciali 2 supporto per presentare al pubblico prodotti in vendita.
esposizióne *s.f.* 1 l'esporre 2 mostra pubblica 3 il riferire, il modo di riferire 4 (*foto.*) quantità di luce che colpisce la pellicola 5 posizione di un luogo o di un edificio rispetto ai punti cardinali.
espósto *agg.* 1 messo in mostra 2 soggetto ad azioni esterne | rivolto: — *a nord* 3 riferito ♦ *s.m.* scritto rivolto a un'autorità per rendere noti fatti o ragioni.
espressióne *s.f.* 1 l'esprimere 2 atteggiamento del volto 3 frase con cui si manifesta il proprio pensiero | vocabolo 4 (*mat.*) scrittura, in numeri o lettere, contenente una serie di operazioni da eseguire.
espressionìsmo *s.m.* movimento artistico e culturale che si sviluppò in Europa agli inizi del Novecento come reazione al naturalismo e all'impressionismo.
espressionìsta *s.m.* e *f.* [pl.m. *-sti*] seguace dell'espressionismo.
espressìvo *agg.* di espressione | che esprime con efficacia e intensità □ **-mente** *avv.*
esprèsso *agg.* 1 manifestato apertamente 2 veloce ♦ *s.m.* 1 corrispondenza che viene recapitata in modo più rapido del normale 2 treno espresso 3 caffè espres-

so □ **-mente** *avv.* **1** in modo chiaro **2** appositamente.
esprìmere *v.tr.* [pass.rem. *io esprèssi, tu espriméstì ecc.*; part.pass. *esprèsso*] **1** manifestare **2** rivelare ♦ **-rsi** *v.rifl.* esporre il proprio pensiero.
espropriàre *v.tr.* [*io espròprio ecc.*] (*dir.*) privare qlcu. di un bene che gli appartiene.
espropriazióne *s.f.* l'espropriare, l'essere espropriato.
espròprio *s.m.* espropriazione.
espugnàre *v.tr.* **1** conquistare con la forza delle armi **2** (*fig.*) vincere.
espugnazióne *s.f.* l'espugnare, l'essere espugnato.
espùlso *agg.* e *s.m.* [f. *-a*] che/chi è stato scacciato.
éssa *pron.pers.f. di terza pers.sing.* forma femminile di *esso*.
ésse *pron.pers.f. di terza pers.pl.* forma femminile plurale di *esso*.
essènza *s.f.* **1** (*filos.*) ciò per cui una cosa è quello che è **2** (*estens.*) la parte più importante di qlco., la sua sostanza **3** (*chim.*) sostanza odorosa.
essenziàle *agg.* **1** sostanziale, fondamentale **2** costituito da un'essenza ♦ *s.m.* la cosa più importante □ **-mente** *avv.*
èssere[1] *v.intr.* [pres. *io sóno, tu sèi, egli è, noi siamo, voi siète, essi sóno*; imperf. *io èro, tu èri, egli èra, noi eravamo, voi eravate, essi èrano*; fut. *io sarò, tu sarai, egli sarà, noi sarémo, voi saréte, essi saranno*; pass.rem. *io fui, tu fósti, egli fu, noi fummo, voi fóste, essi fùrono*; congiunt.pres. *io sia..., noi siamo, voi siate, essi siano*; congiunt.imperf. *io fóssi ecc.*; cond. *io sarèi, tu sarésti, egli sarèbbe, noi sarémmo, voi saréste, essi sarèbbero*; imp. *sii, siate*; part.pres. *essènte*; part.pass. *stato*; ger. *essèndo*. Come verbo ausiliare forma i tempi composti dei verbi transitivi passivi (*io sono amato*), della forma riflessiva e di tutte le altre forme pronominali (*tu ti sei lodato*; *io mi sono lavato le mani*), dei verbi servili quando reggono un infinito che solitamente prende *essere* come ausiliare (*non sono potuto venire*; *sono dovuto restare*), dei verbi impersonali (*ora accaduto*; *è nevicato*), di molti verbi intransitivi attivi] **1** con la funzione di copula unisce il soggetto al predicato nominale **2** come verbo autonomo, afferma l'esistenza, l'essenza in sé, l'effettiva presenza di qlcu. o di qlco. | preceduto dalla particella avverbiale *ci* (o *vi*) con valore pleonastico: *non c'è dubbio* **3** determina il tempo, le condizioni climatiche: *è caldo* **4** (*con significato specifico*) accadere | arrivare | consistere | misurare (in lunghezza, larghezza, peso o altro) | costare.
èssere[2] *s.m.* **1** ciò che è **2** l'esistenza **3** il modo di essere **4** chi o ciò che esiste **5** persona.
éssi *pron.pers.m. di terza pers.pl.* forma maschile plurale di *esso* e di *egli*.
essiccàre *v.tr.* [*io essicco, tu essicchi ecc.*] rendere secco, asciugare, prosciugare ♦ **-rsi** *v. intr.pron.* prosciugarsi.
essiccazióne *s.f.* (*ind.*) operazione che consiste nel sottrarre acqua o altri liquidi da una sostanza o da un materiale.
ésso *pron.pers.m. di terza pers.sing.* [f. *essa*; pl.m. *essi*, f. *esse*] nelle forme del sing. si riferisce ad animale o a cosa, nelle forme del pl. anche a persone; si usa in genere come soggetto.
èst *s.m.* uno dei quattro punti cardinali, individuato dal sorgere del sole negli equinozi; oriente.
establishment *s.m.invar.* (*ingl.*) gruppo di persone che detengono il potere in ambito economico e sociale; classe dirigente.
èstasi *s.f.* **1** stato mistico di unione con la divinità **2** (*estens.*) vivo piacere dell'animo.
estasiàrsi *v.intr.pron.* andare in estasi; entusiasmarsi.
estàte *s.f.* la stagione più calda dell'anno; nel nostro emisfero inizia il 21 giugno e termina il 23 settembre.
estemporàneo *agg.* che è detto, scritto o attuato senza preparazione □ **-mente** *avv.*
estèndere *v.tr.* [coniugato come *tendere*] **1** rendere più ampio **2** (*fig.*) sviluppare **3** applicare a un maggior numero di persone ♦ **-rsi** *v.intr.pron.* **1** ampliarsi **2** avere una data superficie **3** (*fig.*) diffondersi.
estensióne *s.f.* **1** l'estendere, l'estendersi, l'essere esteso | ampliamento del significato di un vocabolo **2** dimensione in lunghezza e in larghezza; durata nel tempo.
estensìvo *agg.* che estende; che va oltre il significato proprio □ **-mente** *avv.*
estensóre *agg.* che estende | *muscolo* —, (*anat.*) muscolo che permette il movimento di estensione ♦ *s.m.* **1** chi compila, redige un atto **2** attrezzo ginnico per sviluppare il torace e i muscoli delle braccia.
estenuàre *v.tr.* [*io estènuo ecc.*] stancare fino a togliere le forze; sfinire ♦ **-rsi** *v. intr.pron.* perdere le forze, esaurirsi.
estenuazióne *s.f.* l'estenuare, l'estenuarsi; sfinimento, spossatezza.
esterióre *agg.* **1** che è o appare di fuori **2** che è estraneo alla sfera spirituale **3** apparente, superficiale ♦ *s.m.* apparenza □ **-mente** *avv.*
esteriorità *s.f.* l'essere esteriore | apparenza.
esternàre *v.tr.* [*io estèrno ecc.*] rivelare, manifestare ♦ **-rsi** *v.rifl.* o *intr.pron.* (*non com.*) esprimersi | confidarsi.
esternazióne *s.f.* l'esternare, l'esternarsi.

estèrno *agg.* [compar. *esteriore*; superl. *estremo*] che è o appare di fuori | *per uso* —, si dice di medicamento che si applica sulle parti esterne del corpo ♦ *s.m.* 1 ciò che è di fuori 2 *pl.* riprese cinematografiche girate all'aperto □ **-mente** *avv.*
èstero *agg.* 1 si dice di un paese straniero e di ciò che gli si riferisce 2 che riguarda i rapporti con gli stati stranieri ♦ *s.m.* l'insieme dei paesi stranieri.
esterofilìa *s.f.* ammirazione esagerata per tutto ciò che viene dall'estero.
esterrefàtto *agg.* sbalordito, sbigottito.
estéso *agg.* vasto; diffuso □ **-mente** *avv.*
estèta *s.m.* e *f.* [pl.m. *-ti*] chi ha il culto del bello | seguace dell'estetismo.
estètica *s.f.* 1 la parte della filosofia che si occupa del bello e dell'arte 2 (*estens.*) bellezza, aspetto esteriore.
estètico *agg.* [pl.m. *-ci*] 1 dell'estetica; che concerne il bello 2 che cura la bellezza del corpo □ **-mente** *avv.*
estetìsmo *s.m.* l'atteggiamento di chi attribuisce ai valori estetici un'importanza primaria.
estetista *s.m.* e *f.* [pl.m. *-sti*] persona esperta in prodotti e cure di bellezza.
èstimo *s.m.* giudizio motivato sul valore di un bene economico.
estìnguere *v.tr.* [pres. *io estìnguo ecc.*; pass.rem. *io estinsi, tu estinguésti ecc.*; part.pass. *estinto*] 1 spegnere 2 (*fig.*) far cessare 3 annullare ♦ **-rsi** *v.intr.pron.* 1 spegnersi 2 (*fig.*) venir meno, finire.
estìnto *s.m.* [f. *-a*] (*lett.*) persona defunta.
estintóre *s.m.* apparecchio per spegnere un incendio.
estinzióne *s.f.* l'estinguere, l'estinguersi, l'essere estinto.
estirpàre *v.tr.* 1 sradicare 2 (*fig.*) fare scomparire.
estìvo *agg.* dell'estate.
estòrcere *v.tr.* [coniugato come *torcere*] ottenere con la violenza o con l'inganno.
estorsióne *s.f.* l'estorcere | (*dir.*) il reato commesso da chi costringe altri con violenza o minacce a fare qlco.
estradizióne *s.f.* (*dir.*) atto con il quale uno stato consegna, su richiesta di un altro stato, una persona che si trovi nel proprio territorio, ma che sia imputata o condannata nello stato richiedente.
estràneo *agg.* che non ha rapporto con le cose o con le persone di cui si sta parlando; che è di natura diversa ♦ *s.m.* [f. *-a*] persona che non si conosce.
estraniàrsi *v.rifl.* allontanarsi, isolarsi.
estraniazióne *s.f.* l'estraniare, l'estraniarsi, l'essere estraniato.
estràrre *v.tr.* [coniugato come *trarre*] 1 cavare, tirare fuori (anche *fig.*) 2 cavare minerali da un giacimento.
estràtto *s.m.* 1 prodotto che si ricava da minerali, vegetali, animali 2 compendio di un libro, di un documento | — *conto*, (*banc.*) distinta delle operazioni relative a un conto 3 opuscolo.
estrazióne *s.f.* 1 l'estrarre, l'essere estratto; l'operazione con cui si estrae 2 (*fig.*) condizione sociale: *persona di umile* —.
estremìsmo *s.m.* l'atteggiamento di chi propugna idee estreme, di radicale opposizione a quelle dominanti.
estremìsta *s.m.* e *f.* [pl.m. *-sti*] chi manifesta estremismo; sostenitore di idee estreme.
estremità *s.f.* 1 la parte estrema di una cosa 2 *pl.* le mani e i piedi.
estrèmo *agg.* 1 ultimo nello spazio o nel tempo 2 in politica, radicale 3 (*fig.*) grandissimo; gravissimo ♦ *s.m.* 1 *pl.* i dati essenziali che individuano qlco. 2 limite, momento estremo □ **-mente** *avv.*
estrinsecàre *v.tr.* [*io estrìnseco, tu estrìnsechi ecc.*] esprimere, manifestare ♦ **-rsi** *v.rifl.* o *intr.pron.* esprimersi, manifestarsi.
estrìnseco *agg.* [pl.m. *-ci*] che non fa parte dell'essenza di una cosa □ **-mente** *avv.*
èstro *s.m.* 1 ispirazione artistica 2 desiderio improvviso 3 (*zool.*) genere di insetti parassiti di buoi, pecore, cavalli ecc.
estrògeno *agg.* e *s.m.* (*biol.*) si dice di ormone responsabile dei caratteri sessuali secondari femminili e del ciclo mestruale.
estrométtere *v.tr.* [coniugato come *mettere*] espellere.
estromissióne *s.f.* l'estromettere, l'essere estromesso.
estróso *agg.* 1 bizzarro 2 che è fatto con originalità □ **-mente** *avv.*
estrovèrso *agg.* e *s.m.* [f. *-a*] (*psicol.*) che/chi tende a orientarsi verso il mondo esterno più che verso il proprio mondo interiore.
estuàrio *s.m.* foce di fiume allargata a imbuto.
esuberànte *agg.* 1 maggiore del necessario 2 (*fig.*) vivace, espansivo.
esùbero *s.m.* (*burocr.*) eccedenza.
èsule *s.m.* e *f.* chi va o è in esilio.
esultànza *s.f.* l'esultare; gioia, allegria molto intensa.
esultàre *v.intr.* [aus. *avere*] manifestare grande allegria.
esumàre *v.tr.* [*io esùmo ecc.*] 1 disseppellire 2 (*fig.*) riportare alla luce.
esumazióne *s.f.* l'esumare, l'essere esumato.
età *s.f.* 1 periodo della vita umana | *terza*

—, vecchiaia **2** gli anni della vita **3** periodo storico, epoca.
etàno *s.m.* (*chim.*) idrocarburo saturo, usato come combusibile o come refrigerante.
etanòlo *s.m.* (*chim.*) alcol etilico.
ètere[1] *s.m.* lo spazio come luogo di propagazione delle onde elettromagnetiche.
ètere[2] *s.m.* (*chim.*) composto organico costituito da due radicali di idrocarburi, collegati a uno stesso atomo di ossigeno.
etèreo *agg.* celeste, spirituale | quasi incorporeo.
eternàre *v.tr.* [io etèrno ecc.] rendere eterno; immortalare.
eternità *s.f.* **1** la durata infinita del tempo **2** la vita eterna **3** (*fam.*) spazio di tempo molto lungo.
etèrno *agg.* **1** che non ha né principio né fine **2** che ha principio ma non ha fine **3** che durerà per tutta la vita | resistente **4** interminabile ♦ *s.m.* ciò che non ha mai fine: *l'Eterno*, Dio □ **-mente** *avv.*
etero- primo elemento di parole composte, che significa 'altro, diverso'.
eterodossìa *s.f.* l'essere eterodosso.
eterodòsso *agg.* che segue opinioni o dottrine discordanti da quelle ufficialmente accettate ♦ *s.m.* [f. -a].
eterogèneo *agg.* che ha natura o proprietà differenti □ **-mente** *avv.*
eterosessualità *s.f.* attrazione sessuale verso l'altro sesso.
eterotrapiànto *s.m.* (*med.*) trapianto eseguito in un organismo animale con organi di un animale di specie diversa.
ètica *s.f.* **1** parte della filosofia che si occupa del problema morale **2** modello di comportamento seguito da un individuo o un gruppo di individui | — *professionale*, l'insieme dei doveri inerenti a una professione.
etichétta[1] *s.f.* cartellino che si applica su un oggetto per indicarne il contenuto, il prezzo o altre caratteristiche.
etichétta[2] *s.f.* insieme di norme di comportamento tipiche dell'alta società.
etichettàre *v.tr.* [io etichétto ecc.] **1** munire di etichetta **2** (*fig.*) classificare.
ètico *agg.* [pl.m. -ci] dell'etica; che riguarda i costumi □ **-mente** *avv.*
etìle *s.m.* (*chim.*) radicale derivato dall'etano
etilène *s.m.* (*chim.*) idrocarburo insaturo usato per produrre materie plastiche.
etìlico *agg.* [pl.m. -ci] (*chim.*) si dice di composto contenente un etile.
etilìsmo *s.m.* alcolismo.
ètimo *s.m.* (*ling.*) la forma originaria di una parola.
etimologìa *s.f.* scienza che studia l'origine e la storia delle parole di una lingua.
etnìa *s.f.* gruppo umano accomunato da determinati caratteri fisici, linguistici e culturali.
ètnico *agg.* [pl.m. -ci] proprio di un popolo o di una nazione | *gruppo* —, aggregato sociale contraddistinto da caratteri somatici comuni o da stessa cultura e lingua □ **-mente** *avv.*
etno- primo elemento di parole composte, che significa 'popolo'.
etnografìa *s.f.* studio descrittivo dei costumi e delle tradizioni dei popoli.
etnologìa *s.f.* disciplina che studia le culture dei vari gruppi umani.
etologìa *s.f.* disciplina che studia il comportamento degli animali.
etrùsco *agg.* [pl.m. -schi] dell'Etruria ♦ *s.m.* **1** [f. -a] abitante, nativo dell'antica Etruria **2** la lingua parlata dagli etruschi.
èttaro *s.m.* unità di misura di superficie agraria che corrisponde a 10.000 m^2.
ètto *s.m.* abbreviazione di *ettogrammo*.
ettogràmmo *s.m.* misura di peso pari a cento grammi.
ettòlitro *s.m.* misura di capacità pari a cento litri.
ettòmetro *s.m.* misura di lunghezza pari a cento metri; ha simbolo *hm*.
eu- primo elemento di parole composte, che significa 'bene, buono'.
eucalìpto *s.m.* (*bot.*) genere di piante arboree con foglie aromatiche medicinali.
eucaristìa *s.f.* (*teol.*) sacramento cristiano consistente nella transustanziazione del pane e del vino nel corpo e nel sangue di Cristo.
eufemìsmo *s.m.* procedimento espressivo che consiste nel sostituire parole o espressioni troppo crude con altre di tono attenuato (p.e. *spegnersi* per 'morire').
eufonìa *s.f.* effetto gradevole prodotto dall'incontro di certi suoni.
euforìa *s.f.* senso di benessere che si manifesta con vivacità, gioia, fervore.
eugenètica *s.f.* branca della medicina che si propone il miglioramento genetico della specie umana.
eunùco *s.m.* [pl. -chi] **1** uomo privo delle facoltà virili **2** (*fig.*) uomo fiacco, privo di energia ♦ *agg.*
euritmìa *s.f.* **1** armoniosa disposizione delle varie parti di un'opera d'arte **2** (*med.*) regolarità del battito del polso.
èuro *s.m.invar.* nome della moneta unica dei paesi dell'Unione Europea; ha corso legale dal 1° gennaio 2002.
euro- primo elemento di parole composte di formazione moderna in cui significa

'europeo, dell'Europa'; davanti a vocale si presenta nella formula *eur-* (*eurasiatico*).
eurocènt *s.m.invar.* centesimo di euro.
eurodeputàto *s.m.* [f. *-a*] deputato del parlamento europeo.
europeìsmo *s.m.* movimento che tende a favorire il processo di integrazione politica, economica e culturale dell'Europa.
europèo *agg.* dell'Europa ♦ *s.m.* [f. *-a*] abitante, nativo dell'Europa.
eurovisióne *s.f.* collegamento tra le reti televisive di più paesi europei per trasmettere contemporaneamente lo stesso programma.
eutanasìa *s.f.* morte indolore provocata per porre fine alle sofferenze di un malato inguaribile.
eutrofizzazióne *s.f.* (*biol.*) accrescimento e moltiplicazione abnormi delle piante acquatiche, per effetto della presenza nelle acque di dosi troppo elevate di sostanze nutritive.
evacuàre *v.tr.* [*io evàcuo ecc.*] **1** abbandonare un luogo **2** (*assol.*) defecare.
evàdere *v.intr.* [pass.rem. *io evasi, tu evadésti ecc.*; part.pass. *evaso*; aus. *essere*] **1** sottrarsi alla detenzione **2** sottrarsi a un obbligo; in particolare, al pagamento di imposizioni fiscali **3** (*fig.*) sottrarsi a un ambiente che opprime ♦ *v.tr.* **1** (*burocr.*) sbrigare **2** non rispettare un obbligo.
evanescènte *agg.* **1** che tende a svanire; sfumato **2** (*fig.*) inconsistente.
evangèlico *agg.* [pl.m. *-ci*] **1** del Vangelo **2** conforme allo spirito del Vangelo ♦ *agg.* e *s.m.* [f. *-a*] che/chi appartiene a una chiesa evangelica □ **-mente** *avv.*
evangelìsta *s.m.* [pl. *-sti*] ciascuno degli autori dei quattro Vangeli canonici (Matteo, Marco, Luca, Giovanni).
evangelizzàre *v.tr.* convertire alla fede cristiana con la predicazione del Vangelo.
evaporàre *v.intr.* [*io evapóro ecc.*; aus. *essere*] **1** subire evaporazione **2** svanire ♦ *v.tr.* sottoporre a evaporazione.
evaporatóre *s.m.* ogni apparecchio in cui un liquido è trasformato in vapore.
evasióne *s.f.* **1** fuga da un luogo chiuso **2** il sottrarsi illecitamente a un obbligo, al pagamento di tasse **3** (*fig.*) l'allontanarsi da ambienti, situazioni sgradite **4** (*burocr.*) disbrigo.
evasìvo *agg.* che cerca di evitare una precisa risposta □ **-mente** *avv.*
evàso *agg.* e *s.m.* [f. *-a*] chi è fuggito dal carcere.
evasóre *s.m.* chi commette un'evasione fiscale.
evenìenza *s.f.* situazione che può verificarsi; caso.
evènto *s.m.* ciò che è accaduto o potrà accadere; avvenimento di una certa importanza | *lieto* —, la nascita di un bambino.
eventuàle *agg.* che può avvenire o no; possibile □ **-mente** *avv.* qualora.
eversióne *s.f.* insieme di atti violenti e criminosi volti a sovvertire l'ordine costituito.
eversìvo *agg.* che mira a sovvertire l'ordine costituito.
evidènte *agg.* **1** che è ben visibile **2** che è ben riconoscibile come vero □ **-mente** *avv.*
evidènza *s.f.* **1** l'essere evidente **2** efficacia rappresentativa.
evidenziàre *v.tr.* [*io evidènzio ecc.*] dare risalto.
evitàre *v.tr.* [*io èvito ecc.*] **1** sfuggire **2** astenersi da **3** risparmiare ad altri qlco. ♦ **-rsi** *v.rifl.rec.* fare in modo di non incontrarsi.
èvo *s.m.* ognuna delle grandi divisioni cronologiche della storia.
evolùto *agg.* **1** (*scient.*) si dice di organismo che ha raggiunto il suo pieno sviluppo **2** che è avanzato civilmente e socialmente **3** non inibito da pregiudizi □ **-mente** *avv.*
evoluzióne *s.f.* **1** sviluppo lento e graduale **2** (*biol.*) graduale perfezionamento delle specie animali e vegetali.
evoluzionìsmo *s.m.* (*biol.*) teoria secondo cui tutte le forme animali e vegetali sono il risultato di una lenta evoluzione da antenati più semplici.
evólversi *v.intr.pron.* svilupparsi.
ex *prep.* (*lat.*) unita a sostantivi indica una determinata condizione in cui non si è più: — *ministro*; — *fidanzato* ♦ *s.m.* e *f.invar.* (*fam.*) la persona con cui sono stati troncati i rapporti amorosi: *il suo*, *la sua* —.
ex aequo *avv.* (*lat.*) alla pari.
èxtra *prep.* fuori di ♦ *agg.invar.* **1** fuori del previsto **2** della qualità migliore ♦ *s.m.invar.* tutto ciò che costituisce un sovrappiù; servizi forniti da un albergo o da un ristorante fuori del prezzo prestabilito.
extra- primo elemento di parole composte, che significa 'fuori' oppure conferisce valore di superlativo.
extracomunitàrio *agg.* e *s.m.* [f. *-a*] si dice di cittadino di un paese non appartenente alla Comunità Economica Europea | (*estens.*) di immigrato proveniente dal terzo mondo.
extraconiugàle *agg.* che avviene fuori del matrimonio.
extraterrèstre *agg.* che è o avviene fuori della Terra: *spazio* — ♦ *agg.* e *s.m.* che/chi proviene da ipotetici altri mondi.

Ff

f *s.f.* o *m.* sesta lettera dell'alfabeto, il cui nome è *effe*.
fa[1] *s.m.invar.* nota musicale, la quarta della scala di do.
fa[2] *avv.* [posposto] indietro nel tempo contando da ora: *due ore fa*.
fabbisógno *s.m.* ciò che occorre.
fàbbrica *s.f.* **1** stabilimento industriale **2** (*non com.*) il costruire.
fabbricàbile *agg.* edificabile.
fabbricàre *v.tr.* [*io fàbbrico, tu fàbbrichi ecc.*] **1** produrre con un procedimento industriale **2** edificare **3** (*fig.*) inventare.
fabbricàto *s.m.* edificio.
fabbricazióne *s.f.* produzione industriale.
fàbbro *s.m.* artigiano che produce o ripara oggetti metallici.
faccènda *s.f.* **1** lavoro da sbrigare **2** circostanza, affare.
faccendière *s.m.* [f. *-a*] chi s'affaccenda in attività poco lecite.
facchìno *s.m.* [f. *-a*] portabagagli.
fàccia *s.f.* [pl. *-ce*] **1** la parte anteriore della testa umana; viso **2** (*estens.*) espressione **3** superficie piana di un corpo **4** (*fig.*) aspetto.
facciàle *agg.* (*anat.*) della faccia.
facciàta *s.f.* **1** la parte anteriore esterna di un edificio **2** ciascuna delle due superfici di una pagina **3** (*fig.*) apparenza.
facèzia *s.f.* detto spiritoso, arguzia.
fachìro *s.m.* **1** asceta indiano dedito a pratiche mistiche che gli consentono uno straordinario controllo del corpo **2** (*estens.*) individuo che esibisce la sua capacità di tollerare il dolore.
fàcile *agg.* **1** che non presenta difficoltà; semplice | *un carattere* —, affabile **2** incline **3** probabile □ **-mente** *avv.*
facilità *s.f.* **1** l'essere facile; semplicità **2** attitudine naturale a fare qlco.
facilitàre *v.tr.* [*io facilito ecc.*] agevolare | dilazionare.
facilitazióne *s.f.* il facilitare, il rendere più facile; agevolazione.
facilóne *s.m.* [f. *-a*] chi pensa o agisce con leggerezza e superficialità.
facinoróso *agg.* e *s.m.* [f. *-a*] che/chi è incline a comportamenti violenti □ **-mente** *avv.*
facoltà *s.f.* **1** capacità, autorità **2** istituzione universitaria che costituisce l'unità didattica di livello più elevato in relazione a un dato settore di studi.
facoltatìvo *agg.* non obbligatorio □ **-mente** *avv.*
facoltóso *agg.* che possiede molti beni.
facsìmile *s.m.* **1** copia **2** (*fig.*) cosa o persona straordinariamente simile a un'altra.
factòtum *s.m.* e *f.invar.* chi svolge numerose mansioni diverse.
fàggio *s.m.* albero montano di alto fusto, con corteccia chiara.
fagiàno *s.m.* [f. *-a*] uccello con penne rossastri, le cui carni sono molto pregiate.
fagiòlo *s.m.* **1** pianta erbacea i cui frutti sono baccelli contenenti semi commestibili **2** il seme commestibile della pianta del fagiolo.
fàglia *s.f.* (*geol.*) frattura di uno strato della superficie terrestre.
fagocitàre *v.tr.* [*io fagòcito o fagocito ecc.*] **1** (*biol.*) inglobare per fagocitosi **2** (*fig.*) incorporare, includere nel proprio ambito.
fagocitòsi *s.f.* (*biol.*) processo biologico per cui determinate cellule dell'organismo inglobano particelle estranee.
fagòtto[1] *s.m.* involto piuttosto voluminoso | *far* —, andarsene.
fagòtto[2] *s.m.* strumento musicale a fiato, di legno, con lunga canna ripiegata a U.
fàida *s.f.* **1** nel diritto germanico medievale, l'esercizio della vendetta da parte della vittima di un reato o di esponenti della sua famiglia **2** (*estens.*) lotta fra gruppi privati a fini di ritorsione o di vendetta.
faìna *s.f.* mammifero carnivoro, cacciatore degli animali da cortile; ha pelliccia pregiata.
falànge *s.f.* **1** nell'antica Grecia, schieramento di soldati armati di lance disposti su file compatte **2** (*anat.*) ciascuna delle

brevi ossa che costituiscono lo scheletro del dito.
falcàta *s.f.* **1** salto del cavallo che s'allunga e si slancia in avanti **2** nel podismo, il passo dell'atleta.
fàlce *s.f.* attrezzo agricolo a lama ricurva per tagliare erbe e cereali | — *di luna*.
falciàre *v.tr.* [*io fàlcio ecc.*] **1** tagliare con la falce **2** (*fig.*) stroncare **3** (*sport*) nel calcio, sgambettare un avversario in corsa.
falciatrìce *s.f.* macchina agricola.
falcìdia *s.f.* riduzione notevole | strage (anche *fig.*).
falcidiàre *v.tr.* [*io falcìdio ecc.*] ridurre fortemente.
fàlco *s.m.* [pl. *-chi*] **1** uccello rapace **2** (*fig.*) nel linguaggio giornalistico, chi nelle controversie è favorevole a una linea intransigente.
falcóne *s.m.* varietà di falco che un tempo si addestrava per la caccia.
fàlda *s.f.* **1** strato largo, sottile, di una determinata materia | — *di un tetto*, ognuno dei piani di copertura | — *del cappello*, la tesa | — *di un abito*, il lembo inferiore **2** (*geol.*) strato di terreno dotato di caratteristiche omogenee **3** la parte iniziale del pendio di un monte.
falegnàme *s.m.* artigiano che lavora il legno.
falegnamerìa *s.f.* **1** lavorazione del legno **2** il laboratorio del falegname.
falèna *s.f.* nome comune di molte specie di farfalle notturne.
fàlla *s.f.* **1** squarcio nella parte immersa di un natante | qualsiasi rottura nella parete di un contenitore **2** (*estens.*) difetto di fabbricazione.
fallàce *agg.* che inganna o che è frutto di inganno.
fallimentàre *agg.* **1** relativo a un fallimento **2** (*fig.*) disastroso.
falliménto *s.m.* **1** il fallire; esito negativo **2** (*dir.*) procedura con la quale il patrimonio di un imprenditore insolvente è liquidato per soddisfare i creditori.
fallìre *v.intr.* [*io fallisco, tu fallisci ecc.*; aus. *avere* e *essere*] **1** non riuscire **2** (*dir.*) fare fallimento ♦ *v.tr.* sbagliare.
fallìto *agg.* **1** non riuscito: *un tentativo —* **2** che ha subito una dichiarazione di fallimento: *una ditta fallita* ♦ *agg.* e *s.m.* [f. *-a*] **1** si dice del titolare di una impresa fallita **2** che/chi nella vita ha visto cadere tutte le proprie ambizioni.
fàllo[1] *s.m.* **1** errore, colpa **2** difetto in una lavorazione **3** (*sport*) azione che trasgredisce le regole del gioco.
fàllo[2] *s.m.* (*lett.*) pene.
fallóso *agg.* (*sport*) che commette molti falli | che costituisce fallo.
falò *s.m.* grande fuoco acceso all'aperto.
falsàre *v.tr.* descrivere, interpretare in maniera contraria alla verità; distorcere.
falsarìga *s.f.* [pl. *falsarighe*] **1** foglio di carta rigata che, messo sotto la carta bianca, traspare, permettendo di scrivere ordinatamente **2** (*fig.*) modello che si imita.
falsàrio *s.m.* [f. *-a*] chi produce falsi.
falsétto *s.m.* (*mus.*) tecnica di canto che consente di ottenere una maggiore estensione della voce verso i suoni alti.
falsificàre *v.tr.* [*io falsìfico, tu falsifichi ecc.*] alterare, imitare qlco. per fini illeciti.
falsificazióne *s.f.* contraffazione, falso.
falsità *s.f.* **1** l'essere falso **2** mancanza di sincerità **3** menzogna.
fàlso *agg.* **1** non rispondente a verità **2** falsificato, contraffatto **3** finto, apparente | *un uomo —*, non schietto ♦ *s.m.* **1** ciò che è falso **2** documento, oggetto falsificato **3** (*dir.*) reato di falsificazione: — *in atto pubblico* □ **-mente** *avv.*
fàma *s.f.* reputazione | notorietà, celebrità
fàme *s.f.* **1** bisogno impellente di mangiare **2** (*fig.*) grande desiderio.
famigeràto *agg.* che ha pessima fama.
famìglia *s.f.* **1** il nucleo formato dal padre, dalla madre, dai figli e da altre persone unite da rapporti di parentela o affinità **2** nella sistematica botanica e zoologica, ognuna delle divisioni di un ordine **3** insieme di cose affini.
familiàre *agg.* **1** che riguarda la famiglia **2** ben conosciuto **3** proprio come si fa in famiglia; semplice ♦ *s.m.* e *f.* persona di famiglia □ **-mente** *avv.*
familiarità *s.f.* **1** confidenza; consuetudine **2** (*fig.*) pratica.
famóso *agg.* che gode di fama; celebre.
fan *s.m.* e *f.invar.* [ma è usato anche il pl. *fans*] (*ingl.*) sostenitore acceso; tifoso.
fanàle *s.m.* apparecchio in grado di emettere luce, usato per illuminare o segnalare.
fanàtico *agg.* e *s.m.* [f. *-a*; pl.m. *-ci*] che/chi è mosso da fanatismo □ **-mente** *avv.*
fanatìsmo *s.m.* esasperazione di un sentimento religioso o di una fede politica, ideologica, filosofica | ammirazione cieca e incondizionata per qlcu. o qlco.
fanciullézza *s.f.* età di chi è fanciullo.
fanciùllo *s.m.* (*lett.*) bambino.
fandònia *s.f.* bugia, frottola.
fanerògame *s.f.pl.* (*bot.*) piante che presentano organi riproduttivi visibili.
fanfàra *s.f.* banda musicale, per lo più di reparti militari.
fanfaronàta *s.f.* spacconata.
fanfaróne *s.m.* [f. *-a*] spaccone.

fanghìglia *s.f.* strato di melma fangosa.
fàngo *s.m.* [pl. *-ghi*] **1** terra impastata d'acqua **2** (*fig.*) disonore | *coprire qlcu. di —*, infamarlo **3** *pl.* (*geol.*) miscugli costituiti da acqua e particelle di natura organica o inorganica.
fangóso *agg.* che è pieno di fango.
fangoterapìa *s.f.* terapia a base di fanghi termali.
fannullóne *s.m.* [f. *-a*] persona oziosa.
fanta- primo elemento di parole composte, che significa 'fantastico', 'che è frutto di fantasia'.
fantapolìtica *s.f.* genere narrativo o cinematografico incentrato su avvenimenti politici fantastici.
fantasciènza *s.f.* genere narrativo o cinematografico che, sviluppando presupposti scientifici, narra vicende terrestri o extraterrestri ambientate nel futuro.
fantasìa *s.f.* **1** facoltà della mente di ricreare immagini reali o di crearne di irreali **2** fantasticheria **3** (*mus.*) brano strumentale improntato a libertà tematica.
fantasióso *agg.* **1** ricco di fantasia **2** inverosimile.
fantàsma *s.m.* [pl. *-smi*] **1** spettro, ombra | *essere il — di sé stesso*, (*fig.*) essere molto malridotto **2** (*estens.*) frutto della fantasia ♦ *agg.invar.* che esiste solo a parole.
fantasticàre *v.intr.* [*io fantàstico, tu fantàstichi* ecc.; aus. *avere*] abbandonarsi alla fantasia, almanaccare.
fantasticherìa *s.f.* fantasia.
fantàstico *agg.* [pl.m. *-ci*] **1** che è frutto della fantasia | (*estens.*) irreale **2** bellissimo ♦ *s.m.* □ **-mente** *avv.*
fànte *s.m.* soldato di fanteria.
fanterìa *s.f.* (*mil.*) l'arma dell'esercito formata dalle truppe a cui è affidato lo scontro diretto con le forze nemiche e la conquista del territorio.
fantìno *s.m.* chi per professione monta i cavalli nelle corse.
fantòccio *s.m.* **1** pupazzo **2** (*fig.*) persona inetta.
fantomàtico *agg.* [pl.m. *-ci*] **1** simile a un fantasma; inconsistente **2** (*estens.*) inafferrabile.
FAQ *s.f. pl.* elenco delle domande più frequenti con le relative risposte | Sigla di *Frequently Asked Questions* 'domande poste frequentemente'.
farabùtto *s.m.* [f. *-a*] mascalzone.
fàrad *s.m.invar.* (*fis.*) unità di misura della capacità elettrica il cui simbolo è F.
faraglióne *s.m.* scoglio grande ed aguzzo, staccato dalla costa.
faraóna *s.f.* uccello domestico con penne grigie brizzolate, allevato per le sue carni.
faraóne *s.m.* titolo dei sovrani dell'antico Egitto.
faraònico *agg.* [pl.m. *-ci*] **1** dei faraoni dell'antico Egitto **2** (*fig.*) esageratamente sfarzoso.
farcìre *v.tr.* [*io farcisco, tu farcisci* ecc.] (*gastr.*) imbottire con un ripieno.
fardèllo *s.m.* **1** fagotto **2** (*fig.*) carico morale.
fàre[1] *v.tr.* [pres. *io fàccio, tu fai, egli fa, noi facciamo, voi fate, essi fanno*; imperf. *io facévo* ecc.; pass.rem. *io féci, tu facésti, egli féce, noi facémmo, voi facéste, essi fécero*; fut. *io farò* ecc.; pres.congiunt. *io fàccia* ecc.; imperf.congiunt. *io facéssi* ecc.; cond. *io farèi, tu farésti* ecc.; imp. *fa* o *fa'* o *fai, fate*; ger. *facèndo*; part.pres. *facènte*; part.pass. *fatto*] **1** compiere un'azione; eseguire, operare | *far fuori qlcu.*, eliminarlo | *farla franca*, sottrarsi alle conseguenze di una colpa o di un errore | *farne di tutti i colori*, commettere ogni sorta di bricconeri | *farcela*, riuscire in qlco. **2** mettere in condizione di **3** creare, produrre | *— figli*, generarli | *— frutti*, produrli **4** (*fam.*) dire **5** raccogliere, mettere insieme; *— benzina*, rifornirsene **6** (*fam.*) comprare **7** esercitare un mestiere **8** comportarsi da **9** rendere **10** eleggere, nominare **11** dare come risultato: *tre per tre fa nove* ♦ *v. intr.* [aus. *avere*] **1** adattarsi, essere utile **2** divenire, essere: *fa caldo* ♦ **-rsi** *v.rifl.* o *intr.pron.* **1** diventare **2** (*gerg.*) drogarsi.
fàre[2] *s.m.* **1** il fare, l'agire **2** maniera di comportarsi.
farètra *s.f.* astuccio in cui gli arcieri portano le frecce.
farfàlla *s.f.* **1** insetto con grandi ali colorate **2** (*estens.*) persona volubile.
farfallóne *s.m.* [f. *-a*] persona incostante in amore.
farfugliàre *v.intr.* [*io farfùglio* ecc.; aus. *avere*] parlare in modo confuso.
farìna *s.f.* prodotto della macinazione del grano o di altri cereali; *non è — del suo sacco*, (*fig.*) non è opera sua.
farinàceo *agg.* che ha la consistenza o l'aspetto della farina ♦ *s.m.pl.* alimenti ricchi di amido.
farìnge *s.f.* (*anat.*) condotto posto dietro alla bocca, attraversato dal cibo diretto all'esofago e dall'aria diretta o proveniente dalla laringe.
faringìte *s.f.* (*med.*) infiammazione della faringe.
farinóso *agg.* che ha l'aspetto, la consistenza della farina.
farisàico *agg.* [pl.m. *-ci*] **1** proprio dei farisei **2** (*fig.*) falso, ipocrita.
farisèo *s.m.* **1** presso gli antichi Ebrei, seguace di una corrente religiosa che teoriz-

zava una rigida osservanza delle leggi **2** (*fig.*) ipocrita.
farmacèutico *agg.* [pl.m. *-ci*] che concerne i farmaci.
farmacìa *s.f.* **1** l'insieme degli studi che hanno per oggetto la preparazione dei medicinali **2** esercizio commerciale per la vendita di medicinali.
farmacìsta *s.m.* e *f.* [pl.m. *-sti*] chi è laureato in farmacia; chi, avendo tale laurea, lavora in una farmacia.
fàrmaco *s.m.* [pl. *-ci*] sostanza naturale o sintetica dotata di proprietà terapeutiche.
farmacologìa *s.f.* scienza che studia la natura e la composizione dei farmaci e la loro azione sull'organismo.
farmacopèa *s.f.* elenco ufficiale di tutti i preparati medicinali in uso.
farneticaménto *s.m.* il farneticare; le cose dette o pensate farneticando.
farneticàre *v.intr.* [*io farnètico, tu farnètichi* ecc.; aus. *avere*] vaneggiare; dire cose assurde.
farneticazióne *s.f.* farneticamento.
fàro *s.m.* **1** sorgente luminosa posta in posizione elevata per servire da punto di riferimento alle navi e agli aerei in transito **2** proiettore degli autoveicoli.
farraginóso *agg.* abbondante e disordinato | senza logica.
fàrro *s.m.* pianta erbacea annuale, simile al frumento.
fàrsa *s.f.* **1** componimento teatrale popolare, basato su una comicità buffonesca **2** (*fig.*) buffonata, pagliacciata.
farsésco *agg.* [pl.m. *-schi*] **1** da farsa **2** (*fig.*) ridicolo, grottesco.
fascétta *s.f.* striscia di materiale vario, per lo più chiusa ad anello, usata per stringere, tenere insieme.
fàscia *s.f.* [pl. *-sce*] **1** striscia di vario materiale che si avvolge intorno a qlco. per tenere insieme, proteggere, comprimere, sostenere, o anche per ornamento **2** striscia di garza usata per coprire ferite **3** (spec. *pl.*) striscia di tessuto usata un tempo per avvolgere i neonati **4** settore **5** (*fig.*) *fasce d'ascolto*, le ore della giornata classificate secondo il pubblico che segue trasmissioni radio-televisive.
fasciàre *v.tr.* [*io fàscio* ecc.] avvolgere o coprire con fasce; bendare.
fasciatóio *s.m.* ripiano sul quale si posano i bambini nei primi mesi di vita per pulirli, fasciarli.
fasciatùra *s.f.* il fasciare; il risultato del fasciare.
fascìcolo *s.m.* **1** libretto di poche pagine | ogni singolo numero di pubblicazioni periodiche **2** fascio di carte o di documenti d'ufficio.
fascìna *s.f.* fascio di ramoscelli e sterpi da bruciare.
fàscino *s.m.* potere di seduzione; attrattiva.
fàscio *s.m.* quantità di oggetti di forma allungata, legati insieme; *far d'ogni erba un —*, (*fig.*) accomunare in uno stesso giudizio cose, situazioni, persone diverse | (*estens.*) insieme di fogli, quaderni o fascicoli ammucchiati.
fascìsmo *s.m.* movimento politico italiano che venne fondato nel 1919 da B. Mussolini e, trasformatosi in regime, fu al potere dal 1922 al 1943.
fascìsta *agg.* [pl.m. *-sti*] del fascismo | (*estens.*) antidemocratico ♦ *s.m.* e *f.*
fàse *s.f.* **1** (*astr.*) ciascuno degli aspetti particolari in cui un astro, a causa dei suoi movimenti, si manifesta a chi lo osserva dalla Terra **2** momento di un fenomeno o di un processo.
fast food *loc.sost.m.invar.* (*ingl.*) locale in cui si consumano pasti rapidi, per lo più hamburger e patatine fritte.
fastìdio *s.m.* sensazione di molestia e di disturbo.
fastidióso *agg.* che reca fastidio; molesto □ **-mente** *avv.*
fastìgio *s.m.* (*lett.*) culmine.
fàsto *s.m.* sontuosità, sfarzo.
fastóso *agg.* sontuoso, sfarzoso □ **-mente** *avv.*
fasùllo *agg.* falso, contraffatto.
fàta *s.f.* **1** creatura favolosa dall'aspetto di donna molto bella, dotata di poteri magici benefici **2** (*fig.*) donna bellissima.
fatàle *agg.* **1** voluto dal fato; inevitabile **2** di morte | (*estens.*) funesto **3** (*scherz.*) che suscita una attrazione irresistibile: *donna —* □ **-mente** *avv.*
fatalìsmo *s.m.* atteggiamento di chi è fatalista.
fatalìsta *agg.* e *s.m.* e *f.* [pl.m. *-sti*] si dice di chi accetta passivamente gli eventi.
fatalità *s.f.* fatto che sembra inevitabile.
fatàto *agg.* dotato di poteri soprannaturali in virtù di un incantesimo.
fatìca *s.f.* sforzo fisico o intellettuale che genera stanchezza; lo stato di stanchezza che ne risulta.
faticàre *v.intr.* [*io fatico, tu fatichi* ecc.; aus. *avere*] fare fatica | stentare.
faticàta *s.f.* sforzo intenso.
faticóso *agg.* che richiede fatica; gravoso | complicato □ **-mente** *avv.*
fatìdico *agg.* [pl.m. *-ci*] profetico | (*estens.*) determinante.

fatiscènte *agg.* (*lett.*) che va in rovina, cadente: *muro —*.
fàto *s.m.* (*lett.*) destino, sorte.
fàtta *s.f.* specie, genere: *persone di ogni —*.
fattàccio *s.m.* (*fam.*) crimine, delitto.
fattézze *s.f.pl.* i lineamenti del viso.
fattìbile *agg.* realizzabile ♦ *s.m.*
fattispècie *s.f.* (*dir.*) situazione tipica, dalla quale derivano conseguenze concrete: *— penale* | *nella —*, nel caso concreto.
fattìvo *agg.* laborioso, efficiente □ **-mente** *avv.*
fàtto[1] *agg.* **1** costruito, composto **2** compiuto **3** maturo.
fàtto[2] *s.m.* **1** qualunque cosa accada; evento | *vie di —*, azioni violente | *in — di*, per quanto riguarda **2** *pl.* casi privati **3** ciò che è concreto.
fattòre[1] *s.m.* chi cura per conto del proprietario un'azienda agricola.
fattòre[2] *s.m.* **1** elemento che determina o un effetto **2** (*mat.*) ogni termine di una moltiplicazione.
fattorìa *s.f.* i terreni e i fabbricati di un'azienda agricola.
fattorìno *s.m.* impiegato addetto alla consegna di plichi o a svolgere altre piccole commissioni.
fattucchière *s.m.* [f. *-a*] chi fa pratiche di stregoneria.
fattùra *s.f.* **1** lavorazione **2** (*comm.*) documento contenente i dati relativi a un'operazione commerciale, rilasciato dal venditore **3** (*pop.*) incantesimo.
fatturàre *v.tr.* emettere fattura | vendere e contabilizzare.
fatturàto *s.m.* (*comm.*) volume delle vendite che un'impresa realizza in un determinato periodo.
fatturazióne *s.f.* (*comm.*) il fatturare, l'essere fatturato; compilazione di fatture.
fàtuo *agg.* superficiale | *fuoco —*, fiammella che appare nei cimiteri per accensione spontanea di gas che esalano da sostanze in decomposizione.
fàuci *s.f.pl.* parte interna della bocca | *cadere nelle — di qlcu.*, (*fig.*) finire in suo potere.
fàuna *s.f.* il complesso degli animali che vivono in un determinato ambiente.
fàuno *s.m.* essere mitologico con corpo virile, corna e piedi caprini.
fàusto *agg.* che ha esito felice; fortunato.
fautóre *agg.* e *s.m.* [f. *-trice*] che/chi favorisce o sostiene qlcu. o qlco.
fàva *s.f.* pianta erbacea, coltivata per i suoi baccelli contenenti semi commestibili.
favèlla *s.f.* (*lett.*) la facoltà di parlare.
favìlla *s.f.* **1** scintilla **2** (*fig.*) motivo che innesca un processo di grandi proporzioni.
fàvo *s.m.* insieme delle celle di cera costruite dalle api e dalle vespe.
fàvola *s.f.* **1** narrazione con personaggi immaginari, che contiene un ammaestramento morale **2** menzogna; diceria.
favolóso *agg.* **1** che sembra una favola **2** (*fig.*) straordinario □ **-mente** *avv.*
favóre *s.m.* **1** disposizione benevola **2** cortesia, piacere **3** aiuto, protezione, complicità.
favoreggiaménto *s.m.* (*dir.*) il reato di chi aiuta qlcu. a compiere un'azione illecita o a sottrarsi alle sue responsabilità.
favoreggiatóre *s.m.* [f. *-trice*] (*dir.*) chi commette favoreggiamento.
favorévole *agg.* **1** che approva; che è a favore **2** vantaggioso □ **-mente** *avv.*
favorìre *v.tr.* [*io favorisco, tu favorisci ecc.*] **1** sostenere, incoraggiare | privilegiare commettendo parzialità **2** in espressioni di cortesia, dare, porgere.
favorìta *s.f.* l'amante di un personaggio potente.
favoritìsmo *s.m.* il preferire qlcu. a danno di altri.
favorìto *agg.* e *s.m.* [f. *-a*] **1** preferito **2** (*sport*) chi ha maggiori probabilità di vincere una gara.
fax *s.m.invar.* (*telecom.*) servizio di spedizione e ricevimento istantaneo di un documento o di qualsiasi altro testo.
fazióne *s.f.* gruppo, partito animato da spirito settario.
faziosità *s.f.* l'essere fazioso.
fazióso *agg.* che professa con intolleranza idee di parte; settario ♦ *s.m.* [f. *-a*] □ **-mente** *avv.*
fazzolétto *s.m.* **1** quadrato di tessuto usato per soffiarsi il naso | *un — di terra*, (*fig.*) un piccolo campo **2** foulard.
febbràio *s.m.* il secondo mese dell'anno.
fèbbre *s.f.* **1** reazione di difesa dell'organismo che si manifesta con un innalzamento anomalo della temperatura corporea **2** (*fig.*) desiderio intenso.
febbricitànte *agg.* che ha la febbre.
febbrìfugo *agg.* e *s.m.* [pl.m. *-ghi*] (*med.*) che fa calare la febbre.
febbrìle *agg.* **1** (*med.*) di febbre **2** (*fig.*) spasmodico.
fèccia *s.f.* [pl. *-ce*] **1** deposito lasciato dal vino sul fondo della botte **2** (*fig.*) la parte peggiore di qlco.: *la — della società*.
fèci *s.f.pl.* escrementi.
fècola *s.f.* sostanza farinosa ricca di amido ricavata dalle patate.
fecondàre *v.tr.* [*io fecóndo ecc.*] **1** (*biol.*) produrre una fecondazione **2** (*estens.*) rendere fertile (anche *fig.*).
fecondazióne *s.f.* (*biol.*) l'unione della

cellula sessuale maschile e di quella femminile (gameti) che dà luogo alla prima cellula (zigote) di un nuovo organismo.
fecondità *s.f.* l'essere fecondo; fertilità (anche *fig.*).
fecóndo *agg.* atto a procreare, fertile (anche *fig.*).
féde *s.f.* **1** l'insieme dei principi religiosi, politici, filosofici o ideali nei quali si crede e per i quali ci si impegna **2** (*teol.*) la prima delle tre virtù teologali **3** fedeltà **4** anello nuziale.
fedéle *agg.* **1** che resta conforme a un'idea, a un impegno preso **2** conforme all'originale ♦ *s.m.* e *f.* credente □ **-mente** *avv.*
fedeltà *s.f.* **1** l'essere fedele **2** conformità all'originale, a un modello.
fèdera *s.f.* fodera di tessuto che ricopre i guanciali.
federàle *agg.* **1** di una federazione di stati **2** di una federazione politica, sindacale, sportiva.
federalìsmo *s.m.* dottrina politica favorevole alla federazione di più stati.
federalìsta *s.m.* e *f.* [pl.m. *-sti*] fautore del federalismo ♦ *agg.*
federazióne *s.f.* unione politica di stati; confederazione | associazione di più enti.
fedìfrago *agg.* [pl.m. *-ghi*] (*lett.*) traditore.
fedìna *s.f.* certificato che attesta se qlcu. abbia avuto o no condanne penali.
feeling *s.m.invar.* (*ingl.*) intesa, legame emotivo tra due o più persone.
fégato *s.m.* **1** (*anat.*) grossa ghiandola presente nella cavità addominale dei vertebrati **2** (*fig.*) coraggio.
félci *s.f.pl.* (*bot.*) classe di piante con foglie verdi minutamente frastagliate.
feldspàto *s.m.* minerale costituito da silicati, presente in molte rocce.
felìce *agg.* **1** appagato; lieto **2** si dice di cosa che procura felicità **3** (*estens.*) si dice di cosa ben riuscita □ **-mente** *avv.*
felicità *s.f.* **1** stato di chi ritiene soddisfatto ogni suo desiderio; gioia **2** fatto che rende felice.
felicitàrsi *v.intr. pron.* [*io mi felìcito ecc.*] congratularsi.
felicitazióne *s.f.* (spec. *pl.*) il congratularsi; l'atto, le parole con cui lo si fa.
fèlidi *s.m.pl.* (*zool.*) famiglia di mammiferi carnivori; vi appartengono, tra gli altri, il gatto, il leone e la tigre.
felìno *agg.* da felide ♦ *s.m.*
félpa *s.f.* tessuto simile al velluto | indumento di tale tessuto.
felpàto *agg.* foderato di felpa | (*fig.*) silenzioso: *passi felpati.*
féltro *s.m.* panno ottenuto mediante pressatura di fibre di lana.
felùca *s.f.* **1** antica nave a vela, lunga e leggera **2** cappello dell'alta uniforme di ufficiali di marina, diplomatici.
fémmina *s.f.* **1** ogni essere animato in grado di partorire figli o deporre uova **2** essere umano di sesso femminile **3** parte di un congegno destinata a riceverne un'altra al suo interno ♦ *agg.invar.*
femminìle *agg.* **1** di femmina **2** di donne: *scuola* — | destinato a donne ♦ *s.m.* (*gramm.*) il genere femminile.
femminilità *s.f.* l'insieme delle qualità fisiche e psichiche proprie della donna.
femminìsmo *s.m.* movimento sorto per rivendicare alle donne la parità giuridica, politica e sociale rispetto agli uomini.
femminìsta *s.m.* e *f.* [pl.m. *-sti*] chi aderisce al femminismo.
fèmore *s.m.* (*anat.*) osso della coscia.
fendènte *s.m.* **1** colpo di sciabola vibrato di taglio **2** nel calcio, tiro rapido e potente.
fendinébbia *agg.* e *s.m.invar.* si dice di proiettori che consentono una certa visibilità in caso di nebbia.
fenditùra *s.f.* spacco, fessura.
fenìce *s.f.* uccello sacro dell'Arabia | (*fig. lett.*) cosa leggendaria.
fenìcio *agg.* [pl.f. *-cie*] dell'antica Fenicia ♦ *s.m.* **1** [f. *-a*] nativo dell'antica Fenicia **2** lingua fenicia.
fenicòttero *s.m.* grosso uccello migratore; vive nelle acque basse.
fenòlo *s.m.* (*chim.*) composto aromatico derivato dal benzene; acido fenico.
fenomenàle *agg.* **1** che ha qualità di fenomeno **2** (*iperb.*) eccezionale.
fenomènico *agg.* [pl.m. *-ci*] **1** (*scient.*) che si riferisce a un fenomeno **2** (*filos.*) che può essere conosciuto tramite l'esperienza □ **-mente** *avv.*
fenòmeno *s.m.* **1** tutto ciò che si manifesta all'esperienza dell'uomo **2** fatto, evento **3** (*fam.*) persona, animale o cosa fuori del comune.
fenomenologìa *s.f.* l'insieme dei fenomeni di un processo; la sua osservazione e descrizione.
fèretro *s.m.* bara.
fèria *s.f.* **1** ogni giorno non festivo **2** *pl.* giorni di riposo retribuiti che spettano ogni anno ai lavoratori: *ferie natalizie*; *andare in ferie.*
ferìale *agg.* si dice di giorno lavorativo.
feriménto *s.m.* il ferire; l'essere ferito.
ferìno *agg.* **1** di fiera **2** (*fig.*) crudele.
ferìre *v.tr.* [*io ferisco, tu ferisci ecc.*] **1** colpire producendo una ferita **2** (*fig.*) recare

un'offesa grave ♦ **-rsi** *v.intr.pron.* procurarsi una ferita.
ferìta *s.f.* **1** lacerazione della cute, dei tessuti **2** (*fig.*) grave offesa | dolore morale.
feritóia *s.f.* **1** piccola apertura per poter lanciare frecce o sparare sul nemico senza uscire allo scoperto **2** (*estens.*) fessura.
férma *s.f.* **1** periodo di tempo trascorso sotto le armi in ottemperanza all'obbligo di leva **2** nella caccia, posizione immobile del cane in prossimità della preda.
fermàglio *s.m.* congegno in forma di fibbia, spilla per tenere uniti piccoli oggetti.
fermàre *v.tr.* [*io férmo ecc.*] **1** interrompere, arrestare **2** assicurare (anche *fig.*) | — *una camera*, prenotarla **3** compiere un fermo di polizia ♦ *v.intr.* [aus. *avere*] fare una fermata ♦ **-rsi** *v.rifl.* o *intr.pron.* **1** interrompere il proprio movimento | smettere di funzionare **2** (*estens.*) trattenersi.
fermàta *s.f.* interruzione del movimento di un mezzo di trasporto pubblico per la salita e la discesa dei passeggeri.
fermentàre *v.intr.* [*io ferménto ecc.*; aus. *avere*] **1** essere in fermentazione **2** lievitare.
fermentazióne *s.f.* **1** trasformazione operata da microrganismi su sostanze organiche **2** lievitazione.
ferménto *s.m.* **1** microrganismo capace di provocare fermentazione di sostanza organica **2** (*fig.*) agitazione, inquietudine.
fermézza *s.f.* **1** stabilità **2** (*fig.*) costanza.
férmo *agg.* **1** che non si muove, immobile | *mano ferma*, (*fig.*) energica **2** perseverante tenace | *animo* —, risoluto ♦ *s.m.* **1** dispositivo per fermare **2** (*dir.*) misura restrittiva della libertà personale, adottata dalla polizia □ **-mente** *avv.*
fermopòsta *s.m.invar.* servizio che permette all'utente di fissare il proprio recapito presso un ufficio postale, dove egli può così ritirare la corrispondenza | usato anche come *avv.*
feróce *agg.* **1** crudele; spietato **2** terribile | insopportabile □ **-mente** *avv.*
feròcia *s.f.* [pl. *-cie*] crudeltà.
feròdo® *s.m.* (*tecn.*) materiale che ha alta capacità d'attrito; è usato nei freni a tamburo.
feromóne *s.m.* (*biol.*) sostanza secreta dagli animali che, agendo sull'odorato degli individui della stessa specie, svolge la funzione di richiamo sessuale o di intimidazione.
ferragósto *s.m.* festa dell'Assunta che si celebra il 15 agosto.
ferraménta *s.f.pl.* l'insieme di utensili, viti, chiodi e sim. che si vende in un negozio | (*estens.*) il negozio stesso.
ferràre *v.tr.* [*io fèrro ecc.*] applicare i ferri agli zoccoli di cavalli e di altri animali.
ferràto *agg.* **1** *strada ferrata*, ferrovia **2** (*fig. fam.*) dotato di solida preparazione.
fèrreo *agg.* di ferro | (*fig.*) tenace, inflessibile.
ferrièra *s.f.* impianto di lavorazione dei minerali di ferro.
fèrro *s.m.* **1** elemento chimico di simbolo *Fe*; è un metallo grigio-argenteo, tenero | *di* —, (*fig.*) forte in senso fisico o morale **2** qualsiasi oggetto di ferro o anche di altro metallo | — *da stiro*, attrezzo per stirare | — *di cavallo*, piccola sbarra a forma di U che si inchioda sotto agli zoccoli degli equini **3** *pl.* manette.
ferróso *agg.* di ferro, che contiene ferro.
ferrovìa *s.f.* **1** strada provvista di binari **2** (*estens.*) l'insieme degli impianti e dei servizi necessari al funzionamento dei treni.
ferroviàrio *agg.* che riguarda le ferrovie.
ferrovière *s.m.* [f. *-a*] chi presta servizio nelle ferrovie.
ferruginóso *agg.* (*chim.*) che contiene sali di ferro.
ferry-boat *s.m.invar.* (*ingl.*) traghetto.
fèrtile *agg.* produttivo: *terreno* — | *ingegno* —, (*fig.*) ricco di idee.
fertilità *s.f.* l'essere fertile, fecondità.
fertilizzànte *agg.* e *s.m.* si dice di sostanza per aumentarne la fertilità.
fertilizzàre *v.tr.* rendere fertile, concimare.
fertilizzazióne *s.f.* operazione volta a rendere fertile un terreno.
fervènte *agg.* ardente, appassionato □ **-mente** *avv.*
fèrvido *agg.* pieno di fervore | vivace, creativo □ **-mente** *avv.*
fervóre *s.m.* **1** ardore **2** momento di grande intensità.
fésso *agg.* e *s.m.* [f. *-a*] (*pop.*) stupido.
fessùra *s.f.* apertura lunga e sottile; fenditura.
fèsta *s.f.* **1** giorno in cui ci si astiene dal lavoro per celebrare una solennità religiosa o civile | *conciare qlcu. per le feste*, ridurlo male **2** (*fam.*) il giorno dell'onomastico o del compleanno **3** manifestazione per celebrare un avvenimento **4** dimostrazione di gioia.
festeggiamènto *s.m.* il festeggiare, l'essere festeggiato.
festeggiàre *v.tr.* [*io festéggio ecc.*] **1** celebrare con festa **2** accogliere in modo festoso.
fèstival *s.m.invar.* manifestazione artistica che si tiene periodicamente.
festività *s.f.* giorno di festa civile o religiosa.

festóne *s.m.* **1** addobbo formato da una catena ornamenti **2** fregio architettonico.
festóso *agg.* che fa festa □ **-mente** *avv.*
fetàle *agg.* (*biol., med.*) che concerne il feto | *posizione* —, quella rannicchiata.
fetènte *agg.* puzzolente ♦ *agg.* e *s.m.* e *f.* (*fam.*) si dice di persona spregevole.
fetìccio *s.m.* **1** idolo **2** (*fig.*) persona o cosa che sia oggetto di culto fanatico.
feticìsmo *s.m.* **1** forma di religiosità primitiva consistente nel culto di feticci **2** (*fig.*) ammirazione fanatica.
fètido *agg.* **1** che puzza **2** (*fig.*) turpe, disonesto.
fèto *s.m.* il prodotto del concepimento dei mammiferi, dal momento in cui assume le caratteristiche della speci alla nascita.
fetóre *s.m.* puzza intensa.
fétta *s.f.* pezzo di cibo tagliato largo e sottile | (*fig.*) parte, porzione.
fettùccia *s.f.* [pl. *-ce*] nastro.
fettuccìna *s.f.* (spec. *pl.*) tagliatella.
feudàle *agg.* **1** del feudo; del feudalesimo **2** (*fig.*) caratterizzato da arretratezza e da dispotismo.
feudalésimo *s.m.* nel Medioevo, sistema politico, economico e sociale, secondo il quale il sovrano concedeva ai suoi dignitari o capi militari la delega delle funzioni di governo su un dato territorio (feudo).
feudatàrio *s.m.* [f. *-a*] **1** titolare di feudo **2** (*estens.*) grande proprietario terriero.
fèudo *s.m.* **1** (*st.*) complesso di beni e di diritti concessi dal sovrano a un suo vassallo **2** (*fig.*) ambito in cui viene esercitato un predominio assoluto.
fiàba *s.f.* racconto fantastico, in cui agiscono esseri umani e creature provviste di poteri magici.
fiabésco *agg.* [pl.m. *-schi*] di fiaba ♦ *s.m.*
fiàcca *s.f.* spossatezza, svogliatezza | *battere la* —, fare le cose lentamente.
fiaccàre *v.tr.* [*io fiacco, tu fiacchi ecc.*] privare delle forze fisiche o morali.
fiacchézza *s.f.* mancanza di vigore.
fiàcco *agg.* [pl.m. *-chi*] privo di vigore; debole □ **-mente** *avv.*
fiàccola *s.f.* lume fatto con sostanze resinose, che brucia resistendo al vento.
fiaccolàta *s.f.* corteo notturno con fiaccole accese.
fiàla *s.f.* piccolo recipiente di vetro per medicinali o profumi.
fiàmma *s.f.* **1** lingua luminosa di gas in combustione, che si leva da ciò che arde **2** (*fig.*) ardore di un sentimento.
fiammànte *agg.* che splende come una fiamma; (*fig.*) nuovissimo.
fiammàta *s.f.* fiamma viva e intensa | (*fig.*) manifestazione improvvisa, effimera.
fiammeggiàre *v.intr.* [*io fiamméggio ecc.*; aus. *avere*] **1** mandare fiamme (anche *fig.*) **2** (*estens.*) risplendere.
fiammìfero *s.m.* bastoncino infiammabile, con un'estremità che prende fuoco per sfregamento | *accendersi come un* —, (*fig.*) essere facile all'ira.
fiammìngo *agg.* [pl.m. *-ghi*] **1** delle Fiandre **2** (*estens.*) dei Paesi Bassi ♦ *s.m.* **1** [f. *-a*] nativo delle Fiandre **2** lingua fiamminga.
fiancàta *s.f.* parete laterale.
fiancheggiàre *v.tr.* [*io fianchéggio ecc.*] **1** stare a fianco di qlcu. o di qlco. **2** (*fig.*) sostenere, favorire.
fiànco *s.m.* [pl. *-chi*] **1** la parte laterale del corpo, tra le costole e l'anca **2** parte laterale di qlco. | *di* —, lateralmente.
fiàsco *s.m.* [pl. *-schi*] **1** recipiente di vetro rivestito di paglia o di plastica **2** (*fig.*) insuccesso.
fiatàre *v.intr.* [aus. *avere*] **1** (*non com.*) respirare **2** (*estens.*) aprir bocca per parlare.
fiàto *s.m.* aria emessa dai polmoni; respiro, alito | *sprecare il* —, (*fig.*) parlare inutilmente | *strumenti a* —, (*mus.*) quelli in cui il suono è prodotto dall'aria espirata da chi suona.
fìbbia *s.f.* fermaglio di metallo.
fìbra *s.f.* **1** (*biol., bot.*) struttura allungata e filamentosa che è elemento costitutivo di numerosi tessuti animali e vegetali **2** (*fig.*) costituzione fisica: *una — robusta.*
fibrillazióne *s.f.* (*med.*) alterazione del ritmo cardiaco.
fibrìna *s.f.* (*biol.*) proteina filamentosa, essenziale alla coagulazione del sangue.
fibròma *s.m.* [pl. *-mi*] (*med.*) tumore benigno del tessuto connettivo.
fibróso *agg.* che contiene fibre.
ficcàre *v.tr.* [*io ficco, tu ficchi ecc.*] spingere, fare entrare dentro | — *il naso*, (*fig.*) curiosare ♦ **-rsi** *v.rifl.* cacciarsi, mettersi dentro a qlco. (anche *fig.*).
fìco *s.m.* [pl. *-chi*] **1** albero con foglie larghe; è coltivato per i suoi frutti **2** il frutto di tale pianta | *non valere un* —, (*fig. fam.*) un bel niente.
ficodìndia *s.m.* [pl. *fichidindia* o *fichi d'India*] **1** pianta grassa **2** il frutto stesso della pianta.
fiction *s.f. invar.* (*ingl.*) genere letterario, cinematografico e televisivo fondato sull'invenzione narrativa.
fidanzaménto *s.m.* il fidanzarsi; il periodo durante il quale si è fidanzati.
fidanzàrsi *v.rifl.* impegnarsi con promessa di matrimonio.
fidanzàto *s.m.* [f. *-a*] chi ha scambiato promessa di matrimonio con qlcu.

fidàrsi *v.intr.pron.* aver fiducia.
fidàto *agg.* degno di fiducia.
fideìsmo *s.m.* orientamento filosofico-teologico che sostiene l'impossibilità di pervenire alla verità senza la fede.
fideiussióne *s.f.* (*dir.*) contratto mediante il quale una parte garantisce a un'altra l'adempimento di un'obbligazione in caso di insolvenza del debitore.
fido[1] *agg.* (*lett.*) fedele, fidato.
fido[2] *s.m.* apertura di credito concessa da una banca a un cliente.
fidùcia *s.f.* sentimento di sicurezza che deriva dal confidare in qlcu. o in qlco. | *voto di* —, procedimento con cui le camere investono un nuovo governo o confermano a esso la fiducia.
fiduciàrio *agg.* fondato sulla fiducia: *rapporto* — ♦ *s.m.* [f. -*a*] chi svolge stabilmente un incarico di fiducia.
fiducióso *agg.* che si fida □ **-mente** *avv.*
fièle *s.m.* [solo *sing.*] **1** bile **2** (*fig.*) astio, rancore.
fienìle *s.m.* luogo dove si ripone il fieno.
fièno *s.m.* erba di prato tagliata, essiccata | *febbre, raffreddore da* —, malattie di tipo allergico, causate dal polline.
fièra[1] *s.f.* **1** mercato con vendita di prodotti vari, che si tiene periodicamente **2** grande mostra-mercato che interessa uno o più settori produttivi.
fièra[2] *s.f.* (*lett.*) animale feroce, belva.
fierézza *s.f.* l'essere fiero.
fièro *agg.* orgoglioso □ **-mente** *avv.*
fièvole *agg.* che si percepisce appena □ **-mente** *avv.*
fifa *s.f.* (*fam.*) paura.
fifóne *agg.* e *s.m.* [f. -*a*] (*fam.*) si dice di persona paurosa.
figlia *s.f.* **1** ogni individuo di sesso femminile rispetto a chi l'ha generato **2** cedola che si stacca dalla matrice di un bollettario.
figliàstro *s.m.* [f. -*a*] figlio che il proprio coniuge ha avuto da un precedente matrimonio.
figliàta *s.f.* cucciolata.
figlio *s.m.* ogni individuo rispetto a chi l'ha generato | — *di papà*, chi è favorito dalla posizione del padre | — *di nessuno*, trovatello.
figliòccio *s.m.* [f. -*a*; pl.f. -*ce*] chi è stato tenuto a battesimo o a cresima rispetto al padrino o alla madrina.
figliòlo *s.m.* [f. -*a*] (*fam.*) figlio.
figùra *s.f.* **1** l'aspetto esteriore; forma **2** l'aspetto del corpo umano | (*estens.*) una persona in quanto riassume in sé un insieme di caratteristiche **3** illustrazione **4** il modo in cui qlcu. o qlco. si mostra | *fare la* — *di*, sembrare **5** — *retorica*, parola o costrutto che, allontanandosi dall'uso linguistico normale, serve a rendere più efficace il discorso **6** (*mat.*) insieme di punti, di linee o di superfici **7** nella danza, nella scherma e in altri sport, ogni posizione del corpo.
figuràre *v.tr.* immaginare ♦ *v.intr.* [aus. *avere*] esserci, risultare.
figuratìvo *agg.* che rappresenta per mezzo di figure: *stile* —; *le arti figurative*, la pittura e la scultura □ **-mente** *avv.*
figuràto *agg.* **1** a figure **2** metaforico □ **-mente** *avv.*
figurìna *s.f.* cartoncino su cui è stampata una figura colorata: *collezione di figurine*.
figurinìsta *s.m.* e *f.* [pl.m. -*sti*] chi disegna figurini di moda.
figurìno *s.m.* **1** disegno di un modello d'abito **2** (*estens.*) persona vestita alla moda.
figùro *s.m.* uomo losco.
fila *s.f.* **1** serie di persone o cose allineate una dietro o una accanto all'altra **2** (*fig.*) serie ininterrotta | *di* —, di seguito.
filaménto *s.m.* **1** (*biol.*) corpo o elemento di struttura sottile e allungata **2** (*elettr.*) nella lampadina, conduttore filiforme incandescente al passaggio della corrente.
filamentóso *agg.* **1** (*biol.*) fibroso **2** che ha l'aspetto di filamento.
filànda *s.f.* stabilimento in cui si procede alla filatura delle fibre tessili.
filantropìa *s.f.* sentimento di amore e solidarietà per l'umanità.
filàntropo *s.m.* chi si adopera altruisticamente per aiutare i bisognosi.
filàre[1] *v.tr.* ridurre in filo continuo e uniforme: — *a mano*, *a macchina* ♦ *v.intr.* [aus. *avere*; nel sign. 2 anche *essere*] **1** formare fili **2** procedere velocemente: — *via*, *filarsela*, (*fam.*) andarsene in tutta fretta **3** (*fam.*) comportarsi bene.
filàre[2] *s.m.* fila di alberi.
filarmònico *agg.* [pl.m. -*ci*] che ama e coltiva la musica classica | *società filarmonica*, associazione che promuove manifestazioni musicali ♦ *s.m.* [f. -*a*] dilettante di musica | appartenente a società filarmonica.
filastròcca *s.f.* poesiola infantile | (*estens.*) discorso noioso e ripetitivo.
filatelìa *s.f.* lo studio dei francobolli, il loro collezionismo.
filatèlico *agg.* [pl.m. -*ci*] di filatelia ♦ *s.m.* [f. -*a*] collezionista di francobolli.
filàto *s.m.* fibra tessile filata.
filatùra *s.f.* il complesso delle operazioni attraverso le quali una fibra tessile viene ridotta in filato.
file *s.m.invar.* (*ingl.*) (*inform.*) porzione di

memoria di un elaboratore che contiene un insieme strutturato di dati; archivio.
filétto *s.m.* **1** strisciolina di stoffa che si applica come fregio **2** in macelleria, taglio di carne tenera situata sotto i lombi.
filiàle[1] *agg.* di figlio, da figlio: *amore* —.
filiàle[2] *s.f.* sezione distaccata di un'azienda.
filiazióne *s.f.* la relazione che corre tra i figli e i genitori | (*fig.*) derivazione.
filibustière *s.m.* pirata, corsaro.
filifórme *agg.* che ha la sottigliezza del filo.
filigràna *s.f.* **1** lavorazione d'oreficeria **2** disegno o scritta che risulta guardando in trasparenza certi tipi di carta.
filìppica *s.f.* discorso polemico.
fillòssera *s.f.* insetto che arreca danni alla vite.
film *s.m.invar.* **1** pellicola **2** opera cinematografica.
filmàre *v.tr.* riprendere con la macchina da presa cinematografica.
filo *s.m.* [pl.m. *fili*; il pl.f. *fila* è usato solo in talune locuzioni, in genere con valore collettivo] **1** il prodotto della filatura di una fibra tessile **2** (*estens.*) corpo lungo e sottile, di sezione circolare uniforme | — *spinato*, filo di ferro munito di aculei, usato nelle recinzioni | — *diretto*, linea telefonica che garantisce un collegamento diretto (anche in usi *fig.*) **3** (*fig.*) quantità minima **4** (*fig.*) ordine; svolgimento **5** la parte tagliente della lama.
filo- primo elemento di parole composte, che significa 'amore, simpatia, inclinazione'.
filobus *s.m.invar.* autobus a trazione elettrica alimentato da una linea aerea di fili.
filodiffusióne *s.f.* sistema di trasmissione che porta all'utente i programmi della radio attraverso i fili della rete telefonica.
filodrammàtico *s.m.* [pl.m. *-ci*] attore dilettante | *agg.*
filologìa *s.f.* **1** disciplina che studia i documenti linguistici e letterari di una determinata civiltà: — *classica*, *romanza*, *italiana* **2** il complesso delle ricerche che mira a riportare un testo alla sua forma originaria.
filòlogo *s.m.* [f. *-a*; pl.m. *-gi*] studioso di filologia.
filóne *s.m.* **1** (*geol.*) giacimento minerale **2** pane di forma affusolata **3** (*fig.*) linea di sviluppo di una tradizione artistico-letteraria.
filosofeggiàre *v.intr.* [*io filosoféggio* ecc.; aus. *avere*] (*iron.*) atteggiarsi a filosofo.
filosofìa *s.f.* **1** disciplina che studia i problemi fondamentali dell'uomo e della natura **2** indirizzo di pensiero **3** (*fig.*) serenità d'animo: *sopportare con* —.
filosòfico *agg.* [pl.m. *-ci*] della filosofia □ **-mente** *avv.*
filòsofo *s.m.* [f. *-a*] **1** studioso di filosofia **2** (*fig.*) chi sopporta serenamente le avversità.
filtràre *v.tr.* **1** far passare un liquido o un gas attraverso un filtro **2** (*fig.*) selezionare ♦ *v.intr.* [aus. *essere*] penetrare.
filtro[1] *s.m.* **1** dispositivo in grado di trattenere le particelle solide presenti in un gas o in un liquido **2** (*fis.*) denominazione di vari dispositivi che hanno la funzione di selezionare un fascio complesso di onde.
filtro[2] *s.m.* bevanda preparata con arti magiche.
filza *s.f.* **1** serie di cose infilzate: *una — di perle* **2** (*fig.*) serie di più cose **3** cucitura.
finàle *agg.* **1** che sta alla fine; definitivo **2** (*gramm.*) che riguarda lo scopo: *proposizione* —, indica il fine per cui si compie l'azione espressa dalla reggente ♦ *s.m.* parte terminale di un'opera ♦ *s.f.* **1** (*ling.*) suono o sillaba terminale di una parola **2** (*sport*) gara, incontro per l'attribuzione del titolo □ **-mente** *avv.*
finalìsmo *s.m.* (*filos.*) concezione secondo la quale la realtà tende a un fine.
finalìsta *s.m.* e *f.* [pl.m. *-sti*] il concorrente ammesso a disputare la finale ♦ *agg.*
finalità *s.f.* scopo.
finalizzàre *v.tr.* indirizzare.
finànza *s.f.* **1** (*econ.*) il complesso delle attività che riguardano gli investimenti di capitali | — *pubblica*, il complesso delle entrate e delle uscite dello stato **2** *pl.* (*scherz.*) risorse.
finanziaménto *s.m.* **1** il finanziare, l'essere finanziato **2** la somma di denaro disponibile per un'attività.
finanziàre *v.tr.* [*io finànzio* ecc.] fornire i capitali necessari.
finanziària *s.f.* società che investe i suoi capitali in titoli e promuove lo sviluppo di attività produttive.
finanzière *s.m.* **1** chi si occupa di problemi finanziari | capitalista **2** agente della guardia di finanza.
finché *cong.* fino a quando.
fine[1] *s.f.* punto o momento in cui una cosa cessa di essere; la parte terminale; (come *loc. agg.*) *alla* —, finalmente ♦ *s.m.* **1** risultato, esito **2** scopo.
fine[2] *agg.* **1** sottile **2** (*fig.*) acuto **3** raffinato □ **-mente** *avv.*
finèstra *s.f.* apertura praticata nei muri esterni di un edificio | *buttare i soldi dalla* —, (*fig.*) spenderli senza criterio.

finestrìno *s.m.* apertura a forma di piccola finestra sulle fiancate di un veicolo.
finézza *s.f.* **1** sottigliezza | (*fig.*) acutezza: — *d'ingegno* **2** (*fig.*) signorilità.
fingere *v.tr.* [pres. *io fingo, tu fingi ecc.*; pass.rem. *io finsi, tu fingésti ecc.*; part.pass. *finto*] simulare | (*assol.*) dare a intendere il contrario di quello che si pensa ♦ **-rsi** *v. rifl.* farsi credere, mostrarsi.
finimóndo *s.m.* sconquasso, confusione.
finìre *v.tr.* [*io finisco, tu finisci ecc.*] **1** terminare, portare a compimento (anche *assol.*) **2** esaurire **3** smettere di fare qlco. ♦ *v.intr.* [aus. *essere*] **1** terminare, avere fine **2** terminare in un dato modo **3** andare a capitare.
finìto *agg.* **1** giunto al termine **2** compiuto | eseguito con accuratezza **3** irrimediabilmente decaduto **4** che ha limiti | *modi finiti del verbo*, (*gramm.*) quelli le cui forme indicano il tempo, la persona e il numero □ **-mente** *avv.*
fino[1] *prep.* introduce il termine ultimo di una distanza spaziale o temporale.
fino[2] *agg.* sottile, minuto, fine.
finòcchio *s.m.* pianta erbacea con foglie che vengono consumate come contorno.
finóra *avv.* fino ad adesso.
finta *s.f.* **1** simulazione | *far* —, fingere **2** (*sport*) azione per ingannare l'avversario.
finto *agg.* **1** che non è reale **2** che finge.
finzióne *s.f.* **1** simulazione **2** creazione fantastica.
fioccàre *v.intr.* [*io fiòcco, tu fiòcchi ecc.*; aus. *essere, raro avere*] **1** cadere a fiocchi **2** (*fig.*) riversarsi in gran quantità.
fiòcco[1] *s.m.* [pl. *-chi*] **1** striscia di stoffa o nastro annodati in modo da formare due volute | *con i fiocchi*, (*fig.*) eccellente **2** batuffolo.
fiòcco[2] (*mar.*) ciascuna delle vele triangolari.
fiòcina *s.f.* arnese da pesca, formato da un'asta che termina con uno o più uncini.
fiòco *agg.* [pl.m. *-chi*] fievole, tenue □ **-mente** *avv.*
fiónda *s.f.* arnese per lanciare sassi.
fiordalìso *s.m.* pianta erbacea con fiori azzurri e foglie lineari.
fiòrdo *s.m.* (*geog.*) insenatura stretta e profonda, che si apre in coste rocciose.
fióre *s.m.* **1** la parte di una pianta fanerogama che contiene gli organi della riproduzione; in molti casi è colorata e profumata | *credere tutto rose e fiori*, tutto facile e piacevole | *essere un — all'occhiello*, (*fig.*) si dice di persona o di cosa che costituisce motivo di vanto **2** (*estens.*) pianta coltivata per i fiori **3** (*fig.*) la parte scelta, migliore di qlco. (anche nella forma rafforzata *fior* —) **4** *a fior di*, in superficie.
fiorènte *agg.* che è nel pieno del suo rigoglio; prospero.
fiorétto[1] *s.m.* opera buona in segno di devozione.
fiorétto[2] *s.m.* l'arma sottile e flessibile con cui si tira di scherma.
fiorìno *s.m.* antica moneta d'oro di Firenze | nome di varie monete antiche e moderne: — *olandese* (fuori corso legale dal gennaio 2002).
fiorìre *v.intr.* [*io fiorisco, tu fiorisci ecc.*; aus. *essere*] **1** produrre fiori **2** (*fig.*) essere fiorente, prosperare **3** (*fig.*) nascere, spuntare.
fiorìsta *s.m.* e *f.* [pl.m. *-sti*] chi vende o coltiva fiori.
fiòtto *s.m.* lo sgorgare improvviso e violento di un liquido: *un — di sangue*.
firma *s.f.* **1** scrittura del proprio nome e cognome eseguita con grafia personale | *metterci la* —, (*fig. fam.*) si dice a proposito di una situazione che si sarebbe ben felici di accettare **2** il nome di una persona che gode di grande credito **3** l'atto del firmare **4** (*dir.*) potere di assumere obbligazioni per conto di terzi.
firmaménto *s.m.* il cielo.
firmàre *v.tr.* apporre la propria firma; sottoscrivere.
firmatàrio *s.m.* [f. *-a*] chi firma un atto.
firmàto *agg.* che reca l'etichetta, la sigla di uno stilista noto: *camicia, borsa firmata*.
first lady *s.f.invar.* (*ingl.*) la moglie del presidente degli Stati Uniti o di un altro stato.
fisarmònica *s.f.* strumento musicale.
fiscal drag *loc.sost.m.invar.* (*ingl.*) drenaggio fiscale.
fiscàle *agg.* **1** del fisco, relativo al fisco | *scontrino* —, rilasciato al momento dell'acquisto dai commercianti al dettaglio **2** (*fig.*) intransigente, pignolo nell'osservanza di norme □ **-mente** *avv.*
fiscalista *s.m.* e *f.* [pl.m. *-sti*] esperto di questioni fiscali.
fiscalizzàre *v.tr.* attribuire al fisco oneri che altrimenti graverebbero su privati.
fischiàre *v.intr.* [*io fischio ecc.*; aus. *avere*] emettere un fischio ♦ *v.tr.* **1** modulare fischiando con la bocca **2** disapprovare.
fischiétto *s.m.* piccolo strumento per fischiare.
fischio *s.m.* suono acuto.
fisco *s.m.* il sistema tributario statale; l'amministrazione finanziaria dello stato.
fisica *s.f.* scienza che studia i fenomeni naturali.
fisico *agg.* [pl.m. *-ci*] **1** che concerne la na-

tura e i suoi fenomeni; proprio della fisica **2** che si riferisce al corpo ♦ *s.m.* [f. *-a*] **1** studioso di fisica **2** il corpo umano □ **-mente** *avv.*

fisima *s.f.* capriccio irragionevole.

fisio- primo elemento di parole composte, che significa 'natura, aspetto fisico'.

fisiologìa *s.f.* scienza che studia le funzioni degli organismi animali e vegetali.

fisiològico *agg.* [pl.m. *-ci*] **1** attinente alla fisiologia **2** naturale, non patologico □ **-mente** *avv.*

fisiòlogo *s.m.* [f. *-a*; pl.m. *-gi*] studioso di fisiologia.

fisionomìa *s.f.* **1** l'insieme dei caratteri somatici del viso di una persona; l'espressione **2** (*estens.*) l'insieme dei caratteri peculiari.

fisionomìsta *s.m.* e *f.* [pl.m. *-sti*] chi ricorda facilmente le fisionomie.

fisioterapìa *s.f.* terapia medica che si esegue con mezzi fisici come il massaggio o la ginnastica.

fissàggio *s.m.* l'operazione del fissare, del rendere stabile, inalterabile.

fissàre *v.tr.* **1** rendere fisso **2** (*estens.*) guardare fissamente **3** stabilire | prenotare ♦ **-rsi** *v.intr.pron.* **1** stare assorto, con lo sguardo fisso in una direzione **2** (*fig.*) avere un'idea fissa; ostinarsi.

fissazióne *s.f.* **1** l'operazione di fissare, di stabilizzare **2** (*fig.*) idea fissa; mania.

fissióne *s.f.* (*fis.*) scissione di un nucleo atomico in più parti, con la liberazione di una notevolissima quantità di energia.

fisso *agg.* **1** immobile, che non può essere rimosso | *idea fissa*, *chiodo* —, pensiero costante, ossessione **2** che non varia ♦ *avv.* fissamente □ **-mente** *avv.*

fistola *s.f.* (*med.*) canale di natura patologica apertosi attraverso il quale defluiscono liquidi sierosi o purulenti.

fitness *s.f.invar.* (*ingl.*) perfetta forma fisica raggiungibile eseguendo programmi di ginnastica, cosmesi e dietetica.

fitologìa *s.f.* (*non com.*) studio dei vegetali.

fitoterapìa *s.f.* (*med.*) terapia che si avvale di piante medicinali.

fitta *s.f.* dolore acuto improvviso | — *al cuore*, (*fig.*) angoscia acuta e improvvisa.

fittìzio *agg.* non vero, artificioso □ **-mente** *avv.*

fitto *agg.* **1** conficcato (anche *fig.*) **2** denso **3** frequente ♦ *avv.* fittamente ♦ *s.m.* la parte più folta, più densa di qlco. □ **-mente** *avv.*

fittóne *s.m.* (*bot.*) radice principale.

fiumàna *s.f.* **1** corrente di un fiume in piena **2** (*fig.*) moltitudine di persone o cose.

fiumàra *s.f.* (*region.*) corso d'acqua con letto ampio e ciottoloso, quasi sempre asciutto.

fiùme *s.m.* **1** corso d'acqua a regime pressoché costante **2** (*estens.*) gran quantità di liquido che scorre | (*fig.*) moltitudine ♦ come *agg.invar.* che dura più del normale.

fiutàre *v.tr.* **1** annusare **2** (*estens.*) individuare | (*fig.*) presagire.

fiùto *s.m.* **1** il senso dell'odorato (soprattutto degli animali) **2** (*fig.*) intuito.

flàccido *agg.* cascante, floscio □ **-mente** *avv.*

flacóne *s.m.* boccetta per profumi o medicinali.

flagellàre *v.tr.* [*io flagèllo ecc.*] **1** percuotere con il flagello; frustare **2** (*estens.*) battere ripetutamente con violenza ♦ **-rsi** *v.rifl.* percuotersi col flagello per fare penitenza.

flagellazióne *s.f.* il flagellare, il flagellarsi o l'essere flagellato.

flagèllo *s.m.* **1** frusta costituita da funicelle o da strisce di cuoio, usata un tempo come strumento di supplizio **2** (*fig.*) grave danno, calamità: *il — della droga.*

flagrànte *agg.* **1** (*dir.*) che presenta le condizioni della flagranza **2** (*estens.*) evidente ♦ *s.m.* (*dir.*) condizione di flagranza □ **-mente** *avv.*

flagrànza *s.f.* (*dir.*) condizione di chi viene sorpreso nell'atto di commettere un reato.

flaménco *s.m.* genere di canto e di ballo originario dell'Andalusia.

flash *s.m.invar.* (*ingl.*) **1** (*foto.*) lampo di luce con cui si illumina un soggetto da fotografare **2** notizia breve diramata da un'agenzia d'informazione.

flashback *s.m.* (*ingl.*) nella tecnica cinematografica, interruzione della successione cronologica del racconto per rievocare un episodio del passato.

flautìsta *s.m.* e *f.* [pl.m. *-sti*] suonatore o suonatrice di flauto.

flàuto *s.m.* (*mus.*) strumento a fiato con canna cilindrica.

flèbile *agg.* lamentoso; sommesso □ **-mente** *avv.*

flebìte *s.f.* (*med.*) infiammazione di uno o più vasi venosi.

fleboclìsi *s.f.* (*med.*) somministrazione per via venosa di soluzioni fisiologiche o medicamentose.

flèmma *s.f.* (*fig.*) tranquillità, calma.

flessìbile *agg.* **1** pieghevole, elastico **2** (*fig.*) non rigido □ **-mente** *avv.*

flessibilità *s.f.* l'essere flessibile, elastico, pieghevole (anche *fig.*).

flessióne *s.f.* **1** il flettere, il flettersi | in ginnastica, movimento di piegamento de-

gli arti **2** (*ling.*) l'insieme delle variazioni morfologiche di una parola, attraverso le quali essa assume differenti funzioni grammaticali e sintattiche **3** (*fig.*) calo progressivo: — *delle vendite*.
flessìvo *agg.* (*ling.*) si dice di una lingua che esprime le funzioni grammaticali e sintattiche mediante flessione.
flèttere *v.tr.* [pres. *io flètto ecc.*; pass.rem. *io flettéi o flèssi, tu flettésti ecc.*; part.pass. *flèsso*] **1** piegare **2** (*gramm.*) declinare o coniugare ♦ **-rsi** *v.rifl.* o *intr.pron.* piegarsi.
flirt *s.m.invar.* (*ingl.*) relazione sentimentale di breve durata.
flirtàre *v.intr.* [aus. *avere*] **1** avere un flirt **2** (*estens.*) stabilire una sorta di intesa.
flogìstico *agg.* [pl.m. *-ci*] (*med.*) infiammatorio.
flogòsi *s.f.* (*med.*) infiammazione.
floppy disk *loc.sost.m.invar.* (*ingl.*) (*inform.*) dischetto.
flòra *s.f.* l'insieme delle specie vegetali che vivono in un determinato ambiente biologico.
floreàle *agg.* fatto di fiori.
floricoltóre *s.m.* [f. *-trice*] chi per mestiere pratica la floricoltura.
floricoltùra *s.f.* coltivazione di fiori e piante ornamentali.
floridézza *s.f.* l'essere fiorente; prosperità.
flòrido *agg.* fiorente, prospero □ **-mente** *avv.*
flòscio *agg.* [pl.f. *-sce*] privo di consistenza; moscio □ **-mente** *avv.*
flòtta *s.f.* **1** (*mar.*) L'insieme delle navi militari o mercantili di uno stato o di una compagnia di navigazione **2** (*estens.*) l'insieme degli aeromobili militari o civili di uno stato, o di una compagnia di navigazione aerea.
fluidificànte *agg.* si dice di sostanza che si aggiunge a un liquido per renderlo più fluido.
fluidità *s.f.* **1** l'essere fluido **2** (*fig.*) scorrevolezza **3** (*fig.*) mutevolezza, instabilità.
flùido *agg.* **1** (*fis.*) si dice di sostanza che si presenti nello stato liquido o aeriforme **2** (*estens.*) che non è molto denso | (*fig.*) scorrevole, fluente ♦ *s.m.* **1** (*fis.*) qualsiasi sostanza allo stato fluido **2** (*estens.*) flusso di materia invisibile: — *elettrico* **3** (*fig.*) forza misteriosa di cui talune persone sarebbero dotate □ **-mente** *avv.*
fluìre *v.intr.* [*io fluisco, tu fluisci ecc.*; aus. *essere*] scorrere, sgorgare con moto uniforme e costante (anche *fig.*).
fluorescènte *agg.* (*fis.*) dotato di fluorescenza: *schermo* —.
fluorescènza *s.f.* (*fis.*) proprietà di emettere radiazioni luminose di frequenza diversa da quella della radiazione eccitatrice.
fluorìte *s.f.* minerale costituito da fluoruro di calcio.
fluòro *s.m.* elemento chimico di simbolo *F*; è un gas usato, sotto forma di fluoruri, in medicina.
fluorùro *s.m.* (*chim.*) sale dell'acido fluoridrico.
flùsso *s.m.* **1** movimento di materia o di energia in una direzione: — *d'acqua, d'aria, di elettricità* **2** (*estens.*) movimento continuo e uniforme di persone o di cose **3** (*med.*) versamento di un liquido organico **4** (*geog.*) movimento verso l'alto della marea.
flussòmetro *s.m.* apparecchio che misura la portata di un fluido in un condotto.
flùtto *s.m.* (*lett.*) onda del mare.
fluttuànte *agg.* **1** mosso dai flutti o dal vento **2** (*fig.*) soggetto a variazioni.
fluttuàre *v.intr.* [*io flùttuo ecc.*; aus. *avere*] **1** essere mosso dai flutti; ondeggiare | (*estens.*) essere mosso dal vento **2** (*fig.*) andare su e giù; essere variabile.
fluttuazióne *s.f.* il fluttuare | (*fig.*) oscillazione, variabilità.
fluviàle *agg.* di fiume, dei fiumi.
FM *s.f.invar.* (*telecom.*) modulazione di frequenza delle onde radio.
fobìa *s.f.* **1** (*psicol.*) paura o repulsione morbosa per determinati oggetti o situazioni **2** (*fam.*) antipatia.
fòca *s.f.* mammifero marino delle zone artiche e antartiche.
focàccia *s.f.* [pl. *-ce*] sorta di pane o di dolce di forma bassa e schiacciata | *rendere pan per* —, (*fig.*) ricambiare un torto.
focàle *agg.* (*fis.*) relativo al fuoco di un sistema ottico | *punto* —, (*fig.*) il più importante.
focalizzàre *v.tr.* (*foto.*) mettere a fuoco (anche *fig.*): — *i termini di un problema*.
focalizzazióne *s.f.* il focalizzare, l'essere focalizzato (anche *fig.*).
fóce *s.f.* il tratto in cui un fiume sbocca nel mare, in un altro fiume o in un lago.
focolàio *s.m.* **1** (*med.*) punto di diffusione di processi morbosi **2** (*fig.*) centro di diffusione, di irradiazione.
focolàre *s.m.* **1** parte inferiore del camino, formata da un piano sul quale si accende il fuoco **2** (*fig.*) la casa, la famiglia.
focomelìa *s.f.* (*med.*) malformazione congenita degli arti.
focomèlico *agg.* e *s.m.* [f. *-a*; pl.m. *-ci*] (*med.*) che/chi è affetto da focomelia.
focosità *s.f.* impetuosità.
focóso *agg.* di temperamento ardente □ **-mente** *avv.*

fòdera *s.f.* che serve a rivestire qlco., internamente o esternamente.
foderàre *v.tr.* [*io fòdero ecc.*] rivestire di fodera.
fòdero *s.m.* guaina delle armi da taglio.
fóga *s.f.* impeto, furia nel dire o nell'agire.
fòggia *s.f.* [pl. *-ge*] forma, aspetto esteriore di qlco.
fòglia *s.f.* **1** organo vegetale costituito da una superficie sottile, in genere verde, unita alla pianta tramite un picciolo | *mangiare la —,* (*fig.*) intuire i propositi segreti di qlcu. **2** lamina metallica sottilissima.
fogliàme *s.m.* l'insieme delle foglie di una o più piante | ammasso di foglie.
fòglio *s.m.* **1** pezzo di carta rettangolare, di dimensioni variabili | modulo | documento **2** lamina di materiali vari **3** *— elettronico,* (*inform.*) programma per la gestione e il calcolo di dati organizzati in forma di tabella.
fógna *s.f.* **1** parte di una fognatura che raccoglie le acque di scarico **2** (*fig.*) luogo sudicio | ambiente corrotto e malfamato.
fognatùra *s.f.* il complesso delle opere di canalizzazione destinate a scaricare le acque piovane e di rifiuto di un centro abitato.
fòiba *s.f.* (*geog.*) depressione carsica con una profonda spaccatura nel fondo.
folàta *s.f.* raffica improvvisa di vento.
folclóre *s.m.* le tradizioni e i costumi popolari.
folclorìstico *agg.* [pl.m. *-ci*] che riguarda il folclore □ **-mente** *avv.*
folgorànte *agg.* **1** che folgora; luminoso **2** (*fig.*) molto intenso.
folgoràre *v.tr.* [*io fólgoro ecc.*; aus. *avere*] **1** colpire col fulmine | (*fig.*) fulminare con lo sguardo **2** (*fig.*) colpire, impressionare.
folgorazióne *s.f.* **1** (*med.*) effetto prodotto sull'organismo da una scarica elettrica **2** (*fig.*) intuizione improvvisa.
fólgore *s.f.* (*lett.*) fulmine.
fòlla *s.f.* **1** moltitudine di persone riunite **2** (*estens.*) gruppo numeroso.
fòlle *agg.* **1** dissennato, pazzo **2** (*estens.*) di cosa assurda, temeraria **3** *in —,* (*mecc.*) si dice del motore di un autoveicolo nel quale nessuna marcia è inserita □ **-mente** *avv.*
folleggiàre *v.intr.* [*io folléggio ecc.*; aus. *avere*] divertirsi.
follétto *s.m.* essere favoloso di piccola statura.
follìa *s.f.* **1** pazzia **2** (*fig.*) azione sconsiderata, degna di un pazzo | *amare qlcu. alla —,* perdutamente.
follìcolo *s.m.* (*anat.*) piccola cavità presente in gran numero in certi organi.
fólto *agg.* **1** fitto: *capigliatura folta* **2** (*estens.*) numeroso **3** denso, spesso.
fomentàre *v.tr.* [*io foménto ecc.*] istigare, eccitare, promuovere.
fòn *s.m.invar.* apparecchio elettrico che asciuga i capelli per mezzo di aria calda.
fonazióne *s.f.* (*ling.*) la produzione dei suoni del linguaggio umano.
fónda *s.f.* tratto di mare adatto all'ancoraggio di navi.
fondàle *s.m.* **1** profondità delle acque del mare, di un fiume o di un lago **2** (*teat.*) scena di fondo del palcoscenico.
fondamentàle *agg.* che costituisce il fondamento di qlco.; principale, essenziale □ **-mente** *avv.*
fondamentalìsmo *s.m.* tendenza interna a una religione che si richiama ai suoi principi fondamentali, dei quali propone una rigida applicazione: *— islamico.*
fondaménto *s.m.* [pl.m. *fondamenti,* in senso fig.; pl.f. *fondamenta,* in senso proprio] **1** ciascuno dei muri sotterranei su cui poggia un edificio **2** (*fig.*) tutto ciò che serve di base.
fondàre *v.tr.* [*io fóndo ecc.*] **1** gettare le fondamenta **2** (*estens.*) dar vita a un nuovo centro abitato | (*fig.*) istituire **3** (*fig.*) basare ♦ **-rsi** *v.rifl.* o *intr.pron.* basarsi.
fondatézza *s.f.* l'essere fondato, l'aver fondamento.
fondàto *agg.* che si basa su argomenti certi, su prove sicure □ **-mente** *avv.*
fondatóre *s.m.* [f. *-trice*] chi fonda.
fondazióne *s.f.* **1** il fondare, l'essere fondato (anche *fig.*) **2** istituzione creata mediante un lascito, una donazione.
fóndere *v.tr.* [pres. *io fóndo ecc.*; pass.rem. *io fusi, tu fondésti ecc.*; part.pass. *fuso*] **1** far passare dallo stato solido allo stato liquido | *— il motore,* grippare **2** ricavare oggetti metallici facendo colare il metallo fuso in uno stampo **3** (*fig.*) unire in un tutto organico ♦ *v.intr.* [aus. *avere*] liquefarsi ♦ **-rsi** *v.intr.pron.* liquefarsi ♦ *v.rifl.rec.* unirsi formando un tutto unico.
fonderìa *s.f.* stabilimento adibito alla produzione di oggetti mediante la fusione di metalli.
fondiàrio *agg.* relativo ai beni immobili.
fondìna *s.f.* custodia per armi da fuoco portatili corte.
fondìsta *s.m.* e *f.* [pl.m. *-sti*] (*sport*) atleta specializzato in gare di fondo.
fóndo[1] *s.m.* **1** la parte inferiore di qlco. | *toccare il —,* (*fig.*) raggiungere la condizione più infima immaginabile **2** (*estens.*) residuo sul fondo di un recipiente **3** la parte più interna di un luogo o più lontana rispetto all'osservatore (anche *fig.*) | *da*

cima a —, completamente | *andare fino in* —, (*fig.*) non abbandonare un'impresa prima di averla conclusa **4** sfondo **5** articolo di fondo **6** (*sport*) prova su lunga distanza **7** (*econ.*) riserva di denaro accantonata per un particolare scopo **8** *pl.* mezzi finanziari.
fòndo[2] *agg.* profondo | *a notte fonda*, a notte inoltrata.
fondovàlle *s.m.* [pl. *fondivalle*] la parte più bassa di una valle.
fondùta *s.f.* vivanda piemontese preparata con fontina fusa.
fonèma *s.m.* [pl. *-mi*] (*ling.*) la più piccola unità di suono che, da sola o in successione con altre, forma le parole.
fonètica *s.f.* **1** studio dei suoni linguistici **2** l'insieme dei suoni articolati di una data lingua.
fonètico *agg.* [pl.m. *-ci*] (*ling.*) relativo ai suoni articolati di una lingua □ **-mente** *avv.*
fònico *agg.* [pl.m. *-ci*] che concerne il suono, la voce ♦ *s.m.* tecnico del suono □ **-mente** *avv.*
fonògrafo *s.m.* apparecchio che riproduce i suoni incisi su dischi.
fonogràmma *s.m.* [pl.m. *-mi*] testo scritto da trasmettere per telefono.
fonologìa *s.f.* scienza dei suoni linguistici in generale.
fonòmetro *s.m.* strumento usato per misurare l'intensità dei suoni.
font *s.m.invar.* (*ingl.*) in tipografia e in informatica, serie completa di caratteri dello stesso corpo e dello stesso stile.
fontàna *s.f.* impianto che distribuisce l'acqua | vasca ornamentale in cui cadono uno o più getti d'acqua.
fontanìle *s.m.* (*geol.*) sorgente dovuta all'affioramento naturale o artificiale di una falda freatica.
fónte *s.f.* **1** sorgente **2** (*estens.*) ciò da cui proviene qlco. | (*fig.*) principio, origine **3** (spec. *pl.*) documento originale da cui si traggono testimonianze e dati ♦ *s.m.* vasca: — *battesimale*, contenente l'acqua lustrale per il battesimo.
fontìna *s.f.* formaggio tipico del Piemonte e della Val d'Aosta.
football *s.m.invar.* (*ingl.*) il gioco del calcio | — *americano*, gioco simile al rugby.
footing *s.m.invar.* (*ingl.*) esercizio sportivo di corsa o marcia praticato come allenamento o come attività salutare.
foraggiàre *v.tr.* [*io foràggio ecc.*] **1** fornire di foraggio **2** (*fig. scherz.*) finanziare.
foràggio *s.m.* nome generico di prodotti vegetali usati per il bestiame.
foràre *v.tr.* [*io fóro ecc.*] bucare | (*assol.*) subire una foratura ai pneumatici ♦ **-rsi** *v.intr.pron.* bucarsi.
foratùra *s.f.* il forare, il forarsi | foro, buco.
fòrbice *s.f.* **1** (spec. *pl.*) strumento da taglio, costituito da due lame incrociate **2** (*fig.*) divaricazione progressiva.
forbiciàta *s.f.* taglio dato con le forbici.
forbìto raffinato □ **-mente** *avv.*
fórca *s.f.* **1** attrezzo agricolo per rimuovere paglia o fieno **2** patibolo per eseguire impiccagioni.
forcèlla *s.f.* qualsiasi oggetto a forma di asta biforcuta.
forchétta *s.f.* posata formata da un manico e da due o più denti | *una buona* —, (*fig.*) un buon mangiatore.
forchettàta *s.f.* la quantità di cibo che si può prendere in una volta con la forchetta.
forcìna *s.f.* piccolo oggetto ripiegato a U, per appuntare i capelli.
fòrcipe *s.m.* (*med.*) strumento usato per estrarre il feto nei parti difficili.
forènse *agg.* relativo al foro, all'attività giudiziaria.
forèsta *s.f.* grande estensione di terreno coperta di alberi.
forestàle *agg.* delle foreste | *Corpo — dello stato*, guardie addette alla vigilanza sul patrimonio boschivo.
forestazióne *s.f.* l'insieme delle attività per incrementare il patrimonio boschivo.
foresterìa *s.f.* stanze o appartamento destinati all'alloggio di ospiti temporanei.
forestierìsmo *s.m.* (*ling.*) parola, locuzione importata da un'altra lingua.
forestièro *agg.* e *s.m.* [f. *-a*] che/chi proviene da un altro paese.
fórfora *s.f.* il prodotto della desquamazione del cuoio capelluto.
fòrgia *s.f.* [pl. *-ge*] fornello per riscaldare pezzi metallici nella fucinatura a mano.
forgiàre *v.tr.* [*io fòrgio ecc.*] **1** lavorare alla forgia **2** (*fig.*) formare, plasmare.
fórma *s.f.* **1** aspetto esteriore di qlco., determinato dalle linee di contorno **2** *pl.* aspetto di una persona **3** figura assunta dall'insieme di più cose disposte in un certo modo **4** modo di scrivere, di esprimersi; stile **5** procedura, modalità **6** norma di opportuno comportamento **7** apparenza **8** nome generico di attrezzi o stampi che servono a modellare **9** stato fisico o psichico di una persona.
formaggièra *s.f.* recipiente che contiene il formaggio grattugiato da servire in tavola.
formàggio *s.m.* alimento ricavato dalla coagulazione del latte col caglio.
formaldèide *s.f.* (*chim.*) compoto organi-

co alcolico derivato dall'acido formico, con proprietà antisettiche.

formàle *agg.* **1** che si preoccupa soprattutto della forma **2** che è espresso nelle forme ufficiali; esplicito □ **-mente** *avv.*

formalìna *s.f.* (*chim.*) soluzione acquosa di formaldeide.

formalìsmo *s.m.* **1** tendenza a dare eccessiva importanza alla forma **2** prevalenza, in un autore o in un'opera, dei valori formali su quelli di contenuto.

formalìsta *s.m.* e *f.* [pl.m. *-sti*] chi si attiene con eccessivo rigore alle formalità.

formalità *s.f.* **1** forma prescritta nell'adempimento di determinati atti **2** (*estens.*) convenzione sociale, forma esteriore.

formalizzàre *v.tr.* rendere ufficiale ♦ **-rsi** *v.intr.pron.* mostrarsi intransigente sul rispetto delle formalità.

formalizzazióne *s.f.* il formalizzare, l'essere formalizzato.

formàre *v.tr.* [*io fórmo ecc.*] **1** dar forma, modellare **2** (*fig.*) educare **3** comporre **4** costituire ♦ **-rsi** *v.intr.pron.* **1** prodursi **2** raggiungere la maturità.

formatìvo *agg.* che educa, che forma.

format *s.m.invar.* **1** (*tip.*) formato di stampa **2** (*inform.*) modalità di strutturazione dei dati **3** schema di svolgimento di un programma televisivo, in genere tutelato da copyright.

formàto *s.m.* dimensione.

formattazióne *s.f.* (*inform.*) procedura gestita da un software per rendere un minidisco, o un altro supporto di memoria, idoneo a ospitare dati.

formazióne *s.f.* **1** il formare, il formarsi, l'essere formato **2** processo di sviluppo fisico | l'acquisizione di una fisionomia culturale **3** (*sport*) lo schieramento che assumono i componenti di una squadra **4** (*geol.*) insieme di rocce con caratteristiche omogenee.

formèlla *s.f.* lastra di forma geometrica usata come motivo ornamentale in pavimentazioni e rivestimenti.

formìca[1] *s.f.* insetto imenottero di piccole dimensioni, che vive in comunità organizzate.

fòrmica[2®] *s.f.* laminato plastico, usato come materiale da rivestimento.

formicàio *s.m.* **1** nido di formiche **2** (*fig.*) luogo pieno di gente.

formichière *s.m.* mammifero che si nutre di formiche e altri insetti.

fòrmico *agg.* [pl.m. *-ci*] (*chim.*) si dice dell'acido di odore pungente usato in conceria, in tintoria e come disinfettante.

formicolàre *v.intr.* [*io formìcolo ecc.*; aus. *avere* o *essere*] **1** pullulare di persone o animali in movimento **2** far provare una sensazione di formicolio.

formicolìo *s.m.* **1** brulichio **2** sensazione di intorpidimento delle membra.

formidàbile *agg.* fortissimo, tremendo | eccellente □ **-mente** *avv.*

formóso *agg.* del corpo di una persona che ha forme appariscenti e ben fatte.

fòrmula *s.f.* **1** frase o insieme di frasi codificate che devono essere pronunciate in determinate circostanze **2** (*chim.*) l'insieme dei simboli degli elementi di un composto.

formulàre *v.tr.* [*io fòrmulo ecc.*] esprimere secondo una formula.

formulàrio *s.m.* **1** raccolta di formule **2** questionario.

formulazióne *s.f.* il formulare, l'essere formulato; il modo in cui si formula qlco.

fornàce *s.f.* **1** costruzione in muratura per la cottura di materiali da costruzione **2** (*fig.*) luogo caldissimo.

fornàio *s.m.* [f. *-a*] chi fa o vende il pane.

fornèllo *s.m.* apparecchio di uso domestico per cuocere vivande o per altri usi.

fornìre *v.tr.* [*io fornisco, tu fornisci ecc.*] **1** dotare qlcu. o qlco. di ciò di cui ha bisogno | dare **2** esibire, mostrare: — *prove inconfutabili* ♦ **-rsi** *v.rifl.* rifornirsi.

fornìto *agg.* provvisto.

fornitóre *s.m.* [f. *-trice*] chi fornisce un negozio, un'azienda di determinati prodotti.

fornitùra *s.f.* la merce fornita.

fórno *s.m.* **1** costruzione a volta che viene scaldata internamente per cuocervi il pane o altre vivande **2** panetteria **3** (*med.*) apparecchio impiegato nella cura dell'artrite o dei reumatismi.

fòro[1] *s.m.* apertura; buco.

fòro[2] *s.m.* **1** presso gli antichi romani, la piazza principale della città **2** (*dir.*) luogo dove l'autorità giudiziaria esercita la propria attività | (*estens.*) l'autorità giudiziaria stessa.

fórra *s.f.* (*geog.*) gola stretta e ripida.

fórse *avv.* indica incertezza ♦ *s.m.invar.* dubbio, incertezza.

forsennàto *agg.* e *s.m.* [f. *-a*] di persona che si comporta con furore, da sembrare fuori di senno □ **-mente** *avv.*

fòrte *agg.* **1** che può sostenere un grande sforzo e resistere alle fatiche **2** che sopporta bene le avversità | *farsi* —, farsi coraggio **3** detto di cosa, resistente **4** di grande intensità, potenza **5** grande **6** bravo ♦ *avv.* **1** con forza **2** velocemente **3** a voce alta ♦ *s.m.* **1** fortezza **2** ciò in cui una persona riesce meglio □ **-mente** *avv.*

fortézza *s.f.* **1** forza morale | nella teolo-

gia cattolica, una delle quattro virtù cardinali **2** luogo ed edificio fortificato.
fortificàre *v.tr.* [io fortifico, tu fortifichi ecc.] **1** rendere forte, sia in senso fisico sia morale **2** (*mil.*) munire di opere di difesa ♦ **-rsi** *v.rifl.* o *intr.pron.* **1** rinvigorirsi **2** (*mil.*) allestire opere per la propria difesa.
fortificazióne *s.f.* **1** il fortificare **2** (*mil.*) complesso di opere di difesa.
fortilìzio *s.m.* piccolo forte.
fortìno *s.m.* forte secondario.
fortùito *agg.* che avviene per caso □ **-mente** *avv.*
fortùna *s.f.* **1** sorte, destino | cosa che costituisce un ripiego in caso di emergenza: *atterraggio di* — **2** buona sorte; occasione felice | *colpo di* —, evento felice e imprevedibile **3** patrimonio.
fortunàle *s.m.* burrasca con vento violento; tempesta di mare.
fortunàto *agg.* **1** che ha fortuna **2** che ha buon esito □ **-mente** *avv.*
fortunóso *agg.* **1** che è soggetto ai mutamenti della fortuna; pieno di imprevisti **2** fortuito □ **-mente** *avv.*
forum *s.m.invar.* (*ingl.*) **1** riunione pubblica in cui si discutono argomenti di interesse collettivo | assemblea **2** in Internet, area di discussione su un determinato argomento.
forùncolo *s.m.* (*med.*) infiammazione a carattere purulento che si manifesta sulla pelle del viso o di altre parti del corpo.
foruncolòsi *s.f.* (*med.*) comparsa di foruncoli sul viso o su altre parti del corpo.
fòrza *s.f.* **1** vigore fisico; energia (anche *fig.*) **2** energia morale; fermezza: — *d'animo* **3** intensità **4** grandezza fisica tendente a modificare lo stato di quiete o di moto del corpo su cui agisce **5** azione costrittiva | *per* —, necessariamente **6** violenza **7** efficacia **8** (spec. *pl.*) contingente di armati | *forze armate*, l'insieme di uomini e mezzi destinati alla difesa militare dello stato **9** (*estens.*) gruppo di persone che esercitano un'attività comune: *forze politiche, sindacali.*
forzàre *v.tr.* [io fòrzo ecc.] **1** agire con la forza su qlco. | — *una serratura*, scassinarla **2** sottoporre a uno sforzo **3** costringere, obbligare ♦ **-rsi** *v.rifl.* sforzarsi.
forzàto *agg.* **1** fatto con sforzo; privo di spontaneità **2** imposto dalla legge | *lavori forzati*, pena che il condannato doveva scontare con lavori di fatica ♦ *s.m.* il condannato ai lavori forzati □ **-mente** *avv.*
forzatùra *s.f.* il forzare, l'essere forzato.
forzière *s.m.* cassaforte.
forzóso *agg.* imposto in maniera indiretta □ **-mente** *avv.*
forzùto *agg.* (*scherz.*) dotato di grande forza fisica.
foschìa *s.f.* offuscamento dell'aria.
fósco *agg.* [pl.m. -schi] **1** cupo e minaccioso **2** triste □ **-mente** *avv.*
fosfàto *s.m.* (*chim.*) sale dell'acido fosforico.
fosforescènte *agg.* dotato di fosforescenza.
fosforescènza *s.f.* caso di luminescenza in cui l'emissione di radiazioni luminose permane dopo che è cessata l'eccitazione.
fosfòrico *agg.* [pl.m. -ci] (*chim.*) di fosforo; contenente fosforo.
fòsforo *s.m.* elemento chimico di simbolo *P*, non metallo; è costituente importante delle ossa e della sostanza nervosa.
fòssa *s.f.* **1** incavo del terreno; buca **2** tomba | *avere un piede nella* —, (*fig.*) essere prossimo a morire **3** (*geog.*) depressione naturale **4** (*anat.*) cavità nel corpo umano.
fossàto *s.m.* fossa estesa in lunghezza | fossa che circonda una fortificazione.
fòssile *agg.* e *s.m.* si dice dei resti, conservati negli strati rocciosi, di un organismo vissuto in epoche molto remote.
fossilizzàrsi *v.intr.pron.* **1** (*geol.*) diventare fossile **2** (*fig.*) radicarsi in posizioni o idee antiquate.
fossilizzazióne *s.f.* il fossilizzare, il fossilizzarsi (anche *fig.*).
fòsso *s.m.* solco naturale o artificiale per lo scolo o la distribuzione dell'acqua.
foto-[1] primo elemento di parole composte, che significa 'luce'.
foto-[2] primo elemento di parole composte, che significa 'fotografia'.
fotocàmera *s.f.* apparecchio fotografico.
fotocèllula *s.f.* dispositivo in grado di trasformare le variazioni di intensità luminosa in variazioni di corrente elettrica.
fotocomposizióne *s.f.* processo di composizione di testi per la stampa direttamente su un supporto fotosensibile.
fotocòpia *s.f.* copia ottenuta con procedimento fotostatico.
fotoelettricità *s.f.* (*fis.*) l'insieme dei fenomeni elettrici provocati dalla luce.
fotoelèttrico *agg.* [pl.m. -ci] (*fis.*) relativo alla fotoelettricità.
fotofinish *s.m.invar.* fotografia automatica dell'arrivo di una corsa per accertare chi ha tagliato il traguardo per primo.
fotogènico *agg.* [pl.m. -ci] che viene bene in fotografia, adatto a essere fotografato.
fotografàre *v.tr.* [io fotògrafo ecc.] riprendere un'immagine con un apparecchio fotografico.
fotografia *s.f.* **1** la tecnica e l'arte di ri-

produrre immagini su materiale fotosensibile **2** ogni immagine così ottenuta.
fotogràfico *agg.* [pl.m. *-ci*] **1** relativo alla fotografia | *macchina fotografica*, apparecchio per la ripresa di fotografie **2** (*fig.*) assolutamente fedele al modello □ **-mente** *avv.*
fotògrafo *s.m.* [f. *-a*] chi fa fotografie.
fotogràmma *s.m.* [pl. *-mi*] ciascuna delle immagini che compongono una pellicola fotografica o cinematografica.
fotoincisióne *s.f.* procedimento per ottenere, mediante la fotografia, i cliché che servono alla riproduzione tipografica.
fotomeccànica *s.f.* tecnica che, mediante procedimenti fotografici, consente di riportare su matrici metalliche per la stampa disegni e illustrazioni.
fotomodèllo *s.m.* [f. *-a*] chi posa per fotografie pubblicitarie.
fotomontàggio *s.m.* immagine fotografica ottenuta accostando diverse fotografie, così da dare l'illusione di una fotografia unica.
fotóne *s.m.* (*fis.*) particella elementare di energia luminosa.
fotoreportage *s.m.invar.* cronaca di un avvenimento realizzata tramite fotografie.
fotorepòrter *s.m.* e *f.invar.* chi realizza fotoreportage.
fotoromànzo *s.m.* storia romanzesca di contenuti sentimentali narrata per mezzo di una serie di fotografie con didascalie.
fotosfèra *s.f.* (*astr.*) la superficie luminosa del Sole e delle stelle.
fotosìntesi *s.f.* — *clorofilliana*, (*bot.*) processo biochimico determinato dalla luce, per effetto del quale, nei vegetali forniti di clorofilla (piante verdi), l'acqua e l'anidride carbonica vengono trasformate in composti organici.
fotostàtico *agg.* [pl.m. *-ci*] si dice di un sistema di riproduzione diretta su carta basato su procedimenti fotoelettrici.
fototèca *s.f.* archivio per fotografie.
foulard *s.m.* (*fr.*) fazzoletto da collo o da testa, di seta o altro tessuto leggero.
fra o **tra** *prep.* [si preferisce l'una o l'altra forma solo per ragioni di eufonia: p.e. *fra tutti, tra fratelli*] **1** indica posizione intermedia tra due termini **2** in dipendenza da verbi di movimento, introduce un moto per luogo **3** indica il tempo che deve trascorrere prima del verificarsi di un evento | indica l'arco di tempo entro cui l'evento si è verificato o dovrà verificarsi: *il lavoro è stato svolto fra il gennaio e l'aprile* **4** introduce una distanza **5** introduce una quantità (di spazio, tempo, peso, capacità ecc.), indicata approssimativamente entro un valore massimo e uno minimo **6** in funzione partitiva: *chi tra noi andrà con lui?*; *tra l'altro*, oltre al resto.
frac *s.m.invar.* abito maschile da cerimonia, nero, a falde lunghe e strette.
fracassàre *v.tr.* infrangere con violenza e rumore ♦ **-rsi** *v.intr.pron.* rompersi, ridursi in pezzi.
fracàsso *s.m.* rumore violento.
fràdicio *agg.* [pl.f. *-ce* o *-cie*] **1** putrefatto **2** (*fig.*) corrotto **3** intriso d'acqua | *ubriaco* —, completamente ubriaco ♦ *s.m.* **1** la parte guasta **2** (*fig.*) corruzione.
fràgile *agg.* **1** che si può rompere con facilità **2** (*fig.*) gracile **3** (*fig.*) inconsistente □ **-mente** *avv.*
fragilità *s.f.* l'essere fragile (anche *fig.*).
fràgola *s.f.* pianta erbacea che dà un frutto rosso carnoso, dolce e profumato | il frutto di questa pianta.
fragóre *s.m.* rumore assordante: *il — di un'esplosione*.
fragoróso *agg.* che produce rumore □ **-mente** *avv.*
fragrànte *agg.* che emana un buon profumo.
fragrànza *s.f.* profumo intenso.
fraintèndere *v.tr.* [coniugato come *tendere*] capire una cosa per un'altra.
fraintendiménto *s.m.* il fraintendere; equivoco, malinteso.
frammentàrio *agg.* **1** formato da frammenti **2** (*fig.*) privo di unità □ **-mente** *avv.*
framménto *s.m.* **1** parte di una cosa spezzata | (*fig.*) quantità minima **2** brano di un'opera.
frammìsto *agg.* mescolato.
fràna *s.f.* **1** discesa di masse terrose o rocciose lungo un pendio **2** (*fig.*) rovina.
franàre *v.intr.* [aus. *essere*] **1** cadere per frana **2** (*estens.*) crollare.
francescàno *agg.* **1** di san Francesco d'Assisi, dei suoi seguaci **2** (*estens.*) che si ispira agli ideali di povertà propri di san Francesco **3** appartenente a uno degli ordini religiosi fondati da san Francesco ♦ *s.m.* [f. *-a*] chi appartiene a un ordine fondato da san Francesco □ **-mente** *avv.* con spirito francescano.
francesìsmo *s.m.* (*ling.*) termine o locuzione francese penetrati in un'altra lingua.
franchézza *s.f.* schiettezza.
franchìgia *s.f.* [pl. *-ge* o *-gie*] esenzione da un pagamento concessa dalla legge.
frànco[1] *s.m.* [pl. *-chi*] individuo appartenente all'antica popolazione germanica stanziatasi nell'attuale Francia.
frànco[2] *agg.* **1** leale, schietto **2** — *tiratore*, chi compie azioni di guerriglia; (*fig.*) chi, in una votazione a scrutinio segreto,

vota in maniera diversa da come ha preannunciato il gruppo a cui appartiene **3** libero dal pagamento di dazi | *farla franca*, (*fig.*) compiere un'azione illecita senza essere sorpresi ♦ *avv.* schiettamente □ **-mente** *avv.*

frànco[3] *s.m.* [pl. *-chi*] unità monetaria di Francia, Svizzera, Belgio, Lussemburgo (fino al gennaio 2002).

francobóllo *s.m.* valore bollato a forma di talloncino che serve per l'affrancatura della corrispondenza spedita per posta.

frangènte *s.m.* **1** ondata che si infrange **2** (*fig.*) circostanza difficile o dolorosa.

frangétta *s.f.* parte dei capelli che viene lasciata ricadere sulla fronte.

fràngia *s.f.* [pl. *-ge*] **1** guarnizione composta di fili, fiocchetti o nappine pendenti **2** frangetta **3** gruppo minoritario all'interno di un'organizzazione o di un partito.

frangiflùtti *agg.* e *s.m.invar.* si dice di opera naturale o artificiale atta a contenere la violenza delle onde.

franóso *agg.* che frana con facilità.

frantóio *s.m.* macchina per macinare le olive; l'edificio in cui è alloggiata.

frantumàre *v.tr.* ridurre in frantumi (anche *fig.*) ♦ **-rsi** *v.intr.pron.* andare in frantumi.

frantumazióne *s.f.* il frantumare, il frantumarsi, l'essere frantumato.

frappórre *v.tr.* [coniugato come *porre*] interporre (spec. *fig.*) ♦ **-rsi** *v.rifl.* e *intr.pron.* mettersi in mezzo.

frasàrio *s.m.* l'insieme dei modi di dire propri di una persona, di una categoria.

fràsca *s.f.* piccolo ramo con foglie.

frascàti *s.m.* vino bianco secco.

fràse *s.f.* **1** espressione linguistica di senso compiuto **2** — *musicale*, successione di note costituenti un'unità espressiva.

fraseologìa *s.f.* l'insieme dei modi di dire tipici di una lingua o di un suo settore.

fraseològico *agg.* [pl.m. *-ci*] relativo alla fraseologia.

fràssino *s.m.* **1** albero con foglie imparipennate, fiori piccoli in pannocchie **2** il legno di tale albero, chiaro e resistente.

frastagliàre *v.tr.* [*io frastàglio ecc.*] tagliare irregolarmente ♦ **-rsi** *v.intr.pron.* assumere forma irregolare.

frastagliàto *agg.* che presenta una successione di sporgenze e rientranze.

frastagliatùra *s.f.* il frastagliare, l'essere frastagliato; aspetto che presenta una cosa frastagliata.

frastornàre *v.tr.* [*io frastórno ecc.*] provocare uno stato di confusione mentale.

frastornàto *agg.* stordito, confuso.

frastuòno *s.m.* rumore intenso e confuso.

fràte *s.m.* religioso appartenente a un ordine mendicante.

fratellànza *s.f.* **1** il rapporto naturale che intercorre tra fratelli **2** (*estens.*) sentimento reciproco di affetto e benevolenza.

fratellàstro *s.m.* fratello da parte del solo padre o della sola madre.

fratèllo *s.m.* **1** persona di sesso maschile che è nata, rispetto a un'altra, dagli stessi genitori **2** *pl.* l'insieme dei figli di una stessa famiglia, anche se di sesso diverso **3** nella concezione cristiana, ogni uomo **4** compagno, confratello.

fraternità *s.f.* sentimento di affetto che lega i fratelli; fratellanza, solidarietà.

fraternizzàre *v.intr.* [aus. *avere*] fare amicizia | fare causa comune.

fratèrno *agg.* **1** che è proprio di fratelli **2** (*estens.*) affettuoso □ **-mente** *avv.*

fratricìda *s.m.* e *f.* [pl.m. *-di*] chi compie un fratricidio ♦ *agg.* di fratricida, da fratricida.

fratricìdio *s.m.* l'uccisione di un fratello.

frattàglie *s.f.pl.* (*gastr.*) interiora degli animali macellati.

frattànto *avv.* nel frattempo.

frattèmpo *s.m.* periodo intercorrente tra due eventi o contemporaneo a un altro evento.

fràtto *agg.* (*mat.*) frazionario.

frattùra *s.f.* **1** rottura, spaccatura di un osso | (*fig.*) rottura, interruzione **2** (*geol.*) spaccatura della crosta terrestre.

fratturàre *v.tr.* provocare una frattura ♦ **-rsi** *v.intr.pron.* rompersi.

fraudolènto *agg.* **1** che è fatto con frode **2** di persona che agisce con frode ♦ *s.m.* [f. *-a*] chi ha commesso una frode □ **-mente** *avv.*

frazionaménto *s.m.* il frazionare, l'essere frazionato; suddivisione.

frazionàre *v.tr.* [*io frazióno ecc.*] dividere in varie parti ♦ **-rsi** *v.rifl.* o *intr.pron.* dividersi, scindersi.

frazionàrio *agg.* di frazione.

frazionàto *agg.* diviso in parti □ **-mente** *avv.*

frazióne *s.f.* **1** ognuna delle parti in cui si suddivide qlco. **2** (*mat.*) notazione numerica esprimente il rapporto tra due grandezze **3** (*ammin.*) centro abitato dipendente da un comune.

freàtico *agg.* [pl.m. *-ci*] (*geol.*) si dice di falda acquifera non ricoperta da uno strato impermeabile.

fréccia *s.f.* [pl. *-ce*] **1** proiettile per archi o balestre, costituito da un'asta appuntita | *correre come una* —, (*fig.*) molto velocemente **2** segnale a forma di freccia che indica la direzione.

frecciàta *s.f.* (*fig.*) allusione pungente.

freddàre *v.tr.* [*io fréddo ecc.*] **1** raffreddare **2** (*estens.*) ammazzare ♦ **-rsi** *v.intr.pron.* diventare freddo; raffreddarsi (anche *fig.*).
freddézza *s.f.* **1** la condizione di ciò che è freddo **2** (*fig.*) distacco.
fréddo *agg.* **1** che è a temperatura bassa o inferiore al normale | *guerra fredda*, (*fig.*) situazione di conflitto politico e diplomatico **2** (*fig.*) privo di calore umano **3** (*fig.*) che non si lascia sopraffare dalle emozioni | *sangue* —, autocontrollo ♦ *s.m.* la temperatura bassa e la sensazione che ne deriva | *sudare* —, (*fig.*) avere paura □ **-mente** *avv.*
freddolóso *agg.* che soffre molto il freddo □ **-mente** *avv.*
freddùra *s.f.* battuta spiritosa.
free-climbing *loc.sost.m.invar.* (*ingl.*) (*sport*) arrampicata libera.
freelance *agg.* e *s.m.* e *f.invar.* (*ingl.*) si dice di chi esercita una professione facendosi pagare a prestazione.
freezer *s.m.* (*ingl.*) vano del frigorifero, nel quale la temperatura è inferiore allo zero; congelatore.
fregàre *v.tr.* [*io frégo, tu fréghi ecc.*] **1** strofinare | *fregarsi le mani*, stropicciarsele in segno di soddisfazione **2** (*pop.*) ingannare; danneggiare | rubare ♦ **-rsi** *v.intr.pron.* (*pop.*) non preoccuparsi, disinteressarsi (usato esclusivamente con la particella *ne*): *fregarsene di tutti*; *frégatene!*
fregàta *s.f.* nave da guerra.
fregatùra *s.f.* (*pop.*) imbroglio.
fregiàre *v.tr.* [*io frégio ecc.*] ornare con fregi ♦ **-rsi** *v.rifl.* ornarsi, lusingarsi di qlco.
frégio *s.m.* qualsiasi ornamento che abbia andamento più o meno lineare.
frégo *s.m.* [pl. *-ghi*] linea tracciata frettolosamente, specie per cancellare.
frégola *s.f.* **1** stato di eccitazione sessuale **2** (*estens.*) smania.
frèmere *v.intr.* [*io frèmo ecc.*; aus. *avere*] essere fortemente agitato da un sentimento intenso.
frèmito *s.m.* agitazione improvvisa.
frenàre *v.tr.* [*io fréno ecc.*] **1** rallentare o arrestare il movimento con il freno **2** (*fig.*) moderare, contenere ♦ *v.intr.* [aus. *avere*] azionare il freno ♦ **-rsi** *v.rifl.* dominarsi, controllarsi.
frenàta *s.f.* il frenare.
frenesìa *s.f.* **1** eccitazione **2** desiderio impaziente.
frenètico *agg.* [pl.m. *-ci*] **1** che è in preda a frenesia **2** (*fig.*) sfrenato □ **-mente** *avv.*
fréno *s.m.* **1** la barretta metallica che si mette in bocca all'animale per reggerlo e guidarlo; morso | *tenere a* —, (*fig.*) contenere, dominare **2** congegno destinato a rallentare o arrestare il moto di un veicolo **3** (*fig.*) qualunque forza o mezzo che serve a reprimere o a moderare.
frènulo *s.m.* (*anat.*) membrana che unisce due organi o due parti dello stesso organo: — *della lingua*.
frequentàre *v.tr.* [*io frequènto ecc.*] **1** recarsi spesso in un luogo | — *una scuola*, esservi iscritto e recarvisi regolarmente **2** partecipare assiduamente a un'attività ♦ **-rsi** *v.rifl.rec.* incontrarsi spesso.
frequènte *agg.* che si fa, che avviene spesso □ **-mente** *avv.*
frequènza *s.f.* **1** l'essere frequente **2** il frequentare, l'essere assiduo **3** (*fis.*) il numero di volte in cui un fenomeno periodico si ripete nell'unità di tempo.
frèsa *s.f.* (*mecc.*) utensile rotante che serve per produrre scanalature e profili sagomati.
fresàre *v.tr.* (*mecc.*) lavorare con la fresa.
fresatrìce *s.f.* (*mecc.*) macchina utensile per la lavorazione dei metalli.
freschézza *s.f.* qualità di ciò che è fresco (anche *fig.*).
frésco *agg.* [pl.m. *-schi*] **1** leggermente e piacevolmente freddo **2** si dice di cibo o altra cosa deperibile non alterata dal tempo **3** (*estens.*) recente **4** (*fig.*) che mostra piena salute **5** (*fig.*) vivace ♦ *s.m.* **1** temperatura fresca **2** luogo fresco | *andare, mettere al* —, (*fig. scherz.*) in prigione.
frescùra *s.f.* aria fresca.
frétta *s.f.* bisogno o desiderio di far presto | *camminare, mangiare in* —, rapidamente.
frettolóso *agg.* **1** che agisce o si muove in fretta **2** affrettato □ **-mente** *avv.*
freudiano *agg.* di S. Freud (1856-1939), fondatore della psicoanalisi.
friàbile *agg.* che si sgretola facilmente.
frìggere *v.tr.* [pres. *io friggo, tu friggi ecc.*; pass.rem. *io frissi, tu friggésti ecc.*; part.pass. *fritto*] cuocere nell'olio bollente ♦ *v.intr.* [aus. *avere*] scoppiettare bollendo | (*estens.*) crepitare.
friggitrìce *s.f.* elettrodomestico per friggere.
frigidità *s.f.* **1** mancanza di entusiasmo, apatia **2** (*med.*) insensibilità agli stimoli sessuali.
frìgido *agg.* **1** privo di entusiasmo **2** (*med.*) insensibile agli stimoli sessuali ♦ *s.m.* [f. *-a*] □ **-mente** *avv.*
frignàre *v.intr.* [aus. *avere*] (*fam.*) piangere in modo lamentoso.
frigorìfero *agg.* che è capace di abbassare o mantenere bassa la temperatura ♦ *s.m.* elettrodomestico per la conservazione a bassa temperatura di alimenti e altri prodotti.

fringuèllo *s.m.* piccolo uccello canoro.
frisbee® *s.m.invar.* (*ingl.*) disco di plastica con cui si gioca lanciandolo e afferrandolo al volo con le mani.
frittàta *s.f.* vivanda di uova sbattute fritte in padella | *fare una* —, (*fig.*) combinare un pasticcio.
frittèlla *s.f.* dolce fatto con pasta quasi liquida, che si frigge con altri ingredienti.
frìtto *agg.* cotto in olio o grasso bollente | *essere* —, (*fig.*) essere rovinato ♦ *s.m.* piatto di cibi fritti.
frittùra *s.f.* vivanda fritta.
frivolézza *s.f.* **1** l'essere frivolo **2** parola, atto frivolo.
frìvolo *agg.* superficiale □ **-mente** *avv.*
frizionàre *v.tr.* [io frizióno ecc.] massaggiare: — *il cuoio capelluto.*
frizióne *s.f.* **1** massaggio consistente nello strofinare la pelle con sostanze medicamentose **2** (*fis.*) attrito fra due corpi, di cui almeno uno in movimento **3** (*aut.*) organo che serve a staccare il motore dalla trasmissione **4** (*fig.*) contrasto.
frizzànte *agg.* **1** effervescente; pungente **2** intelligente, arguto.
frìzzo *s.m.* motto arguto.
frodàre *v.tr.* [io fròdo ecc.] **1** privare qlcu., con l'inganno, di qlco. che gli spetta **2** sottrarre qlco. con l'inganno.
fròde *s.f.* inganno, raggiro | (*dir.*) attività lesiva del diritto altrui svolta in mala fede.
fròdo *s.m.* (*dir.*) il sottrarsi al pagamento di tasse, imposte | *cacciatore, pescatore di* —, chi caccia, pesca senza licenza o a dispetto di un divieto.
frollàre *v.tr.* [io fròllo ecc.] sottoporre a frollatura ♦ *v.intr.* [aus. essere] ♦ **-rsi** *v.intr.pron.* diventare frollo.
frollatùra *s.f.* stagionatura delle carni macellate per renderle più tenere e saporite.
fròllo *agg.* tenero, morbido.
frònda[1] *s.f.* [pl. -de] frasca | *pl.* l'insieme delle foglie.
frònda[2] *s.f.* corrente di opposizione all'interno di un gruppo politico.
frondóso *agg.* ricco di fronde.
frontàle *agg.* **1** (*anat.*) della fronte **2** che è, che avviene di fronte ♦ *s.m.* parte anteriore □ **-mente** *avv.*
frontalièro *agg.* e *s.m.* [f. -a] si dice di chi va a lavorare oltre il confine.
frónte *s.f.* **1** parte anteriore della testa al disopra delle sopracciglia | *col sudore della* —, (*fig.*) lavorando **2** parte anteriore | *traduzione con testo a* —, stampata sulla pagina a fianco di quella col testo originale ♦ *s.m.* **1** la linea lungo la quale si contrappongono due eserciti nemici **2** unione di più partiti in vista di un comune obbiettivo **3** (*meteor.*) zona perturbata dovuta all'incontro di masse d'aria a diversa temperatura.
fronteggiàre *v.tr.* [io frontéggio ecc.] contrastare validamente ♦ **-rsi** *v.rifl.rec.* affrontarsi, contrastarsi.
frontespìzio *s.m.* pagina all'inizio di un libro, in cui sono stampati il titolo, il nome dell'autore e dell'editore.
frontièra *s.f.* **1** limite della sovranità territoriale di uno stato; confine **2** (*fig.*) linea di divisione.
frontóne *s.m.* (*arch.*) decorazione, solitamente triangolare, posta a coronamento della facciata di un edificio o su porte e finestre.
frónzolo *s.m.* (spec. *pl.*) ornamento superfluo (anche *fig.*).
fròtta *s.f.* gruppo di persone che avanza disordinatamente.
fròttola *s.f.* **1** componimento poetico di tono popolaresco **2** (*fig.*) bugia
frugàle *agg.* sobrio, morigerato: *un pasto* — □ **-mente** *avv.*
frugalità *s.f.* l'essere frugale.
frugàre *v.intr.* [io frugo, tu frughi ecc.; aus. avere] cercare insistentemente tra cose ♦ *v.tr.* rovistare.
frugàta *s.f.* il frugare.
fruìbile *agg.* utilizzabile.
fruìre *v.intr.* [io fruisco, tu fruisci ecc.; aus. avere] godere, giovarsi di qlco.
fruitóre *s.m.* utente.
frullàre *v.intr.* [aus. avere] **1** di uccelli, levarsi in volo sbattendo le ali **2** (*estens.*) girare velocemente | — *per la testa*, (*fig.*) agitarsi nella mente ♦ *v.tr.* agitare col frullino o col frullatore.
frullàto *s.m.* bevanda ottenuta frullando latte e frutta o altri ingredienti.
frullatóre *s.m.* elettrodomestico per frullare cibi e bevande.
frullìno *s.m.* utensile da cucina usato per frullare a mano.
frùllo *s.m.* il rumore che fanno gli uccelli nel levarsi in volo.
fruménto *s.m.* pianta erbacea con infiorescenza a spiga da cui si ricava la farina; grano.
frusciàre *v.intr.* [io frùscio ecc.; aus. avere] produrre un fruscio.
fruscìo *s.m.* rumore leggero continuo, prodotto da qlco. che sfrega.
frùsta *s.f.* attrezzo costituito da un manico a cui è fissata una striscia di cuoio, con cui si colpiscono gli animali per incitarli.
frustàre *v.tr.* colpire con la frusta.
frustàta *s.f.* colpo di frusta.
frùsto *agg.* consumato dall'uso.
frustrànte *agg.* deludente.

frustràre *v.tr.* **1** deludere **2** (*psicol.*) provocare in qlcu. uno stato di frustrazione.
frustraziòne *s.f.* **1** il frustrare, l'essere frustrato **2** stato psicologico risultante dal mancato soddisfacimento di un bisogno.
frùtta *s.f.invar.* l'insieme dei frutti.
fruttàre *v.intr.* [aus. *avere*] **1** dar frutti **2** dare un reddito ♦ *v.tr.* **1** dare come frutto (anche *fig.*) **2** produrre un vantaggio economico: *quell'affare gli ha fruttato milioni.*
fruttéto *s.m.* terreno coltivato ad alberi da frutto.
frutticoltóre *s.m.* chi coltiva alberi da frutto.
frutticoltùra *s.f.* coltivazione di alberi da frutto.
fruttièra *s.f.* recipiente usato per servire la frutta in tavola.
fruttìfero *agg.* che produce frutti (anche *fig.*).
fruttificàre *v.intr.* [*io fruttìfico, tu fruttìfichi* ecc.; aus. *avere*] produrre frutti (anche *fig.*).
fruttivéndolo *s.m.* [f. *-a*] venditore al minuto di frutta e verdura.
frùtto *s.m.* **1** (*bot.*) il prodotto della maturazione dell'ovario, che contiene i semi **2** *frutti di mare*, molluschi commestibili **3** (*fig.*) prodotto, risultato **4** profitto, interesse | *mettere a — qlco.*, far fruttare.
fruttòsio *s.m.* (*chim.*) zucchero contenuto in molti frutti e nel miele.
fruttuóso *agg.* che rende molto | che dà buoni risultati □ **-mente** *avv.*
fu *agg.* (*burocr.*) morto.
fucilàre *v.tr.* [*io fucilo* ecc.] uccidere mediante fucilazione.
fucilàta *s.f.* colpo sparato col fucile.
fucilazióne *s.f.* esecuzione di una condanna a morte mediante colpi di fucile.
fucìle *s.m.* arma da fuoco individuale, con lunga canna d'acciaio e calcio che si appoggia alla spalla.
fucilière *s.m.* fante armato di fucile.
fucìna *s.f.* **1** luogo in cui viene compiuta la lavorazione a caldo dei metalli **2** (*fig.*) luogo dove si macchina qlco. | ambiente in cui si formano ingegni.
fùco *s.m.* [pl. *-chi*] il maschio dell'ape.
fùcsia *s.f.* (*bot.*) genere di piante ornamentali con fiori rosso-violacei ♦ *agg.* e *s.m.invar.* si dice di una tonalità di rosso simile a quella dei fiori della fucsia.
fùga *s.f.* **1** il fuggire **2** successione di ambienti **3** (*mus.*) forma musicale contrappuntistica caratterizzata da due o più voci che ripetono lo stesso disegno melodico **4** fuoruscita di un fluido | *— di notizie*, divulgazione di notizie segrete o riservate.
fugàce *agg.* che è di breve durata □ **-mente** *avv.*
fugacità *s.f.* l'essere fugace.
fugàre *v.tr.* [*io fugo, tu fughi* ecc.] mandar via (anche *fig.*): *— un dubbio.*
fuggévole *agg.* di breve durata.
fuggiàsco *agg.* e *s.m.* [f. *-a*; pl.m. *-schi*] si dice di chi fugge per evitare un pericolo.
fùggifùggi *s.m.invar.* fuga caotica.
fuggìre *v.intr.* [*io fuggo, tu fuggi* ecc.; aus. *essere*] **1** allontanarsi rapidamente | rifugiarsi **2** tenersi lontano, rifuggire: *— dalle cattive compagnie* **3** uscire da un luogo dove si era rinchiusi: *— dal carcere* ♦ *v.tr.* evitare (anche *fig.*).
fuggitìvo *agg.* che/chi fugge o è fuggito; fuggiasco.
fùlcro *s.m.* **1** (*mecc.*) punto d'appoggio di una leva **2** (*fig.*) punto cruciale.
fùlgido *agg.* risplendente (anche *fig.*).
fulgóre *s.m.* splendore vivo (anche *fig.*).
fulìggine *s.f.* deposito nero lasciato dal passaggio del fumo.
fuligginóso *agg.* coperto di fuliggine.
full contact *loc.sost.invar.* (*ingl.*) arte marziale derivata dal karatè.
full immersion *loc.sost.f.invar.* (*ingl.*) metodo di studio rapido e intenso, usato soprattutto per l'apprendimento delle lingue.
full optionals *loc.agg.invar.* (*ingl.*) che è corredato di tutti gli accessori disponibili.
full time *loc.sost.m.invar.* (*ingl.*) rapporto di lavoro a tempo pieno.
fulminànte *agg.* **1** che fulmina (anche *fig.*) **2** detto di malattia, che porta rapidamente alla morte.
fulminàre *v.tr.* [*io fùlmino* ecc.] **1** folgorare, colpire col fulmine | *— qlcu. con uno sguardo*, (*fig.*) intimidirlo con un'occhiata **2** (*estens.*) uccidere sul colpo ♦ *v.intr.impers.* [aus. *essere* o *avere*] cadere fulmini ♦ **-rsi** *v.intr.pron.* (*elettr.*) cessare di funzionare: *la lampadina s'è fulminata.*
fùlmine *s.m.* scarica elettrica aerea, accompagnata da rumore e radiazione luminosa | *— a ciel sereno*, (*fig.*) fatto imprevisto e spiacevole | *colpo di —*, (*fig.*) innamoramento improvviso.
fulmìneo *agg.* rapido e improvviso □ **-mente** *avv.*
fùlvo *agg.* biondo rossiccio.
fumaiòlo *s.m.* **1** parte terminale della canna fumaria **2** (*geol.*) spaccatura del terreno da cui esce una fumarola.
fumàre *v.intr.* [aus. *avere*] emettere fumo o vapore ♦ *v.tr.* aspirare ed espirare il fumo del tabacco.
fumaròla *s.f.* (*geol.*) emissione di gas e vapore acqueo da spaccature del terreno.
fumàta *s.f.* colonna di fumo.

fumatóre *s.m.* [f. *-trice*] chi fuma abitualmente tabacco.
fumerìa *s.f.* locale in cui si fumano sostanze stupefacenti.
fumettìsta *s.m.* e *f.* [pl.m. *-sti*] chi crea o disegna storie a fumetti.
fumétto *s.m.* racconto formato da una serie di disegni corredati di dialoghi inscritti in nuvolette che escono dalla bocca dei personaggi.
fùmo *s.m.* **1** residuo gassoso della combustione misto a particelle solide | *andare in —*, (*fig.*) svanire, fallire **2** il fumo del tabacco | l'atto, l'abitudine di fumare tabacco **3** (*estens.*) vapore.
fumògeno *agg.* si dice sostanza che produce fumo ♦ *s.m.*
fumóso *agg.* **1** che fa molto fumo | che è pieno di fumo **2** (*fig.*) contorto, oscuro | inconsistente □ **-mente** *avv.*
funambolìsmo *s.m.* **1** l'arte dei funamboli **2** (*fig.*) capacità di destreggiarsi abilmente.
funàmbolo *s.m.* [f. *-a*] **1** chi esegue esercizi di equilibrismo su una fune tesa nel vuoto **2** (*fig.*) chi si destreggia abilmente nella vita politica o sociale.
fùne *s.f.* insieme di più fili di canapa, d'acciaio o di altro materiale ritorti e intrecciati.
fùnebre *agg.* **1** che si riferisce a un defunto o a un funerale | *impresa di pompe funebri*, organizzazione che si occupa di traslazioni di defunti e sepolture **2** (*fig.*) triste, lugubre.
funeràle *s.m.* cerimonia con cui si accompagna un defunto alla sepoltura.
funeràrio *agg.* che concerne la morte, la sepoltura.
funèreo *agg.* funebre.
funestàre *v.tr.* [*io funèsto ecc.*] turbare con lutti e sciagure.
funèsto *agg.* (*lett.*) che causa lutti o gravi danni; che è fonte di profondo dolore, di morte o di grave sciagura.
fungàia *s.f.* luogo in cui nascono spontaneamente o vengono coltivati funghi.
fùngere *v.intr.* [pres. *io fungo, tu fungi ecc.*; pass.rem. *io funsi, tu fungésti ecc.*; raro il part.pass. *funto*; aus. *avere*] **1** fare le veci di qlcu. **2** assolvere la funzione di qualche altra cosa.
funghicoltùra *s.f.* attività e tecnica della coltivazione dei funghi mangerecci.
fùngo *s.m.* [pl. *-ghi*] (*bot.*) vegetale privo di clorofilla, e perciò obbligato a vita parassitaria o saprofita | (*estens.*) il corpo fruttifero dei funghi più grandi, formato da un gambo sormontato da un cappello.
funicolàre *s.f.* impianto di trasporto costituito da veicoli la cui trazione è realizzata mediante funi d'acciaio.
funìcolo *s.m.* (*anat.*) nome di particolari strutture a forma di cordone.
funivìa *s.f.* funicolare per il trasporto di persone, costituita da cabine sospese.
funzionàle *agg.* **1** che concerne la funzione **2** dotato di funzionalità: *mobile poco —* **3** (*med.*) che riguarda le funzioni di un organo □ **-mente** *avv.*
funzionalìsmo *s.m.* tendenza a considerare ogni cosa sotto l'aspetto della funzionalità.
funzionalità *s.f.* **1** rispondenza alle funzioni che si devono assolvere **2** (*med.*) capacità di un organo di funzionare.
funzionaménto *s.m.* il funzionare; il modo in cui una cosa funziona.
funzionàre *v.intr.* [*io funzióno ecc.*; aus. *avere*] adempiere la propria funzione | dare risultati positivi.
funzióne *s.f.* **1** attività che una persona svolge in rapporto alla carica ricoperta **2** (*biol.*) attività di un organo o di un organismo **3** l'attività, il compito specifico assolto da una persona, da una macchina, da una struttura **4** (*ling.*) ruolo assunto da una parola in seno alla frase **5** (*lit.*) cerimonia sacra **6** (*mat.*) operazione che mette in corrispondenza a ciascun elemento di un insieme un solo elemento di un altro insieme.
fuòco *s.m.* [pl. *-chi*] **1** il calore e la luce sprigionati da una combustione | *mettere la mano sul —*, (*fig.*) essere assolutamente certo di qlco. | *scherzare col —*, (*fig.*) sottovalutare un pericolo **2** fornello domestico; la fiamma che produce **3** (*fig.*) ardore, passione **4** esplosione di polvere da sparo; sparo: *aprire, cessare il —* **5** (*fis.*) il punto in cui convergono tutti i raggi di un fascio luminoso che attraversi un sistema ottico | *mettere a —*, regolare un sistema ottico in modo da ottenere un'immagine nitida; (*fig.*) precisare **6** *— di sant'Antonio*, nome popolare dell'*herpes zoster*.
fuorché *cong.* salvo che, tranne che ♦ *prep.* eccetto, tranne.
fuòri *avv.* **1** all'esterno; lontano (può essere preceduto dalla prep. *di*) **2** dà luogo a numerose locuzioni: *far —*, riferito a cosa, consumarla, sperperarla; riferito a persona, eliminarla da una competizione o ucciderla | *venir —*, di notizia, venirsi a sapere ♦ *prep.* lontano nello spazio e nel tempo | *essere — di sé*, sragionare | *— luogo*, inopportuno.
fuoribórdo *s.m.invar.* imbarcazione con motore esterno allo scafo.

fuoribùsta *agg.* e *s.m.* si dice di retribuzione non registrata in busta paga.
fuoriclàsse *agg.* e *s.m.* e *f.invar.* che/chi è eccezionalmente dotato.
fuoricórso *agg.* **1** si dice di studente universitario che non ha ultimato gli esami entro il tempo previsto **2** non più in corso legale: *banconota —*.
fuorilégge *s.m.* e *f.invar.* chi agisce contro la legge; bandito.
fuorimàno *avv.* lontano dai luoghi di normale ritrovo o transito.
fuorisèrie *agg.invar.* si dice di prodotto industriale non fabbricato in serie.
fuoristràda *s.m.invar.* auto o motoveicolo adatto a percorsi accidentati.
fuoriuscìta *s.f.* perdita, fuga.
fuoriuscìto *agg.* e *s.m.* [f. *-a*] esule volontario.
fuorviànte *agg.* che porta fuori strada.
fuorviàre *v.tr.* [*io fuorvìo ecc.*; aus. *avere*] mettere fuori strada, sviare.
furbàstro *agg.* e *s.m.* [f. *-a*] che/chi vuol fare il furbo.
furberìa *s.f.* furbizia.
furbésco *agg.* [pl.m. *-schi*] da furbo □ **-mente** *avv.*
furbìzia *s.f.* **1** l'essere furbo **2** atto da furbo.
fùrbo *agg.* che sa trarre vantaggi dalle situazioni | che denota furbizia ♦ *s.m.* [f. *-a*] □ **-mente** *avv.*
furènte *agg.* furibondo □ **-mente** *avv.*
fureria *s.f.* (*mil.*) ufficio dell'amministrazione di una compagnia.
furétto *s.m.* piccolo mammifero carnivoro con corpo snello e muso appuntito.
furfànte *s.m.* e *f.* persona disonesta.
furgóne *s.m.* autocarro leggero con pianale coperto.
fùria *s.f.* **1** accesso di collera **2** veemenza, intensità **3** fretta grande, impetuosa **4** persona fuori di sé per l'ira.
furibóndo *agg.* **1** che è in preda all'ira **2** impetuoso, violento □ **-mente** *avv.*
furière *s.m.* militare addetto alla fureria.
furióso *agg.* furibondo | che ha accessi di furore ♦ *s.m.* [f. *-a*] pazzo furioso □ **-mente** *avv.*
furóre *s.m.* **1** collera violenta **2** impeto **3** stato di eccitazione delle facoltà spirituali: *— poetico* **4** nella loc. *far —*, riscuotere enorme successo.
furoreggiàre *v.intr.* [*io furoréggio ecc.*; aus. *avere*] far furore, avere grande successo.
furtìvo *agg.* che si fa o accade di nascosto □ **-mente** *avv.*
fùrto *s.m.* (*dir.*) l'impossessarsi di cosa altrui.
fùsa *s.f.pl.* solo nella loc. *fare le —*, si dice dei gatti quando manifestano soddisfazione emettendo un rumore vibrante.
fuscèllo *s.m.* rametto sottile | *essere un —*, (*fig.*) essere molto esile.
fusciàcca *s.f.* larga fascia che si annoda alla vita come cintura.
fusìbile *agg.* che si può fondere ♦ *s.m.* (*elettr.*) elemento di un circuito elettrico che fonde, interrompendo il circuito stesso, se l'intensità di corrente raggiunge un valore eccessivo.
fusióne *s.f.* **1** (*fis.*) il passaggio dallo stato solido allo stato liquido | *— nucleare*, reazione per cui due nuclei leggeri urtandosi danno origine a un nucleo maggiore e liberano energia **2** l'operazione di fondere i metalli e la conseguente colata del metallo fuso nella forma: *— di una statua in bronzo* **3** (*fig.*) unione di più elementi in un tutto unico.
fùso *s.m.* **1** arnese di legno che nella filatura serve per torcere il filo e per avvolgerlo sulla spola **2** *— orario*, (*geog.*) parte in cui risulta suddivisa la superficie terrestre dai meridiani.
fusolièra *s.f.* (*aer.*) corpo centrale di un velivolo che contiene l'alloggiamento per l'equipaggio e i passeggeri.
fustàgno *s.m.* tessuto morbido e robusto, vellutato sul lato esterno.
fustèlla *s.f.* nelle confezioni dei medicinali, talloncino che reca stampato il prezzo.
fustigàre *v.tr.* [*io fùstigo, tu fùstighi ecc.*] **1** battere con la verga per punizione **2** (*fig.*) criticare aspramente.
fustigazióne *s.f.* il fustigare, l'essere fustigato.
fùsto *s.m.* **1** (*bot.*) parte del corpo delle piante cormofite tra le foglie e le radici **2** (*estens.*) la parte della colonna compresa tra la base e il capitello **3** (*fam.*) giovane aitante **4** recipiente per contenere liquidi.
fùtile *agg.* che ha poca importanza □ **-mente** *avv.*
futilità *s.f.* l'essere futile.
futurìbile *agg.* che potrà realizzarsi solo in un futuro.
futurìsmo *s.m.* movimento letterario e artistico sorto in Italia ai primi del Novecento, che propugnava una concezione estetica fondata sul culto della modernità e della tecnica.
futurìsta *s.m.* e *f.* [pl.m. *-sti*] seguace del futurismo ♦ *agg.*
futùro *agg.* che sarà, verrà in seguito ♦ *s.m.* **1** l'avvenire **2** (*gramm.*) tempo verbale che colloca l'azione in un momento successivo a quello presente.

Gg

g *s.f.* o *m.* settima lettera dell'alfabeto, il cui nome è *gi*.
gabbàre *v.tr.* ingannare ♦ **-rsi** *v.intr.pron.* farsi beffe.
gàbbia *s.f.* **1** sorta di cassetta, con le pareti formate da sbarre, in cui si rinchiudono animali vivi; recinto per animali feroci **2** (*fig. fam.*) prigione **3** — *toracica*, (*anat.*) l'insieme di ossa e cartilagini che contornano la cavità toracica.
gabbiàno *s.m.* uccello acquatico.
gabèlla *s.f.* (*antiq.*) dazio.
gabellière *s.m.* chi riscuoteva le gabelle.
gabinétto *s.m.* **1** stanza adibita a studio privato o a colloqui riservati **2** nelle scuole, sala per esercitazioni scientifiche **3** servizi igienici **4** ministero; l'insieme dei ministri che costituiscono il governo.
gadget *s.m.invar.* (*ingl.*) oggetto curioso di poco prezzo; accessorio.
gaffe *s.f.invar.* (*fr.*) azione o espressione inopportuna.
gagliardétto *s.m.* piccola bandiera.
gagliàrdo *agg.* robusto, vigoroso.
gagliòffo *agg.* e *s.m.* [f. *-a*] furfante.
gàio *agg.* allegro, festoso □ **-mente** *avv.*
gàla [1] *s.f.* sfoggio, lusso.
gàla [2] *s.m.invar.* festa molto elegante.
galalite *s.f.* una delle prime materie plastiche.
galànte *agg.* **1** molto cortese con le donne **2** amoroso ♦ *s.m.*
galanterìa *s.f.* l'essere galante.
galantuòmo *s.m.* [pl. *galantuomini*] uomo onesto e leale.
galàssia *s.f.* (*astr.*) ogni sistema stellare; in particolare, la Via Lattea.
galatèo *s.m.* l'insieme delle norme che regolano i rapporti formali tra le persone nella società.
galàttico *agg.* [pl.m. *-ci*] **1** (*astr.*) della galassia **2** (*fig.*) eccezionale, immenso: *profondità galattica*.
galattòsio *s.m.* (*chim.*) monosaccaride che insieme al glucosio forma lo zucchero del latte (*lattosio*).
galèna *s.f.* (*min.*) il più importante minerale del piombo.
galènico *agg.* [pl.m. *-ci*] di Galeno, celebre medico greco del sec. II d.C. | *preparato* —, farmaco ottenuto da sostanze organiche preparato direttamente dal farmacista.
galeóne *s.m.* (*mar.*) nave da guerra e da trasporto, potentemente armata, in uso nei secc. XVI e XVII.
galeòtto *s.m.* **1** condannato a vogare su navi da guerra a remi **2** (*estens.*) carcerato **3** (*fig.*) malvivente.
galèra *s.f.* **1** prigione **2** (*fig.*) luogo, condizione in cui la vita è insopportabile.
galèro *s.m.* (*eccl.*) cappello cardinalizio.
gàlla *s.f.* **1** (*bot.*) rigonfiamento che si forma sulle foglie, sui rami e sulle radici in seguito alla puntura di insetti o all'attacco di parassiti **2** (*fig.*) persona o cosa assai leggera | *stare a* —, galleggiare.
galleggiaménto *s.m.* il galleggiare
galleggiànte *agg.* che galleggia ♦ *s.m.* denominazione generica di natanti privi di propri mezzi di propulsione.
galleggiàre *v.intr.* [*io gallèggio ecc.*; aus. *avere*] mantenersi sulla superficie dell'acqua senza affondare; stare a galla.
gallerìa *s.f.* **1** passaggio sotterraneo **2** serie di stanze dove si espongono opere d'arte | sala di esposizione e vendita di opere artistiche **3** nei teatri e nei cinema, ordine di posti a gradinata, sovrastante la platea **4** via coperta riservata ai pedoni.
gallerìsta *s.m.* e *f.* [pl.m. *-sti*] chi gestisce una galleria d'arte.
gallétta *s.f.* pane biscottato, conservabile per lunghissimo tempo.
gallétto *s.m.* **1** gallo giovane **2** (*fig.*) chi fa il galante.
gallicìsmo *s.m.* (*ling.*) francesismo.
gàllico *agg.* [pl.m. *-ci*] (*st.*) della Gallia.
gallìna *s.f.* femmina del gallo.
gàllio *s.m.* elemento chimico di simbolo *Ga*; è un metallo usato in odontoiatria.
gàllo [1] *s.m.* uccello domestico commestibile | *fare il* —, (*fig.*) essere galante.

gàllo[2] *s.m.* (*st.*) abitante, nativo della Gallia.
gallóne[1] *s.m.* fregio che i militari portano sulle maniche o sul berretto come segno del loro grado.
gallóne[2] *s.m.* unità di misura di capacità per liquidi e per aridi, usata nei paesi anglosassoni (il gallone britannico equivale a 4,54 litri, quello degli Stati Uniti a 3,78 litri).
galoppànte *agg.* fenomeno con andamento negativo molto rapido.
galoppàre *v.intr.* [*io galòppo ecc.*; aus. *avere*] **1** andare al galoppo **2** (*fig.*) darsi da fare.
galoppàta *s.f.* corsa al galoppo.
galoppatóio *s.m.* pista per addestrare i cavalli al galoppo.
galoppatóre *s.m.* **1** cavallo addestrato al galoppo **2** (*estens.*) cavaliere di corse al galoppo.
galoppìno *s.m.* chi corre a sbrigare servizi per conto di altri.
galòppo *s.m.* andatura veloce del cavallo.
galvanìsmo *s.m.* parte dell'elettrologia che studia le correnti prodotte dal contatto di sostanze.
galvanizzàre *v.tr.* **1** (*med.*) stimolare per mezzo di corrente elettrica **2** (*fig.*) eccitare ♦ **-rsi** *v.intr.pron.* eccitarsi, entusiasmarsi.
galvanòmetro *s.m.* strumento che misura correnti elettriche di piccola intensità.
gàmba *s.f.* **1** ognuno degli arti inferiori dell'uomo | *essere in —*, (*fig.*) essere una persona valente | *mettersi le gambe in spalla*, (*fig.*) fuggire a gran velocità | *prendere qlco. sotto —*, (*fig.*) sottovalutarne l'importanza o la difficoltà **2** (*estens.*) arto degli animali **3** (*estens.*) parte di un oggetto che funge da sostegno.
gambàle *s.m.* parte dello stivale che ricopre la gamba.
gàmbero *s.m.* crostaceo marino o fluviale commestibile.
gambizzàre *v.tr.* (*gerg.*) atto di terrorismo politico consistente nel ferire alle gambe con un'arma da fuoco.
gàmbo *s.m.* **1** nelle piante erbacee, il fusto sottile che sorregge i fiori **2** (*fig.*) parte sottile di vari oggetti.
gamète *s.m.* (*biol.*) negli animali e nelle piante, ciascuna delle due cellule sessuali che fondendosi danno origine a una nuova cellula (zigote) da cui si sviluppa il nuovo individuo.
gàmma[1] *agg.* *raggi —*, (*fis.*) radiazioni che si generano nel nucleo atomico di elementi radioattivi.
gàmma[2] *s.f.* **1** (*mus.*) scala musicale **2** (*estens.*) successione delle varie gradazioni di un colore | (*fig.*) serie di cose affini.
gammaglobulìna *s.f.* (*biol.*) globulina che costituisce il fondamento chimico degli anticorpi immunitari.
ganàscia *s.f.* [pl. *-sce*] **1** nell'uomo e negli animali, l'insieme della guancia e della mascella **2** (*estens.*) ciascuna delle due parti di un dispositivo che, accostandosi, bloccano un oggetto.
gàncio *s.m.* organo di collegamento o di sostegno dalla forma a U.
gang *s.f.invar.* (*ingl.*) banda di malviventi.
gànghero *s.m.* cardine | *uscire dai gangheri, essere fuori dei gangheri*, (*fig.*) perdere la pazienza.
gànglio *s.m.* **1** (*anat.*) ammasso di cellule nervose o di vasi linfatici **2** (*fig.*) centro vitale.
gangster *s.m.* e *f.invar.* (*ingl.*) appartenente a una banda di criminali.
gap *s.m.invar.* (*ingl.*) divario, scarto, differenza: *— tecnologico*.
gàra *s.f.* competizione | *— d'appalto*, concorso con cui un ente pubblico assegna l'esecuzione di un lavoro o la fornitura di materiale a chi fa l'offerta più vantaggiosa.
garage *s.m.* (*fr.*) autorimessa.
garànte *agg.* e *s.m.* e *f.* che/chi garantisce.
garantìre *v.tr.* [*io garantisco, tu garantisci ecc.*] **1** assicurare l'adempimento di un'obbligazione | assicurare il perfetto funzionamento dell'oggetto venduto **2** (*estens.*) dare per certo ♦ **-rsi** *v.rifl.* procurarsi delle garanzie.
garantìsmo *s.m.* concezione politica e giuridica che attribuisce rilievo primario alle garanzie dei diritti individuali nei confronti dell'autorità dello stato.
garantìto *agg.* assicurato con garanzia.
garanzìa *s.f.* il garantire, l'assicurare l'osservanza di un impegno | (*fig.*) assicurazione; aspettativa fondata: *una — di successo*.
garbàre *v.intr.* [aus. *essere*] piacere.
garbàto *agg.* che ha garbo | che è fatto o detto con cortesia □ **-mente** *avv.*
gàrbo *s.m.* amabilità, cortesia.
garbùglio *s.m.* **1** groviglio (anche *fig.*) **2** (*fig.*) faccenda intricata.
gardènia *s.f.* arbusto ornamentale con fiori bianchi profumati.
gareggiàre *v.intr.* [*io garéggio ecc.*; aus. *avere*] fare a gara | (*assol.*) partecipare a una gara.
gargarìsmo *s.m.* il far gorgogliare in gola un liquido o una soluzione medicamentosa.
gargaròzzo *s.m.* (*pop.*) gola, gozzo.
garibaldìno *agg.* **1** di G. Garibaldi (1807-

1882) **2** (*fig.*) audace ♦ *s.m.* soldato volontario al seguito di Garibaldi.
garìtta *s.f.* piccola costruzione che funge da riparo per la sentinella.
garòfano *s.m.* (*bot.*) genere di piante erbacee con fiori di vario colore.
garrése *s.m.* la parte più elevata del dorso dei quadrupedi.
garrìre *v.intr.* [*io garrisco, tu garrisci ecc.*; aus. *avere*] emettere garriti.
garrìto *s.m.* verso stridulo emesso da alcuni uccelli.
gàrza *s.f.* tessuto a trama molto rada: — *sterilizzata*, *idrofila*, usata per medicazioni e fasciature.
garzóne *s.m.* apprendista artigiano.
gas *s.m.* **1** qualsiasi sostanza allo stato aeriforme **2** sostanza aeriforme combustibile.
gasàto *agg.* e *s.m.* [f. *-a*] (*fig. gerg.*) si dice di chi, dopo un successo, dimostra uno stato di sovreccitazione o si sopravvaluta.
gasdótto *s.m.* conduttura adibita al trasporto di gas naturali.
gasòlio *s.m.* miscela di idrocarburi usata come carburante per motori diesel e come combustibile per il riscaldamento domestico.
gassàre *v.tr.* sciogliere un gas in un liquido per renderlo effervescente.
gassificàre *v.tr.* [*io gassifico, tu gassifichi ecc.*] ridurre allo stato gassoso.
gassósa *s.f.* bibita a base di acqua gassata con anidride carbonica.
gassóso *agg.* **1** si dice di un corpo allo stato aeriforme o di sostanza avente proprietà di gas **2** di gas.
gasteròpodi *s.m.pl.* (*zool.*) classe di molluschi provvisti di una conchiglia; vi appartengono lumache, chiocciole, patelle ecc.
gàstrico *agg.* [pl.m. *-ci*] relativo allo stomaco.
gastrìte *s.f.* (*med.*) infiammazione della mucosa dello stomaco.
gastroenterìte *s.f.* (*med.*) infiammazione della mucosa dello stomaco e dell'intestino tenue.
gastroenterologìa *s.f.* parte della medicina che studia lo stomaco e l'intestino.
gastronomìa *s.f.* l'arte di cucinare.
gastrònomo *s.m.* [f. *-a*] esperto di gastronomia.
gastroscopìa *s.f.* (*med.*) esame dello stomaco mediante un tubo flessibile, introdotto attraverso la bocca e l'esofago.
gàtto *s.m.* felino domestico molto comune | *essere come cani e gatti*, (*fig.*) litigare continuamente | *quattro gatti*, (*fig.*) pochissime persone | — *delle nevi*, mezzo cingolato capace di muoversi su terreni coperti di neve.
gattonàre *v. intr.* [aus. *avere*] (*fam.*) detto di bambini molto piccoli, avanzare con le mani e le ginocchia sul pavimento.
gattóni *avv.* camminando adagio con le mani e con i piedi.
gattopardìsmo *s.m.* concezione e pratica politica di chi è favorevole a innovazioni solo apparenti, per evitare di compromettere i privilegi acquisiti.
gattopàrdo *s.m.* grosso felino africano con pelo giallastro a macchie nere.
gaudènte *agg.* e *s.m.* e *f.* che/chi si gode la vita.
gàudio *s.m.* (*lett.*) vivo piacere.
gavétta *s.f.* recipiente in cui i soldati mangiano il rancio | *venire dalla* —, (*fig.*) si dice di persona che ha raggiunto una posizione professionale di rilievo cominciando dalle mansioni più semplici.
gavòtta *s.f.* (*mus.*) danza francese.
gay *agg.* e *s.m.* e *f.invar.* (*ingl.*) omosessuale.
gazebo *s.m.invar.* (*ingl.*) chiosco da giardino; piccolo belvedere.
gàzza *s.f.* uccello dal piumaggio nero e bianco con coda lunga; per la sua abitudine di raccogliere e nascondere gli oggetti lucenti è detto anche *gazza ladra*.
gazzàrra *s.f.* baldoria; confusione.
gazzèlla *s.f.* **1** mammifero ruminante africano dal corpo leggero e slanciato **2** vettura delle pattuglie dei carabinieri.
gazzétta *s.f.* giornale | *Gazzetta Ufficiale*, pubblicazione quotidiana dello stato in cui sono resi noti le leggi, i decreti.
geiger *s.m.invar.* (*ted.*) strumento rivelatore di particelle elementari o di radiazioni atomiche.
geisha *s.f.* donna giapponese istruita nel canto, nella musica e nella danza, che intrattiene gli ospiti nei conviti e nelle riunioni.
gèl *s.m.invar.* (*chim.*) sistema colloidale usato in cosmesi e in farmacia.
gelàre *v.tr.* [*io gèlo ecc.*] **1** rendere gelido **2** (*fig.*) creare tensione, sgomento ♦ *v.intr.impers.* [aus. *essere* o *avere*] fare il gelo ♦ *v.intr.* [aus. *essere*] ♦ **-rsi** *v.intr.pron.* **1** diventare ghiaccio **2** diventare freddo come il ghiaccio.
gelàta *s.f.* freddo intensissimo con formazione di ghiaccio.
gelatàio *s.m.* [f. *-a*] chi fa o vende gelati.
gelaterìa *s.f.* negozio dove si fanno e si vendono gelati.
gelatìna *s.f.* brodo di carne o pesce, solidificato | — *esplosiva*, miscela di nitrocellulosa e nitroglicerina, ad azione esplosiva.

gelatinóso *agg.* che ha aspetto o consistenza di gelatina.
gelàto *agg.* **1** molto freddo **2** (*fig.*) irrigidito per l'emozione, lo spavento ♦ *s.m.* dolce fatto con latte, zucchero e altri ingredienti resi omogenei e consistenti per congelamento.
gèlido *agg.* **1** freddo come il ghiaccio **2** (*fig.*) privo di cordialità □ **-mente** *avv.*
gèlo *s.m.* **1** freddo intenso **2** strato di ghiaccio **3** (*fig.*) sensazione di freddo provocata da paura | ostilità.
gelóne *s.m.* (*med.*) infiammazione delle estremità causata dal freddo intenso.
gelosìa *s.f.* **1** ansietà di chi teme che la persona amata ami un'altra persona o dubita della sua fedeltà **2** rivalità **3** cura scrupolosa.
gelóso *agg.* **1** che prova gelosia **2** che prova invidia **3** che custodisce con cura □ **-mente** *avv.*
gèlso *s.m.* albero con piccoli frutti commestibili di cui si nutrono i bachi da seta.
gelsomìno *s.m.* arbusto rampicante con fiorellini bianchi profumati.
gemellàggio *s.m.* legame di particolare amicizia istituito tra due città, scuole o associazioni.
gemellàre[1] *agg.* **1** si dice di gravidanza o di parto in cui vi siano due o più figli **2** (*fig.*) detto di legame, rapporto tra cose uguali o simili.
gemellàre[2] *v.tr.* [*io gemèllo ecc.*] unire mediante gemellaggio: — *due città* ♦ **-rsi** *v.rifl.rec.* legarsi in gemellaggio.
gemèllo *agg.* **1** nato nello stesso parto con uno o più fratelli o sorelle: *fratelli gemelli* **2** (*estens.*) si dice di cose uguali, simili o che costituiscono una coppia | *anime gemelle*, persone unite da grande affinità ♦ *s.m.* **1** [f. *-a*] persona nata nello stesso parto con uno o più fratelli o sorelle **2** *spec.pl.* ognuno dei bottoni con cui si allacciano i polsini a doppio occhiello delle camicie **3** *Gemelli*, costellazione e segno dello zodiaco.
gèmere *v.intr.* [pres. *io gèmo ecc.*; pass.rem. *io geméi* o *gemètti*, *tu geméstí ecc.*; aus. *avere*] lamentarsi sommessamente.
gèmito *s.m.* lamento (anche *fig.*).
gèmma *s.f.* **1** (*bot.*) abbozzo di un germoglio da cui si svilupperanno i rami, le foglie e i fiori della pianta **2** pietra preziosa.
gemmologìa *s.f.* scienza che studia le pietre preziose.
gène *s.m.* (*biol.*) particella dei cromosomi, che trasmette i caratteri ereditari di una specie.
genealogìa *s.f.* la serie degli antenati di un individuo o di una famiglia.
genealògico *agg.* [pl.m. *-ci*] che riguarda la genealogia □ **-mente** *avv.*
generàle[1] *agg.* **1** che è comune o è valido per la grandissima maggioranza **2** che dirige e amministra tutte le sezioni di cui un ente è costituito **3** generico □ **-mente** *avv.*
generàle[2] *s.m.* uno dei massimi gradi della gerarchia militare.
generalità *s.f.* **1** la maggior parte **2** *pl.* dati per l'identificazione di una persona.
generalizzàre *v.tr.* **1** diffondere **2** attribuire valore generale a un caso particolare.
generalizzazióne *s.f.* il generalizzare, l'essere generalizzato.
generàre *v.tr.* [*io gènero ecc.*] **1** dare vita **2** (*fig.*) causare; produrre ♦ **-rsi** *v.intr.pron.* prodursi, formarsi.
generatore *agg.* e *s.m.* [f. *-trice*] che, chi genera ♦ *s.m.* (*tecn.*) apparecchio capace di trasformare l'energia.
generazióne *s.f.* **1** il generare **2** insieme di persone che hanno lo stesso grado di discendenza **3** insieme di individui che hanno pressappoco la stessa età o vivono nella stessa epoca **4** (*scient.*, *tecn.*) produzione.
gènere *s.m.* **1** raggruppamento concettuale di più cose o persone aventi caratteri comuni; tipo | — *letterario*, *artistico*, *musicale*, ciascuna delle forme secondo le quali si suddivide la produzione letteraria, artistica e musicale **2** raggruppamento di specie animali o vegetali somiglianti tra loro **3** merce **4** (*gramm.*) categoria grammaticale che distingue il maschile, il femminile.
genèrico *agg.* [pl.m. *-ci*] **1** non specifico; vago, indeterminato: *accuse generiche* **2** che esercita una professione senza essere specializzato □ **-mente** *avv.*
gènero *s.m.* il marito della figlia.
generosità *s.f.* l'essere generoso; nobiltà d'animo.
generóso *agg.* **1** che dimostra bontà, altruismo **2** che dimostra larghezza nel dare □ **-mente** *avv.*
gènesi *s.f.* origine, nascita; processo di formazione.
genètica *s.f.* branca della biologia che studia la generazione degli esseri viventi.
genètico *agg.* [pl.m. *-ci*] (*biol.*) relativo alla genetica; relativo ai processi di trasmissione ereditaria □ **-mente** *avv.*
gengìva *s.f.* (*anat.*) parte della mucosa boccale che ricopre le arcate dei denti.
gengivìte *s.f.* (*med.*) infiammazione delle gengive.

geniàle *agg.* che ha genio, intuito; che è frutto di genio.
genialità *s.f.* qualità di persona o di cosa geniale.
genière *s.m.* militare dell'arma del genio.
genietto *s.m.* ragazzo di ingegno precoce (per lo più *scherz.*).
gènio[1] *s.m.* **1** essere immaginario a cui si attribuisce la capacità di influenzare alcuni eventi della vita: — *benefico* **2** attitudine **3** facoltà creatrice, ingegno superiore.
gènio[2] *s.m.* corpo militare formato da tecnici di ingegneria.
genitàle *agg.* che serve a generare ♦ *s.m.pl.* (*anat.*) organi, maschili e femminili, che assolvono alla procreazione.
genitìvo *agg.* e *s.m.* (*gramm.*) si dice del caso che in latino, in greco serve a esprimere la specificazione e l'appartenenza.
genitóre *s.m.* [f. *-trice*] (*lett.*) il padre o la madre.
gennàio *s.m.* il primo mese dell'anno.
genocìdio *s.m.* sterminio di un intero gruppo etnico o religioso.
genòma *s.m.* [pl. *-mi*] (*biol.*) il complesso dei geni di un individuo.
gentàglia *s.f.* (*spreg.*) gente spregevole.
gènte *s.f.* **1** stirpe, nazione, popolo **2** insieme di persone contraddistinte da una caratteristica comune **3** un insieme di persone considerate come collettività.
gentildònna *s.f.* [pl. *gentildonne*] donna di elevata condizione sociale.
gentìle *agg.* **1** che rivela sentimenti nobili, delicati **2** di modi cortesi **3** fine.
gentilézza *s.f.* **1** l'essere gentile **2** atto, parola gentile.
gentiluòmo *s.m.* [pl. *gentiluomini*] (*estens.*) chi agisce rettamente o ha un contegno signorile.
gentleman *s.m.invar.* (*ingl.*) gentiluomo.
genuflèttersi *v.intr.pron.* [coniugato come *flettere*] inginocchiarsi.
genuìno *agg.* **1** non adulterato: *vino* — **2** schietto: *un ragazzo* —.
genziàna *s.f.* (*bot.*) genere di piante erbacee le cui radici sono usate in liquoreria e in farmacia.
geo- primo elemento di parole composte, che significa 'terra, superficie terrestre, globo'.
geocentrìsmo *s.m.* sistema scientifico o filosofico che pone la Terra al centro dell'universo.
geochìmica *s.f.* scienza che studia la costituzione chimica del globo terrestre.
geodinàmica *s.f.* scienza che studia le trasformazioni della superficie terrestre.
geofìsica *s.f.* scienza che studia i fenomeni fisici che avvengono sulla superficie della Terra, nella sua atmosfera e nel suo interno.
geografìa *s.f.* scienza che ha per oggetto la descrizione e la rappresentazione della Terra.
geògrafo *s.m.* [f. *-a*] studioso di geografia.
geolinguìstica *s.f.* studio della distribuzione geografica dei fenomeni linguistici.
geologìa *s.f.* scienza che studia l'origine, la struttura e la storia della Terra.
geòlogo *s.m.* [f. *-a*; pl.m. *-gi*] studioso, esperto di geologia.
geòmetra *s.m.* [pl. *-tri*] chi è abilitato a progettare costruzioni edilizie di modesta entità e a effettuare rilevazioni topografiche.
geometrìa *s.f.* ramo della matematica che studia i punti nello spazio e le figure da essi generate.
geràanio *s.m.* (*bot.*) genere di piante erbacee con fiori variamente colorati.
geràrca *s.m.* [pl. *-chi*] chi occupa un grado elevato in una gerarchia.
gerarchìa *s.f.* **1** rapporto reciproco di supremazia e subordinazione | l'insieme delle persone ordinate secondo tale rapporto **2** (*fig.*) scala, gradazione: — *di valori.*
geremìade *s.f.* discorso lamentoso.
gerènte *s.m.* e *f.* gestore.
gergàle *agg.* del gergo.
gèrgo *s.m.* [pl. *-ghi*] (*ling.*) linguaggio convenzionale usato per non farsi intendere da chi è estraneo: *il — della malavita* | linguaggio tipico di una certa classe o professione: — *burocratico.*
geriàtra *s.m.* e *f.* [pl.m. *-tri*] medico specialista in geriatria.
geriatrìa *s.f.* parte della medicina che studia le condizioni proprie della vecchiaia.
gèrla *s.f.* cesta a forma di cono rovesciato, che si porta sulla schiena.
germànio *s.m.* elemento chimico di simbolo *Ge*; è un metallo usato nella fabbricazione di componenti elettronici.
germàno[1] *agg.* che è nato dagli stessi genitori: *fratello* —.
germàno[2] *agg.* (*lett.*) della Germania antica ♦ *s.m.* [f. *-a*].
germàno[3] *s.m.* — *reale*, anatra selvatica.
gèrme *s.m.* **1** (*biol.*) lo stadio iniziale di sviluppo dell'embrione | — *patogeno*, microbio che provoca malattie infettive **2** (*fig.*) causa prima: *il — della discordia.*
germinàle *agg.* (*biol.*) di germe.
germinàre *v.intr.* [*io gèrmino ecc.*; aus. *essere o avere*] **1** compiere il primo stadio di sviluppo **2** (*fig.*) nascere ♦ *v.tr.* (*lett.*) produrre, far nascere.
germinazióne *s.m.* il germinare.
germogliàre *v.intr.* [*io germóglio ecc.*; aus.

essere o *avere*] **1** uscire dal seme; svilupparsi dal germoglio **2** (*fig.*) avere origine.
germóglio *s.m.* pianta o ramo nella prima fase dello sviluppo.
geroglìfico *s.m.* [pl. *-ci*] **1** ciascuno dei caratteri della scrittura ideografica in uso nell'antico Egitto **2** (*fig.*) scarabocchio.
gerontocòmio *s.m.* ospizio per anziani.
gerontologìa *s.f.* parte della medicina che studia i fenomeni propri dell'invecchiamento.
gerùndio *s.m.* (*gramm.*) forma non coniugabile del verbo che assume valore temporale, causale, modale o ipotetico.
gessàto *agg.* si dice di stoffa scura con sottili righe chiare verticali e parallele ♦ *s.m.* abito confezionato con stoffa gessata.
gèsso *s.m.* **1** minerale costituito da solfato di calcio idrato **2** bastoncino di polvere di gesso compressa, usato per scrivere sulla lavagna **3** ingessatura.
gèsta *s.f.pl.* azioni gloriose.
gestànte *s.f.* donna in stato di gravidanza.
gestazióne *s.f.* **1** (*biol.*) gravidanza **2** (*fig.*) fase di preparazione.
gesticolàre *v.intr.* [*io gesticolo ecc.*; aus. *avere*] fare gesti concitati.
gestióne *s.f.* l'attività del gestire; il periodo di tale attività.
gestire *v.tr.* **1** amministrare **2** (*fig.*) prendersi cura di qlco.
gèsto *s.m.* **1** movimento del corpo, in particolare del capo o della mano **2** (*estens.*) atto.
gestóre *s.m.* [f. *-trice*] chi gestisce un'azienda, un'impresa.
gesuìta *s.m.* [pl. *-ti*] membro della compagnia di Gesù, congregazione religiosa fondata da sant'Ignazio di Loyola nel 1534.
gettàre *v.tr.* [*io gètto ecc.*] lanciare con forza, buttare | — *all'aria*, mettere sottosopra | — *le armi*, (*fig.*) arrendersi | — *fumo negli occhi a qlcu.*, (*fig.*) illuderlo, ingannarlo ♦ **-rsi** *v.intr.pron.* sboccare, confluire, detto di corsi d'acqua ♦ *v.rifl.* **1** lanciarsi **2** lasciarsi cadere.
gettàta *s.f.* il versare metallo, cera, gesso, calcestruzzo liquidi in uno stampo; colata.
gèttito *s.m.* (*fin.*) introito proveniente da tributi.
gètto *s.m.* **1** lancio **2** lo sgorgare di un liquido o di un gas | *di* —, (*fig.*) senza fatica; con immediatezza.
gettonàre *v.tr.* [*io gettóno ecc.*] (*fam.*) selezionare una canzone in un juke-box.
gettóne *s.m.* **1** piccolo disco di metallo, corrispondente a un determinato valore in denaro, che introdotto in un apparecchio ne consente il funzionamento: *il — del telefono* **2** — *di presenza*, indennità corrisposta ai membri di commissioni.
geyser *s.m.invar.* (*ingl.*) (*geol.*) getto intermittente di acqua calda e vapore, caratteristico di regioni vulcaniche.
ghepàrdo *s.m.* felino simile al leopardo.
gherìglio *s.m.* la parte commestibile della noce.
ghermìre *v.tr.* [*io ghermisco, tu ghermisci ecc.*] prendere con rapidità.
ghétto *s.m.* **1** quartiere in cui, in alcune città, erano obbligati ad abitare gli ebrei **2** (*estens.*) area urbana misera **3** (*fig.*) isolamento sociale.
ghiaccìàia *s.f.* **1** frigorifero **2** (*estens.*) luogo freddissimo.
ghiacciàio *s.m.* (*geog.*) grande massa di ghiaccio originata dall'accumularsi delle nevi.
ghiacciàre *v.tr.* [*io ghiàccio ecc.*] far diventare ghiaccio: *il freddo ghiaccia l'acqua* | (*estens.*) rendere freddo come il ghiaccio ♦ *v.intr.impers.* [aus. *essere* o *avere*] gelare ♦ *v.intr.* [aus. *essere*] ♦ **-rsi** *v.intr.pron.* congelarsi | (*estens.*) diventare freddo come il ghiaccio.
ghiacciàta *s.f.* bibita di sciroppo con ghiaccio tritato.
ghiacciàto *agg.* **1** divenuto ghiaccio **2** (*estens.*) freddo come il ghiaccio: *mani ghiacciate*.
ghiàccio *s.m.* acqua allo stato solido | *rompere il* —, (*fig.*) iniziare una conversazione superando un imbarazzo iniziale.
ghiacciòlo *s.m.* pezzetto di ghiaccio aromatizzato che si consuma come un gelato.
ghiàia *s.f.* roccia sedimentaria costituita da frammenti rocciosi arrotondati.
ghiaióso *agg.* coperto di ghiaia.
ghiànda *s.f.* frutto secco, ovato, contenente un solo seme.
ghiàndola *s.f.* (*anat.*) organo che serve a elaborare sostanze utili all'organismo o a eliminare quelle dannose.
ghibellìno *s.m.* persona laica, anticlericale.
ghìbli *s.m.* vento caldo e secco che spira dal Sahara.
ghièra *s.f.* (*mecc.*) anello metallico usato per il collegamento di elementi meccanici.
ghigliottìna *s.f.* macchina per le esecuzioni capitali mediante decapitazione.
ghìgno *s.m.* riso maligno.
ghiótto *agg.* **1** detto di persona, goloso | (*fig.*) desideroso **2** detto di cibo, appetitoso.
ghiottonerìa *s.f.* **1** golosità, ingordigia **2** cibo ghiotto.
ghiribìzzo *s.m.* capriccio, bizzarria.

ghirigòro *s.m.* intreccio bizzarro di linee curve.
ghirlànda *s.f.* corona di foglie, di fiori o di fronde, usata come ornamento.
ghìro *s.m.* piccolo mammifero roditore; cade in letargo d'inverno.
ghìsa *s.f.* lega di ferro e carbonio.
già *avv.* **1** indica che un fatto, un'azione è o era compiuta, sta o stava compiendosi nel momento al quale ci si riferisce **2** prima d'ora, prima di allora | precedentemente **3** fin da ora | fin da quel momento.
giàcca *s.f.* capo di vestiario maschile e femminile, con abbottonatura sul davanti, collo per lo più a risvolto e maniche.
giacché *cong.* poiché.
giacènza *s.f.* **1** l'essere giacente **2** la cosa giacente | residuo presso un deposito.
giacére *v.intr.* [pres. *io giàccio, tu giaci, egli giace, noi giacciamo, voi giacéte, essi giàcciono*; pass.rem. *io giacqui, tu giacésti ecc.*; pres.congiunt. *io giàccia..., noi giacciamo, voi giacciate, essi giàcciano*; part.pass. *giaciuto*; aus. *essere*, non com. *avere*] **1** stare disteso **2** (*fig.*) essere inattivo; stare abbandonato.
giacìglio *s.m.* mucchio di paglia; letto molto misero.
giaciménto *s.m.* (*geol.*) accumulo naturale di minerali nella crosta terrestre.
giacìnto *s.m.* pianta bulbosa con fiori odorosi a grappolo bianchi, azzurri o rosei.
giacobìno *s.m.* [f. *-a*] **1** chi, durante la rivoluzione francese, apparteneva al partito estremista repubblicano **2** (*fig.*) chi sostiene idee estremiste ♦ *agg.*
giaculatòria *s.f.* **1** (*lit.*) breve preghiera ripetuta **2** (*scherz.*) lungo elenco noioso.
giàda *s.f.* (*min.*) pietra dura di colore azzurro o verde.
giaguàro *s.m.* felino dell'America tropicale, simile al leopardo.
giàllo *agg.* **1** del colore tra l'arancione e il verde **2** (*estens.*) detto di colore del volto, smorto ♦ *s.m.* **1** colore giallo **2** cosa di colore giallo: *il — dell'uovo* **3** racconto, romanzo, film poliziesco | (*estens.*) caso giudiziario.
giàmbo *s.m.* nella metrica classica, piede formato da una sillaba breve e da una lunga.
gianduìa *s.m.* **1** maschera popolare piemontese **2** cioccolata alla nocciola.
giàra *s.f.* grosso recipiente di terracotta.
giardinàggio *s.m.* tecnica della coltivazione di giardini e di piante da giardino.
giardinière *s.m.* chi per mestiere coltiva giardini.
giardìno *s.m.* terreno in cui si coltivano fiori e piante ornamentali | *— zoologico*, zoo | *— d'inverno*, sala con le pareti a vetri, ricca di piante.
giarrettièra *s.f.* nastro elastico per sostenere le calze.
giavellòtto *s.m.* attrezzo sportivo per gare di lancio dell'atletica leggera.
gibbóne *s.m.* scimmia asiatica.
giga- primo elemento di parole composte della terminologia scientifica, che anteposto al nome di un'unità di misura ne moltiplica il valore per un miliardo.
gigabyte *s.m.invar.* (*inform.*) unità di misura della memoria di massa degli elaboratori pari a 1024 megabyte.
gigànte *s.m.* **1** [f. *-essa*] persona di statura altissima | *fare passi da —*, (*fig.*) fare rapidi progressi **2** (*fig.*) chi si distingue per eccezionali qualità di intelletto ♦ *agg.* di proporzioni molto più grandi del normale.
gìglio *s.m.* pianta bulbosa con fiori bianchi profumati.
gilet *s.m.invar.* (*fr.*) corpetto senza maniche; panciotto.
gin *s.m.invar.* acquavite aromatizzata con bacche di ginepro.
gincàna *s.f.* **1** gara podistica, automobilistica o motociclistica su un percorso accidentato **2** (*estens.*) percorso difficoltoso.
gineceo *s.m.* nella Grecia antica, parte interna della casa, riservata alle donne.
ginecologìa *s.f.* ramo della medicina che studia e cura gli organi genitali femminili.
ginecològico *agg.* [pl.m. *-ci*] inerente alla ginecologia □ **-mente** *avv.*
ginecòlogo *s.m.* [f. *-a*; pl.m. *-gi*] medico specialista in ginecologia.
ginepràio *s.m.* **1** luogo dove crescono ginepri **2** (*fig.*) situazione intricata.
ginépro *s.m.* arbusto sempreverde con foglie aghiformi e frutti aromatici.
ginèstra *s.f.* arbusto con fiori odorosi gialli.
gingillàrsi *v.intr.pron.* **1** giocherellare **2** (*estens.*) perdere tempo.
gingìllo *s.m.* ninnolo, ciondolo.
ginnàsio *s.m.* **1** nell'antica Grecia, palestra dove i giovani esercitavano il loro corpo e venivano educati alla musica, alla letteratura e alla filosofia **2** nome che continua a conservare il biennio del liceo classico.
ginnàsta *s.m.* [pl.m. *-sti*] [anche *f.*] atleta specializzato nella ginnastica.
ginnàstica *s.f.* **1** attività fisica per migliorare le condizioni generali dell'organismo **2** (*fig.*) insieme di esercizi di natura mentale.
gìnnico *agg.* [pl.m. *-ci*] di ginnastica.
ginocchièra *s.f.* fascia o cuscinetto che protegge il ginocchio.

ginòcchio *s.m.* [pl. *ginocchi*; anche *le ginocchia* f., per indicare tutt'e due i ginocchi] parte dell'arto inferiore in cui la gamba si articola alla coscia | *far venire il latte alle ginocchia*, (*fig.*) annoiare oltre misura.

giocàre *v.intr.* [*io giòco, tu giòchi ecc.*; aus. *avere*] **1** dedicarsi a un'attività per divertimento, per esercizio fisico o mentale **2** praticare un gioco sportivo **3** essere in gioco | agire: — *sul sicuro* ♦ *v.tr.* [nei sign. 1, 2, 3 anche rafforzato con la particella pron.] **1** mettere in gioco (anche *fig.*) | — *le proprie carte*, (*fig.*) usare le proprie risorse **2** scommettere **3** mettere in pericolo **4** ingannare, prendere in giro.

giocàta *s.f.* **1** il giocare **2** posta messa in gioco.

giocatóre *s.m.* [f. *-trice*] chi si dedica al gioco; chi ha il vizio del gioco d'azzardo | atleta che pratica un gioco sportivo.

giocàttolo *s.m.* oggetto che serve per giocare | *essere un — nelle mani di qlcu.*, (*fig.*) esserne dominato, manovrato.

giochétto *s.m.* inganno.

giòco *s.m.* [pl. *-chi*] **1** qualsiasi attività a cui ci si dedica per svago o per esercitare la mente, il corpo **2** competizione di tipo sportivo **3** (*assol.*) competizione in cui si puntano delle somme di denaro | *essere in —*, (*fig.*) esser messo a rischio **4** le regole di un gioco **5** nei giochi di carte, l'insieme delle carte di un giocatore | *far buon viso a cattivo —*, (*fig.*) rassegnarsi **6** quanto è necessario per giocare | giocattolo **7** (*fig.*) scherzo **8** (*mecc.*) il movimento consentito a due pezzi di un meccanismo.

giocolière *s.m.* chi si esibisce in giochi di destrezza.

giocóndo *agg.* che esprime gioia.

giocóso *agg.* **1** che è detto o fatto per gioco **2** che ama lo scherzo □ **-mente** *avv.*

giógo *s.m.* [pl. *-ghi*] **1** arnese di legno che si applica sul collo di una coppia di bovini **2** (*fig.*) gravosa soggezione a un'autorità **3** cima di un monte tondeggiante | valico montano.

giòia[1] *s.f.* **1** allegria, felicità **2** persona o cosa che è causa di felicità.

giòia[2] *s.f.* (spec. *pl.*) gioiello.

gioiellerìa *s.f.* negozio di gioielli.

gioiellière *s.m.* [f. *-a*] chi lavora o vende gioielli.

gioièllo *s.m.* **1** monile di metallo prezioso **2** (*fig.*) persona molto cara o di grandi qualità; meccanismo affidabile.

gioióso *agg.* pieno di gioia; felice □ **-mente** *avv.*

gioìre *v.intr.* [*io gioisco, tu gioisci ecc.*; aus. *avere*] provare gioia.

giornalàio *s.m.* [f. *-a*] chi vende giornali.

giornàle *s.m.* **1** pubblicazione giornaliera che reca notizie di politica, economia, attualità, cultura e altro; quotidiano | (*estens.*) pubblicazione periodica non giornaliera **2** (*estens.*) la sede in cui viene redatto o stampato un giornale **3** libro in cui si annotano fatti o dati; diario, registro: — *di bordo, di classe* □ **-mente** *avv.* ogni giorno; quotidianamente.

giornalièro *agg.* quotidiano ♦ *s.m.* [f. *-a*] lavoratore assunto e retribuito a giornata.

giornalìsmo *s.m.* **1** l'insieme delle attività di redazione e pubblicazione dei giornali **2** la professione del giornalista.

giornalìsta *s.m.* e *f.* [pl.m. *-sti*] chi per professione scrive per un giornale, la radio, la televisione.

giornalìstico *agg.* [pl.m. *-ci*] di giornalismo, dei giornali o dei giornalisti.

giornàta *s.f.* **1** il periodo compreso tra la mattina e la sera; giorno | *vivere alla —*, senza preoccuparsi del futuro **2** il corrispettivo di una giornata di lavoro **3** giorno dedicato a una celebrazione.

giórno *s.m.* **1** (*astr.*) periodo di tempo impiegato dalla Terra a compiere una rotazione intorno al proprio asse | (*estens.*) intervallo di ventiquattro ore | *oggi —, al — d'oggi*, attualmente, di questi tempi **2** il periodo di luce in cui il Sole è sopra l'orizzonte **3** giornata.

giòstra *s.f.* **1** nel Medioevo e nel Rinascimento, torneo **2** piattaforma circolare che ruota per far divertire i bambini | *pl.* (*fam.*) i divertimenti di un parco giochi.

giostràre *v.intr.* [*io giòstro ecc.*; aus. *avere*] destreggiarsi ♦ *v.tr.* condurre qlco. a proprio vantaggio ♦ **-rsi** *v.intr.pron.* destreggiarsi in una difficoltà.

giovaménto *s.m.* beneficio.

gióvane *agg.* **1** che è nell'età tra l'adolescenza e la maturità **2** giovanile **3** nato da poco tempo: *un albero —* | costituito di recente ♦ *s.m.* [anche *f.*] chi è giovane di età.

giovanìle *agg.* **1** proprio della giovinezza **2** che sembra ancora giovane **3** fatto per i giovani.

giovanòtto *s.m.* giovane uomo.

giovàre *v.intr.* [*io gióvo ecc.*; aus. *avere* o *essere*] recare vantaggio, beneficio, utilità: — *a una causa* ♦ *v.intr.impers.* [aus. *avere* o *essere*] essere opportuno, vantaggioso ♦ **-rsi** *v.intr.pron.* usare qlco., valersene.

Giòve *s.m.* **1** (mit.) il padre degli dei **2** (astr.) il pianeta più grande del sistema solare, il quinto in ordine di distanza dal Sole.

giovedì *s.m.* quarto giorno della settimana.

giovènca *s.f.* bovina giovane che non ha ancora figliato.
gioventù *s.f.* **1** giovinezza **2** i giovani, considerati nel loro insieme.
gioviàle *agg.* affabile, cordiale.
giovinàstro *s.m.* [f. *-a*] scapestrato.
giovinézza *s.f.* **1** l'età tra l'adolescenza e la maturità **2** (*estens.*) l'essere giovane.
giradìschi *s.m.invar.* apparecchio elettromeccanico per riprodurre la musica registrata su dischi fonografici.
giràffa *s.f.* **1** mammifero africano, con mantello a macchie; ha collo lunghissimo **2** lungo braccio snodabile, fornito di microfono o di lampade, usato per riprese cinematografiche e televisive.
giraménto *s.m.* il girare, l'essere girato | — *di capo*, *di testa*, vertigine, capogiro.
giràndola *s.f.* **1** giocattolo consistente in una piccola rosa di carta o plastica, che può ruotare al vento **2** (*fig.*) rapida successione di persone, cose o eventi.
giràre *v.tr.* **1** far ruotare qlco. **2** passare attorno **3** filmare **4** trasferire ad altri quanto si riceve o si è ricevuto da qlcu.: — *la palla*, nello sport, passarla ♦ *v.intr.* [aus. *avere* o *essere*] **1** ruotare attorno a un asse | *far — le scatole*, (*fig. fam.*) far perdere la pazienza **2** andare in giro **3** circolare **4** voltare **5** circondare ♦ **-rsi** *v.rifl.* voltarsi.
girasóle *s.m.* pianta erbacea con grosse infiorescenze dai cui semi si ricava un olio commestibile.
giràta *s.f.* **1** il girare **2** (*dir.*) trasferimento di una cambiale o di altro titolo di credito.
giravòlta *s.f.* **1** rotazione **2** (*fig.*) mutamento repentino.
girèlla *s.f.* carrucola.
girèllo *s.m.* **1** attrezzo montato su rotelle che serve a sorreggere il bambino quando impara a camminare **2** taglio di carne bovina.
girévole *agg.* che può girare attorno a un asse.
girìno *s.m.* larva acquatica di rane, rospi.
gìro *s.m.* **1** linea che limita un corpo o uno spazio circolare: *il — delle mura* **2** rotazione completa di un corpo rigido intorno a un suo punto | — *di parole*, perifrasi, circonlocuzione | *prendere in — qlcu.*, burlarlo | cammino, viaggio | (*sport*) corsa ciclistica su strada **4** periodo di tempo **5** cerchia delle persone.
giróne *s.m.* **1** (*lett.*) ampio cerchio | nella "Divina Commedia", ognuna delle sette balze del monte del Purgatorio **2** insieme di tutti i turni di incontri tra squadre o atleti che partecipano a un campionato o a un torneo.
gironzolàre *v.intr.* [*io girónzolo* ecc.; aus. *avere*] andare in giro, senza scopo e senza meta.
girotóndo *s.m.* gioco di bambini che girano in tondo.
girovagàre *v.intr.* [*io giròvago, tu giròvaghi* ecc.; aus. *avere*] andare vagando qua e là senza meta.
gìta *s.f.* lunga passeggiata o breve viaggio a scopo culturale, ricreativo, sportivo.
gitàno *s.m.* [f. *-a*] zingaro della Spagna ♦ *agg.*
gittàta *s.f.* distanza a cui un'arma può colpire un bersaglio.
giù *avv.* da basso, in basso; verso il basso | *non mi va —*, (*fig.*) non riesco a tollerarlo, crederlo | *buttar —*, demolire; ingoiare; (*fig.*) far deperire, spossare; abbozzare uno scritto | *esser —*, (*fig. fam.*) essere in cattive condizioni fisiche o morali.
giùbba *s.f.* giacca, casacca.
giubbòtto *s.m.* giubba corta e pesante di taglio sportivo.
giubilàre *v.intr.* [*io giùbilo ecc.*; aus. *avere*] manifestare gioia, giubilo; esultare.
giubilèo *s.m.* **1** per la chiesa cattolica, anno dichiarato santo, che cade ogni venticinque anni, durante il quale viene data l'indulgenza plenaria **2** (*estens.*) cinquantenario.
giùbilo *s.m.* grande gioia.
giùda *s.m.invar.* traditore | *bacio di —*, manifestazione ipocrita di affetto.
giudaìsmo *s.m.* la religione e la cultura ebraiche.
giudèo *s.m.* [f. *-a*] nativo, abitante della Giudea | (*estens.*) ebreo ♦ *agg.*
giudicàre *v.tr.* [*io giùdico, tu giùdichi ecc.*] **1** sottoporre a giudizio, a valutazione **2** (*estens.*) ritenere **3** (*dir.*) assolvere o condannare un imputato ♦ *v.intr.* [aus. *avere*] **1** esprimere un giudizio **2** (*dir.*) pronunciare una sentenza.
giùdice *s.m.* e *f.* **1** chi giudica **2** (*dir.*) chi appartiene alla magistratura.
giudiziàrio *agg.* che concerne il giudizio, il giudice, l'amministrazione della giustizia.
giudìzio *s.m.* **1** valutazione, parere **2** la facoltà umana di giudicare; senno **3** (*dir.*) processo **4** (*estens.*) sentenza di un giudice.
giudizióso *agg.* assennato □ **-mente** *avv.*
giùgno *s.m.* sesto mese dell'anno.
giullàre *s.m.* nel Medioevo, buffone, cantastorie.
giuménta *s.f.* femmina del cavallo.
giùnco *s.m.* [pl. *-chi*] pianta erbacea dallo stelo flessibile.
giùngere *v.intr.* [pres. *io giungo, tu giungi* ecc.; pass.rem. *io giunsi, tu giungésti* ecc.;

part.pass. *giunto*; aus. *essere*] arrivare; pervenire ♦ *v.tr.* congiungere, unire.
giùngla *s.f.* **1** (*geog.*) formazione vegetale fitta e intricata, propria delle regioni tropicali **2** (*fig.*) ambiente in cui si lotta spietatamente al fine di sopraffare gli altri.
giùnta[1] *s.f.* aggiunta.
giùnta[2] *s.f.* organo collegiale ristretto che assolve funzioni consultive ed esecutive.
giuntùra *s.f.* **1** congiunzione **2** (*anat.*) articolazione.
giuraménto *s.m.* dichiarazione solenne con cui si afferma la verità di una cosa o la sincerità di una promessa.
giuràre *v.tr.* affermare, promettere con giuramento.
giuràto *agg.* **1** che è stato giurato, affermato o fatto sotto giuramento: *dichiarazione giurata* **2** che ha prestato giuramento | *nemico* —, (*fig.*) implacabile ♦ *s.m.* (*dir.*) componente della giuria popolare.
giureconsùlto *s.m.* giurista.
giurìa *s.f.* commissione che vaglia le prove fornite da concorrenti.
giurìdico *agg.* [pl.m. *-ci*] del diritto; relativo al diritto □ **-mente** *avv.*
giurisdizióne *s.f.* **1** (*dir.*) facoltà di giudicare applicando la legge **2** (*estens.*) sfera di competenza.
giurisprudènza *s.f.* **1** la scienza del diritto **2** il complesso delle sentenze emanate.
giurìsta *s.m.* e *f.* [pl.m. *-sti*] chi è cultore, esperto di diritto.
giustificàre *v.tr.* [*io giustifico, tu giustifichi ecc.*] **1** far diventare legittimo **2** (*estens.*) provare la correttezza | comprovare con documenti ♦ **-rsi** *v.rifl.* scusarsi.
giustificazióne *s.f.* il giustificare, il giustificarsi; scusa, discolpa.
giustìzia *s.f.* **1** valore etico-sociale in base al quale si rispettano i diritti altrui **2** situazione conforme al giusto **3** la facoltà e l'autorità di dar forza esecutiva al diritto attraverso l'applicazione delle leggi | il potere dello stato che è depositario di questa facoltà; gli organi che ne eseguono le decisioni: *palazzo di* —, la sede degli uffici giudiziari.
giustiziàre *v.tr.* [*io giustìzio ecc.*] eseguire una condanna a morte.
giustizière *s.m.* [f. *-a*] vendicatore.
giùsto *agg.* **1** che agisce secondo giustizia; equo, imparziale: *un uomo* — **2** conforme a giustizia; legittimo **3** adatto, appropriato, conveniente ♦ *avv.* **1** esattamente **2** proprio ♦ *s.m.* [f. *-a*] **1** persona giusta **2** ciò che è giusto, ciò che è dovuto □ **-mente** *avv.*
glàbro *agg.* privo di peli, imberbe.
glaciàle *agg.* **1** di ghiaccio; gelato **2** (*fig.*) distaccato, ostile.
glaciazióne *s.f.* (*geol.*) diffusa espansione delle masse di ghiaccio.
gladiatóre *s.m.* nella Roma antica, schiavo, prigioniero o volontario che combatteva nell'arena contro uomini o belve.
gladìolo *s.m.* pianta erbacea bulbosa ornamentale con fiori di vario colore disposti in una lunga spiga.
glamour *s.m.invar.* (*ingl.*) fascino irresistibile, soprattutto femminile.
glànde *s.m.* (*anat.*) il rigonfiamento della parte terminale del pene.
glàssa *s.f.* (*gastr.*) strato di zucchero fuso di cui si ricoprono pasticcini, torte ecc.
glaucòma *s.m.* [pl. *-mi*] malattia dell'occhio caratterizzata dall'aumento della tensione del bulbo oculare.
glèba *s.f.* **1** (*lett.*) zolla di terra **2** (*estens.*) *servo della* —, in epoca feudale, contadino in stato di semischiavitù.
gli[1] *art.determ.m.pl.* [m.sing. *il*] si premette ai vocaboli maschili plurali che cominciano per vocale, *s* impura, *gn*, *ps*, *pn*, *x*, *z* (eccezione: *gli dei*).
gli[2] *pron.pers.m. di terza pers.sing.* [forma complementare atona di *egli*, *esso*] si usa come compl. di termine in posizione sia enclitica sia proclitica: — *ho parlato*.
glicemìa *s.f.* (*med.*) la quantità di glucosio contenuta nel sangue.
glicerìna *s.f.* (*chim.*) alcol trivalente ottenuto dai grassi.
glìcine *s.m.* pianta arbustacea rampicante, coltivata a scopo ornamentale.
globàle *agg.* considerato nella sua totalità □ **-mente** *avv.*
globalizzazióne *s.f.* (*econ.*) fenomeno per cui le economie e i mercati nazionali, grazie allo sviluppo delle telecomunicazioni e delle tecnologie informatiche, vanno diventando sempre più interdipendenti, fino a diventare parte di un unico sistema mondiale.
glòbo *s.m.* corpo di forma sferica: — *di vetro* | — *terrestre*, la Terra.
globulìna *s.f.* (*chim.*, *biol.*) sostanza proteica presente nel plasma sanguigno, nei tessuti animali, nel latte.
glòbulo *s.m.* (*biol.*) ciascuno degli elementi corpuscolati del sangue: *globuli bianchi*, aventi la proprietà di produrre anticorpi; *globuli rossi*, destinati al trasporto di ossigeno e anidride carbonica.
glòria[1] *s.f.* **1** altissimo onore, fama **2** motivo di orgoglio **3** (*relig.*) beatitudine delle anime del paradiso.
glòria[2] *s.m.invar.* (*lit.*) preghiera di lode a Dio.

glorificàre *v.tr.* [*io glorìfico, tu glorìfichi ecc.*] riconoscere degno di gloria ♦ **-rsi** *v.intr.pron.* vantarsi.
glorióso *agg.* **1** che ha gloria **2** che dà, procura gloria □ **-mente** *avv.*
glòssa *s.f.* nota marginale a un testo per spiegare una parola, una locuzione o un passo difficile.
glossàrio *s.m.* raccolta dei vocaboli contenuti in un testo, con la loro spiegazione.
glòttide *s.f.* (*anat.*) apertura superiore della laringe.
glottologìa *s.f.* [pl. *-gìe*] lo studio scientifico di lingue e dialetti; linguistica.
glucòsio *s.m.* (*chim.*) zucchero cristallino presente allo stato libero nei frutti dolci, nel nettare dei fiori, nel miele ecc.
glùteo *s.m.* (*anat.*) ognuno dei tre muscoli che formano la natica | *pl.* (*lett.*) le natiche.
glùtine *s.m.* (*chim.*) complesso proteico contenuto nei cereali.
gnòcco *s.m.* [pl. *-chi*] (spec. *pl.*) ciascuno dei tocchetti di pasta morbida, fatti per lo più con farina e patate.
gnòmo *s.m.* essere fantastico dall'aspetto di vecchio nano barbuto.
gnoseologìa *s.f.* teoria della conoscenza.
goal *s.m.invar.* (*ingl.*) il punto segnato da una squadra di calcio.
gòbba *s.f.* **1** deformazione della colonna vertebrale **2** protuberanza sulla schiena del cammello e del dromedario **3** (*estens.*) protuberanza.
gòbbo *agg.* **1** che ha la gobba **2** (*estens.*) curvo | *colpo* —, (*fig.*) mossa scaltra; manovra sleale ♦ *s.m.* [f. *-a*] persona gobba.
góccia *s.f.* [pl. *-ce*] piccola porzione di liquido dalla forma tondeggiante | *somigliarsi come due gocce d'acqua*, essere identici | *la — che fa traboccare il vaso*, (*fig.*) si dice di un fatto che fa precipitare una situazione già tesa.
góccio *s.m.* piccola quantità di una bevanda.
gocciolàre *v.tr.* [*io gócciolo ecc.*] far cadere a gocciole ♦ *v.intr.* [aus. *essere* nel sign. 1, *avere* nel sign. 2] **1** uscire, cadere a gocciole **2** lasciar uscire a gocciole
gocciolìo *s.m.* un gocciolare continuo.
godére *v.intr.* [pres. *io gòdo ecc.*; fut. *io godrò ecc.*; pass.rem. *io godéi* o *godètti, tu godésti ecc.*; cond.pres. *io godrèi*; part.pass. *goduto*; aus. *avere*] **1** provare viva contentezza **2** (*pop.*) raggiungere l'orgasmo **3** beneficiare di qlco. ♦ *v.tr.* provare soddisfazione per qlco. | *godersela*, divertirsi.
godiménto *s.m.* **1** gioia intensa **2** (*dir.*) facoltà di fruire di qlco.
gòffo *agg.* impacciato □ **-mente** *avv.*
gógna *s.f.* *mettere alla* —, (*fig.*) schernire.
go-kart *s.m.invar.* (*ingl.*) piccolo autoveicolo monoposto da competizione.
góla *s.f.* **1** (*anat.*) la cavità della faringe **2** come luogo di transito del cibo, del fiato e della voce dà luogo a numerose locuzioni | *avere un nodo, un groppo alla* o *in* —, essere commossi, emozionati fino al pianto | — *profonda*, (*fig.*) informatore, spia **3** (*estens.*) la parte anteriore del collo **4** golosità **5** (*geog.*) valle stretta e profonda.
gold disc *loc.sost.m.invar.* (*inform.*) cd-rom vergine su cui è possibile registrare dei dati.
goletta *s.f.* nave a vela con due alberi.
gòlf[1] *s.m.invar.* giacca a maglia di lana.
gòlf[2] *s.m.* gioco all'aperto che consiste nel mandare una pallina in una serie di buche con apposite mazze.
gólfo *s.m.* insenatura piuttosto vasta, chiusa ai lati da promontori.
goliardìa *s.f.* lo spirito di spensierata allegria dei goliardi e degli studenti in genere.
goliàrdico *agg.* [pl.m. *-ci*] proprio dei goliardi □ **-mente** *avv.*
goliàrdo *s.m.* studente universitario.
golosità *s.f.* **1** l'essere goloso **2** ghiottoneria.
golóso *agg.* che ha il vizio della gola; ghiotto ♦ *s.m.* [f. *-a*] persona golosa □ **-mente** *avv.*
golpe *s.m.invar.* (*sp.*) colpo di stato.
gómena *s.f.* grosso cavo di canapa usato per ormeggio e rimorchio di navi.
gomitàta *s.f.* colpo di gomito.
gómito *s.m.* **1** (*anat.*) articolazione che unisce il braccio con l'avambraccio **2** curva brusca **3** (*tecn.*) elemento di raccordo.
gomìtolo *s.m.* filo o spago avvolto su sé stesso in modo da formare una palla.
gómma *s.f.* **1** liquido viscoso secreto da alcune piante tropicali **2** pezzo di gomma per cancellare **3** pneumatico di un veicolo.
gommìsta *s.m.* [pl. *-sti*] chi vende, monta o ripara pneumatici di veicoli.
gommóso *agg.* **1** che contiene gomma **2** che è simile alla gomma.
gònade *s.f.* (*anat.*) nome degli organi ghiandolari, maschili e femminili, produttori dei gameti e degli ormoni sessuali.
góndola *s.f.* caratteristica imbarcazione della laguna veneta.
gondolière *s.m.* rematore che conduce una gondola.
gonfalóne *s.m.* vessillo adottato come insegna dai comuni medievali; oggi, stendardo di comuni, associazioni ecc.
gonfiàre *v.tr.* [*io gónfio ecc.*] **1** riempire un corpo cavo dalle pareti elastiche con aria

2 (*fig.*) esagerare: — *un preventivo* ♦ *v. intr.* [aus. *essere*] ♦ **-rsi** *v.intr.pron.* dilatarsi.

gonfiàto *agg.* riempito d'aria o di altro gas; gonfio: *pneumatico ben* — | *pallone* —, (*fig.*) persona piena di sé, boriosa.

gonfiatùra *s.f.* **1** il gonfiare, l'essere gonfiato **2** (*fig.*) esagerazione, montatura.

gónfio *agg.* **1** gonfiato **2** (*fig.*) superbo.

gonfióre *s.m.* rigonfiamento.

gongolàre *v.intr.* [*io góngolo ecc.*; aus. *avere*] essere pieno di una viva soddisfazione e darne visibilmente segno.

goniòmetro *s.m.* strumento per misurare gli angoli.

gònna *s.f.* indumento femminile che copre il corpo dalla cintura in giù.

gonorrèa *s.f.* (*med.*) blenorragia.

gónzo *agg.* e *s.m.* [f. *-a*] sciocco, credulone.

gorgheggiàre *v.intr.* e *tr.* [*io gorghéggio ecc.*; aus. dell'intr. *avere*] cantare con grande agilità e rapidità di passaggi vocali.

gorghéggio *s.m.* **1** il gorgheggiare **2** (*mus.*) nel canto, passaggio rapido e virtuosistico di più note sulla stessa vocale.

gorgièra *s.f.* **1** parte delle antiche armature che proteggeva la gola **2** colletto di pizzo o di tela pieghettata.

górgo *s.m.* [pl. *-ghi*] (*fig.*) vortice, abisso.

gorgogliàre *v.intr.* [*io gorgóglio ecc.*; aus. *avere*] sgorgare o scorrere producendo una sorta di brontolio.

gorgóglio[1] *s.m.* rumore prodotto da un liquido che gorgoglia; il brontolare dell'intestino.

gorgóglio[2] *s.m.* un gorgogliare continuato.

gorgonzòla *s.m.* formaggio color bianco giallognolo, dal profumo intenso.

gorìlla *s.m.invar.* **1** grande scimmia antropomorfa africana **2** (*spreg.*) guardia del corpo.

gòta *s.f.* (*lett.*) guancia.

gòtha *s.m.invar.* **1** l'aristocrazia **2** (*estens.*) il meglio, l'élite di un determinato settore di attività.

gòtico *agg.* [pl.m. *-ci*] **1** dei Goti, antica popolazione germanica **2** si dice di uno stile architettonico e artistico diffuso in Europa a partire dal sec. XII **3** *romanzo* —, genere di narrativa le cui vicende sono dominate da effetti di terrore e di mistero ♦ *s.m.* **1** la lingua dei Goti | (*fig.*) lingua, scrittura incomprensibile **2** lo stile gotico.

gótta *s.f.* (*med.*) malattia che si manifesta con la precipitazione dei sali dell'acido urico nelle articolazioni.

gottóso *agg.* (*med.*) di gotta ♦ *agg.* e *s.m.* [f. *-a*] malato di gotta.

governànte *agg.* e *s.m.* e *f.* che/chi governa ♦ *s.f.* lavoratrice fissa cui è affidato il governo della casa.

governàre *v.tr.* [*io govèrno ecc.*] **1** avere la direzione politica e amministrativa di uno stato **2** dirigere | (*fig.*) guidare **3** avere cura di qlcu. o di qlco. ♦ *v.intr.* [aus. *avere*] detto di un natante, mantenere la rotta ♦ **-rsi** *v.rifl.* regolarsi, contenersi.

governatóre *s.m.* **1** alto funzionario che governa un territorio in rappresentanza del potere centrale dello stato **2** in vari paesi, chi dirige la banca centrale.

govèrno *s.m.* **1** il governare, l'essere governato; la direzione politica e amministrativa di uno stato **2** il complesso delle istituzioni alle quali compete il potere esecutivo **3** forma della costituzione di uno stato.

gózzo *s.m.* (*med.*) rigonfiamento nella parte anteriore del collo, dovuta all'ingrossamento della tiroide.

gozzovìglia *s.f.* baldoria.

gozzovigliàre *v.intr.* [*io gozzovìglio ecc.*; aus. *avere*] fare gozzoviglie.

gracchiàre *v.intr.* [*io gràcchio ecc.*; aus. *avere*] **1** detto della cornacchia, del corvo e della gazza, emettere il caratteristico verso rauco **2** (*estens.*) emettere rumori stridenti.

gracidàre *v.intr.* [*io gràcido ecc.*; aus. *avere*] detto della rana, emettere il caratteristico verso rauco e intermittente.

gràcile *agg.* debole, fragile □ **-mente** *avv.*

gracilità *s.f.* l'essere gracile.

gradàsso *s.m.* smargiasso, spaccone.

gradazióne *s.f.* **1** successione graduale **2** quantità percentuale di alcol contenuta nelle bevande alcoliche.

gradévole *agg.* che riesce gradito; piacevole □ **-mente** *avv.*

gradiménto *s.m.* sentimento di piacere | *indice di* —, valutazione statistica del favore del pubblico.

gradinàta *s.f.* **1** scalinata **2** negli stadi o nei teatri, ordine di posti a sedere in file digradanti.

gradìno *s.m.* breve ripiano costruito o scavato per superare un dislivello | (*fig.*) ciascuno dei gradi intermedi di una scala di valori.

gradìre *v.tr.* [*io gradisco, tu gradisci ecc.*] accettare con piacere.

gradìto *agg.* accolto con piacere.

gràdo[1] *s.m.* **1** ciascuno degli stadi intermedi che conducono da un livello a un altro **2** in una scala di valori, il posto che ciascuno di essi occupa in rapporto agli altri **3** termine indicante varie unità di misura **4** il posto che una persona occupa in una gerarchia militare.

graduàle *agg.* che procede, si svolge per gradi □ **-mente** *avv.*
graduàre *v.tr.* [io gràduo ecc.] **1** disporre, ordinare per gradi **2** dividere in gradi.
graduàto *agg.* **1** ordinato per gradi **2** diviso in gradi: *termometro* — | *lenti graduate*, correttive ♦ *s.m.* militare di truppa che ha il grado di caporale o caporalmaggiore.
graduatòria *s.f.* ordine di successione di persone in base a un determinato criterio.
graduazióne *s.f.* la scala graduata di uno strumento di misurazione.
gràffa *s.f.* segno che unisce più righe di scrittura o a racchiudere un'espressione matematica | anche *agg.*: *parentesi* —.
graffétta *s.f.* fermaglio per fogli.
graffiàre *v.tr.* [io gràffio ecc.] **1** lacerare la pelle con le unghie o altro | (*estens.*) scalfire **2** (*fig.*) pungere con parole ♦ **-rsi** *v.rifl.* farsi dei graffi sulla pelle ♦ *v. intr.pron.* riportare delle scalfitture.
graffiàta *s.f.* il graffiare; graffio.
gràffio *s.m.* solco lasciato sulla pelle o su altra superficie dalle unghie o da un oggetto appuntito.
graffito *s.m.* tecnica di incisione su una superficie dura | la figura o l'insieme di figure incise con questa tecnica ♦ *agg.* inciso, scolpito con una punta.
grafia *s.f.* modo di scrivere; scrittura.
gràfica *s.f.* **1** l'arte, la tecnica della produzione e della riproduzione di disegni, incisioni, stampe **2** un'opera singola o l'insieme delle opere d'arte grafica di un artista.
gràfico *agg.* [pl.m. -ci] **1** che riguarda la grafia **2** che riguarda l'arte, la tecnica della riproduzione a stampa ♦ *s.m.* **1** diagramma **2** lavoratore di un ramo delle arti grafiche □ **-mente** *avv.*
grafite *s.f.* minerale grigio scuro, usato per fare mine di matite e rivestimenti di forni.
grafologìa *s.f.* studio per individuare, attraverso l'esame della grafia, il carattere e la psicologia di una persona.
grafòlogo *s.m.* [f. -a; pl.m. -gi] esperto di grafologia.
grafomanìa *s.f.* mania dello scrivere.
gramàglie *s.f.pl.* indumenti neri da lutto.
gramìgna *s.f.* nome di piante erbacee perenni, spontanee e infestanti.
graminàcee *s.f.pl.* (*bot.*) famiglia di piante erbacee con fiori raccolti in spighe.
grammàtica *s.f.* **1** il complesso delle strutture fonologiche, morfologiche, sintattiche e della tradizione grafica di una lingua **2** il testo scolastico che tratta della grammatica di una lingua.
grammaticàle *agg.* relativo alla grammatica □ **-mente** *avv.*
gràmmo *s.m.* unità di misura di peso del sistema metrico decimale, pari a 1 centimetro cubo di acqua distillata, alla temperatura di 4 gradi centigradi; ha simbolo *g.*
grammòfono *s.m.* (*antiq.*) apparecchio atto a riprodurre suoni incisi su dischi.
gràmo *agg.* misero, infelice.
gràna[1] *s.f.* struttura granulosa con cui si presenta la superficie o la parte interna di un corpo: — *grossa*, *fina* ♦ *s.m.invar.* formaggio del tipo del parmigiano-reggiano: — *padano*.
gràna[2] *s.f.* (*fam.*) seccatura, fastidio.
gràna[3] *s.f.* (*gerg.*) denaro, soldi.
granàglia *s.f.* (spec. *pl.*) denominazione generica dei grani alimentari.
granàio *s.m.* locale in cui si ripone il grano.
granàta[1] *s.f.* **1** melagrana **2** pietra preziosa di colore rosso scuro ♦ *agg.invar.* di colore rosso scuro.
granàta[2] *s.f.* (*mil.*) corpo lanciato da un pezzo d'artiglieria.
granatière *s.m.* (*mil.*) soldato di un corpo scelto di fanteria, di statura superiore alla media.
granatìna *s.f.* bibita fatta da sciroppo e ghiaccio tritato; granita.
grancàssa *s.f.* tamburo di grandi dimensioni.
grànchio *s.m.* **1** nome generico di varie specie di crostacei, generalmente commestibili **2** (*fig.*) cantonata.
grandangolàre *agg.* e *s.m.* (*foto.*) si dice di obiettivo con ampio campo di presa.
grànde *agg.* [il troncamento *gran* è possibile dinanzi a consonanti o gruppi consonantici che non siano *s* impura, *z*, *x*, *gn*, *ps*; compar. *più grande* o *maggiore*; superl. *grandissimo* o *massimo*] che supera la norma in dimensioni, forza, intensità, durata o altro ♦ *s.m.* [anche *f.*] **1** (*fam.*) persona adulta **2** chi ha straordinario ingegno, potenza o ricchezza oppure si è coperto di gloria □ **-mente** *avv.* molto.
grandézza *s.f.* **1** l'insieme delle dimensioni di un oggetto, la sua misura **2** (*mat.*, *fis.*) ogni ente che può essere misurato **3** (*fig.*) stato, condizione di eccellenza o di gloria, di potenza.
grandinàre *v.intr.impers.* [gràndina ecc.; aus. *essere* o *avere*] cadere la grandine ♦ *v.intr.* [aus. *essere*] venir giù come grandine.
grandinàta *s.f.* il grandinare; scroscio di grandine.
gràndine *s.f.* precipitazione atmosferica in forma di chicchi di ghiaccio.
grandiosità *s.f.* imponenza.
grandióso *agg.* **1** imponente **2** si dice di persona che ostenta ricchezza □ **-mente** *avv.*

grandùca *s.m.* [pl. *-chi*] sovrano di uno stato eretto a granducato.
granducàto *s.m.* dignità, titolo di granduca | stato retto da un granduca.
granduchéssa *s.f.* moglie o figlia di granduca.
granèllo *s.m.* **1** chicco del grano e di altri cereali **2** seme di vari frutti **3** (*estens.*) cosa molto piccola **4** (*fig.*) quantità minima.
granìta *s.f.* sciroppo servito con ghiaccio tritato; granatina.
granìtico *agg.* [pl.m. *-ci*] **1** che ha natura di granito **2** (*fig.*) saldo, incrollabile.
granito *s.m.* roccia cristallina usata come materiale da costruzione.
granìvoro *agg.* che si nutre di cereali.
gràno *s.m.* **1** frumento **2** (*estens.*) piccola parte di qlco.; granello **3** unità di misura di peso usata per i preziosi e in farmacia, corrispondente a un quarto di carato.
grantùrco *s.m.* mais.
granulàre *agg.* formato da piccoli grani.
grànulo *s.m.* piccolo grano, granello.
granulòma *s.m.* [pl. *-mi*] (*med.*) nome con cui si indicano neoformazioni sia di carattere infiammatorio sia di carattere tumorale.
granulóso *agg.* che è formato da granuli.
gràppa *s.f.* acquavite di vinacce.
gràppolo *s.m.* (*bot.*) tipo di infiorescenza e di infruttescenza costituito da un asse centrale a cui sono attaccati fiori o frutti.
grassétto *agg.* e *s.m.* (*tip.*) neretto.
gràsso *agg.* **1** che ha un eccesso di tessuto adiposo **2** detto di cibo, che contiene tessuto adiposo o è condito con sostanze untuose **3** untuoso, oleoso ♦ *s.m.* **1** tessuto adiposo **2** sostanza untuosa **3** (*chim.*) composto untuoso di carbonio, idrogeno e ossigeno, insolubile in acqua, di consistenza liquida o solida; lipide □ **-mente** *avv.* **1** volgarmente **2** riccamente.
gràta *s.f.* inferriata fatta con sbarre di metallo o di legno incrociate.
gratèlla *s.f.* graticola.
gratìcola *s.f.* utensile da cucina per arrostire carni o pesci sulla fiamma viva.
gratìfica *s.f.* compenso straordinario che si aggiunge alla normale retribuzione.
gratificànte *agg.* che dà soddisfazione morale.
gratificàre *v.tr.* [*io gratìfico, tu gratìfichi ecc.*] procurare una soddisfazione morale.
gratificazióne *s.f.* soddisfazione morale.
gratin *s.m.invar.* (*fr.*) vivanda cotta al forno e cosparsa di besciamella, pane e formaggio grattugiato.
gratinàre *v.tr.* cuocere al gratin.
gràtis *avv.* senza pagare; gratuitamente.
gratitùdine *s.f.* riconoscenza.
gràto *agg.* **1** che ricorda i benefici ricevuti **2** gradito.
grattacàpo *s.m.* seccatura.
grattacièlo *s.m.* edificio altissimo, con moltissimi piani.
grattàre *v.tr.* **1** passare le unghie sulla superficie di qlco., specialmente sulla pelle per far passare il prurito **2** (*estens.*) graffiare | (*fam.*) grattugiare **3** (*fig. pop.*) rubare ♦ *v.intr.* [aus. *avere*] stridere, fare attrito ♦ **-rsi** *v.rifl.* fregarsi la pelle con le unghie per far cessare il prurito.
grattùgia *s.f.* [pl. *-gie*] utensile da cucina con sporgenze appuntite su cui si sfregano formaggio o pane per ridurli in briciole.
grattugiàre *v.tr.* [*io grattùgio ecc.*] ridurre in briciole o in scagliette con la grattugia.
gratùito *agg.* **1** che non si paga **2** (*fig.*) arbitrario, ingiustificato □ **-mente** *avv.*
gravàme *s.m.* **1** peso, carico (spec. *fig.*) **2** imposta.
gravàre *v.intr.* [aus. *essere* o *avere*] premere col proprio peso (anche *fig.*) ♦ *v.tr.* opprimere con pesi (spec. *fig.*) ♦ **-rsi** *v.rifl.* sottoporsi a un peso (anche *fig.*).
gràve *agg.* **1** pesante **2** (*fig.*) difficile da sopportare **3** (*fig.*) che implica notevole responsabilità, rischio o pericolo **4** (*fig.*) serio **5** *accento* —, (*gramm.*) segno grafico [`] che si usa per indicare le vocali toniche aperte (*à*, *è*, *ò*), ma che si estende anche alle vocali chiuse *i*, *u* **6** (*mus.*) basso ♦ *s.m.* **1** (*fis.*) corpo soggetto alla forza di gravità **2** cosa seria □ **-mente** *avv.* notevolmente, seriamente.
gravidànza *s.f.* condizione biologica in cui si trova la femmina di un mammifero dal giorno del concepimento al parto; gestazione.
gràvido *agg.* **1** che è in stato di gravidanza **2** (*fig.*) carico.
gravità *s.f.* **1** l'essere grave **2** (*fis.*) forza con cui la Terra attrae i corpi verso il proprio centro.
gravitàre *v.intr.* [*io gràvito ecc.*; aus. *avere*] **1** tendere a un punto o girare attorno a esso, per effetto della legge di gravitazione **2** (*fig.*) muoversi nell'orbita di altri.
gravitazióne *s.f.* (*fis.*) la forza di attrazione che i corpi esercitano uno sull'altro come risultato della loro massa.
gravóso *agg.* che opprime col proprio peso; faticoso □ **-mente** *avv.*
gràzia *s.f.* **1** fascino che emana da una persona o da una cosa, dovuto a eleganza, semplicità e dolcezza **2** buona disposizione d'animo verso gli altri **3** condono parziale o totale di una pena | *colpo di* —, quello con cui si finisce il nemico già ferito; (*fig.*) quello che provoca un definitivo

tracollo **4** (*teol.*) il complesso di doni soprannaturali che Dio concede all'uomo | (*estens.*) speciale soccorso che l'uomo chiede alla divinità | *stato di* —, (*fig.*) momento di particolare benessere spirituale o fisico.
graziàre *v.tr.* [*io gràzio ecc.*] concedere la grazia a un condannato.
gràzie *inter.* esprime ringraziamento o gratitudine.
graziόso *agg.* **1** che ha grazia **2** piacevole ☐ **-mente** *avv.*
grèca *s.f.* motivo ornamentale costituito da una linea spezzata che forma angoli retti | (*mil.*) ricamo in fili d'oro e argento a forma di greca, usato come distintivo del grado di generale.
grecàle *agg.* e *s.m.* si dice di vento di nord-est caratteristico delle regioni mediterranee meridionali.
grecìsmo *s.m.* (*ling.*) parola, locuzione propri del greco entrati in un'altra lingua.
grecìsta *s.m.* e *f.* [pl.m. *-sti*] studioso della lingua, della letteratura e della civiltà dell'antica Grecia.
gregàrio *s.m.* [f. *-a*] **1** esecutore subalterno **2** (*sport*) corridore di una squadra ciclistica che ha il compito di aiutare il capitano ♦ *agg.*
grégge *s.m.* [pl. *le greggi*] **1** gruppo numeroso di pecore o altri ovini **2** (*spreg.*) gran numero di persone **3** (*spreg.*) moltitudine di persone pronte a ubbidire o approvare senza discutere.
gréggio *agg.* [pl.f. *-ge*] si dice di materia allo stato naturale ♦ *s.m.* petrolio non raffinato.
gregoriàno *agg.* *canto* —, canto liturgico della chiesa romana, il cui canone fu definito da papa Gregorio I (sec. VI) | *calendario* —, quello attualmente in uso, stabilito da papa Gregorio XIII (sec. XVI).
grembiùle *s.m.* sopravveste che indossano i bambini e alcune categorie di lavoratori.
grèmbo *s.m.* **1** l'incavo che, in una persona seduta, si forma tra il ventre e le ginocchia **2** (*estens.*) ventre della donna incinta **3** (*fig.*) parte interna.
gremìre *v.tr.* [*io gremisco, tu gremisci ecc.*] riempire fittamente: *il pubblico gremiva la sala* ♦ **-rsi** *v.intr.pron.* riempirsi.
gréppia *s.f.* mangiatoia.
grès *s.m.invar.* ceramica colorata ad alto grado di cottura, usata per mattonelle.
gréto *s.m.* la parte ghiaiosa e asciutta del letto di un fiume.
grettézza *s.f.* meschinità.
grétto *agg.* **1** che manca di generosità **2** (*fig.*) limitato ☐ **-mente** *avv.*
grève *agg.* **1** pesante, opprimente **2** doloroso, duro da sopportare.
grézzo *agg.* **1** non lavorato né trattato **2** (*fig.*) primitivo.
gridàre *v.intr.* [aus. *avere*] alzare la voce | — *contro qlcu.*, inveire contro di lui ♦ *v.tr.* **1** dire, chiedere ad alta voce | — *vendetta*, (*fig.*) si dice di azioni ingiuste o criminose che meritano la punizione dei responsabili **2** (*fam.*) sgridare.
grìdo *s.m.* [pl. *le grida*, dell'uomo; *i gridi*, degli animali o dell'uomo se considerati come singole emissioni vocali] **1** voce emessa con forza | *l'ultimo* —, (*fig.*) l'ultima novità; *all'ultimo* —, alla moda **2** (*fig.*) invocazione **3** (*fig.*) fama.
griffàto *agg.* si dice di capo d'abbigliamento firmato da uno stilista di moda.
griffe *s.f.invar.* (*fr.*) marchio di fabbrica o etichetta di una ditta o di uno stilista prestigiosi.
grifóne *s.m.* **1** grosso uccello rapace diurno **2** (*mit.*, *arald.*) animale favoloso alato.
grìgio *agg.* [pl.f. *-gie*] **1** di colore intermedio tra il bianco e il nero | *materia grigia*, (*anat.*) il tessuto nervoso di cui è formato il cervello **2** (*fig.*) scialbo, monotono: *una vita grigia* ♦ *s.m.* il colore grigio.
grìglia *s.f.* **1** gratella per arrostire la carne o il pesce **2** inferriata: — *di protezione* **3** — *di partenza*, (*sport*) in una gara automobilistica, ordine secondo cui sono schierate le vetture alla partenza.
grigliàta *s.f.* pietanza a base di varie qualità di carne, pesce o verdure cotti alla griglia.
grignolìno *s.m.* nome di un vitigno coltivato in provincia di Asti | il vino rosso e asciutto che se ne ricava.
grill *s.m.invar.* (*ingl.*) griglia.
grillétto *s.m.* nelle armi da fuoco portatili, la piccola leva che, premuta col dito, fa scattare il percussore provocando lo sparo: *premere il* —.
grìllo *s.m.* **1** insetto dal corpo tozzo con zampe posteriori adatte al salto; i maschi emettono il caratteristico verso | *fare il — parlante*, (*fig.*) mostrarsi saccente **2** (*fig.*) capriccio.
grimaldèllo *s.m.* ferro ritorto a un'estremità, usato per aprire serrature senza far uso di chiavi.
grìnfia *s.f.* zampa fornita di artigli | *cadere nelle grinfie di qlcu.*, (*fig.*) in sua balia.
grìnta *s.f.* **1** faccia dura, corrucciata **2** (*estens.*) aggressività, decisione.
grintóso *agg.* che ha grinta, pieno di grinta: *un pugile* — ☐ **-mente** *avv.*
grìnza *s.f.* ruga, piega della pelle, della stoffa o altro.

grinzóso *agg.* pieno di grinze; rugoso.
grippàre *v.intr.* [aus. *avere*] ♦ **-rsi** *v.intr.pron.* bloccarsi per eccesso di attrito.
grisou *s.m.invar.* (*fr.*) miscela esplosiva di metano e aria che si forma nelle miniere.
grissìno *s.m.* sottile bastoncino di pane croccante.
grómma *s.f.* incrostazione di tartaro che il vino lascia nelle botti.
grónda *s.f.* parte del tetto che sporge dal muro esterno dell'edificio.
grondàia *s.f.* canale semicilindrico fissato alla gronda per raccogliere l'acqua piovana.
grondànte *agg.* intriso, zuppo: — *d'acqua*.
grondàre *v.intr.* [*io gróndo* ecc.; aus. *essere* nel sign. 1, *avere* nel sign. 2] **1** cadere dalla gronda, detto dell'acqua | (*estens.*) colare abbondantemente **2** essere bagnato, coperto di un liquido che gocciola copiosamente ♦ *v.tr.* versare, lasciar cadere un liquido (anche *assol.*).
gròppa *s.f.* **1** parte del dorso dei quadrupedi **2** (*fam. scherz.*) schiena.
groppo *s.m.* nodo intricato | *avere un — alla gola*, (*fig.*) sentirsi stringere alla gola, in seguito a commozione intensa.
groppóne *s.m.* (*fam. scherz.*) schiena, spalle.
grossézza *s.f.* **1** l'essere grosso **2** le dimensioni di un corpo.
grossìsta *s.m.* e *f.* [pl.m. *-sti*] commerciante all'ingrosso.
gròsso *agg.* **1** che ha dimensioni notevoli | *mare* —, con un notevole moto ondoso | *avere il fiato* —, avere l'affanno | *avere il cuore* —, (*fig.*) gonfio di pena, afflitto **2** (*fam.*) importante, notevole **3** grave; arduo ♦ *avv.* in maniera grossa ♦ *s.m.* **1** la parte maggiore o più importante di qlco. **2** la parte più numerosa.
grossolàno *agg.* **1** poco fine; ordinario **2** non preciso **3** di modi volgari; rozzo □ **-mente** *avv.*
gròtta *s.f.* **1** cavità scavata nei fianchi di un monte o sotto terra **2** (*region.*) cantina.
grottésca *s.f.* decorazione pittorica basata su motivi bizzarri e fantastici.
grottésco *agg.* [pl.m. *-schi*] bizzarro e inconsueto ♦ *s.m.* il particolare effetto di comicità che risulta da situazioni grottesche □ **-mente** *avv.*
grovièra *s.m.* o *f.invar.* termine generico con i formaggi con i buchi.
grovìglio *s.m.* nodo | (*estens.*) garbuglio.
gru *s.f.* **1** grosso uccello migratore **2** macchina per sollevare e spostare carichi **3** (*cine.*) carrello mobile con un braccio alla cui estremità è posta la cinepresa.
grùccia *s.f.* [pl. *-ce*] **1** stampella **2** oggetto simile a una gruccia per appendere i vestiti nell'armadio.
grufolàre *v.intr.* [*io grùfolo* ecc.; aus. *avere*] detto del maiale e del cinghiale, raspare grugnendo.
grugnìre *v.intr.* [*io grugnisco, tu grugnisci* ecc.; aus. *avere*] detto del maiale e del cinghiale, emettere grugniti ♦ *v.tr.* dire qlco. con malgarbo, in modo confuso.
grugnìto *s.m.* verso caratteristico del maiale e del cinghiale.
grùgno *s.m.* **1** muso del maiale e del cinghiale **2** (*spreg.*) viso dell'uomo.
grùllo *agg.* sciocco, semplicione | Usato anche come *s.m.* [f. *-a*].
grùmo *s.m.* coagulo di sangue o di altri liquidi organici | (*estens.*) piccolo ammasso rotondeggiante di sostanze non disciolte bene.
grùppo *s.m.* **1** insieme di persone o cose vicine, riunite, connesse tra loro **2** — *sanguigno*, (*biol.*) ognuna delle classi in cui si suddivide il sangue umano sulla base delle sue specifiche proprietà di agglutinazione.
gruppùscolo *s.m.* piccolo raggruppamento politico.
grùzzolo *s.m.* mucchietto di monete; somma di denaro accumulata a poco a poco.
guadagnàre *v.tr.* **1** ottenere un profitto in una attività economica **2** ottenere in remunerazione del proprio lavoro **3** meritare **4** (*estens.*) trarre un beneficio **5** vincere ♦ *v.intr.* [aus. *avere*] fare migliore figura, avere migliore apparenza.
guadàgno *s.m.* **1** il guadagnare **2** profitto **3** (*estens.*) vantaggio.
guadàre *v.tr.* attraversare un corso d'acqua camminando sul fondo.
guàdo *s.m.* **1** il guadare **2** il punto in cui un corso d'acqua si può guadare.
guài *inter.* si usa in esclamazioni di minaccia: — *a voi!*
guaìna *s.f.* **1** custodia per armi o ferri da taglio **2** (*anat.*) membrana che ricopre un organo o una sua parte **3** indumento elastico che modella il corpo.
guàio *s.m.* **1** disgrazia; situazione difficile **2** impiccio.
guaìre *v.intr.* [*io guaisco, tu guaisci* ecc.; aus. *avere*] emettere guaiti, detto del cane.
guaìto *s.m.* verso acuto, breve e lamentoso emesso dal cane o da altri animali quando provano dolore.
guància *s.f.* [pl. *-ce*] parte laterale della faccia tra lo zigomo e la mandibola | *porgere l'altra* —, (*fig.*) sopportare le offese senza reagire.
guancìale *s.m.* cuscino.
guàno *s.m.* prodotto proveniente da de-

positi di escrementi di uccelli, usato come fertilizzante.

guànto *s.m.* indumento che serve per coprire la mano, di cui riproduce la forma | *trattare qlcu. con i guanti*, (*fig.*) con tutti i riguardi.

guantóne *s.m.* guanto di cuoio imbottito, usato negli incontri di pugilato.

guardacàccia *s.m.invar.* chi è incaricato di far rispettare le norme sulla caccia.

guardacòste *s.m.invar.* nave armata adibita alla difesa delle coste.

guardalìnee *s.m.invar.* (*sport*) ciascuno dei giudici che coadiuvano l'arbitro durante le partite di calcio, controllando il gioco dalle linee laterali.

guardapésca *s.m.invar.* chi è incaricato di far rispettare le norme sulla pesca.

guardàre *v.tr.* **1** volgere, fissare lo sguardo su qlco. o su qlcu. (anche *assol.*) **2** osservare con attenzione; (*fig.*) considerare **3** sorvegliare; proteggere: — *le spalle a qlcu., di qlcu.*, difenderlo da attacchi di sorpresa ♦ *v.intr.* [aus. *avere*] **1** pensare **2** badare **3** di luogo, essere esposto ♦ **-rsi** *v.rifl.* **1** rivolgere lo sguardo sulla propria immagine **2** difendersi; astenersi ♦ *v.rifl.rec.* osservarsi reciprocamente.

guardaròba *s.m.invar.* **1** armadio dove si conservano il vestiario e la biancheria **2** l'insieme degli abiti e degli accessori posseduti da una persona **3** nei locali pubblici, ambiente dove si depositano cappotto, borse e ombrelli.

guardasigìlli *s.m.invar.* il ministro di grazia e giustizia.

guardàta *s.f.* sguardo, occhiata.

guàrdia *s.f.* **1** il custodire, il vigilare **2** turno di servizio di militari, sorveglianti, medici, infermieri ecc. | — *medica*, servizio medico permanente **3** persona o gruppo di persone, spesso militari, a cui è affidato un servizio di protezione; scorta | — *del corpo*, nucleo di forze di polizia addetto alla protezione di personalità pubbliche **4** denominazione di corpi militari o civili che hanno funzioni di vigilanza, protezione, custodia; ciascuno degli appartenenti a tali corpi | — *di finanza*, corpo militare dello stato addetto a impedire e reprimere i reati finanziari e tributari; finanziere | — *giurata*, privato che svolge attività di vigilanza di beni e persone **5** soprattutto nella scherma e nel pugilato, posizione di difesa | *mettere qlcu. in — contro qlco.*, (*fig.*) avvertirlo dei pericoli a cui va incontro **6** l'altezza, segnata sull'argine di un fiume, che indica il limite a cui l'acqua può giungere senza pericolo di alluvione: *il Po è un metro sotto il livello di —*.

guardiàno *s.m.* [f. *-a*] persona addetta alla custodia e alla sorveglianza.

guardìna *s.f.* camera di sicurezza.

guardìngo *agg.* [pl.m. *-ghi*] prudente, circospetto.

guardrail *s.m.invar.* (*ingl.*) barriera di protezione, di cemento o di lamiera, posta lungo i tratti pericolosi delle strade.

guarìbile *agg.* che può guarire.

guarigióne *s.f.* il guarire, il recuperare la salute.

guarìre *v.tr.* [*io guarisco, tu guarisci ecc.*] **1** rimettere in salute **2** far passare una malattia ♦ *v.intr.* [aus. *essere*] recuperare la salute.

guaritóre *s.m.* [f. *-trice*] chi, con mezzi non riconosciuti dalla scienza, guarisce o pretende di guarire.

guarnigióne *s.f.* l'insieme delle truppe dislocate in una determinata località.

guarnìre *v.tr.* [*io guarnisco, tu guarnisci ecc.*] adornare.

guarnizióne *s.f.* **1** ciò che serve a guarnire, a ornare **2** (*tecn.*) elemento di gomma, plastica o altro materiale posto fra due superfici a stretto contatto per realizzare una chiusura a tenuta stagna.

guastafèste *s.m.* e *f.invar.* **1** chi turba l'allegria di una festa con parole o atteggiamenti inopportuni **2** (*fig.*) persona o cosa che sopraggiungendo manda all'aria piani prestabiliti.

guastàre *v.tr.* **1** rovinare, danneggiare **2** (*fig.*) turbare ♦ **-rsi** *v.intr.pron.* **1** non funzionare più | deteriorarsi **2** (*fig.*) cambiare in peggio: *il tempo si sta guastando.*

guastatóre *s.m.* (*mil.*) fante o geniere specializzato nell'assalto a opere fortificate e nella distruzione di mezzi corazzati.

guàsto[1] *agg.* che si è guastato o è stato guastato.

guàsto[2] *s.m.* danno, rottura.

guazzabùglio *s.m.* mescolanza confusa di cose eterogenee (anche *fig.*).

guàzzo *s.m.* tecnica di pittura in cui i colori vengono stemperati in acqua e gomma arabica | opera dipinta con tale tecnica.

guèlfo *agg.* e *s.m.* che/chi è favorevole alla politica temporale del papato; clericale.

guêpière *s.f.* (*fr.*) piccolo busto, corsetto portato dalle donne per stringere la vita.

guèrcio *agg.* e *s.m.* [pl.f. *-ce*] che/chi ha la vista molto difettosa ♦ *s.m.* [f. *-a*] chi è affetto da strabismo.

guèrra *s.f.* **1** lotta armata tra due o più stati o tra fazioni di uno stesso stato **2** (*estens.*) ostilità che si manifesta su piani diversi da quello militare | — *fredda*, tensione politica alimentata da atti di ostilità, senza che si giunga a un aperto uso delle

armi | — *psicologica*, azione che mira a deprimere il morale dell'avversario.
guerrafondàio *agg.* e *s.m.* [f. *-a*] (*spreg.*) che/chi è fautore della guerra a ogni costo.
guerreggiàre *v.intr.* [*io guerréggio ecc.*; aus. *avere*] fare la guerra | (*estens.*) rivaleggiare.
guerrièro *s.m.* [f. *-a*] uomo di guerra ♦ *agg.* combattivo.
guerrìglia *s.f.* guerra combattuta da piccole formazioni autonome, fatta di imboscate, assalti di sorpresa, brevi scontri.
guerriglièro *s.m.* [f. *-a*] chi pratica la guerriglia.
gùfo *s.m.* uccello rapace notturno di media grossezza.
gùglia *s.f.* **1** decorazione architettonica a forma di piramide alta e sottile **2** cima rocciosa isolata e appuntita.
gugliàta *s.f.* la quantità di filo che si infila ogni volta nella cruna dell'ago per cucire.
guìda *s.f.* **1** l'azione del guidare **2** chi o ciò che indica la via da percorrere (anche *fig.*): — *spirituale* **3** chi accompagna i turisti nella visita di una città, di un museo **4** libro per il turista, che illustra i vari aspetti di una città, di una regione, di un museo ecc. | manuale che introduce allo studio di una disciplina ♦ *agg.invar.* che indica la via da seguire, che ispira o impone norme di comportamento.
guidàre *v.tr.* **1** far da guida accompagnando **2** (*fig.*) indicare la via da seguire **3** dirigere | (*sport*) essere al primo posto **4** condurre animali, veicoli ♦ **-rsi** *v.rifl.* regolarsi, condursi.
guidatóre *s.m.* [f. *-trice*] chi guida veicoli.
guinzàglio *s.m.* striscia di cuoio o catena metallica che si aggancia al collare dei cani per limitarne la libertà di movimento: *tenere il cane al* —.
guìtto *agg.* che vive sordidamente; miserabile ♦ *s.m.* [f. *-a*] attore comico che recita in piccole compagnie girovaghe | (*spreg.*) attore da strapazzo.
guizzàre *v.intr.* [aus. *essere*] muoversi in modo vivace e sinuoso; scattare: *i pesci guizzano*.
guìzzo *s.m.* **1** il guizzare; balzo **2** (*estens.*) balenio di una luce, di una fiamma, di uno sguardo.
gùlag *s.m.invar.* nome con cui, in Unione Sovietica, veniva indicato un campo di lavoro forzato.
gulasch *s.m.* (*ted.*) (*gastr.*) spezzatino di manzo o di vitello in salsa piccante, specialità della cucina ungherese.
gùru *s.m.invar.* in India, maestro spirituale o capo religioso | (*scherz.*) capo carismatico.
gùscio *s.m.* involucro di alcuni frutti e semi, o dell'uovo di alcuni animali; conchiglia | *chiudersi nel proprio* —, (*fig.*) restare chiusi in sé stessi; *uscire dal* —, (*fig.*) aprirsi.
gustàre *v.tr.* **1** avvertire il sapore per mezzo del gusto **2** (*fig.*) apprezzare ♦ *v.intr.* [aus. *essere*] piacere, riuscire gradito.
gùsto *s.m.* **1** senso che permette di percepire e distinguere i sapori **2** sapore **3** (*fig.*) piacere, sentimento di intima soddisfazione **4** (*fig.*) preferenza **5** (*fig.*) senso di opportunità | facoltà di giudicare e apprezzare i valori estetici.
gustóso *agg.* **1** saporito **2** (*fig.*) che dà piacere □ **-mente** *avv.*
gutturàle *agg.* della gola ♦ *agg.* e *s.f.* (*ling.*) si dice di consonante articolata all'altezza del velo palatino o anche dell'ugola; velare.

Hh

h *s.f.* o *m.* ottava lettera dell'alfabeto, il cui nome è *acca*.
habitat *s.m.invar.* (*lat.*) (*biol.*) l'insieme delle condizioni ambientali atte alla vita di determinate specie vegetali e animali.
hall *s.f.invar.* (*ingl.*) grande sala d'ingresso in alberghi e case signorili.
Halloween *s.m.* festa che si celebra negli Stati Uniti nella notte tra il 31 ottobre e il 1° novembre; è dedicata a scherzi e travestimenti a tema macabro.
hamburger *s.m.invar.* (*ingl.*) polpetta schiacciata di carne bovina.
handicap *s.m.invar.* (*ingl.*) **1** (*sport*) gara in cui i concorrenti più quotati concedono un vantaggio agli avversari **2** (*fig.*) condizione sfavorevole **3** menomazione.
handicappàto *s.m.* [f. *-a*] portatore di handicap, disabile.
hangar *s.m.invar.* (*fr.*) aviorimessa.
happening *s.m.invar.* (*ingl.*) spettacolo fondato sull'improvvisazione e il coinvolgimento del pubblico.
harakiri *s.m.invar.* (*giapp.*) **1** suicidio rituale, proprio dei samurai **2** (*fig.*) comportamento autolesionistico.
hard disk *loc.sost.m.invar.* (*ingl.*) (*inform.*) supporto di materiale magnetizzabile, usato come memoria di massa di un elaboratore elettronico; disco rigido.
hardware *s.m.invar.* (*ingl.*) (*inform.*) l'insieme delle parti meccaniche, elettriche ed elettroniche di un elaboratore.
hàrem *s.m.invar.* nei paesi musulmani, parte della casa dove abitano le donne e i bambini.
hashish *s.m.invar.* droga ricavata dalla canapa indiana.
hèrpes *s.m.invar.* — *zoster* malattia causata da un virus che si manifesta con eruzione di vescicole e dolori nevritici.
hertz *s.m.invar.* (*ted.*) (*fis.*) unità di misura della frequenza nel Sistema Internazionale.
hezbollah *s.m.invar.* movimento estremista islamico di ispirazione sciita.
hinterland *s.m.invar.* (*ted.*) il territorio circostante una grande città.
hit-parade *loc.sost.f.invar.* (*ingl.*) classifica delle canzoni di maggior successo, compilata sulla base dei dischi venduti.
hobby *s.m.invar.* (*ingl.*) passatempo.
hockey *s.m.invar.* (*ingl.*) sport a squadre in cui bisogna spingere, con bastoni ricurvi, una palla o un disco nella rete avversaria.
holding *s.f.invar.* (*ingl.*) società finanziaria che controlla altre società.
hollywoodiano *agg.* di Hollywood, centro dell'industria cinematografica americana | (*estens.*) sontuoso e scenografico.
home banking *loc.sost. m. invar.* servizio fornito da una banca che consente all'utente, collegato telematicamente, di effettuare ordini di pagamento, richieste di assegni ecc., e ricevere informazioni relative al proprio conto
home computer *loc. sost.m.invar.* (*ingl.*) personal computer di uso familiare.
home video *loc.sost.m.invar.* (*ingl.*) **1** settore industriale della produzione di videocassette **2** videocassetta di uso domestico.
homo sapiens *loc.sost.m.* [solo *sing.*] (*lat.*) specie dei primati che comprende tutte le razze umane.
hostess *s.f.invar.* (*ingl.*) **1** assistente di volo su aerei di linea **2** accompagnatrice.
hotel *s.m.invar.* (*fr.*) albergo.
humour *s.m.invar.* (*ingl.*) umorismo.
husky *s.m.invar.* (*ingl.*) **1** razza di cane diffusa in molte aree nordiche **2** giaccone di tessuto trapuntato e colletto di velluto.
HTML *s.m.invar.* (*ingl.*) (*inform.*) linguaggio di codifica ipertestuale usato per creare pagine Web | Sigla di Hyper-Text Markup Language 'linguaggio di marcatura per ipertesti'.
HTTP *s.m.invar.* (*ingl.*) (*inform.*) protocollo per il trasferimento di documenti ipertestuali, usato per la navigazione in Internet | Sigla di Hyper-Text Transfer Protocol 'protocollo per il trasporto di ipertesti'.

Ii

i[1] *s.f.* o *m.* nona lettera dell'alfabeto; rappresenta una vocale chiusa o una semiconsonante | *i lunga*, j; *i greca*, y.
i[2] *art.determ.m.pl.* [m. sing. *il*] si premette ai vocaboli maschili plurali che cominciano per consonante che non sia *s* impura, *gn*, *ps*, *x*, *z*.
iàto *s.m.* **1** incontro di due vocali che non formano dittongo **2** (*fig.*) interruzione.
iattùra *s.f.* disgrazia | rovina.
ibernazióne *s.f.* **1** (*biol.*) stato di torpore più o meno profondo, tipico di alcuni animali durante il periodo invernale; letargo **2** (*med.*) abbassamento della temperatura corporea effettuato in particolari interventi chirurgici.
ìbis *s.m.invar.* grosso uccello di palude.
ibridazióne *s.f.* (*bot.*, *zool.*) incrocio fra specie o varietà diverse.
ìbrido *agg.* e *s.m.* **1** si dice di vegetale o animale prodotto dall'accoppiamento di due specie o varietà diverse **2** (*fig.*) si dice di fatto o di cosa formata di elementi eterogenei □ **-mente** *avv.*
iceberg *s.m.invar.* (*ingl.*) gigantesco blocco di ghiaccio galleggiante sui mari polari.
icóna *s.f.* nell'arte bizantina e russa, immagine sacra dipinta su tavola.
icònico *agg.* [pl.m. *-ci*] figurativo □ **-mente** *avv.*
iconoclastìa *s.f.* (*st.*) movimento religioso sorto nell'impero bizantino durante il sec. VIII, che vietava il culto delle immagini.
iconografìa *s.f.* **1** branca della storia dell'arte che si occupa dei temi raffigurati nelle opere d'arte **2** l'insieme delle rappresentazioni figurative relative a un certo soggetto.
ìctus *s.m.invar.* (*med.*) denominazione generica di alcune sindromi che si manifestano improvvisamente: — *cerebrale*, apoplessia.
idèa *s.f.* **1** rappresentazione mentale **2** nozione approssimativa | sensazione **3** opinione **4** parte sostanziale di una teoria, una dottrina, un pensiero.
ideàle *agg.* **1** che esiste solo nel pensiero o nell'immaginazione **2** che è come si vorrebbe: *cercare la donna* — ♦ *s.m.* **1** modello di perfezione **2** scopo nobile e generoso per cui si agisce □ **-mente** *avv.*
idealìsmo *s.m.* **1** sistema filosofico che intende le idee come modelli e causa delle cose **2** il perseguire nobili ideali.
idealìsta *s.m.* e *f.* [pl.m. *-sti*] chi segue nobili ideali senza tener conto della realtà.
idealizzàre *v.tr.* attribuire a persone o cose reali una perfezione ideale.
ideàre *v.tr.* [*io idèo ecc.*] concepire nella mente; progettare.
ìdem *pron.dimostr.invar.* la stessa cosa, la stessa persona ♦ *avv.* (*fam.*) lo stesso, ugualmente.
idèntico *agg.* [pl.m. *-ci*] interamente uguale □ **-mente** *avv.*
identificàre *v.tr.* [*io identìfico, tu identìfichi ecc.*] **1** riconoscere l'identità di una persona **2** individuare ♦ **-rsi** *v.rifl.* immedesimarsi.
identificazióne *s.f.* l'identificare, l'identificarsi, l'essere identificato | l'accertamento dell'identità di una persona.
identikit *s.m.invar.* (*ingl.*) metodo usato dalla polizia per ricostruire l'aspetto fisico di un ricercato combinando i vari dati somatici forniti dai testimoni.
identità *s.f.* **1** assoluta uguaglianza **2** l'insieme dei caratteri fisici e psicologici di una persona | (*burocr.*) i dati anagrafici e somatici che consentono di riconoscere una persona | *carta di* —, documento di riconoscimento.
ideogràmma *s.m.* [pl. *-mi*] simbolo grafico che rappresenta un'idea e non un suono della lingua: *gli ideogrammi cinesi*.
ideologìa *s.f.* complesso di credenze e di valori propri di un gruppo sociale, di un popolo o di un paese.
ideològico *agg.* [pl.m. *-ci*] che riguarda un'ideologia □ **-mente** *avv.*
ideòlogo *s.m.* [f. *-a*; pl.m. *-gi*] il teorico di un movimento politico.
ìdi *s.f.* o *m.pl.* nel calendario romano, il

quindicesimo giorno dei mesi di marzo, maggio, luglio, ottobre e il tredicesimo giorno degli altri mesi.

idillìaco *agg.* [pl.m. *-ci*] **1** che è un idillio **2** (*fig.*) tranquillo; armonioso □ **-mente** *avv.*

idìllico *agg.* [pl.m. *-ci*] idilliaco □ **-mente** *avv.*

idìllio *s.m.* **1** breve componimento lirico di argomento campestre e pastorale **2** (*fig.*) vita serena e tranquilla.

idiòma *s.m.* [pl. *-mi*] (*lett.*) linguaggio.

idiomàtico *agg.* [pl.m. *-ci*] proprio di una lingua o dialetto □ **-mente** *avv.*

idiosincrasìa *s.f.* **1** (*med.*) intolleranza organica verso particolari sostanze **2** (*fig.*) avversione profonda.

idiòta *s.m.* e *f.* [pl.m. *-ti*] **1** deficiente **2** (*med.*) chi è affetto da idiozia ♦ *agg.* che rivela stupidità.

idiozìa *s.f.* **1** stupidità; azione, frase da idiota **2** (*med.*) stato di grave insufficienza mentale.

idolàtra *agg.* e *s.m.* e *f.* [pl.m. *-tri*] **1** che/chi adora gli idoli **2** (*fig.*) che/chi manifesta un'ammirazione fanatica per qlcu. o qlco.

idolatràre *v.tr.* **1** adorare con culto idolatrico **2** (*fig.*) amare esageratamente.

idolatrìa *s.f.* **1** adorazione degli idoli **2** (*fig.*) amore sviscerato.

ìdolo *s.m.* **1** oggetto o immagine rappresentante una divinità e adorata come se lo fosse essa stessa **2** (*fig.*) persona o cosa amata come un idolo.

idoneità *s.f.* attitudine, capacità.

idòneo *agg.* **1** di persona, che ha le qualità per una data funzione **2** di cosa, adatto: *è il mezzo più — per convincerlo* □ **-mente** *avv.*

idrànte *s.m.* presa d'acqua posta ai bordi delle strade, usata per innaffiare o in caso di incendi.

idratànte *s.m.* prodotto cosmetico che idrata la pelle.

idratàre *v.tr.* **1** somministrare acqua a un organismo che ne è carente **2** in cosmesi, reintegrare l'umidità della pelle.

idratazióne *s.f.* l'idratare, l'essere idratato.

idràulica *s.f.* scienza che studia i fenomeni connessi all'equilibrio e al moto dei liquidi.

idràulico *agg.* [pl.m. *-ci*] **1** che ha attinenza con i fenomeni dell'idraulica **2** che utilizza l'acqua o altri liquidi per funzionare ♦ *s.m.* operaio addetto all'installazione e manutenzione degli impianti idraulici.

ìdrico *agg.* [pl.m. *-ci*] dell'acqua.

idro- primo elemento di parole composte, che significa 'acqua' o 'idrogeno'.

idrobiologìa *s.f.* [pl. *-gie*] branca della biologia che studia la vita animale e vegetale nelle acque.

idrocarbùro *s.m.* (*chim.*) composto organico costituito da carbonio e idrogeno.

idrocèfalo *s.m.* (*med.*) accumulo abnorme di liquido nelle cavità cerebrali.

idrodinàmica *s.f.* (*fis.*) branca dell'idraulica e della meccanica che studia il movimento dei fluidi.

idroelèttrico *agg.* [pl.m. *-ci*] si dice dell'energia elettrica ottenuta dalla trasformazione dell'energia cinetica dell'acqua.

idròfilo *agg.* che assorbe facilmente acqua: *cotone —*.

idrofobìa *s.f.* (*med.*) ripugnanza per l'acqua che è sintomo della rabbia | (*estens.*) rabbia.

idròfobo *agg.* **1** affetto da idrofobia **2** (*fig. fam.*) furioso.

idrògeno *s.m.* elemento chimico di simbolo *H*; è un gas leggerissimo, incoloro, inodoro e infiammabile.

idrografìa *s.f.* **1** branca dell'idrologia che studia le acque marine e le acque continentali di superficie **2** distribuzione delle acque di un territorio; la loro descrizione.

idròlisi *s.f.* (*chim.*) scissione di un composto ottenuta per azione dell'acqua.

idrologìa *s.f.* scienza che studia le proprietà delle acque.

idromassàggio *s.m.* massaggio distensivo e tonificante a opera di getti d'acqua.

idròmetro *s.m.* scala graduata usata per misurare il livello dell'acqua.

idropisìa *s.f.* (*med.*) raccolta patologica di liquido in cavità del corpo.

idroscàlo *s.m.* aeroscalo per idrovolanti.

idrosfèra *s.f.* (*geog.*) l'insieme delle acque che ricoprono la crosta terrestre.

idrostàtica *s.f.* (*fis.*) parte della meccanica che studia le proprietà dei liquidi in quiete.

idroterapìa *s.f.* (*med.*) terapia che si basa sull'uso dell'acqua, semplice o medicata.

idrovolànte *s.m.* velivolo a motore atto a decollare e a posarsi sull'acqua.

idròvora *s.f.* (*mecc.*) sorta di grossa pompa, utilizzata in operazioni di prosciugamento di terreni.

ièlla *s.f.* (*fam.*) sfortuna.

ièna *s.f.* **1** mammifero carnivoro che vive cibandosi di carogne **2** (*fig.*) persona crudele e insieme vile.

ieràtico *agg.* [pl.m. *-ci*] **1** (*lett.*) sacerdotale, sacro **2** (*fig.*) solenne, austero □ **-mente** *avv.*

ièri *avv.* il giorno che precede immediatamente l'oggi | *non sono nato —*, (*fig.*) non sono ingenuo come credi ♦ *s.m.* **1** la giornata di ieri **2** età trascorsa.

iettatùra *s.f.* influsso malefico che sarebbe esercitato da alcune persone o cose.
igiène *s.f.* **1** disciplina medica che studia i mezzi atti a conservare la salute fisica **2** l'insieme delle norme relative alla pulizia □ **-mente** *avv.*
igiènico *agg.* [pl.m. *-ci*] **1** che riguarda l'igiene **2** sano, pulito.
igienìsta *s.m.* e *f.* [pl.m. *-sti*] **1** chi studia i problemi connessi con l'igiene **2** chi osserva con scrupolo le norme igieniche.
igloo *s.m.invar.* (*ingl.*) abitazione degli eschimesi costruita con blocchi di neve.
ignàro *agg.* che non sa, non conosce.
ignàvia *s.f.* (*lett.*) accidia.
ignàvo *agg.* e *s.m.* [f. *-a*] (*lett.*) che/chi mostra ignavia.
ìgneo *agg.* (*lett.*) di fuoco | *rocce ignee*, (*geol.*) eruttive.
ignòbile *agg.* che manca di moralità; spregevole □ **-mente** *avv.*
ignomìnia *s.f.* **1** grave disonore **2** persona, cosa o fatto che è causa di disonore.
ignominióso *agg.* **1** che è causa di ignominia **2** che è coperto d'ignominia □ **-mente** *avv.*
ignorànte *agg.* **1** che non sa, non conosce; che è privo di determinate nozioni **2** che è senza cultura ♦ *s.m.* e *f.*
ignorànza *s.f.* **1** l'essere ignorante **2** mancanza di istruzione, di cultura.
ignoràre *v.tr.* [*io ignòro ecc.*] **1** non sapere **2** trascurare | — *qlcu.*, fingere di non accorgersi della sua presenza ♦ **-rsi** *v.rifl.rec.* fingere di non accorgersi l'uno dell'altro.
ignòto *agg.* non conosciuto ♦ *s.m.* **1** ciò che non si conosce **2** [f. *-a*] persona la cui identità è sconosciuta.
ignùdo *agg.* (*lett.*) nudo.
igro- primo elemento di parole composte, che significa 'presenza di acqua, umidità'.
igròmetro *s.m.* strumento che misura l'umidità atmosferica.
igroscòpico *agg.* [pl.m. *-ci*] si dice di sostanza o di corpo capace di assorbire l'umidità atmosferica.
iguàna *s.f.* rettile simile a un'enorme lucertola.
ikebàna *s.m.invar.* l'arte giapponese di disporre fiori.
il *art.determ.m.sing.* [si premette ai vocaboli maschili singolari che cominciano per consonante che non sia *s* impura, *gn*, *ps*, *x*, *z* (negli altri casi si usa *lo*): *il lavoro*, *il pane*, *il bosco*].
ilarità *s.f.* allegria.
ìleo *s.m.* **1** (*anat.*) l'osso più ampio del bacino **2** (*anat.*) parte terminale dell'intestino tenue.
ìlio *s.m.* (*anat.*) ileo (osso del bacino).
illanguidìrsi *v. intr.pron.* divenire languido; infiacchirsi.
illazióne *s.f.* il trarre da alcune premesse una conseguenza logica.
illécito *agg.* che contravviene alla legge o alla morale ♦ *s.m.* (*dir.*) atto che viola una norma giuridica □ **-mente** *avv.*
illegàle *agg.* che contrasta con la legge □ **-mente** *avv.*
illegalità *s.f.* **1** l'essere illegale **2** azione illegale.
illeggìbile *agg.* che non si può leggere; indecifrabile.
illegìttimo *agg.* **1** contrario alla legge; non riconosciuto valido dalla legge **2** che è contrario a ciò che è giusto; disonesto □ **-mente** *avv.*
illéso *agg.* che non ha riportato lesioni.
illimitàto *agg.* **1** che non ha limiti di tempo o di spazio; infinito **2** senza riserve; totale □ **-mente** *avv.*
illògico *agg.* [pl.m. *-ci*] contrario alla logica; assurdo □ **-mente** *avv.*
illùdere *v.tr.* [pass.rem. *io illusi*, *tu illudésti ecc.*; part.pass. *illuso*] ingannare suscitando speranze infondate ♦ **-rsi** *v.rifl.* ingannarsi.
illuminàre *v.tr.* [*io illùmino ecc.*] **1** rendere luminoso **2** (*fig.*) rendere radioso, ravvivare **3** (*fig.*) far comprendere con grande e improvvisa chiarezza ♦ **-rsi** *v.intr.pron.* **1** diventare luminoso **2** (*fig.*) diventare radioso, ravvivarsi.
illuminàto *agg.* **1** reso luminoso, rischiarato **2** (*fig.*) saggio; di larghe vedute □ **-mente** *avv.* con saggezza.
illuminazióne *s.f.* **1** l'illuminare, l'essere illuminato **2** (*fig.*) improvviso aprirsi della mente alla comprensione.
illuminìsmo *s.m.* movimento culturale sviluppatosi in Europa nel corso del sec. XVIII che si proponeva di liberare l'uomo dall'ignoranza con l'uso della ragione.
illuminìsta *s.m.* e *f.* [pl.m. *-sti*] seguace dell'Illuminismo | Usato anche come *agg.*
illusióne *s.f.* **1** percezione alterata delle cose da parte dei sensi: — *ottica* **2** speranza infondata: *farsi delle illusioni*.
illusionìsmo *s.m.* arte dello spettacolo consistente nell'eseguire esercizi che paiono prodigiosi.
illusionìsta *s.m.* e *f.* [pl.m. *-sti*] prestigiatore.
illùso *agg.* e *s.m.* [f. *-a*] che/chi si fa delle illusioni.
illusòrio *agg.* **1** che illude **2** che è effetto d'illusione □ **-mente** *avv.*
illustràre *v.tr.* **1** spiegare **2** corredare di figure.
illustrazióne *s.f.* **1** l'illustrare, l'essere il-

lustrato 2 figura che correda una pubblicazione.
illùstre *agg.* celebre, insigne.
imàm *s.m.invar.* 1 ciascuno dei sovrani per diritto divino discendenti da Alì | presso gli sciiti, lo stesso che *califfo* 2 fedele che presiede alla preghiera nelle moschee.
imbacuccàre *v.tr.* [io imbacucco, tu imbacucchi ecc.] coprire qlcu. con indumenti vari ♦ **-rsi** *v.rifl.* infagottarsi.
imbaldanzìrsi *v.intr.pron.* diventare baldanzoso.
imballàggio *s.m.* 1 l'imballare, l'essere imballato 2 ciò che serve a imballare.
imballàre[1] *v.tr.* rivestire un oggetto con un involucro o disporlo in un contenitore per il trasporto.
imballàre[2] *v.tr.* far crescere eccessivamente il regime dei giri in un motore a scoppio: — *il motore* ♦ **-rsi** *v.intr.pron.* di motore a scoppio, andare fuori giri.
imbàllo *s.m.* imballaggio.
imbalsamàre *v.tr.* [io imbàlsamo ecc.] trattare con sostanze speciali un cadavere per evitare che si decomponga.
imbalsamazióne *s.f.* l'imbalsamare, l'essere imbalsamato.
imbambolàto *agg.* che ha un'aria attonita e incantata.
imbandieràre *v.tr.* [io imbandièro ecc.] ornare con bandiere in segno di festa.
imbandìre *v.tr.* [io imbandisco, tu imbandisci ecc.] preparare vivande e disporle copiosamente sulla mensa.
imbarazzàre *v.tr.* 1 intralciare | — *lo stomaco*, appesantirlo con cibi indigesti 2 (*fig.*) mettere in imbarazzo ♦ **-rsi** *v.intr.pron.* sentirsi in imbarazzo.
imbaràzzo *s.m.* 1 impaccio, intralcio 2 (*fig.*) stato di disagio, di perplessità.
imbarbariménto *s.m.* l'imbarbarire, l'imbarbarirsi, l'essere imbarbarito.
imbarcadèro *s.m.* (*mar.*) molo, banchina.
imbarcàre *v.tr.* [io imbarco, tu imbarchi ecc.] far salire su una nave, su un'imbarcazione o su un velivolo ♦ **-rsi** *v.rifl.* 1 salire su una nave o un velivolo 2 (*fig.*) mettersi in un'impresa difficile ♦ *v.intr.pron.* detto di tavole di legno, incurvarsi.
imbarcazióne *s.f.* termine generico con cui si indicano i piccoli natanti.
imbàrco *s.m.* [pl. -chi] 1 l'imbarcare, l'imbarcarsi 2 luogo da cui ci si imbarca.
imbastìre *v.tr.* [io imbastisco, tu imbastisci ecc.] 1 eseguire una cucitura provvisoria 2 (*fig.*) abbozzare
imbastitùra *s.f.* 1 l'imbastire; la cucitura fatta imbastendo 2 (*fig.*) abbozzo.
imbàttersi *v.intr.pron.* incontrare per caso, inaspettatamente (anche *fig.*).
imbattìbile *agg.* invincibile, insuperabile.
imbavagliàre *v.tr.* [io imbavàglio ecc.] 1 chiudere la bocca a qlcu. con un bavaglio 2 (*fig.*) impedire di parlare liberamente.
imbeccàre *v.tr.* [io imbécco, tu imbécchi ecc.] 1 mettere il cibo nel becco 2 (*fig.*) suggerire.
imbeccàta *s.f.* 1 quantità di cibo che viene messa in una volta nel becco 2 (*fig.*) suggerimento.
imbecìlle *agg.* e *s.m.* e *f.* che/chi ha scarsa intelligenza; sciocco.
imbecillità *s.f.* atto o detto da imbecille.
imbellettàrsi *v.rifl.* darsi il belletto.
imbellìre *v.tr.* [io imbellisco, tu imbellisci ecc.] rendere più bello ♦ **-rsi** *v.intr.pron.* diventare più bello.
imbèrbe *agg.* 1 che non ha ancora la barba 2 (*fig.*) inesperto.
imbestialìrsi *v.intr.pron.* adirarsi, montare su tutte le furie.
imbévere *v.tr.* [io imbévo ecc.] impregnare ♦ **-rsi** *v.intr.pron.* 1 impregnarsi 2 (*fig.*) lasciarsi permeare.
imbiancàre *v.tr.* [io imbianco, tu imbianchi ecc.] rendere bianco; tingere di bianco ♦ *v.intr.* [aus. essere] ♦ **-rsi** *v.intr.pron.* diventare bianco.
imbianchìno *s.m.* [f. -a] operaio che imbianca o tinteggia i muri.
imbianchìre *v.tr.* [io imbianchisco, tu imbianchisci ecc.] far diventare bianco ♦ *v.intr.* [aus. essere] diventare bianco, incanutire.
imbiondìre *v.tr.* [io imbiondisco, tu imbiondisci ecc.] rendere biondo ♦ *v.intr.* [aus. essere] ♦ **-rsi** *v.intr.pron.* divenire biondo.
imbizzarrìrsi *v.tr.* [io mi imbizzarrisco, tu ti imbizzarrisci ecc.] ♦ *v.intr.pron.* detto di cavallo, adombrarsi; diventare bizzarro.
imboccàre *v.tr.* [io imbócco, tu imbócchi ecc.] 1 porre il cibo in bocca a qlcu. 2 (*fig.*) istruire qlcu. perché parli o agisca in un determinato modo 3 (*mus.*) portare alla bocca uno strumento a fiato 4 iniziare a percorrere: — *l'autostrada*.
imboccatùra *s.f.* 1 apertura per cui si entra in qualche luogo 2 (*mus.*) estremità degli strumenti a fiato a cui si applica la bocca.
imbócco *s.m.* [pl. -chi] ingresso.
imbonìre *v.tr.* [io imbonisco, tu imbonisci ecc.] persuadere del valore di qlco. esagerandone i pregi.
imbonitóre *s.m.* [f. -trice] chi imbonisce.
imborghesìre *v.tr.* [io imborghesisco, tu imborghesisci ecc.] (*spreg.*) rendere borghese ♦ **-rsi** *v.intr.pron.* (*spreg.*) acquistare abitudini e mentalità borghesi.
imboscàre *v.tr.* [io imbòsco, tu imbòschi ecc.] esentare illecitamente qlcu. dal servizio

militare o da compiti particolarmente gravosi | occultare, mettere al sicuro ♦ **-rsi** *v.rifl.* nella vita militare, sottrarsi a compiti pericolosi o spiacevoli.
imboscàta *s.f.* agguato.
imbottigliàre *v.tr.* [*io imbottiglio ecc.*] **1** mettere in bottiglia **2** (*fig.*) bloccare il nemico chiudendogli ogni via di fuga ♦ **-rsi** *v.intr.pron.* detto di veicoli, trovarsi ammassati in un luogo stretto.
imbottìre *v.tr.* [*io imbottisco, tu imbottisci ecc.*] **1** riempire materassi, cuscini, poltrone, indumenti di materiale soffice | (*estens.*) coprire con molti indumenti **2** (*fig.*) riempire ♦ **-rsi** *v.rifl.* **1** vestirsi pesantemente **2** (*fig.*) riempirsi.
imbottitùra *s.f.* la parte imbottita; il materiale usato per imbottire.
imbracàre *v.tr.* [*io imbraco, tu imbrachi ecc.*] legare un carico facendogli passare più volte delle funi, cinghie o catene.
imbracatùra *s.f.* l'insieme delle funi, delle cinghie o delle catene con cui s'imbraca.
imbracciàre *v.tr.* [*io imbràccio ecc.*] infilare, adattare al braccio: — *il fucile*.
imbranàto *agg.* e *s.m.* [f. *-a*] (*fam.*) che/chi è impacciato, maldestro.
imbrattàre *v.tr.* sporcare ♦ **-rsi** *v.rifl.* sporcarsi, insudiciarsi.
imbrigliàre *v.tr.* [*io imbriglio ecc.*] **1** mettere le briglie a un animale **2** trattenere; tenere a freno (anche *fig.*).
imbrigliatùra *s.f.* l'imbrigliare, l'essere imbrigliato | l'insieme delle briglie e dei finimenti di un animale.
imbroccàre *v.tr.* [*io imbròcco, tu imbròcchi ecc.*] **1** colpire con precisione **2** (*estens.*) indovinare, azzeccare.
imbrogliàre *v.tr.* [*io imbròglio ecc.*] **1** mettere in disordine **2** (*fig.*) raggirare, truffare ♦ **-rsi** *v.intr.pron.* avvilupparsi, ingarbugliarsi.
imbròglio *s.m.* **1** (*fig.*) faccenda, situazione intricata **2** (*fig.*) truffa, raggiro.
imbroglióne *agg.* e *s.m.* [f. *-a*] truffatore.
imbronciàto **1** che ha il broncio **2** (*fig.*) detto del cielo, nuvoloso.
imbrunìre[1] *v.intr.* [*io imbrunisco, tu imbrunisci ecc.; aus. essere*] farsi sera.
imbrunìre[2] *s.m.* il tramonto.
imbruttìre *v.tr.* [*io imbruttisco, tu imbruttisci ecc.*] rendere brutto ♦ **-rsi** *v.intr.pron.* diventare brutto.
imbucàre *v.tr.* [*io imbuco, tu imbuchi ecc.*] — *una lettera*, introdurla nella cassetta delle poste ♦ **-rsi** *v.rifl.* (*fam.*) nascondersi.
imburràre *v.tr.* spalmare di burro.
imbutifórme *agg.* (*scient.*) che ha forma di imbuto.
imbùto *s.m.* attrezzo a forma di cono per immettere liquidi in recipienti con imboccatura stretta.
imène *s.m.* (*anat.*) ripiegatura della mucosa vaginale, che chiude parzialmente la vagina.
imenòtteri *s.m.pl.* (*zool.*) ordine di insetti con quattro ali membranose trasparenti: *l'ape e la formica sono —*.
imitàre *v.tr.* [*io imito ecc.*] **1** prendere a esempio **2** copiare **3** essere simile.
imitatóre *s.m.* [f. *-trice*] chi si esibisce in uno spettacolo imitando personaggi noti.
imitazióne *s.f.* **1** l'imitare, l'essere imitato **2** riproduzione della voce o di gesti di altri **3** oggetto che ne imita un altro; contraffazione.
immacolàto *agg.* **1** senza alcuna colpa, incontaminato **2** d'un bianco purissimo.
immagazzinàre *v.tr.* **1** riporre in magazzino **2** (*fig.*) accumulare.
immaginàre *v.tr.* [*io immàgino ecc.*] **1** concepire con la fantasia **2** supporre.
immaginàrio *agg.* che è frutto di immaginazione ♦ *s.m.* (*psicol., antrop.*) il patrimonio di simboli e fantasie proprio di un singolo individuo o di una collettività □ **-mente** *avv.*
immaginazióne *s.f.* **1** la facoltà di concepire nella fantasia **2** l'atto dell'immaginare | la cosa immaginata.
immàgine *s.f.* **1** figura esteriore percepita mediante la vista **2** rappresentazione prodotta dalla fantasia **3** l'idea che si dà di sé **4** rappresentazione di un soggetto religioso **5** rappresentazione realistica e al tempo stesso evocativa; metafora.
immaginóso *agg.* **1** dotato di immaginazione **2** ricco di immagini.
immalinconìrsi *v.intr.pron.* diventare malinconico.
immancàbile *agg.* **1** che non manca mai **2** che avverrà sicuramente □ **-mente** *avv.*
immàne *agg.* (*lett.*) enorme | di gravità incommensurabile.
immanènte *agg.* che non trascende i confini dell'esperienza e del mondo □ **-mente** *avv.*
immanentìsmo *s.m.* dottrina filosofica che rifiuta l'esistenza di una realtà trascendente.
immatricolàre *v.tr.* [*io immatricolo ecc.*] (*burocr.*) iscrivere per la prima volta in un registro ♦ **-rsi** *v.rifl.* (*burocr.*) iscriversi in un registro | iscriversi al primo anno degli studi universitari.
immatricolazióne *s.f.* (*burocr.*) l'immatricolare, l'immatricolarsi, l'essere immatricolato.
immaturità *s.f.* **1** l'essere ancora acerbo **2**

(*fig.*) scarso sviluppo intellettuale o culturale.
immatùro *agg.* **1** non ancora giunto a maturazione **2** (*fig.*) che non ha ancora raggiunto un adeguato sviluppo fisico o intellettuale, culturale □ **-mente** *avv.* precocemente, prima del tempo.
immedesimàrsi *v.rifl.* [*io mi immedésimo* ecc.] partecipare emotivamente a una vicenda; identificarsi.
immediatézza *s.f.* l'essere immediato.
immediàto *agg.* che avviene subito ♦ *s.m.* il presente □ **-mente** *avv.*
immemoràbile *agg.* così antico che se n'è perduta la memoria.
immèmore *agg.* (*lett.*) che mostra di non ricordare.
immensità *s.f.* **1** spazio immenso **2** (*iperb.*) grandissima quantità.
immènso *agg.* che è senza limiti □ **-mente** *avv.* moltissimo.
immèrgere *v.tr.* [pres. *io immèrgo, tu immèrgi* ecc.; pass.rem. *io immèrsi, tu immergésti* ecc.; part.pass. *immèrso*] porre dentro un liquido ♦ **-rsi** *v.rifl.* **1** entrare nell'acqua **2** (*fig.*) dedicarsi completamente a qlco.: — *nello studio*.
immeritàto *agg.* non meritato □ **-mente** *avv.*
immersióne *s.f.* l'immergere, l'immergersi, l'essere immerso.
imméttere *v.tr.* [coniugato come *mettere*] far entrare ♦ **-rsi** *v.rifl.* entrare.
immigràre *v.intr.* [aus. *essere*] trasferirsi in una regione diversa da quella di origine, o in un paese straniero.
immigràto *agg.* e *s.m.* [f. *-a*] di persona che si è stabilita in un paese straniero o in una regione diversa da quella d'origine.
immigrazióne *s.f.* l'immigrare, l'essere immigrato.
imminènte *agg.* che è prossimo ad accadere: *pericolo* —.
imminènza *s.f.* l'essere imminente.
immischiàre *v.tr.* [*io immìschio* ecc.] coinvolgere inopportunamente una persona ♦ **-rsi** *v.intr.pron.* intromettersi in fatti che non riguardano.
immissàrio *s.m.* (*geog.*) corso d'acqua che sfocia in un bacino.
immissióne *s.f.* l'immettere, l'immettersi, l'essere immesso (anche *fig.*).
immòbile *agg.* che non si muove ♦ *s.m.* bene immobile; in particolare, edificio.
immobiliàre *agg.* che riguarda beni immobili | *società* —, che si occupa della compravendita di immobili.
immobilìsmo *s.m.* tendenza a conservare lo stato delle cose.
immobilità *s.f.* l'essere immobile.
immobilizzàre *v.tr.* rendere immobile, costringere all'immobilità ♦ **-rsi** *v.rifl.* fermarsi di colpo.
immobilizzazióne *s.f.* l'immobilizzare, l'immobilizzarsi, l'essere immobilizzato.
immodèsto *agg.* privo di modestia.
immolàre *v.tr.* [*io immòlo* ecc.] **1** (*relig.*) offrire in sacrificio **2** (*fig.*) sacrificare ♦ **-rsi** *v.rifl.* offrirsi come vittima.
immolazióne *s.f.* l'immolare, l'immolarsi, l'essere immolato.
immondìzia *s.f.* spazzatura.
immóndo *agg.* (*lett.*) **1** sudicio **2** (*fig.*) lurido, turpe.
immoràle *agg.* che offende la morale ♦ *s.m.* e *f.* individuo immorale □ **-mente** *avv.*
immortàle *agg.* che non è destinato a morire.
immortalità *s.f.* **1** l'essere immortale **2** (*fig.*) fama eterna.
immùne *agg.* **1** libero, esente **2** (*med.*) che è in condizioni di immunità: — *dal contagio*.
immunità *s.f.* **1** esenzione **2** (*dir.*) privilegio di un soggetto che, per le sue funzioni o il suo ufficio, gode di un particolare trattamento rispetto alla legge: — *parlamentare* **3** (*med.*) capacità di resistenza nei confronti di malattie o sostanze tossiche.
immunizzàre *v.tr.* (*med.*) conferire immunità a un organismo ♦ **-rsi** *v.rifl.* (*med.*) rendersi immune da una malattia.
immunoglobulìna *s.f.* (*biol.*) proteina costituente gli anticorpi.
immunologìa *s.f.* branca della medicina che studia i fenomeni immunitari.
immutàbile *agg.* che non muta □ **-mente** *avv.*
immutàto *agg.* che non è cambiato.
impacchettàre *v.tr.* [*io impacchétto* ecc.] mettere in un pacchetto.
impacciàre *v.tr.* [*io impàccio* ecc.] **1** intralciare **2** (*fig.*) disturbare ♦ **-rsi** *v.intr.pron.* diventare impacciato.
impacciàto imbarazzato, goffo.
impàccio *s.m.* **1** l'essere impacciato: *rispondere con* — **2** ciò che impaccia; *cavarsi d'* —, sottrarsi a una situazione imbarazzante.
impàcco *s.m.* [pl. *-chi*] (*med.*) applicazione, su una parte malata, di panni, garze ecc. imbevuti di sostanze medicamentose.
impadronìrsi *v.intr.pron.* [*io mi impadronisco, tu ti impadronisci* ecc.] **1** prendere possesso di qlco. **2** (*fig.*) acquistare la padronanza di qlco.
impagàbile *agg.* impareggiabile.
impaginàre *v.tr.* [*io impàgino* ecc.] (*tip.*) di-

stribuire il testo composto e le eventuali illustrazioni nelle pagine.
impaginàto *s.m.* bozza tipografica già disposta in pagine.
impaginazióne *s.f.* (*tip.*) l'impaginare, l'essere impaginato.
impagliàre *v.tr.* [*io impàglio ecc.*] rivestire, coprire di paglia.
impalàto *agg.* si dice di persona che sta diritta e immobile come un palo.
impalcatùra *s.f.* **1** (*edil.*) struttura provvisoria di tubi d'acciaio che s'innalza attorno a un'opera in costruzione; ponteggio **2** la struttura portante di qlco. (anche *fig.*).
impallidìre *v.intr.* [*io impallidisco, tu impallidisci ecc.*; aus. *essere*] diventare pallido.
impallinàre *v.tr.* colpire sparando col fucile da caccia caricato a pallini.
impalpàbile *agg.* finissimo (anche *fig.*) □ **-mente** *avv.*
impanàre *v.tr.* passare nel pangrattato cibi da friggere.
impanatùra *s.f.* l'impanare, l'essere impanato.
impantanàre *v.tr.* ridurre a pantano ♦ **-rsi** *v.intr.pron.* **1** restare intrappolato in un pantano **2** (*fig.*) venire a trovarsi in una situazione negativa.
impappinàrsi *v.intr.pron.* (*fam.*) confondersi, interrompersi balbettando.
imparàre *v.tr.* apprendere.
impareggiàbile *agg.* che non ha pari, che per i suoi pregi non può essere uguagliato □ **-mente** *avv.*
imparentàrsi *v.rifl.* [*io mi imparènto ecc.*] acquisire legami di parentela.
ìmpari *agg.invar.* inferiore per forza o per qualità.
impartìre *v.tr.* [*io impartisco, tu impartisci ecc.*] dare, assegnare: — *un ordine*.
imparziàle *agg.* privo di parzialità, obbiettivo □ **-mente** *avv.*
imparzialità *s.f.* l'essere imparziale.
impasse *s.f.invar.* (*fr.*) situazione intricata da cui non si sa come uscire.
impassìbile *agg.* imperturbabile.
impassibilità *s.f.* imperturbabilità.
impastàre *v.tr.* manipolare una o più sostanze per farne una pasta omogenea ♦ **-rsi** *v.intr.pron.* amalgamarsi.
impàsto *s.m.* **1** l'impastare, l'essere impastato **2** l'amalgama così ottenuto.
impàtto *s.m.* **1** (*estens.*) urto, scontro (anche *fig.*) **2** (*fig.*) impressione.
impaurìre *v.tr.* [*io impaurisco, tu impaurisci ecc.*] mettere paura a qlcu. ♦ **-rsi** *v.intr.pron.* spaventarsi.
impàvido *agg.* che non ha paura □ **-mente** *avv.*
impaziènte *agg.* che non ha pazienza □ **-mente** *avv.*
impaziènza *s.f.* l'essere impaziente.
impazzìre *v.intr.* [*io impazzisco, tu impazzisci ecc.*; aus. *essere*] **1** diventare pazzo **2** (*fig.*) uscire fuori di sé **3** (*fig.*) nutrire una grande passione.
impeachment *s.m.invar.* (*ingl.*) procedimento di accusa contro il capo dello stato o un alto esponente del governo.
impeccàbile *agg.* che non ha alcun difetto □ **-mente** *avv.*
impediménto *s.m.* **1** l'impedire | ostacolo **2** nel diritto canonico, circostanza che rende irregolare o invalido il matrimonio.
impedìre *v.tr.* [*io impedisco, tu impedisci ecc.*] rendere impossibile, contrastare efficacemente.
impegnàre *v.tr.* [*io impégno ecc.*] **1** dare in pegno **2** vincolare: *il contratto ci impegna* **3** occupare in un'attività ♦ **-rsi** *v.rifl.* **1** assumersi un impegno **2** dedicarsi con impegno.
impegnàto *agg.* **1** dato in pegno **2** detto di persona, che ha preso un impegno, che non è libera.
impégno *s.m.* **1** obbligo, promessa **2** compito, incombenza **3** impiego di tutte le proprie forze e capacità nel fare qlco. **4** atteggiamento di chi prende posizione su questioni di carattere ideologico, politico o sociale.
impellènte *agg.* urgente □ **-mente** *avv.*
impenetràbile *agg.* **1** attraverso cui non si può penetrare **2** (*fig.*) incomprensibile.
impenitènte *agg.* che non si pente.
impennare *v.tr.* [*io impénno ecc.*] (*aer.*) far passare dall'assetto orizzontale a quello verticale di volo ♦ **-rsi** *v.intr.pron.* **1** detto di cavalli, alzarsi sulle zampe posteriori **2** (*fig.*) di persona, inalberarsi, risentirsi.
impennàta *s.f.* **1** l'impennarsi (anche *fig.*) **2** (*fig.*) brusco rialzo: *i prezzi hanno avuto un'*—.
impensierìre *v.tr.* [*io impensierisco, tu impensierisci ecc.*] preoccupare ♦ **-rsi** *v.intr.pron.* preoccuparsi.
imperàre *v.intr.* [*io impèro ecc.*; aus. *avere*] **1** detenere l'autorità imperiale **2** (*fig.*) essere predominante.
imperatìvo *agg.* che contiene un comando ♦ *s.m.* (*gramm.*) modo del verbo che esprime un comando □ **-mente** *avv.*
imperatóre *s.m.* sovrano di un impero.
impercettìbile *agg.* che si percepisce a stento | (*estens.*) difficilmente apprezzabile □ **-mente** *avv.*
imperfètto *agg.* **1** non compiuto **2** che ha qualche difetto □ **-mente** *avv.*
imperfezióne *s.f.* difetto.

imperiàle *agg.* dell'impero, dell'imperatore ♦ *s.m.* (spec. *pl.*) seguace di un imperatore.
imperialìsmo *s.m.* tendenza di uno stato a estendere il proprio dominio su territori che non gli appartengono.
imperialìsta *s.m.* e *f.* [pl.m. *-sti*] sostenitore dell'imperialismo | Usato anche come *agg.*: *politica —*.
imperióso *agg.* autoritario □ **-mente** *avv.*
imperìzia *s.f.* mancanza di pratica o abilità.
impermeàbile *agg.* che non si lascia attraversare dai liquidi ♦ *s.m.* soprabito di tessuto impermeabile □ **-mente** *avv.*
impermeabilità *s.f.* l'essere impermeabile.
impermeabilizzàre *v.tr.* rendere impermeabile.
imperniàre *v.tr.* [*io impèrnio ecc.*] **1** fissare, collegare con perni **2** (*fig.*) fondare, basare ♦ **-rsi** *v.intr.pron.* **1** essere fissato per mezzo di perni: **2** (*fig.*) basarsi.
impèro *s.m.* governo di tipo monarchico | potere di un imperatore | il territorio soggetto alla giurisdizione di un imperatore | Usato come *agg.invar.*: *stile —*, nelle arti decorative, stile classicheggiante fiorito durante l'impero napoleonico.
imperscrutàbile *agg.* misterioso □ **-mente** *avv.*
impersonàle *agg.* **1** (*gramm.*) si dice di verbo usato solo nella terza persona del singolare | *forma — del verbo*, quando non è espresso un soggetto **2** generico **3** privo di originalità □ **-mente** *avv.*
impersonàre *v.tr.* [*io impersóno ecc.*] personificare, incarnare ♦ **-rsi** *v.rifl.* o *intr.pron.* incarnarsi, prendere corpo.
impertèrrito *agg.* che non si lascia spaventare; imperturbabile.
impertinènte *agg.* che manca di riguardo; insolente ♦ *s.m.* e *f.* □ **-mente** *avv.*
imperturbàbile *agg.* che non si turba; impassibile □ **-mente** *avv.*
imperversàre *v.intr.* [*io impervèrso ecc.*; aus. *avere*] **1** infuriare: *la bufera, la peste imperversava* **2** (*scherz.*) essere assai diffuso.
impèrvio *agg.* si dice di un luogo attraverso il quale è difficile transitare.
impetìgine *s.f.* (*med.*) infiammazione della pelle che si manifesta con piccole pustole.
ìmpeto *s.m.* **1** moto improvviso e violento **2** (*fig.*) improvviso moto dell'animo.
impettìto *agg.* che tiene il petto in fuori in segno di presunzione.
impetuóso *agg.* **1** che si muove con impeto **2** (*fig.*) di persona, impulsivo **3** (*fig.*) pieno di foga □ **-mente** *avv.*
impiallacciàre *v.tr.* [*io impiallàccio ecc.*] rivestire una superficie di legno con un foglio sottile di altro legno più pregiato.
impiantàre *v.tr.* **1** fissare le parti di base di una struttura **2** (*estens.*) fondare, avviare.
impiantìto *s.m.* pavimento.
impiànto *s.m.* **1** l'impiantare **2** complesso delle attrezzature necessarie a un'attività o a un processo produttivo **3** (*med.*) trapianto.
impiàstro *s.m.* **1** ogni medicamento formato da materia bollita che si applica, a caldo, sulla parte malata **2** (*fig.*, *fam.*) persona seccante o maldestra.
impiccagióne *s.f.* l'impiccare, l'essere impiccato.
impiccàre *v.tr.* [*io impicco, tu impicchi ecc.*] uccidere, giustiziare qlcu. appendendolo per il collo a un capestro ♦ **-rsi** *v.rifl.* uccidersi appendendosi per il collo a un capestro.
impicciàre *v.tr.* [*io impiccio ecc.*] (*fam.*) essere d'intralcio ♦ **-rsi** *v.rifl.* intromettersi: *— nei fatti degli altri*.
impìccio *s.m.* seccatura, fastidio; guaio.
impiccióne *s.m.* [f. *-a*] (*fam.*) ficcanaso.
impiegàre *v.tr.* [*io impiègo, tu impièghi ecc.*] usare, utilizzare: *— le proprie forze* ♦ **-rsi** *v.rifl.* ottenere un posto di impiegato.
impiegàto *s.m.* [f. *-a*] chi presta attività lavorativa dipendente in un ufficio, svolgendo collaborazione non manuale.
impiègo *s.m.* [pl. *-ghi*] **1** uso **2** attività di lavoro dipendente presso un ufficio.
impietosìre *v.tr.* [*io impietosisco, tu impietosisci ecc.*] muovere a pietà ♦ **-rsi** *v.intr.pron.* muoversi a pietà.
impietóso *agg.* privo di pietà □ **-mente** *avv.*
impietrìre *v.tr.* [*io impietrisco, tu impietrisci ecc.*] rendere insensibile ♦ *v.intr.* [aus. *avere*] ♦ **-rsi** *v.intr.pron.* irrigidirsi; divenire insensibile.
impigliàrsi *v.intr.pron.* [*io mi impìglio ecc.*] rimanere avviluppato, imbrogliato.
impigrìre *v.tr.* [*io impigrisco, tu impigrisci ecc.*] rendere pigro ♦ *v.intr.* [aus. *essere*] ♦ **-rsi** *v.intr.pron.* diventare pigro.
impilàre *v.tr.* formare una pila.
impinguàre *v.tr.* [*io impìnguo ecc.*] arricchire ♦ **-rsi** *v.intr.pron.* **1** diventar grasso **2** (*fig.*) arricchirsi.
implacàbile *agg.* che non si può placare; inesorabile □ **-mente** *avv.*
implantologìa *s.f.* tecnica odontoiatrica che consente di sostituire i denti mancanti con protesi fisse.
implementàre *v.tr.* [*io impleménto ecc.*]

(*inform.*) ottimizzare un programma o un elaboratore elettronico.
implicàre *v.tr.* [io implico, tu implichi ecc.] **1** comportare **2** coinvolgere ♦ **-rsi** *v.intr. pron.* coinvolgersi, invischiarsi.
implicazióne *s.f.* l'implicare, l'essere implicato; connessione, conseguenza.
implìcito *agg.* sottinteso □ **-mente** *avv.*
imploràre *v.tr.* [io implòro ecc.] (*lett.*) chiedere con preghiere, supplicare.
implorazióne *s.f.* preghiera, supplica.
impollinàre *v.tr.* [io impòllino ecc.] fecondare con il polline.
impollinazióne *s.f.* il trasporto del polline sullo stigma di un fiore, al fine di rendere possibile la fecondazione.
impolveràre *v.tr.* [io impólvero ecc.] coprire di polvere ♦ **-rsi** *v.intr.pron.* coprirsi di polvere.
impomatàre *v.tr.* ungere con pomata o brillantina ♦ **-rsi** *v.rifl.* ungersi con pomata o brillantina.
imponderàbile *agg.* **1** tanto leggero da non poter essere pesato **2** (*fig.*) che non si può prevedere o valutare ♦ *s.m.* ciò che è imprevedibile □ **-mente** *avv.*
imponderabilità *s.f.* **1** l'essere imponderabile **2** (*fis.*) assenza di forza di gravità.
imponènte *agg.* che ha dimensioni straordinarie o aspetto solenne.
imponènza *s.f.* grandiosità.
imponìbile *agg.* (*fin.*) che è oggetto d'imposizione fiscale ♦ *s.m.* (*fin.*) il valore in base al quale si calcola l'entità dell'imposta.
impopolàre *agg.* non gradito dal popolo | (*estens.*) non gradito nel proprio ambiente □ **-mente** *avv.*
impórre *v.tr.* [coniugato come *porre*] **1** porre sopra **2** stabilire d'autorità; far rispettare, ordinare **3** esigere ♦ **-rsi** *v.rifl.* o *intr.pron.* **1** farsi valere **2** avere successo.
importànte *agg.* **1** che ha grande interesse **2** autorevole ♦ *s.m.* ciò che più interessa.
importànza *s.f.* valore, rilievo.
importàre *v.tr.* [io impòrto ecc.] (*econ.*) far entrare beni da paesi esteri ♦ *v.intr.* [aus. *essere*] avere importanza ♦ *v.intr.impers.* [aus. *essere*] **1** essere necessario **2** interessare.
importatóre *agg.* e *s.m.* che/chi effettua importazioni.
impòrto *s.m.* somma di denaro.
importunàre *v.tr.* infastidire.
importùno *agg.* che reca noia, disturbo ♦ *s.m.* [f. -a] □ **-mente** *avv.*
imposizióne *s.f.* **1** l'imporre (anche *fig.*) **2** ingiunzione.
impossessàrsi *v.intr.pron.* [io mi impossèsso ecc.] **1** prendere possesso, impadronirsi (anche *fig.*) **2** (*fig.*) acquistare padronanza: — *di una lingua.*
impossìbile *agg.* **1** che non è possibile **2** (*estens.*) insopportabile ♦ *s.m.* ciò che non è possibile: *pretendere l'—.*
impossibilità *s.f.* l'essere impossibile.
impossibilitàto *agg.* che è nell'impossibilità di fare qlco.
impòsta[1] *s.f.* lo sportello che copre il vetro delle finestre e ripara dalla luce.
impòsta[2] *s.f.* (*fin.*) contribuzione in denaro dovuta allo stato o ad altri enti pubblici dal cittadino in base al reddito.
impostàre[1] *v.tr.* [io impòsto ecc.] definire le linee generali; porre le premesse ♦ **-rsi** *v.rifl.* mettere il proprio corpo in una determinata posizione.
impostàre[2] *v.tr.* [io impòsto ecc.] mettere nella buca della posta.
impostazióne[1] *s.f.* l'impostare, l'essere impostato.
impostóre *s.m.* [f. -a] chi si spaccia per quello che non è o dà ad intendere qlco. di non vero per trarne vantaggio.
impostùra *s.f.* atto da impostore; raggiro.
impotènte *agg.* che non ha la possibilità di reagire ♦ *agg.* e *s.m.* e *f.* (*med.*) che/chi è affetto da impotenza.
impotènza *s.f.* **1** l'essere impotente **2** (*med.*) incapacità di una persona a compiere l'atto sessuale o a procreare.
impoveriménto *s.m.* l'impoverire, l'impoverirsi, l'essere impoverito.
impoverìre *v.tr.* [io impoverisco, tu impoverisci ecc.] rendere povero ♦ *v.intr.* [aus. *essere*], **impoverirsi** *v.intr.pron.* diventare povero.
impraticàbile *agg.* **1** si dice di luogo che non si può praticare: *strada* — **2** si dice di cosa inattuabile: *un progetto* —.
impratichìrsi *v.intr.pron.* diventare esperto.
imprecàre *v.intr.* [io imprèco, tu imprèchi ecc.; aus. *avere*] lanciare insulti; inveire.
imprecazióne *s.f.* l'imprecare.
imprecisàto *agg.* non precisato.
imprecìso *agg.* che manca di precisione; approssimativo □ **-mente** *avv.*
impregnàre *v.tr.* [io imprégno ecc.] far penetrare una sostanza fluida in un corpo poroso ♦ **-rsi** *v.intr.pron.* imbeversi.
imprenditóre *s.m.* [f. -trice] chi è a capo di un'attività economica.
imprenditoriàle *agg.* di imprenditore, da imprenditore □ **-mente** *avv.*
imprenditorialità *s.f.* le capacità e le qualità proprie degli imprenditori.
impreparàto *agg.* che non è preparato.
imprésa *s.f.* **1** azione importante e impegnativa **2** attività economica; azienda.

impresàrio *s.m.* imprenditore che organizza spettacoli e manifestazioni.
imprescindìbile *agg.* di cui bisogna tener conto □ **-mente** *avv.*
imprescrittìbile *agg.* (*dir.*) che non è soggetto a prescrizione □ **-mente** *avv.*
impressionàbile *agg.* emotivo.
impressionàre *v.tr.* [io impressióno ecc.] **1** provocare in qlcu. una forte impressione **2** (*foto.*) esporre alla luce la sostanza fotosensibile che ricopre le pellicole fotografiche ♦ **-rsi** *v.intr.pron.* rimanere colpito, turbato.
impressióne *s.f.* **1** impronta **2** (*fig.*) sensazione | opinione istintiva **3** (*fig.*) turbamento.
impressionìsmo *s.m.* corrente pittorica sviluppatasi in Francia nella seconda metà dell'Ottocento che mirò a un uso nuovo e più libero della luce e del colore.
imprestàre *v.tr.* [io imprèsto ecc.] (*fam.*) dare in prestito.
imprevedìbile *agg.* che non si può prevedere □ **-mente** *avv.*
imprevidènte *agg.* non previdente □ **-mente** *avv.*
imprevìsto *agg.* inaspettato: *caso —* ♦ *s.m.* ciò che non è previsto.
imprigionàre *v.tr.* [io imprigióno ecc.] **1** mettere in prigione **2** (*estens.*) costringere in un luogo.
imprìmere *v.tr.* [pass.rem. *io imprèssi, tu imprimésti* ecc.; part.pass. *imprèsso*] **1** premere in modo da lasciare un'impronta (anche *fig.*) **2** (*fig.*) fissare in modo indelebile **3** dare, comunicare un movimento ♦ **-rsi** *v.intr.pron.* fissarsi in modo da lasciare un segno.
improduttìvo *agg.* che non dà frutto □ **-mente** *avv.*
imprónta *s.f.* **1** segno che si lascia premendo su qlco. **2** (*fig.*) traccia evidente.
improntàre *v.tr.* [io imprónto ecc.] caratterizzare con un'espressione particolare ♦ **-rsi** *v.intr.pron.* assumere un tono o un'espressione particolare
impropèrio *s.m.* insulto.
improprietà *s.f.* mancanza di proprietà linguistica.
impròprio *agg.* **1** non proprio, impreciso **2** non adatto □ **-mente** *avv.*
improrogàbile *agg.* che non può essere prorogato □ **-mente** *avv.*
improvvisàre *v.tr.* fare qlco. davanti ad altri senza essersi preparato ♦ **-rsi** *v.rifl.* dedicarsi a un'attività per la quale non si è preparati.
improvvisàta *s.f.* visita non prevista, a sorpresa: *fare un'— a un amico.*
improvvisazióne *s.f.* l'improvvisare; ciò che si improvvisa.
improvvìso *agg.* che si verifica d'un tratto; inaspettato □ **-mente** *avv.*
imprudènte *agg.* che manca di prudenza ♦ *s.m.* e *f.* □ **-mente** *avv.*
imprudènza *s.f.* mancanza di prudenza; azione imprudente.
impudènte *agg.* che manca di pudore, sfacciato ♦ *s.m.* e *f.* □ **-mente** *avv.*
impudènza *s.f.* l'essere impudente; azione impudente.
impudìco *agg.* [pl.m. *-chi*] che manca di pudore □ **-mente** *avv.*
impugnàre[1] *v.tr.* stringere nel pugno.
impugnàre[2] *v.tr.* (*dir.*) opporsi nei modi previsti dalla legge alla decisione di un'autorità giudiziaria o amministrativa | addurre in giudizio un motivo capace di invalidare un atto o un contratto.
impugnatùra *s.f.* **1** l'impugnare; il modo di impugnare **2** la parte di un oggetto che si stringe in pugno.
impulsìvo *agg.* che agisce d'istinto ♦ *s.m.* [f. *-a*] □ **-mente** *avv.*
impulso *s.m.* **1** spinta comunicata a un corpo **2** (*fig.*) incremento **3** (*fig.*) spinta irriflessiva all'azione.
impunità *s.f.* l'essere, il rimanere impunito; esenzione dalla pena.
impunìto *agg.* non punito.
impuntàrsi *v.intr.pron.* **1** puntare i piedi **2** (*fig.*) ostinarsi.
impurità *s.f.* **1** l'essere impuro **2** ciò che rende una sostanza impura.
impùro *agg.* **1** non puro, cioè alterato dalla mescolanza con altri elementi **2** (*fig.*) contrario alla castità □ **-mente** *avv.*
imputàre *v.tr.* [io ìmputo ecc.] attribuire a qlcu. la responsabilità di un fatto.
imputàto *s.m.* [f. *-a*] (*dir.*) chi, in un processo penale, viene accusato di un reato.
imputazióne *s.f.* l'imputare, l'essere imputato.
in *prep.* [si unisce agli articoli determinativi *il, lo, la, i, gli, le* formando le preposizioni articolate *nel, nello, nella, nei, negli, nelle*] **1** introduce una determinazione di stato in luogo (anche *fig.*) **2** in dipendenza da verbi che esprimono movimento, avvicinamento, indica un moto a luogo (anche *fig.*) **3** introduce il punto di arrivo, lo stato finale di un procedimento **4** in dipendenza da verbi che indicano passaggio, attraversamento, indica luogo circoscritto (anche *fig.*) **5** introduce una definizione di tempo determinato **6** esprime la modalità con cui un'azione si svolge: *camminare in fretta* **7** esprime il mezzo: *viaggiare in treno* **8** indica il fine: *accorrere in aiuto* **9** concorre alla forma-

zione di locuzioni varie: *in quanto a*, *in virtù di*, *in alto* ecc.

in [1] prefisso verbale che ha per lo più valore di 'dentro, sopra'; può alludere a una trasformazione o avere valore intensivo.

in [2] prefisso negativo, di norma premesso ad aggettivi o sostantivi da essi derivati.

inàbile *agg.* che non è idoneo a svolgere un determinato compito.

inabissàre *v.tr.* affondare ♦ **-rsi** *v.intr. pron.* sprofondare (anche *fig.*).

inabitàbile *agg.* non idoneo a essere abitato.

inaccessìbile *agg.* **1** si dice di luogo a cui non si può accedere o che è difficilmente raggiungibile **2** (*fig.*) si dice di cosa difficile o impossibile da capire.

inadàtto *agg.* non adatto.

inadeguàto *agg.* **1** che manca dei requisiti necessari **2** inferiore al giusto o al dovuto □ **-mente** *avv.*

inadempiènte *agg.* e *s.m.* e *f.* che/chi non adempie a un dovere.

inadempiènza *s.f.* l'essere inadempiente.

inafferràbile *agg.* **1** che non si può afferrare **2** (*fig.*) incomprensibile.

inaffidàbile *agg.* su cui non si può fare affidamento.

inagìbile *agg.* si dice di un edificio o di un locale pubblico che manca dei requisiti necessari per l'uso al quale è destinato.

inalàre *v.tr.* introdurre nelle vie respiratorie sostanze medicamentose polverizzate o nebulizzate | (*estens.*) inspirare.

inalazióne *s.f.* **1** inspirazione **2** (*med.*) metodo di cura delle vie respiratorie, inalando sostanze medicamentose.

inalberàre *v.tr.* [io inàlbero ecc.] issare sull'albero di una nave ♦ **-rsi** *v.rifl.* (*fig.*) adirarsi.

inalienàbile *agg.* (*dir.*) si dice di un bene o di un diritto di cui non è permesso il trasferimento ad altri.

inalteràbile *agg.* non soggetto ad alterazione □ **-mente** *avv.*

inamidàre *v.tr.* [io inàmido ecc.] bagnare un tessuto amido.

inammissìbile *agg.* che non si può ammettere.

inamovìbile *agg.* che non può essere rimosso o smontato.

inanimàto *agg.* **1** privo di vita **2** che non dà segno di vita.

inappellàbile *agg.* (*dir.*) contro cui non ci si può appellare.

inappetènza *s.f.* mancanza d'appetito.

inappuntàbile *agg.* si dice di cosa o persona a cui non si può muovere alcun appunto; perfetto.

inarcàre *v.tr.* [io inarco, tu inarchi ecc.] piegare ad arco ♦ **-rsi** *v.rifl.* o *intr.pron.* piegarsi ad arco, curvarsi.

inaridìre *v.tr.* [io inaridisco, tu inaridisci ecc.] rendere arido ♦ *v.intr.* [aus. essere] ♦ **-rsi** *v. intr.pron.* diventar arido (anche *fig.*).

inarrivàbile *agg.* **1** (*lett.*) difficile da raggiungere **2** (*fig.*) impareggiabile.

inaspettàto *agg.* imprevisto □ **-mente** *avv.*

inasprìre *v.tr.* [io inasprisco, tu inasprisci ecc.] rendere aspro, esasperare ♦ *v.intr.* [aus. essere] ♦ **-rsi** *v.intr.pron.* diventare aspro.

inattendìbile *agg.* che non è degno di fede.

inattéso *agg.* non atteso; imprevisto.

inattìvo *agg.* inoperoso.

inaudìto *agg.* incredibile.

inauguràle *agg.* d'inaugurazione.

inauguràre *v.tr.* [io inàuguro ecc.] **1** celebrare con solennità l'inizio di un'attività, l'apertura di un edificio o l'avvio di una struttura **2** (*fig.*) iniziare.

inaugurazióne *s.f.* l'inaugurare, l'essere inaugurato; la cerimonia con cui si inaugura.

inavvertènza *s.f.* mancanza di attenzione.

incagliàrsi *v.tr.* [io mi incàglio ecc.] *v.intr.pron.* toccare il fondo con la chiglia; arenarsi (anche *fig.*).

incalcolàbile *agg.* inestimabile □ **-mente** *avv.*

incallìto *agg.* accanito, ostinato.

incalzàre *v.tr.* **1** inseguire senza dar tregua **2** (*fig.*) incombere: *il pericolo incalza* **3** (*fig.*) sollecitare.

incameràre *v.tr.* [io incàmero ecc.] da parte dello stato, assumere come propri e trasferire a sé beni appartenenti a privati.

incamminàrsi *v.intr.pron.* avviarsi.

incanalàre *v.tr.* **1** raccogliere le acque in un canale **2** (*fig.*) avviare; indirizzare ♦ **-rsi** *v.intr.pron.* **1** raccogliersi in un canale (detto di acque) **2** (*fig.*) avviarsi in una determinata direzione.

incancrenìrsi *v.intr.pron.* andare in cancrena.

incandescènte *agg.* **1** in stato di incandescenza **2** (*fig.*) molto animato, acceso.

incandescènza *s.f.* (*fis.*) emissione di luce da parte di un corpo portato a temperatura elevatissima.

incantàre *v.tr.* **1** colpire con un incantesimo **2** (*fig.*) affascinare ♦ **-rsi** *v.intr.pron.* **1** restare fisso, immobile **2** di un meccanismo, incepparsi.

incantàto *agg.* **1** fatato **2** favoloso **3** immobile, trasognato.

incantatóre *agg.* [f. -trice] che ha il potere di incantare ♦ *s.m.* [f. -trice].

incantésimo *s.m.* l'incantare, l'essere incantato; sortilegio.
incantévole *agg.* che incanta.
incànto[1] *s.m.* **1** magia **2** (*fig.*) persona o cosa incantevole.
incànto[2] *s.m.* vendita pubblica di un bene al migliore offerente.
incanutìre *v.intr.* [*io incanutisco, tu incanutisci ecc.*; aus. *essere*] diventare canuto.
incapàce *agg.* **1** che non è capace | (*assol.*) inetto **2** (*dir.*) che non ha capacità giuridica ♦ *s.m.* e *f.*
incapacità *s.f.* l'essere incapace; la condizione di chi è incapace.
incappàre *v.intr.* [aus. *essere*] imbattersi in cosa o persona spiacevole: — *in un errore.*
incapricciàrsi *v.intr.pron.* [*io mi incapriccio ecc.*] ostinarsi in un capriccio.
incapsulàre *v.tr.* [*io incàpsulo ecc.*] rinchiudere in una capsula.
incarceràre *v.tr.* [*io incàrcero ecc.*] (*non com.*) mettere in carcere.
incaricàre *v.tr.* [*io incàrico, tu incàrichi ecc.*] dare un incarico ♦ **-rsi** *v.rifl.* assumersi un incarico.
incaricàto *agg.* e *s.m.* [f. *-a*] che/chi è investito di un incarico.
incàrico *s.m.* [pl. *-chi*] l'incaricare; la cosa di cui si è incaricati.
incarnàre *v.tr.* dar corpo; rappresentare ♦ **-rsi** *v.intr.pron.* (*fig.*) assumere realtà, vita.
incarnato *agg.* che ha il colore roseo della pelle ♦ *s.m.* colorito.
incarnazióne *s.f.* **1** (*relig.*) l'assunzione, da parte di Dio, di un corpo umano **2** (*fig.*) personificazione.
incartaménto *s.m.* l'insieme dei documenti che si riferiscono a una pratica.
incartare *v.tr.* avvolgere in carta.
incasellàre *v.tr.* [*io incasèllo ecc.*] **1** disporre nelle caselle di un casellario **2** (*fig.*) distribuire ordinatamente.
incassàre *v.tr.* **1** mettere in casse **2** riscuotere una somma **3** (*sport*) di pugile, resistere ai colpi messi a segno dall'avversario **4** (*fig.*) sopportare contrarietà ♦ **-rsi** *v.intr.pron.* restringersi tra due alture.
incassàto *agg.* **1** chiuso tra pareti alte e ripide: *una valle incassata* **2** alloggiato in una cavità.
incàsso *s.m.* **1** l'incassare denaro; la somma incassata **2** incassatura.
incastonàre *v.tr.* [*io incastóno ecc.*] adattare una pietra preziosa nel castone.
incastràre *v.tr.* **1** inserire a forza **2** (*fig. fam.*) mettere qlcu. nei pasticci ♦ **-rsi** *v.intr.pron.* inserirsi saldamente in qlco.
incàstro *s.m.* la parte in cui due elementi si congiungono strettamente mediante l'inserimento delle sporgenze dell'uno negli incavi dell'altro.
incatenàre *v.tr.* [*io incaténo ecc.*] mettere in catene, legare con catene.
incatramàre *v.tr.* ricoprire di catrame.
incattivìre *v.tr.* [*io incattivisco, tu incattivisci ecc.*] rendere cattiv ♦ *v.intr.* [aus. *essere*] ♦ **-rsi** *v.intr.pron.* diventare cattivo.
incàuto *agg.* non cauto □ **-mente** *avv.*
incavàre *v.tr.* rendere cavo.
incavatùra *s.f.* cavità.
incàvo *s.m.* cavità, incavatura.
incavolàrsi *v.intr.pron.* [*io m'incàvolo ecc.*] (*fam.*) arrabbiarsi.
incazzàrsi *v.intr.pron.* (*volg.*) arrabbiarsi.
incedere *s.m.* modo di camminare.
incendiàre *v.tr.* [*io incèndio ecc.*] **1** dare fuoco a qlco. **2** (*fig.*) eccitare ♦ **-rsi** *v.intr.pron.* prendere fuoco.
incendiàrio *agg.* **1** atto a provocare un incendio **2** (*fig.*) che infiamma gli animi ♦ *s.m.* [f. *-a*] chi volontariamente appicca un incendio.
incèndio *s.m.* fuoco violento e devastante.
incenerìre *v.tr.* [*io incenerisco, tu incenerisci ecc.*] ridurre in cenere ♦ **-rsi** *v.intr.pron.* andare, ridursi in cenere.
inceneritóre *s.m.* impianto per l'incenerimento di rifiuti solidi.
incensàre *v.tr.* [*io incènso ecc.*] **1** spargere il fumo dell'incenso **2** (*fig.*) adulare ♦ **-rsi** *v.rifl.* e *rifl.rec.* elogiarsi.
incènso *s.m.* tipo di resina che, bruciata, emana un intenso aroma.
incensuràbile *agg.* che non si può censurare, criticare.
incensuràto *agg.* (*dir.*) si dice di chi non ha mai riportato condanne penali | (*estens.*) che non ha mai ricevuto critiche o censure.
incentivàre *v.tr.* stimolare.
incentìvo *s.m.* **1** spinta, incitamento **2** vantaggio concesso al fine di incoraggiare un determinato comportamento.
incentràre *v.tr.* [*io incèntro ecc.*] imperniare (*fig.*) ♦ **-rsi** *v.intr.pron.* basarsi.
inceppàrsi *v. intr.pron.* detto di armi e meccanismi, bloccarsi.
inceràta *s.f.* tessuto o indumento impermeabilizzato.
incertézza *s.f.* **1** l'essere incerto **2** stato di dubbio; indecisione.
incèrto *agg.* **1** non certo; dubbio **2** indeterminato, vago **3** dubbioso ♦ *s.m.* (*estens.*) imprevisto.
incespicàre *v.intr.* [*io incéspico, tu incéspichi ecc.*; aus. *avere*] **1** inciampare **2** (*fig.*) impappinarsi nel parlare o nel leggere.

incessànte *agg.* che non cessa □ **-mente** *avv.*
incèsto *s.m.* rapporto sessuale fra consanguinei.
incètta *s.f.* l'accaparrarsi una grande quantità di una merce.
inchièsta *s.f.* **1** ricerca di tutte le notizie utili ad accertare la verità riguardo a un fatto **2** (*dir.*) indagine per accertare le responsabilità di un delitto.
inchinàrsi *v.rifl.* chinare il capo o la persona in atto di omaggio | (*fig.*) sottomettersi.
inchìno *s.m.* l'inchinarsi come atto di omaggio; riverenza.
inchiodàre *v.tr.* [io inchiòdo ecc.] **1** fissare con chiodi **2** (*estens.*) immobilizzare, costringere.
inchiòstro *s.m.* sostanza liquida, di colore e composizione vari, usata per scrivere, disegnare e stampare.
inciampàre *v.intr.* [aus. *essere* e *avere*] urtare inavvertitamente col piede contro un ostacolo.
inciàmpo *s.m.* ostacolo.
incidentàle *agg.* **1** che avviene per caso **2** secondario | *proposizione* —, (*ling.*) che è inserita in un'altra proposizione, senza avere con essa alcun legame sintattico □ **-mente** *avv.*
incidènte[1] *agg.* che cade sopra una cosa o nel mezzo di essa.
incidènte[2] *s.m.* avvenimento inatteso che procura un danno; infortunio.
incidènza *s.f.* **1** il cader sopra **2** effetto determinato da un elemento su una situazione.
incìdere[1] *v.tr.* [pass.rem. *io incisi, tu incidésti* ecc.; part.pass. *inciso*] **1** effettuare un taglio netto **2** intagliare **3** (*fig.*) imprimere **4** fissare un suono su un supporto magnetico; registrare.
incìdere[2] *v.intr.* [pass.rem. *io incisi, tu incidésti* ecc.; part.pass. *inciso*; aus. *avere*] **1** gravare **2** avere un'influenza profonda.
incinerazióne *s.f.* uso funerario che consiste nel bruciare le salme.
incìnta *agg.f.* si dice di donna in stato di gravidanza.
incipiènte *agg.* che è agli inizi.
incipriàrsi *v.rifl.* darsi la cipria.
incìrca *avv.* circa.
incisióne *s.f.* **1** l'incidere, l'essere inciso **2** arte di incidere una matrice; la stampa che se ne ottiene.
incisìvo *agg.* **1** (*anat.*) si dice di ciascuno dei quattro denti centrali a forma di scalpello **2** (*fig.*) efficace □ **-mente** *avv.*
incìso *s.m.* frase grammaticalmente indipendente dal costrutto in cui è inserita | *per* —, incidentalmente.
incisóre *s.m.* chi pratica l'arte dell'incisione.
incitaménto *s.m.* l'incitare, l'essere incitato; esortazione.
incitàre *v.tr.* [io ìncito o incìto ecc.] spingere ad agire; esortare.
incivìle *agg.* **1** selvaggio **2** indegno di una società civile **3** rozzo ♦ *s.m.* e *f.*
incivilìre *v.tr.* [io incivilisco, tu incivilisci ecc.] rendere civile ♦ **-rsi** *v.intr.pron.* divenire civile.
inclemènte *agg.* non clemente, inflessibile | duro, aspro | *tempo, inverno* —, rigido, avverso □ **-mente** *avv.*
inclinàre *v.tr.* spostare un oggetto in posizione obliqua ♦ *v.intr.* [aus. *avere*] **1** pendere **2** (*fig.*) propendere ♦ **-rsi** *v.rifl.* o *intr.pron.* piegarsi da una parte.
inclinazióne *s.f.* **1** l'essere inclinato; pendenza **2** (*fig.*) propensione, attitudine.
inclìne *agg.* propenso, disposto.
inclùdere *v.tr.* [coniugato come *accludere*] **1** chiudere dentro **2** comprendere, far entrare in un gruppo.
inclusióne *s.f.* l'includere, l'essere incluso.
inclusìvo *agg.* che include □ **-mente** *avv.*
inclùso *agg.* **1** chiuso dentro **2** compreso.
incoercìbile *agg.* che non si può reprimere □ **-mente** *avv.*
incoerènte *agg.* **1** che non ha coesione, che manca di compattezza **2** (*fig.*) che non ha coerenza □ **-mente** *avv.*
incoerènza *s.f.* **1** mancanza di coesione **2** (*fig.*) mancanza di coerenza.
incògnita *s.f.* **1** (*mat.*) variabile che compare in un'equazione e che viene determinata risolvendo l'equazione stessa **2** (*estens.*) fatto o situazione il cui sviluppo è incerto.
incògnito *s.m.* stato di chi nasconde la propria identità.
incollàre *v.tr.* [io incòllo ecc.] attaccare con la colla ♦ **-rsi** *v.intr.pron.* appiccicarsi (anche *fig.*).
incollatura *s.f.* lunghezza della testa e del collo di un cavallo | misura per indicare il distacco tra due cavalli in una corsa.
incollerìrsi *v.intr.pron.* [io mi incollerisco, tu ti incollerisci ecc.; aus. *essere*] arrabbiarsi.
incolonnàre *v.tr.* [io incolónno ecc.] mettere in colonna ♦ **-rsi** *v.intr.pron.* disporsi in colonna.
incolóre *agg.* **1** senza colore **2** (*fig.*) monotono; privo di vivacità.
incolpàre *v.tr.* [io incólpo ecc.] addossare una colpa; imputare, accusare ♦ **-rsi** *v.rifl.* accusare sé stesso.

incólto *agg.* **1** non coltivato **2** (*fig.*) privo di cultura; ignorante.
incòlume *agg.* sano e salvo; illeso.
incolumità *s.f.* l'essere incolume.
incombènza *s.f.* incarico, mansióne.
incómbere *v.intr.* [*io incómbo ecc.*; dif. del part. pass. e dei tempi composti] essere imminente, detto di cosa minacciosa.
incominciàre *v.tr.* [*io incomìncio ecc.*] cominciare ♦ *v.intr.* [aus. *essere*] avere inizio.
incommensuràbile *agg.* che non può essere misurato; immenso (anche *fig.*) □ **-mente** *avv.*
incomodàre *v.tr.* [*io incòmodo ecc.*] recare disturbo ♦ **-rsi** *v.rifl.* prendersi disturbo.
incòmodo *agg.* che procura disagio ♦ *s.m.*
incomparàbile *agg.* impareggiabile □ **-mente** *avv.*
incompatìbile *agg.* che non si può conciliare, che non può coesistere con altro □ **-mente** *avv.*
incompatibilità *s.f.* l'essere incompatibile.
incompetènte *agg.* non competente ♦ *s.m.* e *f.* □ **-mente** *avv.*
incompetènza *s.f.* **1** l'essere incompetente **2** (*dir.*) mancanza di competenza.
incompiùto *agg.* non compiuto, non terminato □ **-mente** *avv.*
incomplèto *agg.* privo di qualche parte □ **-mente** *avv.*
incomprensìbile *agg.* che non si riesce a capire □ **-mente** *avv.*
incomprensióne *s.f.* mancanza di comprensione.
incompréso *agg.* non compreso.
incomunicabilità *s.f.* **1** l'essere incomunicabile **2** impossibilità di trasmettere o condividere idee, affetti, esperienze con altre persone.
inconcepìbile *agg.* che non si può concepire; assurdo.
inconciliàbile *agg.* che non si può conciliare, che non può coesistere □ **-mente** *avv.*
inconcludènte *agg.* che non raggiunge il suo fine | *persona —*, che non viene a capo di nulla ♦ *s.m.* e *f.*
incondizionàto *agg.* che non è sottoposto ad alcuna condizione; assoluto □ **-mente** *avv.*
inconfessàbile *agg.* turpe.
inconfondìbile *agg.* che non si può confondere.
inconfutàbile *agg.* che non si può confutare; indiscutibile.
incongruènte *agg.* privo di congruenza, di logica □ **-mente** *avv.*
incongruènza *s.f.* **1** l'essere incongruente **2** contraddizione.
inconsapévole *agg.* che non è informato o non ha piena coscienza di qlco. □ **-mente** *avv.*
incònscio *agg.* [pl.f. *-sce*] non avvertito dalla coscienza ♦ *s.m.* (*psicoan.*) la sfera più profonda della psiche, di cui l'individuo non ha consapevolezza, ma che condiziona la sua condotta e le sue emozioni □ **-mente** *avv.*
inconsistènte *agg.* che manca di consistenza (anche *fig.*) □ **-mente** *avv.*
inconsuèto *agg.* insolito.
inconsùlto *agg.* sconsiderato, avventato.
incontaminàto *agg.* non contaminato; puro.
incontentàbile *agg.* che non si contenta mai ♦ *s.m.* e *f.*
incontestàbile *agg.* che non può essere contestato; certo.
incontinènte *agg.* **1** che non sa contenersi **2** (*med.*) che presenta incontinenza ♦ *s.m.* e *f.*
incontinènza *s.f.* **1** intemperanza **2** (*med.*) incapacità di controllare l'emissione di urina o di feci.
incontràre *v.tr.* [*io incóntro ecc.*] **1** trovare davanti a sé (anche *fig.*) **2** trovarsi deliberatamente con qlcu. **3** (*sport*) gareggiare ♦ **-rsi** *v.rifl.rec.* **1** trovarsi l'uno di fronte all'altro **2** scontrarsi.
incontro *avv.* indica movimento frontale in direzione di qlcu. o qlco.
incontrollàto *agg.* **1** non controllato **2** di cui non è stata accertata la fondatezza.
inconveniènte *s.m.* **1** circostanza spiacevole o avversa **2** lato negativo.
incoraggiaménto *s.m.* l'incoraggiare.
incoraggiàre *v.tr.* [*io incoràggio ecc.*] **1** infondere coraggio **2** favorire.
incorniciàre *v.tr.* [*io incornìcio ecc.*] mettere in cornice | (*fig.*) circondare come una cornice.
incoronàre *v.tr.* [*io incoróno ecc.*] cingere con una corona o una ghirlanda.
incoronazióne *s.f.* l'incoronare, l'essere incoronato.
incorporàre *v.tr.* [*io incòrporo ecc.*] **1** inserire qlco. in un organismo più vasto **2** (*estens.*) annettere; comprendere in sé.
incorporazióne *s.f.* l'incorporare, l'essere incorporato.
incorpòreo *agg.* immateriale.
incórrere *v.intr.* [coniugato come *correre*; aus. *essere*] imbattersi.
incorruttìbile *agg.* non corruttibile; non soggetto a corruzione fisica o morale.
incosciènte *agg.* **1** che ha perso temporaneamente la coscienza **2** che agisce senza riflettere; irresponsabile ♦ *s.m.* e *f.* □ **-mente** *avv.*

incosciènza *s.f.* **1** mancanza temporanea di coscienza **2** l'essere irresponsabile.
incostànte *agg.* non costante; volubile ♦ *s.m.* e *f.*
incostituzionàle *agg.* (*dir.*) che è in contrasto con la costituzione □ **-mente** *avv.*
incredìbile *agg.* non credibile; assurdo.
incrèdulo *agg.* **1** che non crede; scettico **2** privo di fede religiosa.
incrementàre *v.tr.* [*io increménto ecc.*] dare incremento; aumentare.
increménto *s.m.* accrescimento; sviluppo.
increscióso *agg.* spiacevole, imbarazzante □ **-mente** *avv.*
increspàre *v.tr.* [*io incréspo ecc.*] rendere crespo ♦ **-rsi** *v.intr.pron.* diventare crespo.
increspatùra *s.f.* l'increspare, l'incresparsi, l'essere increspato.
incretinìre *v.tr.* [*io incretinisco, tu incretinisci ecc.*] rendere cretino ♦ *v.intr.* [aus. *essere*], **incretinirsi** *v.intr.pron.* diventare cretino.
incriminàre *v.tr.* [*io incrìmino ecc.*] accusare qlcu. di un reato.
incriminazióne *s.f.* l'incriminare, l'essere incriminato.
incrinàre *v.tr.* **1** lesionare con una crepa **2** (*fig.*) compromettere ♦ **-rsi** *v.intr.pron.* subire un'incrinatura (anche *fig.*).
incrinatùra *s.f.* **1** l'incrinare, l'incrinarsi, l'essere incrinato; crepa **2** (*fig.*) screzio.
incrociàre *v.tr.* [*io incrócio ecc.*] **1** mettere qlco. di traverso a un'altra | — *le braccia*, (*fig.*) astenersi dal lavoro **2** attraversare, intersecare **3** incontrare qlco. o qlcu. che va in senso opposto **4** (*biol.*) effettuare un incrocio ♦ *v.intr.* [aus. *avere*] (*mar.*, *aer.*) percorrere in varie direzioni una stessa zona ♦ **-rsi** *v.rifl.rec.* **1** intersecarsi **2** incontrarsi andando in direzioni opposte.
incrociatóre *s.m.* (*mar.*) nave da guerra veloce, di medio tonnellaggio.
incrócio *s.m.* **1** il punto in cui due cose s'incrociano; in particolare, il punto d'intersezione di due strade **2** (*biol.*) accoppiamento di razze animali o specie vegetali differenti | il prodotto di tale accoppiamento.
incrollàbile *agg.* **1** che non può crollare **2** (*fig.*) saldo □ **-mente** *avv.*
incrostàre *v.tr.* [*io incròsto ecc.*] ricoprire di uno strato di sedimenti ♦ **-rsi** *v.intr.pron.* rivestirsi di un deposito in forma di crosta.
incrostazióne *s.f.* l'incrostare, l'incrostarsi, l'essere incrostato | strato di sedimenti simile a una crosta.
incruènto *agg.* senza spargimento di sangue.
incubatrìce *s.f.* **1** apparecchiatura atta a rifornire del calore necessario i neonati prematuri **2** apparecchiatura per la cova artificiale delle uova.
incubazióne *s.f.* **1** processo di sviluppo degli embrioni degli animali ovipari e ovovivipari **2** (*med.*) nelle malattie infettive, periodo compreso tra l'infettamento e la comparsa dei sintomi della malattia.
ìncubo *s.m.* **1** sogno angoscioso **2** (*fig.*) grave preoccupazione.
incùdine *s.f.* blocco di acciaio su cui il fabbro appoggia il pezzo da forgiare.
inculcàre *v.tr.* [*io inculco, tu inculchi ecc.*] imprimere nell'animo.
incunàbolo *s.m.* libro stampato nel sec. XV, quando la stampa era agli inizi.
incuneàrsi *v.intr.pron.* entrare, inserirsi in profondità (anche *fig.*).
incupìrsi *v.intr.pron.* divenire cupo, rabbuiarsi.
incuràbile *agg.* che non si può curare; inguaribile.
incurànte *agg.* si dice di persona che non si dà cura di cose che la riguardano.
incùria *s.f.* negligenza.
incuriosìre *v.tr.* [*io incuriosisco, tu incuriosisci ecc.*] destare la curiosità ♦ **-rsi** *v.intr.pron.* esser preso da curiosità.
incursióne *s.f.* **1** rapida azione di guerra in territorio nemico: — *aerea* **2** attività svolta al di fuori del proprio legittimo o abituale campo d'azione.
incurvàre *v.tr.* rendere curvo ♦ **-rsi** *v.intr.pron.* divenire curvo.
incùtere *v.tr.* [pass.rem. *io incussi, tu incutésti ecc.*; part.pass. *incusso*] suscitare un sentimento: — *paura, rispetto*.
ìndaco *s.m.* sostanza colorante azzurro-violacea ♦ *agg.invar.* che ha il colore dell'indaco.
indaffaràto *agg.* affaccendato.
indagàre *v.tr.* e *intr.* [*io indago, tu indaghi ecc.*; aus. dell'intr. *avere*] compiere ricerche per scoprire la verità su qlco. o qlcu.
indàgine *s.f.* **1** ricerca sistematica volta a scoprire qlco. **2** (spec. *pl.*) investigazione giudiziaria.
indebitaménto *s.m.* l'indebitarsi, l'essere indebitato; il debito contratto.
indebitarsi *v.rifl.* contrarre debiti.
indébito *agg.* **1** che non è dovuto **2** illecito □ **-mente** *avv.*
indebolìre *v.tr.* [*io indebolisco, tu indebolisci ecc.*] rendere debole ♦ **-rsi** *v.intr.pron.* diventare debole.
indecènte *agg.* che offende la morale □ **-mente** *avv.*
indecènza *s.f.* l'essere indecente | ciò che è indecente.
indecifràbile *agg.* che non si può decifrare (anche *fig.*).

indecisióne *s.f.* mancanza di decisione.
indecìso *agg.* incerto, titubante.
indeclinàbile *agg.* (*gramm.*) che non si può declinare: *aggettivo* —.
indecoróso *agg.* contrario al decoro □ **-mente** *avv.*
indefèsso *agg.* assiduo, instancabile: *lavoratore* — □ **-mente** *avv.*
indefinìto *agg.* **1** non definito, non determinato **2** in grammatica: *aggettivo* —; *pronome* —, che designa qlcu. o qlco. in modo vago o generale □ **-mente** *avv.*
indégno *agg.* **1** non degno, non meritevole **2** che non si addice.
indeiscènte *agg.* (*bot.*) si dice di frutto che non si apre spontaneamente per fare uscire il seme.
indelèbile *agg.* che non si può cancellare (anche *fig.*) □ **-mente** *avv.*
indelicatézza *s.f.* l'essere indelicato.
indelicàto *agg.* indiscreto □ **-mente** *avv.*
indemoniàto *agg.* e *s.m.* [f. *-a*] **1** che/chi è posseduto dal demonio **2** (*fig.*) esagitato, scalmanato.
indènne *agg.* che non ha riportato danno.
indennità *s.f.* **1** risarcimento **2** somma corrisposta dal datore di lavoro al lavoratore per spese, oneri, rischi sostenuti.
indennizzàre *v.tr.* compensare mediante il pagamento di un'indennità.
indennìzzo *s.m.* l'indennizzare; la somma versata per indennizzare.
inderogàbile *agg.* a cui non si può derogare □ **-mente** *avv.*
indeterminativo *agg.* che non determina | *articolo* —, (*gramm.*) quello che non determina il nome a cui è premesso.
indeterminàto *agg.* **1** non determinato, non precisato: *un luogo* — **2** vago.
indiàno *s.m.* [f. *-a*] **1** abitante o nativo dell'India **2** indigeno delle Indie occidentali, cioè dell'America ♦ *agg.*
indiavolàto *agg.* **1** infuriato **2** frenetico.
indicàre *v.tr.* [*io ìndico, tu ìndichi* ecc.] **1** far vedere | segnalare **2** specificare **3** suggerire **4** significare.
indicativo *agg.* **1** rivelatore, significativo | (*gramm.*) *modo* —, modo del verbo che esprime la realtà **2** approssimativo: *prezzo* — ♦ *s.m.* (*gramm.*) □ **-mente** *avv.*
indicàto *agg.* opportuno, adatto.
indicatóre *s.m.* nome generico di strumenti che servono a dare indicazioni.
indicazióne *s.f.* l'indicare; il segno o le parole che indicano qlco. | prescrizione.
ìndice *s.m.* **1** il secondo dito della mano **2** lancetta di uno strumento di misura **3** (*fig.*) segno, indizio **4** la parte di un libro che reca l'elenco dei capitoli **5** (*stat.*) numero che esprime le variazioni di una grandezza nel tempo o nello spazio.
indicìbile *agg.* che non si può dire.
indicizzàre *v.tr.* (*econ.*) adeguare automaticamente una grandezza al variare di un'altra: — *i salari al costo della vita.*
indietreggiàre *v.intr.* [*io indietréggio* ecc.; aus. *essere* o *avere*] retrocedere, farsi indietro (anche *fig.*).
indiètro *avv.* indica la direzione alle spalle di una persona.
indiféso *agg.* non difeso, privo di protezione | (*estens.*) di persona, fragile.
indifferènte *agg.* **1** non differente; equivalente: | che non suscita interesse **2** che non prova o non manifesta emozioni ♦ *s.m.* e *f.* persona indifferente, fredda □ **-mente** *avv.*
indifferènza *s.f.* l'essere indifferente.
indìgeno *agg.* originario del luogo ♦ *s.m.* [f. *-a*].
indigènte *agg.* e *s.m.* e *f.* povero.
indigènza *s.f.* lo stato di chi è indigente.
indigestióne *s.f.* disturbo acuto della digestione, causato in genere dall'eccessiva quantità dei cibi ingeriti.
indigèsto *agg.* **1** che si digerisce con difficoltà **2** (*fig.*) noioso.
indignàre *v.tr.* muovere a sdegno ♦ **-rsi** *v. intr.pron.* provare sdegno.
indignazióne *s.f.* stato dell'animo indignato; sdegno.
ìndio *s.m.* [f. *-a*; pl.m. *ìndi* o *ìndios*] indigeno dell'America centro-meridionale.
indipendènte *agg.* **1** che non dipende da altri **2** si dice di cose che non sono in relazione tra loro ♦ *s.m.* parlamentare non iscritto a un partito □ **-mente** *avv.*
indipendènza *s.f.* l'essere indipendente.
indìre *v.tr.* [coniugato come *dire*] ordinare pubblicamente; bandire.
indirètto *agg.* non diretto □ **-mente** *avv.*
indirizzàre *v.tr.* **1** far andare in un luogo **2** (*fig.*) instradare **3** rivolgere **4** spedire a un determinato indirizzo ♦ **-rsi** *v.rifl.* incamminarsi, avviarsi.
indirìzzo *s.m.* **1** complesso di indicazioni per il recapito della corrispondenza **2** direzione, tendenza.
indisciplinàto *agg.* che non rispetta le regole della disciplina □ **-mente** *avv.*
indiscréto *agg.* **1** che manca di discrezione **2** importuno □ **-mente** *avv.*
indiscrezióne *s.f.* **1** l'essere indiscreto **2** rivelazione di notizie segrete.
indiscriminàto *agg.* privo di discernimento; messo in atto senza distinzioni di sorta □ **-mente** *avv.*
indiscùsso *agg.* che è accettato da tutti.

indiscutìbile *agg.* che non si può mettere in discussione □ **-mente** *avv.*
indispensàbile *agg.* di cui non si può fare a meno ♦ *s.m.*
indispettìre *v.tr.* [*io indispettisco, tu indispettisci ecc.*] irritare ♦ **-rsi** *v.intr.pron.* irritarsi.
indisponènte *agg.* irritante □ **-mente** *avv.*
indisposizióne *s.f.* leggero malessere.
indispósto *agg.* colpito da malessere.
indissolùbile *agg.* che non si può sciogliere □ **-mente** *avv.*
indistìnto *agg.* non distinto, vago □ **-mente** *avv.*
individuàle *agg.* che concerne l'individuo □ **-mente** *avv.* singolarmente.
individualìsmo *s.m.* tendenza a far prevalere gli interessi individuali.
individualità *s.f.* il complesso dei caratteri che distinguono una persona o una cosa.
individuàre *v.tr.* [*io individuo ecc.*] riconoscere con precisione | identificare.
indivìduo *s.m.* **1** organismo vivente considerato distintamente da ogni altro **2** persona.
indivisìbile *agg.* che non può essere diviso in parti.
indiziàto *agg.* e *s.m.* [f. *-a*] si dice di persona contro la quale vi siano indizi di colpa.
indìzio *s.m.* segno, circostanza da cui si possa argomentare con fondamento che qlco. avverrà o è avvenuto.
indoeuropèo *agg.* si dice della lingua comune da cui sarebbe derivato un gruppo di lingue europee e asiatiche ♦ *s.m.*
ìndole *s.f.* **1** inclinazione naturale **2** (*estens.*) natura.
indolènte *agg.* svogliato, pigro ♦ *s.m.* e *f.* □ **-mente** *avv.*
indolènza *s.f.* l'essere indolente.
indolenziménto *s.m.* sensazione di leggero dolore diffuso.
indolóre *agg.* che non dà dolore.
indomàbile *agg.* che non si lascia domare (anche *fig.*).
indoràre *v.tr.* [*io indòro ecc.*] **1** dorare **2** passare un alimento nell'uovo sbattuto prima di friggerlo.
indossàre *v.tr.* [*io indòsso ecc.*] mettersi, avere indosso.
indossatrìce *s.f.* donna che indossa e presenta al pubblico nuovi modelli di abbigliamento.
indòsso *avv.* addosso.
indótto *agg.* persuaso ♦ *s.m.* il complesso delle attività economiche minori legate alle grandi produzioni industriali.
indovinàre *v.tr.* **1** cogliere la verità su una cosa nascosta o futura **2** azzeccare.
indovinèllo *s.m.* gioco enigmistico.
indovìno *s.m.* [f. *-a*] chi indovina o pretende di indovinare il futuro.
indù *s.m.* e *f.* abitante dell'India non musulmana ♦ *agg.*
indùbbio *agg.* certo □ **-mente** *avv.*
indugiàre *v.tr.* [*io indùgio ecc.*] *v.intr.* [aus. *avere*] tardare, esitare ♦ **-rsi** *v.intr.pron.* (*non com.*) attardarsi.
indulgènte *agg.* che perdona facilmente □ **-mente** *avv.*
indulgènza *s.f.* **1** l'essere indulgente **2** (*teol.*) nella dottrina cattolica, la remissione delle pene temporali dovute per i peccati.
indùlgere *v.intr.* [pres. *io indulgo, tu indulgi ecc.*; pass.rem. *io indulsi, tu indulgésti ecc.*; part.pass. *indulto*; aus. *avere*] **1** mostrarsi indulgente **2** (*estens.*) lasciarsi andare.
indùlto *s.m.* (*dir.*) provvedimento con cui il capo dello stato condona, in tutto o in parte, una pena già inflitta.
induménto *s.m.* capo di vestiario.
induriménto *s.m.* l'indurire, l'indurirsi, l'essere indurito.
indurìre *v.tr.* [*io indurisco, tu indurisci ecc.*] rendere duro (anche *fig.*) ♦ **-rsi** *v.intr.pron.* diventare duro.
indùrre *v.tr.* [coniugato come *addurre*] **1** spingere qlcu. a fare qlco. **2** (*fis.*) provocare l'induzione in un corpo ♦ **-rsi** *v.rifl.* risolversi, decidersi a fare qlco.
indùstria *s.f.* **1** insieme delle attività economiche che trasformano i prodotti naturali in manufatti **2** qualsiasi attività produttiva.
industriàle *agg.* dell'industria ♦ *s.m.* e *f.* imprenditore □ **-mente** *avv.*
industrializzàre *v.tr.* promuovere la produzione industriale in un paese.
industrializzazióne *s.f.* l'industrializzare, l'industrializzarsi, l'essere industrializzato.
industriàrsi *v.intr.pron.* [*io mi indùstrio ecc.*] darsi da fare.
industrióso *agg.* ingegnoso □ **-mente** *avv.*
induttìvo *agg.* **1** (*filos.*) che è basato sul procedimento dell'induzione **2** (*fis.*) che concorre a produrre induzione □ **-mente** *avv.*
induzióne *s.f.* **1** (*filos.*) procedimento logico che muove dai fatti ai principi **2** (*fis.*) azione che determinati corpi, interessati da fenomeni elettrici o magnetici, esercitano a distanza su altri corpi.
inebetìto *agg.* stordito.
inebriàre *v.tr.* [*io inèbrio ecc.*] mettere in uno stato di esaltazione ♦ **-rsi** *v.intr.pron.* esaltarsi.
ineccepìbile *agg.* a cui non si può muovere alcuna critica □ **-mente** *avv.*

inèdia *s.f.* digiuno prolungato.
inèdito *agg.* **1** non ancora pubblicato **2** (*fig.*) originale ♦ *s.m.* opera non ancora pubblicata.
ineducàto *agg.* non educato □ **-mente** *avv.*
ineffàbile *agg.* di cosa troppo bella per essere espressa adeguatamente a parole □ **-mente** *avv.*
inefficàce *agg.* non efficace.
inefficiènte *agg.* non efficiente.
inequàle *agg.* non uguale | (*estens.*) discontinuo.
ineluttàbile *agg.* inevitabile □ **-mente** *avv.*
inenarràbile *agg.* che non si può narrare; indescrivibile □ **-mente** *avv.*
inequivocàbile *agg.* che non si presta a equivoci □ **-mente** *avv.*
inerènte *agg.* che è connesso con qlco.
inèrme *agg.* privo d'armi, di difesa (anche *fig.*).
inèrte *agg.* **1** inattivo **2** che è in stato di quiete, di inerzia **3** (*chim.*) si dice di elemento o composto che non reagisce.
inèrzia *s.f.* **1** l'essere inerte **2** (*fis.*) proprietà di ogni corpo di persistere nel proprio stato di quiete o di moto | *per forza d'* —, (*fig.*) per abitudine.
inesattézza *s.f.* l'essere inesatto.
inesàtto[1] *agg.* privo di esattezza.
inesàtto[2] *agg.* si dice di somma che non è stata riscossa.
inesauribile *agg.* che non si esaurisce mai (anche *fig.*).
inesoràbile *agg.* **1** inflessibile **2** (*fig.*) si dice di cosa a cui non ci si può sottrarre □ **-mente** *avv.*
inesperiènza *s.f.* mancanza di esperienza.
inespèrto *agg.* che non ha esperienza; poco pratico.
inesplicàbile *agg.* che non si può comprendere o spiegare.
inesploràto *agg.* non esplorato.
inespugnàbile *agg.* che non si può espugnare.
inestimàbile *agg.* che non è possibile stimare o quantificare: *beni inestimabili.*
inestinguìbile *agg.* che non si può estinguere, spegnere, smorzare.
inettitùdine *s.f.* incapacità.
inètto *agg.* incapace; incompetente ♦ *s.m.* [f. -*a*] □ **-mente** *avv.*
inevàso *agg.* (*burocr.*) non sbrigato: *pratiche inevase.*
inevitàbile *agg.* che non si può evitare ♦ *s.m.* □ **-mente** *avv.*
inèzia *s.f.* cosa da nulla; bazzecola.
infallìbile *agg.* che non sbaglia mai □ **-mente** *avv.*
infallibilità *s.f.* l'essere infallibile.
infamàre *v.tr.* coprire d'infamia.
infàme *agg.* che ha pessima fama | scellerato ♦ *s.m.* e *f.*
infàmia *s.f.* **1** biasimo pubblico **2** azione o espressione infame.
infangàre *v.tr.* [*io infango, tu infanghi ecc.*] **1** sporcare di fango **2** (*fig.*) disonorare ♦ **-rsi** *v.rifl.* o *intr.pron.* **1** sporcarsi di fango **2** (*fig.*) coprirsi di disonore.
infanticìda *s.m.* e *f.* [pl.m. -*di*] chi ha commesso infanticidio.
infanticìdio *s.m.* uccisione di un neonato.
infantìle *agg.* **1** dell'infanzia **2** puerile □ **-mente** *avv.*
infantilìsmo *s.m.* (*med.,psicol.*) persistenza, nell'adulto di caratteri somatici o psichici infantili | (*estens.*) immaturità.
infànzia *s.f.* periodo della vita umana che va dalla nascita all'adolescenza.
infarinàre *v.tr.* cospargere di farina.
infarinatùra *s.f.* **1** l'infarinare, l'essere infarinato **2** (*fig.*) conoscenza superficiale.
infàrto *s.m.* (*med.*) lesione di un tessuto, dovuta a occlusione di un'arteria.
infastidìre *v.tr.* [*io infastidisco, tu infastidisci ecc.*] recare noia ♦ **-rsi** *v.intr.pron.* seccarsi.
infaticàbile *agg.* che non si stanca mai □ **-mente** *avv.*
infàtti *cong.* in realtà, difatti, invero.
infatuàto *agg.* preso da infatuazione.
infatuazióne *s.f.* passione esagerata e superficiale.
infàusto *agg.* non fausto, portatore di sventura: *giorno* —.
infecóndo *agg.* **1** sterile **2** che non dà frutto **3** (*fig.*) che non produce nulla.
infedéle *agg.* **1** che non tiene fede agli impegni **2** che non si attiene alla realtà ♦ *s.m.* e *f.* un tempo, chi professava una fede religiosa diversa dalla propria □ **-mente** *avv.*
infedeltà *s.f.* l'essere infedele.
infelìce *agg.* **1** che non è felice **2** che è causa di infelicità **3** riuscito male; sfavorevole ♦ *s.m.* e *f.* chi è afflitto da grave imperfezione fisica o mentale □ **-mente** *avv.*
infelicità *s.f.* stato di chi è infelice.
inferióre *agg.* [*compar. di basso*] che sta sotto, più in basso ♦ *s.m.* chi, in una gerarchia, ha un grado più basso □ **-mente** *avv.*
inferiorità *s.f.* l'essere inferiore.
infermerìa *s.f.* locale adibito alla visita medica, al ricovero e alla cura degli ammalati.
infermière *s.m.* [f. -*a*] chi per professione assiste i malati.
infermità *s.f.* malattia | — *mentale*, (*dir.*) incapacità di intendere e di volere.

infèrmo *agg.* colpito da infermità ♦ *s.m.* [f. -a].
infernàle *agg.* 1 dell'inferno 2 (*fig.*) terribile, spaventoso.
infèrno *s.m.* 1 nell'antichità pagana, la sede dei morti e degli dei sotterranei 2 secondo la religione cristiana, luogo di dannazione e di pena eterna | *soffrire le pene dell'—*, (*fig.*) soffrire moltissimo 3 (*fig.*) luogo o cosa che dà sofferenze.
inferocìrsi *v.intr.pron.* diventare feroce.
inferocìto *agg.* reso feroce.
inferriàta *s.f.* struttura fissa a sbarre o a grata.
infervoràre *v.tr.* [io infervóro o infèrvoro ecc.] entusiasmare ♦ **-rsi** *v. intr.pron.* entusiasmarsi.
infestàre *v.tr.* [io infèsto ecc.] svolgere azione dannosa in un luogo.
infestazióne *s.f.* 1 l'infestare, l'essere infestato 2 (*med.*) presenza di parassiti in un organismo.
infettàre *v.tr.* [io infètto ecc.] rendere infetto ♦ **-rsi** *v.intr.pron.* contrarre un'infezione.
infettìvo *agg.* relativo a infezione.
infètto *agg.* 1 colpito da infezione 2 che porta i germi di un'infezione.
infezióne *s.f.* 1 (*med.*) presenza di microrganismi patogeni in un organismo 2 contagio.
infiacchìre *v.tr.* [io infiacchisco, tu infiacchisci ecc.] rendere fiacco; indebolire ♦ **-rsi** *v.intr. pron.* diventare fiacco.
infiammàbile *agg.* che prende fuoco con facilità.
infiammàre *v.tr.* 1 accendere con una fiamma 2 (*fig.*) accendere di passione ♦ **-rsi** *v. intr.pron.* 1 prendere fuoco 2 (*med.*) essere colpito da infiammazione.
infiammàto *agg.* (*med.*) affetto da un processo infiammatorio.
infiammatòrio *agg.* (*med.*) di infiammazione: *processo —*.
infiammazióne *s.f.* (*med.*) reazione locale dell'organismo contro agenti infettivi o stimoli d'altro genere.
inficiàre *v.tr.* [io inficio ecc.] 1 (*dir.*) togliere autenticità o validità a qlco. 2 (*estens.*) privare di valore.
infido *agg.* pieno di insidie.
infierìre *v.intr.* [io infierisco, tu infierisci ecc.; aus. avere] 1 comportarsi in modo feroce 2 infuriare.
infilàre *v.tr.* 1 far passare un filo o un oggetto sottile dentro qlco. | *— la porta*, (*fig.*) uscire in modo rapido e deciso 2 (*estens.*) indossare, calzare ♦ **-rsi** *v.rifl.* entrare | intrufolarsi.
infiltràrsi *v.intr.pron.* 1 penetrare attraverso 2 (*fig.*) penetrare.
infiltràto *agg.* e *s.m.* [f. -a] si dice di persona che si è introdotta in un'organizzazione, per spiarla o danneggiarla.
infiltrazióne *s.f.* l'infiltrare, l'infiltrarsi, l'essere infiltrato (anche *fig.*).
infilzàre *v.tr.* 1 trafiggere 2 infilare più cose una dopo l'altra, formando una filza ♦ **-rsi** *v.rifl.* trafiggersi.
ìnfimo *agg.* [superl. di basso] che è il più basso in una scala di valori.
infine *avv.* 1 alla fine 2 insomma.
infinità *s.f.* 1 l'essere infinito 2 (*iperb.*) quantità grandissima.
infinitesimàle *agg.* 1 estremamente piccolo 2 *calcolo —*, (*mat.*) l'insieme dei procedimenti fondati sulle operazioni di derivazione e integrazione.
infinitèsimo *s.m.* parte o quantità piccolissima ♦ *agg.*
infinitìvo *agg.* (*gramm.*) che concerne il modo infinito del verbo.
infinìto *agg.* 1 che non ha principio né fine 2 smisurato (anche *fig.*) ♦ *s.m.* 1 ciò che non comporta limiti 2 (*gramm.*) modo del verbo che esprime l'azione senza distinzione di persona o di numero □ **-mente** *avv.*
infiorescènza *s.f.* (*bot.*) raggruppamento di più fiori disposti in modo da sembrare un unico fiore.
infirmàre *v.tr.* invalidare, rendere nullo.
infisso *s.m.* telaio murato dei serramenti.
infittìre *v.tr.* [io infittisco, tu infittisci ecc.] rendere fitto, più fitto ♦ *v.intr.* [aus. essere] ♦ **-rsi** *v.intr.pron.* diventare più fitto.
inflazióne *s.f.* (*econ.*) diminuzione del potere d'acquisto della moneta.
inflazionìstico *agg.* [pl.m. -ci] (*econ.*) che provoca inflazione.
inflessìbile *agg.* che dimostra rigorosa fermezza □ **-mente** *avv.*
inflessióne *s.f.* intonazione della voce.
inflìggere *v.tr.* [coniugato come affliggere] imporre, far subire: *— una condanna.*
influènte *agg.* che ha influenza, autorità.
influènza *s.f.* 1 azione esercitata su qlcu. o qlco. | autorità 2 (*med.*) malattia virale.
influenzàre *v.tr.* [io influènzo ecc.] avere influenza, condizionare ♦ **-rsi** *v.rifl.rec.* esercitare influenza l'uno sull'altro ♦ *v.intr.pron.* (*med.*) prendere l'influenza.
influìre *v.intr.* [io influisco, tu influisci ecc.; aus. avere] avere influenza su qlcu. o qlco.
inflùsso *s.m.* influenza.
infocàto *agg.* rovente.
infondatézza *s.f.* l'essere infondato.
infondàto *agg.* privo di fondamento □ **-mente** *avv.*

infóndere *v.tr.* [coniugato come *fondere*] suscitare, ispirare.
inforcàre *v.tr.* [*io infórco, tu infórchi ecc.*] montare su qlco. mettendosi a cavalcioni: — *la bicicletta* | — *gli occhiali*, metterseli.
informàle *agg.* che avviene al di fuori delle formalità; amichevole | *stile, tono* —, colloquiale □ **-mente** *avv.*
informàre *v.tr.* [*io infórmo ecc.*] dare notizie ♦ **-rsi** *v. intr.pron.* procurarsi notizie.
informàtica *s.f.* scienza che studia l'elaborazione e il trattamento automatico dei dati mediante elaboratori elettronici.
informatìvo *agg.* che serve a comunicare notizie, a dare informazioni.
informatizzàre *v.tr.* applicare sistemi informatici a qlco.
informàto *agg.* che è a conoscenza, al corrente di qlco.
informatóre *s.m.* [f. *-trice*] chi dà notizie.
informazióne *s.f.* notizia.
infórme *agg.* senza forma definita.
infornàre *v.tr.* [*io infórno ecc.*] mettere a cuocere in forno.
infortunàrsi *v.intr.pron.* subire un infortunio.
infortunàto *agg.* e *s.m.* [f. *-a*] che/chi ha subito un infortunio.
infortùnio *s.m.* incidente che provoca un danno fisico.
infossàrsi *v.intr.pron.* [*io mi infòsso ecc.*] formare una fossa, un avvallamento | (*estens.*) incavarsi.
infradiciàre *v.tr.* [*io infràdicio ecc.*] inzuppare d'acqua ♦ **-rsi** *v.intr.pron.* bagnarsi completamente.
infràngere *v.tr.* [coniugato come *frangere*] **1** rompere **2** (*fig.*) trasgredire ♦ **-rsi** *v.intr .pron.* rompersi, spezzarsi.
infrangìbile *agg.* che non si rompe.
infrànto *agg.* spezzato (spec. *fig.*).
infrarósso *agg.* (*fis.*) si dice di radiazione elettromagnetica di lunghezza d'onda di poco superiore a quella del rosso.
infrasettimanàle *agg.* che cade nel corso della settimana lavorativa.
infrastruttùra *s.f.* (spec. *pl.*) complesso dei servizi e degli impianti necessari allo sviluppo economico o sociale di un paese.
infrasuòno *s.m.* (*fis.*) onda della stessa natura delle onde sonore, ma di frequenza inferiore a quelle udibili dall'orecchio umano.
infrazióne *s.f.* violazione.
infreddolìrsi *v.intr.pron.* [*io mi infreddolisco, tu ti infreddolisci ecc.*; aus. *essere*] prendere freddo.
infruttescènza *s.f.* (*bot.*) insieme di frutti derivati da un'infiorescenza.
infruttìfero *agg.* non fruttifero | (*fig.*) che non dà reddito.
infruttuóso *agg.* **1** che non dà frutto **2** (*fig.*) che non raggiunge il proprio scopo □ **-mente** *avv.*
infuriàre *v.intr.* [*io infùrio ecc.*] scatenarsi; imperversare ♦ **-rsi** *v.intr.pron.* diventare furibondo.
infusióne *s.f.* operazione con la quale si fanno macerare erbe in acqua o alcol.
infùso *s.m.* il liquido ottenuto per infusione: *un — di malva.*
ingabbiàre *v.tr.* [*io ingàbbio ecc.*] chiudere in una gabbia.
ingaggiàre *v.tr.* [*io ingàggio ecc.*] **1** assicurarsi le prestazioni di qlcu. con un contratto **2** attaccare: — *battaglia* ♦ **-rsi** *v.intr. pron.* arruolarsi.
ingàggio *s.m.* l'ingaggiare, l'essere ingaggiato; la somma corrisposta a chi viene ingaggiato.
ingannàre *v.tr.* **1** imbrogliare | trarre in errore **2** deludere **3** (*fig.*) rendere meno gravosa una situazione ♦ **-rsi** *v. intr.pron.* sbagliarsi, essere in errore.
ingannévole *agg.* che inganna □ **-mente** *avv.*
ingànno *s.m.* **1** l'azione di chi inganna **2** l'errore in cui cade chi si inganna.
ingarbugliàre *v.tr.* [*io ingarbùglio ecc.*] **1** mescolare più cose **2** (*fig.*) complicare ♦ **-rsi** *v.intr.pron.* **1** imbrogliarsi **2** (*fig.*) complicarsi **3** (*fig.*) impappinarsi.
ingarbugliàto *agg.* intricato (anche *fig.*).
ingegnàrsi *v.intr.pron.* [*io mi ingégno ecc.*] darsi da fare.
ingegnère *s.m.* laureato in ingegneria.
ingegnerìa *s.f.* scienza e tecnica della progettazione e della realizzazione di costruzioni edili, di vie e mezzi di trasporto, di macchine e impianti industriali ecc.
ingégno *s.m.* **1** facoltà di intuire, di giudicare, di apprendere **2** persona dotata di alte qualità intellettuali.
ingegnóso *agg.* **1** dotato di ingegno pronto, versatile **2** fatto con ingegno □ **-mente** *avv.*
ingelosìre *v.tr.* [*io ingelosisco, tu ingelosisci ecc.*] rendere geloso ♦ **-rsi** *v.intr.pron.* diventare geloso.
ingeneràre *v.tr.* [*io ingènero ecc.*] causare ♦ **-rsi** *v.intr.pron.* avere origine.
ingeneróso *agg.* non generoso □ **-mente** *avv.*
ingènte *agg.* molto grande □ **-mente** *avv.*
ingentilìre *v.tr.* [*io ingentilisco, tu ingentilisci ecc.*] rendere gentile ♦ **-rsi** *v.intr.pron.* diventare più gentile.
ingenuità *s.f.* **1** l'essere ingenuo **2** affermazione o azione da persona ingenua.

ingènuo *agg.* **1** privo di malizia **2** che rivela ingenuità ♦ *s.m.* [f. *-a*] □ **-mente** *avv.*
ingerènza *s.f.* intromissione indebita.
ingerìre *v.tr.* [*io ingerisco, tu ingerisci ecc.*] inghiottire ♦ **-rsi** *v.intr.pron.* intromettersi in questioni che riguardano altri.
ingessàre *v.tr.* [*io ingèsso ecc.*] immobilizzare con bende intrise di gesso.
ingessatùra *s.f.* rivestimento realizzato con bende gessate.
ingestióne *s.f.* l'ingerire.
inghiottìre *v.tr.* [*io inghiottisco* o *inghiótto, tu inghiottisci* o *inghiótti ecc.*] **1** far scendere nell'esofago **2** (*estens.*) assorbire, far sparire.
ingiallìre *v.tr.* [*io ingiallisco, tu ingiallisci ecc.*] far diventare giallo ♦ *v.intr.* [aus. *essere*] ♦ **-rsi** *v.intr.pron.* divenire giallo.
ingigantìre *v.tr.* [*io ingigantisco, tu ingigantisci ecc.*] esagerare ♦ **-rsi** *v.intr.pron.* divenire gigantesco.
inginocchiàrsi *v.intr.pron.* [*io mi inginòcchio ecc.*] mettersi in ginocchio.
inginocchiatóio *s.m.* mobile di legno sul quale ci si mette in ginocchio per pregare.
ingiùngere *v.tr.* [coniugato come *giungere*] intimare.
ingiuntìvo *agg.* che si riferisce a un ordine, a un'ingiunzione.
ingiunzióne *s.f.* (*dir.*) ordine di adempiere un'obbligazione.
ingiùria *s.f.* offesa, oltraggio | espressione ingiuriosa.
ingiuriàre *v.tr.* [*io ingiùrio ecc.*] offendere con ingiurie; insultare ♦ **-rsi** *v. rifl.rec.* scambiarsi ingiurie.
ingiurióso *agg.* che reca ingiuria □ **-mente** *avv.*
ingiustìzia *s.f.* **1** l'essere ingiusto **2** atto contrario alla giustizia.
ingiùsto *agg.* contrario o non conforme a giustizia □ **-mente** *avv.*
inglobàre *v.tr.* [*io inglòbo ecc.*] accogliere in sé, incorporare.
ingoiàre *v.tr.* [*io ingóio ecc.*] **1** inghiottire **2** (*fig.*) sopportare.
ingolfaménto *s.m.* nei motori a scoppio, eccesso di benzina nella miscela, che impedisce l'avviamento.
ingolfàre *v.tr.* [*io ingólfo ecc.*] provocare l'ingolfamento di un motore a scoppio ♦ **-rsi** *v.intr.pron.* **1** (*fig.*) cacciarsi in una situazione difficile **2** detto di un motore a scoppio, non avviarsi per ingolfamento.
ingombràre *v.tr.* [*io ingómbro ecc.*] occupare con cose che creano impaccio (anche *fig.*).
ingómbro[1] *agg.* ingombrato, ostruito.
ingómbro[2] *s.m.* **1** l'ingombrare **2** lo spazio occupato da un oggetto.
ingordìgia *s.f.* avidità di cibo | (*fig.*) cupidigia.
ingórdo *agg.* **1** smodato nel mangiare e nel bere **2** (*fig.*) avido □ **-mente** *avv.*
ingorgàre *v.tr.* [*io ingórgo, tu ingórghi ecc.*] intasare ♦ **-rsi** *v.intr.pron.* **1** (*estens.*) addensarsi ostruendo un passaggio **2** intasarsi.
ingórgo *s.m.* [pl. *-ghi*] ostruzione, intasamento.
ingozzàre *v.tr.* [*io ingózzo ecc.*] **1** far mangiare eccessivamente **2** trangugiare ♦ **-rsi** *v.rifl.* riempirsi di cibo; trangugiare.
ingranàggio *s.m.* **1** meccanismo costituito da due ruote dentate **2** (*fig.*) realtà che ha le caratteristiche di un meccanismo: *essere preso nell'— del lavoro.*
ingranàre *v.intr.* [aus. *avere*] **1** detto degli elementi di un ingranaggio, essere in posizione tale che i denti dell'uno impegnano quelli dell'altro **2** (*fig.*) iniziare bene un'attività ♦ *v.tr.* avvicinare i due elementi di un ingranaggio in modo che i rispettivi denti entrino in contatto.
ingrandiménto *s.m.* (*foto.*) procedimento per ottenere copie di formato maggiore; la fotografia così ottenuta.
ingrandìre *v.tr.* [*io ingrandisco, tu ingrandisci ecc.*] **1** rendere più grande **2** (*fig.*) far apparire più grande ♦ **-rsi** *v.intr.pron.* diventare più grande.
ingrassàre *v.tr.* **1** far diventare grasso **2** concimare ♦ *v.intr.* [aus. *essere*] ♦ **-rsi** *v.intr.pron.* **1** diventar grasso **2** (*fig.*) arricchirsi.
ingratitùdine *s.f.* l'essere ingrato.
ingràto *agg.* **1** che non è grato **2** non gradito, spiacevole ♦ *s.m.* [f. *-a*] □ **-mente** *avv.*
ingraziàrsi *v.tr.* [*io mi ingràzio ecc.*] rendere benevolo.
ingrediènte *s.m.* sostanza che entra nella preparazione di una vivanda.
ingrèsso *s.m.* **1** l'apertura per cui si entra in un luogo **2** l'atto dell'entrare in un luogo **3** facoltà di entrare.
ingrossàre *v.tr.* [*io ingròsso ecc.*] rendere grosso; gonfiare ♦ *v.intr.* [aus. *essere*] ♦ **-rsi** *v.intr.pron.* diventare grosso o più grosso.
ingròsso solo nella loc. *all'—*, in grandi quantità: *commercio all'—.*
inguaiàre *v.tr.* [*io inguàio ecc.*] (*fam.*) mettere nei guai ♦ **-rsi** *v.rifl.* (*fam.*) cacciarsi nei guai.
ingualcìbile *agg.* che non si gualcisce, che non si spiegazza.
inguarìbile *agg.* che non si può guarire | (*estens.*) incorreggibile □ **-mente** *avv.*
ìnguine *s.m.* (*anat.*) regione del corpo situata tra le cosce e l'addome.

ingurgitàre *v.tr.* [*io ingùrgito ecc.*] inghiottire in fretta.
inibìre *v.tr.* [*io inibisco, tu inibisci ecc.*] **1** impedire **2** frenare psicologicamente ♦ **-rsi** *v.rifl.* o *intr.pron.* bloccarsi.
inibìto *agg.* e *s.m.* [f. *-a*] che/chi soffre di inibizioni.
inibizióne *s.f.* **1** divieto **2** (*psicol.*) blocco psicologico: *soffrire di inibizioni.*
iniettàre *v.tr.* [*io inièttο ecc.*] introdurre mediante iniezione ♦ **-rsi** *v.intr.pron.* solo nella loc. *iniettarsi di sangue*, detto degli occhi, arrossarsi per afflusso eccessivo di sangue.
iniettóre *s.m.* (*tecn.*) dispositivo che serve a introdurre in un ambiente chiuso sostanze sotto forma di getto a pressione.
iniezióne *s.f.* operazione con cui si immette un farmaco nell'organismo mediante un ago cavo; il farmaco così immesso.
inimicàre *v.tr.* [*io inimico, tu inimichi ecc.*] rendere nemico ♦ **-rsi** *v.rifl.rec.* divenire nemici.
inimicìzia *s.f.* ostilità.
inimitàbile *agg.* che non si può imitare, che non si può uguagliare.
ininterrótto *agg.* incessante □ **-mente** *avv.*
iniquità *s.f.* **1** l'essere iniquo **2** parola, atto iniquo.
inìquo *agg.* contrario all'equità; ingiusto □ **-mente** *avv.*
iniziàle *agg.* che si trova all'inizio ♦ *s.f.* la lettera con cui si inizia una parola | *le iniziali*, le lettere con cui cominciano il nome e il cognome □ **-mente** *avv.*
iniziàre *v.tr.* [*io inìzio ecc.*] **1** dare inizio a qlco. **2** ammettere in un'associazione segreta o di tipo religioso | (*estens.*) avviare a una disciplina, a una carriera ♦ *v.intr.* [aus. *essere*] avere inizio.
iniziatìva *s.f.* **1** atto volontario per cui si dà inizio a qlco. **2** intraprendenza.
iniziàto *s.m.* [f. *-a*] chi è ammesso a un culto o a un'associazione segreta.
iniziazióne *s.f.* cerimonia con cui si inizia qualcuno a un culto | (*estens.*) avviamento a un'attività.
inìzio *s.m.* **1** atto con cui si comincia; principio **2** prima fase.
innalzàre *v.tr.* **1** portare o rivolgere verso l'alto (anche *fig.*) **2** edificare **3** far salire **4** (*fig.*) elevare di grado ♦ **-rsi** *v.rifl.* o *intr.pron.* **1** alzarsi, spostarsi verso l'alto **2** (*fig.*) elevarsi di grado, di condizione.
innamoraménto *s.m.* l'innamorarsi, l'essere innamorato.
innamoràre *v.tr.* [*io innamóro ecc.*] affascinare, incantare (anche *assol.*) ♦ **-rsi** *v.intr.pron.* essere preso da amore per qlcu. ♦ *v.rifl.rec.* sentire amore l'uno per l'altro.
innamoràto *agg.* **1** preso d'amore **2** (*estens.*) pieno di entusiasmo ♦ *s.m.* [f. *-a*].
innànzi *prep.* **1** davanti a **2** prima di.
innàto *agg.* **1** che si ha per natura; non acquisito **2** (*estens.*) spontaneo.
innaturàle *agg.* privo di naturalezza □ **-mente** *avv.*
innegàbile *agg.* che non si può negare.
inneggiàre *v.intr.* [*io innéggio ecc.*; aus. *avere*] celebrare, esaltare.
innervàre *v.tr.* [*io innèrvo ecc.*] **1** (*anat.*) detto dei nervi, diramarsi in una determinata parte del corpo **2** (*fig.*) animare.
innervosìre *v.tr.* [*io innervosisco, tu innervosisci ecc.*] rendere nervoso ♦ **-rsi** *v.intr.pron.* diventare nervoso, irritarsi.
innescàre *v.tr.* [*io innésco, tu innéschi ecc.*] **1** mettere l'esca all'amo **2** applicare l'innesco a una carica esplosiva **3** (*fig.*) iniziare ♦ **-rsi** *v.intr.pron.* detto di un fenomeno, prendere l'avvio.
innésco *s.m.* [pl.m. *-schi*] dispositivo che dà inizio all'esplosione di una carica.
innestàre *v.tr.* [*io innèsto ecc.*] **1** (*agr.*) inserire su una pianta un ramoscello prelevato da un'altra pianta **2** (*med.*) trapiantare una parte di tessuto od organo in un organismo **3** (*mecc.*) inserire un elemento in un altro in modo da stabilire un contatto: — *la marcia* ♦ **-rsi** *v.intr.pron.* introdursi, inserirsi.
innèsto *s.m.* **1** l'innestare, l'essere innestato **2** ciò che viene innestato.
innevaménto *s.m.* la quantità di neve che si trova in una data zona in un determinato periodo.
inno *s.m.* **1** componimento poetico celebrativo | nel culto cristiano, canto di lode a Dio o ai santi | nelle letterature moderne, componimento lirico di ispirazione religiosa o civile **2** (*fig.*) discorso celebrativo.
innocènte *agg.* **1** che non ha commesso ciò di cui è accusato **2** che è fatto senza malizia ♦ *s.m.* e *f.* chi non è colpevole □ **-mente** *avv.*
innocentìsta *s.m.* e *f.* [pl.m. *-sti*] chi è sostenitore dell'innocenza dell'imputato.
innocènza *s.f.* **1** l'essere innocente; purezza **2** il non aver commesso ciò di cui si è accusati.
innòcuo *agg.* che non nuoce; inoffensivo.
innovàre *v.tr.* [*io innòvo ecc.*] mutare un sistema introducendo qlco. di nuovo.
innovatóre *agg.* e *s.m.* [f. *-trice*] che/chi innova o tende a innovare.
innumerévole *agg.* numerosissimo □ **-mente** *avv.*
inoculàre *v.tr.* [*io inòculo ecc.*] (*med.*) intro-

durre una sostanza nell'organismo mediante iniezione o incisione della pelle.
inoculazióne *s.f.* l'inoculare, l'essere inoculato.
inodóre o **inodóro** *agg.* che non ha odore.
inoffensìvo *agg.* che non può fare del male; innocuo.
inoltràre *v.tr.* [*io inóltro ecc.*] (*burocr.*) inviare a destinazione; trasmettere ♦ **-rsi** *v.rifl.* avanzare, addentrarsi.
inoltràto *agg.* **1** (*burocr.*) avviato, trasmesso **2** avanzato.
inóltre *avv.* per di più, in aggiunta.
inondàre *v.tr.* [*io inóndo ecc.*] **1** allagare **2** (*fig.*) invadere.
inondazióne *s.f.* l'inondare, l'essere inondato; allagamento.
inoperosità *s.f.* inattività.
inoperóso *agg.* inattivo.
inopinàbile *agg.* (*lett.*) inimmaginabile; imprevedibile.
inopinàto *agg.* (*lett.*) improvviso, inatteso □ **-mente** *avv.*
inopportùno *agg.* non opportuno □ **-mente** *avv.*
inoppugnàbile *agg.* **1** che non si può controbattere, indiscutibile **2** (*dir.*) che non può essere impugnato.
inorgànico *agg.* [pl.m. *-ci*] **1** che si riferisce al mondo minerale **2** (*fig.*) privo di organicità, di coerenza.
inorgoglìre *v.tr.* [*io inorgoglisco, tu inorgoglisci ecc.*] riempire di orgoglio ♦ **-rsi** *v.intr.pron.* divenire orgoglioso.
inorridìre *v.tr.* [*io inorridisco, tu inorridisci ecc.*] far provare orrore ♦ *v.intr.* [aus. *essere*] provare orrore.
inospitàle *agg.* **1** non ospitale **2** non adatto ad essere abitato.
inosservànte *agg.* che non rispetta prescrizioni morali, religiose o di legge.
inosservànza *s.f.* l'essere inosservante.
inosservàto *agg.* **1** che sfugge all'attenzione altrui **2** non rispettato.
inossidàbile *agg.* che non si ossida.
inox *agg.invar.* inossidabile.
input *s.m.invar.* (*ingl.*) **1** (*inform.*) introduzione di dati in un elaboratore elettronico **2** (*estens.*) avvio, inizio.
inquadraménto *s.m.* l'inquadrare, l'essere inquadrato.
inquadràre *v.tr.* **1** (*non com.*) mettere in cornice **2** (*fig.*) valutare qlco. collocandola nel proprio contesto **3** ordinare in reparti | (*estens.*) collocare in una determinata posizione amministrativa **4** (*foto.*, *cine.*) riprendere un soggetto entro il campo visivo ♦ **-rsi** *v.intr.pron.* inserirsi all'interno di un contesto più ampio.
inquadratùra *s.f.* immagine fotografica o cinematografica.
inqualificàbile *agg.* **1** che non presenta i requisiti prescritti per poter essere qualificato **2** (*fig.*) riprovevole □ **-mente** *avv.*
inquietàre *v.tr.* [*io inquièto ecc.*] rendere inquieto; preoccupare ♦ **-rsi** *v.intr.pron.* (*non com.*) irritarsi.
inquièto *agg.* **1** non tranquillo, irrequieto **2** preoccupato **3** crucciato.
inquietùdine *s.f.* lo stato d'animo di chi è inquieto; apprensione.
inquilìno *s.m.* [f. *-a*] chi abita una casa altrui corrispondendo un canone al proprietario.
inquinaménto *s.m.* **1** immissione nell'ambiente di sostanze che alterano l'equilibrio ecologico, danneggiando gli organismi viventi **2** (*fig.*) contaminazione, corruzione | — *delle prove*, (*dir.*) alterazione fraudolenta dei mezzi di prova giudiziaria.
inquinàre *v.tr.* **1** produrre inquinamento **2** (*fig.*) contaminare.
inquirènte *agg.* e *s.m.* e *f.* (*dir.*) che/chi conduce un'inchiesta giudiziaria.
inquisìre *v.tr.* e *intr.* [*io inquisisco, tu inquisisci ecc.*; aus. dell'intr. *avere*] sottoporre a indagine per raggiungere la verità su fatti o persone; indagare.
inquisitóre *agg.* [f. *-trice*] che inquisisce: *sguardo* — ♦ *s.m.* chi inquisisce.
inquisizióne *s.f.* **1** (*st.*) l'organizzazione giudiziaria della Chiesa cattolica per la repressione e la prevenzione delle eresie **2** (*estens.*) indagine, interrogatorio condotti con metodi autoritari e pressioni psicologiche.
insabbiaménto *s.m.* l'insabbiare, l'insabbiarsi, l'essere insabbiato (spec. *fig.*).
insabbiàre *v.tr.* [*io insàbbio ecc.*] **1** coprire di sabbia **2** (*fig.*) non far procedere: — *un'inchiesta* | nascondere: — *uno scandalo* ♦ **-rsi** *v.rifl.* o *intr.pron.* **1** arenarsi **2** (*fig.*) bloccarsi.
insaccàre *v.tr.* [*io insacco, tu insacchi ecc.*] **1** mettere in sacchi **2** (*estens.*) mettere in un budello la carne di maiale tritata per farne salumi.
insaccàto *s.m.* (spec. *pl.*) salume.
insalàta *s.f.* **1** piatto di verdure crude condite **2** (*estens.*) piatto freddo costituito da una mescolanza di verdure e carni condite con eventuale aggiunta di salse.
insalatièra *s.f.* recipiente in cui si serve l'insalata.
insalivàre *v.tr.* inumidire con la saliva.
insalivazióne *s.f.* l'azione con cui i cibi, durante la masticazione, vengono inumiditi dalla saliva.

insanàbile *agg.* inguaribile | (*fig.*) per cui non c'è rimedio □ **-mente** *avv.*
insanguinàre *v.tr.* [io insànguino ecc.] **1** bagnare, sporcare di sangue **2** (*fig.*) funestare con episodi cruenti ♦ **-rsi** *v.rifl.* bagnarsi, sporcarsi di sangue.
insàno *agg.* inconsulto: *un gesto —*.
insaponàre *v.tr.* [io insapóno ecc.] strofinare con il sapone ♦ **-rsi** *v.rifl.* cospargersi di schiuma di sapone.
insapóre *agg.* che non ha sapore.
insaporìre *v.tr.* [io insaporisco, tu insaporisci ecc.] rendere saporito ♦ **-rsi** *v.intr.pron.* divenire saporito.
insapùta *s.f.* solo nella loc. avv. *all'—*, senza che qlcu. lo sappia.
insàturo *agg.* (*chim.*) non saturo.
insaziàbile *agg.* che non si sazia mai □ **-mente** *avv.*
insaziabilità *s.f.* l'essere insaziabile.
inscatolàre *v.tr.* [io inscàtolo ecc.] mettere in scatola.
inscenàre *v.tr.* [io inscèno ecc.] **1** mettere in scena **2** (*fig.*) organizzare.
inscindìbile *agg.* che non si può separare.
inscrìvere *v.tr.* [coniugato come *scrivere*] (*geom.*) tracciare un poligono dentro una circonferenza con i vertici su di essa o una circonferenza dentro un poligono in modo che sia tangente ai suoi lati ♦ **-rsi** *v.intr.pron.* inserirsi, collocarsi.
insediaménto *s.m.* l'insediare, l'insediarsi, l'essere insediato.
insediàre *v.tr.* [io insèdio ecc.] investire ufficialmente di una carica ♦ **-rsi** *v.intr.pron.* **1** prendere possesso di una carica **2** stanziarsi in un luogo.
inségna *s.f.* **1** contrassegno che indica una qualità, un grado, una dignità **2** stemma, simbolo **3** cartello, scritta all'esterno di negozi, alberghi ecc.
insegnaménto *s.m.* **1** l'attività, la professione dell'insegnare **2** ciò che viene insegnato.
insegnànte *s.m.* e *f.* chi insegna.
insegnàre *v.tr.* [io inségno ecc.] **1** fare apprendere una disciplina o un'arte **2** dare ammaestramenti **3** indicare.
inseguiménto *s.m.* l'inseguire, l'essere inseguito.
inseguìre *v.tr.* [io inséguo ecc.] **1** correre dietro a qlcu. **2** (*fig.*) cercare di ottenere: *— il successo* ♦ **-rsi** *v.rifl.rec.* **1** rincorrersi **2** (*fig.*) susseguirsi a breve distanza.
inselvatichìrsi *v.intr.pron.* [io mi inselvatichisco, tu ti inselvatichisci ecc.] tornare allo stato selvatico | (*fig.*) diventare poco socievole.
inseminazióne *s.f.* (*biol.*) introduzione del seme maschile negli organi genitali femminili per ottenere la fecondazione dell'ovulo.
insenatùra *s.f.* piccola rientranza della costa o delle sponde di un fiume.
insensatézza *s.f.* l'essere insensato | azione, discorso da insensato.
insensàto *agg.* **1** che non ha buon senso **2** privo di senso ♦ *s.m.* [f. -a] □ **-mente** *avv.*
insensìbile *agg.* **1** impercettibile **2** che non avverte sensazioni fisiche o sentimenti ♦ *s.m.* e *f.* persona priva di sentimenti □ **-mente** *avv.*
insensibilità *s.f.* l'essere insensibile.
inseparàbile *agg.* che non si può separare; inscindibile.
inseriménto *s.m.* l'inserire, l'inserirsi, l'essere inscrito.
inserìre *v.tr.* [io inserisco, tu inserisci ecc.] mettere una cosa dentro un'altra; introdurre ♦ **-rsi** *v. intr.pron.* introdursi | integrarsi in un determinato ambiente.
inserìto *agg.* si dice di persona che è ben integrata in un ambiente.
insèrto *s.m.* **1** tavola illustrativa, foglio o fascicoletto aggiunti a una pubblicazione | breve filmato inserito in un film **2** pezzo di tessuto inserito in un altro a scopo ornamentale.
inservìbile *agg.* di cui non ci si può servire.
inserviènte *s.m.* e *f.* persona addetta a servizi pesanti in alberghi, ospedali ecc.
inserzióne *s.f.* **1** l'inserire, l'essere inserito **2** annuncio pubblicitario o economico in un giornale o in un periodico.
inserzionìsta *agg.* e *s.m.* e *f.* [pl.m. -*sti*] che/chi fa pubblicare un'inserzione.
insetticìda *agg.* e *s.m.* [pl.m. -*di*] si dice di prodotto usato per uccidere gli insetti.
insettìvoro *agg.* che si nutre di insetti.
insètto *s.m.* ogni artropode appartenente alla classe degli insetti.
insicùro *agg.* **1** che manca di fiducia in sé stesso **2** che non dà affidamento ♦ *s.m.* [f. -a].
insìdia *s.f.* **1** inganno; tranello **2** (*estens.*) pericolo nascosto.
insidiàre *v.tr.* e *intr.* [io insìdio ecc.; aus. dell'intr. *avere*] tendere insidie | *— una ragazza*, tentare di sedurla.
insidióso *agg.* che nasconde un'insidia □ **-mente** *avv.*
insième *avv.* **1** indica compagnia, unione **2** indica contemporaneità **3** indica totalità **4** indica reciprocità ♦ *s.m.* unione di più elementi; complesso.
insiemìstica *s.f.* (*mat.*) teoria basata sul concetto matematico di insieme.
insìgne *agg.* che si distingue per qualità eccezionali.

insignificànte *agg.* **1** che ha poco significato **2** privo di personalità.
insignìre *v.tr.* [*io insignisco, tu insignisci ecc.*] onorare con un titolo.
insincèro *agg.* non sincero; falso.
insindacàbile *agg.* che non può essere sindacato, contestato.
insinuànte *agg.* suadente, carezzevole.
insinuàre *v.tr.* [*io insinuo ecc.*] **1** introdurre in un'apertura stretta **2** (*fig.*) far nascere con parole vaghe e allusive un dubbio ♦ **-rsi** *v.rifl.* o *intr.pron.* introdursi, infiltrarsi (anche *fig.*).
insinuazióne *s.f.* (*fig.*) accusa espressa in forma di allusione.
insìpido *agg.* **1** poco saporito; troppo poco salato **2** (*fig.*) scialbo, banale.
insistènte *agg.* **1** che insiste oltre i limiti della convenienza **2** ripetuto con insistenza □ **-mente** *avv.*
insistènza *s.f.* **1** ostinazione **2** richiesta insistente.
insìstere *v.intr.* [part.pass. *insistito*; aus. *avere*] **1** continuare in un'azione, anche a costo di arrecare molestia **2** star sopra: *un edificio che insiste su una roccia.*
ìnsito *agg.* innato; naturalmente presente.
insoddisfàtto *agg.* scontento.
insofferènte *agg.* che non riesce a sopportare, a tollerare.
insolazióne *s.f.* (*med.*) malore provocato dall'esposizione troppo prolungata ai raggi solari; colpo di sole.
insolènte *agg.* che non mostra il dovuto rispetto; arrogante ♦ *s.m.* e *f.* □ **-mente** *avv.*
insolentìre *v.tr.* [*io insolentisco, tu insolentisci ecc.*] investire con parole insolenti.
insolènza *s.f.* **1** l'essere insolente **2** insulto.
insòlito *agg.* non solito; inconsueto □ **-mente** *avv.*
insolùbile *agg.* **1** che non può essere risolto **2** (*chim.*) che non può essere sciolto da un solvente □ **-mente** *avv.*
insolùto *agg.* **1** non spiegato **2** non pagato.
insolvènte *agg.* e *s.m.* e *f.* (*dir.*) che/chi non paga i debiti.
insolvènza *s.f.* (*dir.*) il mancato pagamento dei propri debiti.
insolvìbile *agg.* che non è in grado di pagare: *debitore —.*
insómma *avv.* **1** in conclusione, infine **2** usato come esclamazione, per esprimere impazienza.
insondàbile *agg.* che non si può sondare; inesplorabile (anche *fig.*).
insònne *agg.* che trascorre senza dormire le ore riservate al sonno.
insònnia *s.f.* difficoltà o impossibilità a prendere sonno.
insonnolìto *agg.* pieno di sonno.
insopportàbile *agg.* che non si può sopportare □ **-mente** *avv.*
insórgere *v.intr.* [coniugato come *sorgere*; aus. *essere*] **1** sollevarsi, ribellarsi **2** sorgere, manifestarsi.
insormontàbile *agg.* insuperabile.
insórto *agg.* **1** che prende o ha preso parte a un'insurrezione **2** sopravvenuto: *complicazioni insorte.*
insospettàbile *agg.* **1** che è al di sopra di ogni sospetto **2** si dice di cosa di cui non si sarebbe sospettata l'esistenza □ **-mente** *avv.*
insospettàto *agg.* **1** che non ha destato sospetti **2** si dice di cosa di cui non si era sospettata l'esistenza □ **-mente** *avv.*
insospettìre *v.tr.* [*io insospettisco, tu insospettisci ecc.*] destare sospetto ♦ **-rsi** *v. intr.pron.* entrare in sospetto.
insozzàre *v.tr.* [*io insózzo ecc.*] insudiciare ♦ **-rsi** *v.rifl.* o *intr.pron.* **1** sporcarsi **2** (*fig.*) macchiarsi moralmente.
insperàbile *agg.* che non si può sperare.
insperàto *agg.* che supera ogni aspettativa: *un successo —* □ **-mente** *avv.*
inspiegàbile *agg.* che non ha spiegazione □ **-mente** *avv.*
inspiràre *v.tr.* introdurre aria o altro gas nei polmoni (anche *assol.*).
inspirazióne *s.f.* l'inspirare.
instàbile *agg.* **1** che non è stabile **2** variabile | (*fig.*) volubile.
instabilità *s.f.* l'essere instabile.
installàre *v.tr.* collocare un impianto nel luogo prescelto ed eseguire tutte le operazioni necessarie al suo funzionamento ♦ **-rsi** *v.rifl.* insediarsi.
installatóre *agg.* e *s.m.* [f. *-trice*] che/chi installa impianti.
instancàbile *agg.* infaticabile □ **-mente** *avv.*
instauràre *v.tr.* [*io instàuro ecc.*] istituire; dare avvio ♦ **-rsi** *v.intr.pron.* costituirsi; avere inizio.
instaurazióne *s.f.* l'instaurare, l'instaurarsi, l'essere instaurato.
insù *avv.* nelle loc. *all'—*, verso l'alto.
insubordinàto *agg.* che viene meno ai doveri di subordinazione; che è insofferente alla disciplina
insubordinazióne *s.f.* **1** l'essere insubordinato **2** atto che viola i doveri di subordinazione.
insuccèsso *s.m.* esito negativo.
insudiciàre *v.tr.* [*io insùdicio ecc.*] **1** rendere sudicio **2** (*fig.*) macchiare moralmente

♦ **-rsi** *v.rifl.* o *intr.pron.* **1** sporcarsi **2** (*fig.*) compromettere la propria dignità.
insufficiènte *agg.* **1** non sufficiente, scarso **2** nel linguaggio scolastico, che è al di sotto della sufficienza: *voto* —.
insufficiènza *s.f.* **1** scarsità **2** voto, giudizio scolastico inferiore alla sufficienza **3** (*med.*) insufficiente funzionalità di un organo: — *cardiaca*.
insulìna *s.f.* (*chim.*, *biol.*) ormone che regola il metabolismo degli zuccheri e la glicemia; la sua carenza provoca il diabete.
insulsàggine *s.f.* **1** l'essere insulso **2** atto, detto insulso.
insùlso *agg.* privo di spirito, sciocco □ **-mente** *avv.*
insultàre *v.tr.* offendere; oltraggiare.
insùlto *s.m.* parola o atto offensivo.
insuperàbile *agg.* **1** che non si può superare **2** (*estens.*) straordinario □ **-mente** *avv.*
insuperbìre *v.tr.* [io insuperbisco, tu insuperbisci ecc.] far diventare superbo ♦ **-rsi** *v.intr.pron.* diventare superbo.
insurrezióne *s.f.* ribellione collettiva, specialmente contro i poteri dello stato.
insussistènte *agg.* che non sussiste; falso.
intaccàre *v.tr.* [io intacco, tu intacchi ecc.] **1** corrodere, consumare | (*fig.*) cominciare a consumare **2** (*fig.*) ledere, incrinare.
intagliàre *v.tr.* [io intàglio ecc.] incidere in rilievo o in incavo: — *il legno, l'avorio*.
intagliatóre *s.m.* [f. -trice] chi esegue lavori di intaglio.
intàglio *s.m.* **1** l'arte, l'operazione dell'intagliare **2** il prodotto di tale arte.
intangìbile *agg.* che si deve lasciare intatto; inviolabile: *diritto* —.
intànto *avv.* **1** nel frattempo **2** con valore conclusivo: — *anche questa è fatta!*
intarsiàre *v.tr.* [io intàrsio ecc.] decorare a intarsio.
intarsiatóre *agg.* e *s.m.* [f. -trice] che/chi esegue lavori d'intarsio.
intàrsio *s.m.* tecnica di decorazione consistente nel ritagliare elementi di forme e colori vari, e incastrarli su una superficie dello stesso o di altro materiale: *decorare a* — | l'opera intarsiata.
intasaménto *s.m.* ostruzione, ingorgo.
intasàre *v.tr.* **1** ostruire un condotto **2** (*estens.*) provocare un ingorgo stradale ♦ **-rsi** *v.intr.pron.* otturarsi, ostruirsi.
intascàre *v.tr.* [io intasco, tu intaschi ecc.] mettersi in tasca | (*estens.*) guadagnare con mezzi più o meno leciti.
intàtto *agg.* non mai toccato da alcuno; integro | immutato.
intavolàre *v.tr.* [io intàvolo ecc.] iniziare, dare l'avvio: — *una discussione*.
integràle *agg.* **1** completo: *edizione — di un'opera* **2** si dice di sostanza alimentare che conserva tutte le sue parti costituenti: *zucchero, farina* — □ **-mente** *avv.*
integralìsmo *s.m.* tendenza ad applicare in modo intransigente i principi di una dottrina o di un'ideologia.
integràre *v.tr.* [io ìntegro ecc.] **1** completare aggiungendo gli elementi mancanti **2** inserire; rendere parte integrante ♦ **-rsi** *v.rifl.* entrare a far parte di un ambiente ♦ *v.rifl.rec.* completarsi a vicenda.
integratìvo *agg.* che serve a integrare.
integràto *agg.* *circuito* —, (*elettr.*) quello formato da un'unica piastrina di materiale semiconduttore su cui vengono realizzati tutti gli elementi.
integrazióne *s.f.* **1** aggiunta integrativa **2** rapporto di stretta integrazione fra stati, organizzazioni militari o economiche con interessi comuni.
ìntegro *agg.* [superl. integerrimo] **1** completo; intatto **2** (*fig.*) onesto □ **-mente** *avv.*
intelaiàre *v.tr.* [io intelàio ecc.] mettere sul telaio.
intelaiatùra *s.f.* **1** insieme di pezzi connessi tra loro a formare un telaio **2** (*fig.*) struttura: — *di un romanzo*.
intellettìvo *agg.* relativo all'intendere; proprio dell'intelletto □ **-mente** *avv.*
intellètto *s.m.* complesso delle facoltà umane che consentono di pensare e comprendere; intelligenza.
intellettuàle *agg.* che concerne l'intelletto: *attività* — ♦ *agg.* e *s.m.* e *f.* che/chi ha spiccati interessi culturali o svolge professionalmente un'attività di pensiero □ **-mente** *avv.*
intelligènte *agg.* **1** che è dotato di intelligenza **2** che dimostra capacità intellettuali superiori alla media □ **-mente** *avv.*
intelligènza *s.f.* la facoltà di intendere, pensare, elaborare giudizi e soluzioni.
intelligìbile *agg.* che può essere facilmente compreso o percepito □ **-mente** *avv.*
intemperànte *agg.* che non sa moderare i propri impulsi e i propri desideri.
intemperànza *s.f.* l'essere intemperante | azione o detto intemperante.
intendènte *s.m.* chi è a capo di un'intendenza.
intendènza *s.f.* ufficio o settore amministrativo di un ente.
intèndere *v.tr.* [coniugato come *tendere*] **1** udire | venire a sapere **2** comprendere **3** attribuire come significato **4** avere intenzione ♦ **-rsi** *v.rifl.rec.* **1** accordarsi **2** capirsi **3** andare d'accordo ♦ *v.intr.pron.* avere profonda conoscenza di qlco.

intendiménto *s.m.* **1** intenzione **2** la facoltà e l'atto dell'intendere.
intenditóre *s.m.* [f. *-trice*] conoscitore.
intenerìre *v.tr.* [*io intenerisco, tu intenerisci* ecc.] **1** rendere tenero **2** (*fig.*) impietosire, commuovere ♦ **-rsi** *v.intr.pron.* **1** divenire tenero **2** (*fig.*) commuoversi.
intensificàre *v.tr.* [*io intensìfico, tu intensìfichi* ecc.] rendere più intenso; aumentare ♦ **-rsi** *v. intr.pron.* divenire più intenso.
intensità *s.f.* **1** l'essere intenso; forza, energia **2** misura di una grandezza fisica.
intensìvo *agg.* **1** che aumenta l'intensità di qlco.: *prefissi intensivi*, (*ling.*) quelli che rafforzano il significato della parola **2** intenso □ **-mente** *avv.*
intènso *agg.* **1** dotato di forza | *desiderio, dolore* —, acuto, vivo **2** condotto con assiduità □ **-mente** *avv.*
intentàre *v.tr.* [*io intènto* ecc.] (*dir.*) promuovere, iniziare (un'azione giudiziaria).
intentàto *agg.* non tentato.
intènto[1] *agg.* di persona, che rivolge attentamente i sensi o la mente a qlco. □ **-mente** *avv.*
intènto[2] *s.m.* proposito, intenzione.
intenzionàle *agg.* che è detto o fatto con intenzione □ **-mente** *avv.*
intenzióne *s.f.* proposito, scopo, fine.
interagìre *v.intr.* [coniugato come *agire*; aus. *avere*] esercitare un'influenza reciproca.
interattìvo *agg.* che interagisce, che può interagire □ **-mente** *avv.*
interazióne *s.f.* influenza reciproca tra due realtà, fenomeni ecc.
intercalàre[1] *agg.* (*non com.*) che si intercala | *giorno* —, nel calendario gregoriano, il 29 febbraio ♦ *s.m.* **1** ritornello **2** espressione priva di contenuto informativo che si inframmezza nel discorrere.
intercalàre[2] *v.tr.* inserire, interporre a determinati intervalli.
intercambiàbile *agg.* che si può scambiare; che si può sostituire □ **-mente** *avv.*
intercapèdine *s.f.* spazio vuoto tra due superfici ravvicinate.
intercèdere *v.intr.* [coniug. come *cedere*; aus. *avere*] intervenire presso qlcu. perché conceda qlco. ad altri.
intercellulàre *agg.* (*biol.*) che si trova tra le cellule.
intercessióne *s.f.* l'intercedere, l'aver interceduto.
intercettàre *v.tr.* [*io intercètto* ecc.] **1** impedire che persone o cose giungano a destinazione **2** prendere conoscenza all'insaputa del mittente e del destinatario.
intercettazióne *s.f.* l'intercettare, l'essere intercettato.
intercity *agg.* e *s.m.invar.* si dice di treno rapido che collega due città italiane.
intercontinentàle *agg.* che collega due o più continenti.
intercórrere *v.intr.* [coniugato come *correre*; aus. *essere*] essere frapposto, trovarsi in mezzo.
intercostàle *agg.* (*anat.*, *med.*) situato, localizzato tra due costole: *dolore* —.
interdentàle *agg.* (*anat.*) situato tra due denti | *filo* —, (*farm.*) filo per l'igiene orale da passare tra gli interstizi dei denti.
interdétto[1] *s.m.* [f. *-a*] (*dir.*) chi è in stato di interdizione.
interdétto[2] *agg.* confuso, disorientato.
interdipendènza *s.f.* rapporto di reciproca dipendenza.
interdìre *v.tr.* [coniugato come *dire*] **1** vietare **2** (*dir.*) dichiarare l'interdizione di qlcu.
interdisciplinàre *agg.* che riguarda discipline diverse: *ricerca* —.
interdisciplinarità *s.f.* carattere di ciò che è interdisciplinare.
interdizióne *s.f.* l'interdire, l'essere interdetto | — *dai pubblici uffici*, (*dir.*) pena che consiste nel privare il condannato dei diritti politici e della possibilità di ricoprire un ufficio pubblico.
interessaménto *s.m.* premuroso intervento in favore di qlcu.
interessàre *v.tr.* [*io interèsso* ecc.] **1** suscitare interesse **2** far prendere interesse a qlco. **3** riguardare ♦ *v.intr.* [non si usa ai tempi composti] stare a cuore ♦ **-rsi** *v.intr.pron.* **1** mostrare, prendere interesse **2** occuparsi di.
interessàto *agg.* **1** che ha interesse a qlco. **2** che agisce pensando al proprio tornaconto ♦ *s.m.* [f. *-a*] □ **-mente** *avv.*
interèsse *s.m.* **1** (*econ.*) differenza tra una somma ricevuta in prestito e quella da restituire alla scadenza **2** vantaggio **3** curiosità, desiderio di conoscere.
interézza *s.f.* totalità.
interfàccia *s.f.* [pl. *-ce*] o *s.m. invar.* (*inform.*) elemento di collegamento tra l'elaboratore e un'entità esterna (periferica, linea di comunicazione ecc.).
interferènza *s.f.* **1** (*fis.*) fenomeno per cui due onde, sovrapponendosi, producono una nuova onda uguale alla somma o alla differenza delle due **2** (*fig.*) intromissione.
interferìre *v.intr.* [*io interferisco, tu interferisci* ecc.; aus. *avere*] **1** (*fis.*) dar luogo a interferenza **2** (*fig.*) intromettersi.
interiezióne *s.f.* (*gramm.*) parte del discorso che esprime un moto improvviso dell'animo.

interinàle *agg.* che si riferisce a un interim; temporaneo, provvisorio.
interióra *s.f.pl.* gli intestini e gli altri organi degli animali: *le — del pollo.*
interióre *agg.* [compar. di *interno*] **1** (*non com.*) che è dentro **2** (*fig.*) che riguarda i sentimenti e i pensieri intimi □ **-mente** *avv.*
interiorità *s.f.* **1** l'essere interiore **2** (*fig.*) il complesso di pensieri, moti dell'animo.
interiorizzàre *v.tr.* trasferire nella propria coscienza.
interlocutóre *s.m.* [f. *-trice*] la persona con cui si parla | (*estens.*) persona con cui si instaura un dialogo, un rapporto.
interlocutòrio *agg.* che serve a tenere aperto il dialogo.
interloquìre *v.intr.* [*io interloquisco, tu interloquisci* ecc.; aus. *avere*] intromettersi in una conversazione.
intermediàrio *s.m.* [f. *-a*] mediatore ♦ *agg.*
intermediazióne *s.f.* attività intermediaria; mediazione.
intermèdio *agg.* che è in mezzo fra due (anche *fig.*).
intermèzzo *s.m.* (*mus.*) azione comica in musica che nel sec. XVIII si rappresentava fra un atto e l'altro di un'opera seria.
interminàbile *agg.* senza fine.
interministeriàle *agg.* che riguarda diversi ministri o ministeri.
intermittènte *agg.* che non è continuo; che s'interrompe a intervalli.
intermittènza *s.f.* l'essere intermittente; interruzione momentanea e ripetuta.
intermolecolàre *agg.* che esiste o agisce fra le molecole.
internàre *v.tr.* [*io intèrno* ecc.] rinchiudere in campi di concentramento.
internàto[1] *agg.* e *s.m.* [f. *-a*] che/chi è stato rinchiuso in un campo di concentramento.
internato[2] *s.m.* condizione di alunno interno in un collegio.
internazionàle *agg.* che riguarda, interessa più stati □ **-mente** *avv.*
Internet *s.m.invar.* (*ingl.*) (*inform.*) sistema telematico che connette milioni di computer in tutto il mondo attraverso il quale è possibile scambiare messaggi; acquisire informazioni, ricevere e spedire file.
Internet banking *loc.sost.m.invar.* (*ingl.*) attività di sportello bancario svolta attraverso Internet.
Internet café *loc.sost.m.invar.* (*ingl.*) bar che mette a disposizione dei clienti dei computer da cui è possibile accedere a Internet.
Internet company *loc.sost.f.invar.* (*ingl.*) (*econ.*) azienda che svolge le sue attività soprattutto attraverso Internet.
Internet point *loc.sost.m.invar.* (*ingl.*) locale pubblico attrezzato con computer da cui è possibile accedere a Internet.
internettiàno *agg.* (*lett.*) di Internet, relativo a Internet: il mondo internettiano.
internìsta *s.m.* e *f.* [pl.m. *-sti*] medico specializzato in medicina interna.
intèrno *agg.* [compar. *interiore*; superl. *intimo*] **1** che è dentro, di dentro **2** (*geog.*) che si trova dentro un certo territorio ♦ *s.m.* **1** la parte che è dentro **2** ciò che è pertinente agli affari interni di uno stato **3** ambiente chiuso **4** numero interno **5** alunno □ **-mente** *avv.*
inter nos *loc.avv.* (*lat.*) fra di noi.
intéro *agg.* **1** che conserva tutti gli elementi costitutivi **2** considerato in tutta la sua grandezza, estensione, durata **3** intatto **4** *numero* —, (*mat.*) ciascun numero della serie dei numeri naturali negativi o positivi **5** (*fig.*) assoluto ♦ *s.m.* □ **-mente** *avv.*
interparlamentàre *agg.* che riguarda i due rami del parlamento.
interpellànza *s.f.* domanda rivolta da uno o più parlamentari al governo.
interpellàre *v.tr.* [*io interpèllo* ecc.] rivolgere una domanda; chiedere un consiglio, un parere: — *uno specialista.*
interpersonàle *agg.* che si svolge, che esiste tra due o più persone.
interplanetàrio *agg.* che si svolge tra i pianeti.
interpolàre *v.tr.* [*io intèrpolo* ecc.] effettuare un'interpolazione.
interpolazióne *s.f.* inserzione in un testo di parole estranee all'originale; la parola o le parole inserite.
interpórre *v.tr.* [coniugato come *porre*] porre in mezzo, frapporre ♦ **-rsi** *v.rifl.* o *intr.pron.* **1** porsi, collocarsi nel mezzo **2** (*fig.*) mettersi in mezzo; intervenire.
interpósto *agg.* posto in mezzo | *per interposta persona*, tramite un intermediario.
interpretàre *v.tr.* [*io intèrpreto* ecc.] **1** dare una spiegazione **2** recitare una parte al cinema o a teatro.
interpretazióne *s.f.* atto, modo di interpretare.
intèrprete *s.m.* e *f.* **1** chi interpreta, spiega **2** chi traduce oralmente da una lingua in un'altra **3** che interpreta un brano.
interpunzióne *s.f.* (*gramm.*) punteggiatura: *segni di* —.
interràre *v.tr.* [*io intèrro* ecc.] introdurre nella terra; sotterrare: — *un seme.*
interregionàle *agg.* che concerne più regioni.

interrégno *s.m.* il periodo intercorrente fra la morte, l'abdicazione o la deposizione di un sovrano e la nomina del successore.
interrogàre *v.tr.* [*io intèrrogo, tu intèrroghi* ecc.] rivolgere una o più domande.
interrogatìvo *agg.* che indica o introduce una interrogazione ♦ *s.m.* **1** domanda **2** ciò che desta incertezza □ **-mente** *avv.*
interrogatòrio *s.m.* (*dir.*) complesso delle domande e delle risposte rivolte dal magistrato alle parti di un processo civile o penale: *sottoporre a* —.
interrogazióne *s.f.* l'interrogare, l'essere interrogato; la domanda o le domande con cui si interroga.
interrómpere *v.tr.* [coniugato come *rompere*] **1** lasciare a mezzo; smettere **2** rompere **3** impedire a qlcu. di continuare un discorso ♦ **-rsi** *v. intr.pron.* fermarsi.
interruttóre *s.m.* (*elettr.*) apparecchio che attiva o disattiva un circuito elettrico.
interruzióne *s.f.* l'interrompere, l'interrompersi, l'essere interrotto.
intersecàre *v.tr.* [*io intèrseco, tu intèrsechi* ecc.] attraversare tagliando ♦ **-rsi** *v. rifl.rec.* attraversarsi, incrociarsi.
intersezióne *s.f.* l'intersecare, l'intersecarsi | punto in cui due cose si intersecano.
interstellàre *agg.* che intercorre, che è situato tra stella e stella.
interstìzio *s.m.* breve spazio tra due corpi.
interurbàno *agg.* che collega due o più città.
intervallàre *v.tr.* distanziare stabilendo degli intervalli.
intervàllo *s.m.* **1** spazio che intercorre tra due oggetti **2** periodo di tempo che intercorre tra due eventi; pausa.
intervenìre *v.intr.* [coniugato come *venire*; aus. *essere*] **1** mettersi in mezzo **2** partecipare **3** (*med.*) effettuare un intervento chirurgico.
interventìsmo *s.m.* orientamento politico che propugna l'intervento militare di uno stato in una guerra in corso.
interventìsta *s.m.* e *f.* [pl.m. *-sti*] chi sostiene l'interventismo.
intervènto *s.m.* **1** l'intervenire **2** il prendere la parola in una riunione; il discorso **3** (*med.*) operazione chirurgica.
intervenùto *s.m.* [f. *-a*] chi partecipa a una riunione.
intervìsta *s.f.* scambio di domande e risposte tra un giornalista e una persona, che sarà diffuso pubblicamente.
intervistàre *v.tr.* interrogare in un'intervista.
intésa *s.f.* **1** accordo **2** affiatamento.
intéso *agg.* **1** che mira a un fine **2** capito **3** stabilito, pattuito.
intestàre *v.tr.* [*io intèsto* ecc.] **1** scrivere l'intestazione di un foglio **2** indicare qlcu. come titolare di un bene.
intestatàrio *agg.* e *s.m.* [f. *-a*] si dice di colui al quale è intestato qlco.; titolare.
intestàto[1] *agg.* che ha un'intestazione: *carta intestata.*
intestàto[2] *agg.* e *s.m.* [f. *-a*] (*dir.*) si dice di chi muore senza aver fatto testamento.
intestazióne *s.f.* **1** l'intestare **2** diciture che formano la testata di un foglio.
intestinàle *agg.* dell'intestino.
intestìno[1] *agg.* interno: *lotta intestina*, che avviene in seno a un'organizzazione, a uno stato.
intestìno[2] *s.m.* (*anat.*) parte dell'apparato digerente che va dallo stomaco all'ano.
intiepidìre *v.tr.* [*io intiepidisco, tu intiepidisci* ecc.] **1** rendere tiepido **2** (*fig.*) mitigare ♦ **-rsi** *v.intr.pron.* **1** diventare tiepido **2** (*fig.*) affievolirsi.
intimàre *v.tr.* [*io intìmo* ecc.] ordinare d'autorità: — *l'alt.*
intimazióne *s.f.* l'atto, le parole con cui si intima.
intimidatòrio *agg.* che tende a intimidire.
intimidazióne *s.f.* parola o atto che tende a intimidire; minaccia.
intimidìre *v.tr.* [*io intimidisco, tu intimidisci* ecc.] **1** rendere timido **2** intimorire ♦ **-rsi** *v.intr.pron.* diventare timido.
intimità *s.f.* **1** l'essere intimo; familiarità **2** ambiente intimo (anche *fig.*).
ìntimo *agg.* [superl. di *interno*] **1** (*non com.*) che è il più interno **2** (*fig.*) che è il più profondo, il più riposto **3** stretto, legato da un vincolo d'affetto ♦ *s.m.* **1** la zona più interna, più segreta (spec. *fig.*) **2** amico o parente stretto □ **-mente** *avv.*
intimorìre *v.tr.* [*io intimorisco, tu intimorisci* ecc.] incutere timore ♦ **-rsi** *v.intr.pron.* essere preso da timore.
intìngere *v.tr.* [coniugato come *tingere*] immergere parzialmente in un liquido.
intìngolo *s.m.* salsa.
intirizzìrsi *v.intr.pron.* intorpidirsi per il freddo.
intirizzìto *agg.* intorpidito per il freddo.
intitolàre *v.tr.* [*io intìtolo* ecc.] **1** dare il titolo a un'opera **2** dedicare una strada, una piazza, un'edificio.
intitolazióne *s.f.* l'intitolare, l'essere intitolato; titolo.
intoccàbile *agg.* che non può o non deve essere toccato ♦ *s.m.* e *f.* in India, paria.
intolleràbile *agg.* che non si può o non si deve tollerare □ **-mente** *avv.*
intollerànte *agg.* **1** che non sopporta **2**

che non ammette opinioni diverse dalla propria.

intollerànza *s.f.* **1** incapacità di tollerare | allergia **2** atteggiamento di chi non ammette opinioni diverse dalle proprie.

intonacàre *v.tr.* [*io intònaco, tu intònachi ecc.*] rivestire con uno strato di intonaco.

intònaco *s.m.* [pl. *-ci* o *-chi*] strato di malta applicato a una muratura per renderne liscia la superficie.

intonàre *v.tr.* [*io intòno ecc.*] **1** (*mus.*) impostare nella giusta tonalità la voce o uno strumento musicale **2** cominciare a cantare o a suonare **3** (*fig.*) accordare ♦ **-rsi** *v.intr.pron.* armonizzarsi.

intonàto *agg.* **1** che è nel tono giusto | *persona intonata*, che canta senza stonare **2** (*fig.*) che è in accordo, in armonia.

intonazióne *s.f.* **1** (*mus.*) il modo di emettere un suono rispetto alla sua altezza **2** (*fig.*) tono, carattere

intònso *agg.* si dice di libro con le pagine non ancora tagliate.

intontìre *v.tr.* [*io intontisco, tu intontisci ecc.*] stordire, confondere ♦ **-rsi** *v.intr.pron.* stordirsi.

intontìto *agg.* stordito, istupidito.

intòppo *s.m.* ostacolo.

intorbidàre *v.tr.* [*io intórbido ecc.*] **1** far diventare torbido **2** (*fig.*) annebbiare ♦ **-rsi** *v.intr.pron.* **1** diventare torbido **2** (*fig.*) offuscarsi.

intórno *avv.* **1** in giro; attorno ♦ nella loc. prep. — *a*, nello spazio circostante **2** indica approssimazione rispetto a quantità **3** indica argomento ♦ *agg.invar.* circostante.

intorpidiménto *s.m.* l'intorpidire, l'intorpidirsi, l'essere intorpidito (anche *fig.*).

intorpidìre *v.tr.* [*io intorpidisco, tu intorpidisci ecc.*] far diventare torpido ♦ *v.intr.* [aus. *essere*] ♦ **-rsi** *v. intr.pron.* diventare torpido.

intossicàre *v.tr.* [*io intòssico, tu intòssichi ecc.*] provocare uno stato di intossicazione ♦ **-rsi** *v.rifl.* o *intr.pron.* subire un'intossicazione.

intossicàto *s.m.* [f. *-a*] chi è affetto da intossicazione.

intossicazióne *s.f.* (*med.*) stato morboso provocato dall'azione di sostanze tossiche; avvelenamento.

intra- primo elemento di parole composte, che significa 'dentro, all'interno, tra'.

intralciàre *v.tr.* [*io intràlcio ecc.*] impedire lo svolgimento di qlco.; ostacolare ♦ **-rsi** *v.rifl.rec.* ostacolarsi.

intràlcio *s.m.* ostacolo, impedimento.

intrallazzàre *v.intr.* [aus. *avere*] fare intrallazzi.

intrallàzzo *s.m.* scambio illecito di beni o di favori: *fare intrallazzi.*

intramuscolàre *agg.* (*med.*) che sta dentro un muscolo: *cisti* — | che si pratica in un muscolo: *iniezione* — ♦ *s.f.* iniezione intramuscolare.

intransigènte *agg.* che non transige, che non ammette trasgressioni; rigido: *un giudice* —.

intransigènza *s.f.* l'essere intransigente.

intransitàbile *agg.* su cui o attraverso cui non è possibile transitare: *strada* —.

intransitìvo *agg.* e *s.m.* (*gramm.*) si dice di verbo che non può avere un complemento oggetto □ **-mente** *avv.* con valore, con uso intransitivo.

intrappolàre *v.tr.* [*io intràppolo ecc.*] prendere in trappola: — *un topo* | (*fig.*) far cadere in un tranello.

intraprendènte *agg.* che ha spirito d'iniziativa: *un uomo* — □ **-mente** *avv.*

intraprendènza *s.f.* l'essere intraprendente.

intraprèndere *v.tr.* [coniugato come *prendere*] accingersi a un lavoro, a un'impresa.

intrattàbile *agg.* non trattabile, difficilmente trattabile.

intrattenére *v.tr.* [coniugato come *tenere*] far passare il tempo piacevolmente ♦ **-rsi** *v.intr.pron.* **1** passare piacevolmente il tempo con qlcu. **2** soffermarsi a parlare.

intrattenitóre *s.m.* [f. *-trice*] chi intrattiene, divertendo o conversando.

intravedére *v.tr.* [coniugato come *vedere*] **1** vedere in modo indistinto **2** (*fig.*) intuire.

intrecciàre *v.tr.* [*io intréccio ecc.*] **1** unire in una treccia **2** (*fig.*) stringere: — *rapporti di amicizia* ♦ **-rsi** *v.rifl.rec.* aggrovigliarsi.

intréccio *s.m.* **1** insieme di cose intrecciate **2** (*fig.*) la trama di un film, di un romanzo.

intrèpido *agg.* che non ha paura □ **-mente** *avv.*

intricàto *agg.* confuso, complicato □ **-mente** *avv.*

intrìco *s.m.* [pl. *-chi*] insieme disordinato e confuso di cose.

intrigànte *agg.* che attira l'attenzione; accattivante ♦ *s.m.* e *f.*

intrigàre *v.tr.* [*io intrigo, tu intrighi ecc.*] (*fig.*) affascinare, interessare.

intrìgo *s.m.* [pl. *-ghi*] macchinazione.

intrìnseco *agg.* [pl.m. *-ci*] che è proprio di una cosa, che è inerente alla sua natura □ **-mente** *avv.*

intrìso *agg.* imbevuto; permeato (anche *fig.*): *abito — di pioggia.*

intristìre *v.intr.* [*io intristisco, tu intristisci ecc.*; aus. *essere*] diventare triste.

intro- primo elemento di parole composte, che significa 'dentro, verso l'interno'.

introdótto *agg.* **1** che ha molte cognizioni **2** che ha molte conoscenze.
introdùrre *v.tr.* [coniugato come *addurre*] **1** mettere dentro, inserire **2** far entrare, inserire (anche *fig.*) **3** mettere in uso **4** avviare ♦ **-rsi** *v.rifl.* o *intr.pron.* entrare, penetrare.
introduttìvo *agg.* che serve a introdurre.
introduzióne *s.f.* ciò che si scrive o si dice per presentare l'argomento di un libro o di un discorso; premessa.
introflèsso *agg.* (*biol.*) ripiegato in dentro, detto di organo o tessuto.
intròito *s.m.* incasso, entrata.
introméttersi *v.rifl.* [*io mi intrométto ecc.*; coniugato come *mettere*] mettersi in mezzo | immischiarsi.
intromissióne *s.f.* l'intromettersi.
introspettìvo *agg.* che concerne l'introspezione; che è basato sull'introspezione.
introspezióne *s.f.* analisi interiore.
introversióne *s.f.* tendenza a ritirarsi in sé, a rifiutare il contatto con l'esterno.
introvèrso *agg.* e *s.m.* che/chi ha tendenza all'introversione.
intrufolàrsi *v. rifl.* introdursi di soppiatto o indebitamente.
intrùglio *s.m.* mescolanza disgustosa di cibi o bevande.
intrusióne *s.f.* introduzione forzata o indebita di elementi estranei.
intrùso *agg.* e *s.m.* [f. *-a*] di persona che si è introdotta indebitamente.
intubazióne *s.f.* (*med.*) temporanea introduzione di un tubo in un condotto anatomico, per immettere o estrarre sostanze.
intuìre *v.tr.* [*io intuisco, tu intuisci ecc.*] **1** cogliere l'essenza di qlco. mediante intuizione **2** (*estens.*) immaginare, prevedere.
intuitìvo *agg.* **1** relativo all'intuizione **2** evidente □ **-mente** *avv.*
intùito *s.m.* capacità d'intuire facilmente.
intuizióne *s.f.* percezione pronta e acuta della realtà.
inturgidìrsi *v.intr.pron.* [*io mi inturgidisco, tu ti inturgidisci ecc.*] *v.intr.pron.* diventare turgido, gonfiarsi.
inumàno *agg.* privo di umanità.
inumàre *v.tr.* seppellire.
inumazióne *s.f.* sepoltura.
inumidìre *v.tr.* [*io inumidisco, tu inumidisci ecc.*] rendere umido ♦ **-rsi** *v.intr.pron.* diventare umido.
inurbaménto *s.m.* il trasferirsi di larghi strati di popolazione dalle campagne nelle città.
inùtile *agg.* che non serve a nulla □ **-mente** *avv.* invano.
inutilità *s.f.* l'essere inutile.
inutilizzàto *agg.* che non viene utilizzato.
invadènte *agg.* e *s.m.* e *f.* indiscreto.
invadènza *s.f.* l'essere invadente.
invàdere *v.tr.* [pass.rem. *io invasi, tu invadésti ecc.*; part.pass. *invaso*] **1** occupare con la violenza | (*iperb.*) affollare **2** (*fig.*) propagarsi **3** (*fig.*) usurpare.
invaghìrsi *v.intr.pron.* [*io mi invaghisco, tu ti invaghisci ecc.*] innamorarsi.
invalidàre *v.tr.* [*io invàlido ecc.*] **1** (*dir.*) rendere nullo **2** (*estens.*) dimostràre l'infondatezza.
invalidità *s.f.* **1** (*dir.*) mancanza di validità giuridica **2** detto di persona, l'essere invalido.
invàlido *agg.* **1** si dice di persona che non è più in grado di lavorare normalmente **2** (*dir.*) privo di validità giuridica ♦ *s.m.* [f. *-a*].
invàno *avv.* inutilmente.
invariàbile *agg.* **1** non variabile **2** (*gramm.*) si dice di parte del discorso non soggetta a flessione □ **-mente** *avv.*
invariàto *agg.* immutato.
invasàre[1] *v.tr.* impossessarsi dell'animo e della mente di qlcu. ♦ **-rsi** *v.intr.pron.* entusiasmarsi.
invasàre[2] *v.tr.* mettere in un vaso.
invasàto *agg.* e *s.m.* [f. *-a*] si dice di chi è dominato da una passione esclusiva.
invasióne *s.f.* l'invadere, l'essere invaso.
invasìvo *agg.* (*med.*) si dice di processo morboso che tende a propagarsi nell'organismo.
invàso *s.m.* la capacità di un serbatoio idrico.
invasóre *agg.* e *s.m.* che/chi invade.
invecchiàre *v.intr.* [*io invècchio ecc.*; aus. *essere*] diventare vecchio ♦ *v.tr.* lasciar diventare vecchio.
invéce *avv.* al contrario | — *di*, al posto di.
inveìre *v.intr.* [*io inveisco, tu inveisci ecc.*; aus. *avere*] protestare con parole violente contro qlcu. o qlco.
invelenìto *agg.* cattivo, animoso.
inventàre *v.tr.* [*io invènto ecc.*] **1** ideare cose nuove **2** creare con la fantasia **3** pensare o dire cose non vere.
inventariàre *v.tr.* [*io inventàrio ecc.*] (*burocr.*) registrare in un inventario.
inventàrio *s.m.* elenco particolareggiato e completo di una serie di beni o di oggetti | registro in cui si elencano i beni inventariati.
inventìva *s.f.* facoltà d'inventare.
inventóre *s.m.* [f. *-trice*] chi inventa qlco.
invenzióne *s.f.* **1** l'inventare, l'essere inventato; la cosa inventata **2** bugia **3** stratagemma.
invernàle *agg.* dell'inverno.
invèrno *s.m.* la stagione più fredda del-

l'anno; nel nostro emisfero inizia il 21 dicembre e termina il 21 marzo.

inverosìmile *agg.* non verosimile, incredibile ♦ *s.m.* □ **-mente** *avv.*

inversióne *s.f.* l'invertire, l'essere invertito.

invèrso *agg.* contrario, opposto rispetto a un altro ♦ *s.m.* □ **-mente** *avv.*

invertebràto *agg.* e *s.m.* (*zool.*) si dice di animale privo di scheletro interno.

invertìre *v.tr.* [*io invèrto ecc.*] **1** volgere nella direzione opposta **2** mettere in una disposizione contraria a quella precedente: — *di posto* ♦ **-rsi** *v.intr.pron.* capovolgersi.

invertìto *agg.* disposto in senso contrario ♦ *agg.* e *s.m.* [f. *-a*] (*spreg.*) omosessuale.

investigàre *v.tr.* [*io invèstigo, tu invèstighi ecc.*] cercare di conoscere la verità seguendo ogni indizio ♦ *v.intr.* [aus. *avere*] indagare.

investigazióne *s.f.* l'investigare; indagine.

investiménto *s.m.* **1** (*econ.*) impiego di fondi in attività produttive o in beni **2** urto di un veicolo contro un altro o contro pedoni.

investìre *v.tr.* [*io invèsto ecc.*] **1** conferire ufficialmente una carica **2** (*econ.*) effettuare un investimento **3** colpire con violenza | (*fig.*) aggredire ♦ **-rsi** *v.rifl.* immedesimarsi.

investitùra *s.f.* conferimento di un titolo, di una carica.

invettìva *s.f.* discorso accusatorio irruente.

inviàre *v.tr.* [*io invìo ecc.*] mandare, spedire, indirizzare (anche *fig.*).

inviàto *s.m.* [f. *-a*] chi è stato mandato in un luogo con determinati incarichi; — *speciale*, giornalista.

invìdia *s.f.* **1** sentimento di cruccio astioso per la felicità altrui **2** ammirazione.

invidiàbile *agg.* che suscita ammirazione e invidia.

invidiàre *v.tr.* [*io invìdio ecc.*] provare invidia per qlco. o qlcu. | ammirare qlco. che altri ha, desiderandola anche per sé.

invidióso *agg.* che prova invidia | che rivela invidia ♦ *s.m.* [f. *-a*] □ **-mente** *avv.*

invincìbile *agg.* **1** che non può essere vinto **2** (*fig.*) che non si può sopraffare □ **-mente** *avv.*

invìo *s.m.* l'inviare, l'essere inviato.

inviolàbile *agg.* che non può o non deve essere violato.

inviolabilità *s.f.* l'essere inviolabile.

inviperìrsi *v.intr.pron.* [*io mi inviperisco, tu ti inviperisci ecc.*] infuriarsi.

invischiàre *v.tr.* [*io invìschio ecc.*] **1** cospargere di vischio **2** (*fig.*) irretire ♦ **-rsi** *v.intr.pron.* impantanarsi.

invisìbile *agg.* che non si riesce a vedere □ **-mente** *avv.*

invìso *agg.* malvisto.

invitàre *v.tr.* **1** chiamare qlcu. a partecipare **2** pregare, chiedere di fare o dire qlco. **3** indurre.

invitàto *agg.* e *s.m.* [f. *-a*] si dice di persona che, su invito, partecipa a una festa, a una riunione, a una cerimonia.

invìto *s.m.* **1** l'invitare **2** lo scritto con cui si invita **3** richiesta | esortazione **4** attrazione.

in vitro *loc.agg.invar.* e *avv.* (*lat.*) si dice con riferimento a processi biologici che si svolgono in laboratorio, al di fuori di un organismo vivente: *fecondazione* —.

invivìbile *agg.* detto di ambiente, nel quale non si può vivere.

invocàre *v.tr.* [*io invòco, tu invòchi ecc.*] **1** implorare, chiedere ardentemente **2** appellarsi a qlco.

invocazióne *s.f.* l'invocare; le parole con cui si invoca.

invogliàre *v.tr.* [*io invòglio ecc.*] far venire voglia.

involontàrio *agg.* non volontario □ **-mente** *avv.*

involtìno *s.m.* (*gastr.*) fettina di carne arrotolata, farcita e cotta in umido.

invòlucro *s.m.* rivestimento esterno.

involutìvo *agg.* di involuzione.

involùto *agg.* contorto, oscuro.

involuzióne *s.f.* **1** l'essere involuto **2** il regredire; decadimento.

invulneràbile *agg.* che non può essere ferito | (*estens.*) inattaccabile.

inzuppàre *v.tr.* intingere qlco. in un liquido | infradiciare ♦ **-rsi** *v.intr.pron.* infradiciarsi.

inzuppàto *agg.* molto bagnato.

ìo *pron.pers.m.* e *f. di prima pers.sing.* indica la persona che parla; si impiega solo in funzione di soggetto o come predicativo (nelle altre funzioni è sostituito dalla forma tonica *me* o dalle forme atone *mi*, *me*) ♦ *s.m.invar.* **1** la propria persona **2** (*filos.*) il soggetto pensante in quanto ha coscienza di sé, contrapposto al mondo esterno.

iòdio *s.m.* elemento chimico di simbolo *I*; è un non metallo cristallino, nerastro.

ióne *s.m.* (*chim.*, *fis.*) atomo, gruppo di atomi o molecola dotati di carica elettrica positiva o negativa.

iònico *agg.* [pl.m. *-ci*] della Ionia o degli ioni | *ordine* —, uno dei tre ordini architettonici greci classici, caratterizzato dall'uso di colonne con capitelli a volute laterali.

ionizzàre *v.tr.* (*chim.*, *fis.*) scindere in ioni.

ionizzazióne *s.f.* (*chim.*, *fis.*) dissociazione di un composto in ioni.

ionosfèra *s.f.* regione dell'atmosfera fortemente ionizzata per effetto delle radiazioni solari.
iper- primo elemento di parole composte, che significa 'sopra, oltre' o indica quantià, grado superiore al normale.
ipèrbato *s.m.* figura retorica consistente nel mettere in evidenza una parola modificando la sua posizione nella frase.
ipèrbole *s.f.* figura retorica che consiste nell'esagerare un concetto oltre i limiti del verosimile.
iperbòlico *agg.* [pl.m. *-ci*] che costituisce un'iperbole | (*estens.*) esagerato.
ipercrìtico *agg.* [pl.m. *-ci*] che muove una critica eccessivamente severa.
iperglicemìa *s.f.* (*med.*) aumento anormale del glucosio contenuto nel sangue.
ipermercàto *s.m.* grande supermercato.
ipersensìbile *agg.* molto sensibile ♦ *agg.* e *s.m.* e *f.*
ipersensibilità *s.f.* l'essere ipersensibile.
ipertensióne *s.f.* (*med.*) eccessiva pressione del sangue nei vasi sanguigni.
ipertéso *agg.* e *s.m.* [f. *-a*] (*med.*) si dice di persona affetta da ipertensione.
ipertèsto *s.m.* (*inform.*) insieme di informazioni suddivise in più blocchi di testi, note, illustrazioni ecc., non collegati in modo sequenziale ma secondo gerarchie e connessioni logiche che l'utente può percorrere variamente.
ipertestuàle *agg.* di, realativo a ipertesto.
ipertiroidèo *agg.* e *s.m.* [f. *-a*] (*med.*) si dice di persona affetta da ipertiroidismo.
ipertiroidìsmo *s.m.* (*med.*) eccessiva attività della tiroide.
ipertrofìa *s.f.* (*biol.*) aumento del volume di un organo o di un tessuto.
ipnòsi *s.f.* stato psicofisico simile al sonno indotto artificialmente.
ipnòtico *agg.* [pl.m. *-ci*] di ipnosi ♦ *s.m.* farmaco ipnotico.
ipnotizzàre *v.tr.* [*io ipnotizzo ecc.*] **1** indurre qlcu. in stato d'ipnosi **2** (*fig.*) incantare.
ipnotizzatóre *s.m.* [f. *-trice*] chi ipnotizza o ha la capacità di ipnotizzare.
ipocèntro *s.m.* in geofisica, punto interno della crosta terrestre da cui ha origine un terremoto.
ipocondrìa *s.f.* (*med.*) preoccupazione morbosa per la propria salute.
ipocondrìaco *agg.* [pl.m. *-ci*] (*med.*) relativo all'ipocondria; affetto da ipocondria ♦ *s.m.* [f. *-a*].
ipocrisìa *s.f.* simulazione di buoni sentimenti o di buone intenzioni; falsità.
ipòcrita *agg.* [pl.m. *-ti*] che agisce con ipocrisia | che rivela ipocrisia ♦ *s.m.* e *f.* □ **-mente** *avv.*
ipodèrma *s.m.* [pl. *-mi*] (*anat.*) lo strato della cute che si trova sotto il derma.
ipòfisi *s.f.* (*anat.*) ghiandola endocrina situata alla base del cervello.
ipogèo *agg.* (*scient.*) che vive sottoterra ♦ *s.m.* (*archeol.*) costruzione sotterranea.
ipolipìdico *agg.* [pl.m. *-ci*] (*med.*) povero di grassi.
iposòdico *agg.* [pl.m. *-ci*] che contiene poco sale.
ipotàlamo *s.m.* (*anat.*) parte dell'encefalo che è sede del sistema nervoso vegetativo.
ipotàssi *s.f.* (*ling.*) costruzione del periodo fondata sulla subordinazione di una o più proposizioni a un'altra.
ipotèca *s.f.* (*dir.*) diritto che attribuisce al creditore il potere di espropriare un bene vincolato a garanzia del suo credito.
ipotecàre *v.tr.* [*io ipotèco, tu ipotèchi ecc.*] **1** (*dir.*) gravare d'ipoteca **2** (*fig.*) dare per certo qlco. che ancora non è avvenuto.
ipotecàrio *agg.* (*dir.*) dell'ipoteca.
ipotensióne *s.f.* (*med.*) abbassamento della pressione nel sangue nelle arterie.
ipotenùsa *s.f.* (*geom.*) in un triangolo rettangolo, il lato opposto all'angolo retto.
ipòtesi *s.f.* **1** supposizione **2** (*estens.*) eventualità **3** (*mat.*) in un teorema, premessa o condizione che si suppone sia vera e da cui si ricava la tesi.
ipotètico *agg.* [pl.m. *-ci*] dell'ipotesi, che si fonda su un'ipotesi | *periodo —*, (*gramm.*) quello formato da due proposizioni di cui una, detta *protasi*, esprime la condizione per la realizzazione dell'altra, detta *apodosi* □ **-mente** *avv.*
ipotizzàre *v.tr.* supporre.
ìppica *s.f.* lo sport dell'equitazione.
ìppico *agg.* [pl.m. *-ci*] dell'ippica.
ippocastàno *s.m.* grande albero con frutti non commestibili simili a castagne.
ippòdromo *s.m.* campo attrezzato per lo svolgimento di gare ippiche.
ippopòtamo *s.m.* grosso e tozzo mammifero africano erbivoro.
iprìte *s.f.* (*chim.*) composto organico dotato di proprietà vescicatorie e tossiche; è usato come arma chimica.
ipso facto *loc.avv.* (*lat.*) immediatamente.
ìra *s.f.* stato emotivo di intensa irritazione.
iracóndo *agg.* che ha inclinazione ad adirarsi.
irascìbile *agg.* suscettibile.
iràto *agg.* pieno d'ira □ **-mente** *avv.*
iridàto *agg.* che ha i colori dell'iride; variopinto | *maglia iridata*, maglia assegnata al vincitore di un campionato del mondo di ciclismo.
ìride *s.f.* (*anat.*) parte, variamente colora-

ta, della membrana vascolare dell'occhio, che circoscrive la pupilla.
iridescènte *agg.* che ha i colori dell'iride.
ironìa *s.f.* particolare modo di esprimersi che conferisce alle parole un significato contrario o diverso da quello letterale, con intento critico o derisorio.
irònico *agg.* [pl.m. *-ci*] che rivela ironia □ **-mente** *avv.*
ironizzàre *v.intr.* [aus. *avere*] fare dell'ironia.
iróso *agg.* pieno d'ira □ **-mente** *avv.*
irradiàre *v.tr.* [*io irràdio ecc.*] **1** illuminare con i propri raggi **2** (*med.*) sottoporre a radiazioni a scopo terapeutico ♦ *v.intr.* [aus. *essere*] diffondersi ♦ **-rsi** *v.intr.pron.* propagarsi in diverse direzioni.
irradiazióne *s.f.* **1** emissione di luce e di calore **2** esposizione a radiazioni.
irraggiàre *v.tr.* e *intr.* [*io irràggio ecc.*; aus. dell'intr. *essere*] irradiare ♦ **-rsi** *v.intr.pron.* irradiarsi.
irraggiungìbile *agg.* che non può essere raggiunto.
irragionévole *agg.* **1** che non è provvisto di ragione | che non vuole intendere ragione **2** assurdo □ **-mente** *avv.*
irrancidìre *v.intr.* [*io irrancidisco, tu irrancidisci ecc.*; aus. *essere*] diventare rancido.
irrazionàle *agg.* **1** non dotato di ragione **2** non fondato su ragioni valide **3** (*mat.*) si dice di numero reale che non è rappresentabile in forma di frazione □ **-mente** *avv.*
irreàle *agg.* non reale.
irrecuperàbile *agg.* che non può essere recuperato.
irrefrenàbile *agg.* che non si può frenare □ **-mente** *avv.*
irrefutàbile *agg.* che non si può confutare.
irregolàre *agg.* che è in contrasto con le regole □ **-mente** *avv.*
irregolarità *s.f.* l'essere irregolare.
irremovìbile *agg.* che non recede dalle proprie convinzioni □ **-mente** *avv.*
irreparàbile *agg.* a cui non si può porre rimedio: *errore* — ♦ *s.m.* □ **-mente** *avv.*
irreperìbile *agg.* introvabile.
irreprensìbile *agg.* a cui non si può muovere critica □ **-mente** *avv.*
irrequièto *agg.* **1** che non trova quiete **2** vivace.
irresolùto *agg.* indeciso □ **-mente** *avv.*
irrespiràbile *agg.* che non si può respirare.
irresponsàbile *agg.* che agisce da incosciente | usato anche come *s.m.* e *f.* □ **-mente** *avv.*
irretìre *v.tr.* [*io irretisco, tu irretisci ecc.*] attrarre, sedurre con l'inganno.
irreversìbile *agg.* che non è reversibile □ **-mente** *avv.*
irrevocàbile *agg.* che non si può revocare, annullare □ **-mente** *avv.*
irriconoscìbile *agg.* che è impossibile o difficile riconoscere.
irriducìbile *agg.* **1** che non si può ridurre **2** (*fig.*) che non si può vincere ♦ *s.m.* e *f.* □ **-mente** *avv.*
irrigàre *v.tr.* [*io irrigo, tu irrighi ecc.*] fornire al terreno l'acqua necessaria.
irrigazióne *s.f.* distribuzione di acqua nei campi coltivati.
irrigidìre *v.tr.* [*io irrigidisco, tu irrigidisci ecc.*] rendere rigido ♦ **-rsi** *v.intr.pron.* diventare rigido.
irrìguo *agg.* **1** ben irrigato **2** che serve all'irrigazione.
irrilevànte *agg.* di scarsa importanza.
irrimediàbile *agg.* per cui non vi è rimedio □ **-mente** *avv.*
irrinunciàbile *agg.* a cui non si può o non si deve rinunciare.
irrisòrio *agg.* **1** che è detto o fatto per irridere: *parole irrisorie* **2** inadeguato al punto da sembrare quasi un'irrisione □ **-mente** *avv.*
irritàbile *agg.* che si irrita facilmente; suscettibile.
irritàre *v.tr.* [*io irrito ecc.*] **1** provocare stizza **2** (*med.*) provocare infiammazione ♦ **-rsi** *v.intr.pron.* **1** stizzirsi **2** (*med.*) infiammarsi.
irritazióne *s.f.* **1** l'irritare, l'irritarsi; lo stato di chi è irritato **2** (*med.*) infiammazione.
irriverènte *agg.* che manca della dovuta riverenza; irrispettoso.
irrobustìre *v.tr.* [*io irrobustisco, tu irrobustisci ecc.*] rendere robusto ♦ **-rsi** *v.intr.pron.* diventare robusto.
irrómpere *v.intr.* [coniugato come *rompere*; mancano il part. pass. e i tempi composti] entrare a forza.
irroràre *v.tr.* [*io irròro ecc.*] **1** bagnare di gocce **2** (*agr.*) spargere liquidi antiparassitari **3** (*biol.*) detto di liquidi organici (sangue, linfa), rifornire organi e tessuti.
irruènte *agg.* impetuoso □ **-mente** *avv.*
irruènza *s.f.* l'essere irruente.
irruzióne *s.f.* l'entrare con impeto.
irsùto *agg.* che ha peli folti.
ìrto *agg.* **1** ispido, pungente **2** (*fig.*) che presenta molte difficoltà.
ischemìa *s.f.* (*med.*) deficiente irrorazione sanguigna di un organo.
iscrìvere *v.tr.* [coniugato come *scrivere*] annotare in un registro, in un elenco ♦ **-rsi** *v.rifl.* compiere le formalità richieste per diventare membro, socio.

iscrizióne *s.f.* l'iscrivere, l'iscriversi, l'essere iscritto.
ISDN *s.m. invar.* (*ingl.*) (*inform.*) standard di comunicazione utilizzato per la trasmissione di voce, immagini e dati attraverso le linee telefoniche | Sigla di *Integrated Services Digital Network* 'rete digitale di servizi integrati'.
islàm *s.m.* **1** *Islam*, la religione monoteistica fondata da Maometto nel sec. VII d.C. **2** (*estens.*) il mondo musulmano.
islamìsmo *s.m.* la religione predicata da Maometto | (*estens.*) la civiltà del mondo islamico.
iso- primo elemento di parole composte, che significa 'uguale, affine'.
isòbara *s.f.* linea che congiunge sulle carte geografiche tutti i punti aventi uguale pressione atmosferica.
isòbata *s.f.* linea che congiunge sulle carte geografiche tutti i punti aventi uguale profondità sotto il livello del mare.
isòcrono *agg.* che ha durata uguale.
ìsola *s.f.* **1** porzione di terra emersa, completamente circondata dall'acqua **2** (*fig.*) territorio che si distingue dalle regioni circostanti per caratteri peculiari.
isolàno *s.m.* [f. *-a*] nativo, abitante di un'isola ♦ *agg.*
isolaménto *s.m.* l'isolare, l'essre isolato.
isolànte *agg.* e *s.m.* si dice di materiale che presenta forte resistenza al passaggio dell'elettricità, del calore o del suono.
isolàre *v.tr.* [*io ìsolo ecc.*] **1** separare qlco. da ciò che la circonda; tenere qlcu. lontano dagli altri **2** (*biol.*) individuare germi o altri agenti patogeni **3** impedire lo scambio elettrico, termico o acustico fra corpi o ambienti ♦ **-rsi** *v.rifl.* tenersi lontano dagli altri.
isolàto[1] *agg.* appartato ♦ *s.m.* [f. *-a*] persona che vive senza contatti con gli altri □ **-mente** *avv.*
isolàto[2] *s.m.* edificio o gruppo di edifici circondati da strade urbane.
isolazionìsmo *s.m.* condotta politica di uno stato che ne determina l'isolamento politico, economico e culturale rispetto agli altri stati.
isòscele *agg.* (*geom.*) si dice di triangolo o trapezio avente due lati uguali.
isotèrma *s.f.* linea che congiunge sulle carte geografiche i punti aventi la stessa temperatura media.
ispettoràto *s.m.* **1** carica di ispettore **2** organo pubblico che ha il compito di vigilare su determinate attività o servizi.
ispettóre *s.m.* [f. *-trice*] funzionario di un'amministrazione statale con mansioni ispettive.
ispezionàre *v.tr.* [*io ispezióno ecc.*] sottoporre a ispezione | esaminare per controllo.
ispezióne *s.f.* **1** attento esame volto a controllare lo stato, l'andamento di qlco. **2** visita di un ispettore.
ìspido *agg.* **1** duro, ruvido **2** (*fig.*) rude | detto di cosa, difficile da trattare.
ispiràre *v.tr.* **1** suscitare, infondere nell'animo **2** attivare la fantasia creatrice di un artista ♦ **-rsi** *v.intr.pron.* **1** trarre ispirazione **2** conformarsi.
ispirazióne *s.f.* **1** stato di creatività artistica **2** il prendere spunto.
issàre *v.tr.* sollevare, innalzare.
istantànea *s.f.* fotografia scattata con un brevissimo tempo di posa.
istantàneo *agg.* che accade in un istante □ **-mente** *avv.*
istànte *s.m.* momento brevissimo.
istànza *s.f.* richiesta scritta rivolta a un'autorità; domanda fatta in giudizio.
isterectomìa *s.f.* asportazione chirurgica dell'utero.
istèrico *agg.* [pl.m. *-ci*] (*med.*) di isterismo ♦ *agg.* e *s.m.* [f. *-a*] si dice di chi è affetto da isterismo □ **-mente** *avv.*
isterilìre *v.tr.* [*io isterilisco, tu isterilisci ecc.*] rendere sterile ♦ **-rsi** *v.intr.pron.* divenire sterile.
isterìsmo *s.m.* (*med.*) grave forma di nevrosi caratterizzata da disturbi fisici e conflitti psichici non legati a fatti organici.
istigàre *v.tr.* [*io istìgo, tu istìghi ecc.*] indurre a compiere azioni negative.
istigazióne *s.f.* l'istigare, l'essere istigato.
istillàre *v.tr.* **1** introdurre a goccia a goccia **2** (*fig.*) infondere nell'animo.
istintìvo *agg.* fatto per istinto | usato come *s.m.* [f. *-a*] persona istintiva □ **-mente** *avv.*
istìnto *s.m.* tendenza innata che spinge gli esseri viventi a comportamenti volti alla conservazione dell'individuo e della specie.
istituìre *v.tr.* [*io istituisco, tu istituisci ecc.*] **1** fondare **2** stabilire mettendo in relazione.
istitùto *s.m.* **1** ente, pubblico o privato, organizzato per raggiungere determinati fini **2** istituzione che regola una determinata sfera della vita civile, sociale o religiosa.
istituzionàle *agg.* che è proprio di un'istituzione; relativo alle istituzioni dello stato □ **-mente** *avv.*
istituzionalizzàre *v.tr.* dare carattere di istituzione | (*estens.*) rendere stabile ♦ **-rsi** *v.intr.pron.* assumere carattere istituzionale, costante.
istituzióne *s.f.* **1** ente istituito per un determinato fine **2** serie di norme, fondate su leggi o consuetudini, che regolano un

determinato ambito del vivere collettivo **3** *pl.* i fondamenti di una disciplina.

istologìa *s.f.* branca della biologia che studia i tessuti animali o vegetali.

istològico *agg.* [pl.m. *-ci*] che concerne l'istologia o i tessuti organici: *esame* —.

istoriàto *agg.* ornato con raffigurazioni artistiche.

istradàre *v.tr.* **1** avviare per una strada **2** (*fig.*) indirizzare a uno studio, a un'arte, a un'attività ♦ **-rsi** *v.intr.pron.* intraprendere una carriera, una professione.

ìstrice *s.m.* **1** mammifero roditore ricoperto di aculei **2** (*fig.*) persona intrattabile, scontrosa.

istrióne *s.m.* **1** attore che recita con particolare enfasi **2** (*fig.*) chi nella vita assume atteggiamenti teatrali.

istruìre *v.tr.* [*io istruisco, tu istruisci ecc.*; part.pass. *istruito*] **1** far apprendere a qlcu. nozioni **2** dare istruzioni **3** — *un processo, una causa*, raccogliere prove ed elementi necessari per il giudizio ♦ **-rsi** *v.rifl.* acquisire nozioni su qlco.

istruttóre *s.m.* [f. *-trice*] chi istruisce.

istruttòria *s.f.* (*dir.*) fase di un processo in cui si compiono gli atti necessari a istruirlo.

istruzióne *s.f.* **1** l'istruire, l'essere istruito **2** le conoscenze che sono alla base della cultura **3** (spec. *pl.*) direttiva **4** *pl.* scritto allegato a prodotti **5** (*dir.*) fase istruttoria.

istupidìre *v.tr.* [*io istupidisco, tu istupidisci ecc.*] frastornare ♦ **-rsi** *v.intr.pron.* restare intontito.

italianìsta *s.m.* e *f.* [pl.m. *-sti*] studioso di lingua, letteratura, cultura italiana.

italiàno *agg.* dell'Italia ♦ *s.m.* **1** [f. *-a*] nativo dell'Italia **2** lingua parlata in Italia.

itàlico *agg.* [pl.m. *-ci*] dell'Italia antica.

iter *s.m.invar.* (*lat.*) (*burocr.*) procedura che una pratica deve seguire.

iteratìvo *agg.* che esprime ripetizione.

itinerànte *agg.* che si sposta di luogo in luogo.

itineràrio *s.m.* percorso di un viaggio.

itterìzia *s.f.* (*med.*) ittero.

ìttero *s.m.* (*med.*) accumulo di pigmenti biliari nel sangue.

ìttico *agg.* [pl.m. *-ci*] che si riferisce ai pesci.

ittiologìa *s.f.* parte della zoologia che studia i pesci.

ittiòlogo *s.m.* [f. *-a*; pl.m. *-gi*] studioso, esperto di ittiologia.

iùta *s.f.* fibra tessile di origine.

Jj

j *s.f.* o *m.* decima lettera dell'alfabeto, il cui nome è *i lunga*; nei nomi originari italiani si pronuncia come *i*.
jazz *s.m.invar.* (*ingl.*) genere musicale nato presso le comunità nere del sud degli Stati Uniti dall'incontro di tradizioni musicali popolari occidentali con elementi africani.
jeans *s.m.pl.invar.* (*ingl.*) **1** tela robusta di cotone per indumenti sportivi **2** blue-jeans | pantaloni sportivi.
jeep® *s.f.invar.* (*ingl.*) camionetta scoperta a quattro ruote motrici | (*estens.*) automobile fuoristrada.
jersey *s.m.invar.* (*ingl.*) tessuto pettinato a maglia rasata.
jet *s.m.invar.* (*ingl.*) aeroplano con motore a getto.
jet-society *loc.sost.f.invar.* (*ingl.*) l'alta società internazionale.
jewel box *loc.sost.m.invar.* contenitore di plastica trasparente per compact disc.
jihâd *s.f.invar.* (*ar.*) la guerra santa dei maomettani contro i nemici dell'Islam.
jingle *s.m.invar.* (*ingl.*) breve motivo musicale che accompagna una comunicazione audiovisiva.
jockey *s.m.invar.* (*ingl.*) il fantino, nelle corse al galoppo.
jogging *s.m.invar.* (*ingl.*) corsa leggera.
joint-venture *loc.sost.f.invar.* (*ingl.*) (*econ.*) associazione tra imprese per l'esecuzione di opere o impianti industriali.
jolly *s.m.invar.* (*ingl.*) in alcuni giochi di carte, la carta che può assumere qualsiasi valore.
joule *s.m.invar.* (*ingl.*) (*fis.*) unità di misura dell'energia e del lavoro nel Sistema Internazionale.
joystick *s.m.invar.* (*ingl.*) unità periferica di elaboratore elettronico, munita di una cloche con cui si controlla il movimento delle immagini sullo schermo.
judo *s.m.invar.* (*giapp.*) lotta sportiva elaborata in Giappone come metodo di difesa personale.
juke-box *s.m.invar.* (*ingl.*) apparecchio installato nei locali pubblici, che suona il disco richiesto da chi vi introduce un gettone.
jumbo-jet *s.m.invar.* (*ingl.*) nome dell'aereo a reazione Boeing 747.
jumper *s.m.invar.* (*sport.*) chi pratica il jumping.
jumping *s.m.invar.* sport che consiste nel gettarsi col paracadute da una base fissa (un edificio, un ponte ecc.).
jùnior *agg.* (*lat.*) si usa per indicare il più giovane di due membri omonimi della stessa famiglia; si abbrevia in *jun.* o *jr.* ♦ *agg.* e *s.m.* e *f.* [pl. *juniores*] (*sport*) atleti appartenenti a una categoria giovanile.

Kk

k *s.m.* o *f.* undicesima lettera dell'alfabeto, il cui nome è *cappa*.
kafkiàno *agg.* **1** dello scrittore F. Kafka (1883-1924) o relativo alla sua opera **2** (*estens.*) angoscioso, assurdo, paradossale: *situazione kafkiana*.
kaiser *s.m.invar.* (*ted.*) titolo dell'imperatore, nei paesi di lingua tedesca.
kamikaze *s.m.invar.* (*giapp.*) durante la seconda guerra mondiale, aviatore giapponese che si lanciava col proprio aereo carico di esplosivo contro un obbiettivo nemico | (*estens.*) guerrigliero o terrorista che compie un'azione suicida | (*fig.*) chi affronta un rischio che comporta un pericolo estremo.
karaòke *s.m.* gioco che consiste nel cantare su una base musicale preregistrata.
karatè *s.m.* lotta giapponese in cui è permesso servirsi anche dei piedi, e i colpi con le mani sono vibrati di taglio.
karatèka *s.m.* e *f.invar.* chi pratica il karatè.
kelvin *s.m.invar.* (*ingl.*) (*fis.*) unità di misura della temperatura nel Sistema Internazionale.
kermesse *s.f.* (*fr.*) festa popolare, fiera.
ketchup *s.m.invar.* (*ingl.*) salsa di pomodoro con aceto e spezie.
keyword *s.f.invar.* (*ingl.*) (*inform.*) parola chiave.
kibbutz *s.m.invar.* (*ebr.*) in Israele, fattoria con organizzazione collettivistica.
killer *s.m.* e *f.invar.* (*ingl.*) chi uccide per conto di altri; sicario | come *agg.invar.* che uccide: *sostanza* —.
kilobyte *s.m.invar.* (*ingl.*) (*inform.*) unità di misura della memoria di massa pari a 1.024 byte.
kilt *s.m.invar.* (*ingl.*) il tradizionale gonnellino a pieghe degli scozzesi, a riquadri di vari colori.
kinderheim *s.m.invar.* (*ted.*) albergo in cui vengono ospitati e sorvegliati bambini per le vacanze.
kit *s.m.invar.* (*ingl.*) astuccio che contiene un assortimento di strumenti per un dato scopo
kitsch *s.m.invar.* (*ted.*) tendenza del gusto che predilige manufatti e oggetti stravaganti e volgari oppure imitazioni dozzinali di opere d'arte | come *agg.invar.* di cattivo gusto.
kiwi *s.m.* **1** (*zool.*) grosso uccello non volatore della Nuova Zelanda **2** (*bot.*) arbusto rampicante che dà frutti carnosi a polpa verde.
knock-out, abbr. **k.o.**, *s.m.invar.* (*ingl.*) (*sport*) si dice del colpo che nel pugilato mette fuori combattimento l'avversario; *essere* —, fuori combattimento.
know how *loc.sost.m.invar.* (*ingl.*) il patrimonio di conoscenze tecnologiche riguardanti singoli prodotti o settori industriali.
koàla *s.m.invar.* mammifero marsupiale australiano simile a un orsacchiotto.
kolossal *s.m.invar.* (*ted.*) film o altro spettacolo realizzato con grande impegno produttivo e con un eccezionale cast di attori.
krapfen *s.m.invar.* (*ted.*) frittella di pasta lievitata, talora con ripieno.
kung fu *loc.sost.m.invar.* (*giapp.*) lotta giapponese derivata dal karatè.
k-way® *s.m.invar.* giacca impermeabile leggerissima.

Ll

l *s.f.* o *m.* dodicesima lettera dell'alfabeto, il cui nome è *elle*.
la[1] *art.determ.f.sing.* [m.sing. *il*].
la[2] *s.m.* nota musicale, la sesta della scala di do.
la[3] *pron.pers.f. di terza pers.sing.* [forma complementare atona di *ella, essa*] si usa come compl. oggetto.
là *avv.* in quel luogo.
làbaro *s.m.* stendardo.
làbbro *s.m.* [pl. *le labbra* nei sign. 1 e 2; *i labbri* nei sign. 3 e 4] **1** ciascuna delle due pieghe muscolo-membranose che costituiscono la parte anteriore della bocca e ne circoscrivono l'apertura **2** *pl.* la bocca come organo della parola | *pendere dalle labbra di qlcu.*, (*fig.*) ascoltarlo con attenzione **3** margine di una ferita **4** orlo rilevato.
labiàle *agg.* delle labbra ♦ *agg.* e *s.f.* (*ling.*) si dice di consonante articolata stringendo le labbra.
làbile *agg.* **1** (*lett.*) fugace, passeggero **2** (*scient.*) instabile □ **-mente** *avv.*
labirintìte *s.f.* (*med.*) infiammazione del labirinto dell'orecchio.
labirìnto *s.m.* **1** nel mondo antico, struttura architettonica a pianta molto complessa che rendeva difficile orientarsi o trovare l'uscita **2** (*estens.*) edificio o complesso di edifici, di strade in cui sia difficile orientarsi **3** (*fig.*) situazione molto complicata **4** (*anat.*) sistema di piccoli canali nell'orecchio interno che regolano il senso dell'equilibrio.
laboratòrio *s.m.* **1** locale o complesso di locali attrezzati per ricerche scientifiche **2** locale dove si svolgono attività artigianali.
laboriosità *s.f.* l'essere laborioso.
laborióso *agg.* **1** che costa sforzo, fatica **2** che lavora molto □ **-mente** *avv.*
laburìsmo *s.m.* movimento e partito politico inglese di tendenza socialista riformista.
laburìsta *agg.* [pl.m. *-sti*] del laburismo ♦ *s.m.* e *f.* chi aderisce al laburismo.
lacca *s.f.* **1** sostanza resinosa vegetale usata nella preparazione di vari prodotti **2** fissatore per capelli.
laccàre *v.tr.* [*io lacco, tu lacchi ecc.*] verniciare con lacca.
laccatùra *s.f.* l'operazione del laccare | lo strato di lacca applicato.
làccio *s.m.* **1** fune con cappio a nodo scorsoio **2** cordoncino, nastro per legare due parti di un abito o cose simili: *i lacci delle scarpe* **3** (*fig.*) legame, vincolo.
lacerànte *agg.* **1** che lacera **2** (*fig.*) che colpisce fortemente; straziante.
laceràre *v.tr.* [*io làcero ecc.*] **1** ridurre in brandelli **2** (*fig.*) squarciare con violenza; straziare ♦ **-rsi** *v.intr.pron.* strapparsi.
lacerazióne *s.f.* il lacerare, il lacerarsi, l'essere lacerato.
làcero *agg.* strappato, ridotto a brandelli.
lacero-contuso *agg.* (*med.*) si dice di ferita prodotta da un corpo lacerante e contundente insieme.
lacònico *agg.* [pl.m. *-ci*] si dice di persona che è di poche parole | (*estens.*) breve, conciso □ **-mente** *avv.*
làcrima *s.f.* **1** liquido secreto dalle ghiandole lacrimali **2** (*estens.*) goccia, stilla.
lacrimàle *agg.* delle lacrime.
lacrimàre *v.intr.* [*io làcrimo ecc.*; aus. *avere*] versare lacrime, piangere.
lacrimògeno *agg.* che fa lacrimare.
lacrimóso *agg.* **1** pieno di lacrime **2** commovente □ **-mente** *avv.*
lacùna *s.f.* **1** mancanza, vuoto **2** (*scient.*) cavità, spazio vuoto.
lacunóso *agg.* che presenta lacune □ **-mente** *avv.*
lacùstre *agg.* proprio dei laghi.
ladrésco *agg.* [pl.m. *-schi*] da ladro □ **-mente** *avv.*
làdro *s.m.* [f. *-a*] **1** chi ruba **2** (*estens.*) chi richiede prezzi o compensi eccessivi ♦ *agg.* che ruba.
lager *s.m.invar.* (*ted.*) **1** nella Germania nazista, campo di concentramento per prigionieri di guerra o per condannati politici; campo di sterminio **2** (*estens.*) luogo

dove si praticano forme disumane di segregazione o maltrattamenti.

laggiù *avv.* là in basso.

lagnànza *s.f.* (spec. *pl.*) lamentela.

làgo *s.m.* [pl. *-ghi*] **1** (*geog.*) depressione del suolo occupata da acqua per lo più dolce **2** (*fig.*) grande quantità di liquido sparso: *un — di sangue.*

lagùna *s.f.* (*geog.*) tratto di mare basso parzialmente chiuso.

lagunàre *agg.* di laguna.

laicàto *s.m.* **1** la condizione di chi è laico **2** l'insieme dei laici.

laicìsmo *s.m.* tendenza a considerare il pensiero e l'attività dell'uomo autonomi dall'intromissione dell'autorità ecclesiastica.

làico *agg.* [pl.m. *-ci*] **1** che non appartiene al clero **2** *partiti laici*, che non si ispirano a fede religiosa ♦ *s.m.* □ **-mente** *avv.*

làma[1] *s.f.* parte tagliente di un coltello, di un'arma.

làma[2] *s.m.invar.* mammifero ruminante delle Ande, usato come animale da soma e da lana.

làma[3] *s.m.invar.* monaco buddista tibetano.

lambìre *v.tr.* [*io lambisco, tu lambisci ecc.*] **1** leccare lievemente **2** (*estens.*) toccare appena, sfiorare.

lambrùsco *s.m.* nome di un vitigno e del vino rosso e frizzante che se ne ricava, prodotto nella provincia di Modena.

lambswool *s.m.invar.* (*ingl.*) lana pregiata di agnellino, morbida e leggermente pelosa.

lamé *agg.* e *s.m.invar.* (*fr.*) si dice di filato o tessuto laminato.

lamèlla *s.f.* lamina sottile.

lamentàre *v.tr.* [*io laménto ecc.*] **1** esprimere dolore **2** (*estens.*) esprimere protesta per qlco. ♦ **-rsi** *v.intr.pron.* **1** emettere lamenti **2** (*estens.*) esprimere il proprio risentimento.

lamentèla *s.f.* lamento continuo o ripetuto; lagnanza.

laménto *s.m.* **1** suono, parola che esprime dolore **2** rimostranza.

lamentóso *agg.* pieno di lamenti, che esprime lamento □ **-mente** *avv.*

lamétta *s.f.* la lama sottile e affilatissima che si usa col rasoio di sicurezza.

lamièra *s.f.* lastra metallica.

làmina *s.f.* **1** lastra molto sottile **2** (*anat.*) membrana **3** (*bot.*) lembo.

laminàre[1] *agg.* sottile come una lamina.

laminàre[2] *v.tr.* [*io làmino ecc.*] sottoporre a laminazione.

laminàto[1] *agg.* e *s.m.* si dice di filato o tessuto in cui sono intrecciati fili di lucentezza metallica.

laminàto[2] *agg.* sottoposto a laminazione ♦ *s.m.* semilavorato ottenuto mediante laminazione.

laminatóio *s.m.* macchina in cui un materiale malleabile viene ridotto in lamine, fogli, barre o profilati di varia forma.

laminazióne *s.f.* **1** (*chim.*) produzione di semilavorati plastici **2** (*tecn.*) rivestimento di materiale vario con uno o più strati di plastica.

làmpada *s.f.* **1** sorgente artificiale di luce **2** lume **3** apparecchio per scaldare o saldare.

lampadàrio *s.m.* oggetto da appendere al soffitto, costituito da una struttura rigida che sostiene le fonti di luce.

lampadìna *s.f.* bulbo di vetro contenente un filamento metallico che, percorso da corrente elettrica, emette luce.

lampànte *agg.* molto evidente.

lampàra *s.f.* barca dotata di una grossa lampada usata per la pesca notturna con una speciale rete | la lampada e la rete usate per questa pesca.

lampeggiaménto *s.m.* il lampeggiare.

lampeggiàre *v.intr.* [*io lampéggio ecc.*; aus. *avere*] **1** mandare lampi, sfolgorare (anche *fig.*) **2** emettere una luce intermittente ♦ *v.intr.impers.* [aus. *essere* o *avere*] apparire di lampi nel cielo.

lampeggiatóre *s.m.* fanalino a luce intermittente che segnala i mutamenti di direzione.

lampióne *s.m.* lume sostenuto da una colonna o sospeso, per l'illuminazione di strade, piazze, cortili.

làmpo *s.m.* **1** luce improvvisa e abbagliante prodotta da scariche elettriche nell'atmosfera **2** (*estens.*) rapido bagliore (anche *fig.*): — *di genio*, intuizione improvvisa e geniale **3** (*fig.*) cosa o persona velocissima ♦ Come *agg.invar.* per indicare grande rapidità: *guerra* —.

lampóne *s.m.* **1** arbusto perenne dai frutti commestibili **2** il frutto di tale pianta.

làna *s.f.* **1** il pelo della pecora e di altri animali **2** la fibra tessile ricavata da tale pelo **3** nome di alcune sostanze che hanno l'aspetto della lana: — *di vetro*.

lanceolàto *agg.* detto di foglia, a forma di lancia.

lancétta *s.f.* indice girevole di uno strumento di misura.

lància[1] *s.f.* [pl. *-ce*] **1** arma di offesa costituita da un'asta con un'estremità metallica appuntita | *spezzare una — in favore di qlcu.*, (*fig.*) aiutarlo con parole o atti **2** asta munita di arpione per la pesca dei pe-

sci che affiorano in superficie **3** — *termica*, attrezzo che produce una fiamma capace di fondere metalli.
lància[2] *s.f.* [pl. *-ce*] (*mar.*) imbarcazione a poppa quadra, leggera e veloce: — *di salvataggio*.
lanciafiàmme *s.m.invar.* arma che lancia sostanze incendiarie.
lanciamìssili *s.m.invar.* impianto per lanciare missili ♦ *agg.invar.*
lanciaràzzi *s.m.invar.* struttura metallica o di plastica rigida che impartisce la direzione a proiettili-razzo ♦ *agg.invar.*
lanciàre *v.tr.* [*io làncio* ecc.] **1** gettare (anche *fig.*): — *una sfida* **2** (*estens.*) imprimere una forte accelerazione a qlco. **3** (*fig.*) cercare di imporre al pubblico con una campagna pubblicitaria ♦ **-rsi** *v.rifl.* gettarsi con impeto (anche *fig.*).
lanciasilùri *agg.* e *s.m.invar.* si dice dell'impianto usato sulle navi da guerra e sui sommergibili per lanciare siluri.
lanciatóre *s.m.* [f. *-trice*] (*sport*) atleta specializzato nelle gare di lancio | nel baseball, il difensore che ha il compito di lanciare la palla.
lancinànte *agg.* si dice di dolore fisico molto acuto.
làncio *s.m.* il lanciare, il lanciarsi, l'essere lanciato.
lànda *s.f.* territorio pianeggiante arido.
languidézza *s.f.* languore (anche *fig.*).
lànguido *agg.* **1** debole **2** (*fig.*) appassionatamente tenero □ **-mente** *avv.*
languìre *v.intr.* [*io languisco* o *languo*, *tu languisci* o *langui* ecc.; aus. *avere*] **1** essere privo di forze | (*fig.*) struggersi **2** scemare, svanire (anche *fig.*).
languóre *s.m.* **1** stato di abbattimento fisico **2** (*estens.*) tenerezza svenevole.
lanifìcio *s.m.* stabilimento dove si lavora la lana.
lanolìna *s.f.* sostanza cerosa estratta dalla lana di pecora, usata per unguenti e pomate.
lantèrna *s.f.* **1** lume portatile o fisso, chiuso in un telaio rigido con pareti di vetro **2** la parte più alta della torre d'un faro, contenente le sorgenti luminose; il faro stesso **3** (*arch.*) tamburo con finestre sovrastante una cupola.
lanùgine *s.f.* peli morbidi e corti.
lanzichenécco *s.m.* [pl. *-chi*] in età rinascimentale, soldato mercenario tedesco.
lap dance *loc.sost.f.invar.* (*ingl.*) forma di spettacolo in cui una ballerina in abiti succinti balla in maniera provocante volteggiando intorno a una pertica.
laparotomìa *s.f.* (*med.*) apertura chirurgica della cavità addominale praticata a scopo diagnostico o terapeutico.
lapidàre *v.tr.* [*io làpido* ecc.] colpire qlcu. con sassate per ucciderlo.
lapidàrio *agg.* **1** che riguarda le iscrizioni scolpite su lapide **2** (*fig.*) conciso e solenne: *stile* — □ **-mente** *avv.*
làpide *s.f.* lastra di pietra, marmo o altro materiale sulla quale può essere incisa un'iscrizione.
lapìllo *s.m.* frammento di lava eruttato da un vulcano durante la fase esplosiva.
lapislàzzuli *s.m.* minerale di colore turchino violaceo, usato come pietra ornamentale.
lapsus *s.m.invar.* (*lat.*) errore involontario, commesso nello scrivere o nel parlare.
lap-top computer *loc.sost.m. invar.* (*ingl.*) personal computer portatile.
làrdo *s.m.* lo strato di grasso sottocutaneo del maiale, usato in cucina.
larghézza *s.f.* **1** (*geom.*) una delle tre dimensioni dei solidi, insieme alla lunghezza e all'altezza **2** (*estens.*) ampiezza **3** (*fig.*) generosità **4** (*fig.*) ampiezza di vedute.
làrgo *agg.* [pl.m. *-ghi*] **1** esteso in larghezza | vasto, ampio (anche *fig.*) | *essere di larghe vedute*, (*fig.*) avere grande apertura mentale | *stare alla larga*, (*fig.*) tenersi lontano **2** (*fig.*) generoso ♦ *s.m.* **1** larghezza: *in lungo e in* — **2** mare aperto **3** slargo all'incrocio di più vie **4** (*mus.*) movimento più lento dell'adagio □ **-mente** *avv.*
làrice *s.m.* albero delle conifere con foglie aghiformi caduche; il legno è usato per costruzioni navali e falegnameria pesante.
larìnge *s.f.* o *m.* (*anat.*) parte dell'apparato respiratorio situato sopra della trachea; è l'organo essenziale della fonazione.
laringìte *s.f.* (*med.*) infiammazione della laringe.
laringoiàtra *s.m.* e *f.* [pl.m. *-tri*] specialista delle malattie della laringe.
làrva *s.f.* **1** (*fig.*) persona mal ridotta, magrissima, priva di forze: *una — umana* **2** (*zool.*) prima forma, giovanile e transitoria, di animali soggetti a metamorfosi.
lasàgna *s.f.* (spec. *pl.*) sfoglia all'uovo tagliata in larghe strisce.
lasciapassàre *s.m.invar.* permesso scritto che autorizza ad accedere o a transitare.
lasciàre *v.tr.* [*io làscio* ecc.] **1** smettere di tenere **2** non prendere con sé; dimenticare **3** separarsi da qlcu., allontanarsi da qlco. **4** far rimanere un segno, una traccia **5** dare, consegnare, affidare | trasmettere per testamento **6** permettere (seguito da un inf. o da *che* e il congiunt.): *lasciar passare*; *lascia che ti racconti* ♦ **-rsi** *v.rifl.rec.* separarsi; rompere un legame d'amore.

làscito *s.m.* attribuzione testamentaria; legato.
lascìvo *agg.* impudico, lussurioso □ **-mente** *avv.*
làser *s.m.invar.* dispositivo che emette fasci intensi e concentrati di radiazioni elettromagnetiche; ha molte applicazioni scientifiche e tecnologiche.
lassatìvo *agg.* che facilita l'evacuazione ♦ *s.m.* sostanza di blanda azione purgativa.
lassìsmo *s.m.* eccessiva indulgenza nei costumi, nella condotta.
lasso *s.m.* solo nella loc. — *di tempo*, arco, periodo.
lassù *avv.* in alto.
last minute *loc.agg.invar.* (*ingl.*) nell'industria del turismo, si dice di acquisto (di un biglietto di viaggio aereo, di un pacchetto vacanze ecc.) fatto poco prima della scadenza dell'offerta, e perciò a prezzi scontati | *occasioni* —.
làstra *s.f.* **1** pezzo di materiale solido di spessore ridotto **2** pellicola radiografica impressionata | *farsi le lastre*, (*fam.*) farsi fare delle radiografie.
lastricàto *s.m.* pavimentazione costituita da lastre di pietra.
latènte *agg.* che non si manifesta; nascosto □ **-mente** *avv.*
lateràle *agg.* che si trova al lato, ai lati, sul fianco □ **-mente** *avv.*
laterìte *s.f.* (*min.*) roccia sedimentaria rossastra.
làtice *s.m.* liquido viscoso di colore biancastro ricavato dalla corteccia di varie piante.
latifòglio *agg.* (*bot.*) si dice di pianta a foglie larghe.
latifondìsta *s.m.* e *f.* [pl.m. *-sti*] chi possiede un latifondo.
latifóndo *s.m.* ampia proprietà fondiaria.
latinìsmo *s.m.* parola, locuzione propri del latino adottati in un'altra lingua.
latinìsta *s.m.* e *f.* [pl.m. *-sti*] studioso di lingua e letteratura latina.
latinità *s.f.* **1** l'essere latino **2** la lingua e la letteratura latina.
latìno *agg.* dell'antico Lazio o degli antichi Romani | che si riferisce alla lingua degli antichi Romani ♦ *s.m.*
latitànte *agg.* **1** (*dir.*) che si sottrae volontariamente all'esecuzione di un mandato di cattura | usato anche come *s.m.* e *f.* **2** (*fig.*) che si sottrae alle proprie responsabilità.
latitànza *s.f.* **1** (*dir.*) la condizione di chi è latitante **2** (*fig.*) assenza.
latitùdine *s.f* una delle due coordinate geografiche terrestri; è la distanza di un luogo dall'equatore misurata in gradi.
làto[1] *s.m.* **1** parte laterale del corpo umano | la parte destra o sinistra di una qualsiasi cosa **2** (*fig.*) aspetto **3** (*geom.*) ciascuno dei segmenti di retta che costituiscono il perimetro di un poligono.
làto[2] *agg.* (*fig.*) ampio, esteso: *in senso* — □ **-mente** *avv.* ampiamente.
latràre *v.intr.* [aus. *avere*] abbaiare con forza o con rabbia.
latràto *s.m.* il verso del cane che latra.
latrìna *s.f.* gabinetto, ritirata.
latrocìnio *s.m.* furto, ruberia.
làtta *s.f.* **1** lamiera sottile d'acciaio ricoperta da uno strato protettivo di stagno **2** recipiente di latta.
lattaio *s.m.* [f. *-a*] chi vende latte.
lattànte *agg.* e *s.m.* e *f.* di bambino che si nutre esclusivamente di latte.
làtte *s.m.* **1** liquido bianco e dolce secreto dalle ghiandole mammarie della femmina dei mammiferi | *far venire il — alle ginocchia*, (*fig.*) annoiare oltre misura **2** liquido che ha somiglianza col latte: — *di cocco*, liquido contenuto nelle noci di cocco.
làtteo *agg.* **1** di latte; a base di latte **2** che è simile al latte | *Via Lattea*, nome popolare della nostra galassia.
latterìa *s.f.* **1** impianto industriale per la raccolta e la lavorazione del latte **2** negozio dove si vendono latte e latticini.
latticìnio *s.m.* (spec. *pl.*) prodotto alimentare ricavato dal latte.
làttico *agg.* [pl.m. *-ci*] del latte.
lattìna *s.f.* piccolo recipiente di latta usato per contenere bibite, olio ecc.
lattonière *s.m.* chi fabbrica o ripara oggetti di latta.
lattòsio *s.m.* (*chim.*) zucchero contenuto nel latte.
lattùga *s.f.* pianta erbacea coltivata negli orti, le cui foglie si mangiano in insalata.
làurea *s.f.* titolo di dottore conferito da un'università a chi ha compiuto il previsto corso di studi | — *triennale*, corso di laurea triennale che costituisce il primo livello delle lauree nel nuovo ordinamento dell'università italiana; è detta anche — *breve* | — *specialistica*, corso di laurea biennale che si consegue dopo quella triennale.
laureàndo *agg.* e *s.m.* [f. *-a*] si dice di studente universitario prossimo a sostenere l'esame di laurea.
laureàrsi *v.intr. pron.* **1** conseguire la laurea **2** (*estens.*) ottenere una qualifica, un riconoscimento, un titolo.
laureàto *agg.* che ha conseguito la laurea | usato anche come *s.m.* [f. *-a*].
làuto *agg.* abbondante □ **-mente** *avv.*

làva *s.f.* massa incandescente di minerali fusi che fuoriesce dai vulcani in eruzione.
lavàbile *agg.* che può essere lavato senza subire alterazioni.
lavàbo *s.m.* [pl.invar. o *-bi*] lavandino.
lavàggio *s.m.* l'operazione del lavare | — *del cervello*, (*fig.*) forte pressione psicologica su qlcu. per imporre le proprie idee.
lavàgna *s.f.* **1** ardesia **2** lastra nera incorniciata, sulla quale si scrive col gesso.
lavànda[1] *s.f.* (*med.*) lavaggio di cavità interne del corpo a scopo terapeutico: — *gastrica*.
lavànda[2] *s.f.* pianta erbacea con fiori violacei odorosi, dai quali si estrae un'essenza usata in profumeria.
lavandàia *s.f.* donna che per mestiere lava biancheria e indumenti.
lavanderìa *s.f.* **1** locale attrezzato per il lavaggio della biancheria e di indumenti in genere **2** esercizio pubblico in cui si provvede al lavaggio di capi di vestiario.
lavandìno *s.m.* vaschetta fissa, con carico e scarico d'acqua, usata per lavare cibi e stoviglie o per la pulizia personale.
lavapiàtti *s.m.* e *f.invar.* chi in alberghi, ristoranti, comunità ha il compito di lavare le stoviglie.
lavàre *v.tr.* **1** rendere pulito con acqua o altra sostanza detergente **2** (*fig.*) cancellare una colpa, una macchia ♦ **-rsi** *v.rifl.* lavare il proprio corpo.
lavasécco *s.m.* o *f.invar.* lavanderia a secco.
lavastovìglie *s.f.invar.* macchina per il lavaggio delle stoviglie.
lavatìvo *s.m.* [f. *-a*] fannullone, scansafatiche.
lavatóio *s.m.* stanza di un'abitazione o luogo pubblico adibito al lavaggio manuale dei panni.
lavatrìce *s.f.* apparecchio elettrodomestico per il lavaggio automatico di biancheria e indumenti.
lavavétri *s.m.* e *f.invar.* chi è addetto alla pulizia di finestre, vetrate o vetrine.
lavèllo *s.m.* acquaio, lavandino.
lavoràre *v.intr.* [*io lavóro ecc.*; aus. *avere*] **1** dedicare le energie del corpo e della mente a un'attività **2** detto di animale, compiere una fatica utile all'uomo **3** detto di fabbrica, impianto, macchina, funzionare **4** avere una clientela **5** (*fig.*) tramare ♦ *v.tr.* operare su una determinata materia per ridurla alla forma voluta: — *la terra*, coltivarla.
lavoratìvo *agg.* di lavoro | si dice di periodo di tempo dedicato al lavoro.
lavoràto *agg.* che è stato sottoposto a una lavorazione, che è abbellito da una lavorazione.
lavorazióne *s.f.* il lavorare un materiale; la procedura di tale operazione.
lavorìo *s.m.* **1** lavoro intenso e continuato **2** (*fig.*) intrigo.
lavóro *s.m.* **1** impiego di energia volto a uno scopo determinato **2** occupazione retribuita **3** (spec. *pl.*) serie di attività svolte da gruppi di persone **4** il prodotto dell'attività lavorativa.
lazzarétto *s.m.* ospedale dove un tempo venivano ricoverate le persone affette da malattie contagiose.
lazzaróne *s.m.* [f. *-a*] birbante.
le[1] *art.determ.f.pl.* [m. sing. *il*].
le[2] *pron.pers.f. di terza pers.sing.* [forma complementare atona di *ella, essa*] si usa come compl. di termine.
le[3] *pron.pers.f. di terza pers.pl.* [forma complementare atona di *esse, loro*] si usa come compl. oggetto.
leader *s.m.invar.* (*ingl.*) **1** capo riconosciuto di un partito, di un'organizzazione **2** (*sport*) chi occupa il primo posto in classifica.
leadership *s.f.invar.* (*ingl.*) funzione di guida; egemonia.
leàle *agg.* che rifugge da menzogne e tradimenti □ **-mente** *avv.*
lealtà *s.f.* onestà, sincerità.
leasing *s.m.invar.* (*ingl.*) contratto per cui si concede, dietro pagamento di un canone, la disponibilità di un bene, con facoltà di acquisirne la proprietà allo scadere del contratto.
lébbra *s.f.* malattia infettiva cronica che si manifesta con lesioni alla pelle e alle mucose, e con paralisi motoria.
lebbrosàrio *s.m.* ospedale per il ricovero e la cura dei lebbrosi.
lebbróso *agg.* e *s.m.* [f. *-a*] si dice di persona affetta da lebbra.
leccàre *v.tr.* [*io lécco, tu lécchi ecc.*] fare scorrere la lingua su qlco. | — *qlcu.*, adularlo in modo servile ♦ **-rsi** *v.rifl.* **1** di animali, passare la lingua sul proprio corpo per pulirsi **2** (*fig.*) curarsi.
leccàto *agg.* affettato, artificioso.
léccio *s.m.* albero sempreverde simile alla quercia; il legno è usato in carpenteria.
leccornìa *s.f.* cibo squisito.
lécito *agg.* che è consentito dalla legge o dalla morale ♦ *s.m.*
lèdere *v.tr.* [pres. *io lèdo ecc.*; pass.rem. *io lési, tu ledésti ecc.*; part.pass. *léso*] offendere, danneggiare, sotto l'aspetto morale o giuridico.
léga[1] *s.f.* **1** associazione, alleanza tempo-

ranea, di natura politica o sociale **2** (*spreg.*) cricca, combriccola.
léga[2] *s.f.* unità di misura delle distanze.
legàccio *s.m.* nastro o cordoncino che serve per legare.
legàle *agg.* **1** di legge **2** conforme alla legge ♦ *s.m.* nome generico con cui si indicano avvocati, procuratori, consulenti legali □ **-mente** *avv.*
legalità *s.f.* la condizione di ciò che è conforme alle leggi.
legalizzàre *v.tr.* **1** dichiarare legalmente valido; autenticare **2** rendere conforme alle leggi.
legàme *s.m.* **1** vincolo morale o sentimentale **2** (*fig.*) relazione, nesso logico.
legaménto *s.m.* **1** il legare **2** (*anat.*) tessuto connettivo fibroso che unisce due strutture anatomiche.
legàre[1] *v.tr.* [*io légo, tu léghi ecc.*] **1** avvolgere con una fune o altro una persona, una cosa o più cose | *legarsela al dito*, (*fig.*) non dimenticare un torto ricevuto **2** in gioielleria e in bigiotteria, incastonare **3** (*fig.*) congiungere, unire **4** (*metall.*) unire per formare una lega ♦ *v.intr.* [aus. *avere*] **1** far lega **2** (*fig.*) andare d'accordo ♦ **-rsi** *v.rifl.* e *rifl.rec.* unirsi con un vincolo.
legàre[2] *v.tr.* [*io légo, tu léghi ecc.*] (*dir.*) lasciare come legato in testamento.
legàto[1] *s.m.* rappresentante della Santa Sede presso uno stato.
legàto[2] *s.m.* (*dir.*) disposizione testamentaria che assegna un determinato bene a persona diversa dall'erede.
legatorìa *s.f.* **1** arte e pratica del rilegare libri **2** laboratorio o reparto industriale attrezzato per rilegare libri.
legazióne *s.f.* rappresentanza diplomatica presso uno stato straniero.
legènda *s.f.invar.* (*lat.*) tavola delle abbreviazioni e dei segni convenzionali.
légge *s.f.* **1** regola o insieme di regole stabilite per organizzare la vita e garantire l'ordine sociale **2** l'ordinamento giuridico di uno stato **3** la scienza del diritto **4** (*scient.*) norma costante che regola fatti o fenomeni naturali.
leggènda *s.f.* narrazione di un fatto, di argomento religioso, eroico o cavalleresco, in cui entrano molti elementi fantastici.
leggendàrio *agg.* che appartiene alla leggenda; che è entrato nella leggenda.
lèggere *v.tr.* [pres. *io lèggo, tu lèggi ecc.*; pass.rem. *io lèssi, tu leggésti ecc.*; part.pass. *lètto*] **1** (*assol.*) seguire con gli occhi i caratteri di una scrittura, capendo il significato di parole e frasi **2** pronunciare ad alta voce un testo scritto **3** (*fig.*) interpretare **4** (*fig.*) intuire.
leggerézza *s.f.* **1** l'essere leggero **2** (*fig.*) superficialità.
leggèro *agg.* **1** che ha poco peso **2** agile, svelto **3** (*fig.*) che può essere agevolmente sopportato, che non affatica eccessivamente **4** (*fig.*) di poca importanza o entità **5** (*fig.*) superficiale, poco serio ♦ *avv.* in maniera leggera □ **-mente** *avv.*
leggiadrìa *s.f.* (*lett.*) l'esser leggiadro.
leggiàdro *agg.* (*lett.*) pieno di grazia, eleganza e gentilezza □ **-mente** *avv.*
leggìbile *agg.* che si può leggere □ **-mente** *avv.*
leggìo *s.m.* piccolo supporto su cui si appoggia un libro o uno spartito musicale.
leghìsta *s.m.* e *f.* [pl.m. *-sti*] chi fa parte di una lega.
legiferàre *v.intr.* [*io legìfero ecc.*; aus. *avere*] **1** emanare leggi **2** (*scherz.*) dettar legge.
legionàrio *agg.* della legione ♦ *s.m.* soldato di una legione | militare che fa parte della Legione straniera.
legióne *s.f.* **1** (*st.*) la più grande unità tattica dell'esercito romano **2** unità dei carabinieri e della guardia di finanza **3** *Legione straniera*, unità dell'esercito francese composta di elementi stranieri.
legislatìvo *agg.* che concerne la legislazione □ **-mente** *avv.*
legislatóre *s.m.* la persona o l'organo che fa le leggi.
legislatùra *s.f.* il periodo nel quale dura in carica un'assemblea legislativa.
legislazióne *s.f.* il complesso delle leggi di uno stato, di un regime | insieme di leggi che regolano un determinato settore della vita sociale.
legìttima *s.f.* (*dir.*) la parte del patrimonio riservata per legge ai legittimari.
legittimàre *v.tr.* [*io legìttimo ecc.*] **1** riconoscere come legittimo **2** rendere giuridicamente valido **3** (*estens.*) giustificare.
legittimàrio *s.m.* [f. *-a*] (*dir.*) erede a cui la legge riserva obbligatoriamente una quota di eredità.
legittimazióne *s.f.* il legittimare, l'essere legittimato.
legittimità *s.f.* l'essere legittimo.
legìttimo *agg.* **1** che è conforme alle leggi | *figlio* —, nato da genitori uniti in matrimonio | *legittima difesa*, l'uso della violenza per difendersi, consentito dalla legge in determinate condizioni **2** (*estens.*) lecito, giustificato □ **-mente** *avv.*
légna *s.f.* [solo *sing.*] pezzi di legno da bruciare.
legnàia *s.f.* deposito della legna.
legnàme *s.m.* legno destinato alle costruzioni.
legnàta *s.f.* bastonata.

légno *s.m.* **1** la parte dura del tronco, dei rami e delle radici degli alberi e degli arbusti **2** il materiale da costruzione, da falegnameria che si ricava dal tronco e dai rami di alcuni alberi **3** bastone **4** *pl.* (*mus.*) famiglia di strumenti a fiato costruiti originariamente in legno.
legnóso *agg.* **1** costituito da legno **2** (*estens.*) duro, fibroso come il legno **3** (*fig.*) rigido, impacciato ☐ **-mente** *avv.* senza elasticità.
legùme *s.m.* **1** baccello **2** *pl.* i semi commestibili contenuti nel baccello.
leguminóse *s.f.pl.* (*bot.*) famiglia di piante dicotiledoni che producono semi in baccelli.
lèi *pron.pers.f. di terza pers.sing.* [forma complementare tonica di *ella*; sostituisce *ella* anche in funzione di soggetto].
lémbo *s.m.* **1** parte inferiore di una veste **2** (*estens.*) bordo, orlo **3** piccola parte; zona ristretta.
lèmma *s.m.* [pl. *-mi*] **1** (*filos.*) proposizione che si assume come premessa per dimostrare un'altra proposizione **2** la parola o la locuzione di cui tratta ciascun articolo di un dizionario o di un'enciclopedia.
léna *s.f.* forza, energia, vigore.
leninìsmo *s.m.* la dottrina politica di Lenin (1870-1924).
lenìre *v.tr.* [*io lenisco, tu lenisci ecc.*] attenuare, mitigare, alleviare.
lenitìvo *agg.* che lenisce il dolore ♦ *s.m.* medicamento per calmare un dolore.
lènte *s.f.* **1** disco di vetro o altro materiale trasparente che rifrange la luce formando immagini ottiche alterate rispetto alla realtà **2** *pl.* occhiali o lenti a contatto.
lentézza *s.f.* l'essere lento.
lentìcchia *s.f.* **1** pianta erbacea che fornisce baccelli contenenti semi commestibili a forma di piccola lente **2** il seme di tale pianta.
lentìggine *s.f.* (spec. *pl.*) macchiolina giallo-bruna della pelle.
lènto *agg.* **1** che impiega troppo tempo **2** si dice di ciò che procede troppo adagio **3** non teso; allentato ♦ *s.m.* ballo di ritmo lento ♦ *avv.* con lentezza ☐ **-mente** *avv.*
lènza *s.f.* attrezzo da pesca costituito da un filo sottile di nailon trasparente, alla cui estremità si attacca l'amo.
lenzuòlo *s.m.* [pl. *i lenzuòli*; anche *le lenzuòla*] ciascuno dei due teli che si stendono sul letto e fra i quali si giace.
leóne *s.m.* **1** grande felino africano con testa adorna nel maschio di folta criniera, zampe robuste, dentatura potente | è assunto come simbolo di forza, di coraggio **2** *Leone*, (*astr.*) costellazione e segno dello zodiaco.
leonìno *agg.* del leone, da leone.
leopàrdo *s.m.* grande felino agilissimo, con mantello a pelo raso color ocra pallido a macchie scure; vive in Africa e Asia.
lepidòtteri *s.m.pl.* (*zool.*) ordine d'insetti comprendente le farfalle.
leporìno *agg.* di lepre | *labbro —*, (*med.*) malformazione congenita del labbro superiore, che presenta una fenditura verticale.
lèpre *s.f.* mammifero con lunghe orecchie, grandi occhi, lunghe zampe posteriori; di indole timida, veloce nella corsa, è cacciata per le sue carni pregiate.
lèrcio *agg.* [pl.f. *-ce*] sudicio, lurido | (*fig.*) turpe, immondo.
lèsbica *s.f.* donna omosessuale.
lesèna *s.f.* (*arch.*) elemento decorativo verticale che ha l'aspetto di un pilastro parzialmente incassato in un muro.
lesinàre *v.tr.* e *intr.* [*io lésino o lèsino ecc.*; aus. dell'intr. *avere*] risparmiare il più possibile, fino all'avarizia.
lesionàre *v.tr.* [*io lesióno ecc.*] danneggiare provocando lesioni ♦ **-rsi** *v.intr.pron.* rimanere danneggiato da lesioni.
lesióne *s.f.* **1** il ledere, l'essere leso; danno, offesa **2** (*med.*) alterazione di un tessuto o di un organo, di origine traumatica o patologica **3** crepa, fenditura in un'opera muraria.
lesìvo *agg.* che lede materialmente o moralmente.
lessàre *v.tr.* [*io lésso ecc.*] cuocere facendo bollire nell'acqua.
lessicàle *agg.* del lessico.
lèssico *s.m.* [pl. *-ci*] **1** l'insieme dei vocaboli e delle locuzioni propri di una lingua o di un settore **2** dizionario che raccoglie le parole di un settore particolare.
lessicografìa *s.f.* la scienza della definizione dei vocaboli di una lingua.
lessicologìa *s.f.* studio scientifico del lessico.
lésso *agg.* cotto in acqua bollente ♦ *s.m.* pietanza di carne lessa | il taglio di carne che si usa per tale pietanza.
lèsto *agg.* veloce, svelto.
lestofànte *s.m.* imbroglione.
letàle *agg.* che provoca la morte.
letamàio *s.m.* **1** luogo in cui si ammucchia letame **2** (*estens.*) luogo sudicio.
letàme *s.m.* concime organico.
letargìa *s.f.* (*med.*) sonno profondo di origine patologica.
letàrgo *s.m.* [pl. *-ghi*] **1** stato, simile al sonno profondo, di alcuni animali durante l'i-

bernazione invernale **2** nell'uomo, letargia **3** (*fig.*) stato di torpore, d'inerzia.
letìzia *s.f.* sentimento di profonda gioia spirituale.
lèttera *s.f.* **1** ciascuno dei segni dell'alfabeto **2** carattere di stampa **3** l'interpretazione più restrittiva e ovvia delle parole di un testo | *alla* —, attenendosi alle parole precise **4** comunicazione scritta che si invia a qlcu. **5** *pl.* gli studi umanistici.
letteràle *agg.* **1** che riguarda il significato preciso delle parole di un testo **2** (*mat.*) si dice di calcolo in cui figurino quantità variabili simboleggiate da lettere □ **-mente** *avv.* nel vero senso della parola.
letteràrio *agg.* **1** che riguarda la letteratura, i letterati **2** si dice di stile, di singole parole o locuzioni che appartengono alla lingua colta □ **-mente** *avv.*
letteràto *agg.* e *s.m.* [f. *-a*] che/chi coltiva lo studio delle lettere o vi si dedica per professione.
letteratùra *s.f.* **1** le opere scritte in prosa o in versi che hanno valore artistico; l'insieme di tali opere scritte in una lingua o proprie di un paese, di un'epoca, di un genere **2** il complesso delle opere relative a una scienza, a una materia.
lettièra *s.f.* strato di paglia o di foglie che serve da giaciglio agli animali.
lettìga *s.f.* **1** nell'antichità, portantina o letto portatile usati per il trasporto a spalle di persone **2** barella.
lètto *s.m.* **1** mobile su cui si riposa e si dorme | *andare a — con qlcu.*, avere rapporti sessuali | *cascare giù dal* —, (*fig.*) alzarsi la mattina molto più presto del solito **2** (*estens.*) qualsiasi struttura su cui può essere disteso il corpo **3** (*geog.*) parte dell'alveo di un fiume dove scorre l'acqua.
lettóre[1] *s.m.* [f. *-trice*] **1** chi legge **2** l'insegnante che svolge corsi pratici di una lingua straniera presso un'università.
lettóre[2] *s.m.* (*inform.*) dispositivo di un elaboratore in grado di rilevare dati da un supporto esterno e di convertirli in impulsi elettrici: — *di* cd-rom | — *ottico*, strumento in grado di leggere caratteri oppure simboli (*p.e.* codici a barre), disegni ecc.
lettùra *s.f.* **1** il leggere **2** (*estens.*) lo scritto, il libro che si legge **3** (*fig.*) interpretazione **4** conferenza in cui si spiega un testo: *una — dantesca.*
leucemìa *s.f.* malattia caratterizzata da forte aumento dei globuli bianchi.
leucocìta *s.m.* [pl. *-ti*] (*biol.*) globulo bianco del sangue.
leucòma *s.m.* [pl. *-mi*] (*med.*) macchia di colore bianco opaco che si forma sulla cornea dell'occhio in seguito a lesioni traumatiche o infiammatorie.
lèva[1] *s.f.* **1** (*fis.*) macchina semplice, consistente in una barra che può ruotare attorno a un punto fisso **2** (*fig.*) stimolo **3** (*mecc.*) asta di comando di un dispositivo meccanico: — *del cambio*.
lèva[2] *s.f.* **1** il complesso delle operazioni per la chiamata alle armi dei giovani **2** l'insieme dei giovani chiamati alle armi in un anno **3** (*estens.*) gruppo di persone della stessa generazione, che entra in un campo d'attività: *le nuove leve del cinema.*
levànte *s.m.* parte dell'orizzonte dove si leva il Sole; est, oriente.
levàre *v.tr.* [*io lèvo* ecc.] **1** alzare, sollevare **2** togliere, rimuovere (talora rafforzato con l'avv. *via*) ♦ **-rsi** *v.rifl.* o *intr.pron.* alzarsi, sorgere (anche *fig.*).
levatóio *agg.* che può essere sollevato e abbassato: *ponte* —.
levatrìce *s.f.* (*pop.*) ostetrica.
levatùra *s.f.* capacità intellettuale o professionale.
levigàre *v.tr.* [*io lèvigo, tu lèvighi* ecc.] rendere liscia una superficie ruvida.
levigatrìce *s.f.* macchina per levigare superfici.
levitazióne *s.f.* fenomeno paranormale per cui una persona o un oggetto pesante si solleva e resta sospeso in aria.
levrière *s.m.* cane da caccia con zampe lunghe e sottili; oggi è usato come cane da corsa.
lezióne *s.f.* **1** insegnamento che il docente impartisce in un arco determinato di tempo | quanto di una materia si assegna da studiare di volta in volta **2** (*fig.*) esempio: *dare una — di vita* | duro rimprovero **3** (*filol.*) la forma di una parola o di un passo in uno specifico testo.
leziόso *agg.* affettato □ **-mente** *avv.*
li *pron.pers.m. di terza pers.pl.* [forma complementare atona di *essi, loro*] si usa come compl. oggetto.
lì *avv.* in quel luogo.
liàna *s.f.* nome generico di piante tropicali a fusto sottile che s'attaccano e intrecciano ad altre piante.
libagióne *s.f.* **1** nella religione del mondo classico, cerimonia consistente nello spargere gocce di liquido come offerta agli dei **2** (*lett.* o *scherz.*) abbondante bevuta.
lìbbra *s.f.* unità di peso in uso nei paesi anglosassoni, corrispondente a 454 grammi.
libéccio *s.m.* vento umido tipico del Mediterraneo, spira a forti raffiche da sud-ovest.
libèllula *s.f.* insetto dal corpo sottile con

quattro grandi ali trasparenti | è assunto come simbolo di leggerezza, agilità.
liberàle *agg.* **1** generoso **2** tollerante **3** fautore del liberalismo ♦ *s.m.* e *f.* chi appartiene al partito liberale; chi è fautore del liberalismo □ **-mente** *avv.*
liberalìsmo *s.m.* ideologia che afferma l'intangibilità dei diritti individuali e assegna allo stato il compito di garantirli.
liberalità *s.f.* **1** generosità, larghezza **2** atto di persona liberale.
liberalizzàre *v.tr.* **1** (*econ.*) rendere conforme ai principi del liberismo **2** rendere libero, non soggetto a divieti, limitazioni, controlli.
liberalizzazióne *s.f.* il liberalizzare, l'essere liberalizzato.
liberàre *v.tr.* [*io lìbero ecc.*] **1** rendere libero, restituire alla libertà (anche *fig.*) **2** sgombrare ♦ **-rsi** *v.rifl.* o *intr.pron.* **1** disimpegnarsi **2** diventare libero.
liberazióne *s.f.* il liberare, il liberarsi, l'essere liberato (anche *fig.*).
liberìsmo *s.m.* corrente di pensiero economico favorevole al libero scambio e ostile a ogni forma di protezionismo.
lìbero *agg.* **1** non soggetto all'altrui autorità **2** che non è legato da obblighi, da impegni **3** non soggetto a divieti; esente da controlli **4** non impedito **5** non ostruito, non occupato □ **-mente** *avv.*
libertà *s.f.* **1** l'essere libero **2** facoltà dell'uomo di pensare e agire in piena autonomia: — *di pensiero* **3** condizione di un popolo che non è asservito allo straniero né è governato da una dittatura **4** mancanza di controllo del comportamento o del linguaggio.
libertàrio *agg.* basato sulla libertà ♦ *agg.* e *s.m.* [f. *-a*] fautore di un'assoluta libertà individuale.
liberticìda *agg.* e *s.m.* e *f.* [pl.m. *-di*] che/chi sopprime la libertà.
libertìno *agg.* licenzioso, dissoluto, gaudente ♦ *s.m.* [f. *-a*].
libèrto *s.m.* [f. *-a*] nell'antica Roma, lo schiavo affrancato.
liberty *agg.* e *s.m.invar.* (*ingl.*) si dice di uno stile affermatosi tra la fine dell'Ottocento e il primo Novecento, caratterizzato da motivi ornamentali di frutti, fiori e foglie.
libìdine *s.f.* forte desiderio sessuale.
libìdo *s.f.* (*psicoan.*) le pulsioni sessuali.
libràio *s.m.* [f. *-a*] proprietario o gestore di una libreria.
libràrsi *v.rifl.* o *intr.pron.* tenersi sospeso o in equilibrio.
libràrio *agg.* dei libri.
librerìa *s.f.* **1** negozio di libri **2** mobile a ripiani destinato a contenere i libri.
librettìsta *s.m.* e *f.* [pl.m. *-sti*] chi scrive il libretto di un'opera musicale.
librétto *s.m.* **1** documento a più pagine rilasciato da enti pubblici o privati, che ha per lo più valore ufficiale: — *degli assegni*; — *universitario* **2** testo letterario redatto per essere musicato.
lìbro *s.m.* **1** insieme di fogli stampati cuciti insieme e racchiusi da una copertina **2** ciascuna delle parti in cui è divisa un'opera **3** registro di uffici pubblici, aziende, associazioni in cui sono registrati l'elenco dei soci, la contabilità o altri dati ufficiali.
licantropìa *s.f.* nelle leggende, il fenomeno della trasformazione magica dell'uomo in lupo mannaro.
licàntropo *s.m.* [f. *-a*] nella fantasia popolare, uomo trasformato in lupo.
liceàle *agg.* del liceo ♦ *s.m.* e *f.* studente o studentessa di liceo.
liceità *s.f.* l'essere lecito.
licènza *s.f.* **1** permesso **2** concessione, da parte di un organo competente, di una determinata autorizzazione **3** facoltà concessa ai militari di lasciare temporaneamente il corpo **4** nelle scuole pubbliche primarie e secondarie, l'esame che si sostiene al termine del corso e il relativo diploma: *avere la — media* **5** abuso di libertà.
licenziaménto *s.m.* il licenziare, il licenziarsi, l'essere licenziato.
licenziàre *v.tr.* [*io licènzio ecc.*] **1** (*non com.*) accomiatare, congedare | — *un libro*, *un articolo*, autorizzarne la pubblicazione **2** detto del datore di lavoro, porre fine a un contratto di lavoro subordinato **3** conferire la licenza al termine di un corso di studi ♦ **-rsi** *v.rifl.* **1** dimettersi da un impiego **2** conseguire una licenza a scuola.
licèo *s.m.* scuola secondaria di grado superiore che prepara all'università.
lichène *s.m.* (*bot.*) organismo vegetale derivato dall'associazione di un'alga e di un fungo.
lìdo *s.m.* striscia di terra pianeggiante bagnata dal mare.
lièto *agg.* **1** che prova un sentimento di contentezza, di gioia serena **2** che provoca gioia □ **-mente** *avv.*
liève *agg.* **1** leggero **2** (*fig.*) di poca entità □ **-mente** *avv.*
lievitàre *v.intr.* [aus. *essere* o *avere*] **1** gonfiarsi per effetto della fermentazione prodotta dal lievito **2** (*fig.*) aumentare: *i prezzi lievitano*.
lièvito *s.m.* **1** ogni microrganismo capace

di provocare processi di fermentazione **2** (*fig.*) ciò che suscita un sentimento.
lifting *s.m.invar.* (*ingl.*) intervento di chirurgia estetica tendente a eliminare le rughe del viso e del collo.
lìgio *agg.* [pl.f. -*gie*] fedelissimo, scrupolosamente osservante: — *al dovere*.
lìgneo *agg.* di legno.
lignìte *s.f.* combustibile fossile contenente un'alta percentuale di carbonio.
ligùstro *s.m.* (*bot.*) arbusto sempreverde con fiori bianchi profumati raccolti in grappolo.
lìlla *agg.* e *s.m.invar.* di colore tra il rosa e il viola.
lillà *s.m.invar.* (*bot.*) piccolo albero ornamentale con fiori violacei o bianchi profumati.
lillipuziàno *agg.* assai piccolo di statura; di dimensioni molto ridotte ♦ *s.m.* [f. -*a*].
lìma *s.f.* utensile manuale costituito da una barra di acciaio temprato; è usato per sgrossare, levigare | *lavoro di* —, (*fig.*) lavoro di perfezionamento e di rifinitura.
limaccióso *agg.* torbido per il fango.
limàre *v.tr.* **1** sottoporre all'azione della lima **2** (*fig.*) rifinire: — *un testo*.
limatùra *s.f.* **1** l'operazione e il risultato del limare **2** (*estens.*) le particelle di materiale che si staccano dal pezzo limato.
lìmbo *s.m.* (*teol.*) il luogo in cui si trovano le anime di coloro che sono morti col debito del solo peccato originale.
limitàre *v.tr.* [*io lìmito ecc.*] **1** circoscrivere con limiti **2** (*fig.*) ridurre, contenere ♦ **-rsi** *v.rifl.* contenersi entro certi limiti, non eccedere: — *nel mangiare* | — *a dire, a fare qlco.*, a dire, a fare soltanto quella.
limitatézza *s.f.* l'essere limitato.
limitàto *agg.* **1** che è o deve essere contenuto entro determinati limiti: *periodo di tempo* — **2** non grandissimo; esiguo, scarso: *disporre di mezzi limitati* | detto di persona, poco intelligente; mediocre, di scarse capacità **3** che si mantiene entro certi limiti; controllato: *essere — nel bere* □ **-mente** *avv.* **1** entro dati limiti: — *al primo semestre* **2** in modo limitato: *possiamo spendere* —.
limitazióne *s.f.* **1** il limitare, l'essere limitato: — *dei consumi* **2** limite, restrizione: *approvare senza limitazioni*.
lìmite *s.m.* **1** linea terminale o divisoria; confine: *i limiti di un terreno* **2** oggetto posto a indicare un confine (*p.e.* un paletto, una siepe): *piantare i limiti* | — *di guardia*, asta graduata, collocata lungo l'argine di un fiume, che indica il livello massimo a cui possono salire le acque senza pericolo di inondazione (anche *fig.*): *la tensione è al — di guardia* **3** (*fig.*) punto estremo a cui può arrivare qlco.: — *di velocità* | *caso* —, quello che si considera come il modo estremo di presentarsi di un fenomeno **4** (*fig.*) termine che non si può o non si deve superare: *c'è un — a tutto* | — *d'età*, quello stabilito per la cessazione o l'inizio di determinati diritti o rapporti | *al — di qlco.*, al massimo grado, nella misura massima: *si è impegnato al — delle sue possibilità* | *al* —, tutt'al più, come ultima ipotesi: *al — potrei finire entro domani* | *entro certi limiti*, parzialmente **5** (*mat.*) valore a cui tende una funzione quando la variabile indipendente si approssima a un determinato valore.
limìtrofo *agg.* confinante, adiacente: *zone limitrofe*.
lìmo *s.m.* **1** fango, fanghiglia **2** (*geol.*) terriccio molto fine che si trova in sospensione nelle acque.
limonàia *s.f.* serra in cui si conservano al riparo dal freddo le piante di limone.
limonàta *s.f.* bevanda di succo di limone.
limóne *s.m.* **1** albero con foglie sempreverdi, fiori bianchi e frutti gialli contenenti un succo ricco di acido citrico **2** il frutto, il succo del limone.
limousine *s.f.invar.* (*fr.*) grossa e lussuosa automobile a quattro porte.
limpidézza *s.f.* l'essere limpido (anche *fig.*): *la — di un ragionamento*.
lìmpido *agg.* chiaro e trasparente (anche *fig.*) □ **-mente** *avv.*
lince *s.f.* grosso felino selvatico ricercato per la morbida pelliccia | *occhi di* —, (*fig.*) acuti, penetranti.
linciàggio *s.m.* esecuzione sommaria, da parte di un gruppo o di una folla, di una persona ritenuta colpevole di un grave delitto | — *morale*, denigrazione spietata.
linciàre *v.tr.* [*io lìncio ecc.*] sottoporre a linciaggio.
lìndo *agg.* netto, molto pulito □ **-mente** *avv.*
lìnea *s.f.* **1** figura geometrica costituita dall'insieme di tutte le posizioni successive occupate da un punto in movimento **2** contorno, profilo di un oggetto **3** foggia particolare di un abito **4** limite: — *di partenza* **5** (*fig.*) maniera di comportamento **6** insieme di persone o di oggetti disposti l'uno dietro l'altro o l'uno accanto all'altro | *prima* —, fronte su cui sono disposte le truppe direttamente a contatto con la zona del nemico **7** serie di prodotti dotati di caratteristiche analoghe **8** successione in una parentela: *discendente in — diretta* **9** servizio di comunicazione che collega due o più località; il percorso che

compie un mezzo di trasporto durante tale servizio **10** insieme di dispositivi costituenti una serie ininterrotta, per realizzare un collegamento ecc.:— *elettrica*.
lineaménti *s.m.pl.* **1** fattezze del volto umano **2** (*fig.*) elementi fondamentali di una disciplina.
lineàre *agg.* **1** che procede per linea retta o si sviluppa prevalentemente nel senso della lunghezza **2** (*fig.*) coerente, chiaro □ **-mente** *avv.*
linearità *s.f.* **1** l'essere lineare **2** (*fig.*) coerenza; chiarezza.
lìnfa *s.f.* **1** (*anat.*) liquido contenente proteine, sali, grassi e linfociti; circola nei vasi linfatici e negli spazi interstiziali dei tessuti **2** (*bot.*) liquido che circola nella pianta e la nutre **3** (*fig.*) alimento, vigore.
linfàtico *agg.* [pl.m. *-ci*] (*anat.*) che concerne la linfa ♦ *agg.* e *s.m.* [f. *-a*] (*med.*) che/chi è affetto da linfatismo.
linfocìto *s.m.* (*anat.*) tipo di leucocita che ha il compito di produrre anticorpi.
linfòma *s.m.* [pl. *-mi*] (*med.*) tumore delle ghiandole linfatiche.
linfonòdo *s.m.* (*anat.*) ciascuno dei corpiccioli di tessuto linfatico che sono anche detti *gangli linfatici* o *ghiandole linfatiche*.
lingòtto *s.m.* massello di metallo ottenuto per colata.
lìngua *s.f.* **1** organo mobile della bocca, che compie movimenti necessari alla masticazione, alla deglutizione e all'articolazione della voce | *non avere peli sulla* —, (*fig.*) parlare con grande schiettezza **2** (*estens.*) cosa che ha somiglianza con la forma della lingua: — *di terra* **3** sistema fonematico, grammaticale e lessicale per mezzo del quale gli appartenenti a una comunità comunicano tra loro.
linguàggio *s.m.* **1** la facoltà degli esseri umani di comunicare tra loro per mezzo della lingua | la capacità di comunicare tra loro mediante un sistema di segnali **2** modo particolare di esprimersi, con riferimento alla lingua di un certo ambiente sociale o professionale, allo stile di uno scrittore **3** — *di programmazione*, (*inform.*) l'insieme dei simboli e delle regole di combinazione, mediante il quale si comunicano agli elaboratori elettronici le istruzioni per determinate operazioni.
linguìsta *s.m.* e *f.* [pl.m. *-sti*] studioso del linguaggio; esperto di linguistica.
linguìstica *s.f.* scienza che studia il linguaggio e le lingue.
linguìstico *agg.* [pl.m. *-ci*] che riguarda la lingua o la linguistica □ **-mente** *avv.*
liniménto *s.m.* olio medicinale che si applica sulla parte malata per frizione.
lìno *s.m.* pianta erbacea dal cui fusto si ricava una fibra tessile | la fibra ricavata da tale pianta.
linoleum® *s.m.invar.* materiale di rivestimento in fogli ottenuti pressando su tessuto di iuta un impasto a base di olio di lino.
linotype® *s.f.invar.* (*ingl.*) nella composizione tipografica a piombo, macchina a tastiera che compone e fonde una riga di caratteri in un blocco unico.
liocòrno *s.m.* animale favoloso con un lungo corno in fronte.
liofilizzàto *agg.* e *s.m.* si dice di sostanza che è stata sottoposta a liofilizzazione.
liofilizzazióne *s.f.* operazione industriale consistente nel disidratare una sostanza congelata per conservarne inalterate le proprietà.
lipìde *s.m.* (*biol.*) sostanza organica naturale detta comunemente *grasso*.
lipo- primo elemento di parole composte della terminologia scientifica, che significa 'grasso' o 'tessuto adiposo'.
liquàme *s.m.* liquido che si raccoglie nelle fognature.
liquefàre *v.tr.* [pres. *io liquefàccio* o *liquefò*, *tu liquefai*, *egli liquefà*, *noi liquefacciamo*, *voi liquefate*, *essi liquefanno*; in tutti gli altri tempi e modi coniugato come *fare*] **1** (*fis.*) ridurre un gas allo stato liquido **2** (*estens.*) fondere ♦ **-rsi** *v. intr.pron.* **1** (*fis.*) passare allo stato liquido **2** (*estens.*) fondersi.
liquefazióne *s.f.* **1** (*fis.*) passaggio di un gas allo stato liquido **2** (*estens.*) fusione.
liquidàre *v.tr.* [*io lìquido ecc.*] **1** calcolare il dare e l'avere di un rapporto economico saldando quanto è eventualmente dovuto **2** vendere a prezzo inferiore a quello normalmente praticato **3** (*fig.*) risolvere, concludere: — *una questione* | — *una persona*, sbarazzarsene | — *l'avversario*, vincerlo facilmente.
liquidatóre *s.m.* [f. *-trice*] chi cura la liquidazione di un fallimento.
liquidazióne *s.f.* **1** il liquidare, l'essere liquidato **2** somma corrisposta dal datore di lavoro al lavoratore quando cessa il rapporto di lavoro **3** svendita.
lìquido *agg.* **1** (*fis.*) corpo fluido che ha volume proprio ma che assume la forma del recipiente che lo contiene **2** (*estens.*) fuso; liquefatto **3** (*econ.*) si dice di denaro contante ♦ *s.m.*
liquirìzia *s.f.* **1** pianta erbacea dalle cui radici si estrae un succo dolciastro **2** caramella a base di succo di liquirizia.
liquóre *s.m.* bevanda alcolica a base di essenze aromatiche e zucchero.

liquoróso *agg.* che presenta le caratteristiche di un liquore: *vino* —.
lìra[1] *s.f.* **1** unità monetaria italiana (fino al gennaio 2002) **2** unità monetaria di alcuni stati esteri **3** (*estens.*) denaro.
lìra[2] *s.f.* antico strumento a corde simile alla cetra, ma con cassa più piccola.
lìrica *s.f.* **1** genere di poesia che esprime in modo soggettivo i sentimenti e gli affetti del poeta **2** la produzione di opere in musica; il genere del melodramma.
lìrico *agg.* [pl.m. *-ci*] **1** si dice di componimento poetico o musicale che esprime in modo soggettivo sentimenti e affetti dell'autore **2** che si riferisce all'opera in musica; melodrammatico ♦ *s.m.* poeta lirico □ **-mente** *avv.*
lirìsmo *s.m.* tono lirico.
lìsca *s.f.* spina dorsale dei pesci | qualsiasi elemento osseo o cartilagineo dello scheletro dei pesci.
lisciàre *v.tr.* [*io lìscio ecc.*] **1** rendere liscio **2** (*estens.*) accarezzare un animale **3** (*fig.*) adulare, lusingare ♦ **-rsi** *v.rifl.* **1** detto di animale, leccarsi il pelo **2** detto di persona, farsi elegante con eccessiva cura.
lìscio *agg.* [pl.f. *-sce*] **1** che non presenta asperità o diseguaglianze **2** (*fig.*) che non presenta difficoltà **3** privo di ornamenti **4** (*fig.*) si dice di bevanda alcolica bevuta senza aggiunta di altro **5** (*pop.*) si dice di ballo o di musica ballabile tradizionale ♦ *s.m.* ballo liscio.
liscìvia *s.f.* soluzione acquosa dei composti solubili della cenere, usata come detersivo.
lìso *agg.* logoro.
lisofòrmio *s.m.* soluzione saponosa usata come disinfettante e detergente.
lìsta *s.f.* **1** striscia di un materiale di forma stretta e allungata **2** foglio di carta su cui sono elencati nomi, cifre, dati | *mettere in* —, includere in un elenco.
listàto *agg.* fornito di liste ♦ *s.m.* (*inform.*) elenco di tutte le istruzioni di un programma.
listèllo *s.m.* piccola striscia di legno o di altro materiale usata come rinforzo | sottile modanatura verticale piana usata come decorazione di elementi architettonici.
listìno *s.m.* **1** elenco degli articoli in vendita con i relativi prezzi **2** prospetto in cui vengono pubblicate giornalmente le quotazioni dei titoli trattati in borsa.
litanìa *s.f.* **1** preghiera di invocazioni a Dio, alla Madonna, ai Santi **2** (*fig.*) sequenza lunga e noiosa di nomi, lamentele.
litantràce *s.m.* (*min.*) carbone fossile nero lucente, ad alto contenuto di carbonio.
lìte *s.f.* **1** controversia, discussione violenta **2** (*dir.*) causa civile.
litìasi *s.f.* (*med.*) formazione di calcoli.
litigàre *v.intr.* [*io lìtigo, tu lìtighi ecc.*; aus. *avere*] venire a diverbio ♦ *v.tr.* (con la particella pronominale) contendersi.
litìgio *s.m.* vivace contesa a parole.
litigióso *agg.* che litiga facilmente e frequentemente □ **-mente** *avv.*
lito- primo elemento di parole composte, che significa 'pietra, roccia, calcare'.
litografàre *v.tr.* [*io litògrafo ecc.*] stampare con procedimento litografico.
litografìa *s.f.* **1** procedimento di stampa su matrici di pietra o metalliche, sulle quali le scritte e i disegni da riprodurre vengono trasferiti con sostanze ricettive all'inchiostro | la stampa così ottenuta **2** stabilimento o reparto in cui si eseguono stampe in litografia.
litogràfico *agg.* [pl.m. *-ci*] di litografia.
litògrafo *s.m.* [f. *-a*] tecnico specializzato in lavori di stampa litografica.
litoràle *agg.* del lido ♦ *s.m.* costa marina.
litoràneo *agg.* del litorale.
litosfèra *s.f.* crosta terrestre.
lìtro *s.m.* unità di misura di capacità pari a un decimetro cubo.
littóre *s.m.* nell'antica Roma, ufficiale di scorta a un magistrato, che portava come simbolo un fascio di verghe entro cui era inserita una scure.
littòrio *agg.* dei littori | *fascio* —, quello portato dei littori romani; fu assunto poi come simbolo del fascismo.
liturgìa *s.f.* (*relig.*) il complesso dei riti e delle cerimonie che caratterizzano un culto.
litùrgico *agg.* [pl.m. *-ci*] che appartiene o si riferisce alla liturgia □ **-mente** *avv.*
liutàio *s.m.* [f. *-a*] chi fabbrica o ripara liuti e altri strumenti a corde.
liutìsta *s.m.* e *f.* [pl.m. *-sti*] chi suona il liuto.
liùto *s.m.* antico strumento musicale a corde, costituito da una cassa a fondo panciuto; si suona a pizzico.
livèlla *s.f.* strumento usato per verificare l'orizzontalità di un piano o di una retta.
livellaménto *s.m.* il livellare, il livellarsi, l'essere livellato (anche *fig.*).
livellàre *v.tr.* [*io livèllo ecc.*] **1** ridurre allo stesso livello (anche *fig.*) **2** in topografia, fare la livellazione di un terreno ♦ **-rsi** *v. intr.pron.* portarsi a uno stesso livello | (*fig.*) pareggiarsi.
livellatrìce *s.f.* macchina per ridurre in piano terreni ondulati o accidentati.
livellazióne *s.f.* operazione topografica che serve a determinare la differenza di livello tra due o più punti di un terreno.

livèllo *s.m.* **1** altezza di un piano, di un punto o di un luogo rispetto a un altro piano | — *del mare*, la superficie marina assunta come riferimento per misurare l'altitudine di un luogo **2** (*fig.*) grado, qualità.
lìvido *agg.* **1** si dice del colore blu-verdastro che assume la pelle umana dopo una contusione | mortalmente pallido **2** (*fig.*) pieno di livore ♦ *s.m.* macchia bluastra che si forma sulla pelle in seguito a una contusione □ **-mente** *avv.* con rancore.
livóre *s.m.* astio, rancore.
livrèa *s.f.* **1** uniforme in passato indossata dai servitori delle grandi famiglie signorili **2** (*zool.*) aspetto del piumaggio degli uccelli.
lìzza *s.f.* recinto in cui si svolgevano tornei, giostre: *scendere in* —, (*fig.*) partecipare a una disputa.
lo[1] *art.determ.m.sing.* [forma complementare di *il*].
lo[2] *pron.pers.m. di terza pers.sing.* [forma complementare atona di *egli, esso*] si usa come compl. oggetto riferito a persona o cosa.
lobby *s.f.invar.* (*ingl.*) gruppo di interesse che, esercitando pressioni, ottiene provvedimenti a proprio favore.
lòbo *s.m.* (*biol.*) elemento tondeggiante di un organo: — *del cervello, di una foglia* | — *dell'orecchio*, la parte molle con cui termina in basso l'orecchio.
locàle[1] *agg.* **1** di luogo **2** proprio o caratteristico di un luogo ♦ *s.m.* (spec. *pl.*) abitante di un luogo □ **-mente** *avv.*
locàle[2] *s.m.* **1** stanza, vano **2** luogo di ritrovo.
località *s.f.* centro urbano di piccole dimensioni; cittadina, paese: — *turistica*.
localizzàre *v.tr.* determinare il punto preciso in cui si trova o si verifica qlco. ♦ **-rsi** *v.intr.pron.* rimanere circoscritto.
locandìna *s.f.* avviso pubblicitario più piccolo di un manifesto.
locàre *v.tr.* [*io lòco, tu lòchi ecc.*] affittare.
locatàrio *s.m.* [f. *-a*] chi riceve un bene in locazione; affittuario.
locazióne *s.f.* (*dir.*) contratto con cui una parte concede a un'altra il godimento di un bene dietro un corrispettivo determinato.
locomotiva *s.f.* veicolo ferroviario a motore atto a trainare un convoglio.
locomotóre *agg.* [f. *-trice*] relativo alla locomozione ♦ *s.m.* locomotiva elettrica.
locomotrìce *s.f.* locomotiva elettrica.
locomozióne *s.f.* facoltà degli esseri viventi di spostarsi da un luogo a un altro.
lòculo *s.m.* nicchia che nei cimiteri serve ad accogliere i resti di un defunto.
locùsta *s.f.* (*zool.*) cavalletta.
locuzióne *s.f.* **1** (*ling.*) combinazione fissa di più parole che esprime un significato particolare e unitario **2** (*estens.*) modo di dire.
lodàre *v.tr.* [*io lòdo ecc.*] **1** elogiare **2** celebrare con parole o inni di esaltazione ♦ **-rsi** *v.rifl.* esaltare sé stesso, vantarsi.
lòde *s.f.* piena approvazione; elogio.
loden *s.m.invar.* (*ted.*) tessuto di lana a pelo lungo, leggermente impermeabile | cappotto confezionato con tale stoffa.
lodévole *agg.* degno di lode □ **-mente** *avv.*
loft *s.m.invar.* (*ingl.*) grande solaio o ex-magazzino trasformato in abitazione o studio a spazio aperto.
logarìtmo *s.m.* (*mat.*) esponente che si deve assegnare a una data base per avere un determinato numero.
lòggia *s.f.* [pl. *-ge*] **1** (*arch.*) edificio o parte di edificio aperti su uno o più lati, con pilastri o colonne **2** luogo di riunione dei massoni | (*estens.*) sezione dell'organizzazione massonica.
loggiàto *s.m.* (*arch.*) serie di logge.
loggióne *s.m.* la parte più alta del teatro, dove sono i posti di minor prezzo.
loggionìsta *s.m.* e *f.* [pl.m. *-sti*] chi assiste a spettacoli teatrali dal loggione.
lògica *s.f.* **1** (*filos.*) studio delle condizioni in base alle quali un'argomentazione risulta corretta **2** (*estens.*) coerenza nel discorso **3** modo di ragionare.
logicità *s.f.* l'essere logico.
lògico *agg.* [pl.m. *-ci*] **1** (*filos.*) che concerne la logica **2** conforme alla logica | *è* —, è naturale, è ovvio **3** che ragiona con logica ♦ *s.m.* [f. *-a*] studioso di logica □ **-mente** *avv.*
logìstica *s.f.* parte dell'arte militare che organizza rifornimenti, trasporti, movimenti degli eserciti | (*estens.*) la distribuzione, la disposizione di persone o di mezzi che risultino più funzionali a un determinato fine.
logìstico *agg.* [pl.m. *-ci*] relativo alla logistica militare.
lòglio *s.m.* genere di piante erbacee; comprende alcune specie da foraggio, altre infestanti o addirittura tossiche.
logopedìa *s.f.* (*med.*) studio della fisiologia e patologia degli organi del linguaggio, e cura dei relativi disturbi.
logopedìsta *s.m.* e *f.* [pl.m. *-sti*] chi rieduca persone con disturbi del linguaggio.
logoraménto *s.m.* il logorare, il logorarsi, l'essere logorato.
logoràre *v.tr.* [*io lógoro ecc.*] consumare a poco a poco (anche *fig.*) ♦ **-rsi** *v. rifl.* o *intr.pron.* consumarsi (anche *fig.*).

logorìo *s.m.* logoramento continuo e intenso.
lógoro *agg.* consumato | (*fig.*) sorpassato, superato.
lombàggine *s.f.* (*med.*) crisi dolorosa che colpisce i muscoli della regione lombare.
lombàre *agg.* (*anat.*) dei lombi.
lombàta *s.f.* in macelleria, taglio di carne compreso fra l'anca e le prime costole dell'animale.
lómbo *s.m.* (*anat.*) regione del dorso compresa fra l'ultima costola e il bacino.
lombrìco *s.m.* [pl. *-chi*] nome comune di varie specie di vermi dal corpo cilindrico diviso in anelli.
long drink *loc.sost.m.invar.* (*ingl.*) bibita alcolica diluita con acqua, succhi di frutta o altro, servita ghiacciata.
longèvo *agg.* che vive a lungo.
longilìneo *agg.* e *s.m.* [f. *-a*] si dice di persona snella.
longitudinàle *agg.* che si sviluppa nel senso della lunghezza □ **-mente** *avv.*
longitùdine *s.f.* (*geog.*) distanza di un luogo dal meridiano di Greenwich, misurata in gradi lungo l'arco del parallelo passante per quel luogo.
lontanànza *s.f.* **1** l'essere lontano; lunga distanza **2** condizione di chi è lontano dai propri luoghi.
lontàno *agg.* **1** che è separato da un lungo spazio **2** distante nel tempo **3** vago, incerto | divergente ♦ *avv.* in un luogo distante | *vedere* —, (*fig.*) saper prevedere □ **-mente** *avv.* in modo vago.
lóntra *s.f.* mammifero carnivoro nuotatore e cacciatore di pesci; ha corpo allungato e pelliccia scura folta e morbida.
lónza *s.f.* (*sett.*) lombata di maiale macellato; salume fatto con questa parte.
look *s.m.invar.* (*ingl.*) immagine che una persona offre esteriormente di sé.
loquàce *agg* che parla molto □ **-mente** *avv.*
loquacità *s.f.* l'essere loquace.
lórdo *agg.* di peso comprensivo della tara; di importo dal quale non siano state sottratte ritenute, spese ecc. ♦ *s.m.*
lóro[1] *agg.poss.invar. di terza pers.pl.* che appartiene a essi, a esse ♦ *pron.poss.invar. di terza pers.pl.*
lóro[2] *pron.pers.m.* e *f. di terza pers.pl.* [forma complementare di *essi*, *esse*].
losànga *s.f.* rombo.
lósco *agg.* [pl.m. *-schi*] **1** si dice di modo di guardare bieco, torvo **2** (*fig.*) disonesto; illecito ♦ *avv.* di traverso (anche *fig.*) □ **-mente** *avv.*
lòto *s.m.* nome generico di varie piante erbacee acquatiche, con foglie galleggianti.
lòtta *s.f.* **1** scontro fisico tra persone o animali | scontro armato; battaglia **2** (*sport*) pratica agonistica in cui due contendenti combattono corpo a corpo **3** conflitto per raggiungere i propri fini | insieme di iniziative per debellare mali sociali ecc.
lottàre *v.intr.* [*io lòtto ecc.*] battersi.
lottatóre *s.m.* [f. *-trice*] **1** chi ha spirito combattivo **2** (*sport*) chi pratica un tipo di lotta.
lotterìa *s.f.* gioco nel quale vengono estratti a sorte dei premi tra coloro che hanno acquistato dei biglietti.
lottizzàre *v.tr.* **1** suddividere in lotti **2** distribuire con lottizzazione politica.
lottizzazióne *s.f.* **1** suddivisione in lotti **2** (*estens.*) pratica politica della distribuzione tra partiti delle cariche in enti pubblici.
lòtto *s.m.* **1** gioco d'azzardo consistente nell'estrarre cinque numeri e premiare chi abbia pronosticato uno o più di quei numeri **2** ognuno degli appezzamenti di terreno in cui viene suddivisa un'area fabbricabile | partita di merce.
lozióne *s.f.* prodotto farmaceutico per l'igiene della pelle o del cuoio capelluto.
LSD *s.m.invar.* droga allucinogena; nell'uso gergale è detto *acido*.
lubrificànte *agg.* e *s.m.* sostanza usata per evitare l'usura di parti in attrito.
lubrificàre *v.tr.* [*io lubrìfico, tu lubrìfichi ecc.*] rendere più scorrevoli organi meccanici mediante lubrificante.
lubrificazióne *s.f.* il lubrificare, l'essere lubrificato.
lucchétto *s.m.* serratura metallica mobile in cui l'elemento di chiusura è una barretta d'acciaio, in genere piegata a U.
luccicànte *agg.* scintillante.
luccicàre *v.intr.* [*io lùccico, tu lùccichi ecc.*; aus. *essere* o *avere*] riflettere la luce con piccoli, frequenti bagliori.
luccichìo *s.m.* un luccicare frequente.
lùccio *s.m.* grosso pesce d'acqua dolce, con bocca ampia e denti acuti.
lùcciola *s.f.* piccolo insetto coleottero caratterizzato dalla luminosità degli ultimi segmenti dell'addome.
lùce *s.f.* **1** radiazione elettromagnetica che rende visibile all'occhio la realtà che lo circonda | *mettere in buona, in cattiva* —, (*fig.*) mostrare i pregi o i difetti di qlcu. **2** luminosità del sole **3** (*fam.*) l'energia elettrica **4** (*fig.*) simbolo di ciò che illumina la mente dell'uomo **5** distanza tra i punti di appoggio di una trave o di un arco.
lucènte *agg.* che manda o riflette luce □ **-mente** *avv.*
lucentézza *s.f.* l'essere lucente.

lucèrna *s.f.* lampada portatile a combustibile liquido.
lucernàrio *s.m.* apertura nel tetto di un edificio chiusa da una vetrata per dare luce a scale, soffitte o stanze interne.
lucèrtola *s.f.* genere di piccoli rettili terrestri con capo appiattito, corpo terminante in una lunga coda sottile, lingua bifida.
lucidàre *v.tr.* [io lùcido ecc.] rendere lucido.
lucidatrìce *s.f.* apparecchio elettrodomestico per lucidare i pavimenti.
lucidatùra *s.f.* il lucidare.
lucidità *s.f.* chiarezza razionale; acutezza.
lùcido *agg.* **1** si dice di corpo che brilla di luce riflessa **2** (*fig.*) che dimostra chiarezza | acuto, perspicace ♦ *s.m.* **1** lucentezza **2** sostanza che serve a lucidare: — *per le scarpe* **3** disegno su carta trasparente per progetti tecnici □ **-mente** *avv.* con lucidità.
lucìgnolo *s.m.* piccola treccia di fili che, messa nell'olio delle lucerne o nelle candele, viene accesa e mantiene la fiamma.
lucràre *v.tr.* guadagnare.
lùcro *s.m.* guadagno.
luculliàno *agg.* si dice di banchetto sontuoso e raffinato.
lùdico *agg.* [pl.m. -ci] disimpegnato; giocoso □ **-mente** *avv.*
ludotèca *s.f.* locale pubblico in cui sono raccolti giochi e giocattoli che possono essere utilizzati da bambini e ragazzi.
lùglio *s.m.* settimo mese dell'anno.
lùgubre *agg.* che esprime, provoca grande tristezza □ **-mente** *avv.*
lùi *pron.pers.m. di terza pers.sing.* [forma complementare tonica di *egli*; nell'uso corrente lo sostituisce anche come soggetto].
lumàca *s.f.* **1** (*zool.*) mollusco gasteropodo terrestre dal corpo nudo e viscido **2** chiocciola commestibile **3** (*fig.*) persona lenta.
lùme *s.m.* **1** apparecchio che produce luce **2** (*estens.*) chiarore, luce **3** (*fig.*) ciò che dà luce alla mente; consiglio.
lumeggiàre *v.tr.* [io luméggio ecc.] in pittura, dare rilievo alle parti più luminose per mezzo di colori più chiari.
lùmen *s.m.invar.* (*fis.*) unità di misura del flusso luminoso nel Sistema Internazionale.
luminàre *s.m.* professionista insigne per grandi capacità e fama.
luminescènza *s.f.* (*fis.*) emissione di luce fredda.
lumìno *s.m.* candela bassa e larga accesa davanti a immagini sacre o sulle tombe.
luminosità *s.f.* l'essere luminoso.
luminóso *agg.* **1** che emana luce; pieno di luce **2** (*fig.*) eccellente, straordinario □ **-mente** *avv.*
lùna *s.f.* satellite naturale della Terra, intorno alla quale compie un'intera rivoluzione in circa 27 giorni | *chiedere la* —, (*fig.*) pretendere l'impossibile | *avere la* — (*fig.*) essere di cattivo umore.
lùna park *loc.sost.m.invar.* parco di divertimenti all'aperto.
lunàre *agg.* della Luna, relativo alla Luna.
lunàrio *s.m.* calendario con le fasi della Luna, previsioni meteorologiche, oroscopi e consigli pratici di vario tipo.
lunàtico *agg.* e *s.m.* [f. -a; pl.m. -ci] si dice di persona volubile, strana.
lunedì *s.m.* primo giorno della settimana.
lunétta *s.f.* **1** (*arch.*) porzione di muro limitata superiormente da un arco; anche, apertura a forma d'arco posta sopra una finestra **2** parte di un oggetto o di un arnese a forma di mezzaluna.
lungàggine *s.f.* il tirare in lungo; lentezza.
lunghézza *s.f.* **1** (*geom.*) estensione di un segmento: *la — di un lato del triangolo* | quella delle tre dimensioni di un solido che si sviluppa maggiormente in senso orizzontale **2** (*estens.*) massima estensione di qlco. **3** durata **4** — *d'onda*, (*fis.*) distanza percorsa dall'onda in un periodo.
lungimirànte *agg.* si dice di persona accorta, che sa prevedere.
lùngo *agg.* [pl.m. -ghi] **1** che si estende nel senso della lunghezza **2** che si estende nel tempo **3** (*fam.*) si dice di persona lenta **4** si dice di bevanda o cibo preparato con una quantità d'acqua maggiore rispetto alla misura normale ♦ dà luogo a numerose loc. avverbiali: *a* —, per molto tempo; *in — e in largo*, dappertutto ♦ *prep.* **1** rasente **2** durante □ **-mente** *avv.*
lungolàgo *s.m.* [pl. -ghi] strada che corre lungo la riva di un lago.
lungomàre *s.m.* [pl. -ri] strada che costeggia la riva del mare.
lungometràggio *s.m.* [pl. -gi] (*cine.*) film di lunghezza normale, oltre i sessanta minuti.
lunòtto *s.m.* vetro posteriore delle automobili.
luògo *s.m.* [pl. -ghi] **1** porzione determinata dello spazio **2** località | *complementi di* —, (*gramm.*) quelli che indicano una relazione di luogo **3** passo di uno scritto **4** (*fig.*) situazione determinata | *fuori* —, inopportuno.
luogotenènte *s.m.* che fa temporaneamente le veci di un'alta carica politico-militare.
lùpa *s.f.* femmina del lupo.
lupàra *s.f.* **1** cartuccia per fucili da caccia

caricata con pallettoni **2** fucile da caccia a canne mozzate.

lupino *s.m.* pianta erbacea che produce semi gialli commestibili | il seme stesso.

lùpo *s.m.* mammifero carnivoro selvatico simile al cane; è simbolo di aggressività, voracità: *mangiare come un —*, mangiare molto e avidamente | *in bocca al —!*, (*fig.*) augurio per chi deve affrontare una prova di esito incerto.

lùppolo *s.m.* pianta erbacea rampicante dalle cui infiorescenze femminili, a forma di cono, si ricava una sostanza amara usata per aromatizzare la birra.

lùrido *agg.* **1** schifoso per la molta sporcizia **2** (*fig.*) corrotto □ **-mente** *avv.*

luridùme *s.m.*

lusìnga *s.f.* allettamento fatto di adulazioni e false promesse.

lusingàre *v.tr.* [*io lusingo, tu lusinghi ecc.*] **1** illudere con lusinghe **2** esser causa di soddisfazione.

lusinghièro *agg.* che appaga l'ambizione, la vanità.

lussàre *v.tr.* (*med.*) provocare una lussazione.

lussazióne *s.f.* (*med.*) spostamento reciproco dei capi ossei componenti un'articolazione.

lùsso *s.m.* **1** sfoggio di ricchezza **2** cosa che costa molto in proporzione all'utilità o alle possibilità economiche di chi la considera; ogni cosa che non sia necessaria.

lussuóso *agg.* costoso e appariscente □ **-mente** *avv.*

lussureggiànte *agg.* rigoglioso, florido.

lussùria *s.f.* desiderio sfrenato di piaceri sessuali.

lussurióso *agg.* di lussuria, pieno di lussuria ♦ *agg.* e *s.m.* [f. *-a*] che/chi ha il vizio della lussuria □ **-mente** *avv.*

lustràre *v.tr.* far diventare lucido strofinando.

lustrascàrpe *s.m.invar.* chi, per mestiere, pulisce e lucida scarpe.

lustrìno *s.m.* ciascuno dei dischetti lucidi che si applicano per ornamento ad abiti e accessori.

lùstro[1] *agg.* lucido ♦ *s.m.* **1** lucentezza **2** (*fig.*) onore, prestigio.

lùstro[2] *s.m.* (*lett.*) spazio di cinque anni.

luteranésimo *s.m.* la dottrina religiosa e l'insieme delle chiese cristiane che si ispirano al pensiero e all'opera di Martin Lutero (1483-1545).

luteràno *agg.* che si riferisce a Lutero o al luteranesimo: *chiesa luterana* ♦ *s.m.* [f. *-a*] seguace di Lutero o del luteranesimo.

lùtto *s.m.* **1** sentimento di vivo dolore che si prova per la morte di qlcu. o per gravi disgrazie **2** usanze rituali a cui sono tenuti i parenti di un defunto per un determinato periodo **3** (*estens.*) perdita, morte.

luttuóso *agg.* che è causa di lutto; gravemente doloroso □ **-mente** *avv.*

lux *s.m.invar.* (*fis.*) unità di misura dell'illuminazione nel Sistema Internazionale.

Mm

m *s.f.* o *m.* tredicesima lettera dell'alfabeto, il cui nome è *emme.*
ma *cong.* **1** però, bensì | corregge o rafforza un'affermazione precedente **2** in principio di periodo indica passaggio ad altro argomento ♦ *s.m.invar.* indica un'obiezione: *sbrigati, senza tanti ma e però.*
màcabro *agg.* spaventoso, orrido.
maccheróne *s.m.* (spec. *pl.*) tipo di pasta alimentare lunga e bucata.
màcchia[1] *s.f.* **1** area di colore diversa dal resto di una superficie **2** chiazza lasciata da una sostanza sulla superficie di un corpo | *allargarsi a — d'olio*, allargarsi in tutte le direzioni **3** (*fig.*) colpa, vergogna.
màcchia[2] *s.f.* boscaglia fitta.
macchiàre *v.tr.* [io màcchio ecc.] **1** sporcare con macchie **2** (*fig.*) disonorare ♦ **-rsi** *v.intr.pron.* coprirsi di una macchia o di macchie (anche *fig.*).
màcchina *s.f.* **1** sistema costituito da uno o più meccanismi per compiere operazioni che imitano o potenziano le capacità umane oppure per trasformare un tipo di energia in un'altra utile a compiere un lavoro **2** qualsiasi tipo di macchina (quale sia si deduce dal contesto): *fare un viaggio in —*, in automobile **3** (*fig.*) apparato complesso: *la — dello stato*, *della legge*.
macchinàre *v.tr.* [io màcchino ecc.] preparare di nascosto | (*assol.*) tramare.
macchinàrio *s.m.* complesso di macchine che concorrono a una lavorazione.
macchinazióne *s.f.* il macchinare; trama.
macchinìsta *s.m.* [pl. -sti] chi è addetto a far funzionare una macchina | conduttore di una locomotiva o addetto all'apparato motore di una nave.
macchinóso *agg.* complicato □ **-mente** *avv.*
macedònia *s.f.* miscuglio di frutta varia, tagliata a piccoli pezzi, condita con zucchero e succo di limone o liquore.
macellàio *s.m.* [f. -a] chi macella le bestie | chi vende le carni in una macelleria.
macellàre *v.tr.* [io macèllo ecc.] ammazzare bestie che servono all'alimentazione dell'uomo, preparandone le carni per il commercio.
macellazióne *s.f.* il macellare, l'essere macellato.
macèllo *s.m.* **1** mattatoio **2** macellazione **3** (*fig.*) strage di uomini **4** (*fig. fam.*) disastro, sconquasso.
maceràre *v.tr.* [io màcero ecc.] **1** tenere una sostanza a bagno in un solvente affinché perda la sua durezza o per estrarne dei componenti **2** sottoporre a decomposizione ♦ **-rsi** *v. intr.pron.* essere sottoposto a macerazione ♦ *v. rifl.* tormentarsi, angustiarsi, rodersi.
macerazióne *s.f.* il macerare, il macerarsi, l'essere macerato.
macèria *s.f.* (spec. *pl.*) ammasso di materiali prodotto dal crollo di edifici.
màcero *agg.* **1** macerato, marcio **2** (*fig.*) sparuto ♦ *s.m.* vasca in cui si effettua la macerazione: *carta da —*.
macìgno *s.m.* **1** pietra arenaria grigiastra molto dura **2** (*estens.*) masso.
màcina *s.f.* mola di pietra per macinare il grano o le olive nei mulini o nei frantoi.
macinàre *v.tr.* [io màcino ecc.] ridurre in polvere o in frammenti minuti | *— chilometri*, (*fig.*) percorrere in breve tempo lunghi tratti di strada.
macinàto *s.m.* **1** il prodotto della macinazione; in particolare, la farina **2** (*fam.*) carne tritata.
macinazióne *s.f.* il macinare, l'essere macinato.
maciullàre *v.tr.* stritolare.
macrobiòtico *agg.* [pl.m. -ci] si dice di alimento che conserva integre le proprietà nutritive originarie | *dieta macrobiotica*, basata su cereali integrali, verdure e pochi alimenti di origine animale.
macrocefalìa *s.f.* (*med.*, *vet.*) sviluppo eccessivo del cranio.
macrocòsmo *s.m.* (*filos.*) l'universo, considerato in contrapposizione all'uomo.
macroeconomìa *s.f.* il ramo dell'economia che studia globalmente fenomeni quali il prodotto nazionale, i consumi, gli

investimenti, l'occupazione, il livello dei prezzi.

macromolècola *s.f.* (*chim.*) molecola di grandi dimensioni e di elevato peso molecolare.

macroscòpico *agg.* [pl.m. *-ci*] **1** visibile a occhio nudo **2** (*fig.*) enorme □ **-mente** *avv.*

Madònna *s.f.* la Vergine Maria, madre di Cristo.

madornàle *agg.* di straordinaria gravità; spropositato.

màdre *s.f.* **1** donna che ha generato dei figli, considerata rispetto ai figli stessi **2** titolo che si dà alle suore che rivestono nel convento una carica particolare: *la — badessa* **3** (*fig.*) causa, origine **4** matrice: *ricevuta a — e figlia* ♦ *agg.* **1** che è madre **2** (*fig.*) che costituisce il principio, l'origine o l'elemento più importante.

madrepèrla *s.f.* [pl. *madreperle*] strato interno della conchiglia di alcuni molluschi, di colore bianco perlaceo, iridescente.

madrèpora *s.f.* (*zool.*) genere di celenterati marini tropicali simili a coralli.

madrìna *s.f.* donna che tiene a battesimo o a cresima un bambino.

maestà *s.f.* **1** nobiltà d'aspetto; imponenza **2** titolo riservato a sovrani **3** in pittura, la rappresentazione di Cristo o della Vergine seduta sul trono.

maestóso *agg.* pieno di maestà; imponente, grandioso □ **-mente** *avv.*

maèstra *s.f.* **1** insegnante in una scuola elementare **2** donna che istruisce in una determinata attività **3** (*fig.*) guida ed esempio.

maestràle *s.m.* vento freddo e secco di nord-ovest.

maestrìa *s.f.* grande capacità, abilità.

maèstro *s.m.* **1** chi insegna un'arte, una scienza, una dottrina | (*estens.*) chi, per scienza o abilità in un determinato campo, è considerato un modello da seguire **2** insegnante di una scuola elementare **3** musicista diplomato in un conservatorio **4** operaio specializzato **5** pittore o scultore che sia a capo di una bottega o di una scuola **6** nella bussola e nella rosa dei venti, il nord-ovest ♦ *agg.* **1** abile, esperto **2** principale: *strada maestra* | *muro —*, quello su cui grava il carico della costruzione.

màfia *s.f.* **1** organizzazione criminale originaria della Sicilia che esercita un controllo parassitario su attività economiche e produttive **2** (*estens.*) gruppo di potere che opera illecitamente.

mafióso *agg.* della mafia ♦ *s.m.* [f. *-a*] chi appartiene alla mafia □ **-mente** *avv.*

màga *s.f.* **1** donna che esercita la magia **2** (*fig.*) donna seducente, donna straordinariamente abile.

magàri *inter.* esprime vivo desiderio ♦ *cong.* volesse il cielo che: *— fosse vero!* ♦ *avv.* forse.

magazzinière *s.m.* [f. *-a*] chi è addetto alla gestione di un magazzino.

magazzìno *s.m.* **1** locale per il deposito o la conservazione di merci o materiali **2** (spec. *pl.*) locale o complesso di locali per la vendita al dettaglio di una grande varietà di merci; supermercato: *i grandi magazzini.*

màggio *s.m.* quinto mese dell'anno

maggiolìno *s.m.* insetto bruno-rossiccio, con testa nera, antenne frangiate e un prolungamento ricurvo nell'addome.

maggioràna *s.f.* erba aromatica.

maggiorànza *s.f.* **1** la parte numericamente superiore di un tutto **2** in un organo collegiale, il gruppo che dispone del maggior numero di voti e può quindi far valere la propria volontà.

maggioràre *v.tr.* [*io maggióro ecc.*] aumentare.

maggiorazióne *s.f.* aggiunta, aumento.

maggiordòmo *s.m.* chi, nei palazzi signorili, è a capo della servitù.

maggióre *agg.* [compar. di *grande*] **1** più grande (per numero, altezza, volume ecc.); più importante | *forza —*, quella che dipende da cause esterne e a cui non ci si può opporre **2** preceduto dall'articolo, ha valore di superlativo relativo **3** più anziano, nato prima | *la — età*, quella in cui si è maggiorenni ♦ *s.m.* **1** [anche *f.*] chi, rispetto ad altri, è più anziano di età; figlio primogenito **2** chi, in un ordine gerarchico, occupa un grado superiore a quello di altri | (*mil.*) ufficiale dell'esercito o dell'aviazione di grado compreso tra capitano e tenente colonnello □ **-mente** *avv.*

maggiorènne *agg.* e *s.m.* e *f.* si dice di chi ha compiuto la maggiore età e ha pertanto acquistato piena capacità giuridica.

maggioritàrio *agg.* che si riferisce alla maggioranza | *sistema —*, sistema elettorale secondo il quale tutti i seggi o una quota preponderante di essi vengono attribuiti alla lista che ha ottenuto il maggior numero di voti.

magìa *s.f.* **1** pratica rituale che tende ad agire, mediante arti occulte, sulla natura o sull'uomo **2** (*fig.*) fascino.

màgico *agg.* [pl.m. *-ci*] **1** della magia, dei maghi **2** (*fig.*) che incanta □ **-mente** *avv.*

magistèro *s.m.* **1** opera, ufficio, autorità di maestro **2** (*estens.*) insegnamento elevato e autorevole: *il — del papa.*

magistràle *agg.* che denota grande maestria □ **-mente** *avv.*
magistràto *s.m.* chi esercita la funzione di amministrare la giustizia; giudice.
magistratùra *s.f.* **1** l'ufficio, la carica del magistrato **2** il complesso dei magistrati.
màglia *s.f.* **1** ciascuno degli intrecci di filo nei lavori eseguiti a mano o con apposite macchine | il tessuto eseguito in tale modo **2** ciascuno degli elementi (anelli, fili) che, intrecciati fra loro, formano una catena o una rete **3** indumento lavorato a maglia **4** casacca indossata dagli sportivi con i colori della squadra a cui appartengono.
maglierìa *s.f.* **1** laboratorio in cui si confezionano indumenti a maglia **2** l'insieme dei tessuti e dei lavori a maglia.
maglificio *s.m.* fabbrica di tessuti e indumenti a maglia.
màgma *s.m.* [pl. *-mi*] (*geol.*) massa fusa di silicati ad altissima temperatura, situata in profondità nella crosta terrestre.
magnanimità *s.f.* generosità.
magnànimo *agg.* che ha un animo nobile e generoso □ **-mente** *avv.*
magnàte *s.m.* grande industriale.
magnèsia *s.f.* (*chim.*) ossido di magnesio, usato come blando purgante.
magnèsio *s.m.* elemento chimico di simbolo *Mg*; è un metallo bianco-argenteo, leggero, tenero, ossidabile.
magnète *s.m.* (*fis.*) denominazione di qualsiasi corpo in grado di produrre il fenomeno del magnetismo; calamita.
magnètico *agg.* [pl.m. *-ci*] relativo al magnete o al magnetismo □ **-mente** *avv.*
magnetìsmo *s.m.* **1** fenomeno fisico dal quale deriva la proprietà di alcuni corpi di attrarre e trattenere il ferro **2** (*fig.*) forza di attrazione particolarmente intensa.
magnetizzàre *v.tr.* **1** conferire a un corpo proprietà magnetiche **2** (*fig.*) affascinare ♦ **-rsi** *v.intr.pron.* acquistare proprietà magnetiche.
magnetizzazióne *s.f.* il magnetizzare, il magnetizzarsi, l'essere magnetizzato.
magnetòfono® *s.m.* apparecchio che registra i suoni su un nastro ricoperto di materiale magnetizzabile.
magnetòmetro *s.m.* (*fis.*) strumento che serve per misurare l'intensità e la direzione di un campo magnetico.
magnetosfèra *s.f.* spazio intorno alla Terra entro il quale è più sensibile l'azione del campo magnetico terrestre.
magnificènza *s.f.* cosa magnifica, di straordinaria bellezza.
magnìfico *agg.* [pl.m. *-ci*; superl. *magnificentissimo*] splendido □ **-mente** *avv.*
magnitùdine *s.f.* **1** (*astr.*) misura dello splendore dei corpi celesti **2** (*geol.*) misura dell'intensità dell'energia liberata da un terremoto.
màgno *agg.* (*lett.* o *scherz.*) grande | *in pompa magna*, con gran lusso e fasto.
magnòlia *s.f.* (*bot.*) genere di piante dicotiledoni coltivate a scopo ornamentale per i grandi fiori bianchi e rosa profumati.
màgo *s.m.* [pl. *-ghi*] **1** chi esercita la magia **2** prestigiatore **3** (*fig.*) chi è abilissimo in un'attività.
màgra *s.f.* **1** stato di un fiume la cui portata è minima **2** (*fig.*) carestia.
màgro *agg.* **1** scarno, secco **2** che non contiene grasso o ne contiene poco **3** (*fig.*) scarso **4** (*fig.*) misero ♦ *s.m.* la parte magra delle carni degli animali macellati □ **-mente** *avv.*
mai *avv.* **1** nessuna volta, in nessun tempo, in nessun caso **2** una volta, qualche volta.
maiàle *s.m.* **1** mammifero domestico con corpo grosso e tozzo rivestito di setole e muso a grugno **2** (*fig.*) persona molto sporca o grassa | persona moralmente riprovevole.
maièutica *s.f.* (*filos.*) il metodo di insegnamento socratico, secondo il quale, interrogando abilmente un interlocutore, lo si aiuta a mettere in luce il suo pensiero.
maiòlica *s.f.* ceramica ricoperta da uno strato di smalto; oggetto di tale materiale.
maionése *s.f.* (*gastr.*) salsa fredda a base di tuorli d'uovo, olio e limone o aceto.
màis *s.m.invar.* granturco.
maiùscolo *agg.* si dice di carattere o lettera dell'alfabeto più grande e di forma diversa rispetto al minuscolo ♦ *s.m.*
malachìte *s.f.* minerale di carbonato basico di rame, di colore verde intenso, usato come pietra dura ornamentale.
malacologìa *s.f.* parte della zoologia che studia i molluschi.
malaféde *s.f.* stato d'animo di chi inganna con consapevolezza.
malaffàre *s.m.* comportamento contro le norme civili o morali | *donna di* —, prostituta.
malalìngua *s.f.* [pl. *malelingue*] persona che ama sparlare del prossimo.
malandàto *agg.* in cattivo stato.
malànno *s.m.* **1** danno **2** malattia non grave.
malapéna solo nella loc. avv. *a* —, a stento.
malària *s.f.* malattia infettiva trasmessa all'uomo dalle zanzare; è caratterizzata da febbre intermittente, anemia e tumefazione della milza e del fegato.
malàto *agg.* **1** che ha una malattia **2** (*fig.*)

turbato ♦ *s.m.* [f. *-a*] chi è affetto da malattia.
malattìa *s.f.* **1** denominazione generica di qualsiasi alterazione dell'integrità anatomica e funzionale di un organismo **2** (*fig.*) qualsiasi turbamento dell'equilibrio psichico o morale | *farsi una — di* (o *per*) *qlco.*, soffrirne o desiderarla intensamente.
malauguràto *agg.* infausto | che si desidera non avvenga □ **-mente** *avv.*
malaugùrio *s.m.* cattivo augurio.
malavìta *s.f.* vita condotta fuori della legge; delinquenza.
malavitóso *agg.* e *s.m.* [f. *-a*] che/chi fa parte della malavita.
malcapitàto *agg.* e *s.m.* [f. *-a*] sfortunato.
malcóncio *agg.* [pl.f. *-ce*] conciato male, ridotto in cattivo stato.
malcontènto *agg.* contento ♦ *s.m.* [f. *-a*] scontentezza; malumore.
màle *avv.* [compar. *peggio*; superl. *malissimo* o *pessimamente*] **1** in modo non buono, non giusto **2** in modo non soddisfacente | *trovarsi —*, a disagio | *stare —*, essere malato; essere depresso | *di — in peggio*, sempre peggio **3** in modo imperfetto **4** non completamente ♦ *s.m.* **1** il contrario del bene **2** cosa non buona, inopportuna **3** sofferenza, dolore **4** malattia.
maledétto *agg.* **1** che apporta sciagure **2** (*fam.*) fastidioso, molesto ♦ *s.m.* [f. *-a*] persona molesta o verso cui si nutre rancore □ **-mente** *avv.* (*fam.*) terribilmente.
maledìre *v.tr.* [imperf. *io maledicévo ecc.* (pop. *io maledivo ecc.*); pass.rem. *io maledissi, tu maledicésti ecc.* (pop. *io maledii, tu maledisti ecc.*); imp. *maledici*; per le altre forme coniugato come *dire*] **1** invocare il castigo divino contro qlcu. **2** imprecare contro qlcu. o qlco.
maledizióne *s.f.* **1** il maledire **2** imprecazione **3** (*fig.*) persona o cosa che è causa di dolore, di fastidio.
maleducàto *agg.* e *s.m.* [f. *-a*] villano □ **-mente** *avv.*
maleducazióne *s.f.* **1** l'essere maleducato **2** atto da maleducato.
maleficio *s.m.* magia che mira a recare danno.
malèfico *agg.* [pl.m. *-ci*] **1** che reca danno **2** che è frutto di maleficio □ **-mente** *avv.*
malèssere *s.m.* **1** indisposizione **2** (*estens.*) turbamento; condizione di disagio.
malèvolo *agg.* che prova o dimostra malevolenza □ **-mente** *avv.*
malfamàto *agg.* che ha cattiva fama.
malformazióne *s.f.* (*biol.*, *med.*) anormale conformazione di un organismo o di una sua parte.
màlga *s.f.* **1** pascolo alpino estivo **2** costruzione rustica dei pascoli alpini estivi.
malgovèrno *s.m.* cattiva amministrazione dello stato, di istituzioni pubbliche o private.
malgràdo *avv.* a dispetto di ♦ *prep.* nonostante ♦ *cong.* benché.
malignità *s.f.* **1** cattiveria **2** cosa detta o fatta malignamente.
maligno *agg.* **1** che ha la tendenza a pensare e a parlare male del prossimo | malevolo **2** (*med.*) di malattia, che ha un decorso molto grave, che può portare alla morte ♦ *s.m.* [f. *-a*] persona maligna | *il Maligno*, il diavolo □ **-mente** *avv.*
malinconìa *s.f.* **1** stato d'animo dolente ma temperato da dolcezza **2** cosa, pensiero che suscita tristezza.
malincònico *agg.* [pl.m. *-ci*] **1** che tende alla malinconia **2** che esprime malinconia | che invita alla malinconia □ **-mente** *avv.*
malintéso *agg.* mal interpretato ♦ *s.m.* equivoco.
malizia *s.f.* **1** disposizione ad agire deliberatamente contro il bene; malignità **2** consapevolezza di ciò che vi può essere di maligno o di piccante **3** astuzia.
malizióso *agg.* **1** che ha malizia **2** che denota malizia □ **-mente** *avv.*
malleàbile *agg.* **1** si dice di sostanza solida, e in particolare di metallo, che si lascia ridurre in lamine sottili **2** (*fig.*) docile, arrendevole.
mallèolo *s.m.* (*anat.*) ciascuna delle due sporgenze ossee laterali dell'estremità inferiore della tibia.
màllo *s.m.* (*bot.*) involucro coriaceo, di color verde, che ricopre noci e mandorle.
malmésso *agg.* **1** trasandato **2** (*fig.*) che versa in difficili condizioni economiche o di salute.
malòcchio *s.m.* nella credenza popolare, influsso malefico.
malóre *s.m.* improvviso male fisico, mancamento repentino.
malsàno *agg.* **1** che ha salute cagionevole **2** che nuoce alla salute **3** (*fig.*) morboso.
màlta *s.f.* (*edil.*) impasto di sabbia, acqua e cemento o calce, usato come cementante.
maltèmpo *s.m.* tempo cattivo.
màlto *s.m.* prodotto della germinazione dei semi di cereali; è usato nella fabbricazione di bevande alcoliche.
maltòsio *s.m.* (*chim.*) zucchero disaccaride che si trova nel malto.
maltrattaménto *s.m.* il maltrattare, l'essere maltrattato.

maltrattàre *v.tr.* trattare male a parole o con atti violenti o villani.
malumóre *s.m.* **1** stato d'animo crucciato e irritabile **2** dissapore.
màlva *s.f.* pianta erbacea usata per decotti e infusi.
malvàgio *agg.* [pl.f. *-gie*] cattivo, perfido ♦ *s.m.* [f. *-a*] □ **-mente** *avv.*
malvagità *s.f.* l'essere malvagio.
malvasìa *s.f.* denominazione di vini prodotti da uve del vitigno omonimo.
malversazióne *s.f.* (*dir.*) reato commesso dal pubblico ufficiale che si appropri di denaro o di beni appartenenti a privati di cui egli ha il possesso per ragione del suo ufficio.
malvìsto *agg.* guardato con antipatia.
malvivènte *s.m.* delinquente.
màmma *s.f.* (*fam.*) madre.
mammàrio *agg.* (*anat.*) della mammella.
mammèlla *s.f.* organo ghiandolare esterno dei mammiferi, particolarmente sviluppato nelle femmine; ha la funzione di secernere il latte per l'alimentazione dei figli nel primo periodo di vita.
mammìferi *s.m.pl.* (*zool.*) classe di vertebrati, a cui appartiene l'uomo, caratterizzati da ghiandole mammarie, sistema nervoso molto sviluppato, respirazione polmonare, circolazione sanguigna doppia e completa.
mammografìa *s.f.* (*med.*) radiografia della mammella femminile.
màmmola *s.f.* pianta erbacea con fiori violetti profumati.
mammùt *s.m.invar.* elefante fossile vissuto nel paleolitico.
manager *s.m.* e *f.invar.* (*ingl.*) **1** dirigente di un'impresa **2** impresario.
manàta *s.f.* colpo dato con il palmo della mano aperta.
mancaménto *s.m.* svenimento.
mancànza *s.f.* **1** il mancare; assenza **2** errore.
mancàre *v.intr.* [*io manco, tu manchi ecc.*; aus. *essere* (*avere* nei sign. 5 e 6)] **1** non bastare; non esserci **2** distare, intercorrere | *mancarci poco che...*, essere sul punto di **3** venir meno **4** essere assente | (*eufem.*) morire **5** essere privo **6** venir meno a qlco. | (*assol.*) sbagliare | trascurare (in frasi negative) ♦ *v.tr.* fallire.
mancàto *agg.* non riuscito, fallito.
manche *s.f.* (*fr.*) (*sport*) ciascuna delle prove in cui è suddivisa una gara.
manchevolézza *s.f.* difetto.
mància *s.f.* [pl. *-ce*] denaro che si dà, oltre al dovuto, a chi presta un servizio.
manciàta *s.f.* la quantità che può essere contenuta in una mano.
mancìno *agg.* **1** sinistro **2** (*fig.*) sleale, scorretto ♦ *agg.* e *s.m.* [f. *-a*] che/chi presenta il braccio e la mano sinistra.
mandànte *s.m.* e *f.* chi affida ad altri l'esecuzione di un atto illecito.
mandaràncio *s.m.* frutto ottenuto dall'incrocio tra il mandarino e l'arancio amaro.
mandàre *v.tr.* **1** riferito a persona, farla andare in un determinato luogo **2** inviare, spedire: — *in onda*, trasmettere | — *giù*, (*fig.*) subire **3** emanare.
mandarìno [1] *s.m.* nella Cina imperiale, alto dignitario di corte che godeva di ampi privilegi.
mandarìno [2] *s.m.* albero che produce un frutto simile all'arancia, ma più piccolo e dolce | il frutto di tale albero.
mandàta *s.f.* scatto della stanghetta di una serratura ottenuto con un giro di chiave.
mandatàrio *s.m.* [f. *-a*] (*dir.*) chi ha un mandato e agisce per conto del mandante.
mandato *s.m.* **1** incarico di agire per conto di altri **2** (*dir.*) contratto con il quale una parte si obbliga a compiere un atto giuridico per conto dell'altra **3** ingiunzione.
mandìbola *s.f.* (*anat.*) l'osso mascellare mobile del cranio su cui poggiano i denti.
mandolìno *s.m.* strumento a corda della famiglia del liuto.
màndorla *s.f.* il frutto del mandorlo.
màndorlo *s.m.* albero con fiori bianchi, coltivato per i suoi frutti (mandorle).
mandràgola *s.f.* pianta erbacea perenne alle cui radici, in realtà tossiche, erano un tempo attribuite virtù magiche.
màndria *s.f.* branco numeroso di grossi quadrupedi domestici.
maneggévole *agg.* che si maneggia facilmente.
maneggiàre *v.tr.* [*io manéggio ecc.*] **1** lavorare con le mani **2** (*estens.*) adoperare abilmente **3** (*fig.*) amministrare | — *una persona*, manovrarla.
manéggio *s.m.* **1** (*fig.*) amministrazione **2** (*fig.*) intrigo **3** l'addestramento del cavallo; il luogo dove si addestra.
manésco *agg.* [pl.m. *-schi*] che usa con facilità le mani per picchiare.
manétta *s.f.* **1** levetta o manopola per la regolazione manuale di dispositivi **2** *pl.* strumento che le forze dell'ordine usano per serrare i polsi dell'arrestato.
manfòrte *s.f.invar.* sostegno.
manganèllo *s.m.* il randello rivestito di gomma usato dalle forze dell'ordine.
manganése *s.m.* elemento chimico di simbolo *Mn*; è un metallo grigiastro, duro

e fragile, usato in metallurgia e nell'industria vetraria e farmaceutica.
mangeréccio *agg.* [pl.f. *-ce*] che è da mangiare; commestibile.
mangiàre[1] *v.tr.* [*io màngio ecc.*] **1** ingerire alimenti solidi masticandoli; consumare un pasto | — *la foglia*, (*fig.*) accorgersi di un inganno **2** (*estens.*) consumare | *mangiarsi l'eredità*, (*fig.*) dilapidarla | *mangiarsi il fegato*, (*fig.*) rodersi dalla rabbia **3** (*fig. fam.*) guadagnare illecitamente.
mangiàre[2] *s.m.* **1** l'atto del mangiare **2** ciò che si mangia.
mangiàta *s.f.* il mangiare molto.
mangiatóia *s.f.* nelle stalle, cassone dentro il quale si mette il foraggio per gli animali.
mangìme *s.m.* insieme di prodotti di origine vegetale o animale che servono all'alimentazione del bestiame.
màngo *s.m.* [pl. *-ghi*] pianta arborea originaria dell'India, coltivata per i grossi frutti commestibili.
màni *s.m.pl.* presso gli antichi Romani, le anime dei defunti, divinizzate e considerate come protettrici della casa.
manìa *s.f.* (*psich.*) alterazione mentale che si esprime in un atteggiamento ossessivo, in un'idea fissa.
maniacàle *agg.* smodato, ossessivo □ **-mente** *avv.*
manìaco *agg.* [pl.m. *-ci*] (*psich.*) di mania, maniacale ♦ *agg.* e *s.m.* [f. *-a*] fissato.
mànica *s.f.* **1** parte dell'abito che copre il braccio | *è un altro paio di maniche*, (*fig.*) è una questione del tutto diversa | *essere di — larga, stretta*, (*fig.*) essere indulgente, molto esigente **2** (*pop. spreg.*) gruppo.
manichìno *s.m.* fantoccio che riproduce la figura umana utilizzato come modello.
mànico *s.m.* [pl. *-ci* o *-chi*] parte di un oggetto o di un arnese che si afferra con la mano per adoperarlo o per sollevarlo.
manicòmio *s.m.* **1** ospedale psichiatrico **2** (*fam.*) luogo o situazione pieni di confusione.
manicòtto *s.m.* sorta di manica grossa e corta di pelliccia in cui si infilano le mani per ripararle dal freddo.
manicure *s.m.* o *f.invar.* (*fr.*) **1** chi per professione cura le mani e soprattutto le unghie **2** l'operazione del curare le mani e le unghie.
manièra *s.f.* **1** modo: — *di vivere, di fare qlco.* **2** lo stile di un artista, di una scuola o di un'epoca artistica.
manièro *s.m.* castello.
manifattùra *s.f.* **1** l'insieme delle operazioni che trasformano le materie prime in manufatti **2** il locale, il luogo in cui si eseguono questi lavori.
manifestànte *agg.* e *s.m.* e *f.* che/chi partecipa a una dimostrazione pubblica.
manifestàre *v.tr.* [*io manifèsto ecc.*] **1** rendere noto; esprimere **2** (*assol.*) partecipare a una dimostrazione pubblica ♦ **-rsi** *v.rifl.* o *intr.pron.* detto di persona, farsi conoscere | detto di cosa, rivelarsi.
manifestazióne *s.f.* **1** il manifestare, il manifestarsi **2** dimostrazione pubblica **3** spettacolo.
manifèsto[1] *agg.* chiaro; noto a tutti □ **-mente** *avv.*
manifèsto[2] *s.m.* **1** foglio di carta che si affigge in luogo pubblico per portare a conoscenza di tutti quanto vi è scritto o raffigurato **2** scritto programmatico di movimenti politici e culturali.
manìglia *s.f.* elemento facilmente impugnabile che si applica a cassetti, porte, valigie, bauli ecc. per poterli aprire, sollevare o trasportare.
manipolàre *v.tr.* [*io manìpolo ecc.*] **1** preparare una sostanza mescolando insieme vari ingredienti **2** (*fig.*) adulterare, alterare **3** (*fig.*) condizionare il comportamento di qlcu.
manipolazióne *s.f.* **1** il manipolare, l'essere manipolato (anche *fig.*) | — *del patrimonio genetico*, (*biol.*) intervento con mezzi chimico-biologici per modificare i caratteri ereditari **2** (*fig.*) imbroglio.
mànna *s.f.* **1** cibo che secondo la Bibbia cadde miracolosamente dal cielo per nutrire gli ebrei nel deserto **2** (*fig.*) qualsiasi cosa utile che giunga inattesa.
màno *s.f.* [pl. *mani*] **1** estremità dell'arto superiore formata dal polso, dalla palma, dal dorso e dalle cinque dita; ha funzione di organo prensile e tattile | *chiedere la — di una donna*, (*fig.*) chiederla in sposa | *dare una — a qlcu.*, (*fig.*) aiutarlo | *avere le mani bucate*, (*fig.*) spendere senza controllo | *lavarsene le mani*, (*fig.*) disinteressarsene | *stare con le mani in —*, (*fig.*) senza far nulla | *a — a —* (o soltanto *man —*), di volta in volta; gradatamente | *di seconda —*, si dice di oggetto che si compra già usato | *fuori —*, lontano **2** (*fig.*) stile caratteristico di una persona **3** ognuna delle due direzioni in cui si muove il traffico in una strada: *andare contro —*, in senso vietato **4** strato di vernice o di altra sostanza che si stende su una superficie.
manodòpera *s.f.* [solo *sing.*] **1** complesso di persone che compiono un lavoro manuale subordinato **2** costo del lavoro.
manòmetro *s.m.* (*fis.*) strumento che serve a misurare la pressione dei fluidi.

manométtere *v.tr.* [coniugato come *mettere*] **1** manipolare, danneggiare qlco. indebitamente o per fini illeciti **2** (*fig.*) violare.
manomissióne *s.f.* il manomettere, l'essere manomesso.
manòpola *s.f.* **1** impugnatura di una leva, di un manubrio **2** guanto col solo dito pollice separato.
manoscrìtto *agg.* scritto a mano ♦ *s.m.* **1** testo scritto a mano **2** in paleografia, filologia e bibliografia, libro manoscritto, codice.
manovàle *s.m.* e *f.* operaio non qualificato.
manovèlla *s.f.* leva munita di un'impugnatura per azionare un meccanismo.
manòvra *s.f.* **1** l'insieme delle operazioni per mettere in azione una macchina o un dispositivo **2** movimento di reparti militari per esercitazione o a fini strategici **3** insieme di azioni studiate e compiute per raggiungere un determinato fine nell'ambito di organizzazioni complesse **4** (*fig.*) raggiro.
manovràre *v.tr.* [*io manòvro ecc.*] **1** mettere in azione **2** (*fig.*) far agire una persona, un gruppo di persone o un organismo secondo i propri intendimenti ♦ *v.intr.* [aus. *avere*] **1** effettuare una manovra **2** (*fig.*) tramare.
manovratóre *s.m.* [f. *-trice*] chi è addetto alla manovra di qlco.; nelle ferrovie, l'addetto alle manovre dei treni ♦ *agg.*
mansàrda *s.f.* (*arch.*) tetto con falda spezzata fornito di finestre che danno luce a locali abitabili | (*estens.*) l'insieme di tali locali.
mansióne *s.f.* compito, attività.
mansuèto *agg.* **1** si dice di animale docile **2** (*estens.*) si dice di persona mite, paziente | di cosa, che esprime sottomissione.
mantèlla *s.f.* il mantello portato dalle donne o quello delle uniformi militari.
mantèllo *s.m.* **1** soprabito lungo e ampio, senza maniche, che un tempo si portava appoggiato sulle spalle | ampio soprabito femminile **2** (*geol.*) zona della superficie terrestre immediatamente sotto la crosta **3** il pelame dei mammiferi.
mantenére *v.tr.* [coniugato come *tenere*] **1** tenere, far durare **2** tener saldo, difendere **3** tener fede **4** dare da vivere **5** finanziare ♦ **-rsi** *v.rifl.* **1** sostentarsi **2** conservarsi: — *in forma* ♦ *v.intr.pron.* rimanere in un determinato stato.
manteniménto *s.m.* il mantenere, il mantenersi, l'essere mantenuto.
mànto *s.m.* **1** mantello ampio e lungo **2** (*estens.*) strato **3** (*fig.*) finzione.
manuàle[1] *agg.* fatto con le mani □ **-mente** *avv.*
manuàle[2] *s.m.* libro contenente le nozioni fondamentali di un'arte o di una disciplina | *da* —, si dice di ciò che è fatto perfettamente, a regola d'arte.
manualità *s.f.* abilità nel lavorare con le mani.
manùbrio *s.m.* (*mecc.*) leva con due impugnature usata per manovrare o mettere in movimento un meccanismo.
manufàtto *s.m.* oggetto lavorato a mano | prodotto dell'industria manifatturiera ♦ *agg.*
manutenzióne *s.f.* insieme di operazioni volte a mantenere in efficienza e in buono stato un impianto, un apparecchio ecc.
mànzo *s.m.* bovino di sesso maschile, di età tra uno e quattro anni, castrato.
maomettàno *agg.* e *s.m.* [f. *-a*] che, chi segue la religione di Maometto (570 ca. 632); islamico, musulmano.
màppa *s.f.* rappresentazione grafica dettagliata in grande scala di una zona.
mappamóndo *s.m.* **1** planisfero **2** globo sul quale è rappresentata la superficie terrestre.
maquillage *s.m.invar.* (*fr.*) trucco.
maragià *s.m.invar.* titolo di principi dell'India.
maratóna *s.f.* **1** (*sport*) gara olimpica di corsa a piedi su strada sulla distanza di 42,195 km **2** (*fig.*) fatica prolungata.
maratonèta *s.m.* e *f.* [pl.m. *-ti*] atleta specializzato nella maratona.
màrca *s.f.* **1** segno o simbolo impresso su un oggetto per indicarne la proprietà, il luogo di fabbricazione, la qualità o altro; marchio **2** (*estens.*) l'impresa produttrice in quanto identificata da un segno **3** sorta di francobollo che attesta l'avvenuto pagamento di un tributo: — *da bollo*.
marcàre *v.tr.* [*io marco, tu marchi ecc.*] **1** segnare qlco. con una marca o un marchio **2** (*sport*) segnare un punto a proprio favore: — *due reti* **3** (*fig.*) rendere qlco. più visibile, più accentuata.
marcàto *agg.* **1** segnato con un marchio **2** accentuato □ **-mente** *avv.*
marchése *s.m.* titolo che nella gerarchia nobiliare precede quello di conte.
marchiàre *v.tr.* [*io màrchio ecc.*] contrassegnare con un marchio (anche *fig.*).
marchiatùra *s.f.* il marchiare, l'essere marchiato.
màrchio *s.m.* **1** segno impresso su un oggetto o su un animale per distinguerlo dagli altri **2** denominazione commerciale.
màrcia *s.f.* [pl. *-ce*] **1** il marciare **2** (*sport*) specialità dell'atletica leggera **3** (*estens.*)

corteo **4** movimento di macchine o di meccanismi **5** dispositivo azionato dal cambio di velocità: *innestare la —*.
marciapiède *s.m.* [pl. *invar.* o *-di*] parte laterale rialzata della sede stradale, riservata ai pedoni.
marciàre *v.intr.* [*io màrcio* ecc.; aus. *avere*] **1** procedere a passo uniforme e cadenzato **2** (*estens.*) dirigersi con andamento deciso **3** andare.
marciatóre *s.m.* [f. *-trice*] atleta che pratica lo sport della marcia.
màrcio *agg.* [pl.f. *-ce*, lett. *-cie*] **1** che è andato a male **2** (*fig.*) corrotto ♦ *s.m.* **1** la parte marcia di qlco. **2** (*fig.*) corruzione morale.
marcìre *v.intr.* [*io marcisco, tu marcisci* ecc.; aus. *essere*] **1** divenire marcio **2** (*fig.*) degradarsi nel corpo e nello spirito.
marcìta *s.f.* prato su cui si fa scorrere in continuazione un velo d'acqua per favorire la crescita dell'erba da foraggio.
marciùme *s.m.* **1** materia marcia **2** (*fig.*) corruzione morale.
màrco *s.m.* [pl. *-chi*] unità monetaria della Germania (fino al gennaio 2002).
marconìsta *s.m.* e *f.* [pl.m. *-sti*] tecnico addetto alle radiocomunicazioni.
marconiterapìa *s.f.* (*med.*) applicazione sul corpo del paziente di onde corte, ultracorte e di microonde a scopo terapeutico.
màre *s.m.* **1** le acque salate che ricoprono la maggior parte della superficie terrestre | *essere in alto —*, (*fig.*) lontano dal compimento di un'opera **2** zona di mare circondata dalle terre **3** (*estens.*) ampia distesa **4** (*fig.*) gran quantità.
marèa *s.f.* (*geog.*) alterno e periodico abbassamento e innalzamento del livello del mare.
mareggiàta *s.f.* burrasca di mare.
marémma *s.f.* (*geog.*) pianura leggermente ondulata lungo la costa marina, coperta da acqua o paludi: *la — toscana* (per antonomasia, *la Maremma*).
maremòto *s.m.* (*geog.*) sommovimento marino di grande ampiezza, causato da scosse sismiche sottomarine.
maresciàllo *s.m.* in Italia, il grado più alto nella gerarchia dei sottufficiali.
marétta *s.f.* **1** agitazione del mare **2** (*fig.*) situazione di nervosismo, di tensione.
margarìna *s.f.* grasso alimentare solido di origine vegetale o animale.
margherìta *s.f.* pianta erbacea con infiorescenza a capolino, gialla nel mezzo e circondata da brattee bianche | l'infiorescenza stessa.
marginàle *agg.* **1** che sta sul margine **2** (*estens.*) di secondaria importanza □ **-mente** *avv.*
màrgine *s.m.* **1** parte estrema di una superficie **2** (*fig.*) quantità di tempo, spazio o denaro che eccede quanto è necessario.
mariàno *agg.* di Maria Vergine.
marijuana *s.f. invar.* droga derivata dalle foglie della canapa indiana.
marìna *s.f.* **1** striscia di terra vicino al mare; litorale **2** l'insieme degli uomini, dei mezzi e delle risorse che consentono la navigazione.
marinàio *s.m.* persona che svolge la propria attività a bordo di una nave.
marinàre *v.tr.* (*gastr.*) immergere il pesce, in un infuso di aceto | *— la scuola*, (*fig.*) fare vacanza senza autorizzazione.
marinarésco *agg.* [pl.m. *-schi*] da marinaio.
marìno *agg.* di mare, relativo al mare.
marionétta *s.f.* **1** fantoccio snodato, azionato dall'alto attraverso fili **2** (*fig.*) chi agisce eseguendo ordini altrui, senza convinzioni personali.
maritàre *v.tr.* dare marito a una donna ♦ **-rsi** *v.rifl.* prendere marito ♦ *v.rifl.rec.* unirsi in matrimonio.
marìto *s.m.* uomo sposato, considerato in relazione alla moglie.
marìttimo *agg.* del mare, che ha attinenza col mare ♦ *s.m.* chi svolge un'attività nell'ambito della marina mercantile.
marketing *s.m.invar.* (*ingl.*) insieme delle attività che permettono la migliore commercializzazione dei beni e dei servizi.
marketing plan *loc.sost.m.invar.* (*ingl.*) (*econ.*) documento di pianificazione dell'attività di marketing di un'azienda in un determinato arco di tempo.
marmàglia *s.f.* gentaglia.
marmellàta *s.f.* conserva di polpa di frutta cotta con zucchero.
marmìsta *s.m.* e *f.* [pl.m. *-sti*] **1** chi lavora il marmo **2** chi vende marmi.
marmìtta *s.f.* **1** grosso recipiente di cucina **2** (*aut.*) parte terminale del tubo di scappamento dei motori a combustione.
màrmo *s.m.* **1** calcare cristallino di vario colore **2** (*estens.*) oggetto artistico ottenuto dalla lavorazione del marmo.
marmòcchio *s.m.* [f. *-a*] (*scherz.*) bambino.
marmòreo *agg.* **1** di marmo **2** (*fig.*) che sembra avere le qualità del marmo.
marmòtta *s.f.* mammifero roditore con folto pelo grigio-rossastro; vive in zone di montagna passando l'inverno in letargo.
maróso *s.m.* (spec. *pl.*) ondata di mare tempestoso.
marróne *s.m.* **1** varietà di castagno; il

frutto di tale albero **2** il colore del guscio della castagna ♦ *agg.* [pl. *invar.* o *-ni*] del colore del guscio della castagna.
marsàla *s.m.invar.* [anche *f.*] vino profumato ad alta gradazione alcolica, prodotto nei dintorni della omonima città siciliana.
marsupiàli *s.m.pl.* (*zool.*) ordine di mammiferi le cui femmine portano i neonati in una caratteristica tasca ventrale.
marsùpio *s.m.* (*zool.*) borsa ventrale aperta all'esterno, in cui le femmine dei marsupiali tengono i neonati.
màrte *s.m.* **1** (lett.) guerra **2** *Marte*, (*astr.*) pianeta del sistema solare, il quarto in ordine di distanza dal sole.
martedì *s.m.* secondo giorno della settimana.
martellaménto *s.m.* il martellare, l'essere martellato (anche *fig.*).
martellànte *agg.* insistente.
martellàre *v.tr.* [*io martèllo ecc.*] **1** lavorare a colpi di martello **2** (*fig.*) incalzare ♦ *v.intr.* [aus. *avere*] pulsare violentemente.
martèllo *s.m.* attrezzo che serve per battere colpi direttamente su un materiale, costituito da un blocchetto metallico fissato a un manico.
màrtire *s.m.* e *f.* **1** nel cristianesimo, chi affronta anche la morte pur di non rinnegare la propria fede **2** (*fig.*) chi è afflitto da grandi dolori fisici e morali.
martìrio *s.m.* **1** la morte o le sofferenze che affronta un martire **2** (*fig.*) sofferenza.
martirizzàre *v.tr.* **1** sottoporre a martirio **2** (*fig.*) tormentare, torturare.
marxìsmo *s.m.* il complesso delle dottrine economiche, politiche e filosofiche di K. Marx (1818-1883) e F. Engels (1820-1895).
marzapàne *s.m.* pasta dolce a base di mandorle pestate, zucchero e uova.
marziàle *agg.* **1** (*lett.*) che si riferisce a Marte, dio della guerra, o alla guerra stessa | *arti marziali*, le tecniche tradizionali giapponesi di difesa, trasformate oggi in discipline sportive **2** (*fig.*) fiero.
marziàno *s.m.* [f. *-a*] ipotetico abitante del pianeta Marte | (*estens.*) extraterrestre.
màrzo *s.m.* terzo mese dell'anno.
mascalzóne *s.m.* [f. *-a*] persona capace di azioni spregevoli o disoneste.
mascàra *s.m.invar.* cosmetico per colorare le ciglia.
mascarpóne *s.m.* formaggio cremoso.
mascèlla *s.f.* (*anat.*) ciascuna delle due parti che formano lo scheletro della faccia e in cui sono infissi i denti; in senso stretto, solo quella superiore.
màschera *s.f.* **1** finta testa o finto volto con sembianze umane o animali, che si porta a scopo scherzoso, di spettacolo o rituale | *gettare la* —, (*fig.*) rivelarsi per quello che veramente si è **2** travestimento **3** personaggio fisso, tipo della commedia dell'arte **4** nei locali di spettacolo, inserviente che controlla i biglietti e accompagna gli spettatori al loro posto **5** apparecchio che si applica al viso a scopo protettivo: — *da scherma* | — *subacquea*, quella di gomma e vetro usata da chi s'immerge sott'acqua | — *di bellezza*, strato di cosmetici steso sul viso per pulire e tonificare la pelle.
mascheràre *v.tr.* [*io màschero ecc.*] **1** ricoprire con una maschera: *mascherarsi il viso* | vestire in maschera **2** (*estens.*) coprire | (*fig.*) dissimulare ♦ **-rsi** *v.rifl.* vestirsi in maschera; travestirsi.
mascheràta *s.f.* **1** insieme di persone mascherate **2** (*fig.*) buffonata.
mascheratùra *s.f.* il mascherare, il mascherarsi, l'essere mascherato.
maschìle *agg.* di maschio, da maschio | *genere* —, (*gramm.*) una delle classi del genere grammaticale ♦ *s.m.* (*gramm.*) il genere maschile.
maschilìsmo *s.m.* atteggiamento psicologico fondato sulla presunta superiorità dell'uomo sulla donna.
màschio[1] *s.m.* **1** (*biol.*) ogni individuo portatore di gameti maschili **2** (*mecc.*) pezzo fatto per entrare nell'incavo corrispondente di un altro pezzo ♦ *agg.* **1** di sesso maschile **2** (*estens.*) virile □ **-mente** *avv.*
màschio[2] *s.m.* torre principale di un castello o di una rocca.
mascotte *s.f.* (*fr.*) persona, animale o cosa considerata come portafortuna.
masochìsmo *s.m.* **1** (*psicol.*) perversione per cui il soggetto prova piacere erotico nel subire violenze fisiche e umiliazioni **2** (*estens.*) tendenza di chi, per bisogno di punirsi, accetta passivamente sofferenze e umiliazioni.
masochìsta *s.m.* e *f.* [pl.m. *-sti*] (*psicol.*) chi è affetto da masochismo.
masonite® *s.f.* materiale da costruzione ottenuto comprimendo un impasto di fibre di legno di scarso pregio.
màssa *s.f.* **1** quantità di materia che si presenta come un insieme compatto **2** (*estens.*) grande quantità **3** gran numero di persone con caratteristiche omogenee | *di* —, si dice di fenomeno economico, sociale o culturale che interessa un gran numero di persone **4** (*fis.*) quantità di materia che costituisce un corpo **5** (*elettr.*) nelle apparecchiature elettriche, la carcassa o

il telaio metallico, di solito collegato a terra.
massacràre *v.tr.* **1** uccidere con ferocia **2** (*fig.*) affaticare molto **3** (*fig.*) rovinare.
massàcro *s.m.* **1** eccidio di animali o di persone; strage **2** (*fig.*) rovina.
massaggiàre *v.tr.* [*io massàggio ecc.*] sottoporre a massaggio.
massaggiatóre *s.m.* [f. *-trice*] chi per professione pratica massaggi.
massàggio *s.m.* trattamento che consiste nel praticare sul corpo frizioni o pressioni.
massèllo *s.m.* **1** lingotto metallico **2** (*edil.*) blocco di pietra **3** (*estens.*) legno da lavorazione massiccio.
massìccio *agg.* [pl.f. *-ce*] **1** solido e resistente **2** (*fig.*) attuato con forza e compattezza ♦ *s.m.* (*geog.*) gruppo montagnoso imponente □ **-mente** *avv.*
massificàre *v.tr.* [*io massìfico, tu massìfichi ecc.*] uniformare le singole personalità degli individui; rendere massa uniforme.
massificazióne *s.f.* il massificare, l'essere massificato.
màssima[1] *s.f.* **1** regola di condotta | *in linea di* —, in generale **2** motto.
màssima[2] *s.f.* temperatura massima.
massimàle *s.m.* limite massimo ♦ *agg.*
màssimo *agg.* [superl. di *grande*] grandissimo, il più grande; estremo ♦ *s.m.* la quantità più grande possibile; il grado più elevato | *al* —, tutt'al più □ **-mente** *avv.* soprattutto.
mass media *loc.sost.m.pl.* (*ingl.*) il complesso degli organi di stampa e dei mezzi audiovisivi (cinema, radio, televisione ecc.) in grado di raggiungere e influenzare un pubblico molto esteso.
màsso *s.m.* grosso blocco di roccia.
massóne *s.m.* chi appartiene alla massoneria.
massonerìa *s.f.* **1** società segreta sorta in Inghilterra nel 1717 con l'intento di perseguire ideali di solidarietà e di progresso **2** (*estens.*) spirito di corpo che spinge gli appartenenti a uno stesso ambiente a sostenersi tra loro.
masterizzare *v.tr.* (*inform.*) registrare dati su cd-rom.
masterizzatore *s.m.* (*inform.*) periferica di un computer che consente la lettura e la registrazione dei dati su cd-rom.
mastectomìa *s.f.* (*med.*) asportazione chirurgica della mammella.
mastèllo *s.m.* recipiente di legno.
master *s.m.invar.* (*ingl.*) corso e titolo di specializzazione in una disciplina aziendale o amministrativa.
masticàre *v.tr.* [*io màstico, tu màstichi ecc.*] **1** triturare con i denti **2** (*fig.*) — *male una lingua*, parlarla in maniera approssimativa.
màstice *s.m.* prodotto adesivo di rapida essiccazione.
mastìno *s.m.* cane da guardia grosso e robusto.
mastìte *s.f.* (*med.*) infiammazione del tessuto della mammella.
mastodòntico *agg.* [pl.m. *-ci*] enorme.
màstro *s.m.* artigiano di grande esperienza ♦ *agg.libro* —, libro contabile.
masturbàre *v.tr.* [*io mastùrbo ecc.*] praticare la masturbazione su altri ♦ **-rsi** *v.rifl.* compiere la masturbazione su sé stessi.
masturbazióne *s.f.* l'atto di manipolare i genitali al fine di procurare il piacere sessuale.
matàssa *s.f.* quantità di filo avvolto su sé stesso in più giri.
match *s.m.invar.* (*ingl.*) (*sport*) incontro.
matemàtica *s.f.* l'insieme delle scienze che studiano i numeri, le figure geometriche o enti astratti analoghi.
matemàtico *agg.* [pl.m. *-ci*] **1** proprio della matematica **2** (*estens.*) esatto ♦ *s.m.* [f. *-a*] chi si dedica allo studio della matematica □ **-mente** *avv.*
materàsso *s.m.* involucro di tessuto ripieno di lana o altri materiali soffici che si stende sul piano del letto.
matèria *s.f.* **1** sostanza di cui sono fatti i corpi; la sostanza di cui un oggetto è costituito **2** (*anat.*) sostanza organica, cellulare: — *grigia*, le zone del cervello costituite da cellule nervose **3** argomento **4** qualunque disciplina oggetto di studio.
materiàle *agg.* **1** proprio della materia; che consta di materia **2** che riguarda la concretezza delle cose: *aiuto* — **3** rozzo ♦ *s.m.* ciò che serve a un determinato uso; insieme di strumenti necessari per eseguire un lavoro □ **-mente** *avv.*
materialìsmo *s.m.* (*filos.*) dottrina che pone la materia come unico principio della realtà.
materialìsta *s.m.* e *f.* [pl.m. *-sti*] chi impronta a materialismo la propria vita.
materialità *s.f.* concretezza.
materializzàre *v.tr.* concretare ♦ **-rsi** *v. intr.pron.* **1** detto di spirito, assumere forma corporea **2** prendere corpo.
maternità *s.f.* **1** l'essere madre, il diventare madre **2** reparto ospedaliero riservato alle partorienti.
matèrno *agg.* **1** di madre, della madre: *latte* — **2** da madre □ **-mente** *avv.*
matìta *s.f.* strumento per scrivere, disegnare o colorare.
matriarcàto *s.m.* (*etnol.*) sistema sociale

nel quale la donna, madre e capo di famiglia, realizza il dominio sul gruppo.
matrìce *s.f.* **1** ogni oggetto che costituisce la forma con la quale viene modellato **2** nei moduli costituiti da due elementi separabili, la parte che rimane all'emittente **3** (*fig.*) origine, radice.
matricìda *s.m.* e *f.* [pl.m. *-di*] chi ha ucciso la propria madre.
matricìdio *s.m.* uccisione della propria madre.
matrìcola *s.f.* **1** registro in cui sono elencati i nomi di persone o cose appartenenti a una determinata categoria **2** il numero di matricola **3** studente iscritto al primo anno di università.
matrìgna *s.f.* la nuova moglie del padre, rispetto ai figli da lui avuti precedentemente | (*fig.*) madre poco amorevole.
matrimoniàle *agg.* del matrimonio, concernente il matrimonio.
matrimònio *s.m.* **1** rapporto morale e giuridico esistente tra un uomo e una donna che si sono impegnati, davanti a un pubblico ufficiale o a un ministro del culto, a una completa comunanza di vita **2** la cerimonia, il rito nuziale.
matròna *s.f.* **1** presso gli antichi Romani, donna sposata **2** (*scherz.*) donna alta e formosa.
màtta *s.f.* carta da gioco alla quale può essere attribuito il valore che si vuole; jolly.
mattacchióne *s.m.* [f. *-a*] burlone.
mattànza *s.f.* (*merid.*) uccisione dei tonni imprigionati nella tonnara.
mattatóio *s.m.* luogo in cui vengono macellati gli animali.
mattatóre *s.m.* (*teat.*) attore che mira ad accentrare su di sé tutto l'interesse degli spettatori.
matterèllo *s.m.* lungo cilindro di legno usato in cucina per spianare la sfoglia di pasta.
mattìna *s.f.* parte del giorno compresa tra il sorgere del sole e il mezzogiorno.
mattinàta *s.f.* lo spazio della mattina.
mattinièro *agg.* e *s.m.* [f. *-a*] che/chi si alza presto al mattino.
mattìno *s.m.* mattina.
màtto[1] *s.m.* [f. *-a*] **1** pazzo **2** (*estens.*) stravagante, bizzarro ♦ *agg.* □ **-mente** *avv.*
màtto[2] *agg.* solo nella loc. *scacco —*, nel gioco degli scacchi, la mossa che immobilizza il re, risolvendo la partita.
mattóne *s.m.* **1** parallelepipedo di argilla, usato nelle costruzioni edilizie **2** (*fig.*) peso.
mattonèlla *s.f.* piastrella.
mattutìno *agg.* delle prime ore del mattino | che si fa di mattina.
maturàre *v.intr.* [aus. *essere*] **1** di frutto, diventare maturo **2** di persona, raggiungere la maturità fisica e intellettuale **3** (*comm.*) raggiungere la scadenza prevista ♦ *v.tr.* **1** rendere maturo **2** (*fig.*) raggiungere in modo meditato ♦ **-rsi** *v.intr.pron.* diventare maturo.
maturità *s.f.* **1** l'essere maturo **2** l'età tra la giovinezza e la vecchiaia | pienezza delle capacità intellettuali **3** diploma di stato che si consegue alla fine di un corso di scuola media superiore | *esame di —*, quello che si sostiene per ottenere tale diploma.
matùro *agg.* **1** di frutto o altro prodotto del suolo, che ha raggiunto un completo sviluppo **2** di persona, che si trova in età compresa tra la giovinezza e la vecchiaia **3** di cosa o avvenimento, che ha compiuto un determinato corso **4** (*fig.*) che ha doti intellettuali e morali sviluppate.
mausolèo *s.m.* (*arch.*) sepolcro monumentale.
maxillofacciàle *agg.* (*anat.*) relativo alla mascella e alla faccia: *chirurgia —*.
màzza *s.f.* **1** robusto bastone **2** (*sport*) nel baseball, bastone con cui il battitore respinge la palla | bastone da golf.
mazzàta *s.f.* **1** colpo di mazza **2** (*fig. fam.*) dolore intenso o danno grave.
mazzetta *s.f.* **1** mazzo di banconote **2** (*fam.*) somma di denaro che si dà a una persona per corromperla.
màzzo *s.m.* insieme di più cose, legate o unite insieme.
me *pron.pers.m.* e *f. di prima pers.sing.* [forma complementare tonica del pron. pers. *io*] **1** si usa come compl. oggetto, quando si vuole dare a esso particolare rilievo, e nei complementi introdotti da preposizioni **2** si usa come compl. di termine in luogo del pron. pers. *mi* in presenza delle forme pronominali atone *lo*, *la*, *li*, *le* e della particella *ne*.
meàndro *s.m.* **1** doppia ansa formata da un fiume **2** andamento tortuoso (anche *fig.*).
meccànica *s.f.* **1** parte della fisica che studia il moto e l'equilibrio dei corpi **2** l'insieme degli elementi di un meccanismo e il modo in cui funzionano **3** (*fig.*) il modo in cui si svolgono determinati fatti.
meccanicìsmo *s.m.* qualunque concezione filosofica che spieghi il mondo naturale esclusivamente mediante le leggi della materia e del movimento.
meccànico *agg.* [pl.m. *-ci*] **1** che riguarda i meccanismi o le macchine: **2** che si fa con una macchina **3** (*fig.*) che viene fatto in modo automatico ♦ *s.m.* operaio specia-

lizzato che provvede alla riparazione e alla manutenzione di macchine □ **-mente** *avv.*
meccanìsmo *s.m.* **1** complesso di organi meccanici **2** il modo in cui funziona tale complesso di elementi.
meccanizzàre *v.tr.* introdurre l'uso delle macchine in un'attività che prima si svolgeva in modo manuale ♦ **-rsi** *v.intr.pron.* trasformarsi in seguito all'introduzione delle macchine.
meccanizzàto *agg.* che dispone di macchine.
meccàno® *s.m.invar.* gioco per ragazzi composto di elementi metallici modulari.
meccanografìa *s.f.* procedimento meccanico o elettromeccanico di calcolo, selezione e classificazione di dati.
meccanogràfico *agg.* [pl.m. *-ci*] che si riferisce all'elaborazione di dati mediante mezzi meccanici o elettromeccanici.
mecenàte *s.m.* e *f.* persona munifica che favorisce e protegge le arti e gli artisti.
medàglia *s.f.* **1** dischetto metallico simile a una moneta destinato a ricordare una persona o un avvenimento **2** distintivo in forma di medaglia conferito in segno di onore o premio.
medésimo *agg.dimostr.* **1** indica identità **2** uguale per quantità, qualità, grandezza ♦ *pron.dimostr.* [f. *-a*] la stessa persona.
mèdia *s.f.* valore intermedio, determinato matematicamente, fra una serie di valori della stessa specie; misura di mezzo tra un minimo e un massimo | *in —*, calcolando il valore medio.
mediàna *s.f.* (*geom.*) ciascuna delle rette o dei segmenti che in un triangolo congiungono un vertice con il punto medio del lato opposto.
mediànico *agg.* [pl.m. *-ci*] che è proprio di un medium.
mediàno *agg.* che è in mezzo ♦ *s.m.* (*sport*) nel calcio, nel rugby e sim., giocatore che fa da raccordo tra i difensori e gli attaccanti.
mediànte *prep.* per mezzo di.
mediàre *v.tr.* [*io mèdio ecc.*; aus. *essere*] fare da intermediario.
mediàto *agg.* indiretto.
mediatóre *s.m.* [f. *-trice*] **1** chi si interpone fra due parti per far loro conseguire un accordo **2** agente che mette in contatto venditore e compratore ai fini della stipulazione di un contratto ♦ *agg.*
mediazióne *s.f.* l'azione svolta dal mediatore.
medicaménto *s.m.* farmaco.
medicàre *v.tr.* [*io mèdico, tu mèdichi ecc.*] curare una lesione esterna ♦ **-rsi** *v.rifl.* farsi una medicazione.
medicazióne *s.f.* il medicare, il medicarsi, l'essere medicato; l'insieme delle bende e dei medicamenti applicati sulla ferita.
medicìna *s.f.* **1** disciplina che studia le malattie e i mezzi per riconoscerle, curarle e prevenirle **2** ogni preparato che serve a curare **3** (*fig.*) ogni cosa che rappresenta un rimedio a mali fisici o morali.
medicinàle *agg.* che ha proprietà curative ♦ *s.m.* prodotto farmaceutico.
mèdico *agg.* [pl.m. *-ci*] **1** che riguarda la medicina **2** del medico ♦ *s.m.* chi pratica la medicina avendo conseguito il titolo accademico e l'abilitazione all'esercizio della professione.
medievàle *agg.* **1** del Medioevo **2** (*fig. spreg.*) retrogrado.
mèdio *agg.* **1** che è nel mezzo tra due estremi; che si trova a metà tra il massimo e il minimo | *scuola media*, quella che segue le elementari (*inferiore*) e precede l'università (*superiore*) **2** che è ottenuto facendo la media tra diverse grandezze □ **-mente** *avv.*
mediòcre *agg.* **1** scarso **2** di scarse doti ♦ *s.m.* e *f.* persona di limitate capacità □ **-mente** *avv.*
mediocrità *s.f.* l'essere mediocre.
medioèvo *s.m.* epoca storica compresa tra l'età antica e l'età moderna, i cui termini sono fissati convenzionalmente tra il 476 e il 1492.
meditabóndo *agg.* che sta assorto in meditazione; che ha l'aspetto di chi medita.
meditàre *v.tr.* [*io mèdito ecc.*] **1** considerare attentamente **2** progettare ♦ *v.intr.* [aus. *avere*] **1** raccogliersi in sé stessi **2** (*assol.*) riflettere.
meditatìvo *agg.* portato a meditare.
meditàto *agg.* ponderato □ **-mente** *avv.*
meditazióne *s.f.* **1** il meditare **2** (*relig.*) raccoglimento dello spirito intorno alle verità della fede.
mediterràneo *agg.* **1** si dice di mare quasi completamente circondato da terre | *mar Mediterraneo*, per antonomasia, il mare tra Europa, Asia e Africa **2** delle terre bagnate dal mar Mediterraneo.
mèdium *s.m.* e *f.invar.* persona dotata di poteri paranormali, che sarebbe in grado di comunicare con gli spiriti dei defunti.
medùsa *s.f.* animale marino a forma di ombrello, orlato da una frangia di filamenti urticanti.
meeting *s.m.invar.* (*ingl.*) **1** convegno, congresso **2** raduno sportivo.
mefìtico *agg.* [pl.m. *-ci*] malsano.
mega- primo elemento di parole compo-

ste, che significa 'grande, grosso' o indica eccessivo sviluppo; anteposto a un'unità di misura ne moltiplica il valore per 10^6.
megahertz *s.m. invar.* (*fis.*) unità di misura di frequenza, pari a 1 milione di hertz.
megalìte *s.m.* (*archeol.*) monumento preistorico formato da grandi blocchi di pietra.
megalomanìa *s.f.* mania di grandezza.
megalòpoli *s.f.* grande metropoli.
megastore *s.m.invar.* grande magazzino, per lo più appartenente a una catena, che vende una vastissima gamma di prodotti dello stesso genere: *un — dell'informatica, dell'abbigliamento.*
megavòlt *s.m.invar.* (*fis.*) unità di tensione elettrica pari a 1 milione di volt.
mèglio *avv.* [compar. di *bene*] in modo migliore | *star* —, trovarsi in condizioni migliori ♦ *agg.compar.invar.* migliore ♦ *s.m.invar.* la cosa o la parte migliore | *fare del proprio* —, tutto il possibile.
meiòsi *s.f.* (*biol.*) processo di divisione del nucleo che determina nelle cellule germinali la riduzione a metà del numero di cromosomi.
méla *s.f.* frutto del melo.
melagràna *s.f.* [pl. *melagrane*] frutto del melograno.
melanìna *s.f.* (*chim., biol.*) pigmento bruno-nerastro presente nell'epidermide, nei capelli, nei peli e nella retina.
melanòma *s.m.* [pl. *-mi*] (*med.*) tumore della cute derivato da cellule ricche di melanina.
melanzàna *s.f.* **1** pianta erbacea coltivata per i frutti commestibili con buccia violacea **2** il frutto stesso.
melàssa *s.f.* liquido sciropposo che è un prodotto secondario dell'estrazione dello zucchero.
melènso *agg.* scipito, insulso □ **-mente** *avv.*
mèlico *agg.* [pl.m. *-ci*] si dice di poesia destinata al canto ♦ *s.m.* poeta melico.
melìna *s.f.* (*gerg.*) nel calcio e nella pallacanestro, azione ostruzionistica che consiste nel trattenere a lungo la palla.
melìssa *s.f.* pianta erbacea con fiori bianchi profumati e foglie ovali, usate in farmacia per le loro proprietà stimolanti e antispasmodiche.
mellìfluo *agg.* di una dolcezza affettata, insincera □ **-mente** *avv.*
mélma *s.f.* **1** terra intrisa d'acqua **2** (*fig.*) abiezione.
melmóso *agg.* pieno di melma.
mélo *s.m.* albero con rami lucidi rossobruni, fiori bianchi e foglie ovali seghettate; produce frutti commestibili.
melo- primo elemento di parole composte, che significa 'canto, melodia, musica'.
melodìa *s.f.* **1** (*mus.*) successione di suoni avente senso musicale compiuto **2** (*estens.*) armonia di voci, di suoni.
melòdico *agg.* [pl.m. *-ci*] di melodia □ **-mente** *avv.*
melodióso *agg.* che ha suono dolce, soave □ **-mente** *avv.*
melodràmma *s.m.* [pl. *-mi*] composizione drammatica musicata e cantata; opera lirica.
melodrammàtico *agg.* [pl.m. *-ci*] enfatico, teatrale □ **-mente** *avv.*
melogràno *s.m.* [pl. *melograni*] arbusto con fiori rossi e foglie ovali, coltivato per i frutti commestibili.
melóne *s.m.* pianta erbacea con foglie lobate e fusto strisciante, coltivata per i frutti commestibili | il frutto della pianta.
membràna *s.f.* **1** (*anat.*) strato sottile di tessuto che avvolge un organo o chiude cavità **2** pelle tesa sui tamburi e altri strumenti a percussione.
mèmbro *s.m.* [pl. *i membri*; *le membra*, del corpo umano considerate collettivamente] **1** ciascuna delle parti in cui si articola il corpo umano **2** (*fig.*) ciascuna delle persone che formano un gruppo, una collettività, un'associazione.
memoràbile *agg.* si dice di cosa o fatto straordinario, degno di essere ricordato □ **-mente** *avv.*
memorandum *s.m.invar.* documento in cui sono ricordati i termini di una questione.
mèmore *agg.* (*lett.*) che conserva il ricordo di un'esperienza, di un fatto.
memòria *s.f.* **1** facoltà della mente di conservare e richiamare alla coscienza nozioni ed esperienze del passato **2** ciò che fa rivivere nell'animo il passato; ricordo **3** (*inform.*) dispositivo o insieme di dispositivi per l'immagazzinamento dei dati in un elaboratore elettronico.
memoriàle *s.m.* narrazione di fatti degni di memoria.
memorizzàre *v.tr.* **1** fissare nella memoria **2** (*inform.*) registrare dati nella memoria di un elaboratore elettronico.
menabò *s.m.* (*tip.*) schema di lavoro di un progetto grafico o di un lavoro a stampa.
ménage *s.m.invar.* (*fr.*) andamento della vita coniugale o familiare.
menàrca *s.m.* [pl. *-chi*] (*med.*) prima mestruazione.
menàre *v.tr.* [*io méno* ecc.] **1** condurre **2** trascorrere, vivere **3** agitare | picchiare ♦ **-rsi** *v.rifl.rec.* (*fam.*) picchiarsi.

mendicànte *agg.* e *s.m.* e *f.* che/chi chiede l'elemosina; che/chi vive di elemosina.
mendicàre *v.tr.* [*io méndico, tu méndichi ecc.*] **1** chiedere per elemosina qlco. **2** (*estens.*) chiedere con insistenza.
menefreghìsmo *s.m.* ostentata noncuranza degli altri o dei propri doveri.
menestrèllo *s.m.* nel Medioevo, giullare che componeva e cantava poesie e canzoni nelle corti feudali.
menhìr *s.m.invar.* (*archeol.*) monumento preistorico costituito da una grande pietra di forma allungata infissa verticalmente in terra.
menìnge *s.f.* (*anat.*) ciascuna delle tre membrane che avvolgono l'encefalo e il midollo spinale.
meningìte *s.f.* (*med.*) processo infiammatorio che colpisce le meningi.
menìsco *s.m.* [pl. *-schi*] (*anat.*) diaframma fibro-cartilagineo frapposto tra le superfici contigue di alcune articolazioni.
méno *avv.* [*compar.* di *poco*] **1** in minor quantità, grado o misura | *più o —*, all'incirca | *— male*, esprime il sollievo di constatare che le cose sono andate meglio di come si temeva **2** indica la sottrazione, la differenza: *dieci — due è uguale a otto* | nelle misurazioni di temperatura, indica i gradi al di sotto dello zero: *il termometro segna — tre* ♦ *agg.compar. invar.* minore; in minor numero, in quantità minore ♦ *prep.* fuorché, tranne, eccetto ♦ *s.m.invar.* la minor cosa.
menomàre *v.tr.* [*io mènomo ecc.*] danneggiare fisicamente o moralmente.
menomàto *agg.* e *s.m.* [f. *-a*] che/chi ha subito una menomazione fisica.
menomazióne *s.m.* il menomare, l'essere menomato; danno fisico o morale.
menopàusa *s.f.* nella donna, cessazione definitiva delle mestruazioni.
mènsa *s.f.* **1** tavola per mangiare **2** organizzazione che allestisce i pasti per i membri di una comunità; il locale dove si prendono tali pasti.
mensìle *agg.* **1** del mese; che ricorre ogni mese **2** che dura un mese ♦ *s.m.* **1** stipendio **2** periodico che si pubblica ogni mese □ **-mente** *avv.* ogni mese.
mensilità *s.f.* stipendio mensile.
mènsola *s.f.* asse di legno o lastra di materiale rigido fissata orizzontalmente a una parete, usata come piano d'appoggio.
ménta *s.f.* **1** genere di piante erbacee aromatiche **2** (*estens.*) liquore, bibita, caramella a base di menta.
mentàle *agg.* **1** della mente **2** fatto con la mente □ **-mente** *avv.*
mentalità *s.f.* modo particolare di considerare le cose.
ménte *s.f.* **1** l'insieme delle facoltà intellettive che permettono all'uomo di conoscere la realtà, di pensare e di giudicare **2** intelligenza **3** il pensiero, l'attenzione | *fare — locale*, accentrare il proprio pensiero intorno a una data cosa **4** memoria.
mentìre *v.intr.* [*io mènto* o *ménto ecc.* (anche *io mentisco, tu mentisci ecc.*); aus. *avere*] affermare il falso consapevolmente.
mentitóre *agg.* e *s.m.* [f. *-trice*] che/chi mente.
ménto *s.m.* la parte del viso al di sotto del labbro inferiore.
mentòlo *s.m.* (*chim.*) alcol presente nell'olio essenziale di menta; è usato in farmacia e in profumeria.
méntre *cong.* **1** nel tempo in cui **2** e invece **3** finché.
menu *s.m.invar.* (*fr.*) **1** lista delle vivande presentata nei ristoranti **2** (*inform.*) l'elenco delle opzioni offerte da un programma e visualizzate sullo schermo.
menzionàre *v.tr.* [*io menzióno ecc.*] ricordare, citare.
menzióne *s.f.* citazione di persona o di cosa che si fa in uno scritto o in un discorso.
meravìglia *s.f.* **1** sentimento di viva sorpresa suscitato da qlco. di nuovo, strano o inatteso **2** persona o cosa che suscita ammirazione.
meravigliàre *v.tr.* [*io meravìglio ecc.*] destare meraviglia ♦ **-rsi** *v.intr.pron.* stupirsi.
meravigliàto *agg.* stupito.
meraviglióso *agg.* che desta meraviglia ♦ *s.m.* l'insieme degli eventi straordinari che intervengono in un'opera di fantasia □ **-mente** *avv.*
mercànte *s.m.* (*antiq.*) chi pratica il commercio | *— d'arte*, chi commercia in opere d'arte.
mercanteggiàre *v.intr.* [*io mercantéggio ecc.*; aus. *avere*] contrattare tirando sul prezzo ♦ *v.tr.* far mercato di beni e cose non venali.
mercantìle *agg.* **1** attinente al commercio **2** di mercante, da mercante ♦ *s.m.* nave da trasporto di merci.
mercanzìa *s.f.* insieme di merci.
mercàto *s.m.* **1** luogo chiuso o all'aperto dove si incontrano i venditori e i compratori di beni **2** l'insieme delle contrattazioni che riguardano un bene | *a buon —*, a poco prezzo; (*fig.*) con poco danno: *cavarsela a buon —* **3** (*fig. spreg.*) traffico, commercio illecito.
mèrce *s.f.* qualunque bene economico mobile destinato alla vendita.
mercenàrio *agg.* che presta la propria

opera a pagamento ♦ *s.m.* soldato mercenario.
merceologìa *s.f.* scienza applicata che studia l'origine, le proprietà chimiche e fisiche, gli usi delle merci.
mercerìa *s.f.* **1** (spec. *pl.*) l'insieme degli articoli minuti usati per lavori di cucito **2** negozio in cui si vendono tali articoli.
merchandising *s.m.invar.* (*ingl.*) tecnica di promozione ed esposizione al pubblico dei prodotti nei punti di vendita.
mercificàre *v.tr.* [*io mercifico, tu mercìfichi ecc.*] ridurre a merce ciò che non dovrebbe avere natura commerciale: — *la cultura*.
mercificazióne *s.f.* il mercificare, l'essere mercificato.
mercoledì *s.m.* terzo giorno della settimana.
mercùrio *s.m.* **1** *Mercurio*, (*astr.*) pianeta del sistema solare più vicino al Sole **2** elemento chimico di simbolo *Hg*; è un metallo liquido a temperatura ordinaria, argenteo.
mèrda *s.f.* (*volg.*) **1** escremento **2** (*fig.*) cosa che disgusta; persona spregevole.
merènda *s.f.* spuntino che si fa nel pomeriggio.
meridiàna *s.f.* **1** la linea retta secondo la quale il piano del meridiano geografico di un luogo interseca il piano dell'orizzonte **2** orologio solare basato sulla posizione dell'ombra proiettata da un'asta durante le varie ore del giorno.
meridiàno *agg.* di mezzogiorno ♦ *s.m.* (*geog.*) circolo massimo passante per i poli terrestri (— *terrestre*) o per i poli celesti (— *celeste*).
meridionàle *agg.* del meridione ♦ *s.m.* e *f.* chi è nato nel meridione di un paese.
meridióne *s.m.* **1** sud; mezzogiorno **2** insieme delle regioni di un paese situate a sud.
merìnga *s.f.* **1** chiara d'uovo montata a neve con zucchero a velo **2** dolce fatto con tale composto e cotto al forno.
meritàre *v.tr.* [*io mèrito ecc.*] **1** essere degno di avere, ricevere **2** valere effettivamente **3** far ottenere.
meritàto *agg.* ottenuto secondo il merito; giusto, ben assegnato □ **-mente** *avv.*
mèrito *s.m.* **1** ciò che rende degno di stima, di ricompensa; diritto alla stima | *a pari* —, in gare e concorsi, si dice di due o più concorrenti che vengano giudicati di uguale valore **2** qualità positiva; pregio **3** aspetto sostanziale | *in — a*, riguardo a.
meritocrazìa *s.f.* sistema di distribuzione di riconoscimenti e compensi basato esclusivamente sui meriti individuali.
meritòrio *agg.* che dà merito □ **-mente** *avv.*
mèrlo[1] *s.m.* **1** uccello con piumaggio nero e becco giallo **2** (*fig.*) persona sciocca.
mèrlo[2] *s.m.* (*arch.*) ciascuno dei rialzi in muratura eretti a intervalli regolari come coronamento dei muri perimetrali di castelli, torri.
merlùzzo *s.m.* grosso pesce di mare.
meschinità *s.f.* **1** l'essere meschino **2** azione, parola meschina.
meschìno *agg.* **1** che è troppo scarso; insufficiente, inadeguato **2** che ha idee e sentimenti gretti, limitati | che rivela ristrettezza mentale ♦ *s.m.* [f. *-a*] persona gretta □ **-mente** *avv.*
mescolàre *v.tr.* [*io méscolo ecc.*] **1** unire componenti diversi in modo da formare un insieme **2** rimestare ♦ **-rsi** *v.intr.pron.*, *rifl.* o *rifl.rec.* unirsi in un insieme, fondersi.
mescolàta *s.f.* il mescolare, una sola volta o rapidamente.
mése *s.m.* **1** ciascuno dei dodici periodi di tempo in cui è suddiviso l'anno civile **2** periodo di circa trenta giorni, che può non coincidere con un mese del calendario.
mesencèfalo *s.m.* (*anat.*) la parte dell'encefalo che sta alla base del cervello e che lo collega al midollo spinale.
meso- primo elemento di parole composte della terminologia scientifica, che significa 'medio, che sta in posizione intermedia'.
mesolìtico *agg.* e *s.m.* [pl.m. *-ci*] si dice del periodo preistorico intermedio tra paleolitico e neolitico.
mesozòico *agg.* e *s.m.* [pl.m. *-ci*] si dice della terza era geologica, caratterizzata da un grande sviluppo dei rettili.
méssa[1] *s.f.* **1** nella religione cattolica, il sacrificio del corpo e del sangue di Cristo sotto le specie del pane e del vino: *celebrare la* — **2** composizione musicale comprendente le parti cantate della messa.
méssa[2] *s.f.* il mettere; si usa solo in alcune locuzioni in cui è seguito da una preposizione: — *a fuoco*, (*foto.*) regolazione dell'obiettivo per ottenere immagini nitide; (*fig.*) l'esatta precisazione dei termini di una questione | — *in opera*, installazione | — *in piega*, operazione con cui si dà una piega ai capelli.
messaggèro *s.m.* [f. *-a*] chi reca un messaggio, un annuncio.
messàggio *s.m.* **1** notizia trasmessa ad altri **2** solenne discorso rivolto al popolo da un'alta autorità **3** (*fig.*) l'annuncio di una concezione innovatrice.

messàle *s.m.* libro liturgico contenente i testi di tutte le messe dell'anno.
messìa *s.m.* **1** *il Messia*, (*relig.*) il salvatore promesso da Dio agli ebrei, riconosciuto dai cristiani in Gesù Cristo **2** (*fig.*) salvatore.
messinscèna *s.f.* [pl. *messinscene* o *messe in scena*] **1** l'insieme di tutti gli elementi che appaiono sulle scene durante uno spettacolo **2** (*fig.*) simulazione.
messo *s.m.* dipendente di enti pubblici o privati incaricato di portare lettere, avvisi; usciere, fattorino.
mestière *s.m.* **1** attività che una persona svolge abitualmente traendone guadagno **2** la pratica di un lavoro e la conoscenza approfondita delle sue tecniche **3** (*spreg.*) attività che si svolge solo a fine di guadagno.
mestìzia *s.f.* tristezza, malinconia.
mèsto *agg.* che prova mestizia □ **-mente** *avv.*
méstola *s.f.* arnese da cucina, a forma di cucchiaio spianato e talvolta bucherellato.
méstolo *s.m.* piccola mestola senza buchi, usata per mescolare i cibi in cottura.
mestruàle *agg.* che concerne la mestruazione: *ciclo —*.
mestruazióne *s.f.* fenomeno fisiologico della donna in età feconda, consistente in un flusso sanguigno dall'utero.
mèta *s.m.* **1** il punto al quale si è diretti **2** (*fig.*) fine da raggiungere.
metà *s.f.* **1** una delle due parti uguali che insieme formano un intero **2** il punto che divide qlco. segnando anche idealmente la metà.
metabolìsmo *s.m.* (*biol.*) il complesso delle trasformazioni chimiche che avvengono negli organismi viventi; ricambio.
metacàrpo *s.m.* (*anat.*) il complesso delle cinque ossa che formano lo scheletro della mano.
metadóne *s.m.* (*chim.*) composto sintetico usato in medicina per il trattamento delle tossicodipendenze.
metafile *s.m. invar.* (*inform.*) file che contiene informazioni relative ad altri file.
metafìsica *s.f.* parte della filosofia che tratta dei princìpi primi della realtà, posti oltre la conoscenza sensibile.
metafìsico *agg.* [pl.m. *-ci*] (*filos.*) della metafisica, relativo alla metafisica ♦ *s.m.* [f. *-a*] filosofo che si occupa di metafisica □ **-mente** *avv.*
metàfora *s.f.* figura retorica per la quale al termine proprio se ne sostituisce un altro legato al primo da un rapporto di somiglianza (p.e. *sei un fulmine*).
metafòrico *agg.* [pl.m. *-ci*] di metafora; figurato □ **-mente** *avv.*
metal detector *loc. sost.m.invar.* (*ingl.*) dispositivo elettromagnetico che serve a individuare oggetti metallici.
metallizzàre *v.tr.* **1** ricoprire di uno strato di metallo o di lega metallica a scopo protettivo **2** dare una lucentezza metallica.
metallizzàto *agg.* che contiene metalli; che ha riflessi metallici.
metàllo *s.m.* nome generico di tutti gli elementi chimici dotati di lucentezza, buoni conduttori del calore e dell'elettricità.
metallòide *s.m.* termine improprio con cui si designa ogni elemento chimico che abbia caratteristiche opposte a quelle dei metalli.
metallurgìa *s.f.* la tecnica dell'estrazione dei metalli e della loro lavorazione industriale.
metallùrgico *agg.* [pl.m. *-ci*] che riguarda la metallurgia ♦ *agg.* e *s.m.* [f. *-a*] si dice di operaio dell'industria metallurgica.
metalmeccànico *agg.* [pl.m. *-ci*] che concerne la metallurgia e la meccanica insieme ♦ *agg.* e *s.m.* [f. *-a*] si dice di operaio delle industrie metalmeccaniche.
metamòrfico *agg.* [pl.m. *-ci*] **1** di metamorfosi **2** (*geol.*) che risulta da metamorfismo.
metamorfismo *s.m.* (*geol.*) il complesso delle trasformazioni subite da minerali e rocce a causa di pressioni, alte temperature o azioni chimiche.
metamòrfosi *s.f.* **1** nella mitologia e nella letteratura popolare, la trasformazione soprannaturale di un essere **2** (*fig.*) mutamento, cambiamento.
metano *s.m.* (*chim.*) idrocarburo composto da un atomo di carbonio e quattro di ossigeno; gas incoloro, inodoro, infiammabile, usato come combustibile.
metanodótto *s.m.* conduttura per il trasporto e la distribuzione del metano.
metàstasi *s.f.* (*med.*) il riprodursi di processi tumorali, in un punto lontano dal focolaio d'origine.
metatàrso *s.m.* (*anat.*) l'insieme delle cinque ossa lunghe del piede.
metazòi *s.m.pl.* (*zool.*) sottoregno comprendente gli animali costituiti da più cellule.
metempsicòsi *s.f.* reincarnazione.
mèteo *agg.invar.* abbr. di *metereologico*.
metèora *s.f.* **1** (*geog.*) ogni fenomeno naturale dell'atmosfera **2** (*astr.*) meteorite che si consuma lasciando una scia luminosa; stella cadente.
meteorìte *s.m.* o *f.* (*astr.*) frammento di

corpo celeste che vaga nello spazio e può precipitare verso la superficie di un pianeta.
meteorologìa *s.f.* scienza che studia l'atmosfera terrestre e i fenomeni che vi si verificano.
meteorològico *agg.* relativo ai fenomeni atmosferici o alla meteorologia □ **-mente** *avv.*
meteoròlogo *s.m.* [pl. *-gi*] studioso di meteorologia; esperto nelle previsioni del tempo.
meteoropatìa *s.f.* (*med.*) insieme di disturbi psichici e neurovegetativi conseguenti a determinate condizioni meteorologiche.
metìccio *agg.* e *s.m.* [pl.f. *-ce*] si dice di persona nata da genitori la cui pelle è di colore diverso | (*zootec.*) si dice di animale nato dall'incrocio di individui di razza diversa.
meticolosità *s.f.* l'essere meticoloso.
meticolóso *agg.* **1** che agisce con scrupolo e zelo, talora pedante **2** fatto in modo preciso e minuzioso □ **-mente** *avv.*
metòdica *s.f.* metodologia.
metòdico *agg.* [pl.m. *-ci*] **1** si dice di cosa fatta con metodo **2** di persona, che osserva un metodo di vita, di lavoro □ **-mente** *avv.*
mètodo *s.m.* **1** insieme di regole e di principi in base al quale si svolge un'attività; modo di procedere razionale **2** modo di agire.
metodologìa *s.f.* **1** (*filos.*) studio dei principi e delle regole che permettono lo sviluppo delle conoscenze in una determinata disciplina **2** metodo.
metonimìa *s.f.* figura retorica consistente nella sostituzione di un termine con un altro ad esso contiguo; *p.e.* la causa per l'effetto (*vivere del proprio lavoro*).
metràggio *s.m.* lunghezza calcolata in metri.
mètrica *s.f.* l'insieme delle norme che regolano la composizione dei versi.
mètrico *agg.* [pl.m. *-ci*] **1** che riguarda le misure **2** della metrica □ **-mente** *avv.*
mètro *s.m.* **1** unità di misura della lunghezza nel Sistema Internazionale, definito in rapporto alla velocità della luce; ha simbolo *m* **2** nastro o regolo della lunghezza di 1 m **3** (*fig.*) criterio di giudizio **4** il verso o la strofa.
metró *s.m.* metropolitana.
metro- primo elemento di parole composte, che significa 'misura', 'misuratore', 'metro poetico, piede'.
metrònomo *s.m.* strumento usato per battere il tempo in musica.
metronòtte *s.m.invar.* guardia notturna.
metròpoli *s.f.* città notevolmente estesa e popolata.
metropolìta *s.m.* [pl. *-ti*] arcivescovo.
metropolitàna *s.f.* sistema ferroviario, in gran parte sotterraneo, per il trasporto rapido di persone nelle grandi città.
méttere *v.tr.* [pres. *io métto ecc.*; pass.rem. *io misi, tu mettésti ecc.*; part.pass. *mésso*] **1** collocare, porre (anche *fig.*): — *al mondo*, partorire | — *alle strette*, costringere | — *in pratica*, attuare **2** indossare **3** (*fam.*) installare **4** [con la particella pron. *ci*] dedicare; impiegare: *metterci tre ore* ♦ *v.intr.* [aus. *avere*] sboccare: *la via mette in una piazzetta* ♦ **-rsi** *v.rifl.* **1** porsi, collocarsi **2** vestirsi **3** iniziare ♦ *v.intr.pron.* **1** assumere un andamento: — *male, bene* **2** di pioggia, neve ecc., iniziare: *si è messo a piovere*.
MeV *s.m.* (*fis.*) unità di misura di energia usata in fisica nucleare, pari a 1 milione di elettronvolt.
mezzanòtte *s.f.* [pl. *mezzanotti*] la ventiquattresima ora del giorno, fine di una giornata e inizio della successiva.
mezz'ària solo nella loc. avv. *a* —, a media altezza.
mezz'àsta solo nella loc. avv. *a* —, si dice di bandiera innalzata solo fino a metà dell'asta, in segno di lutto.
mezzerìa *s.f.* linea che divide in due parti una strada nel senso della lunghezza.
mèzzo *agg.* che è metà dell'intero | in usi familiari: *una mezza idea*, un'idea molto vaga; — *morto*, molto mal ridotto ♦ *s.m.* **1** la metà di un tutto **2** il punto, la linea, il momento che divide a metà idealmente uno spazio o un periodo di tempo | *via di* —, (*fig.*) soluzione intermedia **3** (*scient.*) la sostanza nel quale un fenomeno si verifica **4** strumento di cui ci si serve | *complemento di* —, (*gramm.*) quello che indica lo strumento con cui si compie l'azione espressa dal verbo **5** veicolo **6** *pl.* possibilità economiche, risorse finanziarie.
mezzobùsto *s.m.* [pl. *mezzibusti*] figura che rappresenta la testa, il collo e la parte superiore del busto.
mezzogiórno *s.m.* [pl. *mezzogiorni*] **1** il momento in cui il Sole culmina; le ore dodici locali **2** (*estens.*) il sud.
mi[1] *pron.pers. di prima pers.sing.* [forma complementare atona del pron. pers. *io*] si usa in luogo di *me* o *a me* quando non si vuol dare a essi particolare rilievo: *mi ha scritto ieri*; *eccomi giunto*; *ditemi se è vero*.
mi[2] *s.m.* nota musicale, la terza della scala di do.
miagolàre *v.intr.* [*io miàgolo ecc.*; aus. *avere*]

detto del gatto, emettere il caratteristico verso.
mialgìa *s.f.* (*med.*) dolore muscolare.
miàsma *s.m.* [pl. *-smi*] esalazione nociva.
miastenìa *s.f.* (*med.*) indebolimento muscolare progressivo.
mìca[1] *avv.* (*fam.*) affatto, per nulla.
mìca[2] *s.f.* denominazione generica di un gruppo di minerali caratterizzati da facilissima sfaldatura.
mìccia *s.f.* [pl. *-ce*] filo combustibile usato per trasmettere a distanza l'accensione a ordigni esplosivi.
micète *s.m.* (*bot.*) fungo.
micetologìa *s.f.* micologia.
micidiàle *agg.* **1** che procura la morte **2** (*iperb.*) insopportabile.
micologìa *s.f.* settore della botanica che studia i funghi.
micòsi *s.f.* malattia prodotta da funghi parassiti microscopici.
micro- primo elemento di parole composte, che significa 'piccolo', 'di sviluppo limitato', oppure 'microscopico'; anteposto a un'unità di misura, ne moltiplica il valore per 10^{-6}.
micròbio *s.m.* (*biol.*) microrganismo animale o vegetale, per lo più patogeno.
microbiologìa *s.f.* parte della biologia che studia i microrganismi.
mìcrobo *s.m.* **1** microbio **2** (*fig.*) persona insignificante e meschina.
microcefalìa *s.f.* (*med.*) sviluppo ridotto del cranio.
microcèfalo *agg.* e *s.m.* (*med.*) che/chi è affetto da microcefalia.
microchirurgìa *s.f.* tecnica chirurgica che prevede l'uso del microscopio.
microcòsmo *s.m.* **1** (*filos.*) nel pensiero antico e rinascimentale, l'uomo inteso come un'entità che riassume in sé l'intero universo **2** (*scient.*) l'insieme dei sistemi infinitamente piccoli che costituiscono la materia **3** (*spreg.*) mondo angusto e limitato.
microeconomìa *s.f.* branca dell'economia che studia le singole unità produttive.
microfilm *s.m.invar.* pellicola di piccole dimensioni usata per fotografare scritti, documenti.
micròfono *s.m.* apparecchio per la trasmissione e l'amplificazione del suono.
micròmetro *s.m.* strumento per misure lineari di precisione.
microprocessóre *s.m.* (*inform.*) unità centrale di elaborazione costruita su un singolo circuito integrato.
microrganìsmo *s.m.* nome generico con cui si indicano esseri animali e vegetali visibili solo al microscopio.
microscòpico *agg.* [pl.m. *-ci*] visibile solo al microscopio | (*iperb.*) piccolissimo □ **-mente** *avv.*
microscòpio *s.m.* strumento ottico che consente di vedere oggetti non percepibili a occhio nudo.
microspìa *s.f.* microfono miniaturizzato.
midollàre *agg.* del midollo.
midóllo *s.m.* (*anat.*) il tessuto spugnoso che occupa le cavità del tessuto osseo.
mièle *s.m.* sostanza molto dolce di color biondo, prodotta dalle api.
mielite *s.f.* (*med.*) infiammazione del midollo.
mielòma *s.m.* [pl. *-mi*] (*med.*) tumore maligno del midollo osseo.
miètere *v.tr.* [*io mièto ecc.*] **1** tagliare cereali maturi **2** (*fig.*) uccidere **3** (*fig.*) raccogliere in gran quantità.
mietitrìce *s.f.* macchina che compie la mietitura.
mietitùra *s.f.* **1** operazione del mietere **2** il periodo in cui si miete.
migliàio *s.m.* [pl.f. *migliaia*] insieme di mille o di circa mille unità.
miglio[1] *s.m.* [pl.f. *miglia*] unità di misura delle distanze, di valore diverso secondo i tempi e i luoghi.
mìglio[2] *s.m.* pianta erbacea con foglie lineari e infiorescenze a pannocchia; i frutti della pianta, usati sia per l'alimentazione umana sia come becchime per uccelli.
miglioraménto *s.m.* **1** il rendere migliore **2** il diventare migliore **3** lo stare meglio.
miglioràre *v.tr.* [*io miglióro ecc.*] rendere migliore ♦ *v.intr.* [aus. *essere*; anche *avere* nel sign. 2] **1** diventare migliore **2** ristabilirsi in salute.
miglióre *agg.* [compar. di *buono*] più buono (per qualità, valore, pregio ecc.) ♦ *s.m.* [anche *f.*].
migliorìa *s.f.* opera di miglioramento.
mìgnolo *s.m.* e *agg.* si dice del quinto e più piccolo dito della mano o del piede.
mignon *agg.invar.* (*fr.*) di piccole dimensioni, di piccolo formato.
migràre *v.intr.* [aus. *essere*] lasciare il luogo in cui si vive per stabilirsi altrove.
migratóre *agg.* e *s.m.* [f. *-trice*] che/chi migra: *uccelli migratori*.
migratòrio *agg.* di migrazione.
migrazióne *s.f.* il migrare; spostamento temporaneo o definitivo di gruppi etnici | spostamento periodico di animali.
miliardàrio *agg.* e *s.m.* [f. *-a*] si dice di persona straricca.
miliàrdo *s.m.* indica una quantità composta da mille milioni di unità.
miliàre *agg.* si dice di indicazione che segna il numero di miglia di una strada | *pie-*

tra —, (*fig.*) avvenimento che costituisce una tappa fondamentale.
milionàrio *agg.* e *s.m.* [f. *-a*] si dice di chi possiede più milioni.
milióne *s.m.* indica una quantità composta da mille migliaia di unità.
militànte *agg.* che milita ♦ *s.m.* e *f.* attivista di un movimento o di un partito.
militàre[1] *agg.* relativo alle forze armate o ai soldati ♦ *s.m.* appartenente alle forze armate di uno stato □ **-mente** *avv.*
militàre[2] *v.intr.* [*io milito ecc.*; aus. *avere*] **1** prestare servizio militare **2** (*estens.*) partecipare attivamente alla vita di un movimento politico, culturale ecc.
militarismo *s.m.* tendenza a incrementare lo sviluppo degli armamenti.
militarista *s.m.* e *f.* [pl.m. *-sti*] sostenitore del militarismo | usato come *agg.*
militesènte *agg.* e *s.m.* (*pop.*) esente dal servizio militare.
milìzia *s.f.* **1** il mestiere di soldato **2** (*st.*) corpo di soldati armati **3** (*fig.*) attività svolta per una causa ideale.
mìlle *agg.num.card.invar.* numero naturale corrispondente a dieci centinaia.
millefòglie *s.m.invar.* dolce di pasta sfoglia con crema.
millenàrio *agg.* **1** che ha mille anni, che dura o è durato uno o più millenni **2** che ricorre ogni mille anni ♦ *s.m.* ricorrenza del millesimo anno di un avvenimento.
millènnio *s.m.* periodo di mille anni.
millepièdi *s.m.* denominazione popolare di alcune specie di miriapodi.
millèsimo *agg.num.ord.* che in una serie occupa il posto corrispondente al numero mille ♦ *s.m.* la millesima parte di un tutto.
milli- primo elemento di parole composte, che anteposto a un'unità di misura ne moltiplica il valore per 10^{-3}.
milligràmmo *s.m.* [pl. *-mi*] millesimo di grammo; ha come simbolo *mg*.
millìmetro *s.m.* millesimo di metro; ha come simbolo *mm*.
mìlza *s.f.* (*anat.*) organo situato nella parte superiore sinistra dell'addome, nel quale si formano i globuli bianchi e vengono distrutti i globuli rossi alterati.
mimàre *v.tr.* rappresentare con i gesti del corpo; imitare.
mimètico *agg.* [pl.m. *-ci*] **1** imitativo **2** che si mimetizza | che serve a mimetizzare □ **-mente** *avv.*
mimetismo *s.m.* fenomeno per cui alcune specie animali e vegetali assumono forme e colori simili a quelli dell'ambiente in cui vivono.
mimetizzàre *v.tr.* mascherare qlco. in modo da renderlo simile all'ambiente circostante ♦ **-rsi** *v.rifl.* di soldati, mascherarsi a scopo tattico per confondersi con l'ambiente circostante | di animali e piante, presentare il fenomeno del mimetismo.
mimetizzazióne *s.f.* il mimetizzare, il mimetizzarsi, l'essere mimetizzato.
mìmica *s.f.* l'arte scenica di esprimersi solo mediante i gesti e le espressioni del volto.
mìmo *s.m.* **1** [f. *-a*] attore che interpreta un'azione scenica valendosi solo della mimica **2** (*teat.*) arte mimica.
mimósa *s.f.* (*bot.*) varietà di acacia, con fiori profumati gialli, simili a palline vellutate.
mìna *s.f.* **1** cavità artificiale in cui viene inseritpo l'esplosivo per abbattere rocce o murature; l'esplosivo stesso **2** (*mil.*) ordigno esplosivo **3** bastoncino di grafite che, inserito nella matita, serve per scrivere.
minàccia *s.f.* [pl. *-ce*] **1** atto o parole con cui si minaccia **2** (*fig.*) pericolo incombente.
minacciàre *v.tr.* [*io minàccio ecc.*] **1** far temere a qlcu. un male futuro, per costringerlo o dissuaderlo dal fare qlco. **2** (*fig.*) mettere in pericolo.
minàre *v.tr.* **1** collocare mine **2** (*fig.*) insidiare, indebolire.
minaréto *s.m.* torre annessa alla moschea, dalla quale il muezzin chiama i credenti alla preghiera.
minatóre *s.m.* operaio che lavora nelle miniere.
minatòrio *agg.* che minaccia.
mineràle *s.m.* sostanza naturale inorganica che fa parte della litosfera terrestre ♦ *agg.* che ha natura di minerale; che si estrae da minerali o contiene minerali.
mineralogìa *s.f.* scienza che studia i minerali nei loro caratteri fisici e chimici.
mineràrio *agg.* relativo alle miniere e ai minerali da esse estratti.
minèstra *s.f.* primo piatto a base di pasta o riso cotti in brodo o in acqua con legumi e verdure.
minestróne *s.m.* **1** minestra di verdure e legumi, con o senza pasta o riso **2** (*fam.*) insieme confuso di cose varie.
mingherlìno *agg.* gracile, esile.
mìni *agg.invar.* piccolo, corto.
mini- primo elemento di parole composte, che significa 'molto piccolo, di formato ridotto'.
miniàre *v.tr.* [*io mìnio ecc.*] ornare di miniature.
miniatóre *s.m.* [f. *-trice*] chi esegue miniature.
miniatùra *s.f.* **1** l'arte, la tecnica di dipingere in dimensioni ridottissime **2** il dipin-

to eseguito con tale tecnica **3** *in —*, di proporzioni ridotte.
minicar *s.f.invar.* automobile di dimensioni molto ridotte, particolarmente adatta al traffico cittadino.
minièra *s.f.* **1** l'insieme di un giacimento di minerale utile e delle attrezzature necessarie per il suo sfruttamento **2** (*fig.*) fonte ricchissima.
mìnima *s.f.* (*meteor.*) la temperatura più bassa registrata in una località.
minimizzàre *v.tr.* ridurre l'importanza di un fatto.
mìnimo *agg.* [*superl.* di *piccolo*] piccolissimo, il più piccolo ♦ *s.m.* la quantità più piccola possibile □ **-mente** *avv.*
mìnio *s.m.* (*chim.*) ossido di piombo di colore rosso-arancione, impiegato nell'industria delle vernici come protettivo antiruggine.
ministeriàle *agg.* di un ministro o di un ministero ♦ *s.m.* (*burocr.*) dipendente di un ministero.
ministèro *s.m.* **1** (*lett.*) compito di alto valore ideale **2** l'insieme dei ministri **3** ognuno dei settori, con a capo un ministro, nei quali si suddivide l'attività di amministrazione e di governo dello stato **4** *pubblico —*, (*dir.*) il magistrato che esercita la pubblica accusa nel processo penale.
minìstro *s.m.* **1** chi esercita un alto ufficio: *i ministri di Dio*, i sacerdoti **2** membro del governo a capo di un dicastero.
minorànza *s.f.* **1** gruppo che rappresenta la parte minore dell'insieme a cui appartiene **2** inferiorità numerica **3** in uno stato, l'insieme dei cittadini di etnia, religione, lingua diversa da quella maggioritaria.
minoràto *agg.* e *s.m.* [f. *-a*] si dice di persona che, per cause congenite o acquisite, non ha l'integrità fisica o psichica.
minorazióne *s.f.* condizione di chi è minorato; handicap.
minóre *agg.* [*compar.* di *piccolo*] **1** più piccolo, meno grande (per quantità, numero, durata, importanza ecc.) | *frati minori*, i francescani | *arti minori*, le attività artistiche meno importanti, come la ceramica, la vetreria, l'oreficeria ecc. **2** più giovane ♦ *s.m.* e *f.* (*dir.*) minorenne.
minorènne *agg.* e *s.m.* e *f.* (*dir.*) che/chi non ha ancora compiuto il diciottesimo anno d'età e non ha ancora, per il diritto, la piena capacità di agire.
minorìle *agg.* di minore, dei minorenni.
minoritàrio *agg.* della minoranza.
minuétto *s.m.* antica danza francese.
minùscolo *agg.* **1** si dice delle lettere dell'alfabeto normalmente usate, in contrapposizione a quelle di altezza maggiore (maiuscole) **2** (*fig.*) piccolissimo ♦ *s.m.* carattere minuscolo.
minùta *s.f.* prima stesura di uno scritto, che sarà poi rivista; brutta copia.
minùto[1] *agg.* **1** molto piccolo **2** di poco conto **3** delicato; fine **4** minuzioso ♦ *s.m.* *al —*, in piccole quantità □ **-mente** *avv.*
minùto[2] *s.m.* **1** unità di misura di tempo: *— primo*, la sessantesima parte dell'ora **2** (*fig.*) attimo.
minùzia *s.f.* **1** (spec. *pl.*) cosa di poco conto **2** minuziosità.
minuziosità *s.f.* l'essere minuzioso.
minuzióso *agg.* che cura anche le minuzie; scrupoloso □ **-mente** *avv.*
mìo *agg.poss. di prima pers.sing.* [f.sing. *mia*; pl.m. *miei*; pl.f. *mie*] **1** che appartiene a me **2** che è proprio di me ♦ *pron.poss. di prima pers.sing.* ha gli stessi usi e sign. dell'agg. ed è sempre preceduto dall'art. determ.
mio- primo elemento di parole composte scientifiche, che significa 'muscolo, che ha relazione con i muscoli'.
miocàrdio *s.m.* (*anat.*) la massa muscolare contrattile del cuore.
miocardìte *s.f.* (*med.*) infiammazione del miocardio, per lo più di origine reumatica.
miocène *s.m.* (*geol.*) penultimo periodo dell'era cenozoica.
mìope *agg.* e *s.m.* e *f.* (*med.*) che/chi è affetto da miopia.
miopìa *s.f.* (*med.*) difetto di rifrazione nell'occhio per cui gli oggetti appaiono sfocati e si distinguono bene solo quelli molto vicini.
mìra *s.f.* **1** il puntare un'arma verso un bersaglio per centrarlo con la maggior precisione possibile **2** (*estens.*) l'oggetto, il segno a cui si mira | (*fig.*) il fine, lo scopo.
miràbile *agg.* degno di ammirazione; meraviglioso □ **-mente** *avv.*
miracolàto *agg.* e *s.m.* [f. *-a*] si dice di persona che si ritiene sia stata oggetto di un miracolo.
miràcolo *s.m.* **1** (*teol.*) fatto sensibile, ma estraneo al corso naturale, che Dio compie per rivelare il suo potere e confermare l'uomo nella sua fede | *raccontare vita, morte e miracoli di qlcu.*, ogni cosa su di lui **2** (*iperb.*) cosa o fatto meraviglioso, fuori del comune.
miracolóso *agg.* **1** che compie miracoli **2** prodotto da un miracolo **3** (*iperb.*) si dice di persona straordinaria, o di cosa che produce effetti strabilianti □ **-mente** *avv.*
miràggio *s.m.* **1** fenomeno ottico per cui oggetti lontani possono apparire capovolti, oppure librati nell'aria **2** (*fig.*) illusione.
miràre *v.intr.* [aus. *avere*] **1** puntare un'ar-

ma prendendo la mira **2** (*fig.*) tendere, aspirare.
mirìade *s.f.* grande moltitudine.
miriàpodi *s.m.pl.* (*zool.*) classe di artropodi terrestri, con corpo cilindrico molto allungato suddiviso in segmenti, ciascuno dei quali porta uno o due paia di zampe.
mirìno *s.m.* **1** piccolo rilievo posto all'estremità della canna di un'arma da fuoco portatile, per prendere la mira **2** dispositivo di uno strumento ottico che consente di inquadrare un oggetto.
mìrra *s.f.* resina aromatica che trasuda dalla corteccia di alcuni alberi.
mirtìllo *s.m.* **1** piccolo arbusto comune nei boschi, che produce frutti a bacca di sapore dolce **2** il frutto di questa pianta.
mìrto *s.m.* arbusto sempreverde delle regioni mediterranee.
misantropìa *s.f.* (*psicol.*) sentimento di avversione nei confronti dei propri simili | (*estens.*) scontrosità.
misàntropo *agg.* e *s.m.* [f. *-a*] (*psicol.*) che/chi soffre di misantropia.
miscèla *s.f.* **1** (*chim.*, *fis.*) aggregato di due o più sostanze | nei motori a due tempi, la mescolanza di benzina e olio lubrificante **2** mescolanza di varie qualità di caffè.
miscelàre *v.tr.* [*io miscèlo ecc.*] unire più sostanze per farne una miscela.
mìschia *s.f.* rissa, zuffa.
mischiàre *v.tr.* [*io mìschio ecc.*] mescolare ♦ **-rsi** *v.rifl.* **1** mescolarsi, confondersi **2** (*fig.*) immischiarsi ♦ *v.rifl.rec.* mescolarsi l'uno all'altro.
misconóscere *v.tr.* [coniugato come *conoscere*] non apprezzare nel giusto valore.
miscredènte *agg.* e *s.m.* e *f.* si dice di persona irreligiosa o atea.
miscùglio *s.m.* mescolanza confusa e non omogenea (anche *fig.*).
miseràbile *agg.* **1** degno di commiserazione per le sue condizioni materiali disagiate o per la sua infelicità **2** (*estens.*) moralmente spregevole ♦ *s.m.* e *f.* □ **-mente** *avv.*
miserévole *agg.* che desta compassione.
misèria *s.f.* **1** stato di estrema povertà **2** (*estens.*) meschinità **3** (*fig.*) inezia.
misericòrdia *s.f.* sentimento di profonda compassione che induce all'aiuto e al perdono.
misericordióso *agg.* che esprime misericordia ♦ *agg.* e *s.m.* [f. *-a*] che/chi usa misericordia □ **-mente** *avv.*
mìsero *agg.* [superl. *miserissimo*, lett. *misèrrimo*] **1** povero, afflitto da miseria **2** infelice **3** spregevole, meschino **4** scarso ♦ *s.m.* [f. *-a*] persona misera □ **-mente** *avv.*
misfàtto *s.m.* scelleratezza, grave delitto.
misoginìa *s.f.* (*psicol.*) repulsione per le donne da parte dell'uomo.
misògino *agg.* caratterizzato da misoginia ♦ *agg.* e *s.m.* [f. *-a*] che/chi nutre misoginia.
mìssile *s.m.* apparecchio a propulsione autonoma, autoguidato o telecomandato; è impiegato per ricerche scientifiche, nella navigazione spaziale e per scopi bellici.
missilìstica *s.f.* scienza e tecnica relative alla costruzione e all'impiego dei missili.
missionàrio *s.m.* [f. *-a*] religioso o laico inviato a diffondere la fede cristiana ♦ *agg.* dei missionari, delle missioni.
missióne *s.f.* **1** il mandare, l'essere mandato da un'autorità presso qlcu. per assolvere un compito specifico | il compito stesso | delegazione **2** (*relig.*) invio di missionari per la diffusione della fede cristiana **3** (*estens.*) attività svolta con dedizione e spirito di servizio.
misterióso *agg.* **1** che costituisce un mistero **2** fatto o detto di nascosto; poco chiaro □ **-mente** *avv.*
mistèro *s.m.* **1** nella teologia cristiana, verità soprannaturale inspiegabile razionalmente **2** fatto, fenomeno che non si riesce a spiegare o che è tenuto segreto.
mìstica *s.f.* la parte della teologia che ha per oggetto l'ascesi dell'uomo a Dio.
misticìsmo *s.m.* **1** (*teol.*) credenza religiosa o atteggiamento dello spirito per cui la conoscenza perfetta è data dall'unione dell'uomo con il divino **2** (*estens.*) atteggiamento di dedizione profonda a un'idea.
mìstico *agg.* [pl.m. *-ci*] **1** (*teol.*) che concerne la mistica **2** di misticismo **3** (*fig.*) puro, spirituale ♦ *s.m.* [f. *-a*] chi pratica il misticismo o scrive opere di mistica □ **-mente** *avv.*
mistificàre *v.tr.* [*io mistìfico, tu mistìfichi ecc.*] **1** raggirare **2** falsificare.
mistificazióne *v.tr.* inganno, travisamento.
mìsto *agg.* **1** mescolato con altri elementi **2** costituito da elementi di diversa natura ♦ *s.m.* miscuglio.
misùra *s.f.* **1** rapporto fra una grandezza e un'altra a essa omogenea, scelta come unità **2** (*estens.*) dimensione | taglia di fabbricazione degli indumenti **3** unità di misura; oggetto che costituisce un'unita di misura **4** giusto limite **5** (spec. *pl.*) provvedimento.
misuràre *v.tr.* **1** calcolare la misura, le dimensioni di qlco. **2** provare un indumento indossandolo **3** (*fig.*) valutare **4** limitare ♦ *v.intr.* [aus. *avere*] avere una determi-

nata misura ♦ **-rsi** *v.rifl.* **1** limitarsi **2** cimentarsi.
misuràto *agg.* contenuto; sobrio, moderato ☐ **-mente** *avv.*
misuratóre *s.m.* qualsiasi strumento che serve a misurare grandezze fisiche.
misurìno *s.m.* piccolo recipiente graduato.
mìte *agg.* **1** incline alla benevolenza e alla pazienza **2** detto di animale, docile | detto di clima, temperato **3** (*fig.*) contenuto, non grave ♦ *s.m.* e *f.* persona mite ☐ **-mente** *avv.*
mìtico *agg.* [pl.m. *-ci*] **1** che appartiene al mito **2** leggendario | che costituisce un sogno ☐ **-mente** *avv.*
mitigàre *v.tr.* [*io mìtigo, tu mìtighi ecc.*] rendere più mite; attenuare ♦ **-rsi** *v.intr.pron.* diventare più mite; attenuarsi.
mìtilo *s.m.* mollusco marino commestibile; è detto anche *cozza.*
mìto *s.m.* **1** racconto delle gesta degli dei e degli eroi leggendari **2** immagine idealizzata di un fatto o di un personaggio.
mitologìa *s.f.* il complesso dei miti di una religione o di un popolo.
mitòmane *agg.* e *s.m.* e *f.* (*psicol.*) che/chi è affetto da mitomania | (*estens.*) visionario.
mitomanìa *s.f.* (*psicol.*) tendenza a deformare la realtà in modo fantastico.
mitòsi *s.f.* (*biol.*) divisione del nucleo di una cellula che porta alla sua riproduzione; cariocinesi.
mìtra[1] *s.f.* copricapo alto e rigido aperto verso l'alto; è portato dai vescovi nelle cerimonie solenni.
mìtra[2] *s.m.invar.* fucile mitragliatore.
mitragliaménto *s.m.* il mitragliare; azione di fuoco di più mitragliatrici.
mitragliàre *v.tr.* [*io mitràglio ecc.*] **1** colpire con raffiche di mitragliatrice **2** (*fig.*) incalzare; bombardare: — *qlcu. di domande.*
mitragliatrìce *s.f.* arma da fuoco automatica.
mitridatìsmo *s.m.* (*med.*) assuefazione dell'organismo ai veleni.
mittènte *s.m.* e *f.* chi spedisce una lettera.
mnemònico *agg.* [pl.m. *-ci*] **1** concernente la memoria **2** basato sulla memoria ☐ **-mente** *avv.*
mòbile *agg.* **1** che può essere mosso; che non è fisso **2** che si muove ♦ *s.m.* ciascuno degli oggetti di arredamento di una casa ☐ **-mente** *avv.* con mobilità.
mobìlia *s.f.* il complesso dei mobili di una casa o di un ambiente.
mobiliàre *agg.* (*econ.*) che concerne i beni mobili.
mobilità *s.f.* qualità di ciò che può essere mosso o può muoversi | — (*del lavoro*), nell'uso sindacale, la possibilità di spostare un lavoratore da un'attività a un'altra.
mobilitàre *v.tr.* [*io mobìlito ecc.*] **1** (*mil.*) chiamare alle armi **2** (*estens.*) richiamare l'attenzione di qlcu. per indurlo a collaborare ♦ **-rsi** *v.rifl.* darsi da fare.
mobilitazióne *s.f.* (*mil.*) il mobilitare, il mobilitarsi, l'essere mobilitato.
mocassìno *s.m.* calzatura di pelle, bassa e senza lacci.
mòccio *s.m.* (*fam.*) muco del naso.
moccióso *s.m.* [f. *-a*] ragazzino che si dà arie da grande.
mòda *s.f.* **1** usanza che s'impone nelle abitudini, nei modi di vivere, nelle forme del vestire **2** (*estens.*) l'industria, il commercio dell'abbigliamento di qualità.
modàle *agg.* di modo, che esprime il modo.
modalità *s.f.* **1** maniera di essere **2** circostanza che regola un procedimento giuridico o burocratico.
modèlla *s.f.* indossatrice.
modellàre *v.tr.* [*io modèllo ecc.*] **1** dare forma **2** (*fig.*) formare ispirandosi a un modello ♦ **-rsi** *v.rifl.* conformarsi a un modello.
modellìsmo *s.m.* attività di riprodurre in scala ridotta oggetti o strutture.
modellìsta *s.m.* e *f.* [pl.m. *-sti*] nell'industria della moda, chi idea e realizza i modelli d'abbigliamento da produrre.
modèllo *s.m.* **1** ogni cosa o persona ritenuta esemplare **2** originale da riprodurre **3** oggetto prodotto in serie che riproduce un prototipo industriale **4** il disegno, la linea d'un capo d'abbigliamento **5** riproduzione in scala ridotta di un oggetto **6** (*burocr.*) modulo ♦ *agg.invar.* riferito a persona, a struttura o attività, che è degno di essere preso a esempio.
mòdem *s.m.invar.* (*ingl.*) (*telecom.*) apparecchio usato per la trasmissione dei dati elaborati elettronicamente attraverso le linee telefoniche.
moderàre *v.tr.* [*io mòdero ecc.*] contenere entro giusti limiti ♦ **-rsi** *v.rifl.* contenersi, trattenersi, frenarsi.
moderàto *agg.* **1** tenuto entro giusti limiti **2** che sa moderarsi **3** che è su posizioni politiche aliene da radicalismo ♦ *s.m.* [f. *-a*] chi ha idee moderate, non radicali o estremistiche ☐ **-mente** *avv.*
moderatóre *agg.* [f. *-trice*] che modera ♦ *s.m.* [f. *-trice*] chi coordina un dibattito.
modernità *s.f.* l'essere moderno.
modèrno *agg.* **1** che si riferisce o appartiene al tempo presente **2** attuale, aggiornato ♦ *s.m.* **1** ciò che è moderno o esprime

il gusto dell'età moderna **2** uomo dell'età moderna □ **-mente** *avv.*
modèstia *s.f.* **1** qualità morale di chi non nutre presunzione, né si vanta dei propri meriti **2** pudore, riservatezza, ritegno **3** mediocrità.
modèsto *agg.* **1** si dice di persona che ha modestia **2** moderato **3** mediocre | umile □ **-mente** *avv.*
mòdico *agg.* [pl.m. *-ci*] modesto □ **-mente** *avv.*
modìfica *s.f.* cambiamento.
modificàre *v.tr.* [*io modìfico, tu modìfichi ecc.*] introdurre un cambiamento ♦ **-rsi** *v.intr.pron.* subire un cambiamento.
modificazióne *s.f.* il modificare, il modificarsi, l'essere modificato.
mòdo *s.m.* **1** maniera particolare in cui una persona si comporta, un'azione si svolge | — *di vedere*, opinione | *per — di dire*, per esempio | *di — che, in — da*, cosicché **2** usanza **3** mezzo per raggiungere un fine **4** misura | *una persona a —*, educata e corretta **5** (*gramm.*) categoria della coniugazione verbale che esprime l'atteggiamento del soggetto | *complemento, avverbio di —*, quelli che indicano la modalità in cui si compie l'azione del predicato.
modulàre *v.tr.* [*io mòdulo ecc.*] **1** (*mus.*) variare il tono di un canto, di un suono **2** (*telecom.*) effettuare una modulazione.
modulatóre *s.m.* (*telecom.*) **1** apparecchio che effettua la modulazione d'onda **2** modem ♦ *agg.* che modula.
modulazióne *s.f.* **1** il modulare, l'essere modulato **2** (*telecom.*) trasformazione in onda di un segnale elettrico da trasmettere.
mòdulo *s.m.* **1** formula prestabilita per la stesura di un documento | lo stampato, da completare caso per caso, che contiene tali formule: *compilare un —* **2** (*fig.*) modello, canone: *i moduli del gusto classico* **3** parte di un insieme autonoma e separabile dal resto: *carta a moduli*, quella con fogli separabili | singolo elemento di un mobile o di un prefabbricato componibile **4** la portata media annua di un torrente.
mògano *s.m.* legno pregiato.
mògio *agg.* [pl.f. *-gie*] abbattuto, avvilito; stanco.
móglie *s.f.* la donna sposata, considerata in relazione al marito.
mòla *s.f.* **1** macina di mulino **2** disco di materiale abrasivo, usato in diverse macchine utensili.
molàre[1] *v.tr.* [*io mòlo ecc.*] lavorare con la molatrice o altra macchina dotata di mola: *— uno specchio*, levigarne i bordi.
molàre[2] *agg.* di mola ♦ *agg.* e *s.m.* (*med.*) si dice di ciascuno dei denti che hanno la funzione di masticare il cibo.
mòle *s.f.* **1** grandezza | (*fig.*) quantità **2** (*estens.*) costruzione grandiosa.
molècola *s.f.* (*chim., fis.*) il più piccolo aggregato di atomi di una sostanza, che possiede le caratteristiche chimiche della sostanza stessa.
molecolàre *agg.* (*chim., fis.*) relativo alle molecole.
molestàre *v.tr.* [*io molèsto ecc.*] recare molestia.
molèstia *s.f.* **1** fastidio, disagio che disturba o irrita **2** azione molesta.
molèsto *agg.* che reca molestia.
molibdèno *s.m.* elemento chimico di simbolo *Mo*; è un metallo difficilmente fusibile, usato in elettrotecnica e in elettronica.
molitùra *s.f.* macinazione dei cereali.
mòlla *s.f.* **1** organo meccanico elastico che si deforma sotto l'azione di una forza, e riprende la forma primitiva al cessare di tale azione **2** (*fig.*) stimolo **3** *pl.* lunga pinza d'acciaio per afferrare carboni o legni accesi | *prendere con le molle*, (*fig.*) con le dovute cautele.
mollàre *v.tr.* [*io mòllo ecc.*] **1** lasciar andare **2** (*fig. fam.*) abbandonare **3** (*fig. fam.*) appioppare ♦ *v.intr.* [aus. *avere*] cedere.
mòlle *agg.* **1** che cede al tatto; soffice **2** inzuppato **3** (*fig.*) fiacco ♦ *s.m.* □ **-mente** *avv.*
molleggiàto *agg.* fornito di molleggio | elastico, flessuoso.
molléggio *s.m.* **1** sistema di molle che conferisce elasticità **2** esercizio ginnico consistente nel flettersi sulle ginocchia.
mollétta *s.f.* **1** dispositivo a molla per appuntare o fermare qlco. **2** *pl.* piccole pinze.
mollìca *s.f.* parte interna e molle del pane.
mollùsco *s.m.* [pl. *-schi*] tipo di animale invertebrato dal corpo molle, quasi sempre provvisto di conchiglia.
mòlo *s.m.* opera portuale di protezione dal moto ondoso costruita in muratura.
moltéplice *agg.* **1** che è costituito di molte parti **2** svariato.
molteplicità *s.f.* l'essere molteplice.
moltiplicàre *v.tr.* [*io moltìplico, tu moltìplichi ecc.*] **1** rendere maggiore | (*estens.*) incrementare **2** (*mat.*) eseguire la moltiplicazione ♦ **-rsi** *v.rifl.* o *intr.pron.* crescere di numero riproducendo individui della stessa specie.
moltiplicatóre *agg.* [f. *-trice*] che moltiplica ♦ *s.m.* **1** dispositivo atto a moltiplicare qlco. **2** (*mat.*) in una moltiplicazione, il numero che moltiplica un altro.
moltiplicazióne *s.f.* (*mat.*) operazione

aritmetica che a due numeri associa il loro prodotto.
moltitùdine *s.f.* **1** gran numero **2** folla.
mólto *agg.indef.* indica grande quantità, misura ♦ *avv.* assai ♦ *pron.indef.* [f. *-a*] ha gli stessi sign. dell'agg. ♦ *s.m.* ciò che è molto.
momentàneo *agg.* che dura un momento □ **-mente** *avv.* al momento.
moménto *s.m.* **1** brevissimo spazio di tempo; attimo | *da un — all'altro*, fra breve; improvvisamente | *dal — che*, dato che, poiché **2** periodo di tempo; circostanza **3** (*estens.*) occasione.
monacàle *agg.* **1** di monaci, di monache **2** (*fig.*) austero.
monachésimo *s.m.* forma di vita religiosa che si attua nel distacco dal mondo e in una solitudine dedita allo spirito.
mònaco *s.m.* [pl. *-ci*] chi ha abbracciato il monachesimo.
monàrca *s.m.* [pl. *-chi*] re, sovrano.
monarchìa *s.f.* forma istituzionale di governo in cui il potere supremo è nelle mani di un singolo per diritto di sangue.
monàrchico *agg.* [pl.m. *-ci*] **1** relativo a una monarchia **2** retto a monarchia ♦ *s.m.* [f. *-a*] fautore della monarchia □ **-mente** *avv.* in forma monarchica.
monastèro *s.m.* edificio o complesso di edifici in cui vive una comunità di monaci o di monache.
monàstico *agg.* [pl.m. *-ci*] di monaco, di monaca o da monaci, da monache □ **-mente** *avv.*
monàtto *s.m.* nei secc. XVI e XVII, inserviente pubblico che, durante le pestilenze, era addetto al trasporto dei malati e alla sepoltura dei morti.
mónco *agg.* [pl.m. *-chi*] **1** privo di una o ambedue le mani o delle braccia **2** (*fig.*) incompleto ♦ *s.m.* [f. *-a*].
moncóne *s.m.* il segmento di arto rimanente dopo un'amputazione parziale.
mondanità *s.f.* vita brillante propria della società elegante.
mondàno *agg.* **1** del mondo, della vita terrena **2** proprio della società elegante ♦ *s.m.* chi fa vita di società □ **-mente** *avv.*
mondàre *v.tr.* [*io móndo ecc.*] pulire separando da ciò che non si utilizza.
mondatùra *s.f.* l'operazione, il risultato del mondare.
mondiàle *agg.* del mondo; che è esteso a tutto il mondo □ **-mente** *avv.*
mondo *s.m.* **1** l'universo **2** il globo terrestre, la Terra | *terzo —*, l'insieme dei paesi in via di sviluppo **3** la Terra in quanto teatro delle vicende umane e simbolo della vita | *l'altro —*, l'aldilà | *cose dell'altro —*, (*fig.*) stupefacenti, inaudite **4** l'umanità **5** il vivere in società **6** insieme di persone aventi principi, interessi, attività comuni **7** la vita spirituale e affettiva di una persona **8** (*fam.*) gran quantità.
monèllo *s.m.* [f. *-a*] ragazzo discolo o poco educato.
monèma *s.m.* [pl. *-mi*] (*ling.*) la più piccola unità linguistica dotata di significato.
monéta *s.f.* dischetto metallico coniato da un'autorità statale che ne stabilisce il potere d'acquisto | (*estens.*) banconota o qualsiasi altro oggetto che può essere impiegato come mezzo di scambio per l'acquisto di beni e servizi.
monetàrio *agg.* di moneta.
monetizzàre *v.tr.* tradurre in termini di moneta.
mongolfièra *s.f.* pallone aerostatico.
mongolìsmo *s.m.* (*med.*) denominazione corrente della *sindrome di Down*.
mongolòide *agg.* e *s.m.* denominazione corrente di chi è affetto da sindrome di Down e di ciò che la caratterizza.
mònito *s.m.* ammonimento severo.
monitor *s.m.invar.* (*ingl.*) **1** dispositivo con teleschermo per visualizzare e controllare l'andamento di un fenomeno **2** dispositivo di un elaboratore elettronico che consente la visualizzazione su uno schermo dei dati in entrata e in uscita.
mono- primo elemento di parole composte, che significa 'uno, unico, formato da uno solo'.
monocolóre *agg.invar.* **1** che è di un solo colore **2** si dice di governo in cui tutti i ministri appartengono a uno stesso partito.
monocòrde *agg.* (*lett.*) monotono, uniforme.
monocotilèdone *agg.* (*bot.*) si dice di pianta fanerogama col seme fornito di un solo cotiledone.
monocromàtico *agg.* [pl.m. *-ci*] di un solo colore.
monogamìa *s.f.* istituto matrimoniale per cui un uomo può essere unito coniugalmente a una sola donna.
monografìa *s.f.* scritto che tratta di un solo argomento.
monogràfico *agg.* [pl.m. *-ci*] che ha carattere di monografia.
monogràmma *s.m.* [pl. *-mi*] simbolo grafico consistente di una o più lettere intrecciate.
monolìtico *agg.* [pl.m. *-ci*] **1** costituito da un monolito **2** (*fig.*) rigidamente unitario e compatto □ **-mente** *avv.*
monòlito *s.m.* pietra in un solo pezzo di grandi dimensioni.

monolocàle *s.m.* abitazione costituita da un solo locale più servizi.
monòlogo *s.m.* [pl. -*ghi*] **1** parte di un componimento teatrale in cui un personaggio parla da solo sulla scena **2** (*estens.*) soliloquio.
monomandatàrio *agg.* si dice di agente di vendita che opera per una sola azienda.
monomanìa *s.f.* (*psich.*) fissazione.
monòmio *s.m.* (*mat.*) espressione algebrica costituita dal prodotto di più fattori dei quali uno è un numero e gli altri sono lettere.
monopòlio *s.m.* **1** (*econ.*) controllo esclusivo, da parte di un'impresa, del mercato di una merce o di un servizio **2** (*fig.*) privilegio esclusivo.
monopolizzàre *v.tr.* **1** (*econ.*) instaurare un monopolio **2** (*fig.*) porre sotto il proprio potere.
monosaccàride *s.m.* (*chim.*) zucchero semplice.
monosìllabo *agg.* che è formato di una sola sillaba ♦ *s.m.* parola di una sola sillaba.
monoteìsmo *s.m.* ogni dottrina religiosa che affermi l'esistenza di un unico dio.
monoteìsta *s.m.* e *f.* [pl.m. -*sti*] assertore, seguace del monoteismo.
monotonìa *s.f.* l'essere monotono.
monòtono *agg.* che ha un tono uniforme | (*estens.*) noioso.
monotrèmi *s.m.pl.* (*zool.*) ordine di mammiferi dotati di marsupio.
monotype® *s.f.invar.* (*ingl.*) macchina per la composizione tipografica che fonde e compone i caratteri a uno a uno.
monoùso *agg.invar.* che si usa una volta sola e poi si butta.
monsóne *s.m.* (*geog.*) vento periodico che spira in inverno dalla terra verso il mare e in estate dal mare verso la terra.
mónta *s.f.* **1** accoppiamento di bestie d'allevamento **2** atto e modo di cavalcare.
montacàrichi *s.m.invar.* impianto di sollevamento riservato al trasporto di cose.
montàggio *s.m.* **1** operazione con cui si collegano i diversi elementi di una struttura **2** (*cine.*) fase definitiva della lavorazione di un film, nella quale vengono scelte e collegate le scene girate in precedenza.
montàgna *s.f.* **1** monte | *montagne russe*, (*fig.*) nei luna park, ferrovia in miniatura in cui si percorrono salite e discese ripidissime; otto volante **2** (*estens.*) zona montuosa **3** (*fig.*) mucchio.
montanàro *agg.* di montagna ♦ *s.m.* [f. -*a*] chi è nato o vive in montagna.
montàno *agg.* di monte, di montagna.
montànte *s.m.* **1** qualsiasi elemento verticale rigido di una struttura **2** (*sport*) nel pugilato, colpo portato dal basso verso l'alto.
montàre *v.intr.* [*io mónto ecc.*; aus. *essere*] **1** salire sopra qlco., per lo più d'un balzo o compiendo uno sforzo **2** crescere di livello | gonfiarsi ♦ *v.tr.* **1** cavalcare **2** detto di grossi animali (*p.e.* buoi, cavalli), accoppiarsi con la femmina **3** far gonfiare (anche *fig.*) **4** eseguire l'operazione del montaggio ♦ **-rsi** *v.intr.pron.* esaltarsi.
montatùra *s.f.* **1** la struttura che tiene unite le varie parti di uno strumento; il supporto di un oggetto: *la — degli occhiali* **2** (*fig.*) esagerazione.
mónte *s.m.* **1** rilievo naturale di notevoli proporzioni, che si eleva oltre i 500 m sul livello del mare | *a — di*, in un luogo più elevato rispetto a un punto di riferimento **2** (*fig.*) grande quantità.
monteprèmi *s.m.invar.* la somma da ripartire fra i vincitori di un concorso o di una lotteria.
montóne *s.m.* il maschio della pecora.
monumentàle *agg.* **1** che è proprio o si riferisce ai monumenti **2** (*estens.*) grandioso.
monuménto *s.m.* **1** scultura o struttura architettonica in memoria di un personaggio o di un avvenimento **2** (*estens.*) qualsiasi opera architettonica che abbia valore storico-artistico.
moquette *s.f.invar.* (*fr.*) materiale da rivestimento simile a un tappeto, usato per ricoprire i pavimenti di ambienti interni.
mòra[1] *s.f.* frutto del gelso.
mòra[2] *s.f.* (*dir.*) ritardo ingiustificato nell'adempimento di un'obbligazione.
moràle *agg.* **1** che riguarda l'agire umano in rapporto all'idea del bene e del male **2** che è conforme ai principi del giusto e dell'onesto **3** che concerne la sfera spirituale: *aiuto —* ♦ *s.f.* **1** etica **2** l'insieme delle norme che regolano la vita dell'uomo e della società **3** l'insegnamento derivante da una favola, da una parabola ♦ *s.m.* stato d'animo □ **-mente** *avv.*
moralìsmo *s.m.* **1** tendenza a considerare i valori morali come preminenti **2** (*spreg.*) eccessivo o arbitrario rigore nel giudicare.
moralìsta *s.m.* e *f.* [pl.m. -*sti*] chi ostenta un eccessivo rigore morale ♦ *agg.*
moralità *s.f.* **1** l'essere conforme alla norma del giusto e dell'onesto **2** morale.
moralizzàre *v.tr.* adeguare alle norme morali.
moratòria *s.f.* (*dir.*) sospensione della scadenza di un'obbligazione concessa per legge in circostanze eccezionali.

mòrbido *agg.* **1** soffice, tenero **2** vellutato ♦ *s.m.* cosa morbida □ **-mente** *avv.*
morbillo *s.m.* (*med.*) malattia contagiosa che colpisce soprattutto i bambini; si manifesta con febbre e macchie rosse sul viso e sul corpo.
mòrbo *s.m.* (*lett.*) malattia.
morbosità *s.f.* l'essere morboso (spec. *fig.*).
morbóso *agg.* **1** che ha natura di morbo **2** (*fig.*) eccessivo, quasi patologico □ **-mente** *avv.*
mòrchia *s.f.* residuo lasciato dall'olio di oliva.
mordàce *agg.* pungente, caustico.
mordènte *s.m.* **1** (*tecn.*) nell'industria tessile, sostanza usata per fissare i coloranti sulle fibre **2** (*fig.*) combattività | incisività.
mòrdere *v.tr.* [pres. *io mòrdo ecc.*; pass.rem. *io mòrsi, tu mordésti ecc.*; part.pass. *mòrso*] addentare | *mordersi la mani*, (*fig.*) provare rabbia o rimorso | *mordersi la lingua*, (*fig.*) trattenersi dal parlare o pentirsi per aver parlato.
morèna *s.f.* (*geol.*) accumulo di materiali rocciosi staccatisi dalle pareti delle valli, trasportati e depositati dai ghiacciai.
morènico *agg.* [pl.m. *-ci*] (*geol.*) di morena, originato da morena.
morésco *agg.* [pl.m. *-schi*] relativo all'arte e alla civiltà degli arabi nell'Africa settentrionale, in Spagna e in Sicilia.
morfèma *s.m.* [pl. *-mi*] (*ling.*) ogni elemento che all'interno di una parola serve a indicarne la funzione grammaticale.
morfina *s.f.* (*chim.*) il principale alcaloide dell'oppio, impiegato in medicina come analgesico e sonnifero.
morfo- primo elemento di parole composte, che significa 'forma', 'che riguarda la forma'.
morfologìa *s.f.* **1** settore della linguistica che studia sia la struttura sia i processi di flessione, derivazione e composizione delle parole **2** scienza che studia la forma e la struttura di organismi, corpi, elementi.
morfològico *agg.* [pl.m. *-ci*] relativo alla morfologia □ **-mente** *avv.*
morfosintàssi *s.f.* settore della linguistica che studia le connessioni tra morfologia e sintassi.
morganàtico *agg.* [pl.m. *-ci*] si dice del matrimonio tra un sovrano e una persona di condizione inferiore, in cui il coniuge e i figli nati dal matrimonio sono esclusi dalla successione dinastica.
morìa *s.f.* elevata mortalità di animali, determinata da malattie epidemiche.
moribóndo *agg.* e *s.m.* [f. *-a*] che/chi sta per morire.
morigeràto *agg.* di buoni costumi □ **-mente** *avv.*
morìre *v.intr.* [pres. *io muòio, tu muòri, egli muòre, noi moriamo, voi morite, essi muòiono*; fut. *io morirò* o *morrò ecc.*; pass.rem. *io morìi, tu moristi ecc.*; congiunt.pres. *io muòia..., noi moriamo, voi moriate, essi muòiano*; cond. *io morirèi* o *morrèi ecc.*; part.pass. *mòrto*; aus. *essere*] **1** cessare di vivere, detto di persone, animali o piante **2** (*fig.*) soffrire fortemente **3** (*fig.*) spegnersi; scomparire.
mormoràre *v.intr.* [*io mórmoro ecc.*; aus. *avere*] **1** parlare sommessamente **2** protestare | fare dei pettegolezzi ♦ *v.tr.* dire parlando sommessamente.
mòro[1] *agg.* di colore scuro ♦ *s.m.* [f. *-a*] persona bruna di carnagione e di capelli.
mòro[2] *s.m.* (*bot.*) gelso.
morosità *s.f.* (*dir.*) condizione di chi è in mora.
moróso *agg.* e *s.m.* [f. *-a*] (*dir.*) che/chi è in mora.
mòrsa *s.f.* **1** (*tecn.*) attrezzo fissato al banco da lavoro per tenere fermo il pezzo in lavorazione **2** (*fig.*) stretta che imprigiona.
morsicàre *v.tr.* [*io mòrsico, tu mòrsichi ecc.*] addentare | (*fam.*) detto di insetti, pungere.
mòrso *s.m.* **1** il mordere **2** (*fig.*) sensazione fisica o spirituale molto forte **3** barretta d'acciaio che si pone in bocca al cavallo e a cui si attaccano le redini.
mortadèlla *s.f.* salume di carne suina o mista a grana finissima, impastata con lardo e cotta.
mortàio *s.m.* **1** (*chim.*) recipiente usato per frantumare e polverizzare sostanze solide o per mescolare sostanze diverse **2** pezzo di artiglieria con canna molto corta.
mortàle *agg.* **1** che dà o può dare la morte: *incidente* — | *peccato* —, nella teologia cattolica, quello che priva l'anima della grazia divina; (*fig.*) errore imperdonabile **2** (*iperb.*) che dà grave sofferenza; insopportabile **3** della morte; di morto **4** soggetto a morire ♦ *s.m.* [anche *f.*] l'uomo □ **-mente** *avv.* a morte; molto gravemente, intensamente.
mortalità *s.f.* il numero dei morti rispetto al numero dei viventi.
mortarétto *s.m.* cilindretto di cartone carico di polvere da sparo, che si fa esplodere in segno di festa.
mòrte *s.f.* **1** cessazione della vita | *questione di vita o di* —, (*fig.*) della massima importanza **2** pena capitale: *condannare a* — **3** (*fig.*) fine, scomparsa.
mortificàre *v.tr.* [*io mortìfico, tu mortìfichi ecc.*] **1** umiliare nell'amor proprio **2** re-

primere gli impulsi dei sensi ♦ **-rsi** *v.rifl.* punirsi ♦ *v.intr.pron.* provare vergogna, dispiacere.
mortificàzióne *s.f.* il mortificare, il mortificarsi, l'essere mortificato.
mòrto *agg.* **1** che ha cessato di vivere **2** (*fig.*) che non è capace di attività; che non permette lo svolgimento di un'attività | *binario* —, che a un certo punto finisce | *peso* —, il peso che esercita un grave quando è immobile; (*fig.*) carico inutile ♦ *s.m.* [f. -*a*] persona morta.
mortòrio *s.m.* ambiente, riunione senza vita né brio.
mortuàrio *agg.* che concerne i morti.
mòrula *s.f.* (*biol.*) stadio iniziale di sviluppo dell'embrione.
mosaicìsta *s.m.* e *f.* [pl.m. -*sti*] chi fa lavori di mosaico.
mosàico *s.m.* [pl. -*ci*] **1** tecnica di decorazione parietale o pavimentale consistente nel creare un disegno con cubetti o frammenti colorati di pietra, vetro ecc. | decorazione eseguita con tale tecnica **2** (*fig.*) insieme di elementi disparati.
mósca *s.f.* insetto dal corpo scuro, con proboscide protrattile e un paio di ali trasparenti | *non far male a una* —, (*fig.*) si dice di persona molto mite | *non si sente volare una* —, (*fig.*) c'è un silenzio assoluto.
moscardìno *s.m.* mollusco marino commestibile simile a un piccolo polpo.
moscàto *s.m.* vitigno coltivato in molte regioni italiane, che dà uve bianche o nere, con intenso aroma muschiato | il vino che se ne ricava.
moscerìno *s.m.* nome comune di varie specie di insetti ditteri molto piccoli che volano a sciami.
moschèa *s.f.* edificio di culto dei musulmani.
moschétto *s.m.* arma da fuoco portatile simile a un fucile a canna corta.
moschettóne *s.m.* gancio metallico con apertura a molla.
moschicìda *agg.* e *s.m.* [pl.m. -*di*] si dice di sostanza che serve a uccidere le mosche.
móscio *agg.* [pl.f. -*sce*] **1** floscio **2** (*fig.*) fiacco | *erre moscia*, erre alla francese □ **-mente** *avv.*
moscóne *s.m.* **1** nome di varie specie di mosche più grosse delle comuni **2** pattino.
mòssa *s.f.* **1** movimento; gesto **2** movimento o atto avente un fine preciso **3** *fare la prima* —, (*fig.*) prendere l'iniziativa | *fare una — falsa*, (*fig.*) agire incautamente **4** *prendere le mosse da...*, (*fig.*) partire da...
mòsso *agg.* **1** che ha subìto un movimento **2** che è in movimento: *mare* —, agitato | *capelli mossi*, ondulati.
mostàrda *s.f.* salsa a base di senape, aceto e aromi.
músto *s.m.* succo ottenuto dalla spremitura dell'uva non ancora fermentato.
móstra *s.f.* **1** il mostrare, specialmente per ostentazione **2** finta **3** esposizione pubblica di oggetti d'arte o di esemplari particolarmente belli di animali.
mostràre *v.tr.* [*io móstro ecc.*] **1** far vedere **2** esibire **3** additare **4** spiegare **5** lasciar vedere; manifestare **6** lasciar credere ♦ **-rsi** *v.rifl.* o *intr.pron.* **1** farsi vedere, apparire **2** dimostrarsi.
mostrìna *s.f.* (spec. *pl.*) distintivo di tessuto o di materiale rigido sull'uniforme militare.
móstro *s.m.* **1** creatura fantastica dalle forme innaturali **2** essere vivente che presenta forti anomalie **3** (*fig.*) persona bruttissima (anche *scherz.*) **4** (*fig.*) persona estremamente crudele **5** (*fig.*) persona che possiede doti eccezionali.
mostruosità *s.f.* azione, cosa mostruosa.
mostruóso *agg.* **1** straordinario per deformità o grandezza **2** (*fig.*) estremamente crudele **3** (*fig.*) eccezionale □ **-mente** *avv.*
motèl *s.m.invar.* albergo per automobilisti, situato lungo le autostrade.
motilità *s.f.* la proprietà dell'organismo vivente di modificare la propria posizione o quella di una sua parte rispetto all'ambiente | la proprietà di certi organi di muoversi indipendentemente dalla volontà: — *intestinale*.
motivàre *v.tr.* **1** causare, provocare **2** esporre i motivi da cui ha origine qlco. **3** suscitare un interesse.
motivàto *agg.* **1** fondato **2** di persona, che ha motivazione a fare qlco.
motivazióne *s.f.* **1** esposizione dei motivi che determinano un modo di agire; i motivi stessi **2** (*psicol.*) stimolo che motiva il comportamento.
motìvo *s.m.* **1** ciò per cui si fa o non si fa qlco.; ragione, causa **2** (*mus.*) spunto melodico riconoscibile di un pezzo musicale **3** (*estens.*) tema fondamentale di un'opera letteraria, teatrale, cinematografica ecc. **4** elemento funzionale o decorativo più volte ripetuto.
mòto[1] *s.m.* **1** movimento | *complementi di — a luogo, da luogo, per luogo*, (*gramm.*) quelli che indicano rispettivamente il luogo verso il quale, dal quale o attraverso il quale avviene un movimento **2** esercizio del corpo **3** impulso sentimentale o intellettuale **4** sommossa, agitazione di popolo.
mòto[2] *s.f.invar.* abbr. di *motocicletta*.

moto- primo elemento di parole composte di formazione moderna, che indica veicoli che funzionano a motore, imbarcazioni azionate da motore a combustione interna od operazioni compiute con mezzi meccanici.
motociclétta *s.f.* veicolo a due ruote mosso da un motore a combustione interna.
motociclìsmo *s.m.* lo sport delle corse in motocicletta.
motocorazzàto *agg.* (*mil.*) si dice di unità militare che dispone di mezzi motorizzati e corazzati.
motocròss *s.m.invar.* gara motociclistica fuori strada, su terreno accidentato.
motóre *agg.* [f. *-trice*] che serve a muovere ♦ *s.m.* **1** ciò che dà impulso; causa **2** macchina atta a trasformare una forma di energia in energia meccanica.
motorìno *s.m.* (*fam.*) ciclomotore.
motòrio *agg.* che serve al moto.
motorìsta *agg.* e *s.m.* [pl. *-sti*] si dice di chi è addetto al funzionamento dei motori.
motorizzàre *v.tr.* **1** munire di motore **2** dotare di mezzi di trasporto a motore ♦ **-rsi** *v.rifl.* (*fam.*) munirsi di un auto, una moto o un ciclomotore.
motorizzazióne *s.f.* **1** il motorizzare, il motorizzarsi, l'essere motorizzato **2** complesso dei problemi e delle attività che riguardano la circolazione di mezzi a motore.
motoscàfo *s.m.* imbarcazione azionata da un motore a combustione interna.
motovedétta *s.f.* piccola motonave armata addetta alla vigilanza costiera.
motrìce *s.f.* macchina atta a produrre energia meccanica e a imprimere movimento a un veicolo.
motteggiàre *v.intr.* [*io mottéggio ecc.*; aus. *avere*] dire motti, scherzare.
mòtto *s.m.* **1** detto scherzoso o pungente **2** massima, sentenza.
movènte *s.m.* motivo che induce a compiere un'azione; impulso.
movènza *s.f.* atteggiamento della persona nel muoversi.
movimentàre *v.tr.* [*io moviménto ecc.*] animare, vivacizzare.
movimentàto *agg.* pieno di movimento; agitato.
moviménto *s.m.* **1** il muovere, il muoversi; spostamento **2** animazione di persone, intensità di traffico **3** corrente artistica, culturale o politica.
moviòla *s.f.* (*tv*) apparecchiatura per rallentare, arrestare e ripetere immagini registrate.
mozióne *s.f.* richiesta o proposta avanzata in un'assemblea perché sia discussa e messa ai voti.
mozzàre *v.tr.* [*io mózzo ecc.*] tagliare violentemente; recidere in un sol colpo.
mozzarèlla *s.f.* formaggio fresco a pasta bianca e molle, prodotto con latte di bufala o di vacca.
mozzicóne *s.m.* ciò che rimane di una cosa mozzata o bruciata: — *di sigaretta.*
mózzo[1] *agg.* reciso, troncato.
mózzo[2] *s.m.* (*mar.*) giovane minore di diciotto anni imbarcato su una nave mercantile per apprendervi il mestiere di marinaio.
mòzzo[3] *s.m.* parte centrale di un organo rotante.
Mp3 *s.m.invar.* formato di compressione di file audio usato per diffondere brani musicali in Internet | anche *agg. invar.*: *formato* — | Sigla di *Moving Pictures* (*Experts Group - Layer*) 3 'gruppo di esperti di immagini in movimento'.
mùcca *s.f.* vacca da latte | — *pazza,* nel linguaggio giornalistico, animale bovino colpito da encefalopatia spongiforme, che provoca dei barcollamenti che lo fanno apparire come impazzito.
mùcchio *s.m.* **1** cumulo **2** (*estens.*) gran quantità.
mucillàgine *s.f.* (*bot.*) sostanza organica gommosa, simile alle gomme naturali, presente in molte piante.
mùco *s.m.* [pl. *-chi*] liquido denso e viscoso secreto dalle mucose a scopo protettivo.
mucósa *s.f.* (*biol.*) membrana epiteliale che ricopre le cavità interne e i condotti; è mantenuta sempre umida dal muco.
mucóso *agg.* **1** delle mucose **2** che secerne muco.
muezzìn *s.m.* addetto al culto islamico che dall'alto del minareto chiama i fedeli alla preghiera cinque volte al giorno.
mùffa *s.f.* denominazione di un complesso di funghi microscopici che proliferano su sostanze organiche in decomposizione.
muflóne *s.m.* ruminante simile alla pecora.
muggìre *v.intr.* [*io muggisco, tu muggisci, egli muggisce ecc.*; aus. *avere*] emettere muggiti, detto di bovini.
muggìto *s.m.* verso caratteristico dei bovini.
mughétto *s.m.* **1** pianta erbacea con fiorellini bianchi profumati **2** (*med.*) malattia della mucosa della bocca.
mugnàio *s.m.* [f. *-a*] proprietario o conduttore di un mulino.
mugolàre *v.intr.* [*io mùgolo ecc.*; aus. *avere*] **1** di cani o altri animali, emettere suoni

sommessi e lamentosi **2** (*fig.*) di persona, gemere, lamentarsi ♦ *v.tr.* borbottare.
mugolìo *s.m.* un mugolare ripetuto.
mujahidin *s.m.invar.* guerrigliero islamico | in partic., guerrigliero afgano combattente per l'unità e l'indipendenza del suo paese.
mugùgno *s.m.* brontolio.
mulattièra *s.f.* sentiero di montagna percorribile soltanto con animali da soma.
mulàtto *s.m.* [f. *-a*] figlio di un genitore di pelle bianca e di uno di pelle nera | usato anche come *agg.*
mulìebre *agg.* (*lett.*) di donna, da donna.
mulinèllo *s.m.* **1** vortice formato dall'acqua corrente o dal vento **2** nome generico di vari apparecchi costituiti da un'elica rotante su un perno.
mulìno *s.m.* edificio in cui si esegue la macinatura del grano e di altri cereali; la macchina che effettua tale operazione | *tirare l'acqua al proprio* —, (*fig.*) agire nel proprio interesse.
mùlo *s.m.* [f. *-a*] quadrupede domestico infecondo, nato dall'incrocio dell'asino con la cavalla.
mùlta *s.f.* **1** (*dir.*) pena pecuniaria **2** (*estens.*) sanzione.
multàre *v.tr.* infliggere una multa.
multi- primo elemento di parole composte, che significa 'che ha molti, di molti'.
multifórme *agg.* che presenta molteplici aspetti.
multinazionàle *agg.* e *s.f.* si dice di impresa presente sul mercato mondiale con organizzazioni produttive in diversi paesi.
mùltiplo *agg.* che è composto di più parti ♦ *agg.* e *s.m.* (*mat.*) si dice di numero che si ottiene moltiplicando un numero dato per un numero intero.
multiproprietà *s.f.* comproprietà di un immobile, del quale i diversi proprietari utilizzano il bene solo per un dato periodo dell'anno.
multirazziàle *agg.* si dice di società che riconosce uguali diritti ai diversi gruppi etnici di cui si compone.
mùmmia *s.f.* cadavere imbalsamato.
mummificàre *v.tr.* [*io mummìfico, tu mummìfichi ecc.*] sottoporre a mummificazione ♦ **-rsi** *v.intr.pron.* **1** subire un processo di imbalsamazione **2** diventare simile a una mummia.
mummificazióne *s.f.* trattamento praticato su cadaveri per assicurarne la conservazione.
mùngere *v.tr.* [pres. *io mungo, tu mungi ecc.*; pass.rem. *io munsi, tu mungésti ecc.*; part.pass. *munto*] **1** spremere le mammelle di animali produttori di latte **2** (*fig.*) spillare soldi.
mungitrìce *s.f.* apparecchio per la mungitura meccanica delle vacche.
mungitùra *s.f.* operazione del mungere.
municipàle *agg.* del municipio.
municipalizzàto *agg.* posto sotto la gestione del comune.
municìpio *s.m.* il comune.
munificènza *s.f.* generosità.
munìre *v.tr.* [*io munisco, tu munisci ecc.*] **1** dotare di mezzi di difesa e di fortificazione **2** (*estens.*) corredare di quanto è necessario ♦ **-rsi** *v.rifl.* fornirsi, provvedersi.
munizióne *s.f.* (spec. *pl.*) proiettili con cui si caricano le armi da fuoco.
muòvere *v.tr.* [pres. *io muòvo ecc.*; pass.rem. *io mòssi, tu movésti ecc.*; part.pass. *mòsso*] **1** porre in moto; spostare | *non — un dito*, (*fig.*) oziare o non far nulla per qlcu. **2** rivolgere **3** suscitare un sentimento; incitare ♦ *v.intr.* [aus. *essere* o *avere*] procedere, partire | (*fig.*) cominciare, derivare ♦ **-rsi** *v.rifl.* o *intr.pron.* **1** mettersi in movimento | sbrigarsi **2** (*fig.*) impegnarsi **3** (*fig.*) commuoversi **4** essere in movimento.
muràglia *s.f.* muro esterno alto e robusto.
muraglióne *s.m.* grossa muraglia.
muràle *agg.* di muro, da muro.
muràre *v.tr.* chiudere un'apertura con un muro | incassare in un vano del muro ♦ **-rsi** *v.rifl.* rinchiudersi in un luogo.
muràrio *agg.* relativo alla muratura.
muràta *s.f.* (*mar.*) ciascuna delle due parti laterali esterne dello scafo, sopra la linea di galleggiamento.
muratóre *s.m.* operaio che costruisce opere in muratura.
muratùra *s.f.* lavoro murario.
murèna *s.f.* pesce teleosteo commestibile simile all'anguilla.
muriàtico *agg.* [pl.m. *-ci*] solo in *acido* —, (*chim.*) altro nome dell'acido cloridrico.
mùro *s.m.* [pl. *i muri*; *le mura*, con valore collettivo o nel sign. 3] **1** costruzione in muratura | *mettere al* —, fucilare | *parlare al* —, (*fig.*) a una persona che non vuole intendere **2** (*fig.*) barriera, ostacolo **3** *pl.* complesso di opere murarie di una città o fortezza.
mùsa *s.f.* **1** (*mit.*) ciascuna delle nove dee protettrici delle arti e delle scienze **2** (*fig.*) la persona o la cosa che ispira una creazione artistica.
mùsco *s.m.* [pl. *-schi*] nome comune di minute pianticelle briofite che crescono addossate le une alle altre ricoprendo tronchi e rocce in luoghi umidi e ombrosi.
muscolàre *agg.* di muscolo.
muscolatùra *s.f.* il complesso dei muscoli.
mùscolo *s.m.* (*anat.*) ciascun organo con-

trattile che, saldato alle ossa mediante i tendini, serve al movimento.
musèo *s.m.* luogo dove vengono raccolte ed esposte al pubblico collezioni di opere d'arte, documenti, oggetti di interesse naturale, scientifico, tecnico ecc.
museruòla *s.f.* arnese a forma di gabbia tronca che si applica al muso dei cani perché non mordano o dei buoi perché non mangino.
mùsica *s.f.* **1** l'arte di combinare insieme i suoni, secondo determinate leggi e convenzioni **2** ogni opera composta per mezzo di suoni; lo stile, la produzione musicale di un'epoca, un paese, un autore.
musicàle *agg.* **1** relativo alla musica **2** che ha disposizione alla musica □ **-mente** *avv.*
musicalità *s.f.* armoniosità.
musicàre *v.tr.* [*io mùsico, tu mùsichi ecc.*] mettere in musica.
musicassétta *s.f.* cassetta che contiene un nastro magnetico con brani musicali preregistrati.
music-hall *s.m.invar.* (*ingl.*) teatro adibito a spettacoli di varietà musicale | il genere di spettacolo che vi si rappresenta.
musicìsta *s.m.* e *f.* [pl.m. *-sti*] **1** compositore di musica **2** esecutore di composizioni musicali.
musicologìa *s.f.* il complesso delle discipline di studio e di ricerca inerenti alla musica.
musìvo *agg.* relativo a mosaico.
mùso *s.m.* **1** la parte anteriore della testa degli animali **2** (*scherz.* o *spreg.*) il viso dell'uomo | *tenere, mettere il* —, il broncio.
musóne *s.m.* [f. *-a*] chi tiene il broncio; persona taciturna e scontrosa.
mùssola *s.f.* tessuto fine.
musulmàno *agg.* islamico ♦ *s.m.* [f. *-a*].
mùta[1] *s.f.* **1** (*biol.*) nei rettili, negli insetti e in altri animali, cambiamento periodico della pelle, delle penne e di qualsiasi tipo di rivestimento cutaneo **2** tuta subacquea.
mùta[2] *s.f.* gruppo di cani impiegati nella caccia.
mutaménto *s.m.* cambiamento.
mutànde *s.f.pl.* indumento intimo costituito da una sorta di calzoncini corti che si portano a contatto con la pelle.
mutàre *v.tr.* **1** sostituire qlco. con un'altra; cambiare **2** rendere diverso ♦ *v.intr.* [aus. *essere*] diventare diverso ♦ **-rsi** *v.rifl.* o *intr.pron.* subire un mutamento.
mutazióne *v.tr.* **1** cambiamento, trasformazione **2** (*biol.*) variazione del patrimonio ereditario di un organismo, che provoca cambiamenti dei caratteri morfologici.
mutévole *agg.* che muta facilmente □ **-mente** *avv.*
mutilàre *v.tr.* [*io mùtilo ecc.*] **1** provocare la perdita di un arto **2** (*fig.*) privare di una parte essenziale.
mutilàto *s.m.* [f. *-a*] persona che ha perduto un arto o un altro organo.
mutìsmo *s.m.* **1** (*med.*) incapacità di parlare **2** (*estens.*) lo stare muto, il tacere deliberatamente.
mùto *agg.* **1** si dice di chi non può parlare perché affetto da mutismo o da sordomutismo **2** si dice di persona che rimane silenziosa per emozione improvvisa **3** di cosa, che è priva di suono, di scritte ecc. | — *come un pesce*, si dice di chi sta assolutamente zitto ♦ *s.m.* [f. *-a*] persona affetta da mutismo; sordomuto □ **-mente** *avv.*
mùtua *s.f.* (*dir.*) ente che tutela gli interessi economici degli associati applicando il principio della socializzazione degli oneri.
mutuàre *v.tr.* [*io mùtuo ecc.*] (*dir.*) dare o prendere denaro in prestito.
mùtuo[1] *agg.* reciproco.
mùtuo[2] *s.m.* (*dir.*) prestito a lungo termine assistito da garanzie immobiliari e rimborsabile per quote a scadenze determinate.

Nn

n *s.f.* o *m.* quattordicesima lettera dell'alfabeto, il cui nome è *enne*.
nabàbbo *s.m.* **1** (*st.*) titolo di principi indiani musulmani **2** (*scherz.*) persona molto ricca.
nàcchera *s.f.* (spec. *pl.*) strumento musicale a percussione spagnolo.
nadìr *s.m.invar.* (*astr.*) punto della sfera celeste opposto allo *zenit*.
nàfta *s.f.* gasolio.
naftalìna *s.f.* (*chim.*) idrocarburo ricavato dal catrame usato in varie produzioni industriali e come insetticida antitarme.
nàia *s.f.* (*gerg.*) il servizio militare di leva.
nàiade *s.f.* (*mit.*) ninfa dei fiumi e delle fonti.
naïf *agg.invar.* (*fr.*) si dice di pittura o di forma d'arte caratterizzati da uno stile ingenuo, immediato ♦ *s.m.* e *f.invar.* pittore naïf.
nanìsmo *s.m.* (*med.*) anomalia dello sviluppo corporeo per cui un individuo adulto presenta dimensioni molto inferiori alla media.
nàno *agg.* che presenta nanismo; che ha dimensioni notevolmente ridotte rispetto alla norma ♦ *s.m.* [f. *-a*].
nàpalm *s.m.invar.* (*chim.*) miscela gelatinosa di sali di alluminio e acidi grassi usata per bombe incendiarie e per alimentare lanciafiamme.
napoletàna *s.f.* caffettiera a due recipienti sovrapposti.
nàppa *s.f.* **1** fiocco a più fili **2** pelle sottile e morbidissima per guanti, borsette ecc.
narcisìsmo *s.m.* eccesso di ammirazione o di compiacimento per se stessi.
narcìso[1] *s.m.* (*bot.*) genere di piante bulbose con fiori bianchi o gialli.
narcìso[2] *s.m.* persona eccessivamente compiaciuta di sé, del proprio aspetto.
narcòsi *s.f.* (*med.*) anestesia totale.
narcotèst *s.m.invar.* prova volta ad accertare se un individuo abbia assunto sostanze stupefacenti.
narcòtico *s.m.* [pl.m. *-ci*] sostanza naturale o artificiale che determina narcosi ♦ *agg.*
narcotizzàre *v.tr.* far cadere in stato di narcosi.
narcotràffico *s.m.* l'insieme delle operazioni illecite di produzione e compravendita all'ingrosso di droghe.
narìce *s.f.* ciascuno dei due orifizi delle cavità nasale.
narràre *v.tr.* esporre un avvenimento con ordine e ricchezza di particolari; raccontare ♦ *v.intr.* [aus. *avere*] parlare intorno a un argomento.
narratìva *s.f.* il genere narrativo; l'insieme delle opere di carattere narrativo o dei narratori di un certo periodo.
narratìvo *agg.* che è proprio del narrare □ **-mente** *avv.*
narraziòne *s.f.* **1** il narrare **2** racconto, storia.
nartèce *s.m.* (*arch.*) atrio delle basiliche paleocristiane e di quelle romaniche più antiche.
nasàle *agg.* **1** (*anat.*) del naso **2** (*ling.*) si dice di suono articolato con il velo del palato abbassato (*p.e.* m, n) ♦ *s.f.* (*ling.*) consonante nasale.
nàscere *v.intr.* [pres. *io nasco, tu nasci ecc.*; pass.rem. *io nacqui, tu nascésti ecc.*; part.pass. *nato*; aus. *essere*] **1** di uomini e animali, essere partorito | *— con la camicia*, (*fig.*) si dice di persona sempre fortunata **2** di piante, germogliare, spuntare **3** di astri, sorgere **4** (*fig.*) insorgere, manifestarsi.
nàscita *s.f.* **1** il nascere, l'essere nato **2** origine; famiglia **3** (*fig.*) inizio.
nascitùro *agg.* e *s.m.* [f. *-a*] che/chi è sul punto di nascere.
nascóndere *v.tr.* [pres. *io nascóndo ecc.*; pass.rem. *io nascósi, tu nascondésti ecc.*; part.pass. *nascósto*] **1** mettere in luogo nascosto per sottrarre alla vista; occultare **2** ostacolare la vista **3** (*fig.*) non mostrare ♦ **-rsi** *v.rifl.* o *intr.pron.* sistemarsi in modo da non essere visti o trovati.
nascondìglio *s.m.* luogo adatto a nascondere o a nascondersi.
nascósto *agg.* **1** celato **2** (*fig.*) non evi-

dente **3** (*fig.*) segreto | *di* —, segretamente □ **-mente** *avv.*
nasèllo *s.m.* pesce di mare commestibile, simile al merluzzo, ma più piccolo.
nàso *s.m.* organo prominente situato al centro del viso; svolge funzione respiratoria ed è sede dell'olfatto | *arricciare il* —, per esprimere disgusto | *ficcare il — nelle faccende altrui*, (*fig.*) occuparsene indiscretamente.
nàstro *s.m.* **1** tessuto stretto e lungo impiegato per guarnizioni, orlature, legature **2** (*estens.*) qualunque cosa a forma di nastro: — *adesivo*, striscia di carta o materiale plastico che reca una sostanza adesiva; — *magnetico*, rivestito di sostanze magnetiche, per registrare suoni, immagini, dati di elaboratori elettronici.
natàle *s.m.* **1** (*lett.*) giorno della nascita **2** *Natale*, festa liturgica ricorrente il 25 dicembre per ricordare la nascita di Cristo **3** (spec. *pl.*) nascita; origine.
natalità *s.f.* (*stat.*) numero delle nascite rilevate in un dato luogo in un dato periodo.
natalìzio *agg.* di Natale, del Natale.
natànte *agg.* che nuota; che galleggia ♦ *s.m.* qualunque mezzo di piccole o medie dimensioni per il trasporto acquatico.
nàtica *s.f.* ciascuna delle due parti carnose formate dai muscoli glutei.
natività *s.f.* nascita della Madonna o di Cristo; il dipinto o la scultura che rappresenta tali eventi.
natìvo *agg.* **1** che è luogo di nascita; del luogo di nascita **2** (*chim.*) si dice di elemento in natura non combinato con altre sostanze ♦ *s.m.* [f. *-a*] indigeno.
natùra *s.f.* **1** il complesso delle cose e degli esseri dell'universo | *secondo* —, seguendo le leggi naturali **2** personificazione dei fenomeni naturali **3** — *morta*, (*pitt.*) genere che consiste nella raffigurazione di soli oggetti inanimati (cibi, fiori, frutta ecc.) **4** l'insieme delle qualità che fanno di un essere quello che è; indole, carattere **5** qualità o complesso di qualità che una cosa possiede naturalmente.
naturàle *agg.* **1** della natura **2** che si ha per natura **3** (*estens.*) genuino **4** conforme all'ordine di natura □ **-mente** *avv.* **1** per indole **2** in modo logico, prevedibile.
naturalézza *s.f.* spontaneità.
naturalìsmo *s.m.* teoria estetica affermatasi in Francia nella seconda metà del sec. XIX, secondo la quale l'opera d'arte deve rappresentare, in modo rigoroso e impersonale, la psicologia umana e l'ambiente sociale.
naturalizzàre *v.tr.* (*dir.*) concedere la cittadinanza a uno straniero ♦ **-rsi** *v.rifl.* o *intr.pron.* (*dir.*) ottenere la cittadinanza di un paese straniero.
naturalizzazióne *s.f.* (*dir.*) la concessione della cittadinanza a uno straniero.
naturìsmo *s.m.* movimento che propone una vita più vicina alla natura.
naufragàre *v.intr.* [*io nàufrago, tu nàufraghi* ecc.; aus. *essere*] **1** affondare, fare naufragio **2** (*fig.*) fallire, andare in rovina.
naufràgio *s.m.* **1** affondamento di una nave **2** (*fig.*) fallimento.
nàufrago *s.m.* [f. *-a*; pl.m. *-ghi*] chi ha fatto naufragio; superstite.
nàusea *s.f.* **1** sensazione di fastidio allo stomaco accompagnata da altri malesseri, che spesso precede il vomito **2** (*fig.*) sentimento di repulsione; disgusto | noia.
nauseabóndo *agg.* che dà nausea (anche *fig.*).
nauseàre *v.tr.* [*io nàuseo* ecc.] eccitare la nausea (anche *fig.*).
nàutica *s.f.* il complesso delle cognizioni tecniche per condurre una nave.
navàle *agg.* che si riferisce alle navi o alla navigazione.
navàta *s.f.* (*arch.*) ciascuno degli spazi longitudinali in cui è divisa una chiesa.
nàve *s.f.* grande mezzo di trasporto acquatico fornito di mezzi propri di propulsione.
navétta *s.f.* **1** organo delle macchine per tessere che contiene la spola **2** — *spaziale*, (*aer.*) veicolo spaziale che può essere usato per compiere più viaggi **3** veicolo che percorre continuamente nei due sensi lo stesso percorso.
navigàre *v.intr.* [*io nàvigo, tu nàvighi* ecc.; aus. *avere*] **1** viaggiare per mare su di una nave | — *in cattive acque*, (*fig.*) trovarsi in precarie condizioni economiche **2** detto di natante o di aeromobile, percorrere uno spazio acquatico o aereo **3** (*inform.*) spostarsi da un punto all'altro di un programma di ipertesto, seguendo un proprio percorso di ricerca ♦ *v.tr.* percorrere navigando.
navigàto *agg.* (*fig.*) si dice di chi ha esperienza del mondo, della vita.
navigatóre *s.m.* [f. *-trice*] chi compie imprese marinare o lunghi viaggi per mare ♦ *agg.* che si dedica alla navigazione.
navigazióne *s.f.* il navigare, il modo di navigare; l'attività del navigare.
nazionàle *agg.* della nazione ♦ *s.f.* squadra di atleti che rappresenta una nazione in gare internazionali ♦ *s.m.* e *f.* atleta che fa parte della squadra nazionale.
nazionalìsmo *s.m.* esaltazione dell'idea

di nazione o di tutto ciò che appartiene alla propria nazione.
nazionalìsta *s.m.* e *f.* [pl.m. *-sti*] assertore del nazionalismo | usato anche come *agg.*
nazionalità *s.f.* **1** l'essere nazionale **2** appartenenza a una nazione; cittadinanza **3** nazione.
nazionalizzàre *v.tr.* trasferire un'attività di interesse pubblico dalla gestione privata a quella dello stato.
nazionalizzazióne *s.f.* il nazionalizzare, l'essere nazionalizzato.
nazionalsocialìsmo *s.m.* movimento politico fondato nel 1920 da A. Hitler (1889-1945), basato sulla pretesa superiorità razziale del popolo germanico.
nazionalsocialìsta *s.m.* e *f.* [pl.m. *-sti*] seguace del nazionalsocialismo.
nazióne *s.f.* insieme di genti legate da comunanza di tradizioni storiche, di lingua, di costumi (è concetto distinto da quello di *stato*, che è un'entità politico-giuridica).
nazìsmo *s.m.* regime nazionalsocialista.
nazìsta *s.m.* e *f.* [pl.m. *-sti*] nazionalsocialista.
'ndràngheta *s.f.* delinquenza organizzata di tipo mafioso, propria della Calabria.
ne *pron.m.* e *f.*, *sing.* e *pl.* [forma atona che si usa in posizione sia enclitica sia proclitica] **1** di lui, di lei, di loro **2** di questo, di quello, di ciò **3** da questo, da quello, da ciò ♦ *avv.* di lì, di là, di qui, di qua | in usi pleonastici: *me ne vado via subito* | in taluni usi verbali con costruzione pronominale (*andarsene*, *venirsene*, *starsene ecc.*).
né *cong.* coordina con valore negativo due o più membri di una stessa proposizione | coordina due o più proposizioni negative, con il valore di *e non*.
neànche *avv.* e *cong.* neppure, nemmeno.
nébbia *s.f.* sospensione nell'aria di minutissime gocce formatesi per condensazione del vapore acqueo.
nebbióso *agg.* pieno, coperto di nebbia.
nebulizzàre *v.tr.* ridurre un liquido in gocce minutissime disperse in un mezzo gassoso.
nebulizzatóre *s.m.* apparecchio che serve a nebulizzare un liquido.
nebulósa *s.f.* (*astr.*) massa gassosa interna a una galassia.
nebulóso *agg.* **1** nebbioso **2** (*fig.*) confuso, indeterminato.
necessàrio *agg.* di cui non si può fare a meno ♦ *s.m.* □ **-mente** *avv.*
necessità *s.f.* **1** l'essere necessario; bisogno assoluto **2** forza superiore al volere degli uomini, che ne determina l'agire; destino **3** miseria, indigenza.
necro- primo elemento di parole composte, che indica attinenza con cadaveri o con i resti di organismi morti.
necròforo *s.m.* becchino.
necrologìa *s.f.* annuncio funebre | scritto o breve discorso intorno alla morte di qlcu.
necrològio *s.m.* **1** registro delle morti tenuto da una chiesa **2** necrologia.
necròpoli *s.f.* (*archeol.*) complesso di antiche sepolture.
necroscopìa *s.f.* (*med.*) autopsia.
necròsi *s.f.* (*biol.*) processo irreversibile di morte delle cellule e dei tessuti di un organismo, dovuto a gravi difetti di circolazione del sangue o ad altre cause.
nefàndo *agg.* scellerato, empio.
nefàsto *agg.* funesto; sfavorevole □ **-mente** *avv.*
nefrìte *s.f.* (*med.*) infiammazione acuta o cronica del rene.
nefrologìa *s.f.* settore della medicina che studia la fisiologia e la patologia del rene.
negàre *v.tr.* [*io négo, tu néghi ecc.*] **1** dichiarare che una cosa non è vera | (*assol.*) dire di no **2** non concedere, rifiutare ♦ **-rsi** *v.rifl.* fingersi assente per evitare una persona non gradita.
negatìvo *agg.* **1** che nega **2** (*estens.*) sfavorevole **3** si dice del risultato di una ricerca o di un'analisi che non ha trovato quel che si cercava **4** (*mat.*) si dice di numero reale inferiore a zero ♦ *s.m.* (*foto.*) pellicola o lastra su cui è impressa un'immagine con valori cromatici inversi a quelli che risulteranno nell'immagine positiva □ **-mente** *avv.*
negàto *agg.* che non ha predisposizione per qlco.
negazióne *s.f.* **1** il negare | (*gramm.*) elemento linguistico che esprime negazione **2** (*fig.*) ciò che è o appare contrario.
négli *prep.art.m.pl.* composta da *in* e *gli*.
negligènte *agg.* che trascura i propri doveri; pigro □ **-mente** *avv.*
negligènza *s.f.* l'essere negligente; trascuratezza.
negoziànte *s.m.* e *f.* esercente.
negoziàre *v.tr.* [*io negòzio ecc.*] **1** trattare per la compravendita; contrattare **2** condurre trattative per un accordo ♦ *v.intr.* [aus. *avere*] esercitare il commercio.
negoziàto *s.m.* trattativa per raggiungere un accordo.
negòzio *s.m.* **1** affare **2** locale dove si vendono merci al minuto.
négro *agg.* **1** che appartiene a un gruppo umano originario dell'Africa, con pelle nera o scura **2** che si riferisce alle popolazioni di tale gruppo umano ♦ *s.m.* [f. *-a*].
negromànte *s.m.* e *f.* indovino.

néi *prep.art.m.pl.* composta da *in* e *i*.
nel *prep.art.m.sing.* composta da *in* e *il*.
nélla *prep.art.f.sing.* composta da *in* e *la*.
nélle *prep.art.f.pl.* composta da *in* e *le*.
néllo *prep.art.m.sing.* composta da *in* e *lo*.
némbo *s.m.* (*meteor.*) nube scura, densa di pioggia.
nèmesi *s.f.* (*lett.*) espiazione fatale di una colpa; vendetta | — *storica*, giustizia che colpirebbe nei discendenti le colpe dei progenitori.
nemìco *agg.* [pl.m. *-ci*] **1** che nutre profonda avversione | sfavorevole **2** (*fig.*) che detesta **3** che appartiene o si riferisce allo stato, all'esercito contro cui si è in guerra **4** (*fig.*) nocivo ♦ *s.m.*
nemméno *avv.* e *cong.* neanche.
nènia *s.f.* **1** canto lamentoso e monotono intonato un tempo durante i funerali **2** cantilena che si canta ai bambini per farli addormentare **3** (*fig.*) piagnucolio insistente e fastidioso.
neo- *s.m.* primo elemento di parole composte che significa 'nuovo, moderno, recente'.
nèo *s.m.* **1** (*med.*) piccola massa cutanea tondeggiante di colore scuro dovuta a eccesso di pigmentazione **2** (*fig.*) piccolo difetto, imperfezione appena percettibile.
neoavanguàrdia *s.f.* ogni corrente artistica o letteraria contemporanea che si richiami alle avanguardie storiche del primo Novecento.
neoclassicìsmo *s.m.* tendenza culturale manifestatasi in Europa tra la fine del Settecento e i primi dell'Ottocento, che mirava a ripristinare i canoni dell'arte e della letteratura classica: *il — del Canova*.
neoclàssico *agg.* [pl.m. *-ci*] del neoclassicismo; che si ispira ai principi del neoclassicismo: *gusto —* ♦ *s.m.* **1** [f. *-a*] seguace del neoclassicismo **2** stile neoclassico □ **-mente** *avv.* secondo i principi, il gusto neoclassici.
neòfita *s.m.* e *f.* [pl.m. *-ti*] chi ha abbracciato di recente un'idea, una dottrina.
neolatìno *agg.* si dice delle lingue che derivano dal latino, delle letterature scritte in tali lingue, dei popoli che le parlano.
neolìtico *agg.* e *s.m.* [pl.m. *-ci*] si dice del terzo periodo dell'età della pietra.
neologìsmo *s.m.* (*ling.*) parola o costrutto introdotto di recente nella lingua.
nèon *s.m.* elemento chimico di simbolo *Ne*; è un gas nobile, usato per le lampade a luminescenza.
neonàto *agg.* che è nato da poco ♦ *s.m.* [f. *-a*].
neoplasìa *s.f.* (*med.*) formazione patologica di nuove cellule | (*estens.*) tumore maligno.
neorealìsmo *s.m.* tendenza del cinema, dell'arte e della letteratura a rappresentare con fedeltà la realtà quotidiana; si affermò in Italia nel secondo dopoguerra.
neozòico *agg.* [pl.m. *-ci*] (*geol.*) si dice dell'era geologica attuale della Terra, caratterizzata dalla comparsa dell'uomo e dal fenomeno delle glaciazioni ♦ *s.m.*
nepotìsmo *s.m.* **1** la tendenza dei papi, nei secc. XV e XVI, a favorire i propri familiari **2** (*estens.*) il favorire indebitamente parenti o amici nell'assegnazione di incarichi, uffici pubblici.
neppùre *avv.* e *cong.* neanche.
nèrbo *s.m.* **1** scudiscio costituito di tendini di bue disseccati e intrecciati **2** (*fig.*) la parte più forte, il nucleo essenziale di qlco. | forza, vigoria.
nerèide *s.f.* (*mit.*) ciascuna delle ninfe del mare, figlie di Nereo.
nerétto *s.m.* (*tip.*) carattere tipografico ad asta grossa; grassetto.
néro *agg.* **1** si dice del colore più scuro esistente in natura | *occhiali neri*, con lenti scure | *oro —*, il petrolio | *pecora nera*, (*fig.*) chi, in un gruppo familiare o sociale, è o è ritenuto diverso per qualche caratteristica negativa **2** (*fig.*) luttuoso, doloroso; pieno di avversità **3** (*fig.*) triste | *vedere tutto —*, essere pessimista **4** (*fig.*) scellerato **5** (*fig.*) illegale **6** del fascismo | *camicia nera*, quella della divisa fascista ♦ *s.m.* **1** il colore nero **2** [f. *-a*] persona di pelle nera.
nervatùra *s.f.* **1** il complesso dei nervi di un organismo vivente **2** (*bot.*) fascio conduttore che si dirama sulla foglia e che diffonde la linfa **3** (*arch.*) complesso dei cordoni sagomati che limitano le sezioni delle volte a crociera.
nervìno *agg.* si dice di sostanza che agisce sui nervi: *gas —*.
nèrvo *s.m.* **1** (*anat.*) ciascuno dei fasci di fibre, che hanno origine dai centri del cervello e del midollo spinale e arrivano fino alle zone periferiche dell'organismo | in espressioni fig.: *far venire i nervi*, fare spazientire; *avere i nervi*, essere irritato **2** (*bot.*) nervatura della foglia.
nervosìsmo *s.m.* l'essere nervoso, facilmente irritabile.
nervóso *agg.* **1** di nervo, dei nervi: *sistema —* **2** che rivela agitazione, nervosismo ♦ *s.m.* (*fam.*) nervosismo □ **-mente** *avv.*
nèspola *s.f.* frutto del nespolo.
néspolo *s.m.* arbusto con frutti color ruggine.
nèsso *s.m.* legame, relazione.
nessùno *agg.indef.* [manca del *pl.*; davanti a

vocale si comporta come *uno*] 1 neppure uno 2 qualche ♦ *pron.indef.* 1 neppure uno 2 (con valore positivo) qualcuno.
nèttare *s.m.* 1 sostanza zuccherina secreta da speciali organi dei fiori; elaborata dalle api, si trasforma in miele 2 (*mit.*) la bevanda degli dei; ambrosia.
nétto *agg.* 1 pulito (anche *fig.*) 2 chiaro, preciso; secco, deciso 3 libero da detrazioni: *peso* —, senza la tara ♦ *avv.* chiaramente □ **-mente** *avv.*
Nettùno *s.m.* 1 (mit.) il dio del mare 2 (astr.) nel sistema solare, l'ottavo pianeta in ordine di distanza dal sole.
netturbìno *s.m.* spazzino.
network *s.m.invar.* (*ingl.*) rete di stazioni televisive associate tra loro.
neurìte *s.f.* (*med.*) infiammazione dei nervi.
neuro- primo elemento di parole composte; significa 'nervo'.
neurochirurgìa *s.f.* branca della chirurgia che interviene sul sistema nervoso.
neurologìa *s.f.* parte della medicina che studia l'anatomia, la fisiologia e la patologia del sistema nervoso.
neuróne *s.m.* (*anat.*) cellula nervosa.
neuropatìa *s.f.* (*med.*) malattia nervosa.
neuropatologìa *s.f.* disciplina che studia le malattie del sistema nervoso.
neuropsichiatrìa *s.f.* branca della medicina che studia le malattie nervose e mentali.
neurovegetativo *agg.* (*med.*) relativo al sistema nervoso autonomo che presiede alle funzioni vegetative.
neutràle *agg.* che non parteggia per nessuno tra i contendenti.
neutralità *s.f.* l'essere neutrale.
neutralizzàre *v.tr.* rendere vana, inefficace un'azione, opponendo a essa una forza contraria; annullare gli effetti di un fenomeno negativo.
neutralizzazióne *s.f.* il neutralizzare, l'essere neutralizzato.
neutrìno *s.m.* (*fis.*) particella subatomica priva di carica elettrica.
nèutro *agg.* non ben definito | *stato* —, stato neutrale | *conduttore* —, (*fis.*) in un impianto elettrico, conduttore messo a terra o a potenziale zero ♦ *s.m.* (*elettr.*) conduttore neutro.
neutróne *s.m.* (*fis.*) particella elementare priva di carica elettrica, costituente fondamentale del nucleo atomico.
nevàio *s.m.* accumulo di neve perenne raccolta in conche montuose.
néve *s.f.* precipitazione atmosferica costituita da aggregati di finissimi aghetti di ghiaccio.
nevicàre *v.intr.impers.* [*névica*; aus. *essere* o *avere*] cadere neve.
nevicàta *s.f.* quantità di neve caduta.
nevìschio *s.m.* precipitazione formata da neve minutissima mista ad acqua.
nevóso *agg.* di neve | che è coperto di neve.
nevralgìa *s.f.* (*med.*) dolore acuto causato dall'irritazione di un tratto nervoso.
nevràlgico *agg.* [pl.m. *-ci*] (*med.*) di nevralgia | *punto* —, (*fig.*) il punto più delicato.
nevrastenìa *s.f.* (*med.*) termine con cui si designano certi disturbi del sistema nervoso caratterizzati da irritabilità.
nevrastènico *agg.* [pl.m. *-ci*] (*med.*) di nevrastenia ♦ *agg.* e *s.m.* [f. *-a*] 1 che/chi è affetto da nevrastenia 2 (*estens.*) nervoso.
nevròsi *s.f.* (*med.*) disturbo della sfera affettiva e dell'emotività, originato da conflitti psichici.
nevròtico *agg.* [pl.m. *-ci*] (*med.*) di nevrosi ♦ *agg.* e *s.m.* [f. *-a*] 1 che/chi è affetto da nevrosi 2 (*estens.*) facilmente irritabile □ **-mente** *avv.*
new age *loc.sost.f.invar.* (*ingl.*) movimento culturale che ha le sue radici nella cultura alternativa degli anni Sessanta; aspira a stabilire un rapporto rinnovato tra l'uomo e l'ambiente.
new economy *loc.sost.f.invar.* (*ingl.*) (*econ.*) il sistema economico delle attività di mediazione e servizi ad alto contenuto informatico svolte soprattutto attraverso Internet; si contrappone a old economy.
newton *s.m.* (*ingl.*) (*fis.*) unità di misura della forza nel Sistema internazionale, equivalente alla forza necessaria a imprimere a un corpo della massa di un chilogrammo un'accelerazione di un metro al secondo per secondo.
nìcchia *s.f.* 1 cavità aperta nello spessore di un muro 2 (*fig.*) posto tranquillo e comodo; rifugio.
nicchiàre *v.intr.* [*io nìcchio ecc.*; aus. *avere*] mostrarsi incerto, esitante.
nìchel *s.m.* elemento chimico di simbolo *Ni*; è un metallo malleabile, usato per formare leghe.
nichilìsmo *s.m.* atteggiamento o dottrina che nega un sistema di valori.
nichilìsta *s.m.* e *f.* [pl.m. *-sti*] fautore del nichilismo | Usato anche come *agg.*
nickname *s.m.invar.* (*ingl.*) (*inform.*) nome fittizio con cui per motivi di privacy si partecipa ad alcune attività di Internet (chat line, newsgroup, mailing list ecc.).
nicotìna *s.f.* alcaloide velenoso contenuto nel tabacco.
nidiàta *s.f.* tutti gli uccellini nati da una stessa covata.

nidificàre *v.intr.* [io nidìfico, tu nidìfichi ecc.; aus. avere] fare il nido.
nìdo *s.m.* **1** riparo costruito dagli uccelli per covarvi le uova e allevare i piccoli **2** (*spreg.*) covo | usato come *agg.invar.* nella loc. *asilo —*, istituto che ospita i bambini più piccoli.
niènte *pron.indef.* **1** nessuna cosa | *per —*, inutilmente | *non far —*, non produrre alcun effetto **2** qualche cosa **3** (*estens.*) poca cosa ♦ *agg.invar.* (*fam.*) nessuno, nessuna ♦ *s.m.* nessuna cosa.
nientediméno *avv.* addirittura.
night-club *s.m.* (*ingl.*) locale notturno.
nìnfa *s.f.* **1** (*mit.*) ciascuna delle divinità minori che popolavano i boschi, i monti e le acque **2** (*zool.*) negli insetti con metamorfosi completa, stadio di sviluppo intermedio tra la larva e l'adulto.
ninfèa *s.f.* pianta acquatica ornamentale.
ninfétta *s.f.* adolescente che tende a mettere precocemente in risalto la femminilità.
ninfòmane *s.f.* (*psicol.*) donna affetta da ninfomania.
ninfomanìa *s.f.* (*psicol.*) tendenza ossessiva della donna a ripetere esperienze sessuali con uomini diversi.
ninnanànna *s.f.* cantilena con cui si fanno addormentare i bambini.
nìnnolo *s.m.* oggetto ornamentale.
nipóte *s.m.* e *f.* **1** il figlio o la figlia del figlio o della figlia; il figlio o la figlia del fratello o della sorella **2** *pl.* (*lett.*) i discendenti.
nirvàna *s.m.invar.* **1** secondo il buddismo, stato di beatitudine raggiungibile con il distacco dalle cose del mondo e dalle passioni **2** (*estens.*) stato di perfetta serenità | stato di passività, di indifferenza verso sé stessi e gli altri.
nitidézza *s.f.* l'essere nitido (anche *fig.*).
nìtido *agg.* **1** limpido **2** (*fig.*) accurato, preciso □ **-mente** *avv.*
nitràto *s.m.* (*chim.*) sale dell'acido nitrico.
nìtrico *agg.* [pl.m. -ci] (*chim.*) si dice di composto che contiene il nitrogruppo.
nitrìre *v.intr.* [io nitrisco, tu nitrisci ecc.; aus. avere] detto del cavallo, emettere il verso caratteristico.
nitrìto *s.m.* il nitrire.
nitrocellulósa *s.f.* (*chim.*) sostanza usata per esplosivi, vernici, pellicole fotografiche ecc.
nitroglicerìna *s.f.* liquido usato per fabbricare dinamite e gelatine esplosive.
no *avv.* negazione usata specialmente nelle risposte | *dire di no*, negare | *se no*, (*fam.*) altrimenti ♦ *s.m.invar.* risposta negativa, rifiuto | Usato come *agg. invar.* (*fam.*) negativo: *una giornata —*.
Nobel *s.m.invar.* (*sved.*) chi ha ottenuto il premio Nobel: *un — della fisica*.
nòbile *agg.* **1** che, per nascita o per privilegio concesso da un sovrano, appartiene alla classe sociale di rango più elevato **2** (*fig.*) che possiede elevatezza, generosità di sentimenti ♦ *s.m.* e *f.* chi appartiene a famiglia nobile □ **-mente** *avv.*
nobiliàre *agg.* della nobiltà, dei nobili.
nobilitàre *v.tr.* [io nobìlito ecc.] conferire dignità ♦ **-rsi** *v.rifl.* elevarsi mediante nobili azioni.
nobiltà *s.f.* **1** l'essere nobile **2** la classe dei nobili **3** eccellenza, prestigio.
nòcca *s.f.* giuntura delle dita delle mani e dei piedi.
nocciòla *s.f.* il frutto e il seme del nocciolo, che si consuma come frutta.
nòcciolo[1] *s.m.* **1** il nucleo legnoso di certi frutti, contenente il seme **2** (*fig.*) l'aspetto essenziale.
nocciòlo[2] *s.m.* pianta arbustacea con frutti rotondi commestibili.
nóce[1] *s.m.* **1** grande albero con frutti commestibili **2** il legno ricavato da tale albero, usato per mobili e rivestimenti.
nóce[2] *s.f.* **1** il frutto del noce **2** (*fig.*) oggetto che per la forma assomiglia a una noce.
nocìvo *agg.* che nuoce; dannoso | detto di animale, che danneggia le colture o che uccide animali considerati utili □ **-mente** *avv.*
nodàle *agg.* (*fig.*) di fondamentale importanza.
nòdo *s.m.* **1** legamento di due capi di una fune o di due nastri, di due fili **2** groviglio **3** (*fig.*) momento cruciale **4** (*mar.*) unità di misura della velocità di una nave, pari a un miglio orario (1852 m all'ora).
nodóso *agg.* pieno di nodi.
nòdulo *s.m.* (*anat.*) piccola formazione tondeggiante e dura che insorge in diversi tessuti.
no fly zone *loc.sost. f.invar.* (*ingl.*) (*mil.*) zona di cui è interdetto il sorvolo aereo ai velivoli non autorizzati, per decisione di un'autorità militare.
no global *loc.agg.invar.* (*ingl.*) antiglobalizzazione: movimento no global ♦ *s.m.* e *f. invar.* chi aderisce al movimento antiglobalizzazione: una manifestazione di no global.
nói *pron.pers.m.* e *f. di prima pers.pl.* **1** si usa come soggetto quando la persona che parla indica sé stessa insieme ad altri **2** si usa come complemento (come compl. oggetto o compl. di termine è sostituito dal-

le forme atone *ce*, *ci* quando non si vuol dare particolare rilievo al pronome) **3** con valore impersonale: *quando noi consideriamo che...*, quando si considera che...

nòia *s.f.* **1** sensazione sgradevole prodotta dal ripetersi monotono delle stesse azioni o da uno stato di inerzia; tedio **2** fastidio, seccatura.

noióso *agg.* che dà noia; fastidioso | anche *s.m.* [f. *-a*] □ **-mente** *avv.*

noleggiàre *v.tr.* [*io noléggio ecc.*] **1** prendere a noleggio **2** dare a noleggio.

noleggiatóre *s.m.* [f. *-trice*] chi prende o dà a noleggio.

noléggio *s.m.* **1** (*dir.*) contratto con il quale il proprietario di un veicolo o di un altro bene si obbliga, dietro compenso, a cederne l'uso **2** il prezzo che si paga per il noleggiare.

nòlo *s.m.* noleggio.

nòmade *agg.* caratterizzato da nomadismo ♦ *agg.* e *s.m.* e *f.* appartenente a un gruppo etnico nomade.

nóme *s.m.* **1** elemento linguistico che indica esseri viventi, oggetti, idee, fatti o sentimenti | *a — di*, da parte di, per conto di | *— depositato*, quello protetto da un brevetto **2** nome proprio che designa individualmente una persona all'interno della famiglia a cui appartiene (è detto anche *— di battesimo*) **3** (*fig.*) fama; reputazione.

nomenclatùra *s.f.* il complesso sistematico dei nomi di un determinato settore.

nomìgnolo *s.m.* soprannome.

nòmina *s.f.* l'atto col quale chi ne ha l'autorità prepone una persona a un ufficio e le conferisce una dignità.

nominàle *agg.* **1** (*gramm.*) del nome: *predicato —*, costituito dalle forme del verbo *essere* seguite da un sostantivo o da un aggettivo **2** che esiste solo di nome □ **-mente** *avv.*

nominàre *v.tr.* [*io nòmino ecc.*] **1** chiamare per nome; ricordare **2** conferire, con un atto di autorità, una dignità o una carica.

nominatività *s.f.* la registrazione di un bene mobile sotto il nome del proprietario.

nominatìvo *agg.* **1** che contiene, riporta dei nomi **2** (*gramm.*) nelle lingue con declinazione dei nomi, si dice del caso che esprime il soggetto della frase ♦ *s.m.* (*burocr.*) nome □ **-mente** *avv.*

nón *avv.* **1** serve a negare il concetto espresso dal verbo a cui si riferisce | può essere rafforzato da *affatto*, *per niente*, *mica* ecc. **2** si usa nelle interrogative dirette e indirette che attendono una risposta affermativa e nelle interrogative retoriche: *non è vero?* **3** preposto a un aggettivo, un sostantivo o un avverbio: *un'impresa non facile*, difficile; *non sempre*, raramente **4** come prefisso negativo davanti a un sostantivo costituisce locuzioni sostantivali: *i non credenti*.

nonché *cong.* e anche, e inoltre.

non credènte *loc.sost.m.* e *f.* ateo.

noncurànte *agg.* incurante.

noncurànza *s.f.* disinteresse ostentato.

nondiméno *cong.* pure, tuttavia.

nònna *s.f.* madre del padre o della madre.

nònno *s.m.* padre del padre o della madre.

nonnùlla *s.m.invar.* cosa da nulla.

nonostànte *prep.* malgrado ♦ *cong.* benché, quantunque.

non plus ultra *loc.sost.m.invar.* (*lat.*) il massimo cui si possa pervenire.

nonsènso *s.m.invar.* cosa senza senso.

non stop *loc.agg.invar.* e *avv.* (*ingl.*) senza soste.

non vedènte *loc.sost.m.* e *f.* cieco.

nonviolènza *s.f.invar.* atteggiamento di chi rifiuta programmaticamente l'impiego della violenza.

nòrd *s.m.* **1** (*geog.*) punto cardinale che nell'emisfero boreale è indicato dalla stella polare; settentrione **2** la parte che si trova a nord, considerata in rapporto alla parte meridionale.

nòrdico *agg.* [pl.m. *-ci*] del nord ♦ *s.m.* [f. *-a*] abitante, nativo di un paese del nord dell'Europa.

nòrma *s.f.* **1** precetto, regola che prescrive una condotta da tenere **2** abitudine **3** avvertenza, istruzione.

normàle *agg.* **1** che corrisponde alla norma; solito: *persona —*, che si comporta come i più **2** (*geom.*) perpendicolare □ **-mente** *avv.*

normalità *s.f.* l'esser normale.

normalizzàre *v.tr.* **1** rendere normale **2** adottare sistemi uniformi; standardizzare ♦ **-rsi** *v.intr.pron.* ritornare alla normalità.

normalizzazióne *s.f.* il normalizzare, il normalizzarsi, l'essere normalizzato.

normatìva *s.f.* (*burocr.*) insieme di norme che regolano un determinato settore.

normatìvo *agg.* **1** che prescrive norme **2** che ha valore di legge □ **-mente** *avv.*

nostalgìa *s.f.* desiderio intenso e struggente di una persona o una cosa lontana.

nostàlgico *agg.* [pl.m. *-ci*] che rivela nostalgia ♦ *s.m.* [f. *-a*] □ **-mente** *avv.*

nostràno *agg.* del nostro paese.

nòstro *agg.poss.* di *prima pers.pl.* **1** che appartiene a noi **2** che è proprio di noi ♦ *pron.poss.* di *prima pers.pl.* ha gli stessi usi e sign. dell'agg. ed è sempre preceduto dall'art. determ.

nostròmo *s.m.* (*mar.*) sottufficiale preposto ai servizi di bordo.
nòta *s.f.* **1** caratteristica che contraddistingue **2** segno convenzionale con il quale si rappresentano graficamente l'altezza e la durata di un suono musicale **3** breve appunto **4** commento | — *del redattore* (abbreviato *n.d.r.*), in un articolo giornalistico, breve chiarimento **5** lista.
nòta bène *loc.sost.m.invar.* in un testo scritto, indicazione per richiamare l'attenzione (si abbrevia in *N.B.*).
notàio *s.m.* libero professionista che svolge funzioni di pubblico ufficiale; riceve e redige atti, contratti ecc., attribuisce loro pubblica fede.
notàre *v.tr.* [*io nòto ecc.*] **1** distinguere, contraddistinguere con segni **2** annotare **3** accorgersi di qlco. **4** sottolineare.
notarìle *agg.* **1** di notaio **2** da notaio.
notazióne *s.f.* il notare; annotazione | (*fig.*) osservazione.
nòtes *s.m.invar.* libriccino per appunti, taccuino.
notévole *agg.* rilevante □ **-mente** *avv.*
notìfica *s.f.* (*burocr.*) notificazione.
notificàre *v.tr.* [*io notìfico, tu notìfichi ecc.*] **1** (*dir.*) rendere noto, portare a conoscenza **2** (*burocr.*) dichiarare.
notificazióne *s.f.* **1** il notificare, l'essere notificato **2** (*dir.*) avviso.
notìzia *s.f.* **1** informazione, comunicazione che rende noto un fatto **2** (*estens.*) nozione.
notiziàrio *s.m.* **1** in un giornale o in una trasmissione radiofonica o televisiva, rubrica in cui si danno notizie di minore importanza **2** insieme di notizie pubblicate su un quotidiano o su un periodico.
nòto *agg.* che è ben conosciuto ♦ *s.m.*
notorietà *s.f.* fama.
notòrio *agg.* risaputo | *atto* —, (*dir.*) dichiarazione giurata sulla verità di un fatto □ **-mente** *avv.*
nottàmbulo *s.m.* [f. *-a*] chi fa vita notturna.
nottàta *s.f.* la durata di una notte.
nòtte *s.f.* parte del giorno solare, dal tramonto all'alba, in cui il Sole rimane sotto l'orizzonte.
nottetèmpo *avv.* di notte.
nòttola *s.f.* nome comune del più grande pipistrello europeo.
nottùrno *agg.* della notte; che avviene, si svolge, è aperto di notte: *quiete notturna*; *locale* — | *animali notturni*, attivi durante la notte ♦ *s.m.* (*mus.*) breve composizione pianistica, ispirata alla notte.
novànta *agg.num.card.invar.* numero corrispondente a nove diecine.
nòve *agg.num.card.invar.* numero naturale corrispondente a otto unità più una.
novecènto *agg.num.card.invar.* numero naturale corrispondente a nove volte cento ♦ *s.m. il Novecento*, il sec. XX.
novèlla *s.f.* racconto in prosa di estensione più breve rispetto all'epica o al romanzo.
novellière *s.m.* [f. *-a*] chi scrive novelle.
novellìno *agg.* e *s.m.* [f. *-a*] si dice di chi è agli inizi di un'attività.
novellìstica *s.f.* il genere letterario della novella.
novèllo *agg.* che è appena nato; recente.
novèmbre *s.m.* undicesimo mese dell'anno.
novèna *s.f.* (*relig.*) pratica devozionale cattolica che consiste nella ripetizione di preghiere per nove giorni consecutivi.
novilùnio *s.m.* prima fase del mese lunare, durante la quale la Luna resta invisibile.
novità *s.f.* **1** l'esser nuovo, originale **2** cosa nuova **3** innovazione **4** notizia recente.
novìzio *s.m.* [f. *-a*] **1** (*eccl.*) chi entra in un ordine religioso per un periodo di preparazione **2** (*estens.*) chi è all'inizio di un'attività.
nozióne *s.f.* conoscenza elementare | *pl.* l'insieme degli elementi fondamentali per conoscere una disciplina.
nozionìsmo *s.m.* conoscenza che si fonda sull'apprendimento acritico di notizie e dati.
nòzze *s.f.pl.* matrimonio.
nùbe *s.f.* **1** ammasso visibile di goccioline d'acqua in sospensione nell'atmosfera **2** (*estens.*) massa di particelle di varia natura sospese nell'aria **3** (*fig.*) si dice di cosa che turba l'animo.
nubifràgio *s.m.* temporale improvviso e violento, con pioggia abbondante.
nùbile *agg.* e *s.f.* si dice di donna non maritata.
nùca *s.f.* (*anat.*) parte posteriore del collo.
nucleàre *agg.* (*fis.*) che è proprio o si riferisce al nucleo dell'atomo: *energia* —, quella contenuta nel nucleo atomico | *armi nucleari*, quelle che utilizzano energia nucleare ♦ *s.m.* tutto quanto è attinente all'energia nucleare come fonte di energia elettrica.
nuclèico *agg.* [pl.m. *-ci*] (*biol.*) si dice di ogni acido organico presente nel nucleo cellulare in forma di DNA o RNA.
nùcleo *s.m.* **1** la parte più interna o centrale di qlco.; il primo elemento intorno a cui si è formato un organismo **2** (*biol.*) parte vitale ed essenziale della cellula **3** (*fis.*) parte centrale dell'atomo **4** (*fig.*) piccolo gruppo di persone.

nudismo *s.m.* movimento affine al naturismo, che propone l'abolizione degli indumenti.
nudità *s.f.* **1** l'esser nudo **2** (spec. *pl.*) parti del corpo lasciate nude.
nùdo *agg.* **1** detto del corpo umano o di una sua parte, non coperto da vesti **2** (*estens.*) detto di cosa, mancante del rivestimento, della copertura | *guardare a occhio* —, senza binocolo o lenti **3** (*fig.*) schietto, semplice ♦ *s.m.* rappresentazione artistica di una persona nuda □ **-mente** *avv.* in modo essenziale.
nùlla *pron.indef.invar.* niente ♦ *s.m.invar.* **1** ciò che non esiste **2** (*fig.*) persona di nessun valore; nullità ♦ *avv.* niente.
nùlla òsta *loc. sost.m.invar.* dichiarazione con cui l'autorità competente certifica che non esistono impedimenti all'emanazione di un provvedimento o all'esercizio di un'attività.
nullatenènte *agg.* e *s.m.* e *f.* che/chi non è proprietario di alcun bene.
nullità *s.f.* **1** cosa o persona di nessun valore **2** (*dir.*) condizione di un atto giuridico che manca di uno dei suoi requisiti essenziali, e dunque non è valido.
nùllo *agg.* che non ha valore | (*dir.*) che manca di requisiti essenziali.
nùme *s.m.* (*lett.*) divinità della mitologia classica.
numeràle *agg.* di numero; dei numeri | *aggettivo* —, (*gramm.*) quello che determina una quantità (*cardinale*: p.e. *uno*, *tre*, *cento ecc.*) o il posto occupato in una serie (*ordinale*: p.e. *primo*, *terzo*, *centesimo ecc.*).
numeràre *v.tr.* [*io nùmero ecc.*] segnare con numeri progressivi.
numeratóre *s.m.* (*mat.*) termine della frazione; indica quante delle parti di unità significate dal denominatore si assumono per formare la frazione.
numerazióne *s.f.* **1** il numerare, l'essere numerato **2** il sistema dei numeri.
nùmero *s.m.* **1** ente matematico che rappresenta un'unità, più unità o frazioni di unità (— *cardinale*); la posizione occupata da ciascun elemento in un ordine dato (— *ordinale*) **2** simbolo che rappresenta un numero **3** (*estens.*) quantità | — *legale*, quantità minima di membri di un organo collegiale che devono essere presenti perché l'organo stesso sia validamente costituito **4** ciascuna edizione di una pubblicazione **5** ognuna delle parti di uno spettacolo **6** *pl.* qualità, dote.
numeróso *agg.* che consta di parecchi elementi □ **-mente** *avv.*
numismàtica *s.f.* scienza che studia le monete e le medaglie.
nùnzio *s.m.* — *apostolico*, prelato che rappresenta la S. Sede presso uno stato.
nuòcere *v.intr.* [pres. *io nòccio* o *nuòccio, tu nuòci, egli nuòce, noi nociamo* o *nuociamo, voi nocéte* o *nuocéte, essi nòcciono* o *nuòcciono*; imperf. *io nocévo* o *nuocévo ecc.*; pass.rem. *io nòcqui, tu nocésti* o *nuocésti ecc.*; fut. *io nocerò* o *nuocerò ecc.*; pres.congiunt. *io nòccia* o *nuòccia..., noi nociamo* o *nuociamo ecc.*; imperf.congiunt. *io nocéssi* o *nuocéssi ecc.*; cond. *io nocerèi* o *nuocerèi ecc.*; imp. *nuòci, nocéte* o *nuocéte*; dif. del part.pres.; part. pass. *nociuto* o *nuociuto*; aus. *avere*] danneggiare.
nuòra *s.f.* la moglie del figlio.
nuotàre *v.intr.* [*io nuòto ecc.*; aus. *avere*] **1** eseguire un insieme di movimenti coordinati per spostarsi sulla superficie dell'acqua o sott'acqua **2** (*estens.*) galleggiare, essere immerso | (*fig.*) — *nell'abbondanza*, essere fornito di tutto ♦ *v.tr.* (*sport*) gareggiare a nuoto su una determinata distanza.
nuotàta *s.f.* il periodo di tempo in cui si nuota o il percorso compiuto a nuoto.
nuòto *s.m.* l'azione, la pratica del nuotare.
nuòvo *agg.* **1** che è stato fatto o è accaduto di recente **2** prossimo **3** mai visto; insolito **4** ulteriore ♦ *s.m.* ciò che è nuovo □ **-mente** *avv.*
nuràghe *s.m.* [pl. *-ghi* o *invar.*] (*archeol.*) costruzione preistorica della Sardegna.
nùtria *s.f.* (*zool.*) piccolo mammifero roditore la cui pelliccia è messa in commercio col nome di *castorino*.
nutriènte *agg.* si dice di sostanza che nutre, che ha potere nutritivo.
nutriménto *s.m.* il nutrire | alimento.
nutrìre *v.tr.* [*io nutro ecc.*; anche *io nutrisco, tu nutrisci ecc.*] **1** somministrare a un essere animato il cibo necessario alla sua sopravvivenza **2** (*fig.*) fornire di alimento spirituale ♦ **-rsi** *v. rifl.* cibarsi.
nutritìvo *agg.* che serve a nutrire.
nutrìto *agg.* **1** ben alimentato **2** (*fig.*) fitto, folto, denso.
nutrizióne *s.f.* il nutrire, il nutrirsi, l'essere nutrito; il modo in cui si nutre o ci si nutre.
nùvola *s.f.* lo stesso che *nube* (termine rispetto al quale è di uso più comune) | in locuzioni fig.: *avere la testa fra le nuvole*, essere abitualmente distratto; *cascare dalle nuvole*, meravigliarsi fortemente.
nùvolo *agg.* nuvoloso ♦ *s.m.* tempo nuvoloso.
nuvolóso *agg.* coperto di nubi.
nuziàle *agg.* di nozze, delle nozze.
nylon® *s.m.invar.* (*ingl.*) fibra tessile artificiale.

Oo

o[1] *s.f.* o *m.* quindicesima lettera dell'alfabeto; rappresenta una vocale di pronuncia semiaperta o semichiusa.
o[2] *cong.* [davanti a parola che comincia con o- nell'uso scritto talora **od**] **1** coordina più elementi della stessa natura grammaticale, esprimendo un'alternativa, una contrapposizione; equivale a oppure **2** con valore esplicativo, indica un'equivalenza fra due o più termini; equivale a ovvero.
o[3] inter. rafforza il vocativo.
òasi *s.f.* **1** area all'interno di un deserto, che la presenza di acqua rende fertile **2** (*estens.*) luogo o ambiente che presenta caratteristiche migliori rispetto a quelli che lo circondano.
obbediènte *agg.* che obbedisce, che è solito obbedire.
obbediènza *s.f.* **1** l'obbedire **2** sottomissione.
obbedire *v.intr.* [*io obbedisco, tu obbedisci* ecc.; aus. *avere*] **1** fare ciò che viene ordinato **2** (*fig.*) assecondare.
obbligàre *v.tr.* [*io òbbligo, tu òbblighi ecc.*] **1** sottoporre a un obbligo **2** (*estens.*) costringere **3** indurre con insistenze ♦ **-rsi** *v.rifl.* (*dir.*) vincolarsi per effetto di un'obbligazione.
obbligàto *agg.* **1** vincolato; costretto **2** legato da un senso di gratitudine **3** non libero, non facoltativo: *percorso* — □ **-mente** *avv.*
obbligatòrio *agg.* **1** che è d'obbligo **2** (*dir.*) che si riferisce a un'obbligazione □ **-mente** *avv.*
obbligazióne *s.f.* **1** l'obbligare, l'obbligarsi; l'impegno **2** (*dir.*) vincolo giuridico che deriva da una legge, da un contratto **3** (*fin.*) titolo di credito emesso per ottenere prestiti a medio e lungo termine.
òbbligo *s.m.* [pl. *-ghi*] comportamento imposto da una legge, da un'autorità, da ragioni morali; dovere.
obbròbrio *s.m.* **1** cosa o persona che è motivo di disonore, di vergogna | (*estens.*) cosa che offende il buon gusto; mostruosità **2** grave vergogna, infamia.
obbrobrióso *agg.* che è cagione di infamia, di disonore | (*estens.*) di cattivo gusto □ **-mente** *avv.*
obelisco *s.m.* [pl. *-schi*] pilastro monolitico con funzione celebrativa od ornamentale di origine egizia; ornato di geroglifici.
obesità *s.f.* (*med.*) eccessivo accumulo di tessuto adiposo nell'organismo.
obèso *agg.* (*med.*) affetto da obesità; grasso | usato anche come *s.m.* [f. *-a*].
òbice *s.m.* pezzo di artiglieria capace di tiri a traiettoria curva.
obiettàre *v.tr.* [*io obiètto ecc.*] opporre, presentare come argomento contrario.
obiettività *s.f.* atteggiamento obiettivo; imparzialità.
obiettìvo *agg.* imparziale ♦ *s.m.* **1** (*fis.*) sistema di lenti che fornisce un'immagine ingrandita o rimpicciolita di un oggetto **2** il punto su cui viene puntata una bocca da fuoco, un razzo ecc. **3** (*estens.*) scopo, meta □ **-mente** *avv.* con obiettività.
obiettóre *s.m.* [f. *-trice*] (*non com.*) chi obietta | — *di coscienza*, chi si rifiuta di compiere determinati atti per obiezione di coscienza.
obiezióne *s.f.* argomento con cui si contrasta un'opinione | — *di coscienza*, rifiuto di compiere determinati atti imposti dalla legge (*p.e.* il servizio militare) per ragioni ideologiche, religiose o morali.
obitòrio *s.m.* locale in cui si conservano i cadaveri in attesa del riconoscimento o dell'autopsia.
oblazióne *s.f.* **1** offerta di denaro per beneficenza **2** (*dir.*) pagamento volontario di una somma di denaro che estingue una contravvenzione.
oblìo *s.m.* (*lett.*) dimenticanza totale: *giacere nell'*—, essere del tutto dimenticato.
oblìquo *agg.* **1** (*geom.*) si dice di retta o piano che incontri altra retta o piano secondo un angolo non retto; inclinato, diagonale **2** (*fig.*) indiretto **3** (*fig.*) storto, sbieco □ **-mente** *avv.*
obliteràre *v.tr.* [*io oblìtero ecc.*] **1** (*burocr.*) annullare un francobollo, una marca da

bollo, un biglietto **2** (*fig.*) far dimenticare ♦ **-rsi** *v.intr.pron.* (*med.*) occludersi.
oblò *s.m.* finestra circolare nella murata delle navi o nella fusoliera degli aerei.
oblùngo *agg.* [pl.m. *-ghi*] (*non com.*) più lungo che largo.
òboe *s.m.* strumento musicale a fiato formato da un tubo cilindrico di legno munito di chiavi.
òbolo *s.m.* piccola offerta in denaro.
obsolèto *agg.* disusato, antiquato.
òca *s.f.* **1** grosso uccello con piedi palmati allevato per le carni e le piume | *far venire la pelle d'—*, far rabbrividire **2** (*fig.*) si dice di donna insulsa.
ocarìna *s.f.* strumento musicale a fiato di forma ovoidale, munito di fori.
occasionàle *agg.* fortuito, casuale □ **-mente** *avv.*
occasióne *s.f.* **1** circostanza particolare | *discorsi d'—*, dettati dalle circostanze **2** momento favorevole, opportunità **3** oggetto a un prezzo vantaggioso **4** motivo, pretesto.
occhiàia *s.f.* **1** orbita oculare **2** *pl.* lividi sotto gli occhi, dovuti a stanchezza.
occhiàli *s.m.pl.* coppia di lenti inserite in una montatura che poggia sul naso e sulle orecchie.
occhiàta *s.f.* il guardare senza fermare a lungo lo sguardo | *dare un'— a qlco., a qlcu.*, (*fam.*) guardarlo rapidamente; anche, custodirlo, sorvegliarlo per un po'.
occhieggiàre *v.tr.* [*io occhiéggio ecc.*] guardare con ammirazione o desiderio ♦ *v.intr.* [aus. *avere*] (*lett.*) fare capolino.
occhièllo *s.m.* **1** piccolo taglio orlato, praticato in un tessuto per farvi passare un bottone o un gancio **2** in giornali e riviste, breve frase posta sopra il titolo di un articolo.
òcchio *s.m.* **1** nell'uomo e negli altri vertebrati, ciascuno dei due organi simmetrici della vista | *pagare un — della testa*, (*fig.*) moltissimo **2** l'organo della vista, con riferimento allo sguardo, alla capacità visiva: *crescere a vista d'—*, (*fig.*) molto rapidamente | *colpo d'—*, veduta d'insieme; (*fig.*) prima impressione **3** con riferimento alla capacità di osservare, all'attenzione, al discernimento: *essere tutt'occhi*, stare molto attento **4** ciò che per aspetto o per funzioni è simile a un occhio | *— di un ciclone*, (*meteor.*) l'area centrale calma **5** (*bot.*) gemma.
occidentàle *agg.* di occidente; situato a occidente ♦ *s.m.* e *f.* abitante dell'Europa e dell'America del nord.
occidènte *s.m.* **1** la parte dell'orizzonte dove tramonta il sole, detta anche *ovest* o *ponente* **2** (*estens.*) regioni situate a occidente | *Occidente*, le regioni europee rispetto a quelle asiatiche.
occìpite *s.m.* (*anat.*) la regione posteriore del cranio.
occlùdere *v.tr.* [pass.rem. *io occlusi, tu occludésti ecc.*; part.pass. *occluso*] (*scient.*) ostruire.
occlusióne *s.f.* l'occludere, l'essere occluso | *— intestinale*, (*med.*) stato patologico causato dalla stagnazione del contenuto dell'intestino.
occorrènte *agg.* che occorre per raggiungere un determinato fine ♦ *s.m.*
occorrènza *s.f.* bisogno, necessità | *all'—*, in caso di necessità.
occórrere *v.intr.* [coniugato come *correre*; aus. *essere*] essere necessario ♦ *v.intr.impers.* bisognare.
occultaménto *s.m.* l'occultare, l'essere occultato.
occultàre *v.tr.* **1** nascondere: *— la refurtiva* **2** (*fig.*) impedire che qlco. venga a conoscenza di altri: *— la verità* ♦ **-rsi** *v. rifl.* o *intr.pron.* nascondersi.
occultìsmo *s.m.* l'insieme delle pratiche mediante le quali si presume di poter indagare l'esistenza di forze non spiegabili scientificamente.
occultìsta *s.m.* e *f.* [pl.m. *-sti*] chi si dedica all'occultismo.
occùlto *agg.* non manifesto; nascosto, segreto, misterioso: *poteri occulti* ♦ *s.m.* □ **-mente** *avv.*
occupàre *v.tr.* [*io òccupo ecc.*] **1** prendere possesso di un luogo **2** riempire uno spazio **3** (*fig.*) ricoprire un ufficio, un incarico **4** impiegare il tempo **5** (*fig.*) impegnare ♦ **-rsi** *v. intr.pron.* **1** interessarsi | prendersi cura **2** impiegarsi.
occupàto *agg.* **1** si dice di spazio, locale, servizio non disponibile **2** detto di persona, indaffarato, impegnato ♦ *s.m.* [f. *-a*] persona che ha un'occupazione.
occupazióne *s.f.* **1** l'occupare, l'essere occupato **2** lavoro retribuito | attività in genere **3** (*econ.*) l'insieme delle persone che svolgono un'attività economica non saltuaria.
oceànico *agg.* [pl.m. *-ci*] **1** proprio dell'oceano **2** (*fig.*) immenso: *folla oceanica.*
ocèano *s.m.* ciascuna delle tre vaste distese di acqua salata che separano i continenti: *— Atlantico, Pacifico, Indiano.*
oceanografia *s.f.* scienza che studia mari e oceani.
oceanogràfico *agg.* [pl.m. *-ci*] che riguarda l'oceanografia.
òcra *s.f.* **1** varietà di argilla usata come

pigmento **2** colore giallo rossiccio | Usato anche come *agg.invar.*
oculàre *agg.* dell'occhio | *testimone* —, che riferisce ciò che ha visto con i propri occhi ♦ *s.m.* lente o sistema di lenti che permette l'osservazione dell'immagine fornita dall'obiettivo.
oculatézza *s.f.* l'essere oculato: — *di giudizio.*
oculàto *agg.* **1** che agisce con cautela **2** che è fatto con prudenza e ponderazione.
oculìsta *s.m.* e *f.* [pl.m. *-sti*] medico specializzato in oculistica.
oculìstica *s.f.* branca della medicina che studia le malattie dell'occhio e della vista.
oculìstico *agg.* [pl.m. *-ci*] che concerne l'oculistica, gli oculisti.
odalìsca *s.f.* nell'impero ottomano, schiava addetta al servizio delle dame | (*estens.*) concubina di pascià o sultani.
òde *s.f.* nella poesia greca e latina, componimento lirico a struttura metrica variabile | nella poesia italiana, componimento poetico di strofe di cinque o sei versi.
odiàre *v.tr.* [*io òdio ecc.*] **1** avere in odio **2** provare avversione per qlco. ♦ **-rsi** *v.rifl.* odiare sé stesso ♦ *v.rifl.rec.* provare un reciproco sentimento di odio.
odièrno *agg.* **1** di oggi **2** dei nostri giorni □ **-mente** *avv.*
òdio *s.m.* **1** sentimento di grande ostilità **2** senso di ripugnanza, d'intolleranza per qlco.
odióso *agg.* degno d'essere odiato; molesto □ **-mente** *avv.*
odissèa *s.f.* serie di avventure, di peripezie, di disgrazie.
odontoiàtra *s.m.* e *f.* [pl.m. *-tri*] medico specialista in odontoiatria.
odontoiatrìa *s.f.* branca della medicina che si occupa delle malattie dei denti.
odontoiàtrico *agg.* [pl.m. *-ci*] che riguarda l'odontoiatria o gli odontoiatri.
odontotècnica *s.f.* tecnica che si occupa della costruzione di protesi dentarie.
odontotècnico *agg.* [pl.m. *-ci*] che riguarda l'odontotecnica ♦ *s.m.* tecnico specializzato nella costruzione di protesi dentarie.
odoràre *v.tr.* [*io odóro ecc.*] **1** sentire l'odore di qlco.; annusare **2** (*fig.*) intuire ♦ *v.intr.* [aus. *avere*] mandare odore.
odoràto *s.m.* senso dell'olfatto.
odóre *s.m.* **1** sensazione prodotta dal contatto di molecole emanate da una sostanza con i recettori dell'olfatto **2** (*fig.*) indizio, sentore **3** *pl.* erbe aromatiche usate in cucina.
odoróso *agg.* che emana un gradevole odore.
offèndere *v.tr.* [pres. *io offèndo ecc.*; pass.rem. *io offési, tu offendésti ecc.*; part.pass. *offéso*] **1** arrecare danno morale; oltraggiare **2** urtare la sensibilità altrui **3** colpire materialmente; ledere **4** infastidire ♦ **-rsi** *v.rifl.rec.* scambiarsi offese ♦ *v.intr. pron.* sentirsi offeso.
offensìva *s.f.* **1** attacco militare in grande stile **2** (*estens.*) energica iniziativa.
offensìvo *agg.* **1** che offende **2** che serve per attaccare □ **-mente** *avv.*
offerènte *s.m.* e *f.* chi fa un'offerta.
offèrta *s.f.* **1** l'offrire, l'offrirsi, l'essere offerto **2** il denaro, le cose che si offrono **3** (*econ.*) la quantità di un bene che i produttori vendono a un dato prezzo **4** proposta di prezzo da parte dell'acquirente.
offertòrio *s.m.* (*lit.*) parte della messa in cui il sacerdote offre a Dio il pane e il vino prima della loro consacrazione.
offésa *s.f.* l'offendere, l'essere offeso; le parole o l'atto con cui si offende.
offéso *agg.* **1** che ha ricevuto un'offesa e ne è risentito **2** si dice di organo o di parte del corpo che abbia subito una lesione o che sia rimasto invalido ♦ *s.m.* [f. *-a*].
officiàre *v.intr.* [*io offìcio ecc.*; aus. *avere*] (*eccl.*) celebrare funzioni religiose.
officìna *s.f.* complesso di impianti adibiti a lavorazioni artigianali o industriali; i locali in cui sono installati tali impianti.
officinàle *agg.* che serve a scopi farmaceutici.
off limits *loc.agg.invar.* (*ingl.*) **1** si dice di luogo in cui è vietato l'accesso **2** (*fig.*) proibito.
offrìre *v.tr.* [pres. *io òffro ecc.*; pass.rem. *io offrìi o offèrsi, tu offrìsti ecc.*; part.pass. *offèrto*] **1** fare atto di dare a qlcu. una cosa perché l'accetti **2** dichiararsi disposto a dare **3** presentare, fornire **4** presentare alla divinità ♦ **-rsi** *v.rifl.* dichiarare la propria disponibilità ♦ *v.intr.pron.* presentarsi.
offset *agg.* e *s.m.invar.* (*ingl.*) si dice di procedimento di stampa litografica indiretta, in cui l'immagine viene trasportata dalla matrice su un cilindro di gomma e da questo impressa sulla carta.
offshore *agg.invar.* (*ingl.*) (*sport*) si dice di gara motonautica d'altura; anche, dei grandi motoscafi che la disputano.
offuscàre *v.tr.* [*io offusco, tu offuschi ecc.*] **1** rendere fosco, scuro **2** (*fig.*) far scadere; diminuire, sminuire **3** privare di chiarezza ♦ **-rsi** *v.intr.pron.* **1** oscurarsi **2** perdere chiarezza.
ofidi *s.m.pl.* (*zool.*) sottordine di rettili chiamati comunemente *serpenti.*
oftalmìa *s.f.* (*med.*) infiammazione degli occhi.

oftàlmico *agg.* [pl.m. *-ci*] che si riferisce agli occhi, alle malattie degli occhi.
oftalmologìa *s.f.* (*med.*) studio dell'occhio, delle sue funzioni e delle sue malattie.
oftalmoscopìa *s.f.* (*med.*) osservazione interna dell'occhio.
oggettìstica *s.f.* il settore commerciale della produzione e vendita di oggetti da regalo e per la casa.
oggettività *s.f.* **1** l'essere oggettivo **2** obiettività, imparzialità: *giudicare con —*.
oggettìvo *agg.* **1** che concerne la realtà in sé; che si presenta come cosa in sé | *proposizione oggettiva*, (*gramm.*) proposizione dipendente che ha la funzione di complemento oggetto **2** obiettivo, imparziale □ **-mente** *avv.*
oggètto *s.m.* **1** (*filos.*) tutto ciò che è percepito dal soggetto come diverso da sé **2** fine, scopo | *complemento —*, (*gramm.*) termine su cui si esercita direttamente l'azione del verbo **3** cosa concreta, materiale **4** argomento | Usato anche come *agg.invar.* riferito a persona, per sottolineare che viene considerata alla stregua di una cosa.
òggi *avv.* **1** nel giorno in corso **2** nell'epoca attuale ♦ *s.m.* **1** il giorno presente **2** il presente, l'epoca attuale.
oggigiórno *avv.* al giorno d'oggi ♦ *s.m.* il tempo presente.
ogìva *s.f.* **1** nell'architettura gotica, nervatura diagonale di rinforzo delle volte **2** parte anteriore di un proiettile o di un missile.
ógni *agg.indef.* [solo *sing.*] **1** ciascuno **2** qualsiasi, qualunque.
ognùno *pron.indef.* [solo *sing.*] ciascun uomo, ciascuna persona.
ohm *s.m.invar.* (*ted.*) (*fis.*) unità di misura del Sistema Internazionale, pari alla resistenza elettrica esistente tra due punti di un conduttore quando la differenza di potenziale di 1 volt tra loro produce la corrente di 1 ampere.
o.k. *inter.* (*ingl.*) sigla anglosassone di assenso, autorizzazione e sim. ♦ *s.m.*
old economy *loc.sost. f.invar.* (*ingl.*) (*econ.*) l'economia tradizionale, fondata sulla produzione di beni materiali, in quanto contrapposta alla new economy.
oleàndro *s.m.* arbusto ornamentale con fiori profumati bianchi o rosa.
oleàto *agg.* (*non com.*) oliato | *carta oleata*, impermeabile.
oleifìcio *s.m.* stabilimento per la produzione dell'olio.
oleo- primo elemento di parole composte della terminologia scientifica e tecnica, che significa 'olio, sostanza grassa' o indica connessione con l'olio o con le olive.
oleodótto *s.m.* conduttura fissa per il trasporto del petrolio greggio.
oleografìa *s.f.* **1** procedimento di stampa che consiste nel distribuire dei colori grassi su una lastra che si imprime poi su fogli | l'immagine così ottenuta, che ricorda i dipinti a olio **2** (*estens.*) illustrazione, dipinto di scarso valore, privo di originalità.
oleogràfico *agg.* [pl.m. *-ci*] **1** relativo alla oleografia **2** (*fig.*) privo di originalità; convenzionale, manierato □ **-mente** *avv.* **1** con tecnica oleografica **2** in modo convenzionale.
oleóso *agg.* **1** che contiene olio **2** che ha l'aspetto o la consistenza dell'olio.
olézzo *s.m.* **1** (*lett.*) profumo **2** (*scherz.*) puzzo.
olfàtto *s.m.* il senso con il quale si percepiscono gli odori.
oliàre *v.tr.* [*io òlio ecc.*] cospargere di olio; lubrificare.
oliàto *agg.* **1** lubrificato **2** condito con olio: *insalata ben oliata.*
olièra *s.f.* contenitore di olio da tavola.
oligarchìa *s.f.* governo in cui i poteri sono concentrati nelle mani di pochi.
oligo- primo elemento di parole composte che significa 'poco, pochi'.
oligocène *s.m.* (*geol.*) terza epoca del paleogene.
oligofrenìa *s.f.* (*med.*) deficienza mentale congenita o acquisita.
oligominerale *agg.* si dice di acqua minerale contenente sostanze minerali in percentuale non superiore a 0,2 grammi per litro.
olimpìade *s.f.* **1** nella Grecia antica, giochi celebrati ogni quattro anni nella città di Olimpia **2** (spec. *pl.*) manifestazione sportiva che si svolge ogni quattro anni in un paese sempre diverso e riguarda quasi tutti gli sport praticati.
olìmpico *agg.* [pl.m. *-ci*] **1** del monte Olimpo, ritenuto sede degli dei nell'antica religione greca **2** (*fig.*) sereno, imperturbabile □ **-mente** *avv.*
olimpiònico *agg.* [pl.m. *-ci*] delle olimpiadi: *primato —* ♦ *agg.* e *s.m.* [f. *-a*] che/chi partecipa a un'olimpiade.
òlio *s.m.* sostanza liquida untuosa, di composizione varia, insolubile in acqua | *oli vegetali*, ricavati dai semi o dai frutti di alcune piante: *— d'oliva*, spremuto dalle olive; *colori a —*, preparati stemperando i pigmenti in oli vegetali | *oli lubrificanti*, usati per la lubrificazione di parti meccaniche.
olìva *s.f.* il frutto dell'olivo.

olivàstro *agg.* detto di carnagione, di color bruno tendente al verde.

olivéto *s.m.* terreno piantato a olivi.

olivicoltùra *s.f.* coltivazione dell'olivo.

olivìna *s.f.* minerale del gruppo dei silicati, una varietà del quale si usa come gemma.

olìvo *s.m.* albero sempreverde tipico della zona mediterranea, con foglie ovali di color verde scuro, dalle quali si estrae l'olio | *ramoscello d'—*, è simbolo di pace.

ólmo *s.m.* albero di alto fusto con foglie ovali e piccoli fiori rossicci.

olocàusto *s.m.* sacrificio totale | (*st.*) lo sterminio degli ebrei durante la seconda guerra mondiale.

olocène *s.m.* (*geol.*) il più recente periodo dell'era neozoica, iniziato con il ritiro dei ghiacciai dopo l'ultima glaciazione.

olografia *s.f.* procedimento di registrazione e ricostruzione di ologrammi.

ològrafo *agg.* (*dir.*) si dice del testamento scritto di proprio pugno dal testatore.

ologràmma *s.m.* [pl. *-mi*] immagine fotografica tridimensionale prodotta dall'incrocio di due fasci laser.

oltraggiàre *v.tr.* [*io oltràggio ecc.*] offendere gravemente.

oltràggio *s.m.* offesa grave arrecata con parole o atti.

oltraggióso *agg.* che costituisce oltraggio; offensivo □ **-mente** *avv.*

oltràlpe *avv.* di là dalle Alpi, rispetto all'Italia ♦ *s.m.invar.* i paesi che, rispetto all'Italia, sono di là dalle Alpi.

oltrànza *s.f.* nella loc. *a oltranza*, fino all'ultimo, fino alle estreme conseguenze.

oltranzìsta *s.m.* e *f.* [pl.m. *-sti*] chi in politica è su posizioni estremistiche, radicali | usato anche come *agg.*

óltre *avv.* **1** più avanti nello spazio **2** più in là nel tempo ♦ *prep.* **1** al di là di, di là da (anche *fig.*) **2** più di **3** all'infuori di.

oltremàre *avv.* di là dal mare ♦ *s.m.invar.* territorio situato al di là del mare | usato come *agg.invar.* di colore azzurro intenso

oltremòdo *avv.* oltre la misura normale; straordinariamente, moltissimo.

oltrepassàre *v.tr.* passare oltre, superare (anche *fig.*).

oltretómba *s.m.invar.* mondo dei morti.

omàggio *s.m.* **1** atto di ossequio **2** *pl.* saluto rispettoso **3** prodotto distribuito in regalo a scopo pubblicitario | usato anche come *agg.invar.*: *buono —*.

ombelico *s.m.* [pl. *-chi*] (*anat.*) la cicatrice situata nel punto in cui è stato reciso e legato il cordone ombelicale.

ómbra *s.f.* **1** zona di oscurità prodotta da un corpo opaco che ostacola la luce **2** (*estens. lett.*) scarsezza, mancanza di luce; buio, tenebra: *le ombre della sera* **3** l'ombra rispetto al corpo che la produce: *sembrare l'— di sé stesso*, (*fig.*) essere molto dimagrito; aver perduto energia | *esser l'— di qlcu.*, (*fig.*) esserne inseparabile **4** persona o cosa di cui si veda solo una sagoma confusa **5** spettro, fantasma **6** (*fig.*) cosa senza consistenza **7** (*estens.*) quantità minima **8** (*fig.*) ciò che turba la serenità, l'equilibrio o che genera fraintendimenti, sospetti **9** macchia leggera, alone: *dove si è smacchiato è rimasta un'—* | usato in funzione di *agg.*: *governo —*, gruppo di uomini politici che in un partito d'opposizione svolge compiti analoghi a quelli dei ministri del governo.

ombreggiàre *v.tr.* [*io ombréggio ecc.*] **1** fare ombra **2** completare con chiaroscuri un disegno, un dipinto.

ombreggiatùra *s.f.* (*pitt.*) rappresentazione del rilievo mediante il chiaroscuro o il tratteggio.

ombrèllo *s.m.* **1** arnese per ripararsi dalla pioggia o dal sole, formato da una cupola di tessuto applicata a un telaio di stecche a raggiera, sostenuto da un fusto la cui estremità funge da impugnatura **2** (*fig.*) sistema difensivo militare: *— nucleare*, complesso di apprestamenti difensivi contro eventuali attacchi nucleari.

ombrellóne *s.m.* grosso ombrello che serve a riparare dal sole, sulle spiagge o nei giardini.

ombrétto *s.m.* cosmetico per ombreggiare le palpebre.

ombróso *agg.* **1** che è in ombra **2** (*fig.*) che si spaventa facilmente (detto di cavallo) | (*estens.*) permaloso, suscettibile (detto di persona o di carattere).

omèga *s.m.invar.* ultima lettera dell'alfabeto greco.

omelìa *s.f.* (*lit.*) sermone tenuto durante la messa.

omeo- primo elemento di parole composte del linguaggio scientifico, che significa 'simile'.

omeòpata *s.m.* e *f.* [pl.m. *-ti*] medico che cura gli ammalati con il metodo omeopatico.

omeopatìa *s.f.* (*med.*) teoria medica secondo la quale le malattie si curano somministrando in minime dosi le stesse sostanze che inducono i medesimi sintomi della malattia che si vuole curare.

omeopàtico *agg.* [pl.m. *-ci*] (*med.*) che concerne, che segue l'omeopatia □ **-mente** *avv.*

òmero *s.m.* (*anat.*) osso lungo che va dalla spalla al gomito.

omertà *s.f.* forma di solidarietà per cui si mantiene il silenzio su un delitto per ostacolare la ricerca e la punizione del colpevole | (*estens.*) silenzio su colpe altrui.
omertóso *agg.* di omertà, che si fonda sull'omertà □ **-mente** *avv.*
ométtere *v.tr.* [coniugato come *mettere*] tralasciare intenzionalmente.
omicìda *agg.* [pl.m. *-di*] che dà o che ha dato la morte ♦ *s.m.* e *f.* chi ha commesso un omicidio.
omicìdio *s.m.* l'uccisione di una persona.
omìnidi *s.m.pl.* famiglia di primati che comprende l'uomo attuale e le forme fossili dei suoi progenitori.
omissióne *s.f.* l'omettere, l'essere omesso.
omissis *s.m.invar.* (*lat.*) **1** parola che, inserita in citazioni o copie, avverte che una parte del testo originale è stata tralasciata **2** (*estens.*) argomento importante taciuto deliberatamente.
omo- primo elemento di parole composte, che indica uguaglianza, identità.
omocromìa *s.f.* (*zool.*) mimetismo.
omòfono *agg.* (*ling.*) si dice di parole che hanno suono uguale, ma diversa origine e significato ♦ *s.m.*
omogeneità *s.f.* l'essere omogeneo.
omogeneizzàre *v.tr.* rendere omogeneo.
omogeneizzàto *agg.* e *s.m.* si dice di sostanza alimentare che è stata sottoposta a omogeneizzazione per essere resa più uniforme e digeribile.
omogèneo *agg.* **1** della medesima natura, del medesimo genere **2** (*estens.*) si dice di un insieme formato da parti ben armonizzate tra loro □ **-mente** *avv.*
omologàre *v.tr.* [*io omòlogo, tu omòloghi* ecc.] riconoscere conforme a una legge, a un regolamento, e quindi approvare.
omologìa *s.f.* somiglianza, identità.
omòlogo *agg.* [pl.m. *-ghi*] che ha le stesse caratteristiche di un altro ♦ *s.m.* [f. *-a*].
omonimìa *s.f.* l'essere omonimo.
omònimo *agg.* **1** che ha lo stesso nome, che si chiama allo stesso modo **2** (*ling.*) si dice di parola che ha lo stesso suono di un'altra (omofono) o la stessa grafia (omografo), ma significato diverso ♦ *s.m.* **1** (*ling.*) parola omonima **2** persona che ha lo stesso nome e cognome di un'altra o solo l'uno o l'altro dei due.
omosessuàle *agg.* e *s.m.* e *f.* si dice di chi prova attrazione sessuale per individui del suo stesso sesso; anche, di ciò che ha attinenza con tale condizione.
omosessualità *s.f.* tendenza omosessuale.
onàgro *s.m.* asino selvatico di taglia piccola e mantello chiaro, diffuso in Asia.
óncia *s.f.* [pl. *-ce*] antica unità di misura di peso, corrispondente a 30 grammi ca.
oncògeno *agg.* (*med.*) si dice di qualsiasi fattore capace di provocare la formazione di tumori.
oncologìa *s.f.* branca della medicina che si occupa dello studio e della cura dei tumori.
oncològico *agg.* [pl.m. *-ci*] (*med.*) di oncologia; attinente all'oncologia.
oncòlogo *s.m.* [f. *-a*; pl.m. *-gi*] medico specialista di oncologia.
ónda *s.f.* **1** massa d'acqua che alternativamente si alza e si abbassa sulla superficie del mare o di un altro specchio d'acqua, per effetto del vento o altro **2** (*estens.*) movimento o aspetto simile a quello di un'onda **3** (*fig.*) impeto, forza travolgente **4** (*fis.*) il fenomeno di propagazione dell'energia mediante vibrazioni progressive da un punto all'altro di un mezzo fisico.
ondàta *s.f.* **1** colpo di grossa onda **2** (*estens.*) afflusso improvviso e intenso, ma transitorio, di qlco.
ondeggiàre *v.intr.* [*io ondéggio* ecc.; aus. *avere*] **1** muoversi a onde, detto del mare o di altra superficie liquida **2** (*estens.*) oscillare **3** (*fig.*) tentennare.
ondóso *agg.* delle onde: *moto —*.
ondulàre *v.tr.* [*io óndulo* ecc.] dare una piega a onda.
ondulàto *agg.* fatto a onde.
ondulatòrio *agg.* che si propaga per onde: *moto —*.
ondulazióne *s.f.* **1** oscillazione **2** aspetto ondulato.
ònere *s.m.* peso non materiale; impegno | *oneri fiscali*, il complesso dei tributi di cui è gravato un contribuente.
oneróso *agg.* gravoso, pesante □ **-mente** *avv.*
onestà *s.f.* qualità di chi o di ciò che è onesto.
onèsto *agg.* **1** che agisce con rettitudine, lealtà **2** conforme a principi di moralità ♦ *s.m.* **1** [f. *-a*] persona onesta **2** ciò che è onesto □ **-mente** *avv.*
ònice *s.f.* (*min.*) varietà pregiata di calcedonio usata come pietra ornamentale.
onìrico *agg.* [pl.m. *-ci*] **1** del sogno **2** (*estens.*) irreale □ **-mente** *avv.*
onni- primo elemento di parole composte, che significa 'tutto' o 'dappertutto'.
onnipotènte *agg.* che può tutto | come *s.m.*: *l'Onnipotente*, Dio.
onnipresènte *agg.* che è presente dappertutto.
onnisciènte *agg.* che sa tutto.

onnìvoro *agg.* che mangia qualsiasi cibo.
onomàstica *s.f.* ramo della linguistica che studia i nomi propri.
onomàstico *agg.* [pl.m. *-ci*] che riguarda i nomi propri ♦ *agg.* e *s.m.* giorno in cui si festeggia il santo di cui si porta il nome.
onomatopèa *s.f.* (*ling.*) formazione di una parola che evoca attraverso i propri suoni ciò che significa (p.e. *bau bau*, *scricchiolio*).
onomatopèico *agg.* [pl.m. *-ci*] di onomatopea, che è formato per onomatopea.
onoràbile *agg.* rispettabile.
onorabilità *s.f.* rispettabilità.
onorànza *s.f.* (spec. *pl.*) manifestazione pubblica di omaggio | *onoranze funebri*, funerali.
onoràre *v.tr.* [*io onóro ecc.*] **1** rendere onore **2** rendere degno della massima considerazione **3** adempiere, soddisfare.
onoràrio *s.m.* compenso spettante a un professionista per l'attività svolta.
onoràto *agg.* **1** che è oggetto di onore; rispettabile **2** onorevole □ **-mente** *avv.*
onóre *s.m.* **1** buona reputazione; dignità, prestigio **2** stima **3** vanto **4** atto d'omaggio; privilegio **5** (spec. *pl.*) grado, titolo di onorificenza.
onorévole *agg.* **1** degno di onore | in Italia, titolo dato ai membri del parlamento **2** che fa onore ♦ *s.m.* e *f.* chi è membro del parlamento □ **-mente** *avv.*
onorificènza *s.f.* segno di onore concesso in riconoscimento di particolari benemerenze.
onorìfico *agg.* [pl.m. *-ci*] che dà onore, che è conferito per onorare.
ónta *s.f.* **1** disonore, vergogna **2** (*antiq.*) offesa, oltraggio.
ontàno *s.m.* albero con foglie ovate e legno duro, usato per costruzioni.
ontogènesi *s.f.* (*biol.*) l'insieme dei processi di sviluppo di un organismo, dall'uovo o germe fino alla formazione dell'individuo adulto.
ontologìa *s.f.* parte della filosofia che studia l'essere nelle sue caratteristiche generali, e non i fenomeni in cui si concreta e specifica.
ontològico *agg.* [pl.m. *-ci*] (*filos.*) che concerne l'ontologia □ **-mente** *avv.*
opa *s.f.invar.* (*fin.*) operazione in cui l'offerente si rivolge pubblicamente agli azionisti di una società quotata in borsa per acquistare un quantitativo consistente di azioni a un prezzo prefissato, al fine di acquisire il controllo della società stessa | Sigla di *Offerta Pubblica di Acquisto*.
opacità *s.f.* mancanza di trasparenza (anche *fig.*).
opàco *agg.* [pl.m. *-chi*] **1** che non si lascia attraversare completamente dalla luce **2** (*scient.*) che non si lascia attraversare da determinate radiazioni: — *ai raggi X* **3** (*estens.*) privo di lucentezza **4** (*fig.*) che manca di acutezza, di vivacità □ **-mente** *avv.*
opàle *s.m.* o *f.* silice idrata dall'aspetto di gelatina indurita, di cui alcune varietà vengono usate per scopi ornamentali.
opalescènte *agg.* che presenta opalescenza.
opalescènza *s.f.* aspetto lattiginoso e iridescente che hanno alcuni solidi e liquidi.
open *agg.invar.* (*ingl.*) **1** (*sport*) si dice di gara o di torneo aperto a professionisti e dilettanti **2** si dice di biglietto aereo, navale o ferroviario in cui non è precisata la data del viaggio.
òpera *s.f.* **1** ogni attività, azione, lavoro diretti a un fine **2** il risultato di un'attività artistica, intellettuale, materiale | *mettere in* —, attuare **3** rappresentazione musicata e cantata; opera lirica, melodramma **4** istituzioni di beneficenza.
operàio *s.m.* [f. *-a*] chi svolge un'attività lavorativa manuale alle dipendenze di qlcu. ♦ *agg.* degli operai.
operàre *v.intr.* [*io òpero ecc.*; aus. *avere*] **1** agire **2** produrre un effetto ♦ *v.tr.* **1** compiere **2** sottoporre a operazione chirurgica (anche *assol.*) ♦ **-rsi** *v.intr.pron.* **1** prodursi **2** (*fam.*) sottoporsi a intervento chirurgico.
operatìvo *agg.* **1** che ha la capacità di operare **2** esecutivo **3** (*burocr.*) che è in vigore □ **-mente** *avv.*
operàto *agg.* **1** che è stato sottoposto a intervento chirurgico **2** detto di tessuto, cuoio ecc., a disegni in rilievo ♦ *s.m.* **1** [f. *-a*] chi ha subito un'operazione chirurgica **2** il modo di comportarsi.
operatóre *s.m.* [f. *-trice*] **1** chi è addetto a far funzionare macchine, impianti **2** (*econ.*) chi agisce come acquirente o come venditore su un mercato: — *di borsa* **3** chi presta la propria opera in un determinato settore: — *sanitario* ♦ *agg.* che opera.
operatòrio *agg.* che riguarda un'operazione chirurgica.
operazióne *s.f.* **1** l'operare **2** attuazione di un piano complesso **3** intervento chirurgico **4** (*mat.*) procedimento di calcolo.
operétta *s.f.* **1** breve componimento letterario **2** genere di teatro musicale in cui brani cantati si alternano a danze e a scene recitate.
operìstico *agg.* [pl.m. *-ci*] del melodramma.
operosità *s.f.* laboriosità.

operóso *agg.* laborioso, attivo □ **-mente** *avv.*
opificio *s.m.* (*antiq.*) fabbrica.
opinàbile *agg.* non certo, discutibile □ **-mente** *avv.*
opinàre *v.tr.* e *intr.* [aus. dell'intr. *avere*] (*lett.* o *scherz.*) avere come opinione; ritenere.
opinióne *s.f.* **1** parere, giudizio | — *pubblica*, il modo di giudicare e di pensare della collettività, dei cittadini; i cittadini stessi che pensano e giudicano **2** stima, considerazione.
opinionìsta *s.m.* e *f.* [pl.m. *-sti*] chi scrive articoli di opinione.
opòssum *s.m.invar.* mammifero marsupiale americano dal pelo lungo e folto.
oppiàceo *agg.* e *s.m.* si dice di sostanza o preparato che contiene oppio o suoi derivati.
òppio *s.m.* miscela di alcaloidi con proprietà narcotiche estratta dal papavero bianco.
oppiòmane *s.m.* e *f.* chi usa abitualmente l'oppio come stupefacente.
oppórre *v.tr.* [coniugato come *porre*] porre contro (sul piano fisico, morale, intellettuale) ♦ **-rsi** *v.rifl.* o *intr.pron.* porsi contro | (*fig.*) fare ostacolo.
opportunìsmo *s.m.* atteggiamento di chi si adegua alle circostanze cercando di sfruttarle a proprio vantaggio.
opportunìsta *s.m.* e *f.* [pl.m. *-sti*] chi si comporta con opportunismo | usato anche come *agg.*
opportunità *s.f.* **1** l'essere opportuno **2** occasione favorevole.
opportùno *agg.* adatto, favorevole.
oppositóre *s.m.* [f. *-trice*] chi si oppone; avversario.
opposizióne *s.f.* **1** l'opporre, l'opporsi, l'essere opposto **2** azione di contrasto svolta legalmente dai partiti contrari alla politica del governo; l'insieme dei parlamentari appartenenti a tali partiti **3** contraddizione.
oppósto *agg.* **1** che è posto di fronte **2** (*fig.*) contrario, contrapposto ♦ *s.m.* il contrario.
oppressióne *s.f.* **1** dominio, soggezione **2** (*fig.*) sensazione spiacevole di fastidio fisico o di ansietà, di angoscia.
opprèsso *agg.* che è sottoposto a oppressione ♦ *s.m.* [f. *-a*] chi è vittima di sopraffazioni, vessazioni.
oppressóre *s.m.* chi opprime | usato anche come *agg.*
opprimènte *agg.* che dà oppressione; pesante, insopportabile.
opprìmere *v.tr.* [pass.rem. *io opprèssi, tu opprimésti* ecc.; part.pass. *opprèsso*] **1** tenere in soggezione; tiranneggiare **2** provocare una sensazione di peso (anche *fig.*).
oppùre *cong.* **1** forma rafforzata della congiunzione *o* (con valore disgiuntivo) **2** con il valore di *altrimenti*.
optàre *v.intr.* [*io òpto* ecc.; aus. *avere*] fare una scelta.
optional *s.m.invar.* (*ingl.*) accessorio che si può avere pagando un sovrapprezzo rispetto al modello di serie.
optometrìa *s.f.* misurazione della vista.
opulènto *agg.* **1** (*lett.*) molto ricco **2** (*fig.*) troppo abbondante; ridondante.
opulènza *s.f.* (*lett.*) ricchezza, sfarzo.
opùscolo *s.m.* libretto divulgativo o pubblicitario.
opzióne *s.f.* **1** libera scelta **2** diritto di preferenza.
óra[1] *s.f.* **1** unità di tempo pari alla ventiquattresima parte del giorno solare, corrispondente a 60 minuti primi **2** (*estens.*) spazio di tempo indeterminato **3** un determinato momento del tempo.
óra[2] *avv.* **1** in questo momento, adesso; attualmente **2** poco fa **3** tra poco ♦ *cong.* **1** con valore avversativo e rafforzativo: *tu credi di aver ragione, — io ti dico che hai torto* **2** con valore introduttivo: — *avvenne che...* | con valore conclusivo: — *che faresti al mio posto?*
oràcolo *s.m.* **1** nel mondo antico, responso profetico dato da una divinità **2** (*iron.*) parere o risposta di persona autorevole; la persona stessa.
òrafo *s.m.* chi lavora metalli preziosi ♦ *agg.* che si riferisce all'oreficeria.
oràle *agg.* **1** (*scient.*) della bocca **2** detto a voce ♦ *s.m.* esame orale □ **-mente** *avv.*
oràngo *s.m.* [pl. *-ghi*] grossa scimmia antropomorfa con muso sporgente e braccia lunghissime.
oràrio *agg.* che concerne l'ora: *segnale —* ♦ *s.m.* **1** l'ora o le ore in cui si svolge un fatto o un'attività: — *d'ufficio* **2** prospetto che indica le ore stabilite per determinate attività: — *scolastico* | fascicolo o tabellone contenente le ore di partenza e arrivo di un servizio di trasporto.
oràta *s.f.* pesce marino dal corpo piuttosto grosso; ha carni pregiate.
oratóre *s.m.* [f. *-trice*] chi è particolarmente abile nel pronunciare discorsi; chi parla in pubblico.
oratòria *s.f.* l'eloquenza.
oratòrio[1] *agg.* che concerne gli oratori, le orazioni.
oratòrio[2] *s.m.* **1** ambiente attiguo alla parrocchia, in cui bambini e ragazzi svolgono attività ricreative **2** forma musicale drammatica di argomento religioso.

orazióne *s.f.* **1** preghiera **2** discorso pubblico solenne.
òrbita *s.f.* **1** traiettoria di un corpo che si muove nello spazio **2** (*fig.*) ambito **3** (*anat.*) ciascuna delle due cavità del cranio che contengono i globi oculari.
orbitàle *agg.* relativo a un'orbita.
òrbo *agg.* privo della vista ♦ *s.m.* [f. *-a*].
òrca *s.f.* cetaceo dal corpo lungo fino a 10 metri; feroce e ingordo, è presente anche nel Mediterraneo.
orchèstra *s.f.* **1** parte antistante il palcoscenico, riservata agli strumentisti **2** (*estens.*) insieme dei suonatori e degli strumenti necessari a una esecuzione musicale.
orchestràle *agg.* di orchestra, dell'orchestra ♦ *s.m.* e *f.* chi suona in un'orchestra.
orchestràre *v.tr.* [*io orchèstro ecc.*] **1** scrivere le parti per i vari strumenti dell'orchestra **2** (*fig.*) organizzare.
orchestrazióne *s.f.* l'orchestrare, l'essere orchestrato.
orchidèa *s.f.* nome generico dato alle piante di una famiglia i cui fiori sono particolarmente pregiati per la loro bellezza.
órcio *s.m.* [pl. *gli orci*] grande vaso panciuto di terracotta.
òrco *s.m.* [pl. *-chi*] nelle fiabe, essere mostruoso che divora gli uomini e i bambini; persona brutta e minacciosa.
òrda *s.f.* **1** gruppo disordinato di armati che si sposta compiendo violenze e razzie **2** (*spreg.*) massa disordinata di persone chiassose.
ordìgno *s.m.* **1** congegno bellico **2** (*scherz.*) arnese strano, complicato.
ordinàle *agg.* e *s.m.* (*gramm.*) si dice di numerale che indica l'ordine in una successione (p.e. *primo*, *secondo*, *terzo* ecc.).
ordinaménto *s.m.* **1** l'ordinare, l'essere ordinato **2** complesso di norme e istituti vigenti in un ambito o settore.
ordinànza *s.f.* **1** (*dir.*) atto normativo emanato da un ministro, da un prefetto o da un sindaco **2** (*mil.*) prescrizione.
ordinàre *v.tr.* [*io órdino ecc.*] **1** mettere in ordine **2** comandare | prescrivere come terapia | commissionare una merce o un lavoro | in bar, ristoranti ecc., chiedere ciò che si desidera consumare (anche *assol.*) **3** (*eccl.*) conferire a qlcu. gli ordini sacri ♦ **-rsi** *v.rifl.* disporsi secondo un certo ordine.
ordinàrio *agg.* **1** consueto **2** grossolano, dozzinale | rozzo **3** *professore* —, nell'insegnamento universitario, professore di ruolo di prima fascia ♦ *s.m.* **1** ciò che è consueto **2** professore ordinario □ **-mente** *avv.*
ordinàto *agg.* **1** che è in ordine | che si svolge con ordine **2** che tiene le sue cose in ordine □ **-mente** *avv.*
ordinazióne[1] *s.f.* (*eccl.*) conferimento del sacramento dell'ordine.
ordinazióne[2] *s.f.* ordine, incarico di fornire una merce o di eseguire un lavoro.
órdine *s.m.* **1** disposizione d'ogni cosa secondo un criterio **2** serie ordinata di cose **3** — *religioso*, comunità di religiosi **4** nella classificazione zoologica o botanica, categoria sistematica compresa tra la classe e la famiglia **5** (*teol.*) il sacramento che conferisce il sacerdozio **6** comando.
ordìre *v.tr.* [*io ordisco, tu ordisci ecc.*] **1** disporre longitudinalmente i fili sul telaio per formare l'ordito **2** (*fig.*) organizzare occultamente; tramare.
ordìto *s.m.* insieme di fili tesi sul telaio.
orécchia *s.f.* piega all'angolo di una pagina.
orecchiàbile *agg.* si dice di musica facile da seguire e da ricordare.
orecchiétta *s.f.* (*anat.*) atrio cardiaco.
orecchìno *s.m.* gioiello che si porta all'orecchio.
orécchio *s.m.* [pl. *gli orecchi o le orecchie*] **1** organo dell'udito **2** con riferimento all'udito e quindi alla conoscenza, all'attenzione: *essere tutt'orecchi*, (*fig.*) ascoltare con la massima attenzione | *fare — da mercante*, (*fig.*) fingere di non capire **3** sensibilità per la musica: *avere —* | *suonare a —*, senza conoscere la musica **4** padiglione auricolare.
oréfice *s.m.* e *f.* chi vende oggetti di oreficeria.
oreficerìa *s.f.* **1** l'arte di lavorare i metalli preziosi **2** insieme di gioielli e di oggetti preziosi **3** negozio di orefice.
òrfano *agg.* e *s.m.* [f. *-a*] **1** si dice di bambino o ragazzo che ha perduto uno o entrambi i genitori **2** (*estens.*) che/chi è rimasto privo di una persona amata o di chi costituiva un sostegno.
orfanotròfio *s.m.* istituto dove sono accolti ed educati i bambini orfani.
òrfico *agg.* [pl.m. *-ci*] (*lett.*) che si riferisce all'orfismo ♦ *s.m.* [f. *-a*] seguace dell'orfismo.
orfismo *s.m.* religione misterica dell'antica Grecia.
organicità *s.f.* **1** qualità di ciò che è organico **2** ordinata connessione delle parti di un tutto: *l'— di un programma*.
orgànico *agg.* [pl.m. *-ci*] **1** che si riferisce agli esseri viventi **2** che riguarda gli organi di cui sono dotati gli esseri viventi **3** (*fig.*) che costituisce un insieme ben strutturato; coerente, omogeneo ♦ *s.m.* il com-

plesso del personale di un ufficio, di un'amministrazione ecc. □ **-mente** *avv.*
organigràmma *s.m.* [pl. *-mi*] rappresentazione grafica della struttura organizzativa di un ufficio, un ente, un'azienda.
organìsmo *s.m.* **1** ogni essere vivente, in quanto costituito di un complesso di organi vitali | corpo umano **2** (*fig.*) insieme funzionale di elementi che operano per un fine comune: — *amministrativo*.
organìsta *s.m.* e *f.* [pl.m. *-sti*] suonatore di organo.
organizer *s.m.invar.* **1** agenda di piccole dimensioni con fogli intercambiabili **2** agenda elettronica | (*inform.*) software che riproduce le funzioni di un'agenda.
organizzàre *v.tr.* coordinare | predisporre ♦ **-rsi** *v.rifl.* predisporre, ordinare le proprie cose in vista di un risultato | associarsi in modo da formare un insieme ordinato.
organizzatóre *agg.* e *s.m.* [f. *-trice*] che/chi organizza.
organizzazióne *s.f.* **1** l'organizzare, l'essere organizzato **2** organismo, associazione.
òrgano *s.m.* **1** ogni parte del corpo animale o vegetale **2** (*estens.*) ogni parte di un congegno complesso **3** (*burocr.*) ufficio di un ente dotato di funzioni specifiche: — *di controllo* **4** (*mus.*) strumento a tastiera in cui il suono viene prodotto immettendo aria in più serie di canne per mezzo di un mantice.
orgànza *s.f.* tessuto di seta leggero e trasparente.
orgàsmo *s.m.* **1** la fase culminante dell'eccitazione sessuale **2** (*estens.*) agitazione, irrequietezza, ansia.
òrgia *s.f.* [pl. *-ge*] **1** riunione di più persone che danno libero sfogo ai propri desideri sessuali **2** (*fig.*) abbondanza, eccesso.
orgóglio *s.m.* **1** grandissima stima di sé **2** (*estens.*) fierezza, amor proprio **3** cosa o persona che sia motivo di vanto.
orgogliόso *agg.* **1** pieno di orgoglio **2** fiero, soddisfatto □ **-mente** *avv.*
orientàle *agg.* **1** dell'oriente **2** che è proprio dell'Asia ♦ *s.m.* e *f.* nativo, abitante dell'Oriente; asiatico.
orientalìsta *s.m.* e *f.* [pl.m. *-sti*] studioso di lingue e civiltà orientali.
orientamento *s.m.* **1** l'orientare, l'orientarsi **2** (*fig.*) direzione, indirizzo **3** (*geog.*) l'insieme delle operazioni per determinare i punti cardinali del luogo in cui ci si trova.
orientàre *v.tr.* [*io oriènto ecc.*] **1** volgere qlco. nella direzione di un punto cardinale **2** indirizzare (anche *fig.*) ♦ **-rsi** *v. rifl.* **1** riconoscere il luogo in cui ci si trova rispetto **2** (*fig.*) raccapezzarsi **3** (*fig.*) indirizzarsi.
oriènte *s.m.* **1** la parte dell'orizzonte dove sorge il Sole, detta anche *est* o *levante* **2** (*estens.*) regioni situate a oriente | *Medio Oriente*, l'Asia occidentale, dal Mediterraneo all'Iran | *Estremo Oriente*, l'Asia orientale (Cina, Giappone ecc.) **3** la sede di una loggia massonica.
orifìzio *s.m.* **1** stretta apertura **2** (*anat.*) apertura che mette in comunicazione una cavità con un'altra o con l'esterno.
orìgano *s.m.* erba aromatica perenne; è usata in cucina come aromatizzante.
originàle *agg.* **1** che esiste dall'origine | *peccato* —, nella teologia cristiana, la colpa conseguente al peccato di Adamo **2** autentico **3** (*estens.*) nuovo, che non ripete modelli precedenti **4** (*fig.*) strano, stravagante ♦ *s.m.* **1** ciò che non è copia **2** [anche *f.*] persona stravagante □ **-mente** *avv.*
originalità *s.f.invar.* **1** qualità di chi o di ciò che è originale **2** (*estens.*) stravaganza.
originàre *v.tr.* [*io orìgino ecc.*] dare origine a qlco.; causare ♦ **-rsi** *v.intr.pron.* avere origine.
originàrio *agg.* **1** che ha origine, proveniente da un luogo **2** dell'origine; primitivo □ **-mente** *avv.*
orìgine *s.f.* **1** il punto, il momento in cui ha inizio qlco. **2** causa **3** provenienza.
origliàre *v.intr.* [*io orìglio ecc.*; aus. *avere*] ascoltare di nascosto.
orinàre *v.intr.* [aus. *avere*] emettere, eliminare urina ♦ *v.tr.* emettere con l'urina.
oriùndo *agg.* e *s.m.* [f. *-a*] che/chi è originario di un luogo: *un argentino — italiano*.
orizzontàle *agg.* parallelo al piano dell'orizzonte □ **-mente** *avv.*
orizzontàre *v.tr.* [*io orizzónto ecc.*] mettere in una data posizione rispetto all'orizzonte | (*estens.*) orientare ♦ **-rsi** *v. rifl.* orientarsi.
orizzónte *s.m.* **1** linea ideale che delimita il raggio visuale di un luogo e lungo la quale il cielo sembra toccare la superficie terrestre **2** (*fig.*) campo di attività; prospettiva futura.
orlàre *v.tr.* [*io órlo ecc.*] provvedere di orlo; bordare.
orlatùra *s.f.* **1** l'orlare, l'essere orlato; orlo **2** materiale che serve per orlare.
órlo *s.m.* **1** margine, limite estremo **2** estremo lembo di un tessuto, ripiegato e cucito.
órma *s.f.* **1** segno lasciato dal piede dell'uomo o di un animale sul terreno | *calcare le orme di qlcu.*, (*fig.*) imitarlo, seguirne l'esempio **2** (*fig.*) impronta, traccia.

ormài *avv.* **1** adesso, a questo **2** allora, a quel punto.
ormeggiare *v.tr.* [*io orméggio ecc.*] (*mar.*) fissare un'imbarcazione con ancore e cavi a uno o più punti ♦ **-rsi** *v.intr.pron.* assicurarsi con ormeggi.
orméggio *s.m.* (*mar.*) **1** l'ormeggiare, l'ormeggiarsi, l'essere ormeggiato; il posto in cui si ormeggia **2** *pl.* le ancore, i cavi o le catene con cui è ormeggiato un natante.
ormóne *s.m.* (*biol.*) ciascuna delle sostanze prodotte dalle ghiandole endocrine, che stimolano specifiche risposte fisiologiche nelle cellule.
ornamentàle *agg.* di ornamento.
ornaménto *s.m.* ciò che serve a ornare.
ornàre *v.tr.* [*io órno ecc.*] rendere più bello; decorare, abbellire ♦ **-rsi** *v.rifl.* o *intr.pron.* adornarsi.
ornàto *agg.* adorno □ **-mente** *avv.*
ornitologìa *s.f.* ramo della zoologia che studia gli uccelli.
ornitòlogo *s.m.* [f. *-a*; pl.m. *-gi*] studioso, esperto di ornitologia.
ornitorìnco *s.m.* [pl. *-chi*] mammifero oviparo dell'Australia e della Tasmania; ha corpo allungato, becco simile a quello di un'anatra, coda grossa e piedi palmati.
òro *s.m.* **1** elemento chimico di simbolo *Au*; è un metallo nobile di colore giallo-lucente, considerato da sempre il materiale prezioso per eccellenza: *monete d'*—; — *zecchino* | *età dell'*—, età primitiva nella quale tutto sarebbe stato felice | — *nero*, (*fig.*) il petrolio **2** (*estens.*) ricchezze **5** *pl.* oggetti d'oro.
oro -[1] primo elemento di parole composte, che significa 'morte'.
oro -[2] primo elemento di parole composte della terminologia medica, che significa 'della bocca', 'orale'.
orogènesi *s.f.* (*geol.*) insieme dei fenomeni che determinano la formazione delle catene montuose.
orografìa *s.f.* **1** settore della geografia che studia i rilievi terrestri **2** distribuzione dei rilievi in una data regione; la relativa rappresentazione cartografica.
orologerìa *s.f.* **1** l'arte di fabbricare orologi **2** meccanismo simile a quello degli orologi, capace di produrre un effetto a una scadenza prefissata: *bomba a* — **3** negozio di orologiaio.
orologiàio *s.m.* [f. *-a*] chi fabbrica, vende o ripara orologi.
orològio *s.m.* strumento per misurare il tempo in ore e frazioni di ore.
oròscopo *s.m.* predizione del futuro basata sulla posizione degli astri nel momento della nascita.
orpèllo *s.m.* **1** lega di rame e zinco di colore simile all'oro **2** (*fig.*) apparenza ingannevole | ornamento inutile del discorso.
orrèndo *agg.* che desta orrore □ **-mente** *avv.*
orrìbile *agg.* **1** che suscita orrore **2** (*iperb.*) bruttissimo □ **-mente** *avv.*
òrrido *agg.* che desta orrore ♦ *s.m.* **1** aspetto orrido **2** canalone a pareti aspre ed erte □ **-mente** *avv.*
orripilànte *agg.* **1** orribile, raccapricciante **2** (*iperb.*) brutto, sgradevole.
orróre *s.m.* **1** sentimento di paura e ribrezzo **2** (*estens.*) cosa, fatto, situazione che desta tale sentimento **3** (*estens.*) persona o cosa particolarmente brutta.
órsa *s.f.* **1** la femmina dell'orso **2** *Orsa Maggiore*, *Minore*, (*astr.*) costellazioni dell'emisfero boreale.
órso *s.m.* [f. *-a*] **1** (*zool.*) genere di grossi mammiferi plantigradi, con testa grossa, arti brevi, forti unghioni, pelo foltissimo **2** persona poco socievole.
ortàggio *s.m.* denominazione generica delle piante erbacee commestibili coltivate negli orti.
ortènsia *s.f.* arbusto ornamentale con fiori raccolti in corimbi.
ortìca *s.f.* pianta erbacea perenne con foglie coperti di peli irritanti.
orticària *s.f.* (*med.*) manifestazione allergica cutanea, caratterizzata da macchioline rosse pruriginose.
orticoltóre *s.m.* chi si occupa di orticoltura.
orticoltùra *s.f.* la coltivazione degli orti.
òrto *s.m.* piccolo appezzamento di terreno in cui si coltivano erbaggi commestibili e piante da frutto.
orto- primo elemento di parole composte, che significa 'esatto, giusto, corretto'.
ortoclàsio *s.m.* (*min.*) silicato di alluminio e potassio usato nell'industria delle porcellane.
ortodossìa *s.f.* **1** l'insieme dei principi che costituiscono il fondamento ufficiale di un sistema religioso, ideologico | (*estens.*) la rispondenza di una posizione teorica o di un agire a tali principi **2** (*relig.*) la dottrina delle chiese cristiane orientali di rito bizantino.
ortodòsso *agg.* **1** che aderisce, che è rispondente a un'ortodossia **2** (*relig.*) che si riferisce alle chiese cristiane che fanno parte dell'ortodossia ♦ *s.m.* [f. *-a*].
ortofrutticolo *agg.* che concerne l'orticoltura, la frutticoltura e i loro prodotti.
ortogonàle *agg.* (*mat.*) perpendicolare □ **-mente** *avv.*

ortografia *s.f.* corretta scrittura.
ortolàno *s.m.* [f. *-a*] chi coltiva un orto e ne vende i prodotti.
ortopedìa *s.f.* branca della medicina che si occupa delle affezioni della colonna vertebrale, delle ossa e delle articolazioni.
ortopèdico *agg.* [pl.m. *-ci*] di ortopedia ♦ *s.m.* **1** medico specialista in ortopedia **2** chi costruisce e vende apparecchi ortopedici.
ortòtteri *s.m.pl.* (*zool.*) ordine di insetti volatori e saltatori; vi appartengono il grillo e la cavalletta.
orzaiòlo *s.m.* (*med.*) piccolo ascesso sull'orlo delle palpebre.
orzàta *s.f.* bibita fatta con mandorle triturate, zucchero e acqua.
òrzo *s.m.* pianta erbacea simile al frumento; si impiega come foraggio, nella preparazione della birra e nell'alimentazione umana.
osànna *s.m.invar.* grido di gioia, di esultanza.
osannàre *v.intr.* [aus. *avere*] **1** gridare evviva **2** (*estens.*) fare lodi pubbliche ♦ *v.tr.* celebrare, esaltare.
osàre *v.tr.* [*io òso ecc.*] avere il coraggio.
òscar *s.m.invar.* la statuetta d'oro conferita ogni anno negli Stati Uniti come premio per le migliori realizzazioni cinematografiche.
oscèno *agg.* **1** che offende il senso del pudore **2** (*estens.*) molto brutto □ **-mente** *avv.*
oscillàre *v.intr.* [aus. *avere*] **1** muoversi secondo una traiettoria, percorrendola alternamente nell'uno e nell'altro senso **2** (*fig.*) calare e aumentare alternativamente **3** (*fig.*) essere indeciso.
oscillazióne *s.f.* l'oscillare.
oscillògrafo *s.m.* (*elettr.*) strumento per registrare correnti o tensioni elettriche variabili.
oscuraménto *s.m.* l'oscurare, l'oscurarsi, l'essere oscurato.
oscurantìsmo *s.m.* opposizione sistematica al progresso.
oscuràre *v.tr.* **1** rendere oscuro, privare di luce **2** (*fig.*) sminuire o privare di importanza, di gloria al proprio confronto ♦ **-rsi** *v.intr.pron.* diventare oscuro.
oscurità *s.f.* **1** assenza di luce, buio **2** (*fig.*) mancanza di chiarezza **3** (*fig.*) mancanza di notorietà.
oscùro *agg.* **1** scuro, buio **2** (*fig.*) difficile a comprendersi **3** (*fig.*) poco noto ♦ *s.m.* ciò che è oscuro □ **-mente** *avv.*
osmòsi *s.f.* passaggio di due liquidi attraverso membrane semipermeabili.
ospedàle *s.m.* istituto pubblico nel quale si curano gli ammalati.
ospedalièro *agg.* dell'ospedale, degli ospedali ♦ *s.m.* [f. *-a*] chi presta servizio in un ospedale.
ospitàle *agg.* che riceve gli ospiti con cortesia | detto di luogo o di ambiente, che è accogliente □ **-mente** *avv.*
ospitalità *s.f.* l'essere ospitale.
ospitàre *v.tr.* [*io òspito ecc.*] accogliere, tenere nella propria casa, città, paese.
òspite *s.m.* e *f.* chi accoglie in casa propria una persona; la persona accolta ♦ *agg.* che dà ospitalità.
ospìzio *s.m.* luogo in cui sono ricoverate persone anziane bisognose di assistenza.
ossàrio *s.m.* luogo dove sono conservate le ossa dei defunti.
ossatùra *s.f.* **1** l'insieme delle ossa del corpo o di una sua parte **2** (*fig.*) l'insieme delle strutture di sostegno di una costruzione **3** (*fig.*) schema, trama essenziale.
òsseo *agg.* dell'osso, delle ossa.
ossequiàre *v.tr.* [*io ossèquio ecc.*] riverire.
ossèquio *s.m.* **1** profondo rispetto verso persone di alta dignità o merito **2** atto, parola riverente.
ossequióso *agg.* che ha, che esprime ossequio □ **-mente** *avv.*
osservànza *s.f.* l'osservare le leggi, le prescrizioni, le regole.
osservàre *v.tr.* [*io ossèrvo ecc.*] **1** esaminare con cura, guardare con attenzione **2** rilevare **3** rispettare, non trasgredire.
osservatóre *agg.* [f. *-trice*] che osserva ♦ *s.m.* **1** chi osserva **2** chi partecipa a un convegno da esterno, assistendo senza intervenire.
osservatòrio *s.m.* **1** luogo o edificio munito delle attrezzature necessarie per l'osservazione di eventi naturali o per il controllo militare di una zona **2** istituzione che rileva e analizza l'andamento di fenomeni economici o sociali: — *dei prezzi.*
osservazióne *s.f.* **1** l'osservare, l'essere osservato **2** giudizio, critica **3** rimprovero.
ossessionàre *v.tr.* [*io ossessióno ecc.*] **1** turbare in modo grave e persistente lo stato psichico di qlcu. **2** (*estens.*) infastidire in modo assillante.
ossessióne *s.f.* **1** (*psicoan.*) convinzione o comportamento irragionevoli, accompagnati da stati di ansia **2** (*estens.*) pensiero fisso.
ossessìvo *agg.* **1** (*psicoan.*) caratterizzato da ossessione **2** (*estens.*) che costituisce un'ossessione □ **-mente** *avv.*
ossèsso *agg.* e *s.m.* [f. *-a*] **1** indemoniato **2** (*estens.*) che/chi è molto agitato.
ossi- primo elemento di parole composte

della terminologia chimica, ricavato da *ossigeno*.
ossìa *cong.* cioè.
ossidàbile *agg.* che si può ossidare.
ossidàre *v.tr.* [io òssido ecc.] (*chim.*) combinare una sostanza con l'ossigeno ♦ **-rsi** *v.intr.pron.* combinarsi con l'ossigeno.
ossidazióne *s.f.* (*chim.*) l'ossidare, l'ossidarsi.
ossidiàna *s.f.* (*geol.*) roccia vulcanica nera e di aspetto vetroso.
òssido *s.m.* (*chim.*) composto dell'ossigeno con un altro elemento.
ossìdrico *agg.* [pl.m. -ci] (*chim.*) che è composto di ossigeno e idrogeno.
ossigenàre *v.tr.* [io ossìgeno ecc.] trattare con ossigeno, arricchire di ossigeno | — *i capelli*, schiarirli con acqua ossigenata ♦ **-rsi** *v.rifl.* **1** ritemprarsi respirando aria ricca di ossigeno **2** trattare i propri capelli con acqua ossigenata.
ossigenazióne *s.f.* l'ossigenare, l'ossigenarsi, l'essere ossigenato.
ossìgeno *s.m.* elemento chimico di simbolo *O*; è un gas inodoro e incoloro, costituente dell'aria e dell'acqua, indispensabile a gran parte dei processi vitali.
òsso *s.m.* [pl. *le ossa*, nei sign. 1 e 3, spec. con valore collettivo; negli altri casi, *gli ossi*] **1** ciascuna delle parti dure che formano lo scheletro dell'uomo e degli altri animali vertebrati | *essere pelle e ossa*, essere magrissimo | *essere un — duro*, (*fig.*) una persona con cui è difficile spuntarla **2** con riferimento alle parti ossee di animali macellati: *bistecca con l'—* **3** *pl.* spoglie, resti mortali **4** (*estens.*) ciò che somiglia a un osso o che ha analoga funzione: — *di seppia*, la conchiglia interna.
ostacolàre *v.tr.* [io ostàcolo ecc.] opporre ostacoli; impedire, intralciare ♦ **-rsi** *v.rifl.rec.* disturbarsi, danneggiarsi a vicenda.
ostàcolo *s.m.* **1** tutto ciò che impedisce o intralcia **2** (*sport*) nell'atletica, barriera disposta lungo il percorso di alcune specialità di corsa.
ostàggio *s.m.* persona trattenuta dal nemico per rappresaglia | persona sequestrata da una banda di malviventi per ottenere qlco. in cambio della sua liberazione.
òste *s.m.* [f. -éssa] chi gestisce un'osteria.
osteggiàre *v.tr.* [io ostéggio ecc.] contrastare, ostacolare.
ostèllo *s.m.* albergo a basso prezzo: — *della gioventù*, per i giovani che viaggiano.
ostensòrio *s.m.* arredo sacro che serve a esporre l'ostia consacrata.
ostentàre *v.tr.* [io ostènto ecc.] mostrare con intenzione; esibire.
ostentazióne *s.f.* l'ostentare, il mostrare.
osteo- primo elemento di parole composte della terminologia medica e biologica, che significa 'osso'.
osteologìa *s.f.* branca dell'anatomia che studia le ossa.
osteomielìte *s.f.* (*med.*) processo infiammatorio che colpisce le ossa e il midollo.
osteoporòsi *s.f.* (*med.*) rarefazione del tessuto osseo legata all'età o a malattie.
osterìa *s.f.* locale pubblico dove si servono vino e altre bevande e pasti.
ostètrica *s.f.* infermiera abilitata ad assistere la donna durante il parto.
ostetrìcia *s.f.* branca della medicina che studia la gestazione e il parto.
ostètrico *agg.* [pl.m. -ci] di ostetricia ♦ *s.m.* medico specializzato in ostetricia.
òstia *s.f.* **1** (*lit.*) sfoglia sottile di pane azzimo che il sacerdote consacra nella messa **2** (*estens.*) sfoglia sottile usata come involucro di polveri medicinali da inghiottire.
òstico *agg.* [pl.m. -ci] sgradito; difficile.
ostìle *agg.* nemico □ **-mente** *avv.*
ostilità *s.f.* **1** l'essere ostile **2** (spec. *pl.*) azione di guerra.
ostinàrsi *v.intr.pron.* rimanere fermo in un'opinione o in un atteggiamento con irragionevole tenacia; intestardirsi.
ostinàto *agg.* **1** caparbio, testardo **2** persistente □ **-mente** *avv.*
ostinazióne *s.f.* l'ostinarsi, l'essere ostinato; caparbietà, testardaggine.
ostracìsmo *s.m.* **1** nell'antica Atene, esilio inflitto ai cittadini giudicati pericolosi per lo stato **2** (*fig.*) atteggiamento persecutorio nei confronti di qlcu. per ostacolarne l'attività.
òstrica *s.f.* mollusco marino commestibile, con conchiglia divisa in due valve.
ostruìre *v.tr.* [io ostruisco, tu ostruisci ecc.] chiudere, impedire ♦ **-rsi** *v.intr.pron.* rimanere chiuso, intasato.
ostruzióne *s.f.* l'ostruire, l'essere ostruito.
ostruzionìsmo *s.m.* opposizione sistematica per impedire lo svolgimento di un'attività o il raggiungimento di un fine: — *parlamentare*, effettuato da una minoranza parlamentare per impedire l'approvazione di una legge.
otària *s.f.* mammifero dei mari antartici, simile alla foca.
otìte *s.f.* (*med.*) infiammazione dell'orecchio.
oto- primo elemento di parole composte del linguaggio scientifico, che significa 'orecchio'.
otorìno *s.m.* e *f.invar.* forma abbreviata di *otorinolaringoiatra*.

otorinolaringoiàtra *s.m.* e *f.* [pl.m. *-tri*] medico specialista in otorinolaringoiatria.
otorinolaringoiatrìa *s.f.* parte della medicina che studia le malattie dell'orecchio, del naso e della gola.
otoscopìa *s.f.* (*med.*) esame diagnostico del condotto uditivo.
otoscòpio *s.m.* (*med.*) strumento ottico a specchio per effettuare l'otoscopia.
ótre *s.m.* recipiente di pelle animale per la conservazione e il trasporto di liquidi.
otta- primo elemento di parole composte, che significa 'otto'.
ottàgono *s.m.* (*geom.*) poligono con otto angoli e otto lati.
ottàno *s.m.* (*chim.*) idrocarburo della serie del metano.
ottànta *agg.num.card.inv.* numero cardinale corrispondente a otto diecine.
ottàva *s.f.* **1** nella metrica italiana, strofa di otto endecasillabi **2** (*mus.*) intervallo tra due suoni la cui distanza è di 8 note.
ottemperànza *s.f.* (*burocr.*) l'ottemperare; obbedienza, osservanza.
ottemperàre *v.intr.* [*io ottèmpero ecc.*; aus. *avere*] (*burocr.*) adempiere a un obbligo.
ottenére *v.tr.* [coniugato come *tenere*] **1** riuscire ad avere; conseguire **2** ricavare.
òttica *s.f.* **1** parte della fisica che studia i fenomeni di emissione, propagazione e assorbimento della luce **2** tecnica del fabbricare strumenti ottici **3** l'insieme delle lenti, dei diaframmi, degli specchi di cui è composto uno strumento ottico **4** (*fig.*) punto di vista.
òttico *agg.* [pl.m. *-ci*] **1** che riguarda l'apparato visivo dell'uomo **2** che riguarda l'ottica ♦ *s.m.* chi costruisce o vende strumenti ottici □ **-mente** *avv.*
ottimàle *agg.* che rappresenta quanto di meglio si possa avere.
ottimìsmo *s.m.* tendenza a vedere il lato migliore delle cose, degli uomini, degli avvenimenti, a ben sperare per il futuro.
ottimìsta *s.m.* e *f.* [pl.m. *-sti*] chi è disposto all'ottimismo ♦ *agg.*
òttimo *agg.* [*superl.* di *buono*] buonissimo, il più buono ♦ *s.m.* ciò che è o si considera ottimo □ **-mente** *avv.*
òtto *agg.num.card.invar.* numero naturale corrispondente a sette unità più una.
ottóbre *s.m.* decimo mese dell'anno.
ottocènto *agg.num.card.invar.* numero naturale corrispondente a otto volte cento ♦ *s.m.* *l'Ottocento*, il sec. XIX.
ottomàna *s.f.* divano trasformabile in letto.
ottomàno *agg.* che appartiene o si riferisce alla dinastia turca fondata nel sec. XIV da Othman I ♦ *s.m.* [f. *-a*] turco ottomano.
ottóne *s.m.* **1** lega di rame e zinco, di colore giallastro **2** *pl.* (*mus.*) famiglia di strumenti a fiato.
otturàre *v.tr.* turare, ostruire ♦ **-rsi** *v.intr.pron.* intasarsi; rimanere ostruito.
otturatóre *agg.* [f. *-trice*] *s.m.* **1** congegno che consente la chiusura di un'arma a retrocarica **2** nelle macchine fotografiche, dispositivo che regola la durata dell'esposizione della pellicola alla luce.
otturazióne *s.f.* **1** l'otturare, l'otturarsi, l'essere otturato **2** (*estens.*) il materiale usato per otturare un dente.
ottusità *s.f.* l'essere ottuso.
ottùso *agg.* **1** smussato **2** (*geom.*) si dice di angolo maggiore dell'angolo retto **3** (*fig.*) poco perspicace; torpido, tardo □ **-mente** *avv.*
outplacement *s.m.invar.* (*ingl.*) ricollocazione di personale in esubero presso un'azienda in altre aziende; è un'attività svolta per lo più da agenzie specializzate.
output *s.m.invar.* (*ingl.*) (*inform.*) l'uscita delle informazioni prodotte da un calcolatore elettronico.
outsider *s.m.invar.* (*ingl.*) **1** (*sport*) atleta o cavallo che vince una gara, pur non essendo tra i favoriti **2** (*estens.*) chi emerge in una situazione competitiva nella quale non era favorito.
outsourcing *s.m.invar.* (*ingl.*) (*econ.*) da parte di un'azienda, attribuzione a un fornitore esterno di parti di un processo produttivo o di servizi.
ouverture *s.f.invar.* (*fr.*) (*mus.*) composizione strumentale che precede un'opera, un balletto o una suite.
ovàia *s.f.* (*anat.*) organo genitale femminile destinato alla produzione degli ovuli.
ovàle *agg.* che ha forma ellittica, simile a un uovo ♦ *s.m.* oggetto di forma ovale | la linea di contorno del volto.
ovàrio *s.m.* (*bot.*) parte inferiore allargata del pistillo, contenente gli ovuli.
ovàtta *s.f.* **1** cotone usato per imbottiture; bambagia **2** cotone idrofilo.
ovattàre *v.tr.* **1** imbottire con ovatta **2** (*fig.*) smorzare.
ovazióne *s.f.* accoglienza molto calorosa con applausi entusiastici e prolungati.
overbooking *s.m.invar.* (*ingl.*) prenotazione di un numero di posti in eccesso rispetto alle disponibilità, in previsione di possibili rinunce.
overdose *s.f.invar.* (*ingl.*) dose eccessiva di droga.
òvest *s.m.* uno dei quattro punti cardinali, individuato dal tramonto del sole negli equinozi.

ovìle *s.m.* edificio rustico per il ricovero di pecore e capre.
ovìni *s.m.pl.* (*zool.*) sottofamiglia di ruminanti con corna a spirale; comprende le pecore ele capre.
ovìno *agg.* di pecora, delle pecore.
ovìparo *agg.* si dice di animale il cui embrione, in seguito alla deposizione di uova, si sviluppa fuori del corpo materno.
ovo- o **ovi-** primo elemento di parole composte, che significa 'uovo'.
ovoidàle *agg.* ovale.
ovovivìparo *agg.* e *s.m.* si dice di animale che si riproduce per mezzo di uova che si schiudono nel corpo della madre.
ovulazióne *s.f.* (*biol.*) il distacco dell'ovulo maturo dall'ovaia.
òvulo *s.m.* **1** (*biol., bot.*) cellula germinale femminile, racchiusa nell'ovario o nell'ovaia, che dopo la fecondazione si trasforma in seme nelle piante e in embrione negli animali **2** (*farm.*) sorta di supposta di forma ovale, per uso vaginale.
ovvéro *cong.* (*lett.*) ossia, cioè.
ovviàre *v. intr.* [*io ovvìo* ecc.; aus. *avere*] porre rimedio a qlco.
òvvio *agg.* evidente, logico □ **-mente** *avv.*
oziàre *v.intr.* [*io òzio* ecc.; aus. *avere*] stare in ozio.
òzio *s.m.* **1** il non far nulla per abitudine, per pigrizia **2** (*lett.*) tempo libero.
ozióso *agg.* **1** si dice di persona che sta in ozio | di tempo, passato nell'ozio **2** (*fig.*) superfluo ♦ *s.m.* [f. *-a*] persona oziosa □ **-mente** *avv.*
ozòno *s.m.* (*chim.*) gas allotropo dell'ossigeno, incolore e dall'odore pungente; è usato come disinfettante, decolorante e deodorante.
ozonosfèra *s.f.* regione della stratosfera a massima concentrazione di ozono.

Pp

p *s.f.* o *m.* sedicesima lettera dell'alfabeto il cui nome è *pi.*
pacatézza *s.f.* l'essere pacato; calma.
pacàto *agg.* che ha calma e serenità □ **-mente** *avv.*
pàcca *s.f.* (*fam.*) colpo amichevole.
pacchétto *s.m.* **1** involucro di un prodotto **2** complesso di elementi; — *azionario*, numero consistente di azioni di una società **3** (*inform.*) insieme di programmi per risolvere specifici problemi.
pàcchia *s.f.* (*fam.*) condizione di vita facile, piacevole.
pacchiàno *agg.* vistoso, di cattivo gusto.
pàcco *s.m.* [pl. *-chi*] confezione di un oggetto o di un insieme di oggetti in forma compatta e regolare, ben legata o sigillata.
pàce *s.f.* **1** condizione di un popolo o di uno stato che non sia in guerra | cessazione di una guerra | atto ufficiale con cui si pone fine a una guerra **2** concordia **3** stato d'animo di tranquillità interiore | *darsi* —, rassegnarsi **4** assenza di rumore, di movimento, di chiasso.
pace-maker *loc.sost.m.invar.* (*ingl.*) (*med.*) stimolatore e regolatore del ritmo cardiaco.
pachidèrma *s.m.* [pl. *-mi*] **1** (*zool.*) nome generico di mammiferi erbivori non ruminanti, con pelle di notevole spessore **2** (*estens.*) persona grossa.
pacière *s.m.* [f. *-a*] chi mette pace.
pacificàre *v.tr.* [*io pacìfico, tu pacifichi ecc.*] **1** indurre qlcu. a far pace **2** mettere in pace, ricondurre alla pace ♦ **-rsi** *v.rifl.rec.* rappacificarsi ♦ *v.intr. pron.* **1** fare pace **2** trovare pace.
pacificazióne *s.f.* il pacificare, il pacificarsi, l'essere pacificato.
pacìfico *agg.* [pl.m. *-ci*] **1** che ama la pace; che è contrario alla violenza **2** che è proprio di una situazione di tranquillità **3** (*fig.*) fuori discussione che □ **-mente** *avv.*
pacifismo *s.m.* movimento che esclude il ricorso alla guerra come mezzo per risolvere le controversie tra gli stati.
pacifista *s.m.* e *f.* [pl.m. *-sti*] seguace del pacifismo ♦ *agg.*
padàno *agg.* della valle del Po.
padèlla *s.f.* **1** recipiente di cucina tondo e basso, usato per friggere **2** recipiente che serve per orinare e defecare a chi è costretto a letto.
padiglióne *s.m.* **1** costruzione che sorge in una zona recintata come parte di un più ampio complesso edilizio **2** (*anat.*) — *auricolare*, parte esterna cartilaginea dell'orecchio.
pàdre *s.m.* **1** uomo che ha generato dei figli **2** *il Padre*, (*teol.*) Dio **3** (*estens.*) progenitore **4** (*fig.*) fondatore, iniziatore.
padretèrno *s.m.* **1** Dio Padre **2** [pl. *padreterni*] (*fam.*) persona di grande importanza e influenza, o che si ritiene tale.
padrìno *s.m.* **1** (*relig.*) l'uomo che presenta al battesimo o alla cresima il battezzando o il cresimando **2** (*gerg.*) capo di una cosca mafiosa.
padronàle *agg.* del padrone.
padronànza *s.f.* capacità di controllare; dominio, sicurezza | conoscenza profonda.
padronàto *s.m.* ceto dei datori di lavoro.
padroncìno *s.m.* piccolo imprenditore | autotrasportatore o tassista proprietario di un unico veicolo da lui stesso guidato.
padróne *s.m.* [f. *-a*] **1** chi ha la proprietà di qlco. **2** proprietario di un'impresa che ha qlcu. alle proprie dipendenze **3** chi esercita un dominio assoluto **4** (*fig.*) chi ha piena conoscenza di qlco.
padroneggiàre *v.tr.* [*io padronéggio ecc.*] dominare, controllare; conoscere appieno.
paesàggio *s.m.* **1** aspetto di un luogo, di un territorio **2** (*geog.*) particolare conformazione di un territorio **3** pittura, fotografia che ha per soggetto un paesaggio.
paesaggìsta *s.m.* e *f.* [pl.m. *-sti*] pittore o fotografo di paesaggi.
paesàno *agg.* di paese ♦ *s.m.* [f. *-a*] abitante di paese.
paése *s.m.* **1** territorio di uno stato; nazione **2** piccolo centro abitato.
paffùto *agg.* grassoccio.

pàga *s.f.* retribuzione; salario | usato anche come *agg.invar.*: *busta* —.
pagàia *s.f.* remo a pala larga che si manovra liberamente senza appoggio allo scalmo.
paganésimo *s.m.* l'insieme dei culti dell'antichità greco-romana | (*estens.*) religione politeistica.
pagàno *agg.* che si riferisce al paganesimo; non cristiano ♦ *s.m.* [f. *-a*] seguace del paganesimo □ **-mente** *avv.*
pagàre *v.tr.* [*io pago, tu paghi ecc.*] **1** corrispondere una somma di denaro in cambio di beni acquistati o servizi ricevuti **2** (*fig.*) ricompensare **3** (*fig.*) scontare **4** (*assol.*) portare utilità.
pagèlla *s.f.* documento scolastico su cui si trascrivono le valutazioni riportate da un alunno agli scrutini e agli esami.
pagherò *s.m.* titolo di credito mediante il quale si promette il pagamento di una somma alla scadenza indicata; cambiale.
pàgina *s.f.* **1** ciascuna delle due facce di ognuno dei fogli che costituiscono un libro, un giornale, un quaderno; il foglio stesso che contiene le due facce **2** (*estens.*) ciò che è scritto in una pagina **3** (*fig.*) fatto memorabile **4** (*bot.*) ciascuno dei due lati di una foglia.
pàglia *s.f.* **1** l'insieme degli steli disseccati dei cereali già mietuti e battuti **2** oggetto prodotto con la paglia.
pagliaccïàta *s.f.* buffonata.
pagliàccio *s.m.* [f. *-a*] **1** il personaggio del buffone che si esibisce nei circhi; clown **2** (*spreg.*) chi manca di serietà.
pagliericcio *s.m.* saccone pieno di paglia o foglie secche usato come materasso.
paglierino *agg.* di colore giallo chiaro.
pagliétta *s.f.* **1** cappello di paglia da uomo **2** matassina di trucioli metallici, usata per pulire o lucidare utensili da cucina.
pagnòtta *s.f.* forma di pane grande e tondeggiante.
pagòda *s.f.* edificio sacro buddista a forma di torre piramidale.
pàio *s.m.* [pl.f. *paia*] due cose della stessa specie considerate insieme; riferito a persone o ad animali, due elementi che si considerano insieme.
paiòlo *s.m.* recipiente da cucina di rame o d'alluminio che si appende a una catena al centro del camino.
pàla *s.f.* **1** attrezzo costituito da una lama larga d'acciaio fissata a un lungo manico per rimuovere materiali **2** (*tecn.*) ciascuno degli elementi appiattiti fissati a un organo rotante, quali un'elica, una turbina ecc.: **3** parte terminale del remo.
paladìno *s.m.* **1** (*st.*) cavaliere nobile e di provato valore militare che viveva presso la corte carolingia come guardia del re | nella letteratura cavalleresca, ciascuno dei dodici valorosi cavalieri scelti da Carlo Magno come suoi campioni **2** [f. *-a*] (*fig.*) difensore.
palafìtta *s.f.* (*etnol.*) abitazione primitiva costituita da una piattaforma di legno che poggia su pali, di solito infissi in terreni paludosi.
palànca *s.f.* (*mar.*) ponticello mobile.
palandràna *s.f.* abito lungo e largo.
palàta *s.f.* quantità di materiale che una pala può contenere | *a palate*, (*fig.*) in grande quantità.
palatìno[1] *agg.* di un palazzo reale o imperiale: *cappella palatina*.
palatìno[2] *agg.* (*anat.*) del palato.
palàto *s.m.* **1** (*anat.*) parete superiore della cavità orale **2** senso del gusto: *sapore che soddisfa il* —.
palàzzo *s.m.* **1** edificio di grandi proporzioni e di pregio architettonico **2** (*estens.*) corte di un sovrano **3** (*fig.*) simbolo del potere politico **4** casa di abitazione civile con molti appartamenti.
pàlco *s.m.* [pl. *-chi*] **1** piano di copertura fatto di assi connesse tra loro **2** costruzione provvisoria rialzata da terra per servire da tribuna | in teatro, palcoscenico **3** ciascuno dei vani che si affacciano su una sala teatrale, dai quali si può assistere allo spettacolo.
palcoscènico *s.m.* [pl. *palcoscenici*] palco su cui recitano gli attori.
paleocristiàno *agg.* che è proprio o appartiene ai primi secoli del cristianesimo.
paleogène *s.f.* (*geol.*) primo periodo dell'era cenozoica.
paleografìa *s.f.* scienza che studia l'evoluzione delle scritture antiche.
paleolìtico *agg.* [pl.m. *-ci*] si dice del periodo più antico della preistoria, caratterizzato dall'uso di pietre scheggiate ♦ *s.m.*
paleontologìa *s.f.* scienza che studia i resti fossili di organismi vegetali e animali.
paleozòico *agg.* [pl.m. *-ci*] si dice della seconda delle cinque ere geologiche ♦ *s.m.*
palesare *v.tr.* [*io palèso ecc.*] (*lett.*) rendere manifesto ♦ **-rsi** *v.rifl.* o *intr.pron.* (*lett.*) divenire palese, manifestarsi.
palése *agg.* evidente, manifesto □ **-mente** *avv.*
palèstra *s.f.* impianto sportivo al coperto fornito di attrezzi per fare ginnastica.
paletnologìa *s.f.* scienza che studia le civiltà dei popoli preistorici.
palétta *s.f.* **1** piccola pala **2** disco con lungo manico con cui il capostazione dà il se-

gnale di partenza al treno o la polizia intima l'alt a un veicolo.
palingènesi *s.f.* rinnovamento; rinascita.
palinsèsto *s.m.* quadro d'insieme delle trasmissioni radiotelevisive programmate.
pàlio *s.m.* drappo dipinto o ricamato che, in manifestazioni tradizionali di alcune città italiane, viene dato in premio al vincitore di una gara | (*estens.*) la gara stessa.
palissàndro *s.m.* legno pregiato di color rosso scuro.
palizzàta *s.f.* serie di pali infissi nel terreno come opera di recinzione.
pàlla *s.f.* **1** corpo di forma sferica **2** sfera di gomma, cuoio, legno con cui si gioca **3** proiettile di un'arma da fuoco.
pallacanèstro *s.f.* sport in cui due squadre cercano di lanciare con le mani la palla in un canestro di rete posto in alto all'estremità del campo avversario.
palladio *s.m.* elemento chimico di simbolo *Pd*; è un metallo simile al platino.
pallanuòto *s.f.* sport che si pratica in acqua tra due squadre che cercano di lanciare con le mani la palla nella porta avversaria.
pallavólo *s.f.* sport praticato da due squadre su un campo diviso a metà da una rete sospesa; le due squadre devono rinviarsi la palla con le mani senza che questa tocchi terra nel proprio campo.
palleggiàre *v.tr.* [*io palléggio ecc.*] far saltare più volte una palla ♦ *v.intr.* [aus. *avere*] **1** giocare con la palla lanciandola e poi riprendendola **2** detto di più giocatori, lanciarsi e rilanciarsi la palla.
palléggio *s.m.* il palleggiare, il modo in cui si palleggia.
pallettóne *s.m.* grosso pallino per cartucce da caccia.
palliatìvo *agg.* e *s.m.* **1** (*med.*) si dice di medicamento che attenua i sintomi di una malattia, senza risolverne le cause **2** (*fig.*) si dice di rimedio che alleggerisce temporaneamente gli effetti di una circostanza negativa, ma non rimuove le cause che li determinano.
pàllido *agg.* **1** senza colorito; cereo **2** (*estens.*) tenue **3** (*fig.*) evanescente □ **-mente** *avv.*
pallìno *s.m.* **1** nel gioco del biliardo e delle bocce, la palla più piccola; boccino **2** (*fig.*) piccola mania | inclinazione naturale **3** (spec. *pl.*) ciascuna delle sferette di piombo con cui si caricano le cartucce da caccia.
pallonàta *s.f.* colpo di pallone.
palloncìno *s.m.* involucro di gomma sottilissimo e vivacemente colorato, gonfiato con aria o gas più leggeri e legato a un filo, con cui giocano i bambini.
pallóne *s.m.* **1** grossa palla di cuoio o di gomma, di dimensioni e forme diverse a seconda del gioco in cui si impiega | — *gonfiato*, (*fig.*) persona boriosa ma priva di meriti **2** (*aer.*) aerostato privo di motore.
pallonétto *s.m.* nei giochi con la palla, tiro effettuato in modo da imprimere alla palla una traiettoria che scavalca l'avversario.
pallóre *s.m.* colore pallido del viso.
pallòttola *s.f.* **1** piccola palla di materiale solido **2** proiettile per armi da fuoco portatili.
pallottolière *s.m.* strumento costituito da fili paralleli nei quali sono infilate pallottole di vario colore, usato per insegnare ai bambini calcoli aritmetici molto semplici.
pàlma[1] *s.f.* la parte interna della mano; palmo.
pàlma[2] *s.f.* **1** (*bot.*) genere di piante arboree con fusto a colonna sormontato da un pennacchio di foglie **2** ramo di palma che nell'antichità greco-romana si attribuiva in segno di vittoria.
palmàre *agg.* **1** (*anat.*) della palma della mano **2** (*fig.*) che appare chiaro, evidente.
palmàto *agg.* che ha la forma della palma della mano | *foglia palmata*, (*bot.*) divisa in segmenti disposti a ventaglio | *piede* —, (*zool.*) quello dei palmipedi, con le dita collegate da una membrana.
palméto *s.m.* piantagione di palme.
palmìpede *agg.* e *s.m.* (*zool.*) si dice di uccello nuotatore con piedi palmati.
pàlmo *s.m.* **1** distanza tra la punta del pollice e quella del mignolo, misurata con la mano aperta **2** (*tosc.*) la palma della mano.
pàlo *s.m.* **1** asta di legno o di altro materiale rigido parzialmente conficcata nel terreno **2** (*gerg.*) chi vigila mentre i compagni compiono un furto.
palombàro *s.m.* chi esegue lavori sott'acqua (pesca, ricerche, ricuperi ecc.) munito di scafandro.
palpàbile *agg.* **1** che si può palpare **2** (*fig.*) tangibile.
palpàre *v.tr.* **1** toccare leggermente con il palmo della mano; tastare **2** (*med.*) effettuare la palpazione.
palpazióne *s.f.* **1** (*non com.*) il palpare, l'essere palpato **2** (*med.*) esame di alcune regioni del corpo o di alcuni organi eseguito con le mani a scopo diagnostico.
pàlpebra *s.f.* (*anat.*) ciascuna delle due membrane che proteggono l'occhio.
palpitàre *v.intr.* [*io pàlpito ecc.*; aus. *avere*] **1**

pulsare con ritmo frequente **2** (*fig.*) essere preso da un sentimento molto intenso.
palpitazióne *s.f.* **1** (*med.*) aumento della frequenza dei battiti del cuore **2** (*fig.*) agitazione.
pàlpito *s.m.* **1** pulsazione del cuore **2** (*fig.*) agitazione provocata da un'emozione.
paltò *s.m.* cappotto.
palùde *s.f.* terreno di una certa estensione in cui si raccolgono acque stagnanti.
paludóso *agg.* acquitrinoso.
palùstre *agg.* di palude.
pampa *s.f.* [pl. *pampas*] (*sp.*) vasta prateria del territorio argentino.
panacèa *s.f.* rimedio che guarisce tutti i mali.
pànca *s.f.* sedile rustico senza braccioli e senza spalliera.
pancétta *s.f.* **1** lardo del ventre del suino, usato come condimento o come salume **2** (*fam.*) pancia prominente.
panchìna *s.f.* sedile per più persone.
pància *s.f.* [pl. *-ce*] **1** (*fam.*) ventre, addome **2** (*fig.*) parte centrale e tondeggiante di qlco.
pancióne *s.m.* (*fam.*) rigonfiamento del ventre che mostrano le donne durante gli ultimi mesi della gravidanza.
panciùto *agg.* **1** (*fam.*) che ha una grossa pancia **2** (*estens.*) che presenta un rigonfiamento nella parte centrale.
pàncreas *s.m.invar.* (*anat.*) ghiandola addominale avente una secrezione esterna, che completa la digestione degli alimenti, e una secrezione interna, che consente alle cellule di utilizzare il glucosio.
pànda *s.m.invar.* nome di due mammiferi carnivori diffusi in una ristretta zona dell'Asia: — *minore*; — *maggiore*, o *gigante*.
pandemònio *s.m.* frastuono assordante.
pandòro *s.m.* (*gastr.*) dolce molto lievitato; è una specialità veronese.
pàne *s.m.* **1** alimento costituito da un impasto di acqua, sale e farina, lievitato e cotto al forno in forme diverse | *trovare — per i propri denti*, (*fig.*) trovare un ostacolo, un avversario che mette a dura prova le proprie capacità **2** (*estens.*) mezzo di sostentamento **3** pezzo compatto di alcune sostanze ridotte in forma di parallelepipedo: *un — di burro, di piombo*.
panetterìa *s.f.* luogo dove si fa o si vende il pane.
panettière *s.m.* [f. *-a*] chi fa il pane.
panettóne *s.m.* (*gastr.*) dolce natalizio; è una specialità milanese.
pànfilo *s.m.* (*mar.*) grossa imbarcazione a vela o a motore; yacht.
panfòrte *s.m.* (*gastr.*) dolce tenace e compatto; è una specialità senese.
pànico *s.m.* [pl.m. *-ci*] terrore improvviso e incontrollabile.
panière *s.m.* **1** cesta di vimini **2** contenuto di un paniere **3** (*econ.*) insieme di beni di largo consumo considerati necessari per una famiglia media, in base al quale viene misurato il costo della vita.
panificàre *v.tr.* [*io panìfico, tu panìfichi ecc.*] trasformare in pane ♦ *v.intr.* [aus. *avere*] fare il pane.
panificazióne *s.f.* il procedimento di lavorazione del pane.
panìno *s.m.* piccolo pane: — *imbottito*, tagliato a metà e riempito con prosciutto, salame o altro.
paninotèca *s.f.* locale pubblico con grande assortimento di panini imbottiti.
pànna *s.f.* la parte più grassa del latte, che si condensa in superficie, quando viene lasciato riposare; crema.
panne *s.f.invar.* (*fr.*) arresto di un meccanismo o di un motore.
pannèllo *s.m.* **1** elemento piano, compreso in un riquadro, di cui costituisce una copertura o un rivestimento **2** quadro dei comandi di un apparecchio, di una macchina **3** — *solare*, (*tecn.*) dispositivo che assorbe e utilizza i raggi solari per produrre energia elettrica a scopo industriale o domestico.
pànno *s.m.* **1** tessuto di lana cardata **2** pezzo di tessuto destinato a un uso specifico **3** *pl.* gli indumenti, i vestiti.
pannòcchia *s.f.* **1** (*bot.*) infiorescenza ricca di ramificazioni **2** spiga del granturco.
pannolìno *s.m.* assorbente che si usa per l'igiene intima dei neonati e della donna.
panoràma *s.m.* [pl. *-mi*] **1** veduta di un paesaggio **2** (*fig.*) quadro d'insieme di un fenomeno complesso.
panoràmica *s.f.* **1** sguardo d'insieme | (*fig.*) resoconto sommario **2** ripresa cinematografica o televisiva effettuata facendo ruotare gradualmente la macchina da presa.
panoràmico *agg.* [pl.m. *-ci*] **1** che permette di godere un'ampia vista del paesaggio: *strada panoramica* **2** (*fig.*) che abbraccia in maniera complessiva gli elementi di un insieme.
pantalóne *s.m.* (spec. *pl.*) calzone.
pantàno *s.m.* **1** terreno coperto da acque stagnanti **2** (*fig.*) imbroglio.
panteìsmo *s.m.* (*filos.*) dottrina che attribuisce all'universo caratteri divini, per cui tutta la realtà si identifica con Dio.
panteìsta *s.m.* e *f.* [pl.m. *-sti*] fautore del panteismo.

pantèra *s.f.* **1** leopardo asiatico **2** (*gerg.*) automobile delle pattuglie volanti della polizia.
pàntheon *s.m.invar.* tempio dove sono sepolti i re e i personaggi illustri di una nazione.
pantòfola *s.f.* scarpa da casa.
pantofolàio *s.m.* [f. *-a*] **1** chi fabbrica o vende pantofole **2** (*spreg.*) chi ama eccessivamente il quieto vivere.
pantògrafo *s.m.* **1** strumento che serve a copiare disegni in varie scale di grandezza **2** apparecchio che trasmette la corrente elettrica dai fili al locomotore ferroviario.
pantomìma *s.f.* **1** rappresentazione teatrale affidata esclusivamente all'azione mimica **2** (*fig.*) messinscena.
paonàzzo *agg.* di colore rosso-violaceo ♦ *s.m.*
pàpa *s.m.* [pl. *-pi*] il vescovo di Roma e capo della chiesa cattolica.
papà *s.m.* (*fam.*) padre.
papàia *s.f.* albero tropicale d'origine americana, coltivato per i frutti commestibili simili a meloni.
papàle *agg.* del papa | usato come avv.: *dire qlco. — —,* (*fam.*) in modo esplicito.
papàto *s.m.* **1** dignità, carica di un papa | periodo di tempo in cui un papa resta in carica **2** governo della chiesa.
papaverìna *s.f.* (*chim.*) alcaloide dell'oppio.
papàvero *s.m.* **1** (*bot.*) pianta erbacea con frutti a capsula, coltivata a scopo ornamentale o per estrarne l'oppio **2** (*fig.*) persona molto importante.
pàpera *s.f.* **1** oca domestica **2** (*fam.*) errore commesso parlando in pubblico.
pàpero *s.m.* oca domestica di sesso maschile.
papìlla *s.f.* (*anat.*) piccolissima prominenza di forma conica: *papille gustative, tattili*, quelle che recepiscono rispettivamente le sensazioni del gusto e del tatto.
papìro *s.m.* **1** pianta erbacea originaria delle paludi dell'Egitto e dell'Arabia **2** materiale scrittorio in fogli che si ricava dal midollo dei fusti di papiro **3** testo scritto su papiro.
papirologìa *s.f.* scienza che si occupa della decifrazione e della trascrizione di testi antichi scritti su papiro.
pàppa *s.f.* **1** cibo dei bambini **2** *— reale*, alimento energetico che le api operaie producono per il nutrimento delle regine.
pappagàllo *s.m.* **1** uccello esotico addomesticabile, con caratteristico becco adunco e colori smaglianti; alcune specie imitano le parole del linguaggio umano **2** (*fig.*) chi ripete o imita meccanicamente **3** recipiente di cui si servono gli uomini costretti a letto per orinare.
pappàre *v.tr.* (*fam.*) **1** mangiare con avidità **2** (*fig.*) appropriarsi con rapacità di un bene, un vantaggio, un guadagno.
pàprica *s.f.* sostanza alimentare piccante, ottenuta seccando e polverizzando peperoni rossi.
pap-test *s.m.invar.* (*med.*) test per la diagnosi precoce di malattie dell'apparato genitale femminile.
pàra *s.f.* gomma naturale di prima qualità.
parà *s.m.* paracadutista.
para-[1] primo elemento di parole composte, che indica vicinanza, somiglianza, affinità o contrapposizione.
para-[2] primo elemento di parole composte, tratto da *parare*; indica riparo, protezione rispetto a ciò che è espresso dal secondo elemento.
paràbola[1] *s.f.* **1** (*mat.*) curva algebrica | *— di un proiettile, di un pallone*, la traiettoria descritta in aria **2** (*fig.*) andamento di un fenomeno che dopo avere raggiunto il culmine incomincia a declinare.
paràbola[2] *s.f.* breve racconto allegorico che esprime un insegnamento morale o religioso.
parabòlico *agg.* [pl.m. *-ci*] (*mat.*) di parabola; che ha figura di parabola | *antenna parabolica*, antenna radiotelevisiva che è in grado di captare segnali trasmessi da satelliti artificiali.
parabrézza *s.m.invar.* nei veicoli, vetro anteriore di protezione.
paracadutàre *v.tr.* lanciare col paracadute ♦ **-rsi** *v.rifl.* lanciarsi col paracadute.
paracadùte *s.m.invar.* dispositivo atto a ridurre la velocità di caduta libera di un corpo nell'aria, costituito da una o più calotte semisferiche di tessuto leggero.
paracadutìsmo *s.m.* l'esercizio di paracadutarsi da un aereo a scopo bellico o sportivo.
paracadutìsta *s.m.* e *f.* [pl.m. *-sti*] chi pratica il paracadutismo.
paracàrro *s.m.* ciascuna delle colonnine infisse lungo i bordi delle strade.
paradìgma *s.m.* [pl. *-mi*] (*gramm.*) modello della coniugazione di un verbo o della declinazione di un nome.
paradisìaco *agg.* [pl.m. *-ci*] **1** del paradiso **2** (*fig.*) degno del paradiso.
paradìso *s.m.* **1** secondo la religione cristiana, stato di beatitudine eterna riservato alle anime dei giusti dopo la morte **2** *— terrestre*, giardino dove Dio pose Adamo ed Eva dopo averli creati **3** (*estens.*) l'oltretomba dei buoni **4** (*fig.*) luogo delizio-

so | — *artificiale*, stato di beatitudine prodotto dall'assunzione di droghe.
paradossàle *agg.* assurdo □ **-mente** *avv.*
paradòsso *s.m.* **1** affermazione, opinione che, nonostante sia in contrasto con l'esperienza comune, si dimostra fondata | (*filos.*) ragionamento logico che parte da un presupposto falso **2** (*estens.*) fatto, comportamento contrario alla logica.
parafàngo *s.m.* [pl. *-ghi*] elemento che contorna la parte superiore delle ruote di un veicolo per impedire spruzzi di fango.
paraffina *s.f.* sostanza grassa, solida, combustibile, ricavata dalla lavorazione del petrolio.
parafrasàre *v.tr.* [*io paràfraso ecc.*] fare la parafrasi di un testo.
paràfrasi *s.f.* esposizione del contenuto di un testo con parole proprie.
parafùlmine *s.m.* dispositivo costituito da un'asta metallica appuntita collegata al terreno con un grosso filo metallico, per attirare i fulmini e farli scaricare a terra.
paràggio *s.m.* (spec. *pl.*) vicinanze, dintorni.
paragonàre *v.tr.* [*io paragóno ecc.*] **1** confrontare **2** ritenere simile ♦ **-rsi** *v.rifl.* porsi a confronto.
paragóne *s.m.* **1** confronto | *complemento di* —, (*gramm.*) il secondo termine di una comparazione **2** somiglianza **3** *pietra di* —, (*fig.*) termine di confronto.
paràgrafo *s.m.* ciascuna delle parti in cui sono suddivisi i capitoli di un testo.
paràlisi *s.f.* **1** (*med.*) perdita della sensibilità e della mobilità di uno o più muscoli **2** (*fig.*) blocco della normale attività.
paralìtico *agg.* [pl.m. *-ci*] (*med.*) che è proprio della paralisi ♦ *agg.* e *s.m.* [f. *-a*] che/chi è affetto da paralisi.
paralizzàre *v.tr.* **1** (*med.*) rendere paralitico **2** (*fig.*) impedire, bloccare.
parallàsse *s.f.* (*fis.*) spostamento apparente di un oggetto rispetto a un riferimento quando lo si osservi da due punti diversi.
parallèla *s.f.* **1** (*geom.*) retta parallela **2** *pl.* attrezzo da ginnastica costituito da due sbarre di legno parallele tra loro, sostenute da supporti.
parallelepìpedo *s.m.* (*geom.*) prisma che ha per facce sei parallelogrammi.
parallelìsmo *s.m.* **1** (*geom.*) relazione tra due o più enti paralleli **2** (*fig.*) relazione di analogia tra due o più fenomeni.
parallèlo *agg.* **1** (*geom.*) si dice di rette o piani che in ogni loro punto sono equidistanti **2** (*fig.*) si dice di fatti o fenomeni che si svolgono in modo analogo ♦ *s.m.* **1** (*geog.*) circolo ideale tracciato sulla superficie terrestre, parallelo all'equatore **2** (*fig.*) confronto □ **-mente** *avv.* analogamente, contemporaneamente.
parallelogràmma *s.m.* [pl. *-mi*] (*geom.*) quadrilatero avente i lati opposti uguali e paralleli fra loro.
paralùce *s.m.invar.* (*foto.*, *cine.*) schermo che si applica all'obiettivo per proteggerlo dalla luce.
paralùme *s.m.* schermo di tessuto, carta o altro materiale che si applica a una lampada per attenuarne la luce.
paramèdico *agg.* e *s.m.* [pl.m. *-ci*] si dice di chi esercita professioni sanitarie diverse da quelle di medico e farmacista.
paraménto *s.m.* **1** (*lit.*) indumenti indossati dal sacerdote durante le celebrazioni religiose **2** addobbo.
paràmetro *s.m.* **1** (*mat.*, *fis.*) costante arbitraria che può assumere diversi valori e che determina l'andamento di una funzione, di una legge fisica ecc. **2** (*fig.*) criterio di misurazione e di valutazione.
paramilitàre *agg.* che ha caratteristiche simili a quelle militari.
paranòia *s.f.* (*psich.*) forma di delirio caratterizzata da convinzioni in apparenza coerenti, ma contrastanti con la realtà.
paranòico *agg.* [pl.m. *-ci*] (*psich.*) delirante ♦ *agg.* e *s.m.* [f. *-a*] (*psich.*) che/chi è affetto da paranoia.
paranormàle *agg.* si dice di quei fenomeni fisici e psichici che non sono spiegabili scientificamente ♦ *s.m.*
parànza *s.f.* grossa barca usata per la pesca a strascico.
paraòcchi *s.m.* coppia di schermi di cuoio fissati alla briglia, che riparano lateralmente gli occhi del cavallo | *avere i* —, (*fig.*) voler ignorare cose evidenti.
parapendìo *s.m.invar.* paracadute orientabile, a sezione rettangolare, usato per lanciarsi da pareti ripide di montagna.
parapètto *s.m.* struttura rigida di sicurezza posta ai bordi di ponti, terrazzo.
paraplegìa *s.f.* (*med.*) paralisi degli arti inferiori.
parapsicologìa *s.f.* disciplina che si prefigge di studiare i fenomeni psichici paranormali.
paràre *v.tr.* **1** rivestire di paramenti **2** schivare | nel calcio e in altri sport, bloccare con le mani la palla tirata da un avversario ♦ *v.intr.* [aus. *avere*] tendere, mirare a un effetto ♦ **-rsi** *v.rifl.* o *intr.pron.* **1** difendersi **2** presentarsi all'improvviso.
parascolàstico *agg.* [pl.m. *-ci*] che affianca, integra la scuola.
parassìta *agg.* [pl.m. *-ti*] (*biol.*) si dice di organismo animale o vegetale che vive a

spese di un altro ♦ *s.m.* **1** (*biol.*) organismo parassita **2** [anche *f.*] (*fig.*) persona che vive alle spalle degli altri.

parassitìsmo *s.m.* **1** (*biol.*) condizione di vita di un organismo parassita **2** (*fig.*) il comportamento di chi vive da parassita.

parastatàle *agg.* si dice di ente pubblico non gestito direttamente dallo Stato ♦ *s.m.* e *f.* impiegato di un ente parastatale.

paràta[1] *s.f.* (*sport*) nella scherma e nel pugilato, azione con cui ci si oppone al colpo portato dall'avversario | nel calcio e in altri sport, l'azione del portiere che blocca, devia o respinge con le mani la palla.

paràta[2] *s.f.* — *militare*, sfilata di soldati e mezzi militari in occasione di feste o manifestazioni.

paratàssi *s.f.* (*ling.*) costruzione del periodo fondata sull'accostamento di proposizioni indipendenti; coordinazione.

paratìa *s.f.* (*mar.*) ciascuno dei tramezzi verticali che dividono in compartimenti la parte immersa della nave.

paràto *s.m.* (spec. *pl.*) rivestimento per pareti in tessuto o carta: *carta da parati.*

paraùrti *s.m.invar.* dispositivo per proteggere la carrozzeria in caso di urti.

paravènto *s.m.* **1** intelaiatura mobile costituita da pannelli ricoperti di tessuto o di carta, che serve a isolare una parte di una stanza **2** (*fig.*) pretesto.

parcèlla *s.f.* nota delle spese e degli onorari che un professionista presenta al cliente.

parcheggiàre *v.tr.* [*io parchéggio ecc.*] collocare un veicolo in uno spazio opportuno e lasciarvelo per un certo tempo.

parchéggio *s.m.* **1** sosta di veicoli in uno spazio appositamente riservato **2** luogo destinato alla sosta di veicoli; posteggio.

parchìmetro *s.m.* apparecchio installato in un parcheggio pubblico, che registra la durata della sosta di un veicolo.

pàrco[1] *s.m.* [pl. *-chi*] **1** distesa boscosa | — *nazionale*, vasto territorio tutelato dallo stato per la salvaguardia del paesaggio e delle specie viventi **2** vasto giardino pubblico o privato **3** recinto in cui si custodisce materiale vario.

pàrco[2] *agg.* [pl.m. *-chi*] frugale □ **-mente** *avv.*

parécchio *agg.indef.* [pl.m. *parecchi*; pl.f. *parecchie*] non poco (indica quantità o numero rilevante, ma non eccessivo) ♦ *pron.indef.* **1** ciò che è in quantità o numero rilevante **2** *pl.* parecchie persone: *essere in parecchi* ♦ *avv.* alquanto.

pareggiàre *v.tr.* [*io paréggio ecc.*] rendere pari | — *il bilancio*, (*econ.*) chiuderlo in pareggio ♦ *v. intr.* [aus. *avere*] (*sport*) conseguire un punteggio pari ♦ **-rsi** *v.rifl. rec.* essere pari, equivalersi.

paréggio *s.m.* **1** situazione contabile in cui entrate e uscite sono uguali **2** (*sport*) punteggio pari raggiunto da due squadre.

parènte *s.m.* e *f.* chi è legato ad altra persona da vincoli di parentela.

parentèla *s.f.* **1** vincolo naturale tra discendenti da un capostipite comune, o tra affini **2** l'insieme dei parenti **3** (*fig.*) affinità dovuta a origine comune.

parèntesi *s.f.* **1** espressione sintatticamente autonoma che si inserisce in un testo; inciso **2** ciascuno dei due segni che racchiudono una parentesi **3** (*fig.*) intervallo di tempo in cui si interrompe il normale svolgimento di un'attività.

parére[1] *v.intr.* [*io pàio, tu pari, egli pare, noi paiamo, voi paréte, essi pàiono*; fut. *io parrò, tu parrai ecc.*; pass.rem. *io parvi, tu parésti ecc.*; congiunt.pres. *io pàia... noi paiamo, voi paiate, essi pàiano*; cond.pres. *io parrèi, ecc.*; part.pres. *parvente*; part.pass. *parso*; dif. dell'imp.; aus. *essere*] **1** apparire, sembrare **2** credere, pensare **3** (*fam.*) volere: *fai un po' come ti pare* ♦ *v.intr.impers.* apparire probabile, verosimile.

parére[2] *s.m.* **1** modo di giudicare; opinione personale **2** giudizio, consiglio.

parèsi *s.f.* (*med.*) paralisi incompleta.

paréte *s.f.* **1** (*edil.*) elemento verticale in muratura che delimita un ambiente **2** superficie che delimita una cavità, un organo ecc. **3** fianco roccioso e ripido di una montagna.

pàri *agg.* **1** uguale, equivalente **2** uguale per entità, punteggio, valore **3** senza sporgenze, rientranze o dislivelli **4** (*mat.*) si dice di numero intero che è divisibile per due ♦ *avv.* in parità ♦ *s.m.* parità.

pària *s.m.invar.* persona socialmente emarginata.

parificàre *v.tr.* [*io parìfico, tu parìfichi ecc.*] rendere o riconoscere pari.

parificàto *agg.* legalmente riconosciuto dallo stato: *scuola parificata.*

parificazióne *s.f.* il parificare, l'essere parificato.

parìglia *s.f.* **1** coppia di cavalli da tiro simili **2** (*fig.*) contraccambio.

parità *s.f.* **1** l'essere pari; uguaglianza **2** risultato eguale conseguito in una competizione: *finire la partita in* —.

paritàrio *agg.* di parità □ **-mente** *avv.*

paritètico *agg.* [pl.m. *-ci*] basato su condizioni di parità □ **-mente** *avv.*

parlamentàre[1] *agg.* del parlamento ♦ *s.m.* membro del parlamento, deputato o senatore.

parlamentàre[2] *v.intr.* [*io parlaménto ecc.*;

aus. avere] discutere con qlcu. per venire a un accordo, a un accomodamento.
parlaménto *s.m.* nello stato moderno, l'assemblea dei rappresentanti eletti dal popolo, articolata in una o due camere, che esercita la funzione legislativa.
parlàre *v.intr.* [aus. avere] **1** pronunciare parole **2** sostenere una conversazione **3** tenere un discorso pubblico | *— a braccio*, improvvisando **4** (*estens.*) esprimere con mezzi diversi dalla parola **5** rivelare segreti **6** (*fig.*) essere particolarmente espressivo ♦ *v.tr.* usare, per esprimersi, una determinata lingua ♦ **-rsi** *v.rifl.rec.* **1** rivolgersi reciprocamente la parola **2** essere in buoni rapporti.
parlàta *s.f.* modo di esprimersi.
parlàto *agg.* che concerne il linguaggio orale, in contrapposizione a quello scritto ♦ *s.m.* **1** linguaggio parlato **2** il dialogo registrato sulla colonna sonora di un film.
parlatóre *s.m.* [f. -trice] chi parla bene.
parlatòrio *s.m.* nelle carceri, nei collegi e nei conventi, locale in cui i visitatori si incontrano con gli ospiti della comunità.
parlottàre *v.intr.* [io parlòtto ecc.; aus. avere] chiacchierare a voce bassa e con circospezione.
parmigiàno *s.m.* formaggio grana prodotto nel territorio di Parma.
parodìa *s.f.* imitazione caricaturale.
parodiàre *v.tr.* [io paròdio ecc.] fare la parodia, mettere in parodia.
paròla *s.f.* **1** ciascun elemento di una lingua che esprime un significato compiuto | *dire, mettere una buona — per qlcu.*, raccomandarlo | *in altre parole*, esprimendosi diversamente | *— d'ordine*, parola o frase di riconoscimento per le sentinelle **2** facoltà di parlare che è propria dell'uomo **3** promessa, offerta; *— d'onore*, affermazione o promessa fatta sul proprio onore | trattativa: *essere in — con qlcu.* **4** (*spec. pl.*) chiacchiere **5** (*inform.*) unità logica minima di informazione, costituita da un gruppo di caratteri | *— d'ordine* o *d'accesso*, password.
parolàccia *s.f.* [pl. -ce] parola sconcia.
parolière *s.m.* autore dei versi di una canzone o di una commedia musicale.
parossìsmo *s.m.* **1** (*med.*) la fase culminante di una malattia **2** (*fig.*) massimo grado di tensione.
paròtide *s.f.* (*anat.*) la più voluminosa delle ghiandole salivari.
parotìte *s.f.* (*med.*) infiammazione della ghiandola parotide.
parquet *s.m.invar.* (*fr.*) pavimento di listelli o tasselli di legno.
parricìda *s.m.* e *f.* [pl.m. -di] chi si è macchiato di parricidio.
parricìdio *s.m.* uccisione del padre.
parròcchia *s.f.* (*eccl.*) la più piccola circoscrizione territoriale in cui è divisa una diocesi | la chiesa in cui il parroco esercita il suo ministero.
parrocchiàle *agg.* della parrocchia.
parrocchiàno *s.m.* [f. -a] ciascuno dei fedeli che appartengono a una parrocchia.
pàrroco *s.m.* [pl. -ci] (*eccl.*) sacerdote a capo di una parrocchia.
parrùcca *s.f.* capigliatura posticcia.
parrucchière *s.m.* [f. -a] chi taglia e acconcia i capelli.
pàrsec *s.m.invar.* unità di lunghezza di distanze astronomiche pari a 30.840 miliardi di km, ovvero a 3,26 anni luce.
parsimònia *s.f.* moderazione.
parsimonióso *agg.* che usa parsimonia □ **-mente** *avv.*
pàrte *s.f.* **1** ciascuno degli elementi che, uniti insieme, formano un tutto | *prender — a qlco.*, parteciparvi | *in —*, non in tutto, non completamente **2** zona, regione, lato, direzione | *da —*, in disparte **3** partito, fazione | *prendere le parti di qlcu.*, difenderlo **4** (*dir.*) ciascuno dei contendenti in un giudizio **5** l'insieme delle battute spettanti all'attore che interpreta un determinato personaggio; il personaggio stesso.
partecipàre *v.intr.* [io partécipo ecc.; aus. avere] **1** prendere parte **2** essere partecipe ♦ *v.tr.* annunciare.
partecipazióne *s.f.* **1** il prendere parte **2** biglietto con cui si comunica un matrimonio, una nascita, un lutto **3** (*fin.*) quota del capitale sociale detenuta da un socio.
partécipe *agg.* che prende parte a qlco.
parteggiàre *v.intr.* [io partéggio ecc.; aus. avere] prendere le parti di qlcu.
partenogènesi *s.f.* (*biol.*) modo di riproduzione in cui lo sviluppo dell'uovo avviene senza fecondazione.
partènza *s.f.* **1** il partire | *punto di —*, punto in cui ha origine un moto; (*fig.*) il punto da cui ha inizio una ricerca, un discorso **2** (*sport*) momento in cui ha inizio la gara.
particèlla *s.f.* **1** *— elementare*, (*fis.*) costituente fondamentale della materia | *— catastale*, (*dir.*) unità immobiliare derivante dalla suddivisione della superficie di un certo territorio **2** (*gramm.*) parola monosillabica atona che serve da legamento o ha funzione accessoria nella frase.
partecìpio *s.m.* (*gramm.*) forma nominale del verbo, generalmente con valore di aggettivo o di sostantivo.
partìcola *s.f.* (*lit.*) la piccola ostia con la quale si comunicano i fedeli.

particolàre *agg.* **1** che non è proprio di tutti; specifico **2** che è fuori del comune ♦ *s.m.* ciascuno degli elementi che fanno parte di un tutto □ **-mente** *avv.* **1** soprattutto, principalmente **2** molto.
particolareggiàto *agg.* curato nei particolari, minuzioso.
particolarità *s.f.* **1** l'essere particolare **2** dettaglio **3** caratteristica specifica.
partigiàno *s.m.* [f. *-a*] **1** chi parteggia per un'idea **2** (*st.*) appartenente a un movimento di resistenza contro i nazifascisti ♦ *agg.* **1** fazioso, di parte **2** dei partigiani □ **-mente** *avv.*
partìre *v.intr.* [aus. *essere*] **1** allontanarsi da un luogo **2** (*fig.*) provenire; avere origine | *a — da*, cominciando il calcolo da.
partìta *s.f.* **1** quantità di merce omogenea che si compra all'ingrosso **2** registrazione contabile: — *doppia*, metodo contabile consistente nel registrare ogni operazione sotto l'aspetto del dare e dell'avere **3** gara, competizione sportiva.
partitìvo *agg.* (*gramm.*) che indica partizione: *complemento* —, che indica il tutto di cui si considera una parte ♦ *s.m.* (*gramm.*).
partìto *s.m.* **1** associazione di cittadini mirante allo svolgimento di una comune attività politica **2** decisione, alternativa | *per — preso*, in modo preconcetto **3** condizione: *essere ridotto a mal* —, in cattive condizioni.
partitocrazìa *s.f.* (*spreg.*) accentramento del potere politico reale negli organi dirigenti dei partiti.
partitùra *s.f.* (*mus.*) rappresentazione grafica di una composizione a più parti simultanee che permette di averle tutte sott'occhio contemporaneamente.
partizióne *s.f.* l'essere suddiviso in parti.
partner *s.m.* e *f.invar.* (*ingl.*) **1** chi fa coppia con altri in una gara o in uno spettacolo **2** ognuna delle due persone legate fra loro da un rapporto amoroso **3** socio in un'attività economica.
pàrto *s.m.* **1** espulsione del bambino dal ventre materno, a conclusione della gravidanza **2** (*fig.*) qualsiasi prodotto dell'ingegno.
partoriènte *agg.* e *s.f.* si dice di donna che è in procinto di partorire.
partorìre *v.tr.* [*io partorisco, tu partorisci ecc.*] **1** dare alla luce **2** (*fig.*) produrre un'opera dell'ingegno (anche *scherz.*).
part time *loc.sost.m.invar.* (*ingl.*) rapporto di lavoro con orario ridotto | usato anche come *loc.agg.invar.*: *contratto* —.
party *s.m.invar.* (*ingl.*) festa, ricevimento.
parvènza *s.f.* **1** (*lett.*) apparenza, aspetto esteriore **2** (*fig.*) vaga somiglianza; traccia.
parziàle *agg.* **1** che riguarda una parte **2** poco obiettivo ♦ *s.m.* (*sport*) risultato non definitivo, per lo più al termine della prima frazione di una gara □ **-mente** *avv.*
parzialità *s.f.* l'essere parziale, scarsamente obiettivo.
pascàl *s.m.invar.* (*fis.*) unità di misura della pressione nel Sistema Internazionale, pari alla pressione esercitata dalla forza di 1 newton applicata a una superficie di 1 m^2.
pascià *s.m.* (*st.*) titolo onorifico turco | *fare il* —, (*fig.*) vivere negli agi.
pasciùto *agg.* nutrito abbondantemente.
pascolàre *v.tr.* [*io pàscolo ecc.*] condurre al pascolo ♦ *v.intr.* [aus. *avere*] stare al pascolo.
pàscolo *s.m.* terreno coperto di erbe dove il bestiame viene portato a mangiare.
Pàsqua *s.f.* **1** nell'ebraismo, la festa con cui si ricorda la liberazione dalla schiavitù dell'Egitto **2** nel cristianesimo, la domenica della resurrezione di Cristo e la festività che la commemora.
pasquàle *agg.* che si riferisce alla Pasqua.
passàbile *agg.* accettabile □ **-mente** *avv.*
passacàrte *s.m.* e *f.invar.* (*fam.*) chi, in uffici, svolge mansioni di poco rilievo.
passàggio *s.m.* **1** il passare attraverso un luogo **2** (*fig.*) il variare stato; mutamento, trasferimento **3** l'insieme delle persone o delle cose che passano **4** luogo per cui si passa | — *pedonale*, spazio in cui i pedoni devono attraversare una strada trafficata | — *a livello*, punto nel quale una strada s'incrocia con una ferrovia **5** breve tragitto compiuto gratis su un veicolo altrui **6** (*sport*) nei giochi di squadra, il passare la palla ad altro giocatore.
passamàno *s.m.* [pl. *invar.* o *-ni*] nastro, cordoncino o frangia che si applica per guarnizione.
passamontàgna *s.m.invar.* berretto di lana che copre la testa e il collo.
passànte *s.m.* **1** [anche *f.*] persona che passa, che cammina per la strada **2** piccola striscia di stoffa o di cuoio, attraverso cui si fanno passare cinture, cinghie, stringhe **3** — *ferroviario*, tronco ferroviario che collega più stazioni di linee diverse.
passapòrto *s.m.* [pl. *-ti*] documento personale che consente al cittadino di uno stato di recarsi all'estero.
passàre *v.intr.* [aus. *essere*] **1** muoversi attraversando un luogo (anche *fig.*) **2** transitare **3** trasferirsi da un luogo a un altro; (*fig.*) cambiare stato, attività | — *alla storia*, (*fig.*) diventare celebre **4** cessare **5**

(*fig.*) ottenere approvazione; essere promosso **6** (*fig.*) essere considerato ♦ *v.tr.* **1** oltrepassare, superare (anche *fig.*) | — *il segno, il limite*, (*fig.*) esagerare **2** far cambiare posto; dare, cedere ad altri | — *parola*, (*fig.*) trasmettere una notizia **3** nel linguaggio di cucina, ridurre in poltiglia mediante un utensile con molti fori | far rosolare rapidamente, saltare: — *gli spinaci in padella* **4** trascorrere.

passatèmpo *s.m.* [pl. *-pi*] occupazione per passare il tempo piacevolmente.

passàto *agg.* trascorso, andato oltre ♦ *s.m.* **1** il tempo trascorso e ciò che vi è avvenuto **2** (*gramm.*) tempo del verbo che indica azione già compiuta **3** (*gastr.*) vivanda di verdure o altri ingredienti ridotti in crema.

passatóia *s.f.* striscia di tappeto o stuoia stesa lungo un corridoio o una scala.

passeggèro *agg.* che passa presto ♦ *s.m.* [f. *-a*] persona che viaggia su un mezzo di trasporto.

passeggiàre *v.intr.* [*io passéggio* ecc.; aus. *avere*] andare a spasso, camminare per svago.

passeggiàta *s.f.* **1** il passeggiare **2** (*estens.*) strada comoda in cui si può passeggiare.

passeggiatrìce *s.f.* (*eufem.*) prostituta.

passeggìno *s.m.* seggiolino montato su telaio a ruote, sul quale si portano a passeggio i bambini piccoli.

passéggio *s.m.* il passeggiare.

passe-partout *s.m.invar.* (*fr.*) **1** chiave che apre tutte le serrature **2** riquadro di cartone che si mette tra la cornice e l'oggetto da incorniciare.

passerèlla *s.f.* **1** ponte stretto e leggero che consente di transitare sopra un corso d'acqua o un altro ostacolo, di salire e scendere da navi o aerei ecc. **2** pedana su cui sfilano gli artisti al termine di uno spettacolo oppure le indossatrici per presentare i modelli.

passerifórmi *s.m.pl.* (*zool.*) ordine di uccelli canori di varie dimensioni, con il capo piccolo e l'alluce volto all'indietro.

pàssero *s.m.* [f. *-a*] uccello di colore castano-grigio, con ali e zampe piccole.

passìbile *agg.* che può subire qlco.; suscettibile | che può essere punito con una determinata pena.

passionàle *agg.* **1** di passione, dovuto a passione **2** che si lascia trasportare dalla passione □ **-mente** *avv.*

passióne *s.f.* **1** sofferenza fisica | *la Passione*, l'insieme delle sofferenze sopportate da Cristo dall'ultima cena alla crocifissione **2** trasporto amoroso incontenibile **3** (*estens.*) interesse vivo per qlco.

passìto *agg.* e *s.m.* si dice di vino liquoroso fatto con uva passa.

passività *s.f.* **1** l'essere passivo **2** (*econ.*) spesa, debito.

passìvo *agg.* **1** che subisce l'azione altrui; privo di iniziativa | *verbo* —, (*gramm.*) indicante che un'azione non è fatta ma subita dal soggetto **2** (*econ.*) si dice di bilancio che presenta un deficit ♦ *s.m.* **1** (*econ.*) passività **2** (*gramm.*) forma verbale passiva □ **-mente** *avv.*

pàsso[1] *s.m.* **1** ciascuno dei movimenti alterni che si compiono camminando | *fare un — falso*, (*fig.*) commettere un errore | *tornare sui propri passi*, (*fig.*) ricominciare da principio **2** la distanza che si può coprire con un passo **3** andatura | *di pari* —, con la stessa andatura; (*fig.*) parallelamente **4** movimento particolare di danza **5** (*fig.*) iniziativa che si prende per ottenere qlco. **6** brano **7** (*cine.*) distanza tra due fori consecutivi ai lati della pellicola.

pàsso[2] *s.m.* **1** passaggio | *uccelli di* —, che migrano in autunno **2** valico.

password *s.f.invar.* (*ingl.*) (*inform.*) parola d'ordine per accedere a particolari informazioni e programmi.

pàsta *s.f.* **1** impasto a base di farina, acqua e altri ingredienti, lavorato finché sia diventato compatto e sodo **2** impasto a base di farina di frumento che, tagliato in varie forme ed essiccato, si cuoce e si mangia in brodo o asciutto **3** dolce di piccole dimensioni; pasticcino **4** (*fig.*) natura, indole.

pastasciùtta *s.f.* [pl. *pastasciutte* o *paste asciutte*] piatto tipico della cucina italiana composto di pasta cotta in acqua bollente salata, scolata e variamente condita.

pasteggiàre *v.intr.* [*io pastéggio* ecc.; aus. *avere*] consumare i pasti (bevendo qlco.).

pastèlla *s.f.* pasta molle di farina e acqua, usata per fare frittelle o per ricoprire cibi da friggere.

pastèllo *s.m.* **1** impasto solido di colore in forma di piccolo cilindro, usato per dipingere **2** dipinto eseguito con i pastelli ♦ *agg.invar.* di tonalità tenue e luminosa.

pastìcca *s.f.* (*fam.*) pastiglia.

pasticcerìa *s.f.* **1** l'arte di preparare dolci **2** assortimento di paste dolci **3** negozio dove si vendono dolci.

pasticciàre *v.tr.* [*io pasticcio* ecc.] **1** eseguire male, in modo confuso **2** fare sgorbi su qlco.

pasticcière *s.m.* [f. *-a*] chi fa o vende dolci | usato come *agg.* nella loc. *crema pasticciera.*

pasticcìno *s.m.* piccola pasta dolce.
pastìccio *s.m.* **1** pietanza composta di vari ingredienti, per lo più avvolti da una sfoglia di pasta **2** (*fig.*) lavoro disordinato **3** (*fig.*) situazione intricata; guaio.
pastièra *s.f.* torta di pasta frolla; è una specialità napoletana.
pastifìcio *s.m.* stabilimento per la fabbricazione di paste alimentari.
pastìglia *s.f.* preparato farmaceutico o dolciario a forma di piccolo disco.
pàsto *s.m.* **1** l'atto del mangiare a ore determinate **2** l'insieme dei cibi che si mangiano in un pasto.
pastóia *s.f.* (*fig.*) legame, impaccio che intralcia un'attività.
pastóne *s.m.* miscuglio di crusca o farina di granturco, intriso d'acqua, che si dà come mangime agli animali.
pastoràle *agg.* **1** relativo ai pastori | *poesia, dramma, favola* —, ispirate alla vita campestre **2** (*eccl.*) che si riferisce al sacerdote ♦ *s.f.* insieme delle iniziative della chiesa in un determinato settore.
pastóre *s.m.* [f. *-a*] **1** chi guida al pascolo le greggi **2** (*fig.*) capo, guida spirituale, sacerdote **3** denominazione comune a cani di varie razze, adatti alla guardia.
pastorìzia *s.f.* l'attività di allevare gli ovini e di utilizzarne i prodotti.
pastorizzàre *v.tr.* sottoporre il latte o altro liquido organico alla pastorizzazione.
pastorizzazióne *s.f.* processo termico mediante il quale si distruggono i germi nei liquidi alimentari.
patàta *s.f.* **1** pianta erbacea con fiori bianchi o violetti, **2** il tubero commestibile di questa pianta | — *bollente*, (*fig.*) problema scottante.
patèma *s.m.* [pl. *-mi*] grave turbamento, afflizione, ansietà.
patentàto *agg.* **1** (*non com.*) munito di patente **2** (*scherz.*) ben noto per certe qualità e caratteristiche negative.
patènte *s.f.* licenza che abilita all'esercizio di un'attività | documento che autorizza a condurre autoveicoli.
patentìno *s.m.* patente provvisoria o che comporta delle limitazioni.
paternàle *s.f.* rimprovero solenne.
paternalìsmo *s.m.* atteggiamento politico di sovrani assoluti che concedevano provvedimenti favorevoli al popolo come atti di benevolenza personale | (*estens.*) atteggiamento analogo del datore di lavoro verso i dipendenti.
paternità *s.f.* **1** la condizione di padre **2** (*burocr.*) nome, identità del padre in documenti anagrafici **3** appartenenza di un'opera a un determinato autore.
patèrno *agg.* del padre □ **-mente** *avv.*
patètico *agg.* [pl.m. *-ci*] **1** che suscita nell'animo compassione **2** imbarazzante ♦ *s.m.* **1** ciò che tende a commuovere **2** [f. *-a*] persona svenevole □ **-mente** *avv.*
pàthos *s.m.invar.* sentimento intenso che conferisce drammaticità.
patìbolo *s.m.* qualsiasi strumento per l'esecuzione di condanne a morte | (*estens.*) la condanna e l'esecuzione stessa.
patiménto *s.m.* sofferenza.
pàtina *s.f.* **1** velatura che si forma col tempo su dipinti e altri oggetti **2** lo strato di pigmenti che si stende su un tipo di carta da stampa per renderla liscia e lucida **3** (*med.*) velo giallastro che talora si forma sulla lingua.
patinàto *agg.* ricoperto di patina.
patìre *v.tr.* [*io patisco, tu patisci ecc.*] **1** provare, subire qlco. che causi dolore, danno, offesa **2** ricevere danno da qlco., guastarsi per qlco.
patìto *agg.* deperito ♦ *s.m.* [f. *-a*] chi è molto appassionato di qlco.
pato- primo elemento di parole composte che significa 'malattia'.
patògeno *agg.* (*med.*) capace di provocare una malattia.
patologìa *s.f.* **1** branca della medicina che studia le malattie **2** (*estens.*) malattia.
patològico *agg.* [pl.m. *-ci*] **1** che riguarda la patologia **2** (*fig.*) anormale □ **-mente** *avv.*
pàtria *s.f.* **1** la terra propria di un popolo **2** (*lett.*) città, paese natale.
patriàrca *s.m.* [pl. *-chi*] **1** (*etnol.*) il capo di una grande famiglia **2** nell'Antico Testamento, denominazione dei tre antichi padri (Abramo, Isacco, Giacobbe), da cui ebbe origine il popolo ebraico **3** (*eccl.*) alto prelato.
patriarcàle *agg.* che è organizzato sotto la guida e l'autorità del padre di famiglia; che si fonda sul patriarcato.
patriarcàto *s.m.* **1** (*etnol.*) sistema sociale nel quale l'autorità spetta all'uomo più anziano di ciascuna famiglia e nel quale la trasmissione dei beni e dei diritti avviene secondo la linea maschile **2** (*eccl.*) dignità e giurisdizione di un patriarca.
patrìgno *s.m.* il nuovo marito della madre rispetto ai figli da lei avuti in precedenza.
patrimoniàle *agg.* del patrimonio; che si riferisce al patrimonio: *imposta* —.
patrimònio *s.m.* **1** il complesso dei beni appartenenti a una persona, a una famiglia, a un ente **2** | (*fig.*) l'insieme dei valori spirituali, culturali che una persona o una collettività hanno accumulato nel tempo.

patriòta *s.m.* e *f.* [pl.m. *-ti*] chi ama la patria, e per essa combatte e si sacrifica.
patriòttico *agg.* [pl.m. *-ci*] ispirato da amor patrio □ **-mente** *avv.*
patriottismo *s.m.* vivo e sincero amore per la propria patria.
patrìzio *agg.* e *s.m.* [f. *-a*] **1** nella Roma antica, che/chi apparteneva per diritto di nascita alla classe sociale dominante **2** (*estens.*) nobile.
patrocinàre *v.tr.* [*io patrocìno ecc.*] **1** (*dir.*) difendere in giudizio **2** (*estens.*) appoggiare.
patrocinatóre *s.m.* [f. *-trice*] **1** (*dir.*) chi esercita il patrocinio legale **2** (*estens.*) sostenitore.
patrocìnio *s.m.* **1** (*dir.*) difesa che un legale assicura al suo cliente nel corso di un giudizio **2** (*estens.*) sostegno, appoggio.
patronàle *agg.* del patrono.
patronàto *s.m.* **1** appoggio **2** istituzione assistenziale o sindacale.
patròno *s.m.* **1** avvocato che cura gli interessi di una parte in una causa **2** [f. *-a*] santo riconosciuto come protettore di un paese, una città, una comunità.
pàtta *s.f.* punteggio pari nel gioco delle carte e degli scacchi: *fare* —, terminare una partita alla pari.
patteggiaménto *s.m.* (*dir.*) procedura con cui le parti si accordano per chiedere una pena ridotta rispetto a quella normale e un rito processuale abbreviato.
patteggiàre *v.tr.* [*io pattéggio ecc.*] trattare ♦ *v.intr.* [aus. *avere*] scendere a patti.
pattinàggio *s.m.* lo sport praticato con i pattini; l'esercizio del pattinare.
pattinàre *v.intr.* [*io pàttino ecc.*; aus. *avere*] muoversi scivolando sul ghiaccio con i pattini a lama | correre con i pattini a rotelle.
pattinatóre *s.m.* [f. *-trice*] chi pratica il pattinaggio.
pàttino[1] *s.m.* lama di acciaio che si applica a un particolare tipo di calzatura e permette di scivolare sul ghiaccio | — *a rotelle*, telaio con quattro piccole ruote che, applicato sotto le scarpe, consente di correre su superfici levigate.
pattìno[2] *s.m.* tipo di imbarcazione leggera da diporto.
pàtto *s.m.* accordo fra due o più parti | *a — che*, a condizione che | *a nessun* —, a nessuna condizione.
pattùglia *s.f.* piccolo gruppo di militari o di agenti di polizia incaricati di compiti di controllo e di vigilanza.
pattugliàre *v.intr.* [*io pattùglio ecc.*; aus. *avere*] compiere il servizio di pattuglia ♦ *v.tr.* sorvegliare.
pattuìre *v.tr.* [*io pattuisco, tu pattuisci ecc.*] stabilire con un patto; stipulare.
pattumièra *s.f.* recipiente in cui si raccoglie la spazzatura.
paùra *s.f.* **1** sensazione che si prova in relazione a un pericolo vero o immaginato **2** (*estens.*) timore, preoccupazione.
pauróso *agg.* **1** che abitualmente ha paura **2** che incute paura □ **-mente** *avv.*
pàusa *s.f.* interruzione di breve durata.
pavese *s.m.* insieme di bandiere e altri addobbi con cui si orna una nave o un edificio in segno di festa.
pàvido *agg.* e *s.m.* [f. *-a*] (*lett.*) codardo □ **-mente** *avv.*
pavimentàre *v.tr.* [*io paviménto ecc.*] fare il pavimento di una stanza o il lastricato di una strada.
pavimentazióne *s.f.* il pavimentare | il pavimento stesso; il lastricato delle vie.
paviménto *s.m.* rivestimento del piano di calpestio con mattonelle, marmo, legno o altro materiale | — *stradale*, lastricato.
pavóne *s.m.* **1** grosso uccello dai colori smaglianti **2** (*fig.*) uomo vanitoso.
pavoneggiàrsi *v.intr.pron.* [*io mi pavonéggio ecc.*] darsi delle arie.
pazientàre *v.intr.* [*io paziènto ecc.*; aus. *avere*] avere pazienza.
pazïente *agg.* **1** che ha pazienza **2** che richiede pazienza ♦ *s.m.* [anche *f.*] chi si sottopone alle cure di un medico □ **-mente** *avv.*
pazïenza *s.f.* **1** qualità di chi sopporta serenamente avversità, molestie **2** (*estens.*) precisione **3** riferito ad animali, docilità.
pazzésco *agg.* [pl.m. *-schi*] **1** di pazzo, da pazzo **2** (*fig.*) eccessivo.
pazzìa *s.f.* **1** ogni forma di malattia mentale **2** (*estens.*) azione, discorso da pazzo | azione avventata, sconsiderata.
pàzzo *agg.* **1** malato di mente | *essere — di gioia*, (*iperb.*) provare una gioia straordinaria **2** (*estens.*) insensato ♦ *s.m.* [f. *-a*] **1** chi è affetto da pazzia **2** (*iperb.*) persona bizzarra, stravagante □ **-mente** *avv.* **1** da pazzo **2** (*iperb.*) moltissimo.
pècca *s.f.* vizio, difetto.
peccaminóso *agg.* che è origine di peccato; pieno di peccati.
peccàre *v.intr.* [*io pècco, tu pècchi ecc.*; aus. *avere*] **1** (*teol.*) commettere peccato **2** (*estens.*) mancare, sbagliare.
peccàto *s.m.* **1** (*teol.*) ogni violazione volontaria della legge di Dio **2** (*estens.*) colpa **3** (*fig.*) fatto o situazione inopportuna.
péce *s.f.* residuo nero molto viscoso della distillazione del catrame, impiegato come materiale protettivo e isolante.
pècora *s.f.* **1** mammifero ruminante di

media grandezza, allevato per il latte, la carne e la lana **2** (*fig.*) persona sciocca, stupida, oppure imbelle, servile.
pecorìno *agg.* di pecora ♦ *s.m.* formaggio prodotto con latte intero di pecora.
pecoróne *s.m.* [f. *-a*] (*fig.*) persona conformista, vile, sottomessa.
peculàto *s.m.* (*dir.*) reato di un pubblico ufficiale che si appropria di denaro o di altri beni a lui affidati dalla pubblica amministrazione.
peculiàre *agg.* proprio, particolare, speciale □ **-mente** *avv.*
peculiarità *s.f.* tratto caratteristico.
pecuniàrio *agg.* che si riferisce al denaro | pena pecuniaria, (*dir.*) multa.
pedàggio *s.m.* tassa pagata per poter percorrere certi itinerari, attraversare certi punti obbligati o transitare sulle autostrade.
pedagogìa *s.f.* [pl. *-gie*] disciplina che studia le teorie, i metodi e i problemi che concernono l'educazione dei giovani.
pedagògico *agg.* [pl.m. *-ci*] che riguarda la pedagogia □ **-mente** *avv.*
pedagogìsta *s.m.* e *f.* [pl.m. *-sti*] studioso di pedagogia.
pedalàre *v.intr.* [aus. *avere*] muovere i pedali della bicicletta.
pedalàta *s.f.* ogni spinta data al pedale della bicicletta; il modo di pedalare.
pedàle *s.m.* organo di comando di un sistema, azionato dalla pressione del piede: *il — della bicicletta, del freno.*
pedalò *s.m.* pattìno a pedali.
pedàna *s.f.* struttura su cui si appoggiano i piedi.
pedànte *agg.* **1** che ostenta con pignoleria il proprio sapere **2** (*estens.*) troppo meticoloso ♦ *s.m.* e *f.*
pedanterìa *s.f.* l'essere pedante.
pedàta *s.f.* **1** colpo dato col piede; calcio **2** orma del piede.
pederastìa *s.f.* omosessualità maschile rivolta in particolare verso i giovani.
pedèstre *agg.* (*fig.*) di livello basso.
pediàtra *s.m.* e *f.* [pl.m. *-tri*] medico specialista in pediatria.
pediatrìa *s.f.* branca della medicina che studia le malattie del bambino.
pediàtrico *agg.* [pl.m. *-ci*] di pediatra.
pedilùvio *s.m.* bagno ai piedi.
pedìna *s.f.* **1** ciascuno dei dischetti bianchi o neri usati nel gioco della dama **2** (*fig.*) si dice di persona che in un'organizzazione ha un ruolo poco importante.
pedinàre *v.tr.* seguire qlcu. con circospezione, per spiarne di nascosto le azioni.
pedofilìa *s.f.* perversione sessuale caratterizzata da attrazione erotica verso i bambini.
pedonàle *agg.* di pedoni | riservato ai pedoni.
pedóne *s.m.* [f. *-a*] persona che si sposta a piedi.
pedùncolo *s.m.* **1** (*bot.*) porzione superiore del ramo che termina con un fiore **2** (*zool.*) organo di appoggio di animali invertebrati.
pèggio *avv.* [compar. di *màle*] in modo peggiore ♦ *agg.compar.invar.* peggiore ♦ *s.m.* la cosa o la parte peggiore.
peggioraménto *s.m.* il peggiorare, l'essere peggiorato.
peggioràre *v.tr.* [*io peggióro ecc.*] rendere peggiore ♦ *v.intr.* [aus. *essere*; anche *avere* nel sign. 2] **1** diventare peggiore **2** subire un aggravamento.
peggiorativo *agg.* che fa peggiorare ♦ *s.m.* (*gramm.*) forma alterata di un sostantivo o di un aggettivo che esprime un'idea negativa.
peggióre *agg.* [compar. di *cattivo*] che è inferiore per qualità, abilità, valore ♦ *s.m.* [anche *f.*].
pégno *s.m.* **1** bene mobile che il debitore consegna al creditore a garanzia del pagamento di un debito **2** (*fig.*) testimonianza.
pelàme *s.m.* mantello di un animale.
pelàre *v.tr.* [*io pélo ecc.*] **1** toglier via i peli dalla pelle di animali; togliere le penne dalla pelle di uccelli **2** (*estens.*) sbucciare frutta o verdura **3** (*fig. fam.*) spillare denaro.
pelàto *agg.* **1** che è senza peli **2** (*estens.*) privato della buccia ♦ *s.m.* (*fam.*) uomo calvo.
pellàgra *s.f.* (*med.*) malattia dovuta a mancanza di vitamina PP.
pellàio *s.m.* [f. *-a*] chi concia o vende pelli.
pellàme *s.m.* (spec. *pl.*) quantità di pelli conciate.
pèlle *s.f.* **1** tessuto che riveste esternamente il corpo umano; cute **2** (*fig.*) vita: *rimetterci la —*, morire | *amici per la —*, inseparabili **3** pelle di animali conciata **4** (*estens.*) buccia.
pellegrinàggio *s.m.* il recarsi per devozione o penitenza in un luogo sacro.
pellegrìno *s.m.* [f. *-a*] **1** chi compie un pellegrinaggio **2** (*lett.*) viaggiatore ♦ *agg.* **1** (*lett.*) forestiero | ramingo **2** *falco —*, grosso uccello rapace diurno.
pelletterìa *s.f.* **1** assortimento di oggetti in pelle lavorata **2** luogo di produzione o di vendita di tali oggetti.
pellicàno *s.m.* uccello nuotatore e pescatore dal becco enorme.
pelliccerìa *s.f.* **1** tecnica della lavorazione

delle pellicce **2** assortimento di pellicce **3** luogo dove si fabbricano o si vendono pellicce.

pellìccia *s.f.* [pl. -ce] **1** mantello d'animale dal pelo lungo e fitto **2** pelle d'animale conciata | (*estens.*) indumento confezionato con tali pelli.

pellicciàio *s.m.* [f. -a] chi confeziona o vende pellicce.

pellìcola *s.f.* **1** pelle sottile | (*estens.*) membrana **2** (*foto.*, *cine.*) striscia di celluloide o di cellulosa su cui si registrano le immagini negative.

pélo *s.m.* **1** formazione cornea dell'epidermide, costituita di stelo, radice e bulbo | *cercare il — nell'uovo*, (*fig.*) andare a caccia di ogni minima imperfezione | *mancare un —*, (*fig.*) mancare poco **2** (*bot.*) formazione dello strato epidermico di fusti, foglie, radici o fiori **3** pelliccia di animale.

pelóso *agg.* coperto di peli.

péltro *s.m.* nome di un vasto gruppo di leghe a base di stagno, usate per imitare l'argento nella fabbricazione di oggetti.

peluche *s.f.invar.* (*fr.*) tessuto di fibre naturali o sintetiche dal pelo lungo e morbido, usato per confezionare pupazzi.

pelùria *s.f.* insieme di peli radi, corti e sottili.

pèlvi *s.f.* (*anat.*) l'insieme delle ossa che formano lo scheletro del bacino.

pèlvico *agg.* [pl.m. -ci] (*anat.*) della pelvi.

péna *s.f.* **1** (*dir.*) sanzione punitiva prevista dall'ordinamento giuridico a carico di chi ha commesso un reato **2** (*estens.*) danno fisico o morale che si subisce come conseguenza di una mancanza commessa | (*relig.*) castigo inflitto all'anima.

penàle *agg.* (*dir.*) che riguarda i reati e fissa le pene corrispondenti ♦ *s.f.* (*dir.*) la somma che deve pagare chi viola le clausole di un contratto □ **-mente** *avv.*

penalìsta *s.m.* e *f.* [pl.m. -sti] avvocato specializzato in cause penali.

penalità *s.f.* **1** pena, penale **2** (*sport*) svantaggio con cui si punisce chi ha commesso un'irregolarità.

penalizzàre *v.tr.* punire con una penalità | (*fig.*) danneggiare.

pendàglio *s.m.* ciondolo.

pendènte *agg.* **1** che pende **2** (*fig.*) *carichi pendenti*, (*dir.*) procedimenti penali in corso ♦ *s.m.* ciondolo.

pendènza *s.f.* **1** inclinazione **2** (*estens.*) pendio **3** (*dir.*) controversia non risolta.

pèndere *v.intr.* [pres. *io pèndo ecc.*; pass.rem. *io pendéi* (o *pendètti*), *tu pendésti ecc.*; non usato il part.pass. e i tempi composti] **1** essere sospeso **2** (*estens.*) incombere **3** essere inclinato **4** (*fig.*) essere favorevole.

pendìo *s.m.* luogo in pendenza.

pèndola *s.f.* orologio il cui movimento è regolato dalle oscillazioni di un pendolo.

pendolare *agg.* **1** del pendolo **2** si dice di lavoratore che raggiunge il luogo di lavoro con un viaggio quotidiano di andata e ritorno | usato anche come *s.m.* e *f.*

pendolarismo *s.m.* fenomeno dei lavoratori pendolari.

pèndolo *s.m.* **1** (*fis.*) solido che oscilla in un piano verticale intorno a un asse fisso **2** asta pendente della pendola che oscillando ne regola il movimento.

pène *s.m.* (*anat.*) organo esterno dell'apparato genitale maschile.

penetrànte *agg.* **1** che penetra **2** (*fig.*) che esamina a fondo | incisivo.

penetràre *v.intr.* [*io pènetro ecc.*; aus. *essere*] spingersi dentro superando una resistenza ♦ *v.tr.* **1** trapassare, attraversare **2** (*fig.*) riuscire a capire.

penetrazióne *s.f.* **1** il penetrare, l'essere penetrato **2** (*fig.*) facoltà di comprendere.

penicillìna *s.f.* (*farm.*) antibiotico estratto da un fungo microscopico.

peninsulàre *agg.* di penisola; che si configura come una penisola.

penìsola *s.f.* territorio che si protende in un mare o in un lago.

penitènte *agg.* che si pente ♦ *s.m.* e *f.* (*teol.*) fedele che si accosta al sacramento della confessione.

penitènza *s.f.* **1** espiazione del male commesso attraverso opere di privazione o di mortificazione **2** castigo.

penitenziàrio *s.m.* stabilimento carcerario.

pénna *s.f.* **1** formazione di natura cornea che riveste e protegge il corpo degli uccelli **2** strumento per scrivere.

pennàcchio *s.m.* ciuffo di penne usato per ornare cappelli militari, acconciature femminili, teste di cavalli.

pennarèllo *s.m.* tipo di penna con punta di feltro pressato e imbevuto di inchiostro a rapida essiccazione.

pennàto *agg.* **1** provvisto di penne **2** che ha forma di penna.

pennellàta *s.f.* **1** tratto di colore, di vernice o altra sostanza steso con un colpo di pennello **2** (*fig.*) elemento descrittivo.

pennelléssa *s.f.* pennello a sezione rettangolare, di forma larga e piatta.

pennèllo *s.m.* attrezzo costituito da un mazzetto di peli naturali o di fibre sintetiche fissato all'estremità di un supporto di legno, usato per dipingere o per spalmare sostanze semiliquide | *a —*, alla perfezione.

pennóne *s.m.* **1** lunga asta che regge una bandiera **2** (*mar.*) asta di legno o di me-

tallo disposta a croce sugli alberi per sostenere certi tipi di vela.
pennùto *agg.* provvisto di penne ♦ *s.m.* uccello.
penómbra *s.f.* condizione intermedia tra l'ombra e la luce.
penóso *agg.* **1** che procura pena, fatica **2** che suscita pena; pietoso □ **-mente** *avv.*
pensàre *v.intr.* [*io pènso ecc.*; aus. *avere*] **1** esercitare l'attività del pensiero **2** volgere la mente a qlcu. o qlco.; richiamare alla mente **3** provvedere, badare **4** avere un'opinione ♦ *v.tr.* **1** immaginare **2** considerare **3** ritenere **4** progettare, decidere.
pensàta *s.f.* trovata.
pensatóre *s.m.* [f. *-trice*] chi pensa, chi medita con intelligenza e profondità; filosofo.
pensièro *s.m.* **1** la facoltà del pensare **2** (*filos.*) l'attività propriamente speculativa dell'uomo | (*estens.*) indirizzo filosofico **3** ciò che si pensa **4** (*estens.*) ansia, preoccupazione **5** (*fam.*) attenzione affettuosa | piccolo dono **6** motto, sentenza.
pensieróso *agg.* che è assorto in pensieri.
pènsile *agg.* sollevato da terra ♦ *s.m.* piccolo mobile appeso al muro.
pensilìna *s.f.* tettoia posta al di sopra di un marciapiede o di una tribuna, per riparo dalla pioggia e dal sole.
pensionàbile *agg.* **1** che può essere conteggiato ai fini della pensione **2** che ha raggiunto i limiti di età e di servizio necessari a ricevere la pensione.
pensionaménto *s.m.* provvedimento con il quale si collocano a riposo i lavoratori.
pensionàto *agg.* che riceve una pensione ♦ *s.m.* **1** [f. *-a*] chi gode di una pensione **2** istituto dove ricevono vitto e alloggio determinate categorie di persone.
pensióne *s.f.* **1** somma di denaro percepita periodicamente da chi ha smesso di lavorare per raggiunti limiti di età o ha prestato un certo numero di anni di servizio **2** prestazione di vitto e alloggio a un prezzo stabilito **3** locale pubblico di tipo alberghiero.
pensóso *agg.* assorto in riflessioni; pensieroso □ **-mente** *avv.*
penta- primo elemento di parole composte, che significa 'cinque'.
pentàgono *s.m.* (*geom.*) poligono di cinque lati.
pentagràmma *s.m.* [pl. *-mi*] (*mus.*) l'insieme delle cinque linee parallele orizzontali e dei quattro spazi che le separano, sul quale si trascrivono i segni delle note e delle pause.
pèntathlon *s.m.invar.* (*sport*) specialità maschile dell'atletica leggera che si articola in cinque prove.
Pentecòste *s.f.* festa cristiana che si celebra cinquanta giorni dopo Pasqua per ricordare la discesa dello Spirito Santo sugli Apostoli.
pentiménto *s.m.* **1** rammarico, rimpianto **2** cambiamento di opinione.
pentìrsi *v.intr.pron.* [*io mi pènto ecc.*] **1** provare pentimento **2** rammaricarsi **3** cambiare opinione.
pentìto *s.m.* [f. *-a*] **1** chi si pente **2** imputato di reati di terrorismo o di mafia che collabora con la giustizia.
péntola *s.f.* recipiente di forma cilindrica con due manici e coperchio, usato per cuocere cibi.
penùltimo *agg.* e *s.m.* [f. *-a*] che/chi occupa, in una serie o in una gràduatoria, il posto immediatamente prima dell'ultimo.
penzolàre *v.intr.* [*io pènzolo ecc.*; aus. *avere*] stare sospeso dall'alto dondolando.
penzolóni *avv.* *a* —, penzolando.
peònia *s.f.* pianta erbacea ornamentale con fiori color rosa, bianco o violaceo.
pepàre *v.tr.* [*io pépo ecc.*] condire con pepe.
pepàto *agg.* **1** condito con pepe **2** (*fig.*) pungente, mordace.
pépe *s.m.* pianta tropicale rampicante le cui bacche rotonde, nere, di forte aroma, sono usate come condimento.
peperóne *s.m.* pianta erbacea che produce frutti a bacca commestibili di colore rosso o verde o giallo e sapore piccante.
pepìta *s.f.* piccola massa arrotondata di oro o di platino.
pepsìna *s.f.* (*biol.*) enzima contenuto nel succo gastrico.
peptóne *s.m.* (*biol.*) prodotto della digestione operata dalla pepsina sulle proteine.
pér *prep.* **1** determina il luogo attraversato da un corpo in movimento o attraverso il quale passa qlco. (anche *fig.*) **2** indica una destinazione **3** introduce uno stato in luogo: *incontrare qlcu. per strada* **4** esprime tempo continuato: *aspettare per ore* | se introduce un tempo determinato: *sarà di ritorno per le dieci* **5** introduce un mezzo **6** esprime la causa **7** introduce il fine o lo scopo **8** introduce la persona o la cosa a vantaggio o a svantaggio della quale un'azione si compie o una circostanza si verifica: *fare tutto per i figli* **9** determina il limite, l'ambito entro cui un'azione, un modo di essere, uno stato hanno validità: *per me, state sbagliando* **10** introduce il modo, la maniera in cui un'azione si compie **11** introduce una misura o un'estensione **12** indica scambio, sostituzione: *l'ho preso per suo fratello* **13** seguita dal verbo all'infini-

to introduce una prop. finale | causale | consecutiva **14** concorre alla formazione di numerose loc. avv.: *per il momento*; *per tempo*; *l'appunto ecc.*

péra *s.f.* **1** frutto del pero **2** (*estens.*) qualsiasi oggetto a forma di pera.

perbène *agg.invar.* onesto ♦ *avv.* bene; con cura: *far le cose* —.

perbenìsmo *s.m.* atteggiamento di chi desidera apparire una persona perbene, rispettosa delle consuetudini sociali.

percentuàle *agg.* misurato in ragione di un tanto ogni cento ♦ *s.f.* **1** (*mat.*) numero indicante quante parti di una grandezza corrispondono a cento di un'altra **2** compenso, quota misurata in ragione di un tanto per cento □ **-mente** *avv.*

percepìre *v.tr.* [*io percepisco, tu percepisci ecc.*] **1** acquistare coscienza di una realtà esterna per mezzo dei sensi o dell'intuito **2** ricevere, riscuotere.

percezióne *s.f.* **1** la facoltà, l'attività del percepire **2** (*estens.*) sensazione, intuizione.

perché *avv.* per quale ragione ♦ *cong.* **1** poiché (introduce una prop. causale) **2** affinché (introduce una prop. finale) **3** cosicché (introduce una prop. consecutiva) ♦ *s.m.* motivo, causa.

perciò *cong.* per questo motivo.

percórrere *v.tr.* [coniugato come *correre*] attraversare un luogo in tutta la sua estensione (anche *fig.*).

percórso *s.m.* tratto di strada che si percorre | (*sport*) itinerario che i concorrenti di una gara devono seguire.

percòssa *s.f.* colpo inferto con un pugno, uno schiaffo, un calcio o con un oggetto contundente.

percuòtere *v.tr.* [pass.rem. *io percòssi, tu percuotésti* ecc.; part.pass. *percòsso*] colpire con le mani o con un oggetto; infliggere una percossa a qlcu. ♦ **-rsi** *v.rifl.rec.* picchiarsi l'un l'altro.

percussióne *s.f.* il percuotere, l'essere percosso.

pèrdere *v.tr.* [pres. *io pèrdo ecc.*; pass.rem. *io pèrsi* (o *perdéi* o *perdètti*), *tu perdésti ecc.*; part.pass. *pèrso* o *perduto*] **1** restare privo; smarrire | — *i sensi*, svenire | — *la vita*, morire | — *di vista*, *d'occhio*, non vedere più **2** sprecare: — *tempo* **3** non fare in tempo a prendere **4** rimetterci **6** uscire sconfitto **7** fare uscire una sostanza ♦ *v.intr.* [aus. *avere*] **1** diminuire | *lasciar* —, smettere di occuparsi di qlco. **2** subire una perdita finanziaria **3** *vuoto a* —, contenitore che non si restituisce al commerciante dopo averne utilizzato il contenuto ♦ **-rsi** *v.intr.pron.* **1** smarrirsi | scoraggiarsi **2** (*fig.*) dileguare, svanire.

pèrdita *s.f.* **1** il perdere, il perdersi, l'essere perso: *la — di un oggetto*, il suo smarrimento **2** riferito a persona, abbandono, separazione | (*eufem.*) morte **3** uscita limitata ma costante di un fluido **4** progressivo venir meno **5** sconfitta **6** (*econ.*) eccedenza dei costi sui ricavi.

perdizióne *s.f.* rovina morale.

perdonàre *v.tr.* [*io perdóno ecc.*] **1** non punire qlcu. per un danno o un'offesa, vincendo il risentimento **2** scusare (in formule di cortesia) ♦ *v.intr.* [aus. *avere*] concedere il perdono.

perdóno *s.m.* **1** il perdonare, l'essere perdonato **2** scusa (in formule di cortesia).

perdùto *agg.* **1** riferito a cosa, sottratto, scomparso **2** riferito a persona, venuto meno, mancato; anche, morto | (*estens.*) che è in condizioni disperate □ **-mente** *avv.* con una passione travolgente.

perènne *agg.* **1** destinato a durare sempre nel tempo **2** (*estens.*) continuo □ **-mente** *avv.*

perentòrio *agg.* **1** che non ammette dilazioni **2** che va attuato immediatamente e senza incertezze □ **-mente** *avv.*

perequazióne *s.f.* ripartizione equa: — *fiscale*.

perfètto *agg.* **1** compiuto in tutte le sue parti **2** che è senza difetti; ottimo ♦ *s.m.* (*gramm.*) tempo del verbo che indica un'azione compiuta nel passato □ **-mente** *avv.*

perfezionaménto *s.m.* il perfezionare; correzione, miglioramento | *corso di* —, destinato a dare una preparazione specializzata.

perfezionàre *v.tr.* [*io perfezióno ecc.*] condurre a perfezione; migliorare ♦ **-rsi** *v.rifl.* o *intr.pron.* **1** giungere a un ottimo grado di qualità, di completezza, di conoscenze **2** seguire un corso di perfezionamento: — *in archeologia*.

perfezióne *s.f.* l'essere perfetto.

perfezionìsmo *s.m.* atteggiamento di chi tende a un irraggiungibile ideale di perfezione.

perfìdia *s.f.* l'essere perfido; tendenza a comportarsi abitualmente con subdola malvagità.

pèrfido *agg.* **1** sleale **2** che agisce con intenzioni malvagie | che denota subdola malvagità □ **-mente** *avv.*

perfìno *avv.* anche, addirittura.

perforàre *v.tr.* [*io perfóro ecc.*] forare ♦ **-rsi** *v.intr.pron.* forarsi da parte a parte.

perforatóre *s.m.* **1** [f. *-trice*] chi perfora **2** strumento per la perforazione mineraria.

perforatrìce *s.f.* (*tecn.*) macchina per operare perforazioni di terreni o rocce.
perforazióne *s.f.* il perforare, il perforarsi, l'essere perforato.
pergamèna *s.f.* **1** pelle di agnello, pecora o capra macerata, poi raschiata e levigata, che si usava un tempo come materiale scrittorio **2** (*estens.*) documento scritto su tale materiale.
pèrgola *s.f.* impalcatura di sostegno per viti o altre piante rampicanti.
pergolàto *s.m.* insieme di pergole.
peri- primo elemento di parole composte, che significa 'intorno, esternamente'.
pericàrdio *s.m.* (*anat.*) membrana sierosa che riveste il cuore.
pericàrpo *s.m.* (*bot.*) la parte del frutto che circonda i semi.
pericolànte *agg.* **1** che è in pericolo, che minaccia di cadere **2** (*fig.*) che è in crisi.
perìcolo *s.m.* **1** situazione da cui può derivare un grave danno **2** persona o cosa che può essere causa di pericolo.
pericolóso *agg.* **1** pieno di pericoli **2** che può recare danno □ **-mente** *avv.*
perièlio *s.m.* (*astr.*) punto di minima distanza dal Sole di un corpo che descrive un'orbita intorno a esso.
periferìa *s.f.* la zona più lontana dal centro di una città | (*estens.*) zona esterna, marginale.
perifèrico *agg.* [pl.m. *-ci*] **1** della periferia **2** (*fig.*) marginale.
perìfrasi *s.f.* giro di parole; circonlocuzione.
perigèo *s.m.* (*astr.*) il punto più vicino alla Terra nell'orbita descritta da un corpo attorno a essa.
perimetràle *agg.* di perimetro □ **-mente** *avv.* lungo un perimetro.
perìmetro *s.m.* **1** (*geom.*) la linea chiusa che delimita un poligono **2** (*estens.*) linea di contorno che racchiude una zona.
perinatàle *agg.* relativo al periodo che precede e segue immediatamente la nascita.
periodicità *s.f.* l'essere periodico.
periòdico *agg.* [pl.m. *-ci*] che accade o si rinnova a intervalli di tempo regolari ♦ *s.m.* pubblicazione che esce con frequenza regolare.
perìodo *s.m.* **1** spazio di tempo caratterizzato da una particolare situazione **2** (*geol.*) intervallo di tempo in cui si suddivide ciascuna era geologica **3** (*gramm.*) insieme di due o più proposizioni collegate logicamente **4** (*fis.*) in un moto che si svolge lungo una traiettoria chiusa, intervallo di tempo impiegato da un corpo per ritornare nella posizione iniziale.
periodònto *s.m.* (*anat.*) il tessuto che circonda la radice del dente.
periòstio *s.m.* (*anat.*) membrana fibrosa, ricca di vasi sanguigni, che riveste le ossa.
peripatètico *agg.* e *s.m.* [pl.m. *-ci*] si dice di filosofo appartente alla scuola di Aristotele.
peripezìa *s.f.* (spec. *pl.*) disavventura, traversia.
pèriplo *s.m.* circumnavigazione.
perìre *v.intr.* [*io perisco, tu perisci ecc.*; congiunt.pres. *io perisca ecc.*; aus. *essere*] morire di morte non naturale.
periscòpio *s.m.* strumento ottico che permette di esplorare l'orizzonte da una posizione da cui non sia possibile la visione diretta
perissodàttili *s.m.pl.* (*zool.*) ordine di mammiferi ungulati erbivori con dita in numero dispari per ogni piede.
peristàlsi *s.f.* (*fisiol.*) l'insieme delle contrazioni delle pareti del tubo digerente, che ne spingono in avanti il contenuto.
peristìlio *s.m.* (*archeol.*) ampio cortile interno circondato da un portico a colonne.
perìto *s.m.* **1** [f. *-a*] chi, per particolari competenze tecniche, è incaricato di compiere accertamenti o dare valutazioni **2** persona dotata di titolo di studio rilasciato da vari istituti tecnici.
peritonèo *s.m.* (*anat.*) sottile membrana sierosa che riveste le pareti della cavità addominale e i visceri.
peritonìte *s.f.* (*med.*) infiammazione acuta o cronica del peritoneo.
perìzia *s.f.* **1** l'essere abile o esperto in qlco. **2** esame eseguito da un esperto | (*dir.*) attività svolta da un perito in un processo penale.
perizòma *s.m.* [pl. *-mi*] fascia che avvolge i fianchi e copre i genitali.
pèrla *s.f.* **1** formazione madreperlacea prodotta da certi molluschi; è pregiatissima come ornamento | *essere una* —, (*fig.*) si dice di persona o cosa esemplare per le sue qualità **2** (*estens.*) oggetto di forma e colore simile a quello delle perle, prodotto sinteticamente.
perlàceo *agg.* che ha il colore della perla.
perlìfero *agg.* che produce perle.
perloméno *avv.* **1** almeno **2** a dir poco.
perlustràre *v.tr.* (*mil.*) percorrere una zona esplorandola.
perlustrazióne *s.f.* il perlustrare; ispezione.
permalóso *agg.* e *s.m.* [f. *-a*] che/chi si offende facilmente.
permanènte *agg.* stabile, fisso ♦ *s.f.* ondulazione artificiale e duratura dei capelli.

permanènza *s.f.* **1** il permanere | *in* —, di continuo **2** il trattenersi in un luogo.

permanére *v.intr.* [pres. *io permango, tu permani, egli permane, noi permaniamo, voi permanéte, essi permàngono*; pass.rem. *io permasi, tu permanésti ecc.*; fut. *io permarrò ecc.*; congiunt.pres. *io permanga.., noi permaniamo, voi permaniate, essi permàngano*; cond. *io permarrèi ecc.*; part.pass. *permaso*; aus. *essere*] perdurare, rimanere.

permeàbile *agg.* si dice di corpo che può essere attraversato da sostanze fluide.

permeabilità *s.f.* proprietà dei corpi permeabili.

permésso[1] *agg.* che può essere fatto; che non è proibito.

permésso[2] *s.m.* **1** atto, parola, scritto con cui si autorizza qlcu. a fare qlco. **2** autorizzazione data a impiegati o militari di assentarsi.

perméttere *v.tr.* [coniugato come *mettere*] dare a qlcu. la possibilità di fare qlco.; consentire ♦ **-rsi** *v.intr.pron.* prendersi la libertà.

permissivìsmo *s.m.* atteggiamento esageratamente permissivo.

permissìvo *agg.* che tende a lasciar fare; che mostra notevole tolleranza □ **-mente** *avv.*

pèrmuta *s.f.* (*dir.*) contratto che comporta il reciproco trasferimento di beni o diritti tra due persone; baratto.

permutàre *v.tr.* [*io pèrmuto ecc.*] **1** effettuare una permuta **2** (*mat.*) eseguire una permutazione.

permutazióne *s.f.* **1** il permutare, il permutarsi, l'essere permutato **2** (*mat.*) operazione consistente nello scambiare l'ordine di successione di due o più elementi.

pernìce *s.f.* uccello di media grandezza, con piumaggio bruno, cacciato per le carni squisite.

perniciόso *agg.* che provoca grave danno □ **-mente** *avv.*

pèrno *s.m.* **1** asticciola di legno o di metallo che tiene uniti due elementi o due organi meccanici **2** (*fig.*) elemento principale.

pernottàre *v.intr.* [*io pernòtto ecc.*; aus. *avere*] passare la notte fuori di casa.

péro *s.m.* albero con fiori bianchi e foglie ovali, coltivato per il suo frutto.

però *cong.* **1** ma **2** tuttavia.

peróne *s.m.* (*anat.*) osso laterale della gamba.

peronòspora *s.f.* (*bot.*) genere di funghi microscopici, parassiti delle piante coltivate.

peroràre *v.tr.* [*io pèroro ecc.*] difendere con calore ♦ *v.intr.* [aus. *avere*] parlare in favore di qlcu., di qlco.

perpendicolàre *agg.* **1** che cade a piombo **2** (*geom.*) che forma angoli retti ♦ *s.f.* retta perpendicolare □ **-mente** *avv.*

perpetuàre *v.tr.* [*io perpètuo ecc.*] rendere perpetuo ♦ **-rsi** *v.intr.pron.* eternarsi.

perpètuo *agg.* che non ha fine; incessante, continuo □ **-mente** *avv.*

perplessità *s.f.* l'essere perplesso; incertezza.

perplèsso *agg.* dubbioso, incerto.

perquisìre *v.tr.* [*io perquisisco, tu perquisisci ecc.*] cercare, in un luogo o su una persona, oggetti attinenti a un reato.

perquisizióne *s.f.* il perquisire, l'essere perquisito.

persecuzióne *s.f.* complesso di azioni di forza dirette contro una minoranza etnica, politica o religiosa | *mania di* —, (*psich.*) alterazione psichica consistente nel credersi odiati e perseguitati.

perseguìbile *agg.* (*dir.*) che può essere oggetto di un'azione penale.

perseguitàre *v.tr.* [*io perséguito ecc.*] **1** colpire o cercare di colpire ripetutamente qlcu. con una serie di azioni in suo danno, per motivi etnici, politici o religiosi **2** (*fig.*) tormentare.

perseverànza *s.f.* costanza.

perseveràre *v.intr.* [*io persèvero ecc.*; aus. *avere*] mantenersi fermo nei propositi.

persiàna *s.f.* imposta esterna delle finestre.

persìstere *v.intr.* [coniugato come *assistere*; aus. *avere*] **1** perseverare **2** durare a lungo.

persóna *s.f.* **1** ogni essere umano, senza distinzione di sesso, età e condizione **2** il corpo, le fattezze fisiche di un individuo **3** (*dir.*) individuo (— *fisica*) o ente, società (— *giuridica*) in quanto soggetto di diritto **4** (*gramm.*) categoria che indica il soggetto grammaticale di un'azione.

personàggio *s.m.* **1** personalità **2** ciascuna delle persone che agiscono in un'opera narrativa **3** (*fam.*) tipo strano, singolare.

personal computer *loc.sost.m.invar.* (*ingl.*) (*inform.*) elaboratore elettronico destinato all'uso di piccole aziende o di professionisti, tecnici, privati.

personàle *agg.* relativo alla persona, proprio di un individuo ♦ *s.m.* **1** l'aspetto fisico della persona **2** l'insieme dei dipendenti impiegati in un'azienda ♦ *s.f.* mostra in cui si espongono le opere di un artista vivente □ **-mente** *avv.*

personalità *s.f.* **1** (*psicol.*) l'insieme degli aspetti intellettuali, affettivi e volitivi che caratterizzano un individuo | *culto della*

—, ammirazione esagerata di un individuo **2** persona ragguardevole.
personificàre *v.tr.* [*io personìfico, tu personìfichi ecc.*] **1** attribuire a un'idea astratta o a una cosa inanimata i caratteri di persona umani **2** simboleggiare.
personificazióne *s.f.* **1** il personificare, l'essere personificato **2** rappresentazione che raffigura in forma di persona cose o idee astratte.
perspicàce *agg.* **1** che ha intuito acuto **2** che dimostra intelligenza ☐ **-mente** *avv.*
persuadére *v.tr.* [pass.rem. *io persuasi, tu persuadésti ecc.*; part.pass. *persuaso*] indurre qlcu. in una convinzione ♦ **-rsi** *v.rifl.* convincersi; rendersi conto.
persuasióne *s.f.* il persuadere, il persuadersi; convincimento, convinzione.
persuasìvo *agg.* convincente.
persuasóre *s.m.* [f. *persuaditrice*] chi persuade | *persuasori occulti*, si dice dei tecnici pubblicitari.
pertànto *cong.* perciò, quindi.
pèrtica *s.f.* **1** lungo bastone **2** attrezzo ginnico costituito da un palo verticale.
pertinènte *agg.* che si riferisce, appartiene, spetta a qlcu. o a qlco. ☐ **-mente** *avv.*
pertósse *s.f.* malattia infettiva, frequente nei bambini, che si manifesta con violenti accessi di tosse.
perturbàre *v.tr.* turbare profondamente ♦ **-rsi** *v.intr.pron.* turbarsi.
perturbazióne *s.f.* — *atmosferica*, alterazione delle condizioni meteorologiche che provoca cattivo tempo.
pervàdere *v.tr.* [pass.rem. *io pervasi, tu pervadésti ecc.*; part.pass. *pervaso*] penetrare e diffondersi (anche *fig.*).
pervenìre *v.intr.* [coniugato come *venire*; aus. *essere*] arrivare, venire, giungere.
perversióne *s.f.* (*psicol.*) alterazione o deviazione degli istinti.
pervèrso *agg.* **1** cattivo, malvagio **2** degenerato **3** aberrante ☐ **-mente** *avv.*
pervertiménto *s.m.* il pervertire, il pervertirsi; degenerazione, corruzione.
pésa *s.f.* **1** pesatura **2** apparecchio per pesare.
pesànte *agg.* **1** che pesa **2** (*estens.*) che dà una sensazione d'impaccio | *cibo* —, difficile da digerire **3** (*fig.*) grave, offensivo **4** (*fig.*) che arreca noia ☐ **-mente** *avv.*
pesantézza *s.f.* **1** l'essere pesante (anche *fig.*) **2** sensazione di peso.
pesàre *v.tr.* [*io péso ecc.*] **1** misurare il peso di qlcu. o di qlco. **2** (*fig.*) valutare ♦ *v.intr.* [aus. *avere* o *essere*] **1** avere un dato peso | (*assol.*) essere molto pesante **2** (*fig.*) essere determinante **3** gravare (anche *fig.*) ♦ **-rsi** *v.rifl.* controllare il proprio peso.
pèsca[1] *s.f.* il frutto del pesco.
pésca[2] *s.f.* **1** il pescare **2** (*estens.*) quantità di pesce pescato **3** (*fig.*) sorta di lotteria.
pescàggio *s.m.* (*mar.*) l'altezza della parte di scafo che rimane immersa nell'acqua.
pescàre *v.tr.* [*io pésco, tu péschi ecc.*] **1** prendere pesci o altri animali acquatici usando strumenti opportuni **2** (*fig.*) tirare su a caso **3** (*fig.*) trovare ♦ *v.intr.* [aus. *avere*] essere immerso fino a una certa profondità.
pescatóre *s.m.* [f. *-trice*] chi si dedica alla pesca per mestiere o per sport ♦ *agg.* si dice di animale che vive catturando pesci.
pésce *s.m.* **1** animale vertebrato acquatico di varia grandezza provvisto di pinne per nuotare, con respirazione branchiale e scheletro osseo o cartilagineo | *sentirsi un — fuor d'acqua*, (*fig.*) sentirsi a disagio in un ambiente che non si conosce | — *grosso, piccolo*, (*fig.*) persona molto, poco potente **2** *pl. Pesci*, (*astr.*) costellazione e segno dello zodiaco.
pescecàne *s.m.* [pl. *pescicani* o *pescecani*] denominazione comune di molti squali predatori.
pescheréccio *s.m.* motobarca attrezzata per la pesca d'alto mare.
pescherìa *s.f.* negozio dove si vende il pesce.
peschièra *s.f.* vivaio di pesci.
pescivéndolo *s.m.* [f. *-a*] chi vende pesce.
pèsco *s.m.* [pl. *-schi*] albero con fiori rosei che dà frutti commestibili.
pescóso *agg.* ricco, abbondante di pesci.
peseta *s.f.* [pl. *pesetas*] (*sp.*) unità monetaria della Spagna (fino al gennaio 2002).
pesìsta *s.m.* [pl. *-sti*] (*sport*) **1** atleta che pratica il sollevamento pesi **2** [anche *f.*] atleta che pratica il lancio del peso.
péso *s.m.* **1** forza che un corpo esercita su ciò che lo sostiene per effetto della gravità terrestre; la misura di tale forza **2** la cosa stessa che esercita il peso **3** (*sport*) attrezzo metallico sferico che l'atleta scaglia alla massima distanza possibile: *lancio del* — | attrezzo costituito da una barra orizzontale che si solleva a forza di braccia **4** (*fig.*) oppressione, affanno **5** (*fig.*) importanza.
pessimìsmo *s.m.* **1** tendenza a cogliere soprattutto gli aspetti negativi della realtà **2** (*filos.*) dottrina secondo la quale l'esistenza umana è dominata dall'infelicità e dal dolore.
pessimìsta *s.m.* e *f.* [pl.m. *-sti*] chi giudica

con pessimismo, chi è portato a fare previsioni sfavorevoli ♦ *agg.*
pessimìstico *agg.* [pl.m. *-ci*] che è proprio del pessimismo □ **-mente** *avv.*
pèssimo *agg.* [superl. di *cattivo*] molto cattivo, il più cattivo □ **-mente** *avv.*
pestàggio *s.m.* il picchiare duramente qlcu. | (*estens.*) rissa.
pestàre *v.tr.* [*io pésto ecc.*] **1** battere qlco. in modo da triturarla **2** calpestare **3** picchiare.
pèste *s.f.* **1** malattia infettiva contagiosa **2** (*fig.*) male, rovina **3** (*fig. scherz.*) persona turbolenta.
pestèllo *s.m.* arnese di metallo o di legno usato per pestare nel mortaio.
pesticìda *s.m.* [pl. *-di*] agente chimico usato in agricoltura per distruggere insetti.
pestìfero *agg.* **1** (*fig.*) che ha un odore nauseabondo, insopportabile **2** (*fig.*) nocivo.
pestilènza *s.f.* epidemia di peste.
pésto *agg.* pestato | *buio* —, (*fig.*) molto fitto ♦ *s.m.* ogni composto di ingredienti tritati o pestati.
pètalo *s.m.* (*bot.*) ciascuna delle parti che formano la corolla del fiore.
petàrdo *s.m.* bomba di carta che viene fatta esplodere in segno di festa.
petizióne *s.f.* domanda scritta, indirizzata a un'autorità.
petrodòllari *s.m.pl.* fondi in dollari statunitensi ricevuti in pagamento dai paesi produttori di petrolio.
petrolièra *s.f.* nave cisterna.
petrolìfero *agg.* che contiene, produce petrolio.
petròlio *s.m.* miscuglio naturale di idrocarburi.
pettegolézzo *s.m.* discorso indiscreto e maligno sui fatti altrui.
pettégolo *agg.* si dice di persona che parla spesso con morbosa curiosità e con malizia di fatti altrui ♦ *s.m.* [f. *-a*].
pettinàre *v.tr.* [*io pèttino ecc.*] **1** ravviare i capelli con il pettine **2** (*ind. tess.*) eseguire la pettinatura delle fibre ♦ **-rsi** *v.rifl.* ravviarsi i capelli con il pettine.
pettinàto *agg.* e *s.m.* si dice di fibra tessile che ha subito la pettinatura e del tessuto prodotto con tali fibre.
pettinatùra *s.f.* **1** acconciatura dei capelli **2** (*ind. tess.*) operazione eseguita da un'apposita macchina sulle fibre tessili prima della filatura, al fine di liberarle dalle impurità.
pèttine *s.m.* arnese per acconciare i capelli, costituito di una serie di denti più o meno fitti innestati su un'impugnatura.
pettirósso *s.m.* piccolo uccello canterino con fronte, gola e petto rossi.
pètto *s.m.* **1** la parte anteriore del tronco umano, compresa tra il collo e l'addome **2** (*fig.*) animo **3** le mammelle della donna, il seno **4** in macelleria, taglio di carne bovina compresa tra il collo e i lati; negli uccelli, la parte carnosa sopra lo sterno.
pettoràle *agg.* del petto ♦ *s.m.* (*sport*) riquadro di tessuto, su cui è segnato un numero, che ciascun partecipante a una gara appunta sul petto come contrassegno.
petulànte *agg.* **1** che insiste in modo importuno **2** molesto, noioso.
petulànza *s.f.* l'essere petulante.
petùnia *s.f.* pianta erbacea ornamentale con foglie ovate e fiori di vario colore.
pèzza *s.f.* **1** ritaglio di tessuto **2** toppa **3** lunga striscia di tessuto avvolta intorno a un cilindro **4** (*burocr.*) documento.
pezzàto *agg.* si dice di mantello di animale che presenta larghe macchie di colore ♦ *s.m.* cavallo pezzato.
pezzatura *s.f.* la dimensione o la forma dei pezzi di merce posta in vendita.
pezzènte *s.m.* e *f.* straccione.
pèzzo *s.m.* **1** parte, porzione di un tutto; frammento **2** ogni elemento che, unito ad altri, costituisce un insieme unitario **3** oggetto artistico o manufatto di valore **4** brano **5** si dice di persona robusta o particolarmente avvenente | — *grosso*, (*fig.*) persona importante **6** tratto di spazio.
piacènte *agg.* che piace, attraente, anche se non più molto giovane: *una donna* —.
piacére[1] *v.intr.* [pres. *io piàccio, tu piaci, egli piace, noi piacciamo, voi piacéte, essi piàcciono*; pass.rem. *io piàcqui, tu piacésti ecc.*; congiunt.pres. *io piàccia ecc.*; part.pass. *piaciuto*; aus. *essere*] **1** riuscire gradito ai sensi, all'animo **2** (*assol.*) suscitare l'approvazione; attrarre.
piacére[2] *s.m.* **1** godimento **2** cosa che dà piacere **3** servizio, favore **4** volontà, libera scelta.
piacévole *agg.* che dà piacere □ **-mente** *avv.*
piàga *s.f.* **1** lesione della pelle **2** (*fig.*) grave male, flagello **3** (*fig.*) dolore cocente **4** (*scherz.*) persona lamentosa.
piagàto *agg.* coperto di piaghe.
piagnistèo *s.m.* pianto prolungato e noioso.
piàlla *s.f.* utensile del falegname.
piallàre *v.tr.* spianare, levigare con la pialla.
piallatùra *s.f.* il piallare, l'essere piallato.
piàna *s.f.* pianura.
pianeggiànte *agg.* piano o quasi piano.

pianeròttolo *s.m.* ripiano tra due rampe successive di scale.
pianéta[1] *s.m.* [pl. *-ti*] **1** (*astr.*) corpo celeste che gira intorno al Sole **2** (*fig.*) ciò che costituisce una sorta di mondo a sé.
pianéta[2] *s.f.* paramento che il sacerdote indossa sopra il camice durante la messa.
piàngere *v.intr.* [pres. *io piango, tu piangi* ecc.; pass.rem. *io piansi, tu piangésti* ecc.; part.pass. *pianto*; aus. *avere*] **1** versare lacrime per un dolore, un'emozione o anche per il contatto con sostanze che irritano gli occhi **2** (*estens.*) soffrire ♦ *v.tr.* **1** versare lacrime **2** (*estens.*) manifestare il proprio dolore **3** lamentarsi per qlco.
pianificàre *v.tr.* [*io pianìfico, tu pianìfichi* ecc.] ordinare, regolare secondo un piano.
pianificazióne *s.f.* il pianificare, l'essere pianificato; programmazione di un'attività sulla base di un piano prestabilito.
pianìsta *s.m.* e *f.* [pl.m. *-sti*] chi suona il pianoforte per professione.
piàno[1] *agg.* **1** privo di rilievi e sporgenze | *figura piana*, (*geom.*) giacente su un piano **2** (*fig.*) comune, usuale, semplice **3** (*gramm.*) si dice di parola accentata sulla penultima sillaba ♦ *avv.* **1** lentamente; con cautela **2** a voce bassa.
piàno[2] *s.m.* **1** superficie piana **2** (*geom.*) superficie che contiene interamente una retta passante per due punti qualsiasi di essa **3** livello | *di primo*, *di secondo* — (*fig.*), che ha maggiore, minore rilevanza **4** ciascuna delle parti sovrapposte di un edificio compresa tra il pavimento e il soffitto.
piàno[3] *s.m.* **1** programma | — *regolatore*, quello che definisce i limiti dell'attività edificatoria nel territorio del comune **2** (*estens.*) progetto.
pianofòrte *s.m.* strumento musicale a corde percosse da martelletti azionati da una tastiera, munito di due o tre pedali.
pianòla *s.f.* pianoforte meccanico.
pianòro *s.m.* zona pianeggiante.
piànta *s.f.* **1** nome generico di ogni vegetale arboreo, arbustivo o erbaceo **2** la parte del piede volta verso terra **3** proiezione su un piano orizzontale, in proporzioni ridotte, di un edificio o di un elemento architettonico; carta topografica.
piantagióne *s.f.* terreno su cui si coltivano ortaggi o alberi da frutto.
piantàre *v.tr.* **1** introdurre nel terreno un seme o un germoglio perché ne nasca una pianta **2** (*estens.*) conficcare **3** (*fig. fam.*) abbandonare ♦ **-rsi** *v.rifl.* o *intr.pron.* conficcarsi.
pianterréno *s.m.* il piano più basso di un edificio, quello a livello del suolo.
piànto *s.m.* **1** il piangere; le lacrime **2** ciò che provoca tristezza.
piantonaménto *s.m.* il piantonare, l'essere piantonato.
piantonàre *v.tr.* (*mil.*) sorvegliare a vista.
piantóne *s.m.* militare o agente di polizia che ha ricevuto l'ordine di sorvegliare a vista qlco. o qlcu.
pianùra *s.f.* vasta zona pianeggiante e uniforme, di solito situata a un'altitudine piuttosto bassa.
piàstra *s.f.* **1** lastra sottile o lamina spessa di materiale resistente | nelle cucine, fornello elettrico **2** parte piana ed esterna della serratura.
piastrèlla *s.f.* mattonella di ceramica per rivestimenti.
piastrellàre *v.tr.* [*io piastrèllo* ecc.] ricoprire con piastrelle.
piastrìna *s.f.* **1** targhetta metallica su cui sono incisi dei dati **2** (*biol.*) elemento del sangue, di forma tondeggiante, molto importante per i processi di coagulazione.
piattafórma *s.f.* **1** spazio di terreno spianato | superficie piana metallica, fissa o mobile, in genere sollevata da terra | — *di lancio*, attrezzata per il lancio dei missili **2** (*fig.*) insieme di principi, di proposte o di richieste: — *sindacale*.
piàtto *agg.* **1** che ha una superficie piana **2** (*fig.*) scialbo **3** riferito a diagramma, che ha un andamento orizzontale, privo di variazioni apprezzabili ♦ *s.m.* **1** recipiente rotondo in cui si servono e si mangiano le vivande **2** vivanda **3** (*estens.*) qualsiasi oggetto a forma di piatto | *pl.* (*mus.*) strumento a percussione □ **-mente** *avv.*
piàzza *s.f.* **1** ampio spazio urbano contornato da edifici **2** (*estens.*) la gente adunata in una piazza; il popolo **3** posto: *letto a una —*, *a due piazze*, singolo, matrimoniale **4** (*comm.*) luogo di operazioni economiche o finanziarie.
piazzàle *s.m.* piazza notevolmente ampia.
piazzaménto *s.m.* (*sport*) posizione in una classifica o graduatoria.
piazzàre *v.tr.* **1** collocare **2** vendere ♦ **-rsi** *v.rifl.* **1** sistemarsi bene **2** classificarsi tra i primi in una gara sportiva, in un concorso.
piazzàta *s.f.* scenata volgare.
pìcca *s.f.* **1** lunga asta con punta di ferro **2** *pl.* uno dei quattro semi delle carte da gioco francesi | *rispondere picche*, (*fig.*) rispondere con un deciso rifiuto.
piccànte *agg.* **1** di sapore forte e pungente **2** (*fig.*) licenzioso, un po' spinto.
picchettàre *v.tr.* [*io picchétto* ecc.] **1** segnare un tracciato sul terreno mediante dei picchetti **2** presidiare con picchetti.
picchétto *s.m.* **1** paletto che viene confic-

cato nel terreno come segnale, per fissare una tenda o altro **2** gruppo di militari incaricato di servizi d'ordine o d'onore **3** gruppo di lavoratori in sciopero che bloccano l'ingresso al luogo di lavoro.

picchiàre *v.tr.* [*io picchio ecc.*] battere, percuotere. ♦ *v.intr.* [aus. *avere*] — *alla porta*, bussare.

picchiàta *s.f.* (*aer.*) discesa di un aeroplano con la prora fortemente inclinata verso terra | *scendere in* —, (*fig.*) a gran velocità.

pìcchio *s.m.* uccello dal becco lungo, atto a forare il legno.

picciòlo *s.m.* (*bot.*) la parte allungata che sostiene la foglia collegandola al ramo | il sostegno del frutto.

piccionàia *s.f.* **1** colombaia **2** (*estens.*) sottotetto, soffitta **3** (*scherz.*) il loggione di un teatro.

piccióne *s.m.* [f. *-a*] colombo domestico.

pìcco *s.m.* [pl. *-chi*] **1** cima aguzza di un monte **2** in un diagramma, il punto che segna il valore massimo.

piccolézza *s.f.* l'essere piccolo.

pìccolo *agg.* [compar. *minore* o *più piccolo*; superl. *minimo* o *piccolissimo*] **1** inferiore al normale **2** che ha dimensioni minori di una cosa della stessa specie **3** di pochi anni di età **4** di poco conto, di modesta entità ♦ *s.m.* [f. *-a*] **1** bambino **2** (*estens.*) cucciolo.

picconàre *v.tr.* e *intr.* [*io piccóno ecc.*; aus. dell'intr. *avere*] dare colpi di piccone.

picconàta *s.f.* colpo di piccone.

piccóne *s.m.* attrezzo costituito da un elemento di acciaio issato a un lungo manico di legno; è usato per scavare o per demolire.

piccòzza *s.f.* sorta di piccone di piccole dimensioni, usato in alpinismo.

picnìc *s.m.invar.* scampagnata con pranzo o merenda all'aperto | la colazione stessa.

pidòcchio *s.m.* piccolo insetto che succhia il sangue dell'uomo vivendo da parassita sulla testa, sul corpo o nei vestiti.

pidocchióso *agg.* **1** pieno di pidocchi **2** (*fig.*) avaro, spilorcio □ **-mente** *avv.* da persona avara e meschina.

piduìsta *agg.* e *s.m.* [pl.m. *-sti*] affiliato alla loggia massonica P2, disciolta per legge nel 1981.

piède *s.m.* **1** nell'uomo, la parte estrema degli arti inferiori; negli animali, la parte terminale delle zampe | *a — libero*, si dice di imputato non arrestato | *su due piedi*, (*fig.*) immediatamente, senza pensarci | *fatto con i piedi*, (*fig.*) si dice di cosa fatta male **2** la parte bassa di un elemento naturale | sostegno **3** unità di misura di lunghezza, in uso nei paesi anglosassoni; in Inghilterra è pari a 30,48 cm **4** nella metrica classica, la più piccola unità ritmica di un verso.

piedistàllo *s.m.* sostegno in pietra o muratura su cui poggiano statue e colonne.

pièga *s.f.* **1** parte del tessuto ripiegata su sé stessa **2** grinza **3** (*geol.*) flessione degli strati rocciosi **4** (*fig. fam.*) andamento.

piegaménto *s.m.* il piegare, il piegarsi; movimento ginnico che si esegue piegandosi sul busto o sulle ginocchia.

piegàre *v.tr.* [*io piègo, tu pièghi ecc.*] **1** curvare, flettere **2** accostare il lembo di una pagina, di un tessuto al lembo opposto **3** abbassare **4** (*fig.*) vincere | persuadere ♦ *v.intr.* [aus. *avere*] dirigersi ♦ **-rsi** *v.rifl.* o *intr.pron.* **1** inclinarsi **2** (*fig.*) cedere, sottomettersi.

pieghévole *agg.* che si può facilmente piegare ♦ *s.m.* foglio stampato e ripiegato, recante per lo più indicazioni pubblicitarie; dépliant.

pièna *s.f.* **1** forte aumento della portata di un corso d'acqua **2** (*fig.*) foga **3** calca.

pièno *agg.* **1** che contiene tutto quello che può contenere **2** che ha in abbondanza | *essere — di sé*, presuntuoso | *giornata piena*, con molti impegni **3** (*fam.*) sazio **4** (*fig.*) che è al suo colmo; completo, intero ♦ *s.m.* **1** (*fig.*) il colmo, il momento culminante **2** carico completo di un contenitore **3** grande affollamento □ **-mente** *avv.* del tutto, senza riserve.

pietà *s.f.* **1** sentimento di compassione **2** *Pietà*, nelle arti figurative, opera raffigurante il Cristo morto sorretto dalla Madonna.

pietànza *s.f.* vivanda che si serve dopo il primo piatto.

pietóso *agg.* **1** che desta pietà | (*fam.*) brutto **2** che sente o manifesta pietà □ **-mente** *avv.*

piètra *s.f.* nome generico per indicare blocchi o frammenti di minerale o di roccia | *età della* —, periodo preistorico in cui l'uomo usava solo arnesi in pietra | — *angolare*, (*fig.*) elemento fondamentale | *mettere una — sopra qlco.*, (*fig.*) non pensarci più.

pietràia *s.f.* cumulo di pietre.

pietrificàre *v.tr.* [*io pietrìfico, tu pietrìfichi ecc.*] **1** far diventare pietra **2** (*fig.*) far restare attonito ♦ **-rsi** *v.intr.pron.* **1** diventare di pietra **2** (*fig.*) rimanere di stucco, di sasso.

pietrificazióne *s.f.* il pietrificare, il pietrificarsi, l'essere pietrificato.

pietrìna *s.f.* cilindretto usato negli accendini per produrre scintille.

pietrìsco *s.m.* [pl. *-schi*] roccia ridotta in frantumi e usata per massicciate, terrapieni o per la fabbricazione del calcestruzzo.

pietróso *agg.* **1** di pietra **2** pieno di pietre.
pìffero *s.m.* strumento musicale a fiato di uso popolare, simile a un piccolo flauto diritto.
pigiàma *s.m.* [pl. *invar.* o *-mi*] indumento formato da pantaloni e giacca, che si indossa a letto.
pigiàre *v.tr.* [*io pìgio ecc.*] premere, spingere (anche *assol.*).
pigliàre *v.tr.* [*io pìglio ecc.*] (*fam.*) prendere in modo energico o rapido.
pìglio *s.m.* **1** modo di guardare, atteggiamento del volto **2** (*fig.*) tono.
pigménto *s.m.* **1** (*biol.*) sostanza colorante organica presente nei tessuti animali e vegetali **2** (*chim.*) sostanza colorata, naturale o sintetica, usata nell'industria.
pigmèo *s.m.* [f. *-a*] appartenente a un gruppo etnico dell'Africa equatoriale, caratterizzato da bassissima statura | usato anche come *agg.*: *popolazione pigmea.*
pìgna *s.f.* frutto conico delle conifere.
pignolerìa *s.f.* pedanteria.
pignòlo *s.m. agg.* e *s.m.* [f. *-a*] pedante.
pignoraménto *s.m.* (*dir.*) atto iniziale dell'espropriazione forzata.
pignoràre *v.tr.* [*io pìgnoro* o *pignòro ecc.*] (*dir.*) sottoporre a pignoramento.
pigolàre *v.intr.* [*io pìgolo ecc.*; aus. *avere*] emettere pigolii.
pigolìo *s.m.* il verso caratteristico degli uccellini e dei pulcini.
pigrìzia *s.f.* l'essere pigro; indolenza.
pìgro *agg.* **1** che cerca di evitare la fatica **2** (*fig.*) inerte; lento ad agire ♦ *s.m.* [f. *-a*] □ **-mente** *avv.*
pìla *s.f.* **1** insieme di oggetti disposti l'uno sopra l'altro **2** pilone **3** (*elettr.*) generatore di corrente che trasforma l'energia chimica in energia elettrica.
pilàstro *s.m.* **1** (*arch.*) elemento costruttivo verticale di pietra, mattoni o cemento armato, di forma quadrangolare, che serve a sostenere archi o volte **2** (*fig.*) elemento basilare.
pìllola *s.f.* **1** (*farm.*) preparato farmaceutico di forma tondeggiante | pillola anticoncezionale **2** (*fig.*) piccola dose.
pilóne *s.m.* **1** grosso pilastro in muratura o calcestruzzo, che costituisce l'elemento di sostegno di cupole o ponti **2** palo di metallo o di cemento armato che sostiene i cavi delle funivie e delle linee elettriche.
pilòro *s.m.* (*anat.*) orifizio che mette in comunicazione lo stomaco col duodeno.
pilòta *s.m.* e *f.* [pl.m. *-ti*] chi guida un aeroplano | chi conduce un'automobile, una motocicletta da corsa ♦ *agg. invar.* **1** si dice di tutto ciò che fa da guida **2** (*fig.*) si dice di ciò che serve da modello.
pilotàre *v.tr.* [*io pilòto ecc.*] **1** dirigere, guidare come pilota: — *un aereo*, *un'auto da corsa* **2** (*fig.*) manovrare secondo i propri scopi.
pimpànte *agg.* (*fam.*) vivace, allegro, baldanzoso.
pin *s.m.invar.* (*ingl.*) codice numerico personale che bisogna eseguire per avviare una procedura: *il — del bancomat* | Sigla di *Personal Identification Number* 'numero di identificazione personale'.
pinacotèca *s.f.* galleria di quadri.
pinéta *s.f.* bosco formato da piante di pino.
pinguèdine *s.f.* obesità.
pinguìno *s.m.* uccello marino delle zone glaciali; ha corpo robusto inetto al volo.
pìnna *s.f.* **1** (*zool.*) organo di movimento e di stabilizzazione dei pesci, costituito da una lamina membranosa **2** spatola di gomma che i nuotatori calzano per muoversi più velocemente.
pinnàcolo *s.m.* **1** guglia di forma piramidale o conica, caratteristica dello stile gotico **2** (*estens.*) vetta appuntita di una montagna.
pinnìpedi *s.m.pl.* (*zool.*) sottordine di mammiferi carnivori adattati alla vita acquatica (*p.e.* le foche, i trichechi).
pìno *s.m.* (*bot.*) genere di piante d'alto fusto diffuse con foglie aghiformi sempreverdi.
pinòlo *s.m.* seme commestibile del pino.
pìnta *s.f.* misura per liquidi in uso nei paesi anglosassoni; in Gran Bretagna equivale a litri 0,568.
pìnza *s.f.* (spec. *pl.*) nome generico di numerosi attrezzi e dispositivi utilizzati per afferrare, stringere, collegare.
pinzatrìce *s.f.* attrezzo per unire fogli con punti metallici; cucitrice.
pinzimònio *s.m.* miscuglio di olio, aceto, pepe e sale in cui si intingono alcuni ortaggi per mangiarli crudi.
pìo *agg.* **1** devoto **2** animato da sentimenti di misericordia e carità □ **-mente** *avv.*
piòggia *s.f.* [pl. *-ge*] **1** precipitazione atmosferica costituita da gocce d'acqua **2** (*estens.*) insieme di cose che cadono in abbondanza dall'alto **3** (*fig.*) quantità copiosa, sequela ininterrotta.
piòlo *s.m.* bastoncino cilindrico, generalmente di legno, infisso in un supporto e usato come elemento di sostegno.
piombàre [1] *v.intr.* [*io piómbo ecc.*; aus. *essere*] **1** cadere con moto violento dall'alto |

(*fig.*) precipitare **2** (*estens.*) giungere all'improvviso.
piombàre[2] *v.tr.* [io piómbo ecc.] ricoprire o otturare con piombo | chiudere con un sigillo di piombo.
piombatùra *s.f.* **1** il piombare, l'essere piombato **2** otturazione di un dente.
piombìno *s.m.* **1** pezzetto di piombo utilizzato come peso **2** dischetto di piombo usato per sigillare.
piómbo *s.m.* **1** elemento chimico di simbolo *Pb*; è un metallo grigio molto pesante, malleabile, tenero **2** *anni di —*, (*fig.*) anni caratterizzati da azioni terroristiche.
pionière *s.m.* [f. -a] chi esplora terre disabitate | (*fig.*) chi promuove nuove iniziative o diffonde nuove idee.
pioppéto *s.m.* bosco di pioppi.
piòppo *s.m.* **1** (*bot.*) pianta arborea d'alto fusto che cresce nei luoghi umidi e freschi **2** (*estens.*) il legno che si ricava dalla pianta, usato per l'estrazione della cellulosa.
piorrèa *s.f.* (*med.*) — *alveolare*, malattia che provoca la caduta dei denti.
piovàno *agg.* di pioggia.
piòvere *v.intr.impers.* [pres. *piòve*; pass.rem. *piòvve*; part.pass. *piovuto*; aus. *essere* o *avere*] detto della pioggia, cadere giù ♦ *v.intr.* [aus. *essere*] cadere dall'alto e in abbondanza.
piovigginàre *v.intr.impers.* [*piovìggina*; aus. *essere* o *avere*] piovere leggermente.
piovigginóso *agg.* si dice del cielo o del tempo quando pioviggina.
piovosità *s.f.* **1** l'essere piovoso **2** (*meteor.*) quantità di pioggia che cade in una regione in un dato tempo.
piovóso *agg.* caratterizzato da piogge.
piòvra *s.f.* **1** nome generico di molluschi con lunghissimi tentacoli **2** nell'uso giornalistico, mafia.
pìpa *s.f.* strumento per fumatori formato da un piccolo contenitore (fornello) dove si brucia il tabacco, collegato con una cannuccia da cui si aspira il fumo.
pipistrèllo *s.m.* piccolo mammifero insettivoro notturno che ha il corpo simile a quello di un topo; gli arti anteriori, trasformati in ali da una membrana, lo rendono atto al volo.
piramidàle *agg.* **1** che ha forma di piramide **2** (*fig.*) si dice della struttura di un'organizzazione che abbia una base operativa molto ampia, vari livelli intermedi e un vertice decisionale ristretto.
piràmide *s.f.* **1** (*geom.*) poliedro con una faccia costituita da un poligono e le altre da triangoli con un vertice in comune **2** (*archeol.*) monumento sepolcrale di forma piramidale quadrangolare, tipico dell'antico Egitto.
piràta *s.m.* [pl. -ti] **1** chi pratica la pirateria | — *della strada*, (*fam.*) chi guida senza rispettare i diritti degli altri utenti della strada **2** (*fig.*) chi sfrutta il lavoro altrui | usato come *agg.invar.* **1** che esercita la pirateria **2** si dice di edizione di libro, disco, nastro registrato prodotti e venduti senza autorizzazione: *copia —*.
piraterìa *s.f.* **1** esercizio della navigazione a fini di rapina **2** (*estens.*) ruberia **3** attività di chi trae copie non autorizzate di prodotti coperti da copyright e le commercia.
piratésco *agg.* [pl.m. -schi] da pirata.
pirètico *agg.* [pl.m. -ci] (*med.*) di febbre.
pìrico *agg.* [pl.m. -ci] che concerne il fuoco; che produce fuoco.
pirìte *s.f.* (*min.*) minerale costituito da bisolfuro di ferro.
piro- *s.f.* primo elemento di parole composte, che significa 'fuoco, combustione, alta temperatura', oppure 'funzionamento a vapore'.
piroétta *s.f.* figura della danza e del pattinaggio artistico consistente in una rapida rotazione del corpo intorno a sé.
piròfila *s.f.* stoviglia da cucina fabbricata con materiale resistente al fuoco.
piròga *s.f.* imbarcazione primitiva.
piròmane *s.m.* e *f.* (*psich.*) chi è affetto dalla mania di incendiare.
piròscafo *s.m.* nave a vapore.
pirotècnica *s.f.* arte di fabbricare e far esplodere i fuochi d'artificio.
pirotècnico *agg.* [pl.m. -ci] **1** relativo alla pirotecnica **2** (*fig.*) pieno di vivacità ♦ *s.m.* **1** [f. -a] chi fabbrica fuochi artificiali **2** stabilimento militare in cui si allestiscono munizioni.
pìscia *s.f.* (*volg.*) urina.
piscicoltùra *s.f.* tecnica dell'allevamento dei pesci.
piscìna *s.f.* vasca riempita di acqua per praticarvi il nuoto.
pisèllo *s.m.* **1** pianta erbacea rampicante con foglie composte e baccelli contenenti semi verdi rotondeggianti **2** il seme commestibile di tale pianta | usato anche come *agg.invar.*: *verde —*, verde chiaro.
pìsside *s.f.* (*lit.*) vaso di metallo prezioso o dorato, fatto a coppa e provvisto di coperchio, in cui si conservano le particole consacrate.
pìsta *s.f.* **1** traccia, orma **2** (*estens.*) sentiero **3** circuito chiuso, generalmente a forma di anello o di ellisse, su cui si effettuano gare di corsa **4** tracciato di neve battuta usato per la pratica dello sci **5**

(*aer.*) tratto di terreno appositamente preparato per le manovre degli aeroplani **6** in nastri e dischi magnetici o in pellicole cinematografiche, ciascuna delle linee lungo le quali può avvenire una registrazione o un'impressione.

pistàcchio *s.m.* **1** albero con fiori rossi raccolti in pannocchie e frutto che contiene un seme commestibile di color verde **2** il seme del pistacchio | usato come *agg.invar.*: *verde* —, tonalità di verde pallido.

pistìllo *s.m.* (*bot.*) organo femminile del fiore, formato dall'ovario, dallo stilo e dallo stimma.

pistòla *s.f.* arma da fuoco a canna corta, che si maneggia con una sola mano.

pistolettàta *s.f.* colpo di pistola.

pistóne *s.m.* (*mecc.*) organo di trasmissione del moto dal cilindro alla biella o viceversa.

pitagòrico *agg.* [pl.m. *-ci*] di Pitagora (560-480 a.C.), filosofo e scienziato greco | *tavola pitagorica*, (*mat.*) tabella di moltiplicazione dei primi dieci numeri naturali.

pitòcco *s.m.* [f. *-a*; pl.m. *-chi*] tirchio, spilorcio.

pitóne *s.m.* serpente arboricolo non velenoso di grandi dimensioni.

pit stop *loc.sost.m.invar.* nelle corse automobilistiche, fermata ai box per rifornirsi di carburante o cambiare le ruote.

pittografìa *s.f.* forma primitiva di scrittura che consiste nel rappresentare idee e fatti per mezzo di disegni.

pittóre *s.m.* [f. *-trice*] **1** chi esercita l'arte della pittura **2** chi per mestiere tinteggia le pareti delle case.

pittorésco *agg.* [pl.m. *-schi*] **1** si dice di paesaggio, scena, persona, oggetto caratteristici, pieni di colore ed espressività **2** (*fig.*) espressivo.

pittòrico *agg.* [pl.m. *-ci*] di pittura □ **-mente** *avv.*

pittùra *s.f.* l'arte del dipingere; la produzione pittorica.

pitturàre *v.tr.* **1** dipingere **2** verniciare ♦ **-rsi** *v.rifl.* (*fam.*) imbellettarsi.

più *avv.* [compar. di *molto*] **1** maggiormente; in maggior quantità, grado o maniera | *più o meno*, all'incirca **2** premesso ad aggettivi o avverbi forma il comparativo di maggioranza **3** preceduto dall'art. determ. forma il superlativo relativo di maggioranza **4** (*mat.*) indica l'operazione di addizione **5** in frasi negative indica che un fatto o un'azione è cessata o cesserà ♦ *agg.compar.invar.* **1** maggiore; in quantità maggiore **2** parecchi ♦ *s.m.invar.* **1** la cosa principale **2** *pl.* la maggioranza.

piùma *s.f.* **1** formazione cornea dell'epidermide degli uccelli, simile alla penna, ma più corta, morbida e fine **2** piumaggio.

piumàggio *s.m.* l'insieme di penne e di piume che rivestono il corpo di un uccello.

piumìno *s.m.* **1** l'insieme delle piume più morbide e leggere degli uccelli **2** ampio cuscino o coperta da letto riempiti di piume **3** giubbotto imbottito di piume.

piumóne® *s.m.* **1** giaccone impermeabile imbottito di piumino d'oca **2** coperta da letto imbottita di materiale soffice.

piuttòsto *avv.* **1** più spesso, preferibilmente **2** alquanto **3** invece.

pìva *s.f.* cornamusa.

pivèllo *s.m.* [f. *-a*] (*fam.*) ragazzo inesperto.

pìzza *s.f.* **1** (*gastr.*) focaccia di forma molto schiacciata condita con olio, pomodoro e altri ingredienti **2** rotolo di pellicola cinematografica **3** (*fig.*) si dice di persona o cosa estremamente noiosa.

pizzerìa *s.f.* locale pubblico in cui si preparano e si servono vari tipi di pizza.

pizzicàre *v.tr.* [*io pìzzico, tu pìzzichi ecc.*] **1** stringere con il pollice e l'indice una parte molle del corpo **2** (*estens.*) pungere **3** (*mus.*) far vibrare le corde di uno strumento con il polpastrello delle dita o con il plettro ♦ *v.intr.* [aus. *avere*] dare prurito ♦ **-rsi** *v.rifl.rec.* **1** scambiarsi dei pizzichi **2** (*fig.*, *fam.*) stuzzicarsi, punzecchiarsi.

pizzicàto *s.m.* (*mus.*) particolare maniera di far vibrare le corde di uno strumento, toccandole con le punte delle dita.

pìzzico *s.m.* [pl. *-chi*] **1** lo stringere con il pollice e l'indice una parte molle del corpo **2** (*estens.*) quantità di roba che si può prendere con i polpastrelli delle dita | (*fig.*) quantità minima di qlco. **3** puntura di insetto.

pizzicóre *s.m.* prurito.

pizzicòtto *s.m.* pizzico dato per scherzo o con intenzione affettuosa.

pìzzo *s.m.* **1** cima aguzza di un monte **2** foggia di barba tagliata a punta che ricopre il solo mento **3** merletto **4** (*gerg.*) somma estorta da un'organizzazione mafiosa a commercianti e imprenditori.

placàre *v.tr.* [*io placo, tu plachi ecc.*] calmare ♦ **-rsi** *v.rifl.* o *intr.pron.* **1** acquietarsi **2** diventare calmo.

plàcca *s.f.* **1** lamina di metallo o di altro materiale usata per lo più come rivestimento **2** sorta di distintivo | targhetta accanto o sopra una porta d'ingresso con l'indicazione del nome di chi vi abita **3** (*med.*) bolla o macchia tondeggiante sulla pelle o sulle mucose | — *batterica*, accumulo di batteri che aderisce allo smalto

dentario e favorisce l'insorgere della carie.
placcàggio *s.m.* nel rugby, l'azione del placcare un avversario.
placcàre *v.tr.* [io placco, tu placchi ecc.] **1** applicare uno strato di metallo o di legno su un altro materiale **2** nel rugby, bloccare un avversario afferrandolo alle gambe o alla vita.
placcàto *agg.* rivestito di metallo o altro materiale pregiato ♦ *s.m.*
placcatùra *s.f.* l'operazione e il risultato del placcare un oggetto.
placèbo *s.m.invar.* (*lat.*) preparato privo di sostanze medicamentose, che si somministra per ottenere un effetto terapeutico basato sull'autosuggestione.
placènta *s.f.* (*anat.*) formazione spugnosa e tondeggiante, ricca di vasi sanguigni, che in gravidanza si costituisce sulla parete interna dell'utero e, attraverso il cordone ombelicale, consente gli scambi necessari alla nutrizione e alla respirazione del feto.
placentàti *s.m.pl.* (*zool.*) sottoclasse di mammiferi dotati di placenta.
plàcido *agg.* che è profondamente calmo ☐ **-mente** *avv.*
plafond *s.m.invar.* (*fr.*) (*comm.*) limite massimo.
plafonièra *s.f.* apparecchio di illuminazione costituito da una calotta che si applica direttamente al soffitto.
plagiàre *v.tr.* [io plàgio ecc.] **1** contraffare un'opera altrui presentandola come propria **2** soggiogare psicologicamente una persona.
plàgio *s.m.* illecita appropriazione e divulgazione di un'opera che è frutto dell'ingegno altrui.
planare *v.intr.* [aus. avere] (*aer.*) compiere un volo discendente sfruttando la sola forza di sostentamento delle superfici alari.
planàta *s.f.* (*aer.*) l'operazione del planare.
plància *s.f.* [pl. -ce] (*mar.*) ponte di comando della nave.
plàncton *s.m.invar.* (*biol.*) complesso di organismi animali e vegetali che vivono sospesi nelle acque.
planetàrio *agg.* **1** (*astr.*) di pianeta **2** che è proprio della Terra; terrestre | che si estende a tutta la Terra ♦ *s.m.* proiettore speciale che riproduce l'immagine del cielo e degli astri in movimento | l'edificio in cui si effettua tale proiezione.
planimetrìa *s.f.* **1** studio dell'andamento della superficie del terreno riferita a un piano orizzontale **2** parte della geometria che studia le figure piane **3** disegno in pianta di una struttura.
planisfèro *s.m.* rappresentazione cartografica della sfera celeste.
plantàre *agg.* (anat.) relativo alla pianta del piede ♦ *s.m.* strumento ortopedico per correggere malformazioni della pianta del piede.
plàsma *s.m.* [pl. -smi] (*anat.*) parte liquida del sangue nella quale sono sospesi globuli rossi, globuli bianchi e piastrine.
plasmàbile *agg.* che può essere plasmato (anche *fig.*).
plasmàre *v.tr.* **1** lavorare una materia informe e malleabile **2** (*fig.*) modellare il carattere, l'indole, la cultura di una persona; educare, formare.
plàstica *s.f.* **1** l'arte del plasmare **2** (*med.*) operazione di chirurgia plastica **3** materia plastica.
plasticità *s.f.* **1** la qualità, propria dei materiali plastici **2** nelle arti figurative e nelle altre arti, evidenza delle qualità plastiche di un'opera.
plàstico *agg.* [pl.m. -ci] **1** si dice di materiale che può essere facilmente plasmato | *materie plastiche*, materiali sintetici che possono essere facilmente stampati o modellati **2** *arte plastica*, la scultura; *chirurgia plastica*, chirurgia ricostruttiva **3** scultoreo ♦ *s.m.* **1** rappresentazione in rilievo e in scala di una porzione della superficie terrestre | modello in scala ridotta di un'opera architettonica **2** tipo di esplosivo ☐ **-mente** *avv.*
plastilìna® *s.f.* materiale plastico usato per modellare.
plàtano *s.m.* (*bot.*) genere di piante arboree d'alto fusto.
platèa *s.f.* **1** nei teatri e nei cinematografi, la superficie della sala antistante il palcoscenico, dove prendono posto gli spettatori **2** (*estens.*) il pubblico della platea.
plateàle *agg.* ostentato, smaccato ☐ **-mente** *avv.*
platinàto *agg.* **1** ricoperto di platino **2** che ha il colore del platino.
plàtino *s.m.* elemento chimico di simbolo *Pt*; è un metallo nobile raro, di color bianco lucente ♦ *agg.invar.* del colore del platino: *biondo* —.
platònico *agg.* [pl.m. -ci] del filosofo greco Platone (427-347 a.C.), o che si riferisce al suo pensiero | *amore* —, amore spirituale ☐ **-mente** *avv.* **1** alla maniera di Platone **2** spiritualmente.
platonìsmo *s.m.* la dottrina filosofica platonica.
plausìbile *agg.* verosimile ☐ **-mente** *avv.*
plàuso *s.m.* consenso generale.
playboy *s.m.invar.* (*ingl.*) grande amatore, conquistatore di donne.

playstation® *s.f.invar.* apparecchiatura elettronica per videogiochi.

plebàglia *s.f.* (*spreg.*) marmaglia.

plèbe *s.f.* **1** nell'antica Roma, la parte della popolazione libera che non godeva dei privilegi della classe patrizia **2** (*spreg.*) la parte del popolo socialmente e culturalmente meno evoluta.

plebèo *agg.* **1** della plebe **2** (*spreg.*) volgare, grossolano ♦ *s.m.* **1** nell'antica Roma, chi apparteneva alla plebe **2** (*lett.* o *spreg.*) popolano.

plebiscìto *s.m.* **1** (*dir.*) consultazione diretta del popolo, chiamato a pronunciarsi su specifiche scelte **2** (*fig.*) consenso generale, unanime.

pleistocène *s.m.* (*geol.*) primo periodo dell'era neozoica.

plenàrio *agg.* si dice di organo collegiale a cui partecipano tutti i membri: *assemblea plenaria* □ **-mente** *avv.*

plenilùnio *s.m.* la fase in cui la faccia illuminata della Luna è interamente visibile dalla Terra.

plenipotenziàrio *agg.* e *s.m.* (*dir.*) si dice di chi è investito di un mandato che gli attribuisce pieni poteri.

pleonàsmo *s.m.* (*ling.*) espressione ridondante.

pleonàstico *agg.* [pl.m. *-ci*] (*ling.*) di pleonasmo | (*estens.*) superfluo □ **-mente** *avv.*

plèsso *s.m.* **1** (*anat.*) intreccio di elementi affini: — *nervoso*, *vascolare* **2** (*burocr.*) struttura funzionale costituita da un insieme di organi affini: — *scolastico*.

plèttro *s.m.* piccola lamina di osso, avorio o altro materiale, a forma di mandorla, con cui si fanno vibrare le corde di certi strumenti (chitarra, mandolino ecc.).

plèura *s.f.* (*anat.*) membrana sierosa che riveste il polmone.

pleurìte *s.f.* (*med.*) infiammazione della pleura.

plèxiglas® *s.m.* materia plastica trasparente e infrangibile.

plìco *s.m.* [pl. *-chi*] busta, per lo più sigillata, contenente documenti, carte, lettere.

pliocène *s.m.* (*geol.*) ultima epoca geologica dell'era cenozoica.

plissettàto *agg.* pieghettato.

plotóne *s.m.* (*mil.*) suddivisione di una compagnia.

plotter *s.m.invar.* (*ingl.*) (*inform.*) negli elaboratori elettronici, terminale scrivente in grado di eseguire grafici e disegni.

plùmbeo *agg.* del colore del piombo.

pluràle *agg.* (*gramm.*) che si riferisce a più cose o persone ♦ *s.m.* (*gramm.*) forma della flessione del nome e del verbo che indica la pluralità.

pluralìsmo *s.m.* il convivere all'interno di una società di una molteplicità di opinioni e credenze.

pluralità *s.f.* molteplicità.

pluri- primo elemento di parole composte, che indica molteplicità numerica.

pluriennàle *agg.* che dura parecchi anni.

plùrimo *agg.* molteplice.

plusvalènza *s.f.* (*econ.*) incremento del valore di un bene.

plusvalóre *s.m.* nella teoria economica di K. Marx, differenza tra il valore prodotto dal lavoratore e il valore del suo salario.

plutóne *s.m.* *Plutone*, (*astr.*) nel sistema solare, il pianeta più distante dal Sole.

plutònio *s.m.* elemento chimico di simbolo *Pu*; è usato nei reattori nucleari.

pluviòmetro *s.m.* strumento per misurare la quantità di pioggia che cade in una località in un dato periodo.

pneumàtico *agg.* [pl.m. *-ci*] (*fis.*) che utilizza l'aria | che funziona ad aria compressa ♦ *s.m.* rivestimento delle ruote dei veicoli, costituito da un involucro di gomma dura.

pneumo- primo elemento di parole composte che significa 'polmone'.

pneumologìa *s.f.* scienza che studia anatomia, fisiologia e patologia dei polmoni.

pneumotoràce *s.m.* (*med.*) presenza di gas nella cavità pleurica.

pòco, tronc. **po'**, *agg.indef.* [pl.m. *-chi*; si elide solo in *poc'anzi*] che è in piccola quantità o misura, in piccolo numero | scarso, debole | breve, corto | nella loc. avv. *un po'*, ha valore attenuativo ♦ *pron.indef.* [f. *-a*, pl.m. *pochi*] **1** in piccola quantità o misura **2** *pl.* non molte persone ♦ *s.m.* ciò che è poco.

podàgra *s.f.* (*med.*) gotta localizzata nell'alluce.

podàlico *agg.* [pl.m. *-ci*] (*med.*) si dice del parto in cui il feto si presenta girato dalla parte dei piedi.

poderàle *agg.* del podere.

podére *s.m.* fondo rustico coltivato.

poderóso *agg.* che ha forza (anche *fig.*) □ **-mente** *avv.*

podestà *s.m.* (*st.*) **1** nei secoli XIII-XIV, magistrato che era a capo del comune cittadino **2** durante il fascismo, il capo dell'amministrazione comunale.

pòdio *s.m.* **1** sorta di pedana su cui sale il direttore d'orchestra | il palco soprelevato da cui parla l'oratore **2** basamento su cui ha luogo la premiazione dei primi tre classificati in una gara sportiva.

podìsmo *s.m.* lo sport della marcia e della corsa a piedi.

podìsta *s.m.* e *f.* [pl.m. *-sti*] atleta specializzato nella marcia o nella corsa a piedi.

podìstico *agg.* [pl.m. -*ci*] che riguarda il podismo o i podisti.
podo- primo elemento di parole composte, che significa 'piede'.
podòlogo *s.m.* [f. -*a*] specialista nella cura esterna, nell'igiene e nella cosmesi del piede.
poèma *s.m.* [pl. -*mi*] **1** narrazione poetica di notevole ampiezza **2** (*scherz.*) scritto molto più lungo di quanto sarebbe necessario.
poesìa *s.f.* **1** l'arte e la tecnica di comporre versi | il complesso delle opere poetiche appartenenti a un periodo storico, a una nazione, a una scuola, a un poeta **2** componimento in versi **3** (*estens.*) capacità di impressionare la mente e la fantasia; qualità di ciò che produce emozione, commozione.
poèta *s.m.* [f. -*essa*; pl.m. -*ti*] **1** chi compone poesie **2** (*estens.*) chi ha fantasia ed è ammiratore delle cose belle ed elevate.
poetéssa *s.f.* donna che scrive poesie.
poètica *s.f.* **1** l'arte del poetare **2** la concezione della poesia propria di un artista, di una scuola, di un'epoca.
poètico *agg.* [pl.m. -*ci*] **1** di poesia; di poeta **2** (*estens.*) sensibile, delicato | (*fig.*) che è fonte d'ispirazione per la poesia □ **-mente** *avv.*
poggiàre *v.intr.* [*io pòggio ecc.*; aus. *essere*] fondarsi, basarsi ♦ **-rsi** *v.rifl.* (*lett.*) appoggiarsi.
pòggio *s.m.* modesta altura.
pòi *avv.* **1** in seguito **2** inoltre **3** usato per riprendere il discorso o per introdurre un altro argomento: *quanto — all'argomento di cui si tratta...* ♦ *s.m.* l'avvenire.
poiàna *s.f.* uccello rapace diurno.
poiché *cong.* perché, giacché (introduce una prop. causale).
poker *s.m.invar.* gioco di carte di origine americana.
polàre *agg.* (*geog.*, *astr.*) del polo; che si riferisce ai poli.
polarità *s.f.* (*scient.*) la proprietà di un ente che presenta dei poli magnetici o elettrici.
polarizzàre *v.tr.* **1** (*fis.*) provocare un fenomeno di polarizzazione **2** (*fig.*) accentrare su qlcu. o su qlco. ♦ **-rsi** *v.intr.pron.* orientarsi verso uno scopo, una persona.
polarizzazióne *s.f.* **1** (*fis.*) proprietà di alcuni fenomeni fisici di presentare orientamenti ben definiti in condizioni determinate **2** (*fig.*) il polarizzare o il polarizzarsi verso uno scopo o su una persona.
pòlca *s.f.* danza veloce di origine boema.
polèmica *s.f.* controversia accesa.
polèmico *agg.* [pl.m. -*ci*] **1** proprio della polemica **2** combattivo **3** (*spreg.*) provocatorio □ **-mente** *avv.*
polemizzàre *v.intr.* [aus. *avere*] dar vita a una polemica.
polènta *s.f.* cibo rustico preparato con farina di granturco cotta in acqua.
poli- primo elemento di parole composte, che indica molteplicità.
poliambulatòrio *s.m.* ambulatorio attrezzato per la cura di diverse malattie.
policlìnico *s.m.* [pl. -*ci*] ospedale suddiviso in più cliniche per le diverse specialità.
policromìa *s.f.* molteplicità di colori.
polìcromo *agg.* multicolore.
polièdrico *agg.* [pl.m. -*ci*] **1** (*geom.*) di poliedro **2** (*fig.*) che ha capacità, aspetti molteplici □ **-mente** *avv.*
polièdro *s.m.* (*geom.*) solido limitato da facce poligonali.
polièstere *s.m.* (*chim.*) composto che costituisce la base di un gran numero di materie plastiche ♦ *agg.*
polifonìa *s.f.* (*mus.*) insieme simultaneo di più combinazioni di suoni, eseguite da voci o strumenti.
polifònico *agg.* [pl.m. -*ci*] (*mus.*) di polifonia □ **-mente** *avv.*
poligamìa *s.f.* (*etnol.*) unione coniugale di un individuo con più individui di sesso opposto.
polìgamo *agg.* e *s.m.* [f. -*a*] che/chi è in stato di poligamia.
poliglòtta *agg.* [pl.m. -*ti*] si dice di chi conosce e parla molte lingue ♦ *s.m.* e *f.*
poligonàle *agg.* di poligono ♦ *s.f.* (*geom.*) linea spezzata composta di segmenti di retta.
polìgono *s.m.* (*geom.*) ogni figura piana chiusa da segmenti di retta.
poligràfico *agg.* [pl.m. -*ci*] che stampa con vari sistemi ♦ *s.m.* [f. -*a*] operaio di uno stabilimento poligrafico.
polìmero *agg.* e *s.m.* (*chim.*) si dice di composto costituito da macromolecole.
polinòmio *s.m.* (*mat.*) somma algebrica di più monomi non simili.
poliomielìte *s.f.* (*med.*) malattia infettiva virale caratterizzata da infiammazione della sostanza grigia del midollo spinale.
pòlipo *s.m.* **1** (*zool.*) piccolo animale acquatico dei celenterati munito di tentacoli **2** (*med.*) tumore benigno.
pòlis *s.f.invar.* forma di organizzazione politica e civile tipica del mondo greco; città-stato.
polisaccàride *s.m.* (*chim.*) composto organico derivante dalla condensazione di più molecole di zuccheri semplici.
polistiròlo *s.m.* (*chim. ind.*) materiale pla-

stico usato per imballaggi e per articoli tecnici e casalinghi.
politècnico *s.m.* [pl.m. *-ci*] istituto universitario per l'insegnamento delle scienze fisiche, chimiche e matematiche e delle loro applicazioni.
politeìsmo *s.m.* religione caratterizzata dalla credenza in una molteplicità di dei.
politeìsta *s.m.* e *f.* [pl.m. *-sti*] chi segue e pratica il politeismo.
polìtica *s.f.* **1** teoria e pratica che hanno per oggetto l'organizzazione e il governo dello stato **2** modo di governare **3** (*estens.*) tutto ciò che riguarda la vita pubblica.
politicizzàto *agg.* che viene caricato di valore politico.
polìtico *agg.* [pl.m. *-ci*] **1** (*filos.*) dello stato **2** della politica ♦ *s.m.* uomo politico □ **-mente** *avv.* **1** dal punto di vista politico **2** (*fig.*) con abilità, con astuzia.
politòlogo *s.m.* [f. *-a*; pl.m. *-gi*] esperto di politica.
polìttico *s.m.* [pl. *-ci*] dipinto o rilievo composto di più tavole incernierate.
polivalènte *agg.* **1** (*chim.*) si dice di ogni elemento capace di combinarsi con uno stesso elemento in proporzioni differenti, dando origine a composti diversi **2** (*estens.*) che si adatta a diversi usi.
polizìa *s.f.* **1** azione svolta dallo stato per prevenire i reati, individuare i loro autori e tutelare l'ordine pubblico **2** il complesso dei servizi e degli agenti impiegati dallo stato con compiti di polizia.
poliziésco *agg.* [pl.m. *-schi*] **1** di polizia, della polizia **2** si dice di opera letteraria o cinematografica che ha per argomento un delitto e le relative indagini della polizia.
poliziòtto *s.m.* [f. *-a*] agente della polizia di stato | usato anche come *agg.invar.*
pòlizza *s.f.* scrittura privata attestante un contratto o l'avvenuto ricevimento di merce o denaro.
pólla *s.f.* vena d'acqua che scaturisce dal terreno.
pollàio *s.m.* locale rustico o recinto in cui si tengono i polli.
pollàme *s.m.* denominazione generica di polli, capponi, tacchini, anatre e oche allevati per l'alimentazione umana.
pòllice *s.m.* **1** il primo e più grosso dito della mano | *avere il — verde*, (*fig.*) essere portati per il giardinaggio **2** antica unità di misura di lunghezza, corrispondente a 1/12 di piede, cioè a 25,4 mm; è tuttora in vigore nel sistema anglosassone.
pollicoltùra *s.f.* pratica e tecnica di allevare il pollame; l'allevamento stesso.
pòlline *s.m.* (*bot.*) polvere, per lo più gialla, che si forma sulle antere di un fiore, e che contiene l'elemento fecondatore della pianta.
póllo *s.m.* **1** nome generico del gallo e della gallina giovani | *far ridere i polli*, (*fig. fam.*) comportarsi in modo ridicolo **2** (*fig.*) gonzo.
polmonàre *agg.* (*anat.*, *med.*) del polmone, dei polmoni.
polmóne *s.m.* (*anat.*) ciascuno dei due organi della respirazione dei vertebrati (esclusi i pesci), che si trovano nella cavità toracica.
polmonìte *s.f.* (*med.*) infiammazione acuta o cronica dei polmoni.
pòlo *s.m.* **1** (*geog.*) ciascuno dei due punti in cui l'asse di rotazione terrestre **2** (*estens.*) regione geografica situata nei pressi di uno dei due poli terrestri **3** (*fig.*) posizione antitetica **4** (*scient.*) punto dotato di particolari caratteristiche: — *magnetico*, punto verso cui si dirige l'ago magnetico della bussola; — *positivo*, *negativo*, le estremità degli elettrodi di una pila **5** (*fig.*) punto, centro.
polònio *s.m.* elemento chimico di simbolo *Po*; è un metallo radioattivo.
pólpa *s.f.* **1** la carne senza ossa e senza grasso degli animali macellati **2** la parte molle e succosa di un frutto.
polpàccio *s.m.* la massa muscolosa e tondeggiante nella parte posteriore della gamba, sotto il ginocchio.
polpastrèllo *s.m.* la parte carnosa e tondeggiante dell'ultima falange di ogni dito.
polpétta *s.f.* pietanza di carne o altra sostanza tritata, preparata in piccole forme rotonde e schiacciate.
polpettóne *s.m.* **1** impasto di carne tritata al quale si dà la forma di un grosso cilindro **2** (*fig.*) discorso, scritto, opera noiosi e prolissa.
pólpo *s.m.* mollusco cefalopodo marino privo di conchiglia, con lunghi tentacoli.
polpóso *agg.* ricco di polpa.
polsìno *s.m.* striscia di stoffa con cui terminano le maniche delle camicie.
pólso *s.m.* **1** parte dell'arto superiore dell'uomo in cui la mano si congiunge con l'avambraccio **2** (*fisiol.*) battito ritmico prodotto dalla dilatazione dei vasi sanguigni per l'afflusso del sangue, particolarmente avvertibile nel polso **3** (*fig.*) energia; autorità.
poltìglia *s.f.* miscuglio semiliquido.
poltrìre *v.intr.* [*io poltrisco, tu poltrisci ecc.*; aus. *avere*] condurre una vita oziosa.
poltróna *s.f.* **1** sedia ampia e comoda **2** (*fig.*) posto di potere.
poltróne *s.m.* [f. *-a*] persona pigra.

pólvere *s.f.* 1 [solo *sing.*] insieme dei minutissimi e impalpabili frammenti di terra arida 2 (*estens.*) qualsiasi sostanza che ha l'aspetto di polvere.
polverièra *s.f.* deposito di esplosivi.
polverizzàre *v.tr.* ridurre in polvere | (*fig.*) annientare ♦ **-rsi** *v.intr.pron.* ridursi in polvere | (*fig.*) sparire.
polverizzazióne *s.f.* il polverizzare, il polverizzarsi, l'essere polverizzato.
polveróne *s.m.* grande quantità di polvere | *sollevare un* —, (*fig.*) creare confusione.
polveróso *agg.* pieno di polvere.
pomàta *s.f.* unguento.
pomèllo *s.m.* 1 la parte rilevata e tondeggiante della gota, corrispondente allo zigomo 2 oggetto sferico o tondeggiante, usato come maniglia.
pomeridiàno *agg.* del pomeriggio.
pomerìggio *s.m.* la parte del giorno compresa tra il mezzogiorno e la sera.
pómice *s.f.* varietà porosa e leggerissima di ossidiana, usata per levigare o lucidare | anche in funzione di *agg.*
pómo *s.m.* 1 (*lett.*) mela | melo 2 (*estens.*) elemento sferico.
pomodòro *s.m.* [pl. *pomodori*] 1 pianta erbacea annuale con fiori gialli in grappoli e frutto a bacca 2 il frutto rosso, carnoso e commestibile di tale pianta.
pómpa[1] *s.f.* (*mecc.*) apparecchio che si usa per sollevare o spingere un liquido, oppure per comprimere o rarefare un gas.
pómpa[2] *s.f.* apparato solenne e fastoso.
pompàre *v.tr.* [*io pómpo ecc.*] 1 aspirare o comprimere un fluido mediante una pompa 2 (*fig.*) esagerare l'importanza di qlco.
pompèlmo *s.m.* 1 albero sempreverde degli agrumi, con frutti simili a grosse arance 2 il frutto di tale albero.
pompière *s.m.* 1 (*pop.*) vigile del fuoco 2 (*fig.*) chi agisce in modo da placare le tensioni.
pompóso *agg.* sfarzoso, fastoso ☐ **-mente** *avv.*
ponderàle *agg.* (*scient.*) che si riferisce al peso.
ponderàre *v.tr.* [*io pòndero ecc.*] considerare, valutare con attenzione.
ponderatézza *s.f.* qualità di chi riflette a fondo prima di prendere una decisione.
ponderàto *agg.* 1 ben meditato 2 che riflette attentamente prima di agire ☐ **-mente** *avv.*
ponderazióne *s.f.* il ponderare; riflessione, attento esame.
ponènte *s.m.* parte dell'orizzonte dove tramonta il Sole; occidente.
pónte *s.m.* 1 struttura architettonica che consente di superare una depressione del terreno, un tratto d'acqua, un'altra via di comunicazione 2 (*estens.*) qualsiasi mezzo o struttura che serva di collegamento o comunicazione | — *aereo*, collegamento tra due località mediante una serie continua di voli aerei | — *radio*, collegamento tra due località mediante comunicazioni radiofoniche 3 (*mar.*) ciascuno dei piani orizzontali che dividono l'interno di una nave 4 protesi che sostituisce i denti mancanti fissandosi agli altri 5 (*fig.*) periodo di vacanza che si ottiene inframezzando uno o più giorni di ferie tra una festa infrasettimanale e la domenica precedente o successiva.
pontéfice *s.m.* *sommo* —, nella chiesa cattolica, il papa.
pontéggio *s.m.* (*edil.*) impalcatura.
pontificàle *s.m.* funzione solenne celebrata da un vescovo o dal papa.
pontificàre *v.intr.* [*io pontìfico, tu pontìfichi ecc.*; aus. *avere*] 1 celebrare un pontificale 2 (*scherz.*) assumere un tono di ostentata superiorità.
pontificàto *s.m.* papato.
pontificio *agg.* [pl.f. *-cie*] del papa.
pontìle *s.m.* costruzione in legno, acciaio o cemento armato che sporge perpendicolarmente dalla riva per agevolare l'attracco di imbarcazioni e consentirne l'ormeggio.
pool *s.m.invar.* (*ingl.*) 1 (*econ.*) cartello di imprese 2 gruppo di persone che si dedica allo stesso lavoro; équipe.
popolàre[1] *v.tr.* [*io pòpolo ecc.*] 1 rendere abitato | abitare 2 affollare ♦ **-rsi** *v.intr.pron.* divenire abitato, popoloso.
popolàre[2] *agg.* 1 del popolo in quanto insieme di tutti i cittadini 2 del popolo, delle classi meno abbienti e socialmente meno elevate; fatto in favore di tali classi 3 noto o diffuso tra il popolo ☐ **-mente** *avv.*
popolarità *s.f.* 1 l'essere proprio del popolo 2 l'avere il favore del popolo.
popolazióne *s.f.* 1 il complesso degli abitanti di un luogo 2 insieme di individui che hanno caratteristiche comuni.
pòpolo *s.m.* 1 complesso dei cittadini di uno stato 2 l'insieme delle classi sociali più modeste 3 complesso di persone.
popolóso *agg.* che ha molti abitanti.
póppa *s.f.* la parte posteriore di un'imbarcazione o di una nave.
poppànte *agg.* e *s.m.* e *f.* lattante.
poppàre *v.tr.* e *intr.* [*io póppo ecc.*; aus. *avere*] succhiare il latte.
poppàta *s.f.* ogni singolo pasto del lattante.
poppatóio *s.m.* bottiglia munita di tetta-

rella di gomma, usata nell'allattamento artificiale.

populìsmo *s.m.* atteggiamento o movimento politico, sociale, culturale che ritiene il popolo unico depositario di valori positivi.

populìsta *agg.* [pl.m. *-sti*] del populismo ♦ *s.m.* e *f.* seguace del populismo.

porcàio *s.m.* **1** luogo molto sporco **2** (*fig.*) ambiente corrotto.

porcellàna *s.f.* **1** materiale ceramico di grande finezza, bianco, compatto, traslucido, ottenuto mediante cottura di sostanze argillose **2** (*estens.*) oggetto, per lo più pregiato, fabbricato con questo materiale.

porcèllo *s.m.* [f. *-a*] **1** maiale giovane **2** (*fam.*) persona sporca.

porcherìa *s.f.* **1** cosa sporca **2** (*fam.*) cosa riprovevole | (*fam.*) cosa mal riuscita.

porchétta *s.f.* maiale svuotato delle interiora, riempito di sale, pepe, lardo, aglio, rosmarino e cotto intero allo spiedo.

porcìle *s.m.* stalla per maiali.

porcìno *agg.* di porco ♦ *s.m.* fungo commestibile assai pregiato.

pòrco *s.m.* [f. *-a*; pl.m. *-ci*] **1** maiale | *piede di* —, (*fig.*) leva d'acciaio che nella punta ricorda il piede del maiale usata per spostare grossi pesi; è l'attrezzo classico degli scassinatori **2** (*volg.*) persona che fa o dice cose oscene | usato come *agg.* (*pop.*) in imprecazioni o bestemmie.

porcospìno *s.m.* [pl. *porcospini*] istrice.

pòrfido *s.m.* (*geol.*) roccia durissima di origine vulcanica usata per pavimentazioni stradali.

pòrgere *v.tr.* [pres. *io pòrgo, tu pòrgi ecc.*; pass.rem. *io pòrsi, tu porgésti ecc.*; part.pass. *pòrto*] tendere qlco. a qlcu.; dare.

pòrno *agg.invar.* pornografico.

pornografìa *s.f.* trattazione o rappresentazione di temi o soggetti osceni.

pornogràfico *agg.* [pl.m. *-ci*] osceno.

pòro *s.m.* (*anat.*) orifizio microscopico della cute in cui sboccano le ghiandole sudoripare e sebacee.

porosità *s.f.* l'essere poroso.

poróso *agg.* che ha molti pori.

pórpora *s.f.* **1** sostanza colorante rossa ottenuta da un mollusco marino **2** colore rosso vermiglio **3** stoffa pregiata tinta di porpora **4** (*fig.*) titolo, dignità di cardinale ♦ *agg.invar.* vermiglio.

porporàto *s.m.* (*eccl.*) cardinale.

pórre *v.tr.* [pres. *io póngo, tu póni, egli póne, noi poniamo, voi ponéte, essi póngono*; fut. *io porrò ecc.*; pass.rem. *io pósi, tu ponésti, egli póse, noi ponémmo, voi ponéste, essi pósero*; pres.congiunt. *io pónga,... noi poniamo, voi poniate, essi póngano*; condiz. *io porrèi ecc.*; part.pass. *pósto*; dal tema *pon-* le altre forme: *ponévo, ponèndo ecc.*] **1** mettere, collocare (anche *fig.*) | — *mano a*, iniziare **2** rivolgere **3** supporre ♦ **-rsi** *v.rifl.* mettersi (anche *fig.*).

pòrro *s.m.* **1** pianta erbacea commestibile **2** (*pop.*) verruca.

pòrta *s.f.* **1** apertura attraverso la quale si entra in una stanza, in un edificio; serramento a uno o due battenti che si applica a tale apertura | *mettere alla* —, licenziare bruscamente, scacciare **2** (*sport*) in alcuni giochi a squadre, intelaiatura posta ai due estremi del campo, entro la quale le squadre cercano di spedire la palla o il disco per ottenere il punto **3** portiera.

portabagàgli *s.m.* **1** facchino **2** struttura applicata esternamente a un veicolo per sostenere i bagagli **3** (*fam.*) bagagliaio ♦ *agg.* che serve a contenere i bagagli durante un trasporto | che serve a trasportare bagagli.

portabórse *s.m.* e *f.invar.* collaboratore di una persona importante che si comporta servilmente nei suoi confronti.

portacénere *s.m.invar.* recipiente che serve per raccogliere la cenere e i mozziconi di sigarette e di sigari; posacenere.

portaèrei *s.f.invar.* nave da guerra di grande tonnellaggio, dotata di un ampio ponte di volo che permette il decollo e l'atterraggio di aeroplani.

portafòglio *s.m.* **1** custodia tascabile di pelle o altro materiale, con scompartimenti interni per tenervi denaro e documenti **2** (*fig.*) ministero **3** (*econ.*) insieme delle attività e delle passività detenute da un individuo o da un'impresa.

portagiòie *s.m.invar.* cofanetto per gioielli | usato anche come *agg.*: *cofanetto* —.

portàle *s.m.* porta monumentale di chiese e palazzi.

portalèttere *s.m.* e *f.invar.* dipendente delle poste che è addetto al recapito a domicilio della corrispondenza.

portaménto *s.m.* modo di atteggiare la persona nel muoversi e nel camminare.

portamonéte *s.m.invar.* contenitore tascabile per monete metalliche; borsellino.

portànte *agg.* si dice di elemento o struttura che ha funzione di sostegno.

portàre *v.tr.* [*io pòrto ecc.*] **1** reggere, sostenere un oggetto o un peso, spostandolo **2** recare, dare (anche *fig.*) **3** essere in grado di sostenere un peso **4** recare su di sé o indosso; avere **5** accompagnare **6** condurre | — *via*, togliere; anche, sottrarre, rubare **7** guidare, pilotare: — *bene l'automobile* **8** indurre **9** produrre; causare **10** nutrire nell'animo ♦ **-rsi** *intr.pron.* recarsi.

portàta *s.f.* **1** ognuna delle vivande che vengono servite in tavola **2** il valore massimo misurabile da uno strumento di misura | la capacità di carico di un mezzo di trasporto **3** (*mil.*) gittata **4** (*fig.*) possibilità, capacità **5** (*fig.*) importanza **6** quantità d'acqua di un fiume che scorre per un luogo nell'unità di tempo.
portàtile *agg.* che si trasporta con facilità.
portatóre *s.m.* [f. *-trice*] **1** chi porta | — *di handicap*, handicappato **2** possessore di un titolo di credito non nominativo **3** (*med.*) individuo che trasmette ad altri i bacilli di malattie infettive.
portavalóri *s.m.invar.* chi è incaricato del trasporto di valori per conto di una banca, di un'azienda ♦ *agg.invar.* adibito al trasporto di valori: *furgone* —.
portavóce *s.m.invar.* [anche *f.*] chi è incaricato di esprimere il punto di vista di un ente, di un uomo politico ecc.
portèllo *s.m.* **1** piccola porta praticata in un portone **2** apertura nella murata di una nave o nella fusoliera di un aereo.
portènto *s.m.* prodigio.
portentóso *agg.* straordinario ♦ *s.m.* □ **-mente** *avv.*
pòrtico *s.m.* [pl. *-ci*] fabbricato aperto su uno o più lati, costruito al piano del suolo e sorretto da pilastri.
portièra *s.f.* **1** sportello di autoveicolo **2** portinaia.
portieràto *s.m.* mansione di portiere di uno stabile.
portière *s.m.* **1** [f. *-a*] chi vigila l'ingresso di edifici; portinaio **2** (*sport*) in giochi di squadra, il giocatore che difende la porta.
portinàio *s.m.* [f. *-a*] chi custodisce l'ingresso di uno stabile privato; portiere ♦ *agg.* si dice di religioso che custodisce la porta di un convento: *frate* —.
portinerìa *s.f.* locale all'ingresso di edifici, in cui svolge le sue funzioni il portiere.
pòrto[1] *s.m.* **1** luogo sulla riva del mare, di un lago o di un fiume che può dare sicuro ricovero alle navi e permettere operazioni di imbarco e sbarco: — *di mare*, (*fig.*) luogo frequentatissimo **2** (*fig.*) conclusione; rifugio sicuro.
pòrto[2] *s.m.* **1** il portare | — *d'armi*, licenza di portare con sé armi **2** prezzo dovuto per il trasporto di merci.
pòrto[3] *s.m.* vino rosso pregiato da aperitivo o da dessert, prodotto in Portogallo.
portóne *s.m.* porta di notevoli dimensioni, che costituisce l'ingresso principale di un edificio. DIM. *portoncino*.
portuàle *agg.* attinente al porto ♦ *s.m.* chi lavora in un porto.
porzióne *s.f.* **1** parte di un tutto **2** quantità di cibo servita a un commensale.
pòsa *s.f.* **1** il porre **2** il posare per essere ritratti **3** (*fig.*) atteggiamento studiato.
posacénere *s.m.invar.* portacenere.
posapiàno *s.m.* e *f.invar.* (*scherz.*) persona lenta e tranquilla.
posàre *v.tr.* [*io pòso ecc.*] mettere giù ♦ *v.intr.* [aus. *avere*] **1** poggiare su qlco. | (*fig.*) avere per fondamento **2** restare immobile in un atteggiamento per farsi ritrarre **3** (*fig.*) comportarsi in modo affettato ♦ **-rsi** *v.rifl.* o *intr.pron.* fermarsi cadendo o scendendo dall'alto.
posàta *s.f.* ciascuno degli utensili che servono per mangiare.
posàto *agg.* si dice di persona calma, riflessiva o di cosa che denota equilibrio.
poscrìtto *s.m.* ciò che si aggiunge a una lettera già firmata (si abbrevia *P.S.*).
positivìsmo *s.m.* movimento filosofico della seconda metà del sec. XIX, che rifiutava ogni forma di metafisica e poneva i dati scientifici come unico fondamento della conoscenza.
positivìsta *s.m.* e *f.* [pl.m. *-sti*] filosofo seguace del positivismo.
positìvo *agg.* **1** che esiste di fatto; reale, effettivo **2** utile, favorevole **3** si dice di persona che bada al concreto **4** (*mat.*) si dice di ogni numero reale maggiore dello zero **5** (*scient.*) si dice per caratterizzare convenzionalmente un oggetto, un fenomeno, in opposizione a un altro detto *negativo*: *polo, elettrodo* — ♦ *s.m.* ciò che è sicuro □ **-mente** *avv.*
positróne *s.m.* (*fis.*) particella elementare che ha massa uguale a quella dell'elettrone, ma carica opposta.
posizionàre *v.tr.* [*io posizióno ecc.*] mettere in posizione.
posizióne *s.f.* **1** il luogo in cui è posta una cosa, per lo più in relazione a un punto o a un sistema di riferimento **2** il posto occupato in una classifica **3** (*fig.*) stato, situazione | condizione sociale ed economica **4** atteggiamento del corpo **5** (*fig.*) convinzione, opinione.
posologìa *s.f.* (*farm.*, *med.*) indicazione delle dosi e delle modalità di somministrazione dei medicinali.
pospórre *v.tr.* [coniugato come *porre*] **1** mettere dopo | (*fig.*) subordinare **2** ritardare.
possedére *v.tr.* [coniugato come *sedere*] **1** avere in proprietà **2** (*fig.*) avere in sé **3** (*fig.*) dominare | conoscere a fondo.
possediménto *s.m.* terre possedute da un privato | domini posseduti da uno stato.
possènte *agg.* potente, forte.

possessìvo *agg.* **1** (*gramm.*) che indica possesso: *aggettivo* — **2** che tende al possesso □ **-mente** *avv.*
possèsso *s.m.* **1** potere che si esercita di fatto su una cosa o su un bene, godendone i frutti, anche senza averne la proprietà **2** (*fig.*) padronanza **3** (spec. *pl.*) possedimento.
possessóre *s.m.* [f. *posseditrice*] chi ha il possesso di un bene.
possìbile *agg.* **1** che può accadere o che può esser fatto **2** concepibile ♦ *s.m.* ciò che si può fare □ **-mente** *avv.* potendo.
possibilità *s.f.* **1** l'essere possibile **2** occasione **3** *pl.* mezzi materiali o morali.
possidènte *s.m.* e *f.* chi possiede beni immobili.
post- primo elemento di parole composte, che significa 'dopo'.
pòsta *s.f.* **1** luogo dove il cacciatore attende il passaggio della selvaggina **2** servizio pubblico per la spedizione e il recapito della corrispondenza | *posta-celere*, servizio di recapito della corrispondenza entro le 24 ore, effettuato dalle poste italiane **3** (spec. *pl.*) l'amministrazione che cura il servizio postale **4** corrispondenza **5** ciò che si arrischia al gioco (anche *fig.*).
postàle *agg.* della posta ♦ *s.m.* nave mercantile, treno, corriera, aeroplano adibiti al servizio postale.
postazióne *s.f.* **1** (*mil.*) luogo riparato e difeso in cui si collocano armi pesanti **2** (*estens.*) luogo di osservazione per cronisti e operatori radiotelevisivi.
postbèllico *agg.* [pl.m. *-ci*] del periodo che segue immediatamente una guerra.
postconciliàre *agg.* successivo al concilio Vaticano II.
posteggiàre *v.tr.* [*io postéggio ecc.*] lasciare un veicolo in sosta in un posteggio.
posteggiatóre *s.m.* [f. *-trice*] custode di un posteggio.
postéggio *s.m.* spazio riservato alla sosta di autoveicoli, motoveicoli, biciclette.
postelegrafònico *agg.* [pl.m. *-ci*] che si riferisce ai servizi postali, telegrafici e telefonici ♦ *s.m.* [f. *-a*] chi è addetto a tali servizi.
poster *s.m.invar.* (*ingl.*) manifesto illustrato da appendere alle pareti.
posterióre *agg.* che viene dietro, dopo □ **-mente** *avv.*
posteriorità *s.f.* l'essere posteriore.
pòstero *s.m.* (spec. *pl.*) i nostri lontani discendenti.
postìccio *agg.* [pl.f. *-ce*] artificiale, finto.
posticipàre *v.tr.* [*io postìcipo ecc.*] rinviare a un tempo successivo a quello prestabilito.
posticipàto *agg.* che si fa o avviene dopo il tempo stabilito o normale □ **-mente** *avv.*
postìlla *s.f.* breve nota scritta sul margine di un libro o di un documento.
postìno *s.m.* [f. *-a*] (*pop.*) portalettere.
post lauream *loc.agg.m.invar.* si dice di corso di studi frequentabile da chi è già laureato: *master* —.
postmodèrno *agg.* si dice di tendenza artistica o letteraria che, in polemica con l'ideologia del progresso, persegue la commistione di modi e forme del passato con elementi e spunti innovativi.
pósto *s.m.* **1** luogo in cui si trova una persona o una cosa | *mettere le cose a* —, rimettere ordine; (*fig.*) ristabilire la verità | *avere la testa a* —, (*fig.*) essere assennato, equilibrato | *al — di*, in luogo **2** luogo assegnato per un compito **3** spazio limitato fornito di particolari attrezzature **4** spazio destinato ad accogliere qlcu.; sedile **5** impiego, occupazione **6** località.
postulàto *s.m.* (*mat.*, *filos.*) proposizione non dimostrata e non dimostrabile che viene ammessa come vera, in quanto necessaria ai fini di una dimostrazione.
pòstumo *agg.* **1** si dice di figlio nato dopo la morte del padre **2** (*estens.*) si dice di opera, composizione pubblicata dopo la morte dell'autore ♦ *s.m.* (spec. *pl.*) disturbo lasciato da una malattia.
potàbile *agg.* che si può bere senza danno.
potàre *v.tr.* [*io póto ecc.*] (*agr.*) tagliare i rami degli alberi o degli arbusti per favorirne la crescita o modificarne la forma.
potàssio *s.m.* elemento chimico di simbolo *K*; è un metallo alcalino presente nella maggior parte degli organismi viventi, nel mare e in molti minerali.
potatùra *s.f.* (*agr.*) il potare.
potènte *agg.* **1** che esercita un grande potere **2** che ha grande forza **3** che ha molta efficacia ♦ *s.m.* persona che ha autorità □ **-mente** *avv.*
potènza *s.f.* **1** forza, efficacia **2** persona, cosa, ente che esercita un potere **3** (*filos.*) possibilità di produrre o subire mutamenti | *in* —, che è nello stato di pura possibilità **4** (*fis.*) lavoro compiuto nell'unità di tempo **5** (*mat.*) prodotto di un numero (base) moltiplicato per sé stesso tante volte quante sono indicate da un secondo numero (esponente).
potenziàle *agg.* che ha la possibilità di realizzarsi ♦ *s.m.* (*fig.*) insieme di mezzi, capacità, possibilità di cui dispone una persona, un ente, un organismo □ **-mente** *avv.*

potenzialità *s.f.* **1** l'essere potenziale | (*estens.*) capacità, disponibilità **2** (*mecc.*) capacità di una macchina di produrre nell'unità di tempo una certa quantità di lavoro.
potenziàre *v.tr.* [*io potènzio ecc.*] rendere potente o più potente.
potére[1] *v.intr.* [pres. *io pòsso, tu puòi, egli può, noi possiamo, voi potéte, essi pòssono*; imperf. *io potévo, tu potévi, egli potéva, noi potevamo, voi potevate, essi potévano*; pass.rem. *io potéi, tu potésti ecc.*; fut. *io potrò, tu potrai ecc.*; pres.congiunt. *io pòssa, tu pòssa, egli pòssa, noi possiamo, voi possiate, essi pòssano*; imperf.congiunt. *io potéssi ecc.*; cond. *io potrèi, tu potrésti ecc.*; ger. *potèndo*; part.pres. *potènte* (lett. *possènte*); part.pass. *potuto*. Come verbo indipendente, si coniuga con l'aus. *avere*; come verbo servile, con l'ausiliare richiesto dal verbo cui si accompagna (p.e. *ho potuto mangiare*; *non sono potuto venire*)] **1** avere la forza, la capacità, la possibilità, la libertà di fare qlco.: *a più non posso*, con tutte le forze **2** essere lecito, permesso **3** (*assol.*) avere potere, forza, influenza **4** avere probabilità | *può darsi*, è possibile.
potére[2] *s.m.* **1** facoltà di fare o di non fare qlco. **2** autorità **3** (*estens.*) capacità di influire **4** ciascuna delle grandi funzioni di uno stato moderno: — *legislativo*, *esecutivo*, *giudiziario* **5** capacità di produrre un effetto: — *d'acquisto di una moneta*.
potestà *s.f.* potere; *patria* —, (*dir.*) insieme di poteri esercitati dai genitori a tutela dei minorenni.
pòtus *s.m.invar.* pianta ornamentale con fusto ricadente e foglie macchiate di giallo.
pòvero *agg.* **1** che non possiede mezzi per vivere **2** (*estens.*) che denota miseria | che scarseggia **3** che è in una condizione tale da suscitare compassione, pietà ♦ *s.m.* [f. *-a*] chi non ha mezzi per vivere; mendicante □ **-mente** *avv.*
povertà *s.f.* **1** l'essere povero **2** (*estens.*) scarsità, limitatezza.
pózza *s.f.* **1** piccola fossa piena d'acqua **2** quantità di liquido versato in terra.
pozzànghera *s.f.* pozza d'acqua fangosa.
pózzo *s.m.* **1** scavo praticato verticalmente nel terreno per estrarre acqua dal sottosuolo | — *di scienza*, (*fig.*) uomo molto dotto **2** qualsiasi foro, naturale o artificiale, nel terreno: — *petrolifero*, per l'estrazione del petrolio.
pragmatismo *s.m.* atteggiamento motivato da esigenze pratiche più che da principi o valori ideali.
pranoterapìa *s.f.* pratica di medicina alternativa che consiste nell'imporre le mani sulla parte malata di una persona.
pranzàre *v.intr.* [aus. *avere*] consumare il pranzo.
prànzo *s.m.* **1** il pasto principale della giornata **2** pasto lauto.
pràssi *s.f.* **1** (*filos.*) l'attività pratica dell'uomo **2** (*estens.*) procedura abituale, consueta.
praterìa *s.f.* vasta distesa erbosa.
pràtica *s.f.* **1** atto o insieme di atti con cui si realizza una volontà, si attua un principio, si dà luogo a una procedura | (*burocr.*) l'insieme degli atti e dei documenti necessari per definire un affare o per ottenere concessioni, autorizzazioni **2** (*estens.*) prassi **3** conoscenza o abilità che derivano dall'esperienza | apprendistato.
praticàbile *agg.* **1** che si può praticare **2** si dice di luogo per cui si può passare.
praticàccia *s.f.* (*fam.*) abilità acquisita grazie a una lunga esperienza.
praticànte *agg.* si dice di persona che osserva le pratiche religiose ♦ *s.m.* e *f.* chi fa tirocinio in una professione.
praticàre *v.tr.* [*io pràtico, tu pràtichi ecc.*] **1** mettere in pratica **2** esercitare **3** fare.
praticità *s.f.* l'essere comodo a usarsi.
pràtico *agg.* [pl.m. *-ci*] **1** che concerne la pratica **2** che è facilmente realizzabile | che è facile a usarsi **3** che tiene conto della realtà **4** si dice di persona che ha pratica, esperienza, competenza □ **-mente** *avv.* **1** in modo pratico **2** in concreto.
pràto *s.m.* terreno coperto d'erba.
pre- primo elemento di parole composte che indica per lo più anteriorità.
preallàrme *s.m.* segnale che precede quello di allarme vero e proprio.
preàmbolo *s.m.* **1** parte introduttiva di un discorso, di uno scritto **2** (*estens.*) premessa cerimoniosa e inutile.
preannunciàre *v.tr.* [*io preannùncio ecc.*] annunciare in precedenza.
preavvìso *s.m.* avviso preventivo.
precarietà *s.f.* l'essere precario; carattere precario.
precàrio *agg.* non stabile, di incerta durata, provvisorio | malsicuro, cagionevole ♦ *agg.* e *s.m.* [f. *-a*] chi ha un lavoro con con tratto provvisorio □ **-mente** *avv.*
precauzióne *s.f.* **1** cautela **2** misura tendente a evitare un danno, un pericolo.
precedènte *agg.* immediatamente anteriore ♦ *s.m.* fatto, evento che si è verificato prima di un altro analogo □ **-mente** *avv.*
precedènza *s.f.* **1** il precedere | *in* —, prima **2** diritto di passare prima **3** (*fig.*) priorità.
precèdere *v.tr.* e *intr.* [pres. *io precèdo ecc.*;

pass.rem. *io precedéi* o *precedètti*, *tu precedésti* ecc.; part.pass. *preceduto*; aus. dell'intr. *avere*] andare innanzi, stare o venire prima.
precètto *s.m.* **1** norma, regola | — *della chiesa*, obbligo imposto dalla chiesa cattolica ai fedeli **2** intimazione di adempiere un obbligo.
precipitàre *v.intr.* [*io precipito* ecc.; aus. *essere*] **1** cadere rovinosamente dall'alto (anche *fig.*) **2** (*fig.*) evolvere rapidamente verso una conclusione negativa **3** (*chim.*) depositarsi in basso ♦ *v.tr.* **1** far cadere dall'alto **2** (*fig.*) affrettare ♦ **-rsi** *v.rifl.* **1** gettarsi dall'alto **2** dirigersi precipitosamente verso un luogo.
precipitàto *agg.* **1** caduto a precipizio **2** (*fig.*) fatto o detto troppo in fretta ♦ *s.m.* (*chim.*) sostanza che si deposita sul fondo separandosi da una soluzione.
precipitazióne *s.f.* **1** — *atmosferica*, (*meteor.*) il fenomeno per cui l'acqua contenuta nell'atmosfera si condensa e cade al suolo sotto forma di pioggia, neve o grandine **2** (*fig.*) fretta eccessiva.
precipitóso *agg.* che agisce affrettatamente, senza riflettere; che è fatto con fretta eccessiva □ **-mente** avv.
precipìzio *s.m.* luogo scosceso e profondo.
precisàre *v.tr.* specificare con esattezza.
precisazióne *s.f.* il precisare, l'essere precisato; parole con cui si precisa.
precisióne *s.f.* l'essere preciso; grande esattezza.
precìso *agg.* **1** fatto o detto con esattezza | chiaro; non generico **2** che agisce con accuratezza; che funziona con esattezza **3** (*fam.*) identico □ **-mente** *avv.* **1** proprio **2** con precisione.
preclùdere *v.tr.* [pass.rem. *io preclusi*, *tu precludésti* ecc.; part.pass. *precluso*] ostacolare (spec. *fig.*).
precòce *agg.* **1** che si sviluppa e matura prima del tempo **2** prematuro □ **-mente** *avv.*
preconcètto *agg.* si dice di opinione concepita per partito preso ♦ *s.m.* pregiudizio.
precórrere *v.tr.* [coniugato come *correre*] anticipare, prevenire.
precursóre *agg.* [f. *precorritrice*] che precorre, preannuncia ♦ *s.m.* chi precede altri nel formulare idee o teorie; antesignano.
prèda *s.f.* **1** ciò di cui ci si impadronisce con la violenza | *essere — di qlcu., di qlco.*, (*fig.*) esserne dominato, soggiogato **2** animale catturato o ucciso.
predecessóre *s.m.* chi ha tenuto prima di un altro un ufficio, una carica, una dignità.
predellìno *s.m.* il gradino su cui si poggia il piede per salire o scendere in vetture tranviarie o ferroviarie.
predestinàto *agg.* destinato, designato in precedenza.
predestinazióne *s.f.* **1** il predestinare, l'essere predestinato | destino già stabilito in precedenza **2** (*teol.*) decisione con cui Dio dall'eternità ordina la vita umana.
predétto *agg.* detto in precedenza.
prèdica *s.f.* **1** discorso su un argomento religioso o morale che il sacerdote tiene in chiesa ai fedeli **2** (*fam.*) ammonimento noioso.
predicàre *v.tr.* [*io prèdico*, *tu prèdichi* ecc.] **1** annunciare: — *il Vangelo* | (*assol.*) tenere una predica **2** (*estens.*) insegnare agli altri con la parola o con l'esempio.
predicatìvo *agg.* (*ling.*, *filos.*) di predicato, che è un predicato | in grammatica: *verbo* —, che da solo costituisce il predicato della proposizione; *complemento* —, aggettivo o sostantivo che costituisce il predicato del soggetto o del complemento oggetto.
predicàto *s.m.* (*ling.*) parte della frase che costituisce ciò che si dice del soggetto | in grammatica: — *verbale*, costituito da un verbo predicativo; — *nominale*, costituito da una copula e un elemento nominale.
predicatóre *s.m.* [f. *-trice*] chi tiene una predica o delle prediche in chiesa.
predicazióne *s.f.* genere di oratoria volto a illustrare un testo sacro o un tema religioso.
predìre *v.tr.* [coniugato come *dire*] annunciare fatti che dovrebbero accadere nel futuro.
predispórre *v.tr.* [coniugato come *porre*] **1** preparare in anticipo in vista di un fine **2** mettere in uno stato d'animo favorevole a qlco. ♦ **-rsi** *v.rifl.* prepararsi psicologicamente.
predisposizióne *s.f.* **1** il predisporre, l'essere predisposto **2** (*med.*) particolare attitudine a contrarre malattie.
predizióne *s.f.* il predire; cosa predetta.
predominànte *agg.* **1** che domina sugli altri **2** che è più frequente.
predominàre *v.intr.* [*io predòmino* ecc.; aus. *avere*] **1** esercitare una supremazia **2** manifestarsi con maggior frequenza; essere in quantità maggiore.
predomìnio *s.m.* supremazia.
preesistènte *agg.* che esisteva precedentemente.
prefabbricàre *v.tr.* [*io prefàbbrico*, *tu prefàbbrichi* ecc.] fabbricare elementi destinati a essere messi in opera nella costruzione di edifici.
prefabbricàto *agg.* si dice di elemento

edile fabbricato in precedenza ♦ *s.m.* costruzione prefabbricata.
prefazióne *s.f.* breve scritto che si premette a un'opera.
preferènza *s.f.* il preferire, l'essere preferito | *voto di* —, con cui si sceglie un candidato tra quelli di una lista | *di* —, più volentieri.
preferenziàle *agg.* di preferenza, che comporta una preferenza □ **-mente** *avv.*
preferìbile *agg.* che si può o si deve preferire □ **-mente** *avv.*
preferìre *v.tr.* [*io preferisco, tu preferisci ecc.*] scegliere, volere qlcu. o qlco. invece di altro.
preferìto *agg.* scelto, anteposto ad altro ♦ *agg.* e *s.m.* [f. *-a*] che/chi è amato più di ogni altro.
prefètto *s.m.* **1** funzionario che rappresenta il governo nell'ambito di una provincia **2** titolo che spetta ai cardinali preposti ad alcuni uffici della curia romana.
prefettùra *s.f.* ufficio, carica di prefetto; gli uffici che dipendono da un prefetto.
prefìggere *v.tr.* [coniugato come *figgere*; part.pass. *prefisso*] prestabilire, fissare prima.
prefissàto *agg.* stabilito in precedenza.
prefisso *s.m.* **1** (*ling.*) elemento formativo che, preposto alla radice o al tema, contribuisce alla costituzione di una parola **2** nella teleselezione, gruppo di cifre da comporre prima del numero telefonico.
pregàre *v.tr.* [*io prègo, tu prèghi ecc.*] **1** chiedere umilmente **2** invitare cortesemente **3** rivolgere la mente o la parola a Dio, alla Madonna o ai santi.
pregévole *agg.* che ha pregio, che è prezioso □ **-mente** *avv.*
preghièra *s.f.* **1** il pregare; le parole con cui si prega **2** il pregare Dio.
pregiàto *agg.* che ha pregio.
prègio *s.m.* qualità positiva; valore, merito.
pregiudicàre *v.tr.* [*io pregiùdico, tu pregiùdichi ecc.*] compromettere | (*estens.*) mettere in pericolo, danneggiare.
pregiudicàto *s.m.* [f. *-a*] chi ha riportato in passato condanne penali.
pregiudiziàle *agg.* (*dir.*) si dice di questione che nel processo penale deve essere risolta prima della questione principale ♦ *s.f.* questione, condizione pregiudiziale □ **-mente** *avv.*
pregiudìzio *s.m.* **1** opinione errata | credenza superstiziosa **2** danno.
pregnànte *agg.* si dice di parola o frase densa di significati.
pregrèsso *agg.* avvenuto in un periodo precedente.
pregustàre *v.tr.* gustare in anticipo.
preistòria *s.f.* il periodo delle più antiche manifestazioni culturali della specie umana, del quale non esiste documento scritto.
preistòrico *agg.* [pl.m. *-ci*] della preistoria.
prelàto *s.m.* nella gerarchia cattolica, sacerdote investito di particolari cariche.
prelazióne *s.f.* (*dir.*) diritto di priorità nell'acquisto di un bene o nell'esercizio di un diritto.
prelevaménto *s.m.* **1** il prelevare, l'essere prelevato; il ritirare dalla banca parte di una somma depositata in precedenza **2** la cosa, la somma prelevata.
prelevàre *v.tr.* [*io prelèvo ecc.*] **1** prendere e portar via **2** ritirare una certa quantità di denaro o di beni precedentemente accumulati **3** portare via una persona con la forza o d'autorità.
prelibàto *agg.* squisito.
prelièvo *s.m.* (*med.*) il prelevare da un organismo una certa quantità di tessuto o di liquido organico: — *di sangue*.
preliminàre *agg.* che ha funzione o valore di premessa ♦ *s.m.* (spec. *pl.*) premessa □ **-mente** *avv.*
prelùdere *v.intr.* [pass.rem. *io prelùsi, tu preludésti ecc.*; part.pass. *prelùso*; aus. *avere*] fare da preludio; preannunciare.
prelùdio *s.m.* **1** (*mus.*) brano strumentale che introduce una composizione **2** (*fig.*) segno premonitore.
prémaman *agg.* e *s.m.invar.* (*fr.*) indumento di foggia ampia, per gestanti.
prematùro *agg.* che avviene innanzi tempo ♦ *s.m.* [f. *-a*] neonato nato prima del tempo □ **-mente** *avv.*
premeditàre *v.tr.* [*io premèdito ecc.*] predisporre nella propria mente; tramare.
premeditàto *agg.* si dice di delitto che sia stato pensato e preparato in precedenza □ **-mente** *avv.*
premeditazióne *s.f.* il premeditare, l'essere premeditato.
prèmere *v.tr.* [pres. *io prèmo ecc.*; pass.rem. *io preméi* o *premètti, tu preméstі ecc.*; part.pass. *premuto*] **1** esercitare una pressione **2** (*fig.*) insistere ♦ *v.intr.* [aus. *avere*] **1** fare forza, esercitare una spinta **2** (*fig.*) stare a cuore.
preméssa *s.f.* osservazione che si formula prima del discorso principale.
preméttere *v.tr.* [coniugato come *mettere*] far precedere.
premiàre *v.tr.* [*io prèmio ecc.*] ricompensare con un premio.
premiazióne *s.f.* il premiare, l'essere premiato; cerimonia in cui vengono distribuiti dei premi.

premier *s.m.invar.* (*ingl.*) primo ministro.
preminènte *agg.* che ha maggiore rilievo.
preminènza *s.f.* superiorità.
prèmio *s.m.* **1** dono che si concede come riconoscimento di un merito o per la vittoria riportata in una gara **2** competizione sportiva o culturale in cui è in palio un premio **3** somma di denaro o altro bene che si vince in giochi e lotterie **4** sussidio o altro vantaggio economico concesso al fine di incoraggiare o incrementare un'attività: — *di produzione* **5** nel contratto di assicurazione, somma che si paga per ottenere la copertura di un rischio ♦ *agg.invar.* si dice di ciò che è concesso a titolo di premio: *viaggio, licenza* —.
premolàre *agg.* e *s.m.* ciascuno degli otto denti posti tra i canini e i molari.
premonitóre *agg.* [f. *-trice*] che ammonisce in anticipo.
premunìre *v.tr.* [*io premunisco, tu premunisci ecc.*] munire anticipatamente | (*fig.*) provvedere di ciò che serve di difesa ♦ **-rsi** *v.rifl.* provvedersi di opportuni mezzi di difesa e di protezione.
premùra *s.f.* **1** fretta, urgenza **2** cura, sollecitudine.
prenatàle *agg.* che precede la nascita.
prèndere *v.tr.* [pres. *io prèndo ecc.*; pass.rem. *io prési, tu prendésti ecc.*; part.pass. *préso*] **1** afferrare **2** acciuffare | arrestare | catturare | conquistare; (*fig.*) invadere, occupare | sottrarre con la forza o con l'astuzia | (*fig.*) cogliere di sorpresa **3** prelevare | comprare | mangiare, bere | utilizzare un mezzo di trasporto **4** assumere **5** subire **6** guadagnare **7** (*fig.*) accogliere nel proprio animo una sensazione ♦ *v.intr.* [aus. *avere*] dirigersi ♦ **-rsi** *v.intr.pron.* afferrarsi ♦ *v.rifl.rec.* (*fam.*) andare d'accordo.
prenotàre *v.tr.* [*io prenòto ecc.*] riservarsi in anticipo qlco. ♦ **-rsi** *v.rifl.* mettersi in nota.
prenotazióne *s.f.* il prenotare, il prenotarsi, l'essere prenotato; il documento attestante che si è prenotato.
prènsile *agg.* (*scient.*) si dice di organo animale atto ad afferrare.
preoccupàre *v.tr.* [*io preòccupo ecc.*] mettere, tenere in ansia ♦ **-rsi** *v.intr.pron.* stare in ansia.
preoccupazióne *s.f.* pensiero che occupa l'animo destandovi ansia, inquietudine.
preparàre *v.tr.* **1** predisporre ciò che è necessario al buon esito di qlco. **2** addestrare ♦ **-rsi** *v. rifl.* predisporsi a fare ♦ *v.intr.pron.* essere imminente.
preparatìvo *s.m.* (spec. *pl.*) ciò che si fa in vista di qlco.
preparàto *agg.* **1** pronto **2** dotato di preparazione ♦ *s.m.* prodotto di laboratorio.
preparatòrio *agg.* che serve a preparare.
preparazióne *s.f.* **1** il preparare, il prepararsi, l'essere preparato **2** complesso di cognizioni in un determinato campo.
prepensionaménto *s. m.* l'andare o il mandare in pensione prima del tempo stabilito.
preponderànte *agg.* che prevale numericamente | che ha maggior forza.
preponderànza *s.f.* superiorità.
preposizióne *s.f.* (*gramm.*) parte invariabile del discorso che, preposta a sostantivi, aggettivi, pronomi, infiniti di verbi, indica la relazione che passa tra questi e altri nomi e verbi, serve cioè a formare complementi: *preposizioni proprie* (*di, a, da, in, con, su, per, tra, fra*); *preposizioni improprie* (*davanti, dopo, lungo ecc.*); *preposizioni articolate*, quelle che risultano dalla fusione di una preposizione propria con un articolo determinativo (*dello, della, degli, delle ecc.*).
prepotènte *agg.* **1** che fa valere con la forza e l'arroganza la propria volontà **2** irresistibile □ **-mente** *avv.*
prepotènza *s.f.* **1** l'essere prepotente **2** sopruso.
prepùzio *s.m.* (*anat.*) piega cutanea che ricopre il glande.
prerogatìva *s.f.* **1** diritto speciale riconosciuto a determinate categorie di persone **2** (*estens.*) dote caratteristica.
présa *s.f.* **1** il prendere | *far* —, (*fig.*) impressionare **2** la parte per cui si afferra un oggetto **3** conquista **4** la quantità di una sostanza in polvere o in grani che si può prendere in una volta tra i polpastrelli uniti **5** apertura che serve a prelevare un liquido o un gas da una conduttura.
presàgio *s.m.* **1** profezia | (*estens.*) presentimento **2** indizio.
presagìre *v.tr.* [*io presagisco, tu presagisci ecc.*] **1** profetizzare, predire **2** presentire.
presbiopìa *s.f.* (*med.*) disturbo visivo legato all'età, caratterizzato da incapacità di mettere a fuoco gli oggetti vicini.
prèsbite *agg.* e *s.m.* e *f.* (*med.*) che/chi è affetto da presbiopia.
presbitèrio *s.m.* (*arch.*) spazio attorno all'altare.
prescélto *agg.* e *s.m.* [f. *-a*] che/chi è stato scelto fra tanti.
prescìndere *v.intr.* [pass.rem. *io prescindéi, tu prescindésti ecc.*; non com. il part.pass. *prescisso*; aus. *avere*] fare astrazione da qlco.; non considerarla.
prescrìtto *agg.* **1** stabilito **2** (*dir.*) estinto per prescrizione.
prescrìvere *v.tr.* [coniugato come *scrivere*]

stabilire, ordinare ♦ **-rsi** *v.intr.pron.* (*dir.*) cadere in prescrizione.

prescrizióne *s.f.* **1** il prescrivere; norma **2** (*dir.*) estinzione di un diritto; estinzione di un reato o di una pena.

presentàre *v.tr.* [io presènto ecc.] **1** mostrare, esibire; — *una candidatura*, proporla **2** far apparire | (*fig.*) prospettare **3** far conoscere **4** fare da presentatore ♦ **-rsi** *v.rifl.* **1** andare, venire di persona **2** farsi vedere **3** farsi conoscere ♦ *v.intr.pron.* **1** apparire **2** capitare.

presentatóre *s.m.* [f. -trice] chi presenta al pubblico i numeri di uno spettacolo.

presentazióne *s.f.* il presentare, il presentarsi, l'essere presentato.

presènte[1] *agg.* **1** che è nel luogo di chi parla o in quello di cui si parla | *far — qlco.*, (*fig.*) farla notare **2** attuale **3** questo ♦ *s.m.* **1** il tempo attuale **2** [anche *f.*] persona presente in un luogo **3** (*gramm.*) tempo del verbo indicante che l'azione espressa si realizza al momento in cui si parla □ **-mente** *avv.*

presènte[2] *s.m.* dono, regalo.

presentiménto *s.m.* sensazione di qlco. che sta per accadere.

presentìre *v.tr.* [io presènto ecc.] avere la sensazione di qlco. che sta per accadere.

presènza *s.f.* **1** l'essere presente in un luogo | — *di spirito*, (*fig.*) prontezza nell'agire **2** aspetto esteriore **3** esistenza.

presenzialìsmo *s.m.* tendenza a partecipare a ogni tipo di avvenimento.

presenziàre *v.tr.* e *intr.* [io presènzio ecc.; aus. dell'intr. *avere*] assistere di persona, essere presente.

presèpio *s.m.* rappresentazione della nascita di Gesù.

preservàre *v.tr.* [io presèrvo ecc.] proteggere.

preservativo *s.m.* guaina di gomma sottilissima, usata nel rapporto sessuale a scopo antifecondativo o profilattico.

prèside *s.m.* [anche *f.*] capo di un istituto scolastico di istruzione secondaria.

presidènte *s.m.* [anche *f.*, non com. *presidentessa*] chi dirige, coordina l'attività di un ente, un'istituzione, una società | — *della repubblica*, capo di uno stato repubblicano.

presidentéssa *s.f.* donna che esercita l'ufficio di presidente.

presidènza *s.f.* carica di presidente o di preside.

presidenziàle *agg.* di presidente, da presidente | *repubblica* —, in cui il presidente della repubblica è anche capo del governo.

presidiàre *v.tr.* [io presìdio ecc.] munire di presidio | (*estens.*) sorvegliare.

presìdio *s.m.* reparto armatoche garantisce il controllo di un luogo | (*estens.*) luogo fortificato.

presièdere *v.tr.* [io presièdo ecc.] dirigere con la funzione di presidente ♦ *v.intr.* [aus. *avere*] **1** essere a capo con il titolo di presidente **2** (*fig.*) avere un ruolo preminente.

prèssa *s.f.* (*tecn.*) macchina utilizzata per comprimere, deformare, spianare.

pressànte *agg.* urgente □ **-mente** *avv.*

pressappochìsmo *s.m.* tendenza ad agire o giudicare con approssimazione.

pressappòco *avv.* all'incirca.

pressàre *v.tr.* [io prèsso ecc.] **1** comprimere fortemente **2** (*fig.*) sollecitare con insistenza.

pressióne *s.f.* **1** il premere su **2** (*fis.*) — *atmosferica*, (*meteor.*) la pressione esercitata dall'atmosfera terrestre sull'unità di superficie | — *sanguigna* o *arteriosa*, (*med.*) la pressione esercitata dal sangue sulle pareti delle arterie **3** (*fig.*) insistenza.

prèsso *prep.* **1** vicino a; nei dintorni, in prossimità di **2** con valore di stato in luogo figurato, indica rapporto di relazione | nella civiltà, negli usi, nei costumi, nelle credenze di un popolo, di un gruppo etnico, sociale ecc. ♦ *s.m.pl.* i dintorni.

prestabilìre *v.tr.* [io prestabilisco, tu prestabilisci ecc.] stabilire prima.

prestànte *agg.* di bell'aspetto; vigoroso.

prestàre *v.tr.* [io prèsto ecc.] **1** dare qlco. col patto che sia restituita **2** dare, porgere ♦ **-rsi** *v.rifl.* prodigarsi ♦ *v.intr.pron.* essere adatto.

prestazióne *s.f.* **1** il prestare la propria opera **2** rendimento che una persona dà nello svolgere un'attività | (spec. *pl.*) rendimento di una macchina **3** (*dir.*) il contenuto di un'obbligazione.

prestigiatóre *s.m.* [f. -trice] chi fa giochi di prestigio; illusionista.

prestìgio *s.m.* **1** autorevolezza, credito **2** illusione provocata con destrezza di mano o con trucchi ingegnosi: *gioco di* —.

prestigióso *agg.* di grande prestigio □ **-mente** *avv.*

prèstito *s.m.* **1** il prestare, l'essere prestato **2** la cosa prestata **3** (*ling.*) fenomeno per cui una lingua trae da un'altra un elemento linguistico.

prèsto *avv.* **1** entro breve tempo; subito **2** in fretta **3** di buon'ora.

presùmere *v.tr.* [coniugato come *assumere*] **1** supporre **2** pretendere oltre il dovuto.

presùnto *agg.* supposto.

presuntuóso *agg.* che presume troppo di

sé, che crede di poter fare cose superiori alle sue capacità ♦ *s.m.* [f. *-a*] □ **-mente** *avv.*
presunzióne *s.f.* opinione troppo alta di sé.
presuppórre *v.tr.* [coniugato come *porre*] **1** supporre in anticipo **2** richiedere come condizione necessaria.
presupposizióne *s.f.* il presupporre; la cosa presupposta.
presuppósto *s.m.* **1** premessa di un'argomentazione **2** condizione necessaria.
prète *s.m.* sacerdote.
pretendènte *s.m.* e *f.* chi aspira a qlco. | (*assol.*) corteggiatore.
pretèndere *v.tr.* [coniugato come *tendere*] **1** volere con arroganza **2** esigere una cosa che non spetta **3** esigere in base a un preciso diritto **4** avere la presunzione ♦ *v.intr.* [aus. *avere*] aspirare, ambire a qlco.
pretensionatore *s.m.* (*aut.*) dispositivo che in caso di incidente mette in tensione le cinture di sicurezza un attimo prima che il corpo si muova in avanti.
pretensióso o **pretenzióso** *agg.* che ha molte pretese □ **-mente** *avv.*
preterintenzionàle *agg.* (*dir.*) si dice di evento delittuoso le cui conseguenze sono più gravi di quanto fosse nell'intenzione dell'autore.
pretésa *s.f.* **1** il pretendere **2** (*estens.*) esigenza.
pretèsto *s.m.* **1** scusa **2** (*estens.*) occasione.
pretestuóso *agg.* che si fonda su pretesti □ **-mente** *avv.*
pretóre *s.m.* (*dir.*) magistrato che giudica cause civili e penali di limitata entità.
pretòrio *agg.* (*dir.*) del pretore.
pretùra *s.f.* (*dir.*) l'ufficio di pretore e l'edificio dove egli amministra la giustizia.
prevalènte *agg.* che prevale su altri; che è più frequente o numeroso di altri: *opinione* — □ **-mente** *avv.*
prevalènza *s.f.* il prevalere; l'essere prevalente.
prevalére *v.intr.* [coniugato come *valere*; aus. *essere* o *avere*] **1** avere la meglio **2** essere di più.
prevaricàre *v.intr.* [*io prevàrico, tu prevàrichi* ecc.; aus. *avere*] **1** oltrepassare i limiti del giusto **2** abusare di un potere.
prevaricazióne *s.f.* **1** il prevaricare **2** (*dir.*) reato di chi abusa dei propri poteri per trarne vantaggi personali.
prevedére *v.tr.* [coniugato come *vedere*] **1** supporre in anticipo **2** contemplare.
prevenìre *v.tr.* [coniugato come *venire*] **1** fare o dire qlco. prima di altri **2** prendere in anticipo i provvedimenti necessari a evitare un evento dannoso.
preventivàre *v.tr.* fare un preventivo.
preventìvo *agg.* diretto a prevenire un danno ♦ *s.m.* previsione del costo di un lavoro.
prevenùto *agg.* che ha dei preconcetti; maldisposto ♦ *s.m.* (*dir.*) accusato.
prevenzióne *s.f.* **1** il predisporre misure utili a evitare eventi dannosi **2** disposizione d'animo ostile.
previdènte *agg.* che pensa a quel che può accadere e prende in anticipo provvedimenti utili □ **-mente** *avv.*
previdènza *s.f.* l'essere previdente | — *sociale*, complesso delle assicurazioni che garantiscono al lavoratore i mezzi di sostentamento in caso di invalidità, vecchiaia, disoccupazione.
previdenziàle *agg.* che riguarda la previdenza sociale.
prèvio *agg.* (*burocr.*) fatto, dato in precedenza.
previsióne *s.f.* il supporre quello che accadrà sulla base di certi elementi.
previsto *s.m.* ciò che si è supposto precedentemente ♦ *agg.*
prezióso *agg.* **1** di gran pregio o valore **2** (*fig.*) che si tiene in gran conto per l'importanza, la qualità, l'utilità ♦ *s.m.* gioiello □ **-mente** *avv.*
prezzémolo *s.m.* pianta erbacea coltivata per le sue foglioline, usate in cucina per le proprietà aromatiche.
prèzzo *s.m.* quantità di moneta necessaria all'acquisto di un bene o all'utilizzazione di un servizio | *a caro* —, (*fig.*) a costo di sacrifici | *a* — *di*, (*fig.*) dando, sopportando in contraccambio.
prigióne *s.f.* **1** carcere **2** (*fig.*) luogo chiuso e opprimente.
prigionìa *s.f.* la condizione di chi è prigioniero.
prigionièro *agg.* **1** che è privato della libertà personale **2** (*fig.*) che è schiavo di un'abitudine, di un vizio ♦ *s.m.* [f. *-a*].
prìma[1] *avv.* **1** in precedenza **2** in un luogo precedente **3** in primo luogo ♦ *prep.* indica anteriorità nel tempo o precedenza nello spazio | nelle loc.cong. — *di*, — *che* introduce una proposizione temporale indicante anteriorità.
prìma[2] *s.f.* prima rappresentazione di un'opera teatrale o cinematografica.
primàrio *agg.* **1** primo in una successione **2** primo per rilevanza, valore ♦ *s.m.* **1** medico che dirige un reparto ospedaliero **2** (*econ.*) il settore dell'agricoltura.
primàte *s.m.* il vescovo della diocesi principale o più antica di una nazione.

primàti *s.m.pl.* (*zool.*) ordine di mammiferi considerati i più evoluti del regno animale.
primatìsta *s.m.* e *f.* [pl.m. *-sti*] (*sport*) atleta che detiene un primato.
primàto *s.m.* **1** l'essere superiore; supremazia **2** (*sport*) il miglior risultato ottenuto in una specialità sportiva; record.
primavèra *s.f.* stagione intermedia fra l'inverno e l'estate; nel nostro emisfero inizia il 21 marzo e termina il 21 giugno.
primaverìle *agg.* della primavera.
primeggiàre *v.intr.* [*io priméggio ecc.*; aus. *avere*] essere il primo; spiccare.
primitìvo *agg.* **1** (*non com.*) di prima, di un'epoca anteriore | originario **2** (*etnol.*) che appartiene all'età, alle popolazioni della preistoria ♦ *s.m.* [f. *-a*] (spec. *pl.*) individuo della preistoria o appartenente a una civiltà primitiva □ **-mente** *avv.*
primìzia *s.f.* **1** frutto, ortaggio che matura fuori della stagione **2** (*fig.*) notizia ricevuta in anticipo.
prìmo *agg.num.ord.* **1** che precede tutti gli altri in ordine di tempo o di spazio **2** principale ♦ *avv.* in primo luogo ♦ *s.m.* **1** [f. *-a*] chi è al primo posto in un ordine **2** minuto primo, sessantesima parte di un'ora.
primogènito *agg.* e *s.m.* [f. *-a*] si dice del figlio nato per primo.
primordiàle *agg.* delle origini.
primòrdio *s.m.* (spec. *pl.*) il primo manifestarsi di una realtà, di un fenomeno, di un processo; principio, origine.
prìmula *s.f.* (*bot.*) pianta erbacea con foglie fiori gialli, rosa o violacei.
principàle *agg.* che ha maggiore importanza, valore | *proposizione —*, (*gramm.*) la proposizione indipendente di un periodo, dalla quale dipendono le altre ♦ *s.m.* e *f.* (*fam.*) datore di lavoro □ **-mente** *avv.*
principàto *s.m.* ufficio e dignità di principe; lo stato, il territorio retto da un principe.
prìncipe *s.m.* il titolo più elevato della gerarchia araldica | *— azzurro*, nelle fiabe, il figlio del re, giovane e bello, che salva e sposa la protagonista; (*fig.*) lo sposo ideale ♦ *agg.* (*lett.*) **1** primo **2** principale.
principésco *agg.* [pl.m. *-schi*] di principe, da principe | (*estens.*) sontuoso □ **-mente** *avv.*
principéssa *s.f.* sovrana di un principato; moglie o figlia di un principe.
principiànte *agg.* e *s.m.* e *f.* si dice di chi da poco si è applicato a uno studio, a un'arte, a un mestiere, e quindi è ancora inesperto.
princìpio *s.m.* **1** inizio, avvio **2** (*non com.*) origine **3** ciò che rappresenta il fondamento di un ragionamento, di una dottrina, di una scienza | norma morale che sta alla base di un comportamento.
prióre *s.m.* superiore di una comunità di monaci o di frati.
priorità *s.f.* **1** l'essere anteriore **2** il diritto di precedere per urgenza, importanza, valore.
prioritàrio *agg.* che deve avere la priorità □ **-mente** *avv.*
prìsma *s.m.* [pl. *-smi*] (*geom.*) poliedro limitato da due poligoni uguali e paralleli e dai parallelogrammi che uniscono i lati corrispondenti dei poligoni di base.
privacy *s.f.invar.* (*ingl.*) la dimensione più privata della vita.
privàre *v.tr.* togliere qlco. a qlcu. ♦ **-rsi** *v.rifl.* rinunciare a qlco.
private banking *loc.sost.m.invar.* (*ingl.*) attività bancaria volta a offrire alla clientela prodotti e servizi di qualità personalizzati.
privatìsta *s.m.* e *f.* [pl.m. *-sti*] chi si presenta agli esami in una scuola dopo essersi preparato privatamente.
privatìva *s.f.* facoltà esclusiva di esercitare alcune attività economiche; monopolio.
privatìvo *agg.* (*ling.*) si dice di elemento che in parole composte indica negazione o mancanza.
privatizzàre *v.tr.* rendere privato; cedere a privati ciò che era proprietà pubblica.
privatizzazióne *s.f.* il privatizzare, l'essere privatizzato.
privàto *agg.* **1** si dice di tutto ciò che attiene al singolo o ai singoli individui | (*estens.*) che non è di pubblica proprietà **2** personale, riservato ♦ *s.m.* **1** il cittadino in quanto opera nella sua sfera privata **2** la sfera della vita privata □ **-mente** *avv.*
privazióne *s.f.* il privare, il privarsi; rinuncia.
privilegiàre *v.tr.* [*io privilègio ecc.*] **1** accordare un privilegio **2** (*estens.*) preferire.
privilègio *s.m.* **1** vantaggio particolare di cui gode qlcu. rispetto ad altri **2** onore | pregio.
prìvo *agg.* che manca di qlco.
pro *prep.* per, in favore di ♦ *s.m.invar.* giovamento.
pro [1] primo elemento di parole composte, che può esprimere successione o estensione nel tempo e nello spazio, indicare perentela diretta, oppure sostituzione.
pro [2] primo elemento di parole composte, che significa 'davanti, prima'.
probàbile *agg.* verosimile; che si ammette possa accadere o sia accaduto □ **-mente** *avv.*

probànte *s.f.* **1** l'essere probabile **2** la misura in cui si considera che un evento possa accadere.

probànte *agg.* che costituisce una prova.

problèma *s.m.* [pl. *-mi*] **1** quesito **2** (*fig.*) situazione preoccupante, difficile da risolvere.

problemàtica *s.f.* l'insieme dei problemi relativi a una determinata questione, a una data disciplina.

problemàtico *agg.* [pl.m. *-ci*] che costituisce un caso difficile da risolvere | (*estens.*) incerto.

proboscidàti *s.m.pl.* (*zool.*) ordine di mammiferi forniti di proboscide.

probòscide *s.f.* (*zool.*) organo prensile degli elefanti, costituito dal prolungamento del naso e del labbro superiore.

procacciàre *v.tr.* [*io procàccio ecc.*] fare in modo di avere, di ottenere.

procàce *agg.* provocante □ **-mente** *avv.*

pro capite *loc.avv.* e *agg.invar.* (*lat.*) a testa, per ciascuno.

procèdere *v.intr.* [pres. *io procèdo ecc.*; pass.rem. *io procedètti* (meno com. *procedéi*), *tu procedésti ecc.*; part.pass. *proceduto*; aus. *essere* nei sign. 1, 3, *avere* nei sign. 2, 4, 5 e 6] **1** andare avanti **2** (*fig.*) continuare **3** (*fig.*) svolgersi **4** agire **5** dare avvio, inizio a qlco. **6** (*dir.*) dar corso a un'azione legale.

procediménto *s.m.* **1** modo di procedere **2** metodo **3** (*dir.*) processo.

procedùra *s.f.* (*dir.*) il complesso delle norme da seguire nello svolgimento di un procedimento giudiziario.

processàre *v.tr.* [*io procèsso ecc.*] sottoporre a processo.

processióne *s.f.* corteo religioso | (*estens.*) lunga fila di persone, animali o veicoli.

procèsso *s.m.* **1** svolgimento di un insieme di fatti o fenomeni connessi tra loro **2** procedimento, metodo **3** (*dir.*) il complesso delle attività attraverso cui si sviluppa e si risolve una causa giudiziaria.

processuàle *agg.* (*dir.*) del processo □ **-mente** *avv.*

procìnto *s.m.* usato solo nella loc. *in — di*, sul punto di fare qlco.

procióne *s.m.* (*zool.*) genere di piccoli mammiferi carnivori americani.

proclàma *s.m.* [pl. *-mi*] dichiarazione solenne fatta da persona autorevole.

proclamàre *v.tr.* **1** render noto con solennità **2** dichiarare con fermezza ♦ **-rsi** *v.rifl.* dichiarare qlco. di sé stesso.

proclamazióne *s.f.* il proclamare; l'atto col quale si porta a conoscenza del pubblico in modo ufficiale una notizia.

procreàre *v.tr.* [*io procrèo ecc.*] generare, partorire.

procùra *s.f.* **1** (*dir.*) delega **2** — *della repubblica*, l'ufficio che esercita la funzione del pubblico ministero.

procuràre *v.tr.* **1** avere cura; trovare il modo di ottenere **2** causare.

procuratóre *s.m.* [f. *-trice*] (*dir.*) chi, sulla base di una procura, è autorizzato a rappresentare una persona o una società | — *della repubblica*, magistrato che esercita le funzioni di pubblico ministero.

prodézza *s.f.* atto di valore, di coraggio o di grande bravura.

prodigalità *s.f.* l'essere prodigo.

prodigàre *v.tr.* [*io pròdigo, tu pròdighi ecc.*] (*fig.*) distribuire largamente ♦ **-rsi** *v.rifl.* dedicarsi con tutte le forze.

prodìgio *s.m.* **1** fenomeno miracoloso **2** (*iperb.*) cosa, persona o evento fuori del comune | usato anche come *agg.invar.*: *bambino —*.

prodigióso *agg.* che costituisce un prodigio □ **-mente** *avv.*

pròdigo *agg.* [pl.m. *-ghi*] **1** si dice di persona che spende o dona eccessivamente **2** (*fig.*) che distribuisce generosamente ♦ *s.m.* [f. *-a*].

prodótto *s.m.* **1** il risultato di un processo naturale o di un'operazione umana **2** (*econ.*) il risultato del processo di produzione **3** (*mat.*) il risultato di un'operazione di moltiplicazione.

pròdromo *s.m.* (spec. *pl.*) indizio che precede e preannuncia qlco.

producènte *agg.* che produce buoni risultati.

prodùrre *v.tr.* [pres. *io produco, tu produci ecc.*; pass.rem. *io produssi, tu producésti ecc.*; fut. *io produrrò ecc.*; cond. *io produrrèi ecc.*; part.pass. *prodótto*] **1** far nascere **2** fabbricare **3** dare luogo a un'opera dell'ingegno **4** causare **5** (*dir.*) presentare ♦ **-rsi** *v.rifl.* presentarsi in pubblico.

produttività *s.f.* l'essere produttivo | (*econ.*) rapporto tra il prodotto totale e la quantità di lavoro.

produttìvo *agg.* **1** che produce **2** relativo a una produzione **3** che permette di realizzare un utile □ **-mente** *avv.*

produttóre *agg.* e *s.m.* [f. *-trice*] **1** che/chi produce un bene **2** che/chi si assume la responsabilità finanziaria della realizzazione di un film, di un disco.

produzióne *s.f.* **1** il produrre, l'essere prodotto | (*econ.*) azione diretta a trasformare dei beni per ricavarne altri **2** (*estens.*) opera prodotta dall'ingegno.

profanàre *v.tr.* violare ciò che è sacro.

profanazióne *s.f.* violazione di una cosa o una persona sacra.

profàno *agg.* che è estraneo a ciò che è sa-

cro ♦ *s.m.* **1** ciò che non è sacro **2** [f. -*a*] persona incompetente.
professàre *v.tr.* [*io professo ecc.*] **1** dichiarare, mostrare apertamente un sentimento, un'idea, una fede **2** esercitare una professione (anche *assol.*) ♦ **-rsi** *v.rifl.* proclamarsi, dichiararsi apertamente.
professionàle *agg.* della professione; che riguarda una professione □ **-mente** *avv.*
professionalità *s.f.* capacità professionale; competenza, serietà.
professióne *s.f.* **1** il professare un sentimento, un'idea, una fede **2** lavoro, attività.
professionìsta *s.m.* e *f.* [pl.m. -*sti*] **1** chi esercita una professione **2** chi esercita un'attività sportiva per professione | usato anche come *agg.*: *pugile* —.
professóre *s.m.* [f. -*essa*] chi insegna in una scuola di grado superiore all'elementare.
profèta *s.m.* [pl. -*ti*] **1** chi parla per ispirazione di Dio **2** (*estens.*) chi prevede o crede di poter prevedere il futuro.
profètico *agg.* [pl.m. -*ci*] **1** di profeta, da profeta **2** (*estens.*) che preannuncia il futuro □ **-mente** *avv.*
profetizzàre *v.tr.* e *intr.* [aus. dell'intr. *avere*] dire, prevedere cose future.
profezìa *s.f.* la predizione di avvenimenti futuri per ispirazione divina.
proficuo *agg.* utile, fruttuoso □ **-mente** *avv.*
profilàre *v.tr.* **1** delineare il profilo di una persona o di una cosa **2** orlare con un bordo ♦ **-rsi** *v.intr.pron.* **1** delinearsi **2** (*fig.*) presentarsi.
profilàssi *s.f.* (*med.*) prevenzione delle malattie infettive.
profilàto *agg.* e *s.m.* (*tecn.*) si dice di semilavorato di metallo o altro materiale a forma di barra con sezione complessa, prodotto mediante un procedimento di laminazione.
profilàttico *agg.* [pl.m. -*ci*] che riguarda la profilassi ♦ *s.m.* preservativo.
profilo *s.m.* **1** linea di contorno di qlco. **2** la linea del viso osservato di fianco **3** (*fig.*) descrizione dei tratti essenziali di qlcu. o di qlco. | *sotto il* —, sotto il punto di vista.
profondità *s.f.* **1** condizione di ciò che è profondo **2** altezza di una massa d'acqua **3** (spec. *pl.*) luogo profondo | (*fig.*) la parte più intima, più segreta.
profóndo *agg.* **1** che presenta una notevole distanza tra la superficie e il fondo; che penetra molto addentro **2** (*fig.*) si dice di sentimento radicato nell'animo **3** (*fig.*) vasto ♦ *s.m.* la parte più profonda, più interna (anche *fig.*) □ **-mente** *avv.*
pro forma *loc.agg.invar.* e *avv.* (*lat.*) per pura formalità ♦ *s.m.invar.* formalità.
pròfugo *agg.* e *s.m.* [f. -*a*; pl.m. -*ghi*] che/chi è costretto ad abbandonare il proprio paese.
profumàre *v.tr.* cospargere di profumo ♦ *v.intr.* [aus. *avere*] emanare profumo ♦ **-rsi** *v.rifl.* cospargersi di profumo.
profumàto *agg.* **1** che emana profumo **2** (*fig. non com.*) generoso, lauto □ **-mente** *avv.* a un prezzo molto alto.
profumerìa *s.f.* **1** l'arte di preparare profumi **2** assortimento di profumi e cosmetici; il negozio in cui essi vengono venduti.
profusióne *s.f.* **1** spargimento **2** (*fig.*) sovrabbondanza | *a* —, in grande abbondanza.
progenitóre *s.m.* [f. -*trice*] antenato, avo.
progesteróne *s.m.* (*chim.*, *biol.*) ormone femminile che favorisce l'impianto dell'uovo fecondato nell'utero.
progettàre *v.tr.* [*io progètto ecc.*] ideare qlco. e studiare il modo di realizzarla.
progettazióne *s.f.* il progettare; elaborazione tecnica di un progetto.
progettìsta *s.m.* e *f.* [pl.m. -*sti*] autore di un progetto.
progètto *s.m.* tutto ciò che ci si propone di compiere; ideazione di un lavoro | — *di legge*, proposta per una nuova legge.
prògnosi *s.f.* (*med.*) previsione sull'esito di una malattia | — *riservata*, che viene rinviata per la gravità e l'incertezza del caso.
programma *s.m.* [pl. -*mi*] **1** esposizione ordinata e particolareggiata di ciò che si vuole o si deve fare **2** nel linguaggio scolastico, piano di lavoro da svolgersi in un corso di lezioni **3** foglio che contiene indicazioni relative a uno spettacolo, a una manifestazione **4** progetto **5** (*inform.*) serie strutturata di istruzioni che guida un elaboratore elettronico a eseguire operazioni.
programmàre *v.tr.* **1** mettere in programma | progettare **2** preparare il programma per un elaboratore elettronico.
programmàtico *agg.* [pl.m. -*ci*] di un programma, che segue un programma.
programmatóre *s.m.* [f. -*trice*] (*inform.*) chi prepara i programmi per gli elaboratori elettronici.
programmazióne *s.f.* **1** (*econ.*) pianificazione economica **2** (*inform.*) preparazione di un programma.
progredìre *v.intr.* [*io progredisco, tu progredisci ecc.*; aus. *avere* con soggetto di persona, per lo più *essere* con soggetto di cosa] avanzare | (*assol.*) procedere verso un fine | (*fig.*) fare progressi.
progredìto *agg.* avanzato, di alto livello.

progressióne *s.f.* **1** accrescimento graduale **2** (*mat.*) successione di numeri ordinati secondo una determinata legge.
progressìsta *agg.* e *s.m.* e *f.* [pl.m. *-sti*] che/chi ha tendenze innovatrici in politica.
progressìvo *agg.* che aumenta o diminuisce gradatamente □ **-mente** *avv.*
progrésso *s.m.* **1** processo di avanzamento **2** il miglioramento delle condizioni di vita.
proibìre *v.tr.* [*io proibisco, tu proibisci ecc.*] vietare.
proibitìvo *agg.* **1** che tende a proibire **2** (*estens.*) che impedisce od ostacola qlco. che si vorrebbe fare: *prezzo* —, talmente alto da scoraggiare l'acquisto.
proibìto *agg.* vietato.
proibizióne *s.f.* il proibire, l'essere proibito; divieto.
proibizionìsmo *s.m.* (*st.*) divieto di produzione e di vendita delle bevande alcoliche, introdotto negli Stati Uniti dopo la prima guerra mondiale e abolito nel 1933.
proiettàre *v.tr.* [*io proiètto ecc.*] **1** lanciare fuori; scagliare | (*fig.*) protendere lontano **2** emettere (detto di raggi luminosi) **3** (*foto., cine.*) inviare su uno schermo immagini impresse su lastre, diapositive o film ♦ **-rsi** *v.rifl.* lanciarsi, gettarsi ♦ *v. intr.pron.* **1** indirizzarsi, andare a cadere (detto di luce od ombra) **2** (*fig.*) protendersi lontano.
proièttile *s.m.* corpo lanciato da un'arma da fuoco leggera.
proiettóre *s.m.* **1** apparecchio ottico per la proiezione di film o diapositive **2** fonte che proietta un fascio illuminante.
proiezióne *s.f.* **1** (*foto., cine.*) il proiettare su uno schermo, mediante un proiettore, immagini impresse su lastra, diapositive o film **2** (*geom.*) — *geografica* o *cartografica*, metodo con il quale si rappresenta graficamente la superficie terrestre o una sua porzione, secondo una certa scala **3** (*stat.*) previsione formulata sulla base di certi dati: — *elettorale.*
prolàsso *s.m.* (*med.*) abbassamento e fuoruscita di un viscere da un'apertura naturale.
pròle *s.f.* [solo *sing.*] l'insieme dei figli di una famiglia.
proletariàto *s.m.* classe sociale costituita da tutti coloro che traggono il proprio reddito solo da lavoro salariato.
proletàrio *s.m.* [f. *-a*] chi non è proprietario dei mezzi di produzione e non possiede altro che la propria forza-lavoro ♦ *agg.* dei proletari, relativo ai proletari.
proliferàre *v.intr.* [*io prolìfero ecc.*; aus. *avere*] **1** (*biol.*) riprodursi per proliferazione **2** (*fig.*) moltiplicarsi con rapidità.
proliferazióne *s.f.* **1** (*biol.*) processo per cui da cellule animali o vegetali si generano, per divisione, altre cellule **2** (*fig.*) moltiplicazione rapida.
prolificàre *v.intr.* [*io prolifico, tu prolifichi ecc.*; aus. *avere*] (*biol.*) generare prole | detto di piante, produrre germogli.
prolìfico *agg.* [pl.m. *-ci*] **1** che ha generato o che può generare molti figli **2** (*fig.*) fecondo.
prolissità *s.f.* l'essere prolisso.
prolìsso *agg.* **1** si dice di scritto o discorso troppo lungo e particolareggiato **2** di persona che parla o scrive con troppe parole □ **-mente** *avv.*
pro loco *loc.sost.f.invar.* (*lat.*) ente per la promozione turistica nei piccoli centri.
pròlogo *s.m.* [pl. *-ghi*] **1** nelle opere drammatiche, scena iniziale **2** (*estens.*) introduzione a un'opera.
prolùnga *s.f.* elemento mobile utilizzato per allungare un attrezzo, una macchina | tratto di filo elettrico usato per prolungare il cavo di alimentazione di un apparecchio.
prolungaménto *s.m.* **1** il prolungare, il prolungarsi, l'essere prolungato **2** ciò che serve a prolungare.
prolungàre *v.tr.* [*io prolungo, tu prolunghi ecc.*] **1** rendere più lungo nello spazio **2** far durare di più nel tempo ♦ **-rsi** *v.intr. pron.* **1** estendersi nello spazio o nel tempo **2** dilungarsi parlando o scrivendo.
promemòria *s.m.invar.* breve scritto o annotazione per ricordare qlco. a sé o ad altri.
proméssa *s.f.* **1** il promettere; ciò che è stato promesso **2** (*fig.*) chi dimostra notevoli capacità e sembra destinato a un futuro successo.
promettènte *agg.* che fa sperare bene di sé.
prométtere *v.tr.* [coniugato come *mettere*] **1** impegnarsi con altri a fare o a dare qlco. **2** (*fig.*) far sperare.
prominènte *agg.* che sporge notevolmente in fuori | elevato.
promiscuità *s.f.* **1** l'essere promiscuo **2** presenza, in uno stesso luogo, di maschi e di femmine.
promìscuo *agg.* **1** costituito dalla mescolanza di persone o cose diverse **2** (*gramm.*) si dice di nome di animale che si riferisce sia al maschio sia alla femmina □ **-mente** *avv.*
promontòrio *s.m.* (*geog.*) sporgenza montuosa della costa.
promòsso *agg.* e *s.m.* [f. *-a*] si dice di chi, alla fine di un anno di studi, è ammesso a frequentare una classe superiore.

promotóre *agg.* e *s.m.* [f. *-trice*] che/chi promuove, dà impulso a qlco.
promozionàle *agg.* che riguarda la promozione commerciale: *campagna* —.
promozióne *s.f.* **1** passaggio di un alunno a una classe superiore; avanzamento nella carriera **2** (*econ.*) complesso di attività per incentivare le vendite di un prodotto.
promulgàre *v.tr.* [*io promulgo, tu promulghi* ecc.] **1** (*dir.*) pubblicare una legge o un regolamento imponendone l'osservanza **2** (*estens.*) diffondere, divulgare.
promulgazióne *s.f.* il promulgare, l'essere promulgato | (dir.) atto con cui il presidente della repubblica dispone la pubblicazione di una legge.
promuòvere *v.tr.* [coniugato come *muovere*] **1** far progredire; favorire **2** farsi iniziatore **3** far passare a una classe superiore; fare avanzare di grado.
prònao *s.m.* (*arch.*) portico a colonne antistante i templi greci e gli edifici di stile classico.
pronipóte *s.m.* e *f.* **1** figlio, figlia del nipote o della nipote **2** (spec. *pl.*) discendente.
pronóme *s.m.* (*gramm.*) parte variabile del discorso che ha la funzione di sostituire il nome, designando persona o cosa non nominata.
pronominàle *agg.* di pronome, del pronome | *particella* —, forma atona del pronome personale | *verbi pronominali*, verbi che si coniugano con la particella pronominale (*arrabbiarsi*, *lavarsi*).
pronosticàre *v.tr.* [*io pronòstico, tu pronòstichi* ecc.] prevedere.
pronòstico *s.m.* [pl. *-ci*] previsione del futuro.
prontézza *s.f.* rapidità, sveltezza.
prónto *agg.* **1** si dice di cosa già preparata per l'uso **2** si dice di persona che è in condizione di poter fare subito qlco. **3** rapido, sollecito, immediato **4** incline □ **-mente** *avv.*
prontuàrio *s.m.* manuale che contiene le nozioni principali di una disciplina, le notizie più importanti di un argomento.
pronùncia *s.f.* [pl. *-ce*] **1** il modo di articolare i suoni di una lingua **2** (*estens.*) maniera di parlare.
pronunciàre *v.tr.* [*io pronùncio* ecc.] **1** articolare per mezzo della voce **2** dire, esporre in pubblico ♦ **-rsi** *v.intr.pron.* manifestare | emettere una sentenza.
pronunciàto *agg.* **1** marcato **2** (*fig.*) spiccato.
propagànda *s.f.* attività volta a far conoscere e apprezzare determinate idee o teorie, o a presentare al pubblico prodotti commerciali; — *commerciale*, pubblicità.
propagandàre *v.tr.* pubblicizzare.
propagandìsta *s.m.* e *f.* [pl.m. *-sti*] chi propaganda i prodotti di una ditta.
propagàre *v.tr.* [*io propago, tu propaghi* ecc.] (*fig.*) diffondere ♦ **-rsi** *v.intr.pron.* **1** riprodursi **2** diffondersi.
propagazióne *s.f.* il propagare, il propagarsi, l'essere propagato.
propàggine *s.f.* **1** (*bot.*) ramo di pianta che viene piegato e parzialmente interrato affinché costituisca un nuovo individuo **2** (*fig.*) diramazione.
propàno *s.m.* (*chim.*) idrocarburo presente nei gas petroliferi e usato come combustibile.
propedèutica *s.f.* complesso di nozioni introduttive e preparatorie allo studio di una scienza, di una disciplina.
propedèutico *agg.* [pl.m. *-ci*] che serve di preparazione allo studio di una scienza, di una disciplina □ **-mente** *avv.*
propellènte *agg.* che dà la spinta in avanti ♦ *s.m.* sostanza combustibile.
propèndere *v.intr.* [coniugato come *pendere*; aus. *avere*] essere favorevole.
propensióne *s.f.* disposizione.
propènso *agg.* che è ben disposto.
propilèo *s.m.* (*pl.*) nell'architettura classica, colonnato posto alla sommità di una gradinata, attraverso cui si accede a un edificio monumentale.
propinàre *v.tr.* somministrare | (*fig.*) dare a credere.
propiziàre *v.tr.* [*io propìzio* ecc.] rendere propizio | ben disporre.
propiziatòrio *agg.* atto a propiziare.
propiziazióne *s.f.* il propiziare, l'essere propiziato.
propìzio *agg.* opportuno, adatto.
proponiménto *s.m.* impegno preso con sé stesso; proposito.
propórre *v.tr.* [coniugato come *porre*] **1** presentare qlco. all'esame di qlcu. | consigliare come utile **2** decidere.
proporzionàle *agg.* che è in proporzione | *sistema* —, sistema elettorale in base al quale si assegna alle varie liste un numero di seggi che è in proporzione ai voti ottenuti □ **-mente** *avv.*
proporzionàre *v.tr.* [*io proporzióno* ecc.] commisurare.
proporzionàto *agg.* di giusta proporzione; adeguato □ **-mente** *avv.*
proporzióne *s.f.* **1** rapporto di misura fra gli elementi di un insieme **2** *pl.* dimensioni **3** (*mat.*) uguaglianza fra due rapporti.
propòsito *s.m.* **1** idea deliberata di fare qlco.; ciò che ci si propone di fare | *di* —, apposta **2** tema.
proposizióne *s.f.* (*gramm.*) espressione di

senso compiuto formata da un soggetto, un predicato e gli eventuali complementi.
propósta *s.f.* ciò che si propone | — *di legge*, progetto di legge presentato al parlamento.
proprietà *s.f.* **1** qualità, carattere distintivo di qlco. **2** precisione nell'uso delle parole **3** diritto di godere e disporre di una cosa **4** (*estens.*) la cosa di cui si gode e dispone in modo pieno ed esclusivo.
proprietàrio *s.m.* [f. *-a*] chi ha la proprietà di qlco.
pròprio *agg.* **1** che appartiene in maniera particolare a qlcu., a qlco.; tipico **2** (*gramm.*) si dice di nome con cui si indica un singolo individuo o una singola cosa ♦ *avv.* veramente ♦ *agg.poss.* di lui, di lei, di loro (sostituisce *suo* e *loro*, riferendosi al soggetto della proposizione, specialmente quando il soggetto è un pron. indefinito; è d'obbligo nelle prop. con soggetto impersonale) ♦ *s.m.* ciò che è proprietà di qlcu. □ **-mente** *avv.*
propulsióne *s.f.* azione con cui si imprime a un corpo una spinta in avanti.
propulsóre *s.m.* dispositivo che, applicato a un veicolo, ne provoca il movimento | Usato come *agg.*: *apparato* —.
pròra *s.f.* **1** la parte anteriore di un'imbarcazione **2** (*estens.*) la parte anteriore di un mezzo aereo.
pròroga *s.f.* il prorogare, l'essere prorogato; dilazione.
prorogàre *v.tr.* [*io pròrogo, tu pròroghi ecc.*] rinviare; differire.
prorómpere *v.intr.* [coniugato come *rompere*; aus. *avere*, ma i tempi composti sono rari] (*lett.*) **1** uscir fuori con impeto **2** (*fig.*) manifestarsi con forza incontenibile.
pròsa *s.f.* **1** espressione linguistica che non ubbidisce a misure e ritmi regolari **2** (*estens.*) opera in prosa.
prosàico *agg.* [pl.m. *-ci*] **1** di prosa **2** (*fig.*) comune □ **-mente** *avv.*
prosàstico *agg.* [pl.m. *-ci*] **1** scritto in prosa **2** (*estens.*) che ha tono dimesso.
prosatóre *s.m.* [f. *-trice*] scrittore in prosa.
proscènio *s.m.* la parte anteriore del palcoscenico, lasciata scoperta dal sipario.
proscìmmie *s.f.pl.* (*zool.*) sottordine di mammiferi simili alle scimmie.
prosciògliere *v.tr.* [coniugato come *sciogliere*] liberare da impegni | (*dir.*) non rinviare a giudizio un imputato; assolverlo.
proscioglimento *s.m.* il prosciogliere, l'essere prosciolto.
prosciugàre *v.tr.* [*io prosciugo, tu prosciughi ecc.*] **1** liberare da acque stagnanti **2** (*fig.*) esaurire ♦ **-rsi** *v. intr.pron.* diventare asciutto.
prosciùtto *s.m.* coscia di maiale salata e parzialmente prosciugata.
proscrìtto *agg.* e *s.m.* [f. *-a*] che/chi è colpito da proscrizione.
proscrizióne *s.f.* nell'antica Roma, esilio o pena di morte che comportava anche la confisca e la vendita dei beni.
prosécco *s.m.* vitigno che produce il vino bianco omonimo, asciutto o amabile.
prosecuzióne *s.f.* il proseguire, l'essere proseguito; ciò che costituisce il seguito.
proseguiménto *s.m.* il proseguire, l'essere proseguito; continuazione, seguito.
proseguìre *v.tr.* [*io proséguo ecc.*] continuare ♦ *v.intr.* [aus. *avere* se riferito a persona, *essere* o *avere* se riferito a cosa] procedere, andare avanti.
proselitìsmo *s.m.* l'azione di chi fa o cerca di fare proseliti.
prosèlito *s.m.* [f. *-a*] nuovo seguace di una religione, di una dottrina, di un partito.
prosodìa *s.f.* (*ling.*) lo studio dell'accentazione e degli altri elementi di intonazione che caratterizzano il discorso.
prosopopèa *s.f.* figura retorica per cui si introducono a parlare persone assenti o morte, o si personificano cose inanimate o astratte.
prosperàre *v.intr.* [*io pròspero ecc.*; aus. *avere*] crescere bene, essere florido.
prosperità *s.f.* l'essere prospero; benessere.
pròspero *agg.* **1** favorevole **2** fiorente.
prosperóso *agg.* fiorente.
prospettàre *v.tr.* [*io prospètto ecc.*] presentare, esporre ♦ **-rsi** *v.intr.pron.* mostrarsi.
prospèttico *agg.* [pl.m. *-ci*] della prospettiva; disegnato in prospettiva □ **-mente** *avv.*
prospettìva *s.f.* **1** parte della geometria che insegna a rappresentare una figura tridimensionale su una superficie piana **2** rappresentazione, dipinto eseguito secondo le leggi della prospettiva **3** (*fig.*) eventualità.
prospètto *s.m.* **1** vista di ciò che sta di fronte; la cosa o il luogo visto di fronte **2** tabella, quadro che descrive sinteticamente una situazione.
prospezióne *s.f.* (*geol.*) complesso dei metodi usati per studiare la struttura del sottosuolo.
prospiciènte *agg.* che è volto verso qlco.
prossimità *s.f.* l'essere prossimo | *in — di*, presso; poco tempo prima.
pròssimo *agg.* **1** molto vicino nello spazio o nel tempo | *parente* —, legato da uno stretto vincolo di parentela **2** successivo **3** (*non com.*) recente ♦ *s.m.* ogni uomo ri-

spetto a un altro uomo □ **-mente** *avv.* in un futuro prossimo.

pròstata *s.f.* (*anat.*) ghiandola che avvolge la parte iniziale dell'uretra maschile.

prostituire *v.tr.* [*io prostituisco, tu prostituisci ecc.*] fare commercio di cosa che sia strettamente legata alla dignità umana ♦ **-rsi** *v.rifl.* fare commercio di sé stessi; vendersi.

prostitùta *s.f.* donna che esercita la prostituzione.

prostituzióne *s.f.* attività di chi fa commercio abituale del proprio corpo.

prostràre *v.tr.* [*io pròstro ecc.*] **1** (*lett.*) abbattere **2** (*fig.*) indebolire | umiliare ♦ **-rsi** *v.rifl.* gettarsi a terra, in segno di venerazione o sottomissione | (*fig.*) umiliarsi.

prostrazióne *s.f.* stato di grande debolezza fisica o di depressione psichica.

protagonìsmo *s.m.* tendenza a primeggiare.

protagonìsta *s.m.* e *f.* [pl.m. *-sti*] **1** l'attore o l'attrice che interpreta la parte principale in un'opera teatrale, cinematografica, televisiva **2** chi ha la parte principale in una vicenda reale.

pròtasi *s.f.* (*gramm.*) la proposizione secondaria del periodo ipotetico, nella quale si pone la condizione di cui l'apodosi esprime la conseguenza.

protèggere *v.tr.* [pres. *io protèggo, tu protèggi ecc.*; pass.rem. *io protèssi, tu proteggésti ecc.*; part.pass., *protètto*] **1** difendere, favorire **2** promuovere un'attività **3** riparare ♦ **-rsi** *v.rifl.* ripararsi.

protèico *agg.* [pl.m. *-ci*] di proteine.

proteìna *s.f.* (*biol.*) sostanza organica costituente fondamentale dei tessuti animali e vegetali.

pro tempore *loc.avv.* e *agg.invar.* (*lat.*) per un periodo limitato di tempo.

protèndere *v.tr.* [coniugato come *tendere*] tendere in avanti ♦ **-rsi** *v.rifl.* o *intr. pron.* spingersi in avanti.

pròtesi *s.f.* (*med.*) sostituzione di un organo del corpo umano, mancante o difettoso, con un apparecchio o un dispositivo artificiale; l'apparecchio o il dispositivo stesso.

protèsta *s.f.* disapprovazione, opposizione nei confronti di qlco. o qlcu.

protestànte *agg.* del protestantesimo ♦ *agg.* e *s.m.* e *f.* chi aderisce al protestantesimo.

protestantésimo *s.m.* l'insieme delle confessioni religiose cristiane che hanno avuto origine dalla Riforma.

protestàre *v.intr.* [*io protèsto ecc.*; aus. *avere*] esprimere la propria disapprovazione o opposizione ♦ *v.tr.* **1** dichiarare **2** accertare il mancato pagamento di un titolo di credito ♦ **-rsi** *v.rifl.* dichiararsi.

protèsto *s.m.* (*dir.*) atto con il quale si accerta il mancato pagamento di un titolo di credito.

protètto *agg.* munito di difese ♦ *s.m.* [f. *-a*] chi gode di un particolare favore.

protettoràto *s.m.* forma di tutela politica e militare esercitata da uno stato nei confronti di un altro | lo stato posto sotto tale tutela.

protettóre *s.m.* **1** [f. *-trice*] chi protegge **2** chi esercita una sorta di tutela su una prostituta, in realtà sfruttandola ♦ *agg.*

protezióne *s.f.* **1** il proteggere **2** attività di chi protegge o difende; tutela.

protezionìsmo *s.m.* politica economica che mira a proteggere i prodotti nazionali dalla concorrenza straniera.

proto- primo elemento di parole composte, che significa 'primo'.

protocollàre[1] *v.tr.* [*io protocòllo ecc.*] (*burocr.*) registrare in un protocollo.

protocollàre[2] *agg.* del protocollo | (*fig.*) conforme alle norme della debita procedura.

protocòllo *s.m.* **1** l'insieme delle formule iniziali di un documento antico **2** (*estens.*) libro dove si registrano in ordine cronologico lettere o altri documenti in partenza e in arrivo **3** documento attestante un accordo fra stati **4** l'insieme delle norme che regolano lo svolgimento di manifestazioni ufficiali.

protóne *s.m.* (*fis.*) particella elementare; con il neutrone è il costituente fondamentale dei nuclei atomici.

protoplàsma *s.m.* [pl. *-smi*] (*biol.*) il materiale che costituisce le cellule viventi animali e vegetali.

protostòria *s.f.* la fase di passaggio dalla preistoria alla storia.

protòtipo *s.m.* **1** primo esemplare **2** (*fig.*) chi possiede al massimo grado certe caratteristiche ♦ *agg.*

protozòi *s.m.pl.* (*zool.*) sottoregno animale comprendente tutti gli organismi microscopici unicellulari.

protràrre *v.tr.* [coniugato come *trarre*] far durare a lungo | prorogare ♦ **-rsi** *v. intr.pron.* durare.

protuberànza *s.f.* sporgenza.

pròva *s.f.* **1** ciò che si fa per conoscere, dimostrare, verificare la qualità, la natura di una cosa, le attitudini o i sentimenti di una persona, il funzionamento di una macchina ecc. **2** esame **3** (*teat.*) esecuzione parziale o totale di uno spettacolo al fine di metterlo a punto **4** cimento affrontato volontariamente o imposto da altri o dalle

circostanze **5** tentativo **6** dimostrazione concreta di qlco.
provàre *v.tr.* [*io pròvo ecc.*] **1** sottoporre a verifica **2** mettere alla prova **3** fare una prova **4** dimostrare con prove **5** conoscere per esperienza.
proveniènza *s.f.* il provenire; il luogo da cui qlcu. o qlco. proviene; origine.
provenìre *v.intr.* [coniugato come *venire*; aus. *essere*, ma i tempi composti sono rari] **1** venire da un luogo **2** (*fig.*) avere origine.
provènto *s.m.* guadagno.
proverbiàle *agg.* **1** che ha natura di proverbio **2** (*fig.*) che è noto a tutti.
provèrbio *s.m.* breve detto popolare che contiene massime, norme, consigli tratti dall'esperienza.
provétta *s.f.* tubetto di vetro per analisi chimiche | *concepimento in* —, fecondazione artificiale.
provètto *agg.* che ha grande competenza o esperienza.
provìncia *s.f.* [pl. *-ce* o *-cie*] circoscrizione amministrativa costituita da un insieme di comuni.
provinciàle *agg.* **1** della provincia **2** tipico della provincia ♦ *s.m.* e *f.* chi è nato o vive in provincia; chi rivela abitudini, mentalità, gusti tipici della provincia ♦ *s.f.* strada provinciale.
provìno *s.m.* breve prova di recitazione, di ballo o di canto volta a saggiare le capacità di un aspirante artista.
provocànte *agg.* **1** che provoca sentimenti di ribellione **2** che suscita desiderio erotico.
provocàre *v.tr.* [*io pròvoco, tu pròvochi ecc.*] **1** causare **2** indurre a sentimenti di ribellione | suscitare desiderio erotico.
provocatòrio *agg.* che costituisce una provocazione □ **-mente** *avv.*
provocazióne *s.f.* il provocare qlcu.; le parole, gli atti che provocano, che inducono a una reazione violenta.
pròvola *s.f.* formaggio semiduro di latte di bufala; è specialità dell'Italia meridionale.
provolóne *s.m.* formaggio duro; è tipico dell'Italia meridionale.
provvedére *v.intr.* [coniugato come *vedere*, ma sono regolari il fut. *io provvederò ecc.* e il condiz. *io provvederèi ecc.*; aus. *avere*] disporre quanto è necessario affinché qualcosa non manchi o non subisca danni o avvenga felicemente ♦ *v.tr.* fornire ♦ **-rsi** *v.rifl.* prendere con sé qlco.
provvediménto *s.m.* disposizione con cui si fa fronte a determinate situazioni e necessità.
provveditoràto *s.m.* ente, dipendente da un ministero, che coordina nell'ambito di una provincia i vari uffici che si occupano di un determinato settore: — *agli studi.*
provveditóre *s.m.* [f. *-trice*] titolo di chi è a capo di un provveditorato: — *agli studi.*
provvidènza *s.f.* **1** atto concreto con cui si provvede a qlco. **2** (*teol.*) l'azione costante che Dio esercita nella natura e nella storia **3** (*estens.*) dono, favore, avvenimento che giunge inaspettato.
provvidenziàle *agg.* **1** della provvidenza divina **2** (*estens.*) opportuno, favorevole.
provvigióne *s.f.* compenso in denaro dato a un intermediario che ha procacciato un affare.
provvisòrio *agg.* che non è definitivo; temporaneo □ **-mente** *avv.*
provvìsta *s.f.* il procurare quanto è necessario | ciò che si è messo da parte per necessità future.
prozìo *s.m.* [f. *-a*] zio del padre o della madre.
prùa *s.f.* **1** (*mar.*) prora **2** (*estens.*) la parte anteriore di un aereo o altro velivolo.
prudènte *agg.* **1** che agisce con prudenza **2** fatto, detto con prudenza □ **-mente** *avv.*
prudènza *s.f.* **1** qualità di chi si comporta in modo da non correre inutili rischi **2** (*teol.*) una delle quattro virtù cardinali.
prudenziàle *agg.* dettato da prudenza.
prùdere *v.intr.* [rar. il pass. rem. *io prudéi, tu prudésti, egli prudé* o *prudètte* ecc.; mancano il part. pass. e i tempi composti] dare prurito | *sentirsi — le mani*, (*fig.*) avere voglia di picchiare.
prùgna *s.f.* susina ♦ *agg.invar.* di colore violaceo cupo.
prùno *s.m.* (*bot.*) genere di piante arboree o arbustacee, comprendente il susino, l'albicocco, il ciliegio, il pesco.
prurìto *s.m.* sensazione molesta di irritazione cutanea che induce a grattarsi.
pseudònimo *s.m.* nome fittizio.
psìche *s.f.invar.* (*psicol.*) l'insieme delle funzioni sensitive, affettive e mentali grazie alle quali l'individuo ha esperienza di sé e della realtà esterna.
psichedèlico *agg.* [pl.m. *-ci*] si dice di ciò che provoca allucinazioni.
psichiàtra *s.m.* e *f.* [pl.m. *-tri*] medico specializzato in psichiatria.
psichiatrìa *s.f.* branca della medicina che ha per oggetto la diagnosi, la terapia e la prevenzione delle malattie mentali.
psichiàtrico *agg.* [pl.m. *-ci*] che riguarda la psichiatria.
psìchico *agg.* [pl.m. *-ci*] della psiche.
psicoanàlisi *s.f.* disciplina di studio e tecnica terapeutica fondata da S. Freud (1856-1939), basata sull'analisi dei processi inconsci.

psicoanalìsta *s.m.* e *f.* [pl.m. -*sti*] psicoterapeuta che segue metodi psicoanalitici.
psicoanalìtico *agg.* [pl.m. -*ci*] che riguarda la psicoanalisi.
psicoanalizzàre *v.tr.* sottoporre a trattamento psicoanalitico.
psicodiagnòstica *s.f.* metodo d'indagine e di analisi della personalità.
psicofàrmaco *s.m.* [pl. -*ci*] ogni farmaco che agisce sulla psiche di un individuo modificandone l'umore, il comportamento.
psicologìa *s.f.* **1** scienza che studia i fenomeni della vita affettiva e mentale dell'uomo **2** modo di pensare e di reagire.
psicològico *agg.* [pl.m. -*ci*] **1** di psicologia **2** relativo all'anima □ **-mente** *avv.*
psicòlogo *s.m.* [f. -*a*; pl.m. -*gi*] **1** studioso di psicologia **2** (*estens.*) si dice di chi ha profonda conoscenza dell'animo umano.
psicopatìa *s.f.* qualsiasi forma di disturbo psichico.
psicopàtico *agg.* [pl.m. -*ci*] (*med.*) relativo a psicopatia ♦ *agg.* e *s.m.* [f. -*a*] che/chi è affetto da psicopatia.
psicopatologìa *s.f.* (*psicol.*, *psich.*) disciplina che ha per oggetto il funzionamento anormale dell'attività psichica.
psicopedagogìa *s.f.* parte della psicologia applicata che tende a formulare adeguati metodi pedagogici e didattici.
psicòsi *s.f.* **1** (*psich.*) complesso di disturbi psichici gravi **2** (*estens.*) ogni fenomeno di eccitazione psichica che assuma aspetti quasi morbosi.
psicosomàtica *s.f.* disciplina medica che si occupa dell'influenza degli stati psichici sull'organismo e delle disfunzioni causate da fattori psicologici.
psicoterapìa *s.f.* trattamento sistematico dei disturbi psichici fondato sul dialogo tra paziente e terapeuta.
psicòtico *agg.* [pl.m. -*ci*] relativo a psicosi ♦ *agg.* e *s.m.* [f. -*a*] che/chi è affetto da psicosi.
pubblicàre *v.tr.* [*io pùbblico, tu pùbblichi ecc.*] rendere pubblico per mezzo della stampa.
pubblicazióne *s.f.* **1** il pubblicare, l'essere pubblicato **2** lo scritto pubblicato.
pubblicìsta *s.m.* e *f.* [pl.m. -*sti*] chi collabora a giornali e periodici senza essere giornalista di professione.
pubblicità *s.f.* **1** l'essere pubblico **2** insieme dei mezzi con i quali un'impresa richiama l'attenzione del pubblico sul proprio prodotto.
pubblicitàrio *agg.* che riguarda la pubblicità, che tende a far pubblicità ♦ *s.m.* [f. -*a*] chi si occupa professionalmente di pubblicità.
pubblicizzàre *v.tr.* far conoscere un prodotto per mezzo della pubblicità.
pùbblico *agg.* [pl.m. -*ci*] **1** che riguarda l'intera collettività **2** che è di tutti; noto a tutti | *personaggio* —, personaggio le cui vicende richiamano l'attenzione dell'opinione pubblica **3** che tutti possono frequentare o utilizzare | *servizi pubblici*, quelli di rilevante interesse collettivo (*p.e.* trasporti, sanità, telecomunicazioni) ♦ *s.m.* **1** gente **2** l'insieme di coloro che leggono libri e giornali o assistono a spettacoli, trasmissioni televisive o radiofoniche **3** la sfera della vita pubblica □ **-mente** *avv.*
pùbe *s.m.* (*anat.*) osso che forma la parte anteriore del bacino.
puberàle *agg.* della pubertà.
pubertà *s.f.* (*fisiol.*) periodo della vita compreso tra gli 11 e i 15 anni, in cui hanno inizio le funzioni sessuali.
public company *loc.sost.f.invar.* (*ingl.*) (*econ.*) società ad azionariato diffuso nella quale nessun azionista ha una partecipazione di particolare rilievo.
pudóre *s.m.* **1** sentimento di riservatezza o di ritrosia verso ciò che appartiene alla sfera sessuale **2** (*estens.*) ritegno.
puericultùra *s.f.* ramo della pediatria che si occupa della cura e dell'allevamento del bambino.
puerìle *agg.* **1** del fanciullo, dei fanciulli **2** (*spreg.*) che rivela immaturità □ **-mente** *avv.*
puerilità *s.f.* (*spreg.*) **1** l'essere puerile **2** atto, frase puerile.
puèrpera *s.f.* donna che ha partorito da poco.
puerpèrio *s.m.* periodo di tempo immediatamente successivo al parto.
pugilàto *s.m.* sport in cui due atleti si affrontano colpendosi con i pugni.
pùgile *s.m.* atleta che pratica il pugilato.
pugnalàre *v.tr.* ferire, uccidere con un pugnale.
pugnalàta *s.f.* **1** colpo dato con un pugnale **2** (*fig.*) colpo doloroso e inaspettato.
pugnàle *s.m.* arma bianca con lama corta a due tagli e punta acuta.
pùgno *s.m.* [pl. *i pugni*] **1** la mano con le dita serrate e piegate sul palmo | *tenere, avere in — qlcu.*, (*fig.*) averlo in proprio potere | *scrivere di proprio* —, di propria mano **2** colpo che si dà con le dita serrate a pugno **3** la quantità di roba che si stringe nella mano serrata **4** (*estens.*) piccola quantità.
pùlce *s.f.* insetto saltatore di piccole dimensioni, parassita degli animali e del-

l'uomo | *mettere la — nell'orecchio*, (*fig.*) insinuare un dubbio, un sospetto in qlcu.
Pulcinèlla *s.m.invar.* maschera napoletana della commedia dell'arte.
pulcino *s.m.* il piccolo della gallina.
pulédro *s.m.* [f. *-a*] equino giovane.
puléggia *s.f.* [pl. *-ge*] (*mecc.*) organo a forma di ruota montato su un albero rotante, usato per trasmettere il moto a un organo analogo mediante un elemento flessibile.
pulire *v.tr.* [*io pulisco, tu pulisci ecc.*] togliere lo sporco.
pulito *agg.* **1** senza sporco; *persona pulita*, che cura la pulizia personale **2** (*estens.*) si dice di fonte di energia che non inquina **3** (*fig.*) onesto ♦ *avv.* in modo pulito ♦ *s.m.* luogo pulito: *camminare sul* — □ **-mente** *avv.*
pulizìa *s.f.* **1** l'essere pulito (anche *fig.*) **2** l'operazione, il lavoro di pulire.
pullman *s.m.invar.* (*ingl.*) autobus.
pullover *s.m.invar.* (*ingl.*) indumento a maglia.
pullulàre *v.intr.* [*io pùllulo ecc.*; aus. *avere*] **1** spuntare in gran quantità **2** essere gremito.
pùlpito *s.m.* nelle chiese, struttura a balcone, elevata e isolata, dalla quale il predicatore si rivolgeva ai fedeli.
pulsànte *agg.* che pulsa ♦ *s.m.* parte di un congegno che, premuta, mette in funzione il congegno stesso.
pulsàre *v.intr.* [aus. *avere*] palpitare.
pulsazióne *s.f.* (*fisiol.*) l'espansione ritmica di un vaso arterioso a seguito delle contrazioni del cuore.
pulsióne *s.f.* impulso | (*psicoan.*) stimolo psicofisico.
pulvìscolo *s.m.* insieme di minutissime particelle sospese nell'aria.
pùma *s.m.invar.* felino americano.
pùngere *v.tr.* [pres. *io pungo, tu pungi ecc.*; pass.rem. *io punsi, tu pungésti ecc.*; part.pass. *punto*] **1** trafiggere leggermente con una punta sottile la pelle **2** (*estens.*) produrre una sensazione irritante **3** (*fig.*) ferire moralmente con atti o parole ♦ **-rsi** *v. rifl.* ferirsi leggermente con un oggetto a punta.
pungiglióne *s.m.* appendice appuntita e penetrante con cui api, vespe e altri animali inoculano sostanze velenose o irritanti.
pungitòpo *s.m.invar.* pianta cespugliosa ornamentale, con rametti appiattiti e pungenti e frutti a bacche scarlatte.
punìre *v.tr.* [*io punisco, tu punisci ecc.*] colpire con una pena.
punizióne *s.f.* **1** il punire, l'essere punito **2** nel calcio e in altri sport, tiro concesso dall'arbitro a favore della squadra che ha subito un fallo.
pùnta *s.f.* **1** l'estremità assottigliata e aguzza **2** (*fig.*) la massima intensità o frequenza di un fenomeno **3** (*fig.*) la parte più avanzata di un gruppo **4** quantità minima di qlco. (anche *fig.*) **5** (*geog.*) piccola sporgenza di una costa.
puntàle *s.m.* elemento di rinforzo all'estremità di un oggetto.
puntàre *v.tr.* **1** appoggiare con forza **2** dirigere verso un punto **3** scommettere al gioco **4** (*fig.*) fare assegnamento su ♦ *v.intr.* [aus. *avere*] **1** dirigersi **2** (*fig.*) aspirare.
puntàta[1] *s.f.* **1** incursione veloce in un territorio occupato dal nemico | (*estens.*) breve escursione in un luogo **2** (*sport*) azione d'attacco rapida e penetrante **3** il puntare al gioco; la somma di denaro che si punta.
puntàta[2] *s.f.* **1** parte di un'opera pubblicata separatamente dalle altre; articolo giornalistico che fa parte di una serie **2** trasmissione televisiva o radiofonica mandata in onda in più riprese.
punteggiatùra *s.f.* l'insieme dei segni che separano le varie parti di un testo scritto.
puntéggio *s.m.* numero dei punti ottenuti a una gara, a un gioco, a un concorso.
puntellàre *v.tr.* [*io puntèllo ecc.*] rinforzare con puntelli ♦ **-rsi** *v.rifl.* sostenersi, reggersi.
puntèllo *s.m.* **1** trave di legno o di ferro **2** (*fig.*) sostegno.
punteruòlo *s.m.* barretta d'acciaio appuntita per praticare fori.
puntìglio *s.m.* ostinazione caparbia.
puntìna *s.f.* sorta di chiodo a gambo corto e sottile, con testa larga e piatta.
pùnto *s.m.* **1** (*geom.*) il più semplice degli enti geometrici, privo di dimensioni | *di — in bianco*, (*fig.*) all'improvviso | *— di vista*, quello dal quale si osserva un oggetto; (*fig.*) modo di giudicare le cose **2** segno grafico simile a una piccola macchia; compare sulla *i* minuscola e dopo un'abbreviazione | come segno d'interpunzione **3** luogo determinato; posto **4** passo di uno scritto o di un discorso | argomento **5** momento, istante | *in* —, esattamente **6** livello, grado, limite (anche *fig.*) **7** ciascuna delle unità che costituiscono gli elementi di una scala di valori (voti scolastici, quotazioni di borsa, giochi ecc.) **8** nel cucito, tratto di filo teso tra due fori **9** (*med.*) elemento della sutura di una ferita.
puntuàle *agg.* **1** che arriva all'ora stabilita **2** (*fig.*) fatto con precisione □ **-mente** *avv.*
puntualità *s.f.* l'essere puntuale.

puntualizzàre *v.tr.* definire con precisione i termini di una questione.
puntualizzazióne *s.f.* il puntualizzare, l'essere puntualizzato.
puntùra *s.f.* **1** il pungere; ferita superficiale provocata da un corpo sottile **2** (*pop.*) iniezione.
punzecchiàre *v.tr.* [io punzécchio ecc.] **1** pungere leggermente più volte **2** (*fig.*) molestare, irritare con parole o dispetti ♦ **-rsi** *v.rifl.rec.* molestarsi reciprocamente con allusioni maligne.
punzonàre *v.tr.* [io punzóno ecc.] imprimere con un punzone.
punzóne *s.m.* attrezzo d'acciaio sagomato per imprimere un marchio su una superficie metallica o di cuoio, oppure per coniare monete o medaglie.
pupàzzo *s.m.* fantoccio.
pupìlla *s.f.* **1** (*anat.*) apertura di forma circolare situata al centro dell'iride **2** (*lett.*) occhio.
pupìllo *s.m.* [f. -a] **1** (*dir.*) il minorenne sottoposto a tutela **2** (*estens.*) chi gode di particolare protezione o preferenza.
purché *cong.* a patto che.
pùre *cong.* **1** quand'anche; sebbene **2** tuttavia **3** *pur di*, al fine di (introduce una proposizione finale implicita) ♦ *avv.* anche.
purè *s.m.* passato di patate, di legumi.
purézza *s.f.* **1** l'essere puro **2** (*fig.*) onestà.
pùrga *s.f.* **1** medicamento che provoca l'evacuazione del contenuto intestinale **2** l'operazione del purgare.
purgànte *agg.* che purga ♦ *s.m.* purga.
purgàre *v.tr.* [io purgo, tu purghi ecc.] **1** somministrare una purga a qlcu. **2** liberare da impurità (anche *fig.*) ♦ **-rsi** *v.rifl.* prendere la purga.
purgatìvo *agg.* che serve a purgare.
purgatòrio *s.m.* **1** (*teol.*) secondo la dottrina cattolica, condizione e luogo di penitenza in cui si trovano le anime di coloro che devono espiare i peccati commessi prima di raggiungere il paradiso **2** (*fig.*) stato di tormento.
purificàre *v.tr.* [io purìfico, tu purìfichi ecc.] rendere puro; depurare ♦ **-rsi** *v.rifl.* o *intr.pron.* diventare puro.
purificazióne *s.f.* **1** il purificare, il purificarsi, l'essere purificato **2** (*relig.*) atto o rito con cui si libera una persona o una cosa dallo stato d'impurità.
purìsmo *s.m.* indirizzo linguistico-letterario che tende a conservare i caratteri tradizionali della lingua.
purìsta *s.m.* e *f.* [pl.m. -sti] fautore, seguace del purismo.
puritanésimo *s.m.* movimento religioso sorto nel sec. XVI che si proponeva di riformare la chiesa d'Inghilterra secondo i principi del calvinismo.
puritàno *agg.* **1** del puritanesimo **2** (*estens.*) ispirato a un rigido moralismo ♦ *s.m.* [f. -a] (*st.*) seguace del puritanesimo.
pùro *agg.* **1** si dice di materia che non è mescolata ad altre sostanze | *acqua pura*, limpida | *aria pura*, non inquinata **2** si dice di disciplina non applicata ad attività pratiche: *matematica, fisica pura* **3** semplice, solo: *la pura verità* **4** innocente, casto ♦ *s.m.* [f. -a] chi professa le proprie idee con coerenza, senza compromessi □ **-mente** *avv.*
purosàngue *agg.* e *s.m.* e *f.invar.* si dice di cavallo che discende da soggetti della stessa razza.
purtròppo *avv.* sfortunatamente.
purulènto *agg.* di pus; che contiene pus.
pus *s.m.invar.* (*med.*) liquido viscoso bianco-giallastro o verdastro che si forma in seguito a processi infiammatori.
pusillànime *agg.* si dice di chi è d'animo debole ♦ *s.m.* e *f.*
pusillanimità *s.f.* meschinità d'animo.
pùstola *s.f.* (*med.*) vescicola della pelle contenente pus.
putifèrio *s.m.* grande confusione, disordine.
putrefàtto *agg.* **1** andato in putrefazione **2** (*fig.*) corrotto.
putrefazióne *s.f.* decomposizione delle sostanze organiche dovuta a processi di fermentazione.
putrèlla *s.f.* trave d'acciaio con sezione a doppia T, usata nelle costruzioni.
pùtrido *agg.* **1** che è in stato di putrefazione **2** (*fig.*) corrotto ♦ *s.m.* marciume.
puttàna *s.f.* (*volg.*) prostituta.
pùtto *s.m.* pittura o scultura che rappresenta un bambino nudo.
pùzza *s.f.* (*region.*) puzzo.
puzzàre *v.intr.* [aus. avere] **1** emanare puzzo **2** (*fig.*) dare indizio.
puzzle *s.m.invar.* (*ingl.*) **1** gioco di pazienza che consiste nel ricostruire un'immagine scomposta in molti pezzi **2** (*estens.*) gioco enigmistico.
pùzzo *s.m.* **1** odore cattivo **2** (*fig.*) indizio, sentore.
pùzzola *s.f.* piccolo mammifero carnivoro con corpo allungato che per difesa emette un liquido fetido.
puzzolènte *agg.* che emana puzzo: *liquido* —.

Qq

q *s.f.* o *m.* diciassettesima lettera dell'alfabeto il cui nome è *qu*.
qua *avv.* in questo luogo (è meno determinato di *qui*): *mettilo qua*; *eccomi qua* | *di qua*, *per di qua*, da questa parte.
quàcchero *s.m.* [f. -*a*] seguace di un movimento religioso protestante diffuso negli Stati Uniti.
quadèrno *s.m.* fascicolo di fogli cuciti insieme destinato all'uso scolastico o usato per prendere appunti, fare conti.
quadrànte *s.m.* **1** (*mat.*) ciascuna delle quattro regioni in cui due assi ortogonali dividono un piano, o due diametri perpendicolari dividono un cerchio **2** scala graduata di uno strumento di misura: *il — dell'orologio*.
quadràre *v.intr.* [aus. *essere* o *avere*] **1** corrispondere esattamente | essere esatto **2** piacere.
quadràto[1] *agg.* **1** che ha forma di quadrato **2** (*estens.*) robusto **3** (*fig.*) equilibrato: *un ragazzo —*.
quadràto[2] *s.m.* **1** (*geom.*) figura piana delimitata da quattro lati uguali che formano tra loro angoli retti **2** (*mat.*) seconda potenza **3** schieramento di forma quadrata | *far —*, (*fig.*) raccogliere tutte le forze per difendersi.
quadrettàto *agg.* suddiviso in quadretti.
quadrettatùra *s.f.* l'insieme dei quadretti di una superficie quadrettata.
quadricìpite *s.m.* (*anat.*) muscolo della parte anteriore della coscia.
quadriennàle *agg.* **1** che dura quattro anni **2** che ha luogo ogni quattro anni ♦ *s.f.* esposizione d'arte che si fa ogni quattro anni.
quadrifòglio *s.m.* pianta di trifoglio che, per anomalia, ha quattro foglioline.
quadrìglia *s.f.* danza figurata.
quadrilàtero *agg.* che ha quattro lati ♦ *s.m.* (*geom.*) figura piana limitata da quattro lati.
quadrimèstre *s.m.* periodo di quattro mesi | ciascuno dei due periodi in cui può dividersi l'anno scolastico.
quadripartìto *agg.* **1** diviso in quattro parti **2** prodotto dal concorso di quattro parti | *governo —*, che nasce dall'alleanza di quattro partiti.
quadro *s.m.* **1** dipinto su tela, legno o altro supporto **2** vista, spettacolo che susciti particolari sentimenti o reazioni **3** descrizione **4** superficie di forma quadrata **5** schema, tabella **6** pannello su cui sono raccolti gli strumenti di comando di un'apparecchiatura complessa **7** (spec. *pl.*) chi ha funzioni di responsabilità e di guida all'interno di un'organizzazione ♦ usato come *agg.invar.* nella loc.: *legge —*, (*dir.*) provvedimento normativo che indica i principi fondamentali di una materia.
quadrùpede *agg.* e *s.m.* (*zool.*) si dice di ogni animale a quattro zampe.
quàdruplo *agg.* quattro volte maggiore ♦ *s.m.* quantità quattro volte maggiore.
quaggiù *avv.* in questo luogo, qui in basso.
quàglia *s.f.* nome comune di varie specie di uccelli migratori di piccole dimensioni; la quaglia comune è cacciata e allevata per le sue carni.
qualche *agg.indef.m.* e *f.* [solo *sing.*] **1** alcuni, più d'uno | può indicare anche un solo elemento **2** un certo: *un film di — interesse*.
qualcòsa o **qualche cosa** *pron.indef.* [solo *sing.*] indica in modo indeterminato una o alcune cose ♦ *s.m.* cosa vaga.
qualcùno *pron.indef.* [solo *sing.*] indica numero indeterminato ma non grande | può indicare anche un solo elemento ♦ *s.m.* e *f.* una persona importante.
quàle *agg.interr.m.* e *f.* [pl. *quali*] si usa per chiedere la qualità, l'identità di qlco. o di qlcu. ♦ *agg.escl.m.* e *f.* in usi enfatici (nel parlato è più frequente *che*) ♦ *agg.rel.m.* e *f.* ha lo stesso valore di *come*, ma è di uso più elevato ♦ *agg.indef.m.* e *f.* (*lett.*) qualunque, qualsivoglia (seguito da *che*) ♦ *pron.interr.m.* e *f.* si usa per chiedere la qualità, l'identità di qlco. o di qlcu. ♦ *pron.rel.m.* e *f.* che, cui (rispetto ai quali è

di uso più elevato) ♦ *pron.indef.m.* e *f.* (*lett.*) alcuni... altri ♦ *avv.* in qualità di, come.

qualìfica *s.f.* **1** appellativo, titolo che specifica una qualità **2** titolo professionale.

qualificàre *v.tr.* [io qualifico, tu qualifichi ecc.] contraddistinguere con una qualità; designare, caratterizzare ♦ **-rsi** *v. rifl.* **1** meritarsi una qualifica **2** (*sport*) superare le selezioni per partecipare a determinate gare.

qualificatìvo *agg.* che è adatto a qualificare, che serve a esprimere una qualità.

qualificàto *agg.* **1** fornito di qualità **2** *lavoro* —, che richiede specifiche capacità.

qualificazióne *s.f.* **1** il qualificare, il qualificarsi, l'essere qualificato **2** (*sport*) gare da superare per partecipare ad altre gare.

qualità *s.f.* **1** condizione che caratterizza una persona o una cosa, che ne determina la natura e la distingue | *complemento di* —, (*gramm.*) che indica una qualità | *in* — *di*, nella veste di **2** caratteristica o proprietà positiva **3** specie, varietà.

qualóra *cong.* se mai, se avvenisse che.

qualsìasi *agg.indef.m.* e *f.* [solo *sing.*] qualunque, quale che sia | con valore limitativo: *un uomo* —, di poco valore ♦ *agg.rel.indef.m.* e *f.* [solo *sing.*] qualunque, l'uno o l'altro che.

qualùnque *agg.indef.m.* e *f.* [solo *sing.*] l'uno o l'altro che sia; ogni | *un uomo* —, comune ♦ *agg.rel.indef.m.* e *f.* [solo *sing.*] l'uno o l'altro che.

qualunquìsmo *s.m.* atteggiamento di indifferenza e di critica nei confronti della politica e della vita civile e sociale.

qualunquìsta *s.m.* e *f.* [pl.m. *-sti*] chi dimostra qualunquismo | Usato anche come *agg.*

quàndo *avv.* in quale tempo ♦ *cong.* **1** nel tempo in cui **2** ogni volta che **3** giacché **4** mentre **5** se ♦ *s.m.invar.* il tempo, il momento, la circostanza in cui ha luogo un evento.

quantificàre *v.tr.* [io quantifico, tu quantifichi ecc.] determinare la quantità di qlco.

quantità *s.f.* **1** massa, misura, numero di qlco. **2** moltitudine, abbondanza.

quantitatìvo *agg.* che riguarda la quantità o esprime una quantità ♦ *s.m.* quantità □ **-mente** *avv.*

quànto[1] *agg.interr.* quale misura di, che numero di, che quantità di ♦ *agg.escl.* si usa per sottolineare enfaticamente la quantità di qlco. ♦ *agg.rel.* tutto quello che, tutti quelli che ♦ *pron.interr.* ha gli stessi usi e sign. dell'agg. corrispondente ♦ *pron.escl.* ha gli stessi usi e sign. dell'agg. corrispondente ♦ *pron.rel.* **1** (tutti) coloro che; (tutti) quelli che **2** (tutto) quello che, (tutto) ciò che.

quànto[2] *avv.* **1** in che misura, in che quantità **2** nella misura in cui **3** per ciò che riguarda **4** in loc. partic.: *in* —, perché | *per* —, nonostante che.

quànto[3] *s.m.* **1** (solo *sing.*) quantità **2** (*fis.*) valore minimo, definito e indivisibile.

quarànta *agg.num.card.invar.* numero corrispondente a quattro decine.

quarantèna *s.f.* periodo di quaranta giorni | periodo di isolamento al quale sono sottoposte le persone provenienti da zone in cui sono diffuse gravi malattie contagiose.

quarantòtto *s.m.invar.* (*fam.*) confusione: *fare un* — | con valore di *agg.*

quarésima *s.f.* il periodo liturgico penitenziale di quaranta giorni che inizia il mercoledì delle ceneri e termina il giovedì santo.

quartétto *s.m.* (*mus.*) composizione destinata a quattro esecutori | la formazione che esegue tali composizioni.

quartière *s.m.* **1** zona circoscritta di una città **2** (*mil.*) complesso di edifici o di tende dove alloggia un reparto dell'esercito.

quartìna *s.f.* strofa di quattro versi.

quartiròlo *s.m.* formaggio magro e asciutto prodotto in Lombardia.

quàrto *agg.num.ord.* che in una serie occupa il posto numero quattro ♦ *s.m.* la quarta parte dell'unità.

quàrzo *s.m.* minerale diffuso nelle rocce costituito da biossido di silicio; si presenta in grossi cristalli trasparenti.

quàsi *avv.* **1** circa, pressappoco **2** talora indica incertezza, dubbio e si usa per attenuare un'osservazione, una proposta ♦ *cong.* come se.

quassù *avv.* in questo luogo, qui in alto.

quatèrna *s.f.* nel lotto, serie di quattro numeri estratti sulla stessa ruota; nella tombola, quattro numeri nella stessa fila di una cartella.

quaternàrio *agg.* **1** che è composto di quattro elementi **2** (*geol.*) che appartiene al neozoico ♦ *s.m.* (*geol.*) neozoico.

quàtto *agg.* che sta chinato a terra | (*estens.*) silenzioso.

quattórdici *agg.num.card.* numero corrispondente a una decina più quattro unità.

quattrìno *s.m.* **1** moneta di poco valore **2** *pl.* denaro.

quàttro *agg.num.card.invar.* numero corrispondente a tre unità più una.

quattrocènto *agg.num.card. invar.* numero corrispondente a quattro centinaia ♦ *s.m. il Quattrocento*, il sec. XV.

quéllo o **quel** (davanti ai vocaboli che cominciano per consonante che non sia *s* impura, *gn*, *ps*, *x*, *z*), *agg.dimostr.* [pl.m. *quegli* o *quei* negli stessi casi in cui si usa *quel*; precede sempre il sostantivo] indica persona o cosa lontana sia da chi parla sia da chi ascolta ♦ *pron.dimostr.* [la forma *quel* è d'obbligo nell'espressione *in quel di..*, facoltativa davanti a *che* e rara in altri casi] indica persona o cosa lontana da chi parla e da chi ascolta, o persona o cosa non presente della quale si sta parlando.

quèrcia *s.f.* [pl. -ce] albero di alto fusto | *essere una —*, (*fig.*) si dice di persona molto forte.

querèla *s.f.* (*dir.*) atto con cui una persona offesa chiede che si proceda penalmente a carico del colpevole.

querelàre *v.tr.* [*io querèlo ecc.*] (*dir.*) denunciare mediante querela ♦ **-rsi** *v.intr. pron.* (*dir.*) sporgere querela contro qlcu.

quesìto *s.m.* domanda.

questionàre *v.intr.* [*io questióno ecc.*; aus. *avere*] discutere.

questionàrio *s.m.* serie di quesiti.

questióne *s.f.* **1** controversia, disputa **2** materia, argomento che richiede un esame accurato | *è — di*, si tratta di **3** problema di interesse culturale, storico, politico o sociale **4** lite.

question time *loc.sost.m.invar.* (*ingl.*) seduta parlamentare durante la quale i membri dell'assemblea hanno la possibilità di porre domande a un rappresentante del governo sull'attività di sua competenza.

quésto *agg.dimostr.* [precede sempre il sostantivo] indica persona o cosa vicina a chi parla ♦ *pron.dimostr.* [f. *-a*] indica persona o cosa vicina a chi parla, o persona o cosa della quale si sta parlando.

questóre *s.m.* funzionario di polizia preposto a una questura.

quèstua *s.f.* raccolta delle elemosine.

questùra *s.f.* ufficio dell'amministrazione statale che in ogni provincia svolge compiti di pubblica sicurezza.

questurìno *s.m.* (*pop.*) poliziotto.

qui *avv.* **1** in questo luogo (è più determinato di *qua*) **2** (*fig.*) a questo punto **3** (*fig.*) in questo caso.

quiescènte *agg.* (*scient.*) che è in stato di inattività.

quiescènza *s.f.* stato di inattività.

quietànza *s.f.* (*dir.*) attestazione di un avvenuto pagamento, rilasciata dal creditore al debitore.

quietàre *v.tr.* [*io quièto ecc.*] calmare, placare ♦ **-rsi** *v.intr.pron.* placarsi, calmarsi.

quiète *s.f.* **1** assenza di moto **2** stato di silenzio, di tranquillità, di ordine.

quièto *agg.* **1** fermo, tranquillo **2** (*estens.*) silenzioso **3** (*fig.*) di temperamento pacifico □ **-mente** *avv.*

quìndi *avv.* poi, in seguito ♦ *cong.* perciò, di conseguenza.

quìndici *agg.num.card.* numero che corrisponde a una decina più cinque unità.

quinquènnio *s.m.* periodo di cinque anni.

quìnta *s.f.* **1** (*teat.*) pannello rettangolare alto e stretto disposto ai lati della scena | *stare dietro le quinte*, (*fig.*) ispirare le azioni altrui **2** nei cambi di velocità di autoveicoli e motoveicoli, la quinta marcia.

quintàle *s.m.* unità di misura di peso corrispondente a 100 kg; ha simbolo *q*.

quintessènza *s.f.* **1** essenza purissima **2** (*fig.*) caratteristica essenziale | grado massimo di qlco.

quintétto *s.m.* (*mus.*) composizione per cinque strumenti o cinque voci soliste | complesso di cinque strumenti o cinque voci.

quiproquo *s.m.* equivoco, malinteso.

quisquìlia *s.f.* cosa di nessuna importanza.

quiz *s.m.invar.* quesito che si pone ai partecipanti a un gioco, a un concorso, o ai candidati a un esame | gioco basato su una serie di quesiti.

quorum *s.m.invar.* (*lat.*) quota minima dei voti espressi o dei votanti, richiesta perché una elezione o una delibera sia valida.

quòta *s.f.* **1** parte di un tutto | somma di denaro da pagare o da riscuotere **2** in topografia, distanza tra un punto e la sua proiezione sul piano orizzontale di riferimento, che è in genere quello del livello del mare | (*estens.*) altezza dal suolo **3** nei concorsi come totocalcio e totip, la somma spettante a ciascun vincitore | nelle scommesse sui cavalli, cifra che esprime il multiplo della posta che sarà pagato in caso di vincita.

quotàre *v.tr.* [*io quòto ecc.*] **1** fissare il prezzo in borsa e nel mercato dei cambi **2** valutare.

quotàto *agg.* (*fig.*) apprezzato.

quotazióne *s.f.* **1** prezzo di un titolo in borsa **2** (*fig.*) grado di considerazione e di stima di cui qlcu. gode.

quotidiàno *agg.* **1** che è di ogni giorno **2** (*fig.*) usuale ♦ *s.m.* giornale □ **-mente** *avv.*

quozïènte *s.m.* **1** (*mat.*) risultato della divisione **2** *— d'intelligenza*, (*psicol.*) numero che esprime il rapporto tra l'età mentale e l'età anagrafica di un soggetto.

Rr

r *s.f.* o *m.* diciottesima lettera dell'alfabeto il cui nome è *erre.*
rabàrbaro *s.m.* **1** pianta erbacea dal cui rizoma si ricava una sostanza amara medicinale **2** liquore digestivo.
ràbbia *s.f.* **1** (*vet., med.*) grave malattia infettiva che colpisce vari animali e che può essere trasmessa anche all'uomo; si manifesta con idrofobia **2** violenta irritazione; ira.
rabbìno *s.m.* **1** (*st.*) presso gli ebrei, titolo di dottore della legge **2** guida spirituale e religiosa di una comunità ebraica.
rabbióso *agg.* **1** (*vet., med.*) che è malato di rabbia **2** pieno di rabbia **3** furioso □ **-mente** *avv.*
rabbrividìre *v.intr.* [*io rabbrividisco, tu rabbrividisci* ecc.; aus. *essere*] avere, sentire i brividi.
rabbuiàrsi *v.intr.pron.* [*io mi rabbùio* ecc.] diventare buio, farsi scuro.
rabdomànte *s.m.* e *f.* chi esercita la rabdomanzia
rabdomanzìa *s.f.* l'arte divinatoria di scoprire sorgenti d'acqua sotterranee attraverso le vibrazioni di una bacchetta tenuta con le mani.
raccapezzàrsi *v.intr.pron.* riuscire a orientarsi, a capire.
raccapricciànte *agg.* che suscita raccapriccio, ripugnanza.
raccaprìccio *s.m.* turbamento profondo misto a orrore e ripugnanza.
raccattàre *v.tr.* **1** raccogliere da terra **2** (*fig.*) mettere insieme a stento.
racchétta *s.f.* attrezzo per il gioco del tennis, formato da un lungo manico e da un telaio ovale su cui è fissata una cordatura a rete | — *da sci*, bastoncino da sci, provvisto nella parte terminale di un dischetto.
racchio *agg.* e *s.m.* [f. *-a*] (*fam.*) si dice di persona brutta, sgraziata.
racchiùdere *v.tr.* [coniugato come *chiudere*] chiudere in sé, contenere.
raccògliere *v.tr.* [coniugato come *cogliere*] **1** prendere da terra **2** prendere qlco. da terra, dove nasce o si trova abitualmente **3** radunare, riunire, mettere insieme (anche *fig.*) | collezionare **4** restringere, ripiegare insieme **5** ricevere, accettare ♦ **-rsi** *v.intr.pron.* radunarsi, riunirsi, stringersi intorno a qlcu. o a qlco. ♦ *v.rifl.* (*fig.*) concentrarsi.
raccogliménto *s.m.* il raccogliersi spiritualmente.
raccoglitóre *s.m.* **1** [f. *-trice*] chi raccoglie **2** cartella per tenere documenti, schede e sim.
raccoglitrice *s.f.* macchina per la raccolta automatica di prodotti agricoli.
raccòlta *s.f.* **1** il raccogliere **2** (*estens.*) insieme di cose raccolte **3** *chiamare a* —, far convenire, riunire.
raccòlto *agg.* **1** stretto, tenuto insieme **2** (*fig.*) concentrato, intento **3** (*fig.*) tranquillo, intimo ♦ *s.m.* quantità di frutti o di altri prodotti della terra raccolti nell'annata □ **-mente** *avv.* con raccoglimento | con compostezza.
raccomandàbile *agg.* che si può raccomandare, che è da raccomandarsi.
raccomandàre *v.tr.* **1** affidare all'aiuto altrui **2** intercedere a favore di qlcu. **3** consigliare ♦ **-rsi** *v. rifl.* implorare aiuto.
raccomandàta *s.f.* lettera o plico di cui le poste, dietro pagamento di una tassa aggiuntiva, assicurano l'inoltro.
raccomandàto *agg.* e *s.m.* [f. *-a*] che/chi gode di una protezione che lo pone in condizioni di privilegio rispetto agli altri.
raccomandazióne *s.f.* **1** da parte di una persona influente, il segnalare una persona perché possa essere agevolata **2** consiglio affettuoso; esortazione autorevole.
raccontàre *v.tr.* [*io raccónto* ecc.] esporre; narrare.
raccónto *s.m.* **1** il raccontare **2** il fatto raccontato **3** componimento in prosa di estensione minore rispetto al romanzo.
raccordàre *v.tr.* [*io raccòrdo* ecc.] collegare per mezzo di un raccordo.
raccòrdo *s.m.* elemento che serve di collegamento.
racèmo *s.m.* (*bot.*) grappolo.

ràchide *s.f.* **1** (*anat.*) colonna vertebrale **2** (*zool.*) l'asse delle penne degli uccelli **3** (*bot.*) nervatura centrale di una foglia.
rachìtico *agg.* [pl.m. *-ci*] **1** (*med.*) che è affetto da rachitismo **2** (*estens.*) poco sviluppato ♦ *s.m.* [f. *-a*] (*med.*) chi è affetto da rachitismo.
rachitìsmo *s.m.* (*med.*) malattia dell'infanzia dovuta a un difetto di calcificazione delle ossa per deficienza di vitamina D.
racimolàre *v.tr.* [*io racìmolo ecc.*] raccogliere a poco a poco, a fatica.
racìmolo *s.m.* ciascun rametto di un grappolo d'uva.
racket *s.m.invar.* (*ingl.*) organizzazione illegale che controlla determinati settori di attività economica, estorcendo denaro con l'intimidazione e il ricatto.
ràdar *s.m.invar.* apparecchio che, per mezzo di microonde, consente di localizzare oggetti, bersagli od ostacoli sulla rotta di navigazione di navi e aerei ♦ *agg. uomini* —, controllori di volo.
radarìsta *s.m.* e *f.* [pl.m. *-sti*] operatore del radar.
radarterapìa *s.f.* (*med.*) fisioterapia che sfrutta la capacità di penetrazione delle onde radar all'interno del corpo.
raddolcìre *v.tr.* [*io raddolcisco, tu raddolcisci ecc.*] addolcire ♦ **-rsi** *v.intr.pron.* divenire più dolce.
raddoppiaménto *s.m.* **1** il raddoppiare, l'essere raddoppiato **2** (*ling.*) ripetizione di un elemento lessicale o morfologico.
raddoppiàre *v.tr.* [*io raddóppio ecc.*] rendere doppio | (*estens.*) aumentare ♦ *v.intr.* [aus. *essere*] accrescersi.
raddóppio *s.m.* raddoppiamento.
raddrizzaménto *s.m.* il raddrizzare, il raddrizzarsi, l'essere raddrizzato.
raddrizzàre *v.tr.* **1** far tornare diritto; rimettere in posizione verticale o orizzontale **2** (*fig.*) correggere ♦ **-rsi** *v.intr. pron.* **1** rimettersi diritto **2** (*fig.*) rimettersi sulla buona strada.
raddrizzatóre *s.m.* (*fis.*) dispositivo usato per convertire la corrente alternata in corrente continua.
radènte *agg.* che sfiora una superficie: *volo* —, a bassissima quota.
ràdere *v.tr.* [pass.rem. *io rasi, tu radésti ecc.*; part.pass. *raso*] **1** tagliar via il pelo col rasoio **2** abbattere: — *al suolo una città* ♦ **-rsi** *v.rifl.* farsi la barba.
radiàle[1] *agg.* (*mat.*) che è nella direzione del raggio di un cerchio | *velocità* —, (*astr.*) velocità di un astro rispetto alla Terra.
radiàle[2] *agg.* (*anat.*) del radio, osso dell'avambraccio.
radiànte[1] *agg.* che emette luce o calore per irraggiamento: *pannello* —.
radiànte[2] *s.m.* (*mat.*) unità di misura degli angoli piani nel Sistema Internazionale.
radiàre *v.tr.* [*io ràdio ecc.*] (*burocr.*) cancellare da un elenco di persone che hanno determinate facoltà o diritti, come sanzione disciplinare; espellere.
radiatóre *s.m.* (*tecn.*) apparecchio per il raffreddamento dei motori a combustione interna | negli impianti di riscaldamento domestico, elemento che trasmette all'ambiente il calore del fluido in esso circolante.
radiazióne *s.f.* (*fis.*) fenomeno per cui dalla materia viene emessa energia sotto forma di particelle o di onde elettromagnetiche; le particelle e le onde stesse.
ràdica *s.f.* legno pregiato, ricavato dalla radice del noce | il legno della radice di una specie di erica, usato per fabbricare pipe.
radicàle *agg.* **1** (*bot.*) della radice **2** (*fig.*) che rinnova fin dalle basi | *partito* —, che propugna le dottrine del radicalismo politico ♦ *s.m.* **1** [anche *f.*] chi aderisce al partito radicale **2** (*ling.*) la radice di una parola **3** (*mat.*) il simbolo della radice **4** (*chim.*) gruppo atomico con un elettrone non accoppiato □ **-mente** *avv.* dalle radici | totalmente.
radicalìsmo *s.m.* orientamento politico favorevole a un programma di riforme sociali profondamente innovatrici | (*estens.*) atteggiamento intellettuale estremistico.
radicalizzàre *v.tr.* spingere alle posizioni estreme ♦ **-rsi** *v.intr.pron.* assumere posizioni estreme.
radicàre *v.intr.* [*io ràdico, tu ràdichi ecc.*; aus. *essere*] mettere radici ♦ **-rsi** *v.intr.pron.* penetrare profondamente.
radicàto *agg.* tenace, profondo.
radìcchio *s.m.* varietà di cicoria che si mangia cruda come insalata o anche cotta.
radìce *s.f.* **1** (*bot.*) organo delle piante che si addentra nel terreno e ha funzione di sostegno e di assorbimento degli alimenti | *mettere* —, attecchire; (*fig.*) affermarsi **2** (*estens.*) la parte più bassa di qlco. **3** (*fig.*) origine, causa **4** (*anat.*) la parte che costituisce il tratto iniziale di un organo **5** (*ling.*) l'elemento presente in tutta una famiglia di parole, che porta l'idea comune fondamentale **6** (*mat.*) la quantità che, elevata alla potenza espressa dall'indice del radicale, riproduce la quantità data.
ràdio[1] *s.m.invar.* (*anat.*) osso lungo dell'avambraccio.
ràdio[2] *s.m.* elemento chimico di simbolo

Ra; è un metallo fortemente radioattivo presente nei minerali di uranio.
ràdio [3] *s.f.invar.* **1** l'organizzazione che provvede alle trasmissioni radiofoniche **2** apparecchio radiofonico.
radio- [1] primo elemento di parole composte della terminologia tecnica e scientifica, che indica relazione con l'elemento chimico radio, con i raggi roentgen o con le onde elettromagnetiche.
radio- [2] primo elemento di parole composte nelle quali indica attinenza con le trasmissioni radiofoniche o con apparecchi radiofonici.
radioamatóre *s.m.* [f. *-trice*] chi utilizza una radio ricetrasmittente per comunicare con altre persone.
radioassistènza *s.f.* assistenza per via radio alla navigazione aerea e marittima.
radioattività *s.f.* (*fis.*) emissione di radiazioni di natura corpuscolare o elettromagnetica da parte di certi elementi, detti perciò radioattivi.
radioattivo *agg.* dotato di radioattività □ **-mente** *avv.*
radiocarbònio *s.m.* (*fis.*) isotopo radioattivo del carbonio.
radiocomàndo *s.m.* comando a distanza mediante onde elettromagnetiche.
radiocomunicazióne *s.f.* sistema di comunicazione a distanza mediante radioonde.
radiocrònaca *s.f.* cronaca di un avvenimento trasmessa per radio.
radiocronìsta *s.m.* e *f.* [pl.m. *-sti*] chi fa radiocronache; — *sportivo*.
radiodiagnòstica *s.f.* (*med.*) il complesso delle tecniche di diagnosi basate sull'uso delle radiazioni.
radiodiffusióne *s.f.* (*telecom.*) diffusione, mediante onde elettromagnetiche, di programmi radiofonici o televisivi.
radioestesìa *s.f.* sensibilità alle radiazioni emesse da oggetti nascosti che permetterebbe di scoprire la presenza di acque e di minerali nel sottosuolo.
radiofàro *s.m.* stazione trasmittente di segnali radio che permette a navi e aeroplani di definire la loro posizione geografica.
radiofonìa *s.f.* trasmissione di suoni mediante onde radio.
radiofònico *agg.* [pl.m. *-ci*] di radiofonia; che avviene mediante radiofonia □ **-mente** *avv.*
radiogoniòmetro *s.m.* strumento di bordo di navi e aeromobili che serve a individuare la provenienza dei segnali di un radiofaro.
radiografàre *v.tr.* [*io radiògrafo ecc.*] **1** sottoporre a radiografia **2** (*fig.*) esaminare.
radiografìa *s.f.* (*med.*) procedimento diagnostico consistente nel sottoporre una parte del corpo ai raggi X per ottenere l'immagine fotografica delle sue parti interne; la fotografia così ottenuta.
radiogràfico *agg.* [pl.m. *-ci*] della radiografia; ottenuto per mezzo di radiografia □ **-mente** *avv.*
radiogràmma *s.m.* [pl. *-mi*] telegramma trasmesso via radio.
radiologìa *s.f.* (*med.*) teoria e tecnica dell'uso dei raggi X e delle sostanze radioattive a scopo diagnostico e curativo.
radiològico *agg.* [pl.m. *-ci*] di radiologia; ottenuto per mezzo della radiologia □ **-mente** *avv.*
radiòlogo *s.m.* [f. *-a*; pl.m. *-gi*] (*med.*) specialista in radiologia.
radiòmetro *s.m.* (*fis.*) strumento per misurare le radiazioni.
radiomicròfono *s.m.* microfono radiotrasmittente che si usa senza cavo di collegamento.
radioónda *s.f.* (*fis.*) onda elettromagnetica impiegata nelle telecomunicazioni.
radioricevènte *agg.* (*telecom.*) si dice di stazione o di apparecchio che riceve segnali trasmessi mediante radioonde ♦ *s.f.* radioricevitore.
radioricevitóre *s.m.* (*telecom.*) radioricevente.
radioripetitóre *s.m.* (*telecom.*) apparecchio che amplifica i segnali radio e li rinvia a un'altra stazione.
radioscopìa *s.f.* (*med.*) esame visivo di parti del corpo per mezzo dei raggi X.
radioscòpico *agg.* [pl.m. *-ci*] (*med.*) di radioscopia; ottenuto per mezzo della radioscopia □ **-mente** *avv.*
radióso *agg.* luminoso, splendente □ **-mente** *avv.*
radiospìa *s.f.* radiotrasmittente miniaturizzata che consente di ascoltare a distanza telefonate o conversazioni.
radiosvéglia *s.f.* apparecchio costituito da una radio e da un orologio che l'accende all'ora voluta.
radiotàxi *s.m.* taxi con radiotelefono collegato con una centrale, la quale riceve le chiamate dei clienti.
radiotècnica *s.f.* ramo dell'elettrotecnica che studia la produzione, trasmissione e ricezione di onde elettromagnetiche.
radiotècnico *agg.* [pl.m. *-ci*] che riguarda la radiotecnica ♦ *s.m.* chi si occupa di radiotecnica.

radiotelefonìa *s.f.* (*telecom.*) comunicazione telefonica per mezzo di radioonde.
radiotelèfono *s.m.* (*telecom.*) apparecchio che permette le comunicazioni telefoniche mediante radioonde.
radiotelegrafia *s.f.* (*telecom.*) sistema di comunicazioni telegrafiche con radioonde.
radiotelegrafista *s.m.* e *f.* [pl.m. *-sti*] (*telecom.*) chi è addetto alla trasmissione e ricezione di messaggi con il radiotelegrafo.
radiotelègrafo *s.m.* (*telecom.*) apparecchio telegrafico che trasmette i segnali per mezzo di radioonde.
radiotelescrivènte *s.f.* (*telecom.*) telescrivente che trasmette e riceve messaggi per mezzo di radioonde.
radiotelevisióne *s.f.* **1** sistema di trasmissione dell'immagine mediante radioonde **2** l'organizzazione che cura le trasmissioni radiofoniche e televisive.
radiotelevisìvo *agg.* della radiotelevisione; che riguarda la radio e la televisione.
radioterapìa *s.f.* (*med.*) cura medica per mezzo di raggi X o di sostanze radioattive.
radioteràpico *agg.* [pl.m. *-ci*] (*med.*) che riguarda la radioterapia.
radiotrasméttere *v.tr.* [coniugato come *mettere*] (*telecom.*) trasmettere mediante radioonde.
radiotrasmissióne *s. f.* **1** il radiotrasmettere **2** ciò che si radiotrasmette.
radiotrasmittènte *agg.* (*telecom.*) si dice di stazione o di apparecchio che trasmette segnali mediante radioonde ♦ *s.f.* stazione o apparecchio radiotrasmittente.
ràdo *agg.* **1** non folto, non fitto **2** non frequente | *di* —, raramente.
radunàre *v.tr.* **1** riunire, mettere insieme **2** (*estens.*) accumulare ♦ **-rsi** *v.intr.pron.* raccogliersi in uno stesso luogo.
radùno *s.m.* il radunare, il radunarsi; riunione.
radùra *s.f.* spazio privo di alberi in un bosco.
ràfano *s.m.* (*bot.*) genere di piante erbacee dicotiledoni coltivate per la radice gustosa e piccante.
raffazzonàre *v.tr.* [*io raffazzóno ecc.*] aggiustare, in modo approssimativo e frettoloso | mettere insieme in fretta.
raffèrmo *agg.* indurito, non fresco (detto di pane).
ràffica *s.f.* **1** violento colpo di vento **2** successione rapida di colpi di arma automatica **3** (*fig.*) serie rapida continua.
raffiguràre *v.tr.* **1** rappresentare per immagini | immaginare **2** simboleggiare.
raffigurazióne *s.f.* il raffigurare, l'essere raffigurato | la cosa raffigurata.
raffinaménto *s.m.* il raffinare, il raffinarsi.
raffinàre *v.tr.* **1** sottoporre a un processo di raffinazione **2** (*fig.*) ingentilire, perfezionare ♦ **-rsi** *v.intr.pron.* ingentilirsi, perfezionarsi.
raffinatézza *s.f.* **1** l'essere raffinato **2** cosa ricercata, squisita.
raffinàto *agg.* **1** si dice di sostanza che ha subito il processo di raffinazione **2** (*fig.*) fine, ricercato, squisito ♦ *s.m.* [f. *-a*] persona di gusti raffinati □ **-mente** *avv.*
raffinazióne *s.f.* processo di purificazione di sostanze allo stato grezzo.
raffinerìa *s.f.* stabilimento per la raffinazione di prodotti industriali.
rafforzaménto *s.m.* il rafforzare, il rafforzarsi, l'essere rafforzato (anche *fig.*).
rafforzàre *v.tr.* [*io raffòrzo ecc.*] rendere più forte ♦ **-rsi** *v.intr.pron.* divenire più forte.
rafforzatìvo *agg.* che rafforza, atto a rafforzare.
raffreddaménto *s.m.* **1** il raffreddare, il raffreddarsi, l'essere raffreddato (anche *fig.*) **2** (*tecn.*) eliminazione di calore da un motore o da un impianto.
raffreddàre *v.tr.* [*io raffréddo ecc.*] **1** rendere freddo **2** (*fig.*) smorzare ♦ **-rsi** *v.intr.pron.* **1** divenire freddo **2** (*fig.*) divenire meno intenso **3** (*fam.*) prendere un raffreddore.
raffreddàto *agg.* che ha preso freddo; che ha il raffreddore: *essere un po'* —.
raffreddóre *s.m.* infiammazione delle mucose nasali.
raffrónto *s.m.* confronto.
ràfia *s.f.* fibra molto resistente ricavata da una palma tropicale; è usata per lavori di intreccio e la fabbricazione di reti, corde e stuoie.
ràgade *s.f.* (*med.*) piccola ulcerazione che si forma per lo più nella zona delle labbra, del capezzolo e dell'ano.
raganèlla *s.f.* nome comune di varie specie di anfibi di piccole dimensioni, con zampe terminanti con cuscinetti adesivi.
ragàzza *s.f.* **1** adolescente **2** donna nubile **3** (*fam.*) fidanzata.
ragazzàta *s.f.* azione da ragazzo, compiuta con leggerezza, senza criterio.
ragàzzo *s.m.* **1** adolescente | giovane uomo **2** (*fam.*) fidanzato.
raggelàre *v.tr.* [*io raggèlo ecc.*] gelare (anche *fig.*) ♦ *v.intr.* [aus. *essere*] ♦ **-rsi** *v.intr. pron.* divenire gelido, di ghiaccio (anche *fig.*).
raggiànte *agg.* **1** radioso **2** (*fig.*) esultante **3** (*fis.*) che irradia da un corpo.
raggièra *s.f.* fascio di raggi che si dipartono da un punto.
ràggio *s.m.* **1** ciascuna delle linee lungo le

quali la luce sembra propagarsi da un corpo luminoso **2** (*fig.*) lampo: *un — di speranza* **3** (*fis.*) ogni radiazione che si propaga nello spazio emessa da una sorgente: *raggi ultravioletti* **4** (*geom.*) ciascuno dei segmenti condotti dal centro alla circonferenza di un cerchio **5** (*estens.*) distanza intorno a un determinato punto | *azione a largo —*, (*fig.*) di vasta portata **6** elemento della ruota che congiunge il mozzo al cerchione.

raggiràre *v.tr.* trarre qlcu. in inganno.

raggìro *s.m.* imbroglio.

raggiùngere *v.tr.* [coniugato come *giungere*] **1** arrivare a riunirsi con qlcu. che ci preceda | (*estens.*) arrivare a colpire **2** (*estens.*) arrivare in un luogo **3** (*fig.*) ottenere.

raggiungiménto *s.m.* il raggiungere, l'essere raggiunto (anche *fig.*).

raggomitolàto *agg.* rannicchiato.

raggranellàre *v.tr.* [*io raggranèllo ecc.*] racimolare.

raggrinzìrsi *v.intr.pron.* divenire grinzoso.

raggruppaménto *s.m.* **1** il raggruppare, il raggrupparsi, l'essere raggruppato **2** complesso di persone o cose riunite in gruppo.

raggruppàre *v.tr.* riunire in gruppi ♦ **-rsi** *v.intr.pron.* riunirsi in gruppo.

ragguagliàre *v.tr.* [*io ragguàglio ecc.*] informare, mettere bene al corrente.

ragguàglio *s.m.* informazione.

ragguardévole *agg.* **1** degno di riguardo **2** considerevole.

ràgia *s.f.* [pl. *-gie* o *-ge*] resina che cola da alcune conifere | *acqua (di) —*, acquaragia.

ragionaménto *s.m.* operazione della mente per cui, partendo da alcune premesse, si giunge a una conclusione.

ragionàre *v.intr.* [*io ragióno ecc.*; aus. *avere*] **1** usare la ragione, riflettere **2** discutere di un argomento.

ragionàto *agg.* meditato, logico, razionale □ **-mente** *avv.*

ragióne *s.f.* **1** la capacità del pensiero di stabilire connessioni logiche tra le idee **2** argomento che vuole provare o difendere qlco. | *avere —*, essere nel giusto | *a ragion veduta*, dopo aver vagliato la situazione **3** causa, motivo **4** rapporto, proporzione **5** *— sociale*, (*dir.*) nome commerciale con il quale opera una società di persone.

ragionerìa *s.f.* **1** disciplina che rileva i fenomeni aziendali e li traduce in scritture contabili, per fornire le informazioni necessarie alle funzioni di controllo e di decisione **2** ufficio preposto al controllo della contabilità di una società, di un ente ecc. **3** nome corrente dell'istituto tecnico commerciale che conferisce il diploma di ragioniere: *iscriversi a —*.

ragionévole *agg.* **1** che è dotato di ragione **2** che si lascia guidare dalla ragione **3** conforme al buon senso, fondato su giuste ragioni **4** conveniente □ **-mente** *avv.*

ragionière *s.m.* [f. *-a*] chi ha conseguito il diploma presso un istituto tecnico commerciale; chi esercita la ragioneria.

raglàn *agg.* e *s.f.invar.* si dice di un tipo di manica con ampia attaccatura alla base del collo: *manica alla —*.

ragliàre *v.intr.* [*io ràglio ecc.*; aus. *avere*] emettere ragli.

ràglio *s.m.* verso dell'asino.

ragnatéla *s.f.* tela di ragno.

ràgno *s.m.* (*zool.*) nome generico degli artropodi della classe degli aracnidi che secernono il caratteristico filo.

ragù *s.m.* condimento per pastasciutte a base di carne e salsa di pomodoro.

raid *s.m.invar.* (*ingl.*) **1** incursione navale o aerea **2** (*sport*) prova motoristica su percorso lungo e accidentato.

rallegraménto *s.m.* il rallegrarsi | *pl.* esprime la gioia e il compiacimento con cui si partecipa alla felicità altrui.

rallegràre *v.tr.* [*io rallégro ecc.*] rendere allegro o più allegro; destare gioia ♦ **-rsi** *v.intr.pron.* **1** provare gioia **2** congratularsi.

rallentaménto *s.m.* il rallentare.

rallentàre *v.tr.* [*io rallènto ecc.*] **1** rendere più lento | diminuire la velocità **2** (*fig.*) diminuire di intensità ♦ **-rsi** *v.intr.pron.* divenire più lento.

rallentatóre *s.m.* (*cine.*, *tv*) dispositivo della cinepresa, capace di riprendere un maggior numero di fotogrammi nell'unità di tempo, con il risultato di rallentare l'azione in una proiezione normale | *al —*, (*fig.*) molto lentamente.

rally *s.m.invar.* (*ingl.*) gara automobilistica a tappe su percorsi lunghi e accidentati.

RAM *agg.* e *s.f.invar.* (*inform.*) si dice della memoria di lavoro di un elaboratore, nella quale vengono caricati i programmi necessari all'elaborazione.

ramadàn *s.m.invar.* nono mese del calendario islamico, durante il quale vi è l'obbligo del digiuno dall'alba al tramonto.

ramanzìna *s.f.* sgridata.

ramàre *v.tr.* (*agr.*) irrorare con una soluzione di solfato di rame: *— le viti*.

ramàrro *s.m.* grossa lucertola col dorso color verde smeraldo a macchie.

ramàto *agg.* **1** del colore del rame **2** rivestito di rame.

ràme *s.m.* **1** elemento chimico di simbolo *Cu*; è un metallo rossastro, malleabile e tenace, ottimo conduttore del calore e dell'elettricità **2** incisione su rame.

ramificàre *v.intr.* [*io ramìfico, tu ramìfichi ecc.*;

aus. *avere*] produrre rami ♦ **-rsi** *v.intr.pron.* dividersi in rami | (*estens.*) suddividersi verso varie direzioni.
ramificazióne *s.f.* **1** il dipartirsi di rami da un fusto o da altri rami **2** (*estens.*) il ramificarsi di una cosa che si stacchi da un corpo principale.
ramìngo *agg.* [pl.m. *-ghi*] che va errando senza meta.
ramìno *s.m.* gioco di carte.
rammaricàrsi *v.intr.pron.* dolersi.
rammàrico *s.m.* [pl. *-chi*] dispiacere, rincrescimento.
rammendàre *v.tr.* [*io rammèndo ecc.*] raccomodare uno strappo, un buco o la parte logorata di un tessuto.
rammèndo *s.m.* il rammendare; la parte rammendata.
rammentàre *v.tr.* [*ioramménto ecc.*] **1** ricordare **2** richiamare alla memoria propria o di altri ♦ **-rsi** *v.intr.pron.* ricordarsi.
rammollìre *v.tr.* [*io rammollisco, tu rammollisci ecc.*] **1** rendere molle **2** (*fig.*) infiacchire ♦ **-rsi** *v.intr.pron.* **1** diventare molle **2** (*fig.*) divenire fiacco.
rammollìto *s.m.* [f. *-a*] persona priva di vigore, di carattere, di forza d'animo.
ràmo *s.m.* **1** ciascuna delle parti legnose dell'albero, che hanno origine dal fusto e portano fiori, foglie e frutti **2** (*estens.*) tutto ciò che si diparte da un corpo principale **3** settore di un'attività **4** linea di parentela.
ramoscèllo *s.m.* ramo piccolo e giovane.
ràmpa *s.f.* **1** tratto di scala compreso tra due piani successivi **2** (*estens.*) salita breve e ripida **3** — *di lancio*, struttura che sostiene i missili al momento del lancio.
rampànte *agg.* **1** (*arald.*) si dice dell'animale raffigurato di profilo, ritto sulla zampa posteriore sinistra **2** (*fig.*) si dice di persona ambiziosa che mira a raggiungere un'elevata posizione sociale: *manager* —.
rampicànte *agg.* e *s.m.* si dice di pianta che si appoggia su muri o altri sostegni attaccandovisi ♦ *s.m.pl.* (*zool.*) gruppo di uccelli arrampicatori (*p.e.* pappagallo e picchio).
rampìno *s.m.* chiodo a uncino, gancio per afferrare o sostenere qlco.
rampóllo *s.m.* (*lett.*) discendente in linea retta di una famiglia | (*scherz.*) figlio.
rampóne *s.m.* **1** grossa fiocina per la pesca dei cetacei **2** attrezzo per alpinisti che si applica alla suola dello scarpone per far presa su ghiaccio e neve dura.
ràna *s.f.* anfibio con lunghe zampe posteriori atte al salto.
ràncido *agg.* si dice di sostanza grassa che si è alterata e ha preso un odore e un sapore sgradevole ♦ *s.m.* sapore, odore forte e sgradevole.
ràncio *s.m.* il pasto distribuito nella caserma ai militari
rancóre *s.m.* sentimento di odio nascosto.
rànda *s.f.* (*mar.*) vela trapezoidale.
randàgio *agg.* [pl.f. *-gie* o *-ge*] si dice di animale senza padrone.
randellàre *v.tr.* [*io randèllo ecc.*] bastonare.
randèllo *s.m.* bastone corto e tozzo.
random *agg.invar.* (*ingl.*) (*stat.*, *inform.*) casuale, aleatorio, fortuito.
ràngo *s.m.* [pl. *-ghi*] **1** (*mil.*) schiera, fila **2** (*estens.*) ceto sociale.
rannicchiàrsi *v.rifl.* raccogliersi su sé stesso come in una nicchia.
rannuvolàrsi *v. intr.pron.* **1** coprirsi di nuvole **2** (*fig.*) oscurarsi in volto.
rannuvolàto *agg.* (*fig.*) accigliato.
ranòcchio *s.m.* **1** la rana comune **2** (*fig.*) persona piccola e sgraziata.
rantolàre *v.intr.* [*io ràntolo ecc.*; aus. *avere*] emettere rantoli.
rantolìo *s.m.* un rantolare prolungato.
ràntolo *s.m.* respiro affannoso dei moribondi.
ranùncolo *s.m.* (*bot.*) genere di piante erbacee con fiori gialli, bianchi o rossi.
ràpa *s.f.* pianta erbacea coltivata per la radice commestibile | *testa di* —, (*fig.*) persona ottusa, sciocca.
rapàce *agg.* **1** che vive di rapina, di preda: *uccello* — **2** che esprime avidità □ **-mente** *avv.* con rapacità.
rapàci *s.m.pl.* (*zool.*) nome di un gruppo di uccelli predatori dalla vista acutissima, con becco ricurvo e forti artigli adunchi.
rapacità *s.f.* l'essere rapace.
rapàre *v.tr.* tagliare a zero i capelli a qlcu. ♦ **-rsi** *v.rifl.* tagliarsi i capelli a zero.
rapàto *agg.* rasato, tosato.
ràpida *s.f.* tratto di fiume in forte pendenza.
rapidità *s.f.* celerità, prontezza.
ràpido *agg.* **1** che si muove velocemente **2** detto di persona, che impiega pochissimo tempo per fare qlco. □ **-mente** *avv.*
rapiménto *s.m.* **1** il rapire, l'essere rapito | (*dir.*) sequestro di persona **2** (*fig.*) l'essere assorto.
rapìna *s.f.* (*dir.*) reato commesso da chi si impossessa con la violenza o con la minaccia di una cosa altrui.
rapinàre *v.tr.* derubare qlcu. mediante rapina.
rapinatóre *s.m.* [f. *-trice*] chi rapina.
rapìre *v.tr.* [*io rapisco, tu rapisci ecc.*] **1** effettuare un sequestro di persona | portare via con la forza o con la frode **2** (*fig.*) estasiare.

rapìto *agg.* **1** portato via con la violenza **2** (*fig.*) assorto.
rapitóre *s.m.* [f. *-trice*] chi ha rapito una persona.
rappacificàre *v.tr.* [*io rappacìfico, tu rappacìfichi ecc.*] far tornare in pace ♦ **-rsi** *v.rifl.* fare pace con qlcu. ♦ *v.rifl.rec.* riconciliarsi.
rappacificazióne *s.f.* il rappacificare, il rappacificarsi, l'essere rappacificato.
rappezzàre *v.tr.* [*io rappèzzo ecc.*] **1** aggiustare mettendo una pezza **2** (*fig.*) aggiustare alla meglio.
rappèzzo *s.m.* l'operazione del rappezzare | la cosa, la parte rappezzata.
rapportàre *v.tr.* [*io rappòrto ecc.*] **1** mettere a raffronto due grandezze **2** riprodurre disegni su scala diversa ♦ **-rsi** *v.intr.pron.* riferirsi.
rappòrto *s.m.* **1** resoconto | (*mil.*) *chiamare a —*, si dice di superiore che chiama gli inferiori a riferire **2** relazione tra persone; — *sessuale*, unione sessuale **3** legame, connessione | *in — a*, per quanto riguarda **4** (*mat.*) risultato della divisione tra due grandezze; quoziente.
rapprèndere *v.tr.* [coniugato come *prendere*] coagulare, far divenire più denso ♦ **-rsi** *v.intr.pron.* coagularsi.
rappresàglia *s.f.* azione intrapresa per ritorsione contro chi abbia recato un danno, specialmente in situazioni di guerra.
rappresentànte *s.m.* e *f.* **1** chi rappresenta un'altra persona o un ente **2** chi simboleggia un'epoca, un'idea, un movimento **3** chi promuove la conclusione di affari agendo per conto di un'azienda.
rappresentànza *s.f.* **1** il rappresentare; il curare affari altrui sostituendosi all'interessato nel compimento di attività di rilievo giuridico | *in — di*, a nome di **2** la persona o l'insieme delle persone che rappresentano altri.
rappresentàre *v.tr.* [*io rappresènto ecc.*] **1** riprodurre la realtà con figure, immagini materiali **2** simboleggiare **3** operare in nome di altri **4** portare sulla scena o sullo schermo **5** costituire.
rappresentatìvo *agg.* **1** che rappresenta, che è atto a rappresentare **2** basato sulla rappresentanza: *sistema politico* — □ **-mente** *avv.*
rappresentazióne *s.f.* **1** il rappresentare; la cosa rappresentata **2** spettacolo teatrale o cinematografico.
rapsodìa *s.f.* **1** componimento poetico di contenuto epico recitato pubblicamente **2** (*mus.*) componimento musicale nel quale temi popolari sono svolti in libere interpretazioni.
rapsòdo *s.m.* nell'antica Grecia, cantore che recitava in pubblico composizioni epiche | (*estens.*) cantastorie.
raptus *s.m.invar.* (*lat.*) (*psicol., psich.*) impulso improvviso e incontrollabile a compiere azioni violente.
rarefàre *v.tr.* [*io rarefàccio* o *rarefò, tu rarefai, egli rarefà ecc.*; coniugato come *fare*] rendere meno denso ♦ **-rsi** *v. intr.pron.* diventare meno denso.
rarefàtto *agg.* **1** meno denso **2** (*fig.*) raffinato, sottile.
rarefazióne *s.f.* il rarefare, il rarefarsi, l'essere rarefatto.
rarità *s.f.* l'essere raro | cosa rara.
ràro *agg.* **1** non comune; difficile a trovarsi **2** prezioso per la sua rarità **3** (*non com.*) non fitto □ **-mente** *avv.* di rado.
ras *s.m.invar.* **1** in Etiopia, capo di una regione **2** (*spreg.*) piccola autorità locale.
rasàre *v.tr.* **1** radere **2** rendere liscia una superficie ♦ **-rsi** *v.rifl.* radersi i peli della barba.
rasàto *agg.* liscio, senza peli.
raschiaménto *s.m.* (*med.*) intervento chirurgico consistente nel raschiare un osso o la cavità di un organo.
raschiàre *v.tr.* [*io ràschio ecc.*] **1** fregare una superficie con uno strumento ruvido per spianarla, levigarla o pulirla **2** (*med.*) asportare tessuti e materiali organici.
raschiétto *s.m.* utensile il cui elemento essenziale è una lama d'acciaio, usato per raschiare.
rasentàre *v.tr.* [*io rasènto ecc.*] **1** passare rasente a qlco. **2** (*fig.*) accostarsi; sfiorare.
rasènte *prep.* molto vicino a.
ràso[1] *agg.* **1** rasato | *fare tabula rasa*, (*fig.*) abolire tutto **2** pieno fino all'orlo.
ràso[2] *s.m.* tessuto di fibre naturali o artificiali, di aspetto liscio e lucente.
rasóio *s.m.* strumento per radere la barba.
rasotèrra *agg.* e *s.m.invar.* (*sport*) si dice di tiro rasente il terreno.
ràspa *s.f.* attrezzo simile a una lima usato nella lavorazione del legno.
raspàre *v.tr.* **1** spianare con la raspa **2** di animale, grattare la terra con le zampe ♦ *v.intr.* [aus. *avere*] **1** grattare **2** (*estens.*) frugare.
rasségna *s.f.* **1** (*mil.*) rivista: *passare in — le truppe* **2** (*estens.*) esame minuzioso **3** resoconto; pubblicazione periodica **4** mostra, festival.
rassegnàre *v.tr.* [*io rasségno ecc.*] presentare ♦ **-rsi** *v.intr.pron.* accettare con sopportazione la volontà altrui o qlco. di doloroso, di inevitabile.
rassegnàto *agg.* che accetta con sopportazione.
rassegnazióne *s.f.* il rassegnarsi; disposi-

zione d'animo di chi accetta pazientemente un dolore, una sventura.
rasserenànte *agg.* che infonde serenità.
rasserenàre *v.tr.* [*io rasseréno ecc.*] rendere sereno ♦ **-rsi** *v.intr.pron.* diventare sereno.
rassettàre *v.tr.* [*io rassètto ecc.*] mettere in ordine ♦ **-rsi** *v.rifl.* mettersi in ordine nella persona e nell'abito.
rassicurànte *agg.* che infonde sicurezza, fiducia.
rassicuràre *v.tr.* rendere sicuro; liberare da dubbi, sospetti ♦ **-rsi** *v.intr.pron.* acquistare sicurezza e tranquillità.
rassicurazióne *s.f.* il rassicurare, l'essere rassicurato; parola, discorso rassicurante.
rassodaménto *s.m.* il rassodare, il rassodarsi, l'essere rassodato.
rassodàre *v.tr.* [*io rassòdo ecc.*] **1** rendere sodo **2** (*fig.*) rafforzare ♦ **-rsi** *v.intr.pron.* **1** diventare sodo **2** (*fig.*) consolidarsi, diventare più stabile.
rassomigliàre *v.intr.* [*io rassomìglio ecc.*; aus. *essere* e *avere*] essere simile ♦ **-rsi** *v.rifl.rec.* somigliare l'un l'altro.
rastrellaménto *s.m.* il rastrellare, l'essere rastrellato (spec. *fig.*).
rastrellàre *v.tr.* [*io rastrèllo ecc.*] **1** raccogliere col rastrello **2** (*fig.*) sottoporre una zona a controlli militari o di polizia per catturare individui pericolosi o ricuperare refurtiva **3** (*econ.*) in borsa, comperare sistematicamente un titolo.
rastrellièra *s.f.* **1** intelaiatura a pioli, fissata sopra la mangiatoia, per consentire alle bestie di strappare il fieno a piccole boccate **2** (*estens.*) intelaiatura usata in cucina per far sgocciolare le stoviglie | telaio di sostegno per fucili usato nelle armerie.
rastrèllo *s.m.* arnese costituito da un lungo manico con all'estremità un'asta trasversale munita di denti; serve per raccogliere erba, fieno o paglia.
rastremàto *agg.* si dice di elemento architettonico che si assottigli verso l'alto.
ràta *s.f.* ciascuna delle parti in cui viene divisa una somma da pagare dilazionata a scadenze prefissate.
rateàle *agg.* che si effettua a rate □ **-mente** *avv.* a rate.
rateàre *v.tr.* [*io ràteo ecc.*] dividere in rate; rateizzare.
rateazióne *s.f.* il rateare, l'essere rateato.
rateizzàre *v.tr.* dividere in rate.
rateizzazióne *s.f.* l'operazione del rateizzare.
ràteo *s.m.* **1** rateizzazione **2** l'ammontare degli interessi maturati in un periodo di tempo inferiore a sei mesi.
ratìfica *s.f.* **1** (*dir.*) approvazione definitiva da parte di un organo deliberante di una decisione adottata provvisoriamente da un organo esecutivo **2** (*estens.*) convalida.
ratificàre *v.tr.* [*io ratìfico, tu ratìfichi ecc.*] **1** (*dir.*) approvare mediante ratifica **2** (*estens.*) convalidare.
ràtto[1] *s.m.* (*lett.*) rapimento.
ràtto[2] *s.m.* (*zool.*) genere di mammiferi roditori simili ai topi.
rattoppàre *v.tr.* [*io rattòppo ecc.*] **1** aggiustare con toppe **2** (*fig.*) accomodare alla meglio.
rattoppàto *agg.* pieno di toppe.
rattòppo *s.m.* il rattoppare, l'essere rattoppato; la parte rattoppata e la toppa stessa.
rattrappìto *agg.* contratto, impedito nel movimento.
rattristàre *v.tr.* rendere triste ♦ **-rsi** *v.intr.pron.* diventare triste.
raucèdine *s.f.* abbassamento o alterazione della voce.
ràuco *agg.* [pl.m. *-chi*] **1** detto di persona, affetto da raucedine **2** detto di voce o suono, basso, cupo.
ravanèllo *s.m.* pianta erbacea coltivata per la radice commestibile di colore rosso o bianco, dal sapore forte.
raviòlo *s.m.* (spec. *pl.*) formato di pasta all'uovo ripiena di carne o di ricotta e verdura.
ravvedérsi *v.intr.pron.* [fut. *io mi ravvedrò* o *ravvederò ecc.*; cond. *io mi ravvedrèi o ravvederèi ecc.*; part.pass. *ravveduto*; negli altri tempi coniugato come *vedere*] riconoscere i propri errori.
ravvediménto *s.m.* il ravvedersi.
ravvicinaménto *s.m.* il ravvicinare, il ravvicinarsi.
ravvicinàre *v.tr.* **1** avvicinare di più **2** (*fig.*) riconciliare ♦ **-rsi** *v.rifl.* o *intr.pron.* riconciliarsi ♦ *v.rifl.rec.* rappacificarsi.
ravvisàre *v.tr.* **1** riconoscere dall'aspetto **2** (*estens.*) riconoscere, distinguere.
ravvivàre *v.tr.* rianimare (anche *fig.*) ♦ **-rsi** *v.intr.pron.* riprendere vigore (anche *fig.*).
raziocinànte *agg.* che è dotato di raziocinio.
raziocìnio *s.m.* capacità di ragionare.
razionàle *agg.* **1** dotato di ragione **2** conforme alla ragione; fondato su principi logici **3** corrispondente alla sua funzione **4** *numeri razionali*, (*mat.*) i numeri interi, frazionari, decimali finiti e decimali periodici □ **-mente** *avv.*
razionalìsmo *s.m.* **1** (*filos.*) dottrina filosofica che consideri la ragione come fonte principale della conoscenza **2** (*estens.*) atteggiamento dettato da criteri razionali.

razionalìsta *s.m.* e *f.* [pl.m. *-sti*] seguace del razionalismo | usato anche come *agg.* in luogo di *razionalistico*.
razionalìstico *agg.* [pl.m. *-ci*] che riguarda il razionalismo o i razionalisti □ **-mente** *avv.*
razionalità *s.f.* **1** capacità di ragionare **2** la proprietà di ciò che è razionale.
razionalizzàre *v.tr.* rendere rispondente a criteri di funzionalità.
razionaménto *s.m.* distribuzione di un bene di cui c'è carenza con l'assegnazione a ciascuno di una quantità prestabilita.
razionàre *v.tr.* [*io razióno ecc.*] effettuare un razionamento.
razióne *s.f.* **1** parte spettante a ciascuno **2** la quantità di un bene di consumo assegnata a ciascuno in caso di razionamento.
ràzza[1] *s.f.* **1** (*zool.*) complesso di individui appartenenti alla stessa specie e aventi dei caratteri ereditari comuni che li differenziano dagli altri **2** (*antrop.*) tipo umano avente alcuni caratteri morfologici che lo differenziano dagli altri.
ràzza[2] *s.f.* pesce marino con corpo piatto romboidale e lunga coda.
razzìa *s.f.* saccheggio.
razziàle *agg.* che concerne la razza.
razziàre *v.tr.* [*io razzìo ecc.*] fare razzia di qlco.; rubare.
razziatóre *agg.* e *s.m.* [f. *-trice*] che/chi fa razzie.
razzìsmo *s.m.* convinzione che la supposta purezza della razza sia fattore determinante dello sviluppo di una società e che quindi siano da evitare le mescolanze con altri popoli.
razzìsta *s.m.* e *f.* [pl.m. *-sti*] fautore del razzismo | usato anche come *agg.* in luogo di *razzistico*.
ràzzo *s.m.* **1** fuoco artificiale che si innalza lasciando una scia luminosa **2** (*aer.*) missile azionato da uno o più razzi.
razzolàre *v.intr.* [*io ràzzolo ecc.*; aus. *avere*] detto di pollame, raspare il terreno per trovare cibo.
re[1] *s.m.* **1** capo di una monarchia; monarca, sovrano **2** (*estens.*) persona che eccelle in qualche attività (anche *iron.*) **3** animale o cosa che primeggia.
re[2] *s.m.* nota musicale, la seconda della scala di do.
reagènte *s.m.* (*chim.*) reattivo.
reagìre *v.intr.* [*io reagisco, tu reagisci ecc.*; aus. *avere*] **1** rispondere, replicare a una violenza, a un'offesa **2** agire sotto lo stimolo di un'altra azione **3** (*chim.*) detto di sostanza o miscela di sostanze, subire trasformazioni a contatto di altre sostanze.
reàle[1] *agg.* che appartiene alla realtà, che esiste; effettivo, concreto ♦ *s.m.* la realtà □ **-mente** *avv.* davvero.
reàle[2] *agg.* di re, del re ♦ *s.m.pl.* il re e la regina, la loro famiglia.
realìsmo *s.m.* **1** ogni dottrina filosofica che ritenga il mondo esterno come esistente in sé **2** atteggiamento di chi considera la realtà nella sua concretezza **3** in arte e in letteratura, ogni indirizzo che si ispira alla realtà, senza deformarla o idealizzarla.
realìsta[1] *agg.* e *s.m.* e *f.* [pl.m. *-sti*] **1** che/chi è seguace del realismo **2** che/chi considera la realtà nella sua concretezza e agisce di conseguenza.
realìsta[2] *agg.* e *s.m.* e *f.* [pl.m. *-sti*] che/chi sostiene il sistema monarchico.
reality show *loc.sost.m.invar.* spettacolo televisivo costruito su casi di vita reale che ha come protagonisti le stesse persone che li hanno vissuti.
realizzàre *v.tr.* **1** tradurre in realtà **2** (*comm.*) convertire in moneta un bene **3** rendersi bene conto ♦ **-rsi** *v.intr.pron.* avverarsi ♦ *v.rifl.* esprimere compiutamente la propria personalità.
realizzazióne *s.f.* il realizzare, il realizzarsi, l'essere realizzato.
realìzzo *s.m.* (*comm.*) conversione in moneta di un bene.
realtà *s.f.* **1** tutto ciò che esiste | — *interiore*, la psicologia di un individuo **2** cosa vera, concreta **3** il fatto di essere reale | *in* —, veramente, effettivamente.
reàto *s.m.* (*dir.*) atto che viola una norma penale per il quale l'ordinamento giuridico prevede una punizione.
reattìvo *agg.* che ha capacità di reagire ♦ *s.m.* (*chim.*) sostanza che ha la proprietà di reagire al contatto con un'altra □ **-mente** *avv.*
reattóre *s.m.* **1** motore che sfrutta la spinta prodotta da una massa di gas che fuoriesce ad alta velocità in direzione opposta a quella di movimento del mezzo | (*estens.*) aviogetto **2** — *nucleare*, dispositivo capace di provocare e controllare reazioni nucleari a catena per produrre energia termica.
reazionàrio *agg.* e *s.m.* [f. *-a*] sostenitore di idee conservatrici.
reazióne *s.f.* **1** il reagire **2** in politica, opposizione a ogni programma riformatore e progressista **3** (*fis.*) forza uguale e contraria che agisce su un corpo quando questo esercita una forza su un altro corpo **4** (*chim.*) trasformazione che modifica la composizione di una o più sostanze.
rèbus *s.m.invar.* **1** gioco enigmistico **2**

(*estens.*) cosa o persona difficile da comprendere.
recapitàre *v.tr.* [io recàpito ecc.] far pervenire a un recapito.
recàpito *s.m.* **1** indirizzo **2** consegna.
recàre *v.tr.* [io rèco, tu rèchi ecc.] **1** portare **2** arrecare, causare ♦ **-rsi** *v.intr.pron.* andare.
recèdere *v.intr.* [coniugato come *cedere*; aus. *avere*] rinunciare, desistere.
recensióne *s.f.* sintetico commento di un libro, uno spettacolo, una mostra d'arte, un concerto.
recensìre *v.tr.* [io recensisco, tu recensisci ecc.] fare la recensione.
recènte *agg.* avvenuto o fatto da poco tempo □ **-mente** *avv.* di recente.
recepìre *v.tr.* [io recepisco, tu recepisci ecc.] accogliere, far proprio.
reception *s.f.invar.* (*ingl.*) ufficio di un albergo in cui si ricevono i clienti in arrivo.
recessióne *s.f.* (*econ.*) rallentamento della crescita o caduta dell'attività economica.
recessìvo *agg.* **1** (*biol.*) si dice di carattere ereditario che rimane latente **2** (*econ.*) che concerne la recessione □ **-mente** *avv.*
recèsso *s.m.* **1** (*fig.*) la parte segreta **2** il recedere | — *da un contratto*, (*dir.*) scioglimento dal vincolo contrattuale.
recìdere *v.tr.* [pass.rem. *io recisi, tu recidésti* ecc.; part.pass. *reciso*] tagliare netto.
recidìva *s.f.* **1** (*dir.*) la condizione di chi, già condannato per un reato, ne commette altri **2** (*med.*) ricaduta.
recidìvo *agg.* e *s.m.* [f. *-a*] **1** (*dir.*) che/chi dopo essere stato condannato per un reato ne commette un altro **2** (*estens.*) che/chi è ricaduto nello stesso errore di prima **3** (*med.*) chi è ricaduto nella stessa malattia □ **-mente** *avv.*
recìngere *v.tr.* [coniugato come *cingere*] cingere tutt'intorno: — *un giardino*.
recìnto *s.m.* **1** spazio circondato da uno steccato, una siepe, un muro **2** ciò che serve per recingere uno spazio.
recinzióne *s.f.* **1** il recingere, il recintare **2** recinto.
recipiènte *s.m.* termine generico indicante ogni involucro che possa contenere liquidi o materiali incoerenti.
reciprocità *s.f.* qualità di ciò che è reciproco.
recìproco *agg.* [pl.m. *-ci*] vicendevole | *verbo riflessivo* —, (*gramm.*) quello che indica un'azione reciproca □ **-mente** *avv.* l'un l'altro.
recisióne *s.f.* **1** il recidere, l'essere reciso **2** (*fig.*) franchezza; risolutezza.
recìso *agg.* **1** tagliato **2** (*fig.*) brusco, risoluto □ **-mente** *avv.*
rècita *s.f.* rappresentazione teatrale.
recital *s.m.invar.* (*ingl.*) manifestazione musicale in cui un interprete si esibisce da solo.
recitàre *v.tr.* [io rècito ecc.] **1** dire o leggere declamando **2** sostenere una parte in uno spettacolo **3** affermare, dire, riferito a leggi e norme.
recitazióne *s.f.* il recitare, l'essere recitato.
reclamàre *v.intr.* [aus. *avere*] esporre reclami ♦ *v.tr.* esigere qlco. che spetta.
réclame *s.f.invar.* (*fr.*) **1** pubblicità **2** il mezzo con cui si reclamizza qlco.
reclamizzàre *v.tr.* fare réclame a qlco. o a qlcu.
reclàmo *s.m.* protesta, lamentela.
reclinàre *v.tr.* piegare verso il basso.
reclusióne *s.f.* **1** lo stare rinchiuso in prigione o come in prigione **2** (*dir.*) pena temporanea restrittiva della libertà personale.
reclùso *s.m.* [f. *-a*] chi sta scontando la pena della reclusione.
rècluta *s.f.* **1** soldato appena arruolato **2** (*estens.*) chi è agli inizi di una attività.
reclutaménto *s.m.* **1** il complesso delle operazioni di leva **2** (*estens.*) assunzione di personale.
reclutàre *v.tr.* [io rècluto ecc.] **1** arruolare per il servizio militare **2** (*estens.*) assumere; ingaggiare.
recòndito *agg.* (*fig.*) segreto.
rècord *s.m.invar.* (*sport*) primato ♦ *agg.invar.* che costituisce un primato.
recriminàre *v.intr.* [io recrìmino ecc.; aus. *avere*] lamentarsi di ciò che si è fatto o che è stato fatto.
recriminazióne *s.f.* il recriminare.
recrudescènza *s.f.* aggravamento.
rècto *s.m.invar.* la parte anteriore di un foglio, di una moneta o di una medaglia.
recuperàre *v.tr.* [io recùpero ecc.] **1** tornare in possesso **2** ritrovare **3** riguadagnare **4** riutilizzare.
recùpero *s.m.* **1** il recuperare | *corso di* —, corso per alunni in ritardo rispetto al programma degli studi **2** (*fig.*) reinserimento nella società, nel mondo del lavoro di persone disabili o socialmente disadattati.
redattóre *s.m.* [f. *-trice*] **1** chi redige un atto, un documento **2** chi lavora nella redazione di un giornale, di una rivista; nelle case editrici, chi cura la stesura e la messa a punto dei testi da pubblicare.
redazióne *s.f.* **1** il redigere **2** attività di redattore | l'insieme dei redattori; la sede in cui lavorano **3** (*filol.*) ciascuna delle ste-

sure in cui ci è stata tramandata un'opera letteraria.
redditività *s.f.* capacità di produrre un reddito.
redditìzio *agg.* che dà reddito.
rèddito *s.m.* (*econ.*) complesso delle entrate monetarie e in natura conseguite in un periodo di tempo.
redditòmetro *s.m.* (*econ.*) insieme di indici e di coefficienti usati dal fisco per attribuire ai contribuenti un reddito presunto.
redènto *agg.* liberato.
redentóre *agg.* e *s.m.* [f. *-trice*] che/chi redime | *il Redentore*, Gesù Cristo.
redenzióne *s.f.* **1** il redimere, l'essere redento **2** nella dottrina cristiana, la liberazione dell'uomo dal peccato originale.
redìgere *v.tr.* [pres. *io redigo, tu redigi ecc.*; pass.rem. *io redassi, tu redigésti ecc.*; part.pass. *redatto*] stendere, compilare.
redìmere *v.tr.* [pass.rem. *io redènsi, tu redimésti ecc.*; part.pass. *redènto*] liberare da una condizione negativa ♦ **-rsi** *v.rifl.* liberarsi, riscattarsi.
rèdine *s.f.* (spec. *pl.*) **1** briglia: *allentare le redini* **2** (*fig.*) direzione, guida.
redivìvo *agg.* tornato in vita.
rèduce *agg.* e *s.m.* e *f.* che/chi è ritornato da una guerra o da un'impresa pericolosa.
referendàrio *s.m.* qualifica iniziale dei magistrati della corte dei conti e del consiglio di stato ♦ *agg.* relativo a un referendum.
referèndum *s.m.invar.* (*dir.*) consultazione diretta del popolo che deve pronunciarsi, in termini di approvazione o di rifiuto, su una legge o su una norma.
reference *s.f.invar.* settore dell'editoria costituito dalle opere di consultazione (dizionari, enciclopedie, manuali ecc.).
reference book *loc.sost.m.invar.* libro di consultazione (dizionario, enciclopedia, manuale ecc.).
referènte *agg.* che si limita a riferire ♦ *s.m.* **1** (*ling.*) la realtà che una comunicazione linguistica esprime **2** (*estens.*) punto di riferimento.
referènza *s.f.* (spec. *pl.*) informazione sulle capacità e sulla condotta di una persona.
referenziàle *agg.* (*ling.*) relativo al referente.
refèrto *s.m.* relazione scritta dal medico sullo stato clinico del paziente.
refettòrio *s.m.* sala di collegi, conventi o altre comunità, dove si consumano i pasti.
refezióne *s.f.* (*estens.*) pasto semplice | — *scolastica*, il pasto fornito nei collegi e nelle scuole in cui l'attività continua nel pomeriggio.
refrattàrio *agg.* **1** si dice di materiale che resiste alle alte temperature **2** si dice di organismo resistente all'azione di microrganismi patogeni, farmaci o veleni **3** (*fig.*) insensibile ♦ *s.m.* □ **-mente** *avv.*
refrigerànte *agg.* che dà refrigerio ♦ *s.m.* apparecchio o fluido che serve per refrigerare.
refrigeràre *v.tr.* [*io refrìgero ecc.*] sottoporre a refrigerazione ♦ **-rsi** *v.rifl.* rinfrescarsi.
refrigerazióne *s.f.* **1** raffreddamento artificiale di corpi o ambienti **2** sistema di conservazione degli alimenti mediante abbassamento della temperatura.
refrigèrio *s.m.* ristoro; sensazione piacevole di fresco.
refurtìva *s.f.* il bene o i beni rubati.
refùso *s.m.* (*tip.*) errore di stampa.
regalàre *v.tr.* dare liberamente qlco. di utile o di gradito; donare.
regàle *agg.* di re, da re | (*estens.*) solenne □ **-mente** *avv.*
regalìa *s.f.* regalo in denaro; mancia.
regalità *s.f.* **1** l'essere regale **2** l'essere re.
regàlo *s.m.* **1** ciò che si regala; dono **2** (*fig.*) favore ♦ *agg.invar.* adatto a un dono.
regàta *s.f.* gara di velocità tra imbarcazioni a remi, a vela o a motore.
reggènte *agg.* e *s.m.* e *f.* si dice di chi esercita provvisoriamente una carica di cui altri è titolare ♦ *agg.* (*gramm.*) si dice di elemento che regge dopo di sé un costrutto sintattico.
règgere *v.tr.* [pres. *io règgo, tu règgi ecc.*; pass.rem. *io rèssi, tu reggésti ecc.*; part.pass. *rètto*] **1** sorreggere; tenere in mano **2** sopportare **3** (*fig.*) dirigere, governare: — *uno stato* **4** (*gramm.*) richiedere un determinato costrutto sintattico ♦ *v.intr.* [aus. *avere*] resistere, sostenere, sopportare ♦ **-rsi** *v.rifl.* o *intr.pron.* star saldo ♦ *v.rifl.rec.* sostenersi l'un l'altro.
règgia *s.f.* [pl. *-ge*] **1** residenza del re **2** (*fig.*) casa grande e lussuosa.
reggiménto *s.m.* (*mil.*) unità dell'esercito formata di più reparti coordinati.
reggiséno *s.m.* [pl. *-ni*] indumento intimo femminile che sostiene il seno.
regìa *s.f.* direzione dell'allestimento di un'opera.
regìme *s.m.* **1** sistema politico, forma di governo **2** complesso di norme che regolamentano un istituto o determinati rapporti giuridici: — *fiscale* **3** complesso di regole per governare il proprio corpo secondo principi igienici e dietetici **4** (*geog.*) andamento di un fenomeno.
regìna *s.f.* **1** la moglie del re; donna a capo di una monarchia **2** (*zool.*) la femmina feconda di alcuni insetti che hanno una vi-

ta organizzata in forme sociali (api, vespe, formiche ecc.) | usato come *agg.*: *ape —*.
reginétta *s.f.* titolo che si conferisce alla vincitrice di un concorso di bellezza.
règio *agg.* [pl.f. *-gie*] del re.
regionàle *agg.* che concerne una regione □ **-mente** *avv.* **1** nell'ambito di una regione **2** regione per regione.
regióne *s.f.* **1** (*geog.*) ampia zona della superficie terrestre con caratteristiche costanti **2** ente territoriale autonomo con poteri amministrativi e legislativi.
regìsta *s.m.* e *f.* [pl.m. *-sti*] **1** chi cura la regia di uno spettacolo **2** (*estens.*) organizzatore.
registràre *v.tr.* **1** annotare in un apposito libro | iscrivere in un pubblico registro **2** annotare, rilevare **3** raccogliere suoni e immagini per riprodurli **4** (*tecn.*) mettere a punto un meccanismo, una macchina.
registratóre *s.m.* **1** apparecchio meccanico, ottico o magnetico per registrare e riprodurre suoni o immagini **2** *— di cassa*, macchina scrivente, utilizzata in negozi, bar ecc., che stampa uno scontrino fiscale e registra gli incassi.
registrazióne *s.f.* il registrare, l'essere registrato.
regìstro *s.m.* **1** libro o quaderno in cui si registra qlco. **2** (*dir.*) documento pubblico sul quale si registrano i contratti; l'ufficio che detiene e compila tale documento **3** dispositivo di regolazione di meccanismi, strumenti **4** (*ling.*) modo di parlare o scrivere; livello espressivo di una data situazione comunicativa: *— familiare*.
regnànte *agg.* che regna | (*fig.*) prevalente ♦ *s.m.* e *f.* (spec. *pl.*) sovrano.
regnàre *v.intr.* [*io régno* ecc.; aus. *avere*] **1** essere re **2** (*estens.*) dominare **3** (*fig.*) essere diffuso.
régno *s.m.* **1** stato a regime monarchico | la dignità di re e il tempo durante il quale egli regna **2** (*estens.*) il potere di una divinità e il luogo dove esso si estende **3** (*fig.*) luogo in cui domina qlcu. o qlco. **4** ciascuna delle tre partizioni in cui viene suddiviso il mondo naturale: *— animale*, *vegetale*, *minerale*.
règola *s.f.* **1** ordine costante di fatti **2** norma | *fare qlco. a — d'arte*, in modo perfetto | *mettere in —*, mettere in ordine, regolarizzare **3** (*gramm.*) norma che prescrive un determinato uso linguistico **4** moderazione, misura **5** l'insieme delle norme che governano la vita di un ordine religioso.
regolamentàre[1] *agg.* del regolamento; conforme a regolamento.
regolamentàre[2] *v.tr.* [*io regolaménto* ecc.] (*burocr.*) sottoporre a un regolamento.
regolamentazióne *s.f.* (*burocr.*) il regolamentare, l'essere regolamentato.
regolaménto *s.m.* **1** complesso di norme che regolano un settore di attività o il funzionamento di enti pubblici o privati **2** (*comm.*) estinzione di un debito | *— di conti*, (*fig.*) soluzione violenta di un conflitto.
regolàre[1] *v.tr.* [*io règolo* ecc.] **1** disciplinare **2** moderare **3** modificare, mettere a punto **4** pagare **5** (*fig.*) sistemare ♦ **-rsi** *v.rifl.* **1** comportarsi in modo adeguato **2** moderarsi.
regolàre[2] *agg.* che è conforme alla regola: *svolgimento —* | *polso —*, che ha il ritmo normale □ **-mente** *avv.*
regolarità *s.f.* l'essere regolare.
regolarizzàre *v.tr.* mettere in regola.
regolarizzazióne *s.f.* il regolarizzare, l'essere regolarizzato.
regolàto *agg.* **1** ben ordinato **2** senza eccessi □ **-mente** *avv.*
regolatóre *agg.* [f. *-trice*] *piano —*, complesso di norme che regolano lo sviluppo edilizio dei centri abitati ♦ *s.m.* dispositivo che regola il funzionamento di un meccanismo.
regolazióne *s.f.* il regolare, l'essere regolato; l'insieme delle operazioni che servono a regolare.
règolo *s.m.* righello | *— calcolatore*, strumento, ormai non più in uso, per effettuare rapidamente taluni calcoli matematici.
regredìre *v.intr.* [pres. *io regredisco*, *tu regredisci* ecc.; part.pres. *regrediènte*; part.pass. *regredito*; aus. *essere*] **1** retrocedere **2** (*psicol.*) subire una regressione.
regressióne *s.f.* (*psicol.*) ritorno a comportamenti tipici di uno stadio meno maturo dello sviluppo psichico.
regressìvo *agg.* che regredisce.
regrèsso *s.m.* il regredire.
reiètto *agg.* e *s.m.* [f. *-a*] (*lett.*) che/chi è stato respinto.
reincàrico *s.m.* [pl. *-chi*] nuovo incarico; rinnovo dell'incarico.
reincarnàre *v.tr.* far rivivere, riprodurre fedelmente nelle fattezze o nel carattere ♦ **-rsi** *v.intr.pron.* assumere un nuovo corpo in virtù di una reincarnazione.
reincarnazióne *s.f.* credenza secondo cui, dopo la morte, l'anima torna a vivere in un altro corpo.
reintegràre *v.tr.* **1** riportare qlco. a una condizione di interezza **2** riportare qlcu. nella pienezza dei suoi diritti ♦ **-rsi** *v.rifl.* o *intr.pron.* reinserirsi.
reintegrazióne *s.f.* il reintegrare, il reintegrarsi, l'essere reintegrato.

reinvestìre *v.tr.* [*io reinvèsto ecc.*] (*fin.*) investire di nuovo.
relativìsmo *s.m.* concezione filosofica che non ammette verità assolute nel campo della conoscenza o principi immutabili nella morale.
relatività *s.f.* **1** la proprietà di essere relativo, cioè non assoluto | — *della conoscenza*, relativismo **2** *teoria della* —, teoria fisico-matematica elaborata da A. Einstein (1879-1955).
relatìvo *agg.* **1** che è in proporzione con un'altra cosa **2** parziale, discreto **3** attinente | in grammatica: *proposizione relativa*, quella che si riferisce a un elemento di un'altra proposizione da cui dipende; *pronome* —, quello che serve a introdurre una proposizione relativa ♦ *s.m.* (*gramm.*) pronome relativo □ **-mente** *avv.* — *a*, in relazione a.
relatóre *s.m.* chi riferisce ad altri su un determinato argomento.
relàx *s.m.invar.* (*ingl.*) riposo totale.
relazionàre *v.tr.* [*io relazióno ecc.*] informare mediante una relazione
relazióne *s.f.* **1** legame, rapporto | *in* — *a*, con riferimento a **2** legame, vincolo d'affetto, d'amicizia o d'affari **3** *pl.* amicizie, conoscenze **4** resoconto.
relegàre *v.tr.* [*io rèlego, tu rèleghi ecc.*] allontanare | (*fig.*) lasciare in disparte.
relegazióne *s.f.* il relegare, l'essere relegato.
religióne *s.f.* **1** l'insieme delle credenze e degli atti di culto con i quali l'uomo riconosce l'esistenza della divinità **2** (*estens.*) sentimento profondo di riverenza per un ideale, un'istituzione ecc.; le conseguenti manifestazioni di culto.
religiosità *s.f.* **1** l'essere religioso **2** ossequio alle regole formali e di culto di una religione **3** (*fig.*) attenzione minuziosa e rispettosa; scrupolo, zelo.
religióso *agg.* **1** che concerne la religione **2** che crede in una religione **3** (*fig.*) devoto | scrupoloso ♦ *s.m.* [f. -*a*] chi è membro di una congregazione religiosa o di un ordine religioso □ **-mente** *avv.*
relìquia *s.f.* (*relig.*) parte del corpo oppure oggetto che sia appartenuto a un santo.
relìtto *s.m.* **1** rottame di un natante naufragato o di un aereo caduto **2** (*fig.*) persona decaduta e misera.
remainder *s.m.invar.* (*ingl.*) copia di un volume che costituisce una giacenza di magazzino e che viene messa in vendita a prezzo ridotto.
remàre *v.intr.* [*io rèmo ecc.*; aus. *avere*] manovrare i remi per imprimere il movimento a un'imbarcazione.
reminiscènza *s.f.* **1** il riaffiorare alla memoria di una cosa quasi dimenticata **2** passo di un'opera d'arte in cui l'autore riecheggia temi o motivi di altre opere.
remissióne *s.f.* **1** il condonare in tutto o in parte una colpa, un debito **2** (*fig.*) rimedio.
remissìvo *agg.* **1** sottomesso **2** (*dir.*) che vale a condonare una pena □ **-mente** *avv.*
rèmo *s.m.* asta di legno terminante in forma di pala, usata come leva per imprimere il movimento a un'imbarcazione.
rèmora *s.f.* indugio, ritardo, esitazione.
remote banking *loc.sost.m.invar.* (*ingl.*) nome generico di qualsiasi attività di sportello bancario svolta a distanza (*phone banking, home banking, Internet banking*).
remòto *agg.* **1** molto lontano nel tempo | *passato, trapassato* —, (*gramm.*) tempi dell'indicativo che indicano un'azione definitivamente compiuta **2** molto lontano nello spazio; appartato.
renàle *agg.* (*anat.*) del rene.
rèndere *v.tr.* [pres. *io rèndo ecc.*; pass.rem. *io rési, tu rendésti ecc.*; part.pass. *réso*] **1** restituire **2** tributare, dare **3** fruttare; dare come reddito **4** esprimere | — *l'idea*, riuscire a spiegarsi bene **5** far diventare ♦ **-rsi** *v.rifl.* diventare.
rendicónto *s.m.* **1** consuntivo effettuato alla chiusura di un esercizio finanziario **2** relazione.
rendiménto *s.m.* **1** rapporto tra i risultati ottenuti e le risorse che sono state impiegate per ottenere tali risultati; produttività **2** (*fin.*) reddito di un titolo.
rèndita *s.f.* provento derivante dal possesso di un bene.
rène *s.m.* (*anat.*) ciascuno dei due organi posti ai lati della colonna vertebrale, nella regione lombare, che hanno il compito di depurare il sangue e di produrre l'urina.
renétta *s.f.* varietà pregiata di mela | usato anche come *agg.*
réni *s.f.pl.* la regione lombare.
rènio *s.m.* elemento chimico di simbolo *Re*; è un metallo rarissimo.
renitènte *agg.* e *s.m.* e *f.* che/chi rifiuta di fare ciò che gli è detto o comandato: — *alla leva*, chi non si presenta alla chiamata per il servizio militare obbligatorio.
rènna *s.f.* mammifero delle regioni polari simile al cervo.
rèo *s.m.* [f. -*a*] autore di un reato.
repàrto *s.m.* **1** parte di un complesso o di un'azienda con funzioni specifiche: *il* — *chirurgico di un ospedale* **2** (*mil.*) unità organica all'interno di un'altra unità di ordine superiore.

repellènte *agg.* che provoca una sensazione di disgusto.
repentàglio *s.m.* spec. nella loc. *mettere a —*, mettere in grave rischio.
repentìno *agg.* che avviene in brevissimo tempo; improvviso □ **-mente** *avv.*
reperìbile *agg.* che si può reperire, trovare, rintracciare.
reperibilità *s.f.* l'essere reperibile.
reperiménto *s.m.* ritrovamento.
reperìre *v.tr.* [pres. *io reperisco, tu reperisci* ecc.; part.pass. *reperito*] trovare, ritrovare.
repèrto *s.m.* **1** l'oggetto trovato nel corso di una ricerca, di un'indagine: — *archeologico* **2** ciò che viene rilevato nel corso di un esame clinico, di una prova diagnostica.
repertòrio *s.m.* **1** l'insieme dei lavori teatrali rappresentati da una compagnia **2** registro di notizie e informazioni di facile consultazione.
replay *s.m.invar.* (*ingl.*) (*tv*) ripetizione di una fase saliente di un avvenimento.
rèplica *s.f.* **1** (*teat.*) ogni rappresentazione successiva alla prima **2** risposta.
replicàre *v.tr.* [*io rèplico, tu rèplichi* ecc.] **1** ripetere **2** rispondere obiettando.
reportage *s.m.invar.* (*fr.*) servizio giornalistico scritto o realizzato da un reporter.
reporter *s.m.invar.* (*ingl.*) corrispondente, inviato speciale; cronista.
repressióne *s.f.* **1** il reprimere, l'essere represso (in senso sociale e politico) **2** (*psicoan.*) processo consapevole di cancellazione dalla propria coscienza di un'idea, un sentimento, un impulso vissuti come sgradevoli o imbarazzanti.
repressìvo *agg.* che reprime □ **-mente** *avv.*
reprìmere *v.tr.* [pass.rem. *io reprèssi, tu reprimésti* ecc.; part.pass. *reprèsso*] **1** contenere qlco. che tende a prorompere **2** domare con la forza ♦ **-rsi** *v.rifl.* contenersi, dominarsi, frenarsi.
repùbblica *s.f.* sistema politico in cui la carica di capo dello stato è elettiva e temporanea.
repubblicàno *agg.* **1** della repubblica, che costituisce una repubblica **2** che è favorevole alla repubblica ♦ *s.m.* [f. *-a*] **1** fautore della repubblica **2** chi appartiene a un partito repubblicano.
repulsióne *s.f.* **1** ripulsione **2** (*fis.*) la forza che allontana reciprocamente due corpi o sostanze.
reputàre *v.tr.* [*io rèputo* ecc.] ritenere, stimare ♦ **-rsi** *v.rifl.* considerarsi.
reputazióne *s.f.* stima, considerazione in cui si è tenuti dagli altri.
rèquie *s.f.* calma, riposo, pace.
requiem *s.m.invar.* (*lat.*) **1** preghiera cattolica per i defunti | funzione in suffragio di un defunto **2** (*mus.*) esecuzione musicale dei testi della messa in suffragio dei defunti.
requisìre *v.tr.* [*io requisisco, tu requisisci* ecc.] prendere d'autorità.
requisìto *s.m.* qualità o condizione necessaria per accedere a una carica.
requisitòria *s.f.* **1** (*dir.*) atto con cui il pubblico ministero formula le proprie richieste nel processo penale **2** (*estens.*) rimprovero severo.
requisizióne *s.f.* (*dir.*) trasferimento coatto della proprietà o del godimento di un bene da un privato alla pubblica amministrazione.
résa *s.f.* **1** l'arrendersi **2** il restituire.
rescìndere *v.tr.* [coniugato come *scindere*] (*dir.*) annullare, sciogliere.
rescissióne *s.f.* (*dir.*) dichiarazione di invalidità di un contratto pronunciata dal giudice.
residènte *agg.* che risiede, che ha dimora stabile in un luogo ♦ *s.m.* e *f.*
residènza *s.f.* luogo in cui una persona dimora abitualmente.
residenziàle *agg.* di residenza.
residuàto *s.m.* ciò che avanza; residuo | — *bellico*, materiale bellico abbandonato alla fine della guerra.
resìduo *agg.* che avanza ♦ *s.m.*
rèsina *s.f.* sostanza organica viscosa, plastica, traslucida, ottenuta dalla secrezione di varie piante.
resistènte *agg.* che resiste; tenace, durevole.
resistènza *s.f.* **1** il resistere; sforzo per opporsi **2** solidità **3** (*biol.*) capacità di alcune specie o ceppi batterici di sopravvivere a sostanze antibiotiche o a batteriofagi **4** (*estens.*) qualunque movimento di opposizione armata a un invasore straniero o a una dittatura.
resìstere *v.intr.* [pass.rem. *io resistéi* o *resistètti, tu resistésti* ecc.; part.pass. *resistito*; aus. *avere*] **1** contrastare l'altrui forza | (*fig.*) non cedere **2** (*estens.*) sostenere.
resocónto *s.m.* **1** relazione **2** rendiconto.
respingènte *s.m.* dispositivo ammortizzatore situato in coppia sulle testate dei vagoni ferroviari.
respìngere *v.tr.* [coniugato come *spingere*] **1** mandare indietro **2** rifiutare | bocciare.
respiràre *v.intr.* [aus. *avere*] **1** compiere il processo della respirazione | (*estens.*) vivere **2** (*fig.*) avere un po' di riposo, di sollievo ♦ *v.tr.* inspirare ed espirare l'aria.
respiratóre *s.m.* qualsiasi dispositivo che

permetta la respirazione in condizioni non normali.
respiratòrio *agg.* (*anat., fisiol.*) che riguarda la respirazione.
respirazióne *s.f.* (*fisiol.*) il processo mediante il quale un organismo assume dall'ambiente esterno ossigeno ed elimina anidride carbonica.
respìro *s.m.* **1** il respirare **2** (*fig.*) sollievo; pausa: *non avere un attimo di* —.
responsàbile *agg.* **1** che deve rendere ragione delle azioni proprie o altrui **2** conscio **3** colpevole ♦ *s.m.* e *f.* chi ha la responsabilità di qlco. □ **-mente** *avv.*
responsabilità *s.f.* **1** l'essere responsabile **2** consapevolezza di dover rispondere delle azioni proprie o altrui **3** colpevolezza.
responsabilizzàre *v.tr.* spingere ad assumere delle responsabilità ♦ **-rsi** *v.rifl.* prendere consapevolezza delle proprie responsabilità.
responsabilizzazióne *s.f.* il responsabilizzare, il responsabilizzarsi, l'essere responsabilizzato.
respònso *s.m.* risposta data in forma ufficiale.
rèssa *s.f.* calca.
restàre *v.intr.* [*io rèsto ecc.*; aus. *essere*] **1** fermarsi; rimanere **2** divenire: — *vedovo* | — *male*, essere dispiaciuto di qlco. | — *di stucco*, (*fig.*) per la meraviglia **3** avanzare, esserci ancora **4** stare.
restauràre *v.tr.* [*io restàuro ecc.*] **1** rimettere a nuovo **2** rimettere qlco. nello stato di prima.
restauratóre *agg.* e *s.m.* [f. *-trice*] che/chi fa lavori di restauro.
restaurazióne *s.f.* ristabilimento di una dinastia, di un governo.
restàuro *s.m.* la tecnica e l'operazione del restaurare | la cosa, la parte restaurata.
restìo *agg.* **1** che non vuole andare avanti, detto di animali da soma o da tiro **2** (*estens.*) si dice di persona riluttante.
restituìre *v.tr.* [*io restituisco, tu restituisci ecc.*] **1** ridare; rendere **2** (*fig.*) ricambiare.
restituzióne *s.f.* il restituire, l'essere restituito.
rèsto *s.m.* **1** quello che resta di un tutto; rimanenza **2** la differenza in denaro tra la somma pagata e il prezzo della cosa acquistata.
restrìngere *v.tr.* [coniugato come *stringere*] **1** ridurre a minor misura **2** (*fig.*) limitare ♦ **-rsi** *v.rifl.* o *intr.pron.* diminuire di misura.
restringiménto *s.m.* il restringere, il restringersi, l'essere ristretto.
restrittivo *agg.* che serve a limitare □ **-mente** *avv.*
restrizióne *s.f.* il restringere, l'essere ristretto: — *della libertà.*
resurrezióne *s.f.* **1** il ritornare alla vita dopo la morte **2** (*estens.*) il rivivere, il ricostituirsi, il riapparire.
retàggio *s.m.* (*lett.*) eredità spirituale.
retàta *s.f.* **1** gettata di una rete da pesca **2** (*fig.*) cattura di più persone, da parte della polizia, in un'unica operazione.
réte *s.f.* **1** attrezzo costituito da fili di fibre tessili intrecciati, usato per catturare uccelli, pesci, animali selvatici | (*fig.*) inganno **2** (*estens.*) qualunque oggetto, di qualsiasi materiale, costituito da un intreccio di maglie | — *del letto*, quella a maglie d'acciaio su cui poggia il materasso **3** barriera rettangolare di filato, usata in alcuni sport per dividere le due metà del campo | nel calcio, nell'hockey ecc., quella collocata dietro ciascuna delle due porte **4** (*fig.*) struttura complessa e articolata facente capo a un centro **5** (*telecom.*) canale di comunicazioni radiotelevisive **6** (*inform.*) sistema integrato costituito dal collegamento di elaboratori e terminali.
reticènte *agg.* si dice di persona che tace con intenzione qlco. che sa.
reticènza *s.f.* l'essere reticente.
reticolàre *agg.* che ha forma di reticolo.
reticolàto *s.m.* graticcio di fili metallici intrecciati a rete.
retìcolo *s.m.* intreccio di fili o di linee a forma di rete; reticolato.
rètina *s.f.* (*anat.*) tunica interna del globo oculare.
retòrica *s.f.* **1** l'arte del parlare **2** (*spreg.*) modo di parlare e di scrivere vuoto e ampolloso.
retràttile *agg.* che si può tirare indietro o dentro: *artigli retrattili.*
retribuìre *v.tr.* [*io retribuisco, tu retribuisci ecc.*] dare un compenso; pagare.
retribuzióne *s.f.* compenso spettante a chi svolge un lavoro per altri.
retrìvo *agg.* e *s.m.* [f. *-a*] che/chi è insensibile al progresso culturale e sociale; retrogrado.
rètro *s.m.* la parte posteriore di qlco.
rétro *agg.invar.* (*fr.*) ispirato al recente passato, ma non all'antico.
retro- primo elemento di parole composte, che indica movimento all'indietro o posizione arretrata nello spazio o nel tempo (*retroattivo, retrogrado*).
retroattivo *agg.* che estende i suoi effetti al passato □ **-mente** *avv.*
retrocèdere *v.intr.* [pres. *io retrocèdo ecc.*; pass.rem. *io retrocèssi* o *retrocedèi* o *retrocedètti, tu retrocedésti ecc.*; part.pass. *retrocèsso* o *re-*

troceduto; aus. *essere*] indietreggiare, recedere ♦ *v.tr.* far tornare indietro nel grado.

retrocessióne *s.f.* (*sport*) passaggio di una squadra da una serie superiore a una inferiore.

retrodatàre *v.tr.* (*burocr.*) contrassegnare con una data anteriore a quella reale.

retroflessióne *s.f.* flessione all'indietro | — *dell'utero*, (*med.*) posizione anomala dell'utero.

retrògrado *agg.* (*fig.*) contrario al progresso.

retroguàrdia *s.f.* **1** (*mil.*) reparto di un esercito in marcia, con compiti di difesa in caso di attacchi alle spalle **2** (*fig.*) posizione di arretratezza.

retrogùsto *s.m.* il gusto lasciato in bocca da un cibo o da una bevanda, diverso da quello percepito all'assaggio.

retromàrcia *s.f.* [pl. *-ce*] marcia all'indietro di un veicolo.

retroscèna *s.f.* (*teat.*) parte del palcoscenico che sta dietro la scena ♦ *s.m.invar.* fatti non noti che sono dietro un fatto noto.

retrospettìva *s.f.* mostra, rassegna che illustra le varie fasi dell'evoluzione di un artista o di un movimento.

retrospettìvo *agg.* volto all'indietro □ **-mente** *avv.*

retrostànte *agg.* si dice di luogo che sta dietro a un altro.

retrotèrra *s.m.invar.* **1** regione che si trova immediatamente nell'interno rispetto a una zona costiera **2** (*fig.*) complesso di fattori che costituiscono le basi di un evento, un fenomeno.

retrovìa *s.f.* (spec. *pl.*) (*mil.*) zona retrostante al fronte.

retrovisìvo *agg.* che serve a vedere all'indietro.

retrovisóre *s.m.* nei veicoli, specchietto retrovisivo | usato anche come agg.

rètta[1] *s.f.* solo nella loc. *dar* —, dare ascolto, prestare attenzione.

rètta[2] *s.f.* somma che si paga per il vitto e l'alloggio in collegi o pensioni.

rètta[3] *s.f.* (*geom.*) la linea più breve che unisce due punti.

rettàngolo *agg.* si dice di ogni figura geometrica che ha uno o più angoli retti ♦ *s.m.* (*geom.*) quadrangolo con i quattro angoli retti.

rettìfica *s.f.* **1** il rendere retto; il raddrizzare, l'essere raddrizzato **2** ciò che corregge, modifica quanto è fatto in precedenza.

rettificàre *v.tr.* [*io rettìfico, tu rettìfichi ecc.*] **1** rendere retto **2** (*fig.*) correggere.

rettificàto *s.m.* (*chim.*) si dice di prodotto ottenuto mediante rettificazione.

rettificazióne *s.f.* **1** il rettificare, l'essere rettificato **2** (*chim.*) distillazione di liquidi.

rèttili *s.m.pl.* (*zool.*) classe di vertebrati a sangue freddo; essendo privi di arti o dotati di quattro zampe molto corte, si muovono strisciando.

rettilìneo *agg.* che procede in linea retta ♦ *s.m.* tratto di strada rettilineo.

rettitùdine *s.f.* dirittura morale.

rètto *agg.* **1** diritto **2** (*fig.*) onesto **3** (*fig.*) esatto **4** *angolo* —, (*geom.*) quello di 90 gradi **5** *intestino* —, (*anat.*) l'ultimo tratto dell'intestino crasso □ **-mente** *avv.*

rettoràto *s.m.* dignità, ufficio del rettore.

rettóre *s.m.* chi dirige una comunità, un istituto; il professore a capo di un'università.

rettoscopìa *s.f.* (*med.*) ispezione del retto mediante rettoscopio.

rèuma *s.m.* [pl. *-mi*] (*med.*) dolore di natura reumatica.

reumàtico *agg.* [pl.m. *-ci*] (*med.*) del reumatismo; che causa il reumatismo.

reumatìsmo *s.m.* (*med.*) termine generico che indica un complesso di affezioni dolorose che colpiscono le articolazioni, i muscoli, i tendini e le ossa.

reumatologìa *s.f.* branca della medicina che studia le patologie reumatiche e le relative terapie.

reverèndo *agg.* (*eccl.*) titolo attribuito ai membri del clero e degli ordini religiosi ♦ *s.m.* (*fam.*) sacerdote.

reverenzìale *agg.* che esprime riverenza.

reversìbile *agg.* **1** si dice di rapporto o fenomeno che può essere invertito **2** (*dir.*) si dice di pensione che alla morte del beneficiario può essere corrisposta a suoi congiunti.

reversibilità *s.f.* l'essere reversibile | *pensione di* —, (*dir.*) pensione reversibile.

revisionàre *v.tr.* [*io revisióno ecc.*] sottoporre a revisione.

revisióne *s.f.* esame fatto allo scopo di correggere o di controllare qlco.: — *di un motore* | — *contabile*, (*comm.*) controllo della regolare gestione della contabilità di società per azioni.

revisóre *s.m.* addetto a una revisione.

revival *s.m.invar.* (*ingl.*) ritorno in voga di usi, costumi, tendenze della moda o dell'arte di un passato non lontano.

rèvoca *s.f.* il revocare, l'essere revocato.

revocàre *v.tr.* [*io rèvoco, tu rèvochi ecc.*] annullare.

Rh *s.m.invar.* (*biol.*) fattore antigene che può essere presente o assente sulla membrana dei globuli rossi del sangue.

ri- prefisso di verbi e derivati da verbi che esprime ripetizione, duplicazione o ritorno a una fase anteriore e quindi azione opposta; può avere valore intensivo o dare un significato nuovo al verbo originario.

riabilitàre *v.tr.* [io riabilito ecc.] **1** rieducare: — *un arto leso* **2** (*dir.*) ridare a qlcu. i diritti che aveva perduto **3** (*fig.*) rendere la stima ♦ **-rsi** *v.rifl.* riacquistare la pubblica stima.

riabilitazióne *s.f.* il riabilitare, il riabilitarsi, l'essere riabilitato.

riabituàre *v.tr.* [io riabituo ecc.] far abituare di nuovo ♦ **-rsi** *v.rifl.* abituarsi di nuovo, riprendere un'abitudine.

riaccostàre *v.tr.* [io riaccòsto ecc.] accostare di nuovo ♦ **-rsi** *v.rifl.* o *intr.pron.* accostarsi di nuovo (anche *fig.*).

riacquistàre *v.tr.* **1** acquistare di nuovo **2** recuperare ciò che si era perduto.

riadattàre *v.tr.* sistemare in vista di un nuovo uso ♦ **-rsi** *v.rifl.* adattarsi nuovamente.

riaffermàre *v.tr.* [io riafférmo ecc.] affermare con più forza ♦ **-rsi** *v.rifl.* dare nuovamente prova delle proprie capacità.

riaffioràre *v.intr.* [io riaffióro ecc.; aus. essere] affiorare di nuovo | tornare alla memoria.

riallacciàre *v.tr.* [io riallàccio ecc.] allacciare di nuovo ♦ **-rsi** *v.rifl.* o *intr.pron.* ricollegarsi.

riàlto *s.m.* luogo rialzato.

rialzàre *v.tr.* **1** alzare di nuovo **2** sollevare (anche *fig.*) **3** rendere più alto **4** far aumentare ♦ *v.intr.* [aus. essere] aumentare ♦ **-rsi** *v.rifl.* o *intr.pron.* **1** sollevarsi (anche *fig.*) **2** crescere.

rialzàto *agg. piano* —, il piano di un edificio di poco sopraelevato rispetto al livello stradale.

rialzìsta *s.m.* e *f.* [pl.m. -sti] in borsa, chi gioca al rialzo.

riàlzo *s.m.* **1** aumento di prezzo **2** parte rialzata.

rianimàre *v.tr.* [io riànimo ecc.] **1** far rinvenire **2** (*fig.*) infondere coraggio ♦ **-rsi** *v.intr.pron.* **1** riprendere i sensi **2** (*fig.*) riprendere vita.

rianimazióne *s.f.* (*med.*) insieme di interventi atti a ristabilire funzioni vitali compromesse.

riapertùra *s.f.* ripresa di un'attività.

riapparizióne *s.f.* ricomparsa.

riaprìre *v.tr.* [coniugato come aprire] aprire di nuovo ♦ *v.intr.* [aus. avere] riprendere l'attività ♦ **-rsi** *v.intr.pron.* aprirsi di nuovo | riprendere.

riàrmo *s.m.* aumento progressivo dei mezzi militari da parte di uno stato.

riàrso *agg.* secco, arido.

riassestàre *v.tr.* [io riassèsto ecc.] assestare di nuovo; rimettere in sesto ♦ **-rsi** *v.rifl.* o *intr.pron.* rimettersi in sesto; subire un nuovo assestamento.

riassètto *s.m.* nuovo assetto.

riassorbìre *v.tr.* [io riassòrbo ecc. (o io riassorbisco, tu riassorbisci ecc.)] assorbire di nuovo; assorbire completamente ♦ **-rsi** *v.intr.pron.* essere assorbito di nuovo o completamente.

riassùmere *v.tr.* **1** assumere di nuovo **2** condensare in poche parole; riepilogare.

riassùnto *s.m.* esposizione in forma sintetica di uno scritto, un discorso, un fatto.

riassunzióne *s.f.* l'essere riassunto.

riattàre *v.tr.* rimettere una cosa in condizione di essere usata di nuovo.

riattivàre *v.tr.* rimettere in funzione.

riavére *v.tr.* [io riò, tu riai, egli rià,... essi rianno; nelle altre forme coniugato come avere] **1** avere di nuovo **2** recuperare | avere indietro ♦ **-rsi** *v.intr.pron.* **1** riprendere i sensi **2** ritornare in buone condizioni economiche.

ribadìre *v.tr.* [io ribadisco, tu ribadisci ecc.] confermare, ripetere.

ribàlta *s.f.* **1** piano con perni che si può alzare o abbassare **2** (*teat.*) proscenio | *venire alla* —, (*fig.*) divenire noto.

ribaltàre *v.tr.* mandare sottosopra ♦ **-rsi** *v.intr.pron.* rivoltarsi.

ribaltìna *s.f.* mobile con ribalta utilizzato come scrittoio.

ribàsso *s.m.* il ribassare, l'essere ribassato; diminuzione di prezzo, di valore.

ribàttere *v.tr.* **1** battere di nuovo o ripetutamente **2** respingere **3** confutare ♦ *v.intr.* [aus. avere] replicare, rimbeccare.

ribellàrsi *v.intr.pron.* [io mi ribèllo ecc.] **1** insorgere **2** (*estens.*) opporsi risolutamente; rifiutare di sottomettersi.

ribèlle *agg.* che si ribella ♦ *s.m.* e *f.*

ribellióne *s.f.* rivolta.

rìbes *s.m.invar.* (*bot.*) genere di piante di bosco con frutti raccolti in grappolo | il frutto commestibile di tale pianta.

ribrézzo *s.m.* intensa ripugnanza.

ricadére *v.intr.* [coniugato come cadere; aus. essere] **1** cadere di nuovo (anche *fig.*) **2** cader giù, scendere verso il basso (detto di capelli, abiti, tendaggi ecc.) **3** (*fig.*) riversarsi, gravare su qlcu.

ricadùta *s.f.* **1** il ricadere **2** (*med.*) ripresa di una malattia che sembrava guarita.

ricalcàre *v.tr.* [io ricalco, tu ricalchi ecc.] **1** calcare di nuovo o di più **2** ricopiare un disegno con la carta carbone, passando una matita sopra i contorni.

ricalcitrànte *agg.* che ricalcitra | (*fig.*) restio.

ricalcitràre *v. intr.* [io ricàlcitro ecc.; aus. avere] **1** detto di animali e specialmente degli

equini, impuntarsi **2** (*fig.*) fare opposizione.
ricàlco *s.m.* [pl. *-chi*] l'operazione del ricalcare.
ricamàre *v.tr.* decorare un tessuto con motivi ornamentali usando ago e filo.
ricambiàre *v.tr.* [*io ricàmbio ecc.*] contraccambiare ♦ *v.intr.* [aus. *essere*] mutare nuovamente ♦ **-rsi** *v.rifl.rec.* scambiarsi.
ricàmbio *s.m.* **1** si dice di parti di oggetti che si sostituiscono in caso di usura o avaria **2** (*med.*) l'insieme delle trasformazioni chimiche dell'organismo.
ricàmo *s.m.* **1** l'arte del ricamare **2** lavoro eseguito su un tessuto per ornamento.
ricapitolàre *v.tr.* [*io ricapitolo ecc.*] riepilogare.
ricàrica *s.f.* il ricaricare, l'essere ricaricato.
ricaricàbile *agg.* si dice di dispositivo elettrico o magnetico che è possibile ricaricare dopo il suo esaurimento: *scheda* —.
ricaricàre *v.tr.* [*io ricàrico, tu ricàrichi ecc.*] caricare di nuovo | (*fig.*) dare nuova forza, nuova energia ♦ **-rsi** *v.rifl.* o *intr.pron.* caricarsi di nuovo (anche *fig.*).
ricattàre *v.tr.* estorcere a qlcu. denaro, favori, vantaggi con la minacce.
ricàtto *s.m.* il ricattare, l'essere ricattato.
ricavàre *v.tr.* **1** cavare fuori; trarre **2** dedurre **3** ottenere un utile.
ricavàto *s.m.* **1** denaro che si ricava da una vendita o da altre iniziative **2** (*fig.*) frutto.
ricàvo *s.m.* l'ammontare dei pagamenti che l'impresa ottiene dalla vendita di beni e servizi.
ricchézza *s.f.* **1** la condizione di chi è ricco di beni materiali | (*fig.*) abbondanza di beni non materiali, di doti morali, intellettuali **2** patrimonio naturale o spirituale di un luogo, di un paese **3** abbondanza; varietà.
riccio[1] *agg.* [pl.f. *-ce*] ondulato, increspato ♦ *s.m.* ciocca di capelli o di peli avvolti a forma di stretta voluta.
rìccio[2] *s.m.* **1** piccolo mammifero col dorso ricoperto di aculei, che si arrotola a palla in caso di pericolo; porcospino **2** — *di mare*, animale marino dal corpo a palla ricoperto di aculei **3** involucro spinoso delle castagne.
rìcciolo *s.m.* riccio di capelli.
ricciùto *agg.* che ha i capelli ricci.
rìcco *agg.* [pl.m. *-chi*] **1** che possiede beni in abbondanza **2** che ha abbondanza di qlco. **3** lussuoso, sfarzoso ♦ *s.m.* [f. *-a*] persona ricca economicamente. □ **-mente** *avv.*
ricérca *s.f.* indagine sistematica.
ricercàre *v.tr.* [*io ricérco, tu ricérchi ecc.*] indagare con cura e impegno per trovare, per scoprire.
ricercatézza *s.f.* raffinatezza.
ricercàto *agg.* **1** apprezzato **2** raffinato ♦ *s.m.* [f. *-a*] persona cercata dalle autorità giudiziarie in relazione a un crimine □ **-mente** *avv.* con ricercatezza.
ricercatóre *s.m.* [f. *-trice*] figura prevista dall'ordinamento universitario italiano, con prevalenti compiti di ricerca.
ricetrasmittènte *agg.* e *s.f.* (*telecom.*) si dice di apparecchio radio capace di ricevere e trasmettere.
ricètta *s.f.* **1** prescrizione scritta con cui il medico indica la medicina che il paziente deve prendere **2** indicazione degli ingredienti, del loro dosaggio e del modo di impiegarli per preparare una vivanda.
ricettàcolo *s.m.* (*lett.*) luogo, oggetto in cui si raccoglie o si annida qlco.
ricettàrio *s.m.* **1** raccolta di ricette **2** blocchetto su cui i medici scrivono le ricette.
ricettatóre *s.m.* [f. *-trice*] (*dir.*) chi commette il reato di ricettazione.
ricettazióne *s.f.* (*dir.*) reato commesso da chi acquista o riceve denaro o cose provenienti dalla consumazione di un altro reato.
ricettività *s.f.* **1** capacità di imparare **2** (*med.*) attitudine di un individuo a contrarre un'infezione **3** capacità di un luogo di accogliere e ospitare visitatori e turisti.
ricettìvo *agg.* dotato di ricettività □ **-mente** *avv.*
ricévere *v.tr.* [*io ricévo ecc.*] **1** prendere, accettare o subire ciò che viene dato o fatto da altri **2** far entrare in casa o nel proprio ufficio chi viene in visita o chiede un colloquio **3** (*telecom.*) trasformare in segni, in immagini o in suoni le onde elettromagnetiche.
riceviménto *s.m.* **1** il ricevere, l'essere ricevuto **2** trattenimento a cui si invitano più persone: *dare un* —.
ricevitóre *agg.* [f. *-trice*] che riceve ♦ *s.m.* **1** (*burocr.*) chi riscuote somme di denaro **2** (*telecom.*) apparecchio ricevente.
ricevitorìa *s.f.* (*burocr.*) sede di chi svolge funzioni di ricevitore: — *del lotto*.
ricevùta *s.f.* scritto con cui si attesta di aver ricevuto una prestazione o un oggetto o una somma.
ricezióne *s.f.* (*telecom.*) il ricevere un segnale elettromagnetico.
richiamàre *v.tr.* **1** chiamare di nuovo **2** far tornare: — *alla memoria* **3** far accorrere **4** rimproverare ♦ **-rsi** *v.intr.pron.* rifarsi a qlco.: — *alla legge*.
richiàmo *s.m.* **1** il richiamare **2** suono, voce, gesto con cui si richiama l'attenzione.

richièdere *v.tr.* [coniugato come *chiedere*] **1** chiedere per sapere; domandare **2** chiedere in restituzione **3** esigere.
richièsta *s.f.* il richiedere; domanda.
richièsto *agg.* che è oggetto di richiesta.
riciclàggio *s.m.* **1** — *del denaro sporco*, l'insieme delle operazioni finanziarie legali con le quali la criminalità organizzata impiega il denaro ricavato da attività criminose **2** (*tecn.*) ricupero di materiali o sostanze di rifiuto.
riciclàre *v.tr.* sottoporre a riciclaggio.
rìcino *s.m.* pianta arbustacea dai cui semi si estrae un olio usato in varie lavorazioni industriali.
ricognitóre *s.m.* aereo da ricognizione.
ricognizióne *s.f.* (*mil.*) azione aerea, terrestre o navale per accertare l'entità e la dislocazione delle forze nemiche | (*estens.*) accertamento.
ricollegàre *v.tr.* [*io ricollégo, tu ricolléghi ecc.*] **1** collegare di nuovo **2** (*fig.*) stabilire una relazione ♦ **-rsi** *v.rifl.* o *intr.pron.* fare riferimento a qlcu. o a qlco.; avere legami con qlcu. o qlco. ♦ *v.rifl.rec.* essere in reciproca relazione.
ricolmàre *v.tr.* [*io ricólmo ecc.*] colmare completamente, riempire.
ricólmo *agg.* riempito completamente.
ricominciàre *v.tr.* [*io ricomìncio ecc.*] cominciare di nuovo ♦ *v.intr.* [aus. *essere* o *avere*] riprendere dopo una pausa.
ricomparìre *v.intr.* [coniugato come *comparire*; aus. *essere*] comparire di nuovo.
ricompàrsa *s.f.* riapparizione, ritorno.
ricompènsa *s.f.* ciò che si dà a qlcu. in cambio di un favore, di un lavoro, o come riconoscimento di un'azione meritevole.
ricompensàre *v.tr.* [*io ricompènso ecc.*] dare una ricompensa.
ricompórre *v.tr.* [coniugato come *porre*] **1** riunire **2** rimettere in ordine ♦ **-rsi** *v.rifl.* riprendere il controllo di sé.
riconciliàre *v.tr.* [*io riconcìlio ecc.*] **1** rimettere d'accordo **2** far riacquistare ♦ **-rsi** *v.rifl.* e *rifl.rec.* tornare in pace.
riconciliazióne *s.f.* il riconciliarsi.
ricondùrre *v.tr.* [coniugato come *condurre*] **1** condurre di nuovo **2** (*fig.*) riportare alla condizione di prima **3** (*fig.*) far risalire, attribuire.
riconfermàre *v.tr.* [*io riconférmo ecc.*] confermare in un incarico ♦ **-rsi** *v.rifl.* o *intr.pron.* confermarsi, dichiararsi nuovamente.
ricongiùngere *v.tr.* [coniugato come *giungere*] congiungere di nuovo ♦ **-rsi** *v.rifl.* e *rifl.rec.* riunirsi.
riconoscènza *s.f.* gratitudine.
riconóscere *v.tr.* [coniugato come *conoscere*] **1** ravvisare, individuare una cosa o una persona conosciuta **2** individuare, identificare **3** ammettere; confessare **4** accettare come legittimo ♦ **-rsi** *v.rifl.* confessarsi, dichiararsi ♦ *v.rifl.rec.* riconoscersi vicendevolmente.
riconosciménto *s.m.* **1** il riconoscere, l'essere riconosciuto **2** ricompensa.
ricopèrto *agg.* tutto coperto.
ricopiàre *v.tr.* [*io ricòpio ecc.*] copiare di nuovo | mettere in bella copia.
ricoprìre *v.tr.* [coniugato come *coprire*] **1** coprire di nuovo **2** rivestire **3** (*fig.*) colmare **4** (*fig.*) occupare ♦ **-rsi** *v.rifl.* o *intr.pron.* coprirsi di nuovo, rivestirsi.
ricordàre *v.tr.* [*io ricòrdo ecc.*] **1** aver presente nella memoria **2** richiamare alla memoria altrui **3** (*estens.*) rassomigliare **4** menzionare, citare ♦ **-rsi** *v.intr.pron.* richiamare alla propria memoria.
ricòrdo *s.m.* **1** il ricordare, il ricordarsi; ciò che si ricorda **2** oggetto che serve a conservare la memoria di qlcu. o di qlco.
ricorrènte *agg.* che ricorre nel tempo | *motivo* —, che si ripete con frequenza □ **-mente** *avv.*
ricorrènza *s.f.* festa che ritorna ogni anno; anniversario.
ricórrere *v.intr.* [coniugato come *correre*; aus. *essere*] **1** correre indietro, riandare al punto di partenza (anche *fig.*) **2** rivolgersi a qlcu. o a qlco. per ottenere aiuto | fare uso, servirsi di qlco. **3** (*dir.*) presentare ricorso a un'autorità.
ricórso *s.m.* **1** il ricorrere a qlcu. o a qlco. **2** (*dir.*) richiesta indirizzata a un'autorità per ottenere la revoca o la modifica di un provvedimento.
ricostituènte *s.m.* preparato medicinale che combatte l'affaticamento fisico e psichico.
ricostituìre *v.tr.* [*io ricostituisco, tu ricostituisci ecc.*] **1** costituire di nuovo **2** (*fig.*) rinvigorire ♦ **-rsi** *v.intr.pron.* **1** costituirsi di nuovo **2** rimettersi, ristabilirsi.
ricostruìre *v.tr.* [*io ricostruisco, tu ricostruisci ecc.*] **1** costruire di nuovo **2** riprodurre lo svolgimento di un fatto servendosi di elementi noti e di ipotesi.
ricostruzióne *s.f.* il ricostruire, l'essere ricostruito.
ricòtta *s.f.* latticinio molle e bianco.
ricoveràre *v.tr.* [*io ricóvero* o *ricòvero ecc.*] far entrare in un luogo di cura | offrire riparo ♦ **-rsi** *v.rifl.* o *intr.pron.* entrare in un istituto di cura | rifugiarsi.
ricoveràto *agg.* e *s.m.* [f. *-a*] che/chi è accolto in un ospedale, in un ospizio.
ricóvero *s.m.* **1** il ricoverare, il ricoverar-

si, l'essere ricoverato **2** rifugio **3** istituto di assistenza che ospita poveri o anziani.

ricreàre *v.tr.* [*io ricrèo ecc.*] **1** creare di nuovo **2** ristorare ♦ **-rsi** *v.rifl.* distrarsi, divertirsi.

ricreazióne *s.f.* riposo dal lavoro; svago.

ricrédersi *v.intr.pron.* cambiare opinione.

ricucìre *v.tr.* [coniugato come *cucire*] **1** cucire di nuovo **2** (*fig.*) ricomporre, ricostituire appianando motivi di contrasto.

ricusàre *v.tr.* non accettare, rifiutare.

ridacchiàre *v.intr.* [*io ridàcchio ecc.*; aus. *avere*] ridere non apertamente, con intenzione canzonatoria o ironica.

ridènte *agg.* **1** che esprime gioia **2** gradevole.

rìdere *v.intr.* [pass.rem. *io risi, tu ridésti ecc.*; part.pass. *riso*; aus. *avere*] esprimere letizia, allegria con particolari variazioni della mimica facciale e l'emissione del suono caratteristico; esprimere con analoghe manifestazioni altri sentimenti (ironia, scherno, compatimento) | — *a crepapelle*, ridere forte | — *a denti stretti*, forzatamente | — *sotto i baffi*, quasi di nascosto | — *alle spalle di qlcu.*, deriderlo, canzonarlo ♦ **-rsi** *v.intr.pron.* non curarsi, non preoccuparsi di qlco.

ridestàre *v.tr.* [*io ridésto ecc.*] **1** risvegliare **2** (*fig.*) ravvivare ♦ **-rsi** *v.intr.pron.* risvegliarsi.

ridicolizzàre *v.tr.* rendere ridicolo.

ridìcolo *agg.* **1** che fa ridere **2** (*estens.*) insignificante ♦ *s.m.* comicità □ **-mente** *avv.*

ridimensionàre *v.tr.* [*io ridimensióno ecc.*] riorganizzare riducendo le dimensioni | (*fig.*) valutare in maniera più realistica ♦ **-rsi** *v.intr.pron.* ridursi a proporzioni minori, ma più realistiche.

ridìre *v.tr.* [coniugato come *dire*] **1** ripetere **2** riferire **3** criticare.

ridosso *s.m.* nella loc. *a* —, al riparo, (*fig.*) vicino nello spazio o nel tempo.

ridótto *agg.* che ha subito una riduzione | *biglietto* —, biglietto a prezzo ridotto ♦ *s.m.* nei teatri, sala in cui si trattengono gli spettatori negli intervalli tra un atto e l'altro.

ridùrre *v.tr.* [pres. *io riduco, tu riduci ecc.*; pass.rem. *io ridussi, tu riducésti ecc.*; part.pass. *ridótto*] **1** imporre con la forza una situazione **2** trasformare, adattare **3** far diminuire, limitare ♦ **-rsi** *v.intr.pron.* scadere a una condizione peggiore.

riduttìvo *agg.* che tende a sminuire □ **-mente** *avv.*

riduttóre *s.m.* (*elettr.*) dispositivo che regola la tensione della corrente.

riduzióne *s.f.* il ridurre, l'essere ridotto | adattamento.

rieducàre *v.tr.* [*io rièduco, tu rièduchi ecc.*] (*med.*) far riacquistare la funzionalità a un soggetto, a un organo o a una facoltà che hanno subito una menomazione.

rieducazióne *s.f.* (*med.*) la reintegrazione funzionale di arti o di organi lesi.

rielaboràre *v.tr.* [*io rielàboro ecc.*] elaborare di nuovo; rifare con nuovi criteri.

riempìre *v.tr.* [*io riémpio ecc.*] **1** rendere pieno; colmare (anche *fig.*) **2** compilare un modulo, una scheda ecc. ♦ **-rsi** *v.rifl.* o *intr.pron.* **1** diventare pieno **2** (*fam.*) saziarsi, rimpinzarsi.

rientrànza *s.f.* parte che rientra.

rientràre *v.intr.* [*io riéntro ecc.*; aus. *essere*] **1** ritornare nel luogo da cui si era usciti **2** (*fig.*) ritornare nella condizione o situazione d'origine **3** di linee e superfici, presentare una concavità **4** far parte.

rientràto *agg.* che non è riuscito, che non si è sviluppato o realizzato.

riéntro *s.m.* il rientrare.

riepilogàre *v.tr.* [*io riepìlogo, tu riepìloghi ecc.*] ricapitolare, riassumere.

riequilibràre *v.tr.* riportare, rimettere in equilibrio (anche *fig.*) ♦ **-rsi** *v.rifl.* e *rifl.rec.* ritrovare l'equilibrio.

riesumàre *v.tr.* [*io riesùmo* o *rièsumo ecc.*] **1** disseppellire, togliere dalla tomba: — *una salma* **2** (*fig.*) riportare alla luce; rimettere in uso, rendere di nuovo attuale: — *usanze dimenticate*.

riesumazióne *s.f.* il riesumare, l'essere riesumato.

rievocàre *v.tr.* [*io rièvoco, tu rièvochi ecc.*] **1** ricordare **2** (*estens.*) commemorare.

rievocazióne *s.f.* il rievocare, l'essere rievocato | la cosa rievocata.

rifàre *v.tr.* [pres. *io rifàccio* o *rifò, tu rifai, egli rifà ecc.*; le altre forme coniugate come *fare*] **1** fare di nuovo | — *la stanza*, riordinarla **2** (*fig.*) ricuperare uno stato, una condizione che era compromessa ♦ **-rsi** *v.rifl.* o *intr.pron.* **1** tornare come prima: *il tempo si rifece sereno* **2** recuperare le perdite: — *di un danno* **3** richiamarsi.

riferiménto *s.m.* **1** il riferire o il riferirsi | *punto di* —, a cui ci si riferisce per orientarsi **2** accenno.

riferìre *v.tr.* [*io riferisco, tu riferisci ecc.*] **1** comunicare; riportare fatti, notizie, discorsi **2** mettere in relazione, collegare ♦ *v.intr.* [aus. *avere*] informare con un rapporto o una relazione ♦ **-rsi** *v.intr.pron.* **1** essere in rapporto; riguardare **2** richiamarsi.

rifilàre *v.tr.* **1** tagliare a filo i bordi **2** (*fam.*) affibbiare.

rifilatùra *s.f.* rifinitura dei bordi.

rifinìre *v.tr.* [*io rifinisco, tu rifinisci ecc.*] perfezionare, ritoccare curando tutti i dettagli.

rifinìto *agg.* perfettamente elaborato.
rifinitùra *s.f.* elemento decorativo che rifinisce un'opera.
rifiorìre *v.intr.* [*io rifiorisco, tu rifiorisci ecc.*; aus. *essere*] fiorire di nuovo | (*fig.*) riprendere vigore.
rifiutàre *v.tr.* **1** non accettare, respingere **2** non concedere; negare **3** non acconsentire a fare qlco. **4** non accettare, disconoscere ♦ **-rsi** *v.intr.pron.* non voler fare o accettare o concedere qlco.
rifiùto *s.m.* **1** il rifiutare, l'essere rifiutato **2** scarto; immondizia.
riflessióne *s.f.* **1** il considerare e valutare attentamente | osservazione **2** (*fis.*) fenomeno per cui un raggio (luminoso, sonoro, elettromagnetico) colpendo una superficie riflettente, viene rinviato in una determinata direzione.
riflessìvo *agg.* **1** assennato, posato **2** (*gramm.*) si dice di forma verbale in cui il complemento oggetto si identifica col soggetto □ **-mente** *avv.*
riflèsso[1] *s.m.* **1** riverbero **2** (*fig.*) conseguenza **3** (*fisiol.*) reazione nervosa involontaria provocata da uno stimolo esterno.
riflèsso[2] *agg.* che ha subìto una riflessione.
riflèttere *v.tr.* [pres. *io riflètto ecc.*; part. pass. *riflèsso* nella forma tr., *riflettuto* in quella intr.] riprodurre un'immagine per riflessione ♦ *v. intr.* [aus. *avere*] considerare con attenzione ♦ **-rsi** *v.rifl.* **1** rispecchiarsi **2** (*fig.*) ripercuotersi.
riflettóre *s.m.* apparecchio che proietta i raggi luminosi a grande distanza.
rifluìre *v.intr.* [*io rifluisco, tu rifluisci ecc.*; aus. *essere*] **1** fluire di nuovo **2** fluire indietro.
riflùsso *s.m.* **1** movimento in senso contrario **2** bassa marea **3** (*fig.*) calo **4** (*fig.*) ritorno a concezioni e comportamenti ritenuti in precedenza superati.
rifocillàre *v.tr.* ristorare ♦ **-rsi** *v.rifl.* ristorarsi mangiando o bevendo.
rifondàre *v.tr.* [*io rifóndo ecc.*] fondare di nuovo o su nuove basi.
rifóndere *v.tr.* [coniugato come *fondere*] (*dir.*) rimborsare, risarcire.
rifórma *s.f.* il riformare, il modificare; legge che trasforma un ordinamento, una struttura.
riformàre *v.tr.* [*io rifórmo ecc.*] **1** formare di nuovo **2** trasformare secondo nuove esigenze **3** dichiarare qlcu. inabile al servizio militare ♦ **-rsi** *v.intr.pron.* formarsi nuovamente.
riformàto *agg.* che è stato modificato in seguito a una riforma ♦ *s.m.* [f. *-a*] (*mil.*) chi è stato giudicato inabile al servizio militare.
riformatóre *agg.* e *s.m.* [f. *-trice*] che/chi introduce una riforma.
riformìsmo *s.m.* tendenza a modificare gradualmente l'ordinamento dello stato.
riforniménto *s.m.* il rifornire, il rifornirsi, l'essere rifornito.
rifornìre *v.tr.* [*io rifornisco, tu rifornisci ecc.*] provvedere di cose necessarie ♦ **-rsi** *v.rifl.* provvedersi di qlco.
rifràtto *agg.* (*fis.*) deviato per rifrazione.
rifrazióne *s.f.* (*fis.*) il cambiamento di direzione subito da un'onda (luminosa, sonora, elettromagnetica) nel passare da un mezzo a un altro.
rifuggìre *v.intr.* [coniugato come *fuggire*; aus. *essere*] (*fig.*) essere contrario a qlco.
rifugiàrsi *v.intr.pron.* [*io mi rifùgio ecc.*] cercare, trovare rifugio.
rifugiàto *s.m.* [f. *-a*] chi, per ragioni politiche, ha abbandonato il proprio paese per rifugiarsi in un altro stato.
rifùgio *s.m.* luogo che offre riparo.
rìga *s.f.* **1** linea segnata o impressa su una superficie **2** sequenza di parole scritte su una stessa linea orizzontale **3** (*estens.*) scritto di poche parole, buttato giù in modo sbrigativo; rigo: *mandare due righe di ringraziamento* **4** allineamento di persone **5** stecca piatta, con bordo graduato, usata per tracciare linee diritte e per misurazioni.
rigàgnolo *s.m.* piccolo ruscello.
rigàre *v.tr.* [*io rigo, tu righi ecc.*] segnare con righe ♦ *v.intr.* [aus. *avere*] solo nella loc. — *diritto*, comportarsi come si deve, correttamente.
rigàto *agg.* segnato, solcato da righe.
rigattière *s.m.* [f. *-a*] chi compra e rivende roba usata di scarso valore.
rigeneràre *v.tr.* [*io rigènero ecc.*] far nascere a nuova vita ♦ **-rsi** *v.intr.pron.* **1** (*biol.*) ricostituirsi, detto di tessuto animale o vegetale **2** (*fig.*) rinnovarsi spiritualmente.
rigenerazióne *s.f.* il rigenerare, il rigenerarsi; il nascere a nuova vita, il rinnovarsi spiritualmente.
rigettàre *v.tr.* [*io rigètto ecc.*] **1** gettare fuori, indietro | (*fig.*) rifiutare **2** (*fam.*) vomitare.
rigètto *s.m.* (*biol.*) reazione negativa al trapianto di un organo di un individuo geneticamente diverso.
righèllo *s.m.* asticella usata per tracciare righe, con uno o due bordi graduati.
rigidità *s.f.* **1** qualità e condizione di ciò che non si piega né si torce **2** (*fig.*) l'essere rigido: — *di clima*.
rìgido *agg.* **1** che non si può piegare né

deformare **2** detto di clima, stagione ecc., assai freddo **3** (*fig.*) inflessibile □ **-mente** *avv.*
rigóglio *s.m.* **1** pieno sviluppo della fioritura di una pianta **2** (*fig.*) esuberanza, floridezza.
rigoglióso *agg.* **1** in pieno sviluppo **2** (*fig.*) che è pieno di vigore □ **-mente** *avv.*
rigonfiaménto *s.m.* gonfiore.
rigónfio *agg.* molto gonfio (anche *fig.*)
rigóre *s.m.* **1** freddo intenso **2** rigorosità, austerità **3** inflessibilità | *calcio di* —, nel calcio e in altri sport, il tiro di punizione | *essere di* —, (*fig.*) essere rigorosamente prescritto **4** esattezza.
rigoróso *agg.* **1** si dice di chi si comporta con rigore, con severità **2** di cosa fatta con rigore, con precisione □ **-mente** *avv.*
rigovernàre *v.tr.* [*io rigovèrno ecc.*] rimettere in ordine.
riguardàre *v.tr.* concernere ♦ **-rsi** *v.rifl.* tenersi lontano da un male; aver cura della propria salute.
riguàrdo *s.m.* **1** cautela **2** cortesia.
rigurgitàre *v.intr.* [*io rigùrgito ecc.*; aus. *avere o essere*] **1** detto di liquido, uscire fuori dal luogo in cui è contenuto **2** (*fig.*) essere pieno, affollato ♦ *v.tr.* far uscire dalla bocca.
rigùrgito *s.m.* **1** ciò che rigurgita, che trabocca **2** (*fig.*) breve e improvviso ritorno di qlco. di negativo che si riteneva scomparso **3** (*med.*) il reflusso dei cibi dalla faringe o dall'esofago.
rilanciàre *v.tr.* [*io rilàncio ecc.*] **1** lanciare di nuovo **2** (*fig.*) ridare attualità.
rilasciàre *v.tr.* [*io rilàscio ecc.*] **1** lasciare di nuovo **2** lasciare libero **3** dare, concedere.
rilàscio *s.m.* **1** il lasciare libero, il liberare **2** (*burocr.*) consegna.
rilassàre *v.tr.* diminuire la tensione fisica o psichica ♦ **-rsi** *v.rifl.* o *intr.pron.* **1** distendersi **2** (*fig.*) farsi meno rigoroso.
rilassatézza *s.f.* l'essere rilassato (spec. *fig.*).
rilassàto *agg.* **1** privo di tensione **2** (*fig.*) infiacchito.
rilegàre *v.tr.* [*io rilégo, tu riléghi ecc.*] cucire e incollare i fogli di un libro rivestendoli di una copertina.
rilegatóre *s.m.* [f. *-trice*] chi rilega libri.
rilegatùra *s.f.* il rilegare un libro; il modo e il materiale con cui un libro viene rilegato.
rilevaménto *s.m.* **1** l'insieme delle operazioni con cui si mira a determinare qlco. **2** (*mar.*) angolo compreso tra la direzione di un oggetto e un'altra di riferimento.
rilevànte *agg.* importante.
rilevàre *v.tr.* [*io rilèvo ecc.*] **1** mettere in evidenza; notare **2** raccogliere dati **3** acquistare ♦ *v.intr.* [aus. *avere*] avere rilievo.
rilevazióne *s.f.* il rilevare; raccolta sistematica di informazioni.
rilièvo *s.m.* **1** lo staccarsi rispetto a una superficie **2** (*fig.*) importanza **3** (*geog.*) sopraelevazione della superficie terrestre **4** l'insieme delle operazioni di rilevamento **5** nota critica.
riluttànte *agg.* che esita a fare qlco. o la fa malvolentieri; restio.
riluttànza *s.f.* l'essere riluttante.
rìma *s.f.* identità di suono tra due o più parole dalla vocale accentata in poi.
rimandàre *v.tr.* **1** mandare indietro **2** differire, procrastinare.
rimàndo *s.m.* il rimandare, l'essere rimandato; rinvio.
rimaneggiàre *v.tr.* [*io rimanéggio ecc.*] rielaborare.
rimanènte *s.m.* ciò che rimane ♦ *agg.*
rimanére *v.intr.* [pres. *io rimango, tu rimani, egli rimane, noi rimaniamo, voi rimanéte, essi rimàngono*; fut. *io rimarrò ecc.*; pass.rem. *io rimasi, tu rimanésti ecc.*; pres.congiunt. *io rimanga ecc.*; cond. *io rimarrèi, tu rimarrésti ecc.*; part.pass. *rimasto*; aus. *essere*] **1** fermarsi in un luogo; restare, trattenersi **2** mantenersi in un particolare stato | — *(d'accordo)*, accordarsi **3** divenire **4** avanzare, restare **5** essere situato, trovarsi.
rimarcàre *v.tr.* [*io rimarco, tu rimarchi ecc.*] notare, rilevare.
rimàre *v.intr.* [aus. *avere*] detto di parola, fare rima con un'altra ♦ *v.tr.* accostare parole che facciano rima.
rimarginàre *v.tr.* [*io rimàrgino ecc.*] **1** cicatrizzare **2** (*fig.*) lenire ♦ **-rsi** *v.intr.pron.* **1** detto di ferita, cicatrizzarsi **2** (*fig.*) detto di un dolore morale, mitigarsi.
rimasùglio *s.m.* avanzo piccolo e di poco valore.
rimàto *agg.* in rima.
rimbalzàre *v.intr.* [aus. *essere e avere*] essere respinto in direzione opposta dopo aver urtato contro un ostacolo (anche *fig.*).
rimbàlzo *s.m.* il rimbalzare | *di* —, (*fig.*) di riflesso.
rimbambìrsi *v.intr.pron.* [*io mi rimbambisco, tu ti rimbambisci ecc.*] rimbecillire: — *con l'età* ♦ *v.tr.* stordire.
rimbambìto *agg.* e *s.m.* [f. *-a*] rimbecillito.
rimbeccàre *v.tr.* [*io rimbécco, tu rimbécchi ecc.*] ribattere prontamente ♦ **-rsi** *v.rifl.rec.* discutere vivacemente, a botta e risposta.
rimbecillìre *v.tr.* [*io rimbecillisco, tu rimbecillisci ecc.*] rendere imbecille ♦ **-rsi** *v.intr.pron.* diventare imbecille.

rimboccàre *v.tr.* [*io rimbócco, tu rimbócchi ecc.*] ripiegare l'orlo di qlco. | *rimboccarsi le maniche*, (*fig.*) darsi da fare.
rimbombàre *v.intr.* [*io rimbómbo ecc.*; aus. *essere* o *avere*] risonare.
rimbómbo *s.m.* suono che echeggia.
rimborsàre *v.tr.* [*io rimbórso ecc.*] restituire a qlcu. il denaro speso per conto o per colpa di altri.
rimbórso *s.m.* il rimborsare, l'essere rimborsato.
rimboscàre *v.tr.* [io rimbòsco, tu rimbòschi ecc.] piantare ad alberi un terreno per ricostituire l'ambiente boschivo naturale.
rimboschiménto *s.m.* il rimboscare, l'essere rimboscato.
rimbròtto *s.m.* rimprovero.
rimediàre *v.intr.* [*io rimèdio ecc.*; aus. *avere*] porre rimedio ♦ *v.tr.* **1** riparare **2** (*fam.*) procurarsi.
rimèdio *s.m.* **1** medicamento **2** (*estens.*) provvedimento che riesce a risolvere una situazione difficile.
rimescolaménto *s.m.* il rimescolare, il rimescolarsi, l'essere rimescolato.
rimescolàre *v.tr.* [*io riméscolo ecc.*] **1** mescolare di nuovo **2** mescolare più volte ♦ **-rsi** *v.intr.pron.* **1** confondersi, mischiarsi **2** agitarsi (anche *fig.*).
rimescolìo *s.m.* (*fig.*) turbamento.
riméssa *s.f.* **1** edificio, locale adibito a deposito di veicoli **2** (*fin.*) invio di denaro.
rimestàre *v.tr.* [*io riméstо ecc.*] rimettere in discussione; rivangare.
riméttere *v.tr.* [coniugato come *mettere*] **1** mettere di nuovo **2** demandare, affidare **3** condonare, perdonare **4** vomitare **5** *rimetterci*, (*fam.*) perdere ♦ **-rsi** *v.rifl.* o *intr.pron.* **1** mettersi di nuovo **2** ristabilirsi **3** affidarsi.
rimiràre *v.tr.* guardare con attenzione, con ammirazione ♦ **-rsi** *v.rifl.* guardarsi con compiacimento.
rimmel® *s.m.invar.* cosmetico che si applica sulle ciglia per dar loro risalto.
rimodernàre *v.tr.* [*io rimodèrno ecc.*] rendere moderno ♦ **-rsi** *v.intr.pron.* **1** detto di persona, adattarsi ai tempi moderni **2** detto di cosa, diventare moderno.
rimónta *s.f.* in una gara o in un campionato, il recupero di uno svantaggio.
rimontàre *v.tr.* [*io rimónto ecc.*] **1** montare di nuovo **2** recuperare uno svantaggio ♦ *v.intr.* [aus. *essere*] **1** salire di nuovo **2** (*fig.*) risalire, avere origini.
rimorchiàre *v.tr.* [*io rimòrchio ecc.*] **1** trainare un veicolo o un natante **2** (*fig.*) trascinare con sé.
rimorchiatóre *s.m.* (*mar.*) nave piccola e robusta, usata per rimorchiare chiatte e navi danneggiate o in pericolo.
rimòrchio *s.m.* veicolo senza motore che si aggancia a una motrice.
rimòrdere *v.tr.* [coniugato come *mordere*] tormentare con il ricordo del male fatto.
rimòrso *s.m.* dolore che si prova per le colpe commesse.
rimòsso *s.m.* (*psicoan.*) oggetto della rimozione.
rimostrànza *s.f.* biasimo; protesta.
rimozióne *s.f.* (*psicoan.*) processo inconscio con il quale il soggetto esclude dalla propria coscienza idee, ricordi, affetti sgraditi.
rimpastàre *v.tr.* **1** impastare di nuovo **2** (*fig.*) rimaneggiare.
rimpàsto *s.m.* il rimpastare; la cosa rimpastata (spec. *fig.*): — *del governo*, complesso di sostituzioni e scambi di cariche nell'ambito dello stesso governo.
rimpatriàre *v.intr.* [*io rimpàtrio ecc.*; aus. *essere*] tornare in patria ♦ *v.tr.* fare tornare in patria o nel luogo d'origine.
rimpatriàta *s.f.* (*fam.*) il ritrovarsi di amici che non si incontravano da tempo.
rimpàtrio *s.m.* il rimpatriare.
rimpiàngere *v.tr.* [coniugato come *piangere*] ricordare con malinconia o nostalgia.
rimpiànto *s.m.* il rimpiangere; rammarico.
rimpiazzàre *v.tr.* sostituire.
rimpinzàre *v.tr.* riempire di cibo ♦ **-rsi** *v.rifl.* riempirsi eccessivamente.
rimproveràre *v.tr.* [*io rimpròvero ecc.*] **1** riprendere con parole; sgridare **2** rinfacciare.
rimpròvero *s.m.* il rimproverare, l'essere rimproverato; le parole di biasimo.
rimuginàre *v.tr.* e *intr.* [*io rimùgino ecc.*; aus. *avere*] (*fig.*) agitare nella mente qlco.
rimuneràre *v.tr.* [*io rimùnero ecc.*] dare profitto; rendere.
rimunerazióne *s.f.* il rimunerare, l'essere rimunerato; la cosa con cui si rimunera.
rimuòvere *v.tr.* [coniugato come *muovere*] **1** togliere via, allontanare **2** (*psicoan.*) effettuare una rimozione.
rinàscere *v.intr.* [coniugato come *nascere*] nascere a nuova vita | (*fig.*) riacquistare vigore.
rinasciménto *s.m.* (*st.*) civiltà letteraria, filosofica e artistica fiorita in Italia alla fine del sec. XIV e diffusasi in tutta Europa.
rincalzàre *v.tr.* mettere terra o sassi attorno a una cosa conficcata nel terreno, per assicurarne l'equilibrio o la solidità.
rincàlzo *s.m.* rinforzo.
rincaràre *v.tr.* rendere più caro, aumentare di prezzo | — *la dose*, (*fig.*) aumentare

qlco. che già prima era gravoso ♦ *v.intr.* [aus. *essere*] diventare più costoso.
rincàro *s.m.* aumento dei prezzi.
rincasàre *v.intr.* [aus. *essere*] tornare a casa.
rinchiùdere *v.tr.* [coniugato come *chiudere*] chiudere dentro ♦ **-rsi** *v.rifl.* chiudersi dentro.
rinchiùso *agg.* chiuso dentro.
rincórrere *v.tr.* [coniugato come *correre*] inseguire chi si allontana ♦ **-rsi** *v.rifl.rec.* inseguirsi l'un l'altro.
rincórsa *s.f.* breve corsa per acquistare slancio.
rincréscere *v.intr.* [coniugato come *crescere*; aus. *essere*] arrecare dispiacere, noia.
rincresciménto *s.m.* il rincrescere; dispiacere.
rinfacciàre *v.tr.* [*io rinfàccio ecc.*] gettare in faccia a qlcu. parole di rimprovero.
rinforzàre *v.tr.* [*io rinfòrzo ecc.*] rendere più forte (anche *fig.*) ♦ *v.intr.* [aus. *essere*], **rinforzarsi** *v.intr.pron.* rinvigorirsi.
rinfòrzo *s.m.* il rinforzare; ciò che serve a rinforzare: *essere di* —, di sostegno, di aiuto.
rinfrancàre *v.tr.* [*io rinfranco, tu rinfranchi ecc.*] ridare coraggio ♦ **-rsi** *v.intr.pron.* riprendere sicurezza.
rinfrescàre *v.tr.* [*io rinfrésco, tu rinfréschi ecc.*] **1** rendere fresco **2** restaurare ♦ *v.intr.* [aus. *essere*] diventare fresco ♦ **-rsi** *v.rifl.* ristorarsi.
rinfrésco *s.m.* [pl. *-schi*] ricevimento in occasione di nozze, cerimonie ecc. durante il quale si offrono cibi leggeri e bevande.
rinfùsa *s.f.* nella loc. *alla* —, confusamente, senz'ordine.
ring *s.m.invar.* (*ingl.*) palco quadrato cinto da corde, sul quale si disputano gli incontri di pugilato e di lotta.
ringhiàre *v.intr.* [*io rìnghio ecc.*] emettere un verso minaccioso: *i cani ringhiano*.
ringhièra *s.f.* parapetto di cui sono forniti balconi, ballatoi, scale, terrazze ecc.
ringhióso *agg.* che ringhia □ **-mente** *avv.*
ringiovanìre *v.tr.* [*io ringiovanisco, tu ringiovanisci ecc.*] far riprendere aspetto e vigore giovanili ♦ *v.intr.* [aus. *essere*] ritornare giovane; apparire più giovane.
ringiovanìto *agg.* ridiventato di aspetto giovane.
ringraziaménto *s.m.* il ringraziare.
ringraziàre *v.tr.* [*io ringràzio ecc.*] esprimere gratitudine.
rinìte *s.f.* (*med.*) infiammazione delle cavità nasali, di natura infettiva o allergica.
rino- primo elemento di parole composte che significa 'naso'.
rinnegàre *v.tr.* [*io rinnégo o rinnègo, tu rinnéghi o rinnèghi ecc.*] sconfessare una fede, un'idea | ripudiare una persona.
rinnegàto *agg.* e *s.m.* [f. *-a*] che/chi ha tradito la propria patria, la propria fede.
rinnovaménto *s.m.* il rinnovare, il rinnovarsi, l'essere rinnovato.
rinnovàre *v.tr.* [*io rinnòvo ecc.*] **1** far di nuovo **2** rimettere a nuovo ♦ **-rsi** *v.intr.pron.* **1** diventare nuovo **2** accadere nuovamente, ripetersi.
rinocerónte *s.m.* grosso mammifero erbivoro fornito di uno o due corni sul naso.
rinofarìnge *s.f.* (*anat.*) la parte superiore della faringe.
rinologìa *s.f.* (*med.*) studio del naso e delle sue affezioni.
rinomàto *agg.* famoso, celebre.
rinsaldàre *v.tr.* rendere più saldo ♦ **-rsi** *v.rifl.* consolidarsi, confermarsi.
rinsavìre *v.intr.* [*io rinsavisco, tu rinsavisci ecc.*; aus. *essere*] mettere giudizio.
rinsecchìre *v.intr.* [*io rinsecchisco, tu rinsecchisci ecc.*; aus. *essere*] ♦ **-rsi** *v.intr.pron.* diventare secco.
rintanàrsi *v.intr.pron.* **1** rientrare nella tana **2** (*fig.*) nascondersi.
rintócco *s.m.* [pl. *-chi*] ciascuno dei suoni staccati e ripetuti di una campana.
rintontìto *agg.* e *s.m.* [f. *-a*] stordito.
rintracciàre *v.tr.* [*io rintràccio ecc.*] trovare dopo lunga ricerca.
rintronàto *agg.* (*fam.*) stordito per il rumore o per la stanchezza.
rinùncia *s.f.* [pl. *-ce*] **1** il rinunciare; il documento con cui si rinuncia **2** sacrificio; privazione.
rinunciàre *v.intr.* [*io rinùncio ecc.*; aus. *avere*] rifiutare, rinunciare a qlco. che è propria, che spetterebbe o che si potrebbe fare.
rinunciatàrio *agg.* incline alla rinuncia.
rinvasàre *v.tr.* trasferire una pianta da un vaso a un altro più grande.
rinveniménto *s.m.* il rinvenire, l'essere rinvenuto; scoperta.
rinvenìre[1] *v.tr.* [coniugato come *venire*] ritrovare, scoprire.
rinvenìre[2] *v.intr.* [coniugato come *venire*; aus. *essere*] **1** riprendere i sensi **2** recuperare la freschezza.
rinviàre *v.tr.* [*io rinvìo ecc.*] **1** mandare indietro **2** rimandare ad altro tempo.
rinvigoriménto *s.m.* il rinvigorire, il rinvigorirsi.
rinvigorìre *v.tr.* [*io rinvigorisco, tu rinvigorisci ecc.*] rinforzare ♦ **-rsi** *v. intr.pron.* riacquistare vigore.
rinvìo *s.m.* **1** il rinviare, l'essere rinviato **2** in uno scritto, rimando ad altro luogo **3** proroga.
rióne *s.m.* quartiere cittadino.

riordinaménto *s.m.* nuovo assetto.
riordinàre *v.tr.* [io riórdino ecc.] **1** rimettere in ordine **2** riorganizzare.
riottóso *agg.* (*lett.*) litigioso | (*estens.*) indocile □ **-mente** *avv.*
ripagàre *v.tr.* [io ripago, tu ripaghi ecc.] **1** pagare di nuovo **2** risarcire **3** (*fig.*) ricompensare.
riparàre[1] *v.tr.* **1** dar riparo **2** porre riparo **3** aggiustare ♦ *v.intr.* [aus. avere] provvedere ♦ **-rsi** *v.rifl.* mettersi al riparo.
riparàre[2] *v.intr.* [aus. essere] rifugiarsi.
riparàto *agg.* che è al riparo □ **-mente** *avv.*
riparazióne *s.f.* **1** il riparare, l'essere riparato; risarcimento **2** aggiustatura.
ripàro *s.m.* **1** il riparare, il ripararsi; difesa **2** rimedio.
ripartìre[1] *v.intr.* [io riparto ecc.; aus. essere] partire di nuovo.
ripartìre[2] *v.tr.* [io ripartisco, tu ripartisci ecc.] dividere in parti.
ripartizióne *s.f.* il ripartire, l'essere ripartito; partizione, suddivisione.
ripassàre *v.tr.* **1** passare di nuovo **2** — *la lezione*, ripeterla per controllare quanto si conosce ♦ *v.intr.* [aus. essere] ritornare.
ripensaménto *s.m.* mutamento di proposito, di opinione.
ripercuòtersi *v.intr.pron.* **1** tornare indietro **2** (*fig.*) causare un effetto, un contraccolpo.
ripetènte *agg.* e *s.m.* e *f.* si dice di un alunno che ripete l'anno scolastico.
ripètere *v.tr.* [io ripèto ecc.] **1** eseguire di nuovo | — *l'anno*, nel linguaggio scolastico, frequentare di nuovo la stessa classe **2** dire di nuovo ♦ **-rsi** *v.rifl.* replicare spesso i propri atteggiamenti ♦ *v.intr.pron.* avvenire più volte.
ripetitìvo *agg.* che si ripete molto, sempre uguale □ **-mente** *avv.*
ripetizióne *s.f.* **1** il ripetere **2** lezione privata **3** frase, parola o concetto che si ripetono.
ripianàre *v.tr.* (*econ.*) pareggiare.
ripìcca *s.f.* [pl. -che] dispetto.
rìpido *agg.* che ha molta pendenza □ **-mente** *avv.*
ripiegàre *v.tr.* [io ripiègo, tu ripièghi ecc.] piegare di nuovo ♦ *v.intr.* [aus. avere] (*mil.*) ritirarsi | (*fig.*) deviare da un proposito accontentandosi di un ripiego ♦ **-rsi** *v.rifl.* isolarsi ♦ *v. intr.pron.* flettersi.
ripiègo *s.m.* [pl. -ghi] espediente, via d'uscita; mezzo ingegnoso per cavarsela.
ripièno *agg.* **1** colmo **2** farcito ♦ *s.m.* (*gastr.*) l'insieme degli ingredienti che farciscono qlco.
ripórre *v.tr.* [coniugato come porre] **1** mettere qlco. dov'era prima o nel posto che le è proprio **2** (*fig.*) collocare.
riportàre *v.tr.* [io ripòrto ecc.] **1** portare di nuovo **2** ricondurre, portare indietro **3** ripetere cose dette o scritte da altri **4** (*fig.*) conseguire, subire ♦ **-rsi** *v.intr.pron.* riferirsi, richiamarsi.
ripòrto *s.m.* (*mat.*) nell'addizione, la cifra delle decine o delle centinaia, delle migliaia ecc., che si aggiunge alla colonna delle cifre ancora da sommare.
riposare *v.intr.* [io ripòso ecc.; aus. avere] **1** interrompere la fatica, prendendo un riposo **2** (*estens.*) dormire | (*eufem.*) essere morto ♦ *v.tr.* far riposare ♦ **-rsi** *v.rifl.* prendere riposo.
riposàto *agg.* ristorato dal riposo.
ripòso *s.m.* **1** il riposare, il riposarsi; cessazione dell'attività **2** (*estens.*) sonno | *il — eterno*, (*eufem.*) la morte.
ripostìglio *s.m.* piccolo ambiente per riporvi cose varie.
riprèndere *v.tr.* [coniugato come prendere] **1** prendere di nuovo: — *le vecchie abitudini* **2** prendere indietro **3** (*fig.*) riacquistare, ricuperare **4** ricominciare **5** ammonire, rimproverare **6** riprodurre in immagini fotografiche o cinematografiche ♦ *v.intr.* [aus. avere] **1** ricominciare **2** (*fig.*) rinvigorire ♦ **-rsi** *v.intr.pron.* riacquistare vigore fisico o morale.
riprésa *s.f.* **1** il ricominciare **2** (*sport*) la seconda parte di una partita di calcio | ogni frazione in cui è diviso un incontro di pugilato **3** (*cine.*) il riprendere con la macchina da presa; la scena ripresa **4** fase del ciclo economico che segue la recessione e precede una nuova fase di espansione.
ripristinàre *v.tr.* [io riprìstino ecc.] rimettere nelle condizioni originarie | (*fig.*) ristabilire.
riprìstino *s.m.* il ripristinare, l'essere ripristinato.
riprodùrre *v.tr.* [coniugato come produrre] **1** produrre di nuovo **2** fare una o più copie di un originale ♦ **-rsi** *v.rifl.* o *intr.pron.* **1** dare vita a organismi della stessa specie **2** (*fig.*) riaccadere, ripetersi.
riproduzióne *s.f.* il riprodurre, il riprodursi, l'essere riprodotto; la copia riprodotta.
ripromèttersi *v.intr.pron.* prefiggersi.
ripròva *s.f.* nuova prova; conferma.
riprovàre *v.tr.* [io ripròvo ecc.] provare di nuovo.
riprovazióne *s.f.* il disapprovare, il biasimare; condanna.
ripudiàre *v.tr.* [io ripùdio ecc.] **1** disconoscere come propria una cosa che ci appartenga **2** (*estens.*) rinnegare.
ripugnànte *agg.* repellente.

ripugnànza *s.f.* intenso disgusto, ribrezzo.
ripugnàre *v.intr.* [aus. *avere*] suscitare avversione o disgusto.
riquàdro *s.m.* parte di forma quadrangolare in cui è divisa una superficie.
risàcca *s.f.* il rifluire dell'onda verso il mare dopo che si è franta sulla riva.
risàia *s.f.* terreno coltivato a riso.
risalìre *v.tr.* [coniugato come *salire*] salire di nuovo | — *un fiume*, navigare contro corrente ♦ *v.intr.* [aus. *essere*] **1** salire di nuovo **2** (*fig.*) rincarare **3** (*fig.*) ritornare col pensiero o un'indagine a fatti lontani **4** essere avvenuto un certo tempo prima.
risalìta *s.f.* azione del risalire | *impianti di* —, nelle stazioni sciistiche, quelli che riportano lo sciatore all'inizio della pista.
risaltàre *v.intr.* [aus. *avere*] spiccare | (*fig.*) distinguersi, emergere (di persona).
risanaménto *s.m.* il risanare, il risanarsi, l'essere risanato.
risanàre *v.tr.* **1** rendere nuovamente sano **2** rendere salubre | — *un'impresa*, riportarla in attivo ♦ *v.intr.* [aus. *essere*] ♦ **-rsi** *v.intr.pron.* ritornare sano; guarire.
risapére *v.tr.* [*io risò, tu risai, egli risà ecc.*; coniugato come *sapere*] venire a sapere.
risapùto *agg.* noto a tutti.
risarciménto *s.m.* il risarcire, l'essere risarcito; la somma con cui si risarcisce.
risarcìre *v.tr.* [*io risarcisco, tu risarcisci ecc.*] compensare un danno; rifondere.
risàta *s.f.* il ridere in modo sonoro e prolungato.
riscaldaménto *s.m.* impianto che serve a riscaldare.
riscaldàre *v.tr.* **1** scaldare ciò che si era raffreddato **2** rendere caldo **3** (*fig.*) eccitare ♦ *v.intr.* [aus. *essere*] **1** produrre, apportare caldo **2** (*tecn.*) surriscaldare ♦ **-rsi** *v.rifl.* riacquistare calore ♦ *v.intr.pron.* **1** divenire caldo **2** (*fig.*) infiammarsi, eccitarsi.
riscattàre *v.tr.* **1** riacquistare, con denaro o beni, quanto è caduto in mano di altri **2** (*fig.*) liberare; redimere ♦ **-rsi** *v.rifl.* liberarsi, redimersi.
riscàtto *s.m.* **1** il riscattare, il riscattarsi, l'essere riscattato **2** prezzo richiesto per riscattare.
rischiaràre *v.tr.* rendere chiaro (anche *fig.*) ♦ **-rsi** *v.intr.pron.* diventar chiaro.
rischiàre *v.tr.* [*io rìschio ecc.*] **1** mettere a rischio **2** (*estens.*) correre il pericolo di qlco. ♦ *v.intr.impers.* [aus. *avere* o *essere*] esserci pericolo, rischio: *rischia di piovere.*
rìschio *s.m.* possibilità di subire un danno.
rischióso *agg.* pericoloso ☐ **-mente** *avv.*
risciacquàre *v.tr.* [*io risciàcquo ecc.*] sciacquare accuratamente.
risciàcquo *s.m.* l'operazione del risciacquare.
riscontràre *v.tr.* [*io riscóntro ecc.*] **1** controllare l'esattezza **2** rilevare.
riscóntro *s.m.* **1** il riscontrare, l'essere riscontrato **2** (*comm.*) lettera di risposta; ricevuta.
riscòssa *s.f.* riconquista di luoghi o cose conquistati dal nemico; riconquista dei propri diritti.
riscossióne *s.f.* il riscuotere del denaro.
riscuòtere *v.tr.* [coniugato come *scuotere*] **1** scuotere di nuovo **2** ricevere denaro **3** (*fig.*) ottenere ♦ **-rsi** *v.intr.pron.* tornare in sé, riaversi.
risentiménto *s.m.* **1** il risentirsi; irritazione, sdegno **2** (*med.*) sensazione di dolore in conseguenza di un trauma o di una malattia in corso.
risentìre *v.tr.* [*io risènto ecc.*] **1** sentire di nuovo **2** provare le conseguenze di qlco. ♦ *v.intr.* [aus. *avere*] avvertire le conseguenze di qlco. ♦ **-rsi** *v.rifl.rec.* sentirsi di nuovo, detto di chi parla al telefono ♦ *v.intr.pron.* offendersi.
risentìto *agg.* pieno di risentimento, irritato ☐ **-mente** *avv.*
risèrbo *s.m.* discrezione nei propri sentimenti, nell'esprimere le proprie opinioni.
risèrva *s.f.* **1** il riservare o l'essere riservato | — *di caccia*, diritto esclusivo di cacciare in un luogo; il luogo dove si esercita tale diritto **2** il mettere in serbo qlco. per il futuro **3** restrizione, limitazione | — *mentale*, restrizione con cui si limita, tra sé e sé, quanto si è pubblicamente affermato.
riservàre *v.tr.* [*io risèrvo ecc.*] **1** destinare | prenotare **2** tenere in serbo **3** rimandare.
riservatézza *s.f.* discrezione.
riservàto *agg.* **1** che ha riserbo **2** che è destinato a una persona; privato ☐ **-mente** *avv.*
risicàto *agg.* minimo, estremamente ridotto.
risièdere *v.intr.* [*io risièdo ecc.*; aus. *avere*] **1** avere sede **2** (*fig.*) stare.
rìsma *s.f.* **1** unità convenzionale dei fogli di carta da stampa **2** (*spreg.*) genere, qualità.
rìso[1] *s.m.* pianta erbacea annuale con infiorescenze a pannocchia formate da spighette con frutti commestibili.
rìso[2] *s.m.* [pl. *le risa*] il ridere, il modo di ridere.
risòlto *agg.* che è giunto a soluzione.
risolutézza *s.f.* decisione.
risolutìvo *agg.* **1** che è atto a risolvere **2** che determina l'esito, la conclusione.
risolùto *agg.* pronto nell'agire ☐ **-mente** *avv.* con risolutezza, con decisione.

risoluzióne *s.f.* **1** soluzione **2** decisione **3** in fotografia, cinematografia, videografica, il livello di dettaglio della riproduzione, misurato in base al numero di punti impiegati per rappresentarla.
risòlvere *v.tr.* [pres. *io risòlvo ecc.*; pass.rem. *io risolvéi* o *risolvètti* o *risòlsi*, *tu risolvésti ecc.*; part.pass. *risòlto*] **1** trovare la soluzione **2** decidere **3** (*dir.*) sciogliere ♦ **-rsi** *v.intr. pron.* **1** concludersi | detto di una malattia, guarire **2** prendere una decisione.
risonànza *s.f.* **1** (*fis.*) amplificazione del suono per effetto delle vibrazioni che si determinano in un corpo quando è investito da onde sonore di frequenza costante **2** (*fig.*) interesse suscitato.
risórgere *v.intr.* [coniugato come *sorgere*; aus. *essere*] **1** sorgere **2** tornare in vita **3** (*fig.*) rifiorire.
Risorgiménto *s.m.* il periodo della storia italiana dai primi dell'800 fino al 1870, in cui l'Italia conquistò l'indipendenza e l'unità.
risórsa *s.f.* mezzo con cui si provvede a fronteggiare un bisogno, una necessità.
risórto *agg.* risuscitato: *Cristo* —.
risòtto *s.m.* (*gastr.*) riso cotto in brodo e servito asciutto, condito in vario modo.
risparmiàre *v.tr.* [*io rispàrmio ecc.*] **1** limitare le spese **2** fare economia **3** fare a meno di qlco. o di fare qlco. **4** evitare ♦ **-rsi** *v.rifl.* avere riguardo di sé.
risparmiatóre *s.m.* [f. *-trice*] chi risparmia.
rispàrmio *s.m.* il risparmiare; economia | ciò che si risparmia.
rispecchiàre *v.tr.* [*io rispècchio ecc.*] riflettere un'immagine | (*fig.*) esprimere ♦ **-rsi** *v.rifl.* specchiarsi di nuovo | riflettersi.
rispettàbile *agg.* che è degno di rispetto.
rispettàre *v.tr.* [*io rispètto ecc.*] **1** considerare con rispetto **2** osservare scrupolosamente.
rispettìvo *agg.* che si riferisce a ciascuna delle persone o delle cose che si sono nominate in precedenza □ **-mente** *avv.*
rispètto *s.m.* **1** sentimento di deferenza e di stima **2** riconoscimento dei diritti, del ruolo, del valore di persone o cose; l'atteggiamento che ne deriva **3** osservanza scrupolosa **4** — *a*, riguardo, in relazione a.
rispettóso *agg.* che prova o dimostra rispetto; deferente □ **-mente** *avv.*
risplèndere *v.intr.* [coniugato come *splendere*] brillare.
rispondènte *agg.* conforme, adatto.
rispondènza *s.f.* l'essere rispondente; correlazione, conformità.
rispóndere *v.intr.* [pres. *io rispóndo ecc.*; pass.rem. *io rispósi*, *tu rispondésti ecc.*; part.pass. *rispósto*; aus. *avere*] **1** parlare o scrivere a chi si è rivolto a noi **2** ribattere con arroganza **3** assumersi la responsabilità di qlcu. o qlco. **4** obbedire a uno stimolo ♦ *v.tr.* parlare o scrivere per soddisfare una richiesta.
rispósta *s.f.* **1** il rispondere; le parole, lo scritto con cui si risponde **2** modo di reagire.
rispuntàre *v.intr.* [aus. *essere*] **1** spuntare di nuovo **2** (*fig.*) di persona, ricomparire.
rìssa *s.f.* lite violenta.
rissóso *agg.* incline alle risse □ **-mente** *avv.*
ristabilìre *v.tr.* [*io ristabilisco, tu ristabilisci ecc.*] **1** rendere di nuovo stabile **2** rimettere in buone condizioni fisiche ♦ **-rsi** *v.intr.pron.* rimettersi in salute.
ristagnàre *v.intr.* [aus. *avere*] **1** arrestare il proprio flusso (detto di acque correnti e di liquidi) **2** (*fig.*) subire una forte crisi ♦ **-rsi** *v.intr.pron.* cessare di defluire.
ristàgno *s.m.* il ristagnare (anche *fig.*).
ristàmpa *s.f.* l'opera ristampata.
ristampàre *v.tr.* ripubblicare un'opera già pubblicata.
ristorànte *s.m.* locale pubblico nel quale si servono i pasti.
ristoràre *v.tr.* [*io ristòro ecc.*] dare ristoro; rinvigorire ♦ **-rsi** *v.rifl.* riprendere energia.
ristoratóre *s.m.* gestore di un ristorante.
ristorazióne *s.f.* settore commerciale comprendente tutte le attività connesse con la fornitura di pasti in pubblici esercizi.
ristòro *s.m.* il ristorare, il ristorarsi, l'essere ristorato; sollievo fisico o spirituale.
ristrettézza *s.f.* **1** l'essere ristretto **2** (*fig.*) scarsità.
ristrétto *agg.* **1** racchiuso, stretto **2** limitato **3** scarso **4** concentrato.
ristrutturàre *v.tr.* **1** organizzare secondo nuovi criteri **2** (*edil.*) restaurare.
ristrutturazióne *s.f.* il ristrutturare, l'essere ristrutturato.
risùcchio *s.m.* movimento vorticoso di una massa liquida o gassosa che attrae i corpi e li trascina verso il fondo.
risultàre *v.intr.* [aus. *essere*] **1** derivare come effetto **2** essere accertato | essere evidente **3** dimostrarsi, rivelarsi.
risultàto *s.m.* esito di un processo.
risuscitàre *v.tr.* [*io risùscito ecc.*] far ritornare in vita ♦ *v.intr.* [aus. *essere*] risorgere.
risvegliàre *v.tr.* [*io risvéglio ecc.*] **1** svegliare di nuovo **2** (*fig.*) suscitare ♦ **-rsi** *v.intr.pron.* riscuotersi dall'inerzia.
risvéglio *s.m.* **1** il risvegliarsi dal sonno **2** (*fig.*) il ritornare all'attività dopo un periodo di inerzia.
risvòlto *s.m.* **1** parte di un indumento ri-

piegata all'infuori **2** aspetto secondario di una questione, di un problema.
ritagliàre *v.tr.* [io ritàglio ecc.] tagliare seguendo i contorni di un disegno.
ritàglio *s.m.* ciò che si toglie via ritagliando | — *di tempo*, breve tratto di tempo.
ritardàre *v.intr.* [aus. avere] tardare | (*assol.*) essere in ritardo ♦ *v.tr.* far tardare.
ritardatàrio *s.m.* chi arriva in ritardo.
ritardàto *agg.* differito ♦ *s.m.* [f. -a] (*psicol.*) chi presenta ritardo mentale.
ritàrdo *s.m.* **1** il ritardare, l'essere ritardato: *arrivare in* —, dopo il previsto **2** (*estens.*) indugio.
ritégno *s.m.* giusta misura, riserbo.
ritenére *v.tr.* [coniugato come tenére] **1** trattenere per sé | (*med.*) non eliminare una sostanza dall'organismo **2** pensare.
ritenùta *s.f.* trattenuta.
ritenzióne *s.f.* (*med.*) il non espellere dal corpo ciò che è destinato all'eliminazione.
ritiràre *v.tr.* **1** tirare di nuovo **2** tirare indietro **3** farsi consegnare **4** (*fig.*) ritrattare ♦ **-rsi** *v.rifl.* **1** indietreggiare **2** rientrare in casa **3** interrompere un'attività ♦ *v.intr.pron.* restringersi.
ritiràta *s.f.* **1** ripiegamento di truppe in guerra per evitare lo scontro col nemico **2** (*fig.*) il rinunciare **3** gabinetto.
ritiràto *agg.* solitario, appartato.
ritìro *s.m.* **1** il ritirare | riscossione **2** il ritirarsi in luogo appartato: — *spirituale*, per un periodo di preghiera | (*sport*) periodo di preparazione tecnica e tattica di una squadra **3** il ritirarsi da un'attività.
ritmàto *agg.* che segue un ritmo.
rìtmico *agg.* [pl.m. -ci] **1** che si svolge secondo un ritmo **2** che imprime un ritmo □ **-mente** *avv.*
rìtmo *s.m.* successione regolare, periodica, cadenzata | (*estens.*) andamento.
rìto *s.m.* **1** cerimonia religiosa svolta secondo una norma prescritta **2** liturgia **3** (*estens.*) usanza **4** (*dir.*) procedura.
ritoccàre *v.tr.* [io ritócco, tu ritócchi ecc.] apportare a qlco. una variazione.
ritócco *s.m.* [pl. -chi] leggera variazione.
ritòrcere *v.tr.* [coniugato come torcere] **1** torcere di nuovo **2** (*fig.*) rivolgere quanto viene detto o fatto contro chi ne è stato l'autore: — *un'accusa*.
ritornàre *v.intr.* [io ritórno ecc.] **1** tornare **2** ripresentarsi **3** ridiventare ♦ **-sene** *v.intr.pron.* ritornare, fare ritorno.
ritornèllo *s.m.* (*mus.*) parte di una composizione che viene ripetuta periodicamente.
ritórno *s.m.* **1** il tornare | *girone di* —, (*sport*) in un campionato, la seconda serie di partite, in cui le squadre si incontrano per la seconda volta **2** restituzione.
ritorsióne *s.f.* comportamento vendicativo.
ritòrto *agg.* si dice di filato composto di due o più fili torti e uniti insieme.
ritràrre *v.tr.* [coniugato come trarre] **1** tirare indietro **2** rappresentare ♦ **-rsi** *v.rifl.* **1** tirarsi indietro **2** raffigurare sé stesso.
ritrattare *v.tr.* smentire una propria affermazione precedente.
ritrattazióne *s.f.* **1** il ritrattare, il disdire; la dichiarazione con cui si ritratta qlco. **2** (*dir.*) in un processo, dichiarazione veritiera che smentisce una falsa testimonianza precedentemente resa.
ritràtto *s.m.* immagine fotografica, pittorica o scultoria di una persona | (*estens.*) descrizione.
ritrosìa *s.f.* l'esser ritroso | (*estens.*) scontrosità.
ritróso *agg.* **1** poco socievole | restio **2** nella loc. avv. *a* —, all'indietro.
ritrovàre *v.tr.* [io ritròvo ecc.] **1** trovare qlco. smarrita o nascosta **2** (*fig.*) ricuperare **3** trovare di nuovo ♦ **-rsi** *v.intr.pron.* capitare in un luogo, in una situazione, involontariamente o inaspettatamente ♦ *v.rifl.* **1** raccapezzarsi **2** incontrarsi nuovamente.
ritrovàto *s.m.* invenzione, espediente.
ritròvo *s.m.* riunione, convegno.
rìtto *agg.* dritto in piedi.
rituàle *agg.* che segue il rito ♦ *s.m.* l'insieme delle formule e degli atti di un rito □ **-mente** *avv.*
riunióne *s.f.* adunanza, convegno.
riunìre *v.tr.* [io riunisco, tu riunisci ecc.] **1** unire di nuovo **2** radunare ♦ **-rsi** *v.rifl.* **1** radunarsi **2** tornare a unirsi.
riuscìre *v.intr.* [coniugato come uscire; aus. essere] **1** (*fig.*) avere un certo esito | (*assol.*) avere buon esito **2** realizzare i propri intenti | essere capace.
riuscìta *s.f.* il riuscire, l'essere riuscito | (*assol.*) buona riuscita.
rìva *s.f.* striscia di terra bagnata dalle acque del mare, di un lago o di un fiume.
rivàle *agg.* e *s.m.* e *f.* che/chi compete con altri; concorrente.
rivaleggiàre *v.intr.* [io rivaléggio ecc.; aus. avere] competere con altri.
rivalérsi *v.intr.pron.* [coniugato come valere] **1** servirsi di nuovo **2** rifarsi, vendicarsi.
rivalità *s.f.* l'essere rivale; sentimento reciproco di invidia ed emulazione.
rivàlsa *s.f.* rivincita.
rivalutàre *v.tr.* [io rivalùto o rivàluto ecc.] considerare di maggior valore ♦ **-rsi** *v.intr.pron.* valutarsi di nuovo o di più.

rivalutazióne *s.f.* il rivalutare, il rivalutarsi, l'essere rivalutato.
rivangàre *v.tr.* [*io rivango, tu rivanghi ecc.*] riaprire inutili discussioni.
rivedére *v.tr.* [coniugato come *vedere*] **1** vedere di nuovo **2** riprendere in esame ♦ **-rsi** *v.rifl.rec.* incontrarsi di nuovo.
rivedìbile *agg.* **1** che si può o si deve rivedere **2** si dice di militare di leva che deve ripresentarsi per una nuova visita.
rivedùto *agg.* sottoposto a revisione.
rivelàre *v.tr.* [*io rivélo ecc.*] **1** svelare, confidare **2** mostrare ♦ **-rsi** *v.rifl.* mostrarsi.
rivelàto *agg.* (*teol.*) si dice di religione che fa risalire la propria origine a una rivelazione divina.
rivelatóre *agg.* e *s.m.* [f. *-trice*] che/chi rivela.
rivelazióne *s.f.* **1** il rivelare, il rivelarsi, l'essere rivelato **2** persona o cosa che si rivela in modo inaspettato **3** (*teol.*) l'atto con cui Dio manifesta sé stesso all'uomo.
rivendicàre *v.tr.* [*io rivéndico, tu rivéndichi ecc.*] **1** riaffermare un diritto, esigere il suo riconoscimento **2** (*estens.*) chiedere perentoriamente **3** dichiararsi autore.
rivendicazióne *s.f.* il rivendicare, l'essere rivendicato.
rivéndita *s.f.* spaccio in cui si vendono merci al minuto.
riverberàre *v.tr.* [*io rivèrbero ecc.*] riflettere ♦ **-rsi** *v.intr.pron.* riflettersi.
rivèrbero *s.m.* il riverberare, il riverberarsi; luce, calore o suono che si riverbera.
riverènte *agg.* che mostra riverenza.
riverènza *s.f.* **1** sentimento di profondo rispetto **2** inchino in segno di deferenza.
riverìre *v.tr.* [*io riverisco, tu riverisci ecc.*] rispettare.
riversàre *v.tr.* [*io rivèrso ecc.*] spargere | (*fig.*) far ricadere ♦ **-rsi** *v.intr.pron.* traboccare, spargersi | (*estens.*) irrompere.
rivèrso *agg.* rovesciato all'indietro.
rivestiménto *s.m.* il rivestire, il rivestirsi, l'essere rivestito | il materiale per rivestire.
rivestìre *v.tr.* [*io rivèsto ecc.*] ricoprire ♦ **-rsi** *v.rifl.* vestirsi di nuovo; ricoprirsi.
rivièra *s.f.* tratto costiero.
rivìncita *s.f.* nei giochi e negli sport, la partita concessa dal vincente all'avversario.
rivìsta *s.f.* **1** (*mil.*) controllo dell'assetto dei soldati | sfilata di truppe davanti alle autorità **2** pubblicazione periodica | rotocalco **3** spettacolo di varietà.
rivìvere *v.intr.* [coniugato come *vivere*; aus. *essere*] **1** tornare a vivere **2** (*fig.*) riprendere le forze **3** (*fig.*) perpetuarsi ♦ *v.tr.* vivere di nuovo.
rivòlgere *v.tr.* [coniugato come *volgere*] dirigere, indirizzare ♦ **-rsi** *v.rifl.* ricorrere.
rivolgiménto *s.m.* mutamento di un ordine costituito; sconvolgimento.
rìvolo *s.m.* ruscello.
rivòlta *s.f.* ribellione, sommossa.
rivoltànte *agg.* che ripugna al gusto o alla coscienza.
rivoltàre *v.tr.* [*io rivòlto ecc.*] **1** voltare di nuovo **2** nauseare ♦ **-rsi** *v.rifl.* volgersi all'indietro, da un'altra parte ♦ *v.intr. pron.* ribellarsi.
rivoltèlla *s.f.* pistola.
rivòlto *agg.* volto, girato.
rivoltóso *agg.* e *s.m.* che/chi promuove o partecipa a una rivolta.
rivoluzionàre *v.tr.* [*io rivoluzióno ecc.*] mettere sottosopra.
rivoluzionàrio *agg.* di una rivoluzione ♦ *s.m.* [f. *-a*] fautore di una rivoluzione.
rivoluzióne *s.f.* **1** rivolgimento violento dell'ordine politico-sociale vigente **2** (*estens.*) trasformazione rapida e radicale **3** (*fig.*) scompiglio **4** (*astr.*) l'orbita ellittica compiuta da un corpo celeste intorno a un altro.
rizòma *s.m.* [pl. *-mi*] (*bot.*) fusto allungato di piante erbacee, strisciante sul terreno o sotterraneo.
rizzàre *v.tr.* mettere ritto ♦ **-rsi** *v.rifl.* levarsi in piedi ♦ *v. intr.pron.* innalzarsi.
roaming *s.m.invar.* (*econ.*) accordo di gestione tra società che forniscono servizi di telefonia mobile cellulare perché gli utenti di ognuna possano utilizzare le reti delle altre.
ròba *s.f.* **1** termine generico per indicare qualsiasi oggetto o insieme di oggetti | — *da matti*, (*fam.*) si dice di cosa fuori del comune, incredibile **2** l'insieme dei possedimenti, dei beni, degli effetti personali.
ròbot *s.m.invar.* macchina in grado di svolgere alcune funzioni o attività che sono tipiche dell'uomo.
robòtica *s.f.* la teoria e la tecnica della costruzione dei robot.
robustézza *s.f.* l'essere robusto.
robùsto *agg.* che ha forza e resistenza □ **-mente** *avv.*
rocambolésco *agg.* [pl.m. *-schi*] si dice di azione difficile e rischiosa □ **-mente** *avv.*
ròcca *s.f.* fortezza costruita in luoghi elevati a scopo di difesa.
roccafòrte *s.f.* [pl. *roccheforti* o *roccaforti*] fortezza.
rocchétto *s.m.* piccolo cilindro di legno su cui è avvolto il filo per cucire.
ròccia *s.f.* [pl. *-ce*] (*geol.*) aggregato minerale che rappresenta il principale elemento costitutivo della crosta terrestre.
rocciatóre *s.m.* [f. *-trice*] scalatore che pratica l'alpinismo su roccia.

rock *s.m.invar.* (*ingl.*) genere musicale | usato anche come *agg.invar.*: *cantante —*.

rodàggio *s.m.* (*mecc.*) periodo iniziale di funzionamento dei motori a combustione interna.

rodàre *v.tr.* [*io ròdo ecc.*] **1** sottoporre a rodaggio un motore **2** (*fig.*) adattare a un nuovo uso, a un nuovo ambiente.

ródere *v.tr.* [pres. *io ródo ecc.*; pass.rem. *io rósi, tu rodésti ecc.*; part.pass. *róso*] rosicchiare ♦ **-rsi** *v.rifl.* struggersi.

rodiménto *s.m.* il rodere o il rodersi.

ròdio *s.m.* elemento chimico di simbolo *Rh*; è un metallo raro più duro del platino.

roditóri *s.m.pl.* (*zool.*) ordine di mammiferi caratterizzati da forti denti incisivi a crescita continua, atti a rodere.

rododèndro *s.m.* pianta arbustacea con fiori rossi o rosei, comune sulle Alpi.

rogàre *v.tr.* [*io rògo, tu ròghi ecc.*] (*dir.*) stendere un atto (da parte di un notaio).

rogatòria *s.f.* (*dir.*) richiesta di un giudice a un altro giudice di compiere atti processuali per i quali egli non è competente.

rògito *s.m.* (*dir.*) atto notarile.

rógna *s.f.* **1** (*med.*) malattia della pelle provocata da parassiti; scabbia **2** (*fig.*) cosa o persona che dà molto fastidio.

rognóso *agg.* **1** malato di rogna **2** (*fig.*) si dice di persona fastidiosa; di lavoro, che comporta fastidi □ **-mente** *avv.*

** rògo** *s.m.* [pl. *-ghi*] **1** catasta di legna su cui si bruciavano i cadaveri o i condannati a morte **2** violento incendio.

rollare *v.intr.* [*io ròllo ecc.*; aus. *avere*] detto di nave o di aereo, oscillare nel rollio.

rollerblade® *s.m.invar.* (*ingl.*) tipo di pattini con le rotelle allineate, non accoppiate come nei pattini normali.

rollìo *s.m.* movimento di oscillazione attorno al proprio asse longitudinale, cui sono soggetti navi e aerei.

ROM *agg.* e *s.f.invar.* (*ingl.*) (*inform.*) si dice di memoria a sola lettura.

romànico *agg.* e *s.m.* [pl.m. *-ci*] termine che definisce l'architettura e la scultura dell'Europa occidentale dalla fine del sec. X all'inizio del XIII.

romanticìsmo *s.m.* **1** *Romanticismo*, movimento culturale sorto in Germania alla fine del sec. XVIII; si contrapponeva all'illuminismo e al classicismo, esaltando la creazione individuale, il sentimento e le forze istintive della vita **2** (*estens.*) sentimentalismo.

romàntico *agg.* [pl.m. *-ci*] **1** che è proprio dei romantici, del Romanticismo **2** incline al sentimentalismo **3** che ispira sentimenti malinconici o effusioni amorose ♦ *s.m.* [f. *-a*] **1** esponente del Romanticismo **2** persona incline al sentimentalismo, alla malinconia; sognatore | *fare il —*, (*scherz.*) assumere toni affettatamente sentimentali □ **-mente** *avv.* **1** al modo dei romantici **2** con romanticismo, sentimentalmente.

romànza *s.f.* (*mus.*) composizione per canto e accompagnamento strumentale, di carattere lirico.

romanzàto *agg.* si dice di opera che presenti qualcuno dei caratteri tipici del romanzo.

romanzésco *agg.* [pl.m. *-schi*] **1** che riguarda i romanzi **2** (*fig.*) si dice di fatto o situazione reale talmente eccezionali o avventurosi che sembrano tratti da un romanzo □ **-mente** *avv.*

romanzière *s.m.* [f. *-a*] scrittore di romanzi.

romànzo[1] *agg.* che si riferisce alle lingue derivate dal latino o a una di esse.

romànzo[2] *s.m.* componimento narrativo in prosa.

rombàre *v.intr.* [*io rómbo ecc.*; aus. *avere*] produrre un rumore che rintrona a lungo.

rómbo[1] *s.m.* rumore cupo e forte.

rómbo[2] *s.m.* (*geom.*) parallelogramma che ha i quattro lati uguali; losanga.

rómbo[3] *s.m.* (*zool.*) nome comune di alcuni pesci marini teleostei commestibili.

rómpere *v.tr.* [pres. *io rómpo ecc.*; pass.rem. *io ruppi, tu rompésti ecc.*; part.pass. *rótto*] **1** fare a pezzi; spaccare | *— gli indugi*, (*fig.*) passare all'azione | *— il ghiaccio*, (*fig.*) in un rapporto interpersonale, vincere il disagio iniziale | *— i ponti*, (*fig.*) troncare ogni rapporto **2** interrompere **3** violare ♦ *v.intr.* [aus. *avere*] **1** interrompere i rapporti con qlcu. **2** seccare ♦ **-rsi** *v. intr.pron.* andare in pezzi.

rompicàpo *s.m.* [pl. *-pi*] questione, problema che non si riesce a risolvere.

rompighiàccio *s.m.invar.* nave attrezzata per aprirsi la rotta in mari o laghi ghiacciati.

rompiscàtole *agg.* e *s.m.* e *f.invar.* (*fam.*) si dice di persona molesta e importuna.

rónda *s.f.* servizio di vigilanza.

róndine *s.f.* uccello migratore.

rondò *s.m.* piazzale con al centro un'aiuola o uno spartitraffico circolare.

röntgen o **roentgen** *s.m.invar.* (*ted.*) (*fis.*) unità di misura della dose di esposizione a una radiazione X o gamma | anche come *agg.invar.*: *raggi —*, raggi X.

ronzàre *v.intr.* [*io rónzo ecc.*; aus. *avere*] detto di insetti, emettere un rumore vibrante, sordo e prolungato.

ronzìo *s.m.* **1** un ronzare prolungato **2** (*estens.*) brusio.

ròsa *s.f.* **1** (*bot.*) genere di piante arbustive con fiori profumati che variano per dimensioni, forma e colore **2** il fiore di tale genere di piante | *non sono tutte rose e fiori*, (*fig.*) si dice di situazione che, con aspetti positivi, ne presenta anche di negativi **3** (*fig.*) cerchia di persone all'interno della quale si deve scegliere uno o più elementi ♦ *s.m.* colore intermedio fra il bianco e il rosso ♦ *agg.invar.* che è color rosa | *romanzo* —, di argomento sentimentale.

rosàrio *s.m.* pratica devozionale mariana, consistente nella recita di una serie di Pater, Ave e Gloria accompagnata dalla meditazione dei misteri della vita di Gesù e della Madonna | *la corona del* —, catenella con grani per tenere il conto delle preghiere del rosario.

rosétta *s.f.* forma di taglio dei diamanti.

rosicchiàre *v.tr.* [io rosicchio ecc.] rodere di continuo.

rosmarìno *s.m.* pianta arbustacea con piccole foglie lineari fortemente aromatiche.

rosolìa *s.f.* (*med.*) malattia infettiva molto contagiosa, propria dell'infanzia.

rosòlio *s.m.* liquore molto zuccherato.

rosóne *s.m.* (*arch.*) nelle chiese romaniche e gotiche, grande finestra circolare.

ròspo *s.m.* nome comune di alcune specie di piccoli anfibi dal corpo tozzo | *fuori il —!*, (*fig.*) si dice per invitare una persona a dire qlco. che vorrebbe tacere.

rossétto *s.m.* matita o bastoncino usati per ravvivare il colore delle labbra.

rósso *agg.* uno dei sette colori dell'iride; è il colore del sangue | *locale a luci rosse*, che proietta film pornografici ♦ *s.m.* **1** il colore rosso **2** (*fam.*) il tuorlo dell'uovo **3** (*pop.*) aderente a un partito di sinistra **4** nei semafori, luce che impone di fermarsi **5** (*comm.*) posizione di debito in un conto.

rossóre *s.m.* arrossamento del viso.

rosticcerìa *s.f.* locale in cui si preparano e si vendono vivande calde.

ròstro *s.m.* **1** (*zool.*) becco ricurvo degli uccelli rapaci **2** sprone di bronzo o di ferro che armava la prua delle navi antiche.

rotàbile *agg.* e *s.f.* si dice di strada che si può percorrere con veicoli a ruote.

rotàia *s.f.* ciascuna delle due guide d'acciaio su cui si muovono treni, tram e sim.

rotatìva *s.f.* (*tip.*) macchina per la stampa.

rotatòrio *agg.* si dice del moto di un corpo celeste intorno a un asse o di un corpo intorno a un punto fisso.

rotazióne *s.f.* **1** (*astr.*) movimento di un corpo celeste intorno al suo asse **2** (*fig.*) avvicendamento.

roteàre *v.tr.* [io ròteo ecc.] volgere intorno con rapidità ♦ *v.intr.* [aus. avere] volare in cerchio.

rotocàlco *s.m.* [pl. -chi] periodico.

rotolàre *v.tr.* [io ròtolo ecc.] spingere in avanti un corpo tondeggiante ♦ *v.intr.* [aus. essere] avanzare girando su sé stesso ♦ **-rsi** *v.rifl.* girare su sé stesso stando disteso.

ròtolo *s.m.* **1** involto di forma cilindrica **2** *andare a rotoli*, (*fam.*) in rovina, in malora.

rotónda *s.f.* edificio di forma circolare.

rotóndo *agg.* che ha forma circolare, sferica ♦ *s.m.* ciò che ha forma rotonda.

rotóre *s.m.* parte rotante di una macchina elettrica.

rótta[1] *s.f.* **1** sconfitta **2** *a — di collo*, (*fam.*) a precipizio, di gran fretta.

rótta[2] *s.f.* percorso lungo il quale procede una nave o un aeromobile.

rottamàre *v.tr.* smontare una macchina per recuperarne i materiali.

rottàme *s.m.* **1** cosa rotta e inutilizzabile **2** (*fig.*) si dice di persona moralmente o fisicamente distrutta.

rótto *agg.* **1** ridotto in pezzi | (*fig.*) stanco **2** si dice di persona che ha resistenza o ha fatto l'abitudine a qlco. ♦ *s.m. pl.* quantità imprecisata che si aggiunge a un numero determinato: *un milione e rotti*.

rottùra *s.f.* **1** il rompere, il rompersi, l'essere rotto | (*fig. fam.*) seccatura **2** frattura **3** brusca cessazione di rapporti.

ròtula *s.f.* (*anat.*) osso del ginocchio.

roulette *s.f.invar.* (*fr.*) gioco d'azzardo.

roulotte *s.f.invar.* (*fr.*) rimorchio trainato da un'autovettura, attrezzato per servire da abitazione.

round *s.m.invar.* (*ingl.*) (*sport*) ciascuna delle parti in cui si divide un incontro di pugilato; ripresa.

router *s.m.invar.* componente hardware che connette due o più reti con il compito di distribuire il flusso dei dati agli indirizzi specificati.

routine *s.f.invar.* (*fr.*) ritmo monotono e ripetitivo di vita o di lavoro.

rovènte *agg.* caldissimo (anche *fig.*).

róvere *s.m.* [anche f.] varietà di quercia.

rovesciàre *v.tr.* [io rovèscio ecc.] **1** capovolgere **2** far cadere ciò che stava in piedi **3** versare ♦ **-rsi** *v.intr.pron.* **1** capovolgersi **2** cadere giù | detto di un liquido o un materiale incoerente, versarsi **3** (*fig.*) affluire.

rovèscio *agg.* [pl.f. -sce] voltato in modo contrario al normale | *alla rovescia*, in modo inverso ♦ *s.m.* **1** dissesto **2** la parte opposta a quella diritta **3** nel tennis, colpo vibrato con la faccia esterna della racchetta **4** un cadere violento e improvviso: — *di pioggia*.

rovéto *s.m.* insieme di rovi.

rovìna *s.f.* **1** distruzione **2** *pl.* i resti di ciò che è crollato; ruderi **3** (*fig.*) sfacelo.

rovinàre *v.tr.* **1** recare rovina **2** (*fig.*) mandare in miseria ♦ *v.intr.* [aus. *essere*] crollare ♦ **-rsi** *v.rifl.* o *intr.pron.* guastarsi, sciuparsi.
rovinàto *agg.* **1** che è andato in rovina **2** che ha perso ogni avere.
rovinóso *agg.* **1** che produce rovina **2** impetuoso □ **-mente** *avv.*
rovistàre *v.tr.* frugare.
róvo *s.m.* (*bot.*) genere di piante erbacee o arbustacee con fusto spinoso e frutto costituito da un insieme di minuscole drupe.
royalties *s.f.pl.* (*ingl.*) (*dir.*) compenso pagato al proprietario di risorse naturali o all'autore di un'opera dell'ingegno per il diritto di sfruttamento commerciale.
rozzézza *s.f.* l'essere rozzo.
rózzo *agg.* **1** si dice di cosa ancora ruvida, non ben levigata o rifinita **2** (*fig.*) non raffinato □ **-mente** *avv.*
rubàre *v.tr.* **1** appropriarsi in modo illecito di beni altrui **2** (*fig.*) sottrarre.
rubinétto *s.m.* dispositivo che regola il flusso di un liquido o di un gas.
rubìno *s.m.* pietra preziosa di colore rosso vivo trasparente.
rùblo *s.m.* unità monetaria russa.
rubrìca *s.f.* **1** quaderno con margini a scaletta contrassegnati dalle lettere dell'alfabeto, sul quale si scrivono indirizzi **2** parte di un giornale o di una trasmissione radiotelevisiva riservata a un argomento.
rùde *agg.* (*lett.*) **1** duro, faticoso **2** scortese, brusco □ **-mente** *avv.*
rùdere *s.m.* (spec. *pl.*) avanzo, rovina.
rudimentàle *agg.* **1** elementare **2** appena abbozzato □ **-mente** *avv.*
rudiménto *s.m.* (spec. *pl.*) **1** primo ammaestramento in una disciplina **2** ciò che è appena abbozzato.
ruffiàno *s.m.* [f. *-a*] persona che ricorre all'adulazione e al servilismo per ottenere il favore altrui.
rùga *s.f.* grinza che si forma sulla pelle.
rugby *s.m.invar.* (*ingl.*) (*sport*) gioco che si svolge tra due squadre di quindici giocatori; lo scopo è di portare la palla con le mani oltre la meta o calciarla nella porta avversaria.
rùggine *s.f.* **1** sostanza di colore brunorossastro, che si forma per ossidazione sulla superficie del ferro | usato anche come *agg.* del colore della ruggine **2** (*fig.*) rancore.
ruggìre *v.intr.* [*io ruggisco, tu ruggisci ecc.*; aus. *avere*] emettere ruggiti.
ruggìto *s.m.* il verso sonoro, profondo e prolungato del leone.
rugiàda *s.f.* insieme di goccioline che si formano per la condensazione del vapore acqueo.
rugóso *agg.* coperto di rughe □ **-mente** *avv.*
rullàggio *s.m.* (*aer.*) corsa di un velivolo con le ruote a contatto del suolo, prima del decollo o dopo l'atterraggio.
rullàre *v.intr.* [aus. *avere*] detto di tamburo battuto a colpi rapidissimi, emettere un caratteristico suono cupo e cadenzato.
rullìno *s.m.* rotolo di pellicola fotografica.
rullìo *s.m.* rullare prolungato di tamburi.
rùllo *s.m.* **1** il rullare del tamburo **2** qualsiasi attrezzo, strumento o parte di macchina di forma cilindrica.
rum o **rhum** *s.m.* acquavite ottenuta dalla canna da zucchero fermentata.
ruminànti *s.m.pl.* (*zool.*) sottordine di mammiferi erbivori dallo stomaco diviso in quattro cavità e atto a ruminare.
ruminàre *v.tr.* [*io rùmino ecc.*] detto degli animali ruminanti, far tornare il cibo alla bocca per una nuova masticazione.
rumóre *s.m.* **1** denominazione generica di ogni fenomeno acustico dovuto a vibrazioni irregolari e che produce una sensazione sgradevole **2** (*fig.*) scalpore, risonanza.
rumoreggiàre *v.intr.* [*io rumoréggio ecc.*; aus. *avere*] produrre un rumore prolungato | (*estens.*) manifestare rumorosamente.
rumoróso *agg.* **1** che fa gran rumore **2** che è pieno di rumori □ **-mente** *avv.*
ruòlo *s.m.* **1** elenco ufficiale delle persone facenti parte dell'organico di un'impresa, un ente, un'amministrazione **2** funzione assunta da un individuo all'interno di un gruppo **3** il personaggio interpretato da un attore in un film o in uno spettacolo.
ruòta *s.f.* organo meccanico a forma di disco che gira attorno a un asse passante per il suo centro; è l'elemento portante o motore dei veicoli e trova applicazione in un grandissimo numero di meccanismi | *a — libera*, (*fig.*) in modo incontrollato, senza alcun freno: *parlare a — libera* | *mettere il bastone tra le ruote*, (*fig.*) intralciare.
ruotàre *v.intr.* [*io ruòto ecc.*] girare intorno al proprio asse o intorno a un altro corpo.
rùpe *s.f.* balza rocciosa.
rupèstre *agg.* costituito di rupi | *arte —*, il complesso delle manifestazioni artistiche preistoriche incise sulla roccia: *pittura —*.
ruràle *agg.* della campagna ♦ *s.m.* e *f.* chi vive in campagna o vi lavora.
ruscèllo *s.m.* piccolo corso d'acqua.
rush *s.m.invar.* (*ingl.*) **1** (*sport*) scatto finale in una gara **2** (*fig.*) l'impegno finale.

rùspa *s.f.* macchina cingolata per lavori di scavo e trasporto di terreno.
ruspànte *agg.* si dice di pollo libero di razzolare sul terreno | (*fig. fam.*) genuino.
ruspàre *v.intr.* [aus. *avere*] detto di polli, razzolare.
russàre *v.intr.* [aus. *avere*] respirare rumorosamente nel sonno.
rùstico *agg.* [pl.m. *-ci*] **1** di campagna **2** (*fig.*) riferito a persona, poco socievole **3** detto di cose, grezzo ♦ *s.m.* costruzione annessa a una villa o a una fattoria, usata come deposito per attrezzi o come alloggio per i contadini □ **-mente** *avv.*
rùta *s.f.* pianta erbacea con foglie aromatiche.
rutènio *s.m.* elemento chimico di simbolo *Ru*; è un metallo raro del gruppo del platino, poco reattivo.
ruttàre *v.intr.* [aus. *avere*] fare rutti.
rùtto *s.m.* aria emessa bruscamente e rumorosamente dalla bocca.
rùvido *agg.* **1** che ha una superficie non levigata **2** (*fig.*) poco cortese □ **-mente** *avv.*
ruzzolàre *v.intr.* [aus. *essere*] cadere rotolando.
ruzzolóne *s.m.* caduta fatta ruzzolando.

Ss

s *s.f.* o *m.* diciannovesima lettera dell'alfabeto il cui nome è *esse*.

sàbato *s.m.* sesto giorno della settimana.

sabbàtico *agg.* [pl.m. *-ci*] nella loc. *anno —*, anno di congedo retribuito cui hanno diritto periodicamente i docenti universitari per dedicarsi alla ricerca.

sàbbia *s.f.* insieme incoerente di granuli provenienti dalla disgregazione di rocce sedimentarie.

sabbiatùra *s.f.* metodo terapeutico consistente nel ricoprire una parte del corpo con sabbia calda e asciutta.

sabbióso *agg.* ricco di sabbia.

sabotàggio *s.m.* **1** (*dir.*) reato commesso da chi danneggia impianti, edifici, macchine di un'azienda o di pubblica utilità **2** (*estens.*) qualsiasi azione volta a ostacolare l'attività di qlcu. o la realizzazione di qlco.

sabotàre *v.tr.* [*io sabòto ecc.*] **1** (*dir.*) compiere atti di sabotaggio **2** (*estens.*) danneggiare, ostacolare intenzionalmente.

sàcca *s.f.* **1** borsa o sacco molto capace **2** (*fig.*) insenatura **3** (*scient.*) cavità in organi o tessuti animali o vegetali.

saccarìna *s.f.* (*chim.*) dolcificante usato nell'industria farmaceutica.

saccaròsio *s.m.* (*chim.*) denominazione scientifica dello zucchero comune.

saccènte *agg.* e *s.m.* e *f.* che/chi presume di sapere ma non sa; che/chi ostenta presuntuosamente ciò che sa □ **-mente** *avv.*

saccheggiàre *v.tr.* [*io sacchéggio ecc.*] **1** predare portando rovina **2** (*fig.*) copiare sfacciatamente.

sacchéggio *s.m.* il saccheggiare, l'essere saccheggiato.

sacchétto *s.m.* piccolo sacco di carta o plastica usato per conservare o trasportare cose minute.

sàcco *s.m.* [pl. *-chi*] **1** recipiente di tela, carta o plastica, lungo e stretto, aperto in alto, usato per conservare o trasportare materiali sciolti o incoerenti | *mettere nel —*, (*fig.*) ingannare | *vuotare il —*, (*fig.*) dire senza riserve tutto quello che si pensa; confessare tutto | *cogliere qlcu. con le mani nel —*, (*fig.*) sorprenderlo in flagrante **2** quantità di roba contenuta in un sacco **3** (*fig. fam.*) grande quantità **4** (*estens.*) zaino; *— a pelo*, sacco da bivacco **5** (*antiq.*) saccheggio.

sacerdòte *s.m.* (*relig.*) ministro di un culto, la cui funzione è quella di celebrare i riti.

sacerdòzio *s.m.* ufficio e dignità di sacerdote | nel cattolicesimo, il sacramento dell'ordine sacro.

sacralità *s.f.* carattere sacro.

sacraménto *s.m.* (*teol.*) rito istituito da Gesù Cristo per trasmettere la grazia all'uomo.

sacràrio *s.m.* edificio dedicato alla memoria di qlcu. che è fatto oggetto di pubblici onori: *— dei caduti*.

sacrificàre *v.tr.* [*io sacrìfico, tu sacrìfichi ecc.*] **1** nelle religioni antiche, offrire in sacrificio **2** (*estens.*) rinunciare a qlco. per un fine particolare **3** mettere una persona o una cosa in una condizione che non la valorizzi ♦ *v.intr.* [aus. *avere*] nelle religioni antiche, offrire un sacrificio ♦ **-rsi** *v. rifl.* **1** offrirsi in sacrificio, immolarsi **2** (*estens.*) accettare rinunce, disagi per il bene altrui o per un ideale.

sacrificio *s.m.* **1** (*relig.*) offerta a una divinità | nel cattolicesimo, la messa in quanto rinnova il sacrificio della croce **2** (*estens.*) offerta della vita **3** rinuncia.

sacrilègio *s.m.* profanazione di persona, cosa o luogo sacri.

sacrìlego *agg.* [pl.m. *-ghi*] che costituisce un sacrilegio | colpevole di sacrilegio.

sàcro[1] *agg.* **1** che appartiene alla divinità; che riguarda la religione e il culto **2** consacrato ♦ *s.m.* ciò che è sacro.

sàcro[2] *agg.* e *s.m.* (*anat.*) si dice dell'osso formato dall'insieme delle vertebre terminali della colonna vertebrale.

sàdico *agg.* [pl.m. *-ci*] che dimostra sadismo ♦ *s.m.* [f. *-a*] (*psicol.*) chi è affetto da sadismo □ **-mente** *avv.*

sadìsmo *s.m.* **1** (*psicol.*) perversione ses-

suale per cui il soggetto prova piacere nell'infliggere maltrattamenti, violenze fisiche e umiliazioni **2** (*estens.*) piacere di tormentare gli altri.
sadomasochìsmo *s.m.* (*psicol.*) perversione sessuale per cui si associano sadismo e masochismo.
saétta *s.f.* fulmine.
safàri *s.m.* spedizione di caccia grossa in Africa.
safèna *s.f.* (*anat.*) ciascuna delle due vene sottocutanee degli arti inferiori.
sàga *s.f.* narrazione epica propria delle antiche letterature nordiche.
sagàce *agg.* intelligente □ **-mente**.
sagàcia *s.f.* (*fig.*) astuzia, acume.
saggézza *s.f.* capacità di agire, valutare, consigliare con prudenza ed equilibrio.
saggiàre *v.tr.* [*io sàggio ecc.*] verificare con procedimenti tecnici la qualità di un prodotto, in particolare la purezza di un metallo prezioso.
saggiatóre *s.m.* piccola bilancia di precisione per metalli preziosi.
saggìna *s.f.* pianta erbacea; si usa per fabbricare scope e spazzole.
sàggio[1] *agg.* [pl.f. *-ge*] dotato di saggezza ♦ *s.m.* [f. *-a*] □ **-mente** *avv.*
sàggio[2] *s.m.* **1** prova per determinare la qualità **2** campione **3** dimostrazione delle attitudini personali **4** scritto di carattere critico **5** (*econ.*) tasso: — *di interesse*.
saggìstica *s.f.* l'attività del saggista; l'arte di scrivere saggi.
Sagittàrio *s.m.* (*astr.*) costellazione e segno dello zodiaco.
sàgoma *s.f.* **1** linea, profilo **2** (*fam. scherz.*) si dice di persona divertente.
sagomàto *agg.* modellato.
sàgra *s.f.* festa popolare.
sagràto *s.m.* spazio antistante alla chiesa.
sagrestàno o **sacrestano** *s.m.* laico che ha l'incarico di tenere in ordine la sagrestia e gli arredi sacri.
sagrestìa o **sacrestia** *s.f.* locale annesso alla chiesa, in cui si custodiscono gli addobbi sacri.
sàio *s.m.* tonaca monacale confezionata con panno rozzo.
sàla *s.f.* ampio ambiente interno di edifici o appartamenti, destinato a usi che prevedono la presenza di numerose persone.
salamàndra *s.f.* (*zool.*) genere di anfibi dal corpo allungato provvisto di coda.
salàme *s.m.* carne di maiale tritata, salata e insaccata.
salàre *v.tr.* condire col sale.
salariàto *agg.* retribuito con un salario ♦ *s.m.* [f. *-a*].
salàrio *s.m.* rimunerazione periodica spettante al lavoratore dipendente.
salàsso *s.m.* **1** (*med.*) antica terapia che consiste nel far defluire il sangue da una vena mediante l'inserimento di un ago **2** (*scherz.*) spesa eccessiva.
salatìno *s.m.* pasticcino salato.
salàto *agg.* **1** che contiene sale **2** condito, insaporito con sale **3** (*fig.*) caro di prezzo ♦ *s.m.* cibo dal sapore salato.
saldàre *v.tr.* **1** congiungere insieme due o più parti **2** pagare l'ultima quota di quanto dovuto ♦ **-rsi** *v.intr.pron.* **1** detto di elementi staccati, ricongiungersi **2** (*fig.*) collegarsi, connettersi.
saldatùra *s.f.* congiungimento fisso di pezzi metallici mediante il calore, con o senza l'apporto di altro metallo.
sàldo[1] *agg.* **1** resistente | (*estens.*) stabile, sicuro **2** (*fig.*) fermo, costante □ **-mente** *avv.*
sàldo[2] *s.m.* **1** (*econ.*) somma algebrica degli addebiti e degli accrediti di un conto **2** importo residuo dopo la corresponsione di acconti: *il — di un conto* **3** (spec. *pl.*) merci che si vendono in liquidazione.
sàle *s.m.* **1** (*chim.*) composto organico o inorganico risultante dalla combinazione di un acido con una base: — *da cucina*, *da tavola*, *comune*, cloruro di sodio **2** (*fig.*) senno.
salgèmma *s.m.* minerale formato da cloruro di sodio in cristalli cubici o in masse compatte.
sàlice *s.m.* (*bot.*) genere di alberi dai rami flessibili | — *piangente*, con rami penduli.
saliènte *agg.* (*fig.*) notevole, rilevante ♦ *s.m.* **1** elemento che sale verso l'alto **2** prominenza, sporgenza.
salièra *s.f.* recipiente per il sale da cucina.
salìna *s.f.* impianto per l'estrazione del sale dalle acque del mare.
salinità *s.f.* il contenuto di sali.
salìre *v.intr.* [pres. *io salgo*, *tu sali*, *egli sale*, *noi saliamo*, *voi salite*, *essi sàlgono*; pass.rem. *io salii*, *tu salisti ecc.*; pres.congiunt. *io salga*..., *noi saliamo*, *voi saliate*, *essi sàlgano*; part.pres. *salènte* o *saliènte*; ger. *salèndo*; aus. *essere*] **1** spostarsi dal basso verso l'alto **2** (*fig.*) pervenire a una condizione migliore **3** (*fig.*) aumentare ♦ *v.tr.* percorrere in salita.
saliscéndi *s.m.* congegno di chiusura per porte e finestre.
salìta *s.f.* **1** il salire | *in* —, che sale **2** qualsiasi tratto o percorso che sale.
salìva *s.f.* liquido prodotto dalle ghiandole salivari.
salivazióne *s.f.* secrezione di saliva.
sàlma *s.f.* la spoglia mortale dell'uomo, il cadavere.

salmàstro *agg.* che sa di sale ♦ *s.m.* sapore, odore di salsedine.
salmì *s.m.* (*gastr.*) modo di cucinare la selvaggina tagliandone la carne a pezzetti, facendola marinare in vino, verdure e aromi.
sàlmo *s.m.* ognuna delle antiche poesie religiose ebraiche raccolte in uno dei libri della Bibbia.
salmonàto *agg.* si dice di trota la cui carne ha la colorazione rosea.
salmóne *s.m.* grosso pesce dalle carni rosee e prelibate.
salmonèlla *s.f.* (*biol.*) genere di batteri responsabile di vari tipi d'infezione intestinale.
salóne *s.m.* **1** ampio locale di rappresentanza **2** mostra.
salòtto *s.m.* sala di ricevimento.
salpàre *v.intr.* [aus. *essere*] partire, prendere il largo.
sàlsa *s.f.* condimento semiliquido, di varia composizione.
salsèdine *s.f.* **1** salinità **2** il sale presente in acque, terreni e anche nell'aria.
salsìccia *s.f.* [pl. *-ce*] carne suina tritata, salata, aromatizzata e insaccata.
salsièra *s.f.* recipiente per le salse.
saltàre *v.intr.* [aus. *essere* nei sign. 1 e 2; *essere* o *avere* nel sign. 3] **1** spostarsi con un balzo: — *addosso a qlcu.*, aggredirlo fisicamente o verbalmente **2** schizzar via | esplodere | rompersi **3** (*fig.*) passare bruscamente da un punto a un altro | — *di palo in frasca*, cambiare argomento in modo illogico e imprevedibile ♦ *v.tr.* **1** superare con un salto **2** (*fig.*) tralasciare.
saltellàre *v.intr.* [*io saltèllo* ecc.; aus. *avere*] procedere a piccoli salti.
saltimbànco *s.m.* [pl. *-chi*] chi si esibisce sulle piazze o nei baracconi in giochi di forza o agilità.
sàlto *s.m.* **1** il saltare | — *nel buio*, (*fig.*) risoluzione presa alla cieca **2** (*sport*) specialità atletica praticata in diverse forme | *fare i salti mortali*, (*fig.*) fare di tutto per riuscire in qlco. **3** (*estens.*) brusco dislivello **4** (*fig.*) passaggio rapido **5** (*fig.*) omissione.
saltuàrio *agg.* che è senza continuità e regolarità nel tempo; fatto di tanto in tanto: □ **-mente** *avv.*
salùbre *agg.* [superl. *salubèrrimo*] che giova alla salute; sano, salutare.
salùme *s.m.* (spec. *pl.*) ogni prodotto della lavorazione della carne suina.
salumerìa *s.f.* negozio in cui si vendono salumi.
salutàre[1] *agg.* che giova alla salute.
salutàre[2] *v.tr.* **1** rivolgere parole o fare un gesto per esprimere affetto o rispetto, quando si incontra o si lascia qlcu. **2** (*estens.*) far visita a qlcu. ♦ **-rsi** *v.rifl.rec.* scambiarsi saluti.
salùte *s.f.* stato, condizione di un organismo | stato di benessere di un organismo.
salùto *s.m.* il salutare; le parole o il gesto con cui si saluta.
sàlva *s.f.* sparo simultaneo di più armi da fuoco caricate solo a polvere, in segno di saluto, d'onore, di festa.
salvacondótto *s.m.* permesso di transito.
salvadanàio *s.m.* piccolo recipiente in cui si introducono, attraverso una fessura, monete che si vogliono risparmiare.
salvagènte *s.m.* [pl. *invar.*; anche *-ti*] oggetto galleggiante, per lo più a forma di ciambella, usato per imparare a nuotare o come mezzo di salvataggio.
salvaguardàre *v.tr.* difendere ♦ **-rsi** *v.rifl.* difendersi, tutelarsi.
salvaguàrdia *s.f.* tutela, difesa.
salvàre *v.tr.* **1** sottrarre a un grave pericolo **2** preservare da un danno | — *la faccia*, uscire onorevolmente da un insuccesso ♦ **-rsi** *v.rifl.* mettersi in salvo.
salvatàggio *s.m.* complesso di operazioni per soccorrere persone in pericolo.
salvatóre *s.m.* [f. *-trice*] chi salva | *il Salvatore*, Gesù Cristo.
salvavìta *s.m.invar.* (*elettr.*) interruttore automatico che interrompe l'erogazione della corrente quando vi è una piccola scarica verso terra.
sàlve *inter.* formula di saluto e di augurio.
salvézza *s.f.* **1** l'essere salvo; il salvarsi **2** *àncora di* —, (*fig.*) rimedio estremo.
sàlvia *s.f.* pianta erbacea con foglie aromatiche usate in cucina e in medicina.
sàlvo *agg.* che è scampato a un pericolo; illeso ♦ *s.m.* solo nella loc. *in salvo*, al sicuro: *mettersi in* — ♦ *prep.* eccetto, tranne.
sàmba *s.f.* o *m.* [pl. *le sambe* o *i samba*] danza di origine brasiliana.
sambùco *s.m.* [pl. *-chi*] (*bot.*) genere di piante arbustacee o arboree proprie delle regioni temperate e subtropicali, con fiori raccolti in pannocchie.
sanàre *v.tr.* **1** guarire: *il tempo sana i dolori* **2** porre rimedio a una situazione irregolare | — *un bilancio*, riportarlo in pareggio.
sanatòria *s.f.* (*dir.*) atto con cui l'autorità competente rende legittime situazioni altrimenti illegali.
sanatòrio *agg.* (*dir.*) che ha lo scopo di sanare ♦ *s.m.* (*med.*) casa di cura per malati di tubercolosi.
sancìre *v.tr.* [*io sancisco, tu sancisci* ecc.] sta-

bilire; rendere operante mediante una legge.

sàndalo[1] *s.m.* **1** albero dal legno bianco, originario della Malesia | *olio di* —, distillato dal legno e dalle radici della pianta, usato in profumeria e in medicina **2** albero originario dell'India.

sandalo[2] *s.m.* calzatura estiva costituita da una suola fermata al piede da strisce di cuoio.

sandwich *s.m.invar.* (*ingl.*) panino imbottito ♦ *agg.invar.* solo nella loc.: *uomo* —, uomo che gira per le strade recando un cartellone pubblicitario davanti e uno dietro.

sàngue *s.m.* [solo *sing.*] **1** (*anat.*) liquido viscoso rosso che circola nell'apparato cardiovascolare dei vertebrati, trasportando gas, principi nutritivi, ormoni e prodotti del metabolismo **2** in molte locuzioni è usato per indicare ferimento o uccisione: *sporcarsi le mani di* —, macchiarsi di un omicidio; *lavare un'offesa col* (o *nel*) —, vendicandola in modo cruento **3** in alcune locuzioni è simbolo di grande sofferenza, fisica o morale: *sudare* —, sostenere una gran fatica | può anche assumere il significato di indole, carattere di una persona: *avere il — caldo*, un temperamento facile all'ira o alla passione amorosa; — *freddo*, perfetta padronanza di sé; *non correre buon* —, non avere buoni rapporti con qlcu. **4** (*fig.*) discendenza, legame di parentela; razza, stirpe.

sanguìgno *agg.* **1** (*anat.*) del sangue **2** (*med.*) che ha molto sangue | (*fig.*) focoso.

sanguinare *v.intr.* [*io sànguino ecc.*; aus. *avere*] **1** versare, buttare sangue **2** (*fig.*) dare un profondo dolore.

sanguinàrio *agg.* e *s.m.* [f. *-a*] che/chi per natura è portato a ferire o a uccidere.

sanguisuga *s.f.* **1** piccolo verme degli anellidi che vive nelle acque stagnanti, nutrendosi del sangue **2** (*fig.*) persona che spilla continuamente denaro.

sanità *s.f.* **1** l'essere sano **2** l'insieme delle funzioni, delle persone e dei mezzi che hanno il compito di tutelare la salute di una comunità.

sanitàrio *agg.* che riguarda la sanità e l'igiene ♦ *s.m. pl.* impianti sanitari, igienici □ **-mente** *avv.*

sàno *agg.* **1** in buona salute **2** che giova alla salute **3** (*fig.*) onesto □ **-mente** *avv.*

sànsa *s.f.* residuo della spremitura dell'olio dalle olive.

santificàre *v.tr.* [*io santìfico, tu santìfichi ecc.*] **1** rendere santo (anche *assol.*) **2** dichiarare e riconoscere come santo **3** osservare le solennità religiose ♦ **-rsi** *v.rifl.* divenire santo.

santità *s.f.* **1** l'essere santo **2** qualità che rende degno di onore e rispetto **3** *Santità*, titolo attribuito al papa.

sànto *agg.* [al m. si tronca in *san* davanti ai nomi che cominciano per consonante, con esclusione di *s* impura; f. regolare] **1** (*teol.*) che è degno di venerazione religiosa **2** (*estens.*) giusto, buono | sacro **3** (*fam.*) con valore rafforzativo: *lavorare tutto il — giorno* ♦ *s.m.* **1** (*teol.*) nel cattolicesimo, chi è stato canonizzato dalla chiesa **2** (*estens.*) persona pia, buona □ **-mente** *avv.*

santuàrio *s.m.* chiesa che custodisce reliquie di un santo o che è sorta in un luogo dove si sarebbero verificate apparizioni celesti.

sanzionàre *v.tr.* [*io sanzióno ecc.*] sancire.

sanzióne *s.f.* **1** ratifica **2** (*dir.*) misura punitiva da applicare in caso di inosservanza di una norma | (spec. *pl.*) in diritto internazionale, misure di ritorsione adottate da uno stato nei confronti di un altro.

sapére[1] *v.tr.* [pres. *io so, tu sai, egli sa, noi sappiamo, voi sapéte, essi sanno*; fut. *io saprò ecc.*; pass.rem. *io sèppi, tu sapésti, egli sèppe,... essi sèppero*; pres.congiunt. *io sàppia,... essi sàppiano*; pres.cond. *io saprèi ecc.*; imp. *sappi, sappiate*; ger. *sapèndo*; part.pres. *sapiente*; part.pass. *saputo*] **1** avere cognizioni e nozioni acquisite attraverso lo studio, l'apprendimento **2** apprendere **3** essere ben cosciente **4** essere capace ♦ *v.intr.* [aus. *avere*] **1** essere dotto **2** avere sapore.

sapére[2] *s.m.* [solo *sing.*] il complesso delle conoscenze; la dottrina.

sapiènte *agg.* **1** dotto, saggio **2** esperto, competente ♦ *s.m.* persona dotata di sapienza □ **-mente** *avv.*

sapiènza *s.f.* perfetto grado di conoscenza; saggezza.

sapóne *s.m.* nome dei sali alcalini di acidi grassi, di consistenza pastosa o solida, usati come detergenti.

saponétta *s.f.* pezzo di sapone profumato da bagno.

saponificazióne *s.f.* (*chim.*) reazione da cui si ottiene sapone e glicerina.

sapóre *s.m.* **1** la sensazione prodotta dalle sostanze sugli organi del gusto; la proprietà delle sostanze di produrre tale sensazione **2** tono.

saporìto *agg.* che ha sapore; gustoso □ **-mente** *avv.* **1** con ricchezza di sapori **2** (*fig.*) con gusto: *dormire* —.

sapùto *agg.* (*spreg.*) che presume di sapere tutto, d'intendersi di tutto ♦ *s.m.* [f. *-a*].

sarabànda *s.f.* confusione di persone o cose in movimento.

saracinésca *s.f.* lamiera o griglia d'acciaio snodabile, usata come chiusura di locali a piano terra.
sarcàsmo *s.m.* ironia pungente.
sarchiàre *v.tr.* [*io sàrchio ecc.*] smuovere il terreno in superficie sminuzzandone le zolle.
sarcòfago *s.m.* [pl. *-gi* o *-ghi*] (*archeol.*) imponente cassa sepolcrale in pietra o marmo.
sarcòma *s.m.* [pl. *-mi*] (*med.*) tumore maligno del tessuto connettivo.
sàrda *s.f.* piccolo pesce marino; si consuma fresco o conservato sott'olio.
sardìna *s.f.* lo stesso che *sarda*.
sargàsso *s.m.* alga marina.
sàri *s.m.* abito femminile indiano.
sarménto *s.m.* tralcio della vite.
sàrtia *s.f.* (*mar.*) ciascuno dei cavi fissi che sostengono gli alberi delle navi.
sàrto *s.m.* chi confeziona abiti da uomo o da donna | stilista.
sartorìa *s.f.* casa di moda.
sassaiòla *s.f.* fitto lancio di sassi.
sàsso *s.m.* pietra; anche, blocco di roccia.
sassòfono o **saxofono** *s.m.* (*mus.*) strumento aerofono ad ancia semplice, molto usato nel jazz e nella musica leggera.
Sàtana *s.m.* il demonio.
satànico *agg.* [pl.m. *-ci*] diabolico, perfido.
satèllite *s.m.* **1** (*astr.*) corpo celeste che ruota intorno a un pianeta | — *artificiale*, (*aer.*) apparecchiatura messa in orbita intorno a un corpo celeste **2** (*fig.*) stato, paese dominato politicamente da un'altra nazione ♦ *agg.* che dipende strettamente da altri.
satin *s.m.invar.* (*fr.*) tessuto che imita la seta, usato soprattutto per fodere.
sàtira *s.f.* **1** genere letterario che ritrae con intenti critici e morali personaggi e ambienti reali, in toni che vanno dall'ironia all'invettiva **2** (*estens.*) l'insieme di scritti, disegni e spettacoli che mirano a mettere in ridicolo comportamenti o concezioni altrui.
satireggiàre *v.intr.* [*io satiréggio ecc.*; aus. *avere*] fare della satira.
satìrico *agg.* [pl.m. *-ci*] di satira ♦ *s.m.* scrittore di satire □ **-mente** *avv.*
saturàre *v.tr.* [*io sàturo ecc.*] **1** (*chim.*, *fis.*) portare a saturazione **2** (*fig.*) riempire al massimo ♦ **-rsi** *v.rifl.* o *intr.pron.* riempirsi al massimo, diventare saturo.
saturazióne *s.f.* **1** (*chim.*, *fis.*) presenza della massima quantità possibile di una sostanza in un determinato ambiente **2** (*fig.*) limite estremo di sopportazione.
Satùrno *s.m.* (*astr.*) nel sistema solare, il sesto pianeta in ordine di distanza dal Sole.
sàturo *agg.* **1** (*chim.*, *fis.*) portato a saturazione **2** (*fig.*) pieno, ricolmo.
sàuna *s.f.* pratica fisioterapica consistente in un bagno di vapore seguito da una doccia fredda | il locale in cui si effettua tale pratica.
sàuro *agg.* si dice di mantello equino di colore rossastro o biondo ♦ *s.m.* cavallo con mantello sauro.
savàna *s.f.* (*geog.*) tipo di vegetazione caratteristica delle zone tropicali, costituita da piante erbacee e arbustive a rapido sviluppo.
sàvio *agg.* **1** sano di mente **2** (*estens.*) saggio ♦ *s.m.* □ **-mente** *avv.*
saziàre *v.tr.* [*io sàzio ecc.*] **1** rendere sazio (anche *assol.*) **2** (*fig.*) soddisfare pienamente ♦ **-rsi** *v.rifl.* **1** mangiare a sazietà **2** (*fig.*) appagarsi.
sazietà *s.f.* l'essere sazio.
sàzio *agg.* **1** che ha soddisfatto completamente il desiderio di cibo **2** (*fig.*) che ha appagato pienamente il desiderio di qlco., fin quasi a esserne stanco □ **-mente** *avv.*
sbaciucchiàre *v.tr.* [*io sbaciùcchio ecc.*] baciare ripetutamente, continuamente ♦ **-rsi** *v.rifl.rec.* baciarsi ripetutamente, continuamente.
sbadatàggine *s.f.* disattenzione.
sbadàto *agg.* **1** distratto **2** che è conseguenza di sbadataggine ♦ *s.m.* [f. *-a*] □ **-mente** *avv.*
sbadigliàre *v.intr.* [*io sbadìglio ecc.*; aus. *avere*] fare sbadigli.
sbadìglio *s.m.* atto che consiste nello spalancare la bocca respirando profondamente.
sbafàre *v.tr.* (*fam.*) mangiare a spese d'altri.
sbàfo *s.m.* solo nella loc. *a* —, a spese altrui.
sbagliàre *v.intr.* [*io sbàglio ecc.*; aus. *avere*] **1** commettere errori **2** fare qlco. in modo errato ♦ *v.tr.* **1** scambiare **2** ottenere un risultato diverso da quello giusto o desiderato ♦ **-rsi** *v.intr.pron.* ingannarsi nel giudizio.
sbagliàto *agg.* **1** scambiato con qlco. d'altro o con altri **2** erroneo **3** che è fatto male.
sbàglio *s.m.* **1** errore **2** colpa.
sbalestràre *v.tr.* [*io sbalèstro ecc.*] **1** fare andare altrove **2** (*fig.*) mettere in difficoltà.
sbalestràto *agg.* smarrito, a disagio ♦ *s.m.* [f. *-a*].
sballàre *v.tr.* tirar fuori qlco. da un imballaggio ♦ *v.intr.* [aus. *avere*] (*fam.*) sbagliare

per eccesso nel fare un calcolo o nel formulare un'ipotesi.
sballàto *agg.* **1** tirato fuori da un imballaggio **2** (*fam.*) si dice di ciò che è irragionevole, privo di buon senso.
sbàllo *s.m.* (*gerg.*) l'effetto allucinatorio prodotto da una sostanza stupefacente | (*fig.*) situazione eccitante.
sballottaménto *s.m.* lo sballottare, l'essere sballottato.
sballottàre *v.tr.* [io sballòtto ecc.] **1** scuotere **2** spingere ripetutamente in diverse direzioni.
sbalordiménto *s.m.* lo sbalordire, lo sbalordirsi, l'essere sbalordito.
sbalordìre *v.tr.* [io sbalordisco, tu sbalordisci ecc.] stupire ♦ *v.intr.* [aus. essere] ♦ **-rsi** *v.intr.pron.* restare stupito.
sbalorditìvo *agg.* straordinario.
sbalordìto *agg.* sconcertato.
sbalzàre[1] *v.tr.* far balzare lontano.
sbàlzare[2] *v.tr.* lavorare a sbalzo.
sbalzàto *agg.* lavorato a sbalzo.
sbàlzo[1] *s.m.* **1** movimento brusco; sussulto **2** (*fig.*) variazione improvvisa.
sbàlzo[2] *s.m.* tecnica di lavorazione di lastre metalliche con cui si ottengono figure in rilievo.
sbancàre[1] *v.tr.* [io sbanco, tu sbanchi ecc.] rovinare economicamente ♦ *v.intr.* [aus. essere] ♦ **-rsi** *v.intr.pron.* spendere o perdere tutto il proprio denaro.
sbandaménto[1] *s.m.* **1** l'azione e l'effetto dello sbandare (detto di un veicolo) **2** (*fig.*) disorientamento morale.
sbandaménto[2] *s.m.* **1** lo sbandarsi, detto di truppe e reparti militari **2** (*fig.*) disgregazione di un gruppo sociale.
sbandarsi *v.intr.pron.* **1** detto di un gruppo di persone, di un reparto militare, disperdersi, sciogliersi disordinatamente **2** (*fig.*) detto di un nucleo sociale, familiare ecc., dividersi, disgregarsi.
sbandàto *agg.* e *s.m.* **1** che/chi è uscito dal proprio gruppo disperdendosi **2** (*fig.*) che/chi è disorientato moralmente.
sbandieràre *v.tr.* [io sbandièro ecc.] **1** far sventolare una bandiera **2** (*fig.*) ostentare.
sbando *s.m.* sbandamento morale.
sbaragliàre *v.tr.* [io sbaràglio ecc.] sconfiggere, annientare: — *il nemico*.
sbaràglio *s.m.* *andare allo* —, (*fig.*) esporsi, esporre a grave rischio o pericolo.
sbarazzàre *v.tr.* sgombrare ♦ **-rsi** *v.rifl.* liberarsi di qlco. o di qlcu.
sbarazzìno *agg.* e *s.m.* [f. -a] si dice benevolmente di ragazzo spigliato e vivace ♦ *agg.* di sbarazzino, da sbarazzino.
sbarcàre *v.tr.* [io sbarco, tu sbarchi ecc.] **1** far scendere persone da un'imbarcazione **2** (*fig.*) passare alla meglio ♦ *v.intr.* [aus. essere] scendere da una nave o un'altra imbarcazione o da altri mezzi di trasporto.
sbàrco *s.m.* [pl. -chi] lo sbarcare, l'essere sbarcato.
sbàrra *s.f.* **1** spranga **2** *mettere alla* —, (*fig.*) sottoporre a giudizio pubblico **3** (*sport*) attrezzo usato nel sollevamento pesi.
sbarraménto *s.m.* **1** lo sbarrare **2** ostacolo che impedisce il passaggio.
sbarràre *v.tr.* **1** chiudere con sbarre **2** (*estens.*) impedire | ostacolare **3** spalancare (detto degli occhi) **4** segnare con sbarre.
sbarrétta *s.f.* lineetta verticale od obliqua usata come segno grafico.
sbàttere *v.tr.* [coniugato come *battere*] **1** battere con forza **2** scagliare | — *qlcu. fuori della porta*, cacciarlo in malo modo **3** agitare; frullare ♦ *v.intr.* [aus. avere] agitarsi.
sbattùto *agg.* **1** frullato **2** (*fig.*) che mostra stanchezza, abbattimento.
sbavàre *v.intr.* [aus. avere] **1** emettere bava **2** detto di colore, spandersi oltre la linea di contorno ♦ *v.tr.* **1** sporcare di bava **2** (*metall.*) liberare dalle bave o sbavature un pezzo fuso o stampato ♦ **-rsi** *v.rifl.* sporcarsi di bava.
sbavatùra *s.f.* **1** lo sbavare; traccia di bava **2** traccia lasciata da un colore.
sbeffeggiàre *v.tr.* [io sbeffèggio ecc.] beffare, irridere con malignità.
sbellicàrsi *v.intr.pron.* [io mi sbellico, tu ti sbellichi ecc.] solo nella loc. — *dalle risa*, ridere a crepapelle.
sbèrla *s.f.* schiaffo, ceffone.
sbiadìre *v.tr.* [io sbiadisco, tu sbiadisci ecc.] far perdere il colore ♦ *v.intr.* [aus. essere] ♦ **-rsi** *v.intr.pron.* perdere il colore, scolorire (anche *fig.*).
sbiancàre *v.tr.* [io sbianco, tu sbianchi ecc.] rendere bianco ♦ *v. intr.* [aus. essere] ♦ **-rsi** *v.intr.pron.* impallidire.
sbièco *agg.* [pl.m. -chi] storto, obliquo | *di* —, di traverso, obliquamente | *guardare di* —, (*fig.*) con malanimo.
sbigottiménto *s.m.* sbalordimento, smarrimento.
sbigottìre *v.tr.* [io sbigottisco, tu sbigottisci ecc.] turbare, sconcertare ♦ *v.intr.* [aus. essere] ♦ **-rsi** *v.intr.pron.* provare turbamento; rimanere sconcertato.
sbilanciàre *v.tr.* [io sbilàncio ecc.] **1** far perdere l'equilibrio **2** (*fig.*) squilibrare ♦ **-rsi** *v.intr.pron.* compromettersi.
sbilàncio *s.m.* (*econ.*) deficit di bilancio.
sbirciàre *v.tr.* [io sbìrcio ecc.] guardare di sfuggita.

sbizzarrìrsi *v.intr.pron.* soddisfare i propri capricci, il proprio estro.
sbloccàre *v.tr.* [*io sblòcco, tu sblòcchi ecc.*] liberare da un blocco | (*fig.*) risolvere eliminando un impedimento ♦ **-rsi** *v.rifl.* o *intr.pron.* **1** tornare a normali condizioni di funzionamento dopo un blocco **2** (*estens.*) superare un blocco psicologico.
sblòcco *s.m.* [pl. *-chi*] lo sbloccare, lo sbloccarsi, l'essere sbloccato.
sboccàre *v.intr.* [*io sbócco, tu sbócchi ecc.*; aus. *essere*] uscire all'aperto | detto di corsi d'acqua, sfociare | giungere ♦ *v.tr.* togliere un po' di liquido da una bottiglia, da un fiasco.
sbocciàre *v.intr.* [*io sbòccio ecc.*; aus. *essere*] **1** aprirsi (detto dei fiori) **2** (*fig.*) nascere; fiorire.
sbócco *s.m.* [pl. *-chi*] **1** uscita **2** (*fig.*) possibilità di soluzione **3** (*econ.*) opportunità di vendita.
sbòrnia *s.f.* ubriacatura.
sborsàre *v.tr.* [*io sbórso ecc.*] versare una somma di denaro; spendere.
sbottàre *v.intr.* [*io sbòtto ecc.*; aus. *essere*] scoppiare | (*fam.*) sfogarsi.
sbottonàre *v.tr.* [*io sbottóno ecc.*] aprire la parte abbottonata di un indumento ♦ **-rsi** *v.rifl.* (*fam.*) manifestare liberamente ciò che si pensa.
sbracàto *agg.* (*fam.*) sguaiato.
sbracciàrsi *v.rifl.* o *intr.pron.* [*io mi sbràccio ecc.*] **1** agitare le braccia **2** (*fig.*) affaccendarsi ostentatamente.
sbraitàre *v.intr.* [*io sbràito ecc.*; aus. *avere*] gridare sguaiatamente.
sbranàre *v.tr.* dilaniare con i denti, con gli artigli (detto di animali feroci e di rapaci) ♦ **-rsi** *v.rifl.rec.* farsi a pezzi, distruggersi (anche *fig.*)
sbriciolàre *v.tr.* [*io sbrìciolo ecc.*] **1** ridurre in briciole **2** (*fam.*) sporcare di briciole ♦ **-rsi** *v.intr.pron.* ridursi in briciole.
sbrigàre *v.tr.* [*io sbrigo, tu sbrighi ecc.*] portare a termine qlco. ♦ **-rsi** *v.rifl.* affrettarsi.
sbrigatìvo *agg.* **1** che sbriga alla svelta; deciso **2** (*estens.*) superficiale □ **-mente** *avv.*
sbrigliàto *agg.* libero da ogni freno.
sbrinaménto *s.m.* operazione con cui si eliminano i depositi di ghiaccio dalle pareti interne dei frigoriferi.
sbrindellàto *agg.* stracciato.
sbrodolàre *v.tr.* [*io sbròdolo ecc.*] insudiciare ♦ **-rsi** *v.rifl.* insudiciarsi.
sbrodolóne *s.m.* [f. *-a*] chi si macchia gli indumenti mangiando o bevendo.
sbrogliàre *v.tr.* [*io sbròglio ecc.*] sciogliere nodi, grovigli | (*fig.*) risolvere ♦ **-rsi** *v.rifl.* togliersi da una situazione intricata.
sbrónza *s.f.* (*fam.*) sbornia.
sbrónzarsi *v.rifl.* [*io mi sbrónzo* (o *io mi sbrónzo*) *ecc.*] (*fam.*) ubriacarsi.
sbrónzo *agg.* (*fam.*) ubriaco.
sbruffóne *s.m.* [f. *-a*] spaccone.
sbucàre *v.intr.* [*io sbuco, tu sbuchi ecc.*; aus. *essere*] **1** uscire fuori da una buca, da un foro, da una galleria **2** (*fig.*) comparire all'improvviso.
sbucciàre *v.tr.* [*io sbùccio ecc.*] **1** privare della buccia **2** (*estens.*) produrre una escoriazione.
sbucciatùra *s.f.* **1** l'operazione dello sbucciare **2** escoriazione, abrasione.
sbuffàre *v.intr.* [aus. *avere*] **1** mandar fuori il fiato con impeto **2** emettere fumo.
sbugiardàre *v.tr.* dimostrare che una persona è bugiarda.
sburocratizzàre *v.tr.* semplificare procedure burocratiche.
scàbbia *s.f.* (*med.*) malattia della pelle, prodotta da un acaro.
scabróso *agg.* **1** ruvido **2** (*fig.*) delicato a trattarsi □ **-mente** *avv.*
scacchièra *s.f.* tavola quadrata divisa in 64 riquadri alternativamente bianchi e neri su cui si gioca a dama o a scacchi.
scacchière *s.m.* teatro di azioni belliche.
scacciàre *v.tr.* [*io scàccio ecc.*] cacciare via.
scàcco *s.m.* [pl. *-chi*] **1** *pl.* gioco che si fa fra due persone che muovono a turno su una scacchiera, secondo determinate regole, i pezzi di cui dispongono **2** ciascuno dei 32 pezzi con cui si gioca a scacchi.
scadènte *agg.* di poco pregio.
scadènza *s.f.* **1** compimento del termine di tempo entro cui si deve soddisfare un obbligo, un impegno **2** termine di tempo posto allo svolgimento di un'attività.
scadére *v.intr.* [coniugato come *cadere*; aus. *essere*] **1** perdere pregio; decadere **2** (*estens.*) non essere più valido per avere superato i limiti di tempo prefissati.
scafàndro *s.m.* **1** apparecchiatura impermeabile indossata dai palombari **2** (*estens.*) ogni equipaggiamento che protegga il corpo in ambienti particolari: *lo — degli astronauti*.
scaffalatùra *s.f.* l'insieme degli scaffali.
scaffàle *s.m.* mobile o struttura costituiti da una serie di ripiani sovrapposti, sui quali si ripongono libri o altri oggetti.
scàfo *s.m.* l'insieme delle strutture che costituiscono il corpo galleggiante di un natante.
scagionàre *v.tr.* [*io scagióno ecc.*] liberare da un'accusa ♦ **-rsi** *v.rifl.* discolparsi.
scàglia *s.f.* **1** squama dei pesci e dei rettili **2** frammento.
scagliàre *v.tr.* [*io scàglio ecc.*] gettare ♦ **-rsi**

v.rifl. **1** avventarsi **2** (*fig.*) assalire con minacce, ingiurie.
scaglionàre *v.tr.* [*io scaglióno ecc.*] disporre a scaglioni | disporre a intervalli.
scaglióne *s.m.* **1** gruppo che succede a un altro a un determinato intervallo: — *di soldati di leva* | (*fig.*) ciascuna delle parti in cui si considera suddiviso un insieme **2** (*econ.*) ciascuno dei gruppi di valori compresi tra un minimo e un massimo di una data grandezza.
scàla *s.f.* **1** struttura costituita da una o più serie di gradini **2** apparecchio mobile formato da due montanti paralleli collegati da elementi trasversali che fungono da scalini | — *mobile*, nastro trasportatore a gradini, che consente di passare da un piano a un altro **3** (*fig.*) successione di elementi dello stesso genere, disposti secondo un ordine progressivo **4** (*scient.*) successione di valori che esprimono l'intensità di un fenomeno: — *Mercalli*, *Richter*, dei terremoti | — *mobile*, (*econ.*) sistema di adeguamento dell'importo di stipendi, salari e pensioni all'aumento del costo della vita **5** rapporto tra le misure reali e quelle della rappresentazione cartografica **6** misura; *su* (o *in*) — *ridotta*, in piccolo.
scalàre[1] *agg.* disposto a scala; graduato ♦ *s.m.* in contabilità, rappresentazione dei movimenti di un conto.
scalàre[2] *v.tr.* **1** salire | fare un'ascensione alpinistica **2** (*estens.*) detrarre.
scalàta *s.f.* lo scalare (anche *fig.*) | ascensione alpinistica.
scalcagnàto *agg.* **1** si dice di scarpa deformata **2** (*estens.*) si dice di persona mal ridotta.
scalcinàto *agg.* mal ridotto.
scaldabàgno *s.m.* [*pl. invar.* o *-i*] apparecchio che scalda l'acqua per il bagno.
scaldàre *v.tr.* **1** far diventare caldo **2** (*assol.*) emanare calore **3** (*fig.*) eccitare ♦ *v.intr.* [*aus. avere*] (*mecc.*) surriscaldarsi ♦ **-rsi** *v.rifl.* procurarsi calore ♦ *v. intr.pron.* **1** diventare caldo **2** (*fig.*) eccitarsi.
scaldìno *s.m.* recipiente di rame che, riempito di carboni accesi, veniva usato per scaldarsi le mani o riscaldare il letto.
scalèno *agg.* (*mat.*) si dice di triangolo con i tre lati disuguali.
scalfìre *v.tr.* [*io scalfisco, tu scalfisci ecc.*] incidere, intaccare leggermente (anche *fig.*).
scalfittùra *s.f.* lo scalfire, l'essere scalfito.
scalinàta *s.f.* scala di notevoli proporzioni.
scalìno *s.m.* **1** gradino **2** (*fig.*) grado.
scalmanàto *agg.* **1** trafelato **2** (*fig.*) agitato ♦ *s.m.* [*f. -a*].
scàlmo *s.m.* elemento a cui si assicura il remo durante la voga.
scàlo *s.m.* qualsiasi porto, aeroporto o stazione ferroviaria con impianti per l'arrivo e la partenza di merci e passeggeri.
scalógna *s.f.* (*fam.*) sfortuna.
scalognàto *agg.* sfortunato.
scalpellàre *v.tr.* [*io scalpèllo ecc.*] lavorare con lo scalpello.
scalpèllo *s.m.* utensile d'acciaio usato per incidere e lavorare materiali duri e compatti.
scalpòre *s.m.* risonanza.
scaltrézza *s.f.* l'essere scaltro; astuzia.
scaltrìto *agg.* esperto, abile, avveduto.
scàltro *agg.* astuto, furbo □ **-mente** *avv.*
scalzàre *v.tr.* levare terra o altro materiale intorno a qlco., privandola del sostegno | (*fig.*) indebolire ♦ **-rsi** *v.rifl.* togliersi le scarpe e le calze.
scàlzo *agg.* senza scarpe né calze.
scambiàre *v.tr.* [*io scàmbio ecc.*] **1** dare o prendere in cambio **2** confondere ♦ **-rsi** *v.rifl.rec.* darsi, farsi qlco. a vicenda.
scambiévole *agg.* reciproco □ **-mente** *avv.* l'un l'altro.
scàmbio *s.m.* **1** lo scambiare | *mezzo di* —, (*econ.*) bene comunemente accettato in cambio di qualsiasi altro **2** congegno che permette di far passare un convoglio ferroviario o tranviario da un binario all'altro mediante rotaie mobili.
scamiciàto *agg.* in maniche di camicia | (*estens.*) scomposto nel vestire.
scamòrza *s.f.* formaggio simile alla mozzarella.
scamosciàto *agg.* si dice di qualsiasi pelle conciata in modo da assomigliare a quella del camoscio.
scampanàto *agg.* si dice di vestito o gonna allargati verso il basso.
scampàre *v.intr.* [*aus. essere*] sfuggire a un rischio ♦ *v.tr.* **1** salvare **2** evitare.
scàmpo[1] *s.m.* il modo per scampare.
scàmpo[2] *s.m.* piccolo crostaceo marino.
scàmpolo *s.m.* piccolo taglio di tessuto che avanza da una pezza.
scanalàre *v.tr.* incavare un materiale duro, eseguendo uno o più solchi.
scanalatùra *s.f.* l'operazione dello scanalare | lo stretto incavo che ne risulta.
scandagliàre *v.tr.* [*io scandàglio ecc.*] **1** misurare la profondità delle acque **2** (*fig.*) cercare di conoscere, saggiare.
scandàglio *s.m.* strumento per misurare la profondità delle acque.
scandalizzàre *v.tr.* dare scandalo ♦ **-rsi** *v.intr.pron.* rimanere turbato.
scàndalo *s.m.* **1** profondo turbamento causato da comportamenti contrari alla

decenza, alla morale, al senso di giustizia; la persona o la cosa che è motivo di scandalo **2** (*estens.*) evento che provoca una vivace reazione nell'opinione pubblica.

scandìre *v.tr.* [io scandisco, tu scandisci ecc.] (*estens.*) pronunciare le parole spiccandone le sillabe.

scannàre *v.tr.* uccidere recidendo la gola, sgozzare (soprattutto animali).

scanner *s.m.invar.* (*ingl.*) (*inform.*) periferica di un elaboratore in grado di riconoscere immagini grafiche e di acquisirle e trasmetterle come dati.

scansafatìche *s.m.* e *f.invar.* fannullone.

scansàre *v.tr.* **1** spostare **2** schivare ♦ **-rsi** *v.rifl.* tirarsi da parte.

scantinàto *s.m.* vano situato sotto il pianterreno di un edificio.

scantonàre *v.intr.* [io scantóno ecc.; aus. avere] girare rapidamente dietro un angolo o svignarsela per evitare di incontrare qlcu. | (*fig.*) sottrarsi a una responsabilità.

scanzonàto *agg.* che tratta con sorridente disinvoltura qualsiasi problema.

scapacciόne *s.m.* colpo dato a mano aperta dietro il capo.

scapestràto *agg.* e *s.m.* [f. -a] che/chi conduce una vita sregolata ♦ *agg.* proprio di chi è scapestrato.

scapigliàto *agg.* spettinato ♦ *agg.* e *s.m.* [f. -a] appartenente al movimento della scapigliatura.

scapigliatùra *s.f.* movimento letterario e artistico fiorito in Lombardia nella seconda metà dell'Ottocento, caratterizzato da un forte anticonformismo.

scàpito *s.m.* danno.

scàpola *s.f.* (*anat.*) osso piatto triangolare che si articola con la clavicola e con l'omero e forma la spalla.

scàpolo *agg.* e *s.m.* si dice di uomo non sposato, celibe.

scappaménto *s.m.* (*mecc.*) il sistema che regola l'espulsione dei gas di scarico nei motori a combustione interna.

scappàre *v.intr.* [aus. essere] **1** fuggire **2** andare via in fretta **3** (*fig.*) sfuggire.

scappàta *s.f.* l'andare di corsa e per breve tempo in un luogo.

scappatèlla *s.f.* mancanza non grave.

scappatóia *s.f.* espediente per sottrarsi a una difficoltà, a un pericolo.

scarabèo *s.m.* insetto coleottero dal corpo grosso e tozzo ricoperto da un tegumento durissimo.

scarabocchiàre *v.tr.* [io scarabòcchio ecc.] fare scarabocchi.

scarabòcchio *s.m.* **1** sgorbio **2** disegno mal fatto.

scarafàggio *s.m.* insetto con corpo appiattito di colore nero che infesta case e magazzini.

scaramanzìa *s.f.* l'insieme dei gesti rituali che, nella credenza popolare, servono ad allontanare la sfortuna e il malocchio.

scaramùccia *s.f.* [pl. -ce] **1** breve scontro tra eserciti nemici **2** (*fig.*) breve polemica.

scaraventàre *v.tr.* [io scaravènto ecc.] scagliare ♦ **-rsi** *v.rifl.* scagliarsi con violenza.

scarceràre *v.tr.* [io scàrcero ecc.] far uscire dal carcere.

scardinàre *v.tr.* [io scàrdino ecc.] **1** strappare dai cardini **2** (*fig.*) demolire ♦ **-rsi** *v.intr.pron.* uscire dai cardini.

scàrica *s.f.* **1** gran quantità di colpi o cose che si abbattono in modo violento **2** — *elettrica*, passaggio di corrente fra due corpi a diverso potenziale elettrico.

scaricàre *v.tr.* [io scàrico, tu scàrichi ecc.] **1** deporre un carico **2** far ricadere su altri un onere, un gravame: — *le responsabilità* | — *qlcu.*, (*fam.*) levarselo di torno **3** scagliare qlco. contro qlcu. ♦ **-rsi** *v.rifl.* liberarsi di un carico | (*fig.*) sgravarsi di un obbligo morale ♦ *v.intr.pron.* riversarsi.

scàrico *agg.* [pl.m. -chi] privo di carico o di carica ♦ *s.m.* **1** operazione del togliere un carico **2** il materiale di rifiuto e il luogo in cui si scarica **3** il riversarsi di un fluido fuori da un luogo chiuso **4** (*comm.*) registrazione di un'uscita.

scarlattìna *s.f.* (*med.*) malattia infantile epidemica.

scarlàtto *agg.* di colore rosso vivo ♦ *s.m.* colore rosso vivo e splendente.

scarmigliàto *agg.* arruffato | di persona, che ha i capelli in disordine.

scàrno *agg.* **1** magro **2** (*fig.*) spoglio.

scaròla *s.f.* varietà di indivia.

scàrpa *s.f.* calzatura di cuoio o altro materiale che protegge il piede.

scarpàta *s.f.* forte pendio.

scarpièra *s.f.* mobiletto in cui si ripongono le scarpe.

scarpinàre *v.intr.* [aus. avere] camminare a lungo e faticosamente.

scarpinàta *s.f.* camminata lunga e disagevole.

scarpóne *s.m.* grossa scarpa robusta a tomaia alta.

scarseggiàre *v.intr.* [io scarséggio ecc.; aus. avere] essere scarso; avere una cosa in misura insufficiente.

scarsézza *s.f.* scarsità.

scarsità *s.f.* insufficienza, mancanza.

scàrso *agg.* insufficiente; povero di qlco. □ **-mente** *avv.*

scartàre *v.tr.* **1** togliere un oggetto dalla carta **2** mettere da parte | respingere.

scàrto[1] *s.m.* cosa scartata.

scàrto² *s.m.* 1 deviazione 2 differenza.
scartòffia *s.f.* (spec. *pl.*) carte su cui si studia o si lavora (per lo più *scherz.*).
scassàre *v.tr.* (*fam.*) rompere ♦ **-rsi** *v. intr.pron.* (*fam.*) rompersi, guastarsi.
scassinàre *v.tr.* aprire manomettendo la serratura.
scassinatóre *s.m.* [f. *-trice*] chi scassina.
scàsso *s.m.* lo scassinare.
scatenàre *v.tr.* [*io scaténo ecc.*] aizzare ♦ **-rsi** *v.intr.pron.* 1 agire con violenza 2 darsi alla pazza gioia 3 (*fam.*) infiammarsi.
scatenàto *agg.* che non ha freno, incontenibile.
scàtola *s.f.* 1 recipiente fornito di coperchio, usato per oggetti vari 2 — *cranica*, (anat.) l'insieme delle ossa che racchiudono il cervello | — *nera*, negli aerei, l'involucro in cui sono racchiusi gli strumenti che registrano i dati di volo.
scatolàme *s.m.* 1 insieme di scatole 2 generi alimentari conservati in scatola.
scattànte *agg.* che ha i riflessi pronti; agile, svelto.
scattàre *v.intr.* [aus. *essere* o *avere* nel sign. 1, *essere* negli altri sign.] 1 di molle, liberarsi bruscamente dallo stato di tensione 2 (*estens.*) balzare 3 passare a un livello superiore 4 (*fig.*) prorompere in un'improvvisa manifestazione d'ira ♦ *v.tr.* agire sullo scatto di una macchina fotografica per riprendere un'immagine.
scàtto *s.m.* 1 lo scattare di molle; il congegno che funziona scattando e il rumore che produce nello scattare 2 slancio 3 (*fig.*) salto quantitativo.
scaturìre *v.intr.* [*io scaturisco, tu scaturisci ecc.*; aus. *essere*] 1 zampillare, uscire fuori (detto di liquidi) 2 (*fig.*) derivare.
scavalcàre *v.tr.* [*io scavalco, tu scavalchi ecc.*] 1 superare un ostacolo 2 sorpassare.
scavàre *v.tr.* formare una cavità.
scavatrìce *s.f.* macchina per scavare.
scàvo *s.m.* 1 lo scavare 2 il luogo dove si scava e le cose scavate.
scégliere *v.tr.* [pres. *io scélgo, tu scégli ecc.*; fut. *io sceglierò ecc.*; pass.rem. *io scélsi, tu scegliésti ecc.*; cond. *io sceglierèi ecc.*; congiunt.pres. *io scélga ecc.*; part.pass. *scélto*] 1 selezionare tra più persone o cose quella che ha determinati requisiti 2 preferire.
scelleratézza *s.f.* 1 l'essere scellerato 2 azione da scellerato.
scelleràto *agg.* iniquo, nefando ♦ *s.m.* [f. *-a*] persona di grande malvagità □ **-mente** *avv.*
scélta *s.f.* lo scegliere; la possibilità di scegliere.
scélto *agg.* 1 che è frutto di una scelta; che è di qualità superiore 2 che è bene addestrato: *tiratore* —.
scemàre *v.intr.* [*io scémo ecc.*; aus. *essere*] diminuire.
scemènza *s.f.* (*fam.*) 1 l'essere scemo 2 atto, frase da scemo.
scémo *agg.* (*fam.*) sciocco ♦ *s.m.* [f. *-a*].
scempiàggine *s.f.* sciocchezza.
scempio *s.m.* 1 (*lett.*) strazio 2 (*fig.*) distruzione.
scèna *s.f.* 1 la parte del teatro nella quale recitano gli attori; palcoscenico 2 la ricostruzione sul palcoscenico dell'ambiente in cui si svolge l'azione 3 ciascuna delle parti in cui si divide una rappresentazione teatrale 4 fatto, evento naturale o della vita reale che si offre alla vista 5 (*fig.*) finzione.
scenàrio *s.m.* 1 l'insieme del fondale e delle quinte del palcoscenico 2 (*fig.*) paesaggio naturale molto suggestivo | quadro complessivo in cui si collocano e si spiegano eventi isolati.
scenàta *s.f.* rimprovero violento.
scéndere *v.intr.* [pres. *io scéndo ecc.*; pass.rem. *io scési, tu scendésti ecc.*; part.pass. *scéso*] 1 andare da un luogo più alto a uno più basso 2 (*fig.*) piegarsi, indursi | abbassarsi 3 (*fig.*) calare ♦ *v.tr.* percorrere verso il basso.
sceneggiàta *s.f.* messinscena creata per far colpo.
sceneggiàto *s.m.* rappresentazione televisiva di un soggetto narrativo.
sceneggiatùra *s.f.* suddivisione in scene di un'opera.
scenografìa *s.f.* 1 l'arte di creare scene 2 l'ambiente scenico.
scenògrafo *s.m.* [f. *-a*] chi realizza le scene.
scervellàrsi *v.intr.pron.* [*io mi scervèllo ecc.*] cercare affannosamente la soluzione di un problema.
scervellàto *agg.* e *s.m.* [f. *-a*] che/chi è senza cervello; sbadato.
scetticìsmo *s.m.* tendenza a dubitare di tutto.
scèttico *agg.* [pl.m. *-ci*] che dubita di tutto ♦ *s.m.* □ **-mente** *avv.*
scèttro *s.m.* bastone che è attributo dell'autorità regia.
schèda *s.f.* 1 rettangolo di cartoncino usato per trascrivere dati e annotazioni | — *telefonica*, scheda magnetica che permette di effettuare conversazioni telefoniche da apparecchi pubblici 2 modulo stampato usato per svolgere pratiche burocratiche, per raccogliere dati ecc. | — *elettorale*, usata per votare 3 (*inform.*) componente hardware di un elaboratore

contenente un circuito stampato atto a svolgere una particolare funzione: — *madre*, su cui sono montati i componenti principali del sistema.
schedàre *v.tr.* [io schèdo ecc.] trascrivere, registrare su scheda.
schedàrio *s.m.* insieme di schede disposte secondo un ordine determinato.
schedàto *s.m.* [f. -a] persona le cui generalità risultano negli schedari della polizia.
schedìna *s.f.* (*pop.*) foglietto predisposto per partecipare ai giochi del totocalcio, totip ed enalotto.
schéggia *s.f.* [pl. -ge] frammento.
scheggiàto *agg.* che presenta distacco di frammenti.
scheletràto *s.m.* protesi odontoiatrica mobile.
schèletro *s.m.* **1** negli animali vertebrati e nell'uomo, l'impalcatura ossea sulla quale appoggiano tutte le parti molli del corpo **2** (*estens.*) struttura di sostegno.
schèma *s.m.* [pl. -mi] **1** rappresentazione semplificata **2** piano preliminare; abbozzo **3** modello.
schérma *s.f.* arte del combattere con armi bianche (fioretto, spada).
schermàglia *s.f.* (*fig.*) contrasto di opinioni.
schermìrsi *v.rifl.* [io mi schermisco, tu ti schermisci ecc.] (*fig.*) sottrarsi, eludere.
schérmo *s.m.* **1** riparo, difesa (anche *fig.*) **2** (*cine.*) riquadro di tela bianca su cui si proiettano le immagini al cinema **3** *il piccolo* —, la televisione.
schermografìa *s.f.* (*med.*) ripresa fotografica di immagini radiologiche.
schernìre *v.tr.* [io schernisco, tu schernisci ecc.] farsi beffe di qlcu.
schérno *s.m.* lo schernire; le parole, i gesti con cui si schernisce.
scherzàre *v.intr.* [io schérzo ecc.; aus. avere] esprimersi e comportarsi senza serietà; prendersi gioco di qlcu. o qlco.
schérzo *s.m.* **1** lo scherzare **2** ciò che è fatto o detto per scherzare.
schiacciàre *v.tr.* [io schiàccio ecc.] **1** comprimere con forza **2** (*fig.*) sopraffare ♦ **-rsi** *v.intr.pron.* perdere la forma originaria appiattendosi.
schiaffeggiàre *v.tr.* [io schiafféggio ecc.] colpire con schiaffi.
schiàffo *s.m.* **1** percossa data sulla faccia a mano aperta **2** (*fig.*) umiliazione.
schiamazzàre *v.intr.* [aus. avere] emettere gridi molesti.
schiamàzzo *s.m.* insieme di gridi molesti.
schiantàre *v.intr.* [aus. essere] (*fam.*) crepare ♦ *v.tr.* spezzare ♦ **-rsi** *v.intr.pron.* spezzarsi.
schiànto *s.m.* **1** rumore secco **2** (*fig.*) dolore acuto.
schiariménto *s.m.* lo schiarire, lo schiarirsi.
schiarìre *v.tr.* [io schiarisco, tu schiarisci ecc.] rendere chiaro (anche *fig.*) ♦ *v.intr.* [aus. essere] ♦ **-rsi** *v.intr.pron.* diventare chiaro | rasserenarsi ♦ *v.intr.impers.* [aus. essere e avere] tornare sereno.
schiarìta *s.f.* **1** il rasserenarsi del cielo **2** (*fig.*) distensione.
schiavìsmo *s.m.* sistema politico e sociale basato sulla schiavitù.
schiavitù *s.f.* **1** l'essere schiavo **2** (*estens.*) mancanza di libertà politica **3** (*fig.*) l'essere vittima di passioni, vizi, consuetudini.
schiàvo *agg.* e *s.m.* [f. -a] **1** si dice di chi è privo della libertà e appartiene ad altri come una cosa **2** (*estens.*) si dice di chi si lascia dominare da una determinata condizione o consuetudine.
schièna *s.f.* parte posteriore del tronco; dorso | *rompersi la* —, (*fig.*) lavorare duramente | *colpire, pugnalare alla* —, (*fig.*) tradire.
schienàle *s.m.* parte di un sedile a cui si appoggia la schiena.
schièra *s.f.* **1** insieme di uomini armati **2** moltitudine.
schieraménto *s.m.* **1** disposizione delle truppe **2** (*fig.*) insieme di persone o forze che sostengono un'idea o un interesse.
schieràre *v.tr.* [io schièro ecc.] **1** disporre in schiere **2** (*estens.*) disporre in un determinato ordine ♦ **-rsi** *v.rifl.* (*fig.*) prendere posizione.
schiettézza *s.f.* l'essere schietto (spec. *fig.*).
schiètto *agg.* **1** puro, genuino **2** (*fig.*) sincero □ **-mente** *avv.*
schifàre *v.tr.* **1** disprezzare **2** fare schifo, disgustare ♦ **-rsi** *v.intr.pron.* (*fam.*) provare schifo, disgusto.
schifézza *s.f.* cosa che fa schifo.
schìfo *s.m.* senso di disgusto.
schifóso *agg.* che fa schifo □ **-mente** *avv.*
schioccàre *v.intr.* [io schiòcco, tu schiòcchi ecc.; aus. avere] fare uno schiocco ♦ *v.tr.* muovere, sfregare in modo da produrre uno schiocco.
schiòcco *s.m.* rumore secco, simile a un piccolo e rapido scoppio.
schiùdere *v.tr.* [coniugato come chiudere] aprire in parte ♦ **-rsi** *v.intr.pron.* aprirsi, manifestarsi (anche *fig.*).
schiùma *s.f.* **1** insieme di bollicine d'aria che si formano sulla superficie di un liquido fortemente agitato o in ebollizione **2** bava.
schiumóso *agg.* simile a schiuma.

schivàre *v.tr.* evitare, scansare.
schìvo *agg.* ritroso, timido.
schizofrenìa *s.f.* (*psich.*) psicosi grave caratterizzata dalla disgregazione della struttura psichica, che si manifesta con dissociazione e autismo.
schizofrènico *agg.* e *s.m.* [f. *-a*] (*psich.*) che/chi è affetto da schizofrenia.
schizzàre *v.intr.* [aus. *essere*] **1** zampillare **2** (*estens.*) balzar via ♦ *v.tr.* **1** spruzzare **2** (*fig.*) disegnare a tratti rapidi ♦ **-rsi** *v.rifl.* o *intr.pron.* sporcarsi con schizzi.
schizzinóso *agg.* e *s.m.* [f. *-a*] che/chi ha gusti troppo esigenti.
schìzzo *s.m.* **1** lo schizzare; il liquido schizzato **2** (*fig.*) disegno appena abbozzato.
sci *s.m.* lunga e sottile assicella con punta ricurva che si fissa allo scarpone per scivolare sulla neve.
scìa *s.f.* **1** solco spumeggiante lasciato da un natante sull'acqua **2** (*estens.*) traccia di fumo, di vapore, di odore.
sciàbola *s.f.* arma da punta e da taglio.
sciabolàta *s.f.* colpo dato con la sciabola.
sciacàllo *s.m.* **1** mammifero carnivoro simile al lupo; si nutre di carogne **2** (*fig.*) chi approfitta di sciagure altrui per rubare.
sciacquàre *v.tr.* [*io sciàcquo ecc.*] lavare sommariamente con acqua; ripassare in acqua una cosa già lavata per eliminare i residui di detersivo ♦ **-rsi** *v.rifl.* lavarsi sommariamente; lavare il corpo con acqua per togliere i residui di sapone.
sciacquàta *s.f.* lo sciacquare, lo sciacquarsi una volta e in fretta.
sciàcquo *s.m.* lavaggio della bocca con acqua o con soluzioni medicamentose.
sciagùra *s.f.* grave disgrazia.
sciaguràto *agg.* **1** colpito da sciagura **2** malvagio, scellerato ♦ *s.m.* [f. *-a*] □ **-mente** *avv.*
scialacquàre *v.tr.* [*io scialàcquo ecc.*] sperperare (anche *assol.*).
scialàre *v.intr.* [aus. *avere*] vivere nell'abbondanza.
scialbo *agg.* **1** pallido **2** (*fig.*) insignificante, privo di vivacità, di qualità.
sciàlle *s.m.* indumento femminile che si porta sulle spalle.
scialùppa *s.f.* imbarcazione di salvataggio.
sciamàno *s.m.* (*etnol.*) presso varie popolazioni extra-europee, individuo dotato di facoltà taumaturgiche e divinatorie.
sciamàre *v.intr.* [aus. *avere* ed *essere*] **1** detto delle api, riunirsi in sciame per formare una nuova colonia **2** (*fig.*) di persone, allontanarsi a frotte.
sciàme *s.m.* **1** gruppo di api che abbandonano un alveare per fondarne un altro **2** (*estens.*) folto gruppo di insetti volanti **3** (*fig.*) gran quantità.
sciancàto *agg.* si dice di persona storpia ♦ *s.m.* [f. *-a*].
sciaràda *s.f.* gioco enigmistico.
sciare *v.intr.* [*io scìo ecc.*; aus. *avere*] percorrere con gli sci un terreno coperto di neve | praticare lo sport dello sci.
sciàrpa *s.f.* **1** fascia che si avvolge intorno al collo per ripararsi dal freddo o per ornamento **2** fascia portata a tracolla o alla vita da funzionari pubblici e ufficiali.
sciàtica *s.f.* (*med.*) nevralgia del nervo sciatico, situato nel bacino.
sciatterìa *s.f.* l'essere sciatto | cosa sciatta.
sciàtto *agg.* trasandato e approssimativo □ **-mente** *avv.*
sciattóne *s.m.* [f. *-a*] (*fam.*) persona molto sciatta.
scìbile *s.m.* tutto ciò che la mente umana può conoscere.
sciccherìa *s.f.* (*fam.*) eleganza | cosa molto elegante.
scientìfico *agg.* [pl.m. *-ci*] che è proprio della scienza; che tratta di scienza □ **-mente** *avv.*
sciènza *s.f.* **1** complesso organico e sistematico delle conoscenze che si posseggono intorno a un determinato ordine di fenomeni **2** sapere.
scienziàto *s.m.* [f. *-a*] chi si dedica alla ricerca scientifica; studioso di una scienza.
scìmmia *s.f.* **1** nome generico di mammiferi superiori con quattro o due estremità prensili **2** (*fig.*) persona brutta, dispettosa.
scimmiottàre *v.tr.* [*io scimmiòtto ecc.*] imitare malamente, in modo goffo.
scimpanzé *s.m.* grossa scimmia antropomorfa diffusa in Africa.
scimunìto *agg.* e *s.m.* [f. *-a*] scemo.
scìndere *v.tr.* [pass.rem. *io scissi, tu scindésti ecc.*; part.pass. *scisso*] dividere, separare nettamente (spec. *fig.*) ♦ **-rsi** *v.intr.pron.* dividersi nettamente.
scintigrafìa *s.f.* (*med.*) esame di un organo mediante introduzione in vena di una sostanza radioattiva.
scintìlla *s.f.* **1** particella infuocata che si stacca da materiali incandescenti **2** (*fig.*) fatto di poco conto da cui ha origine un evento importante.
scintillàre *v.intr.* [aus. *avere*] **1** mandare scintille **2** (*fig.*) mandare bagliori di luce simili a scintille | luccicare.
scintillìo *s.m.* uno scintillare intenso.
scintoìsmo *s.m.* religione nazionale del Giappone.
scioccànte *agg.* sconvolgente.

scioccàre *v.tr.* [*io sciòcco, tu sciòcchi ecc.*] emozionare fortemente.
sciocchézza *s.f.* **1** atto, frase da sciocco **2** cosa di poco valore.
sciòcco *agg.* [pl.m. *-chi*] poco intelligente ♦ *s.m.* [f. *-a*] □ **-mente** *avv.*
sciògliere *v.tr.* [pres. *io sciòlgo, tu sciògli ecc.*; fut. *io scioglierò ecc.*; pass.rem. *io sciòlsi, tu sciogliésti ecc.*; part.pass. *sciòlto*] **1** svolgere, disfare **2** slegare **3** (*fig.*) liberare da un legame **4** liquefare **5** annullare | far cessare un rapporto associativo **6** risolvere ♦ **-rsi** *v.rifl.* liberarsi ♦ *v.intr.pron.* liquefarsi.
sciogliliǹgua *s.m.invar.* serie di parole disposte in modo che risulti difficile pronunciarle rapidamente.
scioltézza *s.f.* **1** l'essere agile **2** (*fig.*) disinvoltura.
sciòlto *agg.* **1** disciolto **2** libero da qualsiasi legame (anche *fig.*) □ **-mente** *avv.* in modo disinvolto; senza impacci.
scioperàre *v.intr.* [*io sciòpero ecc.*; aus. *avere*] fare uno sciopero.
scioperàto *agg.* che non vuole lavorare; che conduce una vita inconcludente.
sciòpero *s.m.* astensione volontaria dal lavoro; — *selvaggio*, attuato in modi e tempi imprevedibili | — *della fame*, astensione volontaria dal cibo per protesta.
sciorinàre *v.tr.* **1** (*lett.*) stendere, mettere ad asciugare all'aria aperta **2** (*fig.*) ostentare.
sciovìa *s.f.* impianto funicolare per il traino in salita degli sciatori.
sciovinìsmo *s.m.* nazionalismo fazioso e fanatico.
scippàre *v.tr.* commettere uno scippo ai danni di qlcu.
scìppo *s.m.* furto compiuto strappando un oggetto a qlcu.
sciròcco *s.m.* vento caldo umido che spira da sud-est.
sciròppo *s.m.* soluzione molto concentrata di zucchero in acqua, usata nella fabbricazione di bibite o in farmaceutica.
scìsma *s.m.* [pl. *-smi*] separazione da una chiesa o da una confessione religiosa.
scissióne *s.f.* lo scindere, lo scindersi, l'essere scisso.
scìsso *agg.* separato, diviso.
sciupàre *v.tr.* **1** ridurre in cattivo stato **2** sprecare ♦ **-rsi** *v.intr.pron.* **1** sgualcirsi **2** deperire.
sciupìo *s.m.* spreco.
sciupóne *agg.* e *s.m.* [f. *-a*] che/chi spreca.
scivolàre *v.intr.* [*io scìvolo ecc.*; aus. *essere*] **1** scorrere agevolmente su una superficie **2** cadere a terra per il venir meno dell'aderenza al terreno **3** sfuggire.
scìvolo *s.m.* piano inclinato che serve a far scendere in acqua imbarcazioni o idrovolanti | piano inclinato su cui i bambini si lasciano scivolare per gioco.
scivolóne *s.m.* **1** caduta fatta scivolando **2** (*fig.*) sconfitta inaspettata.
scleròsi *s.f.* (*med.*) indurimento patologico delle strutture organiche.
scleròtico *agg.* [pl.m. *-ci*] di sclerosi (anche *fig.*) ♦ *agg.* e *s.m.* [f. *-a*] (*med.*) che/chi è affetto da sclerosi.
sclerotizzàrsi *v.intr.pron.* **1** (*med.*) diventare sclerotico **2** (*fig.*) irrigidirsi.
scoccàre *v.tr.* [*io scòcco, tu scòcchi ecc.*] **1** scagliare con l'arco **2** battere le ore ♦ *v.intr.* [aus. *essere*] **1** scattare (detto di congegni a molla) **2** guizzare **3** suonare, detto di ore.
scocciàre *v.tr.* (*fam.*) dar noia; seccare ♦ **-rsi** *v.intr.pron.* (*fam.*) seccarsi, annoiarsi.
scocciatóre *s.m.* [f. *-trice*] (*fam.*) persona molesta; seccatore.
scodèlla *s.f.* piatto fondo o tazza senza manico.
scodellàre *v.tr.* [*io scodèllo ecc.*] versare in una scodella un cibo liquido o semiliquido.
scoglièra *s.f.* serie di scogli.
scòglio *s.m.* **1** roccia che emerge dalle acque **2** (*fig.*) ostacolo.
scoiàttolo *s.m.* agile mammifero arboricolo con coda lunga.
scolapiàtti *s.m.* arnese da cucina in cui si mettono a scolare i piatti appena lavati.
scolare *v.tr.* [*io scólo ecc.*] fare uscire lentamente e interamente il liquido contenuto in recipienti | far colare il liquido di cui sono impregnati o bagnati cibi o verdure ♦ *v.intr.* [aus. *essere*] **1** di liquido, uscire fuori a poco a poco **2** di oggetto bagnato, perdere pian piano il liquido che contiene.
scolarésca *s.f.* il complesso degli scolari.
scolàro *s.m.* [f. *-a*] chi frequenta una scuola elementare o media.
scolàstico *agg.* [pl.m. *-ci*] di scuola.
scolìosi *s.f.* (*med.*) deviazione laterale della colonna vertebrale.
scollacciàto *agg.* **1** di abito, eccessivamente scollato **2** (*fig. fam.*) licenzioso.
scollatùra *s.f.* apertura degli abiti femminili sul collo, sul petto o anche sulla schiena.
scólo *s.m.* lo scolare di liquidi; il luogo dove i liquidi scolano | il liquido che scola.
scolorina® *s.f.* preparato chimico usato per scolorire macchie d'inchiostro.
scolorìre *v.tr.* [*io scolorisco, tu scolorisci ecc.*] far perdere il colore; far diventare sbiadito (anche *fig.*) ♦ *v.intr.* [aus. *essere*] ♦ **-rsi** *v.intr.pron.* perdere il colore, sbiadirsi.
scolpìre *v.tr.* [pres. *io scolpisco, tu scolpisci*

ecc.; pass.rem. *io scolpii, tu scolpisti ecc.*; part.pass. *scolpito*] **1** realizzare un'opera scultoria; raffigurare nel marmo o in altro materiale | (*estens.*) incidere **2** (*fig.*) imprimere, fissare fortemente.
scombinàre *v.tr.* **1** mettere in disordine, sottosopra **2** mandare a monte.
scombussolaménto *s.m.* lo scombussolare, l'essere scombussolato.
scombussolàre *v.tr.* [*io scombùssolo ecc.*] mettere sottosopra; frastornare, turbare.
scomméssa *s.f.* **1** accordo fra due o più persone, con il quale ciascuna s'impegna a pagare all'altra una determinata somma se le sue previsioni risulteranno erronee **2** la somma che viene pattuita.
scomméttere *v.tr.* [coniugato come *mettere*] fare una scommessa.
scòmodo *agg.* disagevole □ **-mente** *avv.*
scomparìre *v.intr.* [coniugato come *apparire*; aus. *essere*] sparire, non esserci più | (*eufem.*) morire.
scompàrsa *s.f.* **1** lo scomparire **2** (*eufem.*) morte.
scompartiménto *s.m.* ogni parte in cui è suddivisa qlco.
scompènso *s.m.* (*med.*) insufficienza funzionale di un organo: — *cardiaco*.
scompigliàre *v.tr.* [*io scompìglio ecc.*] sconvolgere turbando una disposizione, un ordine ♦ **-rsi** *v.intr.pron.* scompaginarsi, arruffarsi.
scompìglio *s.m.* disordine, confusione.
scompórre *v.tr.* [coniugato come *porre*] **1** separare le parti che formano un tutto **2** (*fig.*) turbare ♦ **-rsi** *v.intr.pron.* (*fig.*) perdere la compostezza; turbarsi.
scomposizióne *s.f.* lo scomporre, l'essere scomposto.
scompósto *agg.* privo di compostezza; sconveniente □ **-mente** *avv.*
scomùnica *s.f.* pena comminata dalla chiesa che esclude chi ne è colpito dalla comunione dei fedeli.
scomunicàre *v.tr.* [*io scomùnico, tu scomùnichi ecc.*] (*eccl.*) colpire con scomunica.
sconcertàre *v.tr.* [*io sconcèrto ecc.*] turbare, disorientare.
scóncio *agg.* [pl.f. *-ce*] turpe, osceno ♦ *s.m.* □ **-mente** *avv.*
sconclusionàto *agg.* privo di coerenza, di senso □ **-mente** *avv.*
sconfessàre *v.tr.* [*io sconfèsso ecc.*] disconoscere.
sconfìggere *v.tr.* [pres. *io sconfiggo, tu sconfiggi ecc.*; pass.rem. *io sconfissi, tu sconfiggésti ecc.*; part.pass. *sconfitto*] **1** vincere **2** (*fig.*) eliminare.
sconfinàre *v.intr.* [aus. *avere*] **1** oltrepassare dei confini **2** (*fig.*) uscire dai limiti.
sconfinàto *agg.* che è senza limiti □ **-mente** *avv.*
sconfìtta *s.f.* disfatta | insuccesso.
sconfortànte *agg.* che scoraggia.
sconfòrto *s.m.* avvilimento.
scongelàre *v.tr.* [*io scongèlo ecc.*] **1** riportare a temperatura ambiente **2** sbloccare.
scongiuràre *v.tr.* (*fig.*) **1** supplicare **2** (*fig.*) evitare.
scongiùro *s.m.* gesto superstizioso contro la iettatura.
sconnésso *agg.* **1** mal connesso **2** (*fig.*) che manca di connessione logica.
sconosciùto *agg.* **1** ignoto | privo di notorietà **2** non ancora identificato ♦ *s.m.* [f. *-a*].
sconquassàre *v.tr.* scuotere violentemente in modo da fracassare ♦ **-rsi** *v.intr.pron.* rovinarsi per effetto di colpi o urti.
sconquàsso *s.m.* scompiglio.
sconsideratézza *s.f.* l'essere sconsiderato; avventatezza.
sconsideràto *agg.* che agisce senza riflettere ♦ *s.m.* [f. *-a*] □ **-mente** *avv.*
sconsigliàbile *agg.* che non è consigliabile.
sconsolànte *agg.* che rattrista; sconfortante.
sconsolàto *agg.* triste, desolato □ **-mente** *avv.*
scontàre *v.tr.* [*io scónto ecc.*] **1** (*fin.*) anticipare o farsi anticipare il pagamento di un credito non ancora scaduto in cambio di un interesse **2** detrarre da un conto; ribassare **3** pagare, espiare la pena per un reato commesso | (*estens.*) subire la conseguenza di qlco.
scontentézza *s.f.* insoddisfazione.
scontènto *agg.* insoddisfatto ♦ *s.m.* insoddisfazione.
scónto *s.m.* **1** (*dir.*) contratto con cui una banca, previa deduzione dell'interesse, anticipa al cliente l'importo di un credito | *tasso di* —, la percentuale d'interesse richiesto da una banca nel prestare denaro **2** diminuzione del prezzo.
scontràrsi *v.intr.pron.* [*io mi scóntro ecc.*] cozzare violentemente ♦ *v.rifl.rec.* **1** urtarsi **2** (*fig.*) discordare.
scontrino *s.m.* biglietto di ricevuta.
scóntro *s.m.* **1** urto violento **2** (*estens.*) battaglia **3** (*fig.*) contrasto violento.
scontrosità *s.f.* l'essere scontroso.
scontróso *agg.* che si imbroncia, si impermalisce facilmente; privo di cordialità ♦ *s.m.* [f. *-a*] □ **-mente** *avv.*
sconveniènte *agg.* indecente □ **-mente** *avv.*
sconvòlgere *v.tr.* [coniugato come *volgere*]

1 mettere sottosopra **2** (*fig.*) turbare gravemente.
scoop *s.m.invar.* (*ingl.*) notizia sensazionale pubblicata da un giornale prima di tutti gli altri.
scoordinàto *agg.* che manca di coordinazione □ **-mente** *avv.*
scópa[1] *s.f.* arnese per spazzare il pavimento.
scópa[2] *s.f.* gioco che si pratica fra due persone o due coppie con le carte italiane.
scopàre *v.tr.* [*io scópo ecc.*] spazzare con la scopa.
scopèrta *s.f.* lo scoprire, l'essere scoperto.
scopèrto *agg.* non coperto; privo di riparo | *assegno* —, privo di copertura finanziaria ♦ *s.m.* **1** luogo non riparato, non difeso **2** mancanza di fondi in conto corrente □ **-mente** *avv.*
scopiazzàre *v.tr.* copiare male e senza discernimento.
scòpo *s.m.* ciò a cui si tende; fine.
scoppiàre *v.intr.* [*io scòppio ecc.*; aus. *essere*] **1** esplodere **2** (*fig.*) prorompere **3** (*fig.*) non poterne più **4** (*sport*) cedere per stanchezza.
scòppio *s.m.* esplosione | *motore a* —, che funziona con miscela detonante.
scoprìre *v.tr.* [coniugato come *coprire*] **1** togliere a una cosa ciò che la copre **2** manifestare **3** giungere alla conoscenza di fatti, cose, luoghi prima sconosciuti **4** individuare ♦ **-rsi** *v. rifl.* **1** liberarsi dei panni che coprono il corpo o una parte di esso **2** (*fig.*) manifestare, rivelare le proprie intenzioni **3** uscire allo scoperto.
scoraggiaménto *s.m.* stato d'animo di chi è scoraggiato.
scoraggiàre *v.tr.* [*io scoràggio ecc.*] **1** infondere sfiducia **2** (*estens.*) frenare, sconsigliare ♦ **-rsi** *v.intr.pron.* perdere coraggio, abbattersi.
scorbùtico *agg.* [pl.m. *-ci*] (*med.*) di scorbuto ♦ *agg.* e *s.m.* [f. *-a*] **1** (*med.*) che/chi è affetto da scorbuto **2** (*fig.*) scontroso □ **-mente** *avv.*
scorbùto *s.m.* (*med.*) malattia dovuta a carenza di vitamina C.
scorciatóia *s.f.* **1** percorso più breve rispetto alla strada principale **2** (*fig.*) espediente.
scórcio *s.m.* **1** rappresentazione grafica di una figura, in modo che alcune parti appaiano più vicine **2** ultima parte di un periodo di tempo.
scordàre *v.tr.* [*io scòrdo ecc.*] dimenticare ♦ **-rsi** *v.intr.pron.* dimenticarsi.
scordàto *agg.* stonato.
scòrgere *v.tr.* [pres. *io scòrgo, tu scòrgi ecc.*; pass.rem. *io scòrsi, tu scorgésti ecc.*; part.pass. *scòrto*] **1** riuscire a vedere **2** (*fig.*) accorgersi di qlco.
scòria *s.f.* prodotto di scarto | *scorie radioattive*, (*fis.*) i materiali radioattivi che si formano durante una reazione nucleare.
scorpacciàta *s.f.* mangiata abbondante.
scorpióne *s.m.* **1** animale degli artropodi dal corpo nero e appiattito, provvisto di due pinze e di un aculeo velenoso **2** *Scorpione*, (*astr.*) costellazione e segno dello zodiaco.
scorrazzàre *v. intr.* [aus. *avere*] **1** correre qua e là **2** vagare per un territorio predando.
scórrere *v.intr.* [coniugato come *correre*; aus. *essere*] **1** muoversi lungo un tracciato, in un condotto; fluire **2** (*estens.*) procedere senza intoppi (anche *fig.*) **3** (*fig.*) trascorrere, passare ♦ *v.tr.* leggere in fretta.
scorrerìa *s.f.* incursione in un territorio a scopo di saccheggio e di devastazione.
scorrettézza *s.f.* **1** mancanza di correttezza **2** azione, discorso scorretti, scortesi.
scorrètto *agg.* **1** che presenta errori **2** di azione, scortese, sleale | che si comporta con slealtà □ **-mente** *avv.*
scorrévole *agg.* che scorre facilmente, senza intoppi | (*fig.*) che si sviluppa con fluidità □ **-mente** *avv.*
scórsa *s.f.* rapida lettura.
scórso *agg.* passato, trascorso.
scòrta *s.f.* **1** l'azione di scortare per sorvegliare o proteggere; la persona, le persone o i mezzi che compiono tale azione **2** provvista.
scortàre *v.tr.* [*io scòrto ecc.*] accompagnare per sorvegliare, proteggere.
scortése *agg.* privo di garbo, di cortesia; villano □ **-mente** *avv.*
scortesìa *s.f.* l'essere scortese.
scorticàre *v.tr.* [*io scórtico, tu scórtichi ecc.*] produrre una lacerazione della pelle ♦ **-rsi** *v.intr.pron.* lacerarsi la pelle.
scòrza *s.f.* corteccia | buccia.
scoscéso *agg.* dirupato, ripido.
scòssa *s.f.* **1** sussulto | — *elettrica*, sensazione provocata da una scarica di corrente elettrica (m.) **2** (*fig.*) dolore, turbamento.
scòsso *agg.* turbato, impressionato.
scossóne *s.m.* scossa violenta.
scostànte *agg.* che suscita antipatia; poco socievole.
scostàre *v.tr.* [*io scòsto ecc.*] allontanare ♦ **-rsi** *v.rifl.* farsi da parte.
scostumàto *agg.* contrario alle norme della morale | (*estens.*) immorale ♦ *s.m.* [f. *-a*] □ **-mente** *avv.*
scotch *s.m.invar.* (*ingl.*) **1** whisky scozzese **2** nastro autoadesivo trasparente.

scotòma *s.m.* [pl. *-mi*] (*med.*) perdita della vista in un'area limitata del campo visivo.
scottànte *agg.* **1** che scotta, che brucia (anche *fig.*) **2** (*fig.*) che suscita grande preoccupazione.
scottàre *v.tr.* [*io scòtto ecc.*] causare un'ustione ♦ *v. intr.* [aus. *avere* nei sign. 1 e 2, *essere* nel sign. 3] **1** emanare molto calore, essere molto caldo **2** (*fig.*) preoccupare **3** (*fig.*) irritare fortemente ♦ **-rsi** *v.rifl.* prodursi un'ustione, una bruciatura.
scottatùra *s.f.* bruciatura, ustione.
scòtto[1] *agg.* si dice di vivanda troppo cotta.
scòtto[2] *s.m.* solo nella loc. *pagare lo —*, subire una conseguenza svantaggiosa.
scovàre *v.tr.* [*io scóvo ecc.*] **1** stanare **2** (*fig.*) riuscire a trovare.
screanzàto *agg.* e *s.m.* [f. *-a*] che/chi è senza creanza; maleducato.
screditàto *agg.* che ha perso stima, reputazione.
screening *s.m.invar.* (*ingl.*) qualsiasi indagine che mira a selezionare, a vagliare preventivamente.
scremàre *v.tr.* [*io scrèmo ecc.*] **1** togliere la panna, la crema del latte **2** (*fig.*) selezionare un insieme.
screpolàre *v.tr.* [*io scrèpolo ecc.*] produrre crepe sottili ♦ **-rsi** *v.intr.pron.* fendersi in crepe sottili.
scrèzio *s.m.* disaccordo, dissapore.
scricchiolàre *v.intr.* [*io scricchiolo ecc.*; aus. *avere*] **1** produrre un rumore secco **2** (*fig.*) dare segni di cedimento.
scrìgno *s.m.* cassetta per oggetti preziosi.
scriteriàto *agg.* e *s.m.* [f. *-a*] che/chi è o agisce senza criterio, senza prudenza.
scrìtto *agg.* espresso per mezzo della scrittura ♦ *s.m.* ogni cosa espressa mediante la scrittura | qualsiasi opera di scrittura.
scrittóre *s.m.* [f. *-trice*] chi scrive opere che hanno un intento artistico.
scrittùra *s.f.* **1** lo scrivere; il modo di scrivere **2** *Sacra Scrittura*, la Bibbia **3** (*dir.*) documento scritto in cui si certificano fatti, si effettuano dichiarazioni ecc. **4** contratto con cui viene ingaggiato un artista dello spettacolo.
scritturàre *v.tr.* ingaggiare un artista con una scrittura.
scrivanìa *s.f.* mobile per ufficio o per studio, costituito da un piano orizzontale per scrivere e da uno o più cassetti.
scrìvere *v.tr.* [pass.rem. *io scrissi, tu scrivésti ecc.*; part.pass. *scritto*] **1** tracciare segni grafici che rappresentano convenzionalmente parole, suoni musicali o altro **2** fissare un contenuto di pensiero usando una o più frasi mediante la scrittura | (*assol.*) scrivere lettere.
scroccàre *v.tr.* [*io scròcco, tu scròcchi ecc.*] (*fam.*) ottenere qlco. a spese altrui.
scròcco *s.m.* [pl. *-chi*] (*fam.*) lo scroccare: *a —*, a spese altrui.
scroccóne *s.m.* [f. *-a*] chi è solito scroccare.
scròfa *s.f.* femmina del maiale.
scrollàre *v.tr.* [*io scròllo ecc.*] scuotere energicamente | *— il capo*, muoverlo a destra e a sinistra in segno di diniego.
scrosciàre *v.intr.* [*io scròscio ecc.*; aus. *essere* e *avere*] **1** detto di acqua, cadere **2** (*fig.*) succedersi a ritmo continuo e rapido, producendo un rumore simile a quello dell'acqua che scroscia: *gli applausi scrosciarono a lungo.*
scròscio *s.m.* lo scrosciare.
scrùpolo *s.m.* **1** dubbio, inquietudine **2** cura estrema.
scrupolóso *agg.* **1** che è pieno di scrupoli **2** coscienzioso □ **-mente** *avv.*
scrutàre *v.tr.* osservare con attenzione.
scrutatóre *s.m.* [f. *-trice*] chi, durante le operazioni elettorali, controlla la correttezza del loro svolgimento e al termine esegue lo scrutinio dei voti.
scrutinàre *v.tr.* fare lo scrutinio dei voti espressi in una votazione.
scrutìnio *s.m.* **1** il controllo e il computo dei voti espressi in un'elezione **2** valutazione del profitto degli alunni di una classe.
scuderìa *s.f.* complesso di locali adibiti a stalla per l'allevamento dei cavalli | organizzazione per l'allevamento e l'addestramento dei cavalli da corsa.
scudétto *s.m.* distintivo a forma di piccolo scudo | distintivo tricolore portato sulla maglia dagli atleti della squadra vincitrice di un campionato nazionale.
scudìscio *s.m.* frustino.
scùdo *s.m.* **1** arma difensiva per proteggersi dai colpi del nemico **2** (*estens.*) struttura di rivestimento, di protezione | *— spaziale*, sistema difensivo costituito da satelliti spaziali per neutralizzare eventuali attacchi nemici.
scugnìzzo *s.m.* monello napoletano.
sculacciόne *s.m.* forte colpo dato sul sedere con la mano aperta.
scultóre *s.m.* [f. *-trice*] chi scolpisce.
scultùra *s.f.* **1** l'arte, la tecnica di formare immagini scavando o plasmando un materiale **2** opera scultorea.
scuòla *s.f.* **1** istituzione educativa che ha il compito di trasmettere alle nuove generazioni i fondamenti della cultura e del sapere **2** (*estens.*) organizzazione con lo sco-

po di insegnare una qualche attività o pratica **3** edificio dove ha sede una scuola **4** insieme di artisti, scrittori, scienziati ecc. che seguono un medesimo indirizzo.

scuòtere *v.tr.* [pres. *io scuòto ecc.*; pass.rem. *io scòssi, tu scuotésti ecc.*; part.pass. *scòsso*] **1** agitare con forza | — *qlcu.*, (*fig.*) sollecitarlo ad agire **2** (*fig.*) agitare, turbare ♦ **-rsi** *v.intr.pron.* **1** sobbalzare **2** (*fig.*) agitarsi, turbarsi.

scùre *s.f.* attrezzo da boscaiolo.

scùro *agg.* **1** buio, oscuro **2** di colore non chiaro **3** (*fig.*) fosco ♦ *s.m.* **1** buio **2** colore scuro **3** imposta interna.

scurrìle *agg.* licenzioso, volgare, triviale.

scurrilità *s.f.* l'essere scurrile.

scùsa *s.f.* **1** lo scusare, lo scusarsi **2** le parole o gli atti con cui uno si scusa **3** pretesto.

scusàre *v.tr.* **1** discolpare, giustificare un comportamento altrui **2** perdonare ♦ **-rsi** *v. rifl.* chiedere scusa, giustificarsi.

sdebitàrsi *v.rifl.* [*io mi sdébito ecc.*] liberarsi dai debiti | (*fig.*) disobbligarsi.

sdegnàre *v.tr.* [*io sdégno ecc.*] **1** disprezzare **2** provocare sdegno, irritazione ♦ **-rsi** *v.intr.pron.* indignarsi, adirarsi, offendersi.

sdégno *s.m.* vivo risentimento e irritazione verso qlco. che offende il senso morale.

sdegnóso *agg.* **1** che prova sdegno | (*assol.*) sprezzante **2** che esprime sdegno □ **-mente** *avv.*

sdentàto *agg.* che non ha i denti.

sdolcinatézza *s.f.* l'essere sdolcinato.

sdolcinàto *agg.* lezioso.

sdoppiaménto *s.m.* lo sdoppiare, lo sdoppiarsi | — *della personalità*, (*psicol.*) comparsa in una persona di atteggiamenti e comportamenti contrastanti fra loro.

sdoppiare *v.tr.* dividere in due ♦ **-rsi** *v.intr.pron.* dividersi in due.

sdraiàre *v.tr.* [*io sdràio ecc.*] coricare ♦ **-rsi** *v.rifl.* mettersi a giacere.

sdràio *s.m.* lo sdraiarsi, lo stare sdraiato | *sedia a* —, costruita in modo che ci si possa sdraiare.

sdrammatizzàre *v.tr.* attenuare la gravità di un evento.

sdrucciolàre *v.intr.* [*io sdrùcciolo ecc.*; aus. *essere*] scivolare su una superficie liscia o viscida.

sdrucciolévole *agg.* su cui è facile sdrucciolare; viscido.

se[1] *cong.* **1** posto che, ammesso che (con valore condizionale) | — *non*, tranne che | — *non altro*, almeno **2** fosse che, avvenisse che (con valore desiderativo) **3** dato che, dal momento che (con valore causale) **4** con valore concessivo, nelle loc. *se anche*, *se pure* **5** preceduto da *come*, introduce una proposizione comparativa ipotetica **6** introduce proposizioni dubitative e interrogative indirette ♦ *s.m.invar.* **1** incertezza: *mettere da parte i se e i ma* **2** condizione: *accetto, ma c'è un se.*

se[2] *pron.pers.m.* e *f. di terza pers.sing.* e *pl.* si usa in luogo della forma pronominale atona *si* davanti ai pron. pers. *lo*, *la*, *li*, *le* e alla particella *ne*.

sé *pron.pers.rifl.m.* e *f. di terza pers.sing.* e *pl.* si usa solo quando si riferisce al soggetto della proposizione; si usa nei complementi retti da preposizione, spesso rafforzato da *stesso* o *medesimo* | come compl. oggetto, in luogo della forma atona *si*, per conferire particolare risalto.

sebbène *cong.* benché, quantunque (introduce prop. concessive).

sèbo *s.m.* sostanza grassa secreta dalle ghiandole sebacee della pelle.

seborrèa *s.f.* (*med.*) eccessiva secrezione delle ghiandole sebacee.

secànte *agg.* e *s.f.* (*geom.*) si dice di ogni retta o segmento che taglia una qualsiasi linea.

sécca *s.f.* **1** zona di mare poco profondo **2** scarsità d'acqua: *un torrente in* —.

seccànte *agg.* noioso; spiacevole.

seccàre *v.tr.* [*io sécco, tu sécchi ecc.*] **1** rendere secco **2** (*fig.*) importunare, infastidire ♦ *v.intr.* [aus. *essere*] diventare secco: *i fiori recisi seccano presto* ♦ **-rsi** *v.intr.pron.* **1** diventare secco, inaridirsi **2** (*fig.*) irritarsi, infastidirsi.

seccatóre *s.m.* [f. *-trice*] chi secca.

seccatúra *s.f.* fastidio, noia.

sécchia *s.f.* secchio per attingere acqua.

sécchio *s.m.* **1** recipiente di forma troncoconica o cilindrica, munito di un manico semicircolare, destinato a contenere liquidi o altri materiali **2** (*estens.*) la quantità di liquido o di altro materiale contenuta in un secchio.

sécco *agg.* [pl.m. *-chi*] **1** privo d'acqua; asciutto, essiccato **2** molto magro **3** (*fig.*) risoluto, deciso **4** detto di vino o di altra bevanda alcolica, non dolce ♦ *s.m.* **1** luogo senz'acqua **2** siccità □ **-mente** *avv.*

secèrnere *v.tr.* [pres. *io secèrno ecc.*; part.pass. *secrèto*] (*biol.*) elaborare ed emettere particolari sostanze.

secessióne *s.f.* il distaccarsi di un gruppo dall'unità politica o sociale a cui appartiene.

secolàre *agg.* **1** che dura da secoli **2** che appartiene al secolo, al mondo; laico | *clero* —, i sacerdoti non appartenenti a un ordine o una congregazione ♦ *s.m.* (spec. *pl.*) laico.

secolarizzazióne *s.f.* (*eccl.*) provvedi-

mento con il quale chi ha ricevuto gli ordini religiosi viene ridotto allo stato laicale.
sècolo *s.m.* **1** periodo di cent'anni **2** il secolo in cui si vive; *il male del* —, nel sec. XIX la tubercolosi, nel XX i tumori **3** (*iperb.*) periodo di tempo assai lungo.
secondàrio *agg.* **1** che viene come secondo in una successione **2** che ha valore minore ☐ **-mente** *avv.* **1** in secondo luogo **2** successivamente.
secondìno *s.m.* (*fam.*) guardia carceraria.
secóndo[1] *agg.num.ord.* **1** che in una serie occupa il posto numero due **2** minore per importanza o per grado ♦ *avv.* in secondo luogo (in correlazione con *primo*) ♦ *s.m.* **1** unità di misura del tempo corrispondente alla sessantesima parte di un primo **2** la seconda portata di vivande.
secóndo[2] *prep.* **1** conformemente a **2** stando a | in base a | in rapporto a.
secrèto *s.m.* (*biol.*) il prodotto di una secrezione.
secrezióne *s.f.* (*biol.*) produzione, da parte di determinate cellule e ghiandole, di particolari sostanze | la sostanza secreta.
sedàre *v.tr.* [io sèdo ecc.] calmare | reprimere.
sedatìvo *agg.* che serve a calmare ♦ *s.m.* farmaco dall'effetto calmante.
sède *s.f.* **1** luogo di residenza | città, edificio dove risiede un ente, un ufficio **2** *in separata* —, (*fig.*) privatamente.
sedentàrio *agg.* che comporta poco movimento ♦ *agg.* e *s.m.* [f. -a] che/chi si muove poco o conduce una vita poco attiva.
sedére[1] *v.intr.* [pres. *io sièdo, tu sièdi, egli siède, noi sediamo, voi sedéte, essi sièdono*; pass.rem. *io sedéi* o *sedètti, tu sedésti ecc.*; fut. *io sederò* (o *siederò*) *ecc.*; pres.congiunt. *io sièda..., noi sediamo, voi sediate, essi sièdano*; cond. *io sederèi* (o *siederèi*) *ecc.*; imp. *sièdi, sedéte*; ger. *sedèndo*; aus. *essere*] **1** poggiare su un piano le parti posteriori del corpo, tenendo le ginocchia piegate o accavallate: — *su una sedia, per terra*; — *a tavola*, per consumare il pasto **2** (*estens.*) esercitare una funzione sedendo su un seggio: — *in parlamento*; — *in tribunale*, essere giudice; — *sul trono*, regnare ♦ **-rsi** *v.intr.pron.* mettersi a sedere: *prego, si sieda*.
sedére[2] *s.m.* parte del corpo su cui si sta seduti.
sèdia *s.f.* mobile su cui ci si siede | — *elettrica*, dispositivo per l'esecuzione di condanne a morte.
sedicènte *agg.* si dice di chi si attribuisce titoli e qualifiche che non ha.
sédici *agg.num.card.invar.* numero naturale corrispondente a una decina più sei unità.
sedìle *s.m.* qualsiasi oggetto fatto perché ci si possa sedere.
sedimentàre *v.intr.* [io sediménto ecc.; aus. *essere* e *avere*] depositarsi sul fondo, detto di particelle solide sospese in un liquido.
sedimentàrio *agg.* (*geol.*) si dice di rocce formatesi per sedimentazione.
sedimentazióne *s.f.* processo di deposito, sul fondo di un recipiente, delle particelle solide sospese in un liquido.
sediménto *s.m.* deposito lasciato in fondo a un recipiente da particelle solide in sospensione.
sedizióne *s.f.* tumulto di popolo.
seducènte *agg.* che seduce, affascina.
sedùrre *v.tr.* [pres. *io seduco, tu seduci ecc.*; pass.rem. *io sedussi, tu seducésti ecc.*; part.pass. *sedótto*] **1** indurre in errore qlcu. dopo averlo avvinto con allettamenti **2** far innamorare qlcu. con lusinghe e promesse ingannevoli | (*estens.*) affascinare, attrarre.
sedùta *s.f.* **1** riunione di un'assemblea **2** ciascuna delle volte che un cliente s'incontra con un professionista per una consultazione, una visita.
seduttóre *agg.* e *s.m.* [f. -trice] che/chi seduce.
seduzióne *s.f.* **1** il sedurre, l'essere sedotto **2** fascino.
séga *s.f.* utensile usato per tagliare vari materiali, costituito da una lama munita di denti, inserita in un telaio o in un manico.
segàre *v.tr.* [io ségo, tu séghi ecc.] tagliare con una sega.
segatùra *s.f.* l'insieme dei minuti frammenti che si producono segando il legno.
sèggio *s.m.* **1** (*estens.*) ciascuno dei posti di cui si compone un organo collegiale **2** — *elettorale*, commissione preposta a scrutinare i voti di un'elezione.
seggiovìa *s.f.* funivia per il trasporto di persone, costituita da un cavo metallico a cui sono fissati sedili.
seghettàto *agg.* dentellato.
segmentàre *v.tr.* [io segménto ecc.] **1** dividere in segmenti **2** (*fig.*) suddividere.
segmentazióne *s.f.* il segmentare, il segmentarsi, l'essere segmentato.
segménto *s.m.* (*geom.*) tratto di retta compreso fra due punti.
segnalàre *v.tr.* **1** comunicare **2** (*fig.*) mettere in evidenza | — *un candidato*, raccomandarlo ♦ **-rsi** *v.rifl.* distinguersi.
segnalazióne *s.f.* **1** il segnalare, il trasmettere segnali; l'insieme dei segnali usati per segnalare **2** (*estens.*) comunicazione **3** (*fig.*) raccomandazione.

segnàle *s.m.* segno convenzionale per indicare o far conoscere qlco.
segnalètica *s.f.* insieme di segnali.
segnalètico *agg.* [pl.m. *-ci*] che serve a segnalare.
segnalìbro *s.m.* cartoncino che si mette tra le pagine di un libro per ritrovare il punto voluto.
segnàre *v.tr.* [*io ségno ecc.*] **1** indicare con segni **2** (*estens.*) prendere nota **3** dare il segnale ♦ **-rsi** *v.rifl.* farsi il segno della croce.
segnatùra *s.f.* nelle biblioteche, sigla usata per la catalogazione di un libro.
ségno *s.m.* **1** impronta lasciata da qlco.; elemento che serve a distinguere o a indicare **2** ogni figura o espressione grafica usata convenzionalmente per rappresentare qlco.; simbolo **3** in semiologia, tutto ciò che serve per capire e trasmettere un'informazione **4** indizio **5** bersaglio: *tiro a —* | *colpire, cogliere nel —*, (*fig.*) indovinare esattamente qlco.
ségo *s.m.* grasso animale.
segregàre *v.tr.* [*io sègrego, tu sègreghi ecc.*] separare dagli altri ♦ **-rsi** *v.intr.pron.* isolarsi.
segregazióne *s.f.* il segregare, il segregarsi, l'essere segregato | *— razziale*, separazione forzata degli individui di colore, attuata da governi razzisti.
segretàrio *s.m.* [f. *-a*] **1** chi, in un ufficio, cura gli affari correnti, sbriga la corrispondenza, tiene nota degli impegni, risponde al telefono **2** chi ha il compito di redigere i verbali **3** chi dirige l'attività di un'organizzazione, un'associazione, un partito.
segreterìa *s.f.* ufficio, carica di segretario; la sede in cui lavora un segretario e l'insieme degli impiegati che da lui dipendono.
segréto[1] *agg.* tenuto nascosto □ **-mente** *avv.*
segréto[2] *s.m.* cosa che non si vuole o non si può rivelare, divulgare.
seguàce *s.m.* [anche *f.*] chi segue e sostiene una dottrina, una scuola, un maestro.
segùgio *s.m.* **1** cane da caccia **2** (*scherz.*) agente investigativo dotato di molto fiuto.
seguìre *v.tr.* [*io séguo ecc.*; pass.rem. *io seguìi, tu seguisti ecc.*] **1** andare dietro a **2** procedere in una determinata direzione **3** (*estens.*) sorvegliare | (*fig.*) tenersi al corrente **4** (*fig.*) attenersi, conformarsi (a un modello, una dottrina, un'idea) ♦ *v.intr.* [aus. *essere*] venire dopo.
seguitàre *v.tr.* [*io séguito ecc.*] continuare ♦ *v.intr.* [aus. *essere* e *avere*] proseguire.
séguito *s.m.* **1** l'insieme delle persone che accompagnano o scortano un alto personaggio **2** l'insieme di coloro che sono fautori di una dottrina, seguaci di un personaggio **3** sequenza: *un — di disgrazie* **4** | *di —*, subito dopo, senza interruzione | *in —*, poi, più avanti | *in — a*, a causa di **5** (*fig.*) effetto, conseguenza.
sèi *agg.num.card.invar.* numero naturale corrispondente a cinque unità più una.
seicènto *agg.num.card.invar.* numero corrispondente a sei volte cento ♦ *s.m. il Seicento*, il sec. XVII.
sélce *s.f.* (*geol.*) roccia sedimentaria molto dura, usata nelle pavimentazioni stradali, come materiale da costruzione, nella fabbricazione di macine ecc.
selciàto *s.m.* pavimentazione stradale costituita da selci o da altre pietre dure.
selettìvo *agg.* capace di selezionare | basato sulla selezione □ **-mente** *avv.*
selettóre *s.m.* dispositivo che consente di operare una selezione.
selezionàre *v.tr.* [*io selezióno ecc.*] operare una selezione, scegliendo il meglio.
selezióne *s.f.* scelta degli elementi migliori o che presentano determinate caratteristiche.
self-control *s.m.invar.* (*ingl.*) controllo di sé; autocontrollo.
self-service *s.m.invar.* (*ingl.*) ristorante o altro esercizio in cui i clienti si servono da sé.
sèlla *s.f.* **1** sedile di cuoio che si fissa sul dorso della cavalcatura **2** sellino.
sellìno *s.m.* sedile, generalmente molleggiato, di bicicletta o motocicletta.
sélva *s.f.* **1** foresta **2** (*fig.*) moltitudine confusa.
selvaggìna *s.f.* denominazione generica degli animali selvatici che si cacciano e si mangiano.
selvàggio *agg.* [pl.f. *-ge*] **1** che vive, che cresce nelle selve **2** (*estens.*) non coltivato **3** primitivo | (*estens.*) rozzo **4** (*fig.*) crudele **5** non regolamentato ♦ *s.m.* [f. *-a*] □ **-mente** *avv.*
selvàtico *agg.* [pl.m. *-ci*] **1** si dice di pianta o animale che nasce e cresce liberamente **2** (*estens.*) di animale, poco docile; di persona, non socievole □ **-mente** *avv.*
selz *s.m.* acqua resa gassosa con anidride carbonica, usata per preparare bevande.
semàforo *s.m.* apparecchio che regola il traffico stradale emettendo luci di colore verde, giallo e rosso.
semàntica *s.f.* ramo della linguistica che studia il significato delle parole.
semàntico *agg.* [pl.m. *-ci*] **1** relativo alla semantica **2** che riguarda il significato di una parola.
sembràre *v.intr.* [*io sémbro ecc.*; aus. *essere*]

avere l'apparenza; parere ♦ *v.intr.impers.* [aus. *essere*] dare l'impressione.
séme *s.m.* **1** (*bot.*) parte del frutto dalla cui germinazione ha origine una nuova pianta **2** semente (con valore collettivo) **3** (*fig.*) causa **4** sperma: *la banca del —.*
semeiòtica *s.f.* parte della medicina che studia i sintomi delle malattie.
seménte *s.f.* (*agr.*) insieme di semi destinati alla semina.
semènza *s.f.* (*agr.*) semente.
semèstre *s.m.* periodo di sei mesi.
semi- primo elemento di parole composte, che vale 'mezzo, per metà', oppure 'in parte, quasi'.
semibrève *s.f.* (*mus.*) il maggior valore di una nota o di una pausa; intero.
semicérchio *s.m.* mezzo cerchio, mezza circonferenza.
semifinàle *s.f.* (*sport*) ultima fase di selezione per l'ammissione dei concorrenti alla gara finale.
semifréddo *agg.* e *s.m.* si dice di dolce simile al gelato.
semilavoràto *agg.* e *s.m.* si dice di prodotto industriale che necessita di un'ulteriore lavorazione per diventare un prodotto finito.
semilibertà *s.f.* (*dir.*) regime carcerario che consente al detenuto di trascorrere parte del giorno fuori dal carcere.
sémina *s.f.* **1** il seminare **2** il tempo in cui si semina.
seminàre *v.tr.* [*io sémino ecc.*] **1** porre il seme nella terra **2** (*fig.*) diffondere, provocare, suscitare **3** (*fam.*) in una gara di corsa, lasciare molto indietro gli avversari.
seminàrio *s.m.* **1** istituto per la preparazione spirituale e culturale degli aspiranti al sacerdozio **2** riunione di studio.
seminarìsta *s.m.* [pl. *-sti*] allievo di un seminario religioso.
seminàto *agg.* che è stato cosparso di semi ♦ *s.m.* terreno seminato | *uscire dal —,* (*fig.*) uscire dall'argomento in questione.
seminfermità *s.f.* infermità parziale.
seminterràto *s.m.* piano di un edificio che si trova in parte sotto il livello del suolo.
semiologìa *s.f.* **1** nelle scienze umane, lo stesso che *semiotica* **2** (*med.*) lo stesso che *semeiotica.*
semiòlogo *s.m.* [f. *-a*; pl.m. *-gi*] **1** studioso di semiotica **2** medico specializzato in semeiotica.
semiòtica *s.f.* la scienza dei segni, linguistici e non linguistici, per mezzo dei quali avviene la comunicazione.
semìta *s.m.* e *f.* [pl.m. *-ti*] appartenente a un gruppo etnico-linguistico originario dell'area mediorientale, il quale, secondo la Bibbia, discenderebbe da Sem, figlio di Noè | usato anche come *agg.*
semìtico *agg.* [pl.m. *-ci*] dei semiti.
semitòno *s.m.* intervallo musicale di mezzo tono.
sémola *s.f.* prodotto intermedio della macinazione del grano duro, che con ulteriore macinazione si trasforma in farina.
semolìno *s.m.* **1** prodotto intermedio della macinazione del grano duro, di pezzatura più piccola di quella della semola, usato per minestre e altre pietanze **2** la minestra fatta con tale prodotto.
sémplice *agg.* **1** formato di un solo elemento **2** (*fig.*) facile, elementare **3** detto di persona, sincero, schietto **4** in grammatica: *preposizione —,* non articolata; *tempi semplici,* le forme verbali non composte, cioè non costruite mediante l'ausiliare ♦ *s.m.* e *f.* chi ha l'animo schietto, puro; anche, chi è ingenuo □ **-mente** *avv.*
sempliciòtto *agg.* e *s.m.* [f. *-a*] che/chi è molto ingenuo e sprovveduto.
semplicità *s.f.* **1** l'essere semplice **2** naturalezza, schiettezza, sobrietà.
semplificàre *v.tr.* [*io semplìfico, tu semplìfichi ecc.*] rendere semplice; facilitare ♦ **-rsi** *v.intr.pron.* divenire più semplice, più chiaro.
semplificazióne *s.f.* il semplificare, il semplificarsi, l'essere semplificato.
sèmpre *avv.* **1** senza interruzione, senza fine (indica una continuità ininterrotta nel tempo) **2** seguito da comparativo, dà all'espressione un valore di continuità **3** può indicare il perdurare o il ripetersi di una situazione **4** con valore di 'tuttavia, nondimeno' | nella loc. cong. *— che,* purché.
sempreverde *agg.* e *s.m.* e *f.* si dice di pianta che non perde le foglie durante l'inverno.
sènape *s.f.* **1** genere di piante erbacee delle quali alcune specie hanno semi con proprietà medicinali **2** salsa di farina di senape; mostarda | usato come *agg.invar.* di colore tra il giallo e il marrone.
senàto *s.m.* negli stati a regime bicamerale, uno dei due rami del parlamento | la sede dove i senatori si riuniscono; l'adunanza stessa.
senatóre *s.m.* [f. *-trice,* con riferimento agli stati moderni] membro di un senato.
senescènza *s.f.* l'insieme dei processi di involuzione biologica delle cellule e degli organismi, caratteristico dell'invecchiamento.
senìle *agg.* di vecchio, da vecchio.
senilità *s.f.* vecchiaia.
senior *agg.invar.* (*lat.*) più vecchio ♦ *agg.* e

s.m. e *f.* [pl. *seniòres*] (*sport*) si dice di atleta che fa parte di una categoria superiore.
sénno *s.m.* **1** capacità d'intendere **2** avvedutezza, prudenza.
séno *s.m.* **1** il petto | (*estens.*) le mammelle | il grembo femminile **2** (*fig.*) parte intima dell'animo, o anche di un ambiente, di una struttura **3** (*anat.*) denominazione generica di varie piccole cavità del corpo.
sensàle *s.m.* mediatore.
sensàto *agg.* che ha buon senso; che denota buon senso □ **-mente** *avv.*
sensazionàle *agg.* che fa colpo □ **-mente** *avv.*
sensazióne *s.f.* **1** informazione ricevuta dal sistema nervoso quando uno stimolo esterno agisce su uno degli organi di senso **2** coscienza di una modificazione dello stato psichico **3** (*fig.*) impressione | stupore.
sensìbile *agg.* **1** che può essere percepito attraverso i sensi **2** notevole **3** che risponde a uno stimolo **4** (*fig.*) detto di persona, che ha particolare capacità di sentire e di comprendere □ **-mente** *avv.*
sensibilità *s.f.* **1** l'essere sensibile: *la — di uno strumento* **2** (*fisiol.*) la facoltà, propria degli organismi animali, di percepire gli stimoli esterni o interni mediante gli organi sensoriali.
sensibilizzàre *v.tr.* rendere qlcu. cosciente e partecipe di un fatto, di un'idea ♦ **-rsi** *v. rifl.* rendersi consapevole.
sensìsmo *s.m.* (*filos.*) dottrina che fa derivare la conoscenza solo dall'esperienza sensibile.
sensitìvo *agg.* **1** che riguarda l'attività dei sensi **2** detto di persona, sensibile, emotivo ♦ *s.m.* [f. *-a*] medium.
sènso *s.m.* **1** facoltà propria degli organismi animali di avvertire l'azione prodotta da stimoli esterni o interni; *avere un sesto —*, avere notevole capacità d'intuito; *perdere, riacquistare i sensi*, perdere, riprendere conoscenza **2** *pl.* sensualità **3** sentimento | *buon —*, equilibrio **4** il significato di una parola, di una frase, di un discorso, di un testo | *in un certo —*, sotto un certo aspetto | *ai sensi della legge*, (*burocr.*) in conformità alla legge **5** direzione.
sensuàle *agg.* **1** dei sensi **2** incline ai piaceri dei sensi | che rivela sensualità □ **-mente** *avv.*
sensualità *s.f.* l'essere sensuale.
sentènza *s.f.* **1** (*dir.*) giudizio emesso da un giudice **2** massima | *sputare sentenze*, (*fig.*) esprimere giudizi presuntuosi e inopportuni.
sentenziàre *v.tr.* e *intr.* [*io sentènzio ecc.*; aus. dell'intr. *avere*] **1** emettere una sentenza **2** esprimere giudizi presuntuosi e inopportuni.
sentièro *s.m.* viottolo.
sentimentàle *agg.* che prova sentimenti, affetti teneri, malinconici ♦ *s.m.* e *f.* □ **-mente** *avv.*
sentimentalìsmo *s.m.* tendenza verso una sentimentalità eccessiva.
sentiménto *s.m.* **1** stato o moto affettivo dell'animo **2** modo di sentire.
sentinèlla *s.f.* soldato armato posto di guardia a un luogo.
sentìre *v.tr.* [*io sènto ecc.*] **1** percepire con i sensi; avvertire sensazioni indotte da uno stimolo **2** udire | *non — ragione*, ostinarsi in un'idea **3** venire a sapere; presentire **4** provare sentimenti ♦ **-rsi** *v.rifl.* **1** provare una sensazione fisica **2** essere in un determinato stato d'animo | *sentirsela*, avere la forza, il coraggio di fare qlco.
sentóre *s.m.* impressione indistinta.
sènza *prep.* **1** indica mancanza, esclusione, privazione **2** introduce una proposizione con valore modale.
senzatétto *s.m.* e *f.invar.* chi è privo di una casa dove dormire.
separàbile *agg.* che si può separare.
separàre *v.tr.* [*io sepàro ecc.*] **1** dividere **2** distinguere ♦ **-rsi** *v.rifl.* e *rifl.rec.* porre termine a una compagnia, a una convivenza | lasciarsi.
separatìsmo *s.m.* tendenza di un gruppo etnico o religioso minoritario a sottrarsi dalla sovranità dello stato a cui appartiene o a ottenere una certa autonomia.
separatìsta *s.m.* e *f.* [pl.m. *-sti*] fautore del separatismo.
separazióne *s.f.* il separare, il separarsi, l'essere separato | *— legale*, (*dir.*) cessazione della convivenza di due coniugi.
sepólcro *s.m.* costruzione funebre di particolare valore artistico o storico.
seppellìre *v.tr.* [pres. *io seppellisco, tu seppellisci ecc.*; part. pass. *seppellito* o *sepólto*] **1** deporre nella tomba **2** sotterrare; sommergere ♦ **-rsi** *v.rifl.* appartarsi, isolarsi | sprofondarsi, immergersi.
séppia *s.f.* mollusco marino commestibile ♦ *agg.* e *s.m.invar.* si dice di colore di tonalità grigio-bruna.
sequèla *s.f.* successione di cose o fatti analoghi, per lo più molesti.
sequènza *s.f.* **1** successione ordinata di cose o fatti **2** (*cine.*) serie di inquadrature successive sullo stesso episodio o argomento.
sequestràre *v.tr.* [*io sequèstro ecc.*] **1** (*dir.*) sottoporre a sequestro **2** privare illegalmente qlcu. della libertà personale.
sequestràto *agg.* si dice di cosa o persona

sottoposta a sequestro ♦ *s.m.* [f. -*a*] **1** (*dir.*) la persona o la parte a carico della quale è stato disposto il sequestro di un bene **2** chi è vittima di un sequestro di persona.

sequèstro *s.m.* (*dir.*) provvedimento cautelare con cui il giudice sottrae un bene alla disponibilità di chi lo detiene o ordina il ritiro di cose pertinenti a un reato | — *di persona*, (*dir.*) reato commesso da chi priva illecitamente qlcu. della libertà personale.

sequòia *s.f.* albero gigantesco originario della California.

séra *s.f.* l'ultima parte del giorno compresa fra il tramonto e l'inizio della notte.

seràfico *agg.* [pl.m. -*ci*] **1** da serafino **2** (*fig.*) che non si scompone mai □ **-mente** *avv.*

serafino *s.m.* (*teol.*) angelo.

seràta *s.f.* **1** la sera, con riferimento alla durata, al modo di trascorrerla **2** festa.

serbàre *v.tr.* [*io sèrbo ecc.*] **1** mettere da parte **2** (*fig.*) conservare ♦ **-rsi** *v.rifl.* restare.

serbatóio *s.m.* cisterna o recipiente per tenere in deposito liquidi o gas.

sèrbo *s.m.* solo nelle loc. *avere*, *tenere*, *mettere in* —, conservare.

seréno *agg.* **1** limpido **2** (*fig.*) tranquillo ♦ *s.m.* cielo sereno □ **-mente** *avv.*

serial *s.m.invar.* (*ingl.*) trasmissione radiofonica o telefilm a episodi in cui ricorre lo stesso protagonista.

sèrico *agg.* [pl.m. -*ci*] di seta, della seta: *industria serica*.

sèrie *s.f. invar.* **1** successione ordinata e continua: — *di persone*, *di dati*, *di fatti* **2** (*sport*) ciascuno dei gruppi in cui vengono suddivisi, in base al loro valore, atleti o squadre.

serietà *s.f.* **1** l'essere serio **2** gravità.

sèrio *agg.* **1** che affronta la vita e i suoi problemi con coscienza dei propri doveri e compiti **2** che ha un'espressione preoccupata, accigliata o anche triste **3** grave ♦ *s.m.* ciò che è serio | *fare sul* —, non scherzare □ **-mente** *avv.*

sèrpe *s.f.* serpente non grande e non velenoso | (*fig.*) persona ipocrita e infida.

serpeggiàre *v.intr.* [*io serpéggio ecc.*; aus. *avere*] **1** procedere tortuosamente **2** (*fig.*) insinuarsi.

serpènte *s.m.* nome generico con cui si designano vari rettili a corpo cilindrico, privi di zampe, che strisciano sul terreno.

serpentìna *s.f.* **1** linea serpeggiante **2** tubo a spirale.

sèrra *s.f.* **1** costruzione con pareti e soffitto di materiale trasparente per la coltivazione di fiori o piante **2** *effetto* —, (*geog.*) fenomeno naturale in cui la concentrazione di anidride carbonica nell'atmosfera permette il passaggio delle radiazioni solari ma trattiene quelle che dal suolo e dall'atmosfera tendono a disperdersi nello spazio, determinando un aumento della temperatura di superficie.

serràglio *s.m.* il complesso degli animali appartenenti a un circo.

serraménto *s.m.* [pl. *i serramenti*; con valore collettivo, *le serramenta*] struttura mobile destinata a chiudere finestre, porte, sportelli.

serrànda *s.f.* chiusura a saracinesca.

serràre *v.tr.* **1** chiudere con una chiave **2** chiudere stringendo | — *le file*, (fig.) stringersi compatti **3** intensificare, accellerare.

serràta *s.f.* sospensione dell'attività aziendale attuata dai datori di lavoro come forma di pressione sui lavoratori o sui pubblici poteri.

serràto *agg.* **1** chiuso **2** fitto **3** rapido, concitato: *ritmo* —.

serratùra *s.f.* congegno per chiudere a chiave.

servìgio *s.m.* azione compiuta disinteressatamente in favore di qlcu.

servìle *agg.* **1** di servo **2** (*spreg.*) privo di dignità □ **-mente** *avv.*

servilismo *s.m.* tendenza a una forma di eccessiva sottomissione nei confronti di chi esercita un potere.

servìre *v.tr.* [*io sèrvo ecc.*] **1** essere assoggettato **2** prestare la propria opera alle dipendenze o in favore di un ente, un'istituzione **3** portare in tavola vivande o bevande ♦ *v.intr.* [aus. *essere*] **1** essere utile **2** (*fam.*) occorrere ♦ **-rsi** *v.intr.pron.* usare.

servitù *s.f.* **1** condizione di servo **2** complesso delle persone di servizio **3** (*dir.*) limitazione del diritto di proprietà su un bene.

serviziévole *agg.* che cerca di rendersi utile.

servìzio *s.m.* **1** il lavoro svolto alle dipendenze di un ente pubblico | il lavoro domestico svolto in casa privata **2** l'attività di chi fa parte di un corpo militare | — *civile*, quello che viene prestato dagli obbiettori di coscienza **3** atto utile o gradito **4** — *pubblico*, prestazione fornita da un ente pubblico per soddisfare un'esigenza della collettività **5** *pl.* (*econ.*) l'insieme delle attività lavorative che non rientrano né nell'agricoltura né nell'industria; terziario **6** insieme funzionale di oggetti, impianti, strutture destinati a un determinato uso | *servizi igienici*, gli impianti per i bisogni fisiologici e l'igiene personale **7** (*giorn.*) articolo o filmato su un determinato avvenimento o argomento.

sèrvo *s.m.* [f. -a] schiavo ♦ *agg.*
servofréno *s.m.* (*aut.*) meccanismo che serve a ridurre lo sforzo necessario ad azionare i freni degli autoveicoli.
servostèrzo *s.m.* (*aut.*) meccanismo che serve a ridurre lo sforzo necessario ad azionare il volante degli autoveicoli.
sèsamo *s.m.* pianta erbacea dai cui semi si ricava un olio commestibile.
sessànta *agg.num.card.invar.* numero naturale corrispondente a sei decine.
sessantottìno *s.m.* [f. -a] chi ha partecipato al movimento di contestazione giovanile del 1968.
sessióne *s.f.* serie di sedute di un'assemblea, un collegio, una commissione ecc., durante un determinato periodo: — *autunnale d'esami.*
sèsso *s.m.* **1** il complesso delle caratteristiche che distinguono in una stessa specie i maschi e le femmine **2** l'attività sessuale **3** gli organi genitali.
sessuàle *agg.* relativo al sesso □ **-mente** *avv.*
sessualità *s.f.* complesso dei caratteri sessuali e dei fenomeni relativi al sesso.
sesto *s.m.* **1** ordine, assetto, disposizione; *rimettersi in* —, ritornare in una situazione normale **2** (*arch.*) curvatura di un arco.
set *s.m.invar.* (*ingl.*) **1** insieme di più elementi che costituiscono un tutto unitario o una gamma completa **2** (*sport*) ciascuna delle partite in cui si divide un incontro di tennis **3** (*cine.*) luogo in cui vengono effettuate le riprese di un film.
séta *s.f.* filamento sottilissimo e lucente secreto dal baco da seta per costruirsi il bozzolo e usato come fibra tessile.
setàccio *s.m.* attrezzo usato per separare le parti più fini dalle altre.
séte *s.f.* **1** bisogno di bere **2** (*fig.*) brama.
sétola *s.f.* pelo rigido e resistente del dorso dei maiali, dei cinghiali o della coda dei cavalli, usato per fabbricare spazzole e pennelli.
sètta *s.f.* insieme di persone che seguono una dottrina religiosa nata per distacco da un'altra già diffusa e affermata | (*spreg.*) gruppo politico o ideologico intollerante, chiuso in sé stesso.
settànta *agg.num.card.invar.* numero naturale corrispondente a sette decine.
settàrio *agg.* **1** di setta **2** (*estens.*) fazioso ♦ *s.m.* [f. -a] individuo fazioso.
sètte *agg.num.card.invar.* numero naturale corrispondente a sei unità più una.
settecènto *agg.num.card.invar.* numero naturale corrispondente a sette volte cento ♦ *s.m. il Settecento*, il sec. XVIII.
settèmbre *s.m.* nono mese dell'anno.
settenàrio *agg.* e *s.m.* (*metr.*) si dice di verso il cui ultimo accento ritmico cade sulla sesta sillaba.
settentrióne *s.m.* **1** nord **2** regione situata a nord; insieme di regioni situate a nord.
setticemìa *s.f.* (*med.*) infezione caratterizzata dalla presenza di germi nel sangue.
settìmana *s.f.* **1** periodo di sette giorni compreso tra il lunedì e la domenica **2** paga, salario di una settimana di lavoro **3** periodo di sei o sette giorni in cui si svolgono determinate operazioni o manifestazioni: — *bianca*, quella che si passa sulla neve in località sciistiche.
settimanàle *agg.* della settimana | che avviene ogni settimana ♦ *s.m.* pubblicazione periodica che esce una volta alla settimana □ **-mente** *avv.*
sètto *s.m.* (*anat.*) lamina che divide in due parti una cavità o separa fra loro due cavità: — *nasale.*
settore *s.m.* **1** spazio o zona in qualche modo delimitata **2** (*fig.*) ramo, campo di un'attività.
settoriàle *agg.* che riguarda un settore; relativo a singoli settori: *economia* — □ **-mente** *avv.*
set-up *s.m.invar.* (*ingl.*) (*inform.*) predisposizione di un sistema a eseguire una determinata operazione | in particol., nome del programma che installa un software.
severità *s.f.* l'essere severo; rigore.
sevèro *agg.* **1** duro, rigoroso **2** semplice, sobrio □ **-mente** *avv.*
sevìzia *s.f.* (spec. *pl.*) tortura.
seviziàre *v.tr.* [io sevìzio ecc.] sottoporre a sevizie | violentare.
sex-appeal *s.m.invar.* (*ingl.*) capacità di esercitare una forte attrazione erotica.
sexy *agg.invar.* (*ingl.*) provocante.
sezionàre *v.tr.* [io sezióno ecc.] **1** dividere in sezioni **2** (*med.*) sottoporre ad autopsia.
sezióne *s.f.* **1** suddivisione, ripartizione | ciascuna delle parti in cui è diviso un complesso **2** (*med.*) taglio eseguito su un cadavere per studio o autopsia.
sfaccendàto *agg.* e *s.m.* [f. -a] che/chi non ha nulla da fare | fannullone.
sfaccettàre *v.tr.* [io sfaccétto ecc.] tagliare e lavorare una superficie di pietra preziosa o di cristallo in modo da rilevarne vari piani.
sfaccettatùra *s.f.* lo sfaccettare; la parte sfaccettata (anche *fig.*).
sfacchinàre *v.intr.* [aus. avere] (*fam.*) compiere un lavoro da facchino.
sfacchinàta *s.f.* (*fam.*) grande sforzo.

sfacciatàggine *s.f.* l'essere sfacciato.
sfacciàto *agg.* sfrontato ♦ *s.m.* [f. *-a*] □ **-mente** *avv.*
sfacèlo *s.m.* processo di disfacimento | (*fig.*) rovina.
sfaldàrsi *v.intr.pron.* **1** dividersi in falde **2** (*fig.*) disgregarsi.
sfamàre *v.tr.* nutrire ♦ **-rsi** *v.rifl.* togliersi la fame, saziarsi.
sfàrzo *s.m.* lusso vistoso.
sfarzóso *agg.* pieno di sfarzo, fatto con sfarzo □ **-mente** *avv.*
sfasaménto *s.m.* **1** (*fis.*) differenza di fase fra due grandezze alternate di ugual periodo **2** (*fig. fam.*) disorientamento, stordimento.
sfasàto *agg.* **1** detto di motore, che è fuori fase **2** (*fig. fam.*) disorientato.
sfasciàre[1] *v.tr.* [*io sfàscio ecc.*] togliere la fascia.
sfasciàre[2] *v.tr.* [*io sfàscio ecc.*] **1** rompere **2** (*fig.*) rovinare ♦ **-rsi** *v.intr.pron.* **1** rompersi **2** (*fig.*) andare in rovina.
sfàscio *s.m.* sfacelo, rovina.
sfatàre *v.tr.* dimostrare falsa o inattendibile una notizia, una credenza.
sfaticàto *agg.* e *s.m.* [f. *-a*] (*fam.*) fannullone, scansafatiche.
sfavillàre *v.intr.* [aus. *avere*] risplendere di luce viva, abbagliante.
sfavorévole *agg.* non favorevole; ostile, contrario □ **-mente** *avv.*
sfegatàrsi *v.intr.pron.* [*io mi sfégato ecc.*] (*fam.*) darsi da fare con passione.
sfegatàto *agg.* (*fam.*) fanatico.
sfenòide *s.m.* (*anat.*) osso della base del cranio.
sfèra *s.f.* **1** (*geom.*) solido geometrico la cui superficie esterna ha tutti i punti equidistanti da un punto interno, detto *centro* | (*estens.*) globo, palla **2** (*fig.*) ambiente sociale | ambito, settore.
sfèrico *agg.* [pl.m. *-ci*] di sfera, relativo a una sfera | che ha forma di sfera □ **-mente** *avv.*
sferràre *v.tr.* [*io sfèrro ecc.*] **1** togliere i ferri **2** (*fig.*) tirare, lanciare con forza ♦ **-rsi** *v.rifl.* o *intr.pron.* detto di animale, perdere un ferro o i ferri dagli zoccoli.
sferruzzàre *v.intr.* [aus. *avere*] lavorare con i ferri da maglia.
sfèrza *s.f.* scudiscio, frusta.
sferzàre *v.tr.* [*io sfèrzo ecc.*] **1** colpire con la sferza | (*estens.*) battere con violenza **2** (*fig.*) biasimare.
sferzàta *s.f.* **1** colpo di sferza **2** (*fig.*) rimprovero aspro e pungente; critica severa.
sfiancàto *agg.* sfinito, spossato.
sfiatatóio *s.m.* apertura praticata in un ambiente chiuso per far uscire aria, gas.
sfibràre *v.tr.* logorare le forze fisiche o psichiche ♦ **-rsi** *v.intr.pron.* ridursi allo stremo delle forze.
sfida *s.f.* **1** invito a duello **2** competizione sportiva **3** (*fig.*) provocazione.
sfidàre *v.tr.* **1** invitare un avversario a battersi in duello, a misurarsi in una gara sportiva o in una prova di altro genere **2** (*estens.*) invitare qlcu. a fare qlco. che si pensa sia impossibile **3** (*fig.*) affrontare con audacia ♦ **-rsi** *v.rifl.rec.* invitarsi reciprocamente a battersi con le armi o a misurarsi in una competizione.
sfidùcia *s.f.* mancanza di fiducia.
sfiduciàto *agg.* avvilito, scoraggiato.
sfiguràre *v.tr.* deturpare | (*iperb.*) stravolgere ♦ *v.intr.* [aus. *avere*] fare una brutta figura.
sfilàre[1] *v.tr.* **1** togliere una cosa infilata **2** togliere di dosso ♦ **-rsi** *v.intr.pron.* **1** uscire dal filo: *le perle si sono sfilate*.
sfilàre[2] *v.intr.* [aus. *essere* e *avere*] procedere in fila.
sfilàta *s.f.* il procedere disposti in fila | — *di moda*, presentazione di modelli.
sfilza *s.f.* gran quantità.
sfinge *s.f.* **1** (*mit.*) mostro alato con corpo di leone e volto di donna **2** (*fig.*) persona enigmatica.
sfinìre *v.tr.* [*io sfinisco, tu sfinisci ecc.*] far perdere le forze; spossare ♦ **-rsi** *v.intr.pron.* perdere le forze.
sfintère *s.m.* (*anat.*) anello muscolare che, contraendosi, provoca la chiusura dell'orifizio a cui sta intorno.
sfioràre *v.tr.* [*io sfióro ecc.*] **1** passare vicino toccando appena; rasentare **2** (*fig.*) toccare di sfuggita **3** (*fig.*) essere sul punto di conseguire.
sfiorìre *v.intr.* [*io sfiorisco, tu sfiorisci ecc.*; aus. *essere*] **1** appassire **2** (*fig.*) perdere freschezza.
sfitto *agg.* non affittato.
sfizio *s.m.* capriccio, voglia.
sfocàto *agg.* **1** non nitido **2** (*fig.*) poco chiaro; non ben definito.
sfociàre *v.intr.* [*io sfócio ecc.*; aus. *essere*, non com. *avere*] **1** detto di corso d'acqua, sboccare **2** (*fig.*) risolversi.
sfoderàre *v.tr.* [*io sfòdero ecc.*] **1** estrarre dal fodero **2** (*fig.*) tirare fuori inaspettatamente o al momento opportuno.
sfogàre *v.tr.* [*io sfógo, tu sfóghi ecc.*] dare libero sfogo a sentimenti repressi ♦ *v.intr.* [aus. *essere*] uscir fuori liberamente ♦ **-rsi** *v.intr.pron.* **1** esprimere liberamente risentimenti, malumori **2** scaricare un'energia repressa.
sfoggiàre *v.intr.* [*io sfòggio ecc.*; aus. *avere*]

fare sfoggio ♦ *v.tr.* mettere in mostra | (*fig.*) ostentare.
sfòggio *s.m.* ostentazione.
sfòglia *s.f.* **1** lamina sottile **2** strato di pasta all'uovo assottigliata col matterello | *pasta* —, pasta che cuocendo si divide in strati leggeri.
sfogliàre[1] *v.tr.* [*io sfòglio ecc.*] togliere le foglie, i petali ♦ **-rsi** *v.intr.pron.* perdere le foglie, i petali.
sfogliàre[2] *v.tr.* [*io sfòglio ecc.*] voltare le pagine ♦ **-rsi** *v.intr.pron.* ridursi in strati sottili, in sfoglie.
sfógo *s.m.* [pl. *-ghi*] **1** lo sfogare; l'apertura attraverso cui qlco. può sfogare **2** (*fig.*) lo sfogarsi **3** (*pop.*) eruzione cutanea.
sfolgoràre *v.intr.* [*io sfólgoro ecc.*; aus. *avere*] risplendere di una luce molto intensa (anche *fig.*).
sfolgorìo *s.m.* uno sfolgorare continuo.
sfollagènte *s.m.invar.* bastone rivestito di gomma, usato dalle forze di polizia.
sfollàre *v.intr.* [*io sfòllo ecc.*; aus. *essere* e *avere*] **1** diradarsi **2** allontanarsi ♦ *v.tr.* sgombrare | far allontanare ♦ **-rsi** *v.intr. pron.* svuotarsi di gente.
sfollàto *agg.* e *s.m.* [f. *-a*] che/chi ha dovuto allontanarsi dal proprio luogo di residenza per evitare pericoli.
sfoltìre *v.tr.* [*io sfoltisco, tu sfoltisci ecc.*] rendere meno folto; diradare ♦ **-rsi** *v.intr. pron.* diventare meno folto; diradarsi.
sfondaménto *s.m.* **1** lo sfondare, lo sfondarsi, l'essere sfondato **2** (*mil.*) rottura del fronte nemico.
sfondàto *agg.* **1** con il fondo rotto | *ricco* —, (*fam.*) ricchissimo **2** (*fig. fam.*) ingordo.
sfóndo *s.m.* **1** la parte più lontana di un dipinto, di una fotografia | nella scena teatrale, il fondale **2** (*fig.*) ambiente storico, culturale.
sformàre *v.tr.* [*io sfórmo ecc.*] deformare ♦ **-rsi** *v. intr.pron.* deformarsi.
sformàto *agg.* che ha perduto la forma ♦ *s.m.* (*gastr.*) pietanza cotta in uno stampo.
sfornàre *v.tr.* [*io sfórno ecc.*] **1** togliere dal forno **2** (*fig.*) produrre in abbondanza.
sfornìto *agg.* sprovvisto, privo.
sfortùna *s.f.* sorte avversa.
sfortunàto *agg.* **1** che ha sfortuna **2** che non ha avuto buon esito □ **-mente** *avv.*
sforzàre *v.tr.* [*io sfòrzo ecc.*] **1** sottoporre a uno sforzo **2** far forza ♦ **-rsi** *v.intr.pron.* impegnarsi in ogni modo.
sfòrzo *s.m.* intensa applicazione di forza o di impegno.
sfóttere *v.tr.* [*io sfótto ecc.*] (*pop.*) prendere in giro ♦ **-rsi** *v.rifl.rec.* (*pop.*) prendersi in giro a vicenda.
sfracellàre *v.tr.* [*io sfracèllo ecc.*]ridurre a pezzi; fracassare ♦ **-rsi** *v.intr.pron.* fracassarsi.
sfrattàre *v.tr.* mandar via da un immobile con un atto dell'autorità giudiziaria chi lo ha in locazione ♦ *v.intr.* [aus. *avere*] andarsene da un alloggio in seguito a un'intimazione dell'autorità giudiziaria.
sfràtto *s.m.* lo sfrattare, l'essere sfrattato; intimazione di lasciare un immobile locato.
sfrecciàre *v.intr.* [*io sfréccio ecc.*; aus. *avere*] correre velocemente.
sfregàre *v.tr.* [*io sfrégo, tu sfréghi ecc.*] **1** strofinare **2** strisciare facendo una certa pressione; fregare.
sfregiàto *agg.* deturpato da sfregi ♦ *s.m.* [f. *-a*].
sfrégio *s.m.* ferita che deturpa i tratti del viso; la cicatrice che ne rimane | (*estens.*) taglio, graffio, macchia fatti su immagini od opere d'arte per deturparle.
sfrenàre *v.tr.* [*io sfréno* o *sfrèno ecc.*] lasciare libero da ogni freno ♦ **-rsi** *v.intr.pron.* scatenarsi.
sfrenàto *agg.* privo di qualsiasi freno (anche *fig.*) □ **-mente** *avv.*
sfrondàre *v.tr.* [*io sfróndo ecc.*] **1** privare delle fronde **2** (*fig.*) togliere ciò che è superfluo ♦ **-rsi** *v.intr.pron.* perdere le fronde.
sfrontatézza *s.f.* l'essere sfrontato | azione da sfrontato.
sfrontàto *agg.* **1** di persona, insolente, sfacciato **2** di cosa, che rivela mancanza di ritegno ♦ *s.m.* [f. *-a*] □ **-mente** *avv.*
sfruttaménto *s.m.* lo sfruttare, l'essere sfruttato.
sfruttatóre *s.m.* che sfrutta, chi sfrutta.
sfruttàre *v.tr.* **1** coltivare **2** (*fig.*) trarre profitto dal lavoro altrui senza offrire un'adeguata remunerazione **3** (*estens.*) saper utilizzare.
sfuggènte *agg.* **1** elusivo, evasivo **2** poco marcato, appena accennato.
sfuggévole *agg.* che sfugge facilmente (anche *fig.*) □ **-mente** *avv.*
sfuggìre *v.intr.* [*io sfuggo, tu sfuggi ecc.*; aus. *essere*] **1** sottrarsi a qlcu. o a qlco. **2** cadere, scivolare via | passare inosservato; dimenticare ♦ *v.tr.* evitare, scansare.
sfuggìta *s.f.* nella loc. avv. *di* —, fuggevolmente, rapidamente.
sfumàre *v.intr.* [aus. *essere*] (*fig.*) andare in fumo, svanire ♦ *v.tr.* diminuire gradatamente.
sfumatùra *s.f.* **1** (*pitt.*) passaggio graduale da un colore **2** (*fig.*) differenza lieve.
sfurìàta *s.f.* manifestazione violenta di collera.

sfùso *agg.* **1** sciolto **2** (*estens.*) si dice di merce venduta non confezionata.
sgabèllo *s.m.* piccolo sedile senza spalliera né braccioli.
sgabuzzìno *s.m.* ripostiglio.
sgambàta *s.f.* (*sport*) corsa di riscaldamento prima di una gara.
sgambettàre *v.intr.* [io sgambétto ecc.; aus. avere] camminare a passi corti e rapidi ♦ *v.tr.* gettare a terra con uno sgambetto.
sgambétto *s.m.* mossa con cui si intralcia il passo a qlcu. per farlo cadere | *fare lo — a qlcu.*, (*fig.*) avvantaggiarsi su di lui con mezzi sleali.
sganciàre *v.tr.* [io sgàncio ecc.] **1** liberare dai ganci **2** (*fam.*) sborsare denaro ♦ **-rsi** *v.rifl.* o *intr.pron.* **1** sciogliersi dal gancio o dai ganci **2** (*fig.*) liberarsi di qlcu.
sgangheràto *agg.* divelto dai cardini | (*estens.*) sconquassato, sconnesso □ **-mente** *avv.*
sgarbàto *agg.* poco cortese ♦ *s.m.* [f. -a] □ **-mente** *avv.*
sgàrbo *s.m.* azione, parola, comportamento scortese; villania.
sgargiànte *agg.* appariscente, vistoso.
sgarràre *v.intr.* [aus. avere] (*fam.*) sbagliare, mancare d'esattezza | detto di persona, venir meno al proprio dovere.
sgàrro *s.m.* nel gergo della malavita, offesa, infrazione di un codice di comportamento.
sghémbo *agg.* non diritto; obliquo, storto ♦ *avv.* di traverso, obliquamente.
sghignazzaménto *s.m.* lo sghignazzare.
sghignazzàre *v.intr.* [aus. avere] ridere sguaiatamente e con scherno.
sghimbèscio *agg.* nelle loc. *di* (o *a*) —, di traverso, obliquamente.
sgobbàre *v.intr.* [io sgòbbo ecc.; aus. avere] (*fam.*) lavorare molto.
sgobbàta *s.f.* (*fam.*) lo sgobbare; lavoro, studio prolungato e senza pause.
sgobbóne *s.m.* [f. -a] chi lavora o studia con assiduità e grande applicazione.
sgocciolàre *v.intr.* [io sgócciolo ecc.; aus. essere o avere] cadere in gocciole ♦ *v.tr.* perdere gocce, lasciar cadere a gocce (anche *assol.*).
sgómbero *s.m.* **1** lo sgomberare **2** operazione militare consistente nell'evacuare una zona.
sgombràre o **sgomberare** *v.tr.* [io Sgómbro ecc.] **1** liberare, vuotare un luogo, un ambiente da persone od oggetti che lo ingombrano (anche *fig.*) **2** evacuare persone.
sgómbro *agg.* non ingombro, libero.
sgomentàre *v.tr.* [io sgoménto ecc.] sbigottire ♦ **-rsi** *v.intr.pron.* provare sgomento.
sgoménto *s.m.* stato di forte turbamento ♦ *agg.* sgomentato.
sgominàre *v.tr.* [io sgòmino ecc.] sbaragliare.
sgomitàre *v.tr.* [io sgómito ecc.] farsi largo a gomitate (anche *fig.*).
sgonfiàre *v.tr.* [io sgónfio ecc.] **1** vuotare un recipiente elastico dell'aria o del gas di cui era gonfio **2** (*estens.*) eliminare o ridurre un gonfiore ♦ **-rsi** *v. intr.pron.* **1** perdere la gonfiatura **2** (*fig.*) perdere la presunzione.
sgónfio *agg.* poco gonfio | non gonfio.
sgòrbio *s.m.* **1** scarabocchio **2** (*fig.*) persona brutta.
sgorgàre *v.intr.* [io sgórgo, tu sgórghi ecc.; aus. essere] zampillare | (*fig.*) scaturire ♦ *v.tr.* sturare, liberare da un ingorgo.
sgozzàre *v.tr.* [io sgózzo ecc.] tagliare la gola.
sgradévole *agg.* che non è gradito □ **-mente** *avv.*
sgradìto *agg.* che provoca fastidio.
sgraffignàre *v.tr.* (*fam.*) rubare.
sgrammaticàto *agg.* si dice di persona che fa molti errori di grammatica o di scritto, discorso pieno di errori.
sgranàre *v.tr.* togliere i semi delle piante leguminose dal baccello | — *gli occhi*, (*fig.*) spalancarli in segno di meraviglia.
sgranchìrsi *v.rifl.* sciogliere i muscoli e le articolazioni intorpiditi facendo del moto.
sgranocchiàre *v.tr.* [io sgranòcchio ecc.] (*fam.*) mangiare qlco. di croccante.
sgravàre *v.tr.* alleviare da un peso (spec. *fig.*) ♦ **-rsi** *v.rifl.* o *intr.pron.* liberarsi (spec. *fig.*).
sgràvio *s.m.* alleggerimento o eliminazione di un onere fiscale: — *d'imposta*.
sgraziàto *agg.* senza grazia, privo di armonia □ **-mente** *avv.*
sgretolaménto *s.m.* lo sgretolare, lo sgretolarsi, l'essere sgretolato.
sgretolàre *v.tr.* [io sgrétolo ecc.] frantumare ♦ **-rsi** *v.intr.pron.* frantumarsi.
sgridàre *v.tr.* rimproverare.
sgridata *s.f.* rimprovero.
sgrossàre *v.tr.* [io sgròsso ecc.] **1** dare una prima forma a un oggetto togliendone le parti eccedenti **2** (*fig.*) dirozzare ♦ **-rsi** *v.intr.pron.* dirozzarsi.
sguaiàto *agg.* scomposto, volgare ♦ *s.m.* [f. -a] □ **-mente** *avv.*
sgualcìre *v.tr.* [io sgualcisco, tu sgualcisci ecc.] spiegazzare ♦ **-rsi** *v.intr.pron.* spiegazzarsi.
sguàrdo *s.m.* **1** il guardare | occhiata **2** il modo in cui si guarda.
sguarnìto *agg.* **1** privo di guarnizioni **2** privo di difesa.

sguàttero *s.m.* [f. -*a*] addetto ai servizi di pulizia della cucina.
sguazzàre *v.intr.* [aus. *avere*] **1** stare nell'acqua muovendosi **2** (*fig.*) trovarsi a proprio agio.
sguinzagliàre *v.tr.* [*io sguinzàglio ecc.*] **1** sciogliere dal guinzaglio **2** (*fig.*) mandare alla ricerca.
sgusciare *v.tr.* [*io sgùscio ecc.*] togliere qlco. dal guscio ♦ *v.intr.* [aus. *essere*] detto di pulcini, uscire dal guscio dell'uovo.
shampoo *s.m.invar.* (*ingl.*) miscela schiumogena detergente usata per lavare i capelli.
sherry *s.m.invar.* (*ingl.*) vino liquoroso prodotto in Spagna.
shock *s.m.invar.* (*ingl.*) emozione improvvisa e violenta.
shopping *s.m.invar.* (*ingl.*) l'andare in giro per negozi a fare acquisti.
shorts *s.m.pl.* (*ingl.*) calzoncini corti.
show-room *s.m.invar.* (*ingl.*) salone in cui si espongono prodotti.
shuttle *s.m.invar.* (*ingl.*) navetta spaziale.
si[1] *s.m.* nota musicale, la settima della scala di do.
si[2] *pron.pers.rifl.m.* e *f. di terza pers.sing.* e *pl.* **1** forma complementare atona del pron. pers. *sé*; si usa come compl. oggetto con i verbi riflessivi e con i verbi riflessivi reciproci | come compl. di termine con i verbi riflessivi apparenti | in presenza delle forme pronominali atone *la*, *lo*, *li*, *le*, e della particella *ne*, viene sostituito da *se* | accompagnato dai pronomi personali atoni *mi*, *ti*, *ci*, *vi*, *gli* si pospone a essi **2** unito a un verbo di terza pers. sing. dà a esso valore impers. **3** unito a un verbo transitivo attivo di terza pers. sing. o pl., conferisce valore passivo.
sì *avv.* si usa nelle risposte come affermazione ♦ *s.m.invar.* risposta affermativa | usato come *agg.invar.* (*fam.*) positivo.
sia *cong.* con valore correlativo disgiuntivo: *ne parlerò — agli uni — agli altri.*
sìal *s.m.* (*geol.*) strato esterno del globo terrestre.
sibillìno *agg.* oscuro, enigmatico □ **-mente** *avv.*
sìbilo *s.m.* fischio sottile e acuto.
sicàrio *s.m.* chi uccide su mandato di altri.
sicché *cong.* e quindi, e perciò (con valore conclusivo).
siccità *s.f.* mancanza assoluta o scarsezza di piogge.
siccóme *cong.* poiché, giacché (con valore causale).
sicùra *s.f.* congegno di sicurezza delle armi da fuoco portatili o dell'apertura di porte e altri sistemi.
sicurézza *s.f.* **1** condizione di ciò che è sicuro | *uscita di* —, nei locali pubblici, uscita utilizzabile in caso di pericolo | — *pubblica*, l'ordine pubblico e l'osservanza delle leggi **2** qualità di chi è sicuro di sé e delle proprie azioni **3** certezza.
sicùro *agg.* **1** che non presenta alcun pericolo **2** protetto **3** che ha padronanza | *essere — di sé*, consapevole delle proprie capacità **4** certo ♦ *avv.* certamente ♦ *s.m.* [solo *sing.*] ciò che è sicuro | *andare sul* —, (*fig.*) non correre rischi □ **-mente** *avv.*
sideràle *agg.* (*astr.*) delle stelle, degli astri | *anno* —, il tempo impiegato dalla Terra per compiere il suo giro intorno al Sole.
sidèreo *agg.* (*astr.*) siderale: *anno* —.
siderurgìa *s.f.* settore della metallurgia che concerne la produzione e la lavorazione industriale dell'acciaio e della ghisa.
siderùrgico *agg.* [pl.m. -*ci*] della siderurgia ♦ *s.m.* [f. -*a*] operaio che lavora nell'industria siderurgica.
sièpe *s.f.* fila di arbusti o altre piante disposti fittamente per limitare o recintare, o come ornamento.
sièro *s.m.* la parte liquida di un fluido biologico che risulta dopo la sua coagulazione: — *del sangue*, *del latte*.
sierodiàgnosi *s.f.* (*med.*) accertamento diagnostico di malattie infettive, basato sull'identificazione degli anticorpi.
sieropositìvo *agg.* (*med.*) si dice di chi è risultato positivo a una sierodiagnosi, ed è quindi portatore del microrganismo patogeno in esame.
sieroterapìa *s.f.* terapia contro le malattie infettive.
siesta *s.f.* (*sp.*) breve riposo pomeridiano.
sifilide *s.f.* (*med.*) malattia infettiva trasmessa per via sessuale.
sifilitico *agg.* [pl.m. -*ci*] della sifilide ♦ *agg.* e *s.m.* [f. -*a*] che/chi è affetto da sifilide.
sifóne *s.m.* **1** conduttura idraulica a forma di U rovesciata, per portare un liquido da un livello a un altro inferiore, valicando un ostacolo **2** contenitore di selz o acqua gassata.
sigarétta *s.f.* rotolino cilindrico di tabacco trinciato che si fuma avvolto in un foglietto di carta sottile.
sìgaro *s.m.* rotolo di una o più foglie di tabacco, che si fuma.
sigillàre *v.tr.* **1** chiudere ermeticamente **2** (*dir.*) apporre i sigilli, per disposizione dell'autorità giudiziaria.
sigìllo *s.m.* attrezzo di pietra o metallo sulla cui superficie è inciso a incavo un simbolo o un segno distintivo; si imprime su cera o ceralacca.
sìgla *s.f.* **1** lettere iniziali di una o più pa-

role usate come abbreviazione di una denominazione **2** firma abbreviata **3** — *musicale*, breve motivo musicale che apre o chiude una trasmissione radiotelevisiva.
siglàre *v.tr.* apporre una sigla.
significànte *s.m.* (*ling.*) l'elemento formale, fonico o grafico, che, insieme al significato, costituisce il segno linguistico.
significàre *v.tr.* [*io signìfico, tu signìfichi ecc.*] **1** esprimere un significato **2** (*fig.*) equivalere.
significatìvo *agg.* **1** che ha particolare importanza **2** ricco di significato □ **-mente** *avv.*
significàto *s.m.* **1** il contenuto semantico di un segno linguistico **2** (*fig.*) valore.
signóra *s.f.* **1** appellativo di riguardo con cui ci si rivolge o ci si riferisce a una donna sposata **2** (*estens.*) moglie **3** padrona di casa rispetto al personale di servizio **4** donna in genere **5** donna raffinata **6** *Nostra Signora*, la Madonna.
signóre *s.m.* **1** appellativo di riguardo con cui ci si rivolge o ci si riferisce a un uomo **2** uomo in genere **3** uomo raffinato | *pl.* l'insieme delle persone ricche **4** *il Signore, Nostro Signore*, per antonomasia, Dio.
signorìa *s.f.* (*st.*) forma di governo di tipo monarchico assolutistico che soppiantò in molte città italiane le istituzioni comunali.
signorìle *agg.* di signore, da signore □ **-mente** *avv.*
silènzio *s.m.* **1** assenza di suoni **2** il tacere **3** — *stampa*, mancata pubblicazione sulla stampa, per scelta o per divieto, di notizie relative a un fatto importante.
silenziosità *s.f.* l'essere silenzioso.
silenzióso *agg.* **1** che sta in silenzio **2** che non fa rumore | quieto □ **-mente** *avv.*
silhouette *s.f.* (*fr.*) **1** figura di profilo **2** (*estens.*) profilo del corpo, soprattutto femminile
sìlice *s.m.* (*min.*) biossido di silicio.
silìcio *s.m.* elemento chimico di simbolo *Si*; è un non-metallo, costituente fondamentale di molte rocce e minerali.
silicòsi *s.f.* (*med.*) malattia polmonare provocata da una prolungata esposizione alla polvere di silice.
sìllaba *s.f.* (*ling.*) unità fonetica fondamentale costituita da uno o più suoni che si pronunciano con la stessa emissione di voce.
sillabàrio *s.m.* libro sul quale si impara a leggere e scrivere.
sillogìsmo *s.m.* **1** (*filos.*) argomentazione logica mediante la quale da due premesse si deduce una conclusione **2** (*estens.*) ragionamento.
sìlo *s.m.* [pl. *sili* o, alla sp., *silos*] **1** costruzione cilindrica in lamiera o in muratura, per la conservazione e il deposito di foraggi, cereali, minerali ecc. **2** (*mil.*) pozzo che contiene la rampa di lancio di un missile.
silografìa o **xilografìa** *s.f.* procedimento di stampa che utilizza come matrice una tavoletta di legno duro.
silogràfico o **xilografico** *agg.* di silografia; ottenuto mediante silografia.
siluràre *v.tr.* **1** (*mil.*) colpire con siluri **2** (*fig.*) danneggiare una persona che ricopre un incarico di prestigio.
silùro *s.m.* **1** grossa arma a forma di cilindro affusolato, contenente una carica di esplosivo **2** (*fig.*) azione che mira a screditare chi ricopre un incarico di responsabilità, di prestigio o anche un'iniziativa, un'impresa, un'attività ecc.
simbiòsi *s.f.* **1** (*biol.*) forma di vita associata fra animali o vegetali di specie diverse, con beneficio reciproco **2** (*fig.*) rapporto molto stretto tra persone o cose.
simboleggiàre *v.tr.* [*io simboléggio ecc.*] rappresentare con simboli.
simbòlico *agg.* [pl.m. *-ci*] **1** di simbolo; che ha valore di simbolo **2** che fa uso di simboli □ **-mente** *avv.*
simbolìsmo *s.m.* **1** l'essere simbolo, l'avere carattere simbolico; l'essere costituito da simboli **2** l'uso di un particolare sistema di segni; il complesso dei segni usati **3** in arte, la tendenza a esprimersi attraverso simboli | (*st.*) movimento letterario sorto nell'Ottocento in Francia, che tendeva a usare un linguaggio metaforico.
sìmbolo *s.m.* **1** oggetto che può sintetizzare ed evocare una realtà più vasta **2** segno convenzionale.
similàre *agg.* dello stesso tipo, affine.
sìmile *agg.* **1** che presenta somiglianze **2** tale, siffatto ♦ *s.m.* ogni essere della stessa specie □ **-mente** *avv.*
similitùdine *s.f.* figura retorica che consiste nell'accostare due entità sulla base di un rapporto di somiglianza.
similpèlle *s.m.invar.* materiale artificiale di aspetto e consistenza simili a quelli della pelle naturale.
simmetrìa *s.f.* **1** corrispondenza esatta di grandezze, forme e posizioni tra gli elementi di un insieme **2** (*fig.*) disposizione armonica delle parti che costituiscono un insieme.
simmètrico *agg.* [pl.m. *-ci*] che è disposto in simmetria □ **-mente** *avv.*
simpatìa *s.f.* **1** sentimento di attrazione istintiva verso una persona o di adesione nei confronti di una cosa **2** qualità di chi o di ciò che è simpatico.

simpàtico[1] *agg.* [pl.m. *-ci*] **1** che ispira simpatia | (*estens.*) piacevole **2** *inchiostro* —, costituito da composti incolori nel momento in cui si usano, ma che diventano leggibili dopo opportuni trattamenti ♦ *s.m.* [f. *-a*] persona simpatica □ **-mente** *avv.*
simpàtico[2] *agg.* e *s.m.* [pl.m. *-ci*] (*med.*) si dice del sistema nervoso che presiede alle funzioni della vita vegetativa.
simpatizzànte *agg.* e *s.m.* e *f.* che/chi guarda con favore a un partito, a un'ideologia.
simpatizzàre *v.intr.* [aus. *avere*] **1** entrare in rapporto di reciproca simpatia **2** essere disposto favorevolmente verso qlco.
simpòsio *s.m.* congresso di studiosi.
simulàcro *s.m.* immagine.
simulàre *v.tr.* [*io sìmulo ecc.*] **1** manifestare sentimenti insinceri; fingere **2** (*estens.*) imitare.
simulazióne *s.f.* finzione | — *di reato*, (*dir.*) delitto compiuto da chi afferma falsamente che è avvenuto un reato.
simultaneità *s.f.* contemporaneità.
simultàneo *agg.* che avviene nel medesimo tempo □ **-mente** *avv.*
sin- o **sim-** prefisso di parole composte che indica unione, connessione, contemporaneità.
sinagòga *s.f.* edificio in cui si pratica il culto della religione ebraica.
sinceràrsi *v.rifl.* accertarsi.
sincerità *s.f.* l'essere sincero.
sincèro *agg.* **1** che non mente **2** reale | (*estens.*) genuino □ **-mente** *avv.*
sìncope *s.f.* **1** (*ling.*) caduta di un suono o gruppo di suoni all'interno di una parola **2** (*med.*) sospensione improvvisa dell'attività cardiocircolatoria e respiratoria.
sincronìsmo *s.m.* l'essere sincrono; simultaneità.
sincronizzàre *v.tr.* rendere sincroni due o più movimenti o i funzionamenti di due o più congegni, meccanismi ecc. ♦ **-rsi** *v.rifl.* o *intr.pron.* diventare sincrono.
sincronizzatóre *s.m.* dispositivo che ha la funzione di sincronizzare più movimenti.
sìncrono *agg.* che avviene nello stesso momento, nello stesso intervallo di tempo.
sindacàle *agg.* dei sindacati.
sindacalìsmo *s.m.* movimento che mira a tutelare gli interessi dei lavoratori.
sindacalista *s.m.* e *f.* [pl.m. *-sti*] dirigente, funzionario di un'organizzazione sindacale; chi si dedica all'attività sindacale.
sindacàre *v.tr.* [*io sìndaco, tu sìndachi ecc.*] criticare.
sindacato *s.m.* associazione di lavoratori per tutelare gli interessi della categoria.
sìndaco *s.m.* [pl. *-ci*] capo dell'amministrazione di un comune, oggi eletto direttamente dai cittadini.
sìndone *s.f.* nell'antico mondo ebraico, lenzuolo di lino entro cui si avvolgeva il cadavere.
sìndrome *s.f.* (*med.*) il complesso dei sintomi che denunciano una situazione morbosa senza costituire di per sé una malattia autonoma.
sinèddoche *s.f.* figura retorica che trasferisce il significato di una parola a un'altra sulla base di un rapporto di contiguità quantitativa.
sinergìa *s.f.* (*med.*) azione simultanea di due o più agenti diversi sull'organismo, che ne potenzia i singoli effetti.
sinèrgico *agg.* [pl.m. *-ci*] (*med.*) che provoca sinergia.
sinfonìa *s.f.* **1** composizione musicale per orchestra **2** (*fig.*) insieme armonico.
singhiozzàre *v.intr.* [*io singhiózzo ecc.*] piangere con singhiozzi.
singhiózzo *s.m.* rapida inspirazione per improvvisa contrazione del diaframma.
single *s.m.* e *f.invar.* (*ingl.*) persona che vive da sola.
singolàre *agg.* **1** (*lett.*) individuale **2** unico nel suo genere; insolito, strano ♦ *s.m.* (*sport*) nel tennis, partita disputata tra due giocatori □ **-mente** *avv.*
singolarità *s.f.* originalità.
sìngolo *agg.* **1** considerato a sé; isolato **2** predisposto per una sola persona ♦ *s.m.* individuo.
sinìstra *s.f.* **1** la mano sinistra; il lato, la direzione a essa corrispondenti **2** l'insieme dei partiti progressisti, i cui deputati siedono tradizionalmente alla sinistra del presidente.
sinistràto *agg.* e *s.m.* [f. *-a*] che/chi è stato danneggiato da un sinistro.
sinìstro *agg.* **1** si dice di ciò che nel corpo umano sta dalla parte del cuore **2** (*fig.*) funesto | truce ♦ *s.m.* (*burocr.*) disastro, incidente □ **-mente** *avv.*
sinistròrso *agg.* **1** che procede da destra a sinistra **2** (*scient., tecn.*) che gira nel senso opposto a quello delle lancette dell'orologio.
sìnodo *s.m.* concilio ecclesiastico.
sinologìa *s.f.* studio della cultura cinese.
sinònimo *agg.* e *s.m.* (*ling.*) si dice di parola che ha sostanzialmente lo stesso significato di un'altra.
sinòpia *s.f.* disegno preparatorio di un affresco, eseguito sull'intonaco.
sinòssi *s.f.* esposizione sintetica e sistematica di una materia; compendio.
sinòttico *agg.* [pl.m. *-ci*] che permette di

avere una visione simultanea delle varie parti di un complesso □ **-mente** *avv.*

sinòvia *s.f.* (*anat.*) liquido giallastro e viscoso che è presente nelle cavità delle articolazioni e ne facilita i movimenti.

sintàssi *s.f.* (*ling.*) lo studio delle relazioni che si istituiscono nella frase tra le parti che la compongono.

sìntesi *s.f.* **1** processo di unificazione di varie parti in un tutto | (*estens.*) fusione di diversi elementi essenziali e caratteristici **2** (*estens.*) compendio **3** — *clorofilliana*, (*chim.*, *biol.*) fotosintesi.

sintètico *agg.* [pl.m. *-ci*] **1** che costituisce una sintesi o risulta da una sintesi **2** (*estens.*) conciso **3** (*chim.*) si dice di sostanze o di materiali ottenuti artificialmente □ **-mente** *avv.*

sintetizzàre *v.tr.* esporre in forma sintetica, riassumere.

sintomatologìa *s.f.* (*med.*) il complesso dei sintomi di una malattia.

sìntomo *s.m.* **1** (*med.*) fenomeno con cui si manifesta una malattia **2** (*fig.*) indizio.

sintonìa *s.f.* **1** (*fis.*) uguaglianza di periodo tra grandezze o fenomeni periodici **2** (*fig.*) corrispondenza, accordo, armonia.

sintonizzàre *v.tr.* **1** mettere in sintonia due circuiti **2** (*fig.*) armonizzare ♦ **-rsi** *v.intr.pron.* **1** mettersi in sintonia **2** (*fig.*) armonizzarsi, essere in accordo.

sintonizzazióne *s.f.* il sintonizzare, il sintonizzarsi, l'essere sintonizzato.

sinusìte *s.f.* (*med.*) infiammazione delle cavità ossee poste vicino al naso.

sionìsmo *s.m.* movimento politico e culturale ebraico che mirava a ricondurre gli ebrei nell'antica terra di Israele | dopo la fondazione dello stato d'Israele (1948), corrente internazionale d'opinione che sostiene il diritto alla sua esistenza.

sipàrio *s.m.* (*teat.*) grande tendaggio di stoffa pesante che chiude il palcoscenico.

sirèna[1] *s.f.* nella mitologia classica, creatura che ammaliava i naviganti, con l'aspetto di fanciulla nella parte superiore del corpo e di pesce nella parte inferiore.

sirèna[2] *s.f.* apparecchio acustico capace di produrre suoni prolungati.

sirìnga *s.f.* apparecchio di vetro o plastica terminante con un ago forato, usato per iniettare liquidi medicinali nell'organismo o per prelevarne sangue o altri liquidi organici.

sìsma *s.m.* [pl. *-smi*] movimento della crosta terrestre; terremoto, scossa tellurica.

sìsmico *agg.* [pl.m. *-ci*] di terremoto.

sismògrafo *s.m.* strumento usato per registrare le vibrazioni della crosta terrestre.

sismologìa *s.f.* scienza che studia le scosse telluriche e gli altri movimenti spontanei della crosta terrestre.

sistèma *s.m.* [pl. *-mi*] **1** ciò che è costituito da più elementi interdipendenti, uniti tra loro in modo organico | (*biol.*) complesso delle parti di un organismo che concorrono allo svolgimento di una determinata funzione; apparato: — *circolatorio* **2** l'organizzazione politica, economica e sociale di uno stato **3** complesso di procedimenti finalizzati alla realizzazione di un progetto; metodo **4** (*inform.*) insieme dei componenti hardware di un elaboratore.

sistemàre *v.tr.* [*io sistèmo ecc.*] **1** organizzare **2** mettere a posto | definire, regolare **3** procurare un lavoro: — *un figlio in banca* **4** (*fam.*) punire ♦ **-rsi** *v.rifl.* **1** trovare un alloggio **2** trovare un impiego **3** sposarsi.

sistemàtico *agg.* [pl.m. *-ci*] **1** eseguito secondo un sistema | metodico **2** fatto per principio □ **-mente** *avv.*

sistemazióne *s.f.* il sistemare, il sistemarsi, l'essere sistemato.

sìstole *s.f.* (*fisiol.*) movimento di contrazione del cuore.

sit-in *loc.sost.m.invar.* (*ingl.*) manifestazione di protesta che consiste nell'occupare in gruppo un suolo pubblico sedendosi a terra.

sìto *agg.* (*lett.*, *burocr.*) situato ♦ *s.m.* luogo.

situàre *v.tr.* [*io sìtuo ecc.*] porre in un luogo ♦ **-rsi** *v.rifl.* o *intr.pron.* porsi in un dato luogo.

situazióne *s.f.* stato, condizione.

sketch *s.m.invar.* (*ingl.*) breve scena o dialogo teatrale, radiofonico o televisivo di carattere comico.

ski-lift *s.m.invar.* (*ingl.*) sciovia.

skipper *s.m.invar.* (*ingl.*) (*mar.*) la persona che dirige la manovra in una barca a vela da regata.

slabbràre *v.tr.* rompere all'orlo, ai margini ♦ **-rsi** *v.intr.pron.* rompersi negli orli, lacerarsi ai bordi.

slabbratùra *s.f.* lo slabbrare, lo slabbrarsi; il punto in cui una cosa è slabbrata.

slacciàre *v.tr.* [*io slàccio ecc.*] sciogliere, liberare da ciò che tiene allacciato ♦ **-rsi** *v.intr.pron.* sciogliersi da ciò che tiene allacciatoa.

slàlom *s.m.invar.* (*sport*) gara di sci alpino che si effettua su un percorso a passaggi obbligati.

slanciàrsi *v.rifl.* o *intr.pron.* **1** avventarsi **2** (*fig.*) protendersi.

slanciàto *agg.* alto e snello.

slàncio *s.m.* **1** lo slanciare, lo slanciarsi; balzo **2** (*fig.*) impulso vivo.

slargàrsi *v.intr.pron.* [io mi slargo, tu ti slarghi ecc.] diventare più largo.
slàrgo *s.m.* [pl. -ghi] punto in cui una strada, una valle si slargano.
slavàto *agg.* sbiadito, pallido.
slavìna *s.f.* frana di neve polverosa.
sleàle *agg.* **1** che manca di lealtà, onestà, correttezza **2** che è fatto senza lealtà □ **-mente** *avv.*
slealtà *s.f.* l'essere sleale | azione sleale.
slegàre *v.tr.* [io slégo, tu sléghi ecc.] liberare da un legame ♦ **-rsi** *v.rifl.* liberarsi da un legame.
slegàto *agg.* **1** non legato | non rilegato **2** (*fig.*) incoerente, sconnesso.
slip *s.m.pl.* (*ingl.*) mutandine.
slìtta *s.f.* veicolo con due lunghi pattini al posto delle ruote, per trasportare persone o cose su terreni nevosi.
slittaménto *s.m.* lo slittare.
slittàre *v.intr.* **1** (*estens.*) scivolare **2** (*fig.*) venire rimandato.
slogan *s.m.invar.* (*ingl.*) frase sintetica e molto espressiva per fini pubblicitari o di propaganda.
slogàre *v.tr.* [io slògo, tu slòghi ecc.] produrre una slogatura ♦ **-rsi** *v.intr.pron.* subire una slogatura.
slogàto *agg.* si dice di arto che ha subito una slogatura.
slogatùra *s.f.* distorsione.
sloggiàre *v.tr.* [io slòggio ecc.] costringere a lasciare un alloggio, un luogo; cacciar via ♦ *v.intr.* [aus. avere] andar via da un posto.
slow-food *s.m.invar.* (*ingl.*) movimento favorevole alla buona cucina, fatta di piatti tradizionali e cibi genuini.
smaccàto *agg.* esagerato □ **-mente** *avv.*
smacchiàre *v.tr.* [io smàcchio ecc.] pulire togliendo le macchie.
smàcco *s.m.* [pl. -chi] insuccesso.
smagliànte *agg.* splendente (anche *fig.*).
smagrìre *v.tr.* [io smagrisco, tu smagrisci ecc.] rendere magro ♦ *v.intr.* [aus. essere] ♦ **-rsi** *v.intr.pron.* dimagrire.
smaliziàto *agg.* scaltrito | non più ingenuo.
smaltàre *v.tr.* ricoprire di smalto.
smaltiménto *s.m.* lo smaltire, l'essere smaltito.
smaltìre *v.tr.* [io smaltisco, tu smaltisci ecc.] **1** digerire **2** (*fig.*) far passare **3** vendere completamente **4** (*fig.*) far defluire, decongestionare **5** (*fig.*) sbrigare.
smàlto *s.m.* **1** sostanza vetrosa che viene applicata su ceramiche e oggetti metallici | — *per unghie*, vernice cosmetica **2** (*anat.*) il tessuto bianco che forma lo strato esterno della corona del dente.
smancerìa *s.f.* (spec. *pl.*) moina.
smània *s.f.* **1** agitazione **2** (*fig.*) voglia impaziente.
smaniàre *v.intr.* [io smànio ecc.; aus. avere] **1** agitarsi **2** (*fig.*) essere preso da un forte desiderio per qlco.
smanióso *agg.* **1** che smania **2** (*fig.*) che è preso dal forte desiderio di qlco. □ **-mente** *avv.*
smantellàre *v.tr.* [io smantèllo ecc.] demolire.
smargiàsso *s.m.* spaccone.
smarriménto *s.m.* **1** lo smarrire, l'essere smarrito **2** (*fig.*) turbamento, confusione.
smarrìre *v.tr.* [io smarrisco, tu smarrisci ecc.] non trovare più; perdere | — *la ragione*, (*fig.*) impazzire ♦ **-rsi** *v.intr.pron.* **1** perdersi **2** (*fig.*) turbarsi.
smarrìto *agg.* **1** che non si trova più **2** (*fig.*) che è in preda a smarrimento.
smascheràre *v.tr.* [io Smàschero ecc.] **1** togliere la maschera **2** (*fig.*) scoprire ♦ **-rsi** *v.rifl.* **1** togliersi la maschera **2** (*fig.*) rivelare, soprattutto involontariamente, la propria identità, le proprie intenzioni.
smembraménto *s.m.* lo smembrare; divisione, dispersione.
smembràre *v.tr.* [io smèmbro ecc.] dividere un tutto in più parti.
smemoràto *agg.* e *s.m.* [f. -a] che/chi ha perduto la memoria.
smentìre *v.tr.* [io smentisco, tu smentisci ecc.] dimostrare la falsità di quanto è stato detto o scritto; contraddire ♦ **-rsi** *v.rifl.* contraddirsi.
smentìta *s.f.* lo smentire; parole o fatti con cui si smentisce.
smeràldo *s.m.* pietra preziosa di colore verde intenso, trasparente | *di* —, (*fig.*) di colore simile a quello dello smeraldo.
smerciàre *v.tr.* [io smèrcio ecc.] vendere come merce.
smèrcio *s.m.* vendita.
smerigliàto *agg.* trattato con lo smeriglio.
smerìglio *s.m.* (*min.*) varietà granulare del corindone; la polvere che se ne ricava è usata come abrasivo.
sméttere *v.tr.* [coniugato come mettere] **1** interrompere **2** detto di abiti, non portarli più ♦ *v.intr.* [aus. avere] interrompere, cessare di fare qlco.
smidollàto *agg.* privo di energie; debole, privo di carattere ♦ *s.m.* [f. -a].
smilitarizzàre *v.tr.* ridurre alla condizione di civili persone o corpi militari o militarizzati; liberare un territorio da strutture e installazioni militari.
smìlzo *agg.* esile, sottile.
sminuìre *v.tr.* [io sminuisco, tu sminuisci ecc.] diminuire, rendere minore ♦ **-rsi** *v.rifl.* stimarsi meno di quanto si vale.

smistaménto *s.m.* lo smistare, l'essere smistato.
smistàre *v.tr.* separare persone o cose inviando ciascuna alla sua destinazione.
smitizzàre *v.tr.* privare del carattere di mito.
smobilitàre *v.tr.* [*io smobilito ecc.*] **1** riportare in assetto di pace reparti militari precedentemente mobilitati **2** (*fig.*) ricondurre alla situazione di normalità.
smobilìzzo *s.m.* (*fin.*) trasformazione di beni capitali o di titoli in moneta.
smodàto *agg.* che manca di moderazione; esagerato □ **-mente** *avv.*
smog *s.m.invar.* (*ingl.*) coltre di nebbia densa e scura, che ristagna spesso sui grandi centri industriali o urbani.
smoking *s.m.invar.* (*ingl.*) giacca maschile da sera.
smontàre *v.tr.* [*io smónto ecc.*] **1** scomporre **2** (*fig.*) demolire **3** (*fig.*) privare di entusiasmo ♦ *v.intr.* [aus. *essere*] **1** scendere da un mezzo di trasporto **2** terminare il proprio turno ♦ **-rsi** *v.rifl.* o *intr.pron.* (*fig.*) perdere l'entusiasmo.
smòrfia *s.f.* **1** contrazione del viso che ne altera il normale atteggiamento **2** moina, atto lezioso e svenevole.
smorfióso *agg.* e *s.m.* [f. *-a*] che/chi ha l'abitudine di fare smorfie, moine □ **-mente** *avv.*
smòrto *agg.* molto pallido | sbiadito.
smorzàre *v.tr.* [*io smòrzo ecc.*] attenuare, attutire, rendere meno intenso ♦ **-rsi** *v.intr.pron.* attenuarsi.
smottaménto *s.m.* lento scivolamento di uno strato di terreno argilloso o sabbioso.
SMS *s.m. invar.* breve messaggio scritto inviato attraverso telefono cellulare; messaggino | Sigla di *Short Message System* 'sistema (per inviare) messaggi brevi'.
smùnto *agg.* magro e pallido; emaciato.
smuòvere *v.tr.* [coniugato come *muovere*] **1** spostare di poco e con fatica | — *le acque*, (*fig.*) attirare l'attenzione su un problema **2** (*fig.*) rimuovere da un proposito, da un'opinione ♦ **-rsi** *v. rifl.* mutare opinione, proposito.
smussàre *v.tr.* **1** arrotondare un angolo **2** (*fig.*) mitigare ♦ **-rsi** *v.intr.pron.* perdere il filo o l'acutezza della punta, detto di coltello o altro utensile.
smussatùra *s.f.* lo smussare, l'essere smussato; la parte smussata.
snaturàto *agg.* **1** che ha perduto la propria natura **2** disumano ♦ *s.m.* [f. *-a*].
snellìre *v.tr.* [*io snellisco, tu snellisci ecc.*] **1** rendere snello **2** (*fig.*) sveltire ♦ **-rsi** *v.intr.pron.* dimagrire.
snèllo *agg.* alto e sottile; slanciato.
snervànte *agg.* che snerva; estenuante.
snervàre *v.tr.* [*io snèrvo ecc.*] privare di energia fisica o morale ♦ **-rsi** *v.intr.pron.* logorarsi.
snidàre *v.tr.* far uscire dal nido o dalla tana; stanare.
sniffàre *v.tr.* **1** (*fam.*) annusare, fiutare **2** (*gerg.*) assumere cocaina aspirandola.
snob *s.m.* e *f.invar.* (*ingl.*) chi ostenta raffinatezza | usato anche come *agg.invar.*
snobbàre *v.tr.* [*io snòbbo ecc.*] disinteressarsi di qlco. o qlcu. per sottolineare sprezzantemente la propria superiorità.
snodàre *v.tr.* [*io snòdo ecc.*] **1** disfare i nodi **2** rendere pieghevole per mezzo di snodi ♦ **-rsi** *v.intr.pron.* avere un tracciato sinuoso, serpeggiante.
snodàto *agg.* agile, sciolto.
snòdo *s.m.* **1** (*mecc.*) organo di collegamento che consente di accoppiare due elementi con possibilità di parziale rotazione | punto in cui qlco. si snoda **2** con riferimento a strade, svincolo.
soàve *agg.* che dà sensazioni piacevoli e delicate □ **-mente** *avv.*
sobbalzàre *v.intr.* [aus. *avere*] detto di cosa, fare sobbalzi | trasalire.
sobbàlzo *s.m.* sussulto.
sobbarcàrsi *v.rifl.* sottoporsi a una fatica, assumere un onere.
sobbórgo *s.m.* [pl. *-ghi*] piccolo centro abitato nelle immediate vicinanze di una grande città.
sobillàre *v.tr.* istigare, incitare alla ribellione.
sobillatóre *agg.* e *s.m.* [f. *-trice*] istigatore.
sobillazióne *s.f.* l'attività di chi sobilla.
sobrietà *s.f.* moderazione, misura.
sòbrio *agg.* semplice, misurato □ **-mente** *avv.*
socchiùdere *v.tr.* [coniugato come *chiudere*] chiudere solo in parte.
soccómbere *v.intr.* [*io soccómbo ecc.*; pass.rem. *io soccombéi* o *soccombètti, tu soccombesti ecc.*; part.pass. *soccombuto*, raro; aus. *essere*] (*lett.*) **1** cedere **2** morire.
soccórrere *v.tr.* [coniugato come *correre*] aiutare, assistere.
soccorritóre *agg.* e *s.m.* [f. *-trice*] che/chi soccorre.
soccórso *s.m.* il soccorrere; aiuto prestato a chi versa in gravi necessità o in pericolo | *pronto* —, le prime cure che si prestano a feriti, a persone colpite da malore; il reparto ospedaliero attrezzato per prestare tali cure.
sociàle *agg.* **1** che vive in società **2** che riguarda la società umana | *giustizia* —, l'equa distribuzione dei beni economici **3**

(*dir.*) che concerne una società ♦ *s.m.* la sfera dei problemi sociali □ **-mente** *avv.*
socialìsmo *s.m.* nome generico con cui si designano i movimenti e i sistemi politico-sociali che si propongono come fine primario la realizzazione della giustizia sociale.
socialìsta *agg.* [pl.m. *-sti*] ispirato al socialismo ♦ *s.m.* e *f.* appartenente a un partito socialista.
socializzàre *v.tr.* (*econ.*) trasferire un bene a un ente pubblico affinché lo metta a disposizione della società ♦ *v.intr.* [aus. *avere*] (*psicol.*) sviluppare rapporti sociali con gli appartenenti alla comunità in cui ci si inserisce.
socializzazióne *s.f.* (*psicol.*) inserimento in una comunità: *facilità di* —.
società *s.f.* **1** l'insieme di tutti gli esseri umani **2** gruppo più o meno ampio di uomini uniti da tradizioni, usi e costumi comuni | *giochi di* —, passatempi da salotto **3** associazione di più persone che si propongono un fine comune | *l'onorata* —, la mafia **4** (*dir.*) azienda.
sociévole *agg.* che ama la compagnia □ **-mente** *avv.*
sòcio *s.m.* [f. *-a*] **1** chi è membro di un'associazione **2** (*dir.*) chi fa parte di una società.
sociologìa *s.f.* scienza che studia i fenomeni sociali.
sociòlogo *s.m.* [f. *-a*; pl.m. *-gi*] studioso, esperto di sociologia.
sodalìzio *s.m.* **1** associazione **2** legame di amicizia.
soddisfacènte *agg.* che soddisfa | positivo, benché non eccellente.
soddisfàre *v.tr.* e *intr.* [pres. *io soddisfàccio* o *soddisfò* o *soddisfo*, *tu soddisfài* o *soddisfi*, *egli soddisfà* o *soddisfa*, *noi soddisfacciamo*, fam. *soddisfiamo*, *voi soddisfate*, *essi soddisfanno* o *soddisfano*; fut. *io soddisfarò*, fam. *soddisferò ecc.*; congiunt.pres. *io soddisfàccia* o *soddisfi*..., *noi soddisfacciamo*, fam. *soddisfiamo*, *voi soddisfacciate*, fam. *soddisfiate*, *essi soddisfàcciano* o *soddisfino*; cond.pres. *io soddisfarei*, fam. *soddisferei*, *tu soddisfaresti*, fam. *soddisferesti ecc.*; le altre forme coniugate come *fare*; aus. *avere*] **1** adempiere **2** accontentare.
soddisfàtto *agg.* contento.
soddisfazióne *s.f.* **1** il soddisfare, l'essere soddisfatto **2** contentezza.
sòdio *s.m.* elemento chimico di simbolo *Na*; è un metallo alcalino.
sòdo *agg.* duro, consistente ♦ *avv.* **1** con forza **2** profondamente: *dormire* — ♦ *s.m.* terreno duro, fermo | *venire al* —, al punto essenziale.
sofferènza *s.f.* il soffrire; dolore fisico o morale.
soffèrto *agg.* si dice di ciò che è concepito, raggiunto con sforzo, con travaglio.
soffiàre *v.intr.* [*io sóffio ecc.*; aus. *avere*] emettere aria con forza | detto di vento, spirare ♦ *v.tr.* **1** espirare con forza | *soffiarsi il naso*, espellere con forza l'aria dalle narici per farne uscire anche il muco **2** (*fig.*) dire in segreto **3** (*estens.*) sottrarre con astuzia o destrezza.
soffiàta *s.f.* spiata.
sòffice *agg.* morbido.
sóffio *s.m.* **1** atto del soffiare; il fiato emesso, l'aria spostata nel soffiare **2** (*med.*) rumore anormale che rivela il difettoso funzionamento di un organo.
soffióne *s.m.* (*geol.*) getto naturale di vapore acqueo che esce ad alta temperatura e pressione da fenditure del suolo.
soffìtta *s.f.* (*edil.*) vano compreso tra l'ultimo piano dell'edificio e il tetto.
soffìtto *s.m.* (*edil.*) la superficie inferiore della copertura di un locale.
soffocànte *agg.* opprimente.
soffocàre *v.tr.* [*io sòffoco*, *tu sòffochi ecc.*] **1** impedire la respirazione **2** (*fig.*) reprimere ♦ *v.intr.* [aus. *essere*] ♦ **-rsi** *v.intr.pron.* respirare con fatica, non riuscire a respirare.
soffocazióne *s.f.* il soffocare, l'essere soffocato.
soffrìggere *v.tr.* [coniugato come *friggere*] far friggere lentamente ♦ *v.intr.* [aus. *avere*] friggere lentamente, a fuoco moderato.
soffrìre *v.tr.* [coniugato come *offrire*] **1** patire **2** essere particolarmente sensibile a qlco. ♦ *v.intr.* [aus. *avere*] sentire dolore fisico o morale.
sofìsma *s.m.* [pl. *-smi*] ragionamento capzioso, che ha lo scopo di ingannare.
sofisticàre *v.tr.* [*io sofìstico*, *tu sofìstichi ecc.*; aus. *avere*] contraffare sostanze o prodotti alimentari; adulterare.
sofisticàto *agg.* **1** detto di sostanza o prodotto alimentare, contraffatto, adulterato **2** ricercato; artificioso | raffinato.
sofisticazióne *s.f.* adulterazione di prodotti o sostanze alimentari.
software *s.m.invar.* (*ingl.*) (*inform.*) l'insieme dei programmi che consentono il funzionamento di un elaboratore elettronico.
soggettìvo *agg.* **1** che è proprio di un individuo, che dipende dal suo modo di sentire e di pensare **2** (*gramm.*) che concerne il soggetto: *proposizione soggettiva*, che funge da soggetto di un'altra □ **-mente** *avv.*
soggètto[1] *agg.* **1** sottoposto a un'auto-

rità 2 (*estens.*) che facilmente va incontro a eventi, manifestazioni negative.

soggètto[2] *s.m.* 1 argomento, tema 2 (*filos.*) l'essere pensante 3 (*gramm.*) in una proposizione, la persona o la cosa con cui si accorda il verbo 4 individuo.

soggezióne *s.f.* 1 l'essere sottomesso 2 senso d'imbarazzo, di timore.

sogghìgno *s.m.* ghigno appena accennato; sorriso astioso, maligno.

soggiogàre *v.tr.* [*io soggiógo, tu soggióghi ecc.*] assoggettare, sottomettere.

soggiornàre *v.intr.* [*io soggiórno ecc.*; aus. *avere*] stare, dimorare.

soggiórno *s.m.* 1 il dimorare per un certo periodo in una località diversa da quella di residenza, a scopo di riposo e di svago 2 ambiente della casa nel quale si sta abitualmente durante il giorno.

sòglia *s.f.* lastra di pietra o tavola di legno che regge gli stipiti e limita inferiormente il vano della porta; la porta stessa.

sògliola *s.f.* pesce di mare dalle carni pregiate, con corpo ovale molto appiattito.

sognàre *v.tr.* [*io sógno ecc.*] 1 vedere in sogno 2 desiderare ♦ *v.intr.* [aus. *avere*; se costruito con la particella pron., *essere*] fare sogni.

sognatóre *agg.* e *s.m.* [f. *-trice*] 1 che/chi sogna 2 (*fig.*) che/chi si abbandona a illusioni e fantasticherie.

sógno *s.m.* 1 attività psichica che ha luogo durante il sonno 2 immaginazione di cose irrealizzabili o considerate tali.

sòia *s.f.* pianta erbacea dai cui semi si ricavano olio e farina.

sol *s.m.invar.* (*mus.*) nota musicale, la quinta della scala di do.

solàio *s.m.* il vano compreso tra la copertura dell'ultimo piano e gli spioventi del tetto; soffitta.

solàre *agg.* 1 del Sole | che trasforma in altra forma di energia le radiazioni del Sole; che utilizza l'energia così ottenuta 2 (*fig.*) evidente.

solàrium *s.m.invar.* (*arch.*) terrazza esposta al sole.

solcàre *v.tr.* [*io sólco, tu sólchi ecc.*] tendere il terreno tracciando solchi.

sólco *s.m.* [pl. *-chi*] apertura lunga scavata nel terreno con l'aratro.

soldatésco *agg.* [pl.m. *-schi*] da soldato (per lo più *spreg.*).

soldàto *s.m.* militare.

sòldo *s.m.* 1 denominazione di diversi tipi di monete; *non valere un —*, (*fig.*) non valere nulla 2 *pl.* (*fam.*) denaro 3 *essere al — di qlcu.*, essere da lui pagato o favorito, per lo più in cambio di servigi illeciti.

sóle *s.m.* 1 (*astr.*) la stella a noi più vicina, attorno alla quale girano la Terra e gli altri corpi celesti del sistema detto appunto solare 2 ciò che si percepisce del Sole dalla Terra, con particolare riferimento alla luce, al calore, al suo moto apparente.

soleggiàto *agg.* illuminato e riscaldato dai raggi solari.

solènne *agg.* 1 che si celebra con cerimoniale e apparato grandiosi 2 (*estens.*) maestoso □ **-mente** *avv.*

solennità *s.f.* 1 tono solenne 2 festività.

solennizzàre *v.tr.* celebrare con solennità.

solére *v.intr.* [*io sòglio, tu suòli, egli suòle, noi sogliamo, voi soléte, essi sògliono*; pass.rem. *io soléi, tu solésti ecc.*; pres.congiunt. *io sòglia..., noi sogliamo, voi sogliate, essi sògliano*; part.pass. *sòlito*; dif. del fut., condiz. pres., imp., part. pres. e di tutti i tempi composti; regge sempre un verbo all'inf.] (*lett.*) essere solito, usare.

solèrte *agg.* (*lett.*) che fa il proprio dovere con impegno.

solfàra *s.f.* giacimento di zolfo.

solféggio *s.m.* (*mus.*) esercizio orale che consiste nel leggere o intonare le note di un brano musicale, pronunciandone il nome e rispettandone la durata.

solfìdrico *agg.* (*chim.*) si dice di acido formato da idrogeno e zolfo.

solfòrico *agg.* [pl.m. *-ci*] (*chim.*) si dice di composto dello zolfo a sei elettroni.

solfùro *s.m.* (*chim.*) sale dell'acido solfidrico.

solidàle *agg.* che è concorde con le idee e le aspirazioni di altri.

solidarietà *s.f.* vincolo di assistenza reciproca che unisce degli individui tra loro | il condividere con altri sentimenti, opinioni, difficoltà.

solidarizzàre *v.intr.* [aus. *avere*] esprimere solidarietà.

solidificàre *v.tr.* [*io solidìfico, tu solidìfichi ecc.*] (*fig.*) consolidare ♦ *v.intr.* [aus. *essere*] ♦ **-rsi** *v.intr.pron.* (*fig.*) diventare solido.

solidificazióne *s.f.* il solidificare, il solidificarsi, l'essere solidificato.

solidità *s.f.* l'essere solido, robusto.

sòlido *agg.* 1 (*geom.*) si dice di figura a tre dimensioni 2 stabile, sicuro (anche *fig.*) 3 (*fig.*) che ha buone basi ♦ *s.m.* 1 (*fis.*) corpo solido 2 (*geom.*) figura con tre dimensioni □ **-mente** *avv.*

solilòquio *s.m.* il parlare da solo.

solista *agg.* e *s.m.* e *f.* [pl.m. *-sti*] 1 (*mus.*) si dice di cantante o strumentista che esegue la parte di un brano musicale destinata a una sola voce o a un solo strumento 2 interprete che si esibisce in un'esecuzione individuale.

solitàrio *agg.* 1 che ama stare solo 2 di luogo, non frequentato ♦ *s.m.* 1 brillante

incastonato da solo in un anello o in altri gioielli; l'anello stesso **2** nome generico di giochi di carte per un solo giocatore.
sòlito *agg.* abituale, consueto | *esser —*, avere l'abitudine ♦ *s.m.* consuetudine, abitudine □ **-mente** *avv.*
solitùdine *s.f.* **1** lo stare solo **2** la condizione di un luogo solitario.
sollecitàre *v.tr.* [*io sollécito ecc.*] stimolare a fare presto.
sollecitazióne *s.f.* **1** stimolo **2** (*mecc.*) l'azione di una o più forze su un sistema.
sollécito[1] *agg.* **1** che opera con prontezza **2** fatto con diligenza □ **-mente** *avv.*
sollécito[2] *s.m.* (*burocr.*) sollecitazione.
sollecitùdine *s.f.* **1** l'essere sollecito **2** viva cura; premura.
solleticàre *v.tr.* [*io sollético, tu sollétichi ecc.*] **1** provocare solletico **2** (*fig.*) stimolare un sentimento con allettamenti.
sollético *s.m.* [pl. *-chi*] sensazione nervosa provocata dal sentirsi sfiorare in certe parti del corpo.
sollevàre *v.tr.* [*io sollèvo ecc.*] **1** levare verso l'alto **2** (*fig.*) alleggerire, liberare **3** suscitare ♦ **-rsi** *v.rifl.* o *intr.pron.* **1** innalzarsi **2** (*fig.*) riprendersi fisicamente o moralmente **3** ribellarsi.
sollevazióne *s.f.* insurrezione, rivolta | manifestazione collettiva di contrarietà.
sollièvo *s.m.* l'essere, il sentirsi sollevato fisicamente o moralmente.
sólo *agg.* **1** senza compagnia | isolato **2** unico, singolo ♦ *avv.* solamente, soltanto: *ho detto — questo* | nella loc. cong. *— che*, ma, però ♦ *s.m.* **1** [f. *-a*] oggetto, animale, persona unici **2** (*mus.*) solista □ **-mente** *avv.*
solstìzio *s.m.* (*astr.*) ciascuna delle due date dell'anno, il 22 dicembre e il 21 giugno, in cui si ha in ognuno dei due emisferi alternatamente la notte più lunga e il giorno più lungo.
soltànto *avv.* solo, solamente.
solùbile *agg.* (*chim.*) si dice di sostanza che può sciogliersi in un liquido.
soluzióne *s.f.* **1** (*chim.*) miscela omogenea di una o più sostanze disciolte entro un'altra sostanza **2** il risolvere, l'essere risolto **3** *— di continuità*, interruzione.
solvènte *agg.* **1** si dice di sostanza che ha la proprietà di sciogliere altre sostanze **2** (*comm.*) si dice di chi è in grado di pagare ♦ *s.m.* (*chim.*) sostanza solvente.
solvìbile *agg.* **1** che è in grado di soddisfare le obbligazioni assunte **2** che può essere pagato.
sòma *s.f.* il carico che si pone sulla groppa di una bestia da trasporto.
somàro *s.m.* [f. *-a*] **1** asino **2** (*fig.*) ignorante.
somàtico *agg.* [pl.m. *-ci*] (*biol.*) che si riferisce al corpo umano, alle sue fattezze.
somatizzàre *v.tr.* (*med.*) trasformare un disturbo psichico in organico ♦ **-rsi** *v.intr.pron.* subire una somatizzazione.
somatizzazióne *s.f.* (*med.*) fenomeno per cui un disturbo della psiche determina uno stato di sofferenza organica e funzionale.
sombréro *s.m.* cappello a larghe tese tipico dell'America centromeridionale.
somigliànte *agg.* che somiglia.
somigliànza *s.f.* l'essere somigliante.
somigliàre *v.intr.* [*io somìglio ecc.*; aus. *avere* o *essere*] essere simile ♦ **-rsi** *v.rifl.rec.* essere simili.
sómma *s.f.* **1** risultato dell'addizione **2** quantità di denaro.
sommàre *v.tr.* [*io sómmo ecc.*] fare la somma, addizionare (anche *fig.*) ♦ *v.intr.* [aus. *avere* o *essere*] ammontare.
sommàrio[1] *agg.* **1** fatto per sommi capi **2** (*dir.*) si dice di procedura che si svolge con rapidità, senza seguire il rito ordinario □ **-mente** *avv.*
sommàrio[2] *s.m.* compendio.
sommelier *s.m.* e *f.invar.* (*fr.*) esperto nell'assaggio di vini.
sommèrgere *v.tr.* [coniugato come *immergere*] far andare sott'acqua ♦ **-rsi** *v.rifl.* o *intr.pron.* (*non com.*) affondare (anche *fig.*).
sommergìbile *s.m.* mezzo navale che può navigare sia in superficie sia sott'acqua.
sommèrso *agg.* **1** coperto dalle acque **2** (*fig.*) si dice di attività economica che sfugge agli obblighi fiscali.
sommésso *agg.* basso, leggero, appena avvertibile (detto di suono o della voce umana) □ **-mente** *avv.*
somministràre *v.tr.* dare, distribuire ad altri.
somministrazióne *s.f.* il somministrare, l'essere somministrato | distribuzione.
sommità *s.f.* **1** cima, vetta **2** (*fig.*) culmine.
sómmo *agg.* il più alto | (*fig.*) il più elevato, massimo ♦ *s.m.* sommità □ **-mente** *avv.*
sommòssa *s.f.* insurrezione, rivolta.
sommozzatóre *s.m.* esperto nuotatore subacqueo.
sònar *s.m.invar.* (*mar.*) apparecchio per la localizzazione di corpi immersi che funziona con l'emissione di onde acustiche o ultrasoniche.
sonàta *s.f.* **1** suonata **2** (*mus.*) composizione per uno o più strumenti articolata in più tempi o movimenti.

sónda *s.f.* denominazione generica di strumenti e dispositivi usati per esplorazioni, prelievi, immissioni, perforazioni.
sondàbile *agg.* che si può sondare.
sondàggio *s.m.* **1** ricerca compiuta per mezzo di una sonda **2** (*fig.*) indagine, esplorazione compiuta per conoscere qlco.: *— d'opinione.*
sondàre *v.tr.* [*io sóndo ecc.*] **1** esaminare **2** (*fig.*) cercare di conoscere.
sonétto *s.m.* componimento poetico costituito da quattordici versi endecasillabi distinti in due quartine e due terzine.
sonnàmbulo *agg.* e *s.m.* [f. *-a*] che/chi durante il sonno compie un'attività motoria.
sonnìfero *s.m.* preparato farmaceutico che induce il sonno.
sónno *s.m.* **1** fenomeno biologico periodico di riposo delle funzioni psicofisiche, caratterizzato dalla sospensione della coscienza e della volontà **2** sensazione di torpore e di stanchezza che induce a dormire | *morto di —,* (*fig.*) persona torpida, priva di acume, di prontezza.
sonnolènza *s.f.* torpore.
sonorizzàre *v.tr.* **1** (*ling.*) trasformare un suono sordo in sonoro **2** (*cine.*) dotare un film di colonna sonora ♦ **-rsi** *v.intr.pron.* (*ling.*) detto di consonante sorda, trasformarsi nella sonora corrispondente.
sonòro *agg.* **1** relativo al suono; che emette, trasmette o riflette suoni **2** che ha suono forte e pieno **3** (*ling.*) si dice di suono la cui articolazione si produce con vibrazione delle corde vocali **4** (*cine.*) si dice di film nel quale le immagini sono accompagnate da suoni e parole | *colonna sonora*, la parte sonora di un film; in particolare, la sua musica ♦ *s.m.* (*cine.*) **1** cinema sonoro: *l'avvento del —* **2** colonna sonora □ **-mente** *avv.*
sontuóso *agg.* sfarzoso □ **-mente** *avv.*
sopìre *v.tr.* [*io sopisco, tu sopisci ecc.*] calmare, placare.
sopóre *s.m.* stato di abbandono fisico simile al sonno.
soppàlco *s.m.* [pl. *-chi*] locale ricavato con una suddivisione orizzontale di ambienti di notevole altezza.
sopperìre *v.intr.* [*io sopperisco, tu sopperisci ecc.*; aus. *avere*] far fronte.
soppesàre *v.tr.* [*io soppéso ecc.*] sentire e stimare il peso di un oggetto | (*fig.*) valutare.
soppiantàre *v.tr.* sostituirsi, subentrare ad altri o ad altro.
soppiàtto *agg.* solo nella loc. *di —*, di nascosto.
sopportàre *v.tr.* [*io soppòrto ecc.*] **1** reggere, sostenere un peso **2** soffrire **3** tollerare agevolmente **4** subire pazientemente.
sopportazióne *s.f.* il sopportare | la capacità di sopportare con pazienza.
soppressióne *s.f.* il sopprimere, l'essere soppresso; eliminazione, abolizione.
sopprèsso *agg.* abolito, eliminato.
soppprìmere *v.tr.* [coniugato come *opprimere*] **1** annullare, abolire **2** eliminare fisicamente; uccidere.
sópra *avv.* in luogo o posizione più elevata ♦ *prep.* [si unisce ai nomi direttamente o mediante la prep. *a*, ai pronomi personali quasi sempre mediante la prep. *di*] **1** su (con riferimento a cose che sono a contatto) **2** con riferimento a cose l'una delle quali ricopre o avvolge l'altra: *mettere un golf — la camicia* **3** con riferimento a cose messe l'una sull'altra: *piatti uno — l'altro* **4** con riferimento a cose che non sono a contatto fra loro: *il ritratto era appeso — il caminetto* **5** (*fig.*) con riferimento a situazioni di superiorità, dominio, controllo: *non avere nessuno — di sé* **6** con riferimento a cosa che scende dall'alto (anche *fig.*): *la nebbia calò — la valle* **7** nelle immediate vicinanze ma in posizione più elevata: *la casa è — la ferrovia* **8** oltre, più (di un limite): *temperatura — lo zero* **9** intorno a, riguardo a (per indicare materia, argomento) ♦ *agg.invar.* superiore ♦ *s.m.invar.* la parte superiore, ciò che sta sopra.
sopra- primo elemento di parole composte nelle quali rappresenta la prep. *sopra.*
sopràbito *s.m.* indumento che si indossa sopra il vestito.
sopraccìglio *s.m.* [pl. *i sopraccigli* o *le sopracciglia*] ognuno dei due archi, ricoperti di peli, che si trovano sul margine superiore dell'orbita dell'occhio | l'insieme dei peli che li ricoprono.
sopraffàre *v.tr.* [*io sopraffaccio* o *sopraffò, tu sopraffài, egli sopraffà ecc.*; le altre forme coniugate come *fare*] avere la meglio su qlcu.; battere (anche *fig.*).
sopraffazióne *s.f.* il sopraffare; prepotenza, sopruso.
sopraggiùngere *v.intr.* [coniugato come *giungere*; aus. *essere*] giungere all'improvviso.
sopralluògo *s.m.* [pl. *-ghi*] ispezione compiuta direttamente nel luogo ove occorre effettuare un rilevamento.
soprammòbile *s.m.* piccolo oggetto decorativo.
soprannaturàle *agg.* che trascende la natura ♦ *s.m.* il mondo del divino.
soprannóme *s.m.* appellativo scherzoso o ingiurioso di una persona, che prende spunto da qualche sua caratteristica.

sopràno *s.m.* (*mus.*) **1** il registro più acuto delle voci femminili o bianche **2** donna che canta con voce di soprano.
soprappensièro *avv.* essendo immerso nei propri pensieri; senza fare attenzione a ciò che sta intorno: *fare qlco. —*, quasi senza accorgersene.
soprassàlto *s.m.* brusco e improvviso movimento; balzo improvviso, sussulto (anche *fig.*): *fare un —* | *di —*, all'improvviso, bruscamente: *svegliarsi di —*.
soprassedére *v.intr.* [coniugato come *sedere*; aus. *avere*] astenersi dal fare qlco. rinviando ad altro tempo.
sopravvènto *s.m.* superiorità, prevalenza.
sopravvissùto *agg.* e *s.m.* che/chi è rimasto in vita dopo la morte di altri o dopo un evento calamitoso; superstite.
sopravvivènza *s.f.* il sopravvivere; il mantenersi in vita.
sopravvìvere *v.intr.* [fut. *io sopravvivrò* o *sopravviverò ecc.*; cond.pres. *io sopravvivrèi* o *sopravviverèi ecc.*; le altre forme coniugate come *vivere*; aus. *essere*] **1** restare in vita dopo la morte di altri | (*fig.*) continuare idealmente a vivere **2** rimanere in vita, scampando a un evento calamitoso.
soprelevàre o **sopraelevare** *v.tr.* [*io soprelèvo ecc.*] costruire al di sopra del livello normale.
soprintendènza o **sovrintendenza** *s.f.* nome degli uffici periferici di taluni ministeri.
soprintèndere o **sovrintendere** *v.intr.* [coniugato come *tendere*] avere compiti di direzione e coordinamento.
soprùso *s.m.* sopraffazione.
soqquàdro *s.m.* scompiglio: *mettere a —*, mettere in gran disordine.
sorbétto *s.m.* gelato, per lo più a base di succhi di frutta.
sorbìre *v.tr.* [*io sorbisco, tu sorbisci ecc.*] **1** bere lentamente **2** (*scherz.*) sopportare.
sordìna *s.f.* dispositivo per attutire il suono di uno strumento musicale | *in —*, piano, (*fig.*) di nascosto.
sordità *s.f.* l'essere sordo.
sórdo *agg.* **1** che ha perduto il senso dell'udito **2** (*fig.*) che non presta ascolto; indifferente **3** riferito ad ambiente, privo di risonanza | riferito a suono, rumore o voce, cupo, grave e prolungato **4** (*fig.*) non manifesto, ma tenace e profondo ♦ *s.m.* [f. *-a*] persona sorda.
sordomutìsmo *s.m.* (*med.*) incapacità di parlare che accompagna la sordità congenita o acquisita prima dei tre anni.
sordomùto *agg.* e *s.m.* [f. *-a*] che/chi è affetto da sordomutismo.
sorèlla *s.f.* **1** persona di sesso femminile nata dagli stessi genitori **2** (*fig.*) cosa molto affine a un'altra ♦ *agg.pl.* che hanno le stesse origini o risultano strettamente affini **3** suora.
sorellàstra *s.f.* chi è sorella in quanto figlia dello stesso padre ma non della stessa madre, o viceversa.
sorgènte *agg.* che sorge ♦ *s.f.* **1** il punto in cui l'acqua sgorga dal sottosuolo; fonte **2** (*estens.*) ciò da cui hanno origine calore, luce, radiazioni ecc. **3** (*fig.*) causa.
sórgere *v.intr.* [pres. *io sórgo, tu sórgi ecc.*; pass.rem. *io sórsi, tu sorgésti ecc.*; part.pass. *sórto*; aus. *essere*] **1** detto di persona, levarsi in piedi | di luoghi o cose, essere in posizione elevata | del Sole o di altri corpi celesti, apparire all'orizzonte, levarsi **2** (*fig.*) nascere | anche come *s.m.*: *il — del sole*.
soriàno *agg.* e *s.m.* [f. *-a*] si dice di una varietà di gatto domestico.
sormontàre *v.tr.* [*io sormónto ecc.*] superare (spec. *fig.*).
sornióne *agg.* che riesce a dissimulare le proprie intenzioni e il proprio pensiero dietro un atteggiamento apparentemente bonario.
sorpassàre *v.tr.* superare (anche *fig.*).
sorpassàto *agg.* si dice di cosa superata, caduta in disuso.
sorpàsso *s.m.* manovra con cui si supera un altro veicolo in marcia.
sorprendènte *agg.* straordinario, eccezionale □ **-mente** *avv.*
sorprèndere *v.tr.* [coniugato come *prendere*] **1** cogliere inaspettatamente | cogliere qlcu. all'improvviso, mentre sta compiendo qlco. d'illecito **2** stupire ♦ **-rsi** *v.intr.pron.* meravigliarsi.
sorprésa *s.f.* **1** il sorprendere **2** cosa o avvenimento che giunge inaspettato e che suscita meraviglia, stupore.
sorrèggere *v.tr.* [coniugato come *reggere*] **1** sostenere **2** (*fig.*) essere d'aiuto.
sorrìdere *v.intr.* [coniugato come *ridere*; aus. *avere*] **1** ridere leggermente, a fior di labbra **2** (*fig. lett.*) apparire propizio.
sorrìso *s.m.* il sorridere.
sorsàta *s.f.* il sorseggiare una volta; la quantità di liquido inghiottito sorseggiando.
sorseggiàre *v.tr.* [*io sorséggio ecc.*] bere a sorsi.
sórso *s.m.* quantità di liquido che si inghiotte in una volta.
sòrta *s.f.* specie, tipo.
sòrte *s.f.* **1** destino | condizione, vita futura **2** caso | *a —*, a caso.
sorteggiàre *v.tr.* [*io sortéggio ecc.*] estrarre per sorteggio.

sortéggio *s.m.* operazione con cui si affida al caso una scelta.
sortilègio *s.m.* pratica magica, incantesimo.
sortìta *s.f.* **1** uscita improvvisa di truppe da un luogo assediato **2** comparsa di un attore sulla scena.
sorvegliànte *s.m.* e *f.* chi è addetto alla sorveglianza.
sorvegliàre *v.tr.* [*io sorvéglio ecc.*] osservare, seguire con attenzione qlcu. o qlco.
sorvegliàto *agg.* controllato, moderato ♦ *s.m.* [f. *-a*] chi è sorvegliato.
sorvolàre *v.tr.* e *intr.* [*io sorvólo ecc.*; aus. dell'intr. *avere*] **1** volare sopra **2** (*fig.*) tralasciare.
sòsia *s.m.* e *f.invar.* persona tanto somigliante a un'altra da poter essere scambiata per essa.
sospèndere *v.tr.* [pres. *io sospèndo ecc.*; pass.rem. *io sospési, tu sospendésti ecc.*; part.pass. *sospéso*] **1** appendere **2** (*fig.*) interrompere.
sospensióne *s.f.* **1** cessazione momentanea **2** provvedimento disciplinare per il quale una persona viene temporaneamente allontanata da un impiego, da un'attività **3** (*mecc.*) collegamento elastico tra gli organi di una macchina, al fine di ridurre le vibrazioni.
sospensìva *s.f.* (*burocr.*) rinvio.
sospettàre *v.tr.* [*io sospètto ecc.*] **1** intuire attraverso indizi qlco. di spiacevole, di grave **2** immaginare, supporre ♦ *v.intr.* [aus. *avere*] diffidare.
sospètto [1] *agg.* che desta diffidenza ♦ *s.m.* [f. *-a*] persona sospettata, sospettabile.
sospètto [2] *s.m.* dubbio; diffidenza.
sospettóso *agg.* diffidente □ **-mente** *avv.*
sospiràre *v.intr.* [aus. *avere*] emettere sospiri ♦ *v.tr.* desiderare ardentemente.
sospìro *s.m.* inspirazione profonda seguita da un'espirazione più o meno prolungata.
sòsta *s.f.* **1** il sostare; arresto, fermata **2** interruzione momentanea; pausa.
sostantìvo *s.m.* (*gramm.*) parte variabile del discorso che denomina entità concrete o astratte (p.e. *uomo*, *cane*, *tavolo*, *bontà*).
sostànza *s.f.* **1** ciò che costituisce l'essenza di una cosa **2** (*estens.*) parte o qualità fondamentale **3** (*chim.*) la materia, in quanto insieme di molecole **4** (*fam.*) la parte più importante e nutriente di un alimento **5** (spec. *pl.*) ricchezza.
sostanziàle *agg.* **1** (*filos.*) relativo alla sostanza **2** essenziale, fondamentale □ **-mente** *avv.*
sostanzióso *agg.* **1** che ha molta sostanza, che dà molto nutrimento **2** (*estens.*) cospicuo □ **-mente** *avv.*
sostàre *v.intr.* [*io sòsto ecc.*; aus. *avere*] fare una sosta | parcheggiare.
sostégno *s.m.* ciò che sostiene | (*estens.*) appoggio.
sostenére *v.tr.* [coniugato come *tenere*] **1** reggere **2** (*fig.*) soccorrere **3** (*fig.*) affermare **4** (*fig.*) assumersi un onere; affrontare una cosa difficoltosa | — *una parte*, interpretarla ♦ **-rsi** *v.rifl.* o *intr.pron.* mantenersi.
sostenìbile *agg.* che si può sostenere (spec. *fig.*): *spesa*, *teoria* —.
sostentaménto *s.m.* il sostentare; ciò che sostenta, che serve a sostentare.
sostentàre *v.tr.* [*io sostènto ecc.*] fornire a qlcu. il necessario per vivere.
sostenùto *agg.* **1** grave, austero | solenne: *tono* — **2** elevato ♦ *s.m.* [f. *-a*] chi, essendo risentito, tiene un atteggiamento riservato: *fare il* —.
sostituìre *v.tr.* [*io sostituisco, tu sostituisci ecc.*] **1** cambiare **2** prendere il posto di un'altra persona; stare al posto di un'altra cosa ♦ **-rsi** *v.rifl.* subentrare.
sostitutìvo *agg.* atto a sostituire.
sostituzióne *s.f.* il sostituire, l'essere sostituito.
sottacéto *avv.* sotto aceto, nell'aceto: *conservare un cibo* — | usato anche come *agg.invar.*: *cetrioli* —.
sottàna *s.f.* gonna.
sotterfùgio *s.m.* espediente.
sotterràneo *agg.* che è sotto terra ♦ *s.m.* locale o insieme di locali di un edificio ricavati sotto terra.
sotterràre *v.tr.* [*io sottèrro ecc.*] **1** mettere sotto terra **2** seppellire.
sottigliézza *s.f.* **1** l'essere sottile **2** (*fig.*) finezza **3** argomentazione minuziosa.
sottìle *agg.* **1** che ha spessore o grossezza inferiore alla media | *figura* —, snella **2** (*fig.*) acuto, penetrante ♦ *s.m.* solo nelle loc. *andare*, *guardare per il* —, badare ai particolari □ **-mente** *avv.*
sottilétta® *s.f.* [pl. *sottilette*] formaggio fuso preparato sotto forma di fette sottili quadrangolari.
sottilizzàre *v.intr.* [*io sottilizzo ecc.*; aus. *avere*] esaminare un argomento facendo osservazioni o distinzioni sottili.
sottintèndere *v.tr.* [coniugato come *intendere*] tacere qlco. che si può intuire.
sottintéso *agg.* non espresso ♦ *s.m.* concetto non espresso, ma che si vuole intuire.
sótto *avv.* in luogo o posizione inferiore ♦ *prep.* [si unisce ai nomi direttamente o mediante la prep. *a*, ai pronomi personali quasi sempre me-

diante la prep. *di*] **1** in posizione inferiore rispetto ad altro **2** con riferimento a cose l'una delle quali travolge o grava sull'altra: *finire — un'automobile*; *mettere — i piedi*, calpestare; (*fig.*) umiliare, assoggettare; *andare sott'acqua*, sprofondare nell'acqua o immergersi sotto il pelo dell'acqua **3** per indicare immediata vicinanza, in posizione inferiore: *urlare — le finestre* **4** non oltre, meno di (per indicare un limite): *bambini — i tre anni* **5** in prossimità, nell'imminenza (con valore temporale): *essere — Natale* ♦ *agg.invar.* inferiore ♦ *s.m.invar.* ciò che sta sotto.

sotto- primo elemento di parole composte nelle quali rappresenta la prep. *sotto*.

sottobànco *avv.* di nascosto ♦ *s.m.* somma di denaro data di nascosto.

sottobòsco *s.m.* [pl. *-schi*] **1** insieme di erbe e di arbusti che crescono nei boschi di alberi d'alto fusto **2** (*fig.*) l'insieme delle persone che operano più o meno regolarmente all'ombra di un'attività, di un'organizzazione.

sottochiàve *avv.* in un luogo chiuso a chiave, ben custodito.

sottocòsto *avv.* a prezzo inferiore a quello di costo | anche come *agg.invar.*

sottofóndo *s.m.* **1** strato immediatamente sottostante a una superficie visibile **2** (*cine.*, *tv*) l'insieme dei suoni e dei rumori inseriti in secondo piano nella colonna sonora.

sottogàmba *avv.* con grande leggerezza; sottovalutando l'importanza, le difficoltà.

sottoinsième *s.m.* (*mat.*) insieme i cui elementi sono a loro volta elementi di un altro insieme.

sottolineàre *v.tr.* [*io sottolìneo ecc.*] **1** tracciare una linea **2** (*fig.*) mettere in rilievo.

sottòlio *avv.* nell'olio, sotto uno strato di olio | anche come *agg.invar.*: *sardine —*.

sottomàno *avv.* a portata di mano.

sottomarìno *agg.* che sta sotto la superficie del mare ♦ *s.m.* unità navale in grado di navigare in completa immersione.

sottométtere *v.tr.* [coniugato come *mettere*] assoggettare ♦ **-rsi** *v.rifl.* piegarsi al volere altrui.

sottomissióne *s.f.* **1** il sottomettere, il sottomettersi **2** l'essere sottomesso; umiltà.

sottopassàggio *s.m.* **1** tratto di strada che passa sotto il piano di un'altra che la interseca **2** passaggio pedonale sotterraneo.

sottopórre *v.tr.* [coniugato come *porre*] **1** costringere ad affrontare, a subire qlco. di gravoso, spiacevole **2** sottomettere a un giudizio; proporre ♦ **-rsi** *v.rifl.* accettare di affrontare qlco. di difficile.

sottoproletariàto *s.m.* nelle moderne società industriali, lo strato più povero della popolazione.

sottoscàla *s.m.invar.* spazio vuoto sotto una rampa di scala.

sottoscrìvere *v.tr.* [coniugato come *scrivere*] **1** apporre la propria firma in calce **2** (*fig.*) approvare, condividere.

sottoscrizióne *s.f.* raccolta di firme | raccolta di contributi in denaro.

sottosegretàrio *s.m.* nell'ordinamento italiano, collaboratore del ministro nella direzione di un dicastero.

sottosópra *avv.* in grande disordine | (*fig.*) in stato di turbamento.

sottospècie *s.f.invar.* nella sistematica zoologica e botanica, suddivisione di una specie.

sottostànte *agg.* posto, situato sotto.

sottostàre *v.intr.* [*io sottostò, tu sottostài, egli sottostà ecc.*; le altre forme coniugate come *stare*] essere alle dipendenze | (*fig.*) essere soggetto, obbligato.

sottosuòlo *s.m.* lo strato del terreno sottostante alla superficie del suolo.

sottosviluppàto *agg.* **1** si dice di paese o regione in condizioni economicamente non evolute **2** che presenta uno sviluppo fisico o psichico inferiore alla norma.

sottovalutàre *v.tr.* [*io sottovalùto o sottovàluto ecc.*] valutare troppo poco.

sottovóce *avv.* a voce molto bassa.

sottovuòto *avv.* (*tecn.*) in condizioni di vuoto, di rarefazione dell'aria: | anche con valore di *agg.*: *confezione —*.

sottràrre *v.tr.* [coniugato come *trarre*] **1** portar via **2** (*fig.*) rubare **3** (*mat.*) determinare la differenza di due numeri togliendo dal più grande il più piccolo ♦ **-rsi** *v.rifl.* sfuggire | venir meno, mancare.

sottrazióne *s.f.* **1** il sottrarre **2** operazione aritmetica con cui si calcola la differenza fra due numeri.

souvenir *s.m.invar.* (*fr.*) ricordo.

sovènte *avv.* (*lett.*) spesso.

soverchiàre *v.tr.* [*io sovèrchio ecc.*] opprimere, sopraffare.

sovièt *s.m.invar.* (*st.*) organo del sistema amministrativo e politico dell'Unione Sovietica.

soviètico *agg.* [pl.m. *-ci*] (*st.*) **1** dei soviet, fondato sui soviet: *rivoluzione sovietica* **2** (*estens.*) dell'Unione Sovietica.

sovrabbondànza *s.f.* eccessiva quantità.

sovraccaricàre *v.tr.* [*io sovraccàrico, tu sovraccàrichi ecc.*] caricare in modo eccessivo | (*fig.*) imporre un onere troppo gravoso.

sovraccàrico *agg.* [pl.m. *-chi*] carico in

modo eccessivo ♦ *s.m.* carico superiore al normale.
sovraffollàto *agg.* eccessivamente affollato.
sovranità *s.f.* autorità, diritto, qualità di chi è sovrano.
sovràno *agg.* che esercita un potere pieno e indipendente ♦ *s.m.* [f. -*a*] re □ **-mente** *avv.*
sovrappopolàto *agg.* popolato eccessivamente.
sovrappórre *v.tr.* [coniugato come *porre*] mettere una cosa sopra un'altra ♦ **-rsi** *v.intr.pron.* porsi sopra.
sovrapposizióne *s.f.* il sovrapporre, il sovrapporsi.
sovrastànte *agg.* che sta sopra.
sovrastàre *v.tr.* e *intr.* [*io sovrasto, tu sovrasti* ecc.; aus. dell'intr. *essere*] **1** stare sopra **2** (*fig.*) incombere **3** (*fig.*) essere superiore, superare.
sovrespósto o **sovraesposto** *agg.* (*foto.*) si dice di pellicola che sia stata esposta alla luce troppo a lungo; dell'immagine fotografica da essa ricavata.
sovrumàno *agg.* che supera i limiti e le capacità della natura umana.
sovvenzionàre *v.tr.* [*io sovvenzióno* ecc.] aiutare con una sovvenzione; finanziare.
sovvenzióne *s.f.* denaro concesso come elargizione o come prestito a condizioni vantaggiose per il debitore.
sovversióne *s.f.* il sovvertire, l'essere sovvertito.
sovversìvo *agg.* che mira a sovvertire un ordine politico e sociale ♦ *s.m.* [f. -*a*].
sovversìvo *agg.* che mira a sovvertire un ordinamento politico e sociale ♦ *s.m.* [f. -*a*].
sovvertiménto *s.m.* il sovvertire, l'essere sovvertito.
sovvertìre *v.tr.* [*io sovvèrto* ecc.] sconvolgere un ordinamento vigente.
sozzùra *s.f.* porcheria.
spaccàre *v.tr.* [*io spacco, tu spacchi* ecc.] spezzare, aprire, dividere in più parti ♦ **-rsi** *v.intr.pron.* **1** rompersi, aprirsi **2** (*fig.*) dividersi nettamente per divergenze d'opinione.
spaccàta *s.f.* posizione in cui le gambe si divaricano al massimo.
spaccàto *agg.* **1** spezzato **2** (*fig. fam.*) identico ♦ *s.m.* disegno o modellino in scala che rappresenta la struttura interna di un edificio, di una macchina, di un oggetto.
spaccatùra *s.f.* **1** lo spaccare, lo spaccarsi, l'essere spaccato; il punto in cui una cosa è spaccata **2** (*fig.*) contrasto.
spacciàre *v.tr.* [*io spàccio* ecc.] commerciare, vendere illecitamente | diffondere, divulgare notizie non vere ♦ **-rsi** *v.rifl.* far credere d'essere quello che non si è.
spacciàto *agg.* (*fam.*) privo di ogni speranza di salvarsi.
spacciatóre *s.m.* [f. -*trice*] chi spaccia moneta falsa, droga, merce d'illecita provenienza.
spàccio *s.m.* **1** lo spacciare **2** locale in cui si vende merce al minuto.
spàcco *s.m.* [pl. -*chi*] **1** spaccatura **2** rottura netta.
spaccóne *s.m.* chi si vanta di imprese grandiose o qualità eccezionali.
spàda *s.f.* arma bianca con lama dritta e appuntita di varia lunghezza.
spadroneggiàre *v.intr.* [*io spadronéggio* ecc.; aus. *avere*] fare da padrone, comportandosi con prepotenza.
spaesàto *agg.* a disagio, smarrito.
spaghétto *s.m.* (spec. *pl.*) pasta alimentare, di forma cilindrica lunga e sottile.
spàgo *s.m.* [pl. -*ghi*] piccola fune sottile.
spaiàto *agg.* si dice di cose che sono state disunite e che prima formavano un paio.
spalancàre *v.tr.* [*io spalanco, tu spalanchi* ecc.] aprire completamente ♦ **-rsi** *v.intr.pron.* aprirsi interamente.
spalàre *v.tr.* togliere con la pala.
spalatrìce *s.f.* macchina per spalare.
spàlla *s.f.* **1** parte del corpo umano che va dall'attaccatura del braccio alla base del collo | *colpire alle spalle*, (*fig.*) a tradimento | *alzare le spalle, stringersi nelle spalle*, per esprimere disinteresse, indifferenza o rassegnazione | *voltare le spalle a qlcu.*, (*fig.*) abbandonarlo, negargli aiuto **2** negli animali macellati, la parte del dorso vicino all'attaccatura degli arti anteriori.
spallàta *s.f.* urto dato con la spalla.
spalleggiàre *v.tr.* [*io spalléggio* ecc.] difendere, sostenere ♦ **-rsi** *v.rifl.rec.* sostenersi a vicenda.
spallièra *s.f.* **1** la parte di un sedile su cui si appoggia la schiena **2** (*sport*) arnese da ginnastica simile a una scala a pioli.
spallìna *s.f.* **1** striscia di tessuto che sormonta le spalle di varie uniformi **2** nastro che regge alcuni indumenti femminili.
spalmàre *v.tr.* stendere sostanze pastose.
spàlto *s.m.* **1** bastione **2** *pl.* le gradinate di un grande stadio.
spàndere *v.tr.* [pass.rem. *io spandéi, tu spandésti* ecc.; part.pass. *spanto*] **1** spargere **2** versare, spargere **3** (*fig.*) divulgare, diffondere ♦ **-rsi** *v.intr.pron.* estendersi, allargarsi.
spànna *s.f.* misura corrispondente all'apertura della mano distesa.
sparare *v.tr.* e *intr.* **1** azionare un'arma da

fuoco **2** (*fig.*) dire cose esagerate o inventate.
sparato *agg.* (*fam.*) velocissimo.
sparatòria *s.f.* fitto e continuo susseguirsi di spari; scambio di colpi d'arma da fuoco.
sparecchiàre *v.tr.* [*io sparécchio ecc.*] togliere dalla tavola stoviglie e tovaglia.
sparéggio *s.m.* (*sport*) incontro supplementare disputato tra due squadre o avversari che alla fine delle gare regolamentari siano a pari punti.
spàrgere *v.tr.* [pres. *io spargo, tu spargi ecc.*; pass.rem. *io sparsi, tu spargésti ecc.*; part.pass. *sparso*] **1** gettare qua e là **2** versare **3** (*fig.*) divulgare ♦ **-rsi** *v.intr.pron.* **1** sparpagliarsi **2** diffondersi.
spargiménto *s.m.* lo spargere, lo spargersi, l'essere sparso.
spargisàle *s.m.invar.* veicolo attrezzato per spargere sale sulle strade quando la temperatura scende al di sotto dello zero, in modo che non vi si formi ghiaccio.
sparìre *v.intr.* [pres. *io sparisco, tu sparisci ecc.*; pass.rem. *io sparii, tu sparisti ecc.*; part.pass. *sparito*; aus. *essere*] **1** sottrarsi improvvisamente alla vista altrui; scomparire **2** (*estens.*) non esserci più
sparizióne *s.f.* lo sparire; scomparsa.
sparlàre *v.intr.* [aus. *avere*] parlare malignamente.
spàro *s.m.* colpo di arma da fuoco.
sparpagliàre *v.tr.* [*io sparpàglio ecc.*] spargere qua e là senza ordine ♦ **-rsi** *v.rifl.* o *intr.pron.* disperdersi.
spàrso *agg.* si dice di cose che sono poste qua e là senza ordine.
spartiàcque *s.m.invar.* linea che divide tra loro due bacini idrografici.
spartìre *v.tr.* [*io spartisco, tu spartisci ecc.*] dividere in parti da distribuire.
spartìto *s.m.* (*mus.*) partitura.
spartitràffico *s.m.invar.* rialzo sul piano stradale che serve a dividere le correnti di traffico | usato anche come *agg.invar.*
spartizióne *s.f.* lo spartire, l'essere spartito; divisione.
sparùto *agg.* **1** magro e pallido **2** esiguo, assai ridotto.
spasimànte *s.m.* e *f.* (*scherz.*) innamorato.
spasimàre *v.intr.* [*io spàsimo ecc.*; aus. *avere*] **1** patire dolori lancinanti **2** (*fig.*) desiderare ardentemente.
spàsmo *s.m.* (*med.*) contrazione anomala di un muscolo.
spasmòdico *agg.* [pl.m. *-ci*] **1** (*med.*) di spasmo **2** doloroso | (*fig.*) angoscioso, affannoso □ **-mente** *avv.*
spassàrsi *v.intr.pron.* divertirsi | *spassarsela*, passare il tempo allegramente.
spassionàto *agg.* che giudica senza passioni | equo □ **-mente** *avv.*
spàsso *s.m.* **1** divertimento **2** *a —*, a passeggio.
spassóso *agg.* divertente □ **-mente** *avv.*
spàstico *agg.* [pl.m. *-ci*] (*med.*) di spasmo ♦ *agg.* e *s.m.* [f. *-a*] si dice di chi è stato colpito da lesione cerebrale che ha determinato un'incapacità di controllo della muscolatura volontaria.
spàtola *s.f.* attrezzo per manipolare materiali pastosi o per raccogliere piccole quantità di materiali polverulenti.
spauràcchio *s.m.* persona o cosa che incute paura (solo *scherz.*).
spaurìto *agg.* spaventato.
spavàldo *agg.* che ostenta o denota una sicurezza eccessiva ♦ *s.m.* [f. *-a*] □ **-mente** *avv.*
spaventapàsseri *s.m.* fantoccio che si mette in mezzo ai campi per spaventare gli uccelli.
spaventàre *v.tr.* [*io spavènto ecc.*] incutere spavento ♦ **-rsi** *v.intr.pron.* essere preso da spavento; impaurirsi.
spavènto *s.m.* paura violenta | (*iperb.*) impressione negativa, spiacevole.
spaventóso *agg.* che incute spavento | che desta profonda impressione □ **-mente** *avv.*
spaziàle *agg.* dello spazio | che si riferisce allo spazio cosmico □ **-mente** *avv.*
spaziàre *v.intr.* [*io spàzio ecc.*; aus. *avere*] **1** muoversi in un ampio spazio | estendersi per un grande spazio **2** (*fig.*) estendere i propri interessi in un ampio orizzonte di idee.
spaziatùra *s.f.* la distribuzione degli spazi nella composizione tipografica o dattilografica.
spazientìrsi *v.intr. pron.* perdere la pazienza.
spàzio *s.m.* **1** (*astr.*) estensione in cui si muovono i corpi celesti **2** estensione circoscritta **3** (*fig.*) possibilità, opportunità **4** estensione di tempo.
spazióso *agg.* ampio, vasto □ **-mente** *avv.*
spazzacamìno *s.m.* in passato, chi per mestiere puliva dalla fuliggine la canna dei camini.
spazzanéve *s.m.invar.* grossa lama d'acciaio montata sulla parte inferiore di un veicolo per spostare la neve da un lato | (*estens.*) il veicolo su cui è montato tale dispositivo.
spazzàre *v.tr.* pulire con la scopa.
spazzatùra *s.f.* immondizia spazzata.
spazzìno *s.m.* chi, per mestiere, spazza le strade; netturbino.

spàzzola *s.f.* arnese costituito da un supporto su cui sono infissi setole, fili di saggina, plastica o altro materiale; è usato per togliere la polvere, lucidare, ravviare i capelli ecc.

spazzolàre *v.tr.* [*io spàzzolo ecc.*] pulire con la spazzola | ravviare con la spazzola: *spazzolarsi i capelli*.

spazzolìno *s.m.* piccola spazzola per pulire i denti, le unghie.

specchiàrsi *v.rifl.* o *intr.pron.* [*io mi spècchio ecc.*] guardarsi in uno specchio | riflettersi.

specchiétto *s.m.* **1** piccolo specchio | — *retrovisore*, applicato agli autoveicoli per vedere i movimenti dei veicoli che seguono | — *per le allodole*, espediente per attirare sprovveduti **2** prospetto.

spècchio *s.m.* **1** lastra di vetro metallizzata nella parte posteriore che riflette le immagini **2** (*estens.*) prospetto, quadro.

speciàle *agg.* **1** che riguarda un ambito, un uso determinato **2** di qualità ottima ♦ *s.m.* programma televisivo in cui si affronta e si analizza un particolare argomento □ **-mente** *avv.* soprattutto.

specialìsta *s.m.* e *f.* [pl.m. *-sti*] professionista specializzato in un determinato ramo.

specialità *s.f.* **1** settore di un'attività in cui si è competenti **2** prodotto caratteristico; piatto tipico.

specializzàrsi *v.rifl.* o *intr.pron.* conseguire una specializzazione.

specializzàto *agg.* che ha conseguito una specializzazione.

specializzazióne *s.f.* acquisizione di una particolare preparazione e competenza in un determinato settore.

spècie *s.f.invar.* **1** insieme di individui con caratteri che li distinguono dagli altri dello stesso genere **2** (*estens.*) tipo **3** *mi fa* —, (*fam.*) mi sorprende ♦ *avv.* specialmente.

specìfica *s.f.* (*comm.*, *burocr.*) elenco di cose ben specificate.

specificàre *v.tr.* [*io specìfico, tu specìfichi ecc.*] precisare con chiarezza e abbondanza di particolari.

specificazióne *s.f.* lo specificare, l'essere specificato | *complemento di* —, (*gramm.*) quello che precisa il concetto espresso dal sostantivo da cui dipende.

specìfico *agg.* [pl.m. *-ci*] **1** caratteristico di una specie **2** (*estens.*) determinato, particolare | *peso* —, (*fis.*) rapporto tra il peso di un corpo e il suo volume ♦ *s.m.* ciò che è particolare □ **-mente** *avv.*

speculàre *v.intr.* [*io spèculo ecc.*; aus. *avere*] **1** indagare con la ragione **2** (*econ.*) fare una speculazione finanziaria **3** (*estens.*) sfruttare possibilità che la situazione offre, favorevoli a sé e sfavorevoli ad altri ♦ *v.tr.* indagare con la ragione.

speculatìvo *agg.* **1** adatto, incline alla speculazione: *mente speculativa* **2** che concerne una speculazione commerciale o finanziaria □ **-mente** *avv.*

speculatóre *agg.* e *s.m.* [f. *-trice*] (*estens.*) chi fa manovre speculative.

speculazióne *s.f.* **1** la ricerca avente come unico scopo il conoscere **2** (*econ.*) operazione finanziaria che approfitta della crescita rapida di un prezzo per lucrare la differenza tra il prezzo di acquisto e quello di vendita **3** (*estens.*) azione intesa a conseguire un vantaggio personale sfruttando senza scrupoli una situazione favorevole.

spedìre *v.tr.* [*io spedisco, tu spedisci ecc.*] inviare.

spedìto *agg.* sciolto; svelto | usato anche come *avv.* □ **-mente** *avv.*

spedizióne *s.f.* **1** lo spedire, l'essere spedito **2** viaggio di più persone per compiere un'impresa scientifica o militare.

spedizionière *s.m.* chi esegue spedizioni di merci per conto di terzi.

spègnere *v.tr.* [pres. *io spèngo, tu spègni ecc.*; pass.rem. *io spènsi, tu spegnésti ecc.*; part.pass. *spènto*] **1** far cessare di ardere **2** (*fig.*) far cessare, estinguere | smorzare, attenuare a poco a poco **3** interrompere il funzionamento di un apparecchio elettrico ♦ **-rsi** *v.intr.pron.* **1** estinguersi | morire **2** smettere di funzionare.

spelacchiàto *agg.* che ha perso il pelo.

speleologìa *s.f.* scienza che studia le grotte.

speleòlogo *s.m.* [f. *-a*; pl.m. *-gi*] studioso di speleologia.

spelling *s.m.invar.* (*ingl.*) pronuncia distaccata delle singole lettere che compongono una parola.

spendaccióne *s.m.* [f. *-a*] chi spende smodatamente, con eccessiva facilità.

spèndere *v.tr.* [pres. *io spèndo ecc.*; pass.rem. *io spési, tu spendésti ecc.*; part.pass. *spéso*] **1** dare denaro in pagamento di qlco. **2** (*fig.*) consumare, adoperare.

spennàre *v.tr.* [*io spénno ecc.*] **1** strappare le penne **2** (*fig. fam.*) carpire denaro ♦ **-rsi** *v.intr.pron.* perdere le penne.

spensieràto *agg.* che non ha preoccupazioni □ **-mente** *avv.*

spènto *agg.* **1** (*fig.*) privo di vivezza **2** che non è in funzione.

sperànza *s.f.* **1** attesa viva e fiduciosa di un bene futuro **2** (*teol.*) virtù teologale per la quale si attende la vita eterna **3** cosa sperata.

speràre *v.tr.* [io spèro ecc.] attendere una cosa desiderata ♦ *v.intr.* [aus. avere] nutrire fiducia.
sperdùto *agg.* solitario, isolato.
sperequazióne *s.f.* mancanza di uniformità, di adeguata distribuzione.
spergiuràre *v.tr.* e *intr.* [aus. dell'intr. avere] giurare il falso.
spergiùro *agg.* e *s.m.* [f. -a] che/chi giura il falso o non mantiene un giuramento.
spericolàto *agg.* che sfida il pericolo | usato anche come *s.m.* [f. -a] □ **-mente** *avv.*
sperimentàle *agg.* **1** che si basa sull'esperimento, sulla sperimentazione **2** si dice di attività volta a sperimentare nuovi modi e mezzi in un determinato campo □ **-mente** *avv.*
sperimentàre *v.tr.* [io speriménto ecc.] **1** mettere alla prova (anche *fig.*) **2** (*fig.*) provare.
sperimentàto *agg.* **1** esperto **2** collaudato.
sperimentazióne *s.f.* lo sperimentare, l'essere sperimentato; verifica | — *didattica*, nelle scuole, la ricerca di nuove metodologie.
spèrma *s.m.* [pl. -mi] (*biol.*) liquido organico viscoso che contiene gli spermatozoi.
spermatozòo *s.m.* (*biol.*) cellula maschile fecondante.
spermicìda *agg.* e *s.m.* [pl. -di] si dice di prodotto capace di distruggere gli spermatozoi, usato a scopo anticoncezionale.
speronàre *v.tr.* [io speróno ecc.] detto di nave, colpire un'altra nave con lo sperone o con la prora.
sperperàre *v.tr.* [io spèrpero ecc.] dilapidare: — *il denaro*.
spèrpero *s.m.* spreco.
spersonalizzàre *v.tr.* **1** privare della personalità **2** rendere impersonale ♦ **-rsi** *v.intr.pron.* perdere la personalità; rinunciare alla propria personalità.
spersonalizzazióne *s.f.* lo spersonalizzare, lo spersonalizzarsi, l'essere spersonalizzato.
spésa *s.f.* **1** somma di denaro che si spende | *a spese di* (o *a mie, tue, proprie spese*), a carico di; (*fig.*) a danno di **2** l'acquisto.
spesàto *agg.* rimborsato delle spese.
spésso *agg.* **1** denso **2** fitto **3** di notevole spessore **4** frequente ♦ *avv.* di frequente.
spessóre *s.m.* **1** grossezza **2** (*fig.*) consistenza, rilievo: *romanzo di un certo* —.
spettacolàre *agg.* che ha le caratteristiche, l'attrattiva di uno spettacolo grandioso □ **-mente** *avv.*
spettàcolo *s.m.* rappresentazione artistica davanti a un pubblico; manifestazione sportiva a cui assistono degli spettatori; *dar* —, (*fig.*) attirare su di sé l'attenzione degli altri.
spettacolóso *agg.* che sorprende per la sua grandiosità.
spettànza *s.f.* (*burocr.*) **1** lo spettare a qlcu. **2** ciò che spetta per una prestazione.
spettàre *v.intr.* [io spètto ecc.; aus. essere] competere; essere di pertinenza.
spettatóre *s.m.* [f. -trice] **1** chi assiste a uno spettacolo **2** chi assiste a un avvenimento.
spettinàto *agg.* che ha i capelli scomposti.
spettràle *agg.* da spettro.
spèttro *s.m.* **1** fantasma **2** (*fig.*) grave minaccia **3** (*fis.*) il risultato, sotto forma di diagramma o di figura, dell'analisi delle componenti di una radiazione.
spèzie *s.f.pl.* il complesso degli aromi usati per insaporire e condire i cibi.
spezzàre *v.tr.* [io spèzzo ecc.] dividere, rompere in pezzi | — *il cuore a qlcu.*, (*fig.*) dargli un forte dolore ♦ **-rsi** *v.intr.pron.* rompersi.
spezzàto *agg.* rotto ♦ *s.m.* abito maschile composto da giacca di colore e tessuto diversi da quelli dei pantaloni.
spezzóne *s.m.* parte di un tutto unitario: — *di pellicola*.
spìa *s.f.* **1** chi esercita lo spionaggio **2** (*fig.*) indizio, sintomo **3** (*tecn.*) dispositivo di segnalazione luminosa o acustica | usato anche come *agg.invar.*: *satellite* —.
spiacére *v.intr.* [coniugato come piacere; aus. essere] provocare rincrescimento.
spiacévole *agg.* che dà dispiacere; increscioso.
spiàggia *s.f.* [pl. -ge] striscia pianeggiante, sabbiosa o ghiaiosa, che costeggia il mare (o un lago, un fiume).
spianàre *v.tr.* rendere piano | — *la via a qlcu.*, (*fig.*) agevolarlo.
spianàta *s.f.* spiazzo pianeggiante.
spiantàto *agg.* e *s.m.* [f. -a] che/chi è in miseria.
spiàre *v.tr.* osservare di nascosto sapere.
spiattellàre *v.tr.* [io spiattèllo ecc.] dire apertamente cose segrete.
spiazzàre *v.tr.* mettere in difficoltà.
spiccàre *v.tr.* [io spicco, tu spicchi ecc.] **1** staccare una cosa da un'altra a cui è attaccata **2** compiere un movimento brusco staccandosi da terra **3** (*dir., comm.*) emettere ♦ *v.intr.* [aus. avere] distinguersi.
spiccàto *agg.* **1** che risalta **2** marcato | notevole □ **-mente** *avv.*
spìcchio *s.m.* ciascuna delle parti in cui è suddiviso internamente il frutto degli agrumi e dell'aglio.
spicciàre *v.tr.* [io spìccio ecc.] (*fam.*) finire in fretta ♦ **-rsi** *v.intr.pron.* (*fam.*) sbrigarsi.

spicciatìvo *agg.* sbrigativo.
spìccio *agg.* [pl.f. *-ce*] sbrigativo | *andare per le spicce*, usare metodi sbrigativi ♦ *s.m.* (spec. *pl.*) moneta spicciola.
spicciolo *agg.* si dice di denaro minuto, in tagli o monete di modesto valore ♦ *s.m.* (spec. *pl.*) moneta spicciola.
spìcco *s.m.* [pl. *-chi*] il risaltare; rilievo.
spièdo *s.m.* asta di ferro su cui si infilano carni o altro cibo da arrostire alla fiamma.
spiegaménto *s.m.* lo schierare reparti militari in ordine di combattimento.
spiegàre *v.tr.* [*io spiègo, tu spièghi ecc.*] **1** svolgere | — *le ali*, allargarle per volare **2** (*fig.*) far comprendere ♦ **-rsi** *v.rifl.* esprimere il proprio pensiero ♦ *v.rifl.rec.* venire a una spiegazione.
spiegazióne *s.f.* **1** lo spiegare illustrando **2** chiarimento.
spietàto *agg.* **1** crudele **2** (*fig.*) accanito, ostinato □ **-mente** *avv.*
spifferàre *v.tr.* [*io spiffero ecc.*] (*fam.*) raccontare ♦ *v. intr.* [aus. *avere*] soffiare da una fessura.
spìffero *s.m.* (*fam.*) corrente d'aria che penetra attraverso una fessura.
spìga *s.f.* (*bot.*) infiorescenza con asse principale che porta fiori senza picciolo.
spigliàto *agg.* che ha scioltezza di modi o facilità di parola; disinvolto □ **-mente** *avv.*
spìgola *s.f.* pesce di mare di medie dimensioni, dalle carni pregiate.
spìgolo *s.m.* linea in comune fra due facce consecutive di un solido.
spìlla *s.f.* grosso spillo artisticamente lavorato che si appunta sugli indumenti per ornamento.
spillàre *v.tr.* **1** far uscire un liquido, per lo più vino da una botte **2** (*fig.*) carpire con astuzia ♦ *v.intr.* [aus. *essere* se il soggetto è il liquido, *avere* se il soggetto è il recipiente] uscire o lasciar uscire a gocce.
spillatùra *s.f.* lo spillare botti.
spìllo *s.m.* sottile bastoncino d'acciaio, appuntito e munito di capocchia.
spilòrcio *agg.* e *s.m.* [f. *-a*; pl.f. *-ce*] avaro.
spìna *s.f.* **1** organo legnoso e pungente di cui sono fornite alcune piante **2** (*fig.*) profonda amarezza; cruccio **3** ognuno degli aculei che compongono lo scheletro dei pesci **4** (*anat.*) sporgenza ossea appuntita | — *dorsale*, colonna vertebrale **5** elemento che collega un circuito elettrico con una rete di alimentazione quando venga inserito nella corrispondente presa.
spinàle *agg.* (*anat.*) della spina dorsale; della colonna vertebrale.
spinàto *agg.* munito di spine.
spinèllo *s.m.* (*gerg.*) sigaretta di hashish o marijuana.
spìngere *v.tr.* [*io spingo, tu spingi ecc.*; pass.rem. *io spinsi, tu spingésti ecc.*; part.pass. *spinto*] **1** esercitare una pressione su un corpo per spostarlo **2** (*fig.*) incitare ♦ *v.intr.* [aus. *avere*] fare ressa ♦ **-rsi** *v.intr.pron.* inoltrarsi.
spinóne *s.m.* cane domestico da ferma, adatto alla caccia.
spinóso *agg.* **1** irto di spine **2** (*fig.*) pieno di difficoltà.
spìnta *s.f.* **1** lo spingere **2** scatto **3** (*fig.*) stimolo **4** (*fig.*) raccomandazione.
spinterògeno *s.m.* nelle automobili, apparecchio che trasforma la corrente della batteria nella corrente per l'accensione.
spìnto *agg.* **1** incline, disposto **2** (*fig.*) licenzioso, scabroso.
spintonàre *v.tr.* [*io spintóno ecc.*] dare spintoni.
spintóne *s.m.* spinta molto forte.
spionàggio *s.m.* attività clandestina volta a conoscere aspetti segreti dell'organizzazione politica, militare o economica di uno stato.
spióne *s.m.* [f. *-a*] persona che ha il vizio di fare la spia.
spionìstico *agg.* [pl.m. *-ci*] che riguarda le spie, lo spionaggio.
spiovènte *agg.* **1** che ricade in giù **2** inclinato verso terra ♦ *s.m.* ciascuno dei piani inclinati che formano il tetto.
spiòvere *v.intr.* [coniugato come *piovere*; aus. *essere*] **1** scolare, scorrere in giù **2** (*estens.*) ricadere in giù ♦ *v. intr.impers.* [aus. *essere* o *avere*] cessare di piovere.
spìra *s.f.* ciascuno dei giri di una spirale.
spiràglio *s.m.* **1** piccola apertura **2** (*fig.*) tenue possibilità.
spiràle *agg.* **1** (*mat.*) si dice di curva piana che parte da un punto e gira intorno a esso **2** (*anat.*) si dice di formazione anatomica a forma di spirale ♦ *s.f.* **1** linea spirale **2** molla metallica avvolta a spirale **3** (*med.*) dispositivo anticoncezionale intrauterino a forma di spirale.
spiràre[1] *v.intr.* [aus. *avere*] soffiare.
spiràre[2] *v.intr.* [aus. *essere*] morire.
spiritàto *agg.* **1** (*fig.*) fuori di sé **2** (*fig.*) molto vivace ♦ *s.m.* [f. *-a*] indemoniato.
spirìtico *agg.* [pl.m. *-ci*] di spiritismo.
spiritìsmo *s.m.* dottrina che interpreta i fenomeni paranormali come dovuti agli spiriti dei defunti.
spìrito[1] *s.m.* **1** entità immateriale che si manifesta come pensiero e volontà e che costituisce col corpo l'insieme della persona **2** (*relig.*) l'anima individuale | *Spirito Santo*, (*teol.*) la terza persona della Trinità **3** fantasma **4** (*estens.*) complesso delle tendenze e delle disposizioni proprie di

un'epoca, di un ambiente **5** ingegno vivace: *uomo di —; presenza di —*, capacità di risolversi in una situazione imprevista.
spirìto[2] *s.m.* alcol etilico.
spiritóso *agg.* dotato d'umorismo ♦ *s.m.* [f. -*a*] □ **-mente** *avv.*
spiritual *s.m.invar.* (*ingl.*) canto religioso dei neri d'America.
spirituàle *agg.* **1** dello spirito **2** (*relig.*) che concerne la vita religiosa □ **-mente** *avv.*
spiritualità *s.f.* inclinazione a dare particolare importanza ai valori e ai problemi spirituali, in particolare a quelli religiosi.
splendènte *agg.* che splende; luminoso, radioso.
splèndere *v.intr.* [*io splèndo ecc.*; pass.rem. *io splendéi* o *splendètti, tu splendésti ecc.*; non sono usati il part. pass. e i tempi composti] emanare luce intensa; brillare.
splèndido *agg.* bellissimo, stupendo □ **-mente** *avv.*
splendóre *s.m.* **1** luce intensa **2** (*fig.*) bellezza eccezionale **3** sfarzo.
spodestàre *v.tr.* [*io spodèsto ecc.*] **1** privare del potere, dell'autorità **2** privare qlcu. della proprietà di qlco.
spòglia *s.f.* **1** rivestimento esterno | *sotto mentite spoglie*, sotto false apparenze **2** (*lett.*) salma.
spogliàre *v.tr.* [*io spòglio ecc.*] **1** svestire **2** (*fig.*) privare di qlco. con violenza ♦ **-rsi** *v.rifl.* o *intr.pron.* **1** togliersi gli abiti di dosso **2** (*fig.*) privarsi.
spogliatóio *s.m.* stanza in cui ci si spoglia o si depositano gli indumenti.
spòglio[1] *agg.* disadorno, scarno.
spòglio[2] *s.m.* esame, selezione: *— dei voti*, scrutinio e conteggio dei voti.
spoiler *s.m.invar.* (*ingl.*) (*aut.*) struttura rigida applicata sulla parte anteriore o posteriore della carrozzeria per deviare il flusso dell'aria.
spòla *s.f.* bobina di filo che s'introduce nella navetta e viene fatta passare avanti e indietro tra i fili dell'ordito durante la tessitura | *fare la —*, (*fig.*) andare e venire da un luogo all'altro.
spolétta *s.f.* rocchetto inserito nella navicella delle macchine per cucire.
spoliazióne *s.f.* sottrazione arbitraria di beni altrui; saccheggio.
spoliticizzàre *v.tr.* sottrarre all'influsso della politica ♦ **-rsi** *v.intr. pron.* perdere il carattere, gli interessi politici.
spolveràre *v.tr.* [*io spólvero ecc.*] ripulire dalla polvere.
spolverìno *s.m.* soprabito leggero.
spónda *s.f.* **1** riva **2** bordo: *la — del letto.*
spongifórme *agg.* (*med.*) che ha l'aspetto e la consistenza di una spugna: *tessuto —.*
sponsor *s.m.invar.* (*lat.*) operatore economico che allo scopo di ricavarne pubblicità finanzia attività sportive, culturali.
sponsorizzàre *v.tr.* fare da sponsor a qlcu., a qlco.
sponsorizzazióne *s.f.* lo sponsorizzare, l'essere sponsorizzato.
spontàneo *agg.* **1** che è detto o fatto di propria iniziativa **2** istintivo; privo di artificiosità e affettazione □ **-mente** *avv.*
spopolàre *v.tr.* [*io spòpolo ecc.*] rendere meno popolato ♦ *v.intr.* [aus. *avere*] (*fam.*) avere grande successo ♦ **-rsi** *v.intr.pron.* divenire meno popolato, meno affollato.
spopolàto *agg.* poco popolato.
spòra *s.f.* (*biol.*) cellula riproduttiva in alcuni organismi vegetali e animali.
sporàdico *agg.* [pl.m. -*ci*] saltuario □ **-mente** *avv.*
sporcàre *v.tr.* [*io spòrco, tu spòrchi ecc.*] **1** insudiciare **2** (*fig.*) macchiare moralmente ♦ **-rsi** *v.rifl.* o *intr.pron.* **1** imbrattarsi **2** (*fig.*) macchiare la propria reputazione.
sporcìzia *s.f.* **1** l'essere sporco | insieme di cose sporche **2** (*fig.*) parola oscena.
spòrco *agg.* [pl.m. -*chi*] **1** sudicio **2** (*fig.*) disonesto, osceno | *denaro —*, frutto di reato ♦ *s.m.* sporcizia □ **-mente** *avv.*
spórgere *v.tr.* [coniugato come *porgere*] **1** metter fuori **2** (*dir.*) presentare: *— querela* ♦ *v.intr.* [aus. *essere*] tendere verso l'esterno ♦ **-rsi** *v.rifl.* protendersi in avanti.
spòrt *s.m.invar.* l'insieme degli esercizi fisici che si praticano, in gruppo o individualmente, per mantenere in efficienza il corpo | insieme di esercizi fisici in forma di gioco, individuale o collettivo | *— estremo*, sport la cui pratica comporta un rischio elevato per l'incolumità di chi lo pratica: *il parapendio è uno sport estremo*.
spòrta *s.f.* sacca per fare la spesa.
sportèllo *s.m.* **1** piccola imposta | porta di accesso di veicoli **2** in alcuni uffici, apertura attraverso cui gli impiegati comunicano con il pubblico.
sportìvo *agg.* **1** che riguarda lo sport **2** che pratica sport **3** conforme alle norme di lealtà e correttezza proprie dello sport ♦ *s.m.* [f. -*a*] chi pratica lo sport o ne è appassionato □ **-mente** *avv.*
sportswear *s.m.invar.* (*ingl.*) abbigliamento sportivo.
spòsa *s.f.* **1** la donna nel giorno del matrimonio **2** moglie.
sposalìzio *s.m.* cerimonia del matrimonio; nozze.
sposàre *v.tr.* [*io spòso ecc.*] **1** unirsi a qlcu. in matrimonio **2** unire in matrimonio **3**

(*fig.*) abbracciare ♦ **-rsi** *v.rifl.* e *rifl.rec.* unirsi in matrimonio.
spòso *s.m.* **1** l'uomo nel giorno del matrimonio **2** marito **3** *pl.* l'uomo e la donna nel giorno del matrimonio.
spossànte *agg.* estenuante.
spossatézza *s.f.* debolezza.
spostaménto *s.m.* lo spostare, lo spostarsi, l'essere spostato.
spostàre *v.tr.* [*io spòsto ecc.*] togliere una cosa o una persona dalla posizione, dalla condizione in cui si trova | differire ♦ **-rsi** *v.rifl.* o *intr.pron.* mutare posto.
spostàto *agg.* e *s.m.* [f. *-a*] si dice di chi non riesce a inserirsi nella vita sociale.
spot *s.m.invar.* (*ingl.*) comunicato pubblicitario radiotelevisivo.
sprànga *s.f.* sbarra usata per chiudere porte, imposte ecc.
sprangàto *agg.* chiuso.
spràzzo *s.m.* **1** fascio di luce **2** (*fig.*) repentina manifestazione di un'idea, un sentimento ecc. | *a sprazzi*, in modo sporadico.
sprecàre *v.tr.* [*io sprèco, tu sprèchi ecc.*] spendere male | non valorizzare, sciupare ♦ **-rsi** *v.intr.pron.* disperdere le proprie capacità.
sprèco *s.m.* [pl. *-chi*] sperpero.
spregévole *agg.* abietto, ignobile □ **-mente** *avv.*
spregiudicàto *agg.* che non ha o non dimostra scrupoli di natura morale ♦ *s.m.* [f. *-a*] □ **-mente** *avv.*
sprèmere *v.tr.* [coniugato come *premere*] premere qlco. per farne uscire il liquido contenuto.
spremiagrùmi *s.m.* attrezzo o apparecchio per spremere il succo dagli agrumi.
spremitùra *s.f.* lo spremere, l'essere spremuto | (*estens.*) il liquido spremuto.
spremùta *s.f.* bevanda che si ottiene spremendo un frutto sugoso.
sprezzànte *agg.* altezzoso □ **-mente** *avv.*
sprèzzo *s.m.* **1** atteggiamento sprezzante **2** noncuranza: — *del pericolo.*
sprint *s.m.invar.* **1** sforzo breve e intenso di un corridore o di un cavallo per superare un avversario **2** riferito ad automobile o motocicletta, capacità di rapida accelerazione; ripresa.
sprizzàre *v.intr.* [aus. *essere*] uscire sotto forma di spruzzo ♦ *v.tr.* **1** fare uscire sotto forma di getto, di zampillo **2** (*fig.*) esprimere con esuberanza e vivacità.
sprofondàre *v.tr.* [*io sprofóndo ecc.*] (*non com.*) far cadere ♦ *v.intr.* [aus. *essere*] **1** abbassarsi nel sottosuolo | cadere in una profondità **2** (*fig.*) lasciarsi assorbire ♦ **-rsi** *v.rifl.* abbandonarsi pesantemente su qlco. | (*fig.*) dedicarsi con tutto l'impegno a qlco.
spròloquio *s.m.* discorso prolisso.
spronàre *v.tr.* [*io spróno ecc.*] **1** stimolare con lo sprone **2** (*fig.*) incitare.
spróne *s.m.* **1** sperone (come arnese per incitare il cavallo) **2** (*fig.*) stimolo.
sproporzionàto *agg.* esagerato □ **-mente** *avv.*
sproporzióne *s.f.* mancanza di proporzione.
spropositàto *agg.* **1** pieno di spropositi **2** eccessivo.
spropòsito *s.m.* grosso errore.
sprovincializzàre *v.tr.* far perdere a qlcu. o a qlco. i caratteri provinciali ♦ **-rsi** *v.intr.pron.* perdere i caratteri provinciali.
sprovvedùto *agg.* e *s.m.* che/chi non ha l'esperienza o le qualità necessarie per affrontare certe situazioni o capire determinati problemi.
sprovvìsto *agg.* sfornito.
spruzzàre *v.tr.* gettare un liquido a spruzzi ♦ **-rsi** *v.rifl.* o *intr.pron.* macchiarsi con lo spruzzo di un liquido.
spruzzatóre *s.m.* dispositivo per spargere un liquido in spruzzi.
sprùzzo *s.m.* getto d'acqua o d'altro liquido in gocce o schizzi minuti.
spudoràto *agg.* sfacciato □ **-mente** *avv.*
spùgna *s.f.* **1** (*zool.*) organismo appartenente a un tipo di animali acquatici che hanno corpo costituito di un insieme di fori e canali attraverso cui circola l'acqua **2** lo scheletro delle spugne, che per le sue proprietà assorbenti può essere impiegato come oggetto d'uso per prosciugare, pulire ecc. **3** tessuto morbido e assorbente.
spugnatùra *s.f.* il bagnarsi per mezzo di una spugna.
spulciàre *v.tr.* [*io spùlcio ecc.*] **1** liberare dalle pulci **2** (*fig.*) esaminare minuziosamente.
spùma *s.f.* schiuma.
spumànte *agg.* e *s.m.* si dice di vino che produce una spuma abbondante e leggera.
spumeggiànte *agg.* **1** che spumeggia **2** (*estens.*) leggero, vaporoso **3** (*fig.*) vivace.
spumeggiàre *v.intr.* [*io spuméggio ecc.*; aus. *avere*] fare molta spuma.
spuntàre[1] *v.tr.* **1** privare della punta **2** (*fig.*) superare | *spuntarla*, averla vinta ♦ *v.intr.* [aus. *essere*] apparire ♦ **-rsi** *v.intr. pron.* perdere la punta.
spuntàre[2] *v.tr.* verificare un elenco contrassegnando ciascuno dei dati che sono stati controllati.
spuntìno *s.m.* pasto leggero.
spùnto *s.m.* elemento, motivo che fornisce l'occasione per dire, fare qlco.
spurgàre *v.tr.* [*io spurgo, tu spurghi ecc.*] pu-

lire, purgare un canale, un passaggio da ciò che l'ostruisce ♦ **-rsi** *v.intr.pron.* espellere il muco; espettorare.
spùrio *agg.* non autentico.
sputàre *v.intr.* [aus. *avere*] emettere lo sputo ♦ *v.tr.* mandar fuori dalla bocca (anche *fig.*) — *sangue*, (*fig.*) impegnarsi e affaticarsi molto in qlco. | — *l'osso*, (*fig.*) confessare qlco. taciuta a lungo.
sputàto *agg.* (*fam.*) si dice di chi è molto somigliante a qlcu.
spùto *s.m.* la saliva o l'espettorato che si emette dalla bocca.
squàdra[1] *s.f.* strumento a forma di triangolo rettangolo, adoperato per costruire o misurare angoli retti.
squàdra[2] *s.f.* **1** (*mil.*) la più piccola unità organica dell'esercito **2** (*estens.*) gruppo organizzato di persone che lavorano per un fine comune.
squadràre *v.tr.* **1** ridurre in forma o sezione più o meno quadrata **2** (*fig.*) misurare attentamente.
squadrìglia *s.f.* (*aer.*) l'unità organica fondamentale dell'armata aerea.
squadrìsmo *s.m.* (*st.*) l'organizzazione delle squadre d'azione fasciste.
squadróne *s.m.* (*mil.*) reparto di cavalleria.
squagliàrsi *v.intr.pron.* **1** liquefarsi **2** (*fig. fam.*) svignarsela.
squalìfica *s.f.* **1** lo squalificare, l'essere squalificato **2** (*sport*) provvedimento disciplinare consistente nell'escludere un atleta o una squadra da una o più gare per un determinato periodo di tempo.
squalificàre *v.tr.* [*io squalìfico, tu squalìfichi ecc.*] **1** dichiarare non qualificato, non idoneo **2** (*sport*) comminare una squalifica ♦ **-rsi** *v.rifl.* screditarsi dimostrandosi inadatto.
squalificàto *agg.* che ha perso credito ♦ *agg.* e *s.m.* [f. *-a*] (*sport*) che/chi ha subito una squalifica.
squàllido *agg.* triste e desolato □ **-mente** *avv.*
squallóre *s.m.* stato d'abbandono.
squàlo *s.m.* nome generico di vari pesci cartilaginei, per lo più di grandi dimensioni, veloci, con dentatura da carnivori.
squàma *s.f.* (*zool.*) ciascuna delle formazioni piatte e dure che rivestono il corpo di rettili e pesci.
squarciagóla *s.m.* solo nella loc. avv. *a* —, a gran voce.
squarciàre *v.tr.* [*io squàrcio ecc.*] aprire con violenza, provocando lacerazioni ♦ **-rsi** *v.intr.pron.* fendersi, lacerarsi.
squàrcio *s.m.* ampia e profonda fenditura.
squartàre *v.tr.* tagliare in quarti o in grosse parti.
squattrinàto *agg.* e *s.m.* [f. *-a*] spiantato.
squilibràto *agg.* e *s.m.* [f. *-a*] che/chi non ha pieno controllo delle proprie facoltà mentali.
squilìbrio *s.m.* **1** mancanza di equilibrio **2** (*fig.*) sproporzione, divario.
squillànte *agg.* **1** acuto **2** (*fig.*) vivace.
squillàre *v.intr.* [aus. *avere o essere*] emettere un suono acuto e limpido.
squìllo *s.m.* suono acuto | usato anche come *agg.invar.* nella loc. *ragazza* —, ragazza che si prostituisce, rintracciabile telefonicamente.
squisìto *agg.* **1** eccellente, prelibato **2** (*fig.*) raffinato □ **-mente** *avv.*
sradicaménto *agg.* lo sradicare, l'essere sradicato.
sradicàre *v.tr.* [*io sràdico, tu sràdichi ecc.*] strappare con le radici; estirpare (anche *fig.*) ♦ **-rsi** *v.rifl.* o *intr.pron.* **1** detto di pianta, svellersi dalle radici **2** (*fig.*) detto di persona, abbandonare il proprio ambiente familiare o sociale.
sradicàto *agg.* **1** estirpato, divelto **2** (*fig.*) si dice di persona che non ha o non sente legami con l'ambiente o la società in cui vive ♦ *s.m.* [f. *-a*] persona sradicata.
sragionàre *v.intr.* [*io sragióno ecc.*; aus. *avere*] vaneggiare, farneticare.
sregolatézza *s.f.* **1** l'essere sregolato **2** atto sregolato.
sregolàto *agg.* **1** che eccede il giusto limite **2** scapestrato, moralmente disordinato.
stàbile *agg.* **1** ben fermo, fisso **2** (*fig.*) durevole ♦ *s.m.* edificio □ **-mente** *avv.*
stabiliménto *s.m.* **1** fabbrica **2** edificio o insieme di edifici attrezzati per un determinata attività.
stabilìre *v.tr.* [*io stabilisco, tu stabilisci ecc.*] **1** fissare **2** decidere ♦ **-rsi** *v.rifl.* prendere dimora stabile in una località.
stabilità *s.f.* l'essere stabile.
stabilìto *agg.* fissato, deciso.
stabilizzàre *v.tr.* rendere stabile (anche *fig.*) ♦ **-rsi** *v.intr.pron.* diventare stabile.
stacanovìsta *s.m.* e *f.* [pl.m. *-sti*] chi mostra eccessivo zelo nello svolgere il proprio lavoro.
staccàre *v.tr.* [*io stacco, tu stacchi ecc.*] **1** separare ciò che è attaccato **2** distanziare ♦ *v.intr.* [aus. *avere*] (*fam.*) terminare l'orario di lavoro ♦ **-rsi** *v. intr.pron.* **1** allontanarsi **2** venir via, cadere da sé.
staccionàta *s.f.* recinto formato da traverse di legno sostenute da pali che serve a delimitare un terreno.
stàcco *s.m.* [pl. *-chi*] **1** lo staccare, lo stac-

carsi, l'essere staccato **2** (*fig.*) contrasto, risalto **3** (*fig.*) intervallo.
stàdio *s.m.* **1** campo attrezzato per lo svolgimento di manifestazioni sportive **2** periodo, fase.
staff *s.m.invar.* (*ingl.*) l'insieme dei collaboratori più vicini a chi dirige un lavoro.
stàffa *s.f.* ciascuno dei due grossi anelli metallici a fondo piatto in cui il cavaliere infila e appoggia i piedi.
staffétta *s.f.* (*sport*) gara podistica, di nuoto o di sci, in cui il tragitto è diviso in frazioni, che vanno percorse in successione da vari corridori della stessa squadra.
stage *s.m.invar.* (*ingl.*) periodo di formazione o perfezionamento professionale.
stagionàle *agg.* che riguarda una stagione, le stagioni ♦ *s.m.* e *f.* chi lavora solo in certe stagioni dell'anno.
stagionàre *v.tr.* [*io stagióno ecc.*] conservare un prodotto in particolari condizioni ambientali perché acquisti col tempo certe qualità; far invecchiare ♦ *v.intr.* [aus. *essere*] ♦ **-rsi** *v.intr.pron.* acquistare determinate qualità rimanendo in particolari condizioni ambientali per un certo periodo di tempo.
stagionatùra *s.f.* lo stagionare.
stagióne *s.f.* **1** ciascuno dei quattro periodi in cui si suddivide l'anno solare (primavera, estate, autunno, inverno) **2** periodo in cui maturano determinati frutti **3** (*lett.*) epoca della vita.
stagliàrsi *v.intr. pron.* [*io mi stàglio ecc.*] risaltare, spiccare.
stagnàre[1] *v.tr.* **1** rivestire con stagno **2** chiudere ermeticamente.
stagnàre[2] *v.intr.* [aus. *avere*] **1** restare fermo, non circolare, detto di fluidi **2** (*fig.*) di attività economica, non avere incremento ♦ *v.tr.* far cessare l'uscita di un liquido ♦ **-rsi** *v.intr.pron.* cessare di sgorgare.
stagnazióne *s.f.* **1** ristagno, stasi **2** (*econ.*) situazione di esaurimento della crescita economica.
stàgno[1] *s.m.* elemento chimico di simbolo *Sn*, è un metallo malleabile, usato per saldature e per ricoprire altri metalli.
stàgno[2] *s.m.* specchio d'acqua che stagna.
stàgno[3] *agg.* che è a perfetta tenuta d'acqua o d'altro liquido.
stagnòla *s.f.* sottile foglio di stagno | usato anche come *agg.invar.*: *carta —*.
stalagmìte *s.f.* (*geol.*) concrezione cristallina a forma di colonna o di cono che s'innalza dal pavimento delle grotte carsiche.
stalattìte *s.f.* (*geol.*) concrezione calcarea, analoga alla stalagmite, che pende dal soffitto delle grotte carsiche.
stalinìsmo *s.m.* pratica di governo dittatoriale adottata in URSS da I.V. Stalin (1879-1953).
stàlla *s.f.* ambiente per il ricovero degli animali domestici, soprattutto bovini ed equini.
stàllo *s.m.* **1** sedile **2** *situazione di —*, (*fig.*) situazione di attesa, di ristagno.
stallóne *s.m.* cavallo maschio destinato alla riproduzione.
stamàni *avv.* stamattina.
stamattìna *avv.* nella mattina di oggi.
stambécco *s.m.* [pl. *-chi*] mammifero ruminante alpino con lunghe corna anellate.
stambèrga *s.f.* abitazione squallida.
stàmpa *s.f.* **1** tecnica che permette di riprodurre quanto è scritto, disegnato, fotografato o inciso su una matrice **2** l'insieme delle pubblicazioni giornalistiche **3** (*estens.*) il complesso dei giornalisti **4** (*foto.*) processo con cui l'immagine negativa della pellicola viene trasformata in copia positiva | usato come *agg.invar.* dei giornalisti, riservato ai giornalisti: *sala, comunicato, conferenza —*.
stampànte *s.f.* unità periferica di un elaboratore elettronico per stampare.
stampàre *v.tr.* **1** riprodurre attraverso un procedimento di stampa **2** pubblicare ♦ **-rsi** *v.intr.pron.* imprimersi, restare impresso.
stampatèllo *agg.* e *s.m.* si dice di un carattere di scrittura manuale che imita il carattere della stampa.
stampàto *agg.* impresso mediante un procedimento di stampa ♦ *s.m.* foglio o fascicolo stampato; modulo.
stampatóre *s.m.* chi stampa; chi è addetto alle macchine da stampa in una tipografia.
stampèlla *s.f.* gruccia.
stàmpo *s.m.* **1** recipiente dove si cuociono o si versano sostanze semiliquide che, indurendosi, ne acquistano la forma **2** matrice **3** (*fig.*) tempra, carattere.
stanàre *v.tr.* far uscire dalla tana (anche *fig.*).
stancàre *v.tr.* [*io stanco, tu stanchi ecc.*] logorare le forze ♦ **-rsi** *v.intr.pron.* **1** perdere le energie; affaticarsi **2** annoiarsi.
stanchézza *s.f.* condizione di chi è stanco.
stànco *agg.* [pl.m. *-chi*] affaticato □ **-mente** *avv.*
stand *s.m.invar.* (*ingl.*) in una fiera, un'esposizione, ciascuno dei settori riservati ai singoli espositori.
stàndard *s.m.invar.* **1** modello, tipo al quale ci si uniforma **2** misura, valore, qualità medi: *un elevato — di vita* | usato anche come *agg.invar.* conforme a un determinato modello: *prodotto, formato —*.

standardizzàre *v.tr.* conformare a uno standard.
standardizzazióne *s.f.* lo standardizzare, l'essere standardizzato.
stànga *s.f.* lunga sbarra.
stangàta *s.f.* **1** colpo dato con una stanga **2** (*fig.*) danno di natura economica.
stanòtte *avv.* questa notte.
stantìo *agg.* che ha perso la freschezza ♦ *s.m.* odore, sapore di roba stantia.
stantùffo *s.m.* (*mecc.*) organo meccanico che scorre con moto alterno in un cilindro.
stànza *s.f.* **1** ciascuno degli ambienti interni di un edificio, divisi l'uno dall'altro da pareti **2** (*metr.*) strofa.
stanziàre *v.tr.* [*io stànzio ecc.*] destinare una somma di denaro per un determinato scopo ♦ **-rsi** *v.intr.pron.* fissare la propria dimora.
stappàre *v.tr.* togliere il tappo a qlco.
star *s.f.invar.* (*ingl.*) stella del cinema.
stàre *v.intr.* [pres. *io sto* (con *o* aperta), *tu stài, egli sta, noi stiamo, voi state, essi stanno*; fut. *io starò ecc.*; pass.rem. *io stètti, tu stésti, egli stètte, noi stémmo, voi stéste, essi stèttero*; congiunt. pres. *io stìa..., noi stiamo, voi stiate, essi stiano*; congiunt.imperf. *io stéssi ecc.*; cond. *io starèi ecc.*; imp. *sta* o *sta'* o *stai*; part.pass. *stato*] **1** (*assol.*) restare dove si è **2** rimanere, trattenersi **3** essere contenuto (per lo più con la particella avv. di luogo) **4** abitare, risiedere **5** essere, trovarsi in una certa condizione fisica, psicologica, economica **6** essere in facoltà, dipendere: *non sta a me decidere*.
starnutìre *v.intr.* [*io starnutisco, tu starnutisci ecc.*; aus. *avere*] fare starnuti.
starnùto *s.m.* espirazione rumorosa; è provocata da stimoli che irritano la mucosa nasale: *fare uno —*.
start-up *s.m.invar.* la fase di avvio di un'attività: *lo start-up di un progetto, di un'impresa.*
staséra *avv.* questa sera.
stàsi *s.f.* **1** (*med.*) ristagno di fluidi circolanti nell'organismo **2** (*fig.*) ristagno.
statàle *agg.* dello stato ♦ *s.m.* e *f.* chi è alle dipendenze di una amministrazione statale ♦ *s.f.* strada statale.
statalizzàre *v.tr.* rendere di proprietà dello stato.
statalizzazióne *s.f.* lo statalizzare, l'essere statalizzato.
stàtica *s.f.* (*fis.*) parte della meccanica che studia le condizioni di equilibrio dei corpi.
stàtico *agg.* [pl.m. *-ci*] **1** (*fis.*) relativo alla statica **2** che concerne la stabilità di un edificio o di un'altra costruzione **3** (*fig.*) privo di movimento □ **-mente** *avv.*
station-wagon *agg.* e *s.f.invar.* (*ingl.*) (*aut.*) si dice di autovettura con carrozzeria modificata in modo da avere maggiore capacità di carico; familiare.
statìsta *s.m.* e *f.* [pl.m. *-sti*] chi governa, dirige uno stato.
statìstica *s.f.* **1** analisi quantitativa di fenomeni collettivi allo scopo di individuare le leggi o i modelli che permettono di spiegarli e di prevederli **2** raccolta di dati.
stàto *s.m.* **1** lo stare | in grammatica: *complemento di — in luogo*, quello indicante il luogo, reale o figurato, in cui è il soggetto o si compie l'azione **2** situazione, condizione **3** situazione di una persona agli effetti anagrafici o giuridici **4** condizione economica; posizione sociale **5** entità giuridica e politica che nasce dall'organizzazione della vita collettiva di un gruppo sociale nell'ambito di un territorio, sul quale essa esercita la sua sovranità; il territorio stesso.
stàtua *s.f.* opera di scultura a tutto tondo.
statùra *s.f.* altezza di un individuo.
status quo *loc. sost.m.invar.* (*lat.*) la situazione che esisteva prima del verificarsi di un determinato evento.
status symbol *loc.sost. m.invar.* (*ingl.*) segno esteriore che rivelerebbe la posizione sociale di una persona.
statùto *s.m.* atto che contiene le norme fondamentali di un ente pubblico o privato.
stavòlta *avv.* (*fam.*) questa volta.
stazionaménto *s.m.* lo stazionare, il sostare; sosta.
stazionàre *v.intr.* [*io staziόno ecc.*; aus. *avere*] sostare.
stazionàrio *agg.* che non varia.
stazióne *s.f.* **1** il complesso degli edifici e degli impianti presso cui si svolgono le operazioni di arrivo e partenza di mezzi di trasporto pubblico **2** qualsiasi edificio o impianto fisso attrezzato per determinati servizi **3** località adatta a soggiorni di villeggiatura e di cura.
stàzza *s.f.* **1** (*mar.*) volume complessivo degli spazi interni di una nave mercantile **2** (*fig.*) corporatura robusta.
stécca *s.f.* **1** asticella lunga e sottile, per lo più di legno **2** (*estens.*) confezione contenente dieci o venticinque pacchetti di sigarette **3** (*fig.*) stonatura.
steccàto *s.m.* **1** recinzione **2** (*fig.*) divisione profonda.
stecchìre *v.tr.* [*io stecchisco, tu stecchisci ecc.*] uccidere sul colpo.
stecchìto *agg.* **1** rinsecchito **2** rigido come uno stecco | *morto —*, morto sul colpo.
stécco *s.m.* [pl. *-chi*] ramoscello secco.
stèle *s.f.* [pl. *-le*] lastra di pietra o marmo

che reca un'iscrizione o immagini in rilievo.
stélla *s.f.* **1** corpo celeste formato da materia allo stato di plasma e caratterizzato dall'emissione di luce e altre radiazioni **2** oggetto a forma di stella | — *filante*, rotolino di carta variamente colorato che si lancia per gioco a carnevale **3** distintivo, emblema a forma di stella **4** personaggio dello spettacolo o dello sport **5** in botanica: — *di Natale*, arbusto con infiorescenze a fiori piccoli gialli circondati da grandi brattee rosse disposte a stella; — *alpina*, pianta erbacea con fiori vellutati bianchi.
stellàre *agg.* **1** (*astr.*) relativo alle stelle **2** spaziale: *guerre stellari*.
stellàto *agg.* cosparso di stelle: *cielo* —.
stellétta *s.f.* distintivo a forma di stella a cinque punte che contraddistingue le forze armate italiane.
stèlo *s.m.* **1** (*bot.*) fusto delle piante erbacee **2** (*estens.*) elemento di sostegno a forma di fusto.
stèmma *s.m.* [pl. *-mi*] (*arald.*) emblema che costituisce il contrassegno di famiglie nobili, enti, associazioni e simili.
stemperàre *v.tr.* [*io stèmpero ecc.*] **1** diluire **2** togliere la tempera a un metallo ♦ **-rsi** *v.intr.pron.* perdere la tempera | perdere la punta.
stempiàto *agg.* privo di capelli in prossimità delle tempie.
stendàrdo *s.m.* **1** insegna **2** gonfalone di enti pubblici o confraternite religiose.
stèndere *v.tr.* [coniugato come *tendere*] **1** distendere **2** (*estens.*) atterrare, abbattere **3** spalmare **4** redigere ♦ **-rsi** *v.rifl.* porsi disteso ♦ *v.intr.pron.* estendersi.
stendibiancherìa *s.m.invar.* attrezzo su cui viene stesa la biancheria ad asciugare.
stenografàre *v.tr.* [*io stenògrafo ecc.*] scrivere con i caratteri e i segni della stenografia.
stenografìa *s.f.* tecnica di scrittura manuale veloce che usa segni e abbreviazioni convenzionali di parole e frasi.
stenògrafo *s.m.* [f. *-a*] chi è in grado di scrivere usando la tecnica stenografica.
stenòsi *s.f.* (*med.*) restringimento patologico di un orifizio o un condotto anatomico.
stentàre *v.intr.* [*io stènto ecc.*; aus. *avere*] incontrare difficoltà nel fare qlco.
stènto *s.m.* **1** sofferenza, privazione **2** difficoltà | *a* —, a fatica.
stéppa *s.f.* vasta prateria incolta.
steppóso *agg.* che ha le caratteristiche della steppa.
stèrco *s.m.* [pl. rar. *-chi*] escrementi degli animali e dell'uomo.
stèreo *agg.invar.* forma abbreviata di *stereofonico* ♦ *s.m.invar.* impianto stereofonico.
stereo- primo elemento di parole composte, che significa 'spaziale, tridimensionale'.
stereofonìa *s.f.* tecnica di registrazione e riproduzione del suono che ricrea la percezione spaziale originaria del suono.
stereofònico *agg.* [pl.m. *-ci*] che riguarda la stereofonia.
stereòtipo *s.m.* modello convenzionale di comportamento, di discorso.
stèrile *agg.* **1** infecondo **2** (*estens.*) improduttivo **3** (*fig.*) senza risultato; inutile **4** (*med.*) privo di germi □ **-mente** *avv.*
sterilità *s.f.* l'essere sterile.
sterilizzàre *v.tr.* **1** rendere sterile **2** liberare da germi e da altri microrganismi.
sterilizzazióne *s.f.* **1** procedimento che ha lo scopo di distruggere ogni forma di vita microbica in una sostanza o in un corpo **2** (*med.*) procedimento che rende incapaci di procreare.
sterlìna *s.f.* unità monetaria del Regno Unito e di diversi altri paesi.
sterminàre *v.tr.* [*io stèrmino ecc.*] annientare, eliminare completamente.
sterminàto *agg.* immenso.
stermìnio *s.m.* annientamento, strage.
sterpàglia *s.f.* groviglio di sterpi.
stèrpo *s.m.* arbusto secco e spinoso.
sterràre *v.tr.* [*io stèrro ecc.*] rimuovere la terra spianando o scavando.
sterràto *agg.* *strada sterrata*, con il fondo in terra battuta ♦ *s.m.* terreno sterrato.
sterzàre *v.intr.* [*io stèrzo ecc.*; aus. *avere*] azionare lo sterzo per cambiare la direzione di un veicolo.
sterzàta *s.f.* **1** lo sterzare **2** (*fig.*) brusco mutamento di idee, di indirizzi.
stèrzo *s.m.* meccanismo che permette di mutare la direzione di marcia di un veicolo agendo sulle ruote (per lo più quelle anteriori).
stésso *agg.dimostr.* **1** indica identità rispetto a persona o cosa cui si fa o si è fatto riferimento **2** proprio, in persona **3** uguale, identico ♦ *pron.dimostr.* [f. *-a*] **1** la stessa persona **2** la stessa cosa | usato anche nella loc. avv. *lo* —, (*fam.*) ugualmente.
stesùra *s.f.* **1** lo stendere uno scritto **2** redazione di un'opera letteraria.
stetoscòpio *s.m.* (*med.*) strumento usato dai medici per auscultare il cuore e gli organi della respirazione.
steward *s.m.invar.* (*ingl.*) sugli aerei, assistente di volo | sulle navi, assistente di bordo.

stìa *s.f.* gabbia in cui si tengono rinchiusi i polli per allevarli o per trasportarli.
stigmatizzàre *v.tr.* biasimare energicamente, disapprovare con asprezza.
stilàre *v.tr.* (*burocr.*) stendere un documento o una lettera ufficiale.
stìle *s.m.* **1** la particolare forma in cui si concretizza l'espressione letteraria o artistica **2** modo abituale di comportarsi | eleganza, distinzione **3** (*sport*) modo e tecnica di esecuzione di un esercizio o di un movimento **4** foggia particolare di un abito.
stilettàta *s.f.* **1** colpo di stiletto **2** (*estens.*) dolore molto acuto.
stilétto *s.m.* sorta di pugnale dalla lama molto sottile e acuminata.
stilìsta *s.m.* e *f.* [pl.m. *-sti*] **1** chi ha grande cura dello stile **2** chi progetta e disegna la linea delle collezioni di moda.
stilizzàre *v.tr.* rappresentare qlco. riducendola agli elementi essenziali.
stilizzazióne *s.f.* lo stilizzare, l'essere stilizzato.
stìlla *s.f.* (*lett.*) goccia.
stillàre *v.tr.* mandar fuori a stille ♦ *v.intr.* [aus. *essere*] uscire a stille; gocciolare.
stillicìdio *s.m.* **1** il cadere dell'acqua a goccia a goccia **2** (*fig.*) il ripetersi continuo, monotono e fastidioso di qlco.
stilnòvo *s.m.* maniera di poetare che accomunò alcuni autori italiani dei secc. XIII e XIV, fra i quali Dante.
stìlo *s.m.* **1** asticella d'osso o di metallo usata dagli antichi per scrivere sulle tavolette cerate **2** (*bot.*) prolungamento del pistillo che regge lo stigma.
stilogràfico *agg.* [pl.m. *-ci*] si dice di un tipo di penna dotata di un serbatoio per l'inchiostro.
stìma *s.f.* **1** valutazione monetaria | prezzo determinato in seguito a tale valutazione **2** buona opinione, considerazione.
stimàre *v.tr.* **1** determinare il prezzo, il valore di qlco.; valutare **2** credere, ritenere **3** apprezzare molto ♦ **-rsi** *v.rifl.* ritenersi, considerarsi.
stimàto *agg.* **1** che gode di alta considerazione **2** stabilito per mezzo di una stima.
stimolànte *agg.* **1** che stimola **2** (*med.*) che stimola una determinata funzione.
stimolàre *v.tr.* [*io stìmolo ecc.*] **1** incitare, esortare **2** (*fig.*) eccitare | suscitare una reazione dell'organismo.
stìmolo *s.m.* **1** ciò che stimola; incitamento **2** qualsiasi fattore capace di eccitare un organo di senso.
stinco *s.m.* [pl. *-chi*] la parte della gamba dal ginocchio alla caviglia.
stìngere *v.tr.* [coniugato come *tingere*] scolorire ♦ *v.intr.* [aus. *essere*] ♦ **-rsi** *v.intr.pron.* scolorirsi.
stìnto *agg.* scolorito; sbiadito.
stipàto *agg.* pigiato, ammassato | molto affollato.
stipèndio *s.m.* retribuzione mensile corrisposta a chi presta continuativamente un lavoro subordinato.
stìpite *s.m.* ciascuno dei due elementi architettonici verticali che delimitano in larghezza il vano di una struttura in muratura.
stipulàre *v.tr.* [*io stìpulo ecc.*] (*dir.*) redigere formalmente: — *un contratto*.
stipulazióne *s.f.* (*dir.*) lo stipulare, l'essere stipulato.
stiràre *v.tr.* **1** togliere le pieghe di un tessuto col ferro da stiro **2** stendere le membra ♦ **-rsi** *v.rifl.* o *intr.pron.* distendere, allungare le membra per scioglierle dal torpore.
stiratùra *s.f.* lo stirare, l'essere stirato.
stirerìa *s.f.* laboratorio per la stiratura a pagamento di biancheria e indumenti.
stìro *s.m.* lo stirare; usato solo nella loc. *da* —: *ferro, tavolo da* —, per stirare.
stìrpe *s.f.* origine, discendenza.
stitichézza *s.f.* difficoltà nell'evacuazione delle feci.
stìva *s.f.* nelle navi e negli aeromobili, spazio interno nella parte bassa dello scafo, destinato ad accogliere il carico.
stivàle *s.m.* calzatura che arriva sino al ginocchio o alla coscia.
stivàre *v.tr.* caricare nelle stive.
stìzza *s.f.* ira improvvisa e passeggera.
stizzìre *v.tr.* [*io stizzisco, tu stizzisci ecc.*] indispettire ♦ *v.intr.* [aus. *essere*] ♦ **-rsi** *v.intr.pron.* lasciarsi prendere dalla stizza.
stizzìto *agg.* pieno di stizza.
stizzóso *agg.* **1** che si stizzisce facilmente | pieno di stizza **2** (*fig. fam.*) insistente, fastidioso □ **-mente** *avv.*
stoccafisso *s.m.* merluzzo non salato, seccato all'aria dopo essere stato decapitato e sviscerato.
stoccàggio *s.m.* (*comm.*) collocazione di scorte in magazzini, depositi, in attesa di venderle o usarle.
stock *s.m.invar.* (*ingl.*) (*comm.*) scorta di merci o di moneta.
stòffa *s.f.* **1** tessuto di spessore consistente **2** (*fig.*) attitudine | (*assol.*) capacità.
stoicìsmo *s.m.* **1** la dottrina della scuola stoica fondata da Zenone di Cizio nel sec. III a.C. **2** (*fig.*) fortezza di fronte al dolore.
stòico *agg.* [pl.m. *-ci*] **1** (*filos.*) dello stoicismo **2** (*fig.*) detto di chi sopporta con fermezza e impassibilità mali fisici e morali ♦

s.m. [f. *-a*] **1** filosofo che si ispira allo stoicismo **2** (*fig.*) chi sopporta con fermezza e impassibilità mali fisici e morali □ **-mente** *avv.*

stòla *s.f.* **1** (*lit.*) insegna dell'ordine sacro indossata da vescovi, sacerdoti durante le funzioni liturgiche **2** striscia di pelliccia che le signore portano sulle spalle o intorno al collo.

stólto *agg.* **1** sciocco **2** che denota stoltezza ♦ *s.m.* [f. *-a*] □ **-mente** *avv.*

stomacàre *v.tr.* [*io stòmaco, tu stòmachi ecc.*] disgustare (anche *fig.*) ♦ **-rsi** *v.intr.pron.* sentirsi rivoltare lo stomaco.

stomachévole *agg.* nauseante, schifoso.

stòmaco *s.m.* [pl. *-chi* o *-ci*] **1** organo dell'apparato digerente tra l'esofago e l'intestino **2** (*fig. fam.*) capacità di sopportare persone, situazioni che provocano disgusto o fastidio.

stomatìte *s.f.* (*med.*) infiammazione delle mucose della bocca.

stomatologìa *s.f.* parte della medicina che studia le malattie della cavità orale.

stomatològico *agg.* [pl.m. *-ci*] relativo alla stomatologia.

stonàre *v.tr.* [*io stòno ecc.*] eseguire una nota fuori tono ♦ *v.intr.* [aus. *avere*] contrastare sgradevolmente.

stonàto *agg.* che stona.

stonatùra *s.f.* lo stonare, l'essere stonato | nota stonata.

stop *s.m.invar.* (*ingl.*) **1** nel linguaggio telegrafico internazionale, punto fermo **2** segnale stradale che impone l'arresto **3** ciascuno dei due fanalini posteriori degli autoveicoli che si illuminano in fase di frenata.

stóppa *s.f.* sottoprodotto della pettinatura della canapa e del lino, usato per imbottiture.

stopper *s.m.invar.* (*ingl.*) (*sport*) nel calcio, giocatore della difesa che deve contrastare l'attaccante avversario più avanzato.

stóppia *s.f.* (spec. *pl.*) gli steli del grano o di altro cereale che restano nel campo dopo la mietitura.

stoppìno *s.m.* lucignolo nelle candele o nelle lampade a petrolio.

stòrcere *v.tr.* [coniugato come *torcere*] torcere con forza ♦ **-rsi** *v.rifl.* o *intr.pron.* **1** contorcersi **2** piegarsi malamente.

stordiménto *s.m.* lo stordire, lo stordirsi; stato di chi è stordito.

stordìre *v.tr.* [*io stordisco, tu stordisci ecc.*] **1** frastornare | far perdere la conoscenza **2** (*fig.*) sbalordire ♦ **-rsi** *v.rifl.* distrarsi da preoccupazioni, da pensieri tristi con forti emozioni.

stordìto *agg.* **1** sbalordito, frastornato | tramortito **2** sbadato ♦ *s.m.* [f. *-a*].

stòria *s.f.* **1** l'accadere delle vicende umane **2** racconto critico e sistematico delle vicende degne di memoria del passato **3** esposizione di fatti; racconto **4** serie di vicende personali **5** episodio, faccenda **6** frottola **7** *pl.* tergiversazione.

storicità *s.f.* **1** l'appartenere al divenire storico **2** veridicità storica.

stòrico *agg.* [pl.m. *-ci*] **1** della storia **2** che risale a epoche passate **3** vero, realmente accaduto o esistito ♦ *s.m.* [f. *-a*] studioso di storia □ **-mente** *avv.*

storièlla *s.f.* racconto breve, per lo più aneddotico o umoristico.

storiografìa *s.f.* la narrazione di eventi storici condotta secondo un determinato metodo | l'insieme delle opere storiche di un determinato periodo.

storiògrafo *s.m.* [f. *-a*] storico.

storióne *s.m.* grosso pesce marino commestibile, che all'epoca della riproduzione risale i fiumi per deporvi le uova, dalle quali si ricava il caviale.

stormìre *v.intr.* [*io stormisco, tu stormisci ecc.*; aus. *avere*] produrre un rumore leggero e frusciante.

stórmo *s.m.* **1** gruppo di uccelli o di insetti in volo **2** (*aer.*) unità organica dell'aeronautica militare, costituita da più gruppi.

stornàre *v.tr.* [*io stórno ecc.*] (*fin.*) modificare lo stanziamento di un bilancio preventivo, trasferendo una somma da una voce di spesa a un'altra.

stornèllo *s.m.* breve canto popolare.

stórno[1] *agg.* si dice di cavallo con mantello grigio macchiettato di bianco.

stórno[2] *s.m.* uccello con piumaggio scuro macchiettato di bianco e becco giallognolo.

stòrno[3] *s.m.* (*fin.*) lo stornare.

storpiàre *v.tr.* [*io stòrpio ecc.*] **1** rendere storpio **2** (*fig.*) — *le parole*, pronunciarle in modo errato ♦ **-rsi** *v.intr.pron.* divenire storpio.

stòrpio *agg.* e *s.m.* [f. *-a*] si dice di chi ha braccia o gambe mal conformate.

stòrto *agg.* **1** che non è diritto **2** non allineato rispetto a un punto di riferimento ♦ *avv.* in modo obliquo, non diritto.

storyboard *loc.sost.f.invar.* sequenza di bozzetti, immagini, didascalie che riassumono la trama di un film, di uno spot pubblicitario e sim.

stovìglia *s.f.* (spec. *pl.*) vasellame per la tavola e la cucina.

stra- prefisso che indica superamento di

un limite, eccesso; dà valore di superlativo agli aggettivi a cui è premesso.
strabiliàre *v.tr.* [io strabilio ecc.] far meravigliare; stupire ♦ *v.intr.* [aus. avere] meravigliarsi grandemente.
strabìsmo *s.m.* (*med.*) difetto dell'occhio dovuto a una deviazione degli assi oculari.
strabuzzàre *v.tr.* riferito agli occhi, stralunare.
stracciàre *v.tr.* [io stràccio ecc.] strappare, lacerare ♦ **-rsi** *v.intr.pron.* lacerarsi, strapparsi.
stracciatèlla *s.f.* gelato di crema con piccoli pezzi di cioccolato.
stracciàto *agg.* **1** strappato, fatto a brandelli | (*estens.*) si dice di persona che indossa vestiti laceri **2** (*fig.*) si dice di prezzo molto ribassato.
straccio *s.m.* pezzo di tessuto logoro; pezza per pulire e spolverare | *ridursi uno* —, (*fig.*) diventare magro, deperito.
straccióne *s.m.* [f. -a] miserabile, pezzente.
stracòtto *agg.* troppo cotto ♦ *s.m.* pietanza di carne di manzo, cotta a lungo in casseruola con condimenti vari.
stràda *s.f.* **1** striscia spianata di terreno, battuta o lastricata o asfaltata, che serve da via di comunicazione **2** percorso per andare da un luogo a un altro; cammino, tragitto **3** passaggio, varco.
stradàle *agg.* della strada ♦ *s.f.* polizia stradale.
stradàrio *s.m.* elenco alfabetico delle vie e delle piazze di una città.
strafalcióne *s.m.* errore madornale.
strafàre *v.intr.* [io strafàccio o strafò, tu strafai, egli strafà ecc.; coniugato come fare; aus. avere] fare più di quanto sia necessario.
strafóro *s.m.* solo nella loc. *di* —, (*fig.*) di nascosto.
strafottènte *agg.* e *s.m.* e *f.* (*fam.*) che/chi dimostra una sfacciata e arrogante noncuranza degli altri, delle loro opinioni.
stràge *s.f.* **1** uccisione violenta di molte persone o animali **2** (*estens.*) distruzione di cose **3** (*fig.*) esito gravemente negativo: *c'è stata una — agli esami*, numerose bocciature.
stralciàre *v.tr.* [io stràlcio ecc.] togliere via qlco. da un insieme.
stràlcio *s.m.* **1** lo stralciare; ciò che si stralcia **2** liquidazione.
stràllo *s.m.* (*mar.*) ciascuno dei cavi d'acciaio fissati alla coperta che sostengono l'albero della nave verso prora.
stralunàre *v.tr.* riferito agli occhi, sbarrarli e stravolgerli per un malore.
stralunàto *agg.* stravolto.
stramazzàre *v.intr.* [aus. essere] cadere a terra di colpo e pesantemente.
stramberìa *s.f.* l'essere strambo | atto, discorso da persona stramba.
stràmbo *agg.* strano, stravagante.
stràme *s.m.* erba secca che serve da foraggio o da lettiera per il bestiame.
strampalàto *agg.* strano, stravagante.
stranézza *s.f.* l'essere strano | atto, discorso da persona strana.
strangolàre *v.tr.* [io stràngolo ecc.] provocare la morte di qlcu. stringendogli con forza la gola con una corda o un laccio.
stranièro *agg.* di un'altra nazione, di un altro paese ♦ *s.m.* [f. -a].
stràno *agg.* insolito, singolare ♦ *s.m.* [solo sing.] □ **-mente** *avv.*
straordinàrio *agg.* **1** che non è ordinario, che non rientra nella normalità **2** grandissimo, eccezionale ♦ *s.m.* lavoro prestato oltre l'orario normale; il compenso relativo □ **-mente** *avv.*
straparlàre *v.intr.* [aus. avere] (*fam.*) parlare troppo o a sproposito.
strapazzàre *v.tr.* **1** maltrattare **2** sciupare ♦ **-rsi** *v.rifl.* affaticarsi troppo.
strapàzzo *s.m.* **1** lo strapazzare | *da* —, (*fig.*) di scarso valore **2** eccesso di fatica.
strapiómbo *s.m.* **1** parete rocciosa sporgente oltre la perpendicolare **2** precipizio.
strappàre *v.tr.* **1** staccare con un movimento rapido e deciso: — *le erbacce dal terreno* | (*estens.*) riferito a persona, portar via: — *qlcu. alla morte*, salvarlo | (*fig.*) carpire **2** stracciare ♦ **-rsi** *v.rifl.* o *intr.pron.* lacerarsi, rompersi.
strappàto *agg.* lacero.
stràppo *s.m.* **1** forte tirata **2** squarcio | — *muscolare*, (*med.*) forte stiramento **3** (*fig.*) eccezione **4** (*fig. fam.*) passaggio automobilistico.
straripàre *v.intr.* [aus. essere o avere] detto delle acque di un fiume, traboccare al di sopra degli argini.
strascicàre *v.tr.* [io stràscico, tu stràscichi ecc.] **1** trascinare **2** (*fig.*) pronunciare lentamente, prolungando i suoni ♦ *v.intr.* [aus. avere] toccare per terra.
stràscico *s.m.* [pl. -chi] **1** lo strascicare **2** parte di abiti da cerimonia o da sera che strascica per terra **3** residuo **4** (*fig.*) conseguenza negativa.
strass *s.m.invar.* (*ted.*) vetro ricco di piombo, lucentissimo e molto duro.
stratagèmma *s.m.* [pl. -mi] astuzia, espediente ben congegnato.
strategìa *s.f.* **1** il modo di impostare e condurre le operazioni belliche da parte di un comandante in capo **2** (*fig.*) l'insie-

me dei mezzi e dei metodi necessari a conseguire un obiettivo durevole.
stratègico *agg.* [pl.m. *-ci*] **1** (*mil.*) che riguarda la strategia **2** (*fig.*) abile, astuto □ **-mente** *avv.*
stratificàre *v.tr.* [*io stratìfico, tu stratìfichi ecc.*] disporre a strati ♦ **-rsi** *v.intr.pron.* disporsi a strati.
stratificàto *agg.* disposto a strati: *rocce stratificate* | che è costituito da strati di cellule: *tessuto* —.
stratificazióne *s.f.* lo stratificare, lo stratificarsi, l'essere stratificato.
stratigrafia *s.f.* **1** branca della geologia che studia e descrive la successione cronologica dei terreni depositatisi nel corso delle varie ere **2** (*med.*) tecnica radiografica mediante la quale si ottengono immagini di singoli strati degli organi interni.
stràto *s.m.* **1** distesa di materiale omogeneo su una superficie **2** (*geol.*) deposito di rocce sedimentarie esteso in lunghezza e in larghezza **3** (*estens.*) ceto, classe sociale.
stratosfèra *s.f.* strato dell'atmosfera situato fra i 15 e i 45 km di altitudine, caratterizzato da aumento della temperatura.
strattóne *s.m.* strappo; movimento brusco e violento.
stravagànte *agg.* strano, bizzarro ♦ *s.m.* e *f.*
stravìzio *s.m.* abuso nel mangiare, nel bere o nell'attività sessuale.
stravòlgere *v.tr.* [coniugato come *volgere*] **1** storcere con forza **2** (*fig.*) turbare, sconvolgere **3** (*fig.*) interpretare arbitrariamente o erroneamente; travisare.
stravòlto *agg.* sconvolto, profondamente turbato.
straziànte *agg.* che provoca o esprime un violento dolore fisico o morale.
straziàre *v.tr.* [*io stràzio ecc.*] **1** tormentare crudelmente: — *il corpo* **2** affliggere profondamente: — *l'animo*.
stràzio *s.m.* supplizio, tormento.
stréga *s.f.* **1** donna a cui la credenza popolare attribuiva poteri magici **2** (*estens.*) donna maligna e cattiva; anche, donna vecchia e brutta.
stregàre *v.tr.* [*io strégo, tu stréghi ecc.*] **1** esercitare malefici **2** (*fig.*) affascinare, ammaliare.
stregóne *s.m.* (*etnol.*) presso taluni popoli primitivi, individuo ritenuto in grado di comunicare con gli spiriti e di agire magicamente.
strègua *s.f.* nella loc. *alla — di*, secondo il criterio usato per.
stremàre *v.tr.* [*io strèmo ecc.*] sfinire.
stremàto *agg.* esausto.
strèmo *s.m.* l'estremo limite delle forze fisiche o delle risorse economiche.
strènna *s.f.* dono che si fa in occasione delle feste del Natale | titolo di pubblicazioni che escono per il capodanno.
strepitàre *v.intr.* [*io strèpito ecc.*; aus. *avere*] fare strepito, fracasso | gridare.
strèpito *s.m.* rumore forte e confuso; fragore, schiamazzo.
strepitóso *agg.* **1** molto rumoroso **2** (*fig.*) che ha grande risonanza; clamoroso □ **-mente** *avv.*
stress *s.m.invar.* (*ingl.*) (*med.*) ogni stimolo che provochi una reazione nervosa | tensione nervosa, logorio.
stressànte *agg.* che provoca stress.
strétta *s.f.* **1** lo stringere con energia **2** fitta | turbamento **3** (*fig.*) momento culminante; *venire alle strette*, giungere alla conclusione | *mettere, essere alle strette*, in una situazione tale da non poter sfuggire.
strétto[1] *agg.* **1** non largo **2** serrato con forza | *a denti stretti*, (*fig.*) forzatamente **3** (*fig.*) rigoroso | *lo — necessario*, nulla più di quanto serve **4** molto vicino ♦ *avv.* strettamente □ **-mente** *avv.*
strétto[2] *s.m.* (*geog.*) braccio di mare tra due terre, che mette in comunicazione due bacini o due mari.
strettóia *s.f.* **1** tratto in cui una strada si restringe **2** (*fig.*) situazione difficile.
striàto *agg.* cosparso di righe sottili.
stridènte *agg.* discordante | disarmonico.
strìdere *v.intr.* [rari il part. pass. *striduto* e i tempi composti; aus. *avere*] **1** emettere suoni acuti e aspri **2** (*fig.*) essere in forte contrasto, non armonizzarsi.
stridìo *s.m.* uno stridere prolungato e insistente.
stridóre *s.m.* rumore di cosa che stride.
strìdulo *agg.* che ha suono acuto e aspro: *voce stridula*.
strìglia *s.f.* spazzola per pulire il pelo di cavalli, muli e asini.
strigliàre *v.tr.* [*io strìglio ecc.*] **1** pulire con la striglia **2** (*fig.*) rimproverare aspramente.
strigliàta *s.f.* **1** colpo di striglia **2** (*fig.*) aspro rimprovero.
strillàre *v.intr.* [aus. *avere*] urlare con voce acuta.
strìllo *s.m.* grido, urlo acuto.
striminzìto *agg.* **1** stretto, misero **2** gracile e magro.
strimpellàre *v.tr.* [*io strimpèllo ecc.*] suonare alla meglio uno strumento musicale.
strìnga *s.f.* legaccio per allacciare scarpe, busti e altri capi di vestiario.
stringàto *agg.* condensato, succinto.
stringènte *agg.* **1** incalzante **2** convincente.

strìngere *v.tr.* [pres. *io stringo, tu stringi ecc.*; pass.rem. *io strinsi, tu stringésti ecc.*; part.pass. *strétto*] **1** accostare con forza una cosa a un'altra; serrare più cose insieme | — *i denti*, (*fig.*) resistere in uno sforzo **2** chiudere, serrare qlco. entro un'altra **3** premere, serrare, comprimere **4** stipulare, concludere ♦ *v.intr.* [aus. *avere*] incalzare, urgere ♦ **-rsi** *v.rifl.* **1** accostarsi, serrarsi **2** rannicchiarsi.

strìscia *s.f.* [pl. *-sce*] **1** pezzo lungo e stretto di materiale vario **2** ciò che ha la forma di una striscia | *strisce pedonali*, quelle bianche che delimitano la zona destinata al passaggio dei pedoni.

strisciànte *agg.* **1** che striscia **2** (*fig.*) servile, viscido **3** (*fig.*) si dice di fenomeno che si attua in forme non immediatamente apparenti, ma non per questo privo di effetti: *svalutazione* —.

strisciàre *v.intr.* [*io strìscio ecc.*; aus. *avere*] **1** muoversi su una superficie sfiorandola o sfregandola **2** passare rasente, sfregare ♦ *v.tr.* **1** muovere strascinando **2** sfiorare, rasentare ♦ **-rsi** *v.rifl.* **1** strofinarsi **2** — *a qlcu.*, (*fig.*) stargli intorno adulandolo.

strìscio *s.m.* **1** lo strisciare | *di* —, sfiorando **2** segno fatto strisciando **3** (*med.*) tipo di analisi che si fa strisciando una piccola quantità di materiale organico su un vetrino da microscopio.

striscióne *s.m.* grossa striscia recante scritte o disegni, che viene esposta a fini pubblicitari, propagandistici o d'informazione.

stritolàre *v.tr.* [*io strìtolo ecc.*] ridurre in pezzi minuti; maciullare.

strìzza *s.f.* (*fam.*) paura.

strizzàre *v.tr.* stringere energicamente qlco. per farne uscire il liquido contenuto | — *l'occhio*, fare l'occhiolino.

stròfe o **strofa** *s.f.* [pl. *-fe*] (*metr.*) insieme di versi formanti un periodo ritmico.

strofinàccio *s.m.* straccio per pulire.

strofinàre *v.tr.* fregare ripetutamente una superficie ♦ **-rsi** *v.rifl.* fregarsi.

strombazzàre *v.tr.* rendere noto, vantare in modo chiassoso ♦ *v.intr.* [aus. *avere*] suonare ripetutamente e fragorosamente il clacson di un autoveicolo.

strombettàre *v.intr.* [*io strombétto ecc.*; aus. *avere*] **1** suonare la tromba malamente **2** suonare ripetutamente il clacson di un autoveicolo.

stroncàre *v.tr.* [*io strónco, tu strónchi ecc.*] **1** spezzare | (*fig.*) abbattere, annullare; anche, uccidere **2** (*fig.*) far cessare in modo rapido **3** (*fig.*) criticare violentemente.

stroncatùra *s.f.* lo stroncare, l'essere stroncato | (*fig.*) critica violentemente negativa.

strónzo *s.m.* (*volg.*) **1** escremento solido **2** (*fig.*) persona stupida, odiosa.

stropicciàre *v.tr.* [*io stropìccio ecc.*] **1** passare e ripassare con energia **2** (*fam.*) sgualcire.

stropicciatùra *s.f.* lo stropicciare, l'essere stropicciato.

strozzàre *v.tr.* [*io stròzzo ecc.*] **1** stringere la gola con le mani fino a uccidere **2** (*estens.*) soffocare, impedire il respiro, detto di cibo che si ferma in gola ♦ **-rsi** *v.intr.pron.* **1** restare soffocato **2** restringersi, ridurre il proprio diametro.

strozzatùra *s.f.* punto, tratto in cui qlco. si restringe.

strozzinàggio *s.m.* usura.

strozzìno *s.m.* [f. *-a*] chi presta denaro a forte usura; usuraio.

strudel *s.m.invar.* (*ted.*) dolce di pasta arrotolata, farcito di mele, uva passa, pinoli.

struggènte *agg.* che tormenta.

strùggere *v.tr.* [pres. *io struggo, tu struggi ecc.*; pass.rem. *io strussi, tu struggésti ecc.*; part.pass. *strutto*] consumare lentamente, far soffrire ♦ **-rsi** *v.intr.pron.* consumarsi di passione, di desiderio; tormentarsi.

struggiménto *s.m.* sofferenza, tormento.

strumentàle *agg.* **1** relativo a uno strumento **2** eseguito con strumenti **3** che ha valore di strumento □ **-mente** *avv.*

strumentalizzàre *v.tr.* considerare qlco., qlcu. come uno strumento e servirsene per i propri scopi.

strumentalizzazióne *s.f.* lo strumentalizzare, l'essere strumentalizzato.

strumentazióne *s.f.* **1** (*mus.*) l'arte, la pratica, il modo di strumentare **2** l'insieme degli strumenti di controllo di cui è dotata una macchina, un apparecchio, un impianto.

struménto *s.m.* [pl. *-ti*] **1** attrezzo, apparecchio atto all'esecuzione di determinate operazioni | *strumenti musicali*, capaci di produrre suoni armonici **2** (*fig.*) mezzo per ottenere qlco.

strusciàre *v.tr.* [*io strùscio ecc.*] sfregare ♦ **-rsi** *v.intr.pron.* sfregarsi.

strùtto *s.m.* grasso, usato in cucina, che si ottiene facendo fondere i tessuti adiposi del maiale.

struttùra *s.f.* **1** insieme organico di elementi **2** ossatura, intelaiatura **3** locale, area attrezzati per una determinata attività: *strutture sportive*.

strutturàle *agg.* di struttura □ **-mente** *avv.*

strutturàre *v.tr.* disporre secondo una

struttura ♦ **-rsi** *v.intr.pron.* organizzarsi secondo una struttura.
strutturazióne *s.f.* lo strutturare, lo strutturarsi, l'essere strutturato; il modo in cui una struttura è organizzata.
strùzzo *s.m.* uccello corridore africano, il più grande degli uccelli viventi, con lunghe zampe, lungo collo e testa piccola.
stuccàre *v.tr.* [*io stucco, tu stucchi ecc.*] **1** ricoprire con uno strato di stucco **2** decorare con stucchi.
stuccatùra *s.f.* **1** lo stuccare, l'essere stuccato **2** strato di stucco indurito.
stucchévole *agg.* che infastidisce, che dà nausea, noia, disgusto □ **-mente** *avv.*
stùcco *s.m.* [pl. *-chi*] **1** materiale di rivestimento o decorazione che si ottiene mescolando calce, polvere di marmo e sabbia **2** nome di diversi materiali pastosi che esposti all'aria induriscono rapidamente.
studènte *s.m.* [f. *-essa*] chi è iscritto a una scuola media o a una università.
studentésco *agg.* [pl.m. *-schi*] degli studenti.
studiàre *v.tr.* [*io stùdio ecc.*] **1** applicare la mente al fine di apprendere **2** (*estens.*) esaminare **3** (*fig.*) controllare, misurare ♦ *v.intr.* [aus. *avere*] ♦ **-rsi** *v. intr.pron.* (*lett.*) ingegnarsi, sforzarsi ♦ *v.rifl.* osservarsi con attenzione.
stùdio *s.m.* **1** lo studiare **2** ciò che è oggetto di studio: *studi scientifici* **3** luogo in cui un professionista o un artista svolgono la loro attività **4** insieme di locali in cui si allestiscono spettacoli radiofonici e televisivi o si girano le scene di un film.
studióso *agg.* che studia con diligenza e applicazione ♦ *s.m.* [f. *-a*] chi è dedito allo studio di una particolare disciplina.
stùfa *s.f.* apparecchio per il riscaldamento degli ambienti domestici.
stufàre *v.tr.* **1** cuocere a fuoco lento e a lungo **2** (*fig. fam.*) seccare, infastidire ♦ **-rsi** *v.intr.pron.* (*fam.*) seccarsi.
stufàto *s.m.* pietanza di carne cotta a fuoco lento in un tegame ben chiuso.
stùfo *agg.* (*fam.*) annoiato, seccato.
stuòia *s.f.* tessuto di giunchi, canne o paglia, usato come tappeto, per riparare dal sole o come materiale di rivestimento.
stuòlo *s.m.* moltitudine, schiera.
stupefacènte *agg.* che sbalordisce ♦ *agg.* e *s.m.* si dice di sostanza che, agendo sul sistema nervoso centrale, determina uno stato di torpore o di ebbrezza.
stupefàre *v.tr.* [*io stupefàccio* o *stupefò, tu stupefài, egli stupefà ecc.*; coniugato come *fare*] riempire di stupore, meravigliare.
stupefàtto *agg.* pieno di stupore; meravigliato.
stupèndo *agg.* splendido, meraviglioso □ **-mente** *avv.*
stupidàggine *s.f.* **1** l'essere stupido | atto, discorso stupido **2** cosa di poco conto.
stupidità *s.f.* l'essere stupido.
stùpido *agg.* **1** tardo **2** che denota stupidità, scarsa intelligenza ♦ *s.m.* [f. *-a*] □ **-mente** *avv.*
stupìre *v.tr.* [*io stupisco, tu stupisci ecc.*] meravigliare, sorprendere ♦ *v.intr.* [aus. *essere*] ♦ **-rsi** *v.intr.pron.* esser preso da stupore; meravigliarsi.
stupìto *agg.* preso da stupore; sorpreso.
stupóre *s.m.* meraviglia grande e improvvisa.
stùpro *s.m.* violenza carnale.
sturàre *v.tr.* **1** stappare **2** liberare una conduttura da ciò che la ostruisce.
stuzzicànte *agg.* stimolante, eccitante (anche *fig.*): *cibo, argomento* —.
stuzzicàre *v.tr.* [*io stùzzico, tu stùzzichi ecc.*] **1** toccare con un oggetto sottile e appuntito | toccare insistentemente **2** (*fig.*) molestare, punzecchiare con parole **3** (*fig.*) stimolare.
su *prep.* [si unisce agli articoli determinativi *il, lo, la, i, gli, le* formando le prep. art. *sul, sullo, sulla, sui, sugli, sulle*; si unisce ai pronomi personali per mezzo della prep. *di*] **1** introduce una determinazione di luogo per indicare ciò sopra cui qlcu. o qlco. è, poggia, guarda, domina oppure si fonda, si basa e sim. **2** in dipendenza da verbi di movimento, introduce un moto a luogo **3** introduce l'argomento di un discorso, di uno scritto **4** esprime una determinazione approssimativa di tempo, con il valore di *intorno a, circa, verso* ♦ *avv.* **1** in alto **2** sopra ♦ *s.m.* la parte superiore.
sub *s.m.* e *f.invar.* chi effettua immersioni subacquee.
subàcqueo *agg.* che vive, sta o agisce sott'acqua ♦ *s.m.* [f. *-a*] sommozzatore.
subaffittàre *v.tr.* affittare ad altri ciò che si è preso in affitto.
subaffitto *s.m.* la cessione in affitto di un bene da parte di chi lo ha in affitto.
subaltèrno *agg.* sottoposto, subordinato ad altri: *ufficiale* —, il sottotenente e il tenente nell'esercito, il guardiamarina e il sottotenente di vascello in marina ♦ *s.m.* [f. *-a*].
subbùglio *s.m.* agitazione, confusione, scompiglio.
subcònscio *agg.* [pl.f. *-sce* o *-scie*] (*psicol.*) che appartiene al subcosciente ♦ *s.m.* (*psicol.*) subcosciente.
subcontinènte *s.m.* (*geog.*) parte di un continente omogenea per caratteristiche geografiche o etniche.

subcosciènte *s.m.* (*psicol.*) sfera dell'attività psichica i cui eventi restano immediatamente al di sotto della sfera cosciente ♦ *agg.* (*psicol.*) che appartiene al subcosciente.
sùbdolo *agg.* falso, ingannevole □ **-mente** *avv.*
subentràre *v.intr.* [*io subéntro ecc.*; aus. *essere*] succedere in un'attività, in una condizione ecc. (anche *fig.*).
subìre *v.tr.* [*io subìsco, tu subìsci ecc.*] essere costretto a sopportare contro la propria volontà.
sùbito[1] *avv.* immediatamente.
subìto[2] *agg.* ricevuto, patito.
sublimàre *v.tr.* 1 elevare | — *gli istinti*, (*psicoan.*) orientarli verso attività socialmente positive 2 (*chim., fis.*) far passare una sostanza direttamente dallo stato solido a quello aeriforme ♦ *v.intr.* [aus. *essere*] (*chim., fis.*) detto di sostanza, passare direttamente dallo stato solido a quello aeriforme ♦ **-rsi** *v.rifl.* o *intr.pron.* rendersi sublime; elevarsi moralmente.
sublimazióne *s.f.* 1 il sublimare, il sublimarsi; l'essere sublimato 2 (*chim., fis.*) passaggio diretto di una sostanza dallo stato solido a quello aeriforme 3 (*psicoan.*) processo per cui l'energia legata alle pulsioni sessuali e aggressive viene investita in attività socialmente positive.
sublìme *agg.* eccelso, nobilissimo ♦ *s.m.* il sentimento che nasce alla vista di qualsiasi spettacolo grandioso.
subnormàle *agg.* di persona che presenta parametri fisici e psichici inferiori alla norma ♦ *s.m.* e *f.*
subodoràre *v.tr.* [*io subodóro ecc.*] avere sentore; presentire.
subordinàre *v.tr.* [*io subórdino ecc.*] 1 posporre una cosa a un'altra; far dipendere una cosa da un'altra 2 (*gramm.*) collegare due proposizioni mediante subordinazione.
subordinàto *agg.* che si trova in un rapporto di subordinazione | *proposizione subordinata*, (*gramm.*) proposizione secondaria ♦ *agg.* e *s.m.* che/chi dipende da qlcu. □ **-mente** *avv.*
subordinazióne *s.f.* 1 il subordinare, l'essere subordinato 2 (*gramm.*) il rapporto di dipendenza che lega alla proposizione principale le proposizioni secondarie.
succedàneo *agg.* e *s.m.* surrogato.
succèdere *v.intr.* [pres. *io succèdo ecc.*; pass.rem. *io succèssi* o *succedéi* o *succedètti, tu succedésti ecc.*; part.pass. *succèsso* o *succeduto*] 1 prendere il posto di un altro, subentrargli 2 venir dopo 3 accadere ♦ **-rsi** *v.rifl.rec.* susseguirsi.
successióne *s.f.* 1 (*dir.*) il succedere a un altro in una carica, nella proprietà d'un bene, nella titolarità di un diritto ecc. 2 il susseguirsi di elementi, eventi, fenomeni.
successìvo *agg.* seguente, susseguente □ **-mente** *avv.* dopo.
succèsso *s.m.* 1 esito positivo 2 apprezzamento generale, notorietà.
successóre *agg.* e *s.m.* [f. *succeditrice*, non com.] che/chi succede a un altro.
succhiàre *v.tr.* [*io sùcchio ecc.*] 1 far entrare nella bocca un liquido, aspirandolo a labbra strette 2 tenere in bocca qlco. facendola sciogliere lentamente.
succìnto *agg.* 1 si dice di indumento o abbigliamento ridotto 2 (*fig.*) breve, conciso □ **-mente** *avv.*
sùcco *s.m.* [pl. *-chi*] 1 il sugo che si ricava dalla spremitura di frutti e ortaggi 2 (*anat.*) il prodotto di alcune secrezioni ghiandolari 3 (*fig.*) sostanza, parte essenziale.
succóso *agg.* 1 che ha molto succo 2 (*fig.*) sostanzioso □ **-mente** *avv.*
sùccube o **succubo** *s.m.* [f. *-a*] persona che soggiace alla volontà altrui.
succulènto *agg.* 1 succoso 2 (*estens.*) gustoso e sostanzioso.
succursàle *s.f.* sezione distaccata di un'azienda, di un ente; filiale.
sud *s.m.* punto cardinale che nell'emisfero australe è indicato dalla costellazione detta Croce del Sud; meridione.
sudàre *v.intr.* [aus. *avere*] 1 emettere sudore 2 (*fig.*) affaticarsi: — *sui libri* ♦ **-rsi** *v.tr.* 1 (*non com.*) trasudare | — *sangue*, (*fig.*) faticare, soffrire molto per ottenere qlco. | — *sette camicie*, (*fig.*) faticare moltissimo 2 guadagnarsi qlco. lavorando.
sudàrio *s.m.* presso alcuni popoli antichi, panno col quale si velava il volto della salma.
sudàto *agg.* 1 bagnato di sudore 2 (*fig.*) guadagnato con fatica.
sùddito *s.m.* [f. *-a*] cittadino di uno stato retto a monarchia.
suddivìdere *v.tr.* [coniugato come *divìdere*] dividere in parti minori ciò che è già stato diviso; anche, ripartire.
suddivisióne *s.f.* divisione.
sùdicio *agg.* [pl.f. *-ce* o *-cie*] 1 molto sporco 2 (*fig.*) immorale ♦ *s.m.* sudiciume □ **-mente** *avv.*
sudiciùme *s.m.* 1 sporcizia, lordura 2 (*fig.*) immoralità, indecenza.
sudóre *s.m.* liquido incoloro, a contenuto salino, prodotto dalle ghiandole sudoripare | *costare* —, (*fig.*) molta fatica.
sudorìparo *agg.* (*anat.*) che conduce o secerne sudore: *ghiandole sudoripare*.

sufficiènte *agg.* **1** che basta al bisogno, che risponde alla necessità **2** sdegnoso, sussiegoso: *tono* — ♦ *s.m.* il necessario □ **-mente** *avv.*
sufficiènza *s.f.* **1** l'essere sufficiente **2** (*fig.*) sussiegosa degnazione **3** votazione scolastica di sei decimi.
suffisso *s.m.* elemento linguistico che, posposto a un tema o a una radice, concorre alla formazione di una parola.
suffragàre *v.tr.* [*io suffrago, tu suffraghi ecc.*] **1** appoggiare, sostenere | (*estens.*) rafforzare **2** (*lit.*) raccomandare a Dio le anime dei defunti.
suffràgio *s.m.* **1** voto **2** (*lit.*) preghiera od opera caritatevole a favore delle anime dei defunti.
suffumìgio *s.m.* (spec. *pl.*) inalazione di vapori medicamentosi a scopo terapeutico o di disinfezione.
suggellàre *v.tr.* [*io suggèllo ecc.*] (*fig.*) confermare definitivamente: — *un patto.*
suggeriménto *s.m.* il suggerire, l'essere suggerito; la cosa suggerita, consiglio.
suggerìre *v.tr.* [*io suggerisco, tu suggerisci ecc.*] **1** far venire in mente; consigliare **2** rammentare a una persona qlco. che al momento non ricorda.
suggestionàbile *agg.* che si lascia suggestionare facilmente.
suggestionàre *v.tr.* [*io suggestióno ecc.*] influire su qlcu. e condizionarne il comportamento ♦ **-rsi** *v.intr.pron.* cedere a una suggestione.
suggestióne *s.f.* **1** processo psichico in virtù del quale un individuo accetta idee o opinioni altrui senza aver subito imposizioni né averne consapevolezza **2** (*fig.*) fascino.
suggestìvo *agg.* che esercita una suggestione; che sollecita emozioni □ **-mente** *avv.*
sùghero *s.m.* **1** albero sempreverde con corteccia molto grossa e porosa **2** il materiale elastico e spugnoso ricavato dalla corteccia di tale albero e lavorato per vari usi: *tappo di* —.
sùgli *prep.art.m.pl.* composta da *su* e *gli.*
sùgo *s.m.* [*pl. -ghi*] **1** il succo contenuto nella frutta e nelle verdure **2** liquido denso e saporito emesso dalle vivande cotte **3** condimento per la pasta asciutta a base di pomodoro **4** (*fig.*) senso fondamentale, sostanza.
sugóso *agg.* che contiene molto sugo.
sui *prep.art.m.pl.* composta di *su* e *i.*
suicìda *s.m.* e *f.* [*pl.m. -di*] chi si dà volontariamente la morte ♦ *agg.* di suicidio; che mira al suicidio: *mania* —.
suicidàrsi *v.rifl.* uccidersi.
suicìdio *s.m.* atto con cui ci si dà volontariamente la morte.
suìno *agg.* di maiale ♦ *s.m.* maiale.
sul *prep.art.m.sing.* composta di *su* e *il.*
sulfamìdico *agg.* e *s.m.* [*pl. -ci*] (*chim.*) si dice di composto organico usato in medicina nelle terapie antibatteriche.
sulfùreo *agg.* di zolfo: *acque sulfuree.*
sùlla *prep.art.f.sing.* composta di *su* e *la.*
sùlle *prep.art.f.pl.* composta di *su* e *le.*
sùllo *prep.art.m.sing.* composta di *su* e *lo.*
sultàno *s.m.* titolo degli imperatori turchi e di principi musulmani.
summit *s.m.* (*ingl.*) nel linguaggio politico e diplomatico, incontro al più alto livello; vertice.
sùnto *s.m.* riassunto.
sùo *agg.poss. di terza pers.sing.* [*f. sua; pl.m. suòi; pl.f. sue*] **1** che appartiene a lui, a lei **2** che è proprio di chi o di ciò di cui si parla ♦ *pron.poss. di terza pers.sing.* ha gli stessi usi e sign. dell'agg. ed è sempre preceduto dall'art. determ.
suòcera *s.f.* la madre del marito o della moglie, rispetto all'altro coniuge | (*spreg.* o *scherz.*) donna litigiosa o autoritaria.
suòcero *s.m.* **1** il padre del marito o della moglie, rispetto all'altro coniuge **2** *pl.* il suocero e la suocera.
suòla *s.f.* parte della scarpa che poggia sul terreno.
suòlo *s.m.* terreno.
suonàre o **sonare** *v.tr.* [*io suòno ecc.*] **1** fare in modo che uno strumento, un congegno acustico, un dispositivo emetta un suono **2** (*fam.*) picchiare di santa ragione ♦ *v.intr.* [*aus. avere*] emettere, produrre un suono.
suòno *s.m.* (*fis.*) vibrazione prodotta da un corpo in regolare oscillazione, che dà una sensazione uditiva | la sensazione uditiva prodotta da tale vibrazione.
suòra *s.f.* religiosa che appartiene a una congregazione; monaca.
sùper *agg.invar.* di qualità superiore al normale; straordinario | *benzina* —, con un numero di ottani superiore al normale ♦ *s.f.invar.* (*fam.*) benzina super.
superaménto *s.m.* il superare, l'essere superato.
superàre *v.tr.* [*io sùpero ecc.*] **1** essere superiore **2** oltrepassare (anche *fig.*) **3** riuscire superiore, vincere.
superàto *agg.* antiquato, sorpassato.
supèrbia *s.f.* eccessiva stima di sé accompagnata da disprezzo per gli altri.
supèrbo *agg.* **1** che ha o dimostra superbia **2** di qualità eccellente **3** magnifico; imponente, grandioso ♦ *s.m.* [*f. -a*] □ **-mente** *avv.*

superficiàle *agg.* **1** che è alla superficie **2** (*fig.*) che non conosce a fondo le cose; generico ♦ *s.m.* e *f.* persona superficiale □ **-mente** *avv.*
superficie *s.f.* [pl. *-ci* o *-cie*] **1** (*geom.*) estensione in lunghezza e in larghezza | (*estens.*) area **2** la parte di un corpo che costituisce il suo strato esterno **3** (*fig.*) apparenza, esteriorità.
supèrfluo *agg.* eccessivo, non necessario, inutile ♦ *s.m.* ciò che è in più del necessario.
superióre *agg.* **1** che sta più in alto **2** che è più alto, più elevato **3** (*fig.*) che è di qualità più pregiata, di capacità migliori ♦ *s.m.* **1** chi, in una gerarchia, occupa un posto di grado più elevato **2** chi sta a capo di una comunità di religiosi □ **-mente** *avv.*
superiorità *s.f.* l'essere superiore (spec. *fig.*).
superlatìvo *agg.* superiore a tutti; eccellente, sublime | *grado* —, (*gramm.*) grado dell'aggettivo e dell'avverbio che indica una qualità o un modo nel suo livello più elevato ♦ *s.m.* (*gramm.*) il grado superlativo dell'aggettivo e dell'avverbio: — *assoluto*, indica livello più elevato in senso assoluto; — *relativo*, indica livello più elevato in relazione ad altro.
superman *s.m.invar.* (*ingl.*) uomo eccezionalmente dotato dal punto di vista fisico.
supermercàto *s.m.* grande emporio in cui il cliente si serve da solo.
supersònico *agg.* [pl.m. *-ci*] (*fis.*) si dice di velocità superiore a quella del suono nell'aria (circa 1200 km/h).
supèrstite *agg.* e *s.m.* e *f.* che/chi è sopravvissuto.
superstizióne *s.f.* atteggiamento irrazionale che attribuisce a cause occulte o a influenze soprannaturali il verificarsi di avvenimenti negativi.
superstizióso *agg.* **1** che segue le superstizioni **2** che è dettato da superstizione ♦ *s.m.* [f. *-a*] □ **-mente** *avv.*
superstràda *s.f.* strada a scorrimento veloce, senza attraversamenti.
superuòmo *s.m.* [pl. *superuomini*] persona che si crede superiore agli altri.
supervisóre *s.m.* **1** chi rivede e controlla il lavoro altrui **2** chi ha la direzione generale di uno spettacolo o di un film.
supìno *agg.* **1** si dice del corpo umano disteso sulla schiena, col viso rivolto in su **2** (*fig.*) eccessivamente accondiscendente, servile □ **-mente** *avv.*
suppellèttile *s.f.* (spec. pl.) l'insieme degli oggetti che costituiscono l'arredamento di una casa, di un ufficio ecc.
supplementàre *agg.* che ha funzione di supplemento.
suppleménto *s.m.* aggiunta con cui si integra o completa qlco.
supplènte *agg.* e *s.m.* e *f.* che/chi esercita temporaneamente una funzione in assenza del titolare.
supplènza *s.f.* funzione di supplente; la durata di tale incarico.
sùpplica *s.f.* parole, scritto con cui si supplica, si chiede un favore, una grazia.
supplicàre *v.tr.* [*io sùpplico, tu sùpplichi ecc.*] chiedere qlco., pregare qlcu. umilmente e con fervore.
supplìre *v.intr.* [*io supplisco, tu supplisci ecc.*; aus. *avere*] compensare a una mancanza, a un'insufficienza con qualcos'altro; sopperire ♦ *v.tr.* sostituire una persona nelle sue mansioni, farne le veci.
supplìzio *s.m.* **1** grave pena corporale **2** (*fig.*) patimento morale.
supponènte *agg.* presuntuoso.
suppórre *v.tr.* [coniugato come *porre*] ipotizzare | immaginare.
suppòrto *s.m.* sostegno.
supposizióne *s.f.* il supporre, la cosa supposta; ipotesi.
suppósta *s.f.* farmaco da somministrare per via rettale.
suppósto *agg.* presunto.
suppurazióne *s.f.* (*med.*) processo infiammatorio con formazione di pus.
supremazìa *s.f.* preminenza.
suprèmo *agg.* (*lett.*) **1** massimo, sommo **2** (*fig.*) ultimo, estremo.
sur- prefisso presente in alcune formazioni verbali derivate dal francese; vale 'sopra'.
surf *s.m.invar.* (*ingl.*) apposita tavola su cui si può restare in equilibrio planando velocemente sulla cresta delle onde del mare; lo sport così praticato.
surgelàre *v.tr.* sottoporre a congelamento a bassa temperatura gli alimenti.
surgelàto *agg.* e *s.m.* si dice di alimento che, portato a temperatura bassissima, si può conservare per lungo tempo.
surplus *s.m.invar.* (*fr.*) **1** saldo attivo **2** eccedenza.
surrealìsmo *s.m.* movimento artistico e letterario sorto in Francia dopo la prima guerra, che si proponeva di uscire dai rigidi schemi della razionalità e del realismo per indagare i significati più profondi dell'io.
surrenàle *agg.* (*anat.*) della ghiandola posta sopra ciascun rene.
surriscaldàre *v.tr.* riscaldare eccessivamente (anche *fig.*).

surrogàto *s.m.* ciò che può essere usato per sostituire qlco. di simile.
suscettìbile *agg.* **1** si dice di cosa capace di subire influenze che tendono a modificarne la condizione **2** permaloso.
suscitàre *v.tr.* [*io sùscito ecc.*] destare, causare.
sushi *loc.sost. m invar.* (*gastr.*) piatto della cucina giapponese a base di pesce crudo e riso.
susìna *s.f.* frutto del susino; prugna.
susìno *s.m.* albero con foglie grandi ovali, fiori bianchi e frutti dalla polpa dolce e sugosa; prugno.
suspense *s.f.invar.* (*ingl.*) stato d'animo di apprensione, di ansiosa incertezza.
susseguìrsi *v.intr.pron.* venire l'uno dopo l'altro.
sussìdio *s.m.* **1** aiuto, soccorso **2** aiuto in denaro.
sussistènza *s.f.* **1** quanto occorre al sostentamento **2** (*mil.*) corpo preposto al vettovagliamento delle truppe.
sussìstere *v.intr.* [aus. *essere*] esistere; essere valido, avere fondamento.
sussultàre *v.intr.* [aus. *avere*] **1** trasalire, sobbalzare **2** muoversi bruscamente, in particolare dal basso verso l'alto.
sussùlto *s.m.* **1** trasalimento per un'improvvisa emozione **2** scossone dal basso verso l'alto.
sussultòrio *agg.* che dà sussulti | si dice del movimento dovuto a onde sismiche che si propagano per vibrazioni verticali: *terremoto —*.
sussurràre *v.tr.* **1** bisbigliare **2** dire di nascosto ♦ *v.intr.* [aus. *avere*] **1** produrre un rumore lieve e indistinto **2** criticare di nascosto.
sussùrro *s.m.* il sussurrare; voce sommessa, indistinta | fruscio.
sutùra *s.f.* **1** (*med.*) l'operazione chirurgica del riunire mediante cucitura i margini di una ferita; la cucitura stessa **2** (*anat.*) articolazione in cui le ossa sono giustapposte senza possibilità di movimento.
suturàre *v.tr.* **1** chiudere con una sutura **2** (*fig.*) ricomporre, ricucire.
svagàre *v.tr.* [*io svago, tu svaghi ecc.*] distrarre la mente da pensieri, preoccupazioni; far divertire ♦ **-rsi** *v.rifl.* **1** distrarsi, divertirsi **2** perdere la concentrazione.
svàgo *s.m.* [pl. *-ghi*] **1** lo svagare **2** divertimento, passatempo.
svaligiàre *v.tr.* [*io svaligio ecc.*] derubare; saccheggiare: *— una banca.*
svalutàre *v.tr.* [*io svalùto o svàluto ecc.*] **1** attribuire un valore economico minore; *— la moneta*, effettuarne la svalutazione **2** (*fig.*) sminuire, sottovalutare ♦ **-rsi** *v.intr.pron.* perdere di valore.
svalutazióne *s.f.* perdita di valore di una moneta rispetto a un'altra moneta (o all'oro) | diminuzione del potere d'acquisto di una moneta a causa dell'inflazione.
svampìto *agg.* e *s.m.* [f. *-a*] che/chi è svanito, superficiale.
svanìre *v.intr.* [*io svanisco, tu svanisci ecc.*; aus. *essere*] **1** perdere a poco a poco la forza, l'intensità **2** sparire, scomparire.
svanìto *agg.* **1** si dice di persona che non ha più la pienezza delle sue forze mentali | superficiale, privo di interessi; svampito **2** (*fig.*) scomparso, sfumato.
svantàggio *s.m.* **1** condizione sfavorevole **2** in gare sportive, il distacco di punti o di tempo che separa un concorrente o una squadra da un altro concorrente o da un'altra squadra in posizione più favorevole.
svantaggióso *agg.* sfavorevole □ **-mente** *avv.*
svaporàre *v.intr.* [*io svapóro ecc.*; aus. *essere*] **1** di liquido, perdere l'odore o il sapore sotto forma di vapori; evaporare **2** (*fig.*) svanire.
svaporàto *agg.* **1** di liquido, che ha perso la sua parte essenziale, l'odore o il sapore **2** (*fig.*) di persona, svanito, svampito.
svariàto *agg.* vario, molteplice.
svarióne *s.m.* grosso errore, spec. linguistico; strafalcione.
svasàto *agg.* fatto a forma di tronco di cono.
svàstica *s.f.* antico simbolo consistente in una croce uncinata; fu assunto come emblema dal nazismo.
svecchiàre *v.tr.* [*io svècchio ecc.*] liberare dal vecchiume; rinnovare.
svéglia *s.f.* **1** lo svegliare, lo svegliarsi **2** suoneria o altro segnale con cui si sveglia qlcu. **3** orologio munito di suoneria che suona all'ora prestabilita.
svegliàre *v.tr.* [*io svéglio ecc.*] **1** scuotere dal sonno **2** (*fig.*) scuotere dal torpore, rendere più attivo ♦ **-rsi** *v.rifl.* uscire dal sonno.
svéglio *agg.* **1** che non dorme **2** (*fig.*) d'ingegno pronto e vivace.
svelàre *v.tr.* [*io svélo ecc.*] rendere manifesto; rivelare.
sveltézza *s.f.* **1** l'essere svelto, veloce **2** (*fig.*) prontezza d'ingegno.
sveltìre *v.tr.* [*io sveltisco, tu sveltisci ecc.*] **1** rendere più svelto, più sveglio **2** rendere rapido, veloce ♦ **-rsi** *v.intr.pron.* diventare svelto, pronto.
svèlto *agg.* **1** che agisce con prontezza, rapidità **2** veloce, spedito.

svéndere *v.tr.* [coniugato come *vendere*] vendere sotto costo o a un prezzo inferiore a quello normalmente praticato.
svéndita *s.f.* lo svendere, l'essere svenduto.
svenévole *agg.* sdolcinato, lezioso.
sveniménto *s.m.* perdita momentanea della coscienza.
svenìre *v.intr.* [coniugato come *venire*; aus. *essere*] perdere i sensi.
sventàre *v.tr.* [*io svènto ecc.*] far fallire: — *un attentato*.
sventàto *agg.* si dice di persona che agisce senza riflettere ♦ *s.m.* [f. *-a*] □ **-mente** *avv.*
sventolàre *v.tr.* [*io svèntolo ecc.*] agitare qlco. al vento ♦ **-rsi** *v.rifl.* farsi vento ♦ *v.intr.* [aus. *avere*] muoversi al vento.
sventraménto *s.m.* **1** lo sventrare, l'essere sventrato **2** (*med.*) rilasciamento dei muscoli addominali.
sventràre *v.tr.* [*io svèntro ecc.*] **1** togliere le interiora a un animale **2** trafiggere il ventre, ferendo o uccidendo **3** (*estens.*) demolire edifici e quartieri.
sventùra *s.f.* **1** sorte avversa, sfortuna **2** avversità, sciagura.
sventuràto *agg.* perseguitato dalla sventura; sfortunato ♦ *s.m.* [f. *-a*] □ **-mente** *avv.*
svenùto *agg.* privo di sensi.
svergognàre *v.tr.* [*io svergógno ecc.*] **1** far vergognare qlcu. muovendogli aspri rimproveri **2** smascherare le colpe, le malefatte di qlcu.
svernàre *v.intr.* [*io svèrno ecc.*; aus. *avere*] trascorrere l'inverno in luoghi dal clima mite o più mite.
sverniciàre *v.tr.* [*io svernìcio ecc.*] togliere la vernice.
sverniciatóre *s.m.* solvente per togliere la vernice.
svestìre *v.tr.* [*io svèsto ecc.*] spogliare ♦ **-rsi** *v.rifl.* togliersi i vestiti.
svezzàre *v.tr.* [*io svézzo ecc.*] cessare l'allattamento del bambino per abituarlo a un'alimentazione più varia ♦ **-rsi** *v.intr.pron.* perdere un vizio, un'abitudine.
sviàre *v.tr.* **1** deviare (anche *fig.*) **2** (*fig.*) allontanare qlcu. dalle proprie occupazioni: — *un giovane dagli studi* | corrompere ♦ *v.intr.* [aus. *avere*] **-rsi** *v. intr.pron.* **1** uscire di strada **2** abbandonare la retta via.
svicolàre *v.intr.* [*io svìcolo ecc.*; aus. *essere* e *avere*] infilare un vicolo per evitare qlcu. | (*estens.*) sfuggire.
svignàre *v.intr.* [aus. *essere*] allontanarsi in fretta | *svignarsela*, andarsene di soppiatto.
sviluppàre *v.tr.* **1** trattare esaurientemente **2** potenziare **3** (*foto.*) trattare la pellicola impressionata con una soluzione chimica che rende visibile l'immagine fotografica ♦ *v.intr.* [aus. *avere*] **-rsi** *v.intr.pron.* detto di organismi viventi, raggiungere la forma definitiva | riferito ad adolescente, giungere alla pubertà ♦ *v. rifl.* **1** crescere, ampliarsi **2** insorgere, manifestarsi.
svilùppo *s.m.* **1** lo sviluppare, lo svilupparsi; espansione, ampliamento **2** (*biol.*) insieme dei processi di crescita di un organismo: — *embrionale* | con riferimento al processo umano, crescita, maturazione: *l'età dello* —, la pubertà **3** (*foto.*) processo fotografico che permette di rendere visibile l'immagine latente di una pellicola.
svincolàre *v.tr.* [*io svìncolo ecc.*] liberare da un vincolo ♦ **-rsi** *v.rifl.* liberarsi da qlco. che trattiene.
svìncolo *s.m.* lo svincolare | — *autostradale*, strada che permette di passare da un'autostrada a un'altra.
svisceràre *v.tr.* [*io svìscero ecc.*] (*fig.*) esaminare, studiare a fondo.
svisceràto *agg.* **1** appassionato **2** (*spreg.*) eccessivo □ **-mente** *avv.*
svìsta *s.f.* errore dovuto a distrazione.
svitàre *v.tr.* **1** allentare o togliere una vite **2** staccare pezzi tenuti assieme da viti ♦ **-rsi** *v.intr.pron.* allentarsi, detto di una vite.
svitàto *agg.* **1** non più fissato da viti **2** (*fam.*) si dice di persona stravagante, bizzarra ♦ *s.m.* [f. *-a*] persona svitata.
svogliàto *agg.* che non ha voglia di fare qlco. o che la fa senza interesse | pigro ♦ *s.m.* [f. *-a*] □ **-mente** *avv.*
svolazzàre *v.intr.* [aus. *avere*] **1** volare qua e là senza direzione (anche *fig.*) **2** essere agitato, mosso dal vento.
svòlgere *v.tr.* [coniugato come *volgere*] **1** spiegare una cosa avvolta **2** (*fig.*) sviluppare, trattare per esteso **3** (*fig.*) operare in un determinato campo; eseguire una serie di azioni per raggiungere un fine ♦ **-rsi** *v.rifl.* dispiegarsi ♦ *v.intr.pron.* accadere, realizzarsi.
svolgiménto *s.m.* lo svolgere, lo svolgersi, l'essere svolto.
svòlta *s.f.* **1** punto in cui una strada o un corso d'acqua descrive una curva **2** (*fig.*) momento in cui il corso degli avvenimenti muta profondamente | momento in cui è necessario decidere.
svoltàre *v.intr.* [*io svòlto ecc.*; aus. *avere*] cambiare direzione, curvare.
svuotàre *v.tr.* [*io svuòto ecc.*] vuotare completamente: — *una bottiglia*.

Tt

t *s.m.* o *f.* ventesima lettera dell'alfabeto il cui nome è *ti*.
tabaccàio *s.m.* [f. *-a*] gestore di tabaccheria.
tabaccherìa *s.f.* negozio in cui si vendono tabacchi e altri generi di monopolio statale.
tabacchièra *s.f.* piccola scatola per il tabacco da fiuto.
tabàcco *s.m.* [pl. *-chi*] **1** pianta erbacea con grandi foglie **2** il prodotto, da fumo o da fiuto, che si ottiene mediante l'essiccazione e la lavorazione delle foglie di tabacco.
tabagìsmo *s.m.* (*med.*) intossicazione cronica da tabacco.
tabàsco *s.m.* salsa piccante.
tabèlla *s.f.* prospetto con indicazioni varie.
tabellóne *s.m.* grande tabella murale su cui si riportano informazioni in forma schematica.
tabernàcolo *s.m.* **1** nicchia, edicola con un'immagine sacra **2** edicola chiusa in cui, nelle chiese, si conservano le ostie consacrate.
tabloid *s.m.invar.* (*ingl.*) formato di giornale quotidiano ridotto rispetto a quello tradizionale.
tabù *s.m.* **1** (*etnol.*) interdizione di carattere magico-religioso **2** (*estens.*) cosa su cui, per paura o per pudore, si preferisce tacere ♦ *agg.*
tabulato *s.m.* prospetto in forma di tabella ottenuto da un elaboratore elettronico.
tac *s.f.invar.* (*med.*) tomografia assiale computerizzata | l'apparecchiatura per eseguirla.
tàcca *s.f.* piccola incisione a cuneo.
taccàgno *agg.* tirchio, spilorcio ♦ *s.m.* [f. *-a*].
tacchìno *s.m.* [f. *-a*] grosso uccello domestico commestibile.
tacciàre *v.tr.* [*io tàccio ecc.*] accusare, incolpare.
tàcco *s.m.* [pl. *-chi*] rialzo che si applica all'estremità posteriore della suola delle scarpe | *alzare, battere i tacchi*, (*fig. fam.*) andarsene, svignarsela.
taccuìno *s.m.* libretto per appunti.
tacére *v.intr.* [pres. *io tàccio, tu taci, egli tace, noi taciamo, voi tacéte, essi tàcciono*; pass.rem. *io tàcqui, tu tacésti ecc.*; part.pass. *taciuto*; aus. *avere*] **1** stare zitto | (*estens.*) non protestare, non ribellarsi **2** smettere di parlare ♦ *v.tr.* passare sotto silenzio; non dire, non rivelare.
tachicardìa *s.f.* (*med.*) aumento della frequenza dei battiti del cuore.
tachìmetro *s.m.* apparecchio montato su un veicolo che ne misura la velocità.
tacitare *v.tr.* [*io tàcito ecc.*] mettere a tacere.
tàcito *agg.* (*fig.*) che è espresso in modo non palese, ma intuibile □ **-mente** *avv.*
tacitùrno *agg.* che parla poco.
tafàno *s.m.* insetto simile a una mosca che succhia il sangue del bestiame domestico e dell'uomo.
tafferùglio *s.m.* zuffa, baruffa, tumulto.
tàglia *s.f.* **1** premio che le autorità promettono a chi faccia arrestare un ricercato **2** corporatura | misura di indumento, indicata con numeri convenzionali.
tagliàndo *s.m.* parte staccabile di una bolletta, di un biglietto; cedola.
tagliàre *v.tr.* [*io taglio ecc.*] **1** dividere un corpo in più parti per mezzo di uno strumento affilato | — *il traguardo*, arrivarci per primo | — *la testa al toro*, (*fig.*) risolvere un problema in modo sbrigativo **2** produrre un taglio **3** abbreviare | — *le spese*, (*fig.*) ridurle drasticamente **4** interrompere, impedire | — *i viveri a qlcu.*, privarlo dei mezzi di sussistenza ♦ *v.intr.* [aus. *avere*] prendere la via più corta | — *corto*, (*fig.*) arrivare subito al dunque ♦ **-rsi** *v.rifl.* fare un taglio su sé stesso.
tagliàta *s.f.* (*gastr.*) costata di manzo alla griglia che viene servita a fettine sottili.
tagliatèlla *s.f.* (spec. *pl.*) tipo di pasta alimentare all'uovo.
tagliàto *agg.* **1** diviso | inciso | accorciato **2** (*fig.*) adatto, idoneo: *essere — per qlco.*

tagliènte *agg.* che taglia bene; affilato ♦ *s.m.* taglio, filo: *il — del coltello*.
taglière *s.m.* asse di legno duro sulla quale si tagliano i cibi.
tàglio *s.m.* **1** l'operazione del tagliare **2** lesione, ferita **3** la maniera in cui una cosa è tagliata | foggia, stile di un vestito **4** (*estens.*) valore: *banconote di piccolo —* | (*fig.*) carattere, tono **5** pezzo ritagliato da un tutto **6** la parte affilata e tagliente di una lama.
tagliòla *s.f.* trappola a scatto per catturare la selvaggina.
taglióne *s.m.* antichissima legge penale che impone al colpevole lo stesso danno che questi ha causato alla sua vittima.
tàiga *s.f.* foresta di abeti e betulle caratteristica delle zone interne della Siberia.
tailleur *s.m.invar.* (*fr.*) completo da donna formato da una gonna e da una giacca.
takeaway *loc.sost.m.invar.* servizio di cibi cotti da asporto offerto da trattorie, rosticcerie e sim. | (*estens.*) il locale che fornisce tale servizio.
tàlamo *s.m.* **1** (*lett.*) letto nuziale **2** (*bot.*) parte superiore del peduncolo del fiore, che sostiene gli stami e i pistilli.
talàre *agg.* e *s.f.* abito tradizionale dei sacerdoti cattolici, lungo fino ai piedi.
talassemìa *s.f.* (*med.*) malattia ereditaria del sangue; anemia mediterranea.
tàlco *s.m.* **1** minerale di magnesio, biancastro, untuoso al tatto **2** la polvere del minerale, usata in cosmesi.
tàle *agg.* **1** di questa, di quella specie; che ha la natura o certe caratteristiche a cui si accenna nel discorso **2** esprime eccesso, grado estremo (per lo più in correlazione con *che* o *da* consecutivi) **3** esprime somiglianza, identità (in correlazione con *quale* e *tale*) ♦ *agg.dimostr.* quello, questo ♦ *agg.indef.* con valore di *certo* (sempre preceduto al sing. dall'art. indeterm.) ♦ *pron.dimostr.* questa, quella persona ♦ *pron.indef.* preceduto dall'art. indeterm., indica persona indeterminata.
talèa *s.f.* parte di una pianta che, interrata, emette radici.
talebàno o **taliban** *s.m.* studente di una scuola coranica | (*st.*) membro di un'organizzazione politico-religiosa fondamentalista che ha detenuto il potere in Afganistan dal 1996 al 2001.
talèggio *s.m.* formaggio tipico italiano, molle, grasso, a pasta cruda.
talènto *s.m.* **1** misura di peso e moneta usate anticamente presso gli ebrei, i babilonesi e i greci **2** (*estens.*) ingegno, genialità **3** (*estens.*) persona geniale.
talismàno *s.m.* amuleto, portafortuna.
talk show *loc.sost.m.invar.* (*ingl.*) spettacolo radiofonico o televisivo in cui un intrattenitore intervista contemporaneamente più personaggi.
tallonàre *v.tr.* [io tallóno ecc.] inseguire da vicino qlcu., stargli alle calcagna.
talloncìno *s.m.* piccola cedola.
tallóne *s.m.* la parte posteriore e inferiore del piede; calcagno.
talménte *avv.* in modo tale, così.
talmùd *s.m.invar.* il complesso delle dottrine e degli insegnamenti ebraici posteriori alla Bibbia.
talóra *avv.* qualche volta, a volte.
tàlpa *s.f.* **1** piccolo mammifero insettivoro; scava gallerie sotterranee **2** (*gerg.*) chi, dall'interno di un ufficio, di un'organizzazione, fornisce segretamente informazioni riservate.
talùno *agg.indef.* (solo *pl.*) alcuni, certi ♦ *pron.indef.* qualcuno.
talvòlta *avv.* qualche volta.
tamarìndo *s.m.* albero con fiori giallo-rossastri che danno frutti a baccello dalla polpa scura e acidula, usati per fare sciroppi.
tamburèllo *s.m.* **1** strumento musicale a percussione **2** cerchio di legno sul quale è tesa una membrana, usato per rilanciare la palla.
tambùro *s.m.* **1** strumento musicale a percussione, costituito da una cassa cilindrica chiusa alle estremità da due membrane sulle quali si batte con apposite bacchette **2** nome di diversi oggetti che per la forma richiamano un tamburo.
tampinàre *v.tr.* (*fam.*) **1** seguire con assiduità **2** (*fig.*) assillare, molestare.
tamponaménto *s.m.* il tamponare, l'essere tamponato.
tamponàre *v.tr.* [io tampóno ecc.] **1** chiudere con un tampone **2** urtare contro un veicolo che precede.
tampóne *s.m.* **1** (*med.*) grosso batuffolo di garza o di ovatta usato per arrestare un'emorragia o per medicare ferite **2** cuscinetto imbevuto di inchiostro per timbri ♦ *agg.invar.* che tampona, che risolve momentaneamente una difficoltà.
tamtàm *s.m.invar.* (*etnol.*) tipo di tamburo ricavato da un grosso tronco cavo, che viene percosso con bastoni ed è usato per trasmettere segnali a distanza.
tàna *s.f.* **1** buca riparata che serve da ricovero agli animali selvatici **2** (*fig.*) casa sporca; stamberga.
tàndem *s.m.invar.* bicicletta per due ciclisti posti uno dietro l'altro.
tànfo *s.m.* puzzo intenso.
tangènte *agg.* si dice di figura geometrica che abbia con un'altra un solo punto in

comune ♦ *s.f.* **1** (*geom.*) retta tangente a una curva | *partire, andarsene per la* —, (*scherz.*) svignarsela in fretta; (*fig.*) divagare **2** (*estens.*) somma percepita illecitamente in relazione alla concessione di un appalto, una licenza, o per garantire a chi paga incolumità e sicurezza.

tangenziàle *agg.* (*geom.*) della tangente ♦ *s.f.* (*urban.*) strada di scorrimento veloce che evita l'attraversamento di un centro abitato □ **-mente** *avv.*

tangìbile *agg.* manifesto □ **-mente** *avv.*

tàngo *s.m.* [pl. *-ghi*] danza di origine popolare, introdotta in Europa dall'Argentina alla fine del sec. XIX.

tànica *s.f.* recipiente di forma parallelepipeda usato per il trasporto di liquidi.

tànto[1] *agg.indef.* **1** [solo *sing.*] riferito a cosa, così grande; oppure, così lungo, ampio, forte, intenso ecc. **2** molto, in gran quantità; in gran numero **3** in correlazione con *che* o *da* consecutivi **4** in correlazione con *quanto* nelle proposizioni comparative (per indicare corrispondenza di quantità) ♦ *pron.indef.* **1** *pl.* molti **2** in correlazione con *quanto*, per indicare corrispondenza di numero o di quantità ♦ *pron.dimostr.* ciò, questo | — *di guadagnato*, meglio così ♦ *s.m.* [solo *sing.*] indica quantità determinata | *non più di* —, non molto, poco.

tànto[2] *avv.* **1** a tal punto **2** assai **3** comunque.

taoìsmo *s.m.* antico sistema filosofico-religioso cinese che riconosce in un essere infinito e indeterminato il principio dell'ordine dell'universo.

tapìno *agg.* e *s.m.* [f. *-a*] (*lett.*) misero, infelice.

tapìro *s.m.* (*zool.*) mammifero di media grossezza, con muso fornito di una piccola proboscide.

tàppa *s.f.* sosta durante un viaggio, una marcia, un'escursione | (*estens.*) la distanza percorsa tra una sosta e l'altra.

tappàre *v.tr.* chiudere con un tappo ♦ **-rsi** *v.rifl.* ritirarsi.

tapparòlla *s.f.* (*fam.*) persiana avvolgibile fatta di stecche incernierate tra loro.

tappéto *s.m.* drappo intessuto a motivi ornamentali usato per coprire pavimenti.

tappezzàre *v.tr.* [*io tappézzo ecc.*] ricoprire muri con carta, tessuto.

tappezzerìa *s.f.* tessuto o carta con cui si ricoprono le pareti delle stanze.

tappezzière *s.m.* [f. *-a*] **1** artigiano che esegue rivestimenti di pareti **2** artigiano che imbottisce e riveste sedie, poltrone e divani, e prepara e monta tende.

tàppo *s.m.* accessorio che si applica a pressione o per avvitamento.

tàra *s.f.* **1** quanto si deve detrarre dal peso lordo di una merce per avere il peso netto **2** (*med.*) malattia o difetto fisico, per lo più ereditario.

tarantèlla *s.f.* danza popolare dell'Italia meridionale con accompagnamento di nacchere o tamburello.

taràntola *s.f.* grosso ragno.

taràre *v.tr.* **1** misurare la tara **2** eseguire la taratura.

taràto *agg.* **1** si dice di peso da cui sia stata detratta la tara o di strumento che abbia subito la taratura **2** detto di persona, non sana fisicamente o moralmente.

taratùra *s.f.* operazione di graduazione di apparecchi o strumenti di misura.

tarchiàto *agg.* si dice di persona robusta e tozza.

tardàre *v.intr.* [aus. *avere*] fare o dire tardi qlco. ♦ *v.tr.* ritardare.

tàrdi *avv.* oltre il tempo debito.

tardìvo *agg.* **1** che si manifesta in ritardo **2** che giunge troppo tardi per essere efficace □ **-mente** *avv.*

tàrdo *agg.* **1** lento | poco sveglio **2** tardivo **3** estremo, ultimo.

tàrga *s.f.* **1** lastra su cui è scritta una denominazione, una frase **2** tabella applicata a un veicolo sulla quale è riportata la sequenza di lettere e numeri di immatricolazione; la sequenza stessa.

target *s.m.invar.* (*ingl.*) (*comm.*) obiettivo prefissato nella campagna di vendita di un prodotto.

tarìffa *s.f.* prezzo prefissato per un servizio, una prestazione.

tariffàrio *agg.* che riguarda una tariffa ♦ *s.m.* tabella dei prezzi unitari di merci, servizi, prestazioni, fissati inderogabilmente.

tarlàto *agg.* roso, infestato dai tarli.

tàrlo *s.m.* nome delle larve di varie specie di insetti che vivono nel legno rodendolo e scavandovi gallerie.

tàrma *s.f.* nome di varie specie di insetti le cui larve rodono i peli delle pellicce e le fibre di origine animale.

tarmicìda *agg.* e *s.m.* [pl.m. *-di*] si dice di sostanza usata per distruggere le tarme.

tarpàre *v.tr.* tagliare la punta delle penne delle ali di un uccello, per impedirgli di volare | — *le ali a qlcu.*, (*fig.*) ostacolarlo.

tàrso *s.m.* (*anat.*) parte dello scheletro del piede.

tàrtaro *s.m.* **1** incrostazione di potassio e calcio che si forma nelle botti del vino **2** (*med.*) deposito di sali di calcio attorno al colletto dei denti.

tartarùga *s.f.* **1** nome comune dei rettili, acquatici e terrestri, che hanno il corpo racchiuso in un robusto scudo corneo **2**

materiale che si ricava dallo scudo osseo della tartaruga.
tartassàre *v.tr.* vessare, strapazzare.
tartùfo *s.m.* (*bot.*) fungo sotterraneo a forma di tubero; è assai ricercato per condire vivande.
tàsca *s.f.* sorta di sacchetto cucito a un vestito, usato per riporvi piccoli oggetti.
tascàbile *agg.* di misura tale che si può tenere in tasca ♦ *s.m.* libro di piccolo formato in edizione economica.
taschìno *s.m.* piccola tasca posta in alto su uno o tutt'e due i petti delle giacche.
task-force *loc.sost.f.invar.* (*ingl.*) unità operativa di forze militari o di polizia, in grado di fronteggiare situazioni d'emergenza.
tàssa *s.f.* **1** tributo imposto ai cittadini per l'uso di un servizio pubblico **2** (*fam.*) imposta.
tassàbile *agg.* che può essere soggetto a tassa.
tassàmetro *s.m.* contatore installato sulle auto pubbliche per calcolare l'importo della corsa.
tassàre *v.tr.* sottoporre a tassa ♦ **-rsi** *v.rifl.* impegnarsi a pagare una quota per un'iniziativa a cui si aderisce.
tassatìvo *agg.* che stabilisce qlco. in modo preciso e senza deroghe; obbligatorio □ **-mente** *avv.*
tassazióne *s.f.* imposizione fiscale.
tassèllo *s.m.* blocchetto di materiale vario che si incastra in una struttura con funzioni di collegamento, copertura o restauro.
tassìsta *s.m.* e *f.* [pl.m. *-sti*] chi per mestiere guida un taxi.
tàsso[1] *s.m.* mammifero carnivoro che ha tronco robusto, zampe corte, pelame folto.
tàsso[2] *s.m.* albero delle conifere.
tasso[3] *s.m.* espressione aritmetica percentuale, che misura la variazione di una grandezza nel tempo o la relazione tra due grandezze in un dato momento: — *d'interesse*, rapporto tra l'interesse e il capitale prestato; — *di inquinamento*, quantità di sostanze inquinanti presenti nell'unità di volume d'aria o d'acqua.
tassonomìa *s.f.* classificazione e nomenclatura degli esseri viventi e delle specie fossili.
tastàre *v.tr.* toccare leggermente per sentire una cosa al tatto | — *il polso a qlcu.*, (*med.*) misurarne la frequenza e la forza dei battiti; (*fig.*) saggiarne le intenzioni | — *il terreno*, (*fig.*) indagare preventivamente su uno stato di cose o sulle intenzioni di qlcu.
tastièra *s.f.* **1** (*mus.*) negli strumenti a tasti, l'insieme dei tasti bianchi e neri **2** l'insieme dei tasti di una macchina per scrivere, una calcolatrice, un telefono **3** (*inform.*) periferica d'ingresso costituita da un insieme di tasti necessari a digitare dati e comandi.
tàsto *s.m.* **1** il tastare **2** negli strumenti come il pianoforte o l'organo, ciascuna delle leve che, premuta dalle dita, provoca il suono **3** nelle macchine per scrivere, nelle calcolatrici ecc., piccola leva su cui si preme il dito per imprimere un comando.
tastóni *avv.* solo nella loc. *a* —, tastando; (*fig.*) alla cieca.
tàttica *s.f.* **1** (*mil.*) studio dell'impiego e del movimento delle unità terrestri, aeree e navali in un combattimento **2** (*estens.*) insieme di scelte e comportamenti finalizzati al raggiungimento di uno scopo **3** (*fig.*) modo di agire accorto e prudente.
tàttico *agg.* [pl.m. *-ci*] **1** (*mil.*) che concerne la tattica **2** (*fig.*) si dice di azione accorta e prudente □ **-mente** *avv.*
tàttile *agg.* del tatto.
tàtto *s.m.* **1** il senso che, attraverso le terminazioni sensitive della pelle, permette di riconoscere le caratteristiche esterne degli oggetti **2** (*fig.*) garbo, delicatezza.
tatuàggio *s.m.* disegno o pittura indelebile, che si esegue sulla pelle.
tatuàre *v.tr.* [*io tàtuo ecc.*] ornare con uno o più tatuaggi ♦ **-rsi** *v.rifl.* praticarsi un tatuaggio.
taumatùrgo *s.m.* [pl. *-gi* o *-ghi*] chi opera miracoli.
tavèrna *s.f.* **1** osteria **2** locale per desinare arredato in stile rustico.
tàvola *s.f.* **1** asse di legno **2** tavolo | — *rotonda*, (*fig.*) convegno di esperti, riuniti per discutere su un problema particolare **3** pagina di un libro recante un'illustrazione o un prospetto **4** tabella.
tàvolo *s.m.* mobile costituito da un piano orizzontale sostenuto per lo più da quattro gambe.
tavolòzza *s.f.* assicella di legno su cui i pittori mescolano i colori.
tàxi *s.m.* auto pubblica dotata di tassametro.
tàzza *s.f.* **1** piccolo recipiente a bocca rotonda per lo più con un manico ad ansa **2** la quantità di liquido contenuta nel recipiente stesso.
tbc *s.f.invar.* tubercolosi.
te *pron.pers. di seconda pers.sing.* [forma complementare tonica del pron. pers. *tu*] si usa come compl. oggetto quando gli si vuol dare particolare rilievo e nei complementi retti da preposizioni.
tè o **the** *s.m.* **1** arbusto sempreverde ori-

ginario dell'Asia **2** le foglie disseccate e sbriciolate di tale arbusto; la bevanda che si ottiene per infusione di tali foglie.
team *s.m.invar.* (*ingl.*) gruppo di persone organizzate per compiere insieme un'attività; équipe, squadra.
teatràle *agg.* **1** di teatro, da teatro **2** (*fig.*) spettacolare ☐ **-mente** *avv.*
teàtro *s.m.* **1** edificio destinato alla rappresentazione di opere drammatiche e ad altri spettacoli pubblici **2** insieme degli spettatori **3** produzione teatrale **4** (*fig.*) luogo in cui avviene o avvenne un fatto importante.
tèca *s.f.* astuccio per oggetti preziosi.
technicolor® *s.m.* (*ingl.*) procedimento di cinematografia a colori.
tècnica *s.f.* **1** l'insieme delle regole pratiche da applicare nell'esercizio di un'attività intellettuale o manuale **2** l'impiego della scienza a fini pratici; tecnologia.
tecnicìsmo *s.m.* **1** eccessiva importanza attribuita al fattore tecnico a scapito della creatività **2** (*ling.*) parola o locuzione che fa parte di un linguaggio tecnico.
tècnico *agg.* [pl.m. *-ci*] proprio di una specifica arte o scienza ♦ *s.m.* **1** chi è esperto in una particolare disciplina **2** lavoratore che svolge un'attività manuale per la quale possiede una specifica preparazione teorica oltre che pratica ☐ **-mente** *avv.*
tecnòcrate *s.m.* e *f.* chi esercita un potere a causa delle sue conoscenze tecniche.
tecnologìa *s.f.* **1** studio dei materiali, delle macchine e dei procedimenti da impiegarsi nella produzione di beni e servizi **2** tecnica | *le nuove tecnologie*, le applicazioni dell'informatica e della telematica.
tecnològico *agg.* [pl.m. *-ci*] relativo alla tecnologia ☐ **-mente** *avv.*
tèdio *s.m.* stanchezza interiore; noia intensa.
tegàme *s.m.* recipiente da cucina rotondo e basso con uno o due manici.
téglia *s.f.* recipiente da cucina usato per cuocere in forno.
tégola *s.f.* (*edil.*) ciascuno degli elementi componibili usati come copertura di tetti.
teièra *s.f.* bricco con coperchio e talora filtro, usato per preparare e servire il tè.
téla *s.f.* **1** la più usata delle tre armature fondamentali dei tessuti, a intreccio molto fitto, che conferisce la massima uniformità alla superficie tessuta; il tessuto realizzato con tale armatura **2** (*pitt.*) riquadro di tela montato su un telaio di sostegno, usato per dipingervi | dipinto eseguito su tela
telàio *s.m.* **1** macchina per tessere **2** struttura portante; ossatura.
tele [-1] primo elemento di parole composte, che significa 'a distanza, da lontano'.
tele [-2] primo elemento di parole composte, che significa 'televisione'.
telecàmera *s.f.* apparecchiatura per la ripresa di immagini televisive.
telecinèsi *s.f.* spostamento di oggetti dovuto a capacità paranormali; la capacità stessa.
telecomandàre *v.tr.* azionare a distanza uno strumento mediante un dispositivo.
telecomàndo *s.m.* dispositivo usato per telecomandare.
telecomunicazióne *s.f.* qualunque sistema di comunicazione che permetta di trasmettere a distanza.
telecrònaca *s.f.* ripresa e trasmissione commentata di un avvenimento mediante televisione.
telecronìsta *s.m.* e *f.* [pl.m. *-sti*] cronista televisivo.
telefèrica *s.f.* funicolare aerea.
telefilm *s.m.invar.* film realizzato appositamente per la televisione.
telefonàre *v.tr.* e *intr.* [*io telèfono ecc.*; aus. dell'intr. *avere*] comunicare telefonicamente ♦ **-rsi** *v.rifl.rec.* chiamarsi, parlarsi per telefono.
telefonàta *s.f.* chiamata fatta per mezzo del telefono.
telefònico *agg.* [pl.m. *-ci*] che riguarda il telefono ☐ **-mente** *avv.* mediante il telefono.
telèfono *s.m.* impianto che permette la trasmissione e la ricezione della voce a distanza convertendo le vibrazioni acustiche in oscillazioni di corrente elettrica.
telegiornàle *s.m.* notiziario giornaliero trasmesso per televisione.
telegrafìa *s.f.* sistema di trasmissione a distanza mediante il telegrafo.
telègrafo *s.m.* impianto che permette la trasmissione e la ricezione a distanza di messaggi in codice.
telegràmma *s.m.* [pl. *-mi*] comunicazione trasmessa per mezzo del telegrafo.
teleguidàre *v.tr.* guidare a distanza.
telelavòro *s.m.* lavoro svolto a distanza dalla sede centrale e comunicato a essa tramite sistemi telematici.
telemàtica *s.f.* gestione a distanza di sistemi informatici mediante reti di telecomunicazione.
telenovela *s.f.* [pl. *telenovelas*] (*sp.*) teleromanzo in moltissime puntate.
teleobbiettìvo o **teleobiettìvo** *s.m.* obiettivo fotografico usato per fotografare a grande distanza.
teleòstei *s.m.pl.* (zool.) sottoclasse di pesci caratterizzati da scheletro osseo.

telepatìa *s.f.* fenomeno paranormale per cui tra due persone si stabilisce un contatto a distanza, così che l'una avverte ciò che pensa, sente o fa l'altra.

telepromozióne *s.f.* promozione di un prodotto commerciale nel corso di una trasmissione televisiva.

telequìz *s.m.invar.* gioco a quiz televisivo.

teleschérmo *s.m.* schermo dell'apparecchio televisivo.

telescòpio *s.m.* cannocchiale a forte ingrandimento | usato dagli astronomi per l'osservazione dei corpi celesti.

telescrivènte *agg.* e *s.f.* si dice di macchina telegrafica munita di una tastiera su cui si digita il testo che la macchina ricevente riceve in codice telegrafico, decodifica e stampa.

teleselezióne *s.f.* sistema di trasmissione telefonica che, mediante la composizione di prefisso permette il collegamento diretto, senza l'interposizione di un centralino.

telespettatóre *s.m.* [f. *-trice*] spettatore di una trasmissione televisiva.

telethon *s.m.invar.* trasmissione televisiva d'intrattenimento di lunga durata con molti ospiti, nel corso della quale vengono raccolti fondi per finanziare la ricerca su malattie gravi o interventi di solidarietà.

televèndita *s.f.* vendita effettuata presentando la merce nel corso di un'apposita trasmissione televisiva.

televisióne *s.f.* **1** sistema di impianti che permette la trasmissione e la ricezione a distanza di immagini e suoni convertiti in impulsi elettrici che viaggiano via radio o via cavo | l'ente, l'impresa che gestisce l'impianto **2** l'insieme dei programmi trasmessi **3** (*fam.*) televisore.

televisóre *s.m.* apparecchio che riceve le immagini e i suoni trasmessi mediante il sistema della televisione.

televóto *s.m.* voto espresso a telefono, in genere nel corso di trasmissioni televisive d'intrattenimento per esprimere il proprio consenso a un concorrente in gara.

tellùrico *agg.* [pl.m. *-ci*] che riguarda la terra e i fenomeni nel suo interno.

télo *s.m.* pezzo di tela.

tèma *s.m.* [pl. *-mi*] **1** argomento di un discorso o di uno scritto **2** argomento di un'esercitazione scolastica | l'esercitazione stessa **3** (*mus.*) idea musicale compiuta, motivo **4** (*ling.*) la parte della parola che resta togliendo la desinenza.

temàtica *s.f.* insieme di temi | l'insieme dei temi letterari o musicali più frequenti in un autore, un movimento.

temeràrio *agg.* **1** che agisce con temerarietà **2** avventato ♦ *s.m.* [f. *-a*] □ **-mente** *avv.*

temére *v.tr.* [pres. *io témo ecc.*; pass.rem. *io teméi o temètti, tu teméstì ecc.*] **1** aver timore di | prevedere un evento sgradito **2** (*relig.*) rispettare ♦ *v.intr.* [aus. *avere*] preoccuparsi.

tèmpera *s.f.* tecnica pittorica che usa l'acqua per sciogliere i colori e, come agglutinanti, diverse sostanze (chiara d'uovo, colla animale, latte ecc.) tranne l'olio.

temperaménto *s.m.* l'insieme delle caratteristiche psicofisiche di un individuo; indole, carattere.

temperànza *s.f.* capacità di dominarsi | (*estens.*) moderazione, senso della misura.

temperàre *v.tr.* [*io tèmpero ecc.*] **1** frenare **2** fare la punta **3** (*tecn.*) temprare ♦ **-rsi** *v.rifl.* **1** moderarsi **2** temprarsi.

temperàto *agg.* attenuato, non eccessivo | *clima* —, (*geog.*) con temperatura media annua compresa fra i 10° e i 20° □ **-mente** *avv.* con temperanza.

temperatùra *s.f.* **1** (*fis.*) grandezza che misura lo stato termico di un corpo **2** (*med.*) livello termico del corpo umano | *avere la* —, (*fam.*) avere la febbre.

tempèsta *s.f.* **1** (*meteor.*) perturbazione atmosferica caratterizzata da forti venti e precipitazioni **2** (*fig.*) agitazione, turbamento spirituale.

tempestàre *v.tr.* [*io tempésto ecc.*] colpire con forza, ripetutamente (anche *fig.*).

tempestìvo *agg.* che avviene, è fatto al momento opportuno □ **-mente** *avv.*

tempestóso *agg.* **1** che è agitato da una tempesta **2** (*fig.*) violento □ **-mente** *avv.*

tèmpia *s.f.* ciascuna delle due regioni del capo tra l'occhio e l'orecchio.

tèmpio *s.m.* [pl. *-pi* o *-pli*] **1** edificio destinato al culto religioso **2** (*fig.*) luogo degno di venerazione.

tempìsmo *s.m.* comportamento o atto di chi è tempista.

tempìsta *s.m.* e *f.* [pl.m. *-sti*] chi sa cogliere l'attimo opportuno.

templàre *agg.* che appartiene o si riferisce all'ordine religioso-militare del tempio di Gerusalemme, fondato nel sec. XII per la difesa dei luoghi santi ♦ *s.m.*

tèmpo *s.m.* **1** successione continua di istanti | *per* —, presto **2** il tempo in quanto oggetto di misurazione **3** parte più o meno ampia del tempo; periodo **4** epoca, età **5** parte del tempo necessaria al verificarsi di un fenomeno, allo svolgimento di un'operazione, un'attività | — *pieno*, l'intera giornata lavorativa **6** fase | parte di uno spettacolo cinematografico, teatrale, radiofonico o televisivo; atto | (*sport*) spazio di tempo assegnato a una gara sportiva;

ciascuna delle parti in cui essa è divisa **7** (*mus.*) cadenza ritmica **8** (*gramm.*) nella coniugazione di un verbo, il sistema delle desinenze che serve a indicare il momento in cui avviene l'azione **9** le condizioni meteorologiche.

temporàle[1] *agg.* **1** effimero, caduco: *beni temporali* | *potere — dei papi*, la loro sovranità politica **2** (*gramm.*) che indica il tempo in cui avviene un'azione | *proposizione —*, subordinata che esprime una circostanza di tempo anteriore, contemporanea o posteriore a quella espressa dalla reggente **3** (*scient.*) che riguarda la dimensione del tempo ♦ *s.f.* (*gramm.*) proposizione temporale.

temporàle[2] *s.m.* (*meteor.*) improvvisa e violenta perturbazione dell'atmosfera.

temporàneo *agg.* che ha durata limitata □ **-mente** *avv.*

temporeggiàre *v.intr.* [io temporéggio ecc.; aus. avere] indugiare, ritardare a fare qlco.

tèmpra *s.f.* **1** (*tecn.*) trattamento termico di alcuni materiali **2** (*fig.*) complesso delle qualità di una persona; indole.

tempràre *v.tr.* [io tèmpro ecc.] **1** (*tecn.*) sottoporre a tempra **2** (*fig.*) fortificare ♦ **-rsi** *v.rifl.* o *intr.pron.* diventare più forte.

tempràto *agg.* (*tecn.*) temperato | (*fig.*) fortificato.

tenàce *agg.* forte, resistente; costante □ **-mente** *avv.* in modo tenace.

tenàcia *s.f.* l'essere tenace.

tenàglia *s.f.* (spec. *pl.*) attrezzo formato da due ganasce articolate mediante un perno, che serve per afferrare e stringere.

tènda *s.f.* **1** drappo di tela che viene steso davanti a ciò che si vuole riparare o nascondere **2** piccolo padiglione smontabile.

tendènza *s.f.* **1** disposizione naturale, attitudine **2** orientamento ideologico **3** orientamento dell'evoluzione di un fenomeno.

tendenzióso *agg.* non obiettivo □ **-mente** *avv.*

tèndere *v.tr.* [pres. io tèndo ecc.; pass.rem. io tési, tu tendésti ecc.; part.pass. téso] **1** distendere **2** (*fig.*) preparare subdolamente qlco. di dannoso **3** *— l'orecchio*, ascoltare con attenzione ♦ *v.intr.* [aus. avere] mirare a un fine | inclinare, avvicinarsi ♦ **-rsi** *v.intr.pron.* entrare in tensione.

tèndine *s.m.* (*anat.*) ciascuno dei cordoni di tessuto connettivo fibroso che congiungono i muscoli alle ossa.

tendinìte *s.f.* (*med.*) infiammazione di un tendine.

tendóne *s.m.* **1** grande tenda **2** grande telo.

tènebra *s.f.* (spec. *pl.*) oscurità totale.

tenebróso *agg.* **1** avvolto nelle tenebre **2** (*fig.*) misterioso e inquietante ♦ *s.m.* [f. -a].

tenére *v.tr.* [pres. io tèngo, tu tièni, egli tiène, noi teniamo, voi tenéte, essi tèngono; fut. io terrò ecc.; pass.rem. io ténni, tu tenésti ecc.; pres.cong. io tènga,...noi teniamo, voi teniate, essi tèngano; cond.pres. io terrèi ecc.; imp. tièni, tenéte; part.pres. tenènte; part.pass. tenuto] **1** avere qlco. con sé **2** mantenere in una posizione o in una condizione | *— d'occhio*, sorvegliare | *— a mente*, ricordare **3** conservare qlco. in proprio possesso **4** organizzare, fare ♦ *v.intr.* [aus. avere] **1** resistere **2** parteggiare **3** dare importanza (usato spesso con la particella *ci*) ♦ **-rsi** *v.rifl.* **1** attaccarsi **2** mantenersi in una data condizione o posizione **3** trattenersi **4** attenersi ♦ *v.rifl.rec.* tenersi l'un l'altro.

tenerézza *s.f.* **1** l'essere tenero **2** (*fig.*) affetto delicato **3** *pl.* atti, parole tenere.

tènero *agg.* **1** non duro **2** (*estens.*) giovane e delicato **3** (*fig.*) dotato di tenerezza ♦ *s.m.* **1** la parte tenera di qlco. **2** (*fig.*) affetto, simpatia □ **-mente** *avv.*

tènia *s.f.* genere di vermi parassiti dell'uomo e di animali domestici.

tènnis *s.m.invar.* gioco fra due o quattro giocatori che si rimandano una palla per mezzo di racchette in un campo rettangolare diviso da una rete.

tennìsta *s.m.* e *f.* [pl.m. -sti] chi gioca al tennis.

tenóre *s.m.* **1** tono | livello **2** (*mus.*) il registro più alto della voce maschile | chi canta con tale voce.

tensióne *s.f.* **1** il tendere, l'essere teso **2** (*fig.*) stato di ansietà **3** (*fig.*) atmosfera carica di contrasti **4** *— elettrica*, differenza di potenziale elettrico.

tentacolàre *agg.* **1** che ha forma di tentacolo **2** (*fig.*) che attrae, coinvolge e corrompe.

tentàcolo *s.m.* **1** (*zool.*) organo flessibile con funzione prensile **2** (*fig.*) cosa che irretisce.

tentàre *v.tr.* [io tènto ecc.] **1** provare **2** (*fig.*) cercare di indurre al male | (*fig.*) allettare.

tentatìvo *s.m.* atto del tentare.

tentazióne *s.f.* il tentare, l'essere tentato; la cosa, l'occasione che tenta | voglia di fare qlco.

tentennaménto *s.m.* il tentennare.

tentennàre *v.intr.* [io tenténno ecc.; aus. avere] **1** oscillare **2** (*fig.*) esitare ♦ *v.tr.* (*non com.*) far oscillare, dondolare.

tentóne o **tentoni** *avv.* **1** tastoni **2** (*fig.*) a caso.

tènue *agg.* lieve, sottile (anche *fig.*) □ **-mente** *avv.*
tenùta *s.f.* **1** atto, modo di tenere | (*sport*) resistenza | — *di strada*, (*aut.*) capacità di non sbandare **2** proprietà di una chiusura o di un recipiente di impedire il passaggio o la fuoruscita di fluidi **3** possedimento fondiario, per lo più coltivato **4** divisa militare | equipaggiamento.
tenùto *agg.* — *a*, obbligato.
teo- primo elemento di parole composte, che significa 'dio'.
teocrazìa *s.f.* forma di governo in cui il potere civile e politico è sottomesso al potere religioso.
teologìa *s.f.* scienza che studia Dio e i suoi rapporti col mondo.
teològico *agg.* [pl.m. *-ci*] della teologia □ **-mente** *avv.*
teòlogo *s.m.* [f. *-a*; pl.m. *-gi*] studioso di teologia.
teorèma *s.m.* [pl. *-mi*] proposizione dimostrabile per deduzione.
teorètica *s.f.* filosofia della conoscenza.
teorìa *s.f.* insieme di norme e precetti che servono di guida alla pratica | complesso di idee, concezione | insieme di ipotesi volto a spiegare un determinato fenomeno.
teòrico *agg.* [pl.m. *-ci*] che si basa sulla teoria ♦ *s.m.* [f. *-a*] **1** chi formula una teoria **2** chi manca di capacità pratiche □ **-mente** *avv.*
teorizzàre *v.tr.* formulare teoricamente ♦ *v.intr.* [aus. *avere*] trattare un argomento in modo puramente teorico.
tepóre *s.m.* calore non elevato e gradevole.
teppìsmo *s.m.* modo di agire proprio dei teppisti.
teppìsta *s.m.* e *f.* [pl.m. *-sti*] giovane delinquente che compie violenze e vandalismo.
tequila *s.f.invar.* (*sp.*) acquavite messicana ad alta gradazione alcolica.
terapèuta *s.m.* e *f.* [pl.m. *-ti*] medico che applica terapie.
terapèutico *agg.* [pl.m. *-ci*] della terapia.
terapìa *s.f.* metodo di cura di una malattia; la cura stessa.
teratògeno *agg.* (*biol.*) si dice di fattore in grado di alterare il normale sviluppo di un embrione causando malformazioni.
tergicristàllo *s.m.* [pl. *invar.* o *-li*] asticella metallica munita di bordo gommato che scorre sul parabrezza dei veicoli, per mantenerli puliti in caso di pioggia o neve.
tergiversàre *v.intr.* [*io tergivèrso ecc.*; aus. *avere*] prendere tempo.
termàle *agg* relativo alle terme: *stabilimento* —, in cui si praticano le cure termali.
tèrme *s.f.pl.* stabilimento termale.
tèrmico *agg.* [pl.m. *-ci*] del calore; che concerne il calore.
terminàle *agg.* che si trova al termine; finale; *fase — di una malattia*, quella che precede la morte ♦ *s.m.* (*inform.*) apparecchiatura che consente di prelevare o di introdurre informazioni da o in un elaboratore elettronico.
terminàre *v.tr.* [*io tèrmino ecc.*] finire ♦ *v.intr.* [aus. *essere*] arrivare al termine.
terminazióne *s.f.* estremità | (*ling.*) desinenza.
tèrmine *s.m.* **1** il punto dello spazio o del tempo dove termina qlco. **2** scadenza | *contratto a* —, con scadenza fissata sin dal momento della stipulazione | *a breve, medio, lungo* —, a breve, media, lunga scadenza **3** *complemento di* —, (*gramm.*) quello che indica la persona o la cosa a cui è indirizzata l'azione espressa dal verbo **4** parola.
terminologìa *s.f.* insieme dei vocaboli propri di una determinata scienza, arte o professione.
tèrmite *s.f.* insetto simile alla formica, molto diffuso nei paesi caldi, che vive nutrendosi di sostanze vegetali.
termo- primo elemento di parole composte, che significa 'calore, temperatura'.
termodinàmica *s.f.* parte della fisica che studia le trasformazioni di calore in lavoro e viceversa.
termoelettricità *s.f.* (*fis.*) insieme delle interazioni di energia termica ed energia elettrica.
termògrafo *s.m.* strumento che registra variazioni di temperatura.
termòmetro *s.m.* strumento per la misurazione della temperatura.
termonucleàre *agg.* (*fis.*) **1** *bomba* —, che utilizza l'energia di una reazione di fusione nucleare esplosiva **2** di impianto o apparato per mezzo del quale si ottiene energia termica da energia nucleare.
termoregolazióne *s.f.* (*biol.*) capacità di taluni animali di mantenere costante la temperatura interna del corpo.
termosifóne *s.m.* impianto per il riscaldamento di locali mediante circolazione di acqua o aria calda che da una caldaia centrale raggiungono i radiatori | (*estens.*) ciascuno dei radiatori.
termòstato *s.m.* dispositivo che serve a mantenere costante la temperatura di un ambiente.
tèrna *s.f.* gruppo di tre persone o cose.
tèrno *s.m.* nel gioco del lotto, combinazione di tre numeri estratti sulla stessa ruota.
tèrra *s.f.* **1** *Terra*, (*astr.*) il pianeta del si-

stema solare su cui si svolge la vita degli uomini; il terzo in ordine di distanza dal sole **2** la superficie del globo terrestre; suolo **3** paese, regione **4** humus | terreno coltivabile; campagna ♦ *agg.invar.* che si trova a livello del suolo.

terracòtta *s.f.* [pl. *terrecotte*] argilla modellata e cotta nella fornace.

terrafèrma *s.f.* [pl. *terreferme*] la parte continentale di una regione.

terrapièno *s.m.* terra ammassata come rinforzo o sostegno.

terràzza *s.f.* **1** superficie praticabile scoperta **2** ripiano ricavato in un terreno a forte pendenza destinato a essere coltivato **3** terrazzo.

terràzzo *s.m.* ripiano sporgente o rientrante rispetto al muro esterno di un edificio, cinto da ringhiera e sul quale si aprono porte-finestre.

terremotàto *agg.* e *s.m.* [f. *-a*] che/chi è stato colpito da un terremoto.

terremòto *s.m.* rapida e violenta vibrazione della crosta terrestre; sisma.

terréno[1] *agg.* **1** che è di questo mondo **2** che si trova al livello del suolo.

terréno[2] *s.m.* **1** la superficie della crosta terrestre **2** porzione di terra coltivata o coltivabile | *tastare il* —, (*fig.*) cercare di conoscere qlcu. o qlco. prima di agire **3** campo di battaglia; *guadagnare, perdere* —, avanzare, retrocedere; (*fig.*) migliorare, peggiorare nella propria situazione | (*sport*) campo di gioco.

terrèstre *agg.* **1** relativo alla Terra **2** di terra, della terra ♦ *s.m.* e *f.* umano.

terrìbile *agg.* **1** che incute terrore | (*iperb.*) eccezionale **2** crudele □ **-mente** *avv.* **1** in modo da terrorizzare **2** (*iperb.*) straordinariamente.

terrìccio *s.m.* strato superficiale del terreno; humus.

terrìna *s.f.* (*region.*) piatto fondo che funge da zuppiera o insalatiera.

territoriàle *agg.* del territorio | che riguarda il territorio di uno stato: *sovranità* — □ **-mente** *avv.*

territòrio *s.m.* **1** porzione di terreno di notevole estensione **2** zona giurisdizionale e amministrativa **3** (*ecol.*) ambiente.

terróre *s.m.* forte paura.

terrorìsmo *s.m.* metodo di lotta politica basato su atti di violenza organizzata.

terrorìsta *s.m.* e *f.* [pl.m. *-sti*] chi pratica il terrorismo ♦ *agg.* terroristico.

terrorìstico *agg.* [pl.m. *-ci*] relativo al terrorismo □ **-mente** *avv.*

terrorizzàre *v.tr.* incutere terrore.

tèrso *agg.* nitido, pulito.

terziàrio *s.m.* **1** (*geol.*) era terziaria; cenozoico **2** (*econ.*) (*econ.*) settore dei servizi ♦ *agg.* che viene per terzo.

terzìna *s.f.* **1** (*metr.*) strofa di tre versi **2** (*mus.*) complesso di tre note di uguale valore.

terzìno *s.m.* (*sport*) nel calcio, ciascuno dei due difensori più arretrati che agiscono sulle fasce laterali del campo.

tèrzo *agg.num.ord.* che in una serie occupa il posto numero tre | *terza pagina*, nei giornali, la pagina riservata tradizionalmente alla cultura | *terza età*, la vecchiaia ♦ *s.m.* una terza persona, diversa da chi parla o da chi ascolta.

tèschio *s.m.* cranio di un cadavere.

tèsi *s.f.* **1** affermazione la cui validità si fonda su determinate argomentazioni **2** dissertazione scritta che deve essere presentata da uno studente a compimento di un corso di studi universitari: — *di laurea.*

téso *agg.* **1** in tensione fisica **2** in tensione psicologica **3** che rivela atmosfera di tensione **4** (*fig.*) indirizzato.

tesòro *s.m.* **1** grande quantità di oggetti preziosi riuniti insieme **2** erario pubblico **3** (*fig.*) cosa a cui si attribuisce grande valore **4** (*fig.*) persona molto amata.

tèssera *s.f.* **1** piccolo rettangolo di cartoncino o di plastica con i dati anagrafici e la fotografia della persona a cui è intestato **2** ciascuno dei piccoli tasselli usati per comporre un mosaico.

tesseraménto *s.m.* il tesserare.

tesseràre *v.tr.* [*io tèssero ecc.*] iscrivere a un'associazione, a un ente munendo di tessera ♦ **-rsi** *v.intr.pron.* iscriversi a un'associazione, a un ente prendendone la tessera.

tèssere *v.tr.* [pres. *io tèsso ecc.*; pass.rem. *io tesséi, tu tesséstì ecc.*; part.pass. *tessuto*] **1** intrecciare nel telaio i fili per fare una stoffa **2** (*fig.*) comporre con arte | (*fig.*) tramare.

tèssile *agg.* che riguarda la tessitura ♦ *s.m.* **1** operaio, tecnico o industriale delle industrie tessili **2** *pl.* materiale tessile.

tessitùra *s.f.* operazione, risultato, modo del tessere.

tessùto *s.m.* **1** manufatto ricavato dalla tessitura **2** (*fig.*) insieme di elementi strettamente connessi: *il — urbano*, l'insieme degli elementi costitutivi della città **3** (*biol.*) insieme ordinato di cellule con struttura e funzioni analoghe.

test *s.m.invar.* (*ingl.*) **1** insieme di domande standardizzate che servono a effettuare rilevamenti o valutazioni su una persona o su un gruppo di persone **2** accertamento.; esame, prova.

tèsta *s.f.* **1** (*zool.*) la parte superiore o anteriore del corpo che contiene il cervello e i principali organi di senso | capo | *lavata di —*, (*fig.*) energico rimprovero **2** (*fig.*) sede delle sensazioni, delle emozioni, delle funzioni intellettive umane; *mettere la — a posto*, rinsavire; *mettersi in — qlco.*, convincersene; *mettersi in — di fare qlco.*, decidere di farla **3** persona **4** parte anteriore o superiore di qlco.; estremità | (*sport*) prima posizione in una gara o una classifica.

testamentàrio *agg.* (*dir.*) del testamento; che avviene per testamento.

testaménto *s.m.* **1** (*dir.*) atto scritto con cui si dispone del proprio patrimonio per quando si sarà cessato di vivere | *— spirituale*, (*fig.*) i principi e i valori che una persona lascia in eredità **2** (*relig.*) ciascuna delle due parti della Bibbia: *Antico*, *Vecchio Testamento*.

testàrdo *agg.* e *s.m.* [f. *-a*] ostinato, caparbio □ **-mente** *avv.*

testàre *v.tr.* [*io tèsto ecc.*] sottoporre a un test; verificare.

testàta *s.f.* **1** la parte estrema, superiore o anteriore di qlco. **2** la parte alta della prima pagina di un giornale | (*estens.*) giornale **3** (*mecc.*) nei motori a combustione, blocco che costituisce la parete superiore dei cilindri **4** colpo dato con la testa.

testatóre *s.m.* [f. *-trice*] (dir.) chi fa o ha fatto testamento.

tèste *s.m.* e *f.* (*dir.*) testimone chiamato a deporre in un processo.

testìcolo *s.m.* (*anat.*) ciascuna delle due ghiandole genitali maschili.

testimòne *s.m.* e *f.* **1** persona che assiste a un fatto **2** (*dir.*) teste | persona che assiste alla stesura di un atto pubblico e lo sottoscrive.

testimonial *s.m.invar.* (*ingl.*) messaggio pubblicitario affidato a un personaggio famoso; il personaggio stesso che reclamizza il prodotto.

testimoniànza *s.f.* **1** l'atto del testimoniare | la dichiarazione di un testimone **2** (*estens.*) prova, attestazione | segno.

testimoniàre *v.tr.* e *intr.* [*io testimònio ecc.*; aus. dell'intr. *avere*] **1** deporre, dichiarare in qualità di testimone **2** documentare, attestare.

testìna *s.f.* **1** testa piccola e graziosa **2** organo terminale di varie apparecchiature elettromeccaniche.

tèsto *s.m.* **1** l'insieme delle parole che compongono uno scritto **2** libro autorevole, oggetto di studio | *far —*, essere un modello indiscusso | *libro di —*, quello ufficialmente usato da un docente come base di insegnamento di una materia **3** (*ling.*) qualsiasi enunciato linguistico.

testóne *s.m.* [f. *-a*] persona dalla testa grande | (*fig.*) persona testarda.

testosteróne *s.m.* (*chim. biol.*) ormone maschile indispensabile per il completo sviluppo e la funzionalità sessuale.

testuàle *agg.* **1** (*ling.*, *filol.*) che riguarda il testo: *critica —* **2** che riproduce esattamente un testo □ **-mente** *avv.*

testùggine *s.f.* (*zool.*) tartaruga.

tetànico *agg.* [pl.m. *-ci*] (*med.*) del tetano.

tètano *s.m.* (*med.*) grave malattia infettiva caratterizzata da violente contrazioni muscolari.

tetra- primo elemento di parole composte, che significa 'quattro'.

tetraèdro *s.m.* (*geom.*) poliedro con quattro facce triangolari.

tetràgono *agg.* **1** (*geom.*) che ha quattro angoli **2** (*lett.*, *fig.*) fermo, resistente ♦ *s.m.* (*geom.*) poligono con quattro angoli.

tetraplegìa *s.f.* (*med.*) paralisi dei quattro arti.

tètro *agg.* (*lett.*) **1** scuro; lugubre **2** (*fig.*) cupo, triste □ **-mente** *avv.*

tettarèlla *s.f.* cappuccio di gomma forato, a forma di capezzolo, che si applica al poppatoio, così che il lattante possa succhiarne il latte.

tétto *s.m.* **1** copertura di un edificio **2** (*estens.*) casa **3** (*econ.*) limite massimo di una spesa, uno stanziamento ecc.

tettóia *s.f.* copertura parziale di un ambiente aperto, generalmente spiovente e sorretta da pilastri.

tettònica *s.f.* branca della geologia che studia la struttura della crosta terrestre e le forze che ne determinano deformazioni e spostamenti.

teutònico *agg.* [pl.m. *-ci*] (*spreg.* o *scherz.*) tedesco: *organizzazione teutonica*.

thèrmos o **termos** *s.m.invar.* recipiente termoisolante portatile per conservare caldi o freddi bevande o alimenti.

thriller *s.m.invar.* (*ingl.*) opera di genere poliziesco, con prevalenza di effetti di tensione e di violenza.

ti *pron.pers. di seconda pers.sing.* [forma complementare atona del pron.pers. *tu*] si usa in luogo di *te* o *a te* quando non si vuol dare loro particolare rilievo.

tìbia *s.f.* (*anat.*) osso che, insieme al perone, costituisce lo scheletro della gamba.

tibùrio *s.m.* (*arch.*) struttura che racchiude al suo interno una cupola.

tic *s.m.invar.* (*med.*) contrazione frequente e involontaria di certi muscoli, spec. di quelli facciali, di origine nervosa.

ticchettìo *s.m.* rumore prodotto da colpi frequenti, secchi e lievi.

ticket *s.m.invar.* (*ingl.*) **1** biglietto **2** prezzo parziale di un servizio pubblico.
tièpido *agg.* **1** non molto caldo **2** (*fig.*) poco affettuoso; non entusiastico □ **-mente** *avv.*
tifàre *v.tr.* e *intr.* [aus. *avere*] fare il tifo.
tìfo *s.m.* **1** (*med.*) malattia infettiva **2** sostegno entusiastico tributato a una squadra sportiva, a un campione.
tifóne *s.m.* ciclone tropicale tipico dei mari dell'Asia sudorientale.
tifoserìa *s.f.* insieme dei tifosi di una squadra sportiva.
tifóso *agg.* e *s.m.* [f. *-a*] che/chi fa il tifo per una squadra sportiva, per un campione.
tight *s.m.invar.* (*ingl.*) abito maschile da cerimonia.
tìglio *s.m.* albero con fiori giallastri profumatissimi, che forniscono un infuso leggermente sedativo.
tìgna *s.f.* malattia della pelle localizzata nelle zone pelose che produce desquamazione, arrossamento e pustole.
tìgre *s.f.* felino asiatico grande e feroce.
tilt *s.m.invar.* (*ingl.*) *andare in —, fare —,* di un circuito elettrico o elettronico, subire un guasto; (*scherz.*) detto di persona, subire un blocco mentale.
timbàllo *s.m.* vivanda consistente in un involucro di pasta sfoglia ripieno di riso, carne, pesce o verdura, che si cuoce al forno.
timbràre *v.tr.* apporre un timbro.
tìmbro *s.m.* **1** attrezzo con una superficie recante scritte o disegni a rilievo che, inchiostrati, vengono riprodotti a pressione su carta; la scritta, il disegno così impressi **2** (*mus.*) qualità di un suono.
timer *s.m.invar.* (*ingl.*) temporizzatore.
tìmido *agg.* **1** schivo e riservato **2** incerto ♦ *s.m.* [f. *-a*] □ **-mente** *avv.*
tìmo[1] *s.m.* (*anat.*) organo situato nel torace dietro lo sterno, che svolge un'importante funzione nella produzione degli anticorpi.
tìmo[2] *s.m.* (*bot.*) genere di arbusti sempreverdi le cui foglie sono usate in gastronomia, profumeria e farmacia.
timocrazìa *s.f.* forma di governo nella quale il potere politico è esercitato solo dai cittadini forniti di un dato censo.
timóne *s.m.* (*mar.*, *aer.*) organo mobile di un natante o di un velivolo, mediante il quale si mantiene o si varia la direzione.
timonière *s.m.* [f. *-a*] (*mar.*) addetto alla manovra del timone di un'imbarcazione.
timóre *s.m.* **1** sentimento di apprensione e incertezza; preoccupazione **2** sentimento di rispetto **3** *— di Dio*, (*teol.*) sottomissione fiduciosa dell'uomo a Dio.
tìmpano *s.m.* **1** (*anat.*) membrana in fondo al condotto uditivo, che vibra per effetto delle onde sonore trasmettendo le vibrazioni alla catena degli ossicini **2** (*mus.*) strumento a percussione costituito da una cassa metallica semisferica coperta da una pelle **3** (*arch.*) parete triangolare del frontone.
tìnca *s.f.* pesce d'acqua dolce.
tìngere *v.tr.* [pres. *io tingo, tu tingi ecc.*; pass.rem. *io tinsi, tu tingésti ecc.*; part.pass. *tinto*] **1** dare a una cosa un colore diverso da quello che ha **2** (*lett.*) colorare ♦ **-rsi** *v.rifl.* imbellettarsi | tingersi i capelli ♦ *v.intr. pron.* colorarsi.
tìno *s.m.* grande recipiente a forma di tronco di cono rovesciato che serve per la pigiatura dell'uva e la fermentazione del vino.
tìnta *s.f.* **1** materia con cui si tinge **2** colore di un oggetto tinto.
tinteggiàre *v.tr.* [*io tintéggio ecc.*] dare la tinta.
tintinnàre *v.intr.* [aus. *avere* o *essere*] emettere ripetutamente un suono argentino.
tintorìa *s.f.* laboratorio dove si tingono tessuti | negozio che provvede alla smacchiatura, lavatura e stiratura di abiti.
tintùra *s.f.* **1** operazione del tingere | sostanza che serve a tingere | tinta **2** soluzione alcolica di sostanze medicinali.
tìpico *agg.* [pl.m. *-ci*] **1** proprio di un tipo **2** caratteristico, esemplare □ **-mente** *avv.*
tìpo *s.m.* **1** modello da cui si traggono copie **2** (spec. *pl.*) carattere tipografico mobile **3** (*zool.*, *bot.*) categoria superiore alla classe e inferiore al regno **4** [f. *-a*, fam.] un tale, uno sconosciuto | persona originale, bizzarra ♦ *agg.invar.* che fa da modello, tipico.
tipografìa *s.f.* **1** procedimento di stampa **2** laboratorio in cui si stampa.
tipogràfico *agg.* [pl.m. *-ci*] della tipografia □ **-mente** *avv.*
tipògrafo *s.m.* [f. *-a*] chi esercita l'arte della stampa.
tipologìa *s.f.* [pl. *-gie*] classificazione e descrizione dei diversi tipi di una categoria.
tiràggio *s.m.* aspirazione di aria in un camino.
tiranneggiàre *v.tr.* e *intr.* [*io tiranněggio ecc.*; aus. dell'intr. *avere*] governare con modi tirannici | (*estens.*) trattare con durezza.
tirannìa *s.f.* **1** governo dispotico; dittatura **2** (*fig.*) drastica costrizione.
tirànnico *agg.* [pl.m. *-ci*] proprio di un tiranno; dispotico □ **-mente** *avv.*
tirànno *s.m.* [f. *-a*] dittatore; chi abusa della propria autorità in modo dispotico ♦ *agg.*

tirannosàuro *s.m.* grande dinosauro carnivoro del cretaceo.
tirànte *s.m.* dispositivo che agisce per trazione e serve a tenere unite o ferme più parti di una struttura.
tiràre *v.tr.* **1** imprimere a qlco. o a qlcu. un movimento per tenderlo, avvicinarlo a sé, trascinarlo nella propria direzione | — *il fiato*, inspirare; respirare; (*fig.*) avere un momento di calma, di sollievo | — *via*, togliere, asportare | — *su*, (*fig.*) risollevare l'umore di qlcu.; — *su un bambino*, (*fig.*) allevarlo **2** lanciare; sparare **3** di materiale o di oggetto deformabile, tenderlo ♦ *v.intr.* [aus. *avere*] **1** prendere e trascinare a sé, nella propria direzione | — *avanti*, (*fig.*) trascinare una vita stentata **2** lanciare, scagliare **3** soffiare ♦ **-rsi** *v.rifl.* muoversi.
tiratóre *s.m.* [f. *-trice*] chi è abile nel tirare con armi da fuoco.
tiratùra *s.f.* (*tip.*) stampa di più copie; il numero complessivo delle copie stampate.
tìrchio *agg.* e *s.m.* [f. *-a*] (*fam.*) taccagno.
tìro *s.m.* **1** il tirare | traino **2** il lanciare; lo scagliare durante un gioco **3** (*fig.*) cattiva azione.
tirocìnio *s.m.* addestramento pratico in una professione o in un mestiere.
tiròide *s.f.* (*anat.*) ghiandola a secrezione interna, situata nella parte anteriore del collo, producente un ormone che presiede alla crescita dell'organismo.
tisàna *s.f.* infuso di sostanze vegetali.
tìsi *s.f.* (*med.*) tubercolosi polmonare.
tìsico *agg.* [pl.m. *-ci*] (*med.*) che è affetto da tisi ♦ *s.m.* [f. *-a*].
titànio *s.m.* elemento chimico di simbolo *Ti*; è un metallo d'aspetto argenteo, usato per produrre leghe speciali.
titillàre *v.tr.* solleticare leggermente.
titolàre *agg.* e *s.m.* e *f.* che/chi ricopre a pieno titolo un ufficio, un incarico.
titolàto *agg.* e *s.m.* [f. *-a*] che/chi ha un titolo nobiliare.
titolìsta *s.m.* e *f.* [pl.m. *-sti*] (*giorn.*) redattore che provvede alla formulazione dei titoli di un giornale.
tìtolo *s.m.* **1** nome o breve frase con cui si indica il soggetto di un testo, di un'opera d'arte; intestazione **2** appellativo che spetta a una persona per il suo grado, gli studi compiuti, l'attività che esercita: — *di studio* **3** (*dir.*) fatto giuridico per effetto del quale un diritto viene attribuito a un soggetto; il documento che lo comprova **4** (*fin.*) azione, obbligazione.
titubànte *agg.* incerto, esitante.
tìzio *s.m.* [f. *-a*] persona di poca importanza; persona che non si vuole o non si sa indicare con precisione.
tizzóne *s.m.* pezzo di legno o di carbone che sta bruciando.
toast *s.m.invar.* (*ingl.*) panino imbottito tostato fatto con due fette di pane a cassetta.
toccànte *agg.* commovente.
toccàre *v.tr.* [*io tócco, tu tócchi ecc.*] **1** essere a contatto con qlcu. o qlco.: — *con mano*, (*fig.*) accertarsi personalmente di qlco. **2** (*estens.*) manomettere; usare **3** raggiungere (anche *fig.*) **4** (*fig.*) commuovere, colpire **5** (*fig.*) interessare ♦ *v.intr.* [aus. *essere*] **1** capitare: — *in sorte* **2** spettare ♦ **-rsi** *v.rifl.rec.* essere in contatto.
tócco[1] *agg.* [pl.m. *-chi*] **1** che non ha il cervello del tutto a posto; picchiato **2** ammaccato, detto di frutto.
tócco[2] *s.m.* [pl. *-chi*] **1** atto del toccare **2** (*pitt.*) modo di dipingere **3** (*mus.*) modo di suonare uno strumento **4** rintocco.
tòcco[3] *s.m.* [pl. *-chi*] grosso pezzo.
tòcco[4] *s.m.* [pl. *-chi*] berretto tondo, senza tesa, usato dai magistrati, dagli avvocati e dai professori universitari quando indossano la toga.
tòga *s.f.* **1** ampio mantello che gli antichi romani portavano sopra la tunica **2** lunga sopravveste nera indossata dai magistrati, dagli avvocati e dai professori universitari in occasioni solenni.
tògliere *v.tr.* [pres. *io tòlgo, tu tògli, egli tòglie, noi togliamo, voi togliéte, essi tòlgono*; pass.rem. *io tòlsi, tu togliésti ecc.*; congiunt.pres. *io tòlga..., noi togliamo, voi togliate, essi tòlgano*; part.pass. *tòlto*] **1** levare o portar via; rimuovere **2** privare ♦ **-rsi** *v.rifl.* andarsene, scansarsi.
toilette *s.f.invar.* (*fr.*) stanza con servizi igienici.
tolleràbile *agg.* che si può tollerare.
tollerànte *agg.* che dimostra tolleranza.
tollerànza *s.f.* **1** capacità di sopportare **2** l'avere indulgenza per gli errori e i difetti altrui.
tolleràre *v.tr.* [*io tòllero ecc.*] avere tolleranza, sopportare | dimostrare tolleranza.
tómba *s.f.* luogo di sepoltura | *silenzio di* —, (*fig.*) assoluto.
tombino *s.m.* **1** elemento di chiusura di un pozzetto fognario **2** nelle costruzioni stradali, pozzetto per il deflusso dell'acqua.
tómbola *s.f.* gioco basato sull'estrazione a sorte di numeri tra l'1 e il 90.
tòmo *s.m.* **1** ciascuna delle parti in cui si presenta fisicamente suddivisa un'opera a stampa **2** volume, libro.
tomografìa *s.f.* (*med.*) stratigrafia | — *assiale computerizzata*, tecnica radiologica

per cui un organo viene esplorato da un sottilissimo fascio di raggi X e le informazioni ottenute vengono poi elaborate in immagini da un computer; tac.
tònaca *s.f.* veste con maniche larghe, indossata da preti, frati e monache.
tonalità *s.f.* **1** (*mus.*) il sistema di ordinamento e di relazioni reciproche fra le note **2** tono di colore.
tonànte *agg.* che tuona, risonante.
tóndo *agg.* rotondo | *cifra tonda*, senza decimali; arrotondata | *carattere* —, (*tip.*) diritto, contrapposto al corsivo ♦ *s.m.* circolo.
toner *s.m.invar.* (*ingl.*) (*tecn.*) polvere cerosa usata come inchiostro nelle fotocopiatrici.
tónfo *s.m.* rumore sordo e cupo prodotto da un corpo che cade pesantemente.
tònico *agg.* [pl.m. *-ci*] (*ling.*) si dice di sillaba o vocale su cui cade l'accento | *accento* —, quello che determina l'intonazione di una parola ♦ *s.m.* **1** liquore, farmaco capace di stimolare l'attività organica, specie la digestione **2** prodotto cosmetico per tonificare la pelle.
tonificànte *agg.* che tonifica ♦ *s.m.* tonico.
tonificàre *v.tr.* [*io tonìfico, tu tonìfichi ecc.*] dare tono.
tonnàra *s.f.* impianto fisso per la pesca dei tonni.
tonnellàggio *s.m.* (*mar.*) volume in tonnellate di stazza di una nave mercantile | peso in tonnellate di una nave militare.
tonnellàta *s.f.* misura di peso pari a mille chilogrammi; ha simbolo *t.*
tónno *s.m.* **1** grosso pesce commestibile di mare **2** le sue carni come cibo.
tòno *s.m.* **1** grado di elevazione di un suono **2** (*estens.*) espressione, intonazione di una voce **3** (*fig.*) tenore, stile **4** (*med.*) condizione di benessere.
tonsìlla *s.f.* (*anat.*) ciascuna delle due piccole masse di tessuto linfatico poste in fondo alla bocca.
tonsillìte *s.f.* (*med.*) infiammazione acuta o cronica delle tonsille.
tónto *agg.* e *s.m.* [f. *-a*] (*fam.*) stupido.
topàia *s.f.* **1** tana di topi **2** (*fig.*) luogo piccolo, sudicio e squallido.
topàzio *s.m.* minerale in cristalli; le varietà gialle e azzurre sono usate come gemme.
tòpo *s.m.* piccolo mammifero roditore con pelo corto e folto, generalmente grigio | — *d'albergo*, (*fig.*) ladro che ruba negli alberghi | — *di biblioteca*, (*fig.*) chi passa tutto il giorno nelle biblioteche | usato anche come *agg.invar.*: *grigio* —.
topografìa *s.f.* **1** disciplina che studia i sistemi necessari alla rappresentazione in scala di una zona di terreno; la rappresentazione realizzata **2** (*estens.*) configurazione di una città, in rapporto alla distribuzione di strade, piazze, edifici.
topologìa *s.f.* **1** (*geog.*) studio delle caratteristiche del suolo e del paesaggio **2** (*mat.*) studio di certe proprietà geometriche delle figure piane e solide.
topònimo *s.m.* nome proprio di luogo.
toponomàstica *s.f.* **1** ramo dell'onomastica che studia i nomi di luogo **2** il complesso dei nomi di luogo.
tòppa *s.f.* **1** pezzo di tessuto o cuoio con cui si ripara un buco negli abiti **2** (*fig.*) rimedio **3** buco della serratura.
top secret *loc.agg.invar.* (*ingl.*) segretissimo, riservatissimo.
toràce *s.m.* (*anat.*) la parte superiore del tronco compresa tra il diaframma e la radice del collo.
tórba *s.f.* carbon fossile di età recente, primo stadio di carbonizzazione dei resti vegetali.
tórbido *agg.* **1** si dice di liquido che contiene delle impurità e perciò è privo di trasparenza **2** (*fig.*) impuro ♦ *s.m.* situazione poco chiara, poco onesta.
tòrcere *v.tr.* [pres. *io tòrco, tu tòrci ecc.*; pass.rem. *io tòrsi, tu torcésti ecc.*; part.pass. *tòrto*] avvolgere qlco. intorno a sé stessa | *dare filo da* —, (*fig.*) ostacolare ♦ **-rsi** *v.rifl.* contorcersi ♦ *v.intr.pron.* incurvarsi.
torchiàre *v.tr.* [*io tòrchio ecc.*] **1** spremere con il torchio **2** (*fig. fam.*) sottoporre a un interrogatorio lungo e approfondito.
tòrchio *s.m.* macchina capace di comprimere progressivamente materiali posti fra due piani paralleli: — *per l'uva* | *essere sotto* —, (*fig.*) si dice di chi viene sottoposto a un interrogatorio pressante.
tòrcia *s.f.* [pl. *-ce*] fiaccola formata da stoppa e corde imbevute di materiale infiammabile | — *elettrica*, lampada.
torcicòllo *s.m.* [pl. *-li*] (*med.*) posizione viziata del collo dovuta a contrazioni dei muscoli | il dolore che ne è l'effetto.
torcitùra *s.f.* (*ind.tess.*) operazione che serve a conferire resistenza al filato mediante torsione delle fibre.
tórdo *s.m.* (*zool.*) uccello di media grandezza, commestibile.
torèro *s.m.* chi combatte contro il toro nella corrida.
tòrio *s.m.* elemento chimico di simbolo *Th*; è un metallo radioattivo naturale, usato come catalizzatore e nei tubi a raggi X.
torménta *s.f.* bufera di neve e vento caratteristica della montagna.
tormentàre *v.tr.* [*io torménto ecc.*] **1** tortu-

rare **2** (*estens.*) affliggere; molestare ♦ **-rsi** *v.rifl.* affliggersi.
torménto *s.m.* dolore fisico violento | dolore morale; strazio | (*iperb.*) molestia, fastidio.
tornacónto *s.m.* profitto, utile personale.
tornàdo *s.m.invar.* tromba d'aria a carattere distruttivo, tipica delle regioni equatoriali e tropicali americane.
tornànte *agg.* che torna indietro ♦ *s.m.* curva a 180 gradi di una strada.
tornàre *v.intr.* [*io tórno ecc.*; aus. *essere*] **1** riportarsi nel luogo da cui si è partiti **2** andare, venire di nuovo **3** ripresentarsi **4** (*fig.*) essere, riuscire; venire.
tornasóle *s.m.invar.* (*chim.*) sostanza colorante di origine vegetale usata come indicatore nelle analisi chimiche, perché si colora in rosso in ambiente acido e in azzurro in ambiente alcalino.
tornàta *s.f.* adunanza | — *elettorale*, ogni singolo turno elettorale.
tornèo *s.m.* **1** sercizio militare, con duelli di uomini e cavalieri **2** in alcuni sport e giochi, serie di gare coordinate.
tórnio *s.m.* macchina utensile caratterizzata dal moto rotatorio del pezzo da lavorare e dal moto di avanzamento lineare dell'utensile, usata per produrre superfici cilindriche o coniche.
tornìre *v.tr.* [*io tornisco, tu tornisci ecc.*] **1** lavorare al tornio **2** (*fig.*) rifinire.
tornìto *agg.* si dice di parte del corpo dalle forme tonde e armoniose.
tornitóre *s.m.* [f. *-trice*] chi lavora al tornio.
tòro *s.m.* **1** il maschio dei bovini destinato alla riproduzione **2** *Toro*, (*astr.*) costellazione e segno dello zodiaco **3** nel gergo della borsa, tendenza al rialzo.
torpèdine *s.f.* pesce cartilagineo dei fondi marini, con corpo a forma di disco; emette scariche elettriche.
torpedinièra *s.f.* piccola e veloce nave da guerra.
torpóre *s.m.* **1** diminuzione della sensibilità del corpo **2** (*fig.*) mancanza di vitalità.
tórre *s.f.* costruzione a pianta circolare o poligonale, sviluppata maggiormente in altezza, annessa a un edificio o isolata come luogo di osservazione e di vigilanza.
torrefazióne *s.f.* procedimento con cui una sostanza viene sottoposta a secco a un'elevata temperatura; tostatura: — *del caffè*.
torrènte *s.m.* corso d'acqua con forte pendenza soggetto a magre e a piene molto accentuate.
torrenziàle *agg.* fluente e impetuoso come l'acqua di un torrente.
tòrrido *agg.* che è molto caldo | *zona torrida*, (*geog.*) la parte della Terra compresa tra i due tropici.
torrióne *s.m.* torre non molto alta e di solida costruzione.
torróne *s.m.* dolce a base di zucchero, miele, mandorle, pistacchi tostati.
torsióne *s.f.* **1** il torcere, il torcersi **2** in ginnastica, rotazione del corpo o di una parte di esso intorno al suo asse.
tórso *s.m.* parte del corpo umano compresa fra il collo e il bacino; busto.
tórta *s.f.* vivanda, dolce o salata, cotta al forno in uno stampo.
tortellìno *s.m.* (spec. *pl.*) piccolo involucro di pasta all'uovo ripieno di carne, formaggio o altro.
tortièra *s.f.* stampo per cuocere al forno le torte.
torto *s.m.* **1** ciò che è contrario al diritto, al giusto **2** stato, condizione contrari al diritto, al giusto.
tórtora *s.f.* uccello simile al piccione, ma più piccolo e snello, col piumaggio color nocciola chiaro.
tortuóso *agg.* **1** che procede a curve **2** (*fig.*) complicato; ambiguo □ **-mente** *avv.*
tortùra *s.f.* **1** supplizio fisico o morale praticato su qlcu. per estorcergli una confessione, per ottenere qlco. o per pura crudeltà; sevizia **2** (*iperb.*) sofferenza.
torturàre *v.tr.* **1** sottoporre a torture **2** (*fig.*) tormentare ♦ **-rsi** *v.rifl.* affliggersi, tormentarsi.
tórvo *agg.* bieco, minaccioso □ **-mente** *avv.*
tosàre *v.tr.* [*io tóso ecc.*] tagliare la lana alle pecore, il pelo ai cani ecc.
tosatùra *s.f.* il tosare, l'essere tosato.
tósse *s.f.* atto, volontario o riflesso, di emettere aria in modo brusco e rumoroso dalle vie respiratorie.
tossicità *s.f.* l'essere tossico.
tòssico *agg.* [pl.m. *-ci*] velenoso.
tossicodipendènte *agg.* e *s.m.* e *f.* che/chi è in condizione di tossicodipendenza.
tossicodipendènza *s.f.* dipendenza dall'uso di sostanze stupefacenti.
tossicologìa *s.f.* branca della farmacologia che studia la natura e gli effetti delle sostanze velenose e dei loro antidoti.
tossicòmane *agg.* e *s.m.* e *f.* che/chi è affetto da tossicomania.
tossicomanìa *s.f.* uso abituale di sostanze stupefacenti che comporta intossicazione.
tossìna *s.f.* (*biol.*) sostanza proteica tossica di origine vegetale o animale.
tossìre *v.intr.* [*io tossisco, tu tossisci ecc.*; aus. *avere*] dare uno o più colpi di tosse.
tostapàne *s.m.invar.* apparecchio per abbrustolire fette di pane.

tostàre *v.tr.* [*io tòsto ecc.*] abbrustolire.
tosto *agg.* (*pop.*) duro, sodo | *faccia tosta*, (*fig.*) sfrontatezza, impudenza.
totàle *agg.* completo, intero, assoluto ♦ *s.m.* il risultato di un'addizione □ **-mente** *avv.*
totalitàrio *agg.* che applica i principi del totalitarismo: *regime —*.
totalitarìsmo *s.m.* regime politico in cui tutti i poteri dello stato sono concentrati nelle mani di un gruppo dominante | dottrina politica fautrice di un sistema di questo tipo.
totalizzàre *v.tr.* raggiungere un determinato totale.
totalizzatóre *s.m.* **1** nell'ippica, organizzazione che sovrintende alle scommesse **2** dispositivo che somma automaticamente quantità numeriche, indicando sempre il totale.
tòtano *s.m.* mollusco marino commestibile, simile a una piccola seppia.
tòtem *s.m.invar.* (*etnol.*) presso vari popoli primitivi, essere o oggetto di culto che è considerato lo spirito custode di un clan.
totemìsmo *s.m.* (*etnol.*) la credenza e il culto del totem.
totìp® *s.m.* concorso pubblico a premi, settimanale, abbinato ai pronostici sulle corse dei cavalli.
totocàlcio® *s.m.* concorso a premi abbinato ai pronostici sulle principali partite di calcio: *giocare, vincere al —*.
touch screen *loc.sost.m.invar.* (*inform.*) sistema sostitutivo della tastiera che consente di interagire con un computer premendo il dito sulla parte dello schermo che interessa; è usato soprattutto nei servizi d'informazione, di prenotazione e sim.
tour *s.m.invar.* (*fr.*) **1** giro turistico **2** (*sport*) il giro ciclistico di Francia.
tournée *s.f.invar.* (*fr.*) serie di spettacoli fatti da un artista o da una compagnia in giro per diverse città.
tovàglia *s.f.* drappo che si stende sulla tavola per apparecchiarla.
tovagliòlo *s.m.* piccolo drappo quadrangolare che si usa per la pulizia personale durante il pasto.
tòzzo[1] *agg.* grosso e largo; massiccio.
tòzzo[2] *s.m.* pezzo di pane.
tra- prefisso di parole composte, che vale 'di là da, oltre', oppure 'attraverso, da un punto all'altro', denota una situazione intermedia, significa 'in mezzo, tra diverse cose'.
traballàre *v.intr.* [aus. *avere*] vacillare, barcollare (anche *fig.*).
trabeazióne *s.f.* struttura architettonica orizzontale sostenuta da colonne.
trabìccolo *s.m.* (*scherz.*) congegno di costruzione o funzionamento malsicuro.
traboccàre *v.intr.* [*io trabócco, tu trabócchi ecc.*; aus. *essere* quando il soggetto è il materiale contenuto, *avere* quando il soggetto è il recipiente] uscire dai bordi di un recipiente troppo colmo (anche *fig.*) | detto di recipiente, versare il proprio contenuto.
trabocchétto *s.m.* **1** piano cedevole che si apre sotto i piedi di chi vi passa sopra facendolo precipitare **2** (*fig.*) tranello | usato anche come *agg.invar.*: *domanda —*.
tracannàre *v.tr.* bere avidamente.
tràccia *s.f.* [pl. *-ce*] **1** impronta, segno lasciato dal passaggio di qlcu. o qlco. **2** schema **3** luogo di un supporto di registrazione su cui vengono immessi i dati.
tracciàre *v.tr.* [*io tràccio ecc.*] **1** lasciare dei segni per la futura realizzazione di qlco. **2** (*estens.*) disegnare **3** (*fig.*) descrivere in modo sintetico.
tracciàto *s.m.* **1** (*edil.*) l'insieme dei segni sul terreno che delimitano il percorso di una strada, il perimetro di un edificio da costruire ecc. **2** diagramma **3** (*sport*) percorso di una corsa.
trachèa *s.f.* (*anat.*) organo dell'apparato respiratorio a forma di tubo, compreso fra la laringe e i bronchi.
tracheìte *s.f.* (*med.*) infiammazione della trachea.
tracheotomìa *s.f.* (*med.*) operazione chirurgica che consiste nell'apertura della trachea.
tracòlla *s.f.* striscia di cuoio o di tessuto che, poggiando su una spalla sostiene borse, armi o altri oggetti.
tracòllo *s.m.* rovina, crollo.
tracotànte *agg.* e *s.m.* e *f.* che/chi manifesta prepotenza e presunzione.
tradiménto *s.m.* il tradire, l'essere tradito | *alto —*, (*dir.*) delitto di tradimento contro lo Stato.
trading on line *loc.sost.m.invar.* (*ingl.*) (*fin.*) contravendita di titoli azionari attraverso Internet.
tradìre *v.tr.* [*io tradisco, tu tradisci ecc.*] **1** mancare a un dovere, a un obbligo morale **2** venir meno a un impegno di fedeltà o di solidarietà che si ha con qlcu. **3** (*fig.*) venir a mancare **4** manifestare involontariamente ♦ **-rsi** *v.rifl.* manifestare involontariamente il proprio essere, il proprio pensiero.
traditóre *agg.* e *s.m.* [f. *-trice*] che/chi tradisce.
tradizionàle *agg.* che è conforme alla tra-

dizione □ **-mente** *avv*. secondo la tradizione.
tradizionalìsta *agg*. e *s.m*. e *f*. [pl.m. *-sti*] che/chi segue la tradizione, i valori tradizionali.
tradizióne *s.f.* la trasmissione del patrimonio culturale delle generazioni passate; il patrimonio stesso | consuetudine, abitudine.
tradótta *s.f.* convoglio ferroviario riservato al trasporto di militari.
tradùrre *v.tr*. [pres. *io traduco, tu traduci ecc.*; pass.rem. *io tradussi, tu traducésti ecc.*; part.pass. *tradótto*] **1** il formulare in una determinata lingua un testo espresso originariamente in un'altra **2** (*burocr.*) trasferire una persona.
traduttóre *s.m.* [f. *-trice*] chi ha fatto una traduzione; chi per mestiere fa traduzioni.
traduzióne *s.f.* **1** il tradurre; il testo tradotto **2** (*burocr.*) trasferimento di persone.
trafelàto *agg*. affannato, ansante.
trafficànte *s.m*. e *f*. chi esercita traffici illeciti.
trafficàre *v.intr.* [*io tràffico, tu tràffichi ecc.*; aus. *avere*] **1** commerciare in qlco. | esercitare traffici illeciti **2** darsi da fare, affaccendarsi.
tràffico *s.m*. [pl. *-ci*] **1** il trafficare **2** movimento di mezzi di trasporto o di passeggeri o merci | movimento dei veicoli in una strada o in una città **3** (*telecom.*) volume del flusso di messaggi trasmessi.
trafiggere *v.tr*. [coniugato come *figgere*] passare da parte a parte, ferendo gravemente; trapassare.
trafila *s.f.* serie di operazioni da compiere, di difficoltà da superare per raggiungere uno scopo.
trafilàre *v.tr*. ridurre in fili o in barre mediante trafilatura.
trafilétto *s.m*. breve notizia pubblicata.
traforàre *v.tr*. [*io trafóro ecc.*] **1** forare da parte a parte **2** eseguire un lavoro di traforo.
traforàto *agg*. lavorato a fori.
trafóro *s.m*. **1** galleria scavata attraverso una montagna; tunnel **2** la tecnica di traforare secondo un determinato disegno la stoffa, il legno, l'avorio ecc.
trafugàre *v.tr*. [*io trafugo, tu trafughi ecc.*] sottrarre furtivamente.
tragèdia *s.f.* **1** opera teatrale che narra gli esiti gravi e luttuosi delle vicende e delle passioni di personaggi importanti **2** (*estens.*) avvenimento tragico **3** (*iperb.* o *scherz.*) contrarietà.
tragediògrafo *s.m*. [f. *-a*] scrittore di tragedie.
traghettàre *v.tr.* [*io traghétto ecc.*] trasportare da una sponda a un'altra con un'imbarcazione.
traghétto *s.m*. imbarcazione che serve a traghettare | usato anche come *agg.invar*.
tragicità *s.f.* l'essere tragico.
tràgico *agg*. [pl.m. *-ci*] **1** di tragedia **2** (*estens.*) luttuoso; doloroso ♦ *s.m*. **1** [f. *-a*] tragediografo **2** ciò che è tragico □ **-mente** *avv*.
tragicòmico *agg*. [pl.m. *-ci*] che ha insieme aspetti comici e tragici.
tragìtto *s.m*. percorso, in relazione a un luogo di partenza e uno d'arrivo.
traguàrdo *s.m*. **1** (*sport*) punto di arrivo di una gara di corsa **2** (*estens.*) meta.
traiettòria *s.f.* linea descritta nello spazio da un punto o da un corpo mobile.
trainànte *agg.* **1** che traina **2** (*fig.*) che dà un impulso positivo.
trainàre *v.tr*. [*io tràino ecc.*] tirare un carico; rimorchiare.
training *s.m.invar*. (*ingl.*) **1** tirocinio, addestramento **2** — *autogeno*, (*psicol.*) tecnica psicoterapeutica che mira a far raggiungere uno stato di rilassatezza.
tràino *s.m*. **1** il trainare **2** ciò che viene trainato **3** (*fig.*) spinta, impulso.
tralasciàre *v.tr*. [*io tralàscio ecc.*] lasciare da parte | omettere.
tràlcio *s.m*. ramo verde di piante rampicanti.
tralìccio *s.m*. struttura di sostegno fatta con profilati metallici.
tram *s.m.invar*. mezzo di trasporto pubblico cittadino su rotaie.
tràma *s.f.* **1** il complesso dei fili che, intrecciati con l'ordito, formano il tessuto **2** (*fig.*) macchinazione, intrigo **3** (*fig.*) l'insieme delle vicende che costituiscono lo svolgimento di una narrazione, un'opera teatrale, un film.
tramandàre *v.tr*. trasmettere di generazione in generazione.
tramàre *v.tr*. complottare.
trambùsto *s.m*. agitazione, confusione rumorosa di cose e persone.
tramestìo *s.m*. movimento rumoroso e disordinato di cose o persone.
tramezzìno *s.m*. coppia di fette di pane a cassetta variamente farcita.
tràmite *s.m*. mezzo | *far da* —, da intermediario.
tramontàna *s.f*. vento freddo e secco che spira dal nord.
tramontàre *v.intr*. [*io tramónto ecc.*; aus. *essere*] **1** detto del Sole e degli astri, sparire sotto la linea dell'orizzonte terrestre **2** (*fig.*) declinare, finire.
tramónto *s.m*. **1** il tramontare | l'insieme

dei fenomeni atmosferici, di luce e di colore, che si verificano al tramontare del Sole **2** (*fig.*) il declinare, termine.
tramortìre *v.tr.* [*io tramortisco, tu tramortisci* ecc.] colpire qlcu. con forza facendogli perdere i sensi.
trampolièri *s.m.pl.* (*zool.*) gruppo di uccelli caratterizzati da zampe, collo e becco lunghi e sottili.
trampolìno *s.m.* pedana, piattaforma da cui, in alcuni sport (tuffi, salto con gli sci ecc.), l'atleta si lancia o prende lo slancio.
tràmpolo *s.m.* (spec. *pl.*) ciascuno dei due lunghi bastoni muniti in alto di una mensoletta su cui si appoggiano i piedi, per camminare mantenendosi a distanza dal suolo.
tramutàre *v.tr.* trasformare ♦ **-rsi** *v. intr. pron.* mutarsi, trasformarsi.
trance *s.f.invar.* (*ingl.*) stato psicofisico caratterizzato da insensibilità agli stimoli, perdita della coscienza, dissociazione psichica, nel quale cadono i medium durante le sedute spiritiche.
trància *s.f.* [pl. *-ce*] **1** (*mecc.*) macchina per tagliare barre e lamiere metalliche mediante due lame che si chiudono a forbice; cesoia **2** fetta.
tranciàre *v.tr.* [*io tràncio* ecc.] (*mecc.*) tagliare con la trancia | (*estens.*) tagliare di netto.
tràncio *s.m.* trancia, fetta.
tranèllo *s.m.* accorgimento dissimulato e insidioso per catturare o aggredire qlcu. o per ingannarlo; trappola.
trangugiàre *v.tr.* [*io trangùgio* ecc.] mangiare, inghiottire rapidamente.
trànne *prep.* eccetto, salvo | nella loc. cong. — *che*, a meno che, salvo che.
tranquillànte *s.m.* psicofarmaco che riduce gli eccessi di reattività emotiva o motoria; sedativo.
tranquillizzàre *v.tr.* rendere tranquillo; liberare da timori ♦ **-rsi** *v.intr.pron.* diventare tranquillo.
tranquìllo *agg.* che non è turbato, che è in uno stato di serenità e di quiete □ **-mente** *avv.*
transaminàsi *s.f.* **1** (*chim., biol.*) denominazione di diversi gruppi enzimatici che entrano nella sintesi degli amminoacidi **2** (*estens.*) esame che quantifica la presenza di transaminasi nel sangue.
transazióne *s.f.* **1** (*dir.*) contratto col quale le parti pongono fine a una lite **2** (*comm.*) operazione di compravendita.
transcodificazióne *s.f.* conversione o trasferimento di un messaggio da un codice o da un sistema a un altro.
transènna *s.f.* **1** (*arch.*) lastra di pietra lavorata, usata come parapetto o per recintare spazi riservati **2** barriera provvisoria.
transessuàle *agg.* e *s.m.* e *f.* si dice di persona che, dopo trattamenti medico-chirurgici, ha assunto caratteristiche anatomiche e fisiologiche dell'altro sesso.
transètto *s.m.* (*arch.*) in una chiesa a croce latina, la navata che rappresenta il braccio più corto della croce.
trànsfert *s.m.invar.* (*psicoan.*) processo per cui un desiderio o un conflitto inconscio viene trasferito su una persona diversa da quella a cui è originariamente legato.
trànsfuga *s.m.* e *f.* [pl.m. *-ghi*] chi ha abbandonato un gruppo, un'ideologia per militare nel campo avverso.
transìgere *v.tr.* [pres. *io transigo, tu transigi* ecc.; pass.rem. *io transigéi* o *transigètti, tu transigésti* ecc.; part.pass. *transatto*] (*dir.*) fare una transazione ♦ *v.intr.* [aus. *avere*] cedere, venire a patti.
transistor *s.m.invar.* (*ingl.*) dispositivo elettronico in grado di amplificare la potenza di un segnale elettrico.
transitàbile *agg.* attraverso cui si può transitare.
transitàre *v.intr.* [*io trànsito* ecc.; aus. *essere*] passare per un luogo.
transitìvo *agg.* (*gramm.*) si dice di verbo che si costruisce col complemento oggetto.
trànsito *s.m.* passaggio attraverso un luogo, una strada.
transitòrio *agg.* non durevole; provvisorio □ **-mente** *avv.*
transizióne *s.f.* passaggio da una situazione a un'altra: *epoca di* —.
transumànza *s.f.* trasferimento delle greggi verso i pascoli di montagna in estate, verso i pascoli di pianura in inverno.
transustanziazióne *s.f.* (*teol.*) la dottrina secondo la quale, all'atto della consacrazione eucaristica durante la messa, il pane e il vino diventano rispettivamente il corpo e il sangue di Cristo, pur conservando immutate le loro fattezze esterne.
trantràn *s.m.invar.* il ritmo monotono di un'attività o della vita quotidiana.
tranviàrio *agg.* che riguarda i tram.
tranvière *s.m.* chi è impiegato nei servizi tranviari.
trapanàre *v.tr.* [*io tràpano* ecc.] forare col trapano.
trapanazióne *s.f.* l'operazione e il risultato del trapanare.
tràpano *s.m.* macchina utensile, a mano o a motore, che serve per eseguire fori.
trapassàre *v.tr.* passare da parte a parte; trafiggere.

trapàsso *s.m.* **1** il trapassare; passaggio **2** (*lett.*) morte.
trapelàre *v.intr.* [*io trapélo ecc.*; aus. *essere*] **1** filtrare attraverso aperture piccolissime **2** (*fig.*) venirsi a sapere da piccoli indizi.
trapèzio *s.m.* **1** (*geom.*) quadrangolo con due lati paralleli **2** attrezzo ginnico costituito da una sbarra orizzontale appesa a due funi parallele.
trapezìsta *s.m.* e *f.* [pl.m. *-sti*] acrobata che esegue esercizi al trapezio.
trapiantàre *v.tr.* **1** (*agr.*) estrarre una pianta con tutte le radici da un terreno e collocarla in un altro **2** (*fig.*) trasferire e far attecchire **3** (*med.*) eseguire un trapianto ♦ **-rsi** *v.rifl.* trasferirsi definitivamente.
trapiànto *s.m.* **1** (*agr.*) l'operazione e il risultato del trapiantare **2** (*med.*) in chirurgia, trasporto di un tessuto da una regione all'altra dello stesso organismo; anche, innesto di un organo di un individuo in un altro.
trappìsta *s.m.* [pl. *-sti*] frate dell'ordine cistercense riformato che osserva rigorosamente la regola benedettina.
tràppola *s.f.* **1** congegno per catturare animali **2** (*fig.*) insidia, tranello **3** (*fam.*) apparecchio, macchina che funziona male.
trapùnta *s.f.* coperta imbottita e trapuntata.
tràrre *v.tr.* [pres. *io traggo, tu trai, egli trae, noi traiamo, voi traéte, essi tràggono*; fut. *io trarrò ecc.*; pass.rem. *io trassi, tu traésti ecc.*; pres.congiunt. *io tragga,... noi traiamo, voi traiate, essi tràggano*; cond. *io trarrèi ecc.*; imp. *trai, traéte*; part.pass. *tratto*; le altre forme sono dal tema *trà-* (*traévo, traèndo ecc.*)] **1** portare esercitando forza; tirare **2** tirare fuori, estrarre | emettere | liberare **3** ricavare, ottenere (anche *fig.*) ♦ **-rsi** *v.rifl.* **1** muoversi **2** liberarsi.
trasalìre *v.intr.* [*io trasalisco, tu trasalisci ecc.*; aus. *essere* o *avere*] sussultare.
trasandàto *agg.* trascurato, sciatto.
trasbordàre *v.tr.* [*io trasbórdo ecc.*] far passare da un mezzo di trasporto a un altro ♦ *v.intr.* [aus. *avere*] passare da un mezzo di trasporto a un altro.
trasbórdo *s.m.* il trasbordare.
trascendènte *agg.* si dice di ciò che supera i limiti dell'esperienza sensibile.
trascendènza *s.f.* l'essere trascendente.
trascéndere *v.tr.* [coniugato come *scendere*] superare, oltrepassare ♦ *v.intr.* [aus. *avere* e, se è espresso il compl. indiretto, anche *essere*] eccedere.
trascinàre *v.tr.* **1** tirarsi dietro qlco. facendola strisciare per terra **2** (*estens.*) condurre a forza **3** (*fig.*) avvincere ♦ **-rsi** *v.rifl.* o *intr.pron.* **1** strisciare faticosamente col corpo per terra **2** (*fig.*) protrarsi nel tempo.
trascòrrere *v.tr.* [coniugato come *correre*] passare il tempo ♦ *v.intr.* [aus. *essere*] passare (detto del tempo).
trascórso *s.m.* esperienza passata, a volte negativa.
trascrìvere *v.tr.* [coniugato come *scrivere*] **1** effettuare una trascrizione **2** (*inform.*) copiare da un supporto di registrazione a un altro.
trascrizióne *s.f.* **1** il copiare un testo; la copia ottenuta **2** (*dir.*) annotazione, nei pubblici registri, di atti ufficiali per assicurarne la pubblicità **3** (*mus.*) adattamento di un brano musicale.
trascuràbile *agg.* irrilevante.
trascuràre *v.tr.* **1** non curare a sufficienza **2** tralasciare ♦ **-rsi** *v.rifl.* non avere sufficiente cura di sé.
trascuratézza *s.f.* abitudine a trascurare; azione da persona trascurata.
trascuràto *agg.* **1** non curato **2** che opera con poca cura e attenzione ♦ *s.m.* [f. *-a*].
trasecolàre *v.intr.* [*io trasècolo ecc.*; aus. *essere* o *avere*] rimanere stupefatto.
trasferiménto *s.m.* il trasferire, il trasferirsi, l'essere trasferito.
trasferìre *v.tr.* [*io trasferisco, tu trasferisci ecc.*] spostare da un luogo a un altro ♦ **-rsi** *v.rifl.* e *intr.pron.* cambiare domicilio, sede, ubicazione.
trasfèrta *s.f.* temporanea permanenza fuori sede per motivi di lavoro | compenso spettante a titolo di rimborso a chi si è recato fuori sede per lavoro.
trasfiguràre *v.tr.* far cambiare aspetto ♦ **-rsi** *v.intr.pron.* mutare aspetto.
trasformàre *v.tr.* [*io trasfórmo ecc.*] far mutare forma, aspetto a qlco. o a qlcu. | mutare l'animo, l'indole di qlcu. ♦ **-rsi** *v.intr. pron.* cambiar forma, aspetto.
trasformatóre *s.m.* (*elettr.*) apparecchio atto a modificare la tensione e l'intensità di una corrente alternata.
trasformazióne *s.f.* cambiamento.
trasformìsmo *s.m.* metodo politico che consiste nello stabilire alleanze con partiti di ispirazione diversa dal proprio, pur di continuare a detenere il potere.
trasfusióne *s.f.* (*med.*) immissione di sangue altrui nella circolazione sanguigna di un individuo.
trasgredìre *v.tr.* e *intr.* [*io trasgredisco, tu trasgredisci ecc.*; aus. dell'intr. *avere*] non obbedire, contravvenire.
trasgressióne *s.f.* il trasgredire.
trasgressóre *s.m.* [f. *trasgreditrice*] chi trasgredisce.

traslàto *agg.* metaforico, figurato ♦ *s.m.* significato figurato di una parola.
traslazióne *s.f.* **1** il trasferire da un luogo in un altro **2** *moto di* —, (*fis.*) spostamento nello spazio di un corpo rigido.
traslocàre *v.tr.* [*io traslòco, tu traslòchi ecc.*] trasferire in altra sede ♦ *v.intr.* [aus. *avere*] cambiare sede; trasferirsi.
traslòco *s.m.* [pl. *-chi*] il traslocare.
traslùcido *agg.* (*fis.*) si dice di corpo dotato di una particolare trasparenza, che consente di percepire la forma di un oggetto ma non di distinguerne i contorni.
trasméttere *v.tr.* [coniugato come *méttere*] **1** far passare ad altri o ad altro **2** inoltrare, far pervenire **3** diffondere per mezzo di un sistema di comunicazione ♦ **-rsi** *v. intr.pron.* diffondersi.
trasmettitóre *agg.* e *s.m.* (*telecom.*) detto di dispositivo che trasmette segnali a distanza.
trasmissióne *s.f.* **1** il trasmettere, il trasmettersi **2** (*fis.*) propagazione di energia **3** (*estens.*) programma radiofonico o televisivo **4** (*mecc.*) complesso delle operazioni e degli organi che servono a trasmettere il moto da un albero a un altro.
trasmittènte *agg.* e *s.f.* (*telecom.*) si dice di dispositivo o stazione che trasmette segnali ad apparecchi riceventi.
trasognàto *agg.* stordito, distratto.
trasparènte *agg.* **1** si dice di corpo che si lascia attraversare da una radiazione, in particolare dalla luce, permettendo così di individuare in maniera più o meno nitida gli oggetti che stanno di là da esso **2** (*fig.*) che è così come appare; schietto.
trasparènza *s.f.* l'essere trasparente (an che *fig.*).
trasparìre *v.intr.* [coniugato come *apparire*; aus. *essere*] **1** apparire attraverso un corpo diafano, traforato o molto rado **2** (*fig.*) manifestarsi attraverso indizi, segni esteriori.
traspiràre *v.intr.* [aus. *essere*] uscire in forma di vapore, di odore ♦ *v.tr.* sudare.
traspirazióne *s.f.* il traspirare.
traspórre *v.tr.* [coniugato come *porre*] mutare l'ordine di qlco.
trasportàre *v.tr.* [*io traspòrto ecc.*] **1** portare da un luogo a un altro | trascinare **2** (*fig.*) affascinare, avvincere.
traspòrto *s.m.* **1** il trasportare, l'essere trasportato **2** (*fig.*) entusiasmo, passione.
trasposizióne *s.f.* il trasporre; ciò che è stato trasposto.
trasudàre *v.intr.* [aus. *essere*] filtrare, uscire a gocce, detto di liquido ♦ *v.tr.* lasciar filtrare | (*fig.*) lasciar trapelare.
trasversàle *agg.* **1** che attraversa: *strada* — **2** (*geom.*) che non è né parallelo né perpendicolare **3** (*fig.*) indiretto ♦ *s.f.* (*geom.*) retta trasversale □ **-mente** *avv.*
trasvolàta *s.f.* attraversamento in volo di una distesa d'acqua o di un territorio impervio.
tràtta *s.f.* **1** tratto di linea ferroviaria **2** compravendita di persone ridotte in schiavitù **3** (*comm.*) tipo di cambiale che contiene l'ordine di pagare a una data persona una determinata somma, alla scadenza indicata.
trattàbile *agg.* **1** che si può trattare **2** (*fig.*) con cui si può trattare; affabile.
trattaménto *s.m.* **1** il trattare, l'essere trattato **2** modo di trattare **3** (*med.*) terapia.
trattàre *v.tr.* e *intr.* [aus. dell'intr. *avere*] **1** parlare o scrivere su un argomento **2** discutere per venire a un accordo; venire a patti (anche *assol.*) **3** essere in relazione ♦ *v.tr.* **1** comportarsi in un determinato modo nei riguardi di qlcu. **2** lavorare un materiale, sottoporlo a un determinato processo ♦ **-rsi** *v.rifl.* curarsi, governarsi.
trattatìva *s.f.* negoziato.
trattàto *s.m.* **1** opera di considerevole estensione che si occupa metodicamente di una disciplina **2** accordo internazionale tra due o più stati.
trattazióne *s.f.* il trattare un argomento; il modo di trattarlo.
tratteggiàre *v.tr.* [*io trattéggio ecc.*] **1** disegnare con la tecnica del tratteggio | (*estens.*) disegnare, abbozzare a grandi linee **2** (*fig.*) descrivere sommariamente ma con efficacia ed evidenza.
tratteggiàto *agg.* **1** tracciato con piccoli tratti **2** disegnato col tratteggio.
trattenére *v.tr.* [coniugato come *tenere*] **1** far rimanere **2** tenere, conservare qlco. per sé o presso di sé **3** tenere a freno; contenere ♦ **-rsi** *v. rifl.* **1** rimanere, indugiare; fermarsi **2** frenarsi.
tratteniménto *s.m.* l'insieme dei divertimenti con cui si intrattengono degli ospiti.
trattenùta *s.f.* la parte dedotta da una somma di denaro in pagamento e non erogata al beneficiario; ritenuta.
trattìno *s.m.* lineetta orizzontale.
tràtto *s.m.* **1** linea, segno brevi e decisi **2** (spec. *pl.*) lineamenti | (*fig.*) elementi essenziali caratteristici **3** parte di un tutto; porzione | *a un* —, *d'un* —, *tutt'a un* —, all'improvviso.
trattóre *s.m.* automezzo cingolato o con pneumatici speciali, dotato di un motore potente.
trattorìa *s.f.* locale pubblico dove si consumano pasti a pagamento.

tràuma *s.m.* [pl. *-mi*] **1** (*med.*) lesione determinata dall'azione violenta di agenti esterni **2** (*fig.*) sconvolgimento.
traumàtico *agg.* [pl.m. *-ci*] provocato da trauma | (*fig.*) che costituisce un trauma □ **-mente** *avv.*
traumatizzànte *agg.* che traumatizza.
traumatizzàre *v.tr.* **1** provocare un trauma **2** (*fig.*) sconvolgere.
traumatologìa *s.f.* branca della medicina che studia gli effetti dei traumi e i mezzi per curarli.
travagliàre *v.tr.* [*io travàglio ecc.*] (*lett.*) tormentare.
travagliàto *agg.* tormentato, agitato.
travàglio *s.m.* (*med.*) prima fase del parto, caratterizzata da contrazioni uterine.
travasàre *v.tr.* versare un liquido da un recipiente in un altro.
travàso *s.m.* il travasare, l'essere travasato.
tràve *s.f.* elemento delle costruzioni, costituito da un tronco d'albero squadrato o da analoghe strutture d'acciaio o di cemento armato.
travèrsa *s.f.* **1** barra posta di traverso per sostegno o rinforzo **2** via trasversale **3** striscia di tela o d'incerata che si pone di traverso nel letto a fini igienici **4** nel calcio, la sbarra superiore della porta.
traversàre *v.tr.* [*io travèrso ecc.*] (*non com.*) attraversare.
traversàta *s.f.* **1** attraversamento di un tratto di mare o un altro specchio d'acqua tra due coste opposte, oppure il sorvolo di un territorio impervio di notevole estensione **2** in alpinismo, percorso orizzontale lungo un tratto di parete che non si può superare in arrampicata.
traversìa *s.f. pl.* (*fig.*) avversità, disgrazie.
traversìna *s.f.* ciascuna delle travi sulle quali sono fissate le rotaie.
travèrso *agg.* che è messo o che va da parte a parte, da un lato all'altro; trasversale ♦ *s.m.* (*mar.*) in una nave, la direzione perpendicolare a quella della linea di chiglia | *di* (o *per* —), trasversalmente | *guardare qlcu. di* —, (*fig.*) con malevolenza.
traversóne *s.m.* (*sport*) nel calcio, lancio del pallone da un punto laterale del campo verso la parte centrale.
travertìno *s.m.* (*geol.*) roccia calcarea porosa, giallastra.
travestiménto *s.m.* **1** il travestire, il travestirsi **2** (*fig.*) mutamento dell'aspetto.
travestìre *v.tr.* [*io travèsto ecc.*] vestire qlcu. con abiti diversi da quelli che abitualmente indossa allo scopo di renderlo irriconoscibile ♦ **-rsi** *v.rifl.* vestirsi con abiti diversi da quelli che si indossano abitualmente per rendersi irriconoscibile.
travestìto *agg.* e *s.m.* [f. *-a*] si dice di chi indossa abiti e assume atteggiamenti dell'altro sesso.
traviàre *v.tr.* [*io travìo ecc.*] sviare, corrompere ♦ *v.intr.* [aus. *avere*] allontanarsi dalla retta via ♦ **-rsi** *v.intr.pron.* deviare dalla retta via; diventare corrotto.
traviàto *agg.* corrotto.
travisàre *v.tr.* alterare il significato di qlco.
travolgènte *agg.* (*fig.*) che trascina; affascinante, irresistibile.
travòlgere *v.tr.* [coniugato come *vòlgere*] abbattere, trascinare via con furia (anche *fig.*).
trazióne *s.f.* **1** forza necessaria per muovere e mantenere in moto un veicolo **2** (*med.*) terapia ortopedica che consiste nell'applicare una forza traente su ossa e articolazioni.
tre *agg.num.card.* numero naturale corrispondente a due unità più una.
trebbiàre *v.tr.* [*io trébbio ecc.*] battere il grano e altri cereali con bastoni o apposite macchine, per liberare i chicchi dall'involucro, dagli steli e dalle spighe.
trebbiatrìce *s.f.* macchina agricola per trebbiare.
trebbiatùra *s.f.* il trebbiare; tempo in cui si trebbia.
tréccia *s.f.* [pl. *-ce*] **1** gruppo di tre ciocche di capelli lunghi intrecciate, come acconciatura femminile **2** (*estens.*) intreccio di fili, nastri ecc.
trecènto *agg.num.card.invar.* numero naturale corrispondente a tre volte cento unità ♦ *s.m. il Trecento*, il sec. XIV.
trédici *agg.num.card.invar.* numero naturale corrispondente a dieci unità più tre.
trégua *s.f.* **1** sospensione temporanea delle attività belliche | (*estens.*) sospensione temporanea di un'attività conflittuale: — *politica*, *sindacale* **2** (*fig.*) interruzione momentanea; sosta.
trekking *s.m.invar.* (*ingl.*) spedizione escursionistica di più giorni, per lo più in zone montagnose.
tremàre *v.intr.* [*io trèmo ecc.*; aus. *avere*] **1** essere scosso da contrazioni muscolari (per freddo, paura, malattia ecc.) **2** (*fig.*) avere paura; essere in ansia **3** detto di cosa, oscillare **4** (*fig.*) di suono, di luce, vibrare; non essere ben fermo: *voce che trema per l'emozione.*
tremarèlla *s.f.* (*fam.*) stato di profonda agitazione dovuto a paura.
tremèndo *agg.* spaventoso | intensissimo; *fame, sete tremenda*, grandissima □ **-mente** *avv.*

trementìna *s.f.* resina che cola dalle incisioni praticate nella corteccia di alcune varietà di pino, abete e larice, usata in medicina per le sue proprietà balsamiche.
trèmito *s.m.* brivido o tremore di una persona; tremolio, vibrazione di una cosa.
tremolàre *v.intr.* [*io trèmolo ecc.*; aus. *avere*] tremare leggermente e di frequente.
tremóre *s.m.* il tremare di una persona | (*fig.*) senso di intima trepidazione, di agitazione o paura.
trend *s.m.invar.* (*ingl.*) (*stat.*) tendenza di un fenomeno a modificarsi o a mantenersi costante nel tempo.
trendy *agg.invar.* che segue la tendenza del momento, alla moda: *un vestito —.*
trèno *s.m.* **1** convoglio di vagoni trainati da una motrice su una strada ferrata **2** (*fig.*) successione, serie.
trénta *agg.num.card.invar.* numero naturale corrispondente a tre decine.
trepidànte *agg.* che è pieno di ansia e timore.
trepidàre *v.intr.* [*io trèpido ecc.*; aus. *avere*] provare ansia e timore.
trepidazióne *s.f.* il trepidare; ansia, pena.
treppiède o **treppiedi** *s.m.* sostegno che poggia su tre piedi.
trequàrti *s.m.* soprabito che arriva sotto al ginocchio.
tréspolo *s.m.* supporto che poggia su tre piedi.
tri- primo elemento di parole composte che significa 'di tre, formato di tre'.
trìade *s.f.* complesso di tre elementi che costituiscono un insieme unitario.
triangolàre *agg.* che ha forma di triangolo.
triàngolo *s.m.* **1** (*geom.*) poligono avente tre lati e tre angoli **2** qualunque oggetto, elemento o disegno a forma di triangolo **3** (*mus.*) strumento a percussione dal suono molto acuto, costituito da una sbarra di metallo piegata a triangolo.
tribàle *agg.* di tribù; formato da tribù.
tribolàre *v.intr.* [*io tribolo ecc.*; aus. *avere*] essere travagliato, penare.
tribolazióne *s.f.* il tribolare.
tribù *s.f.* **1** (*etnol.*) raggruppamento sociale omogeneo per lingua, cultura e ordinamenti, guidato da un unico capo **2** (*fig.*) famiglia molto numerosa.
tribùna *s.f.* **1** posto elevato dal quale gli oratori parlano al pubblico **2** palco riservato a determinate categorie di persone **3** nei campi sportivi, costruzione a gradinata per gli spettatori.
tribunàle *s.m.* **1** l'edificio in cui hanno sede gli uffici giudiziari **2** organo giudicante composto da tre magistrati.
tribùno *s.m.* **1** in Roma antica, titolo di vari magistrati **2** (*spreg.*) politicante che sfrutta le proprie capacità oratorie a fini demagogici.
tributàrio *agg.* che concerne i tributi.
tributo *s.m.* **1** (*dir.*) prestazione in denaro dovuta obbligatoriamente dal contribuente allo stato **2** (*fig.*) offerta di qlco. fatta per assolvere a un dovere morale.
triceràtopo *s.m.* dinosauro del cretaceo di grandi dimensioni, caratterizzato da testa munita di tre corna.
trichèco *s.m.* [pl. *-chi*] mammifero simile a una foca ma di maggiori dimensioni, con denti canini sporgenti come zanne.
tricìclo *s.m.* veicolo a tre ruote.
tricologìa *s.f.* [pl. *-e*] branca della medicina che studia la struttura, le funzioni e le malattie dei peli e dei capelli.
tricolóre *agg.* che ha tre colori ♦ *s.m.* la bandiera italiana.
tridènte *s.m.* forcone con tre denti.
tridimensionàle *agg.* a tre dimensioni.
triennàle *agg.* **1** che dura tre anni **2** che avviene, si fa ogni tre anni ♦ *s.f.* manifestazione che si organizza ogni tre anni.
triènnio *s.m.* periodo di tempo di tre anni.
trifòglio *s.m.* pianta erbacea con foglie composte di tre o, assai raramente, quattro foglioline.
trigèmino *agg.* si dice di parto con tre nati ♦ *agg.* e *s.m.* (*anat.*) si dice del quinto paio dei nervi cranici, suddiviso in tre rami.
triglìceride *s.m.* (*chim.*) grasso neutro presente nel sangue umano.
trigonometrìa *s.f.* parte della matematica che, utilizzando le relazioni intercorrenti fra i lati e gli angoli di un triangolo, si propone di calcolare i valori di tutti gli elementi di un triangolo quando ne siano noti tre, fra cui almeno un lato.
trillàre *v.intr.* [aus. *avere*] emettere trilli.
trìllo *s.m.* **1** (*mus.*) rapido alternarsi di una nota con un'altra superiore di un tono o di un semitono **2** (*estens.*) ogni suono che assomigli al trillo musicale.
trilogìa *s.f.* nella Grecia antica, insieme di tre tragedie su uno stesso soggetto | (*estens.*) complesso di tre opere letterarie o cinematografiche connesse per tematica.
trimestràle *agg.* **1** che dura tre mesi **2** che avviene o si fa ogni tre mesi □ **-mente** *avv.* ogni tre mesi.
trimèstre *s.m.* periodo di tempo di tre mesi.
trincèa *s.f.* (*mil.*) opera di fortificazione consistente in un fosso scavato nel terreno e difeso da un parapetto.

trinceràre *v.tr.* [io trincèro ecc.] munire di trincee ♦ **-rsi** *v.intr.pron.* **1** ripararsi in una trincea **2** (*fig.*) farsi scudo di qlco.
trinchétto *s.m.* (*mar.*) in un veliero con tre o più alberi, il primo albero dalla prora | il pennone più basso di tale albero | la vela inferiore e più ampia di tale albero.
trinciàre *v.tr.* [io trìncio ecc.] tagliare in piccoli pezzi o a strisce sottili | — *giudizi*, (*fig.*) giudicare avventatamente e con presunzione ♦ **-rsi** *v.intr.pron.* tagliarsi minutamente.
Trinità *s.f.* (*teol.*) nel cristianesimo, unità in tre persone distinte (il Padre, il Figlio e lo Spirito Santo) di Dio.
trìo *s.m.* **1** (*mus.*) composizione da camera per tre esecutori | complesso cameristico di tre esecutori **2** (*estens.*) gruppo di tre persone che svolgono insieme una determinata attività.
trionfàle *agg.* **1** di trionfo **2** (*estens.*) degno di un trionfatore; splendido, grandioso □ **-mente** *avv.*
trionfànte *agg.* **1** che trionfa **2** (*estens.*) esultante per un successo ottenuto.
trionfàre *v.intr.* [io trionfo ecc.; aus. avere] riportare una grande vittoria, una clamorosa affermazione (anche *fig.*).
triónfo *s.m.* **1** in Roma antica, il massimo onore concesso a un generale vittorioso **2** (*estens.*) vittoria gloriosa, successo strepitoso (anche *fig.*).
tripartìtico *agg.* [pl.m. -ci] costituito da tre partiti.
tripartìto[1] *agg.* diviso in tre | *patto* —, sottoscritto da tre parti.
tripartìto[2] *agg.* e *s.m.* si dice di governo formato da tre partiti.
triplétta *s.f.* **1** fucile da caccia a tre canne **2** nel calcio, insieme di tre goal segnati da uno stesso giocatore durante una partita.
triplicàre *v.tr.* [io trìplico, tu trìplichi ecc.] moltiplicare per tre ♦ **-rsi** *v.intr.pron.* accrescersi di tre volte.
trìplice *agg.* **1** che si compone di tre parti **2** che avviene fra tre parti.
trìplo *agg.* **1** tre volte maggiore **2** triplice | ripetuto tre volte di seguito ♦ *s.m.* quantità tre volte maggiore.
tripolàre *agg.* (*elettr.*) che ha tre poli.
trìppa *s.f.* **1** stomaco di bovino macellato che, tagliato in strisce sottili e cucinato in vari modi, costituisce una vivanda tradizionale italiana **2** (*fam. scherz.*) pancia.
tripudiàre *v.intr.* [io tripùdio ecc.; aus. avere] esprimere in modo festoso ed esultante la propria gioia.
tripùdio *s.m.* **1** il tripudiare **2** (*fig.*) aspetto festoso e gioioso.
trirégno *s.m.* (*eccl.*) alto copricapo rigido che il papa portava in funzioni solenni.
tris *s.m.* in alcuni giochi di carte, combinazione di tre carte dello stesso valore.
trisàvolo *s.m.* [f. -a] padre del bisnonno | (*estens.*) antenato.
trìste *agg.* **1** che è pervaso da un sentimento di dolore o di malinconia **2** che causa, ispira dolore o malinconia □ **-mente** *avv.*
tristézza *s.f.* **1** stato d'animo di chi è triste **2** cosa, evento triste.
tritàre *v.tr.* ridurre in frammenti minuti.
tritatùtto *s.m.invar.* apparecchio per tritare alimenti vari.
trìto *agg.* **1** tritato **2** (*fig.*) logoro, abusato.
tritòlo *s.m.* potente esplosivo.
tritóne *s.m.* **1** nella mitologia greca, divinità marina metà uomo e metà pesce **2** (*zool.*) genere di anfibi diffusi nelle acque dolci europee e asiatiche, di piccole dimensioni, con coda compressa.
trìttico *s.m.* [pl. -ci] **1** (*pitt.*) polittico composto da tre tavole **2** opera letteraria divisa in tre parti autonome.
trituràre *v.tr.* tritare minutamente.
triunviràto o **triumvirato** *s.m.* **1** nell'antica Roma, collegio di tre magistrati **2** in epoca moderna, organo di governo costituito da tre membri.
trivèlla *s.f.* (*tecn.*) **1** perforatrice leggera per roccia **2** trapano a mano.
trivellàre *v.tr.* [io trivèllo ecc.] perforare con la trivella.
trivellazióne *s.f.* operazione con cui si trivellano terreni.
triviàle *agg.* scurrile, volgare □ **-mente** *avv.*
trivialità *s.f.* **1** l'essere triviale **2** atto, parola triviale.
trìvio *s.m.* **1** luogo dove si incrociano tre vie | *da* —, (*fig.*) triviale **2** nelle scuole medievali, l'insieme delle tre arti liberali (grammatica, retorica e dialettica).
trofèo *s.m.* oggetto o composizione di oggetti che simboleggiano vittorie o successi conseguiti in campi specifici: — *di caccia, sportivo*.
troglodìta *s.m.* e *f.* [pl.m. -ti] **1** essere umano preistorico; cavernicolo **2** (*fig.*) persona rozza, incivile.
tròia *s.f.* **1** (*pop.*) scrofa **2** (*volg.*) prostituta.
tròica o **troika** *s.f.* **1** slitta o carrozza russa trainata da tre cavalli **2** (*fig.*) nel gergo politico, gruppo di tre persone che hanno funzioni di comando.
trómba *s.f.* **1** (*mus.*) strumento a fiato costituito da un tubo di ottone **2** oggetto o

struttura che per forma o funzione ricorda una tromba: *le trombe dell'automobile*, il clacson | (*anat.*) struttura tubolare cava che si espande a un'estremità | — *delle scale*, in un edificio, lo spazio vuoto intorno a cui si avvolgono le rampe | — *d'aria*, (*meteor.*) colonna d'aria in rapido e violento movimento di rotazione su sé stessa, che si forma al centro di un'area ciclonica.

trombettière *s.m.* soldato che trasmette segnali e ordini con il suono della tromba.

trómbo *s.m.* (*med.*) coagulo di sangue entro i vasi sanguigni.

trombóne *s.m.* **1** strumento a fiato di ottone simile alla tromba ma di maggiori dimensioni e tonalità più bassa **2** (*fig.*) persona che esprime enfaticamente idee banali.

trombòsi *s.f.* (*med.*) occlusione di un vaso sanguigno provocata dalla formazione di un trombo.

troncàre *v.tr.* [*io trónco, tu trónchi ecc.*] **1** tagliare, spezzare violentemente con un colpo netto **2** (*fig.*) interrompere bruscamente.

trónco[1] *agg.* [pl.m. *-chi*] **1** troncato; privato di una parte **2** (*fig.*) interrotto, incompiuto.

trónco[2] *s.m.* [pl. *-chi*] **1** (*bot.*) fusto eretto e legnoso degli alberi e degli arbusti **2** (*anat.*) la parte del corpo umano compresa tra il collo e gli arti **3** (*geom.*) solido che si ottiene intersecando una piramide o un cono con un piano parallelo alla base.

troneggiàre *v.intr.* [*io tronéggio ecc.*; aus. *avere*] **1** stare come su un trono **2** (*estens.*) sovrastare, dominare; spiccare.

trónfio *agg.* **1** gonfio di boria; pieno di sé **2** (*fig.*) ridondante, ampolloso.

tròno *s.m.* **1** seggio usato dai monarchi nelle cerimonie ufficiali | seggio su cui si immagina seduta una divinità **2** (*fig.*) l'istituzione monarchica; potere, dignità di monarca.

tropicàle *agg.* del tropico, dei tropici.

tròpico *s.m.* [pl. *-ci*] **1** (*geog.*) ciascuno dei due paralleli terrestri che si trovano alla latitudine di 23°27' a nord (— *del Cancro*) e a sud (— *del Capricorno*) dell'equatore **2** *pl.* zone tropicali.

troposfèra *s.f.* la parte più bassa e densa dell'atmosfera, dove si verificano i fenomeni meteorologici.

tròppo *agg.indef.* eccessivo ♦ *pron.indef.* **1** quantità eccessiva di qlco. **2** *pl.* numero eccessivo di persone ♦ *s.m.* cosa eccessiva ♦ *avv.* eccessivamente; più del dovuto.

tròta *s.f.* pesce commestibile d'acqua dolce.

trottàre *v.intr.* [*io tròtto ecc.*; aus. *avere*] **1** andare al trotto, detto di cavallo **2** (*estens. fam.*) camminare rapidamente.

trotterellàre *v.intr.* [*io trotterèllo ecc.*; aus. *avere*] **1** andare al piccolo trotto **2** (*estens.*) camminare a piccoli passi svelti.

tròtto *s.m.* andatura naturale del cavallo, caratterizzata dal movimento simultaneo degli arti accoppiati in diagonale.

tròttola *s.f.* giocattolo a forma di due coni accoppiati per la base, che si fa girare su sé stesso vorticosamente.

trotzkismo *s.m.* la dottrina comunista di L. Trotzkij (1879-1940); il movimento ideologico-politico a essa ispiratosi.

troupe *s.f.invar.* (*fr.*) gruppo di attori, registi e tecnici che lavorano insieme per realizzare un film o uno spettacolo teatrale o televisivo.

trovàre *v.tr.* [*io tròvo ecc.*] **1** arrivare a individuare o ad avere una cosa o una persona **2** imbattersi in qlco. o in qlcu. (anche *fig.*) **3** scoprire | ideare, escogitare: — *una scusa* **4** avere: — *da ridire su tutto* **5** constatare | giudicare, ritenere ♦ **-rsi** *v.rifl.rec.* incontrarsi | — *d'accordo*, concordare ♦ *v.intr.pron.* **1** essere in un certo luogo **2** essere in una certa condizione.

trovàta *s.f.* espediente per risolvere una situazione difficile.

trovatèllo *s.m.* [f. *-a*] bambino abbandonato dai genitori alla pubblica assistenza.

truccàre *v.tr.* [*io trucco, tu trucchi ecc.*] **1** trasformare l'aspetto di una persona con cosmetici, parrucche o altri artifici; travestire **2** dare il trucco: — *gli occhi* **3** conferire a qlco. un aspetto diverso da quello che ha al fine di trarre in inganno | — *un motore*, modificarlo per renderlo più potente **4** (*fig.*) predisporre o modificare segretamente qlco. per ottenerne un fraudolento vantaggio ♦ **-rsi** *v.rifl.* **1** trasformare il proprio aspetto con vari artifici; travestirsi **2** darsi il trucco al viso.

truccatóre *s.m.* [f. *-trice*] chi, per mestiere, trucca attori, cantanti e personaggi che devono comparire in scena o in televisione.

trùcco *s.m.* [pl. *-chi*] **1** l'abbellire, l'abbellirsi il viso con l'applicazione di cosmetici | (*estens.*) insieme di cosmetici usati per truccarsi **2** (*fig.*) imbroglio, raggiro | artificio con cui si altera la realtà.

trùce *agg.* feroce, crudele.

trucidàre *v.tr.* [*io trùcido ecc.*] uccidere barbaramente.

trùciolo *s.m.* ricciolo di materiale asportato da un pezzo di legno o metallo nel lavorarlo.

truculènto *agg.* crudele, violento.

trùffa *s.f.* (*dir.*) reato commesso da chi,

raggirando qlcu., ne ricava un profitto illecito | (*estens.*) frode, inganno, imbroglio.
truffàre *v.tr.* imbrogliare con una truffa.
truffatóre *s.m.* [f. *-trice*] chi truffa.
trùppa *s.f.* **1** (spec. *pl.*) insieme di reparti militari **2** (*scherz.*) gruppo numeroso.
trust *s.m.invar.* (*ingl.*) (*econ.*) concentrazione di imprese per limitare la concorrenza e controllare il mercato.
tse-tse o **tze-tze** *agg.invar.* solo nella loc. *mosca —*, insetto diffuso nelle zone tropicali che, con la sua puntura, può trasmettere la malattia del sonno.
tu *pron.pers.m.* e *f. di seconda pers.sing.* **1** si usa rivolgendo il discorso a persona con cui si è in familiarità **2** con valore impersonale: *sono cose alle quali tu non pensi finché non capitano*, non si pensa ♦ *s.m.*, il pronome *tu*: *dare del tu*, rivolgersi a qlcu. con familiarità e confidenza.
tùba *s.f.* **1** (*mus.*) strumento a fiato della famiglia degli ottoni, con tubo conico **2** cappello a cilindro **3** (*anat.*) canale: *— uterina*.
tubàre *v.intr.* [aus. *avere*] **1** detto di colombi e tortore, emettere il verso grave e vibrante tipico del corteggiamento **2** (*fig. scherz.*) scambiarsi affettuosità.
tubatùra *s.f.* insieme di tubi che formano un sistema di distribuzione o di scarico di liquidi o gas.
tubazióne *s.f.* complesso di tubi per il trasporto di liquidi o gas.
tubercolàre *agg.* **1** (*biol.*) di tubercolo **2** (*med.*) di tubercolosi.
tubercolìna *s.f.* (*chim.*, *biol.*) sostanza ottenuta con vari procedimenti da bacilli tubercolari o da prodotti del loro metabolismo, usata a scopo diagnostico.
tubèrcolo *s.m.* **1** (*anat.*, *bot.*) piccola sporgenza tondeggiante sulla superficie di un organo **2** (*med.*) formazione patologica simile a un granuloma, tipica della tubercolosi.
tubercolòsi *s.f.* (*med.*) infezione dovuta al bacillo di Koch; può colpire vari organi e soprattutto i polmoni.
tùbero *s.m.* (*bot.*) organo sotterraneo ricco di sostanze amidacee.
tuberósa *s.f.* pianta erbacea ornamentale con fiori bianchi profumati raccolti in grappolo.
tubétto *s.m.* cilindretto cavo, dotato di fondo e tappo, usato per contenere medicinali, caramelle, cosmetici.
tùbo *s.m.* **1** condotto a sezione circolare usato per convogliare fluidi: *— di gomma*; *il — del gas* **2** elemento cavo di forma cilindrica che costituisce il componente di una struttura **3** (*biol.*) organo con forma e funzione di condotto: *— digerente* **4** (*pop.*) assolutamente niente (solo in frasi negative): *non capire un —*.
tubolàre *agg.* che ha forma di tubo | che è formato da tubi ♦ *s.m.* (*sport*) pneumatico leggero per biciclette da corsa.
tuffàre *v.tr.* immergere di colpo in un liquido ♦ **-rsi** *v.rifl.* **1** lanciarsi di colpo nell'acqua **2** (*estens.*) lanciarsi **3** (*fig.*) immergersi completamente: *— nello studio*.
tuffatóre *s.m.* [f. *-trice*] (*sport*) chi esegue tuffi.
tùffo *s.m.* **1** il tuffare, il tuffarsi **2** (*sport*) esercizio consistente nel lanciarsi in acqua da un trampolino eseguendo in aria delle evoluzioni **3** (*estens.*) slancio, salto **4** (*fig.*) immersione rapida e completa.
tùfo *s.m.* (*geol.*) roccia formata per consolidamento di materiali incoerenti eruttati dai vulcani durante la fase esplosiva.
tugùrio *s.m.* abitazione squallida.
tulipàno *s.m.* pianta erbacea bulbosa con grandi foglie allungate e fiori a calice.
tùlle *s.m.* tessuto rado e trasparente.
tumefàrsi *v.intr.pron.* [coniugato come *fare*] subire una tumefazione.
tumefàtto *agg.* gonfio.
tumefazióne *s.f.* (*med.*) ingrossamento patologico di tessuti od organi.
tumoràle *agg.* (*med.*) di tumore.
tumóre *s.m.* (*med.*) accumulo patologico di cellule di nuova formazione: *— maligno*, quello che può riprodursi dopo l'asportazione; cancro; *— benigno*, quello che non si riproduce dopo l'asportazione.
tumulàre *v.tr.* [*io tùmulo ecc.*] seppellire in una tomba.
tumulazióne *s.f.* il tumulare, l'essere tumulato.
tùmulo *s.m.* (*archeol.*) cumulo di terra e pietre che alcuni popoli usavano elevare sul luogo di sepoltura.
tumùlto *s.m.* **1** movimento disordinato e rumoroso **2** sommossa **3** (*fig.*) agitazione dell'animo: *avere il cuore in —*.
tumultuóso *agg.* che è in tumulto; che produce tumulto □ **-mente** *avv.*
tùndra *s.f.* formazione vegetale caratteristica delle terre artiche aride, costituita di muschi, licheni e rari arbusti.
tungsteno *s.m.* elemento chimico di simbolo *W*; è un metallo grigio, usato per filamenti di lampade e nella preparazione di leghe resistentissime.
tùnica *s.f.* veste di linea diritta ma ripresa in vita da una cintura.
tùnnel *s.m.invar.* **1** galleria, traforo **2** (*fig.*) situazione esistenziale da cui è difficile uscire.
tùo *agg.poss. di seconda pers.sing.* [sing.f.

tua; pl.m. *tuòi*; pl.f. *tue*] **1** che appartiene a te **2** che è proprio di te ♦ *pron.poss. di seconda pers.sing.* ha gli stessi usi e sign. dell'agg. ed è sempre preceduto dall'art. determinativo.

tuonàre *v.intr.* [*io tuòno ecc.*; aus. *avere*] (*lett.*) **1** produrre un rumore fragoroso simile al tuono **2** parlare con veemenza contro qlcu. ♦ *v.intr.impers.* [aus. *essere* o *avere*] prodursi il fragore del tuono.

tuòno *s.m.* fenomeno acustico che accompagna le scariche elettriche atmosferiche.

tuòrlo *s.m.* la parte centrale dell'uovo, di colore giallo intenso.

turàcciolo *s.m.* tappo che si serra nel collo di una bottiglia, un fiasco ecc.

turàre *v.tr.* chiudere con un turacciolo; tappare | *turarsi le orecchie*, (*fig.*) rifiutarsi di sentire ♦ **-rsi** *v.intr.pron.* otturarsi.

tùrba[1] *s.f.* folla.

tùrba[2] *s.f.* (*med.*) alterazione di una funzione fisiologica.

turbaménto *s.m.* il turbare; il turbarsi.

turbànte *s.m.* copricapo orientale costituito da una lunga fascia avvolta in più giri attorno alla testa.

turbàre *v.tr.* alterare una situazione precedentemente tranquilla; mettere in agitazione ♦ **-rsi** *v.intr.pron.* alterarsi; mettersi in agitazione.

turbìna *s.f.* (*mecc.*) macchina motrice che trasforma in lavoro meccanico l'energia posseduta da un fluido mediante l'azione di questo su una ruota a palette collegata a un albero motore.

turbinàre *v.intr.* [*io tùrbino ecc.*; aus. *avere*] girare vorticosamente, come un turbine (anche *fig.*).

tùrbine *s.m.* **1** impetuoso vortice di vento **2** (*fig.*) tumulto di idee, di sentimenti.

turbinìo *s.m.* un turbinare continuo.

turbolènto *agg.* **1** che turba l'ordine; irrequieto **2** caratterizzato da disordini.

turbolènza *s.f.* **1** agitazione, disordine **2** (*fis.*) moto disordinato di un fluido | — *atmosferica*, fenomeno atmosferico dovuto a scambi fra masse d'aria che si muovono con velocità diverse.

turchése *s.f.* o *m.* pietra dura, opaca, di colore azzurro intenso tendente al verde ♦ *agg.* e *s.m.* si dice del colore azzurro della turchese.

turchìno *s.m.* di colore azzurro cupo ♦ *agg.*

tùrgido *agg.* rigonfio, pieno.

turìsmo *s.m.* **1** attività del tempo libero consistente nel visitare luoghi diversi da quelli abituali, a scopo di istruzione o di diletto **2** (*estens.*) l'insieme delle attività e dei servizi connessi a tale pratica.

turìsta *s.m.* e *f.* [pl.m. *-sti*] chi viaggia per turismo.

turìstico *agg.* [pl.m. *-ci*] che riguarda il turismo □ **-mente** *avv.*

turlupinàre *v.tr.* raggirare.

tùrno *s.m.* l'ordine con cui ci si alterna con altri nello svolgere un'attività o nel fruire di qlco.; ciascuno dei periodi di tempo ricorrenti secondo tale ordine.

tùrpe *agg.* vergognoso, osceno.

tùta *s.f.* indumento intero, con apertura sul davanti, confezionato con tessuto resistente all'usura e alle macchie | — *da ginnastica*, in due pezzi, indossata da chi fa sport.

tutèla *s.f.* **1** (*dir.*) istituto per cui un minore o un incapace viene affidato a un tutore che lo rappresenti negli atti di rilievo giuridico e ne amministri i beni **2** (*estens.*) protezione, salvaguardia.

tutelàre *v.tr.* [*io tutèlo ecc.*] **1** (*dir.*) esercitare la tutela **2** (*estens.*) salvaguardare ♦ **-rsi** *v.rifl.* premunirsi.

tutor *s.m.invar.* (*ingl.*) **1** nelle università, docente che assiste uno studente nel corso dei suoi studi **2** nell'organizzazione aziendale, dipendente che istruisce un lavoratore all'inizio dell'attività

tutóre *s.m.* [f. *-trice*] **1** (*dir.*) chi è incaricato dal giudice della tutela di un minore o di un incapace **2** (*estens.*) protettore, difensore.

tutorial *s.m.invar.* (*ingl.*) (*inform.*) programma di facile uso che guida l'utente nell'apprendimento di un programma complesso.

tuttavìa *cong.* ciononostante, pure.

tùtto *agg.* [in funzione attributiva è seguito dall'art. o dal pron. dimostrativo, ma li rifiuta con i nomi di città e piccole isole e in alcune altre espressioni] **1** riferito a un sostantivo sing., indica un'intera quantità o un'intera estensione **2** riferito a un sostantivo pl. o a un nome collettivo, indica la totalità delle persone o delle cose considerate **3** riferito a un sostantivo pl., può valere 'qualsiasi, ogni': *riceve visite a tutte le ore* **4** con valore intensivo assume significato equivalente a quello degli avv. 'interamente, completamente' | *del* —, assolutamente, interamente | *tutt'a un tratto*, improvvisamente ♦ *pron.indef.* **1** ogni cosa, per lo più con valore indeterminato | *prima di* —, *innanzi* —, prima di ogni altra cosa **2** *pl.* tutte le persone ♦ *s.m.invar.* l'intero, il totale; l'insieme.

tuttóra *avv.* ancora.

tweed *s.m.invar.* (*ingl.*) tessuto sportivo di lana fabbricato in Scozia.

Uu

u *s.m.* o *f.* ventunesima lettera dell'alfabeto che rappresenta una vocale chiusa o una semiconsonante.
ubbìa *s.f.* opinione negativa infondata, pregiudizio.
ubicàto *agg.* (*burocr.*) situato, posto.
ubicazióne *s.f.* (*burocr.*) il luogo in cui è posto un edificio, un fondo.
ubiquità *s.f.* (*teol.*) l'essere presente contemporaneamente in più luoghi.
ubriacàre *v.tr.* [*io ubriaco, tu ubriachi ecc.*] **1** rendere ubriaco **2** (*fig.*) stordire, frastornare ♦ **-rsi** *v. rifl.* o *intr.pron.* diventare ubriaco.
ubriacatùra *s.f.* l'ubriacarsi, l'essere ubriaco.
ubriachézza *s.f.* lo stato di chi è ubriaco.
ubriàco *agg.* [pl.m. *-chi*] si dice di chi si trova in uno stato di alterazione delle facoltà psichiche dovuto ad assunzione eccessiva di alcolici ♦ *s.m.* [f. *-a*].
ubriacóne *s.m.* [f. *-a*] chi ha l'abitudine di ubriacarsi.
uccellagióne *s.f.* **1** la pratica di uccellare **2** l'insieme dei volatili catturati uccellando.
uccellièra *s.f.* grande gabbia per gli uccelli.
uccèllo *s.m.* animale vertebrato oviparo dal corpo coperto di penne e piume, con becco corneo e ali | *uccel di bosco*, (*fig.*) di chi si è reso irreperibile | *a volo d'—*, (*fig.*) dall'alto.
uccìdere *v.tr.* [pass.rem. *io uccisi, tu uccidésti ecc.*; part.pass. *ucciso*] **1** privare della vita; far perire **2** (*fig.*) spegnere ♦ **-rsi** *v.rifl.* suicidarsi ♦ *v.rifl.rec.* darsi vicendevolmente la morte.
uccisióne *s.f.* l'uccidere, l'essere ucciso.
uccisóre *s.m.* chi ha ucciso.
udiènza *s.f.* **1** (*non com.*) il dare ascolto **2** il permesso di essere ricevuti da personaggi che occupano alte cariche; il colloquio che ne consegue **3** (*dir.*) ogni seduta del dibattimento processuale.
udìre *v.tr.* [pres. *io òdo, tu òdi, egli òde, noi udiamo, voi udite, essi òdono*; in tutta la coniugazione, *ò-* in posizione tonica, *u-* in posizione atona; fut. *io udirò o udrò ecc.*; cond. *io udirèi o udrèi ecc.*; part.pres. *udènte*] **1** percepire suoni per mezzo dell'udito **2** venire a sapere **3** (*non com.*) ascoltare.
uditivo *agg.* dell'udito: *apparato —*.
udìto *s.m.* il senso con cui si percepiscono i suoni, il cui organo è costituito dall'orecchio.
uditóre *s.m.* [f. *-trice*] **1** (spec. *pl.*) chi ascolta **2** chi può frequentare le lezioni in una scuola senza esservi iscritto **3** il primo gradino della carriera dei magistrati.
uditòrio *s.m.* insieme di persone che ascoltano.
ufficiale[1] *agg.* **1** fatto dall'autorità competente nelle forme dovute, con garanzia di autenticità **2** (*estens.*) fatto in pubblico, reso noto a tutti □ **-mente** *avv.*
ufficiale[2] *s.m.* **1** chi esercita un pubblico ufficio **2** militare che ricopre un grado da sottotenente o da guardiamarina in su.
ufficialità *s.f.* condizione di ciò che è ufficiale.
ufficio *s.m.* **1** dovere morale, compito **2** incarico, carica **3** organo di una struttura burocratica o aziendale | (*estens.*) l'insieme degli impiegati che fanno parte di tale organo; i locali dove lavorano **4** (*lit.*) cerimonia religiosa.
ufficióso *agg.* che è abbastanza sicuro, pur non essendo ufficiale □ **-mente** *avv.*
ùfo[1] solo nella loc. avv. *a —*, senza pagare.
ùfo[2] *s.m.invar.* **1** oggetto volante non identificabile **2** (*estens.*) astronave o essere vivente extraterrestre.
ufologìa *s.f.* l'insieme delle ricerche su tutto ciò che riguarda gli ufo.
ugèllo *s.m.* (*mecc.*) dispositivo che si applica alla parte terminale di un condotto, per incrementare la velocità di uscita del fluido o per disperderne il getto.
ùgola *s.f.* **1** (*anat.*) appendice carnosa situata in fondo alla bocca **2** (*estens.*) gola | *— d'oro*, (*fig.*) cantante che possiede una bellissima voce.
ugonòtto *agg.* e *s.m.* [f. *-a*] aderente al mo-

vimento calvinista sviluppatosi in Francia fra il XVI e il XVII sec.
uguagliànza *s.f.* **1** identità **2** uniformità, omogeneità **3** parità **4** (*mat.*) relazione tra enti formalmente identici.
uguagliàre *v.tr.* [*io uguàglio ecc.*] **1** rendere uguale **2** rendere uniforme; pareggiare **3** giudicare uguale **4** — *un primato*, (*sport*) raggiungere un risultato uguale al primato ♦ **-rsi** *v.intr.pron.*. essere uguali, pareggiarsi.
uguàle *agg.* **1** caratterizzato da uguaglianza **2** uniforme, omogeneo **3** (*mat.*) si dice di una grandezza legata a un'altra da una relazione di uguaglianza ♦ *avv.* (*fam.*) ugualmente ♦ *s.m.* [anche *f.*] (spec. *pl.*) chi appartiene allo stesso ceto o classe sociale o grado □ **-mente** *avv.* **1** in ugual modo **2** malgrado tutto.
ukulèle *s.m.* o *f.invar.* piccola chitarra di origine hawaiana.
ùlcera *s.f.* (*med.*) lesione della pelle o delle mucose caratterizzata da difficoltà di cicatrizzazione.
ulceràre *v.tr.* [*io ùlcero ecc.*] (*med.*) ledere producendo un'ulcera ♦ *v.intr.* [aus. *essere*] (*med.*) degenerare in ulcera ♦ **-rsi** *v.intr. pron.* (*med.*) essere leso da ulcera.
ulcerazióne *s.f.* (*med.*) processo di formazione di un'ulcera; l'ulcera stessa.
ùlna *s.f.* (*anat.*) osso che, insieme al radio, costituisce lo scheletro dell'avambraccio.
ulterióre *agg.* successivo □ **-mente** *avv.* oltre.
ultimàre *v.tr.* [*io ùltimo ecc.*] condurre a termine; finire.
ultimatum *s.m.invar.* (*lat.*) **1** (*dir.*) intimazione con la quale uno stato fa conoscere a un altro le proprie condizioni irrevocabili circa una data questione, minacciando di ricorrere alla forza se tali richieste non saranno accolte entro un dato termine di tempo **2** (*estens.*) richiesta perentoria.
ultimìssima *s.f.* (spec. *pl.*) notizia recentissima.
ùltimo *agg.* **1** che viene dopo tutti gli altri nel tempo, nello spazio o in una serie | *in ultima analisi*, in definitiva **2** che è il più recente **3** (*fig.*) che vale meno di tutti gli altri **4** (*fig.*) che è il più improbabile ♦ *s.m.* **1** la persona o la cosa che viene dopo tutte le altre nel tempo, nello spazio, in una serie, in importanza **2** momento estremo | *all'—, in —*, alla fine □ **-mente** *avv.* di recente.
ultimogènito *agg.* e *s.m.* [*f.* -*a*] si dice di figlio nato per ultimo.
ultra *agg.* e *s.m.* e *f.* (*fr.*) **1** in Francia, sostenitore della destra reazionaria **2** appartenente a una formazione politica estremista **3** sostenitore fanatico di un club sportivo.
ultrà *agg.* e *s.m.* e *f.* ultra.
ultra- primo elemento di parole composte, che significa 'oltre, al di là' o 'eccessivamente'.
ultrasuòno *s.m.* (*fis.*) vibrazione meccanica elastica della materia avente una frequenza superiore a quella massima percepibile dall'orecchio umano.
ultrasuonoterapìa *s.f.* (*med.*) terapia consistente nell'applicazione locale di ultrasuoni.
ultraterréno *agg.* che è oltre le cose della terra | *la vita ultraterrena*, la vita dopo la morte.
ultraviolétto *s.m.* (*fis.*) radiazione elettromagnetica di frequenza superiore a quella dell'estremo violetto dello spettro visibile | usato anche come *agg.*: *raggi ultravioletti.*
ululàre *v.intr.* [*io ùlulo ecc.*; aus. *avere*] **1** emettere urli prolungati e lamentosi (detto del cane e del lupo) **2** (*estens.*) produrre suoni prolungati, simili a lamenti.
ululàto *s.m.* l'ululare | (*estens.*) suono prolungato e lamentoso.
umanésimo *s.m.* **1** *Umanesimo*, movimento culturale affermatosi in Italia dalla metà del sec. XIV, il quale, partendo da uno studio rinnovato del mondo classico, mirava a rivalutare i valori propriamente terreni dell'esperienza umana **2** (*estens.*) qualsiasi concezione che riconosce la centralità dell'uomo nella realtà **3** (*estens.*) interesse per la cultura classica.
umanìsta *s.m.* e *f.* [pl.m. -*sti*] esponente dell'umanesimo | usato anche come *agg.*
umanìstico *agg.* [pl.m. -*ci*] **1** relativo all'Umanesimo e agli umanisti **2** che concerne la cultura classica.
umanità *s.f.* **1** la natura dell'uomo **2** il genere umano.
umanitàrio *agg.* animato, ispirato da sentimento di umanità; inteso a migliorare le condizioni di vita degli uomini.
umanizzàre *v.tr.* rendere umano, rispettoso della dignità umana.
umàno *agg.* **1** dell'uomo, degli uomini **2** conforme alla natura dell'uomo **3** che rivela sentimenti di umanità ♦ *s.m.* **1** (solo *sing.*) ciò che è proprio dell'uomo **2** (spec. *pl.*) essere umano □ **-mente** *avv.*
umettàre *v.tr.* [*io umétto ecc.*] bagnare leggermente, inumidire.
umidìccio *agg.* [pl.f. -*ce*] spiacevolmente umido.
umidificàre *v.tr.* [*io umidìfico, tu umidìfichi ecc.*] rendere umido.
umidificatóre *s.m.* **1** apparecchio per umidificare l'aria in un ambiente **2** appa-

recchio per erogare lentamente acqua a una pianta.
umidificazióne *s.f.* l'umidificare, l'essere umidificato.
umidità *s.f.* **1** l'essere umido | contenuto di acqua o di un altro liquido in una sostanza, in un corpo **2** presenza di vapore acqueo.
ùmido *agg.* **1** leggermente bagnato **2** caratterizzato dalla presenza di molto vapore acqueo ♦ *s.m.* **1** [solo *sing.*] umidità **2** intingolo, a base di sugo di pomodoro, olio e verdure, nel quale si fanno cuocere a lungo certi cibi.
ùmile *agg.* **1** si dice di chi non si inorgoglisce **2** sottomesso, deferente **3** che denota umiltà **4** modesto **5** di basso livello sociale ♦ *s.m.* e *f.* □ **-mente** *avv.*
umiliàre *v.tr.* [*io umìlio ecc.*] avvilire, mortificare ♦ **-rsi** *v.rifl.* riconoscere i propri limiti.
umiliazióne *s.f.* **1** l'umiliare, l'umiliarsi, l'essere umiliato **2** ciò che umilia.
umiltà *s.f.* **1** l'essere umile **2** sottomissione **3** l'essere modesto.
umóre *s.m.* **1** liquido presente in alcune cavità od organi di animali o vegetali **2** (*psicol.*) disposizione permanente o transitoria verso un certo stato d'animo.
umorìsmo *s.m.* attitudine a considerare la realtà sotto aspetti bizzarri o singolari.
umorìsta *agg.* e *s.m.* e *f.* [pl.m. *-sti*] **1** che/chi è dotato di umorismo **2** che/chi crea testi o disegni umoristici.
umorìstico *agg.* [pl.m. *-ci*] **1** dell'umorismo **2** che è fatto o detto con umorismo □ **-mente** *avv.*
unànime *agg.* che manifesta unanimità □ **-mente** *avv.*
unanimità *s.f.* concordia generale di opinioni, volontà, sentimenti | *all'—*, senza voti contrari.
una tantum *loc.agg.* e *sost.m.invar.* (*lat.*) si dice di assegnazione o prelievo di denaro fatti una sola volta, con carattere straordinario.
uncinétto *s.m.* sorta di bastoncino con punta a forma di uncino, usato per fare pizzi, lavori a maglia o a rete: *lavorare all'—*.
uncìno *s.m.* attrezzo ricurvo e appuntito che si applica a bastoni o pertiche per prendere e tirare | (*estens.*) gancio appuntito.
under *prep.* (*ingl.*) (*sport*) si dice di squadra composta di atleti al di sotto di una determinata età: *l'Italia — 21*.
underground *agg.invar.* (*ingl.*) si dice di attività artistica indipendente e non tradizionale: *cinema, musica —*.
ùndici *agg.num.card.invar.* numero naturale corrispondente a una diecina più una unità.
ùngere *v.tr.* [pres. *io ungo, tu ungi ecc.*; pass.rem. *io unsi, tu ungésti ecc.*; part.pass. *unto*] **1** spalmare o insudiciare di materia grassa | lubrificare **2** (*fig.*) adulare o fare promesse, regali a qlcu. per cercare di ottenerne favori ♦ **-rsi** *v.rifl.* o *intr.pron.* spalmarsi o insudiciarsi di sostanze grasse.
ùnghia *s.f.* formazione cornea dell'epidermide che riveste l'estremità dorsale delle dita dell'uomo e di moltissimi animali | *mostrare le unghie*, (*fig.*) mostrarsi aggressivo | *difendersi con le unghie e con i denti*, (*fig.*) strenuamente.
unghiàta *s.f.* colpo inferto con le unghie.
unguènto *s.m.* preparato farmaceutico costituito da un miscuglio untuoso in cui è incorporata la sostanza medicinale.
ungulàto *s.m.* (*zool.*) mammifero caratterizzato da unghie a forma di zoccolo.
uni- primo elemento di parole composte, che significa 'uno, formato da uno'.
unicellulàre *agg.* (*biol.*) si dice di organismo costituito da una sola cellula.
ùnico *agg.* [pl.m. *-ci*] che è senza uguali; che è il solo esistente | (*estens.*) insuperabile, straordinario ♦ *s.m.* [f. *-a*] **1** chi è il solo in qlco. **2** ciò che è il solo esistente □ **-mente** *avv.* esclusivamente.
unicòrno *agg.* (*zool.*) che ha un solo corno ♦ *s.m.* mitico animale dal corpo di cavallo, con un lungo corno in fronte.
unifamiliàre *agg.* che serve per una sola famiglia: *villa —*.
unificàre *v.tr.* [*io unìfico, tu unìfichi ecc.*] ridurre a unità | standardizzare ♦ **-rsi** *v.rifl.* e *rifl.rec.* riunirsi, fondersi in un insieme omogeneo.
unificazióne *s.f.* l'unificare, l'unificarsi, l'essere unificato.
uniformàre *v.tr.* [*io unifórmo ecc.*] **1** rendere uniforme **2** rendere conforme ♦ **-rsi** *v.rifl.* conformarsi.
uniformazióne *s.f.* l'uniformare, l'uniformarsi, l'essere uniformato.
unifórme[1] *agg.* **1** uguale **2** omogeneo, costante □ **-mente** *avv.*
unifórme[2] *s.f.* abito particolare, uguale per tutti coloro che fanno parte di un determinato corpo militare o civile; divisa.
uniformità *s.f.* **1** l'essere uniforme **2** accordo, concordanza.
unigènito *agg.* e *s.m.* che/chi è l'unico generato: *Gesù Cristo, figlio — di Dio*.
unilateràle *agg.* **1** che riguarda uno solo dei lati **2** (*dir.*) che concerne una sola delle parti **3** (*fig.*) che considera un solo lato di una questione □ **-mente** *avv.*

uninominàle *agg.* si dice di sistema elettorale in cui ogni partito presenta un solo candidato per collegio.
unióne *s.f.* **1** l'unire, l'unirsi, l'essere uniti **2** (*fig.*) coesione, continuità | concordia **3** associazione di persone o enti aventi interessi comuni | forma di integrazione economica fra due o più stati.
unìre *v.tr.* [*io unisco, tu unisci ecc.*] **1** mettere insieme | (*estens.*) aggregare, associare | (*fig.*) possedere contemporaneamente **2** legare con un vincolo di natura morale o legale **3** mettere in comunicazione ♦ **-rsi** *v. rifl.* e *rifl.rec.* **1** congiungersi con qlcu.; legarsi reciprocamente **2** accompagnarsi **3** associarsi.
ùnisex *agg.invar.* adatto a persone di entrambi i sessi: *moda —.*
unìsono *agg.* (*mus.*) si dice di suoni simultanei che hanno la stessa altezza ♦ *s.m.* (*mus.*) esecuzione contemporanea di più suoni di uguale altezza: *suonare all'—* | *all'—*, (*fig.*) in pieno accordo.
unità *s.f.* **1** l'essere uno solo **2** unificazione politica **3** concordia, armonica coesione **4** (*mat.*) il numero naturale più piccolo, che rappresenta l'elemento singolo **5** *— di misura*, in metrologia, grandezza di una certa specie assunta come riferimento per la valutazione delle altre grandezze della stessa specie **6** insieme di servizi medici all'interno di una struttura sanitaria: *— di rianimazione* **7** (*inform.*) dispositivo hardware dotato di una funzionalità specifica **8** (*mil.*) reparto funzionale operativo | mezzo navale; aereo.
unitàrio *agg.* **1** che tende all'unità, all'unificazione; che s'ispira a criteri di unità **2** armonico, organico □ **-mente** *avv.*
unìto *agg.* **1** congiunto | unico, compatto: *a tinta unita*, di un solo colore e senza disegni **2** (*fig.*) si dice di persone, gruppi o enti legati da vincoli morali o legali □ **-mente** *avv.*
univàlve *agg.* **1** (*zool.*) si dice di mollusco provvisto di una sola valva **2** (*bot.*) si dice di organo vegetale o di frutto che si apre da una sola parte.
universàle *agg.* **1** che concerne tutto l'universo **2** che riguarda l'umanità intera **3** generale, unanime | *suffragio —*, diritto di voto esteso a tutti i cittadini che abbiano raggiunto un'età stabilita **4** si dice di attrezzo, apparecchio, dispositivo che si può adattare a usi o situazioni differenti ♦ *s.m.* (*filos.*) concetto generale e astratto che si applica a tutti i membri di una stessa classe □ **-mente** *avv.* da parte di tutti, dappertutto.
universalìsmo *s.m.* (*filos.*) dottrina che considera principi, teorie e istituzioni da un punto di vista universale, valido per tutti.
universalità *s.f.* caratteristica di ciò che è universale.
universalizzàre *v.tr.* rendere universale ♦ **-rsi** *v. intr.pron.* diventare universale.
università *s.f.* istituzione didattica e scientifica, articolata in facoltà, che organizza il più elevato livello di studi, al termine del quale rilascia un diploma di laurea.
universitàrio *agg.* dell'università ♦ *s.m.* [f. *-a*] studente di università.
univèrso *s.m.* **1** l'insieme di tutto ciò che esiste **2** (*fig.*) mondo, reale o immaginario, tipico di una o di un insieme di persone.
unìvoco *agg.* [pl.m. *-ci*] che ha un solo significato | che ammette una sola definizione □ **-mente** *avv.*
ùno [come agg. num. e art. maschile si tronca in *un* davanti a vocale, consonante o gruppo consonantico che non sia *i* semiconsonante, *s* impura, *z*, *x*, *pn*, *ps*, *gn*, *sc* (*un amico, un cane, un brigante, un plico*; ma: *uno iettatore, uno sbaglio, uno zaino, uno xilofono, uno pneumotorace, uno pseudonimo, uno gnocco, uno sceriffo*); come agg. num. si tronca anche in alcune locuzioni come: *l'un* (o *l'uno*) *per cento, per mille*; *un* (o *uno*), *due e tre*; come pron. maschile, nell'uso comune si ha sempre la forma intera (eccettuate le loc.: *l'un l'altro, l'un con l'altro, l'un contro l'altro*); il numerale e l'articolo femminile *una* hanno l'elisione davanti a s. o agg. che cominci per vocale accentata (*un'àncora*), ma non sempre se comincia per vocale non accentata (*un'amica* o *una amica*), mentre non si elidono mai davanti a *i* semiconsonante (*una iettatura*); sempre *una* davanti a consonante e come pronome; pl.m. *uni* e pl.f. *une* nelle locuzioni *gli uni e gli altri, le une e le altre*; pl.m. *uni* ('i numeri 1'): *cinque uni*] *agg.num. card.* numero naturale corrispondente all'unità | rafforzato da *solo, soltanto* e sim., indica l'unicità della persona o della cosa cui ci si riferisce ♦ *art.indeterm.* [f. *una*] serve a indicare una persona o una cosa in modo indeterminato ♦ *pron.indef.* [f. *una*] un tale, un certo, una certa persona.
ùnto *agg.* cosparso o insudiciato di grasso ♦ *s.m.* materiale grasso che unge.
untóre *s.m.* [f. *-trice*] durante la peste, chi era sospettato di diffondere l'epidemia ungendo muri e porte con sostanze infette.
untùme *s.m.* materiale grasso.
untuosità *s.f.* l'essere untuoso.
untuóso *agg.* **1** che unge **2** (*fig.*) falsamente cortese, mellifluo.
unzióne *s.f.* **1** l'ungere, l'ungersi, l'essere

unto **2** (*relig.*) l'ungere con olio consacrato.

uòmo *s.m.* [pl. *uomini*] **1** (*scient.*) mammifero caratterizzato da posizione eretta, linguaggio articolato, grande sviluppo del cervello, elevate attività psichiche, capacità di trasmettere in modo elaborato esperienze e conoscenze acquisite **2** ogni essere umano, senza riguardo al sesso; la specie umana **3** essere umano adulto di sesso maschile **4** addetto a un servizio: *l'— del gas* | componente di una formazione militare: *un equipaggio di trenta uomini* | componente di una squadra sportiva maschile.

uòvo *s.m.* [pl. *le uova*] **1** (*biol.*) gamete femminile, di dimensioni variabili secondo la specie, con citoplasma ricco di riserve nutritive **2** l'uovo degli animali ovipari, che viene espulso dal corpo materno prima che l'embrione si sviluppi.

upgrade *s.m.invar.* (*ingl.*) (*inform.*) aggiunta di nuovi elementi hardware o software in un sistema di elaborazione per aumentarne le capacità.

upload *s.m.invar.* (*inform.*) trasferimento di dati attraverso un sistema di rete, in genere da un sistema locale a un sistema remoto; caricamento.

ùpupa *s.f.* uccello diurno di media grandezza con becco lungo e sottile, penne del capo erigibili e piumaggio fulvo.

uragàno *s.m.* **1** (*meteor.*) ciclone tropicale con vento che raggiunge velocità superiori ai 120 km orari **2** (*estens.*) violenta tempesta **3** (*fig.*) grande fragore, scroscio.

urànio *s.m.* elemento chimico di simbolo *U*; è un metallo radioattivo naturale usato nella produzione di energia nucleare.

Uràno *s.m.* (*astr.*) nel sistema solare, settimo pianeta in ordine di distanza dal Sole.

urbanésimo *s.m.* fenomeno demografico per cui si verifica una concentrazione di popolazione nelle città, dovuta all'immigrazione dalle campagne.

urbanìsta *s.m.* e *f.* [pl.m. *-sti*] chi si occupa di urbanistica.

urbanìstica *s.f.* disciplina che studia e progetta la formazione, la trasformazione e il funzionamento delle città.

urbàno *agg.* **1** della città **2** cortese, civile ☐ **-mente** *avv.* civilmente.

urbi et orbi *loc.avv.* e *agg.invar.* (*lat.*) si dice della solenne benedizione papale impartita ai fedeli di Roma e del mondo.

urèa *s.f.* (*biol. chim.*) sostanza organica azotata, cristallina, incolore presente nelle urine dei mammiferi; prodotta per sintesi, viene usata nell'industria della plastica, degli esplosivi e dei fertilizzanti.

uretère *s.m.* (*anat.*) canale escretore del rene che porta l'urina alla vescica.

urètra *s.f.* (*anat.*) canale escretore che dalla vescica porta l'urina all'esterno.

urgènte *agg.* che dev'essere fatto, risolto al più presto ☐ **-mente** *avv.*

urgènza *s.f.* l'essere urgente; necessità indilazionabile di qlco.

ùrgere *v.intr.* [pres. *io urgo, tu urgi ecc.*; mancano il pass. rem., l'imp., il part. pass. e i tempi composti] **1** essere immediatamente necessario **2** incalzare.

uricemìa *s.f.* (*med.*) percentuale di acido urico contenuto nel sangue.

ùrico *agg.* [pl.m. *-ci*] (*chim.*) si dice dell'acido organico presente nelle urine.

urìna *s.f.* liquido fisiologico giallastro a reazione acida contenente le scorie metaboliche e risultante dalla filtrazione del sangue operata dal rene; viene depositato nella vescica attraverso gli ureteri ed espulso attraverso l'uretra.

urinàrio *agg.* che riguarda l'urina.

urlàre *v.intr.* [*io ùrlo ecc.*; aus. *avere*] **1** di animale, emettere urli **2** dell'uomo, gridare ♦ *v.tr.* dire ad alta voce: — *un nome.*

URL *s.m.invar.* (*ingl.*) (*inform.*) la serie di caratteri e simboli che costituisce univocamente l'indirizzo di un sito web: es."http://www.garzanti.it" è l'URL della casa editrice di questo dizionario | Sigla di *Uniform Resource Locator* 'identificatore standard di risorse'.

ùrlo *s.m.* [pl. *le urla*, quelle dell'uomo, se considerate collettivamente; *gli urli*, degli animali o anche dell'uomo, ma considerati singolarmente] **1** grido forte e prolungato **2** (*fig.*) rumore forte e prolungato.

ùrna *s.f.* **1** vaso di terracotta: — *cineraria*, destinata ad accogliere le ceneri di un defunto **2** cassetta provvista di un'apertura per introdurvi o estrarne oggetti.

urodèli *s.m.pl.* (*zool.*) ordine di anfibi simili alla lucertola, viventi nelle regioni tropicali e temperate.

urogàllo *s.m.* gallo cedrone.

urografìa *s.f.* (*med.*) procedimento radiografico che consente la visualizzazione delle vie urinarie.

urologìa *s.f.* branca della medicina che studia le malattie dell'apparato urinario.

uròlogo *s.m.* [f. *-a*; pl.m.*-gi*] medico specialista in urologia.

urtànte *agg.* indisponente.

urtàre *v.tr.* **1** sbattere **2** (*fig.*) irritare ♦ *v.intr.* [aus. *avere*] (*fig.*) imbattersi in un ostacolo ♦ **-rsi** *v.intr.pron.* irritarsi ♦ *v.rifl.rec.* **1** scontrarsi **2** (*fig.*) venire a contrasto.

ùrto *s.m.* **1** collisione più o meno violenta

2 assalto di truppe **3** in medicina: *terapia d'—*, effettuata con dosi elevate di farmaco **4** (*fig.*) contrasto: *mettersi in — con qlcu.*
ùsa e gètta *loc.agg.invar.* monouso.
usànza *s.f.* **1** consuetudine, costume **2** abitudine.
usàre *v.tr.* **1** adoperare **2** essere solito, avere la consuetudine di (seguito da un infinito) | *si usa*, è di moda, è costume ♦ *v.intr.* [aus. *avere*] **1** servirsi, fare uso di qlco. **2** andare di moda; essere in uso.
usàto *agg.* si dice di ciò che non è più nuovo, che è più o meno consumato ♦ *s.m.*
uscière *s.m.* [f. *-a*] impiegato con l'incarico di dare informazioni al pubblico, accompagnare e annunciare i visitatori.
ùscio *s.m.* porta.
uscìre *v.intr.* [pres. *io èsco, tu èsci, egli èsce, noi usciamo, voi uscite, essi èscono*; in tutta la coniugazione, quando il tema è tonico ha la forma *esc-*, quando è atono ha la forma *usc-*; aus. *essere*] **1** andare o venire fuori da un luogo chiuso, circoscritto o idealmente delimitato | *— dagli occhi, dalle orecchie*, (*fig.*) si dice di ciò che si è visto, udito in abbondanza, fino alla noia **2** (*fig.*) cessare di trovarsi in un determinato stato, in una data situazione o condizione **3** fuoriuscire **4** provenire, avere origine | derivare come conseguenza; nascere **5** sbottare **6** essere estratto in un sorteggio.
uscìta *s.f.* **1** l'uscire **2** passaggio attraverso cui si esce **3** spesa **4** (*fig.*) frase inaspettata: *un'— infelice.*
usignòlo *s.m.* piccolo uccello dal canto molto melodioso.
username *s.m.invar.* (*ingl.*) (*inform.*) nome, anche fittizio, che identifica univocamente l'utente di un servizio informatico (posta elettronica, chat line ecc.): negli indirizzi di posta elettronica l'username è tutto ciò che precede il segno @.
ùso *s.m.* **1** l'usare, l'adoperare qlco.; il modo di usarla, lo scopo per cui si usa | esercizio, pratica continuata **2** facoltà, possibilità di usare **3** usanza, consuetudine: *tornare in —*, tornare di moda.
ustionàre *v.tr.* [*io ustióno ecc.*] produrre ustioni ♦ **-rsi** *v.rifl.* prodursi ustioni.
ustióne *s.f.* (*med.*) scottatura, bruciatura.
usuàle *agg.* solito, abituale □ **-mente** *avv.*
usucapióne *s.f.* (*dir.*) modo di acquisto della proprietà di un bene attraverso il suo possesso continuato.
usufruìre *v.intr.* [*io usufruisco, tu usufruisci ecc.*; aus. *avere*] **1** (*dir.*) avere in usufrutto **2** (*estens.*) godere, valersi di qlco.
usufrùtto *s.m.* (*dir.*) diritto reale di godere di un bene altrui senza poter apportare modifiche alla sua destinazione economica.
usùra[1] *s.f.* l'attività e il reato di chi presta il denaro a interesse troppo alto.
usùra[2] *s.f.* consumo che un oggetto subisce a causa di un uso prolungato; logorio.
usuràio *s.m.* [f. *-a*] chi esercita l'usura; strozzino.
usurpàre *v.tr.* appropriarsi con la violenza o con l'inganno di un bene, di un diritto o di una funzione altrui.
usurpazióne *s.f.* l'usurpare, l'essere usurpato.
utènsile[1] *s.m.* arnese o attrezzo con cui si esegue una lavorazione ♦ *agg.* solo nella loc. *macchina —*, qualunque macchina usata per lavorare materiali solidi mediante asportazione di trucioli.
utensìle[2] *s.m.* nome generico degli oggetti usati nei lavori domestici.
utènte *s.m.* chi si serve di un bene o di un servizio.
utènza *s.f.* **1** l'uso di un bene o di un servizio **2** l'insieme degli utenti.
ùtero *s.m.* (*anat.*) organo cavo dell'apparato genitale femminile dei mammiferi che serve ad accogliere l'ovulo fecondato.
ùtile *agg.* **1** che può essere usato; che può servire **2** che è di giovamento **3** che è d'aiuto ♦ *s.m.* **1** ciò che è vantaggioso **2** (*econ.*) differenza positiva tra ricavi e costi; guadagno, profitto □ **-mente** *avv.*
utilità *s.f.* **1** l'essere utile **2** vantaggio.
utilitària *s.f.* autovettura di cilindrata e dimensioni ridotte e di costi contenuti.
utilitarìsmo *s.m.* (*filos.*) dottrina che pone come criterio dell'azione l'utile individuale o sociale inteso come benessere.
utilitarìsta *s.m.* e *f.* [pl.m. *-sti*] chi agisce solo in vista del proprio tornaconto personale.
utilizzàre *v.tr.* usare, impiegare.
utilizzazióne *s.f.* l'utilizzare, l'essere utilizzato.
utilìzzo *s.m.* utilizzazione.
utopìa *s.f.* ideale irrealizzabile, progetto inattuabile.
utopìstico *agg.* [pl.m. *-ci*] di utopia; irrealizzabile □ **-mente** *avv.*
ùva *s.f.* frutto della vite.
uvétta *s.f.* uva passa.
uxoricìda *s.m.* [pl.m. *-di*] chi commette uxoricidio.
uxoricìdio *s.m.* uccisione della propria moglie.

V v

v *s.f.* o *m.* ventiduesima lettera dell'alfabeto il cui nome è *vu*.
vacànte *agg.* non occupato: *cattedra* —.
vacànza *s.f.* **1** l'essere vacante **2** sospensione temporanea dell'attività negli uffici e nelle scuole **3** *pl.* periodo di riposo.
vacanzière *s.m.* [f. *-a*] chi va in vacanza (con riferimento alle vacanze di massa).
vacanzièro *agg.* (*non com.*) che va in vacanza | proprio delle vacanze.
vàcca *s.f.* femmina adulta dei bovini che ha già figliato.
vaccinàre *v.tr.* somministrare un vaccino all'uomo o a un animale per renderlo immune da una malattia.
vaccinazióne *s.f.* il vaccinare, l'essere vaccinato.
vaccìno *agg.* di vacca ♦ *s.m.* (*med.*) preparato a base di materiale infettivo non patogeno, che stimola l'organismo a produrre gli anticorpi in grado di neutralizzare l'infezione corrispondente.
vaccinoterapìa *s.f.* (*med.*) terapia attuata con l'impiego di vaccini.
vacillàre *v.intr.* [aus. *avere*] **1** non stare saldo in piedi **2** (*fig.*) venire meno; essere incerto, malsicuro.
vacuità *s.f.* futilità; mancanza di idee, contenuti, sentimenti.
vàcuo *agg.* privo di idee, di contenuti, di sentimenti; futile □ **-mente** *avv.*
vademècum *s.m.invar.* manuale tascabile contenente notizie utili.
vagabondàggio *s.m.* **1** il vagabondare; il fare vita da vagabondo **2** (*estens.*) il vagare, il viaggiare da un luogo a un altro.
vagabondàre *v.intr.* [*io vagabóndo ecc.*; aus. *avere*] **1** fare il vagabondo **2** (*estens.*) vagare, aggirarsi, viaggiare da un luogo all'altro.
vagabóndo *agg.* che va errando qua e là ♦ *s.m.* [f. *-a*] **1** chi non ha una dimora fissa né un lavoro ed erra senza meta **2** (*estens.*) chi viaggia continuamente.
vagàre *v.intr.* [*io vago, tu vaghi ecc.*; aus. *avere*] andare qua e là, spostarsi da un luogo a un altro senza meta.
vagheggiaménto *s.m.* il vagheggiare, l'essere vagheggiato.
vagheggiàre *v.tr.* [*io vagheggio ecc.*] **1** contemplare con compiacenza, con amore, con desiderio **2** (*fig.*) sognare.
vagìna *s.f.* (*anat.*) canale muscolo-membranoso dell'apparato genitale femminile, che va dall'utero alla vulva.
vaginìte *s.f.* (*med.*) infiammazione della vagina.
vagìre *v.intr.* [*io vagisco, tu vagisci ecc.*; aus. *avere*] piangere, detto di neonati.
vagìto *s.m.* il pianto dei neonati.
vàglia *s.m.invar.* — *postale*, titolo che consente di effettuare pagamenti da un luogo a un altro.
vagliàre *v.tr.* [*io vàglio ecc.*] **1** passare al vaglio un materiale incoerente, per selezionare la parte utile **2** (*fig.*) esaminare in modo attento e accurato.
vàglio *s.m.* **1** attrezzo per setacciare il cui organo essenziale è costituito da una serie di griglie, reti o lamiere forate, attraverso cui passano gli elementi via via più piccoli del materiale **2** (*fig.*) esame accurato, critica minuziosa.
vàgo *agg.* [pl.m. *-ghi*] non molto chiaro, indefinito ♦ *s.m.* **1** ciò che è indeterminato, impreciso **2** (*anat.*) nervo misto che si estende dal midollo allungato fin sotto il diaframma e si dirama nei diversi organi del collo, del torace e dell'addome □ **-mente** *avv.*
vagóne *s.m.* veicolo ferroviario rimorchiato; carrozza.
vaiòlo *s.m.* (*med.*) malattia infettiva virale contagiosa, caratterizzata dall'eruzione di pustole che lasciano cicatrici deturpanti.
valànga *s.f.* **1** massa di neve che precipita a valle, trascinando con sé rocce, sassi, alberi **2** (*fig.*) quantità enorme.
valchìria *s.f.* nella mitologia germanica, ciascuna delle vergini guerriere che accompagnavano i caduti in battaglia nel Walhalla, il paradiso degli eroi.
valènte *agg.* che vale; abile □ **-mente** *avv.*
valènza *s.f* **1** (*chim.*) la proprietà di un

atomo o di un radicale di combinarsi con altri, definita dal numero di elettroni che l'atomo o il radicale cede, acquista o mette in compartecipazione **2** (*fig.*) significato, valore: *le valenze di un fenomeno*.

valére *v.intr.* [pres. *io valgo, tu vali, egli vale, noi valiamo, voi valéte, essi vàlgono*; fut. *io varrò ecc.*; pass.rem. *io valsi, tu valésti ecc.*; pres.congiunt. *io valga..., noi valiamo, voi valiate, essi vàlgano*; cond. *io varrèi ecc.*; part.pass. *valso*; aus. *essere*] **1** avere forza, autorità, merito, pregio **2** avere efficacia, validità | giovare **3** equivalere a ♦ **-rsi** *v.intr.pron.* servirsi.

valeriàna *s.f.* (*bot.*) genere di piante erbacee perenni, con foglie pennate e fiori bianchi o rosati.

valévole *agg.* che vale; valido.

valgìsmo *s.m.* (*med.*) condizione di un arto valgo.

vàlgo *agg.* [pl.m. *-ghi*] (*med.*) si dice di arto o segmento di arto che ha l'asse deviato verso l'esterno.

valicàre *v.tr.* [*io vàlico, tu vàlichi ecc.*] passare al di là | attraversare una catena montuosa: — *le Alpi*.

vàlico *s.m.* [pl. *-chi*] il valicare; varco, luogo per il quale si passa | — *di frontiera*, luogo vigilato in cui è possibile passare la frontiera.

validità *s.f.* l'essere valido; il periodo di tempo per cui qlco. è valido.

vàlido *agg.* **1** accettato come vero o come buono | che vale; valevole **2** efficace **3** che ha valore giuridico **4** vigoroso □ **-mente** *avv.*

valigerìa *s.f.* fabbrica di valigie; negozio dove si vendono valigie.

valìgia *s.f.* [pl. *-gie* o *-ge*] contenitore a forma di parallelepipedo, in cuoio, munito di uno o due manici, tela o altro, usato per portare abiti e oggetti in viaggio.

vallàta *s.f.* valle ampia e aperta.

vàlle *s.f.* **1** (*geog.*) ampia e profonda depressione della superficie terrestre delimitata da due pendici montuose | *a* —, in basso, giù; (anche *fig.*) **2** depressione paludosa nei pressi di un delta fluviale o di una laguna.

vallétta *s.f.* ragazza che aiuta il presentatore di uno spettacolo televisivo.

valligiàno *agg.* della valle, delle valli ♦ *s.m.* [f. *-a*] abitante, nativo di una valle.

vàllo *s.m.* (*st.*) recinto difensivo | cinta muraria.

vallóne *s.m.* valle stretta e profonda.

valóre *s.m.* **1** (*econ.*) caratteristica di un bene per cui esso è scambiabile con una quantità di altri beni, o può soddisfare un bisogno | (*estens.*) l'equivalente in denaro del bene stesso, il suo prezzo **2** *pl.* gioielli, oggetti preziosi **3** ciò per cui una persona, una cosa, una situazione sono apprezzabili **4** (*estens.*) *valori umani*, gli ideali a cui aspira l'uomo nella sua vita **5** coraggio, eroismo **6** validità, efficacia **7** (*scient.*) misura di una grandezza fisica.

valorizzàre *v.tr.* far acquistare valore | mettere in risalto ♦ **-rsi** *v.intr.pron.* accrescere di valore, di importanza.

valorizzazióne *s.f.* il valorizzare, il valorizzarsi, l'essere valorizzato.

valoróso *agg.* di persona, che ha valore e coraggio □ **-mente** *avv.*

valùta *s.f.* **1** moneta, carta moneta | *valute forti, deboli*, quelle che tendono, rispettivamente, ad aumentare o a diminuire di valore nei confronti delle altre **2** (*banc.*) il giorno a partire dal quale incominciano a decorrere gli interessi su una somma.

valutàre *v.tr.* [*io valùto* (anche *vàluto*) *ecc.*] **1** attribuire un valore a qlco. **2** (*fig.*) stimare **3** (*fig.*) vagliare.

valutàrio *agg.* che si riferisce alla valuta.

valutazióne *s.f.* il valutare, l'essere valutato.

vàlva *s.f.* **1** (*bot.*) ciascuna delle parti o sezioni in cui si divide il guscio di capsule o legumi **2** (*zool.*) ciascuna delle due parti che formano la conchiglia dei molluschi bivalvi.

valvassìno *s.m.* nel sistema feudale, il vassallo del valvassore.

valvassóre *s.m.* nel sistema feudale, il vassallo del vassallo del signore.

vàlvola *s.f.* **1** (*mecc.*) dispositivo per regolare il passaggio di un fluido in una conduttura **2** (*elettr.*) dispositivo che interrompe il passaggio della corrente; fusibile **3** (*anat.*) formazione membranosa o muscolare che, in un organo cavo, fa passare i liquidi in una sola direzione.

vàlzer *s.m.invar.* danza di ritmo ternario.

vamp *s.f.invar.* donna dalla bellezza vistosa e aggressiva.

vàmpa *s.f.* **1** grande fiamma | ondata di aria caldissima **2** (*estens.*) arrossamento improvviso del volto.

vampàta *s.f.* fiammata improvvisa; ondata di calore; vampa.

vampìro *s.m.* **1** secondo una superstizione popolare, persona morta il cui cadavere vaga di notte succhiando il sangue dei vivi **2** (*fig.*) strozzino.

vanàdio *s.m.* elemento chimico di simbolo *V*; è un metallo duro usato per acciai speciali e catalizzatori.

vanaglòria *s.f.* orgoglio di chi si vanta di qualità e meriti inesistenti.

vanaglorióso *agg.* che è pieno di vanagloria ♦ *s.m.* [f. *-a*] □ **-mente** *avv.*

vandàlico *agg.* [pl.m. *-ci*] **1** dei vandali **2** (*fig.*) degno di un vandalo; distruttore □ **-mente** *avv*.
vandalìsmo *s.m.* la tendenza a devastare per puro gusto di distruzione.
vàndalo *s.m.* [f. *-a*] **1** chi apparteneva all'antica popolazione germanica che nel V sec. d.C. invase e devastò l'Italia **2** (*fig.*) chi rovina cose di valore per ignoranza, inciviltà o puro gusto di distruzione.
vaneggiaménto *s.m.* il vaneggiare.
vaneggiàre *v.intr.* [*io vanéggio ecc.*; aus. *avere*] pensare o dire cose prive di senso.
vanèsio *agg.* e *s.m.* [f. *-a*] si dice di persona fatua, vanitosa.
vanéssa *s.f.* nome di alcune specie di farfalle diurne.
vànga *s.f.* attrezzo agricolo per dissodare il terreno.
vangàre *v.tr.* [*io vango, tu vanghi ecc.*] lavorare la terra con la vanga.
vangatùra *s.f.* l'operazione del vangare.
vangèlo *s.m.* **1** la notizia dell'avvento del regno di Dio e della redenzione degli uomini compiuta da Gesù Cristo **2** il testo scritto che tramanda il racconto della vita, morte, resurrezione di Gesù Cristo e la sua dottrina **3** (*fig. fam.*) verità sacrosanta.
vanificàre *v.tr.* [*io vanìfico, tu vanìfichi ecc.*] rendere inutile: — *un tentativo*.
vanìglia *s.f.* **1** pianta rampicante con fiori profumati e lunghi frutti **2** l'essenza che si ricava dal frutto di tale pianta, usata nell'industria dolciaria e in profumeria.
vanigliàto *agg.* aromatizzato con l'aggiunta di vaniglia.
vanità *s.f.* **1** compiacimento eccessivo di sé **2** l'essere inutile **3** cosa effimera.
vanitóso *agg.* pieno di vanità ♦ *s.m.* [f. *-a*] □ **-mente** *avv*.
vàno *agg.* **1** inutile **2** privo di fondamento, di contenuto **3** leggero, frivolo; vanitoso ♦ *s.m.* **1** spazio vuoto **2** stanza □ **-mente** *avv.* inutilmente.
vantàggio *s.m.* **1** posizione di superiorità; privilegio **2** utilità **3** nelle gare di corsa, il distacco acquistato sull'avversario.
vantaggióso *agg.* che arreca vantaggio; conveniente □ **-mente** *avv*.
vantàre *v.tr.* **1** magnificare, decantare **2** possedere qlco. che costituisce un motivo di orgoglio ♦ **-rsi** *v.rifl.* o *intr.pron.* compiacersi di meriti, capacità proprie.
vànto *s.m.* **1** il vantarsi **2** ciò che è motivo di orgoglio o di gloria.
vànvera solo nella loc. avv. *a* —, senza riflettere: *parlare a* —.
vapóre *s.m.* **1** sostanza aeriforme che si sviluppa da un liquido per ebollizione o per evaporazione **2** nave a vapore.
vaporétto *s.m.* piccola nave a vapore, adibita alla navigazione lacustre o fluviale | motonave di piccole dimensioni.
vaporizzàre *v.tr.* **1** ridurre un liquido in vapore o in goccioline minutissime **2** (*tecn.*) sottoporre all'azione del vapore ♦ *v.intr.* [aus. *essere*] ♦ **-rsi** *v.intr.pron.* evaporare.
vaporizzatóre *s.m.* apparecchio usato per vaporizzare un liquido.
vaporizzazióne *s.f.* riduzione di un liquido in piccolissime particelle mediante il vaporizzatore.
vaporosità *s.f.* l'essere vaporoso.
vaporóso *agg.* leggerissimo e trasparente; soffice □ **-mente** *avv*.
varàno *s.m.* rettile squamato diffuso nell'Africa settentrionale e nell'Asia sudorientale; la sua pelle è usata in pelletteria.
varàre *v.tr.* **1** far scendere in mare un natante appena costruito **2** (*fig.*) dare inizio | — *una legge*, promulgarla.
varcàre *v.tr.* [*io varco, tu varchi ecc.*] superare, oltrepassare.
vàrco *s.m.* [pl. *-chi*] **1** il varcare | *aspettare qlcu. al* —, (*fig.*) aspettare il momento opportuno per metterlo alla prova **2** apertura, passaggio disagevole.
varechìna *s.f.* candeggina.
variàbile *agg.* che varia, instabile ♦ *s.f.* (*mat.*) grandezza che può assumere tutti i valori appartenenti a un dato insieme □ **-mente** *avv*.
variabilità *s.f.* l'essere variabile.
variànte *s.f.* modificazione di un tipo fondamentale o di qlco. precedentemente stabilita.
variàre *v.tr.* [*io vàrio ecc.*] **1** modificare qlco. **2** rendere vario ♦ *v.intr.* [aus. *avere* con soggetto di persona, *essere* con soggetto di cosa] **1** cambiare **2** essere diverso.
variàto *agg.* vario □ **-mente** *avv*.
variazióne *s.f.* il variare; cambiamento, mutamento.
varìce *s.f.* (*med.*) dilatazione permanente di un tratto di vena.
varicèlla *s.f.* (*med.*) malattia infettiva dell'infanzia.
varicóso *agg.* (*med.*) si dice di vena che presenta varici.
variegàto *agg.* di colore vario, per lo più a strisce; screziato □ **-mente** *avv*.
varietà[1] *s.f.* **1** l'essere vario; molteplicità **2** diversità; assortimento **3** oggetto o individuo dotato di caratteristiche che lo differenziano da altri della stessa specie.
varietà[2] *s.m.* spettacolo di carattere leggero, composto da numeri di vario genere.

vàrio *agg.* **1** che ha in sé aspetti diversi **2** molteplice ♦ *s.m.* ciò che cambia, mutevole ♦ *s.f.pl.* cose diverse, di vario genere □ **-mente** *avv.*
variopìnto *agg.* di vari colori.
vàro *s.m.* **1** l'operazione del varare **2** (*fig.*) inaugurazione, prima prova di qlco.
vasàle *agg.* (*anat.*) che concerne i vasi.
vàsca *s.f.* **1** recipiente, in genere grande e fisso, destinato a contenere acqua o altri liquidi: — *da bagno*, recipiente di ceramica usato per la pulizia personale **2** (*sport*) piscina.
vascèllo *s.m.* la nave più grande e potente della marina velica da guerra, con tre alberi e tre ordini di cannoni.
vascolàre *agg.* **1** che riguarda la decorazione dei vasi di terracotta o di ceramica **2** (*biol.*) che concerne i vasi sanguigni e linfatici.
vascolopatìa *s.f.* (*med.*) denominazione generica che indica una malattia dei vasi sanguigni.
vasectomìa *s.f.* (*med.*) intervento chirurgico con cui si tagliano i canali spermatici nell'uomo, per renderlo sterile.
vaselìna *s.f.* sostanza organica semisolida, untuosa, formata da una miscela di idrocarburi; è usata come lubrificante e come eccipiente per pomate, unguenti ecc.
vasellàme *s.m.* assortimento di stoviglie.
vàso *s.m.* **1** nome generico di recipienti di varia forma e materiale usati per contenere oggetti o a scopo ornamentale **2** contenitore cilindrico di vetro per prodotti alimentari **3** (*biol.*) ciascuno dei canali o condotti degli organismi animali e vegetali: *vasi sanguigni.*
vasocostrittóre *agg.* e *s.m.* [f. *-trice*] (*med.*) si dice di ciò che ha la proprietà di restringere i vasi sanguigni.
vasodilatatóre *agg.* e *s.m.* [f. *-trice*] (*med.*) si dice di ciò che ha la proprietà di dilatare i vasi sanguigni.
vasomotilità *s.f.* (*med.*) l'attitudine dei vasi sanguigni a modificare le proprie dimensioni.
vassallàggio *s.m.* **1** (*st.*) condizione di dipendenza del vassallo dal feudatario **2** (*estens.*) sudditanza.
vassàllo *s.m.* **1** nell'età feudale, chi riceveva l'investitura di un feudo dal signore **2** (*spreg.*) servo ♦ *agg.* che è subordinato.
vassóio *s.m.* grande piatto piano, di forma e materiale vari, usato per portare vivande od oggetti vari.
vastità *s.f.* l'essere vasto.
vàsto *agg.* **1** che si estende per grande spazio; ampio **2** (*fig.*) di grande entità □ **-mente** *avv.*
vàte *s.m.* (*lett.*) **1** profeta **2** poeta di alta ispirazione.
vaticanìsta *s.m.* e *f.* [pl.m. *-sti*] studioso dell'attività religiosa e politica del Vaticano | giornalista corrispondente dal Vaticano.
vaticinàre *v.tr.* [*io vaticino* o *vatìcino ecc.*] (*lett.*) predire.
vaticìnio *s.m.* il predire cose future | ciò che viene predetto.
ve *pron.pers.m.* e *f. di seconda pers.pl.* [atono; usato come compl. di termine in luogo del pron. pers. *vi* in presenza delle forme pronominali atone *lo, la, li, le* e della particella *ne*, in posizione sia proclitica sia enclitica] a voi ♦ *avv.* [usato al posto dell'avv. *vi* in presenza delle forme pronominali atone *lo, la, li, le* e della particella *ne*, in posizione sia proclitica sia enclitica] nel luogo di cui si parla.
vecchiàia *s.f.* **1** fase avanzata della vita naturale **2** (con valore collettivo) i vecchi.
vècchio *agg.* **1** che si trova nell'ultimo periodo della vita naturale; anziano **2** che dura da molto tempo | consumato **3** non attuale **4** si dice di prodotto sottoposto a invecchiamento, a stagionatura ♦ *s.m.* [f. *-a*] chi si trova nella vecchiaia.
vecchiùme *s.m.* insieme di cose vecchie | insieme di idee, di usanze antiquate.
véccia *s.f.* [pl. *-ce*] pianta erbacea usata come foraggio.
véce *s.f.* *in — di*, **1** in luogo, in cambio di: *in — mia* (o *in mia —*), al posto mio **2** *pl.* mansioni esercitate da un sostituto.
vedére[1] *v.tr.* [pres. *io védo, tu védi, egli véde, noi vediamo, voi vedéte, essi védono*; fut. *io vedrò ecc.*; pass.rem. *io vidi, tu vedésti ecc.*; congiunt.pres. *io véda..., noi vediamo, voi vediate, essi védano*; cond.pres. *io vedrèi ecc.*; imp. *védi, vedéte*; ger. *vedèndo*; part.pres. *vedènte*; part.pass. *visto* o *veduto*] **1** percepire con l'occhio | *non poter — qlcu.*, (*fig.*) averlo in antipatia **2** incontrare **3** guardare; prendere in esame: — *una commedia, una partita*, assistervi **4** *non — l'ora di fare qlco.*, (*fig.*) essere ansioso di farla **5** comprendere, giudicare | *visto che*, dato che, poiché ♦ **-rsi** *v.rifl.* **1** percepire con gli occhi la propria immagine **2** scoprirsi ♦ *v.rifl.rec.* incontrarsi.
vedére[2] *s.m.* parere, opinione: *a mio —.*
vedétta *s.f.* **1** luogo elevato da cui si può osservare il territorio circostante **2** persona che sta di vedetta.
vedette *s.f.invar.* (*fr.*) nel mondo dello spettacolo, artista di grande successo.
védova *s.f.* donna a cui è morto il marito.
védovo *agg.* che ha perduto, per morte, il marito o la moglie ♦ *s.m.* uomo a cui è morta la moglie.

vedùta *s.f.* **1** panorama **2** quadro o fotografia che raffigura un paesaggio **3** *pl.* modo di vedere; idee.
veemènte *agg.* impetuoso □ **-mente** *avv.*
veemènza *s.f.* l'essere veemente.
vegetàle *agg.* **1** che è proprio o si riferisce agli organismi viventi che non appartengono al regno animale **2** che si ottiene da tali organismi ♦ *s.m.* ogni organismo vivente che appartiene al regno vegetale; pianta.
vegetàre *v.intr.* [io vègeto ecc.; aus. avere] **1** detto di vegetali, vivere, crescere e svilupparsi **2** (*fig.*) condurre una vita puramente vegetativa.
vegetariàno *agg.* e *s.m.* [f. -a] che/chi pratica una dieta da cui sono escluse le carni.
vegetatìvo *agg.* **1** che è proprio dei vegetali **2** negli organismi animali, che si riferisce alle funzioni della sola vita organica □ **-mente** *avv.*
vegetazióne *s.f.* **1** sviluppo di un vegetale **2** l'insieme dei vegetali che vivono in un luogo.
vègeto *agg.* **1** rigoglioso **2** (*fig.*) di persona, che ha salute e forza anche in età avanzata | *vivo e —*, si dice di chi è in perfetta salute dopo essere stato creduto malato o addirittura morto.
veggènte *s.m.* e *f.* indovino, mago.
véglia *s.f.* lo stare sveglio di notte.
vegliàrdo *s.m.* vecchio che ispira rispetto.
vegliàre *v. intr.* [io véglio ecc.; aus. avere] **1** stare sveglio di notte **2** (*fig.*) vigilare ♦ *v.tr.* assistere di notte: *— un infermo.*
veglióne *s.m.* festa da ballo.
veicolàre[1] *agg.* **1** di veicolo o di veicoli **2** (*scient.*) che riguarda o costituisce un mezzo di propagazione, di diffusione
veicolàre[2] *v.tr.* [io veìcolo ecc.] trasportare facendo da veicolo | (*fig.*) trasmettere.
veìcolo *s.m.* **1** qualsiasi mezzo di trasporto meccanico **2** (*estens.*) mezzo per diffondere qlco. | (*med.*) qualsiasi agente o mezzo che possa trasmettere un contagio.
véla *s.f.* **1** ampia tela di canapa sagomata che si applica agli alberi o ai pennoni di un'imbarcazione e che sfrutta il vento ai fini della propulsione | *a gonfie vele*, (*fig.*) benissimo **2** lo sport che si pratica con imbarcazioni a vela.
velàre[1] *v.tr.* [io vélo ecc.] **1** coprire con un velo **2** (*fig.*) offuscare; rendere spento **3** (*fig.*) nascondere ♦ **-rsi** *v.rifl.* coprirsi con un velo ♦ *v.intr.pron.* (*fig.*) annebbiarsi.
velàre[2] *agg.* **1** (*anat.*) del velo palatino **2** (*ling.*) si dice di suono articolato fra il dorso della lingua e il velo del palato.
velàto *agg.* **1** coperto da un velo **2** (*fig.*) offuscato **3** (*fig.*) non esplicito □ **-mente** *avv.*
velatùra[1] *s.f.* il velare, l'essere velato.
velatùra[2] *s.f.* (*mar.*) l'insieme delle vele di un bastimento.
vèlcro® *s.m.invar.* dispositivo di chiusura rapida costituito da due nastri di tessuto sintetico che si uniscono tra loro a pressione.
veleggiàre *v.intr.* [io veléggio ecc.; aus. avere] navigare.
velenìfero *agg.* che contiene o produce veleno.
veléno *s.m.* **1** sostanza che, introdotta nell'organismo, può causare la morte **2** (*fig.*) astio, rancore.
velenóso *agg.* **1** che contiene veleno **2** (*fig.*) pieno di astio □ **-mente** *avv.*
vèlico *agg.* [pl.m. -ci] della vela, delle vele.
velièro *s.m.* nave a vela.
velìna *s.f.* **1** carta velina **2** copia su carta velina di un dattiloscritto.
velìsmo *s.m.* lo sport della navigazione a vela.
velìsta *s.m.* e *f.* [pl.m. -sti] chi pratica il velismo.
velìvolo *s.m.* aeroplano, idrovolante, aliante.
velleità *s.f.* desiderio ambizioso ma inconcludente.
velleitàrio *agg.* che ha carattere di velleità ♦ *s.m.* [f. -a] □ **-mente** *avv.*
vèllo *s.m.* (*lett.*) la massa di pelo dell'animale da lana; la pelle intera di tale animale.
vellutàto *agg.* **1** che ha le qualità o l'apparenza del velluto **2** (*fig.*) morbido.
vellùto *s.m.* **1** tessuto ricoperto di pelo corto, fitto e molto morbido **2** (*fig.*) si dice di cosa liscia e morbidissima.
vélo *s.m.* **1** tessuto finissimo e trasparente **2** drappo che ripara o cela qlco. | *prendere il —*, farsi suora o monaca **3** strato molto sottile che ricopre qlco. **4** (*fig.*) apparenza ingannevole **5** *— pendulo, palatino*, (*anat.*) lamina muscolo-membranosa che pende dal fondo del palato e separa la bocca dalle fosse nasali.
velóce *agg.* **1** che si sposta con moto rapido **2** che agisce con rapidità **3** che passa in fretta □ **-mente** *avv.*
velocìmetro *s.m.* strumento per misurare a distanza la velocità di un mezzo mobile.
velocìsta *s.m.* e *f.* [pl.m. -sti] (*sport*) atleta specializzato nelle corse podistiche di velocità | ciclista specializzato nelle gare di velocità su pista.
velocità *s.f.* **1** l'essere veloce; rapidità **2** (*fis.*) rapporto tra lo spazio percorso da un

corpo mobile e il tempo impiegato a percorrerlo.

velòdromo *s.m.* pista a tracciato ellittico per gare ciclistiche.

véna *s.f.* **1** (*anat.*) vaso o canale membranoso che porta il sangue dalla periferia al cuore: **2** venatura **3** filone sotterraneo di un minerale **4** disposizione a fare qlco. | ispirazione creativa.

venàle *agg.* **1** di vendita | che si vende **2** (*spreg.*) fatto per denaro **3** (*fig.*) si dice di persona che agisce per lucro □ **-mente** *avv.*

venàto *agg.* **1** segnato da venature **2** (*fig.*) che reca il segno, la traccia di qlco.

venatòrio *agg.* relativo alla caccia.

venatùra *s.f.* segno ramificato, di colore diverso dal fondo, che percorre la superficie di un legno, di un marmo ecc.

vendémmia *s.f.* la raccolta dell'uva | la quantità di uva raccolta | il periodo dell'anno in cui si fa la raccolta.

vendemmiàre *v.tr.* [io vendémmio ecc.] raccogliere l'uva ♦ *v.intr.* [aus. avere] **1** fare la vendemmia **2** (*fig.*) fare grossi guadagni.

vendemmiatóre *s.m.* [f. -trice] chi vendemmia.

véndere *v.tr.* [pres. *io véndo ecc.*; pass.rem. *io vendéi* o *vendètti, tu vendésti ecc.*; part.pass. *venduto*] **1** cedere ad altri la proprietà di qlco. ricevendone un corrispettivo | *sapersi —*, (*fig.*) sapersi valorizzare **2** esercitare un'attività commerciale determinata: — *frutta e verdura* **3** fare commercio di ciò che non dovrebbe essere oggetto di lucro ♦ **-rsi** *v.rifl.* fare mercato della propria dignità.

vendétta *s.f.* danno morale o materiale che si arreca ad altri per avere soddisfazione di un danno subìto.

vendicàre *v.tr.* [*io véndico, tu véndichi ecc.*] punire con la vendetta ♦ **-rsi** *v.rifl.* dare il contraccambio di un torto subito.

vendicativo *agg.* che è portato alla vendetta ♦ *s.m.* [f. -a].

vendicatóre *agg.* e *s.m.* [f. -trice] (*lett.*) che/chi compie una vendetta.

véndita *s.f.* **1** il vendere, l'essere venduto **2** quantità di merce venduta.

venditóre *s.m.* [f. -trice] proprietario o gestore di un negozio.

vendùto *agg.* **1** che è stato messo in vendita e comprato **2** detto di persona, che si è lasciato corrompere ♦ *s.m.* (*comm.*) la merce venduta.

veneficio *s.m.* (*antiq.*) omicidio commesso col veleno.

venèfico *agg.* [pl.m. -ci] **1** velenoso **2** (*fig.*) moralmente dannoso.

veneràbile *agg.* **1** che è degno di essere venerato **2** titolo d'onore di congregazioni religiose ♦ *s.m.* (*eccl.*) persona morta in odore di santità e non ancora beatificata □ **-mente** *avv.*

veneràndo *agg.* che si deve venerare | *età veneranda*, molto avanzata.

veneràre *v.tr.* [*io vènero ecc.*] fare oggetto di devozione, di ossequio.

venerazióne *s.f.* il venerare, l'essere venerato; sentimento di profonda devozione.

venerdì *s.m.* il quinto giorno della settimana.

vènere *s.f.* **1** *Venere*, (*astr.*) nel sistema solare, il secondo pianeta in ordine di distanza dal Sole **2** donna eccezionalmente bella.

venèreo *agg.* che riguarda l'amore fisico | *malattie veneree*, che si contraggono attraverso rapporti sessuali.

veneziàna *s.f.* **1** dolce cosparso di chicchi di zucchero **2** serramento costituito da stecche variamente inclinabili.

vènia *s.f.* (*lett.*) perdono per una colpa non grave: *chiedere —*.

veniale *agg.* (*relig.*) si dice di peccato non grave □ **-mente** *avv.*

venìre *v.intr.* [pres. *io vèngo, tu vièni, egli viène, noi veniamo, voi venite, essi vèngono*; fut. *io verrò ecc.*; pass.rem. *io vénni, tu venisti ecc.*; pres.congiunt. *io vènga..., noi veniamo, voi veniate, essi vèngano*; cond. *io verrèi ecc.*; imp. *vièni, venite*; part.pres. *veniènte*; part.pass. *venuto*; aus. *essere*] **1** recarsi nel luogo dove si trova o dove va la persona a cui si parla o la persona che parla **2** giungere | provenire | — *alle mani*, azzuffarsi **3** sopraggiungere, manifestarsi **4** riuscire: — *male* **5** — *meno*, di persona, svenire; di cosa, mancare **6** seguito da un part. pass., sostituisce l'aus. *essere* nella coniugazione passiva dei verbi nei tempi semplici ♦ **-rsi** *v.intr.pron.* [sempre con la particella *ne*] andare in un luogo; allontanarsi da un luogo ♦ *s.m.* lo spostarsi, il muoversi in una data direzione.

venóso *agg.* (*anat.*) delle vene.

ventàglio *s.m.* **1** arnese per farsi vento; è costituito da una striscia di seta o altro materiale incollata su stecche che si imperniano a un'estremità, così da potersi aprire e chiudere **2** (*fig.*) ampia gamma.

ventàta *s.f.* **1** colpo di vento **2** (*fig.*) moto improvviso e intenso.

ventennàle *agg.* **1** che dura vent'anni **2** che ricorre ogni vent'anni ♦ *s.m.* il ventesimo anniversario di un avvenimento.

vénti *agg.num.card.invar.* numero naturale corrispondente a due decine.

ventilàre *v.tr.* [*io vèntilo ecc.*] **1** far circolare l'aria **2** (*fig.*) proporre, prospettare: — *una proposta*.

ventilàto *agg.* arieggiato.
ventilatóre *s.m.* apparecchio elettrico costituito da una ventola il cui movimento crea una corrente d'aria.
ventilazióne *s.f.* aerazione.
ventiquattróre *s.f.* **1** gara sportiva che dura 24 ore **2** valigetta usata per brevi viaggi.
vènto *s.m.* (*meteor.*) spostamento di masse d'aria.
vèntola *s.f.* (*mecc.*) organo girante dei ventilatori.
ventósa *s.f.* **1** coppa di gomma che, premuta su una superficie, vi rimane attaccata **2** (*zool.*) in alcuni animali, organo che serve per afferrare o per aderire a qlco.
ventóso *agg.* esposto al vento | in cui c'è vento.
ventràle *agg.* del ventre.
vèntre *s.m.* **1** parte cava del corpo dell'uomo o di un animale, contenente l'intestino, lo stomaco e altri visceri; pancia **2** il grembo materno **3** (*estens.*) cavità: *il — della Terra.*
ventrésca *s.f.* la carne del ventre del tonno conservata sott'olio.
ventrìcolo *s.m.* (*anat.*) cavità all'interno di un organo: *— cardiaco*, ciascuna delle due cavità principali del cuore.
ventrìglio *s.m.* (*zool.*) parte dello stomaco degli uccelli.
ventrìloquo *agg.* e *s.m.* [f. *-a*] si dice di persona che sa parlare a labbra semichiuse e ferme, così che la sua voce non sembra provenire dagli organi vocali.
venture capital *loc.sost.m.invar.* (*ingl.*) (*fin.*) capitale investito in aziende appena nate o molto piccole, scommettendo sui loro progetti e sulla capacità di far profitti in futuro.
ventùro *agg.* (*lett.*) che deve venire.
venùta *s.f.* il venire: *aspettare la — di qlcu.*
venùto *s.m.* [f. *-a*] giunto in un luogo | *il primo —*, (*fig.*) persona di scarso valore o rilievo.
véra *s.f.* **1** fede matrimoniale **2** parapetto in muratura attorno alla bocca di un pozzo.
veràce *agg.* **1** che dice il vero **2** (*region.*) genuino □ **-mente** *avv.*
veracità *s.f.* l'essere verace.
verànda *s.f.* balconata chiusa con tende o vetrate.
verbàle[1] *agg.* **1** espresso a voce; orale **2** (*gramm.*) del verbo | *predicato —*, nell'analisi logica, il predicato costituito dal verbo non accompagnato da aggettivo o complemento predicativo □ **-mente** *avv.*
verbàle[2] *s.m.* documento che registra quanto è stato dichiarato oralmente in una riunione, in un dibattimento.
verbalizzàre *v.tr.* mettere a verbale ♦ *v.intr.* [aus. *avere*] redigere un verbale.
verbèna *s.f.* (*bot.*) genere di piante erbacee con piccoli fiori di vario colore.
vèrbo *s.m.* [pl. *i vèrbi*] **1** (*lett.*) parola **2** (*teol.*) la seconda persona della Trinità **3** (*gramm.*) parte variabile del discorso che indica un'azione o uno stato del soggetto.
verbosità *s.f.* l'essere verboso.
verbóso *agg.* che si dilunga inutilmente nello scrivere o nel parlare | prolisso □ **-mente** *avv.*
vérde *agg.* **1** detto del colore dell'iride intermedio tra il giallo e l'azzurro; è il colore dell'erba **2** di persona o di volto umano, livido **3** di vegetale, che non è ancora maturo **4** (*estens.*) ricco di vegetazione **5** non inquinante: *benzina —* ♦ *s.m.* **1** il colore verde **2** *essere al —*, (*fig.*) essere senza un soldo **3** le piante, i prati; zona riservata a prati e ad alberi **4** luce verde del semaforo stradale **5** [anche *f.*] chi appartiene al movimento politico che si batte per la difesa dell'ambiente.
verdeggiànte *agg.* verde e rigoglioso.
verderàme *s.m.invar.* (*agr.*) solfato di rame usato contro i parassiti delle piante.
verdésca *s.f.* grosso squalo dal corpo affusolato; è assai vorace e pericoloso.
verdétto *s.m.* decisione stabilita da una giuria.
verdìcchio *s.m.* vitigno coltivato nelle Marche che produce un'uva verde-giallastra; l'uva e il vino che se ne ricava.
verdùra *s.f.* nome collettivo degli ortaggi.
verdùzzo *s.m.* vitigno coltivato nel Friuli; l'uva e il vino che se ne ricava.
verecóndia *s.f.* pudore.
verecóndo *agg.* modesto, discreto □ **-mente** *avv.*
vérga *s.f.* **1** bacchetta lunga e sottile, bastone flessibile: *la — del pastore* **2** pezzo di metallo.
vergàre *v.tr.* [*io vérgo, tu vérghi ecc.*] scrivere a mano.
verginàle *agg.* da vergine; che si addice a una vergine.
vérgine *agg.* **1** si dice di donna che non ha mai avuto rapporti sessuali **2** (*estens.*) si dice di ciò che è rimasto allo stato naturale: *foresta —* **3** (*fig.*) puro ♦ *s.f.* **1** donna vergine | *la Vergine*, Maria, madre di Gesù **2** *Vergine*, (*astr.*) costellazione e segno dello zodiaco.
verginità *s.f.* **1** stato di chi è vergine **2** (*fig.*) integrità morale.
vergógna *s.f.* **1** sentimento di mortificazione derivante dalla consapevolezza che

un'azione, un discorso, propri o di altri, sono sconvenienti, ingiusti o indecenti **2** timidezza, impaccio **3** disonore **4** (*estens.*) cosa o persona che rechi vergogna.
vergognàrsi *v.intr.pron.* [io mi vergógno ecc.] **1** sentire vergogna **2** avere pudore, soggezione.
vergognóso *agg.* **1** si dice di persona che prova vergogna **2** che esprime o provoca vergogna ♦ *s.m.* [f. -a] □ **-mente** *avv.*
veridicità *s.f.* l'essere veridico.
verìdico *agg.* [pl.m. -ci] che dice la verità; veritiero.
verìfica *s.f.* accertamento, riscontro, controllo.
verificàre *v.tr.* [io verìfico, tu verìfichi ecc.] accertare la veridicità, l'esattezza, la legittimità di qlco. ♦ **-rsi** *v.intr.pron.* **1** avverarsi **2** accadere.
verìsmo *s.m.* movimento letterario italiano sviluppatosi negli ultimi decenni dell'Ottocento; produsse una narrativa che tendeva a una rappresentazione impersonale della realtà.
verìsta *s.m.* e *f.* [pl.m. -sti] esponente del verismo | usato anche come *agg.*
verità *s.f.* **1** qualità di ciò che è vero **2** ciò che è vero.
veritièro *agg.* che dice la verità | che è conforme alla verità.
vèrme *s.m.* **1** nome generico di animali invertebrati dal corpo molle, contrattile, privo di zampe **2** (*fig.*) persona abietta.
vermìfugo *agg.* e *s.m.* [pl.m. -ghi] si dice di farmaco che uccide i vermi parassiti dell'intestino e ne favorisce l'espulsione.
vermìglio *agg.* (*lett.*) di colore rosso carico ♦ *s.m.* il colore vermiglio.
vèrmut *s.m.invar.* vino liquoroso, bianco o rosso, ad alta gradazione alcolica; si beve come aperitivo.
vernàccia *s.f.* [pl. -ce] vitigno che dà un'uva bianca, originario della Liguria; l'uva e il vino che se ne ricavano.
vernàcolo *s.m.* il parlare proprio di un luogo.
vernìce[1] *s.f.* **1** soluzione che, stesa su un oggetto, forma una pellicola che colora o protegge l'oggetto stesso **2** (*fig.*) apparenza superficiale.
vernice[2] *s.f.* (*non com.*) vernissage.
verniciàre *v.tr.* [io vernìcio ecc.] coprire di uno strato di vernice ♦ **-rsi** *v.rifl.* (*scherz.*) truccarsi.
verniciatùra *s.f.* operazione del verniciare | lo strato di vernice.
vernissage *s.m.invar.* (*fr.*) inaugurazione di una mostra d'arte.
véro *agg.* **1** effettivo; autentico, genuino **2** conforme alla realtà ♦ *s.m.* **1** ciò che è vero in assoluto o in relazione a determinati fatti; verità **2** realtà concreta □ **-mente** *avv.*
verònica[1] *s.f.* pianta erbacea con piccoli fiori azzurri raccolti in spiga.
verònica[2] *s.f.* tela di lino con la quale la Veronica asciugò il volto di Gesù e sulla quale sarebbe rimasta miracolosamente impressa l'immagine del viso del Cristo.
verònica[3] *s.f.invar.* figura della corrida nella quale il torero attende l'assalto del toro tenendo stesa la cappa davanti a sé con le due mani.
verosimigliànte *agg.* verosimile.
verosimigliànza *s.f.* l'essere verosimile.
verosìmile *agg.* che ha l'aspetto del vero, che può essere vero □ **-mente** *avv.*
verricèllo *s.m.* piccolo argano.
vèrro *s.m.* maiale adulto adibito alla riproduzione.
verrùca *s.f.* (*med.*) escrescenza cutanea provocata da un virus.
versàccio *s.m.* smorfia accompagnata da suoni sguaiati.
versaménto *s.m.* **1** (*comm.*) consegna di una somma di denaro | la somma versata **2** (*med.*) raccolta di liquido in una cavità dell'organismo.
versànte *s.m.* ciascuno dei fianchi di un monte.
versàre *v.tr.* [io vèrso ecc.] **1** far uscire un liquido o un materiale incoerente dal recipiente in cui è contenuto **2** far affluire **3** depositare una somma di denaro ♦ *v.intr.* [aus. avere] trovarsi in un particolare stato ♦ **-rsi** *v.intr.pron.* immettersi con le proprie acque (detto di corso d'acqua).
versàtile *agg.* che ha attitudini molteplici; che nutre e coltiva interessi diversi.
versatilità *s.f.* l'essere versatile.
versàto *agg.* che ha inclinazione naturale per una disciplina, un'attività e la svolge con facilità.
verseggiàre *v.tr.* [io verséggio ecc.] mettere in versi ♦ *v.intr.* [aus. avere] comporre versi.
versétto *s.m.* ciascuna delle brevi frasi numerate in cui sono suddivisi i capitoli della Bibbia e del Corano.
versióne *s.f.* **1** traduzione **2** modo d'interpretare **3** insieme di modifiche apportate a un oggetto rispetto al prototipo.
vèrso[1] *s.m.* **1** (*metr.*) unità di base del testo poetico costituita da un certo numero di parole che, nella metrica tradizionale, corrispondono a un numero determinato di sillabe e rispettano un certo ritmo **2** suono emesso da un animale **3** esclamazione, suono inarticolato **4** senso, orientamento | *prendere qlcu. per il suo —*, saper trattare con lui.

vèrso[2] *s.m.* il rovescio di una moneta o di una medaglia.
vèrso[3] *prep.* **1** in direzione di | si unisce ai pron. pers. per lo più mediante la prep. *di* **2** nei pressi di **3** poco prima o poco dopo; circa a, intorno a (introduce un compl. di tempo determinato) **4** nei riguardi di.
vèrtebra *s.f.* (*anat.*) ciascuno dei segmenti ossei della colonna vertebrale.
vertebràti *s.m.pl.* (*zool.*) sottotipo di cordati caratterizzati da uno scheletro osseo o cartilagineo, il cui asse è formato da vertebre; vi appartengono mammiferi, uccelli, rettili, anfibi, pesci e ciclostomi.
vertènza *s.f.* controversia, lite.
vèrtere *v.intr.* [*io vèrto ecc.*; dif. del part. pass. e dei tempi composti] avere come argomento.
verticàle *agg.* **1** perpendicolare al piano dell'orizzonte **2** (*estens.*) ritto; che si svolge secondo una linea verticale ♦ *s.f.* **1** retta verticale **2** esercizio ginnico che consiste nel mettersi a testa in giù reggendosi sulle mani □ **-mente** *avv.*
verticalìsmo *s.m.* (*arch.*) il prevalere delle linee, delle strutture verticali.
vértice *s.m.* **1** la sommità; cima **2** (*fig.*) punto più alto **3** (*fig.*) complesso dei dirigenti di un organismo | riunione dei massimi dirigenti; summit **4** (*geom.*) il punto d'incontro dei lati di un angolo o di un poligono, o degli spigoli di un poliedro.
verticìsmo *s.m.* tendenza a concentrare il potere decisionale di un'organizzazione solo nel suo vertice.
vertìgine *s.f.* **1** (spec. *pl.*) sensazione che il corpo o gli oggetti circostanti ruotino od oscillino **2** (*fig.*) turbamento o esaltazione di fronte a qlco. di sconvolgente.
vertiginóso *agg.* **1** che dà le vertigini **2** (*fig.*) velocissimo, enorme □ **-mente** *avv.*
verve *s.f.invar.* estro | brio, vivacità.
vérza *s.f.* varietà di cavolo.
vescìca *s.f.* **1** (*anat.*, *zool.*) qualsiasi organo cavo a pareti sottili che raccoglie prodotti di secrezione liquida | — *urinaria*, sacco muscolo-membranoso nel quale si raccoglie l'urina **2** (*med.*) nome generico delle bolle di liquido che si formano sulla cute per scottature o sfregamenti.
vescovàdo *s.m.* **1** dignità, ufficio di vescovo **2** palazzo vescovile.
vescovìle *agg.* del vescovo: *palazzo* —.
véscovo *s.m.* (*eccl.*) chi ha il governo di una diocesi e può amministrare tutti i sacramenti.
vèspa[1] *s.f.* insetto imenottero di colore nero e giallo; le femmine hanno un pungiglione velenoso.
vèspa[2®] *s.f.* motociclo carenato di piccola cilindrata.
vespàio *s.m.* nido di vespe | *suscitare un* —, (*fig.*) una reazione clamorosa.
vespertìno *agg.* (*lett.*) della sera.
vèspro *s.m.* **1** (*lett.*) l'ora del tramonto; **2** (*lit.*) l'ora canonica che si recita verso il tramonto.
vessàre *v.tr.* [*io vèsso ecc.*] sottoporre qlcu. a imposizioni o maltrattamenti.
vessazióne *s.f.* il vessare, l'essere vessato.
vessìllo *s.m.* **1** bandiera **2** (*fig.*) insegna.
vestàglia *s.f.* indumento da casa aperto davanti, per lo più lungo e ampio: *stare in* —. dim. *vestaglietta*.
vestàle *s.f.* **1** (*st.*) vergine romana addetta al culto di Vesta **2** (*fig.*) custode di un principio, di un ideale, di un'istituzione.
vèste *s.f.* **1** abito **2** (*fig.*) apparenza **3** (*fig.*) funzione: *intervenire in — ufficiale*.
vestiàrio *s.m.* assortimento di indumenti.
vestìbolo *s.m.* (*anat.*) nome di alcune cavità che danno adito ad altre maggiori.
vestìgio *s.m.* [pl. *i vestigi* o *le vestigia*] traccia, segno; ricordo.
vestìre *v.tr.* [*io vèsto ecc.*] **1** coprire qlcu. con vestiti **2** (*estens.*) confezionare vestiti per qlcu. **3** indossare ♦ *v.intr.* [aus. *avere*] portare indosso abiti di un certo tipo ♦ **-rsi** *v.rifl.* **1** indossare un vestito **2** abbigliarsi in un certo modo ♦ *v.intr.pron.* (*lett.*) rivestirsi ♦ *s.m.* abbigliamento.
vestìto[1] *agg.* che ha indosso gli abiti.
vestìto[2] *s.m.* abito.
veteràno *s.m.* [f. *-a*] **1** ex-soldato ormai anziano **2** (*fig.*) chi da molto tempo esercita un'attività.
veterinària *s.f.* scienza che studia la fisiologia e la patologia degli animali domestici | corso di studi universitari che riguarda questa scienza.
veterinàrio *s.m.* [f. *-a*] chi è laureato in veterinaria ed esercita professionalmente questa scienza ♦ *agg.* che si riferisce alla veterinaria.
vèto *s.m.* **1** atto formale che impedisce l'esecuzione di un provvedimento **2** (*estens.*) divieto.
vetràio *s.m.* [f. *-a*] **1** operaio addetto alle operazioni di lavorazione del vetro **2** chi vende, taglia e applica lastre di vetro.
vetràrio *agg.* che riguarda la lavorazione del vetro.
vetràta *s.f.* chiusura costituita da vetri sostenuti da un telaio.
vetràto *agg.* **1** che ha vetri **2** che contiene vetro: *carta vetrata*, carta cosparsa di minutissimi frammenti di vetro.
vetrerìa *s.f.* fabbrica o negozio di vetri o di oggetti di vetro.

vetrìna *s.f.* **1** parte del negozio in cui si espongono le merci **2** (*fig.*) luogo, manifestazione che costituisce la migliore rassegna di attività, prodotti e sim. **3** mobile a vetri.

vetrinìsta *s.m.* e *f.* [pl.m. *-sti*] chi, per professione, allestisce le vetrine dei negozi.

vetrìno *s.m.* (*scient.*) lastrina di vetro su cui si pongono i preparati da osservare al microscopio.

vetriòlo *s.m.* (*chim.*) nome di alcuni solfati metallici cristallizzati e idratati.

vétro *s.m.* **1** materiale solido composto di vari silicati che si presenta come una massa omogenea, dura, fragile, trasparente, impermeabile, resistente ai reagenti chimici **2** oggetto di vetro | lastra di vetro.

vetrocemènto *s.m.* (*edil.*) struttura costituita da lastre di vetro inserite in un'armatura di cemento armato.

vetrorèsina *s.f.* materia plastica rinforzata da fibre di vetro.

vétta *s.f.* **1** parte superiore; cima **2** (*fig.*) primo posto: *essere in — alla classifica.*

vettóre *s.m.* **1** (*fis.*) ente geometrico che descrive una grandezza dotata di valore numerico, direzione e verso **2** (*comm.*) chi trasporta merci per conto di terzi ♦ *agg.* [f. *vettrice*] che trasporta | *razzo —*, (*aer.*) quello che trasporta fuori dall'atmosfera terrestre un veicolo spaziale.

vettoriàle *agg.* (*fis.*) di vettore, relativo a vettori.

vettovàglia *s.f.* (spec. *pl.*) il complesso dei viveri necessari al sostentamento di un reparto militare, di una comunità.

vettovagliaménto *s.m.* approvvigionamento di viveri.

vettùra *s.f.* **1** carrozza ferroviaria o tranviaria **2** automobile.

vezzeggiàre *v.tr.* [*io vezzéggio ecc.*] fare le moine; coccolare.

vezzeggiatìvo *agg.* che tende a vezzeggiare ♦ *s.m.* (*gramm.*) forma alterata di un sostantivo o di un aggettivo, che suggerisce un'idea di grazia, piccolezza e affetto.

vézzo *s.m.* **1** abitudine **2** *pl.* smancerie, moine.

vezzóso *agg.* **1** pieno di grazia e di bellezza **2** lezioso, affettato ♦ *s.m.* [f. *-a*] chi assume modi leziosi e affettati □ **-mente** *avv.*

vi *pron.pers. di seconda pers.pl.* [forma compl. atona del pron. pers. *voi*] **1** voi (si usa come compl. oggetto, in posizione sia proclitica sia enclitica) **2** a voi (si usa come compl. di termine, in posizione sia proclitica sia enclitica) ♦ *pron.dimostr.* riferito a cosa, equivale a *ciò* preceduto da prep.; è sinonimo di *ci* ♦ avv. è usato con verbi di stato e di moto (meno frequentemente di *ci*) qui, in questo luogo; là, in quel luogo.

vìa[1] *s.f.* **1** strada **2** sentiero; varco, passaggio | *—, per —*, per mezzo di **3** percorso, itinerario **4** (*fig.*) carriera **5** (*fig.*) modo di vivere: *la retta —* **6** (*fig.*) sistema, mezzo, maniera | *adire le vie legali*, fare ricorso ai tribunali | *vie traverse*, mezzi illeciti.

vìa[2] *avv.* esprime allontanamento | *andar —*, andarsene | *portar —*, prendere con sé | *essere —*, (*fam.*) non essere nella propria sede abituale ♦ *inter.* **1** per cacciare qlcu. **2** per incitare **3** per dare il segnale d'inizio ♦ *s.m.* segnale di inizio.

viabilità *s.f.* **1** possibilità di transito **2** rete stradale **3** il complesso delle norme e attività relative a vie e strade.

via crucis *loc.sost.f.invar.* (*lat.*) **1** (*relig.*) esercizio di pietà che consiste nel meditare sulla passione di Cristo davanti a tutte le immagini che ne raffigurano gli episodi principali **2** (*fig.*) serie di sofferenze.

viadótto *s.m.* ponte che permette a una strada o a una ferrovia di superare una valle o una depressione del terreno.

viaggiàre *v.intr.* [*io viàggio ecc.*; aus. *avere*] **1** spostarsi da un luogo a un altro con un mezzo di trasporto | (*assol.*) fare viaggi **2** essere trasportato **3** (*fig.*) spostarsi con l'immaginazione.

viaggiatóre *agg.* [f. *-trice*] che viaggia | *commesso —*, rappresentante di prodotti ♦ *s.m.* **1** chi viaggia su mezzi di trasporto pubblici **2** chi compie viaggi di esplorazione, scoperta o anche di turismo.

viàggio *s.m.* **1** il viaggiare **2** tragitto **3** (*fig.*) spostamento immaginario: *— nel tempo.*

viàle *s.m.* strada larga e alberata.

viandànte *s.m.* e *f.* chi compie un lungo viaggio a piedi.

viàtico *s.m.* **1** (*relig.*) l'ultima comunione che un cristiano riceve per prepararsi alla morte **2** (*fig.*) conforto.

viavài *s.m.* l'andare e venire di più persone.

vibrànte *agg.* **1** che vibra **2** (*fig.*) che esprime intensità di sentimenti.

vibràre *v.tr.* scagliare | dare con forza ♦ *v.intr.* [aus. *avere*] **1** muoversi con vibrazioni **2** (*estens.*) risuonare.

vibràtile *agg.* che vibra | *ciglia vibratili*, appendici, dotate di movimento vibratorio, che sono gli organi di moto di alcuni microrganismi.

vibràto *agg.* **1** scagliato **2** (*fig.*) concitato, vigoroso ♦ *s.m.* (*mus.*) effetto musicale costituito da un'intensa oscillazione del suono □ **-mente** *avv.*

vibrazióne *s.f.* **1** oscillazione di piccola ampiezza e alta frequenza **2** (*fig.*) intonazione fremente.
vibrióne *s.m.* (*biol.*) genere di batteri a forma di bastoncino leggermente ricurvo, con un ciglio a un'estremità.
vibrìssa *s.f.* (*zool.*) ciascuno dei peli lunghi, con funzione tattile, di cui sono forniti molti mammiferi (*p.e.* i baffi del gatto).
vibromassàggio *s.m.* massaggio terapeutico effettuato con apposito vibratore.
vibròmetro *s.m.* (*fis.*) strumento per misurare le vibrazioni meccaniche di strutture solide.
vicariàto *s.m.* (*eccl.*) giurisdizione e ufficio di vicario.
vicàrio *s.m.* chi fa le veci di un superiore, esercitandone temporaneamente i poteri ♦ *agg.* che fa le veci di un altro.
vìce *s.m.* e *f.invar.* (*fam.*) persona che fa le veci di un'altra; sostituto.
vicènda *s.f.* **1** avvicendamento di cose, avvenimenti **2** fatto, caso.
vicendévole *agg.* reciproco □ **-mente** *avv.*
vicevèrsa *avv.* **1** in direzione opposta; al contrario **2** (*fam.*) invece.
vichìngo *agg.* [pl.m. *-ghi*] che appartiene a una popolazione guerriera di stirpe germanica, protagonista dell'espansione scandinava dei secoli VIII-XI ♦ *s.m.* [f. *-a*] **1** appartenente alla popolazione vichinga **2** (*scherz.*) scandinavo | persona alta e bionda.
vicinànza *s.f.* **1** l'essere vicino nello spazio o nel tempo **2** (*fig.*) affinità **3** *pl.* i dintorni.
vicinàto *s.m.* il gruppo di case vicine e la gente che vi abita.
vicìno *agg.* **1** che non è lontano nello spazio o nel tempo **2** (*fig.*) che ha stretti rapporti di parentela o di amicizia | che partecipa ai sentimenti di qlcu. **3** (*fig.*) simile ♦ *s.m.* [f. *-a*] chi è o abita vicino ♦ *avv.* a poca distanza | nella loc. prep. — *a*, presso.
vicissitùdine *s.f.* (spec. *pl.*) traversia.
vìcolo *s.m.* via molto stretta | — *cieco*, senza uscita.
videàta *s.f.* l'insieme di dati visualizzati tutti in una volta sullo schermo di un terminale.
vìdeo *s.m.* [pl. *invar.*] lo schermo di un televisore o di un terminale.
video- primo elemento di parole composte che si riferiscono a dispositivi che utilizzano uno schermo video.
videocassétta *s.f.* cassetta contenente un nastro magnetico per videoregistrazioni.
videocitòfono *s.m.* citofono collegato a un impianto televisivo a circuito chiuso.
videoclìp *s.m.invar.* (*ingl.*) brevissimo film che accompagna un brano di musica leggera.
videogiòco *s.m.* [pl. *-chi*] gioco elettronico che simula su un monitor o su un normale teleschermo, gli eventi di una gara.
videoléso *agg.* e *s.m.* [f. *-a*] (*med.*) che/chi ha una menomazione nella vista.
videoregistratóre *s.m.* apparecchio per videoregistrazione.
videoregistrazióne *s.f.* registrazione magnetica che consenta la riproduzione delle immagini su uno schermo televisivo.
videoscrittùra *s.f.* sistema di scrittura mediante elaboratore elettronico.
vidimàre *v.tr.* [*io vìdimo ecc.*] (*burocr.*) convalidare con un bollo.
vidimazióne *s.f.* (*burocr.*) il vidimare, l'essere vidimato.
vietàre *v.tr.* [*io vièto ecc.*] proibire, non permettere, impedire.
vietàto *agg.* proibito.
vigènte *agg.* che è in vigore.
vìgere *v.intr.* [si usa solo nelle terze persone sing. e pl. del pres. e imperf. indic. e congiunt., nel part. pres. e nel ger. pres.] essere in vigore.
vigilànte *s.m.* [pl. *vigilantes*] (*sp.*) agente di un corpo di polizia privata, addetto alla sorveglianza di banche, residenze private ecc.
vigilànza *s.f.* **1** sorveglianza, controllo **2** cura, attenzione scrupolosa.
vigilàre *v.intr.* [*io vìgilo ecc.*; aus. *avere*] sorvegliare; badare.
vigilàto *agg.* sorvegliato | *libertà vigilata*, (*dir.*) misura di sicurezza non detentiva che limita la libertà personale ♦ *s.m.* [f. *-a*].
vigilatrìce *s.f.* donna che ha funzioni di vigilanza e assistenza ai bambini.
vìgile *agg.* che vigila; attento: *occhio* — ♦ *s.m.* [f. *invar.* o pop. *-essa*] chi fa parte di determinati corpi di guardie: — *urbano*, guardia di polizia locale.
vigìlia *s.f.* **1** (*relig.*) giorno che precede una festa solenne **2** (*estens.*) tempo che precede un evento.
vigliaccherìa *s.f.* **1** viltà **2** azione da vigliacco.
vigliàcco *agg.* e *s.m.* [f. *-a*; pl.m. *-chi*] che/chi manca di coraggio; vile □ **-mente** *avv.*
vìgna *s.f.* vigneto.
vignéto *s.m.* terreno coltivato a vite.
vignétta *s.f.* piccola illustrazione, per lo più di carattere satirico o umoristico.
vignettìsta *s.m.* e *f.* [pl.m. *-sti*] chi disegna vignette umoristiche.
vigógna *s.f.* **1** mammifero ruminante delle Ande che fornisce lana pregiata **2** la stoffa tessuta con la lana di vigogna.

vigóre *s.m.* **1** forza vitale **2** (*fig.*) forza, energia **3** di leggi, decreti ecc., validità.
vigoróso *agg.* che ha vigore □ **-mente** *avv.*
vìle *agg.* **1** vigliacco **2** di cosa o atto, che denota viltà ♦ *s.m.* e *f.* persona vile □ **-mente** *avv.*
vilipèndio *s.m.* *reato di* —, (*dir.*) consistente nel manifestare pubblicamente disprezzo verso persone, istituzioni tutelate dalla legge.
vilipéso *agg.* oltraggiato.
vìlla *s.f.* casa signorile, circondata da un giardino o da un parco.
villàggio *s.m.* **1** centro abitato di limitate dimensioni **2** nome di quartieri o di gruppi di edifici urbani destinati a una certa categoria di persone.
villanàta *s.f.* atto, discorso da villano.
villanìa *s.f.* **1** l'essere villano **2** sgarbo.
villàno *s.m.* [f. -a] **1** (*lett.*) contadino **2** (*spreg.*) persona rozza, priva di garbo e cortesia; cafone ♦ *agg.* rozzo, scortese □ **-mente** *avv.*
villeggiànte *s.m.* e *f.* chi è in villeggiatura.
villeggiàre *v.intr.* [*io villéggio ecc.*; aus. *avere*] trascorrere un periodo di tempo in campagna, al mare o in montagna, per riposarsi.
villeggiatùra *s.f.* il villeggiare.
vìllo *s.m.* (*anat.*, *biol.*) ciascuna delle piccole sporgenze di forma cilindrica presenti nella mucosa dell'intestino tenue.
villóso *agg.* **1** (*anat.*, *bot.*) si dice di organo provvisto di villi **2** peloso □ **-mente** *avv.*
viltà *s.f.* vigliaccheria.
vilùcchio *s.m.* pianta erbacea con fiori bianchi a campana.
vilùppo *s.m.* **1** groviglio **2** (*fig.*) confusione inestricabile.
vìmine *s.m.* (spec. *pl.*) ramo sottile e flessibile di salice, adoperato per fare canestri, sedie ecc.
vinàccia *s.f.* [pl. -ce] (spec. *pl.*) ciò che rimane dell'uva pigiata.
vinavìl® *s.m.invar.* colla a freddo costituita da una sospensione acquosa di acetato di polivinile.
vìncere *v.tr.* [pres. *io vinco, tu vinci ecc.*; pass.rem. *io vinsi, tu vincésti ecc.*; part.pass. *vinto*] **1** battere, superar | (*fig.*) sopraffare: *essere vinto dal sonno* **2** portare a termine con successo **3** essere superiore in qlco. **4** convincere **5** dominare, tenere a freno ♦ *v.intr.* [aus. *avere*] avere la meglio ♦ **-rsi** *v.rifl.* dominarsi.
vìncita *s.f.* **1** il vincere al gioco **2** la cosa, la somma vinta.
vincitóre *agg.* e *s.m.* [f. *-trice*] che/chi vince.
vincolànte *agg.* che vincola, che comporta un obbligo.
vincolàre *v.tr.* [*io vìncolo ecc.*] obbligare con vincoli morali o legali.
vincolàto *agg.* obbligato | sottoposto a condizione: *deposito bancario* —, che non si può ritirare prima di una data scadenza.
vìncolo *s.m.* **1** legame **2** (*fig.*) obbligo morale o giuridico.
vinìcolo *agg.* che riguarda il vino.
vinìle *s.m.* (*chim.*) costituente fondamentale di molte resine sintetiche.
vìno *s.m.* bevanda alcolica ottenuta dalla fermentazione del mosto d'uva.
vintage *s.m.invar.* **1** vino di pregio che porta sulla bottiglia l'indicazione dell'annata **2** (*abbigl.*) capo di vestiario o accessorio firmato o di alta moda del passato | lo stile di chi si abbiglia con capi d'epoca, anche mescolandoli con abiti moderni.
vìnto *agg.* **1** sconfitto **2** portato a compimento con successo **3** conquistato ♦ *s.m.* [f. -a] chi è stato superato | *un* —, (*fig.*) si dice di chi non è riuscito a realizzare le proprie aspirazioni.
viòla[1] *s.f.* (*bot.*) genere di piante erbacee perenni | — *mammola*, con un breve rizoma, foglie cuoriformi e fiori violetti ♦ *s.m.invar.* colore tra il rosso scuro e il turchino ♦ *agg.invar.* di colore viola.
viòla[2] *s.f.* (*mus.*) strumento ad arco della famiglia del violino.
violàceo *agg.* di colore viola o tendente al viola.
violàre *v.tr.* [*io vìolo ecc.*] **1** guastare con la violenza **2** penetrare con la forza **3** non rispettare.
violazióne *s.f.* il violare, l'essere violato.
violentàre *v.tr.* [*io violènto ecc.*] sottoporre a violenza fisica o morale | stuprare.
violènto *agg.* **1** si dice di persona che ricorre alla forza per imporre la propria volontà **2** detto, fatto con violenza **3** (*estens.*) impetuoso **4** (*fig.*) forte, intenso ♦ *s.m.* [f. -a] persona violenta □ **-mente** *avv.*
violènza *s.f.* **1** l'essere violento **2** azione aggressiva **3** — *carnale*, (*dir.*) il delitto consistente nel costringere qlcu. a un rapporto sessuale.
violétto *s.m.* uno dei sette colori dell'iride, l'ultimo in ordine di lunghezza d'onda; viola ♦ *agg.* di colore viola.
violinìsta *s.m.* e *f.* [pl.m. *-sti*] chi suona il violino.
violìno *s.m.* **1** (*mus.*) il più acuto e piccolo dei moderni strumenti ad arco **2** (*estens.*) violinista.
violìsta *s.m.* e *f.* [pl.m. *-sti*] chi suona la viola.

violoncellista *s.m.* e *f.* [pl.m. -*sti*] chi suona il violoncello.
violoncèllo *s.m.* (*mus.*) **1** strumento ad arco simile al violino, ma più grande e di registro più grave **2** (*estens.*) violoncellista.
viòttolo *s.m.* sentiero.
vip *s.m.* e *f.invar.* persona importante | usato anche come *agg.invar.*: *locale* —.
vìpera *s.f.* (*zool.*) genere di rettili squamati; hanno morso velenosissimo | *essere una* —, (*fig.*) si dice di persona perfida.
viràle *agg.* (*med.*) di virus | dovuto a virus.
viràre *v.intr.* [aus. *avere*] **1** (*mar.*) mutare rotta **2** (*aer.*) manovrare in modo che l'aereo muti direzione.
viràta *s.f.* **1** (*mar.*, *aer.*) il virare **2** (*sport*) nel nuoto, inversione di direzione dopo aver toccato il bordo della piscina.
vìrgola *s.f.* segno d'interpunzione [,] che indica la pausa più breve in un periodo.
virgolétta *s.f.pl.* ciascuno dei due segni grafici [''] tra cui si chiude una citazione, un discorso diretto, una parola o frase a cui si attribuisce un significato particolare.
virgùlto *s.m.* (*lett.*) piccola pianta giovane.
virìle *agg.* **1** da uomo; maschile **2** da uomo adulto **3** (*fig.*) proprio di persona coraggiosa □ **-mente** *avv.*
virilità *s.f.* **1** l'età dell'uomo adulto **2** prestanza sessuale del maschio **3** (*fig.*) forza d'animo.
virologìa *s.f.* ramo della microbiologia che studia i virus.
virtù *s.f.* **1** la disposizione costante della volontà alla legge morale; l'abitudine di fare il bene | nella teologia cristiana: — *cardinali*, prudenza, giustizia, fortezza e temperanza; — *teologali*, fede, speranza e carità **2** (*estens.*) ogni buona qualità dell'animo **3** efficacia; facoltà | *in* (o *per*) — *di*, in forza, a opera di.
virtuàle *agg.* **1** potenziale **2** (*fis.*) che si potrebbe effettuare **3** simulato: *incontri virtuali* □ **-mente** *avv.*
virtuosìsmo *s.m.* **1** eccezionale capacità tecnica in un artista o in un atleta **2** (*estens.*) straordinaria abilità.
virtuóso *agg.* **1** che si comporta secondo virtù **2** conforme a virtù **3** che dimostra virtuosismo ♦ *s.m.* [f. -*a*] **1** persona virtuosa **2** artista o atleta di eccezionali capacità tecniche □ **-mente** *avv.*
virulènto *agg.* **1** (*biol.*) si dice di malattia infettiva acuta **2** (*fig.*) aspro, violento.
virulènza *s.f.* **1** (*biol.*) accentuata attività patogena di un microrganismo **2** alto grado di tossicità di un veleno **3** (*fig.*) violenza.
vìrus *s.m.invar.* (*biol.*) agente patogeno che vive e si replica solo a spese di una cellula vivente.
visa *s.m.invar.* visto d'ingresso per un paese straniero.
visagìsta *s.m.* e *f.* [pl.m. -*sti*] estetista.
vis-à-vis *loc.avv.* (*fr.*) faccia a faccia.
visceràle *agg.* **1** relativo ai visceri **2** (*fig.*) istintivo e profondo □ **-mente** *avv.*
vìscere *s.m.* [pl. *i vìsceri* nel sign. proprio; *le vìscere* nel sign. proprio e fig.] **1** ciascuno degli organi contenuti nella cavità toracica e addominale **2** *pl.* (*fig.*) la parte più interna di qlco.
vìschio *s.m.* [pl. -*schi*] arbusto sempreverde con foglie carnose, e frutti a forma di piccole bacche; i rami si usano come ornamento.
vischióso *agg.* viscoso □ **-mente** *avv.*
vìscido *agg.* **1** che dà al tatto una sgradevole sensazione di umido e scivoloso **2** (*fig.*) subdolo, ipocrita □ **-mente** *avv.*
viscónte *s.m.* titolo immediatamente superiore a quello di barone e inferiore a quello di conte.
viscósa *s.f.* liquido denso ottenuto dal trattamento della cellulosa.
viscosità *s.f.* (*fis.*) il minore o maggiore grado di scorrevolezza di un fluido.
viscóso *agg.* (*fis.*) si dice di sostanza caratterizzata da alta viscosità □ **-mente** *avv.*
visìbile *agg.* **1** che può essere percepito dalla vista **2** (*estens.*) chiaro, palese □ **-mente** *avv.*
visibìlio *s.m.* *andare in* —, entusiasmarsi.
visibilità *s.f.* **1** l'essere visibile **2** grado di trasparenza dell'atmosfera.
visièra *s.f.* **1** nelle armature, la parte dell'elmo che si calava sul viso **2** elemento trasparente e mobile del casco **3** piccola tesa rigida a mezzaluna sul davanti di alcuni copricapi.
visionàrio *agg.* e *s.m.* [f. -*a*] **1** che/chi ha allucinazioni visive **2** (*estens.*) si dice di persona che ha progetti irrealizzabili □ **-mente** *avv.*
visióne *s.f.* **1** il vedere | osservazione attenta, esame **2** (*fig.*) quadro complessivo di un fenomeno **3** ciò che si vede; scena che colpisce **4** (*cine.*) proiezione di un film **5** allucinazione **6** (*relig.*) fenomeno mistico consistente nel percepire fisicamente l'immagine di realtà soprannaturali.
vìsita *s.f.* **1** il recarsi e il trattenersi per qualche tempo presso qlcu. o in un luogo **2** (*med.*) insieme delle osservazioni che il medico compie sul paziente **3** ispezione.
visitàre *v.tr.* [*io vìsito ecc.*] **1** fare una visita **2** sottoporre a visita medica.

visitatóre *s.m.* chi si reca in visita presso qlcu.; chi visita musei, esposizioni e simili.
visìvo *agg.* della vista, relativo alla vista o alla visione | *arti visive*, le arti figurative □ **-mente** *avv.*
vìso *s.m.* volto, faccia.
visóne *s.m.* piccolo mammifero carnivoro con pelo bruno, morbido e lucente | la pelliccia che se ne ricava.
visóre *s.m.* (*foto.*) apparecchio per guardare in trasparenza diapositive.
vìspo *agg.* pieno di vita.
vissùto *agg.* che ha esperienza della vita: *un uomo —* ♦ *s.m.* (*psicol.*) ciò che si vive quotidianamente: *il — familiare*.
vìsta *s.f.* **1** il senso che dà la facoltà di vedere | *avere la — lunga*, (*fig.*) essere lungimirante | *a — d'occhio*, per quanto l'occhio può spaziare **2** possibilità di vedere | *guardare a —*, tenere continuamente sott'occhio **3** veduta, scena **4** occhiata, rapido esame.
vistàre *v.tr.* (*burocr.*) mettere il visto a un documento.
vìsto *s.m.* (*burocr.*) formula con cui si attesta di aver letto e approvato un documento.
vistóso *agg.* **1** appariscente **2** (*estens.*) ingente □ **-mente** *avv.*
visuàle *agg.* proprio della vista ♦ *s.f.* vista, prospettiva; possibilità di vedere □ **-mente** *avv.*
visualizzàre *v.tr.* **1** esprimere per mezzo di immagini **2** rendere visibile.
vìsus *s.m.invar.* (*lat.*) (*fisiol.*) capacità dell'apparato visivo di percepire immagini distinte | misura dell'acuità visiva espressa in decimi.
vìta[1] *s.f.* **1** lo stato di attività naturale di un organismo che si conserva, si sviluppa, si riproduce **2** il vivere particolare di ogni individuo: *— agiata* **3** esistenza **4** il mondo **5** salute, vitalità | animazione **6** si dice di ciò che dà significato all'esistenza **7** ciò che è necessario materialmente per vivere.
vìta[2] *s.f.* la parte incavata del corpo umano sopra i fianchi.
vitàle *agg.* **1** della vita **2** indispensabile alla vita **3** (*fig.*) essenziale **4** che ha vitalità □ **-mente** *avv.*
vitalità *s.f.* **1** capacità di vivere **2** (*estens.*) vigoria, vivacità, energia | (*fig.*) attitudine a mantenersi operante, efficiente.
vitalìzio *agg.* che dura tutta la vita ♦ *s.m.* (*dir.*) contratto con cui si cedono beni in cambio di una rendita vitalizia.
vitamìna *s.f.* (*biol.*) ciascuna delle sostanze organiche indispensabili per i processi biochimici delle cellule animali; sono contenute in quasi tutti gli alimenti.
vitamìnico *agg.* [pl.m. *-ci*] delle vitamine | ricco di vitamine.
vitaminizzàto *agg.* arricchito con vitamine.
vìte[1] *s.f.* pianta legnosa rampicante con rami nodosi dotati di viticci prensili e foglie palmate; i suoi frutti sono bacche succose riunite in grappoli.
vìte[2] *s.f.* (*mecc.*) organo di collegamento costituito da un corpo cilindrico con una sporgenza elicoidale, dotato a un'estremità di un ingrossamento che ne consente la rotazione | *giro di —*, (*fig.*) irrigidimento, inasprimento di una disciplina.
vitèllo *s.m.* **1** il nato della vacca finché conserva la dentizione di latte **2** la carne dell'animale macellato **3** la pelle conciata dell'animale.
vitellóne *s.m.* **1** vitello che ha superato un anno **2** (*fig.*) giovane ozioso e frivolo.
viticoltóre *s.m.* agricoltore che si dedica alla coltura della vite.
viticoltùra *s.f.* coltivazione della vite.
vitìgno *s.m.* ciascuna delle varietà di vite.
vìtreo *agg.* **1** del vetro **2** simile al vetro | *corpo —*, (*anat.*) massa trasparente e gelatinosa che riempie la cavità del bulbo oculare tra la retina e il cristallino.
vìttima *s.f.* **1** animale o essere umano offerto in sacrificio **2** (*estens.*) chi perde la vita o subisce danni in un incidente, una grave calamità ecc. **3** chi subisce la persecuzione altrui.
vittimìsmo *s.m.* disposizione ad atteggiarsi a vittima.
vìtto *s.m.* nutrimento necessario al sostentamento.
vittòria *s.f.* il vincere in un confronto, una gara, una controversia.
vittorióso *agg.* **1** di vittoria: *grida vittoriose* **2** che ha riportato la vittoria: *atleta —* □ **-mente** *avv.*
vituperàre *v.tr.* [*io vitùpero ecc.*] infamare, screditare gravemente.
vitupèrio *s.m.* ingiuria, grave insulto.
vivacchiàre *v.intr.* [*io vivàcchio ecc.; aus. avere*] (*fam.*) vivere stentatamente.
vivàce *agg.* **1** detto di persona, che ha grande vitalità, grandi energie **2** (*eufem.*) che manifesta animosità **3** che rivela acume, brio **4** splendente, intenso: *luce —* □ **-mente** *avv.*
vivacità *s.f.* l'essere vivace.
vivacizzàre *v.tr.* animare, rallegrare.
vivàgno *s.m.* margine laterale di una pezza di tessuto.
vivàio *s.m.* **1** impianto di vasche in cui si allevano pesci **2** (*agr.*) terreno in cui si

coltivano piante fino al trapianto in un luogo stabile **3** (*fig.*) ambiente in cui si formano individui destinati a distinguersi per capacità particolari.
vivànda *s.f.* cibo preparato per essere mangiato.
vìvere *v.intr.* [pass.rem. *io vissi, tu vivésti ecc.*; fut. *io vivrò ecc.*; part.pass. *vissuto*; aus. *essere*] **1** di organismi vegetali o animali, essere in vita **2** dell'uomo, esistere, condurre la propria vita **3** (*fig. lett.*) durare ♦ *v.tr.* **1** trascorrere (col compl. oggetto interno): — *una vita serena* **2** passare **3** (*fig.*) sentire intense emozioni.
vìveri *s.m.pl.* l'insieme dei cibi necessari per il sostentamento di una comunità.
viveur *s.m.invar.* (*fr.*) chi fa vita mondana.
vìvido *agg.* **1** luminoso, smagliante **2** (*fig.*) acuto □ **-mente** *avv.*
vivificàre *v.tr.* [*io vivìfico, tu vivìfichi ecc.*] **1** (*estens.*) rinvigorire **2** (*fig.*) dare vivacità.
vivìparo *agg.* e *s.m.* (*zool.*) si dice di animale il cui piccolo nasce completamente formato.
vivisezióne *s.f.* dissezione anatomica di animali vivi a scopo di studio.
vìvo *agg.* **1** che vive **2** (*estens.*) che dura tuttora **3** vivace **4** (*fig.*) forte, intenso ♦ *s.m.* **1** (spec. *pl.*) individuo vivente **2** parte vitale e sensibile di un organismo | *entrare nel — della questione*, (*fig.*) affrontarne il punto più importante □ **-mente** *avv.*
viziàre *v.tr.* [*io vìzio ecc.*] **1** indulgere nei confronti di qlcu., consentendogli abitudini e comportamenti poco corretti **2** (*dir.*) rendere invalido ♦ **-rsi** *v. intr.pron.* prendere vizi o difetti.
viziàto *agg.* **1** che ha comportamenti poco corretti dovuti a un'educazione troppo indulgente **2** detto dell'aria, malsana **3** (*dir.*) che presenta un vizio che ne inficia la validità.
vìzio *s.m.* **1** cattiva abitudine **2** imperfezione **3** (*dir.*) mancanza di un requisito che invalida un atto giuridico.
vizióso *agg.* **1** pieno di vizi **2** difettoso ♦ *s.m.* [f. *-a*] persona corrotta □ **-mente** *avv.*
vocabolàrio *s.m.* **1** dizionario **2** il complesso dei vocaboli e delle locuzioni usati da una persona o propri di un autore.
vocàbolo *s.m.* parola.
vocàle[1] *agg.* della voce □ **-mente** *avv.* a voce; oralmente.
vocàle[2] *s.f.* **1** (*ling.*) il suono prodotto con un'emissione d'aria che non incontra occlusioni **2** ciascuno dei segni grafici che rappresentano tali suoni.
vocalizzàre *v.tr.* (*ling.*) trasformare un suono consonantico in suono vocalico ♦ *v.intr.* [aus. *avere*] (*mus.*) fare vocalizzi ♦ **-rsi** *v.intr.pron.* (*ling.*) detto di suono consonantico, divenire vocalico.
vocalìzzo *s.m.* (*mus.*) melodia eseguita a scopo didattico.
vocazióne *s.f.* **1** (*relig.*) chiamata da parte di Dio alla vita religiosa **2** (*estens.*) inclinazione naturale verso un'arte, una professione, una disciplina.
vóce *s.f.* **1** suono prodotto dalla laringe quando il flusso espiratorio incontra le corde vocali; il timbro di tale suono **2** (*estens.*) il verso degli animal **3** (*estens.*) il suono di uno strumento musicale **4** (*fig.*) ammonimento, richiamo **5** (*fig.*) notizia non accertata **6** vocabolo, termine.
vociàre *v.intr.* [*io vócio ecc.*; aus. *avere*] parlare a voce alta; schiamazzare.
vociferàre *v.r.* [*io vocìfero ecc.*] spargere, diffondere una notizia, per lo più poco sicura.
vocìo *s.m.* un vociare continuo.
vodka *s.f.invar.* (*russo*) acquavite ottenuta dalla distillazione di cereali o patate.
vóga *s.f.* **1** (*mar.*) il vogare **2** (*fig.*) moda.
vogàre *v.intr.* [*io vógo, tu vóghi ecc.*; aus. *avere*] remare.
vogatóre *s.m.* **1** [f. *-trice*] chi voga **2** attrezzo da ginnastica per eseguire movimenti analoghi a quelli di chi voga.
vòglia *s.f.* **1** desiderio; capriccio, impulso **2** volontà.
vói *pron.pers.m. e f. di seconda pers.pl.* **1** si usa come soggetto rivolgendo il discorso a più persone **2** si usa come complemento (come compl. oggetto o come compl. di termine è sostituito dalle forme atone *ve*, *vi* quando non si vuol dare particolare rilievo al pronome).
volàno *s.m.* **1** mezza sfera di sughero o di gomma, che si lancia con una racchetta **2** (*mecc.*) organo rotante costituito da una corona circolare collegata a un mozzo da razze o da un disco; si usa come accumulatore di energia cinetica.
volànte *s.m.* (*mecc.*) l'impugnatura circolare collegata a un mozzo centrale con cui si aziona lo sterzo degli autoveicoli.
volantinàggio *s.m.* distribuzione di volantini ai passanti.
volantìno *s.m.* foglietto stampato distribuito a scopo di pubblicità.
volàre *v.intr.* [*io vólo ecc.*; aus. *avere*, negli usi estens. e fig. *essere*] **1** muoversi nell'aria **2** spostarsi nell'aria con le ali **3** (*estens.*) precipitare verso il basso **4** (*fig.*) muoversi a grande velocità **5** (*fig.*) riandare con la mente **6** (*fig.*) passare velocemente: *il tempo vola.*

volàta *s.f.* **1** corsa assai rapida **2** scatto finale.
volàtile *agg.* (*chim.*) sostanza che evapora rapidamente ♦ *s.m.* uccello.
volatilizzàre *v.tr.* (*chim.*) rendere volatile una sostanza ♦ *v. intr.* [aus. *essere*] ♦ **-rsi** *v.intr.pron.* **1** evaporare rapidamente **2** (*fig.*) dileguarsi.
vol-au-vent *s.m.invar.* (*fr.*) involucro di pasta da farcire con ripieno di verdura, carne, frattaglie ecc.
volènte *agg.* — *o nolente*, che voglia o non voglia.
volentièri *avv.* con piacere.
volére[1] *v.tr.* [pres. *io vòglio, tu vuòi, egli vuòle, noi vogliamo, voi voléte, essi vògliono*; fut. *io vorrò* ecc.; pass.rem. *io vòlli, tu volésti, egli vòlle, noi volémmo, voi voléste, essi vòllero*; pres.congiunt. *io vòglia, tu vòglia ecc.*; cond. *io vorrèi ecc.*; part.pres. *volènte*; ger. *volèndo*; part. pass. *voluto*; usato come verbo indipendente, richiede l'ausiliare *avere*; come verbo servile, assume l'ausiliare richiesto dal verbo all'infinito con cui si accompagna (p.e. *il caso ha voluto che ci rivedessimo*; *sono voluto andarci da solo*)] **1** desiderare intensamente **2** permettere, consentire **3** richiedere, pretendere **4** *volerci*, essere necessario **5** *voler bene*, *male*, provare un sentimento di affetto, di odio.
volére[2] *s.m.* volontà.
volgàre *agg.* **1** (*non com.*) del volgo | *lingua* —, l'italiano scritto, dalle origini fino al Rinascimento **2** (*estens.*) sguaiato, triviale | spregevole □ **-mente** *avv.*
volgarità *s.f.* **1** l'essere volgare **2** atto, parola volgare.
volgarizzàre *v.tr.* esporre in forma accessibile a un pubblico non specializzato nozioni difficili e complesse.
volgarizzazióne *s.f.* il volgarizzare.
vòlgere *v.tr.* [pres. *io vòlgo, tu vòlgi ecc.*; pass.rem. *io vòlsi, tu volgésti ecc.*; part.pass. *vòlto*] **1** indirizzare verso un luogo o un punto **2** (*fig.*) portare qlco. da una condizione a un'altra, trasformarne l'aspetto, l'uso ♦ *v.intr.* [aus. *avere*] **1** piegare verso un luogo, una direzione; essere orientato **2** avvicinarsi | Usato come *s.m.*: *il volger degli anni* ♦ **-rsi** *v.rifl.* voltarsi, girarsi ♦ *v.intr.pron.* rivolgersi, riversarsi.
vólgo *s.m.* [pl. *-ghi*] la parte più rozza del popolo.
volièra *s.f.* grande gabbia per gli uccelli.
volitìvo *agg.* **1** che ha grande forza di volontà; deciso **2** della volontà: *atto* — ♦ *s.m.* [f. *-a*] persona dotata di grande forza di volontà □ **-mente** *avv.*
vólo *s.m.* **1** la capacità di volare **2** l'azione del volare **3** (*estens.*) il cadere dall'alto.
volontà *s.f.* **1** la capacità di decidere consapevolmente **2** disposizione a fare qlco.
volontariàto *s.m.* attività volontaria e gratuita che gruppi di cittadini, riuniti in associazioni, svolgono per la collettività.
volontàrio *agg.* spontaneo, non forzato ♦ *agg.* e *s.m.* [f. *-a*] che/chi compie la propria attività di propria volontà □ **-mente** *avv.*
vólpe *s.f.* **1** mammifero carnivoro con corpo snello, muso aguzzo, gambe corte, lunga coda folta **2** (*fig.*) persona astuta.
volpìno *s.m.* piccolo cane con pelo folto.
vòlt *s.m.invar.* nel Sistema Internazionale, unità di misura della differenza di potenziale elettrico.
vòlta[1] *s.f.* **1** (*non com.*) il voltare, il voltarsi | *dar di — il cervello*, (*fam.*) impazzire **2** direzione verso cui si va, ci si volge: *partire alla — di Milano* **3** (*fig.*) turno **4** (*estens.*) occasione, circostanza | *una* —, un tempo.
vòlta[2] *s.f.* **1** (*arch.*) copertura curva di un edificio o di un ambiente **2** (*estens.*) nome generico di cose a forma di volta: *la — del cielo*.
voltafàccia *s.m.invar.* cambiamento improvviso di idee.
voltagabbàna *s.m.* e *f.invar.* chi cambia opinione secondo le convenienze.
voltàggio *s.m.* differenza di potenziale elettrico; tensione elettrica.
voltàre *v.tr.* [*io vòlto ecc.*] **1** volgere in un altro senso **2** spostare, girare qlco. in modo che presenti il lato opposto: — *una moneta* **3** girare, oltrepassare: — *l'angolo* ♦ *v. intr.* [aus. *avere*] piegare in una direzione ♦ **-rsi** *v.rifl.* girarsi.
voltastòmaco *s.m.* [pl. *invar.*] (*fam.*) nausea | (*fig.*) ribrezzo.
voltàta *s.f.* curva di una strada.
volteggiàre *v.intr.* [*io voltéggio ecc.*; aus. *avere*] **1** compiere ampi giri nell'aria **2** eseguire volteggi su un attrezzo ginnico.
voltéggio *s.m.* esercizio ginnico che consiste nel compiere figure acrobatiche appoggiandosi su un attrezzo con le sole braccia.
vòltmetro *s.m.* (*fis.*) strumento per misurare la differenza di potenziale tra due punti di un circuito elettrico.
vólto *s.m.* (*lett.*) **1** viso, faccia **2** (*fig.*) aspetto esteriore **3** (*fig.*) carattere.
voltùra *s.f.* **1** (*dir.*) registrazione catastale del trasferimento di proprietà **2** (*burocr.*) cambiamento di intestazione di un contratto di utenza.
volùbile *agg.* (*fig.*) mutevole, incostante □ **-mente** *avv.*
volùme *s.m.* **1** porzione di spazio occupata da un corpo **2** (*estens.*) mole, massa di

qlco. **3** (*fig.*) quantità: — *di affari* **4** l'intensità di un suono **5** libro; tomo.
volumètrico *agg.* [pl.m. -*ci*] **1** che concerne la misurazione del volume **2** che concerne il volume.
voluminóso *agg.* che occupa molto spazio □ **-mente** *avv.*
volùta *s.f.* **1** spira **2** (*scult., arch.*) elemento decorativo curvilineo o spiraliforme.
voluttà *s.f.* **1** il piacere che deriva dal soddisfacimento dei desideri sessuali **2** (*estens.*) godimento intenso.
voluttuàrio *agg.* non necessario: *bene* —.
voluttuóso *agg.* (*lett.*) di persona, incline ai piaceri dei sensi | di cosa, che dà, rivela voluttà □ **-mente** *avv.*
vòlvolo *s.m.* (*med.*) torsione di un'ansa dell'intestino.
vòmere *s.m.* organo principale dell'aratro costituito da una lama d'acciaio che taglia orizzontalmente la terra.
vomitàre *v.tr.* [*io vòmito ecc.*] **1** emettere dalla bocca il contenuto dello stomaco **2** (*estens.*) gettare fuori con violenza | (*fig.*) proferire parole, espressioni violente.
vòmito *s.m.* **1** evacuazione del contenuto gastrico dalla bocca **2** (*estens.*) la materia vomitata.
vóngole *s.f.pl.* (*zool.*) famiglia di molluschi bivalvi commestibili.
voràce *agg.* ingordo □ **-mente** *avv.*
voracità *s.f.* l'essere vorace | (*fig.*) l'essere avido, insaziabile.
vòrtice *s.m.* **1** movimento rapido a spirale di una massa d'aria, d'acqua e sim. **2** (*estens.*) movimento rapido e vorticoso.
vorticóso *agg.* **1** che è pieno di vortici **2** (*estens.*) che si muove come un vortice **3** (*fig.*) velocissimo, incalzante □ **-mente** *avv.*
vòstro *agg.poss. di seconda pers.pl.* **1** che appartiene a voi **2** che è proprio di voi ♦ *pron.poss. di seconda pers.pl.* ha gli stessi usi e sign. dell'agg. ed è sempre preceduto dall'art. determ.
votànte *agg.* e *s.m.* e *f.* che/chi prende parte a una votazione.
votàre *v.tr.* [*io vóto ecc.*] **1** consacrare, dedicare **2** sottoporre a votazione | approvare ♦ *v.intr.* [aus. *avere*] dare il proprio voto ♦ **-rsi** *v.rifl.* consacrarsi, dedicarsi.
votazióne *s.f.* **1** procedimento di scelta fra candidati o deliberazione effettuati dai membri di un corpo elettorale o di un organo collegiale | il risultato di tale operazione **2** il complesso dei voti riportati da uno studente.
votìvo *agg.* (*relig.*) che viene offerto come voto □ **-mente** *avv.*
vóto *s.m.* **1** (*relig.*) promessa solenne di compiere un atto di culto, di carità o di rinuncia in segno di riconoscenza o per ottenere la liberazione da un male **2** espressione della volontà in procedimenti elettivi o deliberativi; ogni singolo suffragio espresso in una votazione **3** nell'uso scolastico, valutazione di merito.
voyeur *s.m.invar.* (*fr.*) chi prova piacere nello spiare atti intimi e rapporti sessuali compiuti da altri.
vu cumprà *loc.sost. invar.* espressione con cui vengono definiti popolarmente i venditori ambulanti nordafricani.
vulcànico *agg.* [pl.m. -*ci*] **1** di vulcano; relativo al vulcanismo **2** (*fig.*) ricco di fantasia e di vitalità □ **-mente** *avv.*
vulcanìsmo *s.m.* (*geol.*) l'insieme dei fenomeni collegati all'effusione di magmi sulla crosta terrestre.
vulcanizzàre *v.tr.* sottoporre a vulcanizzazione.
vulcanizzazióne *s.f.* trattamento a cui si sottopongono le gomme naturali per aumentarne l'elasticità e la resistenza.
vulcàno *s.m.* **1** apertura di varia forma della crosta terrestre dalla quale fuoriescono lava ed emanazioni gassose | *essere un* —, (*fig.*) si dice di persona piena di idee e iniziative **2** montagna derivata dalla solidificazione dei materiali eruttati.
vulcanologìa *s.f.* branca della geofisica che studia i fenomeni dovuti o connessi con l'attività dei vulcani.
vulneràbile *agg.* che può essere attaccato e danneggiato; debole.
vuotàre *v.tr.* [*io vuòto ecc.*] privare del contenuto ♦ **-rsi** *v.intr.pron.* diventare vuoto, svuotarsi.
vuòto *agg.* **1** privo del proprio contenuto **2** (*fig.*) privo di significato, di idee ♦ *s.m.* **1** spazio vuoto; cavità **2** (*fig.*) mancanza, carenza **3** recipiente vuoto **4** spazio sgombro da corpi solidi **5** (*fis.*) condizione di uno spazio privo di materia: *confezione sotto* —, preparazione di prodotti in recipienti chiusi privati d'aria.

Zz

z *s.f.* o *m.* ventiseiesima e ultima lettera dell'alfabeto, il cui nome è *zeta*.
zabaióne *s.m.* crema a base di uova, zucchero e marsala.
zaffàta *s.f.* ondata improvvisa di cattivo odore.
zafferàno *s.m.* **1** pianta erbacea con fiori a imbuto i cui stimmi essiccati danno una polvere gialla molto aromatica, usata in medicina e in cucina **2** la polvere stessa ♦ *agg.invar.* di colore giallo dello zafferano.
zaffiro *s.m.* varietà di corindone di colore azzurro trasparente.
zàgara *s.f.* il fiore dell'arancio e del limone.
zàino *s.m.* sacco di materiale impermeabile o di grossa tela che si porta appeso alle spalle.
zàmpa *s.f.* **1** ciascuno degli arti degli animali | in cucina, la parte inferiore dell'arto | *zampe di gallina*, (*fig.*) rughe sottili intorno agli occhi **2** (*scherz.*) gamba dell'uomo: *camminare a quattro zampe*, carponi.
zampàre *v.intr.* [aus. *avere*] detto di cavallo, battere il terreno da fermo, con la zampa anteriore, per inquietudine o impazienza.
zampettàre *v.intr.* [*io zampétto ecc.*; aus. *avere*] camminare a piccoli passi.
zampillàre *v.intr.* [aus. *essere* o *avere*] uscir fuori a zampillo.
zampillìo *s.m.* uno zampillare continuo.
zampìllo *s.m.* getto sottile di liquido che esce da una stretta apertura.
zampiróne *s.m.* spirale composta di sostanze la cui combustione produce un fumo che allontana zanzare e altri insetti.
zampógna *s.f.* strumento a fiato costituito da una o più canne sonore fissate ad altrettante aperture di un otre di pelle, dentro cui si accumula l'aria che il suonatore vi immette da un cannello o con un mantice.
zampognàro *s.m.* suonatore di zampogna.
zampóne *s.m.* (*gastr.*) salume fresco insaccato nella cotenna della zampa del maiale, che si mangia lessato e affettato.
zàngola *s.f.* recipiente cilindrico in cui si sbatte la crema di latte per trasformarla in burro.
zànna *s.f.* **1** ciascuno dei due denti grossi e lunghi che sporgono dalla bocca di alcuni animali **2** (*estens.*) ciascuno dei canini dei grandi carnivori.
zanzàra *s.f.* insetto dal corpo sottile con zampe e antenne lunghe, frequente nei luoghi umidi; la femmina punge l'uomo e gli animali per succhiarne il sangue.
zanzarièra *s.f.* velo leggero o fitta rete metallica per difendersi dalle zanzare.
zàppa *s.f.* attrezzo agricolo manuale che consiste in una lama, trapezoidale o rettangolare infilata in un manico di legno.
zappàre *v.tr.* lavorare la terra con la zappa.
zapping *s.m. invar.* (*ingl.*) cambio frenetico dei canali televisivi effettuato col telecomando.
zar *s.m.invar.* titolo che in passato si dava all'imperatore di Russia e al re di Bulgaria.
zarìna *s.f.* **1** imperatrice di Russia **2** moglie dello zar.
zarìsta *agg.* [pl.m. *-sti*] dello zar ♦ *agg.* e *s.m.* e *f.* sostenitore dello zar.
zàttera *s.f.* (*mar.*) galleggiante piatto senza sponde.
zavòrra *s.f.* **1** l'insieme dei pesi imbarcati nelle stive di uno scafo per assicurarne la stabilità **2** negli aerostati, insieme di sacchetti di sabbia o di altro materiale che equilibra la differenza tra la forza ascensionale e il carico **3** (*fig. spreg.*) cosa o persona ingombrante, inutile, priva di valore.
zàzzera *s.f.* capigliatura lunga e disordinata.
zèbra *s.f.* **1** mammifero africano simile al cavallo, caratteristico per il mantello chiaro con strisce nere **2** *pl.* zona riservata al passaggio dei pedoni.
zebù *s.m.* mammifero ruminante simile al

Yy

y *s.f.* o *m.* venticinquesima lettera dell'alfabeto, il cui nome è *ipsilon*.
yacht *s.m.invar.* (*ingl.*) grossa imbarcazione privata da diporto; panfilo.
yak *s.m.invar.* (*zool.*) mammifero ruminante del Tibet, simile a un grosso bue gibboso.
yankee *agg.* e *s.m.* e *f.invar.* (*ingl.*) (*scherz.* o *spreg.*) statunitense: *accento* —.
yard *s.m.* o *f.invar.* (*ingl.*) unità di misura lineare inglese, pari a m 0,914.
yen *s.m.invar.* (*giapp.*) unità monetaria del Giappone.
yèti *s.m.* essere immaginario simile a un uomo gigantesco che si dice sia stato avvistato nel versante sud dell'Himalaia; è detto *l'abominevole uomo delle nevi*.
yiddish *s.m.* (*ingl.*) lingua popolare parlata dalla comunità degli ebrei tedeschi e slavi | anche come *agg.invar.*: *cultura* —.
yòga *s.m.invar.* metodo di autodisciplina induista che, con l'esercizio di virtù etiche e di tecniche fisiche, mira a condurre lo spirito alla concentrazione, alla contemplazione e all'unione con l'Assoluto ♦ *agg.invar.* dello yoga: *posizioni* —.
yògurt *s.m.invar.* latte coagulato per azione di fermenti.
yorkshire terrier *loc.sost.m.invar.* (*ingl.*) piccolo cane da salotto.
yo-yo® *s.m.invar.* (*ingl.*) giocattolo costituito da un disco di legno o plastica con una scanalatura, entro cui si avvolge una cordicella, in modo che, lasciando cadere il disco, questo rotola lungo la cordicella e dopo, per inerzia, si riavvolge all'insù.
yuppie *s.m.* e *f.invar.* (*ingl.*) (*scherz.* o *spreg.*) giovane manager efficiente e carrierista.

Xx

x *s.f.* o *m.* ventiquattresima lettera dell'alfabeto, il cui nome è *ics* | a *x*, a croce | *X*, (*biol.*) simbolo del cromosoma femminile | *raggi X*, (*fis.*) raggi röntgen | *x*, nei pronostici del totocalcio, indica pareggio ♦ in funzione di *agg.* si usa per indicare persona o cosa indeterminata o sconosciuta.

xèno *s.m.* elemento chimico di simbolo *Xe*; è uno dei gas rari che si trovano nell'atmosfera.

xeno- primo elemento di parole composte, che significa 'straniero'.

xenofobìa *s.f.* odio, avversione per gli stranieri e per tutto ciò che è straniero.

xenòfobo *agg.* e *s.m.* [f. *-a*] che/chi prova xenofobia ♦ *agg.* che è ispirato a xenofobia.

xenotrapiànto *s.m.* (*med.*) trapianto di un organo tra individui di specie diverse.

xero- primo elemento di parole composte, che significa 'secco, arido', oppure 'a secco'.

xerocòpia *s.f.* fotocopia.

xerografia *s.f.* procedimento di stampa a secco effettuato con macchine che utilizzano l'elettricità statica; si impiega per la riproduzione di documenti.

xilòfono *s.m.* strumento musicale costituito da una serie di tavolette di legno di diversa lunghezza disposte in scala; si percuotono con due mazzuoli.

Ww

w *s.f.* o *m.* ventitreesima lettera dell'alfabeto, il cui nome è *vu doppio*.
wafer *s.m.invar.* biscotto formato da due cialde friabili che racchiudono uno strato di crema o cioccolato.
wagon-lit *s.m.invar.* (*fr.*) carrozza-letto.
walkie-talkie *s.m.invar.* (*ingl.*) radio ricetrasmittente portatile.
walkman *s.m.invar.* (*ingl.*) apparecchio portatile per l'ascolto di cassette registrate.
wap *s.m.invar.* (*telecom.*) protocollo standard per il collegamento dei telefoni cellulari a Internet Sigla di *Wireless Application Protocol* 'protocollo di impiego senza fili'.
war game *loc.sost.m. invar.* (*ingl.*) gioco che simula uno scontro armato.
water *s.m.invar.* (*ingl.*) il vaso di maiolica del gabinetto.
water-closet *s.m.invar.* (*ingl.*) gabinetto.
waterproof *agg.invar.* (*ingl.*) impermeabile.
watt *s.m.* (*fis.*) unità di misura della potenza elettrica nel Sistema Internazionale, pari alla potenza che produce l'energia di 1 joule in 1 secondo.
wattora *s.f.* (*fis.*) unità di misura di energia pari all'energia fornita in 1 ora dalla potenza di 1 watt.
webcam *s.f.invar.* (*ingl.*) telecamera digitale collegata al computer in grado di trasmettere in tempo reale le sue riprese agli utenti Internet collegati.
web company *s.f. invar.* (*ingl.*) azienda che fornisce servizi per Internet (creazione di siti, redazione di contenuti, applicativi per il commercio elettronico ecc.).
web-design *s.m.invar.* (*ingl.*) progettazione funzionale e grafica di sito web.
web-tv *s.f. invar.* (*ingl.*) **1** dispositivo in grado di stabilire un collegamento a Internet tramite la linea telefonica e di visualizzarne le pagine su un normale televisore **2** emittente televisiva che diffonde programmi in Internet.
weekend o **week-end** *s.m.invar.* (*ingl.*) il fine settimana, in quanto destinato al riposo e allo svago.
Weltanschauung *s.f.* (*ted.*) (*filos.*) concezione, visione del mondo propria di un individuo, di un popolo o di un'età storica.
West *s.m.invar.* (*ingl.*) le regioni occidentali degli Stati Uniti e del Canada.
western *agg.* e *s.m.invar.* (*ingl.*) si dice di film ambientato nelle regioni occidentali degli Stati Uniti della seconda metà del sec. XIX.
whisky *s.m.invar.* (*ingl.*) acquavite ottenuta dalla distillazione di cereali; è tipica della Scozia.
winchester® *s.m.invar.* (*ingl.*) carabina a ripetizione.
windsurf *s.m.invar.* (*ingl.*) tavola galleggiante munita di pinna, in cui è inserito un albero con vela a tasca; tavola a vela.
word processing *loc.sost. m.invar.* (*ingl.*) tecnica che consente di scrivere utilizzando un word processor; videoscrittura.
word processor *loc. sost.m.invar.* (*ingl.*) sistema costituito di componenti hardware e software mediante il quale è possibile elaborare testi; videoscrittura.
workshop *s.m.invar.* (*ingl.*) gruppo di lavoro; seminario di studi.
work station *loc.sost.f. invar.* (*ingl.*) (*inform.*) terminale con proprie capacità di elaborazione, oppure computer autonomo di elevata potenza e ampio corredo di periferiche, configurato per essere utilizzato per uno specifico tipo di applicazioni.
würstel *s.m.invar.* (*ted.*) salsiccia lunga e sottile di carne bovina; è tipica della Germania e dell'Austria.

bue, con una gobba adiposa sul dorso, diffuso in Asia e in Africa.
zécca[1] *s.f.* istituzione pubblica cui è affidata la coniazione di monete metalliche, medaglie, sigilli, timbri ecc. | *nuovo di* —, (*fig.*) si dice di cosa appena acquistata o di idea originale, di cosa mai sentita prima.
zécca[2] *s.f.* piccolo parassita cutaneo di molti vertebrati terrestri, dei quali succhia il sangue.
zecchìno *s.m.* nome del ducato d'oro veneto del sec. XVI e di altre monete auree di pari valore | *oro* —, oro purissimo.
zèfiro *s.m.* (*lett.*) vento primaverile che soffia da ponente.
zelànte *agg.* che ha, mostra zelo □ **-mente** *avv.*
zèlo *s.m.* impegno diligente nell'agire.
zèn *s.m.* scuola religiosa buddhista originaria della Cina ♦ *agg.* relativo allo zen.
zènit *s.m.invar.* (*astr.*) il punto della volta celeste perpendicolare al luogo in cui si trova l'osservatore.
zènzero *s.m.* pianta aromatica dell'Asia, dal cui rizoma si ricava una droga piccante | la droga ricavata da tale pianta.
zéppa *s.f.* **1** cuneo di legno usato per otturare fessure o per dare stabilità a mobili traballanti **2** rialzo di legno o di sughero sotto sandali e zoccoli.
zéppo *agg.* molto pieno, gremito.
zerbìno *s.m.* piccolo tappeto che si pone davanti alle porte perché chi entra vi si pulisca le scarpe.
zèro *s.m.* [pl. *-ri*] **1** numero iniziale della successione dei numeri naturali; nel linguaggio comune, indica anche assenza di quantità | (*estens.*) niente **2** il punto di partenza di una serie, di una successione **3** (*estens.*) la totale assenza di valore; nullità ♦ *agg.num.card.invar.* indica una quantità nulla | *l'ora* —, il momento finale di un conteggio alla rovescia.
zìa *s.f.* la sorella del padre o della madre.
zibaldóne *s.m.* (*lett.*) quaderno in cui si annotano senza ordine appunti, notizie, pensieri.
zibellìno *s.m.* piccolo mammifero carnivoro siberiano con pelliccia morbida molto pregiata.
zibìbbo *s.m.* vitigno del tipo moscato con uva ad acini grossi e ovali, di sapore dolcissimo | l'uva e il vino che se ne ricava.
zigàno *s.m.* [f. *-a*] zingaro delle regioni danubiane ♦ *agg.* che è proprio degli zigani: *violino* —.
zìgomo *s.m.* [pl. *-mi*] (*anat.*) ciascuna delle due sporgenze dell'osso mascellare superiore, sotto le orbite.
zigòte *s.m.* (*biol.*) cellula originata dalla fusione del gamete maschile con quello femminile.
zigrinàto *agg.* che ha l'aspetto dello zigrino.
zigrìno *s.m.* **1** la pelle di alcuni squali, granulosa ruvida e dura **2** la pelle di alcuni animali resa ruvida e granulosa con la conciatura.
zigzàg o **zig zag**, *s.m.invar.* linea o movimento che procede spezzandosi in direzioni opposte | *a* —, con continui cambiamenti di direzione.
zigzagàre *v.intr.* [*io zigzago, tu zigzaghi ecc.*; aus. *avere*] procedere a zig zag.
zimbèllo *s.m.* **1** uccello vivo legato a un filo, che si faceva svolazzare per attirare altri uccelli nella rete **2** (*fig.*) oggetto di scherno: *essere lo — di tutti*.
zincatùra *s.f.* (*tecn.*) operazione consistente nel ricoprire oggetti di ferro o di acciaio con uno strato di zinco.
zìnco *s.m.* elemento chimico di simbolo *Zn*; è un metallo bianco azzurrognolo, usato per produrre oggetti d'uso o per ricoprire altri metalli a scopo protettivo.
zincografìa *s.f.* (*tip.*) procedimento chimico per ricavare matrici incise su lastre di zinco.
zìngaro *s.m.* [f. *-a*] appartenente a una popolazione nomade di origine indiana diffusa nel Vicino Oriente, in Europa, nell'Africa del nord e in America.
zìnnia *s.f.* pianta erbacea ornamentale.
zìo *s.m.* il fratello del padre o della madre.
zip *s.m.invar.* chiusura lampo.
zircóne *s.m.* (*min.*) silicato di zirconio usato come pietra semipreziosa.
zircònio *s.m.* elemento chimico di simbolo *Zr*; è un metallo bianco argenteo, duro, poco fusibile, con proprietà simili all'acciaio inossidabile.
zìrlo *s.m.* il verso acuto del tordo.
zitèlla *s.f.* (*spreg.* o *scherz.*) donna nubile.
zittìre *v.tr.* far tacere qlcu. | togliere la parola: — *qlcu.* ♦ *v.intr.* [*io zittisco, tu zittisci ecc.*; aus. *avere*] emettere un sibilo sordo per far tacere qlcu.
zìtto *agg.* che tace.
zizzània *s.f.* **1** erba delle graminacee che infesta i campi di grano **2** (*fig.*) discordia.
zòccolo *s.m.* **1** calzatura estiva in cui la suola è costituita da un pezzo di legno **2** (*zool.*) grande unghia dura e resistente di cavalli, buoi, pecore ecc. **3** (*estens.*) strato di terra o di neve che si attacca alla suola delle scarpe **4** basamento **5** (*edil.*) striscia ornamentale o protettiva di marmo, legno o altro alla base delle pareti di una stanza **6** (*geol.*) — *continentale*, zona che con-

giunge la piattaforma continentale al letto profondo dell'oceano.
zodiacàle *agg.* dello zodiaco: *segno* —.
zodìaco *s.m.* (*astr.*) fascia del cielo, limitata da due cerchi paralleli all'eclittica, che si suddivide in 12 parti, ciascuna caratterizzata da una costellazione.
zolfanèllo *s.m.* fiammifero di legno con la capocchia di zolfo.
zólfo *s.m.* elemento chimico di simbolo *S*; è un non-metallo solido, giallo, insolubile in acqua.
zòlla *s.f.* pezzo di terra compatta che l'aratro o altro strumento stacca dal terreno.
zómbi *s.m.* e *f.invar.* (*fig.*) persona apatica, passiva, incapace di reazioni.
zòna *s.f.* **1** parte di superficie delimitata | — *terrestre*, (*geog.*) ognuna delle cinque fasce (*zone glaciali*, *zone temperate*, *zona equatoriale*) in cui si divide la superficie terrestre **2** regione, tratto di territorio circoscritto: — *montuosa* | — *franca*, (*dir.*) parte del territorio di uno stato considerata fuori della linea doganale **3** area urbana.
zòo *s.m.invar.* recinto in cui vivono e sono esposti al pubblico animali esotici, selvatici o rari.
zoo- primo elemento di parole composte che significa 'animale' o indica genericamente rapporto con la vita animale.
zoofilìa *s.f.* amore per gli animali.
zoòfilo *agg.* e *s.m.* [f. *-a*] che/chi ama e protegge gli animali.
zoofobìa *s.f.* (*psicol.*) paura morbosa degli animali o di determinate specie di animali.
zoòfobo *agg.* e *s.m.* [f. *-a*] che/chi soffre di zoofobia.
zoologìa *s.f.* branca della biologia che studia la vita del mondo animale in tutte le sue manifestazioni.
zoològico *agg.* [pl.m. *-ci*] che concerne la zoologia.
zoòlogo *s.m.* [f. *-a*; pl.m. *-gi*] studioso di zoologia.
zoom *s.m.invar.* (*ingl.*) obiettivo fotografico e cinematografico a lunghezza focale variabile.
zoomòrfo *agg.* che ha forma di animale.
zootecnìa *s.f.* scienza che si occupa della riproduzione degli animali utili all'uomo.
zootècnico *agg.* [pl.m. *-ci*] di zootecnia ♦ *s.m.* [f. *-a*] esperto di zootecnia.
zoppicànte *agg.* che zoppica (anche *fig.*): *scolaro — in matematica.*
zoppicàre *v.intr.* [*io zòppico, tu zòppichi ecc.*; aus. *avere*] **1** camminare con difficoltà per infermità o imperfezione degli arti **2** (*fig.*) essere incerto, lacunoso o difettoso in qlco.
zòppo *s.m.* [f. *-a*] chi cammina zoppicando ♦ *agg.*
zòtico *agg.* [pl.m. *-ci*] rozzo, incivile ♦ *s.m.* [f. *-a*] □ **-mente** *avv.*
zuàvo *s.m.* soldato di un corpo di fanteria francese, creato in Algeria nel 1830 ♦ *agg.* degli zuavi | *calzoni alla zuava*, calzoni ampi che terminano sotto il ginocchio, trattenuti da una fascia stretta.
zùcca *s.f.* **1** pianta erbacea con foglie pelose, fiori gialli, frutti commestibili **2** (*estens.*) il frutto commestibile della zucca **3** (*scherz.*) la testa.
zuccàta *s.f.* (*scherz.*) colpo dato con la testa contro qlco.
zuccheràre *v.tr.* [*io zùcchero ecc.*] addolcire con lo zucchero.
zuccherièra *s.f.* recipiente in cui si tiene lo zucchero.
zuccherifìcio *s.m.* stabilimento per la produzione dello zucchero.
zuccherìno *agg.* che contiene zucchero ♦ *s.m.* **1** confetto di zucchero **2** (*fig.*) contentino con cui si cerca di far accettare a qlcu. una cosa sgradevole.
zùcchero *s.m.* **1** sostanza dolce, bianca e cristallina, estratta dalla barbabietola o dalla canna da zucchero, che serve a dolcificare cibi e bevande | — *filato*, ridotto a soffice matassa con un trattamento centrifugante **2** (*chim.*) nome generico dei carboidrati.
zucchétto *s.m.* copricapo a forma di piccola calotta sferica.
zucchìna *s.f.* varietà di zucca che produce frutti allungati | il frutto di questa pianta.
zuccóne *s.m.* [f. *-a*] persona lenta a capire, di scarsa intelligenza.
zùffa *s.f.* **1** combattimento violento **2** rissa.
zufolàre *v.intr.* [*io zùfolo ecc.*; aus. *avere*] suonare lo zufolo ♦ *v.tr.* fischiettare.
zùfolo *s.m.* strumento popolare a fiato con uno o più fori.
zùlu *s.m.* e *f.invar.* chi appartiene a una popolazione sudafricana ♦ *agg.invar.* relativo agli zulu.
zulù *s.m.* e *f.* persona rozza e ignorante.
zùppa *s.f.* nome generico di vari tipi di minestre in brodo.
zuppièra *s.f.* recipiente con coperchio, usato per servire la minestra.
zùppo *agg.* inzuppato, fradicio d'acqua.
zuzzurellóne *s.m.* [f. *-a*] (*tosc.*) persona adulta sempre pronta a giocare e a scherzare come un bambino.